本书是教育部人文社会科学重点研究基地华中师范大学

中国农村研究院 2016 年基地重大项目"海内外农村调查资料

整理、翻译与研究"项目的成果（16JJD810005）

满铁农村调查

（总第2卷·惯行类第2卷）

徐　勇　邓大才　主编

李俄宪　主译

金英丹　李　莹　译

邓大才　张晶晶　校订

中国社会科学出版社

图书在版编目 (CIP) 数据

满铁农村调查. 总第二卷, 惯行类. 第二卷 / 徐勇, 邓大才主编,
李俄宪主译, 金英丹, 李莹译. —北京: 中国社会科学出版社,
2016.10

ISBN 978-7-5161-9062-3

Ⅰ. ①满… Ⅱ. ①徐…②邓…③李…④金…⑤李…
Ⅲ. ①农村调查—中国—近现代 Ⅳ. ①D693.79

中国版本图书馆 CIP 数据核字 (2016) 第 248494 号

出 版 人	赵剑英
责任编辑	冯春凤
责任校对	张爱华
责任印制	张雪娇

出 版	中国社会科学出版社
社 址	北京鼓楼西大街甲 158 号
邮 编	100720
网 址	http://www.csspw.cn
发 行 部	010-84083685
门 市 部	010-84029450
经 销	新华书店及其他书店

印刷装订	环球东方 (北京) 印务有限公司
版 次	2016 年 10 月第 1 版
印 次	2016 年 10 月第 1 次印刷

开 本	787×1092 1/16
印 张	74.75
插 页	2
字 数	1779 千字
定 价	490.00 元

《满铁农村调查》编辑与翻译委员会

主　编　徐　勇　邓大才

主　译　李俄宪

编辑委员会成员（以姓氏笔画为序）

丁　文　邓大才　石　挺　冯春凤　刘义强　刘金海
刘筱红　李俄宪　李海金　任　路　肖盼晴　陆汉文
陈军亚　杨　嬛　张晶晶　郝亚光　徐　勇　徐　剑
徐增阳　黄振华　熊彩云　赵剑英

翻译委员会成员（以姓氏笔画为序）

王　霞　尹仙花　石桥一纪　汉　娜　吕卫清　李俄宪
李　莹　李雪芬　金英丹　娜仁图雅

翻译顾问　石桥一纪

本卷译者　金英丹　李　莹

本卷校订　邓大才　张晶晶

编译说明（第二卷）

在编译本套丛书的过程中，我们发现了一些具体问题，如文字表记、图表处理等。经编译委员会商量，决定对这些问题进行如下处理：

1. 原书中收录了大量的政府公文、民间文书（如分家单等），其表记方式为繁体汉字、竖排版。为适应现代阅读习惯，我们将其均转换为简体汉字、横排版。但为了避免改变原文语义，对这部分内容的处理方式是不断句、不加标点；

2. 为防止在重排图片时出错，将原书中比较清楚的图片，直接用于编译后的书稿中；

3. 原书中纵向排列的族谱、坟墓示意图等，均按原书标准进行纵向排列；

4. 表示图中方位的文字，按原书顺序排版；

5. 在原书中，调查员与应答者之间的问答是用"＝"隔开的。我们将"＝"前的问句，统一加了"？"，"＝"后的回答，统一加了"。"。

邓大才
2016 年 1 月

目　录

总序·· 徐　勇（ 1 ）

导读·· 邓大才（ 1 ）

原书序··（ 1 ）

中国农村惯行调查出版委员会委员···（ 2 ）

调查资料目录··（ 1 ）

调查正文

租佃篇···（ 1 ）

土地买卖篇···（335）

农村金融及贸易篇···（385）

水　篇···（573）

赋税篇···（581）

租佃篇

1941 年 11—12 月（租佃篇第 1 号）···（ 3 ）

　户别概况调查···（ 3 ）

　　李濡源　李广德　李注源　李广田　孙福　李广权　李秀芳　张庆善　刘珍

　　崇文起　张书贤　刘福　张树林　李祥林　李强林　王春林　王悦　任振纲

　　李树林　赵立民　李哑巴　赵文有　杨永才　耿士成　王喜　李广恩　周德福

　　杨永林　杨永元　杨黄氏　杨永瑞　张永仁　张韩氏　邢尚德　李清源　赵绍

　　廷　杜守田　李汇源　杜祥　曾福河　刘振廷　杜春　杜复新　景德福　杜德

　　新　柏成志　王升　杨明旺　杨绍增　杨泽　杨润　杨源　杨正　杨升　张成

　　赵廷奎　赵廷福　张珍　孙有让　付菊　张丫头　张守仁　蒋成福　刘张氏

　　杜钦贤　刘长贵　刘长春　孙凰　张麟容　张文通　张麟富　杜林新　吴殿臣

　　杨春旺

　与租佃相关的户别调查··（ 55 ）

李注源　孙福　张守俊　刘祥　赵文有　李广恩　周树棠　杨永元　杨永瑞　邢尚德　李清源　赵绍廷　李汇源　杜祥　杜春　杜复新　杨绍增　张珍　李强林　孙有让　付菊　张林辉　杜钦贤　刘长春　张文通　吴殿臣　李荣兴

规定租佃关系的各项条件 ···（121）
　　户口　地目　度量衡　面积　土质　肥料　农具　役畜　作物　日用品等的自给或者说依存关系　邻村的情况

佃户契约 ···（153）
　　租佃户数　租佃面积　租佃合同书　地租收据　介绍人　介绍人的工作　租佃契约的方法　租佃契约的内容　租佃期限　租佃期限短的原因　收用地和租佃租地减少的原因　端牟　租佃的期限　租佃的变更　租耕期限的缩短　租耕期限的延长　租耕契约的结束　定金　保证人

租佃权 ··（162）
　　租佃权的买卖　租地的转贷借　地主的租地买卖、出典　租地的使用目的和限制　租佃权取消时的佃户以及地主的权利义务　地租的强制征收　租地的强制没收　租地的田赋　租地的青苗钱　佃种权、租地的移转和契税过剩的关系

地租 ··（167）
　　地租的形态　伙种和佃户的负担　伙种的种类　分垄时地租的分配方法　缴物和缴钱的倾向　收取地租的方法　地租的最高额和最低额　地租的变化　歉收、丰收和地租　地租的交纳　地租的减少　租佃契约的时期　地租交纳的时期　伙种　地租的筹集　地租的滞纳　税金和地租　地主对地租滞纳的处置　佃户给地主的赠品

佃户对地主的隶属关系 ···（174）
　　住居　村里所有的农业设施　农具、耕畜的共同购买　窝棚　地主在农业上对佃户提供的便利　地主对佃户身份事项的干涉　地主对佃户的救济　地主佃户间的赠品、聚餐　佃户对地主的劳力提供　佃户、雇农的社会地位

特殊的租佃 ··（178）
　　典　承典地的耕作　出典租佃　承典地的耕作　典租佃　共同租佃

雇农 ··（180）
　　不同面积租地所用的雇农数　本村的长短工　月工、半长工　雇农的性别　成为雇农的原因　长工雇佣的时间　雇农契约的文书　播种　短工的雇佣　雇农的酬劳　长工的假日　因退工而返还的工钱　长工等级

商品作物　地主和佃户间的纷争　公会地　养老地 ···（183）
　　商品作物　新作物的试种　本村主要作物　农会、合作社　地主的指定作物　商品作物　地主和佃户间的纷争　农民协会　公会地的租佃　香火地　养老地　旗地　一田二主

1941 年 3 月（租佃篇第 5 - 1）　···（188）

3 月 7 日 ·· (188)

　　种地户　地主　租地　交钱租　伙种、伙耕　交粮地　伴种、分粮　分利谷、
　　分收由、分花制、分股子　口头契约　出典地的租佃　契约的时期　地租交纳
　　日期　定金　指定农作物

3 月 8 日 ·· (189)

　　一家人必要的土地　伙种　肥料　地租预缴　租地的作物　租帖　契约的时期
　　中介人　佃地租额　青苗钱　佃户数　青苗钱的用途　青苗钱的支付者　青苗
　　钱的金额　新斗和旧斗　赋役的基准　村里土地的减少　地粮　黑地的青苗钱
　　旗地和民地的价格　旗地的升科

3 月 9 日 ·· (192)

　　杜春的租地　地租的支付　介绍人　雇人　杜春的租地　财政科长的土地　地
　　租的筹划

3 月 10 日 ··· (194)

　　户口的增加　作物的种类　租佃契约的格式　定金　地租的变更　租地的卖出
　　转佃户　中人的责任　伙种地的转借　土地的变更　地租未缴　直奉战争　租
　　佃契约书　租地的受理　伙种　青苗钱和摊款

3 月 12 日 ··· (198)

　　租佃期限　沙井村的租地　长期佃户　端牵　园地的租佃　课税　转租佃　公
　　会地的租佃　打粮　同族墓地的租佃　介绍人、保证人　荒地的租佃

3 月 16 日 ··· (201)

　　坟地　公义堂　半个伙儿

3 月 18 日 ··· (202)

　　医业　作物　付菊的租地　伙种　公会地的租佃　看庙的收入　典地　作物选
　　择

3 月 19 日 ··· (206)

　　李树林　旧服装生意　养老地　线香手艺　伙种　分家和均分　伙种　菜园的
　　租佃　租地的增减　战争和征收　租佃期限　转租佃　二五减租　伙种　活粮
　　和死粮　养老地

3 月 25 日 ··· (212)

　　周树棠　升科　周庄头　佃户　周庄头　旗地的卖出　雍和宫　大梁庄头、黄
　　梁庄头　韩庄头　庄户名账　松宅、钟杨宅　旗地、民地的负担　村费　庙产
　　王书田　身份和职业　官吏　保正、地方

3 月 26 日 ··· (216)

　　大梁庄头、黄梁庄头　松宅、崇祝寺　钟杨宅　公会地　公义堂　周庄头　伙
　　种　死粮　卖出土地的原因　中介人　端夺　农民协会　地租降低　财产继承
　　的顺序

3 月 27 日 ··· (219)

催头　钟杨宅　内务　升科　催头　周庄头　升科　王府的土地　松宅　佃户
钟杨宅　雍和宫

3月23日 ·· （224）

老租　租批　佃户、租户　旗地的负担

1941年3—4月（租佃篇第5－2） ·· （226）

户别概况调查 ··· （226）

李濡源　李注源　孙福　孙旺　李广权　李秀芳　张庆善　刘珍　崇文起　张
书贤　刘福　张树林　李祥林　王悦　王春林　任振纲　李树林　赵立民　李
哑巴　赵文有　杨永才　耿士成　王喜　李广恩　周德福　杨永林　杨永元
杨黄氏　杨永瑞　张永仁　邢尚德　李清源　赵绍廷　杜守田　李汇源　杜祥
曾福河　刘振廷　杜春　杜复新　景德福　杜德新　柏成志　杨泽　杨源　杨
升　张成　赵廷奎　赵廷福　张珍　李强林　孙有让　付菊　张丫头　张守仁
蒋成福　刘张氏　杜钦贤　刘长贵　刘长春　孙凤　张麟富　吴殿臣　杨永才

规定租佃关系的诸多因素（补充调查） ································· （240）

乞讨　新尺斗　灾害　土质　灌溉　肥料　农具　役畜、饲料　作物　日用品

地租（补充调查） ··· （245）

青苗费　伙种

特别的佃户关系（补充调查） ··· （245）

出典租佃　共同租佃　佃户　作物　养老地

3月12日 ·· （246）

烧饼　租地　雇农　土地的等级　租佃期限　口头契约　介绍人　保证人　定
金　租佃的持续　介绍人　租佃期限　租佃的呈报　地主的干涉　租地租出的
顺序　实物纳税　地租的筹集　交纳期限　给地主家帮忙　给地主拜年　给地
主送礼　庙地的租佃　青苗会账　租佃期限　借入手续　地租的变迁　地租的
交纳　租佃的停止　转借　公共的土掘场　强碱性土地　南法信的坟地　租佃
和出典

3月13日 ·· （255）

女性的劳动　租地的转借　地主和佃户的交流
给予地主的帮助　送给地主的礼品　车辆共有　卖掉全部土地的原因　介绍人
租佃的契约　地主宅邸的访问　租地的抢夺　佃户的意向　租佃的竞争　租地
的转租　租地的没收　担迁、担去拉　养老地　甘薯地　看青

3月25日 ·· （262）

内务府的土地　地租的交纳方法　佃户　文约　租赁票据　租户的账簿　土地
永久租佃　租价不变　交纳期　租户地租的拖欠　官府资产的整理　售价和过
价　钱粮和地租　崇祝寺的土地　催缴地租的方法

3月26日 ·· （266）

杜祥　官府官产整理　内务府地的地租　内务府地和民粮地的土地负担　雍和
官的土地　滞纳的利息　青苗费和土地名目　吴庄头的土地　过约　租佃土地
的价格　过契　过主、买主、吃主　旗人土地的出售手续　中间人　代笔人
宴会　缴税税契　名义变更　交给村公所的报告　名义人的死亡　因分家变更
名义　款项的支付　送给中间人的谢礼　土地的交付　租户土地的耕作期限
租户滞纳的处理　租户土地的自由利用　佃户对租地的权利　租地的租佃　地
租额　地租的交纳　租地地租的交纳期　过契租佃　官府资产的整理　催头
内务府的造办处　黑地　张文通的民粮地　周庄头的土地

3月27日 ·· （276）

官府旗人资产的整理　清查局　黑地的整理　旗人土地的整理　旗产处　王府
花名册　整理的法规　官地的处理　租佃期限　官府土地的出租　整理的时期
官府土地的地租　官府土地的接受人　营房的整理　无粮黑地　旗地的区分
旗产地　旗产地的种类　庄头和县公署　租户停止交纳地租　松宅、钟杨宅
旗人的民粮地　工匠的土地　八旗租地　圈余
［资料一］旗地整理机关概况（陶氏报告）
［资料二］县内庄头表

1942年3月（租佃篇第11号） ·· （286）

3月11日 ·· （286）

肥料　租佃与肥料　施肥量　租佃与肥料　租佃契约书　开荒地　公会土地租
佃契约书　荒地租佃契约书　荒地的地租　租佃契约的期限　地租的增减　契
约更新而持续租佃　租地租佃相关用语　介绍人　介绍人的职责　没有介绍人
的租佃契约——本村的情况　本村的介绍人　不依靠介绍人进行的调解　租佃
荒地的介绍人和中间人　荒地的地租　在租地的情况下拒绝介绍人　介绍人的
职责　地租的形态——交钱和交粮、预付和后付　秋租和现租　地租的决定方
式——每亩交纳还是全额交纳　地租的交纳　租地作物的自由

3月12日 ·· （292）

地租上涨　决定地租的时间　租佃契约和介绍人　地租的商定　地租与土地的
好坏　地租的交纳　押金　地租的缴付　地租和收成　地租的减免　租佃契约
事项　续约　租佃期满结束　介绍人的职责　租佃一年和持续租佃的利害　收
回土地

3月13日 ·· （297）

伙种　农具的借贷　农具借贷与租佃　农具的雇与借　雇农具的费用　没有农
具的农民　没有农具的农民和租佃　搭套　耕畜的地租　没有农具的农民和租
佃　搭套　地主的租地交易和租佃权　地主出典租地和租佃权　租地的交易
转租佃

3月14日 ·· （301）

公会土地的佃户　公会土地的亩数　租佃公会地的由来　村公会的成立和公会
地租佃　公会地佃户的选定　公会地地租的交纳　公会地地租的账簿　公会地
租佃的合同期限和持续时间　公会地的地租　公会地地租的减免

　3 月 15 日　………………………………………………………………………（305）
农具的共同使用　共同租佃——搭伙　近年租佃关系上的倾向　当地地主的规
模数量　削减租佃——大地主的情形　近年租户的增加和定金　延后交纳地租
转租　租佃养老地

　3 月 16 日　………………………………………………………………………（310）
租佃园地　临时的摊款——实产款　青苗钱　转租条件下青苗钱的承担者　实
产款　白地款　大乡款　青苗钱和实产捐　青苗钱承担额的限制　针对外村土
地的实产捐和青苗费　地租　土地的良否和地租　租佃的远近和地租　租地和
农作物　典期和赎回　典租佃

　3 月 17 日　………………………………………………………………………（315）
应答者的职业　人口　户数　村民的职业　亩数　土地名目——汉人的土地和
旗人的土地　旗人　庄头　旗地的变卖　佃户　租佃契约　地主　村民拥有亩
数　搭套　转租　搭伙租地　佃户　地租　介绍人　租地作物的自由　农具、
肥料的借贷　村费　青苗钱承担额的限制　租户和旗人土地的佃户　佃户的旗
人财产整理后的变迁　整理前后庄头的所有地　伙种　佃户的农具　牲畜的租
用　白河的洪水　那种情况下地租的减额和后付　租佃的持续期限　搭伙　公
会地　佃户同意土地的变卖　养老地　介绍人　地租的削减　租地的续耕　地
租的交纳　园地　租佃契约的时期　契约期满的时期　佃户户数的增加　定金
地主指定的农作物　出典租佃　地价　典价　收戒数量　全年的耕种情况

　3 月 29 日　………………………………………………………………………（321）
杜祥的租佃　地租上涨　地租的形态　租用地主的农具　依靠短工来耕作　租
地的作物　公会地的租佃　介绍人　地主的更换　谷物的交易　转租佃　伙种

　3 月 30 日　………………………………………………………………………（324）
地租的现金支付和谷物　介绍人　用谷物交纳地租　外村公会地的租佃　本村
公会地的租佃

　3 月 31 日　………………………………………………………………………（326）
地租　园地　介绍人　租佃

1944 年 8 月（租佃篇第 18 号） ……………………………………………（328）
　8 月 13 日　………………………………………………………………………（328）
佃户户数　地租　租地和分种　地价　地租的交纳　介绍人　分种　佃户为地
主提供劳动力　给地主送的礼品　地主拜访佃户　佃户拜访地主　介绍人　分
种和租地　地租的预付和后付　分种和租地　公会地的租佃　公会地租佃的交
纳

8 月 31 日 ···（332）
　　公会地的地租　投票选定公会地的佃户　当选者的决定　公会地地租的交纳
　　担保人

土地买卖篇

1940 年 12 月（土地买卖篇第 1 号）···（337）
　12 月 8 日 ···（337）
　　卖地　卖房　卖空基地　交易的手续　交纳契约　地粮　出典手续　典的期限
　12 月 9 日 ···（338）
　　典的形式　中保人、说合人　地牵　典当赎回　典当对象　典期　赎地　典价
　　加价　典当登记　抵押和典当　指地借钱　抵押手续　期限　散懒子　抵押金
　　额　抵押登记　卖价和典价、押价　卖、典、押的比例　交纳契税　契约纸
　　起草契约
　12 月 16 日 ···（343）
　　家庭成员出售土地　同族的优先购买　实地测量　地价的决定　保证金　中介
　　人的种类　中介人的任务　谢礼　地上建筑物　买卖契约书　一地二契　二地
　　一契　更名　红契　更名的费用　黑地的呈报　登记　补契　取消契约　权利
　　变动的公示　村公所的账簿
　12 月 17 日 ···（347）
　　押和卖　退还土地　抵押的期限　过、推　过契的格式　抵押契约的格式　地
　　券持有者　抵押价格和土地价格　指地借钱的期限　售卖担保地　找价　退地
　　典字和典当契约　活契　典价的支付期　典和卖　旗人租地的出售　过、推的
　　税契　过割　转典　转典的期限　第二典的契约书　转典的赎回　转典的对象
　　典当物受到灾害　转典的加价　典地的收获　转典地的优先购买者　转典地的
　　佃户　出典和租佃　抵押地的出典　出售和地租　租佃权的买卖　地租的基准
　　佃户的交替　地租的数额　地租的决定
　12 月 18 日 ···（355）
　　附带买回条件的卖契　政府部门出售土地　官产处出售土地　出售村庄所有地
　　的手续　拍卖的手续
　12 月 19 日 ···（357）
　　赊账　支付方法　账簿　清单　支付日期　利息　欠款的限度　商店土地的佃
　　户

1941 年 3 月（土地买卖篇第 4 号）···（360）
　3 月 18 日 ···（360）
　　缴税契约　中保人　中保人的责任　中保人和介绍人　地牵人　丈量土地　给

中保人的谢礼　中保人和卖主　契约的必要度　契约持有人　族长的位次

3 月 19 日 ·· （362）

推、过　出售土地的原因　地价　宅地的出售　葬礼、结婚的费用　给中保人的谢礼　定金　契约规定用纸和名称　土地货款的支付期　丈量土地　买卖土地与租赁土地　买卖和典　陪嫁钱　土地上的固定物　墓地　出售墓地时的宴会　地价的决定　缴税契约的期限　打地　契约错误　买卖的生效时期　优先购买土地的顺序　祠堂的土地　拍卖　指地借钱

3 月 20 日 ·· （367）

中保人　土地买卖的纷争　土地所有权的证明　老契和原契　契约的修订　老契　共同购买　出售契约、购买契约　地契上的填写事项　出售时期　带有农作物土地的买卖　带有树木、水井的土地买卖　空宅基地　宅基地的买卖　监督证明人　起草的契约

3 月 21 日 ·· （370）

土地交付的时期　拍卖　毁约　损害赔偿　买卖和家族关系　特殊的土地名目　旗人的财产　内务府　雍和宫　周庄头　嵩祝寺　松宅　特殊土地的买卖　买卖的时期　黑地　整理官府旗人的财产　村庄的财产　祠堂的土地　碾子土　村里买入土地　村里的土地售卖　村里的借贷　典当的期限　指地借钱和抵押　抵押和典当　押的期限　家产

3 月 26 日 ·· （374）

税契　税契的规定用纸　起草的契约　对于逃税者的处置　缴税人　缴税手续　[参考资料] 1. 针对违反手续的人的起诉书　2. 顺义县政府布告　3. 顺义县公署的布告　4. 河北省公署训令　5. 顺义县公署布告　6. 河北省公署训令　7. 起草契约的规则　8. 监督人要遵守的规则

农村金融及贸易篇

1940 年 12 月（农村金融及贸易篇第 1 号） ·································· （387）

12 月 11 日 ··· （387）

农作物的销售和集市　牙行　物品的购买　运送　出售农作物的时期　出售的农作物　农作物的变化　交易价格的决定方式　赊账　自给自足的倾向　事变的生活　样品　集市的区划　出入集市　征税承包人　村内的交易

12 月 12 日 ··· （390）

婚礼葬礼和赊账　赊账的支付方法　赊账的中介人　赊账的账簿　负债的字据　对商店的欠款　依靠谷物偿还　卖青苗　和米店的交易　负债和交易　商店　小贩　村内的借款　借款金额　借款的保证人　借款的时期　借款的担保　借款的担保利息　借款和同族　向地主借款　合作社　钱会、合会　慈善会　当铺　印子钱　谷物的借贷　家畜的借贷　无担保的借款

12 月 13 日 ……………………………………………………………………（393）
借款的担保人　担保人的资格　担保人和借方　担保人的数量　贷款的偿还要
求　土地的担保　抵押和借贷　抵押契约、贷款契约　典当契约　抵押和典当
抵押和出售　地契的交付　抵押的担保　双重抵押　抵押期限

12 月 14 日 ……………………………………………………………………（394）
指地借钱　抵押和典当　从抵押到典当　抵押地的出售　抵押期限　典当的名
称　典当登记　典当的对象物　典当的期限　典当价格的追加　卖马不离槽
出典地的变更　出典地的税　转典　典地的佃户　出典地的出售　当铺　农作
物的抵押＝包　依靠劳动还款　无期限借款　短期借款　利息　高利贷　为负
债烦恼之人　借款金额　借款减少的倾向　利率的变更　利息支付期　中介人
口头契约　借款字据的形式　家族成员的借款　合同的修订　典当契约　利息
的偿还方法　依靠劳动偿还　扣押　负债逃亡　借款的纷争　时效

1941 年 3 月（农村金融及贸易篇第 4 号） ……………………………………（402）
3 月 7 日 ………………………………………………………………………（402）
集市　粮食贸易　家禽贸易　蔬菜贸易　县里的集市　赊销　谷物　农具　肥
料　燃料　大集市　物物交换　运输　赊账与价格　买卖和瑕疵　粮食集市的
牙伙　斗、秤　粮食集市、地点　集市观察记

3 月 8 日 ………………………………………………………………………（406）
牙伙和贴头　肥料　村庄的牙行　村民的买卖　村民的金融　当铺　出售粮食
借粮食　借钱　用途　债主　担保与信用　字据

3 月 11 日 ……………………………………………………………………（410）
庙会　庙会日的商品清单　庙会和戏剧　家畜集市的牙行　赊账　物物交换
集市外的贸易　借钱手续　中间担保人　契约　借条的种类　抵押契约

3 月 12 日 ……………………………………………………………………（414）
请会　请会的目的　公费的筹集　请会的手续　请会和借钱　借款的种类　期
限　期限与利息　中保人的有无　中保人的条件　利息　高利贷

3 月 13 日 ……………………………………………………………………（418）
指地借钱　期限和利息　到了期限不能还钱的处置　指地借款和典当　村内的
借贷情况　小数额的借贷　借贷的时期　中保人的需要与否　中保人的资格
中保人的责任　中保人代还款后的权利　中保人和介绍人　保人、中保人　居
中调停的实例　给中介的谢礼　典当居中调停

3 月 14 日 ……………………………………………………………………（422）
中介人　中保人的责任　中介的谢礼　村里的地租和地租的筹措　借粮、赊粮
赊粮的偿还　指地借钱和典当　指地借钱的借增　期限和利息　从指地到典当
中保人的种类　用来担保的土地、建筑物

3 月 18 日 ……………………………………………………………………（426）

搭套和共同购买　牲畜的借贷　金钱借贷的手续　延期和利息　搭套的借贷和偿还　保证人及其责任　保证人的证明人　有无指地和保证人　对于到期不还时的处置　指地、立字据和老纸　指地和部分还债　指地的再担保　薪水的预支　劳动偿还的比率　借贷与家族　时效的有无　债权的效力和期限　失效有无

3 月 19 日 ……………………………………………………………………（432）

指地借钱　中保人的工作　偿还部分贷款的手续　偿还部分贷款和利息　偿还部分贷款和担保土地　延期的限度和土地处置　债权的效力和持续时间　指地借钱的转押　借款和依靠劳动偿还　薪水与季节　与商店的信用借贷　和商店的交易　清算期　利息的计算　商店的借贷和逾期之后的处置　作物收成前的交易　浮债浮借　期限，利息　物纳利息　预扣利息

3 月 20 日 ……………………………………………………………………（438）

典　地权和地契　地契遗失时的处置　地权的内容　典的客体　典价和卖价　旗地及其出典　典、卖与税契　典的期限　找价　典契及找价的附笺例　典的当事者　赎回　赎回的时期　期限的意味　典地的耕种　承典人的权利和义务　典田的损失和赎回

3 月 21 日 ……………………………………………………………………（443）

回赎的时期　回赎的期间　部分田的回赎　倒把　重典　出典的手续　转典　典权的转让　转典的回赎　典和赋税负担　典田的买卖　出租地的出典　出典田的买卖　典和税契　典的期限　典屋及地基　承典田的指地借钱　典关系成立的时期　找价的限度

3 月 22 日 ……………………………………………………………………（449）

村内的金融　一本一利　止利还本　三年停本利　利息——高利　印子钱　借钱及减免宽限　土地担保的种类及期限　财产的种类和担保的顺序　金融方法的顺序　指地借钱及保证人的责任　担保人与债权的不可分　保证人之间的关系　分期付款　担保债权　在期限内无法还清债务的场合　破产　署名的画押　借钱及家族关系　契约和事实的不一致　抵押物的灭失和损坏　抵押土地的买卖

3 月 26 日 ……………………………………………………………………（453）

典的实例之一　典的实例之二　典的实例之三　同顺永的财务　村里人的筹划　日用品的购买　村里的财主　典的实例之四

3 月 27 日 ……………………………………………………………………（459）

商务会　集市及商店　粮食交易的当事人　粮店的交易　牙伙　粮食交易及价格　扫集的　长摊主及浮摊主　当铺　高利贷　商店的金融　担保的有无及形式　期限及利息　村费的调整　赊账　收不回的欠款——历年账　结清赊账时的价格　商店的进货

3 月 29 日 ……………………………………………………………………（464）

村民的金融　地租的交纳　向亲戚借钱　婚葬时费用的筹措　席的买卖　村民的商业买卖　行商　集买人　卖鸡蛋　卖蔬菜　新民会的合作社　村民的金融方法　对扶钱　典和卖　指地借钱及出典　指地借钱　延期　收不回的贷款瓜分　赵氏的耕种

3 月 30 日 ……………………………………………………………………………（470）
赵廷魁的土地减少过程　李树林的家庭经济及副业

附资料　3 月 25 日 ……………………………………………………………………（473）
关于典契　关于制钱
【资料】典当契约

1942 年 3 月（农村金融及贸易篇第 7 号） ………………………………………（489）
3 月 11 日 ……………………………………………………………………………（489）
婚葬礼的费用以及其筹措方法　卖与典　典、押的称呼　担保物　放贷的商店官员、地主　指地借钱以及典　借钱的形式　借贷的范围　中人、保证人　指地借钱以及过期后的处置　保证人的数量　出典租地　出典及同族　典的目的地价及典价　典及指地借钱的比较　其他的金融机关　物价的演变　典契的丢失及处置　嫁资地　借贷私房钱　养老地的处置　典田的负担　典的当事人找价　指地借钱及土地的负担　典田和负担

3 月 12 日 ……………………………………………………………………………（496）
家庭经济情况及典的例子

3 月 12 日 ……………………………………………………………………………（499）
勤杂工　例之雇用徒弟　粮行贸易　顺义的粮行

3 月 13 日 ……………………………………………………………………………（500）
当医生的大致情况　承典的例子　典、卖的例子

3 月 15 日 ……………………………………………………………………………（508）
葬礼费用的例子　副业　借钱、卖地的例子　婚葬的例子　承典、承租的例子

3 月 16 日 ……………………………………………………………………………（515）
分家的例子　长工的例子

3 月 16 日 ……………………………………………………………………………（516）
商店的例子　杂货铺的经营　雇佣店员　账簿　赊账　卖地的例子　出嫁、患病的费用

3 月 17 日 ……………………………………………………………………………（521）
村的概况　农作物　歉收时的安排　最少必要耕地　租佃　地价　地租　安葬费　婚葬费的筹措　关于指地借钱　地价的比例　利息　转押　典的期限　地价与典价　典与指地　典的当事人　转典　出典田的买卖　找价　借钱及立字保证人及抵押品　浮摘　借钱　贷主　借粮　长工　农作物的买卖　印子钱　租地的出典　典的性质　典田的灾害以及负担　典与旗地　典房的例子　转

典的例子

3 月 18 日 ……………………………………………………………………（528）

水灾　穷困时钱的筹措　贷借的方法　指地借钱　信用借款　地价　地租　典
价　典与指地　找价　期限　回赎　担保物的减少与损失　回赎的限制　船户
地　各种方法所占的比例　租佃典田　指地借钱后无法偿还的处置　转典　钱
会　典等的原因　借粮

1942 年 8 月 ……………………………………………………………………（533）

顺义县沙井村 17 户农家个别家计调查 ………………………………………（533）

杨泽　任振纲　杜祥　李濡源　张成　赵廷魁　景德福　杜守田　张麟容　张
守俊　李树林　付菊　李秀芳　张永仁　崇文起　张守仁　杨润
［资料］顺义县沙井村 17 户农家家计收支及各项目比率一览表

水　篇

1940 年 11 月 （水篇第 1 号） …………………………………………………（575）

11 月 25 日 ……………………………………………………………………（575）

小中型河　水灾　菜园　水井的挖掘方式　水井的所有者　公共井　杨春旺的
水井（砖井）　杜春的水井（砖井）　水沟的建造方法　土地买卖和水井
村民和公共井用户　租佃地和水井　池塘

赋税篇

1940 年 12 月 （赋税篇第 2 号） ………………………………………………（583）

12 月 7 日 ……………………………………………………………………（583）

赋税的种类　牙杂税　附加　学费　杂捐　摊款　档案的保存　不经县里的税
包税的范围　包税人、承征人　社书、保正、地方　财务警　田赋征收人、粮
柜　税的收取　财务稽核专员　田赋的征收区域　契税的征收区域　牙杂税的
征收区域　田赋的征收手续　契税的征收手续　牙伙和承征员　屠宰税的征收
猪毛牙税的征收　杂捐的征收　省税的处理　县税的处理　抗灾　民缺　对拖
税逃税的处置　免税地

12 月 9 日 ……………………………………………………………………（593）

契税条例　契纸的种类　房子的买卖　介绍人、中间人、中保人　获取草契纸
草契和乡长　来自县的草契的交付　契税的逃税　立契的方法　契税的手续
税契的税率和契税的费用　契税的期限　契税的减免　契税的税率　契税的沿
革　契税的目的　在买卖中土地和建筑物的分离　分家和税契　契税和过割
过割　契税依据买卖价格　有关契税的账簿

12 月 11 日 ···（596）
　乡长的草契保管　契税的费用和其负担者　这次土地调查和税契　契税和老契
　到契纸发放为止需要的天数　卖与典　推、过、倒　旧红契和现在的白契　补
　税　登记和税契　分家和税契　契税的省款的处理　契税的县款收入　验契的
　沿革　验契的目的　验契方法　验契和农民　验契和县　补税　补契的效果

12 月 11 日 ···（600）
　牙税章程、税务承征员章程　牙税以及承征员的种类　买主、卖主的负担　承征
　员的交纳　逃税　税额和负担比率　收据　牙伙的报酬　在集市的买卖　不是集
　市时的买卖　牙税征收的手续　牙税的逃税行为　牙行　承征员和牙伙　牙贴

12 月 12 日 ···（602）
　屠宰税　屠宰税的承征员　承征员的交纳　牲畜的病死和屠宰税　屠户　牲畜
　税　牙税和牲畜税

12 月 12 日 ···（604）
　杂捐　自行车税　商捐　县的临时摊款　军草　赋役　桥梁树木的分配　用于
　牙税局的账簿　用于田赋的账簿

12 月 21 日 ···（606）
　村里的屠宰税　村里的牙税　村里的秤税　包税人　村费、青苗钱　力役　村
　外土地的青苗钱、连圈

12 月 1 日 ···（608）
　摊款和主、副村　村外土地的青苗钱、贴钱　县摊款的分配、车股　村的收入

1940 年 11—12 月（赋税篇第 1 号）·································（610）
（元土地所有权篇第 1 号及赋税篇第 1 号）

11 月 30 日 ···（610）
　沙井村的沿革地目　内务府造办处的催头　旗地和民粮地　嵩祝寺的征租　钟
　杨宅地　松宅地　周庄头地　匠役地的征租　旗租的价格　旗地的起源

12 月 1 日 ···（613）
　沙井村的沿革地目　旗地的整理　这次土地调查的黑地申请
　[资料] 在沙井村得到的租票

12 月 12 日 ···（616）
　周德福的经历　沙井村的沿革地目　内务府造办处的李催头　民国初年村内的
　土地所有者　嵩祝寺的土地和杨斌　村的耕种的面积　民国十三年前后的村内
　土地所有者　推、过　官旗产的整理　农民和整理　王公府和整理　内务府造
　办处地的整理　匠役地以外的整理　这次土地调查和黑地

12 月 8 日 ···（622）
　免税地　租子地产捐　未整理的土地　这次土地调查和黑地申请　庄头、催
　头、揽头　庄头、催头、揽头和佃户　佃户的推　另佃　旗地和民粮地　佃户

香火地　学田　八项旗租　清朝的黑地升科　现在的土地名目—公产、升科
租、地粮　绿营地　清丈局　民国十四年整理和公王府

[资料] 民国八年租子地名单　财政厅令填学田河淤地亩调查表的说明栏

12月12日 ·· （629）

不动产登记　登记手续　登记和土地争纷　在农村的登记

1941 年 2—3 月（赋税篇第 6 - 1） ······················ （632）

3月3日 ·· （632）

财务科的组织　收发室　统税局　省税　预决算　道和县的关系　征解费　征
收费　溢征提奖　经征费　民国政府时的省税代收　省税附加　省税预算额
省预算额改订　征解费和提奖　省提奖和县预算　摊款（县财政收入）　摊款
的意思　摊款负担率决定方法　民国政府时代

3月4日 ·· （641）

摊款的改正　行政会议　摊款会议　省税附加　县税的种类　亩捐和田赋附加
税和摊款的差异　乡款　民国政府时的亩捐和田赋附加　田赋的等级　田赋的
等级和土地的等级　亩捐的限制　亩捐和民摊警款　田赋附加的改正　预算
库款补助　特别补助费　去年的县收入支出额　支出　学田租、学费　小基金
生息　缮状费　状纸附加

3月6日 ·· （662）

学田的税　学田的耕种费　学田的税额　学田和黑地　自行车、石灰、小肠捐
的征收方法　分局和分所　区　分所的征税事务　分所的工作　分所的课税
村公所的课税　区公所　道　滞征　勘灾　省税和县税的滞征　县和村的摊款

3月8日 ·· （665）

省摊款　摊的种类　特别会计和摊款　特别会计临时摊款的内容　转款　县经
常摊款　村摊款的种类　村经常摊款和其限制　县临时摊款　村临时摊款　村
摊款的限制　分所的摊款　经常摊款与临时摊款的差异　村青苗钱的性质

[资料] 顺义县公署财务科组织系统及职员姓名表　顺义县二十四年度正杂各
款预算额实征额盈继比较　民国二十八年度库款收入表　河北省顺义县省款二
十九年度岁入决算表　河北省顺义县省款三十年度岁入概算书　民国二十九年
度库款全年及每月应拨数目表　顺义县公署民国二十九年度县款收入决算书
河北省顺义县地方款　民国三十年岁入概算书　岁入经常门　河北省顺义县地
方款　民国三十年度支出概算书　民国二十九年度县款决算表　行政状纸的样
式　顺义县公署财务科民国三十年度特别会计簿的内容

3月13日 ·· （670）

分所处理的税和摊款　分所的工作　分所临时摊款　分配方式　沙井村分配率
以前的分配方法（车股）　县摊款的分所分配征收　村的青苗费　分所和地
方、保正　地方、保正的差异　新兵费　慰劳费　分所和县摊款

［资料］民国二十九年度发放到第一警察分所的公文书　顺义县警务第一分局
　　每季各村镇应缴警专款数目表　顺义县第一区车股次序村庄及开会地点一览表

3 月 14 日 ···（676）
　　以前的区公所和警察分所的工作　团警摊款　军事支应摊款　县摊款分配方法
　　摊工分配　白地款　村的摊工分配　保正、地方　保正、地方的收入　保正、
　　地方的身份　分局、区公所的工作

3 月 16 日 ···（679）
　　保正　地方　保正的工作　保正的任期　保正的文书传达　保正的田催促赋工
　　作　地方的催促　未交纳者　地方的任命　区公所和保正、地方　警察分局和
　　保正、地方　保正的办公处　办公处的经费

2 月 28 日 ···（682）
　　村的经费　村的收入和青苗钱　收入不足的筹集　青苗钱　分配方法　分配会
　　议　征收　征收延期　村公所的职员补贴　贴钱　村的支出经费　学款

3 月 1 日 ···（685）
　　村费支出的细目　村费预算　青苗钱　村费支出项目　村费支出的倾向　白地
　　款　青苗钱的决定　村民的反对　对于村公所的摊款　保正、地方　分局的摊
　　款

3 月 15 日 ···（688）
　　张瑞的负担　摊工　马草的征收　摊工（工）的村内分配方法　青苗钱的分配
　　和摊工份额基准的差异　摊工　李清源的负担　村费的收支　决算报告　用村
　　费垫付　青苗钱的会议　在会的　青苗钱（官款）的历史　官款和青苗钱的差
　　异　县税

3 月 10 日 ···（693）
　　商会　商会的组织和工作　商会的征收事务　商捐　商会加入者和非加入者
　　商会的摊款　商会摊款（商摊警款）分配规则　商会加入者和非加入者的差异
　　物价报告　一般物价和商会　物价表
　　［资料］河北省顺义县商会章程　河北顺义县牛栏山镇商会办事细则　河北顺
　　义县牛栏山镇商会办事细则　顺义县营业税申请书　顺义县所得税申请书（所
　　得报告表）　中华民国二十八年一月份立顺义县商会在会商号商捐警款簿（各
　　商店商捐分配率表）　河北省顺义县商会职员名册　河北省顺义县商会会员名
　　册　顺义县商会所属各商店摊款分配率

3 月 11 日 ···（706）
　　商会临时摊款　临时摊款的种类　县税代收　国税代征　商会代理购入　财
　　东和掌柜　商会加入者的增加
　　［资料］顺义县商会日需品价格周报　冀东道顺义县粮价物价报告表　冀东道
　　顺义县粮价物价报告表

3 月 11 日 ···（714）

统税局的组织　统税分所的征收　所得税　商会的代征　烟酒税票　包商征收
烟草生产农民　酒税　印花税　分所和县的关系（漏税）　漏税的处理办法
国税和省县税

［资料］商情月报表　唐山统税局怀顺稽征分所征收　酒税费率表　唐山统税
局怀顺稽征分所辖境　酿酒作坛及黄酒商号一览表

3 月 14 日　•••（727）

房租　提奖　各款独立　省借款和预征收　民国二十一年的借款　特别会计
摊款和税的差异　摊工　征收摊款的门路　警察分所征收摊款　增加省税附加
税　乡款　调查黑地　摊款的由来　亩捐和田赋附加税　基金委员会的基金借
贷（村）　白地款的对象　青苗税的对象　车股（税率）的意思

3 月 12 日　•••（730）

田赋征收员和征收地点　纳期　征税账簿（红册）　征收室的由来　处置滞缴
税款　田赋征收的由来

1941 年 2—3 月（赋税篇第 6 - 2）　••（733）

2 月 25 日　•••（733）

田赋附加税、摊款　摊款和警备费　行政书附加　废止摊款和实施商捐亩捐
绅商摊款、商民摊款　联席会议　联席会议的出席者　选定出席联席会议的农
民代表　选定出席联席会议的商界代表　联席会议的主席　确定摊款中民和商
的分配比例　商界内部的分配比例　区中农民的分配额　车股　车股和警察分
所　民国三十年度的亩捐　民国三十年度的商捐　为了决定商捐等次的调查
地方的职责　地方催缴钱粮　卯期总簿

［资料］商捐亩捐的实施办法　珄席会议记录　召开联席会议的通知　各区村
摊警款额征完缺核对簿　为了商捐等次而决定进行的调查表

2 月 25 日　•••（741）

民国二十九年土地调查开始　谞查员　调查表的格式　调查和六房　调查对
象——有粮地、黑地、租地　科则的划分　申请地的增长量　查报表和红簿、
大秋账　民国二十八年的黑地调查　六房　粮房和户房　民国初的整理

［资料］顺义县清查土地整理田赋经征处办事细则　顺义县清查土地整理田赋
清查员办事细则　清查员办事纽则补充办法　田赋查报表　土地申请书　各
村、各乡自己制作的让实施土地调查的布告

2 月 27 日　•••（747）

地方的变迁　地方的任命　地方的身份　地方的田赋代纳　地方存在的理由
地方的报酬　地方的罢免　地方的选任　地方的权限　地方的身份　保正的职
务　保正的报酬　保正、地方的催缴粮银　保正的人数　保正和地方、村公所
保正的罢免　保正的选任　保正的地位　保正的变迁　保正的选任　保正的变
迁　政务警　政务警的职务　政务警和警察　政务警的选任　当选政务警的条

件　政务警的报酬　政务警的变迁　政务警和区　政务警和农民　政务警的罢免

［资料］地方任命的手令

2月26日 ·· （753）
县里代理收取雍和官香灯租　雍和官香灯地的整理　县里代理收取和收租人征收　署提香灯银元簿　条　雍和官租收入的废止

3月3日 ··· （754）
统税　盐的货物税　酒的货物税　所得税　烟草的统税　防止偷逃货物税　国税

3月3日 ··· （755）
推　起租子的　租子地的买卖　租子地和钱粮　地租和租子　八项旗租　推庄头和催头　揽头　推和永佃权　过　倒　兑　钱粮　租子地　租子　典里的租子、钱粮的负担　中保人、中人、保人、说合人　白契的做法　民国十九年以前的白契　税契的罚则　监证人和漏税　卖出税契的土地　典推契税的内容

3月5日 ··· （760）
需要柴草的机关　柴草的种类　要求柴草的方法　征收柴草的方法　交纳柴草的方法　柴草处的变迁　柴草处的工作　付给乡村的柴草钱款　分配柴草的方法　付给乡村的柴草钱款　收购稻草等　柴草价格和市场价格　木材的收购价格和市价　款待乡村的县机关工作人员　收购木材和支付货款　县城的赋役新民会摊款

［资料］顺义县公署发给各区柴草价款一览表

3月6日 ··· （764）
东粮房的变迁　西粮房的先生　粮房的先生　粮房的名称　主任、稽核、书记书记的职务　稽核的职务　主任的职务　主任、稽核、书记的选任　主任、稽核、书记的收入　先生的报酬　县和粮柜的关系　粮柜的收入　粮柜相互之间的关系　先生的伙食补助　征收粮和租的粮房的区别　粮房和户房　旗租地的买卖　八项旗租地　没收各王府租子地　公产　粮房增加赋税的分配方法　升科地的增加　绿营　保正、地方催缴粮银　填写粮食总账本　保正、地方的奖金　保正、地方和卯正　地方代替别户交纳赋税　乡长代替别户交纳赋税　粮柜和保正、地方　勘灾　民缺　免除民缺　连圈、贴钱　田赋的科则

［资料］粮柜办事窗口的顺序　顺义县粮租名称以及项目一览表

3月8日 ··· （775）
应答者简历　先生的报酬　粮房的收入　地方、保正的报酬　地方代理收取田赋　田赋的征收时期　地粮红簿　地粮增加和对粮房的分配　主任（东方）陶氏

3月11日 ·· （777）
警察分所和分局　分所的职务　警款的分配　分所和保正　在分所召开乡长会议　选拔联席会议代表　征收摊款的方法　区会议　征收摊款的方法　交纳摊

款的方法　摊款和车股　柴草和车股　支付柴草欠款和乡长　征收摊款的时间
商捐　征兵　分所和地方、保正

[资料] 顺义县公署警察所第一分所担任事务表

3 月 1 日 ·· （781）

保正的变革和职务　保正办公处　路头和保正　保正和警察分所　保正的职
务——催缴粮银、传达文件　供应柴草　向柴草处交纳　分配柴草　车股　车
股的变迁　支付柴草价款　督促没有交纳田赋的交纳田赋　传达文件和谢礼
柴草　处置滞后交纳田赋的行为　保正和警察分所　跟保正有关的规则　保正
上任的辞令　地方上任的辞令　保正和地方　商会、车站和保正　保正自己的
住宅和耕作土地　保正之间的集会

[资料] 第一区车股组织表　没有交纳田赋的粮票收据

3 月 13 日 ··· （786）

政务警和保正　传达公文　保正和政务警　罢免地方　保正的伙计——半伙
第一区的耕作地　保正的报酬　任免保正　保正的报酬　传达公文　带卯　催
缴粮银　保正和地方　保正的伙计

2 月 24 日 ··· （789）

牲畜税和大小牙税　肉杠和肉挑　牲畜税和大小牙税　烟酒牌照税　滞后交纳
烟酒牌照税　选任包税人　包税人的身份　征收牙杂税的区域　根据交易场
所，县里自行征收　交易所的报酬　包税人的名称、总包税的、分包税的、牙
伙、承征员、贴头、经纪

[资料] 招募包税人的布告　河北省税务承征员章程　税承征员请愿书　顺义
县民国二十九年度各镇税务数目表　顺义县民国三十年度各镇税务数目表　民
国二十九年度顺义县各镇承征员以及牙伙名簿　有关民国三十年牙杂税征收的
布告　民国二十九年牙杂税月别税额表　民国三十年牙杂税汇款单以及收据
民国二十九年牙杂税税票缴查数目表

2 月 26 日 ··· （805）

确定斗牙税的牙伙　斗牙税牙伙的报酬　斗牙税牙伙的地位　包税人的名称
总包税的　分包税的　承征员　牙伙和承征员　承征员、纠察员、办事员的职
务　交易场和斗牙税　处罚偷逃牙税的人　承征员没有集会　牙伙没有集会
屠宰税的收税对象——猪、羊、牛　屠宰税里没有牙伙　包佣

3 月 4 日 ·· （811）

在交易所征税　包佣　商店交纳牙税　斗人的报酬　斗人的首领　交易所的条
例　屠宰税的包税人　包村的、零包税的　收纳斗牙税　村公会的屠宰税包税
今年的屠宰税包税人　第一区的屠宰税征收所　屠宰税的包村的和村公会　防
止村里的偷逃税和村里的包村的　贴头　包村的和承征员　没有粮栈在村里一
家包购的　借粮和牙税　斗人的值日　营业税和商捐　确定营业税和征收营业
税　营业税和商会　不加入商会的店的营业税　加入商会者　商量商民摊款的

分配和散商　营业税的税率　商捐的等级　交纳商捐和商会　商捐和分局　城
外散商的商捐　商团

[资料] 民国三十年一月重印顺义县交易场暂行规定　交易场所用到的统计表
斗伙轮流值日表

3月8日 ･･ （827）

斗伙的斗儿　承征员和决定斗伙　牙伙的职务　牙伙的收入　斗伙忙的时候
牙伙负责的集市是一定的　交易场的斗伙　交易场斗伙的报酬

[资料] 商号关系的谷物交易文件　个人关系的谷物交易文件　月份斗伙（十
七名）薪水领取证明

3月10日 ･･ （833）

斗伙没有集会　商号和牙伙　一般民众和牙伙　站街斗　承征员和斗伙　防止
偷逃税　交易场的出场证　包商防止偷逃税和商号　在商号的村没有包购　斗
子　关于去年的包商邱先生　包商和确定斗伙　包商的轮流和斗伙　开市仪式
新斗和旧斗　交易场和衙门代收

[资料] 交易场出场证

3月12日 ･･ （837）

村民交的牙杂税　可以在村进行买卖——散包商　秤牙税、秤子　秤子的职务
秤子的收入　秤子和秤子贴头　大市　秤子和总包商　沙井村的秤子——望泉
寺的刘五　刘五的身份是青夫　屠宰税的包村的　屠户和包村的　李注源的承
租和村公会的承租　今年正月的屠宰　监察人、调查人　包商、牙伙的身份
村里没有猪的买卖　牲畜税和牙税　牙伙的职务和报酬　在村里不能买卖的项
目　斗伙和交易场　牙伙和商号　包佣

3月14日 ･･ （844）

村里承包屠宰税和小包税　今年的小包税　承包额和收入　秤子承担的数额
村公会承包屠宰税　村公会承包到个人承包的转变过程　大包税和小包税　小
包税的利益　小包税和屠户　屠宰的程序　大包税和小包税

3月14日 ･･ （848）

应答者的经历　总包税的和分包税的——合伙　确定牙伙　村公会承包　牲畜
税和大小牙税　由于出售征收的牲畜税　防止村里买卖的时候偷逃税　屠宰场
确定包税的和资金

1941 年 2—3 月（赋税篇第 7 号） ･･････････････････････････････････ （852）

2月28日 ･･ （852）

保正的变迁、路头、快捕　保正的办公处　保正的管辖区域　保正的任免　保
正的职务　保正和伙计　保正和地方　张氏保正的任职　保正的意思　保正传
达公文　比卯　地方催缴粮银　出签　保正和地方手里的跟土地有关的账簿
地方和拨粮　保正和地方的收入

3 月 16 日 ·· （854）

保正和地方　地方的管辖区域　任命地方　保正、地方的身份、不能世袭　地方的职务：催缴粮银和传达公文　粮名簿　比印　地方的收入　地方代理交纳钱粮　地方到县城之外催缴粮银　地方催缴粮银　保正的职务　保正的下路保正的变迁　保正的收入　地方的身份　地方和乡长

2 月 24 日 ·· （857）

草契纸的使用　村长和监证人　监证的事项　分发草契纸　草契纸的价格　监证费　草契纸的价格　监证事务的手续　提金　监证印　保正　保正的收入保正和分局　地方　地方催缴粮银　过粮

2 月 25 日 ·· （860）

监证印　村长、副村长和监证事务　监证人　中间人　代笔人　监证人的报酬田房牙纪　保正、地方的管辖区域　地方的收入　保正、地方催缴粮银　保正和警察分局　保正和地方的收入　保正和地方的意义　补契的手续　有关民国十七年以前的白契的税契　白契出现的理由　旗黑地　黑地和监证人　土地调查和税契　无粮地的升科　税契和升科　验契　不动产登记　登记费用

3 月 13 日 ·· （864）

补契　白字的税契　白地和官草契纸　退年限　监证人存在的意义　和这次土地调查的白契有关的税契　村子里使用草契纸

3 月 8 日 ·· （865）

监证人规则　监证人　草契纸　监证人的监证手续

[资料]　监证人办事细则　修正的河北省田房交易监证人规则　修正河北省田房交易草契规则

3 月 10 日 ·· （870）

监证和税契　监证人的收入　草契纸的分发　监证人的收入　监证费　监证人的职务　对监证人的赏罚　违反者的处罚　监证的事务　监证人存在的意义此次土地调查的白契　中保人、中人、中见人、保人的区别　监证印　监证人的交代　监证人的管辖区域

[资料]　各局所的草契纸向乡转发的训令　严格实行使用草契的训令　监证人戳记的发放以及样式

2 月 26 日 ·· （873）

不动产登记条例的公布　税务和登记　登记的目的　登记事务的停止　登记和农民　承审处和登记　顺义县的纷争

2 月 27 日 ·· （875）

登记的手续　申请书的填写　登记费的交纳　实地调查　调查报告　调查员的费用　临时受理证的发放　在民国十七年登记非常多的原因、登记的强制　法院的恢复　承审官和县知事

[资料]不动产登记申请书　委任状　调查命令书　勘丈图（测量图）　出典

者的承诺书　调查笔录　不动产登记条例　不动产登记申请文件收据存根簿内
容　登记簿收据存根簿内容

3 月 4 日 ……………………………………………………………………………（883）
河北省税契暂行章程　契税的种类　这次土地调查的白契　契税章程中的罚金
税契延期期间　民国十九年以前的白契和补草契　这次的土地调查中的税契
税契手续的账簿　契税的征收　税契受领证　财务科的税契处理　契纸张数用
印簿　收支簿　契尾缴查和送往税契的省　买契　起租子权的买卖　推
［资料］河北省税契暂行章程　关于税契罚金征收延期的布告　税契收支簿的
内容　税契受领证

3 月 10 日 ……………………………………………………………………………（887）
补契报粮　升科和过割　契税和面积　税契的回避　税契和老契　契尾的价格
买卖时土地和房屋的分离　契税的免除　草契的记载事项　监证人的责任　监
证人的公证和税契的公证　县印和监证印　税契的目的

3 月 6 日 ……………………………………………………………………………（889）
田赋征收处、六房　土地的种类　红簿的种类　更名、过割、过粮　更名和税
契　更名的规则　过割费的分配　更名的手续　社书　六房的权利转让　六房
的身份

3 月 7 日 ……………………………………………………………………………（891）
过割　过割的历史　过割手续的规则　过割和税契　官草契纸的使用　过割费
过割和事实调查　根据粮票证明土地所有　过割的目的　过割处理的手续　红
簿　过割和田赋负担者　过割手续费　粮租更名簿　红簿　草簿　过割和税契
的联络

3 月 13 日 ……………………………………………………………………………（894）
升科　黑地　官草契纸的使用很少　这次土地调查的白契　无粮地　升科的手
续　升科和税契　有粮无契的许多理由　土地调查和黑地请粮　黑地请粮和税
契　黑地附加的纳入　黑地请粮和升科　这次的调查没有测量

3 月 14 日 ……………………………………………………………………………（897）
旗产整理　旗产整理和县　顺义县旗产的种类　整理的方法　整理和税契升科
旗产整理和庄头、催头　整理和佃户　庄头、催头、佃户　整理的结束　清理
处的所在地　租票　旗地的推　推价　租子和钱粮　钟杨宅的土地
［资料］财政部执照和这次土地调查的买契

3 月 15 日 ……………………………………………………………………………（901）
钟杨宅　李秀芳和钟杨宅地　推、过、退　旗租和钱粮　旗租和租佃料　产权
产权和起租子权　旗产整理和钟杨宅　钟杨宅的拂下　钟杨宅的征租　官产清
理处的拂下价格、卖租子价　整理和税契、升科　官产清理处的整理价格　黑
地　升科、报粮和税契　这次调查发现许多白契的理由

3 月 12 日 ……………………………………………………………………………（904）

验契　验契的目的　验契的费用　验契的规则　验契和税契　验契的成绩　验
契的目的　验契费　验契和处罚　验契让农民不高兴　作为验契对象的土地
民国三年和民国十八年验契的关系　民国三年验契和税契　验契的费用　验契
的免除　举报没验契的
［资料］民国三年验契的新契纸　民国十八年验契的验契纸
3 月 5 日 ……………………………………………………………………（909）
有钱粮的旗地　升科　没有钱粮的旗地　推　典　先典后卖和税契　推、兑、
退、过、认、倒、典的区别　典、推的税契　监证人的规则　监证人的职务
监证人的揭发　免除契税的土地　分家和税契

1941 年 2—3 月（赋税篇第 4 号） ……………………………………………（911）
2 月 23 日 ……………………………………………………………………（911）
内务府造办处的催头李广田　沙井村造办处的佃户　佃户的土地购入　粮照
佃户的土地购入　佃户的地券　催头（李广田）　租价、地租
2 月 24 日 ……………………………………………………………………（913）
官产整理　造办处的庄头　李广玉（催头）　匠役地　匠役地的整理　匠役地
的卖契　租　催头　崇祝寺　钟杨宅地的整理　恒宅地的整理　旗地的种类
松宅地　村庄的头的地的整理　村庄的头的佃户　周庄头地的整理　佃户的买
价
2 月 25 日 ……………………………………………………………………（916）
杨正、赵廷福、杨光元
［资料一］匠役地的地券　［资料二］恒宅地的地券
2 月 26 日 ……………………………………………………………………（919）
吴殿臣、刘长春、李祥林、李树沐
［资料三］周庄头地的地契
2 月 27 日 ……………………………………………………………………（923）
杜守田、李秀芳、李广权、赵廷奎
2 月 28 日 ……………………………………………………………………（928）
李濡源、柏成志、张韩氏、张永二
3 月 1 日 ……………………………………………………………………（933）
周德福、沙井村的官旗产、孙凤
3 月 4 日 ……………………………………………………………………（937）
在沙井村有土地的县城人张芬、童泰、赵全、王明、李寿延、刘志发、王永
万、王书平、何长源、龚良
3 月 5 日 ……………………………………………………………………（942）
在沙井村有土地的望泉寺人张淮、张瀛、王坦、路连、周德禄、李深元、张德
恩、王宝才、刘景春、刘凤臣、许德、王朝文、朱佩经、刘成章、刘树械、王

瑞、王金　望泉寺的官旗产

　　[资料四]　钟杨宅地的地契

　3月6日 ·· （952）

在沙井村有土地的石门村人李连臣、李七、李春、李增、杨德荣、李镜、杜芝

茂、金志魁、任旺、任启、宝志山、景德发、李亮　石门村公会地

　　[资料五]　内务府造办处地的地契

　3月7日 ·· （958）

张林荣、任振纲、刘福、关得印、孙有让、赵立民

　　[资料六]　匠役地的地契

　3月8日 ·· （963）

李广恩（李注源的儿子）、杨春旺、张成、刘长贵、李清源、刘祯、崇文起、

杨永才、王春林、张守仁、杨永林、张树林、杨生、李注源、杨润

　　[资料七]　德公府地的地券　　[资料八]　鞠宅地的地券

　3月9日 ·· （975）

杜春、杜钦贤、张瑞、赵文有、王王氏、王悦、张珍

　　[资料九]　民粮地的典契

　3月10日 ·· （984）

旗地　沙井村内的土地　公会地　墓地

　3月11日 ·· （989）

旗地　族产　学田　庙产　沙井村的言绪氏所有地　钟杨宅——旗地　松宅

八项旗场　催头　带地投充　族产　学田　庙产　沙井村的所有地——松宅地

　　[资料一]　松宅地的地券

　3月12日 ·· （995）

赵绍廷　孙福　旗地亩产　坟茔地

　3月13日 ·· （999）

杨源　景德福

　3月14日 ·· （1004）

外村人（梅沟营刘殿祥）的土地　马卷村社景萱的土地　燃料　院子的边际

耕地的边界　水灾和伙种　水灾和租佃　旱灾　村庙的和尚

　3月15日 ·· （1009）

城隍庙　庙的财产

　3月15日 ·· （1012）

城隍庙的会首　庙产（土地）　和尚

　3月16日 ·· （1013）

院子的边界　耕地的分界　菜园　水灾

1942年3月（赋税篇第11号）　 ·· （1017）

3 月 11 日 ··· (1017)

大乡制　乡长的监证事务　杂税的直接征收

[资料] 顺义县公署牙杂税附加民国三十一年度暂时征收办法

3 月 11 日 ··· (1018)

大乡制和监证人　监证规则和草契规则　草契纸费的上涨　监证人的收入　监证人的草契使用和报告　推收的过割　租子地　永佃权　推收　牙纪　牙纪的用钱　牙纪的废止　官中、田房牙纪　监证人的创始　官中、田房牙纪的意义　顺义县现行地方税捐制度一览表　顺义县公署省税税率一览表

[资料] 停止大乡乡长兼任监证人的训令　田房交易监证人规则　修正河北省田方交易草契规则　省上的关于草契纸费用涨价的训令

3 月 12 日 ··· (1027)

河北村的庄头　庄头买土地的方法　白占地、带地投主、旗黑地　带地投主　土豪劣绅和粮房　没地有粮　更名　粮房的不正当　地多报少　地少报多　更名的效果　更名和税契　青苗会的地亩账　根据土地调查的土地账簿　财账和台账　财账和红簿　田赋附加的征收

3 月 13 日 ··· (1030)

旗地的设立　山西过来的移民　旗地设立和居民　租子　纳租权　推和卖　永佃权　钟杨宅　钟杨宅的整理　田房牙纪　官中　官草契纸的使用　庄头、催头的残存　保正、地方存在的理由

[资料一] 财账、台账的样式　[资料二] 有粮地调查表的样式　[资料三] 无粮地调查表样式

3 月 14 日 ··· (1035)

钟杨宅和渤海公司　钟杨宅的租子征收　钟杨宅地是老租子地　钟杨宅征租和县公署

3 月 14 日 ··· (1036)

慈善会的成立　慈善会的维持　义地的管理人　慈善会的事业　旗地的设立　山西移住过来的　旗地的管理、庄头、催头　庄头的所有地　官产清理处的成立　官产整理的方法　租子和钱粮　增租夺田　王府的产权　佃户的产权、永佃权　推　整理未了地　钟杨宅的土地　钟杨宅和土地整理　顺天府的地域

3 月 15 日 ··· (1038)

吴庄头　吴庄头的所有地　吴庄头的管理地　庄头的收入　庄头的身份　催头　吴庄头亲戚里的庄头　庄头收租的方法　庄头的废止　旗产整理　庄头的土地置买　黑地产生的原因　庄头卖掉租子地　佃权的买卖、退推、退　退佃的手续　租批和退佃字据

3 月 16 日 ··· (1041)

税契　监证人　税契和过割　监证人和税契的使用　土地调查的目的　旗地和黑地　税契的必要　过割　顶着名儿和钱粮　顶旧名　土地整理和黑地　青苗

会　会头　大乡制和村民的负担　验契　不动产登记　保正、地方　田赋征收
处　粮房的世袭　六房

3 月 17 日 ·· (1045)

土地调查　土地调查和税契　庄头和旗地　先典后卖和旗地　指地借钱和旗地
监证人和报少　租佃的老租和现租　租子　土地纷争　不减地租

1940 年 11—12 月关于河北省顺义县沙井村土地所有者及土地课税资料 ··········· (1048)

译者后记 ··· (1104)

编者后记 ··· (1106)

总　序

我们华中师范大学中国农村研究院是专门从事农村问题研究的机构，并以调查为基本方法。我们将满铁农村调查资料翻译成中文出版的设想已有 10 多年。

满铁农村调查资料是指 20 世纪上半期由日本"南满洲铁道株式会社"（简称"满铁"）支持的对中国调查形成的资料。由"满铁"支持的中国调查长达 40 多年，形成了内容极其庞大的调查资料。"满铁调查"的目的出于长期侵占中国的需要，但由这一调查形成的资料对于了解当时的中国有重要的参考价值，其调查方法也有其独特性。

中国是世界农业文明古国，也是世界农村大国，但从学理上对中国农村进行专门和系统的研究时间不长，有影响的论著还不多。10 多年前，一系列由美国籍学者撰写的关于中国农村研究的专著被翻译成中文，并在学界引起很大反响，成为专业领域研究的必读书。如黄宗智的《长江三角洲的小农家庭与乡村发展》、《华北的小农经济与社会变迁》，杜赞奇的《文化、权力与国家：1900—1942 年的华北农村》，马若孟的《中国农民经济——1890—1949：河北和山东的农民发展》等。这些书的共同特点是在利用日本满铁调查资料基础上写成的。日本满铁调查也因此广泛进入当今中国学界的视野。一时间甚至有人表示："中国农村在中国，中国农村调查在日本；中国农村在中国，中国农村研究在美国。"无论这一说法是否成立，但满铁农村调查的影响却是不可忽视的。只是美国学者运用的满铁资料都是日文的，中国学者在阅读和了解日文资料方面有困难。尽管有国内出版社出版了部分满铁调查资料，也主要是日文的影印版，仍然难以让更多学者使用。为此，我们有了将满铁农村调查资料翻译成中文，让更多学者充分阅读和使用这一资料的念头。

与此同时，我们华中师范大学中国农村研究院在整合过往的农村调查基础上，于 2006 年开启了"百村观察计划"，对中国农村进行大规模调查和持续不断的跟踪观察。为了实施这一调查计划，我们邀请了国内外学者进行有关方法论的训练，同时也希望借鉴更多的调查资料和方法。日本满铁调查资料的翻译出版进一步进入我们的视野。在 2006 年启动"百村观察计划"时，我们甚至提出在农村调查方面要"达到满铁，超越满铁"的雄心勃勃的目标。翻译满铁调查资料的想法更加明晰。当本人将这一想法告知时任华中师范大学社会科学处处长的石挺先生时，得到他积极赞同。但这项工程的重点是日汉翻译，需要一个高水平的强有力的翻译团队，于是他引荐了华中师范大学外国语学院副院长、日语系主任李俄宪教授，同时还给了一定的经费支持。此事得到专门从事日本语教学和研究的李俄宪教授的积极响应，并同意率领其团队参与这项工作。受华中师范大学中国农村研究院的委托，时任副教授的刘义强负责联系保存有满铁日文资料的国内相关机构，并得到支持，正式翻译工作得以启动。由于原文资料识别困难，最初的翻译进展较为缓慢，几经比对审核。进入出版程序之后，得到了中国社会科学出版社社长赵剑英先生的鼎力支持，该出版社的编辑室主任冯春凤女士特别用心，还专门请专家校订和核实。2013 年底，负责编辑翻译资料的刘义强教授出国访学。2014 年，时任华中师范大学中国农村研究院执行院长的邓大才教授具体负责推进翻译出版联系工作。在各方面努力下，由华中师范大学中国农村研究院和黑龙江档案馆联合编译的《满铁调查》一书，于 2015 年 1 月由中国社会科学出版社正式出版。

100 多万字的《满铁调查》出版后，中国学者得以从较大范围一睹满铁调查资料的真容，这在中国学界也是一件大事。2015 年 1 月 23 日，由华中师范大学中国农村研究院与中国社会科学出版社共同主办的《满铁调查》中文版出版发行学术研讨及新闻发布会在北京召开。此次会议非常重要。来自中国农业博物馆、南开大学、北京交通大学等高校和科研机构的"满铁调查"研究专家参加了会议，并提了很好的建议。其中，南开大学的张思先生长期利用满铁调查资料从事研究，并有丰硕成果。特别是在中国农业博物馆工作的曹幸穗先生，长期从事满铁资料的整理和研究，并专门著有以满铁调查资料为基础撰写的《旧中国苏南农家经济》一书。在他看来，"满铁对农户的调查项目之翔尽，可以说是旧中国的众多调查中绝无仅有的"。此次会议的重大收获是，曹幸穗先生建议我们主要翻译满铁农村调查方面的资料。

曹先生的建议引起我们高度重视。2015 年 1 月 26 日，华中师范大学中国农村研究院专门召开了满铁调查翻译出版推进会，调整和重新确立了翻译的主要方向和顺序，形成了新的翻译计划。新的计划定位为"满铁农村调查"，主要翻译"满铁调查"中有关农村方面的内容，并从著名的中国农村惯行调查资料翻译开始。这之后，我们又先后邀请曹幸穗和张思先生到华中师范大学讲学，他们对新的翻译计划提出了进一步的建议。曹先生还多次无私地向我们提供了相关资料目录和线索，供我们翻译出版使用。同时，我们也从整体上充实和加强了资料收集和翻译编辑的力量。

《满铁农村调查》翻译出版计划是在已出版的《满铁调查》一书基础上形成的，但已是全新的设计，资料来源更为广泛和直接，翻译出版的进展也大大加快。同时，它也是与由华中师范大学中国农村研究院主持的 2015 版大型中国农村调查工程相辅助的翻译计划。我们希望能够通过《满铁农村调查》的翻译为我们正在实施的中国农村调查及其学界提供有益的借鉴。

《满铁农村调查》的翻译出版是一个庞大的计划，付诸实施难度很大，特别是没有固定的经费支持。但我们认为，中国是一个正在崛起的大国，理应有相应的文化工程。好在主持与参与《满铁农村调查》翻译出版的人都有些许明知有难而为之的理想主义精神，愿意为此事作出贡献。特别是由华中师范大学日语系主任李俄宪教授担任主译的翻译团队在翻译方面作出了巨大贡献。李教授团队可以说是举全系师生之力，包括日籍教授，来从事这一工作。他们不是简单的翻译，而是将其作为一项事业。在翻译过程中，他们遇到了《满铁调查》中使用的语言、专业词汇、地名等大量难题，但本着对事业高度负责的精神，认真校核，精心推敲，力求准确。这项事业的推进凝聚了翻译团队的大量心血。目前，这一得到多方面支持和多人参与其中的浩大工程已步入快车道，现已翻译两千万字，计划为1亿字左右。

我们向参加这一工程的人员表示真诚的谢意和敬意！为这一工程作出任何贡献的人士都将镌刻在这一工程史册之中！

徐 勇

2015 年 7 月 15 日

导　读

家计、田土、钱粮与县村治理

——《满铁农村调查》第二卷导读

邓大才

满铁惯行调查第二卷依然是对顺义县的调查，主要的调查对象还是沙井村。第一卷侧重于调查村落概况、村庄制度、家族和家庭制度。第二卷则侧重于家计、土地、金融、贸易、赋税等经济关系及政府管理。第二卷极其复杂，有访谈，也有问卷；有调查员的调查，也有借用新民会的调查；有口述调查，也有文献的使用；既有面上的一般性调查，也有户别深度调查，而且户别调查又分为三种类型。第二卷在编排上与第一卷完全不同，不是按照调查过程，或者说不是按照时间来编排内容，而是根据内容来进行编排组合。虽然编排在一起的内容更加相关，但是不便于查找，特别是难以确定调查的时间。

本卷内容主要包括五个部分：一是家计，家庭的生产经营情况及劳动力的使用；二是土地，包括土地租佃、买卖、典；三是金融，包括借贷、赊帐、当等；四是集市和贸易，其实这部分与赋税是联系在一起的；五是钱粮等赋税制度。这是从内容上进行分析，从治理来看，分为四大类治理：一是家户的治理；二是村庄的治理；三是县政的治理；四是省政的治理。基层治理总体可以概括为：县政、区联、村治、家计。调查者分类探讨了省与县、县与区乡、县与村、县与家户、区乡与村、区乡与家户以及村与家户之间的多重关系。另外，还探索了保甲制度下的保正、地方与各个主体的关系。

调查对象，主要包括：一是村庄，村公所的人员，所有的农户，以及17户租佃农户；二是县公署及其服务的人员，如财务科、统税局、粮柜等；三是商会及其管理人员；四是集市及其包商、牙人等；五是区、分所工作人员；六是保正、地方、伙计。通过对这些人员的调查再现了顺义县的家计、田土、金融、贸易及赋税制度。满铁调查也遇到了一些障碍，对于一些时间、数据等比较混乱，前后有矛盾，数据的分项与总计无法一一对应等问题。这也会影响笔者在撰写导读时的选择，因为有些数据、有些答案有多个，为了简便，我只采用了我认为比较可能的数据或者答案。虽然存在这些问题，但是总体上不影响对当时经济、社会、政治的基本判断。

在此先对沙井村的总体经济社会条件进行一个基本介绍：

自然条件，沙井村的自然条件不太好，两条河即白河和小中河从村边流过，经常下雨，洪水很多，"十年有三次洪水"。洪水冲洗，土地就变质或者沙化。光绪末年的洪水，农民甚至吃草度日。光绪末年的冰雹，庄稼基本绝收。民国十一二年霜灾，对庄稼也产生了较大的影响。战争对沙井村没有直接的冲击，民国十五年直奉战争导致了一部分土地荒芜，最近四五十年来没有匪贼骚扰。沙井村农民所称的"事变"，即日本人入侵影响很大，从调查来看，主要体现在物价上涨，摊派增多。民国十七年发生了蝗灾，作物全部被毁，县公署成立蝗会来应对。另外，家雀、蝼蛄很多。沙井村的土地因为河流冲刷，土质比较差。村庄西部有沙土、强碱性土地，占了全村土地面积的四成，村东高地也有少量沙土，占全村面积的一成。村南村北的土地质量相对较好。总体而言，沙井的自然条件不是特别好。

　　基本条件，沙井村的基本条件决定着家计的状况。一是土地情况，耕地 1140 亩，其中 130 亩是不良土地；林地 12 亩（没有果园）；墓地 25 亩（另外 20 亩义地，与 25 亩没有关系）；村基 70 亩，共计 1247 亩（也有说 1300 亩）。二是人口情况，光绪二十年 191 人；民国元年 280 人；民国十年 300 人，民国二十年 340；当前 69 户，394 人。三是性别结构，男 190 人，女 204 人。四是土地占有结构，20 亩以下的农户 52 户，21 至 50 亩的农户 15 户，51 亩以上的 2 户；纯自耕农 16 户，2 户有土地出租，50 户租佃了土地。五是水井情况，村内 3 口大井，村外 5 口小井，其中 7 口用于灌溉，1 口用来饮用，水质较好，带甜味（另外一处说 10 口井）。六是交通工具，有自行车 1 辆、轮车 1 台、载重车 10 台。六是国立小学一所，校长 1 名，职员 2 名，38 名学生，其中有 1 名女生，尚没有毕业生。

　　土地资源，沙井耕地只有 1140 亩，其中外村居民和公会在本村拥有土地为 584 亩，其中外村拥有最多的是顺义县城人（县城人也有很多是农民，只是住在县城而已），拥有 208 亩，望泉寺人拥有 200 亩。584 亩的所有者共有 34、35 户，其中只有 7 户的土地出租，其他全部为所有者自耕，即外村人来沙井村耕种。

　　本村人拥有外村的土地 466 亩，其中拥有最多的是南法信村，有 229 亩。可惜满铁没有进一步调查这些土地究竟是自耕还是出租，我们可以从其他的数据推测，在沙井村只有 2 个家庭出租土地，也就是在 466 亩中，绝大部分是沙井村人自我耕种。大体来说，本村人在村外拥有的所有地与外村人在村内拥有的所有地大体相当，即 1140 亩耕地大致可以说为沙井村人在耕种。

　　沙进村人均耕地 2.89 亩。从分组来看，0 - 20 亩地的农户有 52 户，占 75.36%；21 - 50 亩的农户有 15 户，占 21.74%；51 亩以上的农户只有 2 户，只占 2.9%。土地分化还是比较严重。民国三十年，在 68 户中从事生产经营的农户来看（剔除了乞讨农户），16 户是纯粹的自耕农，占比为 23.53%；50 户为租佃农户（自己有一部分土地，还耕种一部分土地），占比 73.53%，其中 11 户根本没有所有地，占比 16.18%；2 户出租土地，占比 2.94%。但是从总体来看，农民的所有地比较少，大部分农户自有土地不够，需要租佃土地。

　　从历史来看，民国元年，全村 50 户，30 户是自耕户，占比为 60%；纯出租农户 6 - 8 户，占比为 12% - 16%；自耕租佃户 8 - 10 户，占比分别为 16% - 20%。民国三十年，出租农户下降了近 10 个百分点，自耕农下降了 36.47 个百分点。大量的有地农民和自耕农户转向租佃农户。可见民国三十年来，沙井村整体趋向贫困化。

社会条件，主要包括两个方面：一是家族与宗族，沙井村总共有 17 个姓氏，但是按照日本人的调查却有 22 个家族，有 2 家李姓、3 家赵姓、3 家刘姓"同姓不同宗"，分别变成了 2 个、3 个、3 个家族。可见在沙井村同姓并非同宗。在 22 个家族中，杨姓、张姓各有 11 户，一李姓有 9 户，一杜姓有 7 户，再有一李姓有 5 户，另有 12 姓各有 1 户。显然，沙井村宗族并不发达，属于典型的多姓村庄。杨姓当村长，张姓当副村长。这并不以同姓人数和户数为依据，而是他们的财产多，闲暇时间多，有时间处理村务。

二是家与家户，北方的宗族不发达，为家户的发达创造了条件。沙井村主要是以家户为单位，"家户"包括两个，一是纯粹的家，即按照社会学分类的核心家庭、主干家庭和扩大家庭。二是户，从调查来看，户是一个行政单元，在清朝末年才出现，包括若干个家在内的一个行政性单元。在沙井村，随着分家的增多，现代意义上的家比较多，但是在过去以户为单位的家户也有一些，如父母去世了，兄弟们依然生活在一个单元中，特别是有兄弟没有成家时比较普遍。所以，在沙井村，基本的细胞，是家和户的混合，或者可以称为徐勇教授所说的"家户"。家户是一个生产单位、经营单位、分配单位、纳税单位、责任单位，还是一个政治参与单位。

一　家计

对于家计，日本人没有做专门的界定，从其调查表格中可以判断，家计主要是家庭收入与支出及其盈亏，即家庭收入的计算和计量。日本人在调查时除了调查收入与支出外，还对与收入、支出及相关内容进行了分类深入调查。如果将收入与支出称为家计的狭义定义，那么包括收入、支出及相关内容的家计可称为广义家计。本部分从广义家计进行介绍，主要包括四个部分：收支、职业、雇佣、生产及条件。

家计是本卷重要的内容，为了调查家计情况，调查者从三个方面呈现当时沙井村的家计情况。一是户别调查，对沙井村 69 户（其中生产农户 68 户）逐一进行访谈，了解家庭的收入和支出；二是引用新民会对相关农户的收支及经营情况的调查；三是对 17 户租佃农户进行收支及经营情况的调查。因为家计是对每个家庭生产经营情况的调查。笔者从总体上进行归纳介绍。

（一）收支

家计最重要的构成就是收入和支出，在此主要讨论收入、支出及收支盈亏。其他具体的与家计有关的生产、职业、雇佣等将单独介绍。

1. 收入。

农业收入，是沙井村人的基础收入。在 69 户家庭中，7 户不以农业为生，有 2 户仅有一二亩土地，其他农户均以农业为生。不管是从医的、从教的，还是当掌柜的，或是做蜜供的，均要立足于农业。对于比较富裕的农户来说，农业还是很重要的收入来源。从 17 户的专项调查来看，农业收入占收入总数的 77.59%。

务工收入，从户别调查来看，全村 69 户，有 43 户，计 62.3% 的家庭有劳动力外出务工。还有 4 户从事贩买贩卖，2 户从事制造生产，2 户开店铺，合计 49 户从事工商业，占71.01% 的农户外出务工经商，特别是大量的年轻人前往北京当学徒、帮工、做蜜供或者当苦力。从户别调查来看，大部分家庭的务工收入已经与农业收入相当，甚至超过了农业收入。务工经商成了沙井村人重要的收入来源。满铁对 17 户的专题调查与户别调查和新民会的调查有差别，务工收入只占总收入的 6.71%。从打工户数来看，17 户调查的务工收入的比重要低于实际收入比重，即 17 户别家计调查低估了打工收入。

其他收入，主要包括两个部分，一是租金和牲口收入，17 户占收入总额的 7.8%。二是副业收入，日本人没有对副业进行界定。从 69 户的户别调查来看，如果只考察养猪、养鸡，从事副业的农户并不太多，有 7 户农民养鸡，约有 250 只鸡，另外有 50 头猪，还有一些羊和狗。只有少数农户进行养殖，收入所占比重比较小。总收入扣除农业收入、务工收入、租金和牲口收入后的收入占全部收入总额的 7.9%。

2. 支出。

根据满铁的家计调查，支出主要包括伙食、衣物、燃料、租金、赋税、劳务、肥料和其他等八个方面的支出。总体来讲，17 户不能代表 69 户，但是笔者只能依据这些家计调查进行考察和介绍。

伙食支出，17 户的伙食支出，包括两个部分，自给和外部购买。17 户整体的自给率只有 72.42%。只有 5 户农户能够全部自给，不需要向外面购买食用农产品。伙食费用占全部支出总额的 56.37%。简单地说，沙井村 17 户的恩格尔系数为 56.37%。自产的产品占 44.19%，外购 12.18%。

衣物支出，17 户的衣物支出占全部支出总额的 9.07%。从具体情况来看，几乎家家户户都购置了衣物，最多的农户购买了 160 元，最少的农户只有 20 户，55 元以下的有 7户，占 41.18%。

赋税支出，赋税支出主要包括赋税、附加、公摊等费用。17 户的赋税支出占全部支出总额的 6.33%。

地租支出，在沙井村 69 户中，有 50 户租佃土地，但是在 17 户的调查中，有 8 户没有租佃费用。这与全村的总体情况不一致。从 17 户的家计调查来看，地租占全部费用的比重为 6.07%。笔者认为，此数据有一定的低估，这与选择的样本有关系。

劳务支出，在农忙时，沙井村很多农户都会雇请短工。从 17 户的调查来看，劳务支出占支出总额的 3.5%。当然农户之间也会换工，而且比较普遍，换工没有计入劳务支出。如果考虑到这个部分，雇工支出的比重会更大。

肥料支出，在沙井村，农户经营面积规模比较小，加上自制农家肥。外出购买农家肥的只有两类农户，一是种植规模比较大的农户；二是种植园地的农户。从 17 户的家计调查来看，肥料支出占全部支出总额的 4.35%。

燃料支出，沙井村的燃料支出主要是生火做饭，家庭都是以秸秆作为燃料。只有遇到了灾害才会购买煤等燃料。从 17 户家计调查来看，燃料占支出总额很少。

其他支出，这是一个比较复杂的支出，农民也难以回答，它包括本应纳入伙食费的副食、调味料、杂货类、零碎农具、红白喜事的随人情（交际费）、酒烟费、火柴、纸、肥皂等所有零碎费用。这项费用占全部支出总额的比重高达 14.13%。

3. 收支盈亏。

满铁调查员根据新民会的调查和自己的家计调查考察了农户的盈亏情况。

从 17 户的家计调查来看，17 户总的收入减去总支出，亏损 1828.8 元，即收入只有支出的 88.72%，即 17 户从整体来看收不抵支。从每家每户来看，有 10 户收不抵支，占 17 户的 58.82%。1 户收支刚好相抵，6 户有盈余。这说明沙井村整体的经济状况不太好。

从新民会调查的农户来看，有完整的收入和支出数据的 18 户，收入与支出的比重是 119.29%，即收入抵了支出后，尚余 19.29%。在 18 户中，有 5 户收不抵支，占 27.78%，即只有不到三成的农户收不抵支。可见新民会的调查和日本人的调查差异比较大。

从新民会和日本人的调查来看，都只是反映了沙井村的一个侧面，选择的样本不同，其结果会有差异。但是从两组数据都可以得出一个结论，民国三十年的沙井村至少有接近三成的家户收不抵债。从晚清到民国，增长的最快的是赋税及地租。

（二）职业

家计中一个重要的内容就是职业收入。在沙井村职业分化比较大。从总体来看，分为两类：务农型职业和非务农型职业。非务农型职业又分为多种类型：

1. 生产型职业。

生产型职业就是除务农外，其劳动能力能够制造产品的职业，如做蜜供、铁匠、木匠、制线香、制席子、制烧饼类，主要是用自己的技术或者自己的材料进行加工生产，然后进行销售获取收入的职业。生产型职业又分为两类，一是有专门的技术，其技术能够带来收入，如制线香、骨刻、木匠、铁匠等；一类是家里贫困出来做点零活，养家糊口，如裁缝和针线活。

蜜供，在沙井村外出务工最多的是蜜供，调查者一直没有解释蜜供是什么，可以知道的是通过自己的技术，为他人提供制造服务。沙井村蜜供的头儿是张文通，类似于一个大包工头，已经做了 50 年。每年带领沙井村及周边的农民前往北京做蜜供。张文通年老后，其儿子张瑞（副村长）顶替他成了蜜供的头儿。做蜜供，实行日薪制，每天最少五钱，最多四角。第一年不熟悉制作流程可能只有 10 元左右的收入。如果熟悉了，一般都可以获得 30 - 50 元的收入。民国三十年，沙井村有 14 人，邻村有 39 人随张家外出做蜜供。做蜜供的农民与张文通之间也是一种纯粹的市场关系，没有人身依附关系，即使本村人也不会给张文通送礼，更不会免费为其做事。

匠工，在沙井村匠工主要包括两类，一是铁匠，铁匠主要是制造一些农具、家具然后运到县城或者集市销售。铁匠也接受本村或者外村人的订制。其产品在本村销售一成左右，在村外特别是集市销售九成左右。二是木匠，其实木匠也是通过自己的技术为他人制造产品，满铁调查也将其纳入提供劳动力范畴。只是木匠提供的是含有技术的劳动。一般是接受别人邀请，利用他人的材料制造家具或者农具，木匠要在雇主家吃饭。

制线香和席子，在沙井村有两个家庭专门制作线香，线香主要是祭祀时使用。购买材料制成线香，再去县城出售，可得毛收入 500 – 600 元。另有一农户，从其他地方买材料，制成席子，然后出售，年收入约百元左右。

制作烧饼，在沙井村有 5 户制作烧饼，用来销售，大部分在本村销售。有 2 户以烧饼为主业，其他以烧饼为副业。每年毛收入约 400、500 元，也有的农户纯收入 30、40 元的。做烧饼也是沙井村人较为重要的职业。

骨刻，有 2 户人家有人做骨刻。有一家父子三人在做骨刻，父亲做掌柜，两个儿子做骨刻。收入比较好，掌柜有 100、200 元的收入，儿子们有 50、60 元的收入。另外一家有 1 人在北京做骨刻，收入不详。

裁缝及针线，在顺义县，女人很少做事，更少外出打工，但是条件不好的家庭，女人们也会外出做事。在沙井村有 3 户的女人做裁缝或针线活。收入不多，只能是补贴家用。

另外，还有 2 家制糖销售，其中一家的年收入达 200 元。另有一家磨面销售，年收入 20 元左右。

2. 贩买贩卖型职业。

贩买贩卖主要是低价购入，高价售出的一种经营性职业。从事这类职业的大多是家里土地比较少，家境贫困，以此来谋生的农民。贩买贩卖型农户的收入极不稳定。在沙井村主要有如下几类贩买贩卖，一是贩卖粪肥，沙井村有一人在北京粪场工作，村民委托其购买粪肥，此人将粪肥从北京运过来，然后在家里零售给需要的农户。二是贩卖旧衣服，即从北京贩买旧衣服，然后在村内或者周边销售。三是从外面贩卖树给村内人。四是贩卖柴草，每天可获得 0.8 元收入。

3. 经营型职业。

所谓经营性职业就是需要一定资本投入，以此来建立生产或者商店的职业。经营型职业都是家里经济条件比较好的农户。在沙井村经营职业的农户不多，开过商铺的有三家：一是村长杨源与人合伙制造、贩卖首饰。15 年前与人合伙各投资 50 元，在县城开了一家制造与销售商店。二是开杂货店，五年前曾经有位农民经营杂货店，现在已经不做，另外一家在县城开了一家杂货店，年收入 50 元。三是现在还在开杂货店的这家同时也开了一家药店，年收入 150 元。

4. 智慧型职业。

如果说裁缝、木匠、铁匠是技术型职业，医生和教师则是智慧型职业。在沙井村有三家行医，一家收入有 150 元左右，一家 50 元，还有一家是中医，也经营一些药材，收入情况不明。一家有人担任小学老师（不在本地任教），收入 50 元左右。另外，还有一家户主在县城同永顺当掌柜，收入较高。在当时的北京、顺义当掌柜的比较多，财东比较少。按照现在的说法，掌柜就是经理，财东就是理事长。前者掌管经营，后者是出资方、所有者。

（三）雇佣

除了上述四种非农性职业外，还有专门出卖自己劳动力的职业。从事这种职业的农民比较多。主要原因有两个，一是沙井村土地少，必须依靠打工来维持生存，二是沙井村离北京、县城近，务工比较容易。总体来看，雇佣或者出卖劳动力有两大类，一类是务农的，称为雇农，雇农包括长工、月工、半长工、短工和包工等。二类是务工或者经商的，帮助别人做非农生产的雇工。

1. 长工。

所谓长工就是长期帮助一个家庭工作的人，其吃、住均在雇主家庭。雇主除了支付工资外，还有少许生活日用品等。长工是家里土地不足，只能靠出卖劳动力为生的人。在沙井村，长工均是男性，没有女性。

长工的确定。户主雇佣长工，需要中间人。这个中间人在有些地方称为"来人"。长工先不与雇主见面，由介绍人从中说合。说合主要是协商工资、工作条件及生活条件等。可以由长工委托说合人，也可以是主人委托说合人，协商好后，雇主将工资交给说合人转给长工。雇主和长工均不给介绍人谢礼。长工的确定一般是先年9、10月决定，正月上工，冬至下工。一般是正月初五以后上工，也有迟至正月二十五上工的，下工一般是立冬。长工与雇主之间没有正式契约，雇佣关系都是口头约定。

工资和待遇。长工的工资为先付制，一般春季或者协商确定后就支付工资。也有分两次支付的，确定时给一部分，然后在年中再给一部分。如果在同一雇主家工作多年，每年的工资会适当增加。工资都是支付现金，在调查中有一家也有给玉米的，这种情况极少。一般而言，长工吃住都在雇主家。与雇主家庭同桌吃饭，也有让长工在另外的地方吃的，但是饭菜没有不同。在有些家庭，还让长工先吃；如果家里来了客人，可以让长工在另外的地方吃饭。大部分长工住在主人家，本村人当长工，可以不住在主人家。总体而言，雇主对长工比较友好，也比较尊重。

上工和下工。上工第一天要吃上工席，雇主要拿出酒、面，多做几个菜，雇主与长工一起吃饭；冬至下工时，雇主要请长工吃下工席，有酒、饺子和数个菜。上工和下工均没有什么仪式。只是喝点酒，吃得好点而已。

上工的时间。一般是每天太阳升起时上工，日落时下工。在麦秋时可能会凌晨三点左右起床，雇主家人与长工一同下地劳动。如果下雨，长工就在雇主家中做其他的事。每年农历五月初三、初五可以休息两天，在七月时休息十天左右。长工家有婚丧，或者祭祀时，可以不上工。长工每天吃饭前后可以休息半个小时；夏季的中午可以午睡 2 - 3 个小时。如果长工住在自己家，每天都得去雇主家，即使没有事也得过去，吃饭后回家。当然有时雇主忙，也会偶尔不管饭。

日常待遇。长工住在雇主家时，一般住在离养猪靠近的厢房中。调查员没有问为什么住在这里，是不是便于照看猪。雇主不会给长工买衣服，但是会给一顶草帽钱，或者买一条毛巾给长工。长工如果生病，可以休息，但雇主不出钱治疗。长工生病后有时可以请自己的家人代做工。如果生病严重，只做了一段时间，要将报酬退还。当然也有雇主可怜长工，不要求退的。如果故意说生病一定要退还预付报酬的，可以让中间人或介绍人说合退还。如果不退还，可以上法庭起诉。

工作内容。长工主要是给雇主做农活，偶尔也会做一些家务事，但是不做饭、不洗衣、不看柴房，不照看小孩，也不给雇主抬轿及伺候主人。在权利与人格上长工与雇主平等。在耕作时，长工一般必须先耕作雇主的土地，然后才能耕作自己的，绝对不允许先耕作自己的土地，再耕作主人的土地，更不允许自己的土地耕作地好，主人的土地耕作地差。长工偶尔也会借雇主的生产工具。一般而言，不允许长工做自己的事情。

长工选择标准。雇主选雇工的条件，稳重、勤劳、有农业生产经验、注意细节者优先。雇主在选择之前一般都会打听，以便选择一位勤劳、稳重、可靠的人。

长工及长工、长工与短工之间关系。如果有几个长工，先来者当"大头"，其次叫"二蹬"，再其次叫"随货"。"大头"的确定也可以能力为依据来选择。"大头"不是轮流的，其收入比其他人多五、六元。如果还请了短工，一般长工指挥短工做事。长工们在一起做农活时，不分耕地块数，一起耕作。如果长工只有十五六岁，称为"半伙"，其收入只有成年人的一半。

2. 半长工。

连续为他人做工一个月以上称为半长工。半长工也可以工作一年，但不是天天上工，而是每隔几天工作一次，在沙井村一般是三天上工一次。半长工也需要介绍人，协商工资。雇主与半长工之间一般不签订协议。也是正月上工，冬至下工。

半长工也是提前预付工资，如果第二年继续雇佣，工资会适当增长。满铁调查时，每年的工资都在变动。如果半长工生病或者身体原因不能干活，也无法退还，但有时也请介绍人协调能否退一点。半长工生病，由自己负责治疗，与雇主无关。

半长工大多是本村或者邻村人，一般不住主人家。正月上工时要吃上工席，冬至下工时要吃下工席；上工席有酒、面、数个菜；下工席时有酒、饺子、数个菜。平时与主人同桌吃饭，只是来了客人后，会在另外的地点吃饭。上工、下工时衣服、鞋子、线、针等都不给。暑伏的时候给钱买顶草帽，秋收前给一个袖套（围袖），三、四月时给一条擦手毛巾。

半长工主要是做一些农活，也会做一些其他的家务活，洗衣做饭等不由半长工去做。工作时间是天亮就去主人家，日落时回家，即使下雨也得去主人家。吃饭前后会有半个小时的休息时间，夏天有三个小时的午睡时间。端午节时可以休息。

3. 月工。

所谓月工就是按月计算劳务的雇工。如沙井村张瑞家雇请了一位月工，从立秋开始到立冬为止大约三个月，收入 60 元。月工在丰年时节很多，凶年时很少。

4. 短工。

在顺义县和沙井村，农业生产主要以家庭劳动力为主，但是在春播、夏秋收获时，人手会有不足之时，也会换工或者请短工。

提供短工的人一般是家里土地不多的人，需要靠短工补贴家用。短工的供需接洽主要有三种途径：一是雇主去叫。如果在村内做短工，雇主自己去叫，有些短工固定为一些家庭服务，到了一定时候，雇主就会去叫。二是介绍人介绍，在村外就需要介绍人，一般不直接去村外。三是劳务市场寻找，如果没有特定的目标就去县城集市的劳务市场。如果谈成了，随后几天主人也需要短工，短工会直接前往雇主家，不必再去县城。

短工市场，顺义县城的劳务市场是自然形成的，从光绪时代开始在县城十字路、石塔就设立了劳动市场。一般春天 100 多人、秋天 200、300 人提供短工。在劳务市场，没有税务，也没监管者，由供给者和需求者直接对接。春天供给者上午四点左右，秋天上午五点左右就站着，等着雇主，也许一整天都找不到需求者。雇主也是早晨过去，与雇工谈好价格后，后者就与雇主回家，先吃早餐，然后上工。每个季节有不同的价格，应该是供求决定的市场价格。一般而言，二三四月份，每个工 5、6 角；五六月份，每个工 8 角；八九月，每个工一元甚至二元；十月以后，每个工 5、6 角。因为雇主较多，一般都能够找到事做。

雇佣短工都是比较忙的时节，一般是早晨 5 点雇佣，马上随主人回家吃饭，太阳出来时就开始工作，直到日落。短工也会带一些简单的农具或者工具。在三月份时可以什么都不带；四五六七月份带锄头；八九月份大多是镰刀；晚秋带小镐。

短工也可以中午歇息，在早饭和午饭之间可以休息半个小时；在午饭和晚饭之间也可以休息半个小时。如果是夏天，午饭后可以午睡三个小时。中间歇息时没有烟，但是有茶喝。短工与长工不同，不会在主人家睡觉。

雇主选择雇工，主要是看其体力、灵活度以及经验。雇工一日三餐，与雇主家人一起吃。春天早上只有粥，中午是小米干饭、豆面汤（或者是饽饽），晚上是水饭，天气凉爽后就是粥。农忙时可能会有白面，收麦子的时候有酒和白面。总体而言，饮食与主人大体一致，在农忙季节，饮食要比平时好一些。

短工按照市场定价格支付，四季有所不同。在村内叫短工，一般不先谈价格，雇主也会打听市价，按照市场价格支付工资。县城和村内价格一样，不会因为在村内价格低。短工是专门的工作，不管多么亲密，都不会免费。雇请了短工，遇上下雨也会依情况而定。如果下午下雨，则付一半的工资；如果在中饭前下雨，则不付工资。短工的工资一般是做完工后支付，即后付。如果连续工作几天，也可以几天完成后再统一支付，也可以当日支付。很少前付工资。

沙井村的短工主要是成年男性，少年比较少，女性基本没有。有少数女性提供短工，也不去集市，而是委托熟人介绍。如果只有十四、五岁，称为半短工，支付成年短工一半的工资。

5. 包工。

不吃饭的短工，可以称为包工。包工以承包一定的面积为目标，在完成一定面积的工作后支付工资。工资可以一日一结，也可以完成承包面积后统一结算。包工不在雇主家吃饭，其工资是短工的数倍。不过包工的工资总与一定的面积相联系。在春天，锄地，每亩三角；五月拔苗，每亩一元；秋天锄地，每亩四角；收获，完全没有包工。

6. 帮工。

帮工，实质就是在商店、饭店打工。沙井村的农民，特别是年轻农民主要在北京、顺义县、通山县帮工。有 2 人在北京点心铺帮工；2 人在北京杂货店，其中一位的年收入 30 元；1 人在北京姜店工作，收入 60 元；1 人在北京粮店帮工，收入 40 元；1 人在北京饭铺、1 人在北京油盐铺、1 人在北京粪场帮工，收入不清楚。除了在北京帮工的外，还有 1 人在顺义县城磨房，收入 70 元。

7. 学徒。

沙井村的年轻人还有外出当学徒的，当学徒主要是学习技术，一般不支付工资，有时还需要给师傅谢礼。1 位在北京锻冶店，1 位在北京饽饽店（没有送礼金），1 位在钟表店当学徒。另外有 1 位在顺义县城的商店（收入 10 元）、1 位在通山茶叶店、1 位在牛栏山布店当学徒。

8. 换工

在顺义县或者沙井村，村民不称之为换工，而是称为自愿帮忙，即在农忙时，你在我家忙时帮助几天，我在你家忙时也帮助几天，互相帮助的时间大致相当。换工一般是发生在关系比较好的亲戚或者朋友之间。

9. 其他。

除了上述的各类雇佣人员以外，还有一些特殊的行业，如在北京当车夫 1 人，收入 300 元；1 人当厨师，收入 200 元；1 人在北京"放脚"，1 人搞搬运，1 人当治安军，1 人当保安团，收入 15 元；1 人远赴奉天打工，几年无音讯。另外还有一人在邻村的庙里当和尚。

10. 雇主与雇工关系。

日本人对雇主与长短工之间的关系比较关注。雇主与雇工关系是一种纯粹的市场经济关系，雇主出钱，雇工出力。雇工只做与工作有关的事情，与工作无关的事情，如家务活，如抬轿，如伺候人均不做，即雇主与雇工之间没有人身依附关系。另外，虽然雇主长年或者经常雇佣雇工，但是雇工并不会给雇主谢礼，逢年过节也不会特意拜访。如果雇主家比较忙，雇工去帮忙，也是以朋友的身份帮忙，如村长杨源经常请的短工，在杨源家忙时，会去帮忙一两天，这种帮忙不是雇佣契约所规定的内容。反而有时雇主对雇工很好，甚至视同自己家人。

从满铁调查来看，顺义县和沙井村的劳动力市场比较发达，农民有外出务工经商的自由。不管是长工、半长工、月工，还是短工、包工，雇主与雇工之间是一种平等的市场交易关系，两者之间没有人身依附关系，也没有保护和被保护的关系。虽然两者在经济上有差异，但是在产权上、权利上是平等的。劳动力价值就是市场的价格，价格机制发育比较充分。

（四）生产及条件

1. 种子及种植作物。

在沙井村，种子一般是自己生产，即将前一年的收获物储存起来，第二年作为种子使用。只有种子不够用时才会从县城市场上购买。虽然地主家有储存，但是佃农很少从地主家购买种子。

在沙井村，可以生产的作物分为：旱地作物、园地作物和水生作物。主要的作物是高粱、玉米、麦子、谷子，沙井村不种水稻和棉花。一般一年一季，也有两年三季，没有一年三季的生产模式。两年三季主要有两种模式，第一模式：第一年的九月，点麦子；第二年二三月份播种高粱；五月份收获麦子；六月种植萝卜；八月收获高粱。麦子与高粱混种

2 个月，萝卜与高粱混种 3 个月。第二种模式，四月种玉米，八月收获；九月种麦子，第二年五月收获；同月种豆子，九月收获。两年三季取决于雨水，只有充分的雨水保障才能够实现。

2. 耕作及其时间。

北方作物的耕作大体差不多，主要有如下环节，一是播种，同时施肥；二是疏苗；三是除草；四是堆土；五是收获。满铁调查重点考察了高粱、玉米、麦子和谷子。

高粱，最需要短工的环节是播种、疏苗、堆土、收获，使用人工最多的环节是收获。当家庭有一个劳力且不超过 20 亩高粱地时，2 个劳力且不超过 50 亩地时，3 个劳力且不超过 80 亩地时，4 个劳力且不超过一百亩地时，5 个劳力且不超过 150 亩地时，可以不请短工，自己完成，但是一旦超过上述极限就得雇请短工。这只是理论上的计算，但在收获季度还是有不少家庭雇请短工。高粱二三月播种，八月收获，与麦子混种一段时间。

玉米，可以不翻耕，四月立夏时播种，然后放粪，播种，再盖土；半个月后发芽；再过半个月后疏苗；再丢粪，后盖土；八月白露前收获。玉米最忙的时节是播种、疏苗。玉米生产，当只有 1 个劳力且不超过 30 亩时，2 个劳力且不超过 60 亩时，3 个劳力且不超过 90 亩时不需要请短工，一旦超过就需要雇工。

麦子，一般九月寒露时播种，首先耕地，再是播种，施肥，盖土，半个月后发芽，麦子不需要疏苗，第二年的五月收获。收获时最忙。麦子地，当家里只有一个劳力且耕种不超过 15 亩，2 个劳力且耕种不超过 30 亩时（一般每增加一个劳力可以多种植 15 亩），可以不请短工，一旦超过就得雇工。

谷子，谷子一般和豆子一起种，也有和高粱、玉米一起种植的。播种前不需要耕地，播种、施肥、盖土，半个月后发芽，再疏苗，在白露前处暑后收获。最忙的时节是疏苗。当自己家只有一个劳力且不超过 20 亩地时，2 个劳力且不超过 40 亩地时（每增加一个劳力可以多种植 20 亩地），可以不雇请短工。否则要雇工。

3. 收获、储存和出售。

收获，满铁调查以高粱来考察其收获，每年的八月，白露以后，开始用镰刀收割，然后用瓜镰割穗。再将穗捆起来运到家，接下来在家里的场上晾晒两三天，此后放到臼里冲一回，再晒干就可以了。

储藏，沙井村农民的收获物，一部分储存，一部分出售。各家各户有不同的选择，有将大部分谷子留下吃，将麦子、玉米等出售的。也有部分留下麦子和玉米的。农民会根据自己对市场的判断来取舍，基本原则是：哪个的价格高就出售哪个。

物物交换，除了出售外，还有以物换物的交易，豆 1 斗（新斗）换 40 斤黄豆腐；芝麻 1 斗（新）换 5 斤油；绿豆 1 斗换 3 斤粉；大麻子 1 斗换 3 斤油。另外，还有如生活日用品，废铁五斤换一个碗。物物交换主要在农民与行商之间进行。民国以来，物物交换比例基本没有变动，且不受物价波动的影响。

旱地作物，从前一般拉到北京出售，但是从调查的前一年开始只能在顺义县城出售了。园地作物，一般在县城出售，也有行商来村庄收购的，每年会有一二个商人。从调查的前一年开始，粮食和蔬菜必须在粮市、菜市出售。

　　另外，沙井村农民市场化程度还是比较高，衣服基本是购买。酱油和大酱自己不生产，也从市场上购买。在光绪年间，灯料主要使用大麻油或者小麻油，现在使用石油。燃料基本是使用秫秸（高粱）、玉米秸、炸子（高粱的根），只有在水灾年份才会使用煤。

　　4. 水井及灌溉。

　　在沙井村有 8 口井，也有人说是 10 口井，其中 1 口可用于饮用，其他用于灌溉。6 口水井属于个人或者个人合伙所有。4 口属于村公所，由村公所筹资建设，以村公费用维修。公共水井没有特定的管理者，每家每户都可以使用。搬出村外的人不能再使用。

　　私人水井除了户主使用外，外人也可以使用。如果水少时，户主先使用，也会限制其他人使用。外人使用时可以向户主请求，有时也可以不请求。一般户主会同意。虽然使用他人的水井可以不付款，但是在维修时，也需要出工出力。

　　土地买卖时，一般连同水井一起买卖。如果水井连同土地买卖了，原来可以使用水井的周边土地的户主，要与新主人协商，只有新主人同意后才能够使用。如果不同意，不能使用水井，因此也有人将园地改为旱地。带水井的租佃价格、出售价格均比较贵，如一般土地的出售价格是 200 元，如果带有水井，则可能需要 300 元。

　　在沙井村，一般的耕地不用水灌溉，只有园地才会用井水灌溉，一口井可以灌溉 4、5 亩园地，水多时可灌溉 7、8 亩。虽然沙井村的水多，但是村民没有引水、提水灌溉的习惯。只是望天而收，等天下雨。上天比较眷顾沙井村人，6 月几乎天天下雨。

　　5. 肥料与施肥。

　　沙井村的土质比较差，不施肥就会减产。沙井村不使用新型的化学肥料，而是使用传统的农家肥。农家肥的来源有三个，一是自家人畜的粪便，在便所堆上一堆土，小便就倒在土堆上，在春季将泥土与人粪混和制成肥料。如果家里畜牲比较多的，畜牲的粪便也在春季一起混和。二是拾肥，每家每户的肥料都不足，不管是大户，还是小户都得在马路拾粪，补充肥料。三是购买，全村购买粪肥的家庭占两成，不购买的占八成。湿粪从顺义县城购买，干粪从北京购买。购买有两种方式，需要的多的直接用排子车去北京购买；需要的比较少的委托人从北京购买。一般四五口之家，8 亩地，其肥料可以自给，如果有 8 头猪可以增加到 30 亩。不能自给的家庭，每亩需要购买二三元的肥料。园地耗费更多，“一亩园，十亩地”，专门经营园地的家庭必须购买粪肥。购买粪肥的时间一年大体两次，即 3 月和 8 月。

　　6. 农具及其购买。

　　满铁调查对顺义县和沙井村的农具进行了细致的调查，各类农具的价格、使用方法、使用时间，但是这些与惯行没有关系，不一一介绍。沙井村的农具基本上在县城购买。村里有一个铁匠铺，制造工具、农具，九成在县城出售，一成卖给村里。村里也有一位木匠，也帮助其他农户制造农具，雇主出钱购买材料，供 3 顿饭，同时也给木匠工钱。虽然如此，但是购买农具更便宜，大部分的农具还是在县城购买。

　　碾子，沙井村有 3 台大碾子，1 台小碾子，均在农民自家的院子里。二三十亩地的农家用不起碾子，只有二百亩地以上的地主才买得起碾子，1 台大碾子约一百元以上。磨子虽然只有七八元，但是有磨子的家庭也不多。至于碾子、磨子使用、借用的惯行，满铁没有调查。

7. 役畜及使用。

民国以来，役畜变动不多，日本人进据北京后，役畜稍有减少。驴马少了一成。在沙井村，村民拥有一头牛、两匹马、两头骡子、二十五匹驴马、五十头猪（洋猪、本地猪两种），有一户养蜂。这些役畜的价格比较高，一般人家购买不起，如购买一头牛需要二、三百元，马三百元，骡四百五十元，驴马一百七十元。另外，购买役畜还得交税，每一百元买卖双方各缴税四元七十五钱。一般而言，一头牛、骡、马可以耕种 50 亩，驴可以耕种 20 亩。所以，10 亩以下的农户一般不养殖，15 亩以上就需要饲养一头牛，骡、马等大牲畜则需要四五十亩以上才会养殖。耕种比较少的农户不会养殖役畜，但是会向其他农户借用。

8. 搭套及条件。

两家或者三家共同利用农具、耕畜生产。主要有两种类型，一是共同购买耕牛、驴等家畜、农具，然后共同使用。二是一方有牛、驴，另一方有农具，两家经常配合使用。搭套一般发生在家境贫穷，农具、耕畜比较少，且无力购置各类生产工具时的一种合作生产行为。在沙井村有三四户进行搭套。搭套有两种合作的情况，一是自己带上农具或者劳动力去帮助搭套的朋友，对方也会带上农具，大致相同的劳动力来帮忙。二是如果合作购买耕作牲畜，购买费用共同负担，而且还要包括交通费用；饲养时，轮流饲养一定的天数，饲养方供给饲料；如果是农忙，一方先使用几天，另一方再使用相同的天数，非农忙时可以长期使用。

9. 农具役畜借用。

在沙井村，不是所有家庭都拥有所有的生产工具，贫穷家庭会向有农具、耕畜的家庭借用。借用发生在关系比较好的亲友之间，一般不付报酬，只是农忙时才会给少许报酬。如果借用，有时也会用劳动偿还出借方，如免费帮工一二日。从调查来看，谁家的农具役畜闲着，双方关系又好，就去借用。主佃之间很少借用。从调查来看，主佃之间完全是市场关系，人情关系体现的少。可惜满铁没有调查出借者的想法。

二　田土

本卷的第二部分主要围绕土地而调查租佃、买卖、典当等现象及其条件与惯行。笔者从土地类型、土地租佃、土地买卖、典地进行介绍。

（一）土地性质

从顺义县的调查来看，土地分为三类，一是私有土地，即农民所说的"民粮地"、"民地"。这类土地的所有权、经营权、分配权都归以家长为代表的家户所有。二是共有地，即一定单位共同占有的土地，如村庄地、庙产、族产等。三是国有地，即国家占有的土地，所有权归国家，但是收租权、经营使用权为其他人占有，前者如旗人的旗地，后者如匠人的匠役地、渡船人的"渡船地"等。

1. 民粮地。

民粮地又称为"民地"，用农民的话说，就是花钱购买的土地，应向国家交纳田赋的土地。成为民粮地主要有四个要件：一是购买，二是立契，三是过割、契税，四是交田赋。如果购买后，不交契税，不过割，不交田赋，虽然事实上为农民所有，但是法律上不承认，农民称之为"黑地"。另外，农民自己开垦的土地，没有登记，也没有税契，虽然为农民所有，也属于"黑地"。"黑地"都不交纳田赋。

在实践中，虽然民粮地以家庭的代表——家长的名义登记所有，实际是家庭成员共有。家长只是家庭所有土地的代表，代表家庭就土地买卖谈判、签约、过割、所有并安排生产经营。其实，家长没有单独处置家庭所有土地的权力。如果分家且只有一人时，此时的土地才是真正的个人所有。因此传统社会的土地所有制实际没有成为个人所有制，而是家庭所有制、家庭共有制。家长是所有、占有和经营土地的代表人。家户所有土地其实就是一个血缘共同体共有，只有在很偶然的情况下，家庭共同所有才与个人所有一致，即只有一人之时才具体化为个人所有。

家户所有是家庭同辈的男丁共有家庭土地的产权。虽然女性是家庭成员，但并不拥有土地所有权和财产分配权。只有在特殊情况下，如出嫁时赠送土地、在家里男丁不在时才会拥有土地所有权。当然女性作为家庭的一员，出嫁时有获得一份嫁妆的权利。虽然女性不能平分家产，但是也可以通过出嫁获得一定的财产。

民粮地为家庭所有，家庭对民地有占有权、经营权和使用权。家长代表家庭占有、使用和经营土地。土地买卖、出典签约只能是家长，其他人签约无效。在家长授权时，长子可以进行土地的买卖，但是必须写明"奉母命"，或者"奉父命"。家长在与家庭成员商量的基础上安排生产。父亲是当然的家长，一般由父亲安排家庭成员的工作。土地由家庭成员共同耕种，也可以出租，土地收入归家庭成员共有。

从沙井村来看，家户土地一般为家庭成员共同耕种，只有少数家庭出租或者雇请长工耕种，即使请长工或者半长工，家庭成员也都参加生产劳动。在播种、收获季节比较忙时，很多家庭都会雇请短工。当时的沙井村，长工很少，短工普遍。沙井村能够劳动的农民均会劳动，不存在纯粹的"剥削者"。虽然有 2 户出租土地，但是他们的家庭成员也从事生产劳动。

2. 共有地。

共有地主要是以团体成员共同拥有的土地。从顺义县和沙井村来看，主要包括：一是村庄共有地；二是寺庙共有地；三是其他团队共有地，如族田、坟地等。

村庄共有地。村庄共有地主要包括三类：一是村庄购买的香火地。二是无主地，如家庭成员全部死后留下的土地，没有人继承，归村庄所有。三是村庄范围内无主的土地。沙井村的共有地主要是各类坑地及购买的部分土地。无主土地也纳入村庄共有范畴。除此之外还有几类荒地：

砂地，无法耕种之地，农民可以清理出来做晒谷场。这类土地没有契约，向县公署申请后可以不交田赋，村庄中的人均可以自主使用砂地作为晒场，不需要征求村公会的同意，自己清理即可，晒场可以连续多年使用。老人去世后也可以移交后代使用，但是晒场没有契约，没有继承权，也没有清理占用权，只有一定阶段的晒场使用权。其原则：谁清理，谁使用；先清理，先使用；用完后就不能再使用。外村人不能使用砂地。

粪坑，因为当时没有化学肥料，农家肥需要与土混合做成肥料，即要制作农家肥就需要取土，这类取土的地，称为粪坑。粪坑属于村庄共有地。对于粪坑，任何人都可以取土，取多少都可以，外村人不允许取土。

死坑，死坑是农民取土留下的坑，也属于村庄共有地。如果死坑栽了芦苇等其他作物，就得交田赋；只要荒着就可以不交田赋。在沙井村，死坑又称为水坑，种植莲藕或者芦苇，有一定的收入。

义地，也称为坟地，主要是给村庄的穷人做坟地的村庄土地。义地，只有没有土地的穷人才可以使用，有土地的家庭不能使用。义地来源有两种：一是村公所指定一块村庄的公共土地，作为义地，供无地农民安葬。二是慈善机构购买土地，安葬因为无地、无法埋葬的穷人。在沙井村，有20亩义地。从调查来看，这些义地与死坑有重合的地方，死坑就是义地。

寺庙地，又称为香火地。香是线香供具，火是僧侣的炊事，即生活费，因此供和尚使用的地就称为香火地。香火地是建庙之时或者建庙以后形成的寺庙财产。在中国，北方多庙，南方多祠。有庙就会有庙产，如香火地或寺庙地。寺庙地主要有四种来源：政府或者皇室赠予，这是官办寺庙，在沙井村仅有其雍和宫30、40亩地属于这种类型，在民国初期已经被清产局清理。至于其所有权、经营权归谁，日本人没有调查。除此之外，还有三种来源：

第一种，善男信女捐赠的土地。善男信女捐赠的土地，其所有权归寺庙所有，代表人是寺庙的主持。和尚可以自由处置这类土地，自主经营，自主买卖，和尚去世后，土地继续归寺庙所有，继承人可以继续经营、使用、占有这类土地；如和尚没有法定的继承人，土地归属村庄所有。

第二种，村庄筹资购买，或者村庄使用村公地建寺庙。所有权归村庄，和尚可以经营使用，支配其收入，收入剩下部分必须交村公所，作为村庄的公共收入。和尚不能自主处理这类土地。由于庙产属于村公所，如果和尚不好，做恶，可以赶走和尚。村庄不能随便买卖这类土地，急需钱时可以买卖，买卖时要留足和尚的生活费用。

第三种，和尚化缘购买的土地。所有权、经营权、使用权均归和尚，和尚有完全的处置权，和尚死后，可以由徒弟继承；如果没有徒弟，可以师弟继承；如果没有师弟，和尚归属某个寺庙体系，则归这个寺庙体系（总庙）；这些都没有则归寺庙所在的村庄。

比较来看，三者有较大的差异：

从经营权来看，寺庙住持对三类土地均有经营权，可以自主经营，也可以出租经营，甚至可以抛荒。只要和尚是法定的寺庙主持，和尚就能够经营寺庙的土地。村民和村公所没有干预的权力。即使和尚吸毒、赌博、嫖娼，也奈何不得。

从收入分配权来看，香火地收入主要供庙里祭祀与和尚的生活开支，第一、二类土地收入，除开支外，剩余部分归和尚个人所有。第三类土地收入，除开支外，剩余部分归村公会所有。

从寺庙财产及责任来看，从国家来看，寺庙财产从民地转换而成，因此需要交田赋。从村民来看，寺庙财产主要是维持当地人信仰和祭祀。寺庙财产特别是土地，基本按照市场价格出租、出售，如果没有了和尚，由村公所掌握时，也会支持贫穷家庭，优先由贫穷家庭租种，起到一定的济贫作用。

族田、坟地，除了村庄和寺庙土地外，还有一种属于家族或者宗族团体的土地，如族田。在沙井村，家族不发达，没有如南方一样的宗族社会，但是有些家庭也会有一些族田。在顺义县，族田主要是坟地，坟地既包括坟包，也包括坟包周围可以耕种的土地。坟地所有权为家族的各个家庭共同所有。坟地主要有三种使用方式：一是出租，出租给本族人或者外族人，收入用来清明祭祀；二是交给本族中比较贫穷的家庭耕种，但是要承担清明祭祀的费用；三是家族的各家庭轮流耕种，当年耕种者承担祭祀费用。坟地是购买而来的，可以不交田赋。沙井村有坟地 25 亩。

3. 旗地。

旗地是由旗人收租的土地，即旗人拥有收租权的土地，但不拥有所有权和经营权。

旗地产生，根据顺义县被调查者介绍，清初时期，皇帝为了奖励王爷，让他们"跑马圈地"。这些圈中的土地都属于旗地。圈中的土地主要有三种，第一，无主地，如北京周围打仗，地主跑了，土地无主了，无主地不会引起产权问题。第二，圈内本身就有民粮地，因为被圈占而变成旗地。这部分土地由过去向国家交田赋转而向王府交地租。不过农民不太计较，不管是地租还是田赋，只要金额不变就行；第三，农民带地投靠王府变成旗地。有些民粮地为了不交田赋，主动带地投靠王府，可以不交田赋，但是要向王府交租。也有些农民自己开垦出来的土地，无法上户或者不想上户，称之为黑地。因为没有法律手续，为了避免坏人侵夺，往往带地投靠王府变成旗地，其实这时的租就有保护费的涵义。

旗地产权，对于旗地，主人只有收租权，没有耕作权，即国家将田赋转交给王府，王府收地租供自己使用，但是王府不能直接耕种土地。无主地当然没有问题；有主的民粮地，其所有权发生了一些变化，即农民由原来的交田赋变成了向王府交租。旗地有三方主体：国家、王府、耕作者。王府只能收租，耕作者有永佃权，即所有权依然属于国家，收租权归王府，经营权归佃农。国家已经将收入权转给了王府，所以国家对旗地没有收入要求，不能收取赋税。只要农民交租，王府就无法夺取佃权，即旗地的租佃者具有永租的性质。

旗地租金，旗地只交租，不缴纳田赋。从顺义、沙井村调查来看，旗地不交田赋，但是租金要高于普通民地。对于一些民粮地转换而来的旗地，地租其实就是田赋。但是据此可以推测，这部分由民粮地转换而来的旗地，农民遭受了损失。对于一些无主地而形成的旗地，其租佃者交给王府的地租，既包含租金，也含有田赋，其地租比普通民粮地高是能够接受的。

旗地管理，王府为了方便收租，委托庄头管理，庄头一般为旗人。庄头委托催头，由催头向农民收租，催头是当地的汉人，有时催头下面还有揽头。旗地形成了四级管理体系：王府－庄头－催头－揽头。有些王府委托当地的粮柜征收，有些王府自己委托人来征收。

旗地升科，民国三年，有人说是冯玉祥将皇帝赶走后，成立清产局，清理旗地。要求佃耕者支付一定费用，一般为每亩二三四元的升科费，将旗地变成民粮地。旗地变成民粮地后不再向王府交租，而是向国家交田赋。概言之，民粮地变旗地是："割粮为租"；旗地变成民地是："改租为粮"。

4. 黑地。

顺义县及北京边的县市有很多黑地。所谓黑地就是在政府统计之外不纳税的土地。黑地产生主要有几个原因：一是圈占旗地时，圈占范围内的土地包括民粮地，庄头不向王府报告，因此成为黑地。二是一些农民"带地投充"，主要是一些开荒土地和有争议的地，农民避免被坏人欺占，而自愿变成旗地，这部分地也成为了黑地。三是农民自己开垦的荒地，不申报，不纳税，成为黑地。四是庄头会购买民粮地，但是不上"租帐"，即不过割，也会成为黑地。黑地主要是避免了纳税，最大的问题是发生纠纷时得不到法律的保护。

5. 其他共有地。

其他共有土地主要有两类：一是匠役地，即皇帝赏赐给工匠的土地，匠役地的性质与旗地大体相当，赏赐土地的收租权，土地所有权依然属于国家。二是渡船地，即在某些渡口，因为要渡船，就拨出一块地作为渡船地，通过收租获取收益，用来摆渡。在调查中，没有明确调查，渡船地、匠役地是否只有收租权，是否可以自己耕种经营权。

6. 荒地开垦。

光绪年间，曾经允许对荒地进行开垦。原则是：谁开垦，谁占有。先开垦，后登记，即二三年后再申报，获得政府认可，成为民粮地。开垦有一般的规则，耕地或者宅基地周边的荒地，户主有优先开垦权；两户之间的荒地，两户相互商量后开垦，不允许不经协商而先占。据说沙井村有几百亩荒地，民国后逐渐开垦完毕，在调查时所有的土地都有主人。

7. 土地征用。

沙井村也遇到过土地征用，主要有两种，一是铁路建设征用，涉及到二三户，有一二十亩土地被征用，农户得到了一定的赔偿，但是远远低于市场价格。二是公路建设也征用土地，有一二十户的土地受到影响。公路征用没有赔偿。当时的土地是私有土地，满铁没有调查征用的程序、征用的赔偿标准以及农民的反映。

另外，还有功能性土地，如养老地、体已地、脂粉地等。在第一卷中已经介绍，在此不再赘述。

（二）土地租佃

土地是满铁农村调查的核心，土地租佃又是最重要的调查内容。满铁调查员在做了69户的户别调查后，还借用了新民会对户别做的调查，同时自己也专门做了17户租佃户的调查。同时还对租佃条款进行专项调查，从土地租佃的原因、时间、程序、价格、租金等进行深入的调查。

1. 租佃程序。

在顺义县和沙井村，一般是租地者向地主申请，表达租地的愿望。也有些通过介绍人来表达租地的愿望，并探讨租地的价格，即每年的租金、租期及其他相关条款。如果第二年想续租，佃户要提前向地主表达续租的愿望，表达续租愿望一般在 9 月以前，越早越好；如果 9 月份还没有表达续租愿望，地主也不会咨询佃户，直接将土地租给其他人。基本的程序：表达愿望 – 协商条款 – 预付租金 – 使用土地。在沙井村，租地一般不签约，都是口头约定，预交租金即表示契约成立。

2. 租佃期限。

在顺义县和沙井村，租期一般是一年，一年一租。在租期结束后，租佃者要向地主表达续租的愿望，否则视为不再续租。贫困户要在 8 月份表达续租愿望，9、10 月份预交租金。租期是先年的 9 月到第二年的 10 月 15 日。从调查的情况来看，秋收后，即麦秋后等同于租期结束，因为剩下的时间已经无法耕种。

虽然租约是一年一订，但是租佃关系也有持续十多年的。在沙井村一般续租三五年。租期结束后，地主可以结束租佃，租佃者也可以不再租佃，双方均有选择的自由。从沙井村的调查来看，有三个特点：一是租期变短；二是佃种人数增加；三是佃种的面积大大缩小。

从调查可以发现，租期比较短主要有几个原因：一是分家，土地变更，家庭自己耕种，不愿意再出租；二是丧葬、婚嫁等事情花费大，出售土地筹钱；三是土地出典；四是铁路、公路建设占用土地；五是因为需求者多，供给者少，加上物价上涨快，地主根据物价调涨地租，

从租佃双方来看，地主要么增租出佃，要么自己耕种。为了提高租金，地主往往借口说，明年不出租了，自己耕种。如果有人愿意接受高价地租，则增租出佃。如果没有人愿意接受，则自己耕种。对于佃户而言，自己主动放弃租佃的不多，大多是地主的原因，要么增租，要么自耕而使佃户失去了租地。

3. 租佃契约。

租约是土地租佃的契约。在顺义县和沙井村，租佃期限只有一年，时间很短，加上预付租金，主佃双方均没有签订租佃契约的想法，基本是口头约定。口头约定主要是约定价格、时间及其他的租佃条款。口头约定不需要订约，但是可以有介绍人。同村租佃不需要介绍人，跨村租佃一定要有介绍人。介绍人也称为中间人、说合人。有时介绍人也是租金的转送者。所以，介绍人本身就具有租约证明人的作用。

4. 租金。

租金是使用土地的价格。在顺义县和沙井村土地租佃很少有实物地租，基本是货币地租，每年的 8 月 15 到 10 月 15 日预交租金。基本原则：先交钱，后种地。租金一般在谈好后几日内交纳，最迟也必须在 10 月 15 日后交纳，因为这之后就无法种小麦了。既使是亲戚也必须在 10 月 15 日交租。租金也可分两次交纳的，第一期可以称为定金。第二期必须全部交纳。租地价格，按照市场原则确定，不受亲戚关系的影响。在沙井村，即使女婿租种岳父、岳母的地，儿子租种母亲的养老地，地租也不会有优惠。

租金价格也会受一些其他因素的影响，如所租土地质量、距离等。从沙井村来看，不同质量的土地，出租价格不同。假如上等地的租金是 25 – 30 元，中等地就是 20 – 25 元，

下等地就是 12－15 元。各类土地之间有一定的差价。出租土地与佃户距离也是影响地租的因素，出租土地离租佃者愈近，租金可能愈高。如果出租土地在租佃者家的附近，地租可能要提高 2 元左右；如果离家 1 里地左右，租金减 1 元；离 2 里地左右及以上就是正常的价格。

在沙井村，佃农要提前支付租金，如果发生灾害，地主不退还租金，损失由佃农承担。但是在第二年，如果佃农续租，地主可能会减少租金。

在顺义县、沙井村，民国以来，租金每年都在上涨，地主每年都会提高土地租金。地主提高租金，原佃农接受，可以继续佃种；不愿意接受，或者佃农不向地主表达续租的愿望，地主会在 10 月 15 日前将土地租给其他人，或者自己耕种。在续租时，一般是佃农向地主表达期待，地主很少主动表达续租愿望。

从沙井村来看，晚清至民国三十年，地租一直在上涨，民国十八、十九年左右开始到二十四年之间，地租比较稳定。日本人入侵北京以后，每年地租金额都会上调。

5. 端牵。

随着需求土地的农户增多，土地价格不断上涨，有些农户愿意以更高的价格获得租地，于是这些农民就向地主申请用更高的价格租地。这种情况就称为"端牵"。其他人以高价竞争土地称为"端牵"。

增租夺佃，地主主动提高租地价格，以赶走佃农，称为增租夺佃。从调查的情况来看，在沙井村，地主一般根据市场价格调增租金，并不存在恶意的增加租金、夺取佃地的情况。至少在日本人的调查中没有发现这类例子。

6. 租佃介绍人。

租佃是一种市场交易行为，在租佃时，可以请介绍人。如果双方是熟人，需求方可以直接去向地主申请租地；如果需求方本身就是佃户，可直接向地主申请续佃。介绍人主要出现在：一是第一次租佃时，一定要有一位介绍人，由介绍人来与地主协商租佃价格、日期或者租佃的其他条件。在双方谈妥之前，主佃双方不会见面；二是如果租佃外村的土地，往往需要介绍人。

介绍人主要的责任是：一是协调双方的价格及其他租佃条款。二是有时转送预付租金。三是续租时佃户也会委托介绍人去协调。因为是预付租金，介绍人也没有多大的责任。

介绍人的资格，一般是品格比较好、值得信任的人，不需要过多的财产，一般人都可以担任，甚至有些穷人也可以作为介绍人。介绍人一般是与地主关系比较好的人，或者是地主的亲戚。

据被调查者反映，有介绍人说合，或许在价格方面会有一定的优惠。不管是地主，还是佃户，都不给介绍人报酬，甚至没有谢礼。

7. 租佃权利和义务。

租佃契约产生后，主佃双方有权利，也有义务。对于佃农来说，主要有如下的权利和义务：一是有经营自主权，除了极少数影响地力的农产品需要提前向地主说明外，如种瓜，其他农作物选择由佃农自主决定。即使佃农不耕种、抛荒土地，地主也不得干涉。二是有转租的权利，有些佃农租地后，将土地转租其他人，地主也不能干涉。当然这可能会影响第二年的续租。在沙井村，转租情况很少。三是佃农不能改变土地状态，如不能将旱地改为水田，不能将宽垄改成窄垄，不能改变田埂，也不能在土地上建立永久性的房屋，但是可以搭建小棚子，交地时佃农自己拆走，如不拆走就归地主所有，即佃农不能改变土地的耕作状态，不能建设永久性的建筑。

对于地主来说，有如下的权利和义务：一是决定租或不租的权利，地主有选择佃户的自由；二是决定租金权利，土地属于地主，地主具有决定租金价格的权利，一般而言地主会选择租金高的佃农，也会优先原有佃农，但即使地主选择低地租的佃农，也是自己的权利；三是选择承租者的权利，地主可以自主选择租佃者，在同等条件下会优先亲邻、朋友。总而言之，出租与否，租给谁，租金多少，租多久，使用什么租金方式均由地主决定。但是主佃的选择均受一些惯行的约束，即自主中有约束，权利运行中有规则。

主佃双方还要承担一定的公共责任，即要缴纳田赋或其他公共费用。在沙井村，地主承担田赋、附加；佃农承担青苗费，其他地方可能有所不同，比如第三卷调查中的河北村庄就有所不同。其他的"白地摊款"、役力按照所有土地数量由地主承担。

8. 租地转借。

所谓租地转借，就是甲从地主租了地，转给乙来耕种。转借情况不太多，主要有三种：一是家里长者过逝，后代无力耕种，而让亲友耕种。二是自己无法租佃其他村庄的公地，委托该村亲友租地，再转给自己租种。三是甲以较低的价格租地，再以较高的价格租给其他人。第三种情况非常少，因为这种情况一旦地主知道，虽然当年不会收回租地，但会影响第二年续租。根据调查者反映，在沙井村很少有这种谋利之人。

9. 伙种。

伙种一般发生在一方有土地，但是缺少劳力；另一方有劳力，但是缺少土地的情况。地主出地，农民种植，收获时平半分配。这种租佃方式在顺义县称为伙种。伙种时，种子、肥料、耕作全部由佃农负责。佃农很少借地主的农具、耕畜等，即使是晒谷场也是佃农使用自己的，如果要借也是借亲友的晒场。

伙种时，地主和伙种者平分作物。主要有两种分法，分垄法和分谷法，两者分法都由地主先选择。分垄法时，由地主先选择，后者会选择质量好的一半，剩下的归佃农。在分垄法时，地主会带长工或者短工来收获，佃农不用帮助地主收获。地主收获后自己运回家里。此种分配方式下，谷物和秸秆归地主。

分谷法时，在收获日，地主会过来，佃农收割，然后再将谷物各分一半，由地主选择。此种方式下进，谷物和秸秆归佃农。不过，佃农负责收割，然后将地主分得的部分送到家。在传统社会，顺义县进行伙种的比较多，但是民国以后，地主需要现金，大多是预付现金租制，只有不到二成为伙种制。一般而言，发生大灾后伙种制会增加。在沙井村，一般会有三五户进行伙种。

在沙井村，地主邢与佃农李伙种 28 亩地，但是李一家种植不了，再邀请佃农周伙种。邢与李、周平分产品，平分后李与周再平分，即邢得 50%，李与周各得 25%。种子、肥料、雇工李与周平均。伙种一般是两人，现在变成三人伙种，但是邢不与周发生关系，只是与李发生关系。伙种时双方商定了种植的品种。

伙种为地主和穷人解决了两个问题，一是解决了无法预缴租金的问题，二是地主解决了没有劳动力的问题。

10. 永佃。

从满铁调查来看，永佃主要发生在旗地。清朝政府给王府一定的封地，或者通过跑马圈地，所圈到了土地的王府，享受这些土地的永久收租权。因此，这部分土地又称为租籽（子）地。这部分土地其性质还是国有，但是收租权为王府永久所有，不缴纳钱粮（税收）。此类土地只能收租，不能买卖，如果这部分土地为农民租佃后，只要交租就可以永久的租佃。除非佃户主动放弃租佃，否则无法赶走佃户。这种租佃称为永佃制。这是一种特殊的租佃方式。在江南某些地区，将土地所有权分为田面权（田皮权）、田底权（田骨权），田底权可以有永久的收租权，这也可以称为永佃制。

11. 主佃关系。

在顺义县、沙井村，土地买卖、租赁完全由市场决定，亲戚关系、道德关系、行政关系基本没有作用。地主和佃农之间只有买卖关系，没有人身或者经济依附关系。前面已经介绍，既使儿子租佃父母的养老地，也要交租；女婿租佃岳母的土地也要正常交租。土地租佃只有市场关系，鲜有人情关系。社会关系在租佃市场作用也不大，佃农交钱用地，不交钱不用地，交不了租就收回土地，完全是市场经济的规则。

在市场经济条件下，虽然地主掌握主动权，佃农处于被动状态；地主是经济强者，佃农是弱者。但主佃关系依然是市场关系。佃农没有必要巴结地主，地主也没有必要讨好佃农。双方没有任何送礼、谢礼的关系。地主不会让佃农服务，如在家里做家务活等。农民也不会过于巴结地主。从沙井村调查来看，在地主和佃农之间除了交租、收租外，没有其他的交往。租赁关系产生后，地主不负责农具、种子、肥料等一切生产资料、生产工具；佃农一般不找地主借用，而是向亲友借用，即佃户与地主为纯粹的买卖关系。地主与佃农既不是特别亲切，也不是特别不好，就是一般人的关系。调查反映，大地主和小地主与佃农的关系没有区别，不特别好，也不特别坏。

在顺义县、沙井村，土地买卖、租佃为完全的市场经济，人情关系、道德关系、行政关系基本不起作用。市场经济的运行需要制度。这些制度不是国家正式制度，而是历史上长期形成的惯行，农民和地主都不得违背，也不会违背。在土地买卖、租佃市场中，国家基本不在场，与村庄、会首也没有太多的关系。

（三）土地买卖

从民国初年到民国三十一年，沙井村大部分农民的土地变化都比较大，买卖比较多，租佃比较多。变化的主要原因是：丧葬、分家、不善于经营。下面主要介绍一下土地买卖：

1. 土地买卖程序。

土地买卖是一件很重要的事情，有着严格的程序。首先，卖主找说合人，说合人与买卖双方商定价格，双方根据报价，讨价还价。满铁没有具体调查讨价还价的过程和方式。

其次，请中保人，一次性土地买卖主要是中人，只有典卖或者质押时才会有保人或者中保人。第三，土地测量，有时测量在签约前，有时在签约的同一天进行。如果比较熟悉和了解，也可以不测量。第四，签约，签约时需要卖家、买家、中人或中保人、代笔人、证监人到场。契约由买家拥有，同时卖家要将老契一并交给买家，如果有多张老契也应全部交给买家。第五，契税和过割，签约后 6 个月内，买家带着草契前去县征收处契税和过割。过割也称为更名。从前契税和过割一并进行，现在是两个分开的程序，可以契税，不过割，用原有人的名义纳税。按照法律规定，只有契税、过割后，交易才具有法律效力。但是农民嫌麻烦，有时就不过割，也不契税。

2. 签约及参与者。

对于顺义县和沙井村来说，土地买卖是一件非常重要的事情，相关主体比较多，至少需要 6 位，即买者、卖者、说合人、中保人、代笔人、证监人。在买卖中，各个主体的功能和地位不同。

卖者，土地卖出方。

买者，土地购买方。

说合人，说合人又称为中间人，或者介绍人，在买卖双方之间传递价格信息及其相关要求，或者说是买卖双方讨价还价的媒介人。

中保人，卖方的保证人，主要看卖主是否有不正当行为。这里要区别一下几个概念：中保人、中人、说合人、保人。中人只是买卖双方进行调解，没有其他的连带责任。保人是对交易负有连带责任的，如果当事人不能支付、偿还，保人有责任偿还。如果既有中保人，也有说合人，则说合人没有连带责任，类似于中人。中保人，既是中人，也是保人，责任比较重大，有连带责任。

代笔人，帮助买主写契约的人，即使买卖双方会写字，也要请代笔人。代笔人对自己所写文字负责。

证监人，有时又翻译为见证人，也有人倒过来称呼，监证人。民国二十九以后才开始出现。总体来看，证监人的职责是为交易提供证明，提供草契，同时负责监督契税，督促长时间不契税的买主。证监人一般为村长，大乡制后为乡长。证监人除了为买卖提供政府印制好的草契，成为证监人外，其他职责较少履行。在实践中，证监人多是睁一只眼、闭一只眼，对于契税与否、过割与否不太关注，也不太负责。证监人的报酬从购买草契的收入中提取一部分。

签约后吃一顿饭，由买方负责，印花税中有一部分是证监人的收入；中保人、说合人、代笔人，很少有报酬，但是有时也有一二元。

3. 契约的类型。

土地买卖有三种契约：

一是白契，在民国四年以前，农民之间的土地买卖均是双方签订的契约，若不交税称为"白契"。从理论上讲"白契"没有法律效力。农民为了省钱，往往不去官府办理"过割"，即更名，也就省了契税。当然买家要以卖家的名义缴纳田赋；如果遇上官司，白契不具有法律效力。民国十九年以前，白契过户时，县里还受理；二十九年以后不再受理。

表明国家对土地交易的介入越来越深。

二是草契，田房买卖要签订草契。草契分为买契、典契、推契。民国四年后，国民政府要求所有的田房交易均需用国民政府统一印制的草契。草契一般由村长批量购买回村，交易双方找村长购买。县公署以3钱5分的价格卖给乡公所，乡长以5钱的价格卖给村民，赚得的1钱5分作为办公费或者自己的收入。然后交易双方签订后就是"草契"，草契一式三份，买主、乡长（有时也称为村长）、县里各一个份。

三是红契，草契签定后，在6个月内，买家要带着草契去县契税处"契税"，首先交纳所欠田赋，然后交契税。民国四年后契税为买价的9.5%。契税由买主承担。最后契税处将契尾（沙井村人又称为附契）贴在草契上，盖上骑缝专用章，就变成了"红契"。红契是合法的产权证明。

另外，如果草契不见，买主、卖主可以再补一份；如果红契不见了，可以向契税处申请补发，补发时必须有证监人、亲邻的证明。

4. 土地买卖的顺序

按照村庄传统习惯，土地首先应卖给分家后的兄弟，然后是同族的人、典主，若典主不买，则可自由地卖与他人。在价格相等的情况下，谁出价最高就卖给谁。随着时间的推移，优先亲邻的惯行开始失效。

5. 土地买卖的时间。

土地买卖一般在一年的冬天，因为在冬天比较空闲，而且土地上没有农作物。

6. 推或过

推，有的地方称为"过"、"兑"、"倒"。推是通过推，把租地的佃户转让给其他人的意思。推也表示退出，从租借关系中抽身而出，自己没有了土地，所以不能出售了。因为旗地是国家赏赐的收租权，不能买卖，不能自己耕种（避免王府与民争利），只能永久收租，因此就采取推或者过的方式出售租地，以避免出现"买卖"。这种地农民又称为是"租籽地"，旗人具有收租权，农民具有永佃权。

在清朝时，旗地一直不允许买卖。民国四年国家成立了清查处，民国六、七年成立了官产清理处，开始对旗地进行整理升科，旗地才开始买卖。当然这是国家政策要求出售。

从旗地到民粮地有一个过程，分别为租籽地、起粮地、民粮地。在租籽地变成民粮地之前称为起粮地。租籽地也可以出典、指地借款等，与民粮地类似。

7. 过割与过割费。

过割，是土地和钱粮的更名，也称为更名、过粮、拔粮。买家拿着草契前往县公署的户房办理。

过割费，按照规定过割需要交纳手续费。在顺义县没有过割费，但是粮柜在更名时，有时也收一点费用，一般是二三元，买主不给也可以。过和推不过割，典也不过割，分家不过割，当然也就不交过割费。赠与没有价格，过割但不交税。

8. 不动产登记。

根据民国十一年的不动产登记条例，不动产买卖时要进行登记。不动产在法院登记。法院有院长、推专等，在登记处办理登记。法院书记官兼登记处任主任。原则上，买者带契登记。如果本人不能前往，拜托他人前去登记也可以，但那时需要证明书。代理登记时，不需要证人，但需要携带契约。调契之时有所怀疑的话，命其传召证人，乡长也可以成为证人，实际上也有前去测算的情况。

测算由法院进行，需要乡长和地邻到场。测算后乡长、地邻签字或者按指印。登记需要收费，如 270 元的不动产买卖，登记费是 1 元 3 角 5 分，其他还有纸费 5 钱，绘图费 2、3 钱，还要给与证明书。登记需要不动产登记申请书（申请文件档案编订簿），即登记申请书。申请书需要交钱购买，但是不多，1 张 2、3 钱。

测算需要旅费，包含在调查费中，一般距离近的 20 钱，距离远的 40 钱。测量结束后可以吃顿饭；如果不吃饭，可以给乡长、地邻一定数量的谢礼。

虽然条例规定，登记是强制性的，但实际上很少强制，农民也很少进行登记，如沙井村很少有农民登记，官司也很少见。从顺义县来看，诉讼前登记的比较多。在民国十二年到二十五之间，不动产登记比较多。如果进入到诉讼阶段，登记比契约更有力、更有优先权。

9. 卖地的原因。

从沙井村的调查来看，农民一般不愿意卖地。农民需要钱时，从借款到卖房，有如下几道环节：首先，借款；其次，高利贷借款；再次，指地借款；第四，典地；第五，卖地；第六，卖房。卖地是不得已而为之的行为。卖地主要有如下几种原因：一是父母丧葬，有养老田卖养老田，没有养老田卖自有田；二是婚嫁需要较多的钱而卖地；三是生重病治疗需要较多的钱而卖地；四是建房需要较多的钱而卖地；五是经营不善卖地；六是发生了水灾卖地。这些急需钱而卖地的案例，沙井村均有，其中以丧葬卖地最多、最普遍。

（四）典地

典地又称为"活卖"，是一种特殊的买卖方式。典地的实质是农民需要钱，将土地交给典主耕种，典主借钱给出典者；出典者获得钱，入典者获得土地使用权，土地收益相当于借款利息。出地者，称为出典者；出钱者，称为承典者、入典者或者典主。典是传统乡村社会的一种重要融资方式。它既保证了需要钱的农民不卖地，又保证了能够借到钱，为农民赎回土地提供了一定的缓冲时间和机会。

权利义务。出典者仍然拥有土地的所有权，承典者拥有土地的占有权、经营权和收入分配权。典地还需要交纳契税，都由典主承担。典地后，田赋由出典者承担，青苗费和公摊由典主承担。出典者将土地典给典主后，还可以申请自己租种，即将土地从典主手中租来，这称为"卖马不离槽"。

典契。典地要立契，需要中保人。不过地在典主手中，中保人的责任不是特别大，不会出现要中保人负连带责任的情形。典契需要交纳契税。

典价。典地的价格一般只有时价的一半。如果价格过高，相当于卖地，典主不会同意；典价过低，出典者不会同意。

找价。如果出典者觉得典价比较低，可以申请"找价"，即要求增加借贷金额。"找价"一般有两次，两次后就得卖地了。如果出典者将典地卖给承典方，承典方将典价与卖价之间的差异支付给出典者，也称为"找价"。

典期。在顺义县和沙井村，典地期限一般是三年或者五年，三年期限为多。按照惯例，三年到期后，要么赎回，要么卖地。典地一年后，可以提出赎回，如果典主不同意，也无法赎回。按照有些调查对象的说法，耕种两次后，即两年后就可回赎了。典地的时间一般是三年，押的时间一般是一年。当然典房子（包括宅基地）、菜园的时间是 6 – 10 年。

回赎。典地三年到期，出典者还债后，可以拿回自己的土地。如果关系好，一年后就可以回赎；按照当地的习俗，耕作两次后就可以赎回。这种赎回又称为"回赎"。

绝卖。典地称为"活卖"，即到期后还债可以赎回的土地。但是三年到期后，如果不还债赎回土地，就必须卖地。典地到期出售称为"绝卖"。如果三年到期无法还债，典主可以继续使用，即典期可以延续。在调查中有农民反映，30 年后典地无法还债，土地就归典主所有。民国政府后将这个时间调整为 20 年。

典地买卖。典主不能随便卖地，因为典主并没有土地的所有权。如果出典者卖地，典主有优先购买权。一般而言，其购买顺序依次为兄弟、族人、典主、本村人。当然如果出典主不想将地卖给典主，可以先与第三方（买家）商量好，第三方先垫付一部分钱，赎回典地后，再与第三方立买卖契约。典地不见得非要卖给典主，出典者有自主选择权。

转典。典主可以将承典的土地再次"转典"，即典主可以将土地再次典给他人，称为转典，转典需要告之土地所有者，即 A、B、C，A 典给 B，B 典给 C，如果 A 回赎时，B 从 C 赎回，A 从 B 赎回。转典最多只能两次，每一次转典价格都要比上一次低。

典地或者回赎时间。出典或者回赎的时间，一般是惊蛰之前和秋收之后，因为这个时候不影响一年的农业生产。

典地中的租佃。出典时，出典主可以不与佃户商量，因为这与佃户没有关系。典主获得土地经营使用权后，可以自己耕种，还可以出租；出租时不租给原佃户，而是租给他人。典地时不包括佃户的庄稼，典地一般在庄稼收获以后进行。

典地中的村庄关系。典地时可以不告诉村庄，因为有典契，村庄有存根。村庄按照存根收取村公摊费用。典地的词条，在百度以及相关大辞典中都不详细，日本人的调查却非常细致。通过这个调查可以了解多个方面的关系，出典者与典主的关系，出典者、典主与佃户的关系、与中保人的关系、与国家的关系、与村庄的关系。

卖、典、押的关系。卖，是将所有权和经营权等一切权利都转给了买主。典是处于卖和指地借款之间的一种交易行为，将经营权给了典主。押，是一种质押的性质，将所有权抵押给借款人，即找人借钱后，担心还不起，将土地契约给人拿着，这是一种保证。

卖价、典价、押价的关系。后两者的价格是前者价格的一半左右。土地出典了，拿到卖价一半的钱，但是土地归典主耕种，耕种收益归典主（出钱人）；指地借款，同样可以借到地价一半的钱，但是土地依然为借钱者耕种，但是要支付利息。

三　钱债

在顺义县和沙井村，农民的借贷行为比较普遍，农民遇到困难，资金不足时常常借款。借款的主要形式是借债、典当、指地借款、赊帐、借粮以及其他借贷行为。农民需要钱时，有如下几个选择，首先，信用借款（100 元以下时是这样）；其次，指地借款；再次，典地。这三类行为都具有融资特点。典地已经在前面介绍，在此主要介绍借债、指地借款及典当、赊购等融资行为。

（一）借款

借款类型。借钱分为信用借款、抵押借款，又可以分为无息借款、有息借款。在顺义县，无息借款又称为浮借，或者摘借，即不支付利息。无息借款主要是亲友之间的小额借款，可以不用支付利息。如果家里比较有钱，一时现金不够时，也可向商店借钱，如借300－400 元。这时不需要中保人，也不需要立字据。

借据。在 30－50 元以下时，一般是信用借款；超过了 50 元，要立字据；超过了一年可能就要利息了。借据上写明借款双方姓名、时间、金额、利息及中保人等。

借款顺序。需要借款时，借款者一般是先向亲戚朋友借款，然后向村庄有钱人借款，再向村外的商店、放高利贷的人借款。从商店借款，并非全是高利贷，有时也只需支付平常的利息。商店放贷主要是为了今后生意，而愿意借钱给老客户、熟人。陌生人、关系不好的人、不讲信用之人无法从商店借款。

借款利息。借款利息体现了更多惯行。一是利率，如果借款需要支付利息，一般是月息二分、三分，二分五的比较多，换算成年息就是 24%、36%、30%。如果借款金额比较大，如 500 元，利息可以低一点，如一分五厘。二是借贷时间，一般是一年。一年后如果无法还本金，但支付了利息，可以再借一年。三是计息时间，按月计息，如果超过了半个月，但不到 1 月，按照 1 月计算。如果不到半个月，不计算利息。如从 2 月 1 日到 7 月 10日，计算 5 个月的利息；如果到了 7 月 16 日就是 6 个月的利息。四是分期还款。借了 100元，如果半年后还了 50 元本金，就要重新立字据，50 元按照 6 个月付息，50 元按照 1 年付息。老字据当众烧掉，立新字据，这时需要中保人在场。借款一般是到期后付息，先付利息的比较少。

借款中保人。借款超过 50 或者 100 元时，就要立字据，还要有中保人，或者介绍人。介绍人和中保人是借贷双方都熟悉的人，介绍人不承担连带责任，一般人都可以担任。中保人有连带责任，必须有偿还能力。如果借款人还不了债务，中保人负责偿还。沙井村就有人担任中保人，贷主去逝了，家庭无力还债，只好卖地代还债务。因为中保人有连带责任，所以没有人愿意做中保人。中保人一般没有报酬，在方便时可能会请吃一顿饭，或者借者给中保人的小孩买一点小礼物。

还款日期。借钱的还款日期不同。借钱一般"春借秋还"。因为在春季需要购买肥料和种子等，而农民缺少资金，因此需要多方借款。在秋天收获后还款。不同的店铺还款的时间有些差别，杂货店，9 月 15 日前务必还钱；粮店，10 月 15 日前还钱；布店，12 月15 日前还钱。虽然有比较固定的还款日期，但推迟一二天也可以，但要计算利息。

借款期限及有效期。如果借款到期后，借款人、中保人都无力偿还，只能延期还债。如果借款人或者中保人一方有还债能力了，有能力者必须偿还债务，即使 30 年后也得偿还。如果借据不见了，只要中保人证明，借款人也得还钱。如果中保人死了，借据没有了，借款人可以不还债，债权人也没有办法。按照惯例，借款永远不会消除，除非债权人愿意；如果债权人不愿意，借款人就永远负债。

父债子还与子债父还，从家户角度来看，父债子还，子债父还。父亲借债，儿子有义务偿还；儿子借债，作为家长的父亲需要承担责任，代替儿子偿还。按照这个原则，我们可以清楚的看到，家户是一个共同体，代表者父亲需要为家庭成员儿子的行为负责；家庭成员儿子也需要为代表人的父亲的行为负责。这是典型的家户共责制度。

以工还债。如果借款后，实在无力还债，也可以做长工或者短工来偿还，如欠 10 元，女人做 2 个月工，男人做 1 个月工。这种偿还方式可以在字据中写清楚，也可商量后确定以工还债。不过在顺义县和沙井村，以工还债的情况比较少。

（二）典当

人们需要资金时将值钱的器物典当给当铺，有钱后再赎回。顺义县过去有 2 家当铺，满铁调查时已经没有了。

当物。能够用来当的物品主要是贵重商品，如金银首饰，有时也有农具或者家具等值钱的器具。

当价。即典当物品的价格。当价由典当双方讨价还价形成，首先由当铺根据物品价值提出一个价格，然后双方讨价还价，最后形成一个双方都能够接收的价格。

当息。当铺的借款利息一般是 3 分，但是年尾可能会有 2 分利。日本人没有追问，为什么年尾只有 2 分利息，难道是为了让人们过一个好年，调查时写到"腊月让利"。当铺计息，是按照月计的，如果只超过一天，也按照月来收息。

当期。当物的期限一般是二年半，过了期限，没有还款，物品就归当铺了。如果在期限内支付利息，可以再借两年，叫"倒当"。

当物的时期。当东西一般是腊月，因此当铺腊月一般比较忙。为什么这个时候当东西的人多，日本人没有追问，可惜了。

从满铁调查来看，人们很需要当铺，因为在困难时，让人们有一些缓冲的余地。可惜顺义县这两家当铺，被军队抢了，就关门了。从此人们再也无法典当物品，需要钱时，只能卖粮食或者卖地。虽然当铺对陷入困境的农民来说，有盘剥的一方面，但也有有利的一方面。这属于"一方愿打，一方愿挨"的市场行为。可见，这一惯行制度的设计有内生需求，它是一种民间相互融资的救助行为，只不过这种金融救助以市场的方式进行。

（三）赊购

赊购就是先不支付货款购买商品。从满铁调查来看，赊购行为由一些惯行制度来支撑。

赊购商品，顺义县农民赊购的商品，主要是布匹、煤油和粮食，后者主要是春天没有粮食的农民赊购。

赊购者，赊购一般发生在熟人之间，不是熟人很少赊购。当然如果有担保人，也可以赊购。赊购者一般是有信用之人，没有信用之人，一般赊购不到商品。担保人也是有支付能力的人。赊购不签约，记在商店的帐上，秋天付款即可。

赊购价格，赊购价格一般比现金交易要高。高出部分相当于利息。如果春季赊购，但是秋季涨价，依然按照购买时的价格付款。

付款时间，赊购付款日期一般是秋季收获后，大约在 10 月 16 日。赊购者主要在 10月 16 日前往商店付款，如果非熟人可交给中保人付款。过了日期不付款，商店会安排人去催款。不过这样的情况很少发生。

在顺义县，农民现金交易和赊购的比重是 9∶1，即现金交易占 90%，赊购占 10% 左右。

从上述陈述可以判断，赊购者一般是穷人，这种方式解决了穷人的一些困境。可见，赊购也是为解决乡村问题而建立的一种融资制度、一种习俗惯例。赊购是以信用为基础的一种融资行为。

（四）借粮

在北方，贫困农民在缺粮时会借粮。在顺义县和沙井村，借粮的农户不太多。借粮一般发生在收获季节前，农民家里没有口粮了，需要向亲友借粮渡日。一般而言，借粮对象是亲友，不需要利息，庄稼收获后还粮。基本的原则：借粮还粮，借钱还钱。从顺义县和沙井村来看，农民一般不借粮，而是借钱买粮。这说明了顺义县的市场经济比较发达。

（五）指地借钱

指地借钱，也称为抵押借款，即以土地作为抵押借款。指地借钱一般是指需要比较大额的资金才会使用。在沙井村一般超过了 100 元就不能凭信用借款了，要么抵押借款，要么典地，要么卖地。指地借款与典地不同，后者的经营权、使用权已经转移给了典主，但是借款者不支付利息。指地借款，土地经营权、使用权依然为借款者所有，但是要支付利息，即指地借款需要借款者支付利息。土地依然归借款者使用，只是到了一定期限后，无法还借款时，就以地还债。

指地借款的金额，一般为买卖价格的一半左右。如果一亩地的买卖价格为 100 元，出典可以获得 50 元左右，指地借款 40 元左右。指地借款期限一般为一年，借款期限到后，如果无法清偿债务，可以转为典地，也可以出卖抵押土地。

四　田赋与公摊

从晚清到民国政府，国家基层政权建设的力度加大，向农民和商人征收的税费也逐渐增多。在晚清时，农民只需要缴纳田赋，后来随着国家建设和政权下沉，有了学款、警款等县款，加上区公所及警察分所的成立，还有了区和分所摊款。同时村庄的公共性事务增多，既要应付村庄的一些公共设施的建设，也要应对政府的各项工作。因此，村庄摊款也逐渐增加。总体来看，农民承担的税费，包括省款、县款以及村庄公共服务、公共建设所需的村庄摊款。此外，商业也承担一部分省款和县款。下面从省款、县款、村摊、商摊对税费进行介绍。

（一）省款

省款是一个总的称呼，按照现在的分类属于国税，即上交给国家和省里的税款。农民不太清楚这部分税收的去向，只知道从县上缴到省里。因此称之为省款。这说明农民没有国家的概念，同时也说明农民因税而与省、国家相连。其实这部分税收包括上缴国家、省的税款。

1. 省款类型、税率及征收方式。

地粮，俗称田赋，按亩征收，税率由百分之二分三厘到九分二厘之间。按照上半年、下半年分半征收。征收时根据各村花户直接来县交纳。

组课，组课也是按照亩征收，税率为四分到一角六分，征收方式与地粮相同。

买卖田房税，即买卖田地、房产时应该交纳的税收。田房买卖税收根据交易价格交税，即从价税，税率是百分之九分五厘。立契一个月内投税。

典当田房税，即典当田地、房产的税收。此税以典契征收，根据买卖价值征收，即属于从价税，税率为百分之四分五厘。立契一个月内投税。

推当田房税，即旗产等田地、房产转让应该缴纳的税收。按照法律规定，旗产不允许买卖，为了避开买卖两个字，称为推、过。推、过也要签约，此契约称为推契、过契，也需要纳税。同样是从价税。立契一个月内投税。

契税，田房买卖签订契约后，买主务必在6个月内去县公署缴纳契税并过割，契税由买主承担，典契税双方各承担一半，典契不过割。超过6个月不交契税的，如果被人举报，交易双方应该受罚。但是很少有人受过处罚。契税不能减免，即使是村公所地、学田也要缴纳。契税是从价税，根据交易价格征收。分家时不纳契税。契税与土地的等级没有关系，主要是根据交易价格。契税的税率是交易价格的 9.5%，即 70 元的土地买卖要交 6.55 元契税。其基本构成是：

省款：正税 0.06；学费 0.006；自治费 0.005；中佣费 0.015，合计 0.086。

县款：地方教育费 0.009。

一个完整的买卖还需要缴纳如下费用：财政厅尾纸费 50 钱（契纸价），注册费 10 钱。在立契的时候，即购买草契时，向村交 0.01，即 1%，70 元缴纳 70 钱。在这中间，乡长或村长为 0.005，即 0.5%；学校费 0.005，即 0.5%。

契纸价，民国政府要求废除白契，实施草契。草契由县统一印刷，村长或者乡长统一从县批量购买。买卖土地时，买家向村长或乡长购买契纸。每张五角，也称为 50 钱，购买草契时缴纳。

契税注册税，在田房过割时，按照每张契约征收的税款，每张一角，过割时缴纳。

屠宰税，宰杀猪、羊、牛等大牲畜时要纳屠宰税，猪按照一口、羊按照一只、牛按照一头为单位征收，税率为 5 角到 8 元不等。屠宰税承包给包商，由包商征收，并按时缴纳。屠宰税在集市随时征收（下面会专门介绍）。

牌照税，需要政府允许、审批挂牌运作的单位、产品需要缴纳牌照税。在顺义县主要是烟酒牌照税。按照不同等级的价格征收，即按等征价，顺义县为 3%。牌照税也承包给包商，由包商缴纳。一年四季都得缴纳牌照税。在 1 月、4 月、7 月、10 月交到县财务科，如销售少量酒和烟草的商店也要缴纳牌照税。

牲畜税，即买卖骡、马、牛、羊、猪所应纳的税。牲畜税按照市场交易价格计算税金，即从价税。牲畜税也承包给包商，包商按时缴纳。

牙税，对谷物、牲畜交易征收的税，包括斗牙税、秤牙税、大牙税、小牙税、猪毛牙税，牙税均是从价税，根据交易的价格征收税金，税率为 3%。牙税承包给包商，由包商按时缴纳。其中，猪毛税每年腊月在沿头村征收（原文如此，下面会专门介绍牙税）。

营业税，进行商业营运的店铺、商号必须缴纳营业税，营业税按照每年的营业总额征税。税率为千分之三。

2. 征解减免和催缴。

省款上缴。原则上省款一月缴纳一次，由县送往省里。县里将现金存到储备银行，将存折交到省里。民国二十九年，顺义县一个月大约有 1.2 万元到 1.3 万元上解款。有时也会直接上解现金，将其弄成百元一捆，两个月一总结，放入包中，乘坐汽车前往上解。有时候也会把省里拨下来的钱作为县款，于是上缴与下拨相抵，上缴余额部分。上缴省款需要运输费，也称为征解费，每万元 3%，由县里从上缴总额中直接扣除。

税款存放，省款、县款有的存放在县里，有的存放在当地商号或者银行，根据时间长短计息，一月以内没有利息，一月以上计算利息。

灾害减免，发生了灾害时，村民报告，县里给予酌情减免。如县不采取措施，村民可去省里报告。县里接到灾害信息和减免申请后，县长会视察堪灾，根据灾害情况进行减免。一般减免如下：

成灾 5 分　　免税赋 2/10　　分两年滞征；

成灾 7 分　　免税赋 5/10　　分两年滞征；

成灾 9 分　　免税赋 8/10。

灾害减免要发布布告，让所有的人清楚，而且要记入红薄。如果缓征民国二十八年的税款，从二十九年恢复征收。如果正好四月交齐，六月发生灾难的话，所交齐的税款转为次年的正赋，即抵来年的正赋。

民缺，虽然农民都会自觉缴纳旺赋，但是在现实中仍然有收不上来的部分税款，称为"民缺"。满铁调查没有问为什么会出现民缺，什么情况下出现民缺。县里按照实际收到数量向省缴纳税款。

拖税逃税，大部分农民都按时纳税，也有少数人拖税、逃税，则需要催税，催税是保正、地方的职责，也可由财务警察（指田赋或国税）催收；催税不成功时，可以采取行政手段或者司法手段。政务警对拖税、逃税者发传票，如果缴纳则罢，不缴纳则收押。从沙井村来看，极少出现这种情况。

免税地，在顺义县，只有黑地不交税，当然黑地不是免税，而是政府根本就不知道，无法征收。在满洲，即中国东北，菜园地、墓地免税，但在顺义县需要纳税；村公地、祭田也与民地相同，需要交税；粪坑、死坑、河边荒地等无法耕种的土地，可以向上申请免税，如批准，不需要纳税。

滞征，因为虫害、水灾，省税实收不足时，必须提前向省里汇报。省派官员进行实地调查。如果承认其报告的事实，减少省税金额，或允许延期纳税。县据此命令处置，前者称为"减免"，后者称为"滞征"。

3. 省借款。

省里年收入不足的情况下，就向县里借款。如果县里没有足够的资金借给省里，就会向农民和商人借钱（不是以摊款和征税的形式，而是借钱，而且不会给农民和商人借据，只给一张收据），再转借给省里。县里从省税中扣除还钱。还钱时，作为债主的商人凭收据和印章得到还款。

（二）县款

晚清时期，村摊很少，县款更少。县款随着国家基层政权建设推进而增多。顺义的县款与省款几乎一一对应，省款有什么，县款就有什么。县款就是县财政收入，主要包括两大类，第一大类，县款（县税、省税附加税、行政补助费、征解费）、警备队费（民摊警款、商摊警款）、司法收入；第二大类，自行车捐，民摊警察津贴、商摊警察津贴。笔者从以下几个方面具体介绍：

1. 附加费。

在县款中最大的一笔收入就是附加费，附加费用构成了县财政的主要收入来源。按照规定，所有省税都可以附加，但是必须获得省里同意，即县里不能随意加征。

田赋附加，田赋是上缴省、国家的税收，县里在征收田赋时可以征收一定比率的附加费，作为县财政收入，称为田赋附加。据农民反映，民国四年就有了田赋附加。田赋附加按亩征收，每亩3分或者3钱，随粮附征（县公署标准），同时还征收警款8钱。在民国三十年，田赋附加、警款取消，统一合并为"亩捐"。亩捐作为县款，按亩征收，每亩11钱，其中8钱作为警备队的费用，3钱用于学务科、建设科、财务科的费用。

契税附加，在征收省款契税时，附加一定的县款，称为契税附加。契税附加的客体是契纸，从价征收，即按照交易价格征收契税附加，契税附加由买主承担。在顺义县，契税附加按地价每元附加5钱。契税附加由县公署随正税附征，按月拨交县财务科。

屠宰税附加，其征税客体是猪牛羊，以只为单位，按正税附加的50%征收。屠宰税附加由县公署随正税附征，按月拨交财务科。

除了上述的县款科目外，还有牲畜附加、牲牙附加（大牙小牙）、斗牙附加、秤牙附加、猪毛附加与屠宰税附加类似，均按正税附加50%。

状纸附加，打官司需要购买状纸，印制费用是15钱，其中印制费10钱，纸费5钱，出售20钱，多出成本的5钱称为状纸附加费用。状纸附加的课税客体是状纸，每张状纸附加5钱。状纸附加也是县财政收入的组成部分。

2. 杂捐。

杂捐也是县款的重要来源，包括自行车捐、猪牛羊捐、商捐、石灰捐等。

亩捐，按照田亩数量征收县款，每亩附加 5 角 5 分，随粮征收。按照规定，亩捐不能超过正税额的二分之一。民国二十九年取消田赋附加、警款，统一以亩捐来征收，每亩征收数量有所增加。按照规定，除了亩捐，不能再对农民进行摊派，同时省里不再对亩捐设置上限，县里根据预算决定亩摊规模。亩捐由乡公所代征，按月送交财务科。

自行车捐，即拥有自行车的户主要向县缴纳自行车捐。自行车捐一年缴纳一次。拥有自己自行车的户主前往各分所缴纳。从民国二十八年开始顺义县征收自行车捐。一辆自行车一年缴纳 2 元 5 角（也有说是 2 元）。此捐由分局代征，送缴财务科。

猪牛羊捐，买卖猪牛羊的人或者店铺都得缴纳猪牛羊捐。这类捐为从价捐，但是每年有定额，承包给相关人士，包商按月征收，上缴县财务科。

商捐，即商会或者各个商业企业、门店需要缴纳的费用。商捐按照资本量缴纳，一般按照商号纳税。加入商会的商店在商会交纳，没有加入商会的商店在分所交纳。因为营业税属于省款且没有附加，所以商捐就是"县属营业税"。

石灰窑捐，进行石灰窑生产、开发的人或者企业要缴纳石灰窑捐。石灰窑捐按照"处"征收。顺义县在牛栏山有六七所窑，每年合计有 30 元左右的石灰窑捐，六七所窑选一人作为代表前往县里纳捐。此类捐也往往承包给个人，包商按月送交。

另外，乡捐是乡公所需要费用，按照村庄大小分摊，由各分所代征。

3. 行政收费及罚款。

缮状费。普通民众向承审处提出诉讼，其文件由县公署的代写人代写，根据代写字数收取手续费，称为缮状费。一般每百字 1 角，由购买人承担。代写人为县职员，非承审处的工作人员，由县长直接监督。缮状处有 2 名职员。代写手续费的 4 成作为缮状人员的月薪，1 成为县款，解送省财务厅 4 成（原文如此，合计不到 100%）。缮状费由缮状处代征，按月送交财务科。

司法罚款，对违法人征收的罚款，按照规定征收，由县公署征收按月发交财政科。

违警罚款，对违警人征收的罚款，按照规定征收，由警察所征收按月送交财务科。

烟酒罚款，是依据鸦片捐（吃烟税）、赌博罚款等的司法收入，也构成县财政的收入。由县公署征按月发交财政科。

以上四类收入构成县财政的司法收入。

4. 学费及学田费。

学费，学生缴纳的课程费，每人每年 2 元，由各学校征收后，按年送交县财务科。学费仅限于县立高小学校，不包括村立、私立学校。在顺义县将学费缴纳到县里的总共只有三所学校。沙井村小学是其中一所。

学田费，又称为义学公田，是用来资助学校建设、运转的土地，由县捐赠而来，学田的所有权为县公署。学田的收入主要有两类：一是学田出租的收入，为学校所有，归学校支配。二是出售学田的所得收入。顺义县的学田不多，只有一二十亩学田。一部分学田租要交到县财务科，每亩五分六分不等，由财务科征收，按年入账。

5. 其他费用。

征解费，县里征收省款，并向省上解税款。在征解税款时县里可以获得 3% 的征解款。

征解款直接从上解中扣除。

征收费，县里征收的牙税，也需要向省上解牙税款项。上解牙税，县里可以获得10%的征收费，直接从上解牙税中扣除。

溢征提奖，县里征收的契税，超过部分可以溢征提奖，提取契税的15%。对于牙税，也可以与契税一样，超额部分溢征提奖，奖励部分是牙税超额的50%。

（三）村摊

晚清时期，属于一种"消极国家"，对乡村只有田赋需求。虽然国家征收了田赋，但提供的公共服务不多。这就形成了"皇权不下县"的治理格局。民国建立后，推进民族国家建设，实施"积极国家"战略，许多政府机构相继建立，如县公署、分所、学校等。这些机构的运转均需要经费，这些经费只能向商民摊款，为了应对上述机构及其摊款，"无为而治"的村庄，也必须摊款应对上述摊款。因此，村里的摊款就由三个部分组成：县摊款、区和分所摊款、村庄本身的摊款。

1. 村公摊的历史。

村摊有两种视角，一是国家视角下的村摊，省款主要是税收。这是以土地及相关物品的交易为载体的税收，不存在向村庄摊派的问题。县款是最主要的摊派。民国四年为田赋附加，后来又有警款、学款，以及县里的一些临时性摊款。在满铁调查时期，田赋附加和警款变成了亩捐。二是村庄视角的村摊，对于村庄来说，除了税收外，其他均是摊款，包括政府、军队、社会摊款。从政府来看，初期是田赋、警款、学款，后期是亩捐，以及在财政入不敷出时的临时性摊款。从社会视角来看，有新民会的一些培训开支，军队的一些力役、柴草、马车等征用。从村庄视角来看，主要有两大类，外面的摊派，如县摊、社会摊派、军队摊派等；村庄内部的公共事物，会费、看青费、招待费、公路维修费、村庄办公经费等。

从增量的视角来看，顺义县和沙井村的摊派，随着国民政府的建立而增加。在晚清时，农民只有田赋，很少有其他的摊派。随着国家建设的推进，警款、学款、村公所和区公所的费用增加，最后县里以省税"附加"的形式固定下来，随后又将多项摊派集中为"亩捐"。除了亩捐外，还会有一些临时性摊派，县区、分所各职能部门下村，也会要吃饭等。与晚清相比，亩捐、临时性摊派是新增的摊派。从满铁调查来看，晚清时期村庄基本没有固定的公摊，临时性公摊也很少，随着国家政权下沉，村庄任务增多，公摊也增多。除了自愿性的会费外，最大的支出就是青苗费，村庄所有的费用开支，包括县、分所公摊均通过青苗费征收。加上军队、铁路、新民会等社会摊派增多，农民的负担大大增加。

2. 经常性公摊。

经常性摊款分为两种，一种是以土地为对象的摊派，如税收附加、亩捐等；二是通过村庄征收的摊派，如乡捐、警款、学款。除此之外，还有村庄本身的经常性公摊。

（1）以土地为对象的摊派

附加，随着县级政权职能的扩大，基于支出压力的摊派增多。为了维持县级政权，县在省款的基础上征收附加，主要有四大类附加，一是田赋附加，民国四年开始征收；二是契税附加，三是牙税附加，四是行政状纸附加。这些附加都具有税收的性质，属于县政府的财政收入。这样县级政府就有了稳定的收入来源。

亩捐，按照田亩征收的摊派。民国三十年，取消警款、田赋附加而设置的一个地方性收费项目，称为亩捐。这是比较固定的非税性摊派。这种征收不需要村庄征收，从田亩随税征收，农民主动前往粮房缴纳。

（2）以村庄为载体的摊派

警款，传统乡村社会的治安由村庄士绅或者精英负责，也可能由地保之类的基层治理人员负责。民国政府成立后的最重要的事情就是成立了警察分所。警察分所负责辖区的治安。因此地保或保正的治安职能弱化。警察提供治安公共产品，辖区农民负担费用。于是政府向农民征收警款。民国十四年称为"村摊警款"，二十八年更名为"民摊警款"。

学款，在传统乡村社会，学校是私人事务，很少有公立学堂。民国政府的国家建设，将学堂作为一件重要的公共产品来建设，每几个村庄就要建立一座公办小学，沙井村、梅沟营、石门村与望泉寺四村合建沙井村公立小学。小学所需费用全部由四村负担。因此，需要向村民征收学款。

区、乡公所及事务员费用，顺义县设立了 8 个区，实施大乡制。随着行政区划的设置，区公所、乡公所也就建立起来，虽然明确规定其办公经费由县拨付，当然县拨付大部分也来源于农村。既便如此，还是有一部分费用由村庄负担，如每乡一名事务员，其月薪为 30 元，这笔费用就由村庄负担。另外，每个区在县城设置了办公场所，以便保正、地方有办公地点。办公场所的建设及其日常运转费用由村庄分摊。

（3）村庄本身的公摊

村庄本身的摊款源于村庄的公共开支，要弄清村公摊必须首先弄清村庄开支。

村庄开支，村庄的开支主要有县款、学款、贴钱、青夫费、乡长办公费、招待费（村公所）等。据沙井村的村长杨源介绍（与其他农民的介绍有差异），民国二十九年，支出结构如下：一是招待费：500 元（包含保正、地方的报酬 200 元、新兵安家费 200 元）；二是学款：310 元（2 名小学教员的工资、1 名学校夫役的报酬、学习的纸、墨、石炭等费用、备品的修理费、建筑修理费、书物费等）；三是县款：400 元（包含警款、警备队制服费 30 元、其他的有马草、买木、县杂款等）；四是贴圈（贴钱）及青夫费：200 元；五是乡长办公费：200 元；六是青年训练生饭费：150 元（包含长短期的训练）。从历史来看，村支出也在逐渐增加，民国二十年是 400 元左右，二十五年 500 元左右，二十八年900 元左右。村庄的开支都会变成村庄摊款，由农民负担。

青苗费是村庄最常见的摊派，在第一卷导读中已经介绍了青苗费。从公摊角度来看，青苗费是一种制度化的公摊。因为在传统乡村社会，村庄公共事务很少，公摊很少。农民自我看青，或者少数家庭合作看青。民国初年，顺义县政府要求统一成立看青组织，建立固定的连圈。沙井村因而成立了青苗会，收取看青费。青苗会的会首与村公会的会首基本重合，青苗会与村公会合二为一。村公所就利用青苗会收取包括看青费在内的所有摊款。青苗费的征收对象是经营土地，种植庄稼的土地都必须缴纳青苗费。从此青苗费就变成了一种固定的村庄公摊，既包含政府、社会对村庄的摊派，也包含村庄本身需要的公共费用。

为了规范摊派，县公署统一规定，村庄不能再进行摊派，所有的公共开支纳入亩捐。因此各个村庄不能再征收青苗费，也不能再向农民摊派各种费用。村庄要摊派必须征得县公署同意。现在问题是，县公署通过亩捐解决了县公共开支，但是村庄若干公共事务还得建设、还得运转，不允许征收公摊，如何保证村庄运转。对于村庄的具体情况，满铁没有调查，但是村庄与国家紧密的联结在一起，没有公摊，村庄寸步难行，进而政府寸步难行。而且村庄合理的公共建设、公共服务也无法保障。从理论上讲，村庄不得、不许公摊的政策难以实现。

青苗费分每年两次征收，麦秋，5月征收一次；大秋，9月征收一次。青苗费以土地经营数量为依据征收。青苗费在逐年增加，民国十八年大秋为10钱，民国二十一年15至20钱；民国二十六年26钱。民国二十九年（调查的前一年），大秋60钱，麦秋20。同一年，望泉寺，石门村，大秋为80钱，麦秋为60钱，可见沙井村的公摊比周边村庄要低一些。在沙井村，农民都会缴纳青苗费，上半年缴纳不了，下半年一定会缴纳。只有死亡、失踪的人无法缴纳。

在沙井村，青苗费不够用时，一般会向商店借款，第二年征收青苗费后再偿还。借款的对象是县城的商店。沙井村每年的村庄支出，会用纸贴出来公示。但是借款不写出来，合并在支出中。

3. 临时性公摊。

从满铁调查来看，村庄公摊费除具有税收性质的附加、固定性的公摊外，还有若干临时性、不定期的公摊费用。主要包括三类：

白地摊款，所谓白地摊款，就是田地里没有庄稼时向农民公摊费用。导致白地摊款的原因主要有三个，一是政府的摊派，从县政府来看，最具代表性的就是乡民摊款，即县财政入不敷出时向农民摊款。二是社会的摊派，如军队、日本人的铁路及新民会的摊款。三是村庄本身无法解决的赤字。沙井村主要以青苗费解决，没有白地摊款，如果万一出现赤字，则先借款，第二年偿还，但在顺义县的其他村庄存在白地摊款。

力役，力役是一个比较古老的摊派，在古时称为"劳役"，满铁调查时称为"力役"。从沙井村来看，力役也是三个部分组成，一是政府征用劳动力，如修建公路、水利设施等，政府征用一般不给薪酬。二是社会征用劳动力，如军队、铁路征用力役，军队征用一般不给钱，日本铁路征用会给一些钱，但是日本人对农民比较粗暴，大家不想在铁路干活。新民会要求各村安排人培训，如军事、妇女培训等。社会征用力役，如果不付薪水或报酬，村庄会负担一部分及其伙食费。这也变成了村庄的公共负担。三是村庄征用劳动力。主要是村庄的公路、设施的维修需要劳动力。力役也是一种重要的公摊形式。

力役分配，村长从区里接受分摊任务返回到村里，召开会首会议，根据土地账簿，决定力役的日均比率，依据土地的所有亩数进行分配。在沙井村，一般是5亩所有地出一个劳动力。力役的决定不会召开大会，也不会单独张榜公布，但是农民都比较服从安排，很少有怀疑的人。

力役顺序，村庄按照顺序安排力役。村庄在公布青苗费时会将力役同时张榜公布。由看庙的通知。就近修路，轮到某人出力役，但家中有事可以不去，下次再参加，相对比较灵活。如果家里有长工，也会安排长工出力役。如果特别需要人，没有地的家庭也可能会被要求出力役。农民一般会服从村公所的安排。

力役报酬，为县里、军队、新民学会、村庄出的力役没有薪酬。前两者，村庄可能会有一些伙食补贴。为铁路出力役有一些薪酬；如果不支付，村庄会补贴一部分。

柴草，也称为马草、军草，军队需要柴草时向各个村和农民摊派，属于临时性的摊派。在县城的新民公园内设有军草处。军草处向各村征派柴草。有柴草时，由各户分摊；没有柴草时，由村出资购买，费用进入村摊。柴草主要由村长或者农民送到军队或者县城军队驻扎地。

柴草处，为了给军队征集柴草，民国十六年军队在县里建立了柴草处，其中有一段时间军队收回了。民国二十五年又建立起来了。柴草处有一名经理，一名办事人员。经理的薪水为每月16元，由各区平均承担。柴草主要是满足日本人和治安军的需要。警备队不需要，因为警备队员都是本地人，知道在哪儿购买柴草。军队需要柴草时与县里沟通，下发文件。县里召开县政会议分配；如果数量比较少，柴草处会直接下发到各区。柴草征集一般需要提前三个月。各个村或乡，收到征集柴草摊派时，就会先垫付经费购买，一般不需要向各家各户征收。购买柴草后，由各村村长直接或者委托农民送到柴草处，柴草处会开具收据。如果军队会给付柴草款，将通过县里支付，柴草费直接给到村或乡里，抵扣摊款。警察或者监狱收到的柴草按照市场价格支付，日本人出价比市场价格低。给付的柴草费不足购买费用时，不足部分纳入摊款，由农民承担。

（四）　商摊

县款的摊派最后会由农业和商业承担，由农业承担的摊款称为民摊或村摊，由商业承担的摊款称为商摊。

1. 商会摊款类型。

商会的摊款主要有三种：一是"全县摊款"，即县公署摊派下来的款项。二是"商联摊款"，即5个商会开展共同活动需要费用的摊款。三是"各商会自身的摊款"，5个商会独自开始工作所需要费用的摊款。全县商摊要召开商民联合大会或者绅商联合大会，确定商与民的比重，最初商民分摊的比例是35：65；现在商民比例为：30：70。

2. 商摊的征收。

加入商会会加重负担，商店一般不愿意加入。参加者大多由县里强制而加入。尽管如此，小的商店也有不参加的。加入商会的商店、商号，其税、捐、公摊由商会代收，转交给县公署或者统税局。没有加入商会的商店、商号，直接交给分所、县公署或者统税局。一般而言，商店都会自主缴纳税收、商摊，很少有不缴纳的商店。

3. 商会及治理。

顺义县的商会成立于民国二十年，它是处理商人、商业之间事务的专门性社会组织。在顺义县有5个商会，县城一个，四镇各一个。5个商会没有联合会，权利和义务平等，都可以直接与县公署沟通。每个商会都有会长、董事，一般有5人。全省没有省联合商会，民国十八年曾经召开过全省临时商会会议。商会是一个协议性的组织，没有执法权，也没有处罚权，只起上传下达的作用并代收税费。

商会主要的工作是代表各个商店说话，与政府进行沟通，代收税费。如果县里有公文和通知，可以通过商会传达到各个商店；商店有要求、建议，通过商会转达给县公署。商会最重要的工作是代征营业税、所得税、商捐、公摊。这些费用均根据商店资本量和经营情况分配。税费由商会收集，然后交到县公署或者统税局。

商会代征营业税之时，商会得到其全额5%的手续费。商会也为统税局代征所得税，但没有任何报酬。另外。商店也会做一些代购事项，其代理购买仅限于日本守卫队和县公署，不接收普通人的委托。

商会负责人都是掌柜，没有报酬。商店有两类人，一类是掌柜，拿工资的；一类是财东，拿利润的。商会负责人掌柜比较多，没有财东。商会有稳定物价的作用，有义务每10天向日本宪兵队或者县公署报告物价情况。

五　赋税征收

赋税征收主要包括四个部分：一是统税征收；二是田赋征收；三是集市牙税的征收；四是契税征收。

（一）统税征收

1. 统税。

统税又称为国税，主要指由国家直接征收的货物税。统税是对流通领域和部分特殊的商品所征的税。征税的商品主要有盐、酒、海关、所得税。与县款不同，统税由统税局及其分局、分所征收。其中，盐对生产者和买卖者征税，由盐务局征收，再转统税局或统税分所。酒对生产和买卖单位征税。烟对生产者征税。所得税主要是在出卖发票时征税，税率为1%到5%。后三者均为统税局直接征收。

2. 统税局。

统税局是为了征收国税而成立的税务征收机构。在华北设置了华北统税局，下辖唐山统税局，后者下辖4个分所。管理顺义县的分所有9人。其纵向机构是：顺义统税分所－唐山统税分局－北京统税局－统税总署。统税局主要对矿产品、绵纱、火柴、啤酒、火酒、卷烟、水泥、麦粉国税的征收和查验。一是对烟叶生产征税，税率为每百斤征4元50钱。二是对烟的生产征税，税率为每16万斤征税2400元，制造年数额不能超过16万元，或者按照每100斤2元25钱的税率征收。三是对购买帐簿征收印花税，印花分为四种：1钱、2钱、10钱、20钱，帐簿在3元以下免印花税，3元以上1钱，10元以上2钱，100元以上3钱。四是所得税，按照资本量超过2000元的征收所得税。顺义县约有120家商店和企业要缴纳所得税。

3. 统税与县的关系。

统税局属于国税系统，与县公署没有直接的关系。当统税局征税遇到困难，向县请求支持，县公署会提供帮助。如果有偷漏税的商店、个人，统税分所将会以公文形式将名单发给县公署。县公署会处理、处罚，督促其向统税分所纳税，但不会对偷漏税者进行搜查。商会与统税分所没有关系，只是代为传达通知，并代缴所得税。所得税是民国二十八年开始征收，实施不久，工作不多。

（二）田赋征收

民国初期，田赋征收由财务科下属的征收处负责，征收处下辖征收所，后者负责征收田赋和附加。征收处和征收所的建立导致了传统征收系统的衰弱，但是由于征收所力量不强，依然依靠传统的田赋征收室或粮房、粮柜征收。

1. 粮房性质。

粮房，粮房又称为粮柜，是晚清时期田赋的征收机构。清朝时期，县衙内设为吏、户、礼、兵、刑、工各房。户房掌管田赋。户房又分为吏房、西粮房、东粮房（两间）、东户房、户盥房（两间）、老户房。田赋征收室就模仿县衙的六个机构建立了若干个粮房。民国十七年，田赋征收机构称为田赋征收室，共有 6 家，合计 15 人，分别为东粮房 2 人、吏房 3 人、西粮房 2 人、户盥房 2 人、老户房 3 人、东户房 3 人。

粮房性质，从调查情况来看，粮房是一个私人机构，以家为单位，代行公共职能。粮房为数代世袭，每年位置不变，农民每年前来缴纳田赋。粮房如同包商一样，个人负责为政府代收赋税。民国十七年，粮房改为了田赋征收室（与财务处的田赋征收处不同）。虽然粮房取消了，但至今还在发挥作用。县公署的财务科有征收处，征收处下设征收所，其力量有限，仍然依赖原有粮房或粮柜收取田赋和县款。

粮房职责，粮房的主要责任是征收和核算，负责撰写年度初期的所有台账。现在还承担调查土地的工作。征收时，粮柜每日都要向县里汇报收的金额，必须和串票吻合。粮柜的收入全部要送到县里，数额不足的时候，自己补上，收到假币自己负责。

粮房分工，顺义县原来只有户房，后来粮房从户房中分离出来，两者有一定的分工，户房征收民粮地的赋税，粮房主要是为旗地代征租金，后来也征收民粮地赋税。各个粮房之间没有横向关系，收到赋税收入也不尽相同，有的多，有的少。农民可以自由选择在不同的粮房缴纳赋税，可以在一个粮房纳税，也可以在其他的粮房纳税。黑地升科时，农民在哪个粮房登记，其赋税就由哪个粮房收取。在分配官产地时，会适当平均收取的地亩，农户少的粮房就会多分配一些升科地。

2. 粮房机构。

从民国二十五年开始，粮房内部有了分工，设立了三个岗位：主任，稽核，书记。一般书记比较多。三个岗位做的工作六体相同，如果书记忙的时候，大家都做书记的工作。

书记，田赋的征收人，称为书记。在晚清时，属于粮柜的征收人员，粮柜其实是民间的征收机构，识字、会算的人都可以担任，这些人称为书记。主要写"台账"和"串票"。钱粮到的时候，写串票给送过去。记台帐的时间是每年的一二月份。当前正在进行土地调查，等调查结束后制作新的台帐。顺义县的征收员，即书记有 16 人。与职员不同，书记地位低，收入也低。月薪分为三等，一等 16 元，二等 14 元，三等 12 元。

稽核，主要工作是细算正税和附加税。一二月的时候稽核比较清闲，负责写台账，这个时候稽核和书记的工作相同，写台账需要两个月。只有农民将钱粮送来时，书记与稽核的工作才明确分开。没有钱粮时在一起工作，区别不大。

主任，负责督促一切工作。主要由熟悉粮柜的一切工作，精明强干，善于核算的人担任。主任一般为中年人，年龄太大的话，就不合适了。在粮房中比主任年纪大的人很多。年纪最大的可能是"先生"。主任由县里和粮房共同商量确定。工作稍微熟练的叫稽核，年轻的叫书记，其实只是名称不同而已，工作一样，报酬差不多。

办事窗口，每个粮房有多个办事窗口，每个办事窗口需要3个人，1个负责核算，1个负责核查台账，还有1个负责写串票。其实这三个工作都是书记在做，书记是最忙的人。工作忙时也会请人帮忙，来帮忙的人大都是农民。

3. 粮房报酬。

粮柜的报酬，粮柜没有报酬，主任也没有收入。县里不给钱，不给礼物。粮柜也不能向缴纳赋税的人收费，更不能从收入中提成。其收入主要来自于收取田赋中的一些零头、酒钱和差钱。零钱和茶酒钱，两者有明确的区分，茶酒钱比零钱少。零钱是粮房的收入，茶酒钱是先生的收入。过割、更名的费用归先生所有。转移财产手续的时候有酒钱，但是征粮时没有酒钱。虽然多出来的零钱很少，因为纳税的人多，日积月累钱就比较多。总体而言，粮柜及其人员的工作都是义务性的。也有被调查者说，农民缴纳1元田赋，向县交99钱，粮房可以得1钱。真实与否，笔者无从查实。

零钱或零头，每30元或者40元有10钱左右的零头，如果纳税人不要时，可以归自己，但要表示感谢。先生们一年有40、50元的收入，在粮房吃饭，粮房也会给服装。在粮房帮忙的农民，可以得到10元左右的收入，每天可以在粮房吃2顿饭。粮房的工作人员及帮忙人员，无法依靠粮房工作维生，因此并非长年在粮房工作，粮房没事时就在家里种田。

4. 粮房帐册。

征收帐册，它是田赋征收的依据，田赋征收以红簿等帐册为依据。征税账簿（红册）包括地粮、公产、升科租、广恩库、西河岁修、马馆租、红簿。其中，红簿最为重要，全县有73册。

粮房总账本，由粮柜负责人填写。平时由两人一组轮流写，到了卯期，两人中的一人负责核算，一人负责填写，忙的时候也有其他人帮忙。两人一组的值班者称粮柜负责人。辨卯人汇报十天间的全部收入，由这两个人进行核算，粮柜负责计算自己在十日内的收入，也负责计算哪个地方的哪个村的收入数量，然后交给辨卯，辨卯人纵向计算一下，然后算出各个地方的数量，辨卯日大家都把工作放一放，集中核对。粮食总帐本出来后，保正、地方要来县里集合，了解自己的业绩，业绩好的话，年底就可获得很多奖金。然后带来自己管辖花户的名簿，参考财务科的账簿，待农民缴纳后进行销毁。

5. 征纳方式。

纳税有三种方式，一种是偏远的地区，农民交给乡长、副乡长，由乡长、副乡长代交给粮柜。二是由村庄汇集后代交粮柜，主要有下西市村、赵各庄、小店村、李遂店。三是一般而言，农民自行去粮柜纳税。每个粮柜都有帐册，也称为红簿。农民只去自己习惯的地方纳税，不同的农民去不同的窗口（粮柜），同一个人也许去不同的窗口，或许长年去同一窗口。满铁专门调查同姓是否一起纳粮，调查表明农民纳税很少有同姓汇集在一起后交给粮柜的。这说明顺义县的宗族意识、同族意识比较弱。

6. 征收时间。

田赋一般是农民自行缴纳。缴纳时间：上忙从阳历 4 月 1 日开始到 6 月末；下忙从阳历 10 月 1 日开始到 12 月末。有三分之一的农民知道田赋金额，如果不知道的就拿上一年的收据，交给书记，让其核算当年日赋并缴纳。一年当中，征收最忙时候是初夏、立秋之后、春天和秋天。

7. 土地调查。

粮房或者征收室还承担着土地调查的任务。土地调查也是为了了解土地数量，准确征收赋税。民国二十九年，顺义县开始进行土地调查，田赋征收室共有 5 人参加了调查，调查员又称为清查员。土地调查的主要任务是粮银、科则、未投税、今年的粮银缴纳情况等。调查需要填写两张表格：田赋查报表和土地申请书，前者给民粮地填写，后者给没有上户的无粮地——黑地和租地填写。也考察土地质量，称为科则，分为上、中、下、沙碱四种。清查员通过视察土地，根据位置和土质对科则进行判断。

根据调查员反映，调查报表的地亩实际数量和田赋征收室的红簿里的数量一致，但是村落的大秋账和调查报表的地亩数量不一致，前者多于后者。原因在于农民有所隐匿。征收室里的帐比大秋账多，这是因为即使征收了田赋，村里也没有记录。调查报表的地亩数、田赋征收室的红簿数、地亩实际数量不一致。说明自古以来，中国农村的数据就没有准确过。

（三）契税征收

契税以所有权发生转移变动的不动产为征税对象，向产权承受人征收的一种财产税。在晚清和民国时期，主要在田房买卖时征收契税。但并非所有的田房买卖都要交契税，国家购买可以不交税，如修铁道、道路、学校等购买土地。在前面介绍契约时已经对契税进行过介绍，在此主要从契税的角度进行补充介绍。

验契，民国三年开始，进行验契。红契交纳验费，白契除交纳验费外，必须再立税契。验契费全部送缴国家财政。对于草契来说，契税为：买价、典价在 30 元以上的称为大契，30 元以下的称为小契。大契验契费 1 元，注册费 10 钱，合计 1 元 10 钱；小契验契费 50 钱，注册费 10 钱，合计 60 钱。与草契不同，白契必须缴纳 3% 的契税。在河北省所有的县都是这样施行。

民国十七年政府为了收取更多的税金，把作为省款的田赋转为国款，验契费必须全部缴纳中央。大契的验契费为 1 元 80 钱，小契 1 元 10 钱。这时即使拿来白契，也会与红契同样处理。

相关处罚，验契属于强制性的措施，会张榜通知。如不自行交纳会受到惩罚。在民国三年，期限一过，验契费便会上涨。以 3 个月为一期，每 3 个月上涨 1 元 10 钱。1 元 10

钱涨到 8 元 80 钱为止。此处罚措施民国十七年终止。

县里对验契积极性不高，因为所有费用都是省款。虽然如此，县里还是有一点手续费，即从验契费中只抽出几分之一作为办公费，具体比率不清楚。

契税帐簿，买主将草契自行缴纳到县契税处（在顺义县称为收发处），交换收据，将收据存根留在县里，并且记入税收文簿。草契（每百张）交到乡长处后，记入到草契簿，由乡长保管。契税的征解依据是税收文簿或交款簿。

补契和补税，失去契约的时候，失契人拿着乡长或者邻居（地邻）的证明，向税契处申请补契。补契也需要契税，补契与买卖契税相同。补契是基于申报，而不是县请求，或是调查的结果。补契的时候，虽然规定必须提交如同"呈为恳请补税投税恩准案事"这样的行政状，实际上大部分人没有提交，只有极少数人提交。行政状应写下地邻姓名，如漏写，会立即催促补上。补契与红契有同样的法律效力。

（四）集市及其税收

在目前的介绍框架下，集市与牙税不好安排，因为牙税是流通税，属于省税，但工作又是县里在做，而且牙税也有附加部分，与农民的生产、生活紧密相关。从满铁调查来看，主要是征收惯行，因此放在税赋征收中介绍。先简单介绍集市，重点介绍各类牙税的征收及惯行。

1. 集市。

顺义县的集市主要有两类，一是县城内的集市，即县城集市；二是物流比较多的乡镇集市，主要有牛栏山、杨各庄等 4 个。乡镇集市并非每天都开集，而是按照逢单或者逢双的原则等来确定。农产品一般不在村庄内买卖，而是在集市进行。城镇商人也很少到农村购买农产品，农民不直接将农产品卖给店铺。主要有三个原因：一是不知道真实的市场价格；二是熟人之间不好讨价还价；三是更重要的是要纳税。顺义县的集市主要有三大类：

粮食集市，即粮食交易的市场。农民将粮食运到集市，买卖双方谈好价格，或者牙伙做中介协调好双方的价格，然后买家去新民会（以前是包商）开票，交斗税，一元交二分五钱，卖家和买家各承担一半。双方一手交货，一手交钱。一般而言农民购买粮食不在集市，而是在粮铺或者粮店。按照法律规定，只要有粮食交易就得交斗税，小量的粮食买卖可以不交斗税，1 斗以上才交。

牲口集市，即牲口交易的市场。牲口集市分为大牲口集市，如牛马驴，还有小牲口集市，如猪羊等。牲口买卖也要在集市中进行，还要缴纳牙税。大牲口缴纳大牙税，小牲口缴纳小牙税。买卖双方先谈价，或者牙伙做中介，协商好价格然后进行交易。小牲口买卖，一元交 9 分钱的牙税，买卖双方共同分摊。但是大牲口买卖交款与交货有一定的讲究。

小牲口买卖一手交钱，一手交货；大牲口买卖，则有特殊的规定。如大猪有一个规矩，谈好价纳完牙税后，买家将猪先牵回家，等几天后再付款，原则是 2 日购买，8 日付款。因为这是大宗买卖，担心猪有病，要观察几天。如果猪没有病，则付款；如果有病，则还给卖家，但是牙税不能退还。牙税由卖家买家各自承担一半。驴、马是大财产，程序与大猪买卖一样，只是付款时间还要长两天，2 日购买，10 日付款。

其他集市，除了粮食和牲口集市外，还有其他农产品集市，如蔬菜等，这些农产品不需要交税。这些农产品可以当场交易，既可以在集市交易，也可以不在集市交易。

2. 包税。

由于县征收人员不足，很多税收要承包给个人征收。主要有屠宰税、烟酒牌照税、牲畜税、诸牙税。包税人的选择有两种方式，一是知事（或县长）选择方式，即与知事认识的人向知事申请包税；二是投票决定方式，县公署发出招募公告，从投标人中选择出资最多的人。顺义县每年至少要招募 31 人，总人数从 31 人到百余人不等。包税人不见得都是县城人，每个村都有。包税人每年都更换，也有做十年、二十年的包税人。民国二十八年以前称为包税人、包商，二十八年以后称为承征人。

3. 牙行、牙人与牙税。

对于比较重要的农产品交易需要在集市交易，同时还需要缴纳牙税，牙税由牙行负责。牙行并不完全指机构，而是指农产品交易时的征税人、纳税人、纳税事项等的总称。牙行的主要目标是收税，同时兼做一些中介工作。

牙税的征收员称为牙人，以前又称为包商、贴头，即将某一市场的牙税包给某个人，让其收税，然后交给财务科。包商雇用牙纪，牙纪又称为牙伙。在民国以前，牙行人员分为三个层级：总包税 – 分包税 – 牙伙，分包税是各个区或者镇的征收员，分包税雇用牙伙。后来包商改为承征员或者征收员。在满铁调查时，包商变成了新民学会。

牙税一般采取承包性质，如某个市场每年要交 120 元，则每个月应该交 10 元，但是实际上包商只交 9 元，剩下的 1 元作为自己的生活费。超过部分全部归包商所有。当然如果不足，则由包商补齐。

4. 牙税的种类及税率。

斗牙税，即粮食交易的牙税，每百元纳 1 元，附加 50 钱；

秤牙税，即水果、麻、花生油、木炭、棉花等交易的牙税，每百元纳 3 元，附加 1 元50 钱；

大牙税，即骡、马、驴马、牛等交易的牙税，每百元纳 3 元，附加 1 元 50 钱；

小牙税，即猪、羊交易的牙税，每百元纳 3 元，附加 1 元 50 钱；

猪毛牙税，即猪毛、猪鬃交易的牙税，每百元纳 3 元，附加 1 元 50 钱。

5. 征收员、牙伙和办事员。

征收员，又称为承征员，承包某一市场的牙税。承征员有征收牙税的权力，也有雇佣牙伙的权力。承征员在承包前要交一定的保证金，即总税的 20% 左右。如果不能完成任务，就用保证金抵税，如果完成可以退回。对于征收员的收入，在调查中有两种说法，一是超额部分归征收员；二是总额的 10% 归征收员。

包商的条件，包括总包商和分包商，对于包商有几个要求，一是识字，有文化；二是能够办事；三是与知事要比较熟悉。从前包商还要能够缴纳保证金，在满铁调查时，因为包商变成了新民会，因此不需要保证金了。

牙伙的产生，牙伙是周围的农民，年龄在 20 – 65 岁之间，如果年纪大了就干不了。

如果农民与包商认识，直接向包商申请；如果不认识，可以请介绍人向包商推荐，后者认可即可。

牙伙的资格，牙伙可以识字，也可以不识字，但是要对交易比较熟悉。当然不熟悉也可以先学习。包商要求牙伙勤劳认真，不能背后收钱。其实，在现实中，牙伙一般不变，变的是包商。牙伙有干十几年或者几十年的。新包商承包集市牙税后，既可以找新人，也会续用老牙伙。

牙伙的报酬，牙伙的报酬由包商支付，一般是后付。每个牙伙的收入不同，根据其工作完成程度来确定。有些时候，如大牲口交易，牙伙可以买来缰绳，以缰绳的名义收一点小钱。有时交易双方也会给些酒钱。

牙伙的要求，牙伙不能私下收钱，也不能私下收牙税。牙伙可以做交易双方的中介，成交后带双方到办事员处交牙税。交易双方达成协议后找办事员开票。

牙伙的活动，市场都有牙伙，全县有一二十位牙伙。牙伙之间没有正式的组织，也不召开会议。当然如果有时间，牙伙也会在一起交流情况，但不是正式会议。

办事员，在正式的集市，征收员请了办事员，办事员又称为"先生"，主要是开票收牙税。

6. 屠宰税。

在农村，除了缴纳牙税外，更多的是屠宰税，农民宰杀牲口需要交纳屠宰税。宰杀一头猪，交正税60钱，附加30钱。宰杀一头牛等大牲口，交正税3元，附加1元50钱。屠宰税可以包给某人，如果是承包给包商，包商则到各村打听屠宰情况，也可以委托其他的农民帮助打探，发现了屠宰就去征屠宰税。屠宰税也可以承包给村庄，如村里每年实际宰杀10头牲口，村公所就承包5头，多余的部分就成为村公所的收入。如果当年实际屠宰数量少于承包额，则需要村公所补偿。

如果说田赋是国家渗透到农村的一个代表，牙税则是国家深入到农民生活的一个体现。前者让农民意识到了国家，后者让农民感觉到国家无处不在。当然由于农民的市场化程度不高，国家向乡村生活渗透能力不强，牙税、屠宰税对农民生产生活影响有限。

总体而言，田赋及其附加由县公署、财务科、粮房征收，农民主动缴纳，保正、地方、财务警察催缴。县款及各类公摊，主要是由县公署、分所、乡长或村长征收。这是两套不同的征收体系。

五　县政村治

从满铁调查可以清楚地看到，顺义县的治理，主要有两个层级，一是县公署的治理，二是村庄和商会的治理。省政府会进行一些调控，调控主要通过县公署进行。而区、分所是县与村之间的连接机构。可以将民国前30年的基层治理概括为：县政、区联、村治，即县是政治，区是联系，村是自治。

（一）县政

所谓县政，就是县公署通过政治权力来管理经济和社会。从调查来看，县是一级典型的政府，有决策机构、执行机构、司法机构，还有公共财政。日本人主要进行农村惯行调查，所以笔者以赋税为重点来介绍县政。

1. 县政决策。

从顺义县来看，县政决策主要包括三个会议：一是县政会议，二是行政会议，三是商民联合会议。三大会议决定县里预算、决策和县款的分配方案。

县政会议，就是一个由政府各个部门组成的政府工作会议。出席者包括县财务科、教育科、建筑科、公安科、县知事或者县长。如果说"商民联合会议"具有民主协商的性质；"县政会议"纯粹是政务工作会议。从民国十七年开始一直到调查时为止，县政会议都在召开。其中从民国十七年到二十四年规定，一周必须召开一次会议。此后只在必要时候召开，次数逐渐变少，即使开会也主要是讨论民主党和政府间的联络。最初县里收支预算、决算都在县政会议上讨论，随着时间推移，县政会议不再研究具体的事务，只讨论一些政治关系。

行政会议，民国十九年开始有县行政会议，其出席者包括县政会议的出席者，以及国民党部各团体代表、各区代表（8 区的代表、区长和绅士出席）、各机关代表（学校、商会的代表）等。行政会议的规模比县政会议大，参与人员的范围更广，人数更多。行政会议具有合议的性质。行政会议主要研究县的政治关系、警款的分配标准、保正取消、教育改善、土匪肃清、绅商摊款确定、公益建筑等工作。与县政会议相比，行政会议就是一个执行会议，县政会议决定的大事，由行政会议来落实和执行。

商民联合会，也称为绅商联合会议，即商业从业者和农民从业者的代表联合召开的会议，绅即民，商即商人。商民联合会议决定商业和农业负担的县摊款的比例及其他一些重大问题。决定临时摊款时，农民和商人按照"民七商三"的比例安排代表，即农民有七成代表，商人有三成代表，共同决定摊派的总额、征收方式等。商民联合会具有一定的协商民主性质。

出席县政会议的人全部都要出席绅商会议，有县长、顾问、秘书、财务科长、建设科长、学务科长、警察所长、以及其他建设学务民事等的科员。其他出席的还有绅、商代表。商会代表由商会确定，每个商会 2 名代表：会长和行业代表。绅士代表由各分所通知各乡长、副乡长开会选出出席会议的代表。大多是口头表决，被推选参会的多是有名望的乡长。一个乡可推 1、2 名代表，也有的乡推选 3 名。商民联合会议的主席一般由乡长担任，没有的话可以由顾问或秘书担任。

商民联合会议讨论最多的是摊款的分配，即由商民联合会议讨论决定商民分配比例，凡是涉及到农业和商业摊款的分配均需由商民联合会议讨论。根据商民联合会议的规定，从民国二十年到二十八年，商民摊款：商为 35%，民为 65%。根据民国二十八年八月的商民联合会议规定，决定负担比率是 7 对 3，即民为 7，商为 3。

如果说县政会议是典型的政务会议；行政会议则是包括各种代表的一种合议性工作会

议；商民联合会则是民间社会组织召开的协商会议。三个会议确立县政决策的基本架构，共同确定了县政的决策及县款的摊派。

2. 财务组织

县公署最重要的经济组织就是财务科。财务科有科长，下设三个股：会计股，负责收支现金；县款股，负责收支县款；库款股，负责对省征解库款。每个股设有科员和办事员，后者是前者的下级。税契处、田赋征收处、牙杂税征收员、土地整理处附属于财务科。科长平等地对各股进行监督，大家都在科长的监督下工作。可见，财务科就是一个纯粹性征税、征费部门，没有其他的公共建设职能，也没有经济调节职能，与当前的财政局有很大的差别。这也说明当时县政也是一种"消极行政"。

税契处，在顺义县又称为"收发室"，收发室原是传达室的意思，但是因为县公署办公房间不够，税契处在收发室办公，农民称之为"传达室"。税契处设有主任、书记和临时雇员。从满铁调查来看，税契处受两处节制，一是在财务科长的监督下工作，二是在秘书处（总务科）的管辖之下工作。由县知事或县长任免，民国二十七年以后开始支付月薪。

田赋征收处，也称为田赋经征处，主要负责田赋的征收工作，设置有主任、稽核及若干书记。田赋征收处在财务科长监督下工作。负责人和契税处一样，主任是总监督，稽核是被监督者，书记是征收事务者，从民国三十一年起开始支付月薪。

土地整理处，对旗地、黑地进行整理升科的机构，设置若干土地清理员，在财务科长的监督下工作。

财务稽核专员，主要是监督财税的官员。从前省县均没有设置这样的官员，县只需将省款送往省里即可，现在专员负责监督。财务稽核专员在县公署内办公，监督顺义、密云、怀柔的税收。稽核仅限于省税的征收。县里交给专员旬表。稽核员职务相当于县长。省财务厅长是总督政官，县知事是经征官。虽然财务稽核员拥有监督责任，但是没有组织，也不需要提交月报表。

财务警察，在顺义县设立了财务警察，共有10人，隶属警察局，其功能就是催收田赋，协助地方催税人催税，如有人不听地方劝告，财务警察就去督促。财务警察的月薪是15、16、17元。

3. 警察司法行政。

政务警，民国二十九年，从警察中选出一批人担任政务警察。1名警长，9名政务警察。其职责是负责有关县公署司法行政方面的工作，传人、传达消息、司法行政（村公所关系）联络、协助催缴粮银。政务警属于警察署，只负责执行县里的命令，与分所没有关系。政务警到村里不被人讨厌，也不会有好感，农民对他们总有畏惧感。民国二十九年之前，在警察中有10人在做这项工作，但是没有明确为政务警。

政务警从警察里挑选，要求有经验、工作踏实。政务警可招募，也可以推荐。当有空缺时，乡长们可以推荐。政务警察不需要考试，但是警长需要考试。熟悉村里情况、与村民感情融洽、熟悉所有警务的人会被选为政务警察。特别是年龄比较大，熟悉司法，且有殴打经验的警察更容易被选中（一般分工是：承审员审讯，政务警察殴打）。与普通警察相比，政务警危险性比较小，不用夜间巡逻，也不用上街。

政务警察的收入不高，根据等级有 20 元至 24 元的月收入。政务警察下村时，会被招待喝茶，如果赶上吃饭，也会请吃饭；如果不吃，会给一些酒钱、跑腿钱、鞋钱。一般是三四角，多则一元。政务警与农民发生争执，或者行为不检点，县公署会安排特警去村里调解。当政务警威胁普通老百姓，收取不正当钱财的时候（村给适当给一些饭费是允许的），会被免职。只有县长有权罢免政务警。

司法，负责与人民诉讼有关的事情。如原告起诉县里的时候，承审处给司法送来传票，让司法通知和传送给原告和被告。司法相当于地方法院，即相当于如今承讯处的承审员。法院时代的承审员又称为"推事"。

行政，满铁调查没有具体解释或者询问这一职务，从调查中可以发现其职能，如负责乡长、乡副、学校老师的替换。村民想让乡长、乡副、老师辞职的时候，行政部门的人就过来处理，由负责乡长（秘书室）和教员（学务科）事务的县公署负责开具传票并送至政务警。

4. 县款分配。

县款分配是重要的县政治理，满铁调查用了大量的时间对此进行调查。

县款的类型，县摊款分为"经常摊款"和"临时摊款"。从规定上讲，县摊款需要得到省的批准，但实际情况是，既使省里不批准，县里也会征收。从民国二十二年开始后的 8 年间，只有"经常摊款"有"村摊警款、村摊保卫专款"两项，可以简称为"经常摊款"和"警察摊款"。民国二十九年以后取消，两项摊款合并变为"亩捐"。临时摊款是不定的，如民国二十九年有"服装费"（警察）。经常摊款一年分四季征收，临时摊款一年征收一次。临时摊款不列于县预算，有很多秘密，一般不对外公布，但要列入"特别会计"。民国十七年到民国二十八年左右的时候县摊款大体上都是警察费，春（夏秋冬）摊警款和村摊警款属于定期的经常摊款，其他则属于临时摊款。

"特别会计"，民国二十六年开始没有写入预算表的临时摊款，计入"特别会计"，写入其中的有"剿匪费"、"外宾招待费"、"清乡费"（青年团训练费）。省里临时给与的"治安会议费"也算入其中。一般不对外公布。

县款的分配，县款分配是"县政"很重要的一件事情。县款分配主要涉及到四个方面：一是县款在商业与农业之间的分配，前面已经在商民联合会议中进行了介绍。二是县摊民款在各区分配。民摊款按照平均方法分配给 8 个区。三是按区分配的摊款要在各村之间进行分配，其分配方法有所不同，第一区按照所有土地数量进行分配，如果是警款则按照车股分配，其他的则依据警款进行分配。四是商款在商人之间的分配，5 个商会，根据商会大小进行分配，杨各庄占 35%，县城占 30%，牛栏山占 20%。县摊款争论比较多，民商之间争论，各区之间的争论，各村之间的争论，各商会之间也会争论。

县款分配方式，县款分配额度下到区后，区里召集各乡长、副乡长召开会议，进行说明，区长或者分所所长告之各乡的分配数额，然后各乡长回到村里摊款。分配摊款时，县里会下发简单公文书（摊款的分配额通知表），一份给村长或乡长，一份给分所。收齐摊款后，各乡长或村长将摊款金额交到区里（有时区也派人来收取），区里会给各村长"收据"。

顺义县各种摊款的分配标准和依据

	县	区	村
马车	以区为单位分配	以车股为单位（警款）	以所有土地为依据
力役			以所有土地为依据
青苗费		·	以经营土地为依据
田赋	所有土地	所有土地	所有土地
税收附加	所有土地	所有土地	所有土地

上面从总体上介绍了县款类型、县款分配及县款的分配方式，下面专门介绍几种县款的分配办法：

警款分配，警款按照车股分配，第一区分为9车股。每次进行分配之时，召集各村村长举行"开会"。在分所召开分配会议其出席者有村长、乡长、书记、警长。开会时除了村长，每个村还可以安排一二位代表出席会议。

车股，民国二十一年到二十二年，军队要求提供军需品，其中车马是重要的军需品。军队会向村庄摊派车马。为了分配摊派的车马，县里按照区进行平均分配；区也有分配方式，第一区按照车股进行分配，共有9车股。所谓车股，就是决定谁出车、马，出多少车马的单位或团体。比如第一区有40个村，如果分摊到每个村比较麻烦，因为每个村不足出一台车，因此几个村成为一股，合作提供车马，可见，车股是为了凑齐摊派车马而成立以"股"为名称的组织、团体。有了车股后，各村之间交替提供车马。这样车股就成了分配摊款的组织。车股有车股代表。警款也按照车股进行分配。用车股分配车马就有了一定的标准，不会混乱，县里也可以省去繁杂的手续。在村庄，分摊车马费时，则按照所有土地亩数分配。可见，从县、区、村有三种不同的分配方式，县按照区平均分配，区按照车股分配，村按照所有土地数量分配。

团警摊款及分配方法，团警摊款包含警款和自卫团摊款两方面。为了维持村的治安，根据省的命令，各区均要组织自卫团。由区团长（区长兼任）、副团长、班长等组成。自卫团和警察的工作相似。团款是自卫团的费用；警款是警察所需要的费用。两者均按照警款分配依据进行分配，即按照车股进行分配。团警摊均要交到县里，一个季度一次，然后县里按月再送到区里。

桥梁道路的临时摊款，依警款的标准分配，再依据不同的层级而定：修理的工作是遵从县或区的规定，交纳到县或区里使用。该道路在区管辖之内时，区内直接使用；在县里的情况下，缴纳给县，由县里支配使用。

军事支应摊款，军队命令临时派出货车和马草。如果各个区、乡有这些物品，直接收齐后送给军队；如果没有这些物品，则以摊款的形式收钱，再购买所需物品。中国军队驻扎在区里时，就以区的名义征收摊款。军队驻扎在县里时，就以县的名义征收摊款。

5. 摊款的层级干预。

省对县款的干预，省对县干预包括三种，一是对省税附加的干预，县里按照规定征收，超过部分需要向省打报告，批准后方可征收。如果没有省的许可，县市不能擅自增额。二是省给县补贴。过去省款从来没有给县里补贴，现在省款对县有两项补助，第一种，行政费，包括行政经费和行政补助费；第二种，司法费，包括司法经费和司法补助费。三是省对公摊的干预，省对县的亩捐做了规定，不能超过正税的 50%。

县对村的村费干预，县里要求乡、村制订预算。在预算时村费、村摊有一定的上限，不能超过上限。民国三十年每亩不超过 1 元 50 钱。相反，村对县里的摊款不能提出异议。

（二）区联

如果说县是政治，区就是联接，即区包括分所就是上接县，下连村的一个中间性组织，可以说是县的派出机构，也可以说是县的一个执行机构。

1. 区公所。

区的历史，区是一个行政区划，其主要工作是地方自治和地方治安，包括户口调查、闾邻编制、良民身份调查、乡长的监撰、监察委员会的组建等。顺义县有 8 区。民国二十年以前，设置区公所，有区长。区长之下有助理员 1 人、书记 1 人，相当于一个缩小版的县公署。民国二十年区公所取消，没有行政机关，仅有分驻所（分所）。民国二十年以前区公所是实体机构，现在只有一个名称，区有办公费，却没有办公机关、人员。

区的职能，县里的公摊，如亩捐，警款，民摊等均通过区来分配，再由区分配到乡或村。警察分所本身与税、摊款没有关系。在区公所虚化后，其职能由警察分所、分局承担。区还是一个分配单位，很多县的摊款以区为单位分摊。所以区变成了一个分配单位，而不是一个实体性的执行单位。区实本化时也有摊款，主要包括军事支应摊款、"保卫团服装费"、"枪支费"（铁炮、弹丸费）。

2. 分所或分局。

分所即警察分所，以前称为警察分局。民国二十八年改为分所。分所和警察所的组织一样，分为四个组织，分别为警务、保安、司法、特务。虽然分为四个部门，但是因为人手不足，大家都在一起工作，也没有什么明显的区分。其实，警察分所原有的职能是警察的职能，在区公所取消后，警察分所还承担了分配摊款，催收摊款的职责。

分所的构成，在顺义县，有 4 所分所，分所下有 4 所分驻所，各区有 1 所。分所下设书记 1 名、警长 1 名，辖警士 16 名。

分所的职责，主要的职责就是治安。区公所取消后，分所还承担了其他的职能，主要包括行政、治安、传达、催税，具体有治安、摊款、道路桥梁修理、保甲自卫团、户口、指纹（身份证明书）等相关工作，与治安相关的工作是户口调查、保甲编制、对匪贼的保护。

分所经费及摊款，县拨给分所的经费一般是 50 元，不够用时只能向所辖村庄摊派。摊派以"招待费"、"分所备品修理费"等居多。招待费是招待到分所来的人的费用或是分所的人出差的费用等。备品费、修理费的摊款每年都有，其名称不定，其摊款按照各村所有土地数量分配。各村分配率每年相同，将各村村长叫到分所开会，分配摊派数量。

3. 区分所会议。

会议与决策，分所拟每个月召开一次乡长（村长）会议。一般在实行联席会议制度，会议参加者有乡长、村长、分所所长，有些时候也有村里的代表，主要研究事项有募集新兵、摊款、修缮道路、调派青年训练等，摊派款项、车、马、柴草分配时召集开会的情况比较多。区或者分所不能直接将任务下达到各个乡或村，必须通过乡长会议才可以。区分所会议并不是一个法定的会议，而是为了解决问题而进行安排和协商的会议。

分配摊款，县政会议确定了摊派额度后，各区会召开区会议。区或者分所接到县的临时摊款通知后，一般不会直接下命令，而是召集各乡长、副乡长召开会议，进行说明。区长或者分所长公布各乡的分配数额，然后各乡长、副乡长带着县里的文书回到村里落实摊派任务。

缴纳摊款，摊款主要包括经常性摊款如警款，临时性摊款如车马、柴马，均由警务部门分配。车、柴按照车股分配给各村，其他摊派按照田亩分摊。摊派方式、分配方案都已形成习惯，大家没有意见。如果无法形成共识，则向县公署报告。各村收到款项后，大额的交到分所，分所会开具收据；小额的交给商号，由商号转交给县公署。

推选代表，县里通知召开商民联合会议后，各区或者分所就召开各乡长、副乡长会议，推选参加商民联合会议的代表。一般推荐有名望的乡长参加会议。

4. 分所与乡村、保正的关系

区分所与乡村关系，两者没有直接的上下级关系，也不是领导和被领导关系。区分所是县公署的下属机构，村或乡长是县长委任的社会名义职务，均接受县公署的领导。区和分所主要是接受县里的任务予以落实，在落实过程中需要村或乡协助完成，两者之间是协助和被协助的关系。可见分所并不是乡或村的直接上级机关，而是县里的一个派出机构，在乡长或村长的帮助下完成工作。

分所和保正的关系，两者之间没有关系，但也会相互协助工作。保正每天都会去县公署的收发室，县给分所的很多文件由保正带来。如果分所有人去县里，也可以自己带回。在分所成立以前，保正、地方具有治安职能，但是有分所后，保正、地方的工作不多了，也没有多大的价值。但是现在保正、地方可深入民间，解决问题比较顺手，当前主要协助分所警察处理各种事务。

（三）村治

第一卷的导读已经比较详细的介绍了顺义县、沙井村的治理，但是第二卷也介绍了一些村庄治理，在此仅就第二卷涉及到的村庄治理进行介绍。

村长的产生，村长由村民选举产生，选举时各家各户安排一人去投票，选举村长和副村长。在沙井村如果候选人同姓同宗，则不参加投票。在投票日，分所将选票带到村里，庙里的看守或者看青的会通知各家开会投票，先来先投票，直到选票发完为止。发选票时，一般发给会写字的人。小孩、妇女不参与投票，但是家长不在时，也可以参加。投票完后，分所将选票带回，择日宣布结果。

　　沙井村的村长有很多职务，村长、校长、爱护村的村长、新民会在沙井村的负责人等。主要工作有以下几项，一是开会，前往县、区开会；二是招待县、区来的人；三是组织村务决策；四是参与需要村长参加的纠纷调解；五是土地买卖的证监人；六是催缴各类摊款。摊款的催缴者主要包括县公署、分所、村庄（村长）。

　　会首的产生，会首没有严格的投票，村长拜托某人，如果某人同意，间邻不反对，然后村长、会首开会同意即可。也没有什么特别的仪式。会首一般是家里有财产、有土地的人。没有土地和财产的人会自动提出辞职。会首的主要职责是参与会议商量村庄事务。

　　治理机构，村长、副村长和会首构成了村庄的权力机构。村长与副村长、各个会首之间也没有领导和被领导的关系，基本是合议制或者协商制。当然村长具有主导地位。村庄没有村民大会，也没有代表大会，只有选举村长时才会召开村民大会，其他的事情很少召开大会。在谢秋、庙会时会有聚会，但并不是政治意义的会议。村里除了村长、副村长、会首外，还有司库，或者记帐的，也称为"会先生"。另外，还有 1 位看青的、1 位看庙的，这两位做一些"跑腿"的工作。

　　村务决策，村里重大事情主要有三项，一是摊款的决定；二是力役的分配；三是村公田的出租。摊款、力役的分配，主要是村长、副村长和会首一起开会商量，大部分同意即形成决议，一般没有反对的意见。然后将摊款、力役张榜公布。从调查来看，村民没有意见，有人说，有意见也不起作用。村公田的出租，从前由村长选择租佃者，在民国三十年改为投标决定租佃者。

（四）保正与地方

1. 保正。

　　保正俗称保长，以前也称为"捕头"，有些地方叫"路头"。顺义县有十路，路头下面有三四名兵，还有一二名伙计。路头的主要工作是讨伐盗贼、社会治安、催缴钱粮等。民国以后，路头成为了警察。路头下的伙计，负责分送县公署、新民会、警察所的文书。原来由路头所承担的治安工作改由警察负责，保正不再负责治安工作。当前保正不是官职，而是义务性职务，一区一名保正。

　　保正的职责，主要是传递公文、催收税款。在顺义县保正有 8 人，均为城里人，住在县城。各个保正之间虽然熟悉，但是没有横向联系。区、分所和保正没有特定隶属关系，担任保正的人员每天去县里上班，发送区、村的公文。

　　保正的资格，保正没有财产，没有职业，但不是农民，也不是商人，而是在当地比较活跃的人。保正既要熟悉官吏，也要熟悉村庄，多少还要懂点农活，一般农民干不了。

　　保正的地位，保正的地位不太高，依靠其收入可以过日子。保正一般是父子一起做。保正处理各种公文，儿子传送各种公文。如果儿子只是偶尔在保正外出时帮忙，则称为"半伙"。

　　保正的报酬，其报酬不确定。由所辖的村公会，保正的报酬既取决于自己的工作质量，也取决于与乡长（村长）的关系，如乡长（村长）来县办事时，招待的好，可能村里会多给点报酬；招待的不好，可能会少给点。每年立夏、立秋时，每个村会给 2、3 元至 10 元左右的报酬。第一区的保正就是与儿子一起干，因为收入不稳定，比较苦恼，但是又不能不干，因为担心乡亲们议论。如果保正不想干，可以向县政府提出辞职申请，一般会批准。

保正的选派，保正由各村的村长和分所联名上书向县知事申请，本人同意，县长或知事就会许可、任命。如果各个村长反对，则会被免职。保正没有明确的任期，如果业绩好，10 年、20 年也可以；业绩不好，干一二年就不让他干了。很多时候是子承父业，具有世袭性质。

保正的考核，其考核主要是辖区的农民，依据对地方监督的勤奋程度，对人民的亲切程度决定其业绩。如果保正做了坏事，全区代表开会，决定保正是否继续工作。如果确定不让其担任保正，由县长（县知事）通过文书判决其免职。

保正办公地点，保正在乡公所、区公所有办公地点，其所在辖区的各个村集资在县城建立一个办公场所，办公场所和办公费用由各个村分摊，以警款的名义征收。保正、地方在此办公，乡长或村长来县城公干时可以在此落脚。

保正上班，保正和地方每天都要来办公地点上班，一般早晨五点就过来，晚上回去时到收发室查看公文。地方平时传送文件没有报酬，但是在卯日给村里传送文件会有报酬。保正就是地方的代表，在卯日带地方来县里汇报，称为"带卯"。

传达公文，保正把县公署发布的命令或者公告传达到村里，把新民会的工作传达到村里，无论什么事情，只要是必须传达到村子里的，都要负责传达。保正让伙计跑着通知各个地方，然后通过地方传达到各个村。特别紧急重要的事情，会把村长们召集起来传达公文。村长离县城比较远且又比较晚时，县里会提供住宿。

催缴钱粮，保正知道开征日期，会提前告知地方在开征日来办公室，然后一起来县里，领取一村一册的账册。保正凭借这进行调查。封面上写的有年月日，还盖有印章，里面记录的有人名、亩数、征税等信息。交清钱粮之后，会销毁这些册子。地方一年来拿一次。在催缴钱银期间，保正、地方每十天去财务科汇报一次（称为辨卯），了解催缴业绩，即根据粮房的调查报告由财务科通知给保正和地方。

2. 地方。

地方是保甲、闾邻体系中的一个部分，受保正管辖。

地方的任命，在顺义县，地方有 53 人。地方由保正提名，县公署任命，并出具委任状。任命地方，保正要与村长、乡长商量，后者不同意时，不能任命。如果地方做得不好，可以撤换。县公署、村民和村长、保正可以提出撤换地方。一般保正提出撤换地方的比较多。但是如果村民中意地方，即使保正提出撤换，也不会成功。

地方的报酬，地方属于联络员，由保正指挥，没有固定的工资，主要依靠从村里得些谢礼，或者每年向每家每户收一些小钱维持生活，即每户人家给地方少量的谷物，称为"攒粮食"，有时也会给一些钱。地方的收入比保正要少，但是传达公文和各个节日的时候，应该能得到一些东西，特别是卯日时会有一些小报酬。地方去村里公干时，有时会管饭。保正不会给地方报酬或者劳务。

地方的地位，由经济、社会地位比较低，没有财产的人担任。有些地方也种地，大部分很穷，有些甚至不识字。地方可以是本村人，也可以不是本村人，但是距离本村近比较好。保正不能任命与自己关系好的人。

地方的职能，地方是一个苦差事，也是一个义务性的职务，但还是有多项工作：一是将县里的政策和要求传达给村庄，二是催收钱粮，地方主要接受县公署的命令，对田赋进行催促。地方绝对服从保正的指挥。地方的事务比较多，地方比保正的责任要大。催缴钱粮是一件大事，对于保正和地方来说，也有一些环节和程序。

开征，上忙的时候，即开始征收时，保正与地方会去各村通知。保正会在各村张贴布告，地方"打锣"通知村民集合。保正和地方也会前往村公所与村长交流。保正回去后，地方到各家各户催缴粮银。

粮名簿，地方在催粮时没有红册等帐簿，只有从财务科持有的"红账"中抄写来的滞纳者"清单儿"，也称为"粮名簿"。滞纳者不是很多时，科长递交给保正公文，保正让地方阅读，地方上门催缴。

催缴，当有延迟缴纳或者没有缴纳粮银的时候，由"户房"提供各管辖村庄的滞纳人的名单，地方到各户去催缴。如果不缴纳，将由政务警催缴。政务警催缴需要有正式公文。公文由财务科出签，政务警签名，有签名的公文书由政务警执行，保正、地方协助完成。

比卯，这是催缴田粮时的一个专门的活动，即各个保正、地方相互比较催缴粮银的业绩，即集中到一起，汇报催缴粮银的情况，汇报业绩称为"辨卯"。每隔 10 天一次，财务科会召集全县保正和地方汇报催缴情况，这种集会称为"比卯"。比卯也是催粮的一种方式和手段。

公布成绩，赋税催收的业绩由财务科长公布。榜上有自己名字的话，就能知道自己的成绩。如果业绩不好的话，就不用来了。如果业绩好，地方可以得到 3 元左右的奖励，保正可以得到 5 元的奖励。这些奖励也称为"花红"。如果催粮业绩不好，地方会被训斥，甚至会被送到看守所。

代缴，代缴就是代替其他去缴纳赋税。一般而言，农民不会委托保正、地方代缴赋税，因为农民不相信保正、地方。但是农民会委托甲长、教员、同族以及亲戚代缴赋税。帮忙代缴没有报酬，也没有谢礼。

粮房与保正、地方没有关系，后者不为前者做事，前者也不能训斥后者。只有财务科的科长可以批评或表扬保正和地方。粮房负责代收钱粮，负责将滞交的名单转给财务科，财务科交给保正、地方，后者负责催缴。

3. 伙计。

伙计是地方以下的职务，又称"下路"。在晚清时，路头下也有一二名伙计。伙计由保正直接安排，在身边听从调遣的，主要负责联络"地方"。在不景气的时候，伙计都很少，事情就由地方来完成。伙计每天都去县里，负责向各村传送文件，村里会招待吃饭。伙计传送公文时一般会骑自行车。新民会的文件也由伙计传送，现在由合作社的伙计传送。县公署、保正都不会给伙计报酬，村里每年多少会给一点小报酬。伙计去铁路、商会传送文件时，铁路不会给谢礼，但是商会在过年过节时会给几元谢礼。

4. 各主体的关系。

保正与县的关系，保正是县公署任命的，两者之间有领导和被领导关系，但是县公署不给保正发薪水。

保正与地方的关系，保正领导、督促地方工作，两者之间也是领导和被领导的关系，但是地方由保正提名，保正提名时要征求村长的意见，县公署任命地方。县公署、保正不会给地方报酬。

保正、地方与区公所、警察分所的关系，两者之间没有关系，有时后者委托前者做一些顺带性的工作。保正和地方除了催税外，对村民没有指挥能力，也没有权威。保正和地方也会协助区、分所做一些协调工作。区、分所不会给保正、地方报酬。

原书序

　　本书是先前发行的《中国农村惯行调查》第一卷顺义县的续编，顺义县的部分到这卷就大体完结了。第一卷收录了概况篇、村落篇和家族篇。第二卷收录了租佃、土地买卖、农村金融及交易、水、赋税（包括土地所有权、地籍公证）等篇目。本书也沿用了河北省栾城县、山东省历城县等诸县的部分并预定发行。

　　此调查的目标是：通过弄清楚中国社会实行的法律上的惯例，本真地写出中国社会的特质。虽然此调查与所谓的社会调查和经济调查等不同，但在内容上却与社会学、经济学、民俗学、史学等有着密切的关联。因此，希望大家在谅解本书特质的同时，广泛利用它。

　　本书第一卷公开发表后不久，负责调查的旧满铁北支经济调查所惯行班及与此密切合作的东京方面的研究人员因其在中国农村惯例调查中取得的业绩，被授予一九五二年度朝日文化奖。全体研究人员对此表示深深的谢意。调查内容如同本书一样平实，出版计划也与本书一样庞大，这使其公开发行遥遥无期。但是，获得朝日奖为我们今后继续办出更高质量的刊物注入了动力和希望。此第二卷也接受了文部省研究成果刊行费补助金，且由于岩波书店的技术援助而得以公开发行。在此提出以表我们的感谢之意。但是，到全七卷完成还前路多难，还望各位继续合作。

1953 年 12 月 20 日

中国农村惯行调查刊行会

代表者　仁井田陞

　　在第一卷的凡例中写到第一、二两卷的索引会附在第二卷末尾，但现在变为索引会在全卷完成之后再制作。再者，关于资料集中庞杂的内容，考虑到编集的方便，在本卷没有收录。

调查资料目录

（仅为本卷所收录部分）

辑	篇	号	调查人（〔〕内为翻译）	调查年月（公元）	备注
2	土地所有权	1	小沼正〔郭文山〕	1940 年 11—12 月	合并为赋税篇第一号
2	赋税	1	小沼正〔郭文山〕	1940 年 12 月	
2	水	1	本田悦郎〔郭文山〕	1940 年 11 月	
3	土地买卖	1	本田悦郎〔郭文山〕	1940 年 12 月	
4	租佃	1	山本斌〔郭文山、李寻春〕	1940 年 12 月	
5	赋税	2	小沼正〔郭文山〕	1940 年 12 月	
6	农村金融及贸易	1	旗田巍〔郭文山、李寻春〕	1940 年 12 月	
24	土地所有权	4	杉浦贯一〔李寻春〕	1941 年 2—3 月	合并为赋税篇第四号
24	水	4	杉浦贯一〔李寻春〕	1941 年 2—3 月	
25	土地买卖	4	早川保〔郭文山〕	1941 年 3 月	
27（1）	租佃	5（1）	佐野利一〔刘峻山〕	1941 年 3—4 月	
27（2）	租佃	5（2）	山本斌	1941 年 3—4 月	
28（1）	赋税	6（1）	本田悦郎〔郭文山〕	1941 年 2—3 月	
28（2）	赋税	6（2）	小沼正〔刘峻山〕	1941 年 2—3 月	
29	赋税	7	盐见金五郎	1941 年 2—3 月	
30	农村金融及贸易	4	安藤镇正〔霍满春、达光〕	1941 年 3 月	
58	农村金融及贸易	7	安藤镇正〔郭文山〕	1942 年 3 月	
59	赋税	11	盐见金五郎	1942 年 3 月	
66	租佃	11	本田悦郎〔孙希中〕	1942 年 3 月	
114	租佃	18	本田悦郎〔杨恩贵〕	1944 年 8 月	

租 佃 篇

1941 年 11—12 月

(华北农村惯行调查资料第 4 辑)

租佃篇第 1 号　河北省顺义县沙井村
　　　　调查员　山本斌
　　　　翻　译　李寻春、郭文山

　　本辑没有根据调查日期细分。一方面是因为调查开始时尚未确立资料的记录形式；另一方面是因为其他的项目运用了不同的调查方式。也就是说，调查实施的顺序为：首先，村内有识者数人进行村内全户的户别概况调查。接着，只对根据上述概况调查判明具有租佃关系的农家密切进行与租佃事项有关的户别调查。另外，由村内有识者数人，根据调查项目，询问规定租佃关系的诸条件、租佃契约、租佃权、地租等问题；但是，在写成资料时，是根据调查项目的编成顺序，而不是像其他资料以听取日期的顺序进行记录的方法，不拘泥于调查日期进行编订，但也并不是没有和调查项目吻合的地方。所以，不用有调查日期的小标题，而是用户别概况调查、有关租佃的户别调查及规定租佃关系诸条件以下的调查项目做小标题。

户别概况调查

　　应答者　杨泽（会首）、张永仁（会首）、杜祥（司账）、赵廷奎
　　地　点　村公所

李濡源（一甲一户）

【亲属】李家（李濡源）是老户吗？＝当然是，非常古老的家族，清初从山西省洪洞县来。

　　李家的亲属有多少户？＝本村有八户，望泉寺有一户。

　　同族和谁特别亲密？＝李惠源。

　　同族以外，没有特别亲密的人家吗？＝没有，李氏作为人格高尚者受全村的信望。

【当家】李是族长吗？＝当然，族长又叫"当家"。

【职业】家里主要的职业是什么？＝农业。

李不是从医吗？＝是的，从事行医，虽然本村和其他村的农民患者都来看病，但收入不稳定，收入也很少，即使是这样，年头好的话，也大概只有个一百元至两百元的收入。

广瑞干什么呢？＝除了农业，也有外科医生的技能。

广兴呢？＝冬天把蜜供运到北京，今年春天有四五十元钱的收入，但今年冬天不去。

广志呢？＝农业以外什么都不干，也不去送蜜供。

万春呢？＝在北京一家线香店工作，因为是两年前，收入不清楚。

李家以前和现在都没有做过长、短工的人吗？＝没有。

上述以外没有其他的副业吗？＝养鸡，年均二十元的收入。

【所有地的变动】民国初年有多少亩？＝二十亩左右。

现在有几块地共多少亩呢？＝八块地共八十亩。

什么样的地呢？＝上、中、下都有。

比例呢？＝不清楚。

民国后何时又是为什么买了呢？＝民国后大家都勤奋劳动，就渐渐买了，还有行医收入也能买地。

【经营和长、短工】是如何耕作的呢？＝自己耕种的。

现在如何呢？＝现在也是自己耕种。

有没有雇佣长工？＝没有。

有没有雇佣短工？＝每年少量雇佣。

今年一年雇佣了多少短工呢？＝今年春天十个，夏天十个，秋天三十个，一般每年需要四五十个工人。

这些短工都是本村人吗？＝本村人比较多，三成是外村人，七成是本村人。

本村人中同族和他族的区别如何？＝几乎都是他族的。

自发、无偿来帮忙的有多少人？＝和别人家比多一些，大概五到十个人。

【租佃】有没有租佃土地？＝没有。

现在租佃的土地？＝没有。

有否搭套关系？＝没有。

李广德（一甲二户）

【李广德的亲属】李广德是族长（李濡源）的什么？＝侄子。

和谁最亲密？＝李广恩。

是老户吗？＝是的。

【职业（长工）】一直以来都在做什么事？＝农业。

做长工吗？＝在李广全家做，通勤。

现在在做什么？＝每年冬天送蜜供，能挣大约五十元。

有其他副业吗？＝没有。

不做短工吗？＝因为是长工，所以不做。

【所有地的变动】民国初年时有多少亩地？＝一直以来土地就很少，那时候还有几亩，仅有的几亩在五年前也卖掉了。

现在完全没有地吗？＝是的。

【租佃】以前租佃过土地吗？＝没有。

现在租佃谁的土地吗？＝现在也没有。

搭套呢？＝没有。

（注：以上为李广德的情况，李广玉每年有五个月外出到望泉寺干活。）

李注源 （一甲三户）

【交际对象】李注源和亲属中的谁最亲密？＝李汇源对我非常亲切，又是族长，所以很亲密。

上述对你有没有什么帮助？＝没有什么特别的帮助。

是老户吗？＝是的。

【职业（看青）】主要职业是什么？＝看青（译者注：守护未成熟的庄稼）（青夫）。

不做长工和短工吗？＝不做。

看青的收入如何？＝今年是五十元，去年是五六十元，在此之前一直是二十元。

没有其他的收入来源吗？＝种西瓜卖。

没有其他的副业吗？＝没有。

【所有地的变动】民国初年时有多少亩地？＝从以前到现在没有什么土地的变动，一直都是四亩。

怎样耕种这些土地的呢？＝不雇人，自己耕种。

【租佃】以前租佃吗？＝今年才开始。

租地怎么样？＝十亩，在村外南法信的下则地，梅沟营、刘如洲的地今年耕种了，但不知来年会不会租佃，今年的地租是四十元。因为这是地主知道的，所以不需要介绍人，口头上借了一年的地。

除此之外，今年还租佃了以下土地。一共是十亩瓜地——仁和镇城内、中则地、石门村刘万祥的所有地，租期像往常一样口头上的一年，地主是做"看青"工作时的熟人，所以没有介绍人。地租在收获后折半。

八亩（瓜地）——村城内、中则地、村人张文通的地。租期、介绍人、地租都和前者一样。上述两块瓜地不是园地，而是普通的旱地，属于每八年种一次瓜、收获很多的土地。

一般最近用物交租的倾向不会出现吗？＝没怎么听说。大多是用钱预缴制度，没有怎么变化。

搭套呢？＝没有。

李广田 （一甲四户）

【交际对象】李广田和谁最亲密？＝李濡源。

除此之外还有谁？＝李广泉。

是老户吗？＝是的。

【职业（外出做工）】李广田呢？＝15 年前去了奉天省。为什么去、去干什么，他妻子应该是知道的吧。但是做的不是苦力活，是做生意。

他的妻子在干什么呢？＝主要是做本村人的缝纫生意。

德春在干什么呢？＝很久之前就去了北京，做刻骨花工艺。

这家没有送蜜供的人吗？＝没有。

没有其他的副业吗？＝没有。

【所有地的变动】从前大概有多少土地？＝父辈在光绪年有两百亩左右，逐渐家道中落了。

现在大概有多少呢？＝完全没有。

【租佃】从前租佃过土地吗？＝没有。

现在呢？＝没有。

【满洲苦力】本村到满洲行苦力的人很多吗？＝没有。

孙福（一甲五户）

【孙福的亲属】孙福家是老户吗？＝是的。

本村有几户亲戚？＝一家，家里的户主叫孙有让。

村外没有同族、亲戚吗？＝没有。

【职业】家里主要的职业是什么？＝农业。

【放脚（牵驴马）】其他的呢？＝放脚（牵驴马）。

在什么期间呢？＝几乎一年中只要对务农不冲突都在做。

在哪做呢？＝在县城。

做这个日平均收入如何？＝收入不定，但一般在一元左右。

上述职业不是只是在农闲做的吗？＝不是，因为土地收入大体知道，所以几乎都在牵驴马。

本村没有其他牵驴马的人吗？＝没有，只有这个人。

一般农闲期牵驴马的人多吗？＝本村就只有这个人，加上其他村的话似乎很多。

【长工和牵马工】没有做过长工吗？＝从年轻时就一直在做苦力，直到五六年前一直做了很多长工。特别是在望泉寺的刘氏家里。

做长工也是在牵马吗？＝因为没有空闲，所以是不可能的。

那么最近在牵马是吗？＝是的。

【短工】做过短工吗？＝以前就在开始做，今年也有时候到村人家里做短工（注：据新民会调查，今年做了二十回）。

【长工】在上述的望泉寺的家里做了多少年的长工？＝在刘氏家做了七八年。

那是什么时候的事？＝民国七八年开始，到十五六年为止。

【本村人做长工的人】本村现在有长期在同一家做长工的人吗？＝有，孙福的叔父，不过十年前去世了。

【付菊（长工）】其他人呢？＝付菊在赵廷奎家一直干到十年前，一共干了三十年。

赵家还有其他长工吗？＝没有。

【孙祥（长工）】还有其他的吗？＝孙祥在杜荣家里从光绪十年干到大概宣统三年。

杜荣家里没有其他长工吗？＝还有十五六个人，长期都有。一般之前都是长期的。

【雇过长工的家】杨家（村长）情况如何？＝之前有两三个长工。

李濡源那里呢？＝从前没有什么土地，所以也没有长工。

从前有长工的家里现在还是很多吗？＝上述以外李汉源的家里也是这样的。

还有吗？＝我觉得已经没有了。

【有很多长工的年代】有很多长工的年代是什么时候呢？＝光绪年间及以前。

杜荣家里土地最多的是什么时候，有多少亩？＝光绪二十五六年，七百亩，长工一人。

赵祥家里呢？＝光绪年间两百亩，长工三人。

李汉源呢？＝光绪年间两百亩，四人。

杨家如何？＝康熙年间有一千五百亩地，在这个地方没有能和杨家匹敌的，光绪年间有二百七十亩，长工两三人。

【短工（孙旺、孙福）】孙旺在干什么？＝每年都在做短工，但冬天会到北京送蜜供，今年也会去。

孙福今年做了多少天短工？＝不清楚（注：据新民会调查，春季时做过十天短工）。

孙旺呢？＝不清楚。

是去在村里定好的人家吗？＝比起村子，更倾向于到县城去确定去的人家。

【所有地的变动】民国初年有多少土地？＝不清楚。

现在有多少亩？＝在望泉寺村的一处地方有五亩地。

自己耕种的吗？＝自耕的，没有必要雇人。

【租佃】以前租佃吗？＝不租佃。

现在在租佃吗？＝没有。

（注：据新民会的调查，民国二十七年赵利民、二十八年王春霖进行了搭套。）

李广权（一甲六户）

【李广权的交际者】李广权和谁最亲密？＝李濡源。

是老户吗？＝是的。

【职业（外出务工）】广权的职业是什么？＝在北京做了十年以上的刻骨花掌柜，每年一百到两百元，和李德春在同一个佣工房里住。

广庆呢？＝一样，收入在五六十元，包含在上述金额中。

庆善呢？＝一样，同上。

【外出务工的留守人员】只有男人外出务工，留下的女人干什么呢？＝只有女人务农，不过雇了长工。

长工是谁？＝是李广德，没有一起住，因为住得近。

没有雇短工吗？＝有一个长工加上女人就足够了。

有从北京汇寄回来的生活费吗？＝好像有。

有其他副业吗？＝没有。

【所有地】民国初年有多少地？＝以前、现在都是四个地方共三十亩。

【租佃】以前和现在租过地吗？＝都没有租过土地。

（注：据新民会调查，民国二十二年至二十八年和李汇源，二十九年和杜二进行过搭套。）

李秀芳（一甲七户）

【李秀芳的亲属】李秀芳是族长（李树林）的什么？＝侄儿。

是老户吗？＝是的。

和谁最亲密？＝族长。

【职业】主要职业是什么？＝一直以来都是农业。

秀芳在北京干什么？＝冬天做蜜供生意，收入四十元。

秀清如何？＝以前也是做蜜供生意，现在在北京，加入了北苑的治安军。

家里没有做长工和短工的吗？＝没有。

有其他的副业吗？＝没有。

【所有地的变动】民国初年大概有多少亩，和现在一样吗？＝大体和现在差不多，现在有五六个地方共四十八亩。

【半长工】怎么经营呢？＝不雇短工和长工，雇半长工（注：据新民会调查雇了短工）。

半长工是什么？＝只在农忙期连续雇佣一个月以上。

半长工是谁呢？＝是耿士成的侄子、本村人耿秃子，现在去了刘家河，他去年和今年都在我家做了半长工，不可能再在这里耕作了。

【租佃】以前租佃过土地吗？＝没有。

现在呢？＝没有。

张庆善（一甲七户附户）

【亲属】是老户吗？＝是的。

和族长（族长是张文通）的关系是？＝族长的弟弟。

和谁最亲密？＝张永仁。

和族长相比哪个更亲密？＝和哥哥相比，也是张永仁更亲。

【职业】主要职业是？＝做医生，中药、内科及外科都做。

不从事农业吗？＝因为土地只有坟地。

没有长、短工吗？＝一直没有。

现在怎么样？＝搬到了东边的盘山，妻子搬到了北法信。

【所有地】有多少亩地？＝村内的坟地不超过两三亩，没有中则地和园地。

怎样耕种的？ ＝没有用长、短工，自己耕种的。

民国初年有多少亩？ ＝不清楚。

【租佃】租佃过土地吗？ ＝没有。

现在在租佃吗？ ＝没有。

刘珍（一甲七户附户）

【亲戚】刘珍是老户吗？ ＝是的。

是族长的什么？ ＝哥哥。

最亲密的是谁？ ＝刘福。

【职业】主要职业是什么？ ＝农业。

不做长、短工吗？ ＝做短工，但不做长工。

除此之外不做别的吗？ ＝不做。

【蜜供】不去做蜜供吗？ ＝现在做。

什么时候开始做的？ ＝几年前，冬天去北京，收入可观大约五十元。

妻子不做副业吗？ ＝不做。

【所有地】民国初年有多少亩地？ ＝当时也非常少，和现在没什么差异。

现在有多少亩呢？ ＝在南法信界内有六亩。

在本村界内没有吗？ ＝完全没有。

上述土地如何耕种的？ ＝没有雇人，自己耕种的。

【租佃】租佃过吗？ ＝没有。

崇文起（一甲八户）

【亲属】同族的亲属有几户？ ＝只有我们家。

本村没有同一血缘的人吗？ ＝没有。

其他村呢？ ＝没有。

是老户吗？ ＝是的。

和哪一家比较亲密？ ＝没有。

【职业（蜜供、烧饼）】主要职业是？ ＝父子一起卖烧饼。

不从事农业吗？ ＝有一亩地，说不上从事农业。

去做蜜供吗？ ＝去，文起（父亲）也是，崇纲也是。

什么时候去？ ＝阴历十月到正月的三个月。

收入如何？ ＝上述期间父子一起六七十元。

不做长工和短工吗？ ＝不做，一直都不做。

去做蜜供的时候不卖烧饼吗？ ＝不卖。

以上收入如何？ ＝不清楚。

那这样的话什么时候卖烧饼呢？ ＝做蜜供生意回来了之后。

父子怎样分工？ ＝归村后父亲做烧饼，儿子在石门村和本村内去卖。

有多少收入？ ＝不清楚。

本村没有其他做烧饼的吗？ ＝自己做了然后卖的没有了，有个老婆婆在县城一个四钱买过来，再以一个五钱卖出去，其他的就没有了。

为什么卖烧饼呢？ ＝以前还有土地，渐渐没了土地就开始了。

【所有地的变动】以前有多少土地？ ＝两三百年前有四五顷，算得上是大地主。

到什么时候还有这些土地呢？ ＝光绪年间还大体上没有变化，后来就慢慢变少了。

是谁因为什么原因使这些土地变少了呢？ ＝光绪二十年，文起的祖父辈开始贫困化，于是开始卖烧饼了。

为什么失去了这些土地？ ＝不清楚。

【租佃（香火地的租佃）】以前租佃土地吗？ ＝是否租佃普通人的土地不清楚。

除此之外的土地是什么样的土地？ ＝以前会耕种庙后面的香火地（村界内）。

是什么时候的事情？ ＝从光绪年间开始到民国二十四年为止。

还有上述以外的租地吗？ ＝没有了。

这个土地是多少亩、是什么样的土地？ ＝上等土地六亩。

为什么放弃了租佃这块地？ ＝不清楚。

【香火地的地租和耕作者的变化】这片地这之后谁借走了、每亩地租多少？

＝明年　　　赵廷奎　　　一元五

今年　　　张起　　　　四元

去年　　　同上　　　　同上

这之前　　杨永才　　　同上

再之前　　崇文起　　　全部二三元。

【香火地和村公会地】香火地和村公会地不一样吗？ ＝香火地和村公会地是一样的。

现在所说的公会地都是以前的香火地吗？ ＝是的。

村民们合买过和庙没有关系的土地吗？ ＝没有。

【荒地、采土场和公会地】荒地、采土场等上有公会地吗？ ＝井、荒地（村北）、苇塘、采土场等都是公会地。

这些都是寺庙的所属地吗？ ＝大体上是这样的。

【香火地的管理与和尚】以前是由和尚管理香火地的吗？ ＝很久以前就没有和尚了。

什么时候开始没有的呢？ ＝不清楚。

是有人的吧，还是其他寺庙的和尚有时过来？ ＝有定居的人，没有从其他地方来的和尚。

村公所是什么时候开始有的？ ＝不清楚。

【香火地的贷付（契约书）】村公所是什么时候开始和香火地的契约书有关系的呢？ ＝不清楚。

崇文起是从村公所借的还是从和尚那借的？ ＝村公所。

崇有借地凭据吗？ ＝没有。

借的时候应该有契约书吧？ ＝一直以来借香火地就没有立契约书的习惯，现在也是一样。

【香火地的接入手续】借的时候怎样借呢？＝有意愿者到村长那里讲明多少钱借比较好，就算是没有有意者，也可以就这样借出去。

【香火地的台账】每年为了整理香火地的地租没有台账吗？＝没有，以前和现在都没有。

收地租时用的收据也没有吗？＝没有。

【借入和介绍人】到村长那里去借的时候，有介绍人（也说绍介人）一起去吗？＝像上面说的，没有必要。为什么呢，因为地租是前付制，还有就是借的都是村里的人，和村长都是熟人。崇的情况也是这样。

【借入申请期】按照惯例，什么时候到村长那里申请呢？＝旧历九月十五日左右。

【投票贷付的方法】投票制定契约是什么时候开始的？＝今年秋天开始的。那时候，各个意向者在村公所在纸上写上借用意向地和姓名，交给村长，村长打开纸条，决定为数量比较多的，这块土地最后决定是赵廷奎来种。

【香火地地租的变动】香火地的地租每天都变动吗？＝申请者多的时候，应该是每年变动的，实际上因为很少，所以就这样不变的情况比较多。

【地租的交纳方法】地租原来是用物品交纳的吗？＝民国后是用钱而且是提前付，清代不好说。

崇借了很多年，不是把多年的地租一次提前交纳的吗？＝每年九月交纳第二年的地租。

崇每年交纳地租是无期限的，不是数年一个期限借的吗？＝租期是以一年为期限，不是两年、三年借出去的。

以前不是一次性借了之后只要每年交地租，可以耕种很多年的吗？＝不是，那个时候就商量一下，有交更多地租的人的话就不得不换租。现在也是如此。

【永租】因为庙产的关系使用像永租这类词语（各家有的古文书、庙内外的碑），还有没有像永租执照之类的东西？＝没有。

【石门村的香火地（本村所在）】现在这个村界内有没有属于他村的香火地和公会地？＝石门村、三教寺（现村公所）的香火地在村北。

是指例中打了官司（诉讼）的十二亩地吗？＝是的。

这样的土地已经没有了吗？＝没有了。

那么这个村在其他村界内没有香火地和公会地了吗？＝没有。

【本村公会地的亩数、地别】那么本村界内的本村的香火地和公会地有多少呢？＝有四块地，全部在本村界内。

上地	6 亩	
中地	10 亩	各 1 块地
下地	12.5 亩	在 2 个地方 坑土
计	28.5 亩	

张书贤（一甲九户）

【亲属】张书贤是老户吗？ ＝是的。

是族长（文通）的什么？ ＝孙子。

和谁亲密？ ＝族长。

（注：书贤在本年正月去世，现在守俊是户主。）

【职业（做香）】主要职业是什么？ ＝做香。

从事农业吗？ ＝从事，租佃的，但是，本业是线香。

什么时候又是为什么开始做香的呢？ ＝不清楚。

不去做长、短工吗？ ＝不去，从前就是。

还有其他的副业吗？ ＝没有。

线香是怎么做的？ ＝买来果树特别是杏树，磨成粉，精选加水和面混在一起搅拌。再放入模子里，从上面推下来，线香榥状的东西就滑溜溜出来了。将其装在盆里，甚至一个个放在一块木板上整顿好排列开来。到此为止还只是在院子里和屋子里，这个完成之后，就放在公会地（北）和家里的墙壁风吹不到的地方，南北向放着弄干。干好之后，带回家，一束束用纸带束好。然后去街上卖。主要是去县城卖。收入不定。比较赚钱。一年五六百元。

【所有地】民国初年有吗？ ＝没有。

现在呢？ ＝没有。

【租佃】原来租佃土地吗？ ＝不清楚。

现在呢？ ＝今年租佃了以下土地，来年还没决定。十亩，村外南法信内的土地，下等地，言绪（县财政科长）的地，介绍人是石门的任守春，本年度每亩的地租是四十元。十亩，村内，南方的下等地，言绪的所有地，每亩地租四十元。介绍人是石门的任守春。

【租佃期限】为什么明年放弃租佃了呢？ ＝因为别人从言绪那直接借了地。

因为借的时候是下等地，考虑到肥料等就不是就借两三年了吗？ ＝不是，这附近期限超过一年的完全没有。

言绪不跟张说把土地借给别人也可以吗？ ＝没事儿。

有没有搭套？ ＝没有。

刘福（一甲十户）

【亲属】刘福是老户吗？ ＝是的，福是族长。

本村有多少户同族？ ＝本村三户，其他村不清楚。

和谁最亲密？ ＝刘珍。

【职业（蜜供）】主要职业是？ ＝农业。

去送蜜供的是谁，收入如何？

＝福　　一百元　　（但是，新民会调查是三十六元。）

　　祥　　五十元　　（同上）。

【蜜供的大头儿制和小头儿制（张文通和刘福）】福拿一百元，是蜜供中的首长吗？ = 蜜供一行是大头儿、小头儿制，是后者。

大头儿是谁？ = 不知道，是其他人。

和张文通是什么关系？ = 张文通是正明斋的蜜供大头儿，福因为去了和正明斋不同的家所以没有关系。

张和刘哪个带去的人比较多？ = 张。

福、祥送蜜供回来干什么？ = 从事农业。

没有其他的赚钱方式吗？ = 春天卖落花生，夏天卖瓜，秋天卖梨。

没有做过长工、短工吗？ = 没有（注：根据新民会的调查，福和祥都只在村内做了各两个月、四十八元的短工）。

【所有地的变动（增加）】民国初年时有吗？ = 几乎没有，开始有是最近的事情。

现在有多少亩？ = 十七点五亩，最近买的。

有雇人耕种吗？ = 没有，自己耕种的。

【租佃】以前租佃吗？ = 不清楚。

现在租佃土地吗？ = 今年租佃了孙旺的土地（亩数地别不清楚），地租每亩二十元。没有介绍人。期限一年。孙旺原来是本村人，搬到了毛家营。同族在村里，地租自己来取。

有搭套吗？ = 没有。

张树林（二甲一户）

【亲属】张树林是老户吗？ = 是的。

是族长的什么？ = 侄孙，去年去牛栏山做学徒了。

比较亲密的人？ = 张守仁。

【分家和住居】和住在一起的李祥林是什么关系？ = 李本来就是本村人，分家后没有买房。从四年前开始，我就把房子借给他住了。

因为关系好而借给他的吗？ = 是的，但是即使不是很好，村里的熟人遇到困难，也会借给他们。

房租呢？ = 不清楚。

【职业（缝纫）】主要的职业？ = 农业。

没有做长工、短工吗？ = 没做，现在也没有。因为年纪小嘛。

母亲杨氏不做什么吗？ = 为了村人做缝纫工作，有一点收入。

【贫农】家里的生活是什么程度？ = 极度贫困。

【所有地】民国初年？ = 以前也几乎没有。

现在有多少？ = 村南有五亩下等地。

【贫农和经营】谁耕种？ = 说是自己耕种，但人手不足的时候，会雇短工，一年五人左右。

【租佃】从前租佃过土地吗？ = 没有。

现在呢？＝没有。

有没有搭套？＝没有。

李祥林（和张树林（二甲一户）住在一起的人）

【亲属】李祥林是老户吗？＝是的。

是族长的什么？＝不清楚。

和谁亲密？＝不清楚。

【职业（短工）】主要的职业是？＝农业。

不去送蜜供吗？＝每年冬天都去，今年也是。收入四十元。

有没有做过长、短工？＝每年都做短工。

主要在什么地方的家里做短工？＝大多是去县城的农家，去的农家不能决定，在市场上决定去处。

一年通算有多少个工？＝不清楚。

没有其他的副业吗？＝没有。

【所有地】是什么时候分家的？＝四年前。

那时候以及民国初年时本家有多少土地？＝不清楚。

现在有多少？＝村内一共三个地方，分别是三亩、五亩、三亩，都是下等地。

由谁耕种？＝自己耕种，不雇长、短工。

张树林不借土地帮助吗？＝不借。自己家就很少，没有多余的。

【租佃】有没有租佃过？＝不清楚。

现在如何？＝没有。

李强林（二甲一户附户）

【亲戚】李强林是老户吗？＝是的。

是族长的什么？＝弟弟。

【职业】去送蜜供吗？＝不去。

做过长工吗？＝没有做过。

短工呢？＝做，一年中通算一个月耕种自家的地，余下的时间都做短工。

不做其他的副业吗？＝不做。

【所有地】民国初年及以前呢？＝和现在没有变化。

现在多少？＝六点六亩。

谁来耕种？＝自己耕种，没有雇人。

【租佃】租佃过土地吗？＝没有。

现在呢？＝没有。

王春林（二甲二户）

【亲属】王春林是老户吗？＝是的。

相当于族长的什么？ ＝本人就是族长。

和谁亲密？ ＝不清楚。

【职业】主要职业是？ ＝农业。

有没有雇过长、短工，还有有没有去做过？ ＝现在老了，所以不去了。

没有其他副业吗？ ＝没有，夫妇都是老人了，所以什么都做不了。

【所有地】民国初年如何？ ＝光绪年间和民国初年大体和现在没有什么变化。

现在有多少亩？ ＝有分别为五亩和三亩的两块地，都在村内，五亩的是下等地，三亩的是上等地。

有没有买卖过土地？ ＝上述八亩地是民国前自己买的。

谁来耕种？ ＝自己耕种。

【经营和短工】春林现在69岁了，还能自耕吗？ ＝能自耕，有时候会雇人。

那就应该不劳动了吧？ ＝少量劳动，妻子完全不劳动。

那么应该雇短工了吧？ ＝是的。

是特定的短工来吗？ ＝不定，短工每天都不确定。方便的话每天都来。

一年有多少个工啊？ ＝春天大约6个（大多情况是雇2个短工）、夏天约2个、秋天约2个（注：据新民会调查，有一年10日随时雇佣短工的情况）、冬天没有。

【租佃】租佃过土地吗？ ＝不清楚。

现在租佃土地吗？ ＝没有。

（注：据新民会调查，民国二十八九年，和赵利民搭套，二十八年和赵一起购入了一头驴，十七元。）

王悦（二甲三户）

【亲属】王悦是老户吗？ ＝是的。

【职业（做糖）】主要职业是什么？ ＝在自家做糖，也务农。

是一年中都做糖吗？ ＝主要是冬天（旧历十月至二月）做。

本村有其他做和卖点心的人吗？ ＝没有。

材料是从哪里弄到的？ ＝最近大多是从北京采购过来的。

主要在哪里卖，收入如何？ ＝在顺义卖，一个月300元（据新民会调查，糖房6000斤，一个冬天200元的收入）。

不做糖的时候干什么呢？ ＝务农。

没有其他副业吗？ ＝也做烧饼卖（据新民会调查，去北京、通州替人运货，每年有100元的收入）。

【所有地的变动和经营】现在有多少亩？ ＝去年卖了很多，现在减少了很多。

那么去年和今年的所有面积是多少？

```
＝去年  8 亩    南法信              中等地
       12 亩    南法信              下等地
        2 亩    村内              中等地
```

7 分	村内		中等地
5 亩	村内	（王玉氏所有）	中等地

今年　5 亩、2 亩、4 亩、1 亩 3 分。

以上卖给谁了？ ＝卖给南法信的人了，也卖给了其他人。

为什么卖了，是为了分家或者结婚费用吗？ ＝不清楚。

那么去年的土地是谁在耕种？ ＝自己耕种。没有租出去。

一个人自己耕种吗？ ＝因为只有女劳动力，一个人不行，所以雇了人。

雇佣了长短工吗？ ＝一个月有十五天雇佣了劳动者。

上述是一个人吗？ ＝是的。

现在的土地也在雇人吗？ ＝是的。

和去年雇的是一个人吗？ ＝不是。

【租佃】有租佃过吗？ ＝没有。

现在在租佃吗？ ＝没有。

有搭套吗？ ＝没有。

任振纲（二甲四户）

【亲属】任振纲从什么时候是本村人的？ ＝10 年前过来的，原来是石门村人。

为什么来了？ ＝因为分家后没有分到房子，就到本村来了。

村里有近亲的人吗？ ＝只有杨泽的表姐，即杨泽父亲的姐姐。

亲戚呢？ ＝石门村有六七户，本村和其他村没有。

本村有没有其他姓任的人？ ＝没有。

和谁亲密？ ＝没有。

和住在一起的万杨是什么关系？ ＝振纲妻子的母亲。

【职业】主要从事什么职业？ ＝农业。

去送过蜜供吗？ ＝没有去过。

【所有地的变动（增加）】民国初年有多少亩？ ＝民国元年有约 10 亩，民国五六年时以 200 吊钱买了顺义县城王振的中等地。民国十七年，分家后得到两亩。后来慢慢获得土地，现在有 31 亩地，还另外有养老地 5 亩。

不能详细地知道土地获得的年份、金额等吗？ ＝民国八年，以 100 吊钱买了本村人杨永利的四亩下等地，十年以 150 吊钱买了本村人杨永才的四亩地，因此现在有了三十余亩地。

那么现在的所有地有几处？每处分别有多少亩呢？ ＝县城内中等地六亩，村界内中等地四亩，共计十亩是振纲的。另外，万杨名义的土地有约二三十亩。两三个地方，一个地方在村内，其他在县城界内。分别怎么样不是很清楚，但这个是中等地。

振纲名义的土地是谁在耕种？ ＝自己耕种。

万杨名义的土地呢？ ＝一部分是长女的丈夫杨永成在耕种，大约 20 亩是振纲在种。

上述土地没有雇长短工吗？ ＝没有雇，从以前开始。

任和杨都没有把土地租佃出去过吗？　=没有。

任负担杨氏的吃饭、穿衣等全部费用吗？　=不是很清楚。

虽说是万杨的土地，但实际不是变成了任的土地了吗？　=不是。万杨对任虽说比普通的便宜，但还是收了地租的。希望把地租和收入都存起来再买土地。

【租佃（近亲间）】以前租佃过吗？　=没有。

和万杨氏间有定契约书吗？　=没有。

近亲间的地租都比一般便宜是吗？　=当然不是，万杨氏的土地，是因为任在养所以便宜。

地租是钱还是物品？　=钱。

多少呢？　=不清楚。

租地附加物？　=没有。

【白粮租佃】关于杨永成（石门）所耕土地如何？　=没有契约书，铁道附近的地大约十亩（或者八亩），没有地租白粮（免费耕种）耕种。从 10 年前开始耕种的。

任、万、杨互相很亲密吗？　=是的。

上述各户耕作时互相帮扶吗？　=不会。

畜、农具等会互相借用吗？　=不清楚。

（注：据新民会调查，民国二十七、民国二十八年和杨明搭套，民国二十九年春季和杨明搭套。）

李树林（二甲五户）

【亲属】李树林是老户吗？　=是的。

是族长吗？　=是的。

同族和亲属有多少户？　=村内四户，其他不清楚。

最亲密的一家是？　=李祥林。

【职业】主要职业是？　=农业。

没有做过长短工吗，还有现在在做吗？　=都没有做。

农业以外没有什么其他收入吗？　=从北京买来旧衣服，主要卖到其他村。

收入如何？　=不清楚。

本职不是旧衣商了吗？　=不是，从以前开始就是农民。

【所有地变动】民国初年的所有地是？　=不清楚。

现在有几亩？　=村内有三亩，这是三四年前分家时得到的。

上述的地是谁在耕种？　=自己耕种，没有雇人。

租佃吗？　=不租。

【养老地】那么三亩地是养活不了一家八口人的吧？　=母亲有养老地。

在哪里？有几亩？　=六亩在村南，四亩在村西。

母亲的土地也归户主所有，户主卖了或者租出去什么的不可以吗？　=不可以，因为归母亲所有。

养老地的收入归谁所有？＝母亲。

养老地是世代不能卖吗？＝母亲去世的时候，如果没有丧葬费，也可以卖了。

现在养老地是谁在耕种？＝树林自己耕种，没有雇人。

树林交纳相当于地租的东西吗？＝不交纳。

收获物以什么比例分？＝不清楚。

【租佃】从前租佃过吗？＝三四年前开始租佃村人杜景萱（现在马圈儿，转成了妻子母亲的地。卖转给了本村内的家里）的地。村西的六亩下等地。没有介绍人。今年开始没有租佃了。

在上述租地及前述所有土地中，耕作时都没有月长、短工吗？＝没有使用。

现在为什么停止了租佃，是因为地租变高了吗？

还是有别的原因呢？＝不清楚。

有搭套吗？＝没有。

赵立民（二甲六户）

【亲属】赵立民是老户吗？＝是的。

相当于族长的什么？＝侄子。

族长是谁？＝赵廷奎。

最亲密的是谁？＝族长。

【职业】主要职业是？＝农业。

没有做过长短工和蜜供吗，现在又如何呢？＝都没有做过。

没有其他副业吗？＝没有。

【所有地】民国初年大概有多少？＝和现在没什么变化。

现在有多少亩？＝在村内有二十五亩下等地。

谁耕种？＝自己耕种，没有雇人，但是上述土地中的五亩以一百五十元的价格典当给了顺义县城的张，典主耕种。

【租佃】租佃过吗？＝没有。

（注：新民会调查民国二十七至二十九年和王春霖搭套。）

李哑巴（二甲七户）

【亲属】李哑巴是老户吗？＝是的。

相当于族长的什么？＝侄子。

和谁最亲密？＝族长。

【职业（乞讨）】主要职业是？＝乞讨、无地（注：新民会调查写道，"出生时母亲去世，十一岁时父亲去世，家旦有六十一岁的奶奶，每天靠李哑巴的乞讨维持生计"）。

什么时候开始乞讨的？＝三年前。

为什么呢？＝一直没有土地，虽然家里一直在做长短工，但逐渐不能做了。

乞讨以外有什么收入吗？　＝收集柴火卖钱。

（注：李哑巴（十七岁）两年前去北京做手艺（制造墨箱、铜箱），既没有寄钱回来，也没有联系。乞讨的应该是祖母张氏和宝头两人。）

村内还有其他乞讨者吗？　＝没有。

【所有地】原来有多少？　＝没有多少。有的话也顶多两三亩，也在十五年前卖掉了。

为什么卖了呢？　＝因为失败了。

现在有多少？　＝没有。

【租佃】原来租佃过土地吗？　＝没有。

现在呢？　＝没有。

有搭套吗？　＝没有。

赵文有（二甲八户）

【亲属】赵文有在村内有同族和亲属吗？　＝没有。

在什么地方有呢？　＝在牛棚山下坡屯有几户。

【移居】是老户吗？　＝不是，四五年前从牛棚山移居到本村。

为什么呢？　＝分家后没有房子，所以物色了合适的住处。正好妻子的父亲住在县城，拜托了沙井的熟人。

和谁亲密？　＝没有。

【职业（短工）】主要职业是？　＝农业。

做过长、短工吗，现在还在做吗？　＝不做长工，做短工（注：据新民会调查为50元）。

在哪里做？　＝主要在县城做。

在哪一家做？　＝屡次都变。

没有其他副业吗？　＝买树往村内外作为建筑木材卖掉。

收入如何？　＝不清楚（注：据新民会调查是100元）。

没有其他副业吗？　＝没有。

【所有地】原来有吗？　＝原本就不是本村人，所以无法知晓。

在牛棚山有吗？　＝好像有。

在本村一点都没有吗？　＝没有。

【租佃】租佃是什么时候？　＝只有今年。

租佃谁的土地？　＝十亩，村内的下等地，石门公会的地，地租50元。明年就不租佃了。

好像还有别的？　＝八亩。县城界内的下等地（沙地），所有者不明。地租20元。明年租佃关系不明。

耕种上述土地有雇佣长、短工吗？　＝自耕没有雇人。

有搭套吗？　＝没有。

杨永才（二甲九户）

【亲属】杨永才是族长吗，老户吗？＝是的。

【在家道】俗称的在家道是怎么回事？＝因为作为世俗之人在做着庙里的事情。是世俗之人，但有妻子。

没有家吗？＝有，妻子杨丁氏和儿子杨明住在村中央的家里，但户主是永才。

和谁最亲密？＝村长，会首。

【职业（看庙）】主要职业？＝看庙，一年收入 100 元。

从事农业吗？＝从事。

哪个是主业？＝看庙。田地主要是孩子在耕种。

没有其他内职吗？＝没有。

【所有地变动（典当）】民国初年？＝完全不做。

近年有过土地买卖吗？＝同族，杨黄氏的十二亩数年前入典，现在杨明在耕种。另一方面，数年前出典给张瑞的村西的王亩中等地，去年赎回了。

没有买卖过土地吗？＝不清楚。

现在有几处，大概有多少？＝村西村界外有十二亩坟地，河畔有三亩下等地。

上述是从前有的土地吗？＝入典的土地。

没有其他的入典和出典的土地吗？＝没有。

自己拥有的土地如何？＝每个人一亩半亩的分散持有，不是很清楚（注：根据新民会调查有三十余亩）。

知道的成块的土地如何？＝村内的西边两亩，下等地。村外的西边二点五亩，中等地。

上述谁来耕种？＝儿子耕种，不雇人。

租佃过吗？＝是的。

民国后年租佃所说的土地？＝不能一个一个弄清楚。本人是最清楚的。

现在还租佃吗？＝有（注：据新民会调查"二十七至二十九年和孙凰（搭套）。春耕和秋收时以外（牲畜）自己使用"）。

杨永才（二甲九户）（再次调查）

【职业（看庙）】杨永才和谁最亲密？＝杨永林。

从什么时候开始看庙的？＝四五年前开始。

看庙的收入如何？＝今年一百元，去年五十元，前年四十元，大前年三十元，每年不一定。

在哪里吃饭？＝在家（三甲三户）吃。

在他之前是谁？＝孙有温，死后永才看庙。

孙有温看了几年庙？＝十年。

【香火地租佃和看庙】孙耕种香火地吗？＝是的。

看庙的有权利优先借得香火地吗？　＝可以优先考虑。

永才借了香火地吗？　＝因为本人不想要，所以没借，他的收入只有看庙的一百元。

今年是这样，到去年为止也没有借过吗？　＝看庙以来都没有借过。

杨明主要干什么？　＝农业。

做长、短工、蜜供吗？　＝不做。

有其他副业吗？　＝没有。

庙内厕所的粪土归谁所有？　＝杨永才所有，他把其用在耕作地上。

【所有地】民国初年？　＝不清楚，十年前卖了二十亩。

现在有几亩？　＝十亩。

谁耕种？　＝自己耕种，不用长、短工。

【租佃】现在租佃吗？　＝没有。

【承典地耕作】没有其他入典来耕种的土地吗？　＝三年前，杨黄氏的十二亩以典价两百元、典期三年承典后自耕。没有雇人。

耿士成（二甲九户）

【亲属】耿士成是老户吗？　＝是的。

本村没有同族和亲属吗？　＝本村没有耿姓。士成哥哥的儿子现在在李秀芳家里居住。

【职业（短工）】和李秀芳是什么关系？　＝没有血缘关系，弟弟在李家被拜托看车，就开始住在那里了。

除看车以外弟弟还干什么？　＝不干。

李供饭吗？　＝不供。

弟弟是交房租住吗？　＝不交，李家很喜欢他，所以是白住的。

住在什么地方呢？　＝车棚里。

有没有为李家做什么？　＝没有。

那么做什么呢？　＝城内做短工务农。

现在也是吗？　＝现在送蜜供去了。

蜜供的收入给士成（老人）用吗？　＝不给，供应自己的生活。

弟弟住在李秀芳家里没有什么其他的关系吗？　＝原来耿家在庙西，这个之前卖给了李秀芳。

除耿以外，村里的同族和亲属呢？　＝不清楚。

和谁最亲密？　＝不清楚。

现在住在庙内什么地方？　＝和王喜一起住在运动场一角的土房里。

谁建的房子？　＝不清楚。

【职业】主要职业是？　＝主要是送蜜供。非常贫困的家。

有做过长、短工吗？　＝不清楚。

现在做长、短工吗？　＝因为都年老（六十岁）了干不了。

没有什么副业吗？　＝没有。

拾粪吗？＝拾了但没卖自家用了。

【所有地】民国初年有多少亩？＝以前就很贫乏，几乎没什么土地。

现在呢？＝只有村内庙南公路桥附近有六亩下等地。

谁耕种呢？＝不清楚。

村里的人帮助种吗，弟弟会帮扶着农耕吗？＝不会。

【租佃】有租佃过吗？＝不清楚。

现在租佃吗？＝不租。

搭套吗？＝没有。

王喜（二甲九户）

【亲属】王喜是老户吗？＝是的。

同族、亲属如何？＝十五六年前住在李树林的旁边。当时继母来了总被欺负。

那个家叫什么？＝现在是户主王悦的家。当时的户主王贵林是他的父亲。

【移居】什么时候搬到这里的？＝十五六年前被继母赶出来就住到这里了。

有兄弟吗，现在怎么样？＝都被赶出来了。

长子在北京西城法国府附近的点心铺，次子在县内的点心铺，老三成为隆源的徒弟，后来搬到妻子的故乡本村西十二里的马各庄（今年八月）。

三兄弟是一起被赶出来的吗？＝是的。

被赶出来的时候，没有分到财产吗？＝当然没有。不过家里本来就只有五六亩地。

王姓在本村有多少户？＝只有两户。

【职业（短工）】主要职业是什么？＝从以前就做短工和蜜供。

做得好吗？＝受到好评。

去做短工时，是一个人问着走去的吗？＝这样的例子很少。他是去城内的塔市被雇佣了。

因为他能干所以雇主都抢着雇他吗？＝也不是。

对他来说，没有一定时间直接买工作的家吗？＝没有。

做多长时间短工？＝冬天送蜜供回来的其他时间都做。

还是因为关系不好，不去继母家吗？＝不靠近。

没有其他的如拾粪等收入吗？＝不清楚。

被赶出来的时候，一点土地都没赊吗？＝是的。

现在没有土地吗？＝没有。

【租佃】迄今为止租佃过吗？＝不清楚。

现在在租佃吗？＝没有。

搭套吗？＝没有。

李广恩（二甲十户）

【亲属】李广恩是老户吗？＝是的。

是族长的什么？＝侄儿。

和谁亲密？＝族长和李广德。

【职业】主要职业是？＝农业。

有做过长短工吗？＝没有做过长工，从很早之前就开始做短工。

短工主要在哪做？＝在县城农户内做农活比较多。

不去做蜜供吗？＝一直都不去。

没有其他副业吗？＝没有。

【所有地】民国初年有多少？＝和现在没有大的差别。

现在有多少？＝四亩。

谁来耕种？＝自耕，没有雇人。

【租佃（公会地）】租佃过吗？＝有。

租过谁的何处的土地？＝租佃了三十年公会地，村内十亩下等地，今年的地租是三十元，明年就不租了。

（注：根据新民会调查，民国二十六七年和王悦，二十八九年和刘玉（刘家河人）搭套。耕地、播种、收获时共同使用牲畜。）

周德福（三甲一户）

【亲属】周是老户吗？＝是的。

有多少户同族、亲属？＝本村只有这一户，望泉寺有一户，其他没有。

和谁最亲密？＝不清楚。

【职业（面条店）】主要职业是什么？＝农业，之前也做过村长。

做过什么其他的职业吗？＝两年前在城内西街开了一家叫泰山永的面条店。店开了两个月。

那时家人安置在哪里？＝大家都安置在村子里。

为什么开始做面条店呢？＝一方面农业很无聊，另一方面因为家里很贫困，所以立志成为商人，但是进行不顺利又有损失就又回到村子里了。现在都还有当时用麦粉做面条的新式机械，现在村里婚葬时有宴会也会借来使用。

没有做过长、短工吗？＝没有。

现在也是吗？＝是的。

有什么其他副业吗？＝没有。

【所有地】民国初年有多少亩土地？＝虽然不清楚，但有不少。

开面条店时的资本是把土地卖了得来的吗？＝不清楚。

现在有多少？＝三十一亩，即望泉寺七亩上等地，北法信六亩下等地，南法信八亩下等地，村界内十亩中等地。

那么有这么多土地，不是没有必要从事商业吗？＝因为他野心很大。

这些土地在营业的时候，是怎样耕种的？＝自耕，必要的时候雇短工。

不雇长工吗？＝不清楚。

现在土地谁在耕种？＝在自耕。不租佃，但使用短工。

短工请多少人又做多少工呢？＝不清楚。

【租佃（共同租佃）】租佃呢？＝和李清源一起耕种邢尚德的土地。

（注：据新民会调查，在民国二十四年以后和李清源搭套。）

杨永林（三甲二户）（问答有重复）

【职业】主要职业是？＝农业。

没有做过长、短工吗，现在如何？＝都没有。

（注：据新民会调查，做糖卖，年收入十五元。主要冬天做，卖给村人。）

【租佃】有把所有地租佃出去过吗？＝没有。

雇过长工吗，现在如何，短工又如何？＝都没有。

租佃过吗？＝没有。

【亲属】杨永林是老户吗？＝是的。

是族长的什么？＝弟弟。

和谁最亲密？＝杨升（自己的儿子）。

其他的呢？＝没有。

【职业】主要职业是？＝农业，虽然是跛子，但还是在劳动。

做过长、短工吗？＝没有，现在也是。

去做过蜜供吗？＝没去过。

没有其他副业吗？＝没有。

杨福呢？＝务农，但不做长、短工。从旧历十月到二月在王悦家里做糖。王悦在这期间实际收入一百元至一百五十元，福月收入六七元。

【所有地】民国初年如何？＝和现在没什么变化。

现在呢？＝十五亩。

上述谁来耕种？＝除自耕外，儿子杨升也会帮忙。

不使用长、短工吗？＝不用。

【租佃】租佃过吗？＝不租。

现在租佃吗？＝不租。

【搭套】搭套吗？＝和自己的儿子杨升搭套。

现在租佃吗？＝不租。

（注：据新民会调查，从民国二十七年开始到现在都和县城人杨克正搭套。在这之前的十年间和伯父杨永才搭套。杨克正是朋友，由永林的儿子在克正的家里（砂糖玉屋）的学徒开始。克正在必要的时候会来村里借驴，这边没有去人工亲手帮助过。）

杨永元（三甲三户）

【亲属】杨永元是族长（杨永才）的什么？＝弟弟。

是老户吗？＝是的。

和谁最亲密？＝没什么特别的，和大家都很亲密。

【职业（短工）】主要职业是？＝农业。

做过长工、短工吗？＝没有做过长工，每年都在做短工。

短工在哪做得比较多？＝在村内做得比较多，也经常去杨泽、杨正的家里。

不去做蜜供吗？＝没去过。

有其他副业吗？＝没有。

杨祯相当于户主的什么？＝不清楚。

据说去北京啊？＝三四年前去了北京的杂货店，年收入五六十元。据新民会调查，琦两年前就去了北京的油盐店，年收入二十元，珍也是两年前去了北京饭铺，听说年收入二十元。

【所有地】民国初年有多少？＝不清楚。

这之后知道的时代如何呢？＝十五年前卖了大概二十亩。

那个时候一共多少？＝二十五亩。

十五年前为什么以及又卖给了谁？＝不清楚。

现在有多少？＝五亩。

谁耕种？＝自耕，长短工都没有。

【租佃】原来租佃过吗？＝租佃过本村、他村人的土地。

最近租佃吗？＝今年租佃了十亩。

谁的土地？＝一处是县城界内五亩，何长源的土地，中等地，地租二十五元，没有介绍人，期限一年。另外也有县城界内土地五亩，王永万的土地，下等地，地租二十五元，没有介绍人，期限一年。

（注：和杜钦贤共同买入一头驴，共同使用。据新民会调查，从民国二十六年以后到二十九年为止，共同饲养一头驴。）

杨黄氏（三甲四户）

【亲属】杨黄氏是老户吗？＝是的。

是族长（杨永才）的什么？＝弟弟的妻子。

现在最亲密的是谁？＝杨永才。

【职业】主要职业是？＝农业。

除农业以外干什么？＝什么都不干。

【所有地（典当）】现在有多少所有地？＝除这五亩以外，还有两三年前出典给杨永才的十二亩地。

上述谁耕种？＝前者是雇春三工、夏三工、秋四工，共计雇了十个短工耕种。后者是杨永才耕种。

没有长工吗？＝没有，以前也是。

【租地】原来没有租佃的土地吗？＝没有。

现在呢？＝没有。

搭套吗？＝没有。

杨永瑞（三甲四户附户）

【亲属】是老户吗？＝是的。

和谁亲密？＝没有。

现在住的家是从杨黄氏那里借的吗？＝不是，是从杨黄氏那里典押过来居住的。

从什么时候开始的呢？＝不清楚，但是这之前是典押杜祥的家住的，因为杜祥又回赎所以就搬到了杨黄氏家里。这之前（十五年前）有自己的家。

【职业（半长工）】主要职业是什么？＝农业。

做过长、短工吗？＝做过。

今年做了什么？＝做了短工，还在望泉寺刘家做了半长工。

去做过蜜供吗？＝没有。

有其他副业吗？＝没有。

杨成什么时候去北京干什么？＝三年前去了杂货铺，年收入四五十元，有二三十元的送金（注：据新民会调查，年收入三十元）。

【所有地（减少）】民国初年如何？＝曾有二十亩，但十五年前全部卖掉了。

这个村子麻雀多吗？＝不多。

村里没有因为麻雀而损失财产的吗，其他村经常有吗？＝没什么，其他村里也没有。

现在有土地吗？＝没有。

【租佃】租佃过土地吗？＝没有。

现在呢？＝没有。

搭套呢？＝没有。

张永仁（三甲五户）

【老户】张永仁是老户吗？＝是的，张家是村里最古老的家族之一。大家都是清代移居过来的，但张家明代就来了。

张家坟墓的数量有多少？＝有七十多座。

相当于族长的什么？＝侄子。

和谁最亲密？＝张文通（族长）。

【职业】主要职业是什么？＝农业。

张义在干什么？＝张义、张荣每年去送蜜供（收入四五十元），今年不做了。

为什么呢？＝因为收入太低了吧。

张忠呢？＝在顺义的商店里做徒弟，月收入十元。

这个家里没有做长工和短工吗？＝从之前就没有做。

没有副业吗？＝从之前就没有。

【所有地变动（增加）】民国初年有多少亩？＝原来很少。土地增加大概是从民国十五年前后开始的。

做过商卖什么的存钱吗？＝没有。

为什么渐渐卖了土地？＝不清楚。

现在有多少亩？＝六块地四十五亩，其中十亩在村外，其他在村内。

这土地谁耕种？＝自己耕种。

不雇长、短工吗？＝不雇。家人很多，因为劳动力强。

除此之外没有土地吗？＝顺义县城，何长源（小学教员）的十亩土地入典后耕种。

【租佃】以前租佃过吗？＝租佃过。

现在呢？＝没有。

张韩氏 （三甲五户附户）

【亲属】张氏是老户吗？＝是的。

是族长的什么？＝侄子。

丈夫怎样了？＝三四年前死了。

和谁亲密？＝张永仁。

【职业（女人的劳动）】主要职业是？＝农业。

女人也劳动吗？＝这附近女人经常劳动。

干什么呢？＝做短工。

主要什么季节去做？＝疏苗的时候。

去的地方定了吗？＝不定，今年去了杨正家里。

一般情况下，他族和同族哪个去得多一些？＝外族去得比较多。

【所有地】民国初年有多少亩？＝从之前到现在都没有。

不是以前有后来卖了吗？＝不是，以前就很穷。

【租佃】租佃过吗？＝没有。

现在呢？＝没有。

【养老地】现在只做短工不行吧？＝应村民之求做针线活以外，用住在一起的婆婆张氏（六十岁）的养老地生活。

多少亩？＝五亩。

谁耕种？＝因为面积很小，所以和母亲一起耕种，收获折半。

邢尚德 （三甲七户）

【掌柜】邢是老户吗？＝不是，十五年前来到这个村子。

是因为村里有熟人来的吗？＝并不是因为村里有熟人，他是县城大杂货店同顺永的掌柜，因为谋求县城附近的住处，来到这个村里。然后，在十年前，买了赵廷奎的十一间瓦房。但是，去年六月全家搬到了城里。

他在这附近的村子里有亲属吗？＝没有，他的故乡在密云，在那里有三个兄弟。

在村里和谁最亲近？＝李清源。

是什么关系呢？＝不清楚。

和王瑞领（佣工）是什么关系？＝是长工，现在不在。

【职业】主要职业是？＝上述。同顺永的掌柜。

【伙种】妻子在干什么？＝从事农业，从今年开始伙种。

这个村子里没有其他伙种的人家吗？＝和李汇源伙种顺义县城人的六亩土地。

长子永立在干什么？＝在通州茶叶店做学徒。

做过长短工吗？＝谁都没有做过。

妻子在哪里？＝城内丈夫那里。

沙井村的房子租给谁了？＝租给了一起伙种的李清源。

有其他副业吗？＝没有。

【所有地】原来有多少所有地？＝因为是外村人所以不清楚。

他在住到这个村子之前，有没有持有村子附近的土地？＝不清楚。

现在有多少？＝三块地二十九亩。全部都是和李清源伙种的。

各地多少亩？＝南法信上等地十六亩，石门下等地六亩，本村下等地七亩。

【租佃】这附近的土地以前没有租佃过吗？＝没有。

现在没有租地吗？＝没有。

李清源（三甲七户）

【亲属】李清源是老户吗？＝是的。

相当于族长的什么？＝弟弟。

和哪家亲近？＝李汇源。

【职业】主要职业是？＝农业。

做过长短工吗？＝没有，现在也没有。

去送过蜜供吗？＝没有去过。

农业以外做不做什么呢？＝从县城买来面，把它磨了又到城里卖，年收入二十元，不卖麦种。

还做其他的吗？＝不做。

【所有地】最近买卖过土地吗？＝四五年前买了四亩，现在有十亩。

没有其他土地吗？＝没有。

谁耕种？＝自耕，没有雇人。

【租佃】租佃过吗？＝不清楚。

现在租佃吗？＝从四五年前在望泉寺界内租佃了一块十亩的下等地。所有者是望泉寺的人，没有介绍人，期限一年，每年更新。地租本年度三十元，明年也租佃但地租还不清楚。

上述雇人吗？＝不雇。

（注：据新民会调查，民国二一八、民国二十九年和周树棠搭套。）

赵绍廷（三甲八户）

【亲属】赵的同族在本村吗？＝没有，在顺义县城内有一户亲属。

他是什么时候从哪里来的？＝民国元年来到村里。

和赵廷奎没有关系吗？＝有血缘关系。

什么样的血缘关系？＝不清楚。

在来这里之前在什么地方干什么事情？＝在县城经营杂货店，十年前兄弟分家，那时候他没有赊到房子。

和哪一家比较亲近？＝赵廷奎。

【职业（卖席子）】主要职业是？＝农业和卖席子。

有做过长、短工吗？＝没有，现在也是这样。

蜜供如何？＝没有去过。

怎样卖席子？＝从白河东和县城买来席子，自家做了之后到席市上卖，收入一百元。

有其他副业吗？＝没有（注：据新民会调查，养鸡）。

【所有地】现在的所有地？＝六亩、四亩、二亩，计十二亩。

上述谁耕种？＝每年自己耕种，今年也雇了半长工。

是谁呢？＝石门村的一个人。

做半长工的期间是？＝每隔三天去工作一次。

（注：据新民会调查，支出年三四十元。）

只被委托半长工吗？＝也自己耕种，也指示使用半长工。

没有雇佣短工吗？＝不清楚。

【租佃】以前租佃过吗？＝不清楚。

最近和今年如何？＝今年租佃了二十五亩。

是谁的哪里的土地？＝一块是城内王永万的土地，村内的中等地，地租今年是四十元，明年也耕种，明年的地租一百元，没有介绍人，期限一年更改。其他的也是王永万的土地，是村外的上等地，今年五十元，明年也耕种，地租是二百二十五元（每亩十五元），其他也是同样的条件。

谁耕种？＝今年和半长工一起耕种。

【搭套】（注：三年前开始和张守仁搭套。互相借驴，春播种、秋收获时到其他市场上去的时候也可以互相借驴。因为是口头约定，所以没有关于内容的约定。搭套一般是在有役畜的家里举行，不光是役畜人也去帮忙。）

杜守田（三甲九户）

【亲属】杜守田是老户吗？＝是的。

和谁亲近？＝杜钦贤，没有其他人。

【职业】主要职业是？＝农业。

不做长、短工吗？＝谁都没有做过。

去送蜜供吗？ ＝守田的叔父一般从事农业，冬天也去送蜜供（收入四十元），不做短工。

世贤呢？ ＝在县城义盛祥做厨师，五六年前就住到那里了（注：据新民会调查，年收入二百元）。

其他人不做什么副业吗？ ＝不做。

【所有地（园地）】民国初年的所有地如何？ ＝不清楚。

现在的所有地呢？ ＝村内下等地二亩、下等地二亩五分，园地下等地一亩（收获物不卖，自家消费），顺义界内有中等地二亩五分。

上述谁耕种？ ＝自己耕种，不雇长短工。

上述以外没有了吗？ ＝有入典地，村人景德福的地在南法信界内，下等地六亩守田耕种。

（注：据新民会调查，二十八兀年和李广泉搭套。）

李汇源（三甲十户）

【亲属】李是老户吗？ ＝是的。

是族长的什么？ ＝弟弟。

和哪家亲近？ ＝李清源。

【职业】主要职业是？ ＝农业。

做过长、短工，蜜供等吗？ ＝没有（注：据新民会调查，广祥在本村农耕，年收入一百元，广泰在县城磨坊，年收入七十元）。

没有其他副业吗？ ＝没有（注：据新民会调查，每天做搬运工，收入七元）。

【所有地（租佃）】民国初年如何？ ＝没有。

现在呢？ ＝没有。

到现在有过土地吗？ ＝没有。

那么世代以什么为生呢？ ＝佃户。

【租佃】现在的租地如何？ ＝全部有二十五亩。

具体情况如何？ ＝二营村内，有地主不明的下等地六亩，地主是二营的亲属，介绍人不清楚，地租每年不定，今年全部五十元，明年停止，租佃期限是一年。然后是村内，公义堂的三亩上等地，地租本年度十二元，用这个金额租佃了两年。明年就不租佃了。没有介绍人。

然后是村内县城人张芬的六亩下等地，没有介绍人。从十年前开始借，地租伙种折半，明年也耕种。

（注：据新民会调查，小麦、高粱、黄豆是和他人伙种折半。黄玉米、萝卜是租地产，红薯、萝卜是自家地。就如同所有也一样。）

（注：据新民会调查，民国二一五年和张诚、民国二十六至民国二十八年和李广权、民国二十九年和李濡源搭套。）

杜祥 （四甲一户）

【亲属】杜祥是老户吗？＝是的。

相当于族长的什么？＝不清楚。

和哪家亲近？＝族长。

没有其他的吗？＝没有什么（注：杜祥和杨永瑞就如同有亲属关系）。

【职业】主要职业是？＝农业。

祥有做过长短工和蜜供吗？＝没有，现在也是。

作新呢？＝一般是农业，冬天是蜜供（收入四十元——新民会调查），做短工。

他主要去谁家做短工？＝不定，今年去了杨源家三四日（年收入三十元——新民会调查）。

除此之外不做什么吗？＝一起住的山东人刘振廷是驿站的修理工，经他介绍时不时到驿站做土工。一天约一元五角的收入。

存新呢？＝三年前，去了北京的饽饽铺。没有送金。

没有其他副业吗？＝没有（养鸡十元——新民会调查）。

【所有地】现在呢？＝（1）旱地七亩，是村内的上等地，一直以来都抵押出去了，今年回赎了。换言之，七八年前二百元七亩，抵押给了张林荣（注：现在一般一百元的土地的典价为六十元）。（2）园地、中等地三亩，在村内，其中二亩种蔬菜，其他种玉米，都是为了售卖耕种的。（3）园地、中等地四五分，种蔬菜。

上述谁耕种？＝自耕，没有雇人。

【租佃】租佃过吗？＝租佃过。

今年的租地如何？＝共有二十三亩。

具体的情况如何？＝（1）顺义县城内何长源的十亩地，没有介绍人，地租约为一亩四元钱。（2）本村内何长源的地七亩，地租为一亩三元，没有介绍人。（3）村内言绪（县财政科长）的地五亩，介绍人是石门村的任守春，地租一亩四元。

上述是如何耕种的？＝自己耕种，不雇短工。

（注：据新民会调查，二十五年以后和张成、杜春三家一起搭套。杜祥也和杜春、杜德新搭套。）

曾福河 （四甲一户附户）

不是本村人，是铁路局员，去年五月左右开始到杜祥家里住，今年阴历七月二十一日搬到了天津。

刘振廷 （四甲一户附户）

从今年五月十日开始租借杜祥的家成为驿站的水道修理工（据新民会调查，是驿站建筑苦力头），在村里没有亲属。山东人。

杜春（四甲二户）

【亲属】杜春是老户吗？＝是的。

是族长吗？＝是的。

本村有几户同族？＝七户。

其他村没有吗？＝石门村一户。

和谁亲密？＝最亲近的是杜祥，没有其他。

【职业】主要职业是？＝农业。

杜春（64 岁）还劳动吗？＝是的。

他做过长短工吗？＝没有。

广兴做什么呢？＝农业。但冬天去送蜜供（收入四十元），没有做过长短工。

这个家里没有其他副业吗？＝没有。

【所有地】现在如何？＝（1）旱地、村内有三亩下等地。(2) 园地、村内有二亩中等地，为了卖白菜菠菜而种。销售额今年两百元、去年一百元、此前一直五十元，事变前也大体相同（新民会调查，年收入计一百二十元）。

上述谁耕种？＝自己耕种，不雇短工。

【租佃】租佃过吗？＝有。

现在的租地如何？＝（1）村内言绪的地，下等地五亩。(2) 顺义县城内何长源的地，中等地十亩。

上述谁耕种？＝自耕，不雇短二。

来族长家里帮助务农的同族人多吗？＝没什么。

没有亲属朋友来帮助省去雇短二的情况吗？＝没有。

生活上不困难吗？＝不。

（注：据新民会调查，二十七年后和杜祥搭套。尚三年以前和杜祥成为一家，杜春也和杜德新搭套。）

杜复新（四甲二户）

【亲属】杜复新相当于族长的什么？＝长子。

特别亲近的是谁？＝杜祥，没有其他的。

【职业】主要职业是？＝农业。

有做过长短工吗？＝有。

现在还做吗？＝做短工，不做长工。

短工主要是去谁家里？＝不定。张正家里是今年去的，但不是每年一定会去（据新民会调查，在本村一年十个月做短工，收入一百元）。

不做什么副业吗？＝不。

【所有地】民国初年如何？＝以前就完全没有什么，因为三四年前分家了，家里本没什么土地，没怎么分配，只得到了半分园地。

现在呢？ ＝没有旱地，有一点园地。

在什么地方大概有多少？ ＝六分地，在村内。今年菜的销售额有一百元左右，但实际收入大概六七十元。

菜是怎样卖的？ ＝自己挑着到县城和附近村落去卖。

【租佃】租佃过吗？ ＝有。

现在的租地呢？ ＝（1）耕种大东庄内的同村公会地、五亩中等地。介绍人好像是同庄的亲属，地租不清楚。（2）把弟弟杜林新所有的一亩宅基（空地）中的很少一部分免费借进，作为埋粪地使用。（3）还借了这个弟弟的园地。一块四分五（有井）、一块五分（没有井），计九分五，在村内。地租物纳，每亩玉米十五斗。期限不定，没有像介绍人保证人之类的。据说今年的总产量是玉米八十五斗，一百七十多元。

搭套呢？ ＝没有。

景德福（四甲四户）

【亲属】景德福是老户吗？ ＝三年前从石门村（邻村）来的。

为什么来？ ＝因为分家来到本村，买了空地建了房子就住下来了。

本村有同族、亲属吗？ ＝没有，石门村有四户。

最亲近的是谁？ ＝没有。

【职业】主要职业是？ ＝农业。

没有做过长短工吗？ ＝没有，现在也没有。

【所有地】现在如何？ ＝（1）在南法信的六亩因为村民杜守田抵押还没回赎，守田在耕种。（2）在石门村有十八亩。（3）在村内有七亩。

上述谁来耕种？ ＝自耕，不雇长、短工。

【租佃】租佃过吗？ ＝不清楚。

现在租佃吗？ ＝不租。

（注：据新民会调查，二十二年以后和景德禄搭套。）

杜德新（四甲五户）

【亲属】杜德新是老户吗？ ＝是的。

最亲近的人家是谁？ ＝杜祥。

没有其他的吗？ ＝没有。

【职业】主要职业是？ ＝农业。

有做过长工吗？ ＝没有。

短工呢？ ＝从以前就做，今年没有做农业的短工。今年做了驿站的土工。春天二十个工（日收入一元三角）、夏十个工（一元三角）、秋十余工（一元三角）（据新民会调查，每年在各村做短工，收入四十元）。

去做蜜供吗？ ＝以前就去，今年也去了（收入四十元）。

其他副业呢？ ＝没有。

【所有地】民国初年如何？ ＝不是很清楚，但是极少。

现在呢？ ＝没有旱地。只有分家时获得的五分园地，在村内。

上述谁耕种？ ＝自耕，不雇人。

种作物是为了卖还是自己消费？ ＝卖。

没有园地以外的土地吗？ ＝没有。

【租佃】什么时候开始租佃？ ＝从五六年前开始。

在租佃开始之前干什么呢？ ＝只从事农业。

【财政科长的土地】最近耕种谁的土地？ ＝从三年前开始种财政科长言绪的五亩地，是村内的下等地，经由石门任守春的介绍开始租佃。第一年地租两元、第二年为二三元，第三年四元，期限为一年，每次都更改，当然是口头的，明年也想借，但是有竞争者，所以要取决于主人。

上述谁耕种？ ＝自耕，不雇人。

言绪的土地在本村附近有多少？ ＝上述土地附近约有三十六亩，村子附近的整个地区约有一百亩。

（以下关于搭套主要是杜祥的应答）

【驴、农具的搭套】和谁搭套？ ＝和杜春。

有共同购入物吗？ ＝两年前两人折半买了驴，没有其他的。

有驴的使用顺序吗？ ＝平时想使用的人可以随意使用，农忙是杜春先使用。

在谁家饲养？ ＝大体一年都在杜春家饲养。但饲料是双方负担的。

杜春从德新那里借其他的东西吗？ ＝杜春家什么农具都没有，因此要从德新那里借垈子。

犁杖呢？ ＝两人都没有，和杜祥搭套借用。

那么两个人向杜祥提供什么帮助呢？ ＝带着驴去帮忙。

杜祥除了犁杖之外不借什么别的吗？ ＝杜祥也给两人借驴。

互相借用驴的顺序是怎样的？ ＝没有确定。

根据上述使用顺序才开始约定决定搭套的吗？ ＝并没有确定。

借驴和犁杖的时候，本人也跟着去帮忙吗？ ＝不固定，要看当时是否有空。

这三个人互相援助的天数如何分布？ ＝拿今年来说，大体数目相同，即都互相帮助了三四天。

也会去帮助不搭套的同族吗？ ＝去，和杜复新会互相帮助十天左右。

和杜复新没有搭套吗？ ＝没有。

【搭套的意思】为什么没有搭套？ ＝因为没有互相借用牲畜。

互相借用农具不能算是搭套吗？ ＝不能算。

共同购入农具然后共同使用的人之间的关系也不算搭套吗？ ＝算。

一方借役畜，另一方提供农具和碾子叫搭套吗？ ＝有时算有时不算。

算的情况是什么时候？ ＝只是临时的一次，只是这样做的话算不上搭套，经常发生这种事的时候就算是搭套了。但是，一般互相免费借用役畜，共同购买农具等就是原本的搭套。

搭套时没有简单的仪式和宴会吗？＝没有。

柏成志（四甲六户）

【亲属】柏成志是老户吗？＝不是，是山东人，父辈光绪年间到这个村子来建了房子。

为什么会来这个村子呢？＝来的原因不清楚，但是他父亲到这个村子来就开始打铁了。

本村有同族和亲属吗？＝没有。

其他村呢？＝在西海洪有一家。

最亲近的一家是谁？＝没有。

【职业（打铁）】主要职业是？＝从父辈开始打铁。成志也是（年收入二百一十元——新民会调查）。

在本村有其他打铁的人吗？＝没有。

贸易方本村和他村哪个多？＝他村。

没有做过长、短工吗？＝没有，现在也是。

蜜供如何？＝没有做。

完全不从事农业吗？＝有一点土地，种地。

没有其他副业吗？＝没有。

【所有地】现在如何？＝（1）旱地、村西有二亩。（2）村内有二亩园地。

上述谁来耕种？＝自耕，不雇人。

【租佃】现在租佃吗？＝不租。

王升（四甲七户附户）搬居至石门

【搬家的理由】是老户吗？＝不是，原来就是石门人，已经回了石门了。

什么时候又是为什么来到这个村子的？＝去年十月左右，因为兄弟多分家了，没有房子就到本村来了。

来到了谁的家里？＝杨泽。

房租如何？＝因为在杨泽家里做短工，所以在家里住了下来，不收房租。

为什么又走了呢？＝因为到秋天了杨泽家的这间房子要用。今年春天三月就回了石门村。

杨泽免费让人住，是因为别人给他做长工或者是短工吗？＝不是，邻村人遇到困难，他也会免费借给他。

杨明旺（四甲七户）

【亲属】杨明旺是老户吗？＝是的。

是族长的什么？＝侄儿。

杨普增（原户主）怎么了？＝死了，现在明旺是户主。

没有特别亲近的人吗？＝没有。

【职业】主要职业是？＝农业。

做过长、短工吗，现在又如何呢？＝没做过长工，每年都做短工（据新民会调查，在各村劳动，年收入九十元）。

短工主要在哪做？＝在村内。主顾不一定。

做蜜供吗？＝每年去。今年也去了。收入三十元（据新民会调查为二十元）。

没有其他副业吗？＝没有（据新民会调查，养鸡，年收入七元）。

【少年的短工】保森做什么？＝也做短工，因为是少年，所以工资是大人的一半。

他去的地方固定吗？＝不定。主要在村内劳动，同族、外族都去。

这个村子里年少的短工有多少人？＝像他这样的短工很少。

【所有地】民国初年时？＝和现在差不多。

现在多少？＝三亩半。

上述谁在耕种？＝自耕，不雇人。

【租佃】租佃过吗？＝没有。

现在租佃吗？＝不租。

搭套吗？＝没有。

杨绍增（四甲八户）

【亲属】杨绍增是老户吗？＝是的。

是族长的什么？＝弟弟。

最亲近的人是？＝并没有。

【职业】主要职业是？＝农业。

做过长工吗？＝没有做过。

短工呢？＝每年主要在村内做（据新民会调查，每年在村内干两个月，收入二十元）。

其他的呢？＝做烧饼和糖的小买卖，年收入四五十元，主要是卖给本村村民（据新民会调查，每年在本村卖三个月，收入三十元）。

其他的呢？＝没有。

【所有地】民国初年如何？＝和现在差不多。

现在呢？＝十亩。

谁来耕种？＝完全自耕，不雇人。

没有典入地和抵押的土地吗？＝没有。

【租佃】租佃过吗？＝没有。

现在租佃吗？＝不租。

杨泽（四甲九户）

【亲属】是老户吗？＝是的。

最亲近的是谁？＝兄弟，也就是源和正。

别的呢？　＝别的没有了。

【职业】主要职业是？　＝农业。

有做过长、短工吗？　＝没有，现在也不做。

没有其他副业吗？　＝没有。

【所有地】分家时得到多少？　＝分家时得到四十亩。

上述所有现在还有吗？　＝三年前买了五亩。每亩二十元。

现在有多少亩？　＝三十五亩。

雇过长工吗？　＝没有。

短工呢？　＝每年都会雇本村人，每年雇三四十工，但今年春十个工（二人）、夏五个工（一二人）、秋二十工（二三人）（据新民会调查，雇了一个人三十天，工资三十元）（括号内是农忙时一天雇佣的最多员工数）。

怎样雇呢？　＝我去拜托能够做短工的人的情况比较多。根据时间的安排每年来的人都不固定。没有像通过会首和村公所雇佣的情况。

【租佃】租佃过吗？　＝没有。

现在租佃吗？　＝没有。

【杨兄弟的搭套】搭套呢？　＝和杨源、杨正搭套。

三人的搭套从什么时候开始的？　＝五年前，分家的时候开始。

杨源耕种的时候，泽提供什么呢？　＝泽带驴过去。

播种的时候呢？　＝共同帮助。

收获时呢？　＝同上。

除草、疏苗的时候呢？　＝不去互相帮助。

运土粪的时候呢？　＝出牲畜，人不去帮忙。

【搭套的性质】农业以外的搭套关系可以称为搭套吗？　＝不可以。

搭套的人是什么时候一起干活呢？　＝播种和收获，这两次一定互相帮助。

什么时候出役畜呢？　＝驴是在耕作和施粪时互相借用。

借农具的时候怎么办？　＝大体是人去帮助的时候会带去，也有只借农具的时候（雇佣了短工的时候）。

【搭套的对象】搭套在同族之间、同族他族之间，哪个比较多？　＝也和外族搭，但同族之间比较多。

搭套在民国之前也有吗？　＝是的。

以前和现在的搭套期间如何？　＝以前是近亲间长期搭套，因为现在是和外族人搭套了，短期比较多。

有富人和穷人间的搭套吗？　＝有。

一家有五亩，一家有五十亩的时候，双方家里各出多少人？　＝五亩家里出一个人，富人家里出五六个人。

有因为搭套共同购买驴的吗？　＝有。

有共同购买肥料的吗？　＝不买，几乎没有。

除草时去帮忙吗？＝一般除草雇短工，不雇短工时，搭套的人互相帮忙。

杨润（四甲十户）

【亲属】杨润是老户吗？＝是钧。

什么时候从本家分家出来的？＝民国十八年。

和谁最亲近？＝杨源兄弟。

【职业】主要职业是？＝农业。

没有做过长、短工吗？＝没有，现在也是。

没有从事过商业吗？＝没有。

没有副业吗？＝没有。

【所有地的变动（减少）】分家时得到几亩？＝一百二十亩。

分家后没有买土地吗？＝没买。

分家后卖了吗？＝他有建房子的嗜好，建了之后不喜欢，把它当作灾祸重新建的事情屡屡发生，建了好几次房子，每年都会在那时卖掉土地。如果除掉这个恶癖的话，他还是个说公道话的男子汉。

现在有多少亩？＝有二十二亩。

上述谁耕种？＝不雇长工，每年雇七八个工，即为按春季五六工（二名）、夏二工（二名）、秋一工的比例来雇佣（注：括号内是忙时雇佣的最多人数）。

【租佃】租佃过吗？＝没有。

现在租佃吗？＝没有。

杨源（五甲一户）

【亲属】杨源是老户吗？＝是钧。

是族长的什么？＝侄儿。

同族和亲属呢？＝本村十二户，西小营一户。

最亲近的是？＝同族杨正，他族张瑞。

【职业】主要职业是？＝村长，没工资。也担任"爱护村长"。

在新民会的工作是？＝常务委员，没工资。

没有其他的公职吗？＝石门、沙井、望泉寺合立小学的校长，没有工资。

上述哪一个比较忙？＝村长。县和驿经常有会议，每次都不得不出席。

【商业（东家）】商业呢？＝在县城的西街经营"义聚楼"，制造、贩卖各种首饰。

义聚楼是从什么时候和谁开业的？＝十五年前，杨和茹作为东家（经营主）各出五十元开始的。

这么少的资本也可以做首饰业吗？＝当时可以。

雇了多少人？＝一直是四五个人。

雇的都是本村人吗？＝外村人。

东家干什么？＝大体每天去楼里，源和茹都自己做手艺。

上述有杨家的长、短工和租赁者吗？＝没有。

收入如何？＝大体上年纯利二百元，和茹折半分（据新民会调查，年收入八十元）现在不太景气。

做过长、短工，蜜供的工作吗？＝没有。

【所有地的变动】民国初年？＝有二百七十亩。

杨润的父亲什么时候分家持有多少土地？＝民国十八年分家，他有一百二十亩，杨源的父亲在一百二十亩以外，本家（杨源的父亲）作为养老地留下三十亩。

【分家和养老地】杨源家的一百五十亩，兄弟分家是什么时候、如何分割的？＝四年前兄弟分家，杨源、正、泽分得各四十亩，三十亩养老地在源的管理下种植。

上述养老地现在还在吗？＝那个在父母去世的时候，没什么钱，卖了当成丧葬费用，现在没有了。

本村的养老地都是谁的？＝有五块。赵绍廷四亩、张永仁六亩、石门人李亮三亩、刘家河、邵姓的有十亩，还有一块。

【杨源的土地增减】杨源分家后买卖土地了吗？＝分家后，和现在相比，三年前卖了五亩，又买了五亩。后来又卖了八亩买了十亩和七亩五分地。

那么现在的面积如何？＝四十亩。

然而根据上述就变成了四十九亩五分是为什么？＝不清楚。

上述买的土地是用怎样挣得钱买的？＝用商卖的收入。

上述以外没有所有地吗？＝村内有一亩园地。

上述现有的四十亩都在哪里？＝比起村内村外多一些。

【经营】上述土地谁耕种？＝自己也耕种，也雇长短工。

村长有时间自己耕种吗？＝不太劳动，但还是稍微做一下。雇了长工。

兄弟帮助村长耕作吗？＝因为搭套所以援助。

兄弟代替村长指导长工耕作吗？＝兄弟没有介入村长田地这么多。只是村长有需要时去帮助。

长工是谁，工作了多少年？＝村人，李广祥（但是，现在不在），从三年前开始做长工。不是亲戚。

李的劳动期间是什么时候？＝阴历正月开始立冬结束。

李居住在杨家吗？＝不是，通勤。

长工做的工作是固定的吗？＝不是，一般什么都做。

杨家每年都雇长工吗？＝雇。

杨家雇佣长工的工资怎么算？＝伙食杨家供应，到民国二十五年一年三十元，二十六七年四十元，二十八年五十元，二十九年一百二十元（新民会调查也是一样的额度）。

每年雇多少短工？＝春五个工（一名）、夏五工（二三人）、秋十五工（二三人），计二十五工（括号内是忙日里雇人的最多数）。

短工是他村人还是本村人？＝全部本村人。

园地怎么样？＝专门自己使用。

谁耕种？＝杨正、杨泽帮忙耖种。

正、泽能分到收获物吗？＝能获得全产量的两成。

【租佃】租佃过吗？＝没有。

现在租佃吗？＝没有。

【搭套】搭套呢？＝源、正、泽分家后搭套共同使用分家前源宅的驴。

正、泽去帮助耕种源的耕地吗？＝去。

一年中去帮忙几个工？＝春五工、夏五工、秋十工计二十工去帮忙。

针对这个，源也同样去帮忙吗？＝源是村长很忙所以不去，与之对应长工代替他去帮忙一样的日数。

正、泽两人之间互相帮忙多少工？＝上述二十工。

【短工和搭套】有兄弟各自雇的短工去他家帮忙的吗？＝短工是为了各自家用雇的，没有像去他家帮忙的情况。

【为村长效力】村长家是村里的名家，没有来免费劳动效力的吗？＝有，但是不定。

今年谁来？＝不只是今年，大体就只有杨绍增。

像对上述帮忙的人会付报酬吗？＝每年一次，那也是收获后的萝卜、白菜、花生、芋头等相当于十元的东西。

杨正（五甲一户）

【亲属】杨正是杨源的什么？＝弟弟。虽然分家了，但在同一门牌内住着。

亲近的家人？＝源、泽兄弟，没有其他的。

【职业】主要职业是？＝农业。

做过长短工和蜜供吗？＝没有。

没有其他副业吗？＝没有。

庆余是什么时候去北京又是去干什么的？＝今年正月去做前门大街天信洋行（钟表、杂货）的学徒，没有工资。

【所有地的变动】什么时候分家的？＝四年前。

分家时得到多少土地？＝四十亩。

现在有多少亩？＝三十二亩。

那八亩怎样了？＝不清楚。

三十二亩谁耕种？＝自耕，没有长工，短工大体春十工、夏十工、秋十工，总计三十工。

谁是特定雇的？＝不定。

【租佃】租佃过吗？＝不租。

现在租佃吗？＝不租。

杨升（五甲二户）

【亲属】辰戴氏是升的什么？＝祖母。

是老户吗？＝是的。

是村长的什么？＝不清楚，是杨永林的长子。

和谁最亲近？＝没有。

【职业】升在干什么？＝从四年前去北京杂货店工作，收入不清楚但每年向家里给六七十元钱（据新民会调查，从六年前去北京姜店工作，年收入六十元）。

升不务农吗？＝在去北京之前有过。

其他人主要干什么？＝务农。

家里没有去做长、短工的吗？＝没有。

蜜供呢？＝不做。

其他副业吗？＝没有。

【所有地】民国初年？＝和现在没有大的差别。

现在呢？＝十亩。

上述谁耕种？＝父亲永林代种。不雇长、短工。

【租佃】租佃过吗？＝没有。

现在租佃吗？＝不租。

【搭套】搭套呢？＝没有（据新民会调查，农忙期邻家、亲戚会来帮忙），但升的兄弟福完全不要报酬来干活。因为福的母亲在升家里住着，需要费用，所以他不计报酬来帮忙。

张成（五甲三户）

【亲属】张成是老户吗？＝是的。

是族长的什么？＝侄儿。

最亲近的是谁？＝张文通，没有其他。

【职业】主要职业是？＝农业。

做长、短工吗？＝没做过，现在也是（据新民会调查，在本村农忙期做过一个月短工，收入十元）。

去做蜜供吗？＝每年都去。收入五十元（据新民会调查二十七元）。

没有其他副业吗？＝没有。

【所有地】民国初年？＝极少，慢慢工作就买了土地。

现在呢？＝村内四五块地，有二十五亩，上、中、下等地都有。

上述谁耕种？＝全部自己耕种，不雇人。

【租佃】租佃过吗？＝没有。

现在租佃吗？＝不租。

（注：据新民会调查，二十六年以后，和杜祥、杜春搭套，每户出一头驴。）

赵廷奎（五甲四户）

【亲属】赵廷奎有多少户同族？＝三户。

是老户吗？＝是的。

族长是谁？＝本人。

和谁亲近？＝赵廷福。

没有其他的吗？＝没有。

【职业】主要职业是？＝农业。

做过长、短工，蜜供吗？＝没有，现在也不。

没有其他副业吗？＝没有（拆新民会调查，用大车搬运，年收入一百五十元）。

赵仲在干什么？＝今年正月去了牛栏山布店做学徒。收入不清楚。

【所有地的变动（减少）】民国初年前是什么情况？＝原来是大地主，在光绪年间卖掉了很多。

民国初年有多少亩？＝民国元年有七八十亩。

那之后进行了土地买卖吗？＝民国后渐渐卖了。

为什么卖呢？＝不是因为婚葬，主要是赵廷奎不勤于耕作，都浪费了。

分家后土地没有减少吗？＝民国后没有分家。

多少年的时候卖了几次？＝不清楚，但卖了好几次。

卖给谁了？＝不清楚。

现在有多少亩？＝十五亩。

上述在哪里有多少亩？＝（1）南法信内，五亩下等地。（2）本村内，五亩下等地（沙地）。（3）本村内，五亩坑地（有苇木的地）。

上述谁耕种？＝自己耕种，不雇长短工。

从前土地很多的时候，有长工吗？＝有。

【租佃】从什么时候开始租佃的？＝从两三年前开始，那之前没有。

上述是谁的土地有什么样的条件？＝马家管的农民，张某的土地，十亩中等地，在南法信，口头契约，介绍者不清楚，期限一年为界。地租每一亩第一年二元，第二年三元，第三年（今年）四元。明年是否借不清楚。

其他借的土地呢？＝（1）梅沟营、刘殿祥的土地，村内四亩下等地，口头契约，介绍人是李旺，期限一年只在今年租佃，明年就不种了。地租全额十六元，提前交纳制度。（2）县城百姓尹某的土地，中等地三亩，在石门村内，口头契约，介绍人、期限和前面一样。地租全额十五元，只租今年，来年不租佃了。

上述租地谁耕种？＝主要自耕。现在他的家人还很能干。但是农忙的时候会雇短工。

上述租佃停止，与之对应，明年会租其他土地吗？＝是的。

【香火地的租佃】这些土地在何处有多少？＝都是村内的香火地，一个是五亩庙产上等地，地租一共一百一十一元，一个是公义堂的十亩下等地，地租一共一百一十一元。

【公义堂的土地】公义堂的土地是什么财产？＝公义堂是捐赠给庙里的土地，现在是村公会的土地。

上述据说是通过投票投标借的土地？＝是的。

【搭套】和谁搭套了几年？＝和周树棠搭套了五年，接着和赵廷福搭套十年，一直到了现在。

和廷福互相借什么？ ＝牲畜。

除牲畜以外不借别的吗？ ＝不借。

人力帮助多少工？ ＝一年中互相帮助三四工。

人去帮忙时是借牲畜的时候吗？ ＝大体是的。

搭套以外没有亲近者、邻居免费来帮忙吗？ ＝没有（据旗田先生调查，上述只是播种的时候帮忙，收获时不帮忙。播种时两家一起干活。赵家的驴在秋天会变强壮，所以秋天不搭套）。

赵廷福（五甲四户附户）

【亲属】赵廷福是族长（廷奎）的什么？ ＝弟弟。

最亲近的是谁？ ＝赵廷奎。

【职业】主要职业是？ ＝农业。

没有做过长、短工吗？ ＝没有，现在也是。

没有其他副业吗？ ＝没有（据新民会调查，一年中，做去北京的车夫，年收入三百三十元）。

【所有地的变动（增加）】民国初年如何？ ＝有是有但是很少。

现在有多少？ ＝二十亩。

上述二十亩怎样得到的？ ＝最近买的。

上述有多少块地？ ＝四块。

上述谁耕种？ ＝自耕，不雇长短工。

【租佃】租佃过吗？ ＝没有。

现在租佃吗？ ＝没有。

【搭套】搭套如何？ ＝和赵廷奎搭套。

（注：新民会调查，从民国二十二年到现在，和赵廷和（？）搭套。但是农忙期和做车夫的时候不做。）

张珍（五甲五户）

【亲属】张珍是老户吗？ ＝是的。

是族长的什么？ ＝侄儿。

最亲近的是谁？ ＝张永仁。

没有他族的吗？ ＝没有。

【职业（短工）】珍的主要职业是？ ＝短工（据新民会调查，短工收入一百元，张刘氏每年去北京做短工，收入八十元）。

从什么时候开始？ ＝很久以前。

主要去何处谁的家里？ ＝去城内农家比较多，去的地方是市场决定的，所有不确定。

一年中只做短工吗？ ＝除冬天外全年做。

长子、和尚干什么？＝又笨又懒，也不做短工，去年成为了白河东大庙的和尚，不识字也不会念经。

没有其他副业吗？＝没有。

【所有地】民国初年如何？＝从前有十亩，但五六年前卖掉了。

现在有多少亩？＝有村内二亩下等地（沙地），没有其他的。

没有园地吗？＝没有。

【租佃】租佃过吗？＝没有。

现在租佃吗？＝没有。

搭套呢？＝没有。

孙有让（五甲七户）

【亲属】孙有让是老户吗？＝是的。

在村里有多少户同族？＝三户，他村没有。

族长是谁？＝本人。

孙旺是同一家的人吗？＝不是他是户主，只是让他住在有让家里而已。

孙旺在村里没有其他亲人吗？＝妻子跑了。没有其他亲人。

【职业】有让的主要职业是？＝老了什么都干不了，两三年前卖落花生，以前务农。

伯龄（堂兄弟）呢？＝去年去北京做墨盒工了（据新民会调查，年收入一百元）。

没有农耕的人吗？＝张氏（二十三岁）采草，也做其他苦力活，很能干。

孙旺主要干什么？＝短工。

他有土地吗？＝从以前就没有。

那么耕作谁的土地呢？＝和孙福在望泉寺共有五亩下等坟地。

他做过长、短工吗？＝每年做短工。

他去做蜜供生意吗？＝每年都去。

有让没有其他副业吗？＝没有。

这个家里的生活程度如何？＝生活困难。

【所有地】民国初年？＝二亩。

现在？＝二亩，村西的下等地。

谁耕种？＝孙张氏耕种，不雇人。

【租佃】租佃过吗？＝以前不清楚，这五六年不租。

现在租佃吗？＝不租。

搭套呢？＝不做。

付菊（五甲八户）

【亲属】付菊是老户吗？＝不是。三四十年前入村的。

入村和定居的理由是？＝因为在大兴县吃不上饭，就来到了相当于菊的母亲的家乡的本村，习惯了这个地方，一直住了下来。母亲兄弟的房子很多，他住在母亲兄弟家，但后来都被卖掉了。

有同族吗？＝本村没有。但大兴县的铁匠营约有三四十户，全都是穷人。

母亲兄弟的家是谁的家？＝现在赵廷奎的先辈，他是母亲兄弟的儿子。

和谁特别亲近？＝没有。

【职业（卖柴）】从入村到现在做了些什么？＝入村以后帮助赵家干农活，有很少的工资。后来干了各种事情。如到村西的各村去卖小猪、芋芽、水果（主要是梨）。

现在在干什么？＝用运货马车到村西，买来柴火去县城卖。一天的收入大约八角。

不卖柴的时候干什么呢？＝冬天是卖柴，但从春天开始耕种租地。

他主要的职业是什么？＝佃户和卖柴。

做过长、短工吗？＝在赵家的时候相当于长工，离开以后不做长工，做过短工。

什么时候离开赵家的？＝八九年前，因为赵家也变穷了。

离开后在谁家住？＝八九年前，因为吴玉山缺钱，所以把这两间房抵押给了菊。菊在房子的旁边建了一间小房子，就住在里面了（注：吴玉山是本村人，原来是警官，后来变成了匪盗，据说最近在近村捣乱，被抓住送到北京去了）。

继萃在干什么？＝被杨各庄以北，王泮庄的自卫团雇佣（据新民会调查，一个月十五元）。

没有其他副业吗？＝没有（据新民会调查，做小生意，一年一两百元，有介绍人）。

生活程度如何？＝如果不天天劳动的话，就吃不上饭。

【所有地】他是长子吗？＝是的。

大兴县没有他应该获得的土地吗？＝也不是完全没有土地。

离开赵家的时候没有分到钱和财产吗？＝没有。

现在没有所有地吗？＝没有。

没有抵押地等吗？＝只有从吴玉山那里抵押的房子。

【租佃】在赵家的时候没有租地吗？＝没有。

离开赵家后，有没有租佃赵家的土地？＝那时候赵家自己都已家运不济，没有能租佃给别人的土地。

今年租佃了谁的土地？＝城内张义臣（原教师，老人，其他土地还很多）的地，租佃了他十五亩村西的河西村外的下等地（强碱地），大部分种高粱和豆子，稍微种植玉米。

这附近县城人的所有地多吗？＝河西的柳木附近几乎都是顺义人的土地。亩数不清楚。

前年租佃了谁的土地？＝五六年前开始耕作上述十四亩地。

除此之外租佃谁的土地？＝从十余年前开始，开始租佃五亩上述河西的村公会地、沙地，但是没有收益，十年都没有交纳地租。

除了村内外，没有租佃别的土地吗？＝没有。

【租佃条件】上述租佃契约写了文书吗？＝没有。

上述地租是物纳还是钱纳？＝钱纳。

多少钱？＝因为都是下等地，张的弟弟的土地大体是每亩一二元，今年耕种的下等地为五六元。

习惯什么时候交纳地租？＝阴历十月左右。

没有介绍人和保证人吗？＝没有。

土地有什么设施吗？＝没有。

期限呢？＝一年。

上述租地谁耕种？＝自己耕种，不雇人。

【搭套】搭套呢？＝不搭套。因为没有牲畜。

农耕需要的牲畜从哪里借？＝雇用石门村任某的牲畜。

【介绍人】去年作为介绍人从多少家那里收到了谢礼？＝四五家。前年两家，大前年两家。

事变前和现在什么时候多？＝现在多。

现在的四五家是卖、典、押吗？＝没有押，是卖和典。

上述是在村内还是村外？＝都有。

使用草契吗？＝使用。买主从村长那里买。

去年涉及的人是？＝县城，何长江抵押土地给张永仁和张成。

张永仁给了谢礼吗？＝没有。

张成呢？＝没有。典的话，礼很少。卖的情况多一些。卖的时候，付氏即使说不要也会去。典的时候，如果说不要，就会拿回去。

张丫头（五甲九户）

【亲属】张丫头是老户吗？＝是的。

是族长（文通）的什么？＝侄孙。

最亲近的是谁？＝在沙沱村妹妹嫁入的张起。

【职业】主要职业是？＝农业。

做过长、短工吗？＝因为年少，所以没做过。

有其他副业吗？＝没有。

【所有地】民国初年怎么样？＝不清楚。

现在呢？＝完全没有。

【租佃】租佃过吗？＝是的。

从什么时候开始，租佃谁的土地？＝五六年前开始，用二十四元借了五亩四分公义堂的上等地。没有介绍人。

【公义堂】公义堂里有怎样的人？＝在北京朝阳门外的王书田，是张永仁的堂兄弟。

【公会地租佃】没有其他租佃的土地吗？＝村内，公会地，上等地六亩，去年、今年两年间租佃了，但明年在首事人立会投标，因为赵廷奎的投票一百三十二元落标（这笔钱会在今秋纳付），张去年纳入的地租是二十四元。

张守仁（五甲十户）

【亲属】是把家人也带去了牛栏山吗？＝家人在沙井村。

是族长（文通）的什么？＝侄儿。

最亲近的是谁？＝族长，没有其他的。

【职业】守仁的主要职业是？＝农业。

这个家里有做长短工和蜜供的吗？＝没有，现在也是。

没有其他副业吗？＝没有（据新民会调查，养鸡，年收入十元）。

【所有地】民国初年？＝和现在一样。

现在如何？＝村内上中下各种土地，计二十四亩以下。

上述谁耕种？＝自耕，但也雇长工。

【租佃】租佃过吗？＝没有。

（注：据新民会调查，和赵绍廷从二十七年到现在一直搭套。）

蒋成福（五甲十户附户）

【亲属】蒋成福是老户吗？＝是的，清初从山西洪洞县移居过来的。

是族长的什么？＝自己是族长。

在村里有几户同族？＝没有。

和谁最亲近？＝没有。

【职业（小工）】主要职业是？＝"手艺人"，即是帮助张守俊做线香的小工。今年八月去密云，收入良好。在做线香，何时都去密云有时候会回来。

除此之外没有其他职业吗？＝雨季（五月左右）不做线香，去做短工。

做长工吗？＝不做。

除此之外不干别的吗？＝不做。

【线香制造】这个村子里有其他的同业者吗？＝只有张家。

成福（三十岁）是什么时候制造线香的？＝十二三岁开始。

制造线香外行不会做吗？＝需要复杂的技术，一般人不会。

使用什么材料？＝使杏、桃、榆、梨等果树成为干木，切细，甚至将其弄碎，用水碾子磨成粉末。再在里面加水，放入器械，压成线条状。将其弄好后，放在空地弄干。

制作时期是什么时候？＝除六七月的雨季外，一年中的其他时间。

一束卖多少钱？＝二钱五厘。

赚了多少钱？＝去问本人。

村西的线香干燥地是谁的土地？＝公会地（或香火地）。

【所有地】民国初年？＝五六亩的样子。

现在呢？＝没有。上述土地在前年以六亩二百元的价格卖掉了。

【租佃】租佃过吗？＝光绪年间，蒋家耕种了一块适合种西瓜的土地。但是不是租佃，作为苦力在收获时获得报酬。

上述可以叫作长工吗？ ＝是的。

那之后没有租佃过吗？ ＝没有。

搭套呢？ ＝没有。

刘张氏 （六甲一户）

【亲属】刘张氏是老户吗？ ＝是的。

谁是族长，相当于族长的什么？ ＝刘福的伯母。

最亲近的是谁？ ＝刘福，没有其他的。

谁在照顾张氏（七十岁）？ ＝刘福。

没有其他人吗？ ＝没有。

【职业】主要职业是？ ＝农业。

但是老人不是干不了吗？ ＝雇人。

没有其他副业吗？ ＝没有。

【所有地】民国初年？ ＝没有。

现在呢？ ＝没有，一直都没有。

【租佃】今年租佃谁的土地？ ＝公义堂在村内的三亩土地，用十二元租佃了，没有介绍人，因为是老人自己无法劳动，就和刘福商量雇人耕种。

杜钦贤 （六甲二户）。

【亲属】杜钦贤的族长是？ ＝杜春。

和谁最亲近？ ＝杜守田，没有其他人。

【职业】钦贤的主要职业是？ ＝农业。

他去做长、短工和蜜供吗？ ＝只有短工，每年做。

在固定的家里做短工吗？ ＝不定，今年去了李濡源家里。

小牛（弟弟）在干什么？ ＝去年去了北京的锻冶店做学徒。收入非常少。

没有其他副业吗？ ＝没有。

【所有地】现在？ ＝在南法信有五亩下等地，自己耕种，不雇长、短工。在顺义县城有二亩五分的中等地，自己耕种，没有长短工，村内二亩五分下等地，自己耕种，没有长短工。

除此之外没有园地等吗？ ＝没有园地，有二亩窑地，种玉米。自己耕种，不雇人。

【租佃】租佃过吗？ ＝没有。

现在租佃吗？ ＝不租。

搭套呢？ ＝没有。

刘长贵 （六甲三户）

【亲属】刘长贵的族长是谁？ ＝刘长春。

是族长的什么？ ＝弟弟。

最亲近的人是？　＝刘长春，没有其他的。

【职业】主要职业是什么？　＝农业，但因为眼病不太能劳动。

做过长、短工吗？　＝没有。

现在没有做吗？　＝没有。

去做蜜供吗？　＝不去，现在也是。

没有其他副业吗？　＝没有。

【所有地】民国初年？　＝和现在一样。

现在有多少亩？　＝五亩。

谁在耕种？　＝自耕（新民会调查，邻亲代耕）。

【租佃】租佃过吗？　＝没有。

现在租佃吗？　＝没有。

搭套呢？　＝没有。

刘长春（六甲四户）

【亲属】刘长春是老户吗？　＝是的。

族长是谁？　＝本人。

有多少户同族？　＝刘长贵和两户。

最亲近的人家？　＝长贵，没有其他。

【职业（大夫）】长春的主要职业是？　＝大夫，内外科都看，收入良好（据新民会调查，年收入五十元），病人也会从其他村过来。

长春务农吗？　＝务农。

这个家里没有做长、短工的吗？　＝没有，现在也是。

蜜供呢？　＝坦林每年都去。收入五十元（据新民会调查，四十元）。

没有其他副业吗？　＝没有（据新民会调查，养鸡十四元）。

【所有地】现在如何？　＝十六亩。

谁耕种？　＝自耕，不雇人。

【租佃】现在租佃吗？　＝今年租佃了二十亩，但明年不确定。

今年的租地？　＝（1）县城、尹志祥、石门村内的十亩上等地，地租四十元，没有介绍人，明年不清楚。（2）县城、张义臣南法信内的十亩下等地，地租三十元，没有介绍人。来年不清楚。

今年的租地谁耕种？　＝自己耕种，不雇人。

搭套呢？　＝没有。

孙凰（六甲五户）

【亲属】孙凰是老户吗？　＝是的。

和族长、有让的关系？　＝是远亲，事实上相当于不是同族。

家人全部住在本村吗？　＝是的。

（注：凰是三子，哥哥们都死了。）

【职业】主要职业是？ ＝农业。

做长、短工吗？ ＝不做长工，但两三年前做过短工。

有三个女性务农吗？ ＝是的。但是有一个脚跛，眼睛也不好，所以不太劳动。

一般多少女人做一个男人干的活？ ＝五个女人干一个男人分的活。

这个家里没有去送蜜供的人吗？ ＝凰（收入四十元）和继贤（十七元）去。

没有其他副业吗？ ＝没有（据新民会调查，养鸡，年收入十八元）。

【所有地（增加）】民国初年？ ＝初年没有土地，家里极贫，后来慢慢买了土地。

现在的所有地呢？ ＝如下表。

村内、南、中等地——四亩五

村内、南、下等地——一亩（或二亩）

村内、西、下等地——四亩

村内、东、中等地——四亩（或五亩）

望泉寺、中等地——五亩

望泉寺、下等地——二亩

计　　　　　　　二十亩

上述谁耕种？ ＝自耕外，也雇长工。

长工是谁？ ＝外村的一个人。

【租佃】租佃过吗？ ＝到民国二十五年为止租佃。那时候慢慢买了上述的土地。当时地主不清楚。

现在租佃吗？ ＝不租。

（注：据新民会调查，和南法信的张实祥共同购入大车，支出十二元，从民国二十二年到现在和张实祥搭套。）

张麟容（六甲六户）

【亲属】文恒是什么时候死的？ ＝去年。

文恒和族长的关系？ ＝族长的哥哥。

现在的户主和谁最亲近？ ＝张文通。

没有其他的吗？ ＝没有。

【职业】主要职业是？ ＝农业。

这个家没有做过长、短工的人吗？ ＝没有，现在也是。

蜜供呢？ ＝族长是蜜供的头儿所以去，今年也去，麟容挣二十元，麟炳十元。

没有其他副业吗？ ＝没有。

【所有地】民国初年？ ＝和现在一样。

现在呢？ ＝六块地共三十二亩。二十五亩在村内，七亩在村外。

没有其他像抵押之类的土地吗？ ＝上述土地中也含有从杜那里抵押的土地，但现在已经赎回了。

上述土地谁耕种？　＝一家人自己耕种。不雇长、短工。

【租佃】租佃过吗？　＝一直都不。

现在租佃吗？　＝不租。

有搭套吗？　＝没有。

张文通（六甲七户）

【亲属】张文通是老户吗？　＝是的。

在村内外有多少户同族？　＝村内十一户，没有其他的。

族长是？　＝本人。

最亲近的是谁？　＝张永仁、杜祥。

【职业（蜜供的头儿）】文通（七十九岁）的主要职业是？　＝农业，冬天从前就作为蜜供的头儿率领村内外出干活的人去北京。蜜供的收入是三百元（瑞述——七十六元）。

文通老了还能劳动吗？　＝做轻的农活。

文元（七十一岁）的主要职业是？　＝和文通一样，但蜜供和一般人待遇相同，收入四十元（瑞述一日收入四角以外还有若干收入。以下相同）。

张瑞呢？　＝副村长。平常务农，冬天去做蜜供生意。他很伶俐所以做父亲（文通）的代理。蜜供的收入为五十元（瑞述一日收入四角）。

麟祥呢？　＝在北京的点心铺工作。

文通是什么时候开始带着蜜供去北京的？　＝三十一年前开始。

【村民蜜供打工】今年从本村去做蜜供的有多少人？　＝五六十人。

村民喜欢去做蜜供生意吗？　＝因为是去北京，所以愿意去的人很多。

蜜供的待遇如何？　＝到北京的车费自己掏，到北京以后的伙食、住宿由雇主（正明齐）负担。期间是旧历十月开始到旧历正月。最初工资非常少，五六元，从下一年开始开始熟练之后，就会慢慢以二元三元的比例加薪。本村每年去的人很多，因为技能都很熟练，所以一般都是三四十元，最高五十元。但三个月支付多少不一定，以日结为单位。

张文通家里没有人当过长、短工吗？　＝没有。

女性劳动吗？　＝两位都不干农活。

没有其他副业吗？　＝养鸡年收入五元。

【所有地（大土地经营）】这个家里土地很多吗？　＝一直都很多。

现在呢？　＝村内约一百亩，村外三十亩，共计一百三十亩。

谁来耕种？　＝自己耕种不出租。但每年会雇三个长工。

长工来自哪里？　＝今年分别从海洪、石门和南法信分别来了一个人。因为现在是农闲期，所以有两个人都归村了，一个人住下来照料驴。从海洪来的人生病归村了，来了个望泉寺的人代替他。

长工的工资如何？　＝各五十元。

上述三人是每天上下班吗？　＝不是，和张家一起住。

雇佣短工吗？　＝每年约雇佣三人。

上述是一定的吗？＝不是，每年变化。

【租佃】租佃过吗？＝没有。

现在租佃吗？＝没有。

有搭套吗？＝没有。

比较亲近的杜祥和张永仁不来帮忙干农活吗？＝不来。

张麟富（六甲八户）

【亲属】张麟富是老户吗？＝是的。

是族长的什么？＝侄孙。

最亲近的是谁？＝张文通。

其他的呢？＝没有。

【职业】主要职业为？＝农业和卖烧饼（据新民会调查，年收入七十二元）。

哪个是主业？＝差不多程度。

村里烧饼店有几家？＝五家。

没有做过长、短工吗？＝因为年少（十六岁）所以不做（据新民会调查，在本村做短工，两个月收入二十元）。

烧饼卖给谁？＝不去村外，卖给本村人。

去做过蜜供生意吗？＝近年去。今年挣了十元左右。

【所有地】现在？＝没有。

【租佃】今年租佃谁的土地？＝如下表。

言绪的村内下等地——五亩、地租二十元、介绍人是石门人任守春，为期一年。本村人、张文亮的村外下等地——三亩、地租十元（明年可能是三十元）、没有介绍人。

（注：张文亮本来是本村人，现在在衙门村。）

上述土地由谁耕种？＝自己耕种。

族长是大地主，不能找他借吗？＝族长家里人很多，土地还是不足。族长的土地有一百三十亩。

（注：据新民会调查，农忙时由邻居代为耕种。）

杜林新（六甲九户）

【亲属】杜林新是老户吗？＝是的。

族长（春）的什么？＝三子。

最亲近的是谁？＝杜祥，没有外族。

【职业（车木匠）】主要职业是？＝车木匠。

从什么时候开始做木匠？＝六七年前。

顾客是哪个村子里的人？＝主要给外村人造、修理大车，但也面向本村人。

本村有其他的车木匠吗？＝没有。

也建房子什么的吗？＝不，但今年作为木匠去新驿工程去做短工了（据新民会调查，在车站工作一年一百元）。

【短工】不做长、短工吗？　=没有做过长工，做短工。

农业的短工吗？　=是的。

去的地方每年一定吗？　=否。

今年去同族谁的家里吗？　=不太去同族家里。

他族呢？　=到杨源家去了两三个工。

每年都去杨源家吗？　=不一定。

没有其他副业吗？　=没有。

【所有地】现在？　=村内有一亩空基（房基），没有建房，所以种了一点葱，在空地上积粪，哥哥也在这块地埋粪，不从他那里收取借地费用。

其他的呢？　=园地本村内有两块地，一块四分五，另一块五分，前者有井，后者没有，从复新那里用十五斗玉米借的。

【租佃】租佃过吗？　=没有。

现在租佃吗？　=不租。

有搭套吗？　=没有。

吴殿臣（六甲十户）

【亲属】是老户吗？　=是的，从山西洪洞县移居过来的。

同族呢？　=除父亲的哥哥吴玉山（匪贼）以外没有。其他村也没有。

家庭成员？　=大人五个，孩子很多。

最亲近的是谁？　=杨春旺，没有其他的。

【职业（老师）】殿臣的父亲是？　=德高望重的学者。

殿臣的主要职业是？　=五年前开始做小学老师（收入六十元），没有时间务农。

弟弟殿杨呢？　=务农，冬天送蜜供（收入四十元）。

仲裁呢？　=从前年开始去了北京。去了齐化门外的粮店（收入四十元），这之前在村里读书。

这家人做过长、短工的吗？　=没有做过，现在也是。

没有其他副业吗？　=没有。

生活程度如何？　=不太困难。

【所有地】民国初年？　=和现在一样。从前就不太多，现在的也是祖先传来的。

现在呢？　=村外没有。村西有三块下等地，分别是八亩、五亩、二亩。计十五亩。上述八亩中有一亩菜园有井，种自己食用的菜。

上述谁来耕种？　=家人自己耕种。没有雇过长工。忙时雇短工。

一年中雇多少工？　=约十乃至二十工，按春天五个、夏天五个、秋天十个的比例。

【租佃】现在租佃吗？　=是的。

什么地方、谁的土地？　=顺义县城人，租佃李寿山的土地，村内西部的五亩和与之接壤的孙少甫（原来的本村人，现在搬到了妻子的家乡毛家营）的五亩地。

上述租地和所有地在一起吗？ ＝散开在各地。

吴和李寿山是亲属吗？ ＝没有关系。经介绍人开始租佃的。

【地主（商人）】李在县城的哪里做什么？ ＝商会对面经营天寿堂药店，不从事农业。李的占有土地面积不清楚。吴的租地是李从很早之前就拥有的土地。

什么时候开始借的？ ＝四年前。

【租佃条件】有保证人吗？ ＝没有。

没有签合同书吗？ ＝没有。口头上的。

期限如何？ ＝只要交钱期限就可以存续。一年。

地租如何？ ＝从四年前开始每亩一二元，今年开始应该会涨价了。

地租何时交纳？ ＝每年阴历十月左右。

一般交纳地租时开收据吗？ ＝不开。

孙少甫和李是什么样的关系？ ＝朋友。

孙的土地是什么时候买的土地？ ＝十三四年前买的土地。田赋是孙的妻子的母亲交纳的。

本村有孙少甫的同族吗？ ＝孙有让、孙富（福）、孙凰等。

孙少甫的家人不在村里吗？ ＝妻子和孩子都一起回毛家营了。

房子怎么样了？ ＝就这样一直抵押给崇文起。

土地怎样了？ ＝租佃给吴了。

那是全部的土地吗？ ＝是的。

【搭套】搭套吗？ ＝和杨春旺搭套（新民会调查，从二十二年前到现在）。

【吴玉山的财产】有所有地吗？ ＝没有。

有租地吗？ ＝租佃了一点相当于公会地的菜园。这个现在杨永才在租佃。

杨春旺（六甲十一户）

【亲属】杨春旺是老户吗？ ＝是的。

是族长的什么？ ＝侄儿。

和谁最亲近？ ＝吴殿臣、杨绍增。

【职业】春旺的主要职业为？ ＝农业，其他什么都不做。

佩森呢？ ＝在顺义开了一家药店，也做大夫。年收入一百元至二百元（据新民会调查，一百五十元），其他的都不做。

林森呢？ ＝在顺义经营一家杂货店，年收入一百元（新民会调查六十元）。

这家人不做长、短工和蜜供吗？ ＝不做（据新民会调查，养鸡、年收入十八元）。

【所有地】民国初年如何？ ＝和现在一样。

现在有几亩？ ＝旱地十七亩、园地三亩。

上述谁来耕种？ ＝自己耕种，没有长工，使用短工为春天五工、夏天五工、秋天十工，计二十工。

【租佃】租佃过吗？ ＝一直都不。

现在租佃吗？＝不租。

【搭套】搭套吗？＝和吴殿臣搭套（据新民会调查，二十七年以前不清楚），和杨绍增虽然关系好，但不搭套，也不互相帮忙耕种。

与租佃相关的户别调查

应答者　该村村民
地　点　村公所

李注源（一甲三户）

【收支】（主要是新民会调查。）
收入

看青的收入	六十元（据新民会调查为四十元）
农业收入	一百四十六元
计	二百零六元

支出

肥料	十五元
农具	十元
地租	二十五元
工费	二十元
粮税	一元
家计费	九十七元
计	一百六十八元
扣除后剩下的钱	三十八元

【所有地】民国初年？＝十亩。

此后的变动？＝民国十三四年时，卖给李濡源六亩。

现在如何？＝剩下四亩。自己耕种，不雇人。

耕作物？＝黄玉米四亩、黄豆四亩、粟一亩。

【一直以来的租佃】民国初年租佃了吗？＝民国七八年，租佃了县城人刘某和李某的土地。

那时候订立了合同书吗？＝没有订。

【租佃期限】那时候是两三年的期限吗？＝一年的期限，每年决定地租后，下一年才能耕种。

地租是提前交纳吗？＝是的。

只要纳了地租，地主就不能不租吗？＝地主如果讨厌佃户，就会不收地租，然后租给别人。

　　上述土地借了多少年了？ ＝连续借了三四年。

　　开始借的时候，就说了借三四年吗？ ＝什么都没说。

　　什么都没说的话，怎么解释呢？ ＝一年租耕。

　　上述三四年间每年的地租是提前约定好的吗？ ＝每年都是地主想好了决定的，和现在的变动不会很大。

　　那么是多少呢？ ＝那个时候是用吊支付的，忘记了金额。

　　【最近的租佃】最近如何？ ＝因为看青的关系，所以种的不多，最近每年租佃十亩。

　　从什么时候开始？ ＝今年开始，去年没有租佃。

　　今年的租地？ ＝伙种刘万祥的土地。

　　没有别的吗？ ＝也伙种张瑞（父文通）的土地。

　　上述去年没有耕种吗？ ＝去年、前年也伙种了张瑞的土地。刘的土地只有今年。

　　没有不伙种的一般的土地吗？ ＝没有。

　　【和地主刘万祥的伙种（瓜地）】和刘万祥的关系？ ＝亲戚、石门村长。他的一百亩所有地中的二十亩都租出去了。

　　刘的土地全部是伙种吗？ ＝只伙种李的租地。

　　李的租地在哪里？地别面积如何？ ＝县城界内，上等地十亩，用于种瓜，瓜的收成好。瓜地是上等地。

　　刘租出去的土地全都种了瓜吗？ ＝只有这块地。

　　为什么种瓜？ ＝有些土地七八年种一次瓜的话，会有很好的收成。这块土地好像也是这样的。

　　在这种土地上连续种瓜不可以吗？ ＝不可以，最少每隔七年种一次。

　　李借这块土地之前，是谁在耕种？ ＝刘自己耕种。

　　【伙种地主的性质】刘是大地主，小地主在把土地租出去的时候会伙种吗？ ＝不会，大体上有八十亩地的地主经常伙种。

　　不从事农业的商人拥有的土地如何呢？ ＝他们大多很普通地把土地租出去（前付、钱纳），大多不伙种。

　　同族、亲属间经常伙种吗？ ＝不太进行。

　　【伙种和租地（钱纳、前付）的利弊】伙种和钱纳前付的租佃，哪一个对佃户有利？ ＝伙种对地主有利，钱纳对佃户有利。为什么呢，瓜地施肥佃户进行的话，是普通的花费数倍，并且还需要很多人手，结果利益较少。

　　【瓜和伙种】是因为种瓜利益多所以种的吗？ ＝因为瓜在三四月播种，不会撞上看青很忙的时候。

　　种瓜的年份伙种吗？ ＝是的。

　　七八年前也伙种种瓜吗？ ＝不是。

　　瓜地的租佃伙种很多吗？ ＝一般的瓜地大家都伙种。

　　为什么呢？ ＝不清楚。

【介绍人、保证人】从刘那里借的时候，是直接去拜托的，还是通过介绍人去的？ ＝因为是亲戚认识，所以没有介绍人。地主跟我说，要不要种瓜。

确定了保证人吗？ ＝没有。

那时候订立了什么内容？ ＝订立了种瓜和伙种。

【伙种的意思】伙种是什么意思？ ＝收获物平半分。

【合同的成立】订立了合同书吗？ ＝没有订。因为互相知道。

代替订合同，为了给约定证明，有没有一起吃饭什么的？ ＝什么都没做。

作为合同成立的纪念有送什么东西吗？ ＝没有。

【伙种地的经营和地主】没有说关于肥料和役畜的内容吗？ ＝一般是借主承担，特别在约定时说的情况也有，但李没有说。

实际的耕作和刘一一商谈过了吗？ ＝没有。

没有提前商谈种瓜的方法吗？ ＝全部按李想的做。

是从一开始就带着按他想的做就好这样的理解伙种的吗？ ＝并没有谈论相关话题。

刘关于耕种有什么提议吗？ ＝没有。

刘有时候会来了解种植状况，来看一看吗？ ＝不来，没关系。

这土地谁耕种？ ＝自己耕种。

因为看青可能很忙，没有雇人吗？ ＝重要的工作大家都自己做，剩下的就雇人。

上述是长工还是短工？ ＝短工。

是使用自己的种子、农具、肥料和役畜吗？ ＝种子是用十元买的，买肥料用了五十元，普通的农具用自己的，驴是从地主和李濡源那里免费借来的。

关于借役畜有订立约定吗？ ＝没有约定。

瓜地灌溉不是必要的吗？ ＝完全不需要。

因为借了役畜，那时候有没有给地主谢礼？ ＝没有。

瓜的播种、收获期是？ ＝播种三四月，收获六月末。

瓜收获的时候，刘过来看一看、商量一下作物的事情吗？ ＝仍然不来。

一年不会去报告一两次瓜的收获情况吗？ ＝不特别去。

【收获的分配（瓜的贩卖）】瓜怎样分？ ＝卖给买瓜的商人，收到的钱一半给地主。

那时候商人会去地主那里商量买卖吗？ ＝不去地主那里，去自己那里。

商人是怎么知道李是佃户而来做生意的？ ＝不清楚。

商人来之前和来的时候，会去地主那里商讨价格等事项吗？ ＝不去，自己和商人商量决定。

商人以外的人也来买吗？ ＝很少有。

什么样的人来？ ＝一些村民会说着给我分点，然后过来。

来的商人是什么地方的？ ＝县城。

卖的时候在什么地方商讨？ ＝在地里看着实物商谈，然后在某个地方卖掉。

卖的时候是一个个卖吗？ ＝论斤卖。不按亩和全体多少卖。

现金在哪里给？ ＝从商人那里直接拿到。

卖了多少钱？＝五百元。

是商人把瓜搬出去吗？＝是的。

这地需要多少费用？＝肥料五十元、短工五十元、种子十元，其他的十元乃至二十元，计一百二三十元。

瓜是一次性卖完吗？＝分成数次卖。

收到钱之后，每一次都要在当时分吗？＝达到一百元就分。

那样的话，合计一共给刘多少？＝二百五十元。

【和地主合同外的关系】年终等时候不去给刘送礼吗？＝不送。

不去刘的家里帮忙、帮助干农活吗？＝不去。

【瓜分配后的伙种地经营（萝卜）和分配】瓜收获后就到期了吗？＝不是。

那么土地怎么办？＝种萝卜。

萝卜是什么种植收获的？＝瓜收获后马上种植，霜降时收获。．

萝卜怎样分配？＝和瓜一样卖了之后钱平半分。

萝卜收获了多少？＝一万斤。

上述如何卖？＝这个随时都可以卖。因为现在没有买方，和其他土地（张的地）种植的聚集在一个地方，雇短工做一个"萝卜窖"，贮藏在里面，正月末（每年一样）卖给商人。商人直接来买。

今年没有卖一点吗？＝卖了二百元。因为在刘的土地和张的土地（后述）上种植萝卜，上述金额分给了刘七十元、张五十元、李八十元。

【和地主张瑞的伙种（栽瓜）】何时从张那里借的？＝三年前开始。

上述种植了什么？＝每年栽瓜。

这块土地是和刘的土地同样土质的地吗？＝都是中等地。

面积和所在地？＝村内、八亩、瓜地。

介绍人、保证人呢？＝因为是同村的熟人，所以都没有。

合同书？＝没有写。

地租？＝和刘的土地完全一样的伙种。

瓜的收入？＝四百元卖给了县城的商人，折半分了。

经费？＝种子十元、肥料四十元、短工五十元，没有其他，计一百元。

【和地主刘如洲的租佃】除上述以外没有租佃的土地吗？＝今年以每亩六元的价格租佃了在南法信的梅沟营、刘如洲的十亩中等地。

上述是从何时开始租佃的？＝只有今年。

是通过介绍人借的吗？＝因为看青的原因和刘氏是熟人，所以没有必要找介绍人。

只是因为看青的关系认识吗？＝他在本村有土地，来耕种，他的土地我在种。

上述十亩明年还耕种吗？＝是的。

明年的地租多少？＝每亩十三元。

雇佣关系？＝没有去做过长、短工和蜜供等。

【经营劳动力】李家的劳动力？＝只有注源，还有一个老母亲，什么都干不了。

雇佣长、短工吗？ ＝不雇长工，有短工。

短工是谁，干多少工？ ＝人不确定，春天十个工（日工资七角），夏天不雇，秋天雇十工（一元），即使是雇村人时，用看青收入那样便宜的工资是雇不到的。

【邻助关系】经常受到谁家的照顾？ ＝李濡源老师。

不受到他族和其他邻家的照顾吗？ ＝不受。

从濡源家里一年来帮助多少工？ ＝一个人或者是两个人，春天六个工，夏天没有，秋天四个工（今年的标准，以下相同）。

可以从濡源家里借什么？ ＝畜、大车、小车。

肥料如何办？ ＝自办。

日用品如何？ ＝借。

节日返礼吗？ ＝因为从宣统年间就开始受照顾，只是每年年底送三元左右的水果，中秋节送二元左右的月饼，没有其他的谢礼。

会送来对上述的返礼吗？ ＝返礼的话，肉、鸡、酒随时都送过来。

一般像上述的行为是亲密的好友才有的吧？ ＝是的。

地主和佃户间怎么样？ ＝没有，同族间的好友、邻家、搭套间经常进行。

送租地种的瓜和萝卜吗？ ＝送一点瓜。

注源来帮濡源干农活多少工？ ＝春天三个工，夏天不去，秋天去三四个工。

【搭套】没有搭套吗？ ＝没有。

没有和谁共同买过农具和其他的吗？ ＝没有。

孙福（一甲五户）

【收支】

收入

　　（新民会调查）虽然收入总额不清楚，作为农业短工去县城每年十日，十元的收入。把养鸡作为副业，没有收入。

　　（山本访谈）孙福因为土地很少，一年中有六七十日去放脚。一日一元的收入的话，约六七十元。今天不去做长工、短工，但弟弟孙旺每年都去县城做短工，冬天去做蜜供生意。还有儿子继光在十年前就去了北京的成衣铺。他在村里的时候没有做过长、短工。

支出

　　（新民会调查）虽然不是很清楚，农业经营支出中，粮税五角五，其他三元，家计费二百五十元。

【所有地】一直只有五亩所有地。自耕不雇人。

【租佃】以前和现在都没有租佃过。

【长短工】到五六年前福都在望泉寺刘家做了七八年长工、福死去的叔父也做过长工，弟弟孙旺现在在做短工。

【邻助关系】农业劳动者？ ＝家中五人里有一人。

因为不叫邻近人过来，所以也不去帮助别人的工作。

【搭套】民国二十七年和赵利民、二十八年和王春霖搭套了。

张守俊（一甲九户）

【收支】

收入

做线香	每年一二百捆	收入	八百元
养鸡			二十元
农业收入			四百元
计			一千二百二十元

种小麦、高粱、黑豆、黄玉米、白玉米、黄豆、小豆、甘薯、糜子，留下老玉米，剩下的到粮市去卖。买主不一定。

支出

农业支出中种苗费十元、农具费六十元、地租费三四十元、青苗费十六元八角，家计支出中饮食费二元、被服费五十元、光热费四十元、教育费十元、嗜好费二十五元、交际费十元、葬祭费二百五十元，共计八百一十三元八角。

相抵余钱　四百零六元二角。

主业线香为冬天到春天做？ ＝秋天、夏天种地。

【所有地】民国初年？ ＝民国元年只有二三亩。

当时租佃了吗？ ＝没有。

那么以什么为主业？ ＝父辈就做和现在一样的主业，即做线香。那之后一直持续到现在。

到现在为止没有卖过土地吗？ ＝民国二十年卖了上述土地。

【租佃】租佃大概从什么时候开始的？ ＝民国二十五六年前后开始。

【地主言绪的租佃】那时候借了谁的土地？ ＝言绪的土地。

【土地入手的经过】哪里的什么样的土地？ ＝南法信内的十亩下等地。

租佃到什么时候为止？ ＝到今年，明年就不租了。

经谁的介绍借的？ ＝石门村的任守春。

任和言绪是什么样的关系？ ＝远亲。

任和张是什么关系？ ＝邻村，但离本村很近，所以互相知晓。

刚开始借的时候，是靠介绍人交涉的吗？ ＝一切都是去年四月死去的父亲操办的，所以当时的事情我不太清楚。

父亲去过言绪家里吗？ ＝去过。

是因何事去的呢，是地租的事情还是送礼品之类的呢？ ＝地租的事情不直接说。通过任来谈，也不送礼品。是因为什么去我也不知道。

大概什么时候去的呢？ ＝记不太清了。

除介绍人以外有没有立保证人呢？ ＝没有。因为地租是提前付，所以不需要保证人。

【租佃条件】刚开始借的时候，没有写合同书吗？＝没有。

租佃期间是怎么定的？＝一年。

地租是每年一样吗？＝每年都不同，即是第一年每亩一元六角，第二年二元五角，第三年二元五角，第四年（今年）四元。

上述是谁定的？＝言绪最初定的，然后通过介绍人让他让了价。

【地租的纳付】地租是什么时候交纳？＝前一年度的十月，父亲交给了任。

没有直接把地租带着去给地主过吗？＝没有。

上述情况在有介绍人的时候是不被允许的吗？＝面子上不允许。

【和地主合同外的关系】因为每年都租地给你，你会去帮助言绪做做家务、节日时把线香等作为礼品送过去吗？＝不会。

今年的租佃合同是什么时候做的？＝去年秋天亡夫拜托任和言绪交涉办的。

【定钱】每年为了明年能够签约租佃不付定钱吗？＝不，说好了马上把全额付给任。

【给介绍人的谢礼】给任多少钱的谢礼呢？＝因为是去县城路上的家，非常熟悉，所以并没有谢礼。

有没有送物品、忙的时候去帮忙什么的？＝完全没有做过。

明年不耕这块土地了吗？＝不耕了。

那个地主不希望这样吗？＝介绍人传话说，因为明年言绪自己耕种，不租出去了。

那是什么时候的事？＝九月左右。

还有上述以外的租地吗？＝从四年前开始租佃张义臣的土地。

【和地主张义臣的租佃】张义臣是什么样的人，又是什么关系呢？＝他是学校的老师，知识分子。

因为要借做了合同书吗？＝没有。

【介绍人的任务】介绍人是谁？＝张永仁。

知识人也立介绍人的原因是？＝张永仁是老人，有信用，和地主亲密，还有要是他去说的话，地租会更便宜。

不立保证人吗？＝不，介绍人就是保证人。

【地租的额度】地租什么时候交纳多少？＝每年十元左右，支付第二年的部分。地租就在每年那个时候由地主决定。每亩的地租第一年是一元二、第二年一元六、第三年（今年）是二元五、明年是十元。

【介绍人】给介绍人送谢礼吗？＝不送。

不去给介绍人帮忙，节日时送礼物吗？＝不去。

【长工、短工】去做长、短工和蜜供吗？＝没有去做过长工和蜜供，夏天和秋天闲暇时会去做四五个工的短工，因为父亲去世了，所以从今年开始就不去了。

【劳动力】张家的劳动力是？＝一名男性、一名女性。

雇长、短工呢？＝去年和今年都没雇。

做香的工人不帮忙干农活吗？＝不。

为什么不做呢？＝因为从一开始就是为做香而雇的。

【邻助关系】经常得到谁家的照顾？＝没有。

和族长亲近吗？＝是的。

族长家里不会来人帮忙吗？＝不来。

会从同族和邻家那里来吗？＝不来帮忙。也不去帮忙。

同族和亲戚不过来帮忙吗？＝妹妹的婆家（近村）会过来帮忙。

今年来帮助了多少个工？＝春天四五个工，夏天没有来，那个时候就在这住下了。

上述亲戚，除了有人来帮忙之外还会借给你农具等吗？＝不足的农具会从本村人那里借（没有报酬），今年是从亲戚那里借的。

借了什么？＝犁杖、役畜，只有今年。

每年都借谁的犁杖和役畜啊？＝不一定，因为是从开着门家里借的。

亲戚人来的时候是带着上述农具和役畜来的吗？＝是的。

向亲戚送礼吗，还是自己去帮忙？＝不去，原来是去的，但是父亲死了之后，对方没有过来拜托，再加上制造线香人手不足，所以去不了。

搭套呢？＝没有。

刘祥（一甲十户）

参考雇主张文通（六甲七户）部分（本书 112 页）。

赵文有（二甲八户）

【收支】

收入

农业收入	二十元
冬天树木贩卖	一百元
木匠	五十元
计	一百七十元

支出

肥料	八元
地租	一百三十元
粮税	八角
家计费	一百一十元五
计	二百四十九元三
相抵不足	七十九元三

【入村的情由】什么时候来本村的？＝六年前，从牛栏山搬过来的。

是因为本村有熟人来的吗？＝不是，因为妻子的老家在县城，经过他们的介绍，得以入村。

为什么来了沙井，是因为有土地吗？＝不是，因为分家后住的地方没有了，就搬到了这里。

民国初年在牛栏山有几亩土地？ ＝十亩下等地，这个也屡次遭到水灾，慢慢面积就变小了。后来这个就变成了哥哥的所有地，自己现在在牛栏山没有土地。

【租佃】在牛栏山租佃吗？ ＝不租，做过短工。

入村主要干什么？ ＝短工和树木贩卖。

租佃是从什么时候开始的？ ＝今年开始的。

【转租佃（公会地）】谁的哪里的什么样的土地？ ＝石门公会的下等地，在村内，十亩。

什么时候谁介绍给谁借的？ ＝本来是范借的，经过赵的熟人石门的金的介绍，从范那里借到的。

写了合同书吗？ ＝没有。

范把从公会那里借来的土地全部都借出去了吗？ ＝借了一部分。

范还做其他的转货吗？ ＝没有，因为范家老婆婆一个人耕不完，所以借了。

【石门公会地租佃贷付的方法】范是通过公会投标借的土地吗？ ＝石门村没有投标制。

是范家代代租佃的土地吗？ ＝好像是这样子的，今年也是范耕种。

地租是多少？ ＝不知道。

赵有没有在石门公会办所定的手续？ ＝没有去办。

是因为上述手续范也转让了吗？ ＝因为租佃时什么手续都不需要，所以没有。

转让地租是多少钱？ ＝四五元。

【介绍人】地租给了谁？ ＝交给了介绍人。

去给金谢礼、去帮忙什么的吗？ ＝不去。

对范呢？ ＝不去。

金经常介绍租佃吗？ ＝也没有。

明年不转让租佃了吗？ ＝因为范婆说不租出去了。

【地主言的租佃】上述以外有什么样的租地 ＝？ 租佃了县城人、言（不是县财政科长）在县城界内的五六亩沙地。地租一共九元。

那块沙地有可耕地吗 ＝？ 沙地较多，可耕地二亩左右。

上述土地种什么？ ＝豇豆。

上述土地是什么时候开始借的？ ＝三年前开始。

【介绍人的职责】谁是介绍人？ ＝张老太太。

张老太太和言是什么关系？ ＝亲戚。

前年几月提出、何时决定的？ ＝十一月左右提出，马上就决定了。

写了合同书吗？ ＝没有。

张太太去地主家里整理好内容来的吗？ ＝是的。

是和张太太一起到言的家里做决定的吗？ ＝一次也没去过言的家里。

地租什么时候交给谁？ ＝十月左右交给张太太。

没有给张太太谢礼吗，没有给过什么好处吗？ ＝没有。

【租佃的期限和介绍人】期限多久？ ＝一年。

去年关于期限延长有去言家拜托吗？＝张太太采问我是否要继续租佃。

张太太今年也来问了吗？＝没有像去年一样来问。

你没有跟张太太说要续耕吗？＝没有。

【佃户的竞争】地主可以不问对方是否续耕的意见，随便变更佃户吗？＝可以，佃户必须及早到地主那里申请下一年度的租佃。最近竞争激烈。

【定钱】大家没有到地主那里给定钱，约定租佃的风气吗？＝手付（定钱）很少。

地主一次租出去之后，期限来临的时候，不是要必须听取佃户是否续耕的意向的吗？＝不是。

【是转借人还是介绍人】张太太不是介绍人，从言那里租佃，再把它转借给赵，不是这样的吗？＝不是，是介绍人。

赵最开始跟张太太申请要租佃言的土地的时候，不是立即决定了租佃的约定的吗？＝二三日后决定的。

赵直接把地租给地主，张太太不反对吗？＝赵没有说过要直接把地租给地主。

明年没有租地了吗？＝有。

【刘地主（梅沟营）的租佃】谁的什么地方的什么样的土地？＝梅沟营刘的十亩所有地。

花多少钱借的？＝十亩花一百三十元借的。

【介绍人】谁是介绍人？＝李旺（在石门的弟弟）。

大概什么时候提出，什么时候决定的？＝今年九月八日提出，九月十五日决定，就在那天通过李旺交纳了地租。

给了李旺什么报酬吗？＝没有。

【租地的实地检查】这块土地是什么时候实地检查的？＝交纳地租的那天。

这附近借土地的时候实地检查很普遍吗？＝因为大多都知道所以不去，租佃外村人的土地和不知道界线的土地的时候，地主也来到现场实地检查的情况也有，但这样的例子很少。

作出约定之后，不给地主什么礼物吗？＝不给。

没有其他的租地吗？＝没有。

【被佣劳动】做长、短工和蜜佣吗？＝只做短工。

什么时候做短工？＝不卖树的时候，也就是春天和秋天做。

今年做了多少工？＝今年几乎没有在村内做。

去年呢？＝去年做了，夏天十个工，秋天十五个工。

主要去什么地方？＝几乎不去村内，去城内的市场，主要被县城的农家雇佣。

去顺义谁的家里？＝去南街、北街的某家比较多，但是在市场上被雇佣，没有直接去而被雇佣的情况。

【劳动力】赵家的劳动力是？＝一名男性。

有雇长、短工吗？＝没有。

【邻助关系】经常受谁家的照顾？＝谁都没有。

像邻家、亲属，没有经常接受他们的帮助，借物品什么的吗？　＝没有。

会给谁家里帮忙、借物品给他们的吗？　＝不去。

年终时有没有和其他家庭互赠礼物？　＝没有。

【搭套】和谁搭套？　＝不搭套。需要役畜的时候，出钱从县城借来使用。

没有什么共同买的东西吗？　＝没有。

李广恩　　（二甲十户）

【收支】（新民会调查）

收入

　　农业收入　　　　　一百元

　　养鸡　　　　　　　六元

　　其他（短工和其他）一百四十四元

　　计　　　　　　　　二百五十元

支出

　　肥料费　　　　　　三十二元

　　农具费　　　　　　二元

　　地租费　　　　　　十五元

　　粮税费　　　　　　四十四角

　　其他农业支出　　　十九元二

　　家计费　　　　　　四百四十三元

　　计　　　　　　　　五百一十一元六十四

相抵不足　　　　　　　二百六十一元六十四

【所有地的变动】民国初年？　＝十四亩。

那之后的变动？　＝直到八年以前都没有变动。八年前分家后我家分到了四亩。现在也有。

　　上述四亩谁耕种？　＝自耕，不雇人。

【租佃】从什么时候开始租佃的？　＝有五十年前开始借的土地，但到今年不种了。

【公会地租佃】谁的什么样的土地？　＝公会的土地，西边的河附近，是村内的下等地。

有多少亩？　＝十亩。

一直借了十亩吗？　＝是的。

没有和这块土地相关的证文吗，像合同书和租佃收据书之类的？　＝没有，从一开始就没有。

【公会地租佃的对象方】从前是找谁借，给谁纳地租的？　＝从村长那里借，地租是在交纳青苗钱的那天，去村公所交纳给村长的。日子每年不确定，但是都在九月左右。

【公会地租佃的地租】每年的地租如何？　＝民国元年前后十亩三十吊，那以后（年代不明）九十吊，十八年前后变成十一元，一直到去年地租都是持续交的。

【期限】刚开始借的时候，有没有做长期借的约定？　＝没有。

今年不耕种了吗？ ＝不耕了。

【租佃和水灾】为什么不种了呢？ ＝因为去年的大水灾，原来的下等地变得更差，虽然种了高粱，但也全毁了，就这一年就见识了水灾的厉害。

停止长年耕种的土地不觉得惋惜吗？ ＝因为土地太差，所以不这么想，因为害怕水灾所以没种了。

【公会地的投票制】明年公会地的佃户是如何决定的？ ＝投票决定。

关于采用投票制，是哪个想要耕公会地的人提出来的吗？ ＝不是，倡导者等决定的。

关于查票征求了村长、倡导者的意向吗？ ＝没有。

有投票的公告吗？ ＝好像没有贴纸等，杨永才一户一户拜访通知。

投票在什么时候？ ＝九月左右。

参加了今年的投票吗？ ＝没有，因为已经不想租佃那块地了。

【地主刘玉的租佃】上述以外没有租佃吗？ ＝没有。

明年会种谁的什么样的土地？用多少钱租呢？ ＝刘家河、刘玉的土地，是八亩中等地，地租一百二十元。

和上述刘是什么样的关系？ ＝远亲而且是熟人。

【介绍人】有介绍人吗？ ＝刘家河姓刘的是介绍人，介绍人刘也是我的亲戚。

亲戚之间也需要介绍人吗？ ＝一方面地主是远亲，另一方面因为有介绍人的话能用便宜的地租借到。

是到介绍人家里去拜托介绍的吗？ ＝九月左右去刘家河介绍人家里拜托介绍的。

什么时候决定下来的？ ＝九月中。

地租何时给谁交纳？ ＝十月十五日付的。

本人去地主那里打招呼了吗？ ＝去了。

借的时候，因为每年都交纳地租，可以拜托他借好多年吗？ ＝不能，在本地没有这样的例子，每年秋天确定下一年的租佃。

给介绍人谢礼吗？ ＝不给。

是拿了谢礼过去，对方没有收吗？ ＝一开始就没去给。

在获得这块租地之前，到各村去拜托别人给你租佃了吗？ ＝本来想着到各村去拜托的，但最初来到刘家河，马上就谈拢了，所以结果也没到他村去。

【物纳地租】地主在收地租的时候，没有放弃钱纳，希望用物纳吗？ ＝没有。

一般上述倾向在近村也没有吗？ ＝没有。

【被佣劳动】不做长、短工和蜜供吗？ ＝只做短工。

短工是从什么时候开始做的？ ＝二十岁开始（现在四十九岁）。

主要是到哪里做呢？ ＝村内几乎不做，几乎都去顺义县城的农家。

【短工和集市】是怎样被雇的呢？ ＝到县城四角的集市，雇短工的人来把话谈拢，就带着去了。

【雇入地】每年去的最多的是哪些人家里？ ＝经常去县城南街的张和北街的吴家里。

去张家多少工？ ＝春、夏、秋都去。

吴家呢？＝只有秋天去。

大体每年都去吗？＝不一定。

最开始是去集市被雇，但后来张或吴会说在一定季节让你直接去的话吗？＝没有，一去到集市，因为从前就认识，所以就很自然被雇佣了。

【短工的集市】数日连续在那个家劳动的时候，被雇的第二天还去集市吗？＝不去，如果那一天在吴家继续工作，就要直接去吴家。

没有每年不去集市直接去吴家和张家拜托他们雇佣的情况吗？＝没有。

每年都去的家会多给一些工资吗？＝和普通一样，也没有特别给什么物品。

【短工日数】今年一共做了多少工？＝春天十个工，夏天二十个工以上，秋天二十二个工以上，共计五十二个工以上。

【短工的工作】工作是做什么？＝农事的话什么都让做，没有帮助做家务这样的事。

【劳动力】李家的劳动力是？＝一名男性。

雇长、短工吗？＝否。

【邻助关系】经常受到谁家的照顾？＝刘家河的刘家。

上述是搭套关系吗？＝是的。

没有除搭套以外受到照顾的家吗？＝没有。

今年有没有免费去同族和近邻家里去帮忙？＝去了李强林家一日、杜春家一日，但对方没有来帮忙。那是因为对方太忙，我也没有什么需要帮助的工作。没有去比较亲近的李清源和李广德家里，他们也没有来。

李强林和杜春有没有送什么礼物？＝没有。但是，劳动的时候的饭是他们供应的，平常的饭菜。

没有借日用品的人家吗？＝没有。

没有借农具的人家吗？＝没有。

给地主送了什么礼物吗？＝没有送。

【搭套】和谁搭套？＝和刘家河的地主刘玉搭套。

从什么时候开始的？＝做了这两年。

那之前呢？＝五六年间和王悦，那之前七八年间和周树棠，那之前很久以前就和张永仁搭套。

上述情况不管哪一个都互相借役畜吗？＝是的。

【搭套中止的理由】为什么不和张永仁搭套了？＝张家的役畜变多，没有必要从我这里借役畜了。

为什么和周中止了呢？＝因为周变得可以自己独立种了。并不是因为感情有隔阂。

和王悦是为什么中止了呢？＝因为王开始和自己的亲戚搭套。

【搭套的方法】和刘玉的搭套，今年你去帮了多少个工？＝春天十日，夏天和冬天不去，秋天二十日。也就是，只有播种和收获的时候互相使用役畜什么的。

去刘家的时候带着什么去？＝带着畜、犁杖和垄子去。

留宿吗？＝因为离本村五里的距离每天去。

每天连续去帮忙吗？＝不定。

刘家来帮助多少天？＝播种和收获时，共同使用农具。春天五六日，夏冬没有，秋天十日，只把驴和大车（李家没有的东西）带来（车不是共同购入，也不是刘跟李商量以后买的）。

留宿吗？＝不会。

没有和谁购买或制作的东西吗？＝没有。

周树棠（三甲一户）

【收支】（新民会调查）

收入

　　农业收入　　　　　　三百元

　　煤油庄（复兴）　　　一百元

　　计　　　　　　　　　四百元

支出

　　农业支出

　　（其中：肥料六十元，农具十元，工费九十元，粮税七元，计一百六十七元）

　　家计费支出　　　　　一百六十七元

　　计　　　　　　　　　三百三十四元

相抵余钱　　　　　　　　六十六元

【所有地的变动】民国初年？＝没有所有地。

那之后的变动？＝民国五年买了县城人万的十亩，民国十二年买了赵小尧的七亩五，民国十四年买了袁恩的十亩，民国十五年买了袁茂德的六亩，就到了现在的状态。没有卖过和抵押过土地。

【租佃】租佃是从什么时候开始的？＝去年开始。

【共同的伙种】谁的土地？＝和李清源一起伙种邢尚德的地。

所在地、面积、地别和作物是什么情况？＝二十八亩。

是从什么时候开始伙种的？＝去年开始。

那之前是李一个人借的吗？＝这三年是李借的，那之前邢家自己耕种。

周和李有特殊的关系吗？＝只是同村人只不过是有诚意罢了。

伙种邢的土地是谁提出来的？＝因为李本来借的太多了，就对周提出了伙种。

是什么时候的事，决定了什么事情呢？＝去年八月左右，提出了二人耕种二十八亩地，收获物分给地主十四亩的部分。剩下十四亩部分李和周折半分。

那个时候地主已经同意了李和周的伙种了吗？＝李已经向地主传达了主要内容。

周承诺后去地主那里打照面了吗？＝没有去。

这附近不是决定租佃后佃户一定会去打招呼的吗？＝有去的情况，也有不去的情况。

【是共同租佃还是转租】这块土地本来是李借的，现在虽然变成了伙种，借主不是仍然还是李吗？＝（没有回答）。

【保证人】和地租前付不同，因为这种时候是用谷物后交，所以会立保证人的不是吗？＝没有。

并不是有中间人和介绍人，按照约定向地主送收获物，没有向地主保证吗？＝没有。

李一个人还是李、周共同借的，没有把这个写成文书吗？＝只和李商量了并没有写成文书。

【期限】决定和李伙种的时候，关于伙种期限的有没有商量呢？＝一年还是两年，关于具体期限没有谈，只谈了明年是否继续伙种的问题。

那么今年秋天应该已经一年结束了，伙种也已经结束了吗，或者说只要李还租佃伙种当然就能继续呢？＝李不跟我说的话，就不是当然可以伙种的。

今年李还没有跟你说吗？＝没有。

李明年还想耕种吗？＝好像是的。

邢和李之间没有订立关于明年伙种的约定吗？＝不是很清楚。

那么去年和李承诺伙种开始实际耕作是什么时候？＝今年三四月时。

那之前李在去年秋天没有耕种吗？＝没有。

今年在田里种什么？＝玉米、麦子。

【伙种地的经营】关于种植上述作物是谁决定的？＝邢和李商量后决定的。

上述谈话没有询问周的意见吗？＝没有。

谁负担种子？＝周和李折半负担。

谁播种？＝李出三人，周出三人。

谁负担肥料？＝李和周。

农具呢？＝同上。

役畜呢？＝李有两头驴，周有一头。

地主直到收获都不来看种植吗？＝不来。

地主对于田地的看管有什么要求吗？＝没有。

地主对于这块田地的耕种，没有肥料、农具、役畜的提供，以及雇短工帮忙吗？＝没有。

谁除草？＝李、周双方。

收获如何呢？＝除李、周外，邢家也出短工来帮助。

【收获分配】收获时谁代表地主那方来？＝近收获期时邢来看。

邢家的谁来看？＝掌柜自己来，妻子都不来。

为了什么而来？＝为了来看收成，分配是按垄分的，所以也是为了事先来看一下垄。

分垄结束后，地主所得的部分谁来搬往何处？＝地主带来的短工把谷搬运到村里邢家（李清源居住）的贮藏所，这时候在顺义的邢氏家族为了领取也会来家里作各种指示。

贮藏后谁来保管？＝李清源。

李和周怎么分？＝十四亩的垄，各自分开后收割。

分了之后运到何处？＝各自运到家里的贮藏所。

周不去地主邢那里帮忙，逢节日送礼吗？＝完全不干。

【劳动力】劳动力是？ ＝三男一女。

一年雇多少个工的长、短工？ ＝没有长工，雇短工但工数不清楚（据新民会调查为九十二个工）。

杨永元（三甲三户）

【收支】（新民会调查）

收入

农业收入	一百四十五元
短工（永元）	六十元
油盐店（琦）	七十元
饭铺（珍）	二十元
养鸡	九元
计	三百零四元

支出

种苗	四元
粮税	七元二
家计费	一百七十七元
计	一百八十八元二
相抵余钱	一百一十四元八

【所有地的变动】民国初年？ ＝八十亩（因为永年没有分家）。

那之后的变动？ ＝民国六七年分家，永元获得二十五亩。距现在六七年前，卖给了本村人李悔廷（？）十四亩，卖给刘家河的小百姓苏五亩。这个用在了父亲的丧葬费以及妻子的治疗费和丧葬费上。这样现在还剩六亩。

丧失土地之后怎么办呢？ ＝租佃，家人去打工什么的。

上述六亩是谁耕种的？ ＝自耕，不雇人。

租佃是什么时候开始的？ ＝六七年前土地变少后开始的。

【租佃的变动】最初（六七年前）耕种谁的土地？ ＝最初三四年耕种县城姐姐的地。十亩中等地。当然没有介绍人。口头契约，期限不定，地租先交，每亩第一年二元，第二年三元，第三、四年三元，虽说是亲戚也不会比普通便宜，自耕没有雇短工。停止租佃是因为该地被收用为铁道用地。

接下来租佃谁的土地？ ＝在县城的远亲王的十亩上等地（琉璃河）。没有介绍人，口头契约，期限不定，地租为一亩第一年三元，第二年三元（前年）。王的土地被收用为铁道用地，所有地面积减少，王家从去年开始不租出去上述土地，开始自己耕种。

去年租佃了谁的土地？ ＝何长源的五亩中等地。

【介绍人（杜祥）】是谁介绍的？ ＝因为杜祥认识何长源，拜托他借来的。

杜祥经常做介绍人吗？ ＝毫无疑问，人格、信用好，所以经常被拜托。

杜祥不收取介绍费吗？ ＝不这样做，也不收取。

这块土地是杜祥用他的名义借来，杨从杜祥那里借的吗？＝和杜祥关系好，就借给我了。

确定之后，去地主那里打了什么招呼吗？＝没去。

没有写合同书吗？＝没有写。

地租是多少，纳给了谁？＝纳给了杜祥。第一年每亩十六元，第二年（今年）二十六元，因为收益很少，明年不种了。

【再租佃】下回租佃谁的土地？＝今年还租佃了王永万的土地，县城界内的五亩下等地。

上述是谁介绍的？＝杨在去年秋天去酱油店的时候，听石门的李长荣说"有这样的土地要不要耕"，当即就同意了。

"这样的土地"是什么？＝李从王永万那里借的土地的意思。

李关于地租的事情说了什么嘛？＝李说从最初开始五亩地二十七元的话就借。我也觉得不贵，所以就借了。

李没有说原地租的事情吗？＝没有说。

李从王那里借了土地的事情拿什么做凭证呢？＝因为大家都认识，因为是邻村人也守信用。

李没有给你看什么文书吗？＝没有。

地租付给谁？＝再次去付给李。

商定的那天不付定金吗？＝不付。之后不久就去付了。

明年已经不再租佃了吗？＝不租了。

为什么不租了，李没有承诺吗？＝（没有回答）。

借的时候说了只借一年吗？＝没有说。

因为没有收益还给杨了吗？＝也不是。

没有其他租地吗？＝没有。

【被佣劳动】不做长、短工吗？＝不做长工，每年做短工。

短工从什么时候开始做的？＝五六年前开始。

为什么去做短工？＝因为土地也很少，如果不去打工，就不能过活。

【村内的雇主】以一个什么样的顺序被雇佣？＝也有去过县城的市场，应村人的需求去的比较多。

到村人那里去，是你拜托然后去的吗？＝听对方说了，然后去的。

去本村人谁那里多？＝杨源、李清源、王悦、李洪廷（？）。

上述是确定了每年在一定时间去吗？＝不定。

本村雇主会给的工资多吗？＝和他村一样。

【县城的雇主】不去村外吗？＝去县城的农户，但是几乎不去他村。

县城的农户会工资给得多吗？＝和一般没什么差别。因为如果再找雇主，只要去集市就可以找到差不多价格比较好的。

【雇佣条件】去做短工的时候会带什么农具过去吗？＝（没有回答）。

伙食是多少次，雇主供应吗？＝三次。

工资以外，雇主不给茶果、烟草等吗？＝不给。

做什么样的工作呢？＝春天捯粪，夏天垒地，秋天收获。

什么时候去做短工？＝有空的时候。

一年中，闲暇时间有多少天？＝半年。

【短工的次数】做短工的时间，村内、村外各多少？＝共计一百二十个工，村内三个月，村外一个月。

根据月份展示工数和工资？＝（注：旧历）

一月	没有（制作肥料）
二月	没有（同上）
三月	十五（七角）
四月	十五（七角）
五月	十五（一元）
六月	没有（八角，采草做马饲料）
七月	十五（一元）
八月	十五（一元一角——一元二角）
九月	没有（一元）
十月	没有（制作肥料）
十一月	没有（同上）
十二月	没有（同上）

【劳动力】劳动力是？＝自己一名男性，还有两名男性在北京。其他是女性（三人）、孩子。

雇长、短工吗？＝否。

【邻助关系】同族、邻居、朋友等，有谁来帮忙干农活吗？＝和杜钦贤搭套。

想问搭套以外的？＝没有其他的。

【农具、役畜】就算不来人，有借给你农具和日用品的人家吗？＝没有。

什么农具不足？＝犁杖、大车。

役畜如何？＝搭套共有的驴不够。

那么这个是从谁那里借的？＝今年从石门借了一头，用了两天，从本村孙福那里借了两天。

上述是免费借的吗？＝八月的时候，是一天两块钱借的。

今年没有花钱借农具吗？＝没有。

也一样免费借了吗？＝没借。

每年从孙福和石门的人那里借吗？＝借的人不一定，但借的年数很多。

那么你有没有借给别人家农具、役畜呢？＝没有。

没有节日时去答谢的人家吗？＝没有。

【搭套（役畜）】和杜钦贤是什么时候开始搭套的？＝民国二十六年开始。

　　和杜是什么关系？ ＝一直就是村里的好朋友。

　　共有的驴是什么时候买的？ ＝去年八月。

　　【共同购入】驴花了多少钱，双方各负担多少？ ＝三十二元，杜出了十五元，杨出了十七元。

　　为什么没有折半呢？ ＝因为是杜去县城买的，算了交通费和工钱，就像上面这样负担了。

　　在买之前决定了些什么？ ＝关于购入费的负担，使用方法和饲养。

　　【饲养和使用方法】使用方法是？ ＝大概隔五天使用。

　　有按约定实行吗？ ＝是的。

　　没有决定谁先使用吗？ ＝没有。

　　上述的隔五天用，是一年中都是这样，还是只是忙的时候这样做？ ＝忙的时候一定是隔五天，不是的话，一方使用多久都没关系。

　　饲养呢？ ＝每五日一养，这期间的饲料养方负担。驴也应该每五天换个住处。

　　一方使用很多天时也是这样吗？ ＝那样的时候由使用方负担。

　　没有其他共同购入的农具等吗？ ＝没有。

　　本村有其他人共同购入驴的吗？ ＝几乎没有。

　　他村呢？ ＝很少。

　　农忙期时人也是每隔五天互相帮助吗？ ＝只有驴的使用是五日交替，人不互相帮助。

　　忙的时候也是吗？ ＝既不去帮忙，别人也不来。

　　不互相借农具之类的吗？ ＝今天给别人借了铁锹。

　　有从杜那里借东西吗？ ＝没有。

　　节日时互相送礼吗？ ＝没有。

　　互相帮助家务事之类的吗？ ＝没有，双方都很忙。

杨永瑞（三甲四户附户）

【收支】

收入（新民会调查）

农业收入	八十元
农业外收入	四十元
杂货店（杨成、北京）	三十元
计	一百五十元

支出

农业支出	零元
家计费	一百一十四元
计	一百一十四元

相抵余额　　　　　　　三十六元

【所有地的变动】民国初年以后的变动？ ＝民国十四五年时，超过了十亩，但十年前本村内的地卖给了李濡源，前年把石门村的地卖给了石门的李广林（好像以前有二十亩，但被麻雀毁坏就卖了）。

现在呢？ ＝没有所有地。

【租佃】租佃过吗？ ＝没有。

【被佣劳动】有土地的时候，除了农业以外干了什么吗？ ＝没有被雇佣过。

什么时候开始被人雇佣的？ ＝四十一岁时（现在四十五岁）。

四十一岁以后做什么样的工作？ ＝半长工和短工。

做半长工的年头也做短工吗？ ＝每年都做。

何时、多少钱在谁家做的半长工？ ＝

（去处）

民国二十五年	杨源（年十四元）
民国二十六年	杨源（年十四元）
民国二十七年	没做（没有）
民国二十八年	没做（没有）
民国二十九年	望泉寺刘家（年四十元）

每年做短工的日数和收入如何？ ＝

民国二十五年	三十日	十元
民国二十六年	三十日	十元
民国二十七年	六十日	三十元以上
民国二十八年	六十日	三十元以上
民国二十九年	三十日	三十元以上

（注：民国二十七八年的十个月在拾柴、拾粪。做了两个月的短工，平均日工资四角到六角）。

【杨源的半长工】是谁介绍的？ ＝杨泽（源的弟弟）。

是谁在什么时候提出，在什么时候确定的？ ＝杨泽在去年旧历十一月提出，马上就定下来了。

确定些什么？ ＝第二年隔三日劳动，工资，上工下工（开始结束的意思）等相关事宜。

这些都是介绍人加入确定的吗？ ＝是的。

【介绍人】不是介绍人只是开始的时候介入，决定的时候只是雇主和半长工之间吗？ ＝杨帮我商量决定的。

确定的时候签了合同书吗？ ＝没有。

杨源没有让永瑞试工吗？ ＝因为都是村人，很熟悉就没有。

雇他村人做半长工的时候会做吗？ ＝相信介绍人的话，所以不做。没有听说做过。

工资以什么样的标准决定？ ＝以一年多少确定。

是多少呢？ ＝民国二十五六年都是十四元。

工资什么时候给？ ＝前付。

不给介绍人谢礼吗？ = 不给。

【上工和下工】上工、下工是怎么决定的？ = 上工是旧历正月十五日（或七日），下工是立冬。

上述在本地方大体都是那样的吗？ = 是的。

【上工席】上工是什么时候，那天杨源会请吃饭吗？ = 正月十五日上工。那天被叫作上工席，有酒和四个菜。

在那个饭桌上有谁？ = 杨源。

杨泽不在吗？ = 不在。

不是雇主和介绍人都必须出席的吗？ = 不是。

上工席的目的？ = 因为一年中都要劳动，作为主人一方的接待。

没有什么和普通的一起吃饭不同的仪式（比如在杯子的摆放和说话方式方面）吗？ = 没有。

那时候是在正房吃的吗？ = 是的。

上工席的时候，有送什么礼品吗？ = 没有。

上工席的那天可以什么都不做吗？ = 有事的话就做。

家务活也是吗？ = 是的。

洗衣做饭也做吗？ = 这样的事情不让我们做。主要是干农活。

【半长工的劳动日】那么上工后，劳动日的比例如何分配？ = 三天在杨源家，三天在自己家。

在杨源家劳动的三天是住在他家吗？ = 一天都没有住过，全部都是上下工。

农忙时也是隔三天劳动吗？ = 是的。

那时候也没有在他家住过吗？ = 没有。

一般没有半长工在雇主家住的情况吗？ = 没有。

遇到雨雪不能劳动和劳动日撞上的时候，也去杨源家吗？ = 去。

不是可以不去吗？ = 不能劳动，也必须去。

那样的日子，去了干什么呢？ = 在房子里做可以做的农业的准备工作。完全没有事的时候吃了饭就回家了。

没有不把雪、雨的时候算入在杨家的工作日，换到晴天的情况吗？ = 没有。

没有要到杨家去因为生病去不了的时候？ = 没有。

如果发生了这种情况，就算是因为生病休息，也必须去做这么多天数的事吗？ = 没有关系。

比如本来是工作日的三天因为生病没有去，下一个休息的三天必须去劳动吗？ = 并不是必须要去，会自发去。

如果病了一个月都没有去，下一个月不是必须每天都去吗？ = 不是这样的。隔三天去就行。

那病持续半年的情况呢？ = 治好了可以劳动的话，还是让你隔三天劳动。生病是没有办法的事情。

上述情况以及生了病没有劳动的时候，工资怎么算？＝因为工资是前付的，没有要求返还的情况。

上述是治好了病能劳动的情况吗？＝是的。

治好了但不能劳动的情况呢？＝雇主也没有办法，但是，那年几乎没有劳动生病的时候，雇主通过介绍人计算日期，让其将不劳动日的工资部分返还回来。

不知道上述实例吗？＝没有听说过。

半长工病了的时候，雇主会负担药费、诊疗费吗？＝不会。

雇主知道半长工随意休息的时候会怎么办？＝没有这样的例子，所以不知道。

【半长工的工资】雇主不能再雇半长工了，解雇的时候，前付的工资如何处理？＝不返还。

必须怎样处理呢？＝因为解雇的原因在雇主，所以没有必要返还。

那么解雇的原因在半长工的时候，比如擅自不干的情况下，应该怎样处理？＝必须返还。

那时候实际上是以什么样的步骤让其返还的呢？＝通过介绍人让他还。

本人不同意返还的时候，从介绍人那里拿吗？＝不从介绍人那里拿。无论如何都要自己负担。

那么怎样获得呢？＝打官司。

因为本人贫困无法偿还的时候，不是结果必须要介绍人负担的吗，还有让介绍人负担不是设置介绍人的目的之一吗？＝和介绍人没关系。

休息的时候，没有让其他人代替劳动的情况吗？＝没有。

【半长工的劳动时间】劳动种类和时间是？＝家务活以外的农业活动什么都做。时间是一年中太阳升起之前必须去杨家，太阳落下的时候回家。

在杨家种了什么？＝高粱、棒子。

杨家的田农忙期是什么时候？＝六、八月。

那时候劳动时间也不变吗？＝是的。

休息时间是什么样的？＝平常是吃饭前后休息三十分钟左右，夏天六月会给三个小时的午睡时间，回自己家去睡。

半长工家里吉凶时和庙会的祭祀、节日等时候也必须劳动吗？＝家里吉凶时当然休息。庙里的祭祀日和工作没有关系。节日中五月三—五日是端午节，休息。

上述这附近的半长工和长工也是一样的吗？＝是的。

除那之外没有夏天的休息日吗？＝暑伏的时候有五天休息。除此之外就没有了。

【伙食】在源那里劳动的日子，一天供几顿饭？＝三顿。

在什么房间、和谁吃什么样的饭？＝在正房和源一起吃一样的东西，但是源有客人的时候在其他房间吃。

农忙期如何？＝三顿，和平常的伙食一样。

上工后拿着自己的一些农具去吗？＝什么都不带去。全部使用源的农具。

源会给些什么样的东西？＝上工、下工时什么都不给。还有衣服、鞋子、线、针等都不给。暑伏的时候给钱买草帽，秋收前给一个袖套（围袖），还有每年在三四月时给一条擦手毛巾。

【下工席】下工的时候会一起吃饭吗？＝被称为下工席，会有饺子、两个菜和酒。

没有雇主还希望继续雇半长工就设下工席，不希望时就不设下工席的习惯吗？＝没有。

上工和下工之间，没有特别为半长工设置的宴席吗？＝没有。

【刘家（望泉寺）的半长工】刘家的土地有多少？＝三十亩。

刘家人不耕种吗？＝是的。

那谁耕种呢？＝半长工和短工。

杨是什么时候成为刘家的半长工的？＝只有今年。

是谁介绍的？＝张富。

是谁提出来的？＝张富过来跟我说的。

说了些什么？＝说刘家没有劳动力让我去帮忙。

其他条件呢？＝工资，年四十元，其他和杨源的情况一样。

上工、下工的日子如何？＝上工是正月十六日，下工是立冬。

在望泉寺也没有在刘家留宿过吗？＝因为很近，所以天天上下工。

刘的田里种什么？＝高粱和玉米。

种子的决定、耕种的步骤等谁决定？＝刘。

短工的雇佣、监督谁做？＝雇佣是刘、监督是杨。

伙食如何？＝三顿，不和主人一起吃，但饭菜是一样的。

为什么明年不做半长工了？＝跟我说了，明年是一年三十元钱太少了，想再考虑一下。

那么明年想干什么？＝不定。

半长工干一年后，继续第二年再干的时候，第二年的工资和前一年的标准相比，会增加一些吗？＝原来是第二年升一、二元，现在每年都变。

【邻助关系】劳动力？＝自己、一名男性（带着妻子）。

雇佣长、短工吗？＝否。

族长和其他同族、邻居、友人有谁来帮助农事和家务事吗？＝没有。

和上述相反，有去帮助的人家吗？＝没有。

还有就算人不来，有互相借农具、日用品和役畜的人家吗？＝没有。

没有节日赠答礼品的人家吗？＝没有。

不和谁搭套吗？＝不。

邢尚德（三甲七户）

【所有地】什么时候进了同顺永？＝光绪二十九年开始。

民国初年的土地？＝完全没有。

那之后的变动？＝民国十六七年买了十六亩五分，二十四五年买了六七亩。这些自耕了三年。现在的所有地是四十九亩五分。

自耕上述土地时，雇了谁吗？ ＝每年雇一个长工。最初三年是李广祥，接着四五年是铁匠营的王瑞领（现在在同顺永北京分行磨面）。他们那时住在现在李清源住的房子里。

【伙种】那之后怎样了？ ＝三年前和李开始伙种。

邢和李的关系？ ＝只是熟人，邢入村后和李很亲密。因为邢很同情李的贫困，邢搬到县城住之后，就让李看家，土地也用于伙种。

几年前开始和李伙种的？ ＝三年前。

李想要伙种吗？ ＝我提出来，和李商量了一下，就伙种了。

邢是掌柜很忙，这块土地的经营有没有委托给谁？ ＝让妻子做的。

【伙种的期限】伙种的期限明确规定了吗？ ＝没有定。

那是永久借出的意思吗？ ＝只要关系不恶化，我觉得可以借。

【伙种的条件】确定了什么样的内容？ ＝作物、分垄的分配以及农具。

肥料如何？ ＝原则上是李负担，但是因为施了好肥的话，农作物会变好，所以也出一点。全面积二十八亩，我出了十五六亩的土粪。

关于肥料是一开始就约定了吗？ ＝不清楚。

关于肥料李和周有没有来拜托。 ＝没有。

出役畜吗？ ＝不。

不出役畜是开始就决定了吗？ ＝不是。

【伙种地的经营】作物是谁指定的？ ＝最初一年是高粱、麦子。第二年是谷子，因为这一年受了水灾。第三年让种了玉米和麦子。是邢指定的。

那样的事情是在哪里决定的？ ＝李到县城的邢这里来决定的。

今年是什么时候来的？ ＝正月时。

每年去看多少次地？ ＝四五次。

也让妻子去吗？ ＝不清楚。

去看李家的时候是去李家，和李一起去看地吗？ ＝大体是那样的。提醒很多需要注意的地方。

收割时去吗？ ＝自己去。不让代理去。

【收获的分配】去干什么呢？ ＝分垄。

邢获得的部分是谁收割、搬运的呢？ ＝雇两三个短工，让他们搬到村内家里。

搬运后的贮藏、保管让谁做？ ＝让李做。

借给李的房子要了房租吗？ ＝没有。

【借主和地主】今年是李和周共同耕作，这事前联络过吗？ ＝商议过。

这块土地是今年借给李和周两个人的，还是李自己让周耕作的呀？ ＝因为所有关于这块地的耕作都是以李为对象的，所以是借给李的。

然而和李商量，不是因为李作为谈话对象很熟悉，觉得好才借给他的吗？ ＝邢只是承认了李和周耕种，全部的话都是跟李说，所以是借给李的。

【合同的更新】明年伙种的事，是应该今年秋天讨论决定的，不是吗？ ＝是的。

李会来商议这个问题吗？ =不来。

那么这块土地明年打算怎么办？ =因为李已经开始耕种了，所以明年也伙种。

关于这个伙种，有没有立合同书呢？ =没有。

李和周在节日等会拿礼物来吗？ =不来。

还有回来帮忙做家务等吗？ =不来。

【租佃】租佃过吗？ =没有。

现在租佃吗？ =没有。

李清源（三甲七户）

【收支】（新民会调查）

收入

农业收入	二百元
磨面	二十元
？	六元
计	二百二十六元

支出

饲料	二十元
农具	二十元
地租	三十元
工费	六十元
粮税	四元五角
家计费	七八元
计	二百一十二元五角
相抵余款	十三元五

【所有地】从民国初年到现在的所有地变动？ =民国初年有四亩下等地，民国四五年的时候以每亩四五十吊买了杜祥的三亩下等地，民国二十三年以总额五十四元买了刘家河刘的四亩下等地；同年，以每亩十二元买了李广德的六亩下等地。从民国元年开始就没有卖过土地，上述都存留到现在，共计十七亩。

上述是谁耕种？ =全部自己耕种，雇人连短工都没请。

【租佃】租佃是从什么时候开始的？ =从三四年前开始。

【和地主刘（望泉寺）的租佃】谁的土地以什么样的条件租佃的？ =望泉寺亲戚刘的八亩下等地，第一年是每亩二元，第二年是每亩二元八角，第三年（今年）是每亩四元。

上述有介绍人和保证人吗？ =没有。

是口头合同还是文书合同？ =口头。

【租佃期限】租佃期限为？ =每年商量决定。

不是只要付地租不管多少年都可以借吗？ =不是。

但是实际上是只要付了地租不管多少年都可以借吗？ =是的。

关于作物、土地等刘没有指示吗？＝完全没有。

在节日等时候去刘家送礼，被邀请去帮忙做家务什么的吗？＝没有。

明年还租佃吗？＝刘要求明年的地租想要每亩十四元，我主张八亩六十元，还没有谈妥。

现在还在这样讨价还价吗？＝因为是亲戚，所以不借给别人。因为不用担心，所以很轻松。

【介绍人】那样的交涉，即使是亲戚之间，也需要立介绍人吗？＝直接借。

没有上述以外的租地吗？＝有秋种地。

【邢尚德和村子的关系】邢现在和村人交际吗？＝除李之外没有。

为什么呢？＝因为一家人都在顺义住，没有关系。

有村民集会的时候会来吗？＝不会。

交纳摊款吗？＝交纳。

【和地主邢尚德之间的伙种】邢是从什么时候开始和李伙种这块土地的？＝三年前。

邢为什么和李伙种了呢？＝因为十余年前，邢搬到本村后，和李变得很亲密。

关于这块土地的伙种，是谁先提出的？＝邢。

【期限】那时候，有关于期限的讨论吗？＝什么都没有。

在伙种的约定上，关于期限没有任何说法，怎么解释呢？＝想着只要感情好就继续。

那么只要感情变坏，地主什么时候都可以把土地取走吗？＝没有那样的例子。

如果像上述的事实发生的话会怎么样？＝地主会等到收获后再取走。

【合同事项】刚开始和邢商议的时候，谈了一些什么？＝作物和收获物的分配方法。

更详细一点？＝作物是按照地主的意见决定。第一年是高粱、麦子，第二年是谷子，第三年（今年）是玉米和麦子，分配方法是分垄。

除那以外没有别的内容了吗？＝没有。

每年邢会时不时来看一下播种和耕种状况吗？＝不太来，但在作物发芽和收获前会来看一看。

地主不提供肥料、农具、役畜吗？＝不提供。

李会去找邢商量关于耕作的事情吗？＝李每年一二月时，去城内商量种子的决定。

今年谈了什么？＝因为去年遭遇了水灾，商量了关于种植耐水灾的高旱作物的事情。

上述是谁提出，又是谁决定的呢？＝谈话过程中，双方得出上述意见，地主最终决定的。

收获时邢会来吗？＝他自己来看了很多。

【收获的分配】收获时如何分配？＝邢选分垄后，平半分。

邢获得的部分谁来收割搬运？＝邢带短工来收割，再运到村内的家里。

邢会只取好的垄，把差的都给李吗？＝邢会适当混合后，决定如何收割。不会只给差的。

【合同外的关系】邢是县城一流的掌柜，售卖谷物的时候，会适当地照顾一下粮食生意什么的？＝不会。

李在节日等时不会去给邢送礼、帮助干家务活什么的吗？ ＝不去。

去李家商量的时候也什么都不带吗？ ＝有时候也会少许带一点落花生过去。

落花生是邢拜托带过去的吗？ ＝不是，自发带过去的。

【约定的更新】明年还种邢的土地吗？ ＝种。

关于这件事情今年会去寻求邢的了解吗？ ＝不去。

不是每年必须去一次，去了解下一年的伙种的吗？ ＝邢的家是我在住，管理着家和谷物，这是伙种时的约定，只要承认这个，就允许伙种。

每年关于下一年度的伙种，不需要再次去确认吗？ ＝只要感情还好，就没有必要去。

然后今年邢的土地是和周一起耕种的吧？ ＝是的。

【共同佃户间的关系】关于这个，在和周说之前得到邢的了解了吗？ ＝同他说了。

为什么和周一起耕种呢？ ＝因为土地太大了。

和周是什么时候，什么时候决定又是什么时候开始共同耕种的呢？ ＝去年八九月时商量决定的。

从最初耕种的时候，周就来吗？ ＝是的。

播种时从李、周那里各来多少人？ ＝各三人。

种子、肥料、农具和畜如何负担？ ＝均分。

耕作不是交替进行的吗？ ＝不是，劳动的日子两家都来人。

是决定了耕地如何分担后耕种的吗？ ＝不是。

【被佣劳动】没有做过长、短工吗？ ＝没有。

除那之外，没有被雇佣过吗？ ＝没有。

现在如何？ ＝磨面。

其他的呢？ ＝没有。

【劳动力过于不足】劳动力如何？ ＝自己、一名男性、一名女性。

一年雇多少个工的长、短工？ ＝没有长工，伙种地雇短工，其他的自己的租地不雇。

【邻助关系】同族、邻居、朋友之间的互相帮助（劳力的提供、役畜、物品的借贷等）以及礼品的赠送情况如何？ ＝除搭套的周外没有其他。

【共同佃户间的相互帮助】关于伙种地以外的土地，和周树棠互相帮助吗？ ＝互相帮助。

那是什么时候，帮助多少天？ ＝耕作各自的租地时，每年互相帮助十个工。

【伙种和搭套】不搭套吗？ ＝不搭。

和周树棠伙种的时候，会互相出役畜，那不能说是搭套吗？ ＝是伙种不是搭套。

赵绍廷（三甲八户）

【收支】（新民会调查）

收入

农业收入	没有记载
养鸡	八元
席子贩卖	一百元

　　卖猪　　　　　　　　　　两百元（今年）

　　支出　　　　　　　　　　没有调查

　　【入村的原由】赵什么时候入村的？＝民国一二年。

　　那时候在做什么，又是为什么来到了本村？＝直到入村前都在杂货店工作。

　　入村时在本村附近有土地吗？＝村内，东面和北面，共计十四亩沙地。

　　上述土地现在还有吗？＝这个从民国元年到十年间大家都卖了。

　　入村后就没有开杂货店了吗？＝是的。

　　入村后不开杂货店了，那做什么呢？＝因为原来是商人，不会农耕也不能做短工，很困扰。

　　【所有地丧失的缘由】十四亩的土地怎么样了？＝因为是下等地，就种了豇豆，但收获不佳，不能维持生活。

　　那怎么办呢？＝不做长、短工，但会到各村卖一些小东西。

　　土地是什么时候，又是为什么必须卖了呢？＝因为靠着豇豆不能维持生活，所以就卖了。

　　卖了土地有作为小买卖的资本吗？＝有。

　　那么有存起来吗？＝是的。

　　【所有地的买入】那之后买了土地吗？＝在那之前，民国八九年时，买了八亩县城丁某在村内西南的土地，民国十四五年买了村内西南、原本村人现石门村人杜芝茂的六亩地，还有十八年买了村南村长的四亩地，共计十八亩，这些一直存留到现在。

　　卖土地除上述以外就没有了吗？＝没有了。

　　（注：以贩卖席子为副业。席子的材料是到白河东去取，也有送过来的情况。原料是苇，用途是铺在炕上，每年县城集市开的时候，什么都去卖。最近的价格是一元五角一一三元，也从交通公司买了若干）。

　　现有十八亩是谁耕种？＝每年自己耕种，但是今年雇了半长工，是石门村的刘元。

　　【半长工（刘元）】刘元是谁介绍的？＝看青的李注源。

　　刘和李之间呢？＝没有关系，很早以前李就是亲切的好人。

　　刘和赵呢？＝原来不是熟人，什么都不是。

　　是谁拜托的？＝赵拜托的李。

　　刘元是什么样家里的人？＝三十岁，带着妻子，户主的儿子，他家里分家以后没有土地。

　　约定是通过李决定的，还是直接商谈决定的？＝不清楚。

　　【介绍人】向介绍人送了报酬和礼品吗？＝没有送。一直以来就没有送礼的习惯。

　　有作为约定凭证的文书吗？＝没有。

　　是什么时候谈妥，又是什么时候上工的？＝正月决定，马上就让上工了。

　　【雇佣条件】工资如何决定，什么时候付给谁？＝正月二十四日上工，十月八日下工，每隔三天劳动，每年二十四元，谈妥时就给了李注源。工资和普通一样。

　　期限呢？＝如上。

这附近半长工的工资实行后付吗？＝完全不实行。

【上工东儿】上工时款待什么被称为上工东儿？＝拿出酒、白面、白菜、豆腐等一起吃。

这种时候，是只是吃，还是和一般吃饭相比有什么不一样的仪式吗？＝没有。

刘没有住过来吗？＝因为很近，所以通勤。农忙期也是这样。

【劳动日】隔几日劳动？＝每隔三日。

【半长工的工作】劳动日下雨的时候，不能到农田工作的时候怎么办？＝主要是照顾家畜、没有什么事情的话，就什么也不做，让吃了饭就回去。也有在这种日子里不供饭的。

【半长工的代理】刘没有缺勤吗？＝没有得过病，很能干，没有缺过勤。

没有家里有事，让代理人过来的情况吗？＝只有一次他的父亲代替他来。

有休息时就出代理人的约定吗？＝没有。

习惯上休息的时候出代理人吗？＝没有确定。好人的话会派来代理人。

【劳动时间】劳动时间如何？＝太阳出来之前来，太阳落的时候回家，不管多忙都是这样的。

种什么作物，农忙期有几个月，农闲期又如何？＝种植高粱、玉米，八月很忙，一、二、三、十月很闲。

给休息时间吗？＝从立夏到立秋，从午饭时开始，允许两三个小时的午睡。在这之外就没有休息了。

【休假】来劳动的日数中，给多少日的休假？＝自己家里有祭祀的日子、节日时回家。五月三、五日不回家，在这边吃饭，什么工作也不分配。还有暑伏让休息十天（一般五天，因为很能干）。

【半长工的劳动用具】农具中没有刘带来的吗？＝没有。全部都是雇主负担。

【支付品】给刘衣服、擦手布、日用品吗？＝夏草帽钱五角，擦手布用现物支付。没有其他的。

【伙食】伙食如何？＝三顿，半长工先吃，雇主后吃。都是一起吃的一样的东西。农忙期没有什么特别的伙食。这时候很忙，连做饭的时间都没有。

【工作的种类】工作是让做什么？＝所有地、租地的播种、疏苗、收获等一切都让做。

不把收获物的一部分给半长工吗？＝不给，茎秆、草都不给。

赵家人也劳动吗？＝赵父子也和半长工一样。

半长工会给特定区域和特定工作吗？＝什么都命令去做。

【劳动力过于不足】赵家每年都雇半长工吗？＝只有今年。

明年不雇半长工了吗？＝做半长工的人也很少，也很贵，所以没雇了。明年至少要花五十元。

刘现在在干什么？＝好像是去别人家做长工。现在在做线香。

不雇半长工的时候，一年雇多少短工？＝春天、夏天一共三十个工，秋天三十个工，约五六十个工。

【半长工和雇主间合同外的相互关系】今年没有把役畜、农具等借给刘作自家用吗？
＝两头驴，两次免费借给了他。农具也在空闲的时候借给他了。

农具经常借给他吗？　＝需要的时候借出去。

刘的地离赵的地近吗？　＝是的。

肥料、种子等呢？　＝不借。

还借什么别的吗？　＝没有。

上述的驴和农具是刘家里没有吗？　＝是的。

刚开始通过李雇佣时，刘有没有把借上述东西作为条件提出啊？　＝没有。

借给他的日子是刘不来做半长工的时候吗？　＝记不太清。

刘在赵绍廷的耕作告一段落时，到附近自己地里去耕作吗？　＝去。

什么时候都是吗？　＝经常去。

上述是赵无故去的吗？　＝求得同意去的。

没有去自己的地里耕作，赵的耕作就落后的情况吗？　＝落后了就不可原谅。

这样的理解是从雇佣的时候开始就有的吗？　＝不是，是后来有了这种情况。

是以借役畜和农具为目的来做半长工的吧？　＝不是，这样的东西是感情的问题。

【租佃的今昔】从什么时候开始租佃的？　＝从民国十二年时开始。

谁的土地花了多少钱耕种的？　＝在城内时的邻居的王永万的土地，共计三十亩，一处
在村内，两处在村外，民国十二年十亩和五亩的地，每亩十二吊，后来变成二十吊。接着
从民国二十一年开始，以每亩四元佃了王另外的十五亩。民国十五年吊制废除，民国十六
年改为每亩三元，该地到去年以三元租佃，但去年冬天改为四元五角，因为粮价高的原
因，明年贵到每亩十三元。

借上述土地的时候，没有立过介绍人和保证人吗？　＝没有。

为什么没有立呢？　＝因为非常亲密又是先交制。

原来租佃的时候交换合同书吗？　＝以前现在都不交换。

从民国十六年以来一直都是三元，和普通相比都比较便宜吗，还有熟人间也是先交
吗？　＝因为是熟人，所以给我便宜了，是先交。

决定了只要纳地租不管多少年都是三元吗？　＝不是，也有都是一样价格的，但是是每
年秋天决定的。

【和地主王租佃外的关系】因为赵困难，借东西的时候，地主不借给肥料、种子、农
具等吗？　＝不借。

因为王一直以来都是赵家邻居的原因，特别是两家又有买卖上的关系，那现在两家关
系如何呢？　＝是商家，但和赵没有利害关系，原来不从事农业，两年前开始务农。

听说赵是村里的文化人，会研究耕种有利的作物吗？　＝一直都光种高粱和玉米，附近
也是那样。

那么对农业没有什么期待吗？　＝是的，自己现在有钱了，就想在都市开杂货店。

会在节日时给王送礼品，有事的时候去帮忙吗？　＝完全不去。

上述租地谁耕种？　＝一直自己耕种，今年雇半长工看看。

【劳动力过于不足】劳动力？ ＝父子两名男性。

雇长、短工吗？ ＝除半长工外不雇人。

【邻助关系】和谁亲密？ ＝张守仁、赵廷奎。

和谁搭套？ ＝张守仁。

除搭套以外也很亲密的就只有赵廷奎吗？ ＝是的。

廷奎来帮忙干农活吗？还有借给你农具、役畜、日用品等吗？ ＝没有。

有反过来借给他吗？ ＝没有。

同族、邻居、朋友中没有互相帮助的人吗？ ＝没有。

没有在节日时赠答礼品的人家吗？ ＝没有。

【和张守仁的搭套】和张守仁是从什么时候开始搭套的？ ＝三年前。

在那之前就和张亲密吗？ ＝是的。

是亲戚吗？ ＝不是，是朋友。

有谁说想要搭套了吗？ ＝不清楚。

张守仁的土地有多少？ ＝所有地二十二亩五分，租地五亩。

赵什么时候几个人去帮助？ ＝春、夏不去，秋天去三一五天。赵一个人。

赵借的东西有哪些？ ＝驴子是在播种和收获时借。此外，还借犁杖、垒子、大车。

张如何帮助赵？ ＝和上述一样。

赵、张之间除农具以外，会互相借比如日用品吗？ ＝不借。

赵、张之间会互送礼物吗？ ＝不会。

李汇源（三甲十户）

【收支】（新民会调查）

收入

农业收入	六十元	（注：其他栏里收支共各六百元）
磨坊（广泰）	七十元	
农工（广祥）	一百元	
脚力	七元	
其他	七十三元	
计	三百一十元	

支出

肥料	三元
地租	二十二元
粮税	十一元
家计费	二百七十一元
计	三百零七元
相抵余额	三元

【所有地】民国初年以后的所有地变动？ ＝民国元年有母亲的养老地四亩上等地，九

年母亲去世的时候，因为丧葬费以全部一千二百吊卖掉了。九年底，入典了李广权父亲的四亩地，但他把这块地重典给了其他人，这样就不能在李家耕种了。但是，广权后来又把其他四亩抵押给我，这块地到现在还在耕种，九年以后该地到现在都还没有回赎。

现在所有地？ ＝没有，只耕种上述四亩入典地。

【租佃】什么时候开始租佃的？ ＝民国二十年时，开始伙种张芬的地，接着租佃了四块土地。

希望能按顺序说明？ ＝如下。

【和地主张芬的伙种】合同的契机？ ＝民国二十年时李到县城村长的店里去的时候，张芬（原来的农民，现在是干不了活的老年有钱人）正好在场，村长介绍给我，就在当时提出马上就谈妥了。

所在地、地别、面积、作物是？ ＝村内，六亩下等地。

介绍人、保证人呢？ ＝没有。

没有合同书吗？ ＝没有。

【下等地和期限】在当时，没有说因为是下等地很费事，不管多少年都可以借的话吗？ ＝没有说。

【伙种约定事项】伙种是谁先提出，又是谁希望的？ ＝不清楚。

当即决定了什么？ ＝分粮。

【经营条件】李会每年去张那里领受关于作物、施肥和土地保养的指示吗？ ＝从一开始张就完全不干涉。是李的自由。

张一年不去看一次地吗？ ＝一回都不去。以前有时会来，但这两三年完全不来。

以前过来，是来干什么呢？ ＝来看种地。

一年来几回，什么时候来？ ＝不清楚。

收获时也不来吗？ ＝收获前后也不来。

【伙种地的经营和地主】一般的伙种，地主时不时来进行种植视察、指导种植方法不是常例吗？ ＝是的。

为什么他不这样做呢？ ＝因为有钱，又是面积很小的下等地。

刚开始借给你役畜、肥料、农具吗？ ＝从一开始就不借。

他即使不亲自来也不派代理来吗？ ＝不派。

【收获的分配】那么分配收获物的时候有谁会来吗？ ＝那个时候也不来。

如何分粮，去送给地主吗？ ＝张也不派短工过来。我分粮之后，连麦秆也是大体平半分了之后搬运过去的。

李会去给张帮忙，送礼品什么的吗？ ＝不去。

【香火地的租佃】从什么时候开始租佃的？ ＝三年前开始到今年。明年不干了。

所在地、面积、地别、作物如何？ ＝村内，二亩五分，中等地。

【介绍人】介绍人呢？ ＝没有，村民借香火地的时候不需要。

和谁说了借的？ ＝村长。

【合同书】没有写合同书吗？ ＝完全没有。

村长和村公所那里没有香火地的借贷账本吗？　＝没有。

【约定的方法】什么时候向村长提出，什么时候交纳地租？　＝九月提出，同意之后马上交纳地租了。

提出的时候，村长是当场马上同意了，还是和会首及村民商量以后同意的？　＝不清楚。

交纳地租的时候，村长没有开收据吗？　＝没有。

【期限】关于期限是如何定的？　＝以一年为期限借的。

很清楚地说了只借一年吗？　＝没有特别说。

没有说的话怎么解释呢？　＝一年后再次商量地租。

那个时候其他想要租佃的人会比现在多吗？　＝多。

那个时候也有其他申请租佃这块土地的人了吗？　＝没有。

【投票】投票制是从什么时候开始的？　＝去年开始。

【地租】地租是多少？　＝二亩五分的话，第一年十二元，第二年和第三年一共十一元。

为什么和第一年相比第二年、第三年的更便宜呢？　＝因为土地的一部分被铁路占了。

明年租佃吗？　＝不租了。

【香火地和公义堂】耕种公义堂的土地吗？　＝不耕。

上述香火地不是公义堂的施舍地吗？　＝不知道。

公义堂是谁？　＝北京正西门外，王书田。

香火地中有多少公义堂的施舍地？　＝有，但比例不知道。

公义堂什么时候施舍的呢？　＝光绪年间。

那个有什么文书吗？　＝只是这样听说。

那么，光绪年间公义堂是在这个村子里的吗？　＝不清楚。

村公所收取公义堂土地的地租，是因为受公义堂拜托管理，还是因为公义堂的土地捐赠给庙里以后村公所是管理人呀？　＝不清楚。

【香火地的地租】香火地的地租和一般租地相比便宜吗？　＝到现在为止，都比一般土地便宜，但是变成投票之后反而有了一些贵的。

【和地主李的租佃】从什么时候开始借的？　＝三年前开始。

所在地、面积、地别、作物呢？　＝五亩下等地。

怎样借的？　＝哥哥李至源死后，他的儿子必须要种，就租给我了。

地租如何？　＝每年一共十元。

明年谁耕种？　＝哥哥的儿子耕种。

【和地主郭凰庭的租佃】从什么时候开始借的？　＝今年一年。

所在地、面积、地别、作物呢？　＝二营村的六亩下等地。

【介绍人和地主亲戚】介绍人和保证人呢？　＝因为郭（二营村人）是亲戚，所以没有立。

合同书如何？　＝没有。口头上的。

【期限】期限如何？　＝"过年再说"，商量一年的地租，决定借贷。

地租是？　＝每年四元。

为什么来年不租了？＝郭租给别人了。

【劳动力过于不足】劳动力如何？＝两名男性。

雇长、短工吗？＝不雇。

和谁搭套？＝二营的郭凰庭（新民会调查，民国二十五年和张诚，民国二十六年到民国二十八年和李广权，民国二十九年李濡源）。

【邻助关系】除搭套以外，有人来帮忙干农活吗？＝不来。

同样，有虽然人不来，但借给你役畜、农具、日用品的人家吗？＝今年借了邻居李濡源的驴。

李濡源家里不来人帮忙吗，除此之外还借了什么吗？＝没有。

李汇源对这个怎么做？＝去李需源家里帮忙。

【搭套的意思】像上述关系能说是搭套吗？＝能。

上述以外没有互相帮助的人家了吗？＝没有。

【搭套】对李濡源，会在节日的时候送礼，以及去帮助农事以外的工作吗？＝不去。

李帮助郭什么呢？＝借给郭一头驴。这个主要是在耕种从郭那借的租地时用，郭要求的话，就会借给他。郭在耕种自己土地的时候使用。

李只借驴，自己不去帮忙吗？＝和驴一起自己也跟着去帮忙。

李没有只有自己去帮忙的时候吗，含农事以外的情况？＝有，忘了多少天。

和上述相对应，郭也借役畜、农具等吗？＝不，什么都不借。

郭来帮助李务农和做家务吗？＝完全不来。

杜祥（四甲一户）

【收支】（新民会调查）

收入

农业收入	二百五十八元四角
点心店（存新）	二十元
蜜供（作新）	四十元
短工（作新）	三十元
养鸡	十元
计	三百五十八元四角

支出

肥料	七十元
饲料	十五元
农具	二一元
地租	八十五元
粮税	三元
其他	十八元
家计费	一百九十六元五角

　　计　　　　　　　　　　　　三百九十七元五角

相抵不足　　　　　　　　　三十九元一角

　　【所有地的变动（减少）】从民国初年时的所有地变动？＝民国元年有五十四亩所有地，民国七八年时，卖给了本村人某某十亩（成为保证人催收）；民国十五年时家里有病人，而且要嫁两个女儿，为了给孩子们办嫁妆，为了这些要支出的费用，卖给了本村人和他村人十亩；民国十七八年时，为了筹集母亲的丧葬费，卖给了本村人十六亩五分地；民国二十四年因为水灾绝收，女儿的病和嫁女儿等诸项费用的支出，卖了九亩给望泉寺的人。这样现在只剩下十二亩了（注：根据上述计算，只剩下八亩五分）。

　　现在有多少亩？＝十二亩。

　　（1）村内上等地，七亩旱地（从前抵押给张林荣的地）。

　　（2）村内中等地，三亩园地。

　　（3）村内中等地，四分五的园地。

　　上述谁耕种？＝一直都不雇长、短工。

　　【租佃】从什么时候开始租佃的？＝民国二十五年开始。

　　到现在租地的变动呢？＝大体上租地为十七亩到二十亩。

　　今年的租地呢？＝言绪（县财政科长）的八亩，县城，何长源的七亩。

　　【和地主言绪的租佃介绍人】杜和言绪之前就是熟人吗？＝不是。

　　那么是谁介绍的？＝石门村的任守春（跛）。他是言绪的远亲。

　　杜和任是？＝以前就是熟人。

　　任的所有地多吗？＝不多。所在、地别、面积、作物为？＝村内八亩。

　　这块土地租佃了几年？＝三年，明年不租了。

　　最初是谁提出的？＝任说租佃言的土地看看怎么样，来谈了地租等。

　　最初和任见面的时候就决定了吗？＝大体上我也同意，但拜托任能否让地租降低一点，任在言和我之间往返了两三次后便谈拢了。

　　在双方达成一致之前，杜也去言家里拜托了吗？＝没有去。

　　【介绍人和地租】什么时候开始去的？＝达成一致后四五天，和任一起去拜访了言，那个时候交纳的地租。

　　是交纳的地租，还是定金？＝全额地租，没有交纳定金。

　　【合同书】和言没有订立合同书吗？＝没有订立。

　　言全部的所有地有多少？＝不知道。

　　言家里有像租地贷付账，不给租地记账吗？＝不记。

　　【地租的收据】收到地租之后，不开收据吗？＝不开。

　　【保证人】这附近，在借官吏和商人土地的时候，不立保证人吗？＝不立。

　　【地主言绪的租佃介绍人（任）】任现在介绍了几次言绪的土地了？＝本村言的佃户都让任介绍。五六回。

　　地租都交给任吗？＝拿到言家里。

　　【介绍人的谢礼】给任介绍人的谢礼吗？＝不给。

言绪的所有地是任一手在管理吗？＝不是，只有这附近的言的土地是任在介绍斡旋。

在杜交纳地租后，言或任不引领他去地里吗？＝因为杜对这块土地很熟悉，所以没有让引导。

【地租】每年每亩的地租是多少？＝第一年二元，第二年三元，第三年（今年）四元。

【约定的更新和租地的丧失】明年不租佃了吗？＝今年秋天和任一起去拜访了言，请求明天继续耕种，但是言说因为明年要自己耕种，所以不借。但是，实际上好像是借给了其他人，根据流言，据说该地明年每亩的地租达到十二三元。

【和地主何长源的伙种】所在、地别、面积、作物如何？＝村外县城南的十亩上等地，种麦子和玉米。

什么时候开始又是什么样的租佃？＝三年前开始。

与何有什么关系？＝不清楚。

在租给杜之前，何是怎么处置这块土地的？＝自己耕种。

【地主提出的伙种要求】是谁提出的？＝三年前，何来到杜祥家里，何要求伙种。

为什么要求伙种呢？＝因为何家里人很少。

【钱纳制和伙种之间的利害】"人很少"是无法自己耕种的原因，要求伙种没有别的原因吗？＝作为佃户，比起钱纳，伙种更好。这个地方经常遇到灾年，因为钱纳是前付，要是遇到凶年的话就会失去全部，但是伙种的话是后交，而且是折半分收获的物品，所以很安全。那样对佃户来说更有利。

那么约定了些什么事情呢？＝地主说的，就只有伙种分垄。

【期限】上述以为没有谈期限的事情吗？＝只要互相关系好，就可以继续。

那样的话，即使到了期限，也不用去特别拜托第二年伙种的事情了吗？＝不用。

没有订立合同书吗？＝没有。

【地主的作物指定】在谈上述的时候，地主没有指定作物吗？＝因为知道这块土地种麦子和玉米，所以并没有特别去指定。

【伙种地的经营和地主】关于施肥方式，田地的维护等没有指示和商量吗？＝没有。

耕作的时候，没有派遣谁家的人或者短工来吗？＝没有。

借给你种子、肥料、役畜等吗？＝没有。

时不时来视察耕种情况吗？＝只在收获前来看一下作物状况。

那样的话，关于这块土地没有和何长源商量任何东西，杜自由地在耕种吗？＝是的。

收获前视察的时候，也来杜家里吗？＝来。

【收获分配】那时候决定了什么。＝来问什么时候收割，告诉我他那天也会来，就回去了。

收获日何长源带着什么过来？＝他带着两名短工过来。甚至带大车和收割农具过来。

【分垄】收割日，何长源干什么？＝那天他亲自分垄。

怎么分呢？＝根据垄的方向，平半分。当然，好的垄是何长源的。

何长源得到的部分是谁来收割搬运的？＝何雇的短工收割搬运的。

【和地主何长源的租佃】此外还有租地吗？＝有从何长源那里租佃的土地。

所在地、地别、亩数和作物是？＝村内七亩。

从什么时候开始租佃的？＝五年前开始。

从开始到现在一直都是七亩吗？＝是的。

借的时候订立了合同书吗？＝没有。

有立介绍人和保证人吗？＝没有。

【期限】最初就决定了租佃期限是多少年吗？＝不是，地租是收获后商量下一年的部分，意见一致的话，不管种多少年都行。

【地租的变动】每亩地租如何？＝第一年一元多，第二年一元多，第三年二元五角，第四年三元五角，第五年（今年）四元，第六年全额五元五角。

【被佣劳动】长工呢？＝没有。

短工呢？＝作新。

存新呢？＝在北京的饽饽铺工作。

【劳动力】劳动力如何？＝两名男性。

雇长、短工吗？＝不雇。

【邻助关系】同族、邻居、朋友等有免费来帮助做农事家事的人吗？＝五六年前有很多，但是现在慢慢少了。那时候出了酒和饭。

今年如何？＝谁都没有来。

【搭套】没有除搭套关系互相交换役畜、农具、礼品的人吗？＝没有。

和谁搭套？＝和杜春、张成。

和杜春是什么时候开始的？＝民国二十五年。

和张成是什么时候开始的？＝民国二十七年。

搭套开始时三人的相互关系是？＝（没有回答）。

各自都有牲畜吗？＝是的。

犁杖如何？＝各自都有。

互相使用什么呢？＝驴。

使用驴的顺序如何？＝不确定。

借给别人驴的时候人也跟着去吗？＝是的。

杜一年去帮助杜春或者张成多少个工？＝春天两三个工，秋天两三个工，这个相互之间都是一样的。

没有三家共同买的东西吗？＝没有。

三家不互相交换礼物吗？＝不会。

三家除农事以外也互相帮助吗？＝不是。

杜春（四甲二户）

【收支】

收入（新民会调查）

　　农业收入　　　　　　　　　一百五十六元（？）

蜜供（广新）	四十元
种园	一百二十元
计	三百一十六元

支出

地租费	六十元
粮税	六元六角
家计费	一百六十六元
计	二百三十二元六角

相抵余剩　　　　　　　　　八十三元四角

【所有地的变动】从民国初年开始的所有地变动？＝民国元年，约有旱地十亩、园林二亩。民国十八年左右，家里人数也增加了，又有婚事，因为那样，卖了七亩地，现在有三亩旱地，二亩园地，没有买土地。

上述是谁耕种的？＝自己耕种。没有雇人。

【租佃】从什么时候开始租佃的？＝去年开始。

【和地主何长源的租佃】租佃了谁的土地？＝县城何长源的土地。

所在地、地别、亩数和作物是？＝顺义城内五亩中等地。

何是什么样的人？＝原来是百姓。

订立了合同书吗？＝没有订。

【每年再说】租佃期限如何？＝每年再说，经过一年以后，商量第二年的租佃条件。

【更新】今年去商量了吗？＝地主在我不知道的时候就租给别人了，所以不去商量了。

地主和原来的佃户什么都不商量，就租佃给他人也可以吗？＝无妨。

【租佃条件】地租是多少？＝今年的地租是总计二十六元。

和这块土地相关的，施肥、播种、收获等不进行指示吗？＝没有。

还有，何不借给你肥料、役畜、农具吗？＝不借。

【合同外的关系】杜不去帮助和处理家事或者送礼什么的吗？＝除借了土地之外，没有任何关系，所以不去。

【和地主言绪的租佃】此外没有租地吗？＝言绪的土地。

上述是从什么时候开始借的？＝三四年前开始。

这块土地和杜祥的租地远吗？＝在村内、西南的一块地。

一块有多少亩，都是谁在耕种？＝一个地方有三十六亩，分成四块，都是本村人在租。

【言绪的佃户】上述佃户的分配比例如何？＝杜祥、张守俊、张麟富各九亩，杜春和杜德新各四亩五分。

上述佃户是商量后同时租的吗？＝各自分别租的。

大家是什么时候租的？＝四五年前开始。

【介绍人（任）】介绍人是谁？＝任作为代表进行商议。

杜春和杜德新共同租了九亩吗？＝各四亩五分，分别耕种。

是耕种的时候各自四亩五分，但租的时候是两人一起借的九亩吗？ ＝不是。

地租是多少？ ＝大家都一样，每亩四元。

地租是谁作为代表汇总起来收的？ ＝大体都是各自拿到言家给的。

刚开始借的时候，有谁作为代表去言家打招呼了吗？ ＝没有代表，租的人各自去言家拜访。

五个佃户没有共同播种、耕作、收割吗？ ＝没有。

没有共同雇过长、短工吗？ ＝没有。

不说所有，那中间的两三人没有共同帮助或者共同买农具什么的吗？ ＝没有。

明年大家还租佃这块地吗？ ＝明年言说要自己耕种，所以大家都不租了。

那些话是从哪里听说的？ ＝不记得。

你知道像这块土地一样，将一块地借给好几个人的例子吗？ ＝不知道。

【被佣劳动】去做过长、短工吗？ ＝没有去过。

广新呢？ ＝同样。但是去送蜜供。

【劳动力过于不足】劳动力如何？ ＝三名男性。

雇长、短工吗？ ＝不雇。

【邻助关系】除搭套以外，没有来帮助，或者借给你役畜、农、日用品等的人家吗？ ＝没有。

没有相互赠答礼品的人家吗？ ＝没有。

【搭套】搭套是什么时候开始和谁做的？ ＝杜祥。

一年中去杜祥家帮助多少个工，反过来的情况又如何？ ＝各两三个工。

给杜祥借什么？ ＝驴和小农具。

从杜祥那里借什么？ ＝驴、耧子和犁杖。

杜复新（四甲二户）

【收支】（新民会调查）

收入

农业收入	六十元
短工（复新）	一百元
计	一百六十元

支出

农业支出	零元
家计费	一百三十元三角
相抵余钱	二十九元七角

【所有地变动】从民国初年开始的所有地变动如何？ ＝民国元年有六七亩，但是民国十一二年全部卖给了县城的王永万，后来就没有做过土地的买卖。

分家是什么时候？ ＝四年前。

那个时候没有分割土地吗？ ＝没有。

（注：有六分园地。）

【租佃】从什么时候开始租佃？ ＝分家后（四年前）。

那之前在干什么？ ＝做短工。

【和地主何的租佃】最初的租地是谁的地？ ＝县城何某（教师）的地。

所在地、地别、面积、作物？ ＝五亩强碱性下等地。

与何是什么样的关系？ ＝没有关系。

【介绍人】那么谁是介绍人呢？ ＝杜祥。

订立了合同书吗？ ＝没有订立。

介绍人以外立了保证人吗？ ＝没有。

【期限】租佃期限为？ ＝一年。

借了多少年？ ＝三年。

从一开始就约定借三年吗？ ＝一年，根据这个地方的习惯，每年秋天商量后延长期限。

每亩的地租如何？ ＝第一年二元，第二年二元五角，第三年（今年）三元五角。

地租是谁付的？ ＝杜祥。

给杜祥送了介绍礼品象征的金钱或物品吗？ ＝没有。

去何或者是杜祥家里去帮忙做事了吗？ ＝没有。

【地主公义堂的租佃】有此外的租地吗？ ＝有兄弟三人（复新、德新、林新）租的土地。

什么时候租的？ ＝今年投票租的，明年耕种。

所在地、地别、面积和作物是？ ＝村内十一亩。

投票前兄弟三人一起商量了吗，商量了的话说了些什么？ ＝决定投票金额为一百二十一元。

关于其他的耕种方法有商量吗？ ＝商量全部均分，即为种子三户出，除草时每家出一个人，肥料均分，驴马也是每户都出等。

交纳金额如何？ ＝交纳了，三人各出了四十元。

明年种什么？ ＝不确定，在商量中。

【大东村公会地的租佃】经谁的介绍租的？ ＝经同村亲戚的介绍，从该村村长那里租的。

所在地、地别、亩数、作物如何？ ＝五亩中等地。

什么时候开始借的？ ＝今年借的，明年也租佃。

大东村借公会地不投票吗？ ＝不投。

其他村借公会地的时候如何？ ＝投票很少。

从村长那里借的时候不用订立合同书吗？ ＝不订立。

【前付和保证人】保证人如何？ ＝因为是前付，所以不需要。

关于租佃期限如何？ ＝目前是一年，明年再商量。

地租是？ ＝每亩十二元。

明年的地租是？ ＝和上述一样。

关于明年的租佃，征得该村村长的同意了吗？ ＝通过亲戚征得了同意。

【兄弟间的伙种（园地）】在耕种弟弟杜林新的土地吗？ ＝伙种。

所在地、地别、亩数、作物如何？ ＝村内六分园地。

从什么时候开始的？ ＝两年前开始。

合同书、介绍人、保证人如何？ ＝没有。

弟弟说借给你多少年？ ＝没说。因为是弟弟，所以不管种多少年都可以。

种了什么？ ＝玉米。

为什么在园地种玉米？ ＝种蔬菜的话要花资本，所以种了玉米。

弟弟没有出种子、肥料、农具、役畜等吗？ ＝没有，全部我负担。

这是在最初就约定好了吗？ ＝是的。

【伙种和作物】即使不得到弟弟的了解，无论种什么都可以吗？ ＝没有关系。

因为是弟弟，所以可以，如果和他人一起伙种的时候，是必须商量作物的事吗？ ＝是的。

【收获的分配】怎么分配收获物？ ＝全部折半分。

全部是指？ ＝玉米和秸秆。

收获时，弟弟那边有谁来收割吗？ ＝不来。

那么，复新收获后将这些运到哪里？ ＝运到自己的家，在家里打谷，打出粒之后平半分。

那么分了之后，把谷子送给弟弟吗？ ＝弟弟自己来取。

上述是一开始约定的时候就决定了吗？ ＝即使不决定，伙种时大家都是这么做的（注：已调查（本书33页），每亩玉米交十五斗的物纳）。

【被佣劳动（短工）】做过长、短工吗？ ＝没有做过长工，每年都做短工。

什么时候成为短工的？ ＝四年前，分家后。

被雇为短工的途径？ ＝主要是去县城的集市，成为县城农家的短工比较多。

也到村里去吗？ ＝非常少。

有每年到固定的人家里去吗？ ＝没有。有的话，也是直接去集市，在集市被雇佣。

一年去多少个工？ ＝春天两个月，夏天两个月，秋天一个月以上。

劳动力为？ ＝一个。

【邻助关系（和村长一家的）】不搭套吗？ ＝因为没有役畜，所以不。

役畜从谁那里借呢？ ＝从杨正、杨源那里。

农具也是吗？ ＝不借。

日用品等如何？ ＝不借。

杨正、杨源家会有人来帮忙干农活和处理家务吗？ ＝不来。

那么你会去帮他们务农吗？ ＝各免费劳动两三天。

这是作为借役畜的返礼，还是因为很亲近呢？ ＝既是借了役畜又很亲近，所以去了。

除那之外，没有受到别家的照顾吗？ ＝没有。

不去给杨源、杨正或者是地主、介绍人赠答礼品或帮忙吗？ ＝没有。

杨绍增（四甲八户）

【收支】（新民会调查）

收入

    农业收入   三十一元八角

    小贩（绍增）   三十元

    短工（绍增）   二十元

    计   八十一元八角

支出

    农业支出   十三元

    粮税   一元四角

    家计费   四十四元

    计   五十八元四角

    相抵余剩   二十三元四角

【所有地】民国初年如何？ ＝不清楚。

以前有土地吗？ ＝不清楚。

最近有分家、买地什么的吗？ ＝没有买，分家后去年哥哥去世了。

分家的时候分到了多少亩？ ＝十亩。

现在有多少亩？ ＝上述十亩。

【租佃】租佃过吗？ ＝没有。

那么自己耕种以外做什么？ ＝除短工和烧饼以外，没有了。

【被佣劳动】短工是从什么时候开始的？ ＝从五六年前开始。

主要在哪里做短工？ ＝雇主不固定，但本村的情况比较多。所有工数的三分之二在本村。

【雇主（村长家族）】本村的话是自己去拜托吗？ ＝不去一个个拜托，雇主来叫。

每次去谁的家里？ ＝不一定，但是经常去杨源家。

杨源家里工资高吗？ ＝一般。

没有其他多次去的人家吗？ ＝杨正。

【和雇主之间农具、役畜的借贷】杨源或杨正会提供什么帮助吗？ ＝经常从杨正那里借驴和农具。

你也借给杨正东西吗？ ＝不借。

是针对上述谢礼的意思而去给杨正做短工吗？ ＝作为谢礼的话，只免费劳动两三个工。还有也没有特别在节日送礼，上述自发去以外都拿工资的。

除上述以外，没有同族、邻亲、朋友等互相帮助的人家吗？ ＝没有。

【短工的工数】把短工的工数分月展示（今年）？ ＝一月没有，二月没有，三月五六个工（日工资七八角），四月五六个工，五月五六个工（日工资一元），六月没有，七月七八个工（日工资一元），八月十个工（日工资一元），九月五个工（日工资一元），十月没有，十一月没有，十二月没有。

　　每年平均去多少个工？＝五十个工。

　　今年很少吗？＝是的。

　　【劳动力过于不足】劳动力是？＝本人，一名男性。

　　长、短工呢？＝做短工。

　　【搭套和驴】不搭套吗？＝因为没有驴，所以不行。

　　（注：因为本人是白痴，所以无法调查。）

张珍（五甲五户）

　　【收支】（新民会调查）

　　收入

　　　农业收入　　　　　　　　　　零元

　　　女工（去北京的赵氏）　　　　八十元

　　　短工（本村，桢）　　　　　　一百元

　　　计　　　　　　　　　　　　　一百八十元

　　支出

　　　农业支出　　　　　　　　　　零元

　　　家计费　　　　　　　　　　　二百元

　　　计　　　　　　　　　　　　　二百元

　　相抵亏空　　　　　　　　　　　二十元

　　【所有地】（注：以前有十亩，但五六年前卖了，现在只剩下村内二亩下等地（沙地））。

　　【租佃】没有租佃过吗？＝没有。

　　现在如何？＝没有。

　　【被佣劳动】现在在做长、短工吗？＝只做短工。

　　土地很少，也没有租地，除短工以外做什么呢？＝几乎就是年中做短工（据新民会调查，张刘氏去北京做女工，八十元）。

　　【短工数】今年做了多少工，分月展示？＝

　　一月　没有（村内采草、拾柴）

　　二月　没有（同上）

　　三月　二十个工（日薪　七角）

　　四月　三十个工（日薪　七角）

　　五月　三十一个工（日薪　一元）

　　六月　三十个工（日薪　八九角）

　　七月　三十一个工（日薪　一元）

　　八月　三十个工（日薪　一元——一元三）

　　九月　二十一——三十个工（日薪　七角）

十月　　　五个工（日薪　　七角）

十一月　　没有（采草）

十二月　　没有（同上）。

上述和每年相比是多还是少？＝和每年一样（工资除外）。

【雇主】主要去哪里，比例如何？＝去县城六成，村内四成。

【工作的种类】在县城劳动做什么？＝被县城农家雇佣，去城外的农地做短工。

不做建筑、家务什么的吗？＝不做。

【雇主】被县城的雇佣时程序是？＝和普通的短工一样去集市，被雇主雇佣。

每年不去固定的人家吗，都去谁家里？＝没有。

不被望泉寺和石门村雇佣吗？＝几乎不被雇佣。几乎都是被县城的农家雇佣。

在这个村子里每年被谁雇佣？＝李濡源、赵廷奎、赵廷福、付菊每年都雇我。

上述是他们说好每年去几天了吗？＝不是，只有他们来叫我的时候才去。

上述没有非常亲密的免费去劳动的人家吗？＝因为短工是专门工作，所以无论多亲密都不免费劳动。

因为他们是同村人不会比一般给的工资高吗？＝县城的集市上，根据季节不同工资是一定的，根据这个标准，不会比这个高或低。

劳动力是？＝一名男性。

【邻助关系】没有来帮助农事和家事的人家吗？＝完全没有。

没有互相借东西的人家吗？＝没有。

没有在节日的时候互相赠答礼品的人家吗？＝没有。

没有搭套吗？＝没有。

李强林（五甲六户）

【所有地】民国初年如何？＝和现在一样。

现在如何？＝六亩［已调查（本书 6 页）是六亩六分］。

上述谁耕种？＝自己耕种不雇人。

【租佃】租佃了吗？＝没有。

现在租佃吗？＝不租。

【被佣劳动】做过长、短工吗？＝不做长工，做短工。

今年做了多少个工，按月展示？＝

一月	二十个工	（日薪四角）
二月	二十四—二十五个工	（日薪四角）
三月	〃	（日薪五角）
四月	〃	（日薪　　）
五月	〃	（日薪八角）
六月	〃	（日薪　　）

七月	″	（日薪　　）
八月	″	（日薪一元）
九月	″	（日薪　　）
十月	二十个工	（日薪　八角）
十一月	十六个工	（日薪　六角）
十二月	没有	

上述和每年相比是多是少？＝和每年一样（工资除外）。

【雇主】主要去哪里，比例如何？＝本村内九成，县城一成。

做什么短工？＝三年前打铁，现在做农业短工。

在村里被雇的程序？＝即使自己不去拜托，大家也会叫我。

那时候是定好工资以后再去劳动的吗？＝不问。给我的金额按市价。

每年确定去的人家是什么地方？＝从三年前开始经常去李秀芳家里。去这家是最多的。

去多少工？＝四个月。

和李秀芳是什么关系？＝亲戚。

约定了每年一定的时候就必然去吗？＝没有约定，但是每年都会来叫我。

那时候就持续去很多天吗？＝是的。

【雇人的约定】规定了什么去的？＝只问了日数就去，不特别问工资的事情。因为能给我的都不稳定。

因为是亲戚就给得多吗？＝和一般一样。

不给像半长工一样的草帽、毛巾或者衣服、烟草等吗？＝没有。

特别支付的是什么？＝一日三餐。

【短工的工资】李秀芳什么时候给工资？＝那天以后付。

短工上工的那天下雨不能干活，工资会怎样？＝午饭前降雨的话，不支付工资。午饭后降雨的话，供两顿饭，工资一半。

上述是在李秀芳家里吗？＝不是，一般的习惯。

【雇主】除李秀芳以外，没有每年固定去的人家吗？＝没有。

不去望泉寺、石门村等邻村吗？＝不去。

为什么不去呢，有短工的地盘所以不能去吗？＝不来叫，所以不去，他们也是需要短工的话先拜托本村人。并没有短工的地盘之类的。

【劳动力】劳动力呢？＝两名男性，其他都是老太太不能劳动。

【邻助关系】没有来帮助农事家事的人家吗？＝没有。

没有你去免费帮助的人家吗？＝没有。

没有互相借贷东西的人家吗？＝没有。

没有节日互相赠答礼物的人家吗？＝没有。

不搭套吗？＝不搭套。

孙有让（五甲七户）

【收支】（新民会调查）

收入

农业收入	十三元六角
做墨盒（伯陵）	一百元
其他	一百六十元
计	二百七十三元六角

支出

粮税	三元八角
家计费	一百七十二元
计	一百七十五元八角

相抵余剩　　　　　　　九十七元八角

【所有地】民国初年如何？＝和现在一样。

那之后的所有地变动？＝没有。

现在呢？＝村内下等地三亩（上次调查三亩）。

上述是谁耕种的？＝孙张氏耕种的。没有雇人。

【租佃】租佃过吗？＝没有租佃过。

现在呢？＝没有。

【被佣劳动】又让做过长、短工吗？＝在年少的时候都做过，现在年老了，都不做了。

【赵廷奎的长工】年轻时，去谁家做过长工？＝现在的赵廷奎的家里。

是什么时候的事？＝从光绪二十八年开始后的三年。

那时候赵家有多少土地？＝四十亩（已调查（本书 18 页），民国元年赵家有七八十亩所有地）。

【成为长工的理由】为什么做长工了呢？＝那时候所有地极少，所以必须劳动。

【介绍人】那时候，做长工有介绍人吗，有必要吗？＝不必要，为了工资的交涉，让村人周某做了介绍人。

那是几月？＝春天拜托春天就决定了。

除工资外，关于劳动期限、年限、居住、衣食等和介绍人或赵家有什么约定吗？＝除工资以外，什么都没有拜托。

那么工资决定是多少呢？＝七十吊。

三年都是还是只是一年？交涉过工资的事吗？＝三年大体都是这个价格。关于工资每年都商讨。

上述商量是每年通过介绍人吗？＝自己。

工资是什么时候、从谁那里得到？＝通过介绍人，春天前付。

介绍人在那之后在什么情况下有关系呢？＝除刚开始介绍以外，什么关系都没有。

【保证人】除介绍人以外不立保证人吗？＝因为是同村人，没必要。

【合同书】约定后定合同书吗？　＝不立，口头上的。

一般都是这样吗？　＝是的。

【劳动期间】劳动期间是怎么规定的？　＝旧历正月二十日上工，立冬下工。

【上工饭，下工饭】上工、下工的时候是在赵家吃饭吗？　＝叫上工饭（现在也这么叫），拿出酒、面和数个菜。下工时叫下工饭，有酒、饺子、菜。

桌上赵家、介绍人也在场吗？　＝是的。

这场宴席不是和一般会食不同的仪式吗？　＝只是口头上寒暄一下，其他什么都没有。

【长工的工作】工作做一些什么呢？　＝春天掏粪、夏天垄地、秋天收割。

赵家雇短工吗？　＝雇。

谁管理、指示短工？　＝有让。

赵家当时没有其他长工吗？　＝没有。

【光绪年间村里的长短工】当时一般雇长工的人家多吗？　＝和现在不同，村里大地主很多，雇长工的人家很多。长工的头叫大头的，其次叫二蹚的，再其次叫随活儿的。

【大头的】指挥短工的长工叫什么？　＝叫大头的。

【长短工的指挥】赵家把耕作的一切都委托给了有让吗？　＝不是，要按赵家人一一指示的去做。自己随便做什么都是不行的。

只是监督短工吗？　＝和短工一起工作，注意是否按照主人的命令劳动。

【长短工的工作】赵家也让做除耕地以外的事情？　＝照顾畜牲、粪土造肥、农具修理等会做，但是不做饭。

【劳动时间】劳动时间如何？　＝从太阳升起到落日为止。

夜间不照料役畜吗？　＝几乎不做。

【劳动日和休息日】家里凶吉的时候休息吗？　＝要是休息就好了。

那时候庙里的祭典热闹吗？　＝比现在更热闹。

那么庙会那天休息了吗？　＝没有休息。

一年中赵家允许的休息日有多少天？　＝五月三、五日的端午节和暑伏大约十天的休息时间。

【休憩时间】休憩如何呢？　＝在立夏到立秋之间，允许在午饭后有两个小时的午睡时间。

在赵家住吗？　＝因为是同村所以通勤。农忙期也是这样。

【饭食】伙食如何？　＝一日三顿，赵家供应。和主人分开，与众多短工一起吃饭。

【工资外的给予】伙食和主人是一样的吗？　＝不一样。

赵家在节日的时候给钱和物品吗？　＝给点心，但钱除了工资就不给了。

下工也是吗？　＝什么都不给。

衣服会给什么吗？　＝没有。

草帽、毛巾、烟草等如何？　＝夏天，给了五百元的草帽钱。没有其他的。

过了三年为什么不干赵家的长工了呢？　＝不清楚。

那之后赵家雇了长工吗？　＝没有。

那之后去了谁家当长工呢？＝那之后去王悦家干了两年。

那之后呢？＝王悦之后就成为了短工，二十岁以后就做短工。

【光绪年间的雇佣形式（短工市）】当时短工被雇的途径是？＝从光绪年间开始在县城十字路、石塔就设立了劳动市场。当时一大早就会有七八十名在那里集中寻找雇主。

有让也经常去集市吗？＝几乎是去集市。去集市的比例占九成，在本村被雇占一成。

【雇主】经常去县城谁家？＝张家、陶家、李家。

每年都被上述雇佣吗？＝是的。

没有直接去被雇佣吗？＝没有。

是因为县里命令市场建成后，不许直接去拜托吗？＝不是，集市是直接去，那天能否被雇也无法判断。比起那样，如果去市场的话，会来大量的雇主，肯定会被雇佣。

【劳动力】劳动力是？＝一名男性、一名女性。

做长、短工吗？＝做。

雇长、短工吗？＝不雇。

【邻助关系】有邻助关系吗？＝没有。连族长也家庭贫困，没有来特别帮助的人。

搭套呢？＝没有。

付菊（五甲八户）

【收支】（新民会调查）

收入

农业收入	?
自卫园（继华）	十五元
小卖	一百元或二百元
说合人	不清楚
计	?

支出

种苗	三十元
肥料	十六元
农具	四元
地租	六十六元（去年）一百元（今年）
工费	十八元
看青	八元四角
家计费	五十元
计	一百九十二元四角

相抵　　　　　　　　?

【入村的经过】什么时候入村的？＝十七岁的时候（现在六十岁），来到了母亲故乡舅舅们的赵家。

一直都是单身吗？＝不是，二十五岁的时候结婚了。

入村后干了什么？＝十七岁到三十八岁帮助赵家干农活，从三十八岁开始在村里买了土豆苗、高粱叶、猪、梨等到附近经商什么的。也有租佃、做短工什么的。

【所有地】民国初年？＝没有土地。

没有买过土地吗？＝民国前后都没有。

现在呢？＝没有。

入村后到多少年在赵家？＝从十七岁到三十八岁的二十一年间。三十八岁的时候赵家也变得贫困，为了谋生出来了。

【租地的变动】离开赵家以后还种赵家的土地吗？＝从离开家之后，即二十五岁结婚以后，就租佃赵家的四五亩地。

除耕作上述赵家租地以外，也做赵家的事情吗？＝监督长、短工，此外也耕种赵家的土地。

租佃了上述赵家的土地多少年？＝二十年。

那之后呢？＝县城人王。那之后，租佃了张义臣的地。

从赵家借的租地谁耕种啊？＝菊自己耕种，不雇人。

县城人王的土地是什么时候开始耕种的？＝没有租佃赵家的土地之后。

王的土地的地租是？＝从开始到结束都是每亩六吊租佃的，因为对方没租佃了。

【和地主张义臣的租佃】从什么时候开始耕种张义臣的土地的？＝五六年前开始。

各年的每亩地租是？＝第一年二元，第二年三元，第三年（今年）七元，明年十四亩一百元，明年的地租是九月二十日左右交纳。

每年租佃十四亩吗？＝是的。

所在地、地别、面积、作物是？＝村外十五亩。

张义臣在干什么，和村里有关系吗？＝不清楚，但好像是地主，和本村关系不清楚。

地主和菊有什么关系？＝只是熟人。

借的时候立介绍人了吗？＝因为是熟人，所有没有。

【租地的变动】上述土地以外，就没有租地了吗？＝有。

是谁的土地？＝在租佃张义臣的地之前，耕种了张弟弟在村外的十四亩土地。

那之外就没有了吗？＝没有了。

在租佃上述土地的同时，还干了什么别的吗？＝前面所说的，做小买卖。

【赵家和付菊之间的关系（入村时）】在赵家的时候，是被像家人一样对待吗，还是像免费的长工一样啊？＝没有要工资。像家人一样被对待。

结婚时的费用是谁出的？＝赵家。但是结婚后并没有让出费用。

来赵家的时候，是自己来的，还是赵家让来的？＝故乡大兴县没有土地很困扰，所有就自己事先拜托来了。

是自己直接来的，还是谁介绍来的？＝因为是亲戚，所以并不需要介绍人。

在赵家做些什么工作？＝农事家事（不做饭）只要会的什么都做。

赵家给了工资吗？＝因为像家人一样，就连劳动年限和劳动报酬都没有定，必要的时候会去找主人要钱。

不是最初是那样的，但是后来就拿不到一定额的工资了吗，还有都不买药什么的吗？
=不是。

生病时候的费用谁负担？=赵家。

离开赵家的时候得到钱和财产（土地、车什么的）了吗？=完全没有。

衣服呢？=作为必要的衣服费，主人给了布钱。这样自己买布做了衣服。

上述是和家人同额吗？=比家人少一些。

伙食如何？=不和家人一起吃，和短工一起吃。不是和家人同样的伙食。

住房如何？=从十七岁到三十八岁，一直住在和家里的人不一样的园地内的看菜房的
正房。因为也让我看菜嘛。

伴随着居住自己慢慢就有了自己所有的财产（衣具及其他）了吧？=没有，就算是主
人提供农具，也不会变成自己的。

【赵家所有土地的变动】当时赵家有多少土地？=很多，但是记不太清。

杨泽说民国初年有七八十亩如何？=还更多。

菊入村的时候有多少？=一百七十亩。

那渐渐变少了吗？=是的。

为什么减少了呢？=不清楚。

菊离开赵家的时候变成了多少？=约一百亩。

【入村时赵家的雇人（长短工）】入村时赵家雇了长短工吗？=三个长工（不含菊），
一个半长工，没有短工。

离开赵家时如何？=一个长工，一个半长工，除此之外雇了四五十个短工。

铁匠营的人是菊带来的吗？=入村第二年（十八岁时），主人拜托我找长工，菊就雇
了故乡的人过来。

【长工的工资和连续工作的年数】上述三个长工的工资为？=铁匠营人是前付，一年
六十吊，村民张是七十吊，同孙是六十五吊。

上述工资的差等是为什么呢？=因为铁匠营人约定只干一年，通常最初一年支付六十
吊。其他的已经来了一两年了就加薪了。铁匠营人来干了一年就回去了。

不是每年同额雇入的吗？=不是，连续工作的话会慢慢加薪。

【来人】当时雇长工的时候有必要要介绍人吗？=是的，称为"来人"。现在也说
"来人"。

还有一半雇入的时候立合同书吗？=完全没有。口头上的。

【来人的工作】来人主要干什么？=工资约定的斡旋是主要的，雇主和长工达成一致
之后，来人从地主那里得到工资，将它给长工。

在长工工作中，来人对长工对雇主造成损害负有责任吗？=没有关系。

没有上述三人中有恶劣的或者懒惰的长工，因为这样主人把介绍人叫过来训斥的情况
吗？=没有，都很能干。

不管是现在还是过去，没有听说过上述例子吗？=没有。

从前在来人以外没有立保证人吗，特别是在雇佣他村人的时候？=没有。

主人或者是长工会给介绍人谢礼吗？ ＝长工不给，主人就不知道了。

【上工和下工】三人的上工和下工期决定了吗？ ＝大家都一样从正月五日开始到立冬为止。

上工、下工的时候请吃饭了吗？ ＝拿出了酒菜。

那时候主人和介绍人在席吗？ ＝在。

没有什么和一般不一样的仪式吗？ ＝没有。

【劳动时间】劳动时间是什么样的？ ＝早上开始日落为止。

【休息日】一年中没有休息日吗？ ＝五月三、五日的端午节，和暑伏约十日的休假。

【休憩时间】休憩如何？ ＝从立夏到立秋，中午给两个小时的午睡时间。

长工家里有婚葬、祭祀的时候让他休息吗？ ＝是的。

【工资外的给予】主人给长工什么东西？ ＝三顿饭，草帽钱四五百钱，除此之外没有。

工资以外丰年是不给钱吗？ ＝没有。

丰年时没有对长工特别给予礼品、衣服、酒食吗？ ＝没有，但是，五月三、五日，中秋节、立秋、暑伏等会请吃饭，但这个家人也每年做，所以也不是特别只针对长工做的。

为了让大家加劲干活，没有在农忙期请吃饭吗？ ＝没有。

【雇人的监督】付菊可以命令长工等吗？ ＝主人拜托我监督，所以可以。

以前会抽不听主人话的短工鞭子吗？ ＝没有。

赵家的主人完全不劳动吗？ ＝是的。

【雇人相互的关系】在三个长工中被给予最辛苦的事情的是谁？ ＝新加入的铁匠营人。

他也被要求做饭了吗？ ＝做饭是家人在做。

打水呢？ ＝打水是三人每隔三天交替做一次。

做土粪呢？ ＝这也是三人共同做，菊也做。

那么举例说他被要求做什么样的事情呢？ ＝播种时挖洞一样的事情。

可以将这三人看成大头的、二蹬的和随活儿的吗？ ＝是的。

那三人的关系是什么样？ ＝随活儿的（铁匠营人）服从二蹬的（孙）的命令，二蹬的服从大头的（张）的命令。

大头的服从谁的命令？ ＝服从付菊的命令。

上述阶级是按照年龄、工资还是工作年数啊？ ＝大体上工作年数多的话，工资也就多，那个人就变成了大头的了。

付菊或者大头的能越过二蹬的直接命令吗？ ＝并不是那么严格。大家都起作用。

菊没有什么时候都是你做的职务吗？ ＝驴和车是我来移动的。

其他长工不做这个吗？ ＝是的。

没有其他长工持续做某一项工作的吗？ ＝想不起来了。

各个长工没有特定的耕作担任区域吗？ ＝没有。

赵家的长工是每年更换吗？ ＝大体两三年换一次。

不做长工了他们去哪里做什么？ ＝不清楚。

【邻助关系】劳动力是？ ＝一名男性（菊和儿子只搬运）。

做过长、短工吗？＝现在没有做。

现在雇长、短工吗？＝只雇短工。春天不雇，夏天雇两个工，秋天雇十五个工（收获时）。

上述是村人吗，主要是谁？＝村人比较多，但不一定。

谁家的人会来帮助吗？＝从邻居那免费借犁杖，但是人不会来帮助。针对这个的返礼或帮助也没有。

除此之外就没有了吗？＝从赵廷奎和赵文有那里借驴、犁杖、垒子、碾子。还有，在我耕种租地的时候，两家会各自来帮助两天。与此相对，我会在春播时，免费去帮助赵廷奎三天，赵文有三四天。

上述三家没有共同购入使用的东西吗？＝没有。

上述三家除了农事以外也互相帮助吗？＝不是。

除上述以外没有其他来帮助的人家了吗？＝没有了。

或者你去帮助的人家呢？＝没有。

（注：据新民会调查，播种耕作时从石门村任家那里借役畜。）

（注：付家为了得到地租，收获后直接把收获物卖掉。）

张林辉（张丫头）（五甲九户）

【所有地】民国初年有地吗？＝没有。

那之后的所有地变动如何？＝没有。

现在呢？＝没有。

【租佃】从什么时候开始租佃？＝前年（现在不租佃了）。

现在的租地是？＝今年是公义堂的五亩四分地，去年是六亩公会地。

公义堂最近来过村子里吗？＝常年不来。

（注：本人年少，很多事情不明白，叔父（现在在北京做蜜供）代理做。）

杜钦贤（六甲二户）

【所有地】民国初年如何？＝不清楚。

那之后的所有地变动？＝不清楚。

现在呢？＝十七亩（已调查（本书48页），南法信下等地五亩。县城界内二亩五分的中等地，村内下等地二亩五分，二亩窑地，计十二亩）。

上述是谁耕种的？＝自己耕种，不雇人。

【租佃】租佃过吗？＝没有。

现在呢？＝没有。

【被佣劳动】去做过长、短工吗？＝没有去做过长工和半长工，但每年都做短工。

除短工以外做什么？＝之后短工和自耕。

去哪里比较多？＝主要去县城的农家，在本村做也很少。

展示一下本年各月做短工的工数、工作、日薪和去的地方。＝

一月	没有	
二月	五六个工（五角）	捯粪，县城农家
三月	五六个工（五角）	施肥，抹房农家
四月	五六个工（六角）	垡地，城外农家
五月	二三个工（八角）	（？）村、李注源
六月	五六个工（八角）	锄地
七月	没有	
八月	两三个工（一元）	收谷，村，李广全
九月	没有　　（一元）	
十月	没有　　（五、六角）	
十一月	没有　　（〃　）	
十二月	没有　　（〃　）。	

上述说"没有"的月份干什么呢？＝一月完全是农闲期，七月是自己耕种（？），九月也是自耕，种麦子，十、十一、十二月为了做肥料拾粪，还有三月家里有事，不太去了。

上述可以看作每年大体相同吗？＝可以。

上述表中表明的去处是每年去吗？＝不一定。

县城的农家没有每年去的农家吗？＝即使有，也不是约定每年都去的人家。

【短工市】在县城被雇的时候去哪里呢？＝去集市，石塔的地方通称"市"、"短工市"。

什么时候去呢？＝春天上午四点左右，秋天上午五点左右。

会集中多少人？＝几乎都是城外的农民，春天每日一百名，秋天约两三百名。

这样的话，雇主也来吗？＝是的。

集市的管理者也在吗？＝没有。

【集市和县公署】这个集市是谁开的？＝年代久远，不知道。

是县公署和什么机关开的吗？＝自然形成的。

薪水是在县公署一片分季节决定和限制的吗？＝不是。

【市场和雇主】那么是雇主和被雇佣的人直接商量吗？＝雇主找到体质好、看起来很能干的人直接商谈。

由于被雇佣的人的能力不同，工资也不一样吗？＝是的，但是大体上每个季节自然形成了标准额度。

这个集市上官吏、警官等会来吗？＝不会。

这附近有以劳工（属于农业外）的斡旋为专业的人和机关吗？＝没有。

村公所不做劳工的介绍吗？＝不做。

【市场的劳力的供求】去这个集市的劳动者能就业的比例是多少？＝全部可以。雇主大体上一半都雇短工。

短工和雇主、各自没有组织吗？＝没有。

没有被称为短工的头目的人吗？＝没有。

【村内的供求】本村人去集市是什么时候去呢？＝村内不需要短工的时候，去集市的人比较多。

村内短工如何被雇的？＝不是短工自己去拜托的，雇主去问想当短工的人。

本村不需要短工的时候，没有去其他村的吗？＝没有。

或者没有想雇其他村的人去寻找的吗？＝没有。

【被雇】那么，在上述市场上什么时候能够谈妥？＝春天的话，五点左右决定，雇主带到自己家里去。

【短工的劳动工具和市场】短工去市场的时候，什么东西都不带的去吗？＝三月左右什么都不带，四、五、六、七月带锄头，八、九月大体是镰刀，晚秋带小镐去。

【工资的支付】什么时候支付工资？＝每日后付，连续数日被雇也是每天劳动后支付。但是，也有很少的前付的情况。

村内的情况如何？＝同上，侄是村内不先决定工资。雇主会注意打听市场的工资和其同额后付。

【半工钱】工资根据长幼不同有区别吗？＝根据能力。大概十四五岁的短工称为半工钱，付一半。

少年的短工多吗？＝一直很少。但是本村有三人。

他们也去市场吗？＝是的。

【女子的短工】女短工如何？＝非常少。不去集市，托付熟人去附近劳动。

【劳动时间】短工的劳动时间为？＝五点的时候决定以后，马上到雇主家里吃饭，太阳出来的时候，去地里开始工作，日落的时候停止工作。

【中歇】那期间的休憩呢？＝早饭和午饭之间允许半小时的休憩时间，午饭和晚饭之间同样允许半小时的休憩时间。这称为中歇。但是夏天午饭后允许三个小时的午睡。这种情况也允许另外半小时的中歇。

中歇时会提供茶、烟草什么的吗？＝只有茶。

【伙食】吃饭的时候没有休憩吗？＝吃饭后马上工作。

吃些什么？＝三顿，春天早上只有粥，中午是小米干饭、豆面汤（或者是饽饽），晚上是水饭、凉爽后就是粥。但是收麦子的时候是酒和白面，农忙期拿白面出来的人家也有。

吃饭一般是和雇主一起吃吗？＝是的。和雇主的伙食一样。

【包工和短工】有不供应短工伙食的雇主吗？＝雇主不供应伙食的情况不叫短工，叫包工。

【包工的工资】包工的工资是多少？＝春秋都是短工的数倍。

工作内容为？＝依照上述。

有长工的时候，短工听谁的指示？＝不一定。

【工资和劳动时间】短工上工后下雨的话，工资如何？＝直到下午中歇为止下雨的话，只吃早饭，从刚开始的中歇开始到午饭为止下雨的话，给一半的工钱，然后回去。工作到吃午饭为止的话，会给一天的工资。

【包工】包工也去集市吗？ ＝不去。

包工多吗？ ＝一般很少。本村也很少。

【包工和短工的差异】包工除了不供饭以外，和短工有什么不同点？ ＝让其承包一定的面积。

那么是在一定日数内耕作一定面积的话，就可以得到一定金额的情况吗？ ＝是的。

工资什么时候支付？ ＝结束后。

【包工工资的支付方法】工资如何支付？ ＝有全部结束后支付的，当花费数日的时候，（1）全部结束后按亩支付；（2）每天结束后按亩支付。（1）的情况比较多。工资在春天锄地的时候是每亩三角；五月拔麦的时候是每月一元（因为是很辛苦的工作）；秋天锄地的时候也是四角，收获时完全没有包工。

主要给包工种的时候，通常面积是多大呢？ ＝小面积。

有用麦子代替钱来支付劳工工资的情况吗？ ＝完全没有。

（注：小牛（弟）去年成为了北京的锻冶工。）

【劳动力】劳动力如何？ ＝一名男性、一名女性（母亲）。

雇长、短工吗？ ＝否。

刘长春（六甲四户）

【收支】（新民会调查）
收入

农业收入	四十四元八角
蜜供（疃林）	四十元
医生（长春）	五十元
养鸡	十四元
计	五百五十二元

支出

肥料	五十元
粮税	三十七元
家计费	四百五十一元
计	五百三十八元
相抵余剩	十四元

【所有地】民国初年如何？ ＝光绪年间有，但民国就没有了。

现在有多少？ ＝十六亩。

这是什么时候买的？ ＝宣统年间。

上述是谁耕种？ ＝自己耕种，不雇人。

【租佃】租佃是什么时候开始的？ ＝十年前开始。

【和地主尹志祥的租佃】为什么开始？ ＝因为只有所有地的话不行（尹志祥的地）。

所在地、地别、亩数、作物？＝石门内十亩上等地。

尹志祥和刘的关系？＝县城的亲戚。

什么时候借的？＝民国十八年。

没有介绍人、保证人吗？＝没有。

立了合同书吗？＝没有。

租佃期限？＝期限没有定，每年商定地租。

【地租的纳期】地租？＝当初是三十五元，后来是四十元，纳期是十月左右。

亲戚间也严守纳期吗？＝来年的地租也达成一致的话，纳期很迟也没有关系。

尹会去帮忙或者送礼品什么的吗？＝不会。

明年租佃吗？＝因为土地今年收用为铁道新用地，所以尹无法租佃了。

【和地主张义臣的租佃】所在地、地别、面积、作物？＝南法信的十亩下等地。

上述是什么时候借的？＝十年前开始。

张义臣和刘的关系？＝张是刘在县城的朋友。

制作了合同书吗？＝没有。

没有介绍人、保证人吗？＝没有。

租佃期限为？＝每年征收地租。

地租为？＝刚开始全额二十六元，后来遇到水灾的年份变成二十元，那之后的第二年变成二十二元，一直到现在。

【地租的替代（从钱纳到物纳）】明年的地租是？＝今年八九月，张要求明年以每亩新斗七斗的标准物纳。七斗做不到，所以我拒绝了，所以从明年开始不租佃了。

【钱纳和物纳的利弊】最近地主要求物纳的多吗，多的话是为什么呢？＝经常听说，因为地租是以前一年的粮价为标准决定的，但粮价在第二年肯定会翻两倍甚至好几倍，后交、交谷子的话，对地主来说利益更多吧。但是，遇到去年那样的大水灾的话，无疑是要钱纳、先交的。

【承典地】没有其他耕种的土地吗？＝有从景德禄那里抵押的典地。

什么时候入典的？＝去年。

上述各地是谁耕种的？＝自己耕种，不雇人。

【劳动力的供求】劳动力如何？＝三名男性、两名女性。

做长、短工吗？＝一直都不做。

雇长、短工吗？＝不雇。

【邻助关系】有互相帮助的人家吗？＝没有。

来帮助你的人家呢？＝没有。

互相送礼品的人家呢？＝没有。

搭套呢？＝没有。

张文通（六甲七户）

【收支】（张瑞述）

收入

    农业收入　　　　　　一千二百元

    蜜供（文通）　　　　七十六元（杨泽述三百元）

    ″（文元）　　　　　四十元　（″　四十元）

    ″（瑞）　　　　　　四十元　（″　五十元）

    ″（琨）　　　　　　四十元　（″　五十元）

    养鸡　　　　　　　　五元

    计　　　　　　　　　一千四百零一元

支出

    种苗　　　　　　　　六十元

    肥料　　　　　　　　三百元

    农具　　　　　　　　四十五元

    工资　　　　　　　　四百元

    粮税　　　　　　　　二十元

    家计费　　　　　　　八百八十三元（饮食费）

相抵余剩　　　　　　　五百一十八元

张文通的所有地为？＝一百三十亩（村内一百亩，村外三十亩）。

【劳动力过于不足】张家的劳动力为？＝家人十七个，有农业劳动能力的两名男性，其他是老人、女人和孩子。

从什么时候开始雇长工的？＝八年前。

八年前谁是长工？＝赵文升（有妻，当时三十四岁）一个人。

【最近的雇佣长短工】那时候张家也劳动吗，雇短工吗？＝因为文通年老，干不动了，瑞是副村长也不怎么劳动，结果劳动就只有两名男性。三个人使劲干的话，只要短工就可以了。现在因为有三个长工，所以不需要短工了。

七年前的短工如何？＝六七年前开始到去年为止，有杜、刘、王三个人。

那么去年的长工是谁？＝杜三（原本村人，现在在大兴县，无妻，二十五六岁），王升（石门人，无妻，三十六七岁）。

今年的长工是谁？＝王起、吴实福、刘长支。

今年呢？＝现在是吴一个人在照料驴。其他二人在立冬时各自回家了。明年二人未定。

张家雇了三个长工之后也都劳动吗？＝是的，但是比原来劳动量减轻了。

【张家选择长工的条件】张家雇佣长工的条件是？＝（1）稳和；（2）勤勉；（3）有经验；（4）注重细节；（5）懂得农业方面的知识；（6）相对来说邻近、亲切。

据上表无妻的人比较多，这也是条件吗？＝不是，只要符合上述条件，有妻子也可以。但是不用希望和妻子一起住的人。

有为了结婚不做长工的人吗？＝没有。

【介绍人的有无】有采用考试吗？＝介绍人大体介绍了性格、能力，相信介绍人的话就雇佣了。

大家都有介绍人吗？＝有的有，有的没有。只要介绍人拜托有长工经验的人，对方就会推荐不错的人选。

什么情况下需要介绍人呢？＝本村人的话，不需要介绍人；外村人的话，大多需要介绍人。

【长工的经历】展示一下赵文疒、王升、刘祥、杜三、吴实福、刘长支、王起的经历？＝如下。

【赵文升的经历】他是最初的长工。之前，张家也有劳动力，所以只雇赵为短工。民国六七年，劳动者变少，以一年四十吊的约定，雇赵做了一年长工。

【王升的经历】他原来是石门村人，原来有在赵廷奎家里做三四年长工的经历。在赵家赶过车。他无论是以前还是现在都没有土地。

【介绍人李旺】到张家来是经石门人李旺的介绍，李旺是知名人物。从民国二十四年到民国二十七年的三年间，王升第一年的工资是十五六元，第二年二十八元，第三年三十五元。

【刘祥的经历】他是本村人，以前自己耕种，也没有做长、短工。家里有二十亩下等地，民国二十四五年，他来张家的时候就变成了十亩左右。分家后因为和哥哥分了土地，仅凭下等地无法生存，成为了长工，他在辞去张家工作，即民国二十六七年前，将上述十亩以一百元卖给了哥哥（其后哥哥就耕种这块地）。他来张家是民国二十四五年，没有介绍人。虽然是本村人，但没有妻子，就住过来了。干了三年就不干了，即为民国二十六七年。年工资是第一年十四五元，第二年二十元，第三年二十六七元。现在在一甲十户住，但是冬天去北京送蜜供。

【杜三的经历】原来就是村里旳老户，家境贫寒。民国十七八年来张家做长工，民国二十五六年不干了。因为是本村人，所以没有介绍人。上工当年的工资是年十二三元，第二年十七八元，后来慢慢加薪，到二十五六元，前年（民国二十七年）是三十元，去年辞职的时候是三十五元。在从张家辞职的两三年前，一家搬到了哥哥做长工的大兴县。那之后，就和哥哥一起在该大地主家里住着做长工。谎称年收一百元。他现在在在大兴县还没有到有土地的程度。冬天应该到北京送蜜供。

【吴实福的经历】他从十七岁开始就做长、短工。不经商，也没有土地。石门人，无妻。和松廊庄人杨邦才一起在其他人家做过长工，向张家推荐了吴。吴今年二十七八岁。杨前年九月把吴带来引荐。后来就在张、吴之间往返决定工资。吴去年正月十五上工，住到了张家。今年冬天，张家去北京蜜供行，他就帮着看家照顾牲畜。工资民国二十八年是三十六元，民国二十九年是四十五元。

（注：吴二十岁的时候到张家来干过两年。工资是三十六元，第二年为四十六元。因为很能干，且诚实。但是工资每年都涨，是根据物价调整。）

【刘长支的经历】他是南法信人，有妻。今年四十五岁，家产、职业不详。今年正月经杨邦才介绍，从正月二十五日开始上工。介绍人杨是原来一起工作过的人。工资民国二十九年为七十元。

【王起的经历】他是望泉寺人，今年五十岁。父亲在的时候还有一点土地，但是不能维持生计，他二十岁开始做短工，三十岁时父亲去世，为了丧葬费将上述土地全部卖掉了。这样今年转做长工，来到了张家口。在望泉寺也没有可以回去的家，因为妻子也在城内做保姆。孩子成为了商卖的小贩。他今年六月经李注源（在本村看青，和王关系好）的介绍立秋上工。工资从民国二十九年七月开始到立冬为止，五十五元。

【介绍人的斡旋】长工介绍人的斡旋情况如何？＝就拿上述吴来说，那时候的介绍人就是所说的杨邦才。他是松廊庄的人，也是本村赵廷奎的亲戚，和雇主张家也很熟悉。因为他原来是长工，寻找长工很适合，很早张就给杨工资让他物色长工了。前年九月，杨把之前一起做长工的朋友吴带过来，开始介绍。张先向介绍人咨询了本人的播种、耕作和收获能力，接着问了吴要求多少工资。吴当即说了自己会做的事情，通过杨传达了自己要求的工资金额。没有当即决定工资额度，后来杨在两者中间往复两次后才达成一致。上工期是雇主指定的正月十五，也在那时获得了了解。

为了确认上述决定，长工会再一次来张家吗？＝直到正月十五才会来。

【设置介绍人的理由】像上述外村人做长工的时候立介绍人的理由是：（1）村里没有想做长工的人，不可能一一到其他村里去找，基于拜托介绍人寻找很便利的事实，就立了；或者（2）因为不知道他村人的性质，是为了万一发生事故的时候让介绍人承担责任吗？＝实际上并不是（2）的考虑，不如说因为寻找他村人的长工并不容易，拜托给适当的介绍人，早点完成雇入的手续。

那么雇长工的时候，会立有介绍人按印的合同书吗？＝上述情况什么都不订立合同。

【保证人的有无】那么为了能取得上述（2）的责任，没有订立保证人的必要吗？＝首先，介绍人是雇主所信赖的人，像上述的麻烦事实际上是不会发生的，立保证人这样的事也没有听说过。

【雇主的损害和赔偿责任者】那么如果长工性情善良，但是因为生病，该来干活的时候没有来，一年都没有来工作，而且工资都花在了治病上，出现这种情况的话，雇主的损害该由雇主、介绍人、长工谁来负担？＝生病了一天都没有来工作的话，当然长工不得不把已经受领的工资还回来，但是如果像上述用完了的话，就没有办法了。

不是在说没有办法的问题，我是在问谁应该负担那个损害？＝长工。

那时候，大体上雇主向长工要求返还已付的工资的时候，是直接去要，还是通过介绍人去要呢？＝通过介绍人传达。

如果长工拒绝或者长工事实上没有返还的财力，雇主会怎么做？＝通过介绍人请求长工家里的人。

家里的人付不起或者拒绝的话怎么办？＝到县公所诉讼。

【介绍人责任的有无】不向介绍人请求吗？＝会让介绍人去催促长工，但是不会要求他赔偿。

【给介绍人的谢礼】介绍人为你奔走了很多，雇主不会给谢礼吗，或者节日的时候不招待吗？＝赠物、钱什么的都不给，也不招待。

长工呢？＝当然也不给。

【雇入时期】是在六月雇的王起吗？还是提出这个话的时候？＝六月时人手不足，很困扰，就拜托看青的李，那之后两三天就决定下来了。立秋开始，王起就来了。

雇长工的时期大体是固定的吗？＝惯例是前一年的九、十月谈妥，上工是在正月中旬（不是每家一样），下工是在立冬。但是必须是近期，像刘长支也是正月提出，两三日就谈妥，上工是在正月二十五日。

【工资支付方法】工资是什么时候支付？＝前付，决定的时候一半，到上工之间支付一半。

一般都是分两次支付吗，那意思是？＝不清楚。

没有提前支付两三年份额工资的情况吗？＝没有，一般都是一年的份额。

今年吴（四十五元）、刘（七十元）、王（五十五元）的工资差异是从哪里来的呢？＝并不是吴的能力不够，而是雇入期限不一样。

【上工和下工】上工和下工会青吃饭吗？＝上工时会拿出酒、大米饭、菜，下工的时候也大体相同。

【劳动时间】劳动时间呢？＝一年中都是从日出到日落，日落的时候吃饭，之后就随意了。

【忙闲】让早上早、晚上晚劳动是什么时候？＝一年中起得最早的是麦秋的三四天中三点起。家人也一起，那时候中午让休息的时间长。没有让彻夜工作的情况。

【休憩时间】休憩如何？＝平常吃饭前后至多有抽个烟的时间。但是立夏—立秋期间，是允许睡两三小时的午觉的。

【休息日】休息日是？＝只有五月三、五日两天。雇主祭祀的日子长工也要工作。农忙期即使连续做苦工但是不许休假。今年原本工资就很高，所以没有做，往年这个时期会给若干钱来慰劳。为了让其安心，事先给也行。

农忙期的时候，长工家里有大事的话，能让其回去吗？＝至多可以让他回去四五天。这个时候五角至一元之外还可以收到点心。地主不太出门（针对上述长工有返礼）。

长工家乡大祭日呢？＝不让回。

【伙食】给长工的伙食如何？＝三顿，平常都是玉米和麦子比较多。但是在前述的农忙期为麦秋早起的时候，饭里会有馒头和白菜。

【其他的给予】来住的长工带着什么来，雇主会借些什么？＝原则上，长工带蒲扇，冬天带皮袄过来，借给雨具和枕头。照料马的人会借给皮袄。

会给他们旧衣服吗？＝没有。

草帽、毛巾、鞋、扇子、烟草等如何？＝草帽会给一些钱让他买，毛巾是主人借给他，鞋、扇子和烟草等是自办（农民吸烟者很少）。

让其住在哪里？＝离厩近的厢房，或者让住在场内的房子里。

村民的长工怎么办？＝习惯是不提供住宿。

【工作的分配】上工日会带着云看土地吗？＝不去，之后适当的时候去。

有好几个长工的话，会给各自分配一定的土地吗？＝不会。

张家耕作的顺序是什么样的？＝麦田、黍，接着五、六月是玉米、高粱，接着种豆。

不以作物为标准，将其分配给不同的长工吗？ =没有，长工必须照看多种作物。还有大家都会干。

【长工相互间的关系】没有重视旧工，轻视新工的情况吗？ =并没有特别设置差等，但是会自然地根据能力和年龄的差异来判断，指定优秀的人。并没有像原来那样，但是一定要区别的话，大头的是王起，二蹚的是刘长支，随活儿的就是吴了。

上述是根据年龄、工作年数还是能力啊？ =能力。

没有将灌溉、施肥、搬运等分开吗？ =没有。

没有将辛苦的工作给新长工的情况吗？ =没有，大家一起做。

照顾马是给谁做的？ =夏天家人自己做，但是冬天大家都去送蜜供了，就交给了吴。

夜警交给谁做？ =村里的夜警主人不会让长工来代替做，这样的话，会影响白天的工作。

让去看青吗？ =村里有看青的不让去。

不去看菜房吗？ =没有，年轻的话，就不让长工去，雇主自己去。

雇主家婚葬时会让长工抬轿吗？ =这个是轿屋自己带来的，所以不让去。再就是长工是请来做农事的，和家事没有关系。

（注：长工的阶级制度（大头制）虽然不是很明确，但作为参考事项。

（1）杜三、王升、赵文升做过大头的工作。

（2）王升和杜三在一起做长工的时候，杜三是大头。

（3）大头不是每年交替的制度。

（4）大头的工资至少比其他人多五六元。）

【长工特权的有无】长工可以做其他自己的职业和副业吗？ =不允许，而且是住在这里，不可以。

长工在上工后，拾粪后把它卖给雇主以外的人可以吗？ =不可以。必须给雇主。

没有长工免费借雇主的役畜和农具，来种自家的所有地和租地的例子吗？ =没有。

（注：杨永瑞说在上述情况，如果土地相互邻接的话，长工先种自己的土地，再耕种地主的土地是可以的，但如果土地不在一起的话，就要先耕雇主的土地，再耕种长工自己的地，是可以的，或者说上述长工的所有地在十亩以下是可以的，还有除了役畜、农具，长工也有给过种子，但是不出肥料，等等。但是问到到底在什么地方的时候，没有具体展示。说不是在本村。）

雇主会给长工收获物的一部分，或者让其拿秸秆、柴等吗？ =不会。

长工上工后生病的时候，雇主会给他药吗？ =不会。

上述情况，已付的工资怎么处理？ =大体上会同情长工，不要求返还。

上述是劳动几个月以上的情况呢？ =不确定。就算是只劳动了很短的时间就生病了，病重的话，工资就放弃了。那是因为长工即使不是熟人，介绍长工的介绍人也是熟人，做不出来要求返还这样的事情。

【长工违反约定】那么故意不干回家呢？ =这时会追究长工，直到审理处置。但是这样的事情完全没有听说过。

借给长工钱吗？＝两三元都没有借过。

长工生病的时候，会让代理人去干活吗？＝如果长工有代理人的话，也会让他去，但是并不是必须去。雇主方面也从没有催促过找代理人。

【涨薪】每年连续雇佣的时候会加薪吗？＝加入物价的考量，大体上每年都增加。

【长工、半长工、短工工资的变动】展示一下你所知道的民国以后的长工、半长工、短工的工资情况？＝

	长工（年）	半长工（年）	短工（日）
民国元年	三十吊	十五—十七吊	二百钱
民国五年	三十吊	十五—十七吊	二百钱
民国十七八年	（吊制废止）		
民国十九年	二十元	二—三元	
民国二十六年	十五—三十元	十五—十六元	
民国二十七年	十五—三十元	十五—十六元	
民国二十八年	三十一五十元	十五—十六元	
民国二十九年	九十元	三十元	
民国三十年	一百三十元	四十一六十元	

【农工事变前后的变动】大体上以铁道开通年为中心考虑，农工是增加了还是减少了？＝"地少人多"，每年都在增加。

开通前或者说事变前相比增加了多少，大体的估计如何？＝不清楚。

陆续打工离村的人，和开通前或者说事变前相比如何？＝这个也渐次增加，最近去北京的人增多了。

农工相当于铁道的苦力吗？＝成为车站常佣的人极少。今年变更了线路用地，去做这个苦力的人很多。

农工也在陆续报名去满洲做苦力吗？＝本村几乎没有，但是其他村已经有人陆续过去了。

农工去北京的大多去做什么？＝去送蜜供的今年相比以往比较多。其他就是去做各种铺子的学徒。没有作为真正的劳动者去的。

县城的制粉所里被雇佣的农工人数为？＝在县城只有一两个大粉场，工人不固定。

【债务和长工】因为不能返还借款或者乞讨时被主人捡回来的人，一生像奴隶一样无偿劳动的人，从以前就没有吗？＝没有。因为在街边迷路的人连名字都不知道，雇短工都不会要这样的人。

因为无法偿还借款，长年劳动、抵消借款的情况如何？＝一直就没有听说过这种例子。但是短工的话是有的，但这也非常少。比如说，杨永元在杨泽那里有借款，无法偿还，所以就去杨泽家里做短工，不收工资，杨泽根据市场价格换算成工资，减少借款。

借了几百元不能还的时候，没有把妻子抵押成贷主的妾、奴婢的情况吗？＝一直没有。

借了很多钱的时候，有借主方面的家人无偿给贷主劳动的情况吗？＝这个也没太听说过，大概是有吧。

没有提前借四五年的工资成为长工的吗？＝即使有也非常少。

与无报酬劳动相应，在一定年限后，雇主既给一定的财产又给娶妻的情况呢？＝没有。

终老孤独的人为了拜托死后事宜而做无报酬的长工的有吗？＝可能有吧。

没有畜力农具的农民，成为有畜者的免费长工，和主人的土地一样耕种自己的所有地的人呢？＝没有。

田地借给佣农，即雇主不付给长工工资，取而代之，给他若干土地耕种，收获也是让长工自己收获的情况有吗？＝没有听说过，但是可能有吧。

【长工工资的支付方法（给实物）】不给长工支付工资，支付谷子或者物品的例子如何？＝这个有。换言之，提前给长工玉米。例如，杨源家里给杨永瑞介绍的长工不是支付工资，而是提前给了粮食（杨永瑞的应答）。

上述的粮付和钱付的比例为？＝工资制八九成，粮付制一两成（同上）。

例如，没有父子或者兄弟交替到雇主家做长工的吗？＝没有。

【女子的长工】没有女性长工吗？＝没有。

本村没有雇女佣人的人家吗？＝没有。

没有领回贫困家庭的孩子，免费只供饭的人家吗？＝本村没有，他村有。

【张文通所有地的分布情况】将张家的土地图示出来？＝（○内的数字是亩数）甲—石门内　乙—南法信内　丙—望泉寺内　其他—本村内。

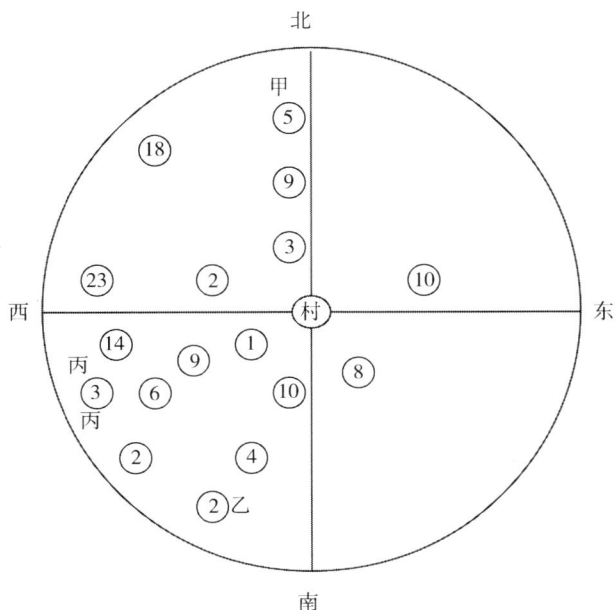

【蜜供】这个村子什么时候开始送蜜供？＝清代（年代不清楚）。

【大头儿】张文通去了多少年？＝五十年，北京正明斋的大头儿。

李广德（其他的大头儿）呢？＝五六年，是北京哈达门外花市某铺的大头儿。

【蜜供打工人数】张今年带了多少人去？＝本村人十四名，他村（刘家河、铁匠营、南法信、焦各庄、望泉寺、海洪淉、十里铺、衙门村、军营村）的三十九名，计五十三名。

李呢？＝本村四五名，他村两名。

工资呢？＝日薪制，最少五钱，到四角。

吴殿臣（六甲十户）

【收支】（新民会调查）

收入

农业收入	两百元
村各庄小学教员（殿臣）	六十元（五年前开始）
蜜供（殿杨）	四十元
粮店（吴仲武）	四十元
计	三百四十元

支出

种苗费	六元
农具费	一元
地租	一百四十元
工资	五元
粮税	六元
其他	三十四元六角
家计费	一百四十七元七十六
计	三百四十元三十六
相抵亏空	三十六角

（注：殿臣在民国四年以后就是小学教员。）

【所有地】民国初年？＝民国元年二十三亩五分。

那之后的所有地变动？＝没有，民国后没有分家。

现在？＝与上述相同。

上述是谁耕种的？＝自己耕种，忙的时候雇短工。

【租佃】从什么时候开始租佃的？＝从民国十五年开始，租佃石门村李增的土地，最近这三年间租佃县城李文敏（天一堂）的五亩地和本村人孙的五亩地。

【和地主李增的租佃】李和吴之间的关系？＝是亲戚，他是二三十亩地的地主。

所在地、地别、面积、作物是？＝沙地五亩。

合同书是？＝没有订立。

介绍人、保证人呢？＝没有。

租佃期限为？＝没有定。

地租呢？＝很早以前开始就是三元。

约定三元，不论租佃多少年都可以吗？＝不是，在收获后，地主想要自己耕种的话，可以随意取走。

【地租的纳期】地租的纳期是什么时候？＝和一般一样，因为是亲戚，不管多晚都没事儿。

上述现在都还在耕种吗？＝李家在耕种，所以没有租佃了。

【和地主李文敏的租佃】所在地、地别、面积和作物是？＝村西五亩沙地。

李和吴的关系是？＝没有，李把租地全部租佃出去了，自己不劳动，经营县城的药铺。

合同书呢？＝没有立。

租佃期限为？＝每年商量地租。

地租呢？＝第一年全部二十元，第二年（今年）二十八元，明年七十元。

从什么时候开始租佃的，明年呢？＝三年前开始。明年也租佃。

【和地主孙少甫的租佃】孙和吴的关系是？＝熟人。孙有七八十亩，家人很少，所以租佃出去很多。

所在地、地别、面积、作物？＝村西五亩下等地。

合同书呢？＝没有立。

介绍人、保证人呢？＝没有。

租佃期限为？＝每年商谈地租。

地租为？＝第一年全额二十元，第二年二十八元，第三年（今年）七十元。

明年租佃吗？＝是的。

【劳动力】没有做过长、短工吗？＝没有。

劳动力呢？＝一名男性或者是两名。

做过长短工吗？＝没有。

雇长短工吗？＝雇短工。

【邻助关系】除搭套以外有互相帮助农事、家事的人家吗？＝没有。

同样没有借役畜、农具、日用品的人家吗？＝没有。

没有只有你去帮助对方，借对方的物畜的人家吗？＝没有。

和这相反的情况没有吗？＝没有。

没有互相赠答礼品的人家吗？＝没有。

【搭套】搭套是和谁进行的？＝三年前开始和杨春旺。

那之前和谁搭套了多久？＝和张永仁搭套七八年。

那之前呢？＝和张成搭套十余年。

那之前呢？＝不清楚。

无论和上述的哪一个都互相借牲畜吗？＝是的。

搭套的话，之前和现在哪个更多？＝以前非常多，比现在多。

【和杨春旺的搭套】今年去帮助了杨春旺多少个工？＝春天六个工，夏天、冬天没有，秋天四个工，计十个工。

【驴的借贷】同样也借驴吗？＝借了一匹。那时候我也跟着去，用驴帮忙。

【农具的借贷】农具呢？＝犁杖、耧子、锄各一个。

农具以外呢？＝麻袋、筐、盐、洋火、碱。

种子、肥料、钱等呢？＝不借。

【援助的工数】那么，相反的，杨帮过你多少个工呢？＝春天六个工，夏天、冬天没有，秋天四个工，计十个工。

也借驴马？＝借一匹。

农具呢？＝大车、斗。

农具以外呢？＝像上面所说类型的物品，一个都不借。

互相借贷的物品是什么样的东西呢？＝借互相没有的东西比较多。

【农具购入】新调农具的时候互相商量吗？＝稍微大一点、贵一点的就商量了再买，为了不重复。

互相帮忙时有顺序吗？＝有需要的时候就互相帮助，没有顺序。并不是说谁借给对方的东西多，就去给他帮忙。播种的时候，吴殿臣家里先借。这是因为吴家里人手比较多，就自然先着手播种了。

没有共同买的东西吗？＝没有。

【邻助关系】可能和前面重复了，去同族的谁那里帮助了多少天？＝搭套以外没有。

去邻居家里帮助了多少天？＝殿臣自己不去，但是兄弟去帮忙一两日。

邻家应该也过来帮忙吧？＝不来。

没有同族来帮忙的人吗？＝以前有，但是今年不来了。

【收获物的贩卖】收获物是贮藏了，还是直接卖了？＝收获时只留下自己消费的，剩下的都卖了。

李荣兴（六甲五户、孙凰的长工）

【成为孙凰长工的经过】是哪里人，多少岁？＝马辛庄（离本村二十里），二十三岁。

在马辛庄有多少亩？＝有三亩但是被水冲了。

家人有多少，在哪里？＝在马辛庄有母亲一人。

直到入村都在干什么？＝卖白菜、落花生和糖。

有菜园地吗？＝没有。

没有做过长、短工吗？＝有在方宅做过一个月的长工（？）。

方宅在哪，是谁的房子？＝（没有回答，本人和笨蛋差不多。）

亲戚在哪里有多少户？＝马辛庄和他村都没有，本村只有孙凰家。

和孙凰有什么样的关系？＝后姐姐（死去姐姐的婆家）。

成为孙凰的长工是谁介绍的？＝被马辛庄人陈（所有地七亩）雇佣后，陈把我送到孙家里。

陈和孙是什么关系？＝没有。

陈以多少钱雇佣的？　=前付，每年七十元。

被陈雇佣是什么时候开始？什么时候结束的？　=（没有回答。）

（注：杨泽说，一般长工明年的工资是一百元到一百三十元之间，李有点不足，工作也做不好，所以只有七十元吧。）

上述是被孙雇佣的工资吗？　=是的。

那么钱是从孙那里得到的吗？　=一文都没错，孙把七十元送给母亲。

陈去孙家里吗？　=去。

陈和孙说些什么？　=不知道。

陈是经常介绍长工的人吗？　=不是。

合同书呢？　=没有。

什么时候住到孙家来的？　=旧历十一月四日。

主人住在什么房间？　=土房的正房里。

李呢？　=狗盛子的正房，住在东边的房间，因为离厕很近。

伙食如何呢？　=主人给我，和主人一起吃，和主人一样的东西。

吃什么呢？　=吃芋头，不吃肉。

给旧衣服什么的吗？　=不。

孙凰耕种的土地有多少？　=说是村内和望泉寺有，但还没有告诉我。还没有耕种。

【李荣兴（长工）的工作】现在在干什么？　=引磨，运作为肥料使用的土。

早上什么时候起床？　=四点（？）给马喂草，给马房覆土，因为这个是马尿，可以做肥土。

接着日出的时候干什么呢？　=把粪运到小庙那里，然后休息（时间不明）。

午饭后干什么？　=一天中就是混肥料运土。

晚上什么时候睡觉？　=十点左右（？）。

来孙凰家里的时候，特殊招待你吃过饭吗？　=没有。

上工的时候带着什么东西吗？　=带着小农具，不带土铲等。

时不时会从孙凰那里得到什么吗？　=没有。

（注：杨泽说，"一般上工、下工是正月开始立冬结束，但是因为本人有点笨，让其一年都在劳动。还有一般上工、下工时都拿出馒头、饭，但是这个人没有。顺便说一句，除此之外，一般会请两次吃饭，即是三月开锄时、八月开镰时请长工吃饭"。）

规定租佃关系的各项条件

应答者　杨源、杜祥、杨泽、张永仁、张瑞、杨润、赵廷奎、张守仁

户口

【户口】光绪年间本村人口如何？　=光绪二十年一百九十一名，民国元年二百八十名，民国十年三百名，民国二十年三百四十名，现在三百九十四名。

上述各代的分家数如何？＝三言两语说不清楚，但心里知道。

最近人口增减的概况为？＝民国二十六年出生六七名，死亡二名，民国二十七八年也一样，同样从这三年的生死率来看，每年增加三四名。今年出生十名，死亡一名。

【由于传染病的死亡】之前传染病没有严重流传吗？＝民国七八年，由于天花（天然痘）死了二十名小孩，同年由于瘟病死亡大人十六七名，那之后就没有发生这种事情了。

【户数、人口、职业】现在的户数为？＝六十九户，三百九十四名。

（其中识字者约八十名。）

人口男女差？＝男一百九十名，女两百零四名。

乞丐有多少户，他的所有地为？＝一户（无土地）。

长工呢？＝四户（有地三户、无地一户）。

短工呢？＝十四户（有地十四户）。

农业以外的苦力呢？＝木匠（大工）一户（有地）、没有地常佣苦力。

官公吏呢？＝没有。

工业呢？＝三户（有地）。

商业呢？＝两户（有地）。

不干活的呢？＝没有。

其他？＝都是农业。

【土地关系户数】除那户乞丐以外，其他六十六户有土地的人当中，有出租土地、自己玩耍而生的人吗？＝没有。

以前如何？＝光绪年间有大地主，但他们自己也务农，民国后就没有了。

只种自己的土地就可以生活的有几户？＝十六户。

除自己的土地以外，也租佃他人的土地的有多少户？＝约五十户。

只租佃土地的有多少户？＝两户。

沙井村调查表（十二月十五日村公所提出，为了完成华北交通爱护村的调查表，由山本接替访谈村民）。

户口   全村六十九户、农户六十八户。

面积   （参考面积一项）。

所有地别户数（小的为零   二十亩，中等的为二十一   五十亩，大的为五十一亩以上）。

无地 0	小 52	中 15	大 1	计 68

经营面积别户数

无地 0	小 52	中 15	大 2	计 68

自租佃别户数

地主 0	地主、自耕 0	自耕 16
租佃 50	租佃 2	计 68

种植面积和生产量   略（参考作物的项）

畜数　　　　　　　　略（参考役畜的项）

井

村内　　　　　　　3（大）⎫
村外　　　　　　　5（小）⎭其中灌溉用7、饮用1

井的直径5尺、深2丈、水深4尺、水质是甜水

车

自行车　1　　独轮车　1　　载重车　　10　　轿车　　　　0

劳动力	最大限	最小限
16—20 岁	22	16
21—25 岁	12	1
26—30 岁	14	10
31—35 岁	17	10
36—40 岁	10	6
41—45 岁	12	8
46—50 岁	6	2
计	93	67

学校职员是校长（村长）、两名教员、包括从邻村来的学生工三十七个男生、一名女生。

根据姓氏来看户数关系（括号内是族长）

杨	1族11户（杨永才）
李	1族5户（李树林）
李	1族9户（李濡源）
孙	1族3户（孙有让）
张	1族11户（张文通）
赵	1族3户（赵廷奎）
赵	1族1户（赵绍廷）
赵	1族1户（赵文有）
王	1族2户（王春林）
崇	1族1户（崇文起）
吴	1族1户（吴殿臣）
杜	1族7户（杜春）
周	1族1户（周树棠）
任	1族1户（任振纲）
刘	1族3户（刘福）
刘	1族2户（刘长春）
邢	1族1户（邢润齐）
蒋	1族1户（蒋成福）

付	1 族 1 户（付菊）
柏	1 族 1 户（柏成志）
关	1 族 1 户（女）
景	1 族 1 户（景德福）

地目

【村子开垦的传说】有没有什么关于本村开垦的传说？＝没有。

明代的时候，就有这个村子了吗？＝有了。

是因为有明代的地券或碑文，所以知道的吗？＝什么都没有。

这个村子里最古老的物品是什么？＝庙南的井。

什么时候谁做的，有没有什么记录？＝不知道。极其古老，传说中从刚有村子的时候就有。"先有井，后有庄。"没有记录。

有保持古老的构造留下来的房子吗？＝张永仁（会首）的家是最古老的，经历了三百年以上。

那么，张家是最先移居过来的吗？＝除张家以外，原来还有孙、赵、马、郭、乔、经、王家，传说中这八家是最先移居过来的，但是上述中现在还残留的就只有张、孙两族。其他的要么搬迁，要么死绝，现在不存在了。

上述八族是在明代移居本村吗？＝是的，年代不清楚。

是从什么地方来的呢，又是来干什么的呢？＝从山西省洪洞县。种地。

据说现在的他族也几乎是从洪洞县过来的，这附近一带都是这样吗？又是为什么净是洪洞县的人过来呢？＝附近一带全部都是洪洞县出身，为什么这么多我也不清楚。

上述的张、孙两家没有什么古老文书和证据吗？＝没有文书，但是坟地就是老户的证据。张家的坟墓有六七十座，孙家有四五十座。

八族进来的时候，土地归谁所有？＝当时是"地多人少"，所以不像现在这个样子。

上述八族以外的人是什么时候入村的呢？＝三百多年前，顺治年间从洪洞县搬过来的。

【招垦、圈占】当时为了开垦这个地方，皇帝招垦了吗？＝（有回答是的人，但是非常暧昧。）

满洲朝廷入关后，到各地骑马圈占，土地还是传承下来了吗？＝是的。

大家入村和圈占哪个在先？＝不知道。

村南有头营、二营、三营的村子，是有过兵营吗？＝没有。

【地目的沿革】（关于永租权，采取了根据地券调查表进行访谈的方法，作为参考事项，断续进行了访谈。）

雍和宫的土地是谁的土地，村内有多少亩？＝被称为香火地，村内有三四十亩。

崇祝寺的土地呢？＝香火地。但是本村没有（也写为嵩祝寺）。

皂班处的土地呢？＝村附近有一百亩以上。

钟杨是旗人吗，又有多少亩？＝不是旗人。好像是一百多年前的人。村内有百亩以下土地。

　　松宅呢？＝不是旗人。土地是一般的私产。

　　周庄头是？＝旗人。在村里曾有七十乃至八十亩土地。

　　上述各地的整顿是什么时候开始的？＝都是民国十五年左右。

　　如何整顿的？[1]

　　雍和宫香火地？＝该地租户有四五户。租户没有买雍和宫的业权，也没有拿到所有手续。向雍和宫交纳钱粮。

　　崇祝寺？＝本村没有租户。

　　皂班处？＝十户租户。租户付钱获得了手续。

　　周庄头？＝十户租户。整顿不明。

　　钟杨？＝十户租户。十多年都没有收租。就是说租户都是白种（免费耕作）。租户不交纳钱粮。但是望泉寺所在的钟杨的地，也有以每亩二吊卖给一直以来的租户的。

　　称为学田的本村没有吗？＝没有。

度量衡

　　【度量衡】面积没有以亩以外表示的方法吗？＝一直没有。

　　区分大、小亩是什么时候？＝不区分大、小亩，一亩固定为二百四十方弓。

　　但是以前不是这样的吧？＝从以前开始就是。

　　一亩一般用什么、怎么测？＝以前就有"长十六，宽十五，不多不少，正好一亩"的说法。测的时候用五十尺的杆木测。这个在土地买卖以外不用。租地的时候几乎不实测，而是用目测。杆在村里的木匠家里有，但是在普通民家没有，一杆有两步长，那个长度一步也可以，一弓也可以，相当于五尺。这样的话，一亩就等于二百四十方步（或方弓）。

　　上述杆的五尺是新尺还是旧尺？＝和秤、升一样，都是民国二十三四年的。

　　升和秤在农家没有被排除吗？＝以前就是这样。

　　秤的单位？＝单位的名称和现在一样，一斤是十六两。新一斤是旧十四两四钱。

　　升呢？＝名称是石、斗、斤，老斗一斗是新斗，二斗一斤。

　　尺的单位如何？＝新旧都是一尺，一尺为十寸，一寸为十分。

　　新尺一尺是旧尺多少？＝新一尺是旧尺九寸九分。

　　原来使用什么样的升？＝老斗，用芦苇编的笼一样的东西。

　　商会的升是什么时候开始使用的？＝同上。

　　普通农家使用上述哪个？＝前者。

　　以前杆、升、秤可以自己做吗？＝是的，没有禁令。但是实际上自己不做，而是到县城去买。

　　上述是什么时候变成新制的，又是谁命令的？＝民国二十三四年，国家采用了新制。

　　老斗和商会用的单位不一样吗？＝同量一斗。

――――――――――

〔1〕　译者注：原文如此。

禁令后马上就改了吗？＝慢慢改的。现在新斤普及了。

那么现在还有依照旧制的吗？＝本村没有，怹是远村有用老斗的地方。

上述是什么地方？＝在村西方面。

现在本村农家有什么样的升、秤？＝有老斗的人家已经很少了，即使有不在实际中使用。几乎都是新斗，秤也是一样。

面积

【村子的面积和所有关系】包含村基，村界内的总面积大体有多少亩？＝一千二百四十七亩。

具体是什么样的？＝

耕地　一千一百四十亩（其中一百三十亩是不良地或者未耕地）

林地　十二亩（没有果树园）

墓地　二十五亩（有二十亩义地，和二十五亩的关系？）

村基　七十亩

计　　一千二百四十七亩（注：也有说共一千三百亩的）

上述中他村村民或他村村公会的所有地有多少？＝五百亩（或五百四十四亩），具体为：县城人二百零二亩（或一百八十亩）、石门人一百二十六亩五分，梅沟营人十八亩（或二十亩）、望泉寺人二百亩、南法信人三十亩、北法信人八亩以下，没有其他的（计五百八十四亩）。

上述县城人的二百零二亩地谁耕种？＝所有者大约十户，其中四户自己耕种，剩下的租佃出去。

同样望泉寺人的二百亩呢？＝十五六户的所有，自己耕种的人中，王的所有地有四十七亩，他村人在本村拥有土地的最大面积。这也是自己耕种的。

同样石门人的一百二十六亩五分呢？＝约十五户所有，全部自己耕种。

同样南法信的土地呢？＝两户所有，都是自己耕种。

同样梅沟营的土地呢？＝一户所有，望泉寺人在租佃（注：十二月十七日，据赵廷奎说，梅沟营的人土地九亩和八亩，本年度租给赵四亩，石门人四亩，剩下的租给望泉寺人。这个是以一年为期限租出去。针对这个，我问了是不是远隔人也是一年为期限，回答是）。

同样北法信的土地呢？＝一户所有，自己耕作。

没有北京、天津的土地吗？＝没有（公义堂的土地等是问题）。

本村村民在他村界内拥有的土地呢？＝四百六十六亩（也有说一百五十亩的），具体为

北法信	九十四亩	顺义县	十八亩
南法信	二百二十九亩	石门村	七十亩
望泉寺	五十五亩		
计	四百六十六亩		

村内有的外村人的土地的地主及面积细目（括号内是亩数，和已述面积都不相符）。

县城人？＝董泰（5）、言绪（36）、王明（8）、赵全（5）、李寿延（22）、王永万（20）、龚良（8）、王书平（18）、刘志发（8）、张芬（6）、何长源（7）、张景山（7）、董先生（4）、吴先生（3）、王景山（8）、刘？（3）、许先生（9），计202亩（与合计177亩不符）。

石门人？＝李五（4）、李七（4）、李春（4）、李佐亭（8）、李凰（2.5）、李增（18）、杨德（2）、李瑞（5）、李镜（8）、杜芝茂（8）、石门公会（16）、金志奎（6）、任守春（4）、景德发（7）、李七（7）、实志山（5）、景德福（5）、李亮（5）、樊实贤（5），计125亩（与合计123亩5分不符）。

梅沟营人？＝刘殿祥（5、8）、杜景福（9）。

望泉寺人？＝王惠（45）、张文通（8）、王大（7）、刘树悦（7）、刘树平（7）、刘景春（21）、周德禄（10）、王海（4）、许二先生（5）、刘成章（8）、李深元（9）、刘贵清（6）、王金（20）、王银（6）、张九（2）、张七（2）、王折（2）、路廷生（2）、朱佩经（10、5）、王玉（4），计191亩（与合计185亩5分不符）。

南法信、北法信人？＝不明。

【荒地的开垦】荒地好像很多，民国初年有多少，什么时候开垦的？＝有几百亩。从民国六七年开始慢慢被开垦。

荒地开垦是什么时候实行的？＝光绪年间。

谁的什么样的土地？＝公会地、民地。

以什么样的手续开垦的？＝开垦之初没有向县里交报告或呈报。两三年后进行报告，下发了粮票。这个无论是公会地还是民地都是一样。

说民地的开垦到底是什么样的土地？＝如果有挨着民地的空地，就耕种成为自己的土地。

上述民国后就没有了吗？＝都是在光绪年间开垦的，民国后就没了。

像上述民地开垦的情况，甲、乙中间的空地丙可以开垦吗？＝甲和乙有优先权。

甲、乙之间呢？＝商量后决定，但是也记不太清了。

甲、乙是先着手开垦的得到土地吗？＝不允许随便开垦。

没有甲、乙共同开垦或者村民共同开垦的情况吗？＝没有。

哪块地是开垦报领地啊？＝不知道。

【气候、旱、水灾】这附近经常下雨吗？＝经常下得很大，很烦恼。

降雨没有一定年的周期吗？＝没有。

什么时候不降雨很烦恼呢？＝正月开始到四五月间不降雨的话，就会受旱灾。

什么时候下雨很烦恼呢？＝六月下大雨的话，作物就不行了，本村附近本来地势就很低，容易被水冲。

上述是被河里的水冲还是什么？＝主要是河里的水。白河是向东、小中河是自北向西流。小中河什么时候都有水。和白河没有关系，只有小中河泛滥。那是因为那时候北方降雨很严重。

大水的时候，水是以什么样的路径来村里的？ ＝白河的水从县城北面向西行，在东海洪附近与小中河合流，向南流去。本来本村地势就低，比哪个村都最先被水浸泡。

浸入程度？ ＝村里不会从高处流到房屋上。损坏的房子也不多。但是田会都被水淹没。严重的时候有十尺。

风什么时候强？ ＝春天。

没有因为风作物受害的吗？ ＝风没什么大不了的。

【雹、霜害】雹如何？ ＝近年不太降。降的话是在五、六、七月中。民国二十年前在白河附近的河南村附近降过，打击了作物，但是那时本村也没有。那之后就没有了。雹不是全面降，而是在一定的范围内降。

从民国二十年开始，以前本村受雹灾是什么时候？ ＝民国后就没有。光绪末年五月五日下了很大的冰雹。那时候麦子全部绝收了。

霜如何呢？ ＝每年霜在九月秋分后。秋分前降得早的话，除了麦子，其他都会受害。

近年由于霜的受灾如何？ ＝没有。民国十一二年的秋分前遇到很大的霜，那时候高粱全灭，小豆、绿豆的受灾也很严重。那之后就没什么了。

没有其他由于气候的受灾吗？ ＝没有。

【战争】没有因为战乱受灾的年份吗？ ＝民国十五年，因为奉直战时军队（奉军）而荒废。没有其他的。

本村没有被匪贼袭击的情况吗？ ＝很早的情况不知道，这四五十年没有。

没有因为水灾和虫害，村民们吃树皮的情况吗？ ＝光绪十九或光绪二十年，水灾很严重，村民们都吃草。

那之后就没有这种情况了吗？ ＝没有。

那时候没有移居的人吗？ ＝没有。

一般不会因为水灾而减少一两户人家吗？ ＝不会。

上述时候不会出现饿死的人吗？ ＝没有。

几年会有几次水、旱灾害，挣的钱够生产费用吗？ ＝十年会因三次水、旱灾，没有收入。

【蝗灾】什么时候遇到过蝗灾？ ＝十七年前遇到了。那是蝗虫蔽天。

什么作物被害了？ ＝全部。

有蝗会吗？ ＝十七年前奉县命成立了。

现在蝗灾多吗？ ＝比其他村多。

有其他和蝗类似的害虫吗？ ＝家雀、蝼蛄很多，仓鼠很少。

没有和上述相反可以谋福利的畜虫吗？ ＝没有。

土质

【土质】村里的土性和附近村比起来如何？ ＝这附近，就是在县内也是最差的。

为什么差呢？ ＝经常有白河和小中河的洪水，肥土消失，净是砂质。

与白河附近的土地比如何？ ＝虽然直接就会受水灾，但是河边是沃土。好的地方可以收到每亩五十斗。

土地很差从哪一点可以看出？ ＝强碱性土地、沙地。

强碱地很多吗？ ＝多，特别是村西很多。

占村里的耕作面积的多少？ ＝四成。

沙地在哪里很多？ ＝村西的河边，村西的荒地。还有村东的高地也有少量沙地很差。

上述占耕地面积的多少？ ＝一成。

那么好地在什么地方？ ＝大体南北是好地。

好地从哪一点可以看出？ ＝如果只看地表，稍下就有砂就是差地。只是看还不知道。耕了看才开始知道。

没有在他村种不好，在本村种得很好的东西吗？ ＝没有。

【土性和作物】在他村可以种本村不能种的东西是？ ＝粳米（陆稻）不行。因为没有水。

因为土地大体很差，没有尝试种什么新作物吗？ ＝没有。以前和现在都没有改变过作物。

【新肥料】近村有新肥料的广告，没有谁买来试试吗？ ＝那样的东西谁都不买。因为土地很差，也很花钱。

新民会不指导肥料的事情吗？ ＝没有来过村里。也没有去问过。

车站不会对有关爱护村的肥料和耕作作出指导吗？ ＝没有。

【井】村内有多少井，在哪里？ ＝村内四个，园地内三个，旱地里没有（又一日去问村长，说村内有三口大井，村外五口小井）。

村民饮用的是哪个？ ＝村内四口。

上述不用于灌溉吗？ ＝不。

能使用井的只有附近的人家吗？ ＝谁都可以使用。

上述是谁的井？ ＝村公有，改修是用的村费。

上述用于灌溉也可以吗？ ＝这个村里井水不用于灌溉。园地里有井。

但旱天的时候呢？ ＝那时候也不用于灌溉。

【灌溉】那园地里一定有吗？ ＝有必要。有。

普通园地井可以灌溉几亩？ ＝最多五亩。普通的话，二亩至四亩比较多。

旱地里没有井怎么灌溉的呢？ ＝因为会下雨不需要。六月每年都下雨。

西边的小中河的水不引水到旱地或园地吗？ ＝不。

不从临近村西的水洼引水吗？ ＝不。

租出去的地没有有井的吗？ ＝没有。

即使租地内没有，地主不把自己所有的井给佃户使用吗？ ＝没有。

没有数家共用井的吗？ ＝没有。

肥料

【便所】家里的便所在哪个位置？ ＝在正房和厢房的中间，大多都建在门的左侧（×印的位置）。

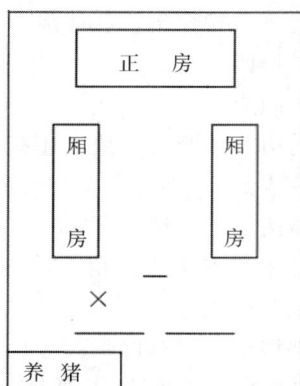

确认位置后怎么做呢？＝长三尺，宽二尺乃至二尺五，挖掘深三尺。洞上方放两根到四根的圆木，在上面用炼瓦覆盖，再用泥盖住。中央空出半尺平方。

【肥料】粪堆积了怎么办？＝把上面的木头搬开，把粪提到场（家附近的打谷场）上，夏天干燥，冬天以土三粪一的比列混合。

和粪混合的土什么时候运到地里？＝冬天就这样放着，春天再搅拌平均运到田里。

【施肥】放到地里的时候怎么做？＝面积狭小的时候一列，宽广的时候两列，像墓一样堆积，二十垄的时候一列，三十至四十垄的时候两列，五十垄的时候三列（是把垄和亩搞错了吗）。

怎样施肥？＝播种完毕后像播种一样撒肥。

【小便】小便用作肥料吗？＝不会把小便水直接储存起来施肥的，在便所堆积土，在上面小便，使用这个土施肥。或者在大便的时候，为了使小便向前流，装上瓦渗入前方的土里。小便土大体上是舀取大便的时候运过去。

只有小便土不用作肥料吗？＝不是只有这个不用作肥料，大体上和粪土混合了。

【猪圈】猪圈在一般的人家都有吗？＝在有猪的人家有。

猪圈的做法？＝十尺平方，高五六尺，只做了猪休息的地方。

【畜粪】猪粪也运到场上混合吗？＝不，挖得很深是因为要放土进去，随着粪的增加放土进去。猪睡的地方土很多了，就运到场上。在场上经常混合干燥。

猪粪土和人粪土混合吗？＝是的。

牛、马、骡、驴子、鸡的粪便如何处置？＝不会丢弃。都运到场上混合。

洗碗水之类的怎么处置？＝倒到场或者猪圈的土里，适当弄烂作肥料。

上述粪土不买卖吗？＝一般都是自家使用。

村东入口处是公共厕所吗？＝村里没有这样的场所。那是李濡源做的，为了得到通行人的粪便建的。

村公所东边的空地上是谁的粪土？＝李濡源一家的。虽然土地是公会地的，但是李家长年使用。

【粪土用的土】上述土地上堆积的土是从哪里运来的？＝小中河公会地的土，挖掘后采用下面的土。

上述公会地谁都可以采土吗，不需要得到村里的许可吗？ ＝不需要许可。不管谁取多少都可以（但是他村人不可以）。当然是免费。

可以采土的土地都在哪里？ ＝河以及坑地。

用作粪土以外的土也可以在那里采用吗？ ＝是的。

谁家都可以从这块地上采土吗？ ＝不一定。

【粪场】那么上述粪场是李从村公所借的吗？ ＝从以前就一直使用。并不是立了合同书而使用的。当然是免费。

那么不论谁使用都可以吗？ ＝先使用的人可以使用。李家不需要承诺，因为谁都知道李家每年都使用。

【粪的采集】本村佃户没有从地主家里得到粪的吗？ ＝完全没有。

县城内的人家粪怎么办？ ＝没有从本村要粪土的。因为县城内的农家也很多，从他们那里得到。每年从固定人家获取。

这个村里有多少人拾粪？ ＝不管哪户人家，大体上都拾。上街时，去集市时，走路时，什么时候都注意马粪。

【马粪的买卖】没有拾粪者集粪卖的吗？ ＝本村没有。他村有。

以什么样的标准，多少钱卖？ ＝不是以重量卖，装在车上卖。一千斤四五元。但是水分多的粪便宜。

【干粪】干粪从什么时候开始使用？ ＝从以前开始。

这是去北京买回来的吗？ ＝年底用驴马三头去买一车（一车装一千八百斤）。"杨泽每年用六七十元买两千五百斤。今年预计买八十元的。往年都是一元买三十斤，但是今年最好也就一角一斤半。"

去北京的时候，装着谷类或其他的去吗？ ＝从去年开始，开始禁止向县外运粮食。那之前运过。但是目的主要是买肥料，为了得到这个钱而卖谷。从今年开始空车去买。

【施肥和收获】这附近不施肥完全不收获吗？ ＝本来土质就差，要是不施肥，收成会大大减少。例如，种黄玉米的中等地大体上能收一石（一直同量）、三年持续不施肥的话，就完全绝收了。

上述土地一年不施肥会变成什么样？ ＝因为在种地，一定会施肥。因为没有完全不施肥的情况，无法回答。谷子要是不施肥也完全不行。

没有即使不使用肥料，作物也长得很好的吗？ ＝没有，"人吃肉，地吃臭"，即为土地一定需要肥料。

【肥料的自给】本村肥料用什么？ ＝畜粪和人粪。

上述一般自家的就够了吗？ ＝不明。

那么买粪的有多少户？ ＝全村的二成。

那么有四五个家人，这户人家一年的粪可以施多少亩的肥？ ＝八亩。

如果那家有八头猪呢？ ＝可以增加三十亩。

纯自耕农有十亩自耕地的时候买粪吗？ ＝不买。

同样十五亩的情况呢？ ＝买一点。

同样二十亩时呢？ ＝每亩买个两三元的。

纯佃户的时候，十亩？ ＝不买。

同样二十亩时？ ＝买一点。

同样三十亩的时候？ ＝每亩两元。

【肥料所要量和价格】旱地一年每亩要多少肥料，买的时候多少钱？ ＝干粪四五元，150 斤（人粪里混入一点土）、湿粪三四元 1000 斤（同上，加入土的斤两）。

畜粪三四元 1000 斤（人粪和土等混合的斤两）。

使用上述的时候会再互相混合吗？ ＝是的。人畜粪混合均匀。

【园地的肥料】园地的情况如何？ ＝园地需要很多肥料。一亩园、十亩田，即为花费旱地的十倍。

【肥料的购入地】买干粪、湿粪、畜粪的时候到哪里去买？ ＝人粪是自家的，不足的时候去县城、北京去买。从县城买湿粪，从北京买干粪。没有买畜粪的。但是除了自家的畜粪，还到街头去捡。

完全不使用化学肥料吗？ ＝不使用。

从顺义买湿粪的有多少户？ ＝只有和县城的邢润齐伙种的李清源，他不从北京买。

什么样的人从北京买，有钱人和地主吗？ ＝不限于大地主，有园地的人大多都买。

从北京买的有多少户？ ＝十户。

买的人直接去北京吗？ ＝直接去买的人也有，但很少。因为赵廷奎的弟弟的亲戚在北京，经营粪场就拜托他。

上述在北京的什么地方？ ＝北京东便门外，砖厂附近李永顺的李五。

【购入方法】下订单和送达的过程？ ＝赵的弟弟（在村）被村民或者他村人拜托后就牵着车去买回来。粪在赵家被卸下分给村人，是零卖。

上述是每年什么时候？ ＝大体一年两次，三月和八月。

零卖以外呢？ ＝对很多买的人，都是用驴马两头牵引的排子车送去的。

杨泽好像每年都自己去买，还有其他人吗？ ＝有，但是近年从赵家亲戚那买的比较多。

杜祥从别家买。

【肥料购入者和量】本村每年从北京买粪的都有谁？ ＝张瑞（自耕，6 车）、杨源（自耕 2000 斤）、杨泽（自耕 2000 斤）、张守仁（自耕和租佃租地五亩一车）、付菊（纯租佃 300 斤）、张成（自耕和租佃 200 斤）、李清源（自耕和租佃 200 斤）。

【干粪价格】干粪的价格？ ＝一车 1000 斤。肥料钱二十元，搬运费（赵的弟弟的收入）十元。（杜祥叙述，北京下水沟内的土砂是最好的肥料。）

农具

【农具】农具主要从什么地方买？ ＝几乎从县城买。

村里的铁匠（锻冶屋）不制作农具吗？ ＝农具什么都可以制作。

上述铁匠是下订单后再制作吗？ ＝不是，在自家做了，到县城去卖，那时候买。也有直接买的。

上述生产有几成是本村人买的？ ＝约一成，九成供给他村。

上述铁匠也修理吗？ ＝是的。

村里的木匠（大工）也做农具吗？ ＝做木制的东西。

他制作了到县城去卖吗？ ＝不。

是村里有人订了就做吗？ ＝不是，村人在他家买做好的农具。一般是雇佣，一天多少钱让他做。和短工一样，伙食是雇主出。材料也是雇主出。

没有不买而在自家做的呢？ ＝没有。

只买材料在自家做的呢？ ＝这也很少，因为便宜所以买。买材料做的话，就像上述的雇木匠。

【犁杖】作用？ ＝掘土。

使用期？ ＝白露以后到立冬，一年一回，其他时期不用。

形状？ ＝（参考下图。）

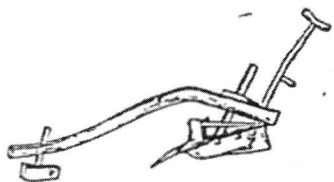

价格？ ＝现在二十元、去年六七元。

【垄子】作用？ ＝播种期挖沟。

使用期？ ＝秋天不用，春天播种期使用。

形状？ ＝略。

价格？ ＝现在五元，去年不明。

【锄头】作用？ ＝发芽后，疏苗前松土。比垄子大，挖沟的时候用。

使用期？ ＝立夏后一次。

形状？ ＝和垄子同形，大一些。

价格？ ＝现在八元，去年四元。

【镰刀】镰刀？ ＝为了切断高粱的茎。

使用期？ ＝白露后。

形状？ ＝（参考下左图。）

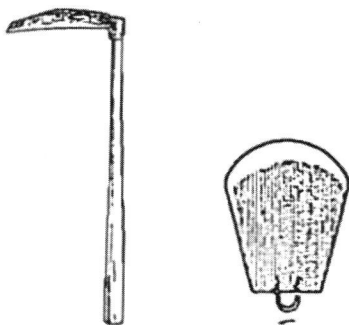

价格？ ＝现在三角，去年一角。

【爪镰】作用？ ＝切断高粱、谷子的穗。

使用期？ ＝白露后，和前者同时。

形状？ ＝（参考上右图。）

价格？ ＝现在两角，去年一角。

【钼锄】作用？ ＝除草或者用土把根部掩住。

使用期？ ＝疏苗后。

形状？ ＝（参考下图。）

价格？ ＝现在五元，去年两元。

【正垒子】作用？ ＝播种麦子的时候使用（？）。

使用期？ ＝七八月。

形状？ ＝比垒子大。

价格？ ＝现在六元，去年三元。

【大锅】作用？ ＝挖掘花生、芋头时使用。

使用期？ ＝只有寒露时。

形状？ ＝（参考下图。）

价格？ ＝现在三元，去年一元五角。

【小锅】作用？ ＝挖掘高粱、玉米的根。

使用期？ ＝白露后。

形状？ ＝只有前者柄的一半的东西。

价格？ ＝现在一元，去年五角。

【铁锹】作用？ ＝不在种作物的时候使用，一般在掘土的时候用。

使用期？ ＝一年中随时。

形状？ ＝（参考下图。）

【木锹】作用？ ＝收获后分选出五谷中的杂草。掘土的时候也使用，也在混合粪土的时候使用。

使用期？ ＝主要是在收获时。

形状？ ＝（参考下图。）

【粗筛子】作用？ ＝收获时将五谷的米粒分到下面，草残留下来。

使用期？ ＝麦子、玉米收获时。

形状？ ＝（参考下左图。）

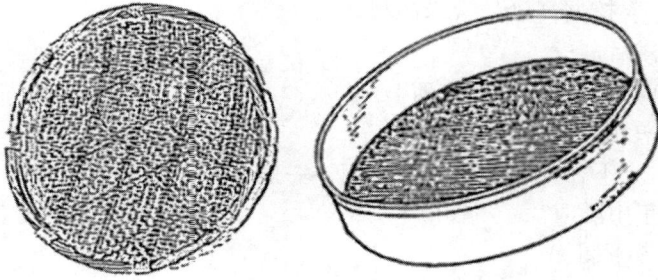

【细筛子】作用？＝放入粗筛子分离出来的米粒，土落下只剩下米粒。

使用期？＝同上。

形状？＝相同，但是网更细（参考上右图）。

【耙子】作用？＝将麦、黍的秸秆收集起来干燥。

使用期？＝上述收获后。

形状？＝（参考下图。）

【盖子】作用？＝平整翻起来的土（用马牵引，人站在木盖上面）。

形状？＝（参考下图。）

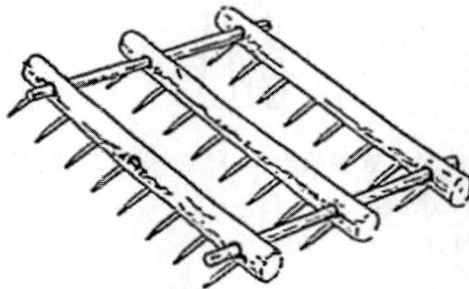

【叉子】作用？＝将麦、高粱、稻子、谷子（玉米不使用）等的穗收集铺平，用臼牵引，米粒就落在了下面。和米粒在一起的秸秆用股少的叉子除去，甚至把粒放在臼里。再把掉下来的米粒用股多的叉子和秸秆分开。

　　使用期？＝上述收获时。

　　形状？＝（参考下图。）

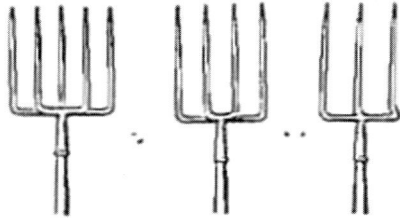

五股叉子　　　四股叉子　　　三股叉子

【木耙】作用？＝同上。

　　形状？＝（参考下图。）

【推耙】作用？＝干燥麦粒时使用。

　　形状？＝（参考下图。）

　　使用期？＝麦子收获后。

【柴扫子、竹扫子】作用？＝谷干燥后的开始是用推耙。

　　聚拢，剩下的米粒用扫子扫拢。

　　形状？＝（参考下图。）

【铡刀】作用？＝将麦穗束切断。

使用期？＝收割麦子。

形状？＝（参考下左图。）

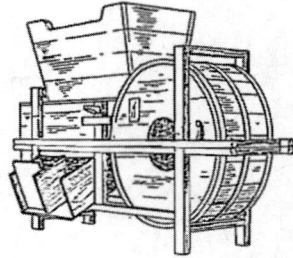

【扇车】作用？＝将谷子的米粒和糠分开。

形状？＝（参考上右图。）

【关于车】大车是牛马牵的（一百三十一——一百五十元）、小车是人推车。

驮车是像橇一样的形状，将犁杖等重型农具运到农田时使用。

系着二连杆，用马牵引。

二连杆、三连杆就是使用犁杖时，连接马和犁杖的装置。

长套为牵引重车的时候连接俩匹马的绳子。

短套是二连杆前面的纽带。

牛鞅是架在牛脖子上的股木，套骨是连接这个木头和车的纽带。

粪叉子　　　　}　都是拾粪用的器具。
粪勺子

【碾子】有碾子的是哪些人家？＝杨村长、赵廷奎、王悦都在各自的院子里有。但是杨绍增的小碾子在杨泽的院子里。

杨绍增的碾子为什么在杨泽家里？＝因为原来有杨明旺和杨绍增共有的碾子的房基和房子一起抵押给了杨泽。

没有其他的吗？＝二三十亩的地主买不起碾子，至少有二百亩才能买得起。

碾子多少钱？＝今年一百元以上，五六年前五十元。

磨如何？＝七八元，不是都买不起，但是有的人还是很少。

【农具所有者】扇车呢？＝只有杨村长一家有。

犁杖、垄子、锄头、辊子等怎样？＝这个大体上各家都有。

役畜

【役畜的增减】役畜以前和现在相比如何？＝没有太大差别，但是现在比较少。

慢慢增加或开始减少是在什么时候？＝没有。

最多的时候是民国几年？＝没有什么特别多的年份。

那么特别少的年份呢？＝也没有激减的年份，但是去年、前年、大前年三年和一般年份相比，驴马少了一成。

上述是因为死亡了，还是因为卖了？＝死亡的很少。卖的比较多。原来从北方某个地方来卖，但是近年不太来了。

村里没有种牛、马、驴马吗？＝没有。也没有来村里卖的，大家都到县城去买。

没有免费征发的吗？＝没有。

事变前后分别考虑如何？＝当然事变后慢慢变少了。

【村里的畜类】关于本村的畜种、数量等？＝一头牛、两匹马、两头骡子、二十五匹驴马、五十头猪（洋猪、本地猪两种）、鸡（叫游鸡。今年石门的鸡很多因病死亡，但是本村没有感染）二百五十只、有狗（巴狗和狗两种）、猫等。羊（山羊、火羊、绵羊）、鸭、鹅、兔（家兔、野兔）等在近村也有，本村没有。没有骆驼。有一户喂蜜蜂的人家。

【役畜的价格】现在主要畜类的价格如何？＝牛两三百元，马三百元，骡四百五十元，驴马一百七十元。还有每一百元，买卖双方各缴税四元七十五。

【耕地和役畜、家人的比例】一个人种十亩没有其他职业的时候，养牲畜吗？＝不养。因为村民不要的时候可以免费借给我，所以借就好了。

上述情况养驴马的话，纯自耕农需要多少亩？＝十五亩以上。

夫妻或者有一个孩子（小）的情况呢？＝二十亩以上。

同上，有一个孩子（大）？＝二十五亩以上，二十亩的话必须去做短工。

同上，有两个孩子（都是大人）的情况呢？＝三十五亩。

同上，有两个孩子（一大一小）？＝三十亩。

两对夫妻一家的情况呢？＝三十五亩。

两夫妻、一个孩子（大）的情况呢？＝四十亩。

本村的家庭几个人的家庭比较多？＝五人。

五个人的家庭，耕种四十亩的情况下一匹驴马够吗？＝是的。

有牛和马的人家是谁？＝张瑞有一匹马，一头骡子，自耕地一百亩以上，李秀芳有一头牛、两匹驴马，自耕地四十亩。

纯佃户中有有牲畜的人吗？＝张守俊，驴马一匹，没有所有地。但是，主要是在制作线香时使用。

纯租佃以外没有其他职业的时候要租佃多少亩才能养一匹驴马？＝一个人十五亩，一对夫妇三十亩，一对夫妇和一个小孩（小）三十五亩，一对夫妇和一个孩子（大）要四十亩，两对夫妇五十亩，两对夫妇和一个孩子（大）要五十五亩。

【役畜和耕作亩数】现在跟养不养得起没有关系，如果有一头畜的话，可以耕多少亩？＝牛的话五十亩（但是，没有只使用牛的人家），马的话五十亩，骡子五十亩，驴马二十亩。

【饲料】马的饲料是什么？＝干草、豆秸秆（？）、谷子秸秆等。

驴马、骡子呢？＝同上。

猪呢？＝什么都给吃。糠也是。

上述饲料是买的吗？＝从县城买的。

【采草地】村里有没有谁都可以采草的地方？＝河两岸的草地谁都可以。墓地也是。

上述是谁的土地？＝既有公会地也有民有地。

一般的荒地和道路旁的草地地主也可以擅自采草吗？＝可以。

【高粱叶的采取】上述以外没有谁都可以采草的地方吗？＝六月可以随意采集高粱叶。

采了那个叶子干什么？＝作为饲料。

上述在六月整个月吗？＝仅限于六月夏伏后的三天内。

这个村子里很多人去采集吗？＝是的。

村界内他村人的土地上东西也可以随便采集吗？＝可以（注：后来去了焦各庄，该村村公所的告示上写着禁止这样）。

【饲料的购入】刚才说了买饲料，那么在有牲畜的人家，买的和不买的哪个比较多？＝平常年份几乎不买。主要是把所有地和租地里收获的秸秆储存以来作为一年的饲料。

去年遭受了水灾，是怎么做的？＝地主佃户都是从县城和其他地方买的。

今年如何？＝今年是丰年，粟很充足，没有买的人家。

上述夏伏时佃户去采集高粱叶的人多吗，地主又如何？＝那时候，佃户其实很忙，实际上不去。佃户在这个时候不做年中的饲料采集。因为大家都很忙，采集自己地里的叶子就已经竭尽全力了。

那么是说虽然可以采集别人地里的叶子，但是实际上并没有吗？＝有空的人就采集了自家用。采集的人也不少。

【畜类的变迁】猪、鸡什么的是在光绪年间就有吗？＝有。

原来和现在的数量如何？＝大体没变。

开始变多的年份是什么时候，很少的年份是？＝没有。

为什么要喂猪和鸡？＝喂猪是为了获得肥料，还有小猪可以卖。猪和鸡的粪都可以变成很好的肥料。

没有买新种的猪和鸡的吗？＝赵廷奎在五六年前，赵绍廷在去年买了洋猪（三头）。

李濡源和张瑞也是的。

是因为洋猪比"本地猪"赚得多所以买的吗？ ＝不是这个意思。因为猪市上没有本地猪。

洋猪实际上赚得多吗？ ＝评价不是很好。利益不变。饲料也要上等的东西，排粪也很少。

不吃猪和鸡的肉吗？ ＝自家的几乎都卖到县城了。必要的时候从县城买肉。

作物

【种别】本村种植的农作物的全部种类

（1）旱地作物

麦子？ ＝春麦、秋麦、大麦。

高粱？ ＝红高粱、白高粱、黏高粱、口高粱。

玉米？ ＝红玉米、白玉米、快玉米。

豆？ ＝黄豆、黑豆、白黑豆、小豆（红小豆、白小豆、花小豆）、绿豆、豇豆（红豆、白豆、花豆）、豌豆、蚕豆。

谷子？ ＝黄谷、白谷、青谷、黏谷。

黍子？ ＝黄黍子、白黍子。

糜子？ ＝黄糜子、白糜子。

花生？ ＝大花生、小花生。

薯？ ＝白薯、红薯。

棉花？ ＝大洋花、小洋花。

瓜？ ＝西瓜、甜瓜、稍瓜。

叶烟？ ＝大叶烟、小叶烟。

苏子？ ＝大麻子、青麻、芝麻、芥菜、稻子。

萝卜？ ＝水萝卜、大萝卜、白萝卜。

（2）园地作物

瓜？ ＝癞瓜、黄瓜、冬瓜、倭瓜、激瓜、丝瓜、西葫芦、南瓜、葫瓜、葫芦。

茄子？ ＝白茄子、紫茄子、长茄子、圆茄子。

辣椒？ ＝洋青椒、菜椒、柿子椒。

菜？ ＝大白菜、菠菜、韭菜、芹菜、蒿菜、白蒿菜、麦尖菜、香菜、蒿苣菜、茴香菜。

豆角？ ＝云扁豆、长条豆、扁豆。

萝卜？ ＝春水萝卜、白萝卜、红萝卜。

葱？ ＝长葱、葱头。

蒜？ ＝紫皮蒜、白皮蒜。

山药、甘露菜、马兰、土豆。

（3）水地作物　芦苇、藕、茨茹

上述是本村的植物吗，本村附近的植物也包含在内吗？ ＝本村一带的东西。

上述中本村村民完全不种植的是什么？＝稻子、棉花。

那么上述中村里的主要作物是？＝高粱、玉米、麦子、谷子。

上述主要作物在全村总种植面积中的比例是？＝冬天约六成种麦子，到了第二年，高粱四成、玉米三成、谷子二成、其他一成，种麦子的同一土地可以在不同时期使用。

【关于高粱种子】买种子吗，还是用收获的种子？＝用自己地里收获的种子，玉米、麦子、谷子都一样。

旱地作物的种子有从其他地方购入的吗？＝没有，几乎都是用收获物。

【从播种到收获】从收获到播种的这段时间干什么？＝旧历十一月耕种，后来就不管了，清明节播种。在九月寒露时种麦子的地里，二三月种高粱。麦子是在五月收获，高粱是在八月收获。

不在高粱地种其他的作物吗？＝不是一定要种，但是可以种豆。不管什么种类的豆都可以。仅有十分之一的土地只种高粱。

施肥是在播种前还是播种后？＝播种时一起。

播种后不施肥吗？＝高粱不施肥。

从播种到收获干些什么呢？＝播种后约半个月发芽，那时进行初次选苗（疏苗），接下来把高粱畦间的土翻掘起来，扪畦堆高。重复这个步骤两三回，等待收获。立夏后干这些。第二回要在过十五天后进行。

高粱地在什么时候忙？＝疏苗是最忙的。

疏苗之后马上给高粱畦堆土，与立夏以后的堆土是一样的吗？＝疏苗前除草。堆土都是一样的，是为了使高粱不受风言。

【耕作所需时间】大体上，什么时候在高粱地使用短工？＝播种、疏苗、堆土、收获。

上述使用最多的是？＝收获。

本村一家一般有多少个劳动刀？＝一二人。

收获时到多少亩为止是不请短工自己解决的？＝一人的时候二十亩为止，二人的时候五十亩为止，三人的时候八十亩为止，四人的话一百亩为止，五人的话一百五十亩为止，没有短工也可以，但是超过上述数量，就要雇人。

有不收获高粱就直接在地里卖的情况吗？＝没有。

【收获】收获的时候怎么干？＝八月，白露以后，开始用镰刀收割，接下来用瓜镰割穗。然后把穗捆起来运到家，接下来在家里的场上晾晒两三天，此后将此放到臼里舂一回，再晒干一些就可以了。

【出售】干燥后得到的粮食是储藏起来还是卖了呢？＝有储藏的，也有卖的。必要的时候可以马上卖掉。

村民什么时候卖高粱？＝大伙收获时。

卖给哪里的谁？＝卖给顺义县上关娘娘庙粮食市场的商人。

不卖给那以外的吗？＝不卖。

收获前，顺义的粮商会来看过之后，再约定卖粮食吗？＝不会。

上述市场是什么时候开始有的，又是什么日期开市呢？＝以前就有，偶数日期开市。

去市场只带样本吗？＝不是，只要卖的都带去。

高粱的种植面积占全部种植面积的多少比例？＝四成。

种在哪里？＝低地，下等地也可以。

和高粱一起种的豆子的播种和收获期是？＝和高粱一起混合播种，也有在高粱中间到处种豆的。秋分收获。

【玉米】有没有只种玉米的地？＝有，但是各一半。

在播种玉米前，果然还是要像高粱地一样整理吗？＝直到立夏（阳历五月）都放任不管，什么都不种。播种前不耕种。

玉米什么时候播种？＝四月，立夏。

收获呢？＝八月，白露前。

施肥呢？＝放粪，在上面放上种子，盖上土。这之后半个月发芽。再过半个月疏苗，那时候丢粪，在粪上面盖上土。

玉米地最忙的时候？＝播种、疏苗时。

上述忙的时候，在多少亩之内，不需要短工，自己耕种玉米地就可以啊？＝一个人的时候三十亩为止，两个人的时候六十亩，三个人的时候九十亩为止，不需要请短工，超过上述面积，就要雇人。

收获物带到县城的集市吗？＝大体和高粱的一样。

玉米地有村里全部种植面积的多少比例？＝三成。

玉米和豆一起种的时候，播种、收获期呢？＝播种是同时，收获是在秋分。

【麦子】播种是什么时候，在那之前耕地吗？＝收获后耕地，把播种时用的粪土运到地里，在寒露时播撒。

播种后怎么整顿？＝撒肥料后盖上粪土。半个月后发芽。不疏苗。

那之后到收获干什么？＝到收获什么都不用干。

什么时候忙？＝五月收获时。

收获时麦地到多少亩为止都不需要雇短工？＝自己家里一个人时十五亩、两个人时三十亩（以下每增加一人加十五亩）为止。

麦田占村里总种植面积的多少？＝六成（高粱四成）。

和麦子一起种植的作物的时期是？＝麦子播种九月，收获五月，高粱播种二三月，收获八月，谷子播种三月，收获九月。

【谷子】谷子地有只种谷子的吗？＝有，但几乎都和豆一起种植。高粱、玉米地也和豆一起种植的比较多。

播种前耕地吗？＝正播种前不耕，但前一年秋天耕了，下一年播种。其他作物也是这样。但是和麦地一起耕种的时候不一样。

特别在播种前耕作的作物呢？＝没有。都是在收获后耕作了放着，到来年播种都不耕作。

收获的耕地什么时候结束呢？＝立冬。

那么播种期是？ ＝三月谷雨时。

从播种到收获的整备是？ ＝撒粪，在上面播种盖土。这是一回。半个月后发芽，再半个月后疏苗。肥料不撒了。

什么时候收获？ ＝白露前，处暑后。

谷子田最忙的是什么时候？ ＝疏苗的时候。

上述情况，到多少亩为止不月雇短工就可以解决呢？ ＝自己家一个人的时候二十亩，两人时四十亩（以下每增加一个人增加二十亩）为止。

谷子地占全村种植面积的多少？ ＝两成。

【轮作】没有一块地一年种两次作物的吗？ ＝种麦子的地继续种谷子或者是高粱（没有麦子和玉米）。这是从以前就这样。

【一年两作】没有像上述一样一年种两次作物的吗？ ＝没有。

麦田什么时候继续种植高粱（？谷子）[1] 呢？ ＝低地。

那么玉米（？）[2] 的情况呢？ ＝高地。

在麦田今年继续种谷子，来乇种玉米的情况没有吗？ ＝没有，每年都不变。

有只种麦子、在麦子收获后什么都不种植的人吗？ ＝没有，一般都种谷子或者玉米（？）[3]。

【一年一作】不种植麦子的土地是一年一作吗？ ＝是的。

一年一作的土地上能种麦子，但是不种的土地也有很多吧？ ＝有很多。

为什么不种让土地闲置呢？ ＝（没有回答。）

一年二、三作是有钱人才做吗？ ＝是的。

一年一作的土地的作物每年不变吗？ ＝高粱、玉米、谷子等主要作物从很久以前每年都不变。

【犯茬】那么有其他不能每年持续耕种的作物吗？ ＝胡麻是今年种了，第二年就不种。第六年又耕种。大瓜也一样是六年，小瓜是三年，那期间也可以种别的作物，上述不管哪个连续种植的话，就会变黑枯萎。这叫犯茬。

没有上述以外隔种的作物吗？ ＝没有。

有一年三作的土地吗？ ＝没有。

【两年三作】那么没有两年三作的吗？ ＝第一年秋天播种麦子，第二年九月收获；六月种萝卜，九月收获后到第二年的四月空置土地；四月种植玉米，九月收获。

上述是什么时候做？ ＝上述不是每年都这样，看降不降雨再做。

没有其他的两年三作吗？ ＝四月立夏种植玉米，八月收获；九月种植小麦，第二年五月收获，同年五月种植豆类，九月收获。这样做的很多，此外就没有了。

【垄】垄有种类吗？ ＝对垄、单垄、平垄。

【对垄】对垄是什么？ ＝在麦田进行。即为每隔二垄种麦子，第二年种植其他作物。

---

〔1〕　译者注：原文如此。
〔2〕　译者注：原文如此。
〔3〕　译者注：原文如此。

```
        ← 一弓 →
          位

        ·  · ｜ · ·
        ·  · ｜ · ·
        ·  · ｜ · ·
        ·  · ｜ · ·
        ·  · ｜ · ·
        ·  · ｜ · ·
        ·  · ｜ · ·
        ·  · ｜ · ·
        ·  · ｜ · ·
          ︶    ︶
          麦    麦
```

【平垄】平垄是什么？ ＝单作的情况，一弓分三垄。

```
        ← 一弓 →

        ·  ·  ·
        ·  ·  ·
        ·  ·  ·
        ·  ·  ·
        ·  ·  ·
        ·  ·  ·
        ·  ·  ·
        ·  ·  ·
```

【单垄】单垄是什么？ ＝只在麦田进行。隔一垄，种植麦子和其他作物。

```
        ← 三尺 →

        · ｜ ·
        · ｜ ·
        · ｜ ·
        · ｜ ·
        · ｜ ·
        · ｜ ·
        · ｜ ·
```

垄的方向是一定的吗，会稍微改变吗？ ＝从以前就是一定的。

为什么一定呢？ ＝为了耕作和搬运的便利。

【作物的变更】自耕地的情况作物大体都是一定的吗？ ＝从以前开始几乎不变。

佃户继续种地主自耕时期作物的情况多吗，还是种植其他作物？ ＝因为地主种植的作物适合这块土地，所以不种别的。

【佃户和作物、垄】佃户可以不告诉地主，种植其他种类的作物吗，比如在本来的麦田里种植落花生什么的？ ＝是佃户的自由。但是种其他种类植物的很少。

佃户可以不告诉地主，变更厚来垄的宽度，或者把单垄变成对垄吗？ ＝可以。

上述租地是长年借的情况，要是一年期限的话，还是不行的吧？ ＝没有长年租佃的。都是一年更改。可以随便更改作物。

那么佃户可以更改垄的方向吗？ ＝可以。佃户怎么种、种什么都和地主无关。但是，不会变更垄的方向，如果变更的话，佃户会感到不便。

【伙种和作物】关于租地的作物，没有特别的和地主商定或者地主来决定的事情吗？ ＝伙种的情况有。一般提前钱纳的情况几乎没有。

那么伙种的时候，佃户会和地主商量垄的变更吗？ ＝取决于地主。全盘委托给佃户的也有，为了增收，一一干涉的地主也有。

【垄的宽度】垄的宽度原来和现在都不变吗？ ＝不变。

伙种的情况，或者一般的租地的情况，没有比一般自耕的垄变窄的情况吗，为了增收？ ＝这个，可以预期。有把自耕地的大垄变成小垄缩短行距的。

每年变化垄的位置，应该土就可以混翻，收获会变大吧？ ＝不会多收，一样的。

【种子的自给】大体一般年份买种子吗，还是用自家生产的？ ＝一般用自家生产的就够了。

从以前就是这样吗？ ＝是的。

近年如何？ ＝水灾比较多，买的人家也很多。

去年水灾后，多少户是买的？ ＝二十户。

上述二十户是所需量的全部都是买的吗？ ＝因为储藏的也有，只买不足的部分。

主要从哪里买什么种子？ ＝不一定。从县城买。

地主大体上不买吗？ ＝一般年份不买，但像去年就买了。

张瑞家是大地主，去年和今年买了什么种子？ ＝每年不怎么买，但今年买了豆子。没有买其他的。

张守仁家呢？ ＝今年只买了黑豆。没有买其他的。

佃户买的人多吧？ ＝不是那栏的。从地主那里买的人未必多。

主要作物播种量和价格。

种别	每亩播种量	今年每斤价格	去年每斤价格
麦子	15 斤	30 元	15 元
高粱	2	13	10
玉米	2.5	21	9
谷子	1.5	17	15

（注：杜祥说，下等地以高粱三成，豆子一成的比例播种。）

【作物的产量】本村主要作物的一般年份种植面积和产量。

种别		种植面积	亩生产量	产量
高粱		500 亩	10 斗	5000 斗
玉米		200 亩	10 斗	2000 斗
麦子	小麦	200 亩	6 斗	1200 斗
	大麦	0 亩	—	—
谷子		100 亩	10 斗	100 斗
大豆		100 亩	8 斗	800 斗
黍子		30 亩	10 斗	300 斗
花生		10 亩	200 斤	2000 斤
薯		15 亩	1000 斤	15000 斤
棉花		没有		
瓜		不明		
萝卜		50 亩	100 斤	5000 斤
糜子		不明		
叶烟		极少		
麻子				
芥菜		不明		
稻苏子		没有		

（注：没有除大豆以外的豆子）

白菜		2 亩	1000 斤	2000 斤
葱		5 亩		2500 斤

【园地作物】园地和旱地的比例？＝旱地一成都不到。

园地在什么地方？＝村子极近的地方，远处和村外没有。

怎么处置园地作物？＝主要是卖掉。

园地作物和旱地作物相比有多少的产量？＝约三倍的实际收入。

园地和旱地作物分别的价格胜贵率如何？＝大体一样。

因为园地收入多，没有把旱地改造成园地，扩大园地的倾向吗？＝没有。像原来一样。因为旱地土质不一样，就做井什么的，就算再进行别的改造也变不成园地。

没有园地的佃户吗？＝没有。自耕需要人手的时候，会雇长、短工。

按顺序展示园地的主要作物？＝白菜、韭菜、菠菜、西葫芦、葱（长）、茄子、萝卜等。

展示园地作物的播种期、收获期？＝

白菜	从立秋到立冬
韭菜	一年中
菠菜	从寒露到清明
其他菜类	芹菜从清明到夏至、莴苣菜从清明到立秋
瓜类	大体从谷雨到立秋（含西葫芦）

葱	从白露到立夏
茄子	从立夏到处暑
萝卜	从清明到小满、从立秋到立冬
其他	辣椒是从清明到立秋，豆角是立夏到立秋以及清明到夏至

【作物的储藏、卖却】村民主要如何生活？＝卖作物生活。

主要卖什么？＝麦子、玉米、高粱、豆、谷子、落花生、芋、瓜、芝麻、萝卜、玉蜀黍（？）[1] 等。

为了全部储藏而剩下的有什么？＝谷子。

其他的怎么办呢？＝每家不一定一样。即使是谷子也有全部留下来的（像杜祥家），也有只留一部分的。

把谷子全部留下和留下一部分人家的比例如何？＝不明。

谷子以外的怎么处置？＝以今年（旧年）为例，一般情况下，玉米卖两成，八成留下，一年中什么时候家里都有（像杜祥家里）。白玉米卖一成，留下九成。黍子和玉蜀黍也留一点。麦子、高粱卖八成留两成（杜祥也是）。或者也有完全不留的。但是黄豆卖七成，留三成。花生、瓜、薯、白菜、芝麻、萝卜不留。棉花家里不种。叶烟、青麻、芥菜留，大麻子留一点。不种稻。

杜祥家里卖的和留的比例大概是？＝卖四成，留六成。

上述留下的是为了食用，还是为了看时机卖呢？＝中间也有看时机卖留下的，但是大家都很困扰，所以不那样做。卖的时候只留下食用的部分。但是，麦子、谷子、玉米、黍子等也是留下了食用的。青麻也是。芥菜是自家用的咸菜。

那么只有上述留下来的谷类供村民在一年中食用吗？还是什么不足的时候，就去找别人买什么？＝留下的谷子勉强够吃。但是有若干谷子、黄玉米、棉花、叶烟不足的人家，会买一点。高地上没有谷子的经常买。玉米大体上充足，但是不够的话也只能买。黑豆也不足，要买很多。

那是从哪里买呢？＝县城的集市。

【物物交换】村内有互相买卖的吗，或者没有物物交换的吗？＝几乎没有。

比如村民没有交换高粱和玉米的吗？＝谷和谷交换的几乎没有。

那么谷和什么交换呢？＝豆一斗（新斗）和黄豆腐四十斤。

其他的呢？＝芝麻一斗（新）和五斤油。

其他的呢？＝绿豆一斗和三斤粉。

其他的呢？＝大麻子一斗和三斤油。

上述是村民之间吗？＝不是，主要是和来村里的行商做。

上述交换是从什么时候开始的，比率每年变化吗？＝从李濡源还小的时候开始的。比率不受谷价影响从以前开始几乎不变。

那么，为了得到上述商品不用钱吗？＝豆腐经常和豆子交换。其他用钱的比较多。

---

[1]　译者注：原文如此。

从什么时候开始用钱的？＝从民国初年开始。

除此之外没有其他的物物交换吗？＝高粱秆和炼瓦。

其他呢？＝铁废物五斤和一个碗。这个比率根据年份不同变化。这也是和行商之间进行的。

去顺义买东西也是像上述这样吗？＝去顺义用钱，上述只限于和来村里的行商之间。

原来就是那样的吗？＝是的。

园地什么时候很忙？＝不是像旱地一样集中在一个时候忙，而是不管什么时候都不能不管。

【旱地作物的卖地】一直以来的旱地作物卖到哪里？＝卖到县城的很多，但是也卖到北京。去年六月禁止了境外输出之后，就不能卖到北京了。

卖到北京，是因为北京价格好吗？＝价格没什么差异，是为了买肥料卖的。

上述是到北京买肥料的时候，用车带过去的吗？＝是的。

到什么时候这么做？＝到去年有禁令为止。今年是空车去买肥料。

那之后到哪里去卖？＝只有顺义。

以前会利用白河卖到天津那边吗？＝不会。

以前村里的特产不会有的卖到北京，有的到天津，卖到不同地方的作物吗？＝没有。

【旱地作物卖却的时期、场所】收获物是收获后马上卖，还是储藏起来等到高价的时候卖呢？＝因为需要钱的人家很多，马上就卖的比较多。

旱地作物怎么在县里卖？＝运到县城的粮市卖。

上述商人不到村里来买吗？＝没什么。几乎都是运到粮市。

不能卖给粮市以外吗？＝现在不能卖给别的土地上，原来是可以的。

原来是什么时候？＝去年六月之前。

【园地作物卖却】园地作物有从县城来买的吗？＝有。

上述运到县城卖的，和卖给来村的商人哪个比较多？＝如果只算卖的次数，十次的话卖给来村的商人的有八次，自己运到县城去卖的有两次。

上述分量来说的话如何？＝不明，但是商人一次会买五六千斤。

上述来买的商人是一定的吗？＝一人到两人。名字和住址都不清楚。

每年那个人都来吗？＝不一定。

把园地作物卖到县城怎么做？＝没有到处走着卖，全部卖到菜市。

也卖到县城以外吗？＝不太在村里卖，因为菜类不禁止，所以也可以运到北京去卖，但是本村的园地很少，没有去卖的人。

【粮市和菜市】粮市、菜市是从原来就有吗？＝有。

上述是谁建立的？＝县公署允许的。

在粮市和菜市有农作物的市价吗？＝有。

商人来村里看地、买卖作物的时候，会和上述行情无关地卖吗？＝是标了价格卖的。

【作物价格的变迁】民国元年黄玉米是多少钱？＝老斗（到以后二十四年都一样）一斗五吊两三百钱。

民国元年时的小米呢？＝同样，一斗八吊至九吊。

民国元年时的谷子呢？＝原来和现在都不连着壳卖。用碾子除掉糠再卖。

那之后的变动呢？＝直到民国九年都像上述一样没有变动。

民国十年呢？＝黄玉米，一斗十吊，小米不明。但是十年以后，一点点变贵了。

第一次欧洲大战（民国三年—民国七年）时，农作物没有变贵吗？＝没有变化。

民国九年时（日本农业恐慌时）如何？＝也没有下落。

民国十一二年呢？＝和十年大体相同。

民国十三年呢？＝洋钱和吊并用。黄玉米一斗一元两三角。

同年吊和洋钱的比例如何？＝一元是十六七吊。

民国十四年呢？＝和上述相同。

民国十五年呢？＝黄玉米一斗两元五角。

民国十五年为什么贵了呢？＝本地遭遇了水灾，粮谷不足就变贵了。那时候从其他县买谷。

那之后如何？＝从十六年到二十年大体上没有变动。黄玉米一斗一元，小米一元六（十八年废吊）。

那之后呢？＝从二十一年开始有下落倾向，二十三四年黄玉米一斗七八角，小米一元一二角。

二十三、四年为什么会下落呢？＝因为丰收了。

二十五年以后呢？＝

黄玉米（新斗）		小米（新斗）
二十五年	三角	六角
二十六年	八角	一元三角
二十七年	一元五六角	二元三角
二十八年	〃	二元三四角
二十九年	二元四五角	四元以上。

【苇地和苇】本村有多少亩苇地？＝有两处，十亩和二亩五分。其他的还有石门村公会地的苇地。

本村的也是公会地吗？＝是的。

从什么时候开始种芦苇？怎么处置呢？＝十年前是空地，谁都没有借。六七年前村长（杨源）和副村长（张瑞）发起，寻要他地的苗（种芦苇没有种子，用自然生长的苗）种植了。生长到秋天的时候，村长和发起人商量，以村长的名义买了。如果申请者少，谁都可以买。但是，跟着竞卖的很多，今年、去年都竞卖了。

如果是村民可以自由采集吗？＝不行，即使是村民也必须支付点什么。

加入竞卖的人可以是他村的人吗？＝可以。

以什么单位卖？＝全部多少钱。

今年、去年以多少钱卖给了谁？＝今年一百元卖给了孙家村人，去年六十六元卖给了某人。

日用品等的自给或者说依存关系

【日用品等的自给或依存关系】衣服等不在家里做吗？＝从很久以前就不做。因为没有棉花。从以前就没有织衣机。

日用品和衣服等比较花钱的东西怎么买呢？＝用卖谷的钱去县城买。

一点日用品如何？＝同上。但是必要的时候，用卖掉蔬菜和鸡蛋的钱去买的人也很多。

酱油和大酱不在家里做吗？＝酱油从很久以前就是在县城买的，不做。各家自己做大酱的比较多。

灯料如何呢？＝光绪年间使用大麻子油和小麻子油，但是也有使用石油的人家。大量使用石油是在民国元年后。石油是从县城买的。

本村的燃料使用什么？＝秫秸（高粱）、玉米秸、炸子（高粱的根）。

上述可以自家生产吗？＝一直以来都是的。

有使用煤球儿、石炭的吗？＝只有在水灾的时候使用。平常年份，一般人家不用。

没有像柴或者燃料用的柴山吗？＝没有树林。

原来没有面向街道的人家开着有小窗口的小铺吗？＝因为离县城近，所以没有。做小商卖的人家，今昔也没有什么变化。

邻村的情况

一、石门村（沙井邻村，十二月十五日根据华北交通会社爱护村调查表，询问石门村村长，由山本访谈）

1. 户口

	户	男	女	计
农	89	241	219	460
商	2	5	5	10
工	2	2	2	4
劳	4	6	9	15
计	92	254	235	489

（注：其中老人三十六人，十六岁以下三十五人（内沙井在合立小学生八人））。

2. 知识程度

师范毕业	1	不识字	340	识字	148
学习日语者	0	计	489		

3. 面积（亩）

耕地	720	未耕地	20	林地	0
宅地	90	墓地	20	计	850

（注：村民村外所有地一百亩）。

4. 所有地别户数（小的是 0—20 亩、中的是 21—50 亩、大的是 51 亩以上）

无地	28	小	45	中	15	大	1
计	89						

5. 经营面积（户数）（同前）

无地	0	小	63	中	25	大	1	计	89

6. 自耕佃户户数

地主	0	地主、自耕	0	自耕	54
自耕租佃	20	租佃	15	计	89

7. 种植面积和生产量

小麦	100 亩	800 斗
粟	30 亩	300 斗
高粱	150 亩	1000 斗
大豆	60 亩	400 斗
玉米	600 亩	6000 斗
大麦	5 亩	60 斗
黍	8 亩	80 斗
花生	12 亩	1500 斗
甘薯	8 亩	6000 斗
梨	1 亩 5	50 斤
白菜	7 亩	14000 斤
萝卜	8 亩	8000 斤
葱	2 亩	5000 斤

8. 畜类（匹）

牛	3	马	1	骡	3	驴马	25
猪	52	鸡	28				

9. 井

村内　5（大）

村外　3（小）　其中灌溉用 6、饮用 2

井的直径五尺、深两丈、水深十二尺、水质为甜水。

10. 劳动力

	最大限	最小限
16—20 岁	17	6
21—25 岁	17	4
26—30 岁	37	10
31—35 岁	32	20
36—40 岁	36	25
41—45 岁	23	14
46—50 岁	21	18

11. 杂

村民中外出打工的十二人，从他村来本村务工的十二人。

二、南法信村（十二月二十四日视察记，以下相同）

一百二十户约五百人的村子，在沙井村的西边四五里。村东有窑厂。炼瓦在顺义和附近各村都有卖，沙井村完全没有卖的。沙井村的一个儿童说，同村村民都以高粱、玉米的一束秸秆换炼瓦两三个。村公所在村北，古庙的地址、有所小学（学生两百人）。根据古庙的清朝碑文有"良牧署南法信"等等。民国十七年的碑文记载，在数十亩看苗会地（村公所附近）上种了数十亩柏树。同公所也有顺义县南法信治蝗会的招牌，民国二十年前后有蝗灾的时候，根据县里的指令建立的，现在机能已停止。南法信村是相当于沙井村两三倍的大村，家里的构造比沙井村的看起来庄重很多。虽说有村庄自己的城门，但不过是高粱的叶秆编成的四五扇门，晚上会关闭。村内的胡同也一个一个像上述一样都有门。南法信的地势比较高，不在小中河水灾的范围内。

三、刘家河村

南法信北二里。像南法信一样没有门。村基和房子的构造都比沙井村大。中间有关帝庙，被用作学校。面向街头，家壁四角有哨子窗的人家，有一两个。因为沙井村离县城很近，看不到这种类型的东西，这是卖日用杂货的铺子。

村西有小溪流淌，在那里有村里的公共井。井里的水比河表都高。还有夏天水从井上涌出来。这块地也大体是高地，没有什么水灾。

四、焦各庄、北法信

在刘家河村东北三里地。两村是细长、在一处连接的联合村。和南法信有一样的门的构造，但是不如前者严密。村内有两处公共家屋，是在已述各村都看不到的东西。里面有两个碾子。本村有大地主的两家宏壮的馆。村民称大地主为财主。村公所在村东药王庙中。会首七八名，看青被称为青夫，由佃户担任。村公所外面贴着一联摊款。每年九月霜降时完成、张贴。也有化学肥料的广告，但村民都不看。

五、东海洪、西海洪

焦各庄之北、面向从顺义到高丽营的公路，联合村。村公所即使在东端古庙的中间也没人。这里也有学校（学生四十名）。存留着蝗会的布告。会首十名，无土地的人看青。受白河或小中河引发的水灾。为避免遭受轰炸而在村内丘陵挖的很多洞穴还保留着。

【杂＝产婆、葬仪】产婆？＝产婆叫老娘婆，只有刘福的母亲。老娘婆在产前、产后三日、十二日、一个月的时候去看产妇，带的东西是为了擦血，有钱人家用草纸，贫家只有细沙土，没有其他的。因为村里不产棉花，所以不用。没有留宿看护的。供伙食。报酬是生儿子、长子的话一元，次子五—七角，女儿五角。主要被村内人叫去。

葬仪？＝死后的适当日子举行，约持续三天。和尚少的时候七至九人，多的时候十三人。前者五十元，后者支付七十元。当然，请和尚来要供应伙食。

佃户契约

应答者　杜祥、李濡源的儿子李广志、张瑞

【租佃户数】民国元年本村户口如何？＝五十户。

五十户中租土地出去的有多少户？＝约三十户。

剩余的二十户中，纯租佃土地的有多少户？＝八户乃至十户。

同样自耕兼租佃呢？＝十户乃至十二户。

伙种包含在内吗？＝是的，一两户。

民国五年时如何？＝全村五十六七户中，三十三户是纯自耕，十户纯租佃，十三户自耕兼租佃。

大体上就可以，给我看一下各个年代的户数和租佃的户数？＝如下表。

民国年代	全村户数	自耕户数	纯租佃户数	自耕租佃户数	伙种户数
元年	50	30	8—10	10—12	1—2
五年	56—57	36	10	10 余	1—2
十年	60	38	2	2	没有
十五年	63—64	28	2	24	没有
二十年	65—66	28	7—8	30	没有
二十五年	67—68	29	7—8	30	1
二十六年	67—68	29	7—8	30	1
二十七年	67—68	29	7—8	30	1
二十八年	68—69	30	7—8	30	3
二十九年	69	31	7—8	30	3

附录

1　纯租佃户没有所有地的人很多。

2　伙种户含有纯租佃或自耕户，上述三户是指伙种邢润齐土地的周、李以及伙种顺义人土地的杜祥，合起来三户。民国二十八九年伙种的增加，是因为水灾的缘故，佃户得不到钱先交。

3　二十九年租佃户数没有减少，但是租佃亩数减少了。为什么呢？是因为地租变高了，面积总体减少了。

【租佃面积】佃户是随着年份慢慢减少还是增加呢？＝不太变化。

租佃面积如何？＝慢慢变小。

什么时候开始变小？＝无法判断。

以事变为中心如何？＝以事变之后的近况为中心。

今年和明年如何？＝今年收获后，地主不太愿意租佃了。来年和本年相比，数量和面积都可能变为一半。

地主不租佃出去要怎么做？＝地主自己耕种，或者借给愿意出高价的佃户。

没有找到土地的佃户该怎么生活？＝除了耕自己家里的土地以外，做短工的增加了。

外出打工的人增加了吗？＝这个在事变后也没有太增加。村民大都想在村里干。

长工如何？＝这个最近有变少的倾向。

为什么呢？＝长工的工资很低。苦力（短工）的话，收入更高。

【租佃合同书】租佃的时候不立合同书吗？＝没有。

以前呢？＝原来也是的。

上述不是只是这个村里的情况吗？＝附近一带大家都是这样。

那么为什么不立合同书呢？＝因为地租都是前付制，钱都付了，地主和佃户之间就不会有什么纷争了。

那么，伙种的时候如何？＝原来和现在都不立合同书。

为什么不做合同书呢？＝收获时的分配大体都是按习惯来决定的，而也没有违背习惯的做法。

租佃他村人的土地的时候（比如公义堂的土地），不立合同书吗？＝不立。

租佃他村地主、不在村里的人的土地的时候，也不立合同书吗？＝没有这种例子。

本村人把在他村的土地租出去的时候呢？＝没有这种例子。这种情况也不立合同书。因为有介绍人。

地主和佃户之间有纷争的话，村公所不会审理这件事情吗？＝完全不会。

上述情况没有打官司的情况吗？＝没有。

那么假如这种事情发生的时候，合同书不是会成为最有力的文件吗？＝因为没有合同书，在这种情况下就依照介绍人的证言。

【地租收据】地主有地租收据账簿吗？＝没有。

没有听说过租帖这个东西吗？＝没有。

收了地租之后地主不会给收据吗？＝不给。

佃户要求的话会给吗？＝佃户不要求。

【介绍人】佃户的介绍叫什么？＝叫介绍人。说合人是土地买卖的时候。也不叫中人、中间人。

一般的租佃契约需要介绍人吗？＝不是一定需要。

介绍人一般是什么人？＝只有一名，从以前开始就有。

什么时候需要介绍人呢？＝不管是本村人还是他村人，只要有诚意就不需要介绍人。不是这样的话，就需要。

那么上述时候是完全不立介绍人吗？＝地主或者佃户为了地租定得有利，立介绍人的情况也有，但大抵都不立。

同村人间的时候立的会更多吗？＝几乎不立。

同族之间的情况呢？＝同样。

和他村人之间呢？＝立得比较多。

完全互相不知道的时候，没有佃户直接申请租佃的吗？＝没有。

没有以介绍租地为职业的人吗？＝因为大体上没有谢礼，所以没有收入。因此没有。

一般什么人作为介绍人很理想？＝介绍人只要认识地主和佃户双方就可以了。

介绍人需要是有钱人吗？＝只要不是傻子或不热情的人，无地的贫户和乞丐都可以。财产不是要点。

村长、副村长经常做介绍人吗？＝也不是一定会做。

会首呢？＝杜祥等会做但也不是经常做。介绍人由一般人担任就可以。

介绍人之外不会立保证人吗？＝不会。

为什么不立呢？＝因为地租都是前付，不需要保证人。

如何委托介绍人？＝普通佃户去拜托。

地主没有去委托介绍人帮忙寻找好的佃户吗？ ＝不太多但还是有。

有没有地主和佃户商量决定让谁当介绍人的？ ＝没有。

今年甲租佃，明年乙想租佃这块地的时候，乙会去问甲的意向，然后向地主申请吗？ ＝乙或者乙选的介绍人先去向地主申请租佃，地主听取甲的意见，再决定租佃给甲还是乙。地主会借给地租高的一方。最近渐渐变成了这样。

想要租佃的人大体几月去拜托介绍人？ ＝八九月时，收获还没结束的时候去拜托。

原来是什么样的？ ＝原来也是八九月。

佃户在拜托介绍人之前，会事先去调查想借的土地吗？ ＝是的，佃户会各家去物色候补地，然后拜托和那个地主相好的人。

上述的拜托会送什么谢礼吗？ ＝不会赠送，原来现在都一样。

但是介绍人和佃户不是太熟悉或者介绍人是他村人的时候也不送吗？ ＝不送，从原来开始就这样。

【介绍人的工作】受托的介绍人如何去跟地主说什么时候决定下来呢？ ＝介绍人去拜访地主，大体上在地主、佃户之间斡旋一两回，就定下来了。迟的话，在九月中旬也就决定了。

地主想要二十元，佃户想要十元，介绍人斡旋后十五元，这时候佃户不会给介绍人谢礼吗？ ＝不会。

一般在租佃决定之前，佃户会被介绍和地主见面吗？ ＝几乎不会。

那么租佃的约定是谁决定的？ ＝为了决定租佃佃户没有必要特别去地主那里。会把想要的条件委托给介绍人，地主承认的约定，应该就会成立。

【租佃契约的方法】原来决定约定的时候不是佃户去拜访地主的吗？ ＝原来就没有必要去。

佃户自己不去，向地主赠送猪、酒是什么时候？ ＝没有。

麦田什么时候开始种植？ ＝八月末开始耕种。

上述开工的时候佃户不去拜访地主吗？ ＝不去。

决定租佃之后，会把想法告知衙门吗？ ＝不会。

必须与村长联络、把想法告知他们吗？ ＝那时候不会。

那么什么时候做呢？ ＝交纳青苗钱之前通知。

除那之外，没有呈报的吗？ ＝没有。

达成约定之后，地主会指派带路人指示土地的所在吗？ ＝佃户不知道四周的界限时，地主会在达成约定后，带路去看。

以前，即使佃户知道土地界限，也会有这种程序吗？ ＝没有，只有佃户不知道的时候带路。

上述时候，地主会被叫到佃户家吃饭吗？ ＝没有。

一年中，地主和介绍人、佃户等聚在一起吃饭的情况，从原来就没有吗？ ＝没有。

现在呢？ ＝没有。

没有只是这个村子吗？ ＝这一带都是这样。

【租佃契约的内容】有介绍人只牵线，地主和佃户直接谈各种条件的情况吗？ ＝没有，只要有介绍人，就由他来决定。

那么委托介绍人的时候特别委托什么？ ＝只向对方传达关于地租的意见。

借的面积也委托吗？ ＝是的。

期限呢？ ＝并不委托。

没有特别委托的时候是多少年呢？ ＝一年。

原来没有委托借两年、三年或者是更多的吗？ ＝从原来开始就是一年。

关于地租纳期如何？ ＝大体都是前付，马上付是习惯，所以没有特别提出的必要。

没有其他为了以防万一拜托的事情吗？ ＝没有。

那么介绍人去地主那里决定些什么呢？ ＝地租和面积的事情最重要。

地租以外的决定什么？ ＝没什么特别的。

地租的事情谁说出来？ ＝地主。

不商量关于肥料、种子和役畜的事情吗？ ＝当然是佃户负担，所以不说。

【租佃期限】只要地租能都交纳，不管种多少年都可以，地主不会这样说吗，或者佃户不会这样拜托吗？ ＝不会。

荒地和沙地的情况，一年无法发挥地力，所以借好几年的时候有吗？ ＝没有，这种地没有人会租佃出去。

佃户没有请求说"想要多耕几年，与此对应地主期望的地租都会交纳"吗？ ＝不明。

但是根据本村的各户调查，有五六年一直租佃同一土地的人家，那这个是每年更新的，还是中间有五六年持续让耕种的呀？ ＝没有，每年更新。

刚才说的是并没有特别强调，虽然是解释为一年，但会有亲属或者是朋友等关系好的人之间，会互相了解借多少年都可以的情况吗？ ＝感情好的之间会有继续下去的心情，但是这个也很少。

互相都有上述心情的时候，就不是一年一年的期限了吧？ ＝因为地租是每年商量的，所以说期限到底还是一年。上述仅是感情上的事情。

但是伙种的情况不是可以不作声借好多年吗，还有地租也不是每年都变的，那不是数年期限的吗？ ＝上述都是本就必须一年一年定的。而且实际上，每年都要定地租或者伙种的比例。

【租佃期限短的原因】持续多少年的租佃是最多的？ ＝一年是最多的。

原来如何？ ＝原来三年、五年及以上都可以持续租佃，但是最近经常变化。

那是什么原因呢，首先说地主方面的原因？ ＝地主家里有分家，分家各户停止了至今的租佃，变成了自己耕种。也有人因为支付婚葬费而典卖土地，典主或者是卖主第二年已经无法租佃出去了。

那之外呢？ ＝今年地主的土地被收用为铁道或者是道路用地，因为这样，所有地变得不充足，不能租佃出去的情况也有。

【收用地和租佃】遇到铁道用地收用是什么时候？ ＝事变那年和今年。

本村人受害的有多少户？ ＝事变的时候只有任振纲（十八亩中的八九亩）和张永仁（但是是入典地）两户。

针对上述没有赔偿吗，不能详细解释一下吗？ ＝有，但是没有给入典者的赔偿，详细不明。

没有汽车道路被收用的人吗？ ＝因为铁路很远，但是汽车路很近，所以受损者比较多。受损户为十户至二十户，二三十亩被收用。没有全部被征用的。张瑞被征用了五处。张守仁两处。其他也有，但那些也就三亩乃至五亩。

上述是什么时候，有赔偿吗？＝前年秋天建筑了公路。一个月就完成了。公路和火车路（铁路的意思）不同，没有赔偿。

因为上述土地被收用，自耕农、自耕兼租佃户、佃户当中，有变成长、短工的吗？＝没有。

有自耕农变成佃户，或者自耕农变成自耕兼租佃户的情况吗？＝没有。

【租地减少的原因】除那之外，因为最近农产物价格很高，地主很讨厌租佃，尽量自己耕种的情况没有吗？＝有。

县城商人除买卖之外，有开始自耕以往不自耕的田的情况吗？＝没有。

除那之外，没有地主方面的原因吗？＝没有。

那么佃户方面的原因，比如放弃租佃转移到收入更好的职业的情况没有吗？＝基本没有。

有没有什么人放弃租佃离乡外出到县城或者北京的？＝有，但不是因为追求高收入。

那为什么呢？＝土地无法耕作才离乡外出干活。

那么，租佃逐渐减少是佃户本身不想干，还是佃户想继续干而由于地主一方的原因导致他们无法继续做佃户？哪边所占的较多呢？＝佃户不想失去租地，佃户的减少是地主的原因。

有没有佃户放弃以前的租地，而去耕种更好的租地？＝有。有钱的话就会租借上等的地。没钱的话，就满足于租借贫瘠下等的地。但是下等地的地租也不断地上涨，变得没有人耕种。

那以上的原因中，最近主要是因为哪个？＝因地租上涨而放弃的居多。偶尔也会因为分家。因为典当而卖掉的很少。因为吵闹的基本没有。端牵（出高额地租借取他人的租地）在去年、今年变得多起来。

【端牵】为什么要进行端牵呢？＝虽然原来的地主想让以往的佃户们耕作，但是最近土地的竞争很激烈，第三方主要在夜间秘密地私通介绍人，另外又亲自从地主那里借取高额地租，但并不送礼。

【租佃的期限】旱地的租佃期限一般是几年呢？＝如前所述，为一年。

如果是庭园地呢？＝庭园地不用来租佃。

其他的村子的情况里怎么样？＝其他的村子也是这样。

一般旱地的租佃期限比园地长吗？＝相同。

荒地、沙地的租佃是只看土地肥力的持续年限，然后租借吗？＝没有人用这种地来耕作的。

以前没人耕作这样的地吗？＝以前有过。

知道是哪里的土地吗？＝不知道。

那一般如果有人租佃这种地的话，按这里的习惯，耕作期限应该是多久呢？＝第一年的地租较少，然后是渐渐上涨。

那如果是一年以上的话，地主还应该借给你们吗？＝地主不续租也没关系。

【租佃的变更】地主更换佃户是什么时候？＝到秋收之前是不可能更换的。一般是在佃户立约时，更换佃户。

为什么上述的那样地主不可能更换佃户呢？＝因为地租是提前支付，地主已收取了一年的地租。

但是如果返还已收的地租及其利息、经费，那更换佃户也没关系吧？＝实际上是没有人这样做的。这样会使佃户和介绍人没面子。

播种的时候如何呢？＝和上述相同。

和佃户们约定好之后，地主一方就可以自由地涨地租、要求收取一部分的收获物吗？＝这种事情绝对不行。

但是实际上有想要变更的吧？＝没有。

如果是佃户放着租地不耕作的话，地主会说些什么呢？＝这是佃户们的自由，和地主无关。不过也没有这样的事情。

但是播种的时候呢？＝不允许放任不管。佃户们如果把地荒着，地主会不满，并让他们去耕作。但是也没有这样的事。

上述的情况下，地主难道不是换租也没关系吗？因为是地主对土地不加干涉使地荒芜？＝提前交地租时，就不能夺取土地，播种时就可以。不过通常是等在期限来临之前，让别人来耕作。

拥有能进行租佃权利的人将这种权利转交给他人时，怎么做呢？＝因为只能耕作一年，所以转让给他人的情况几乎没有。

一点都没有吗？＝有。

【租佃期限的缩短】租佃的期限大概是怎么样的？＝从九月开始到十月十五号之间订约的话，从那天开始到收获时为止。

那有恰好不是一年的情况吗？＝不到一年的就是"按年计算"。即使不够一年，也算作一年。

以上所说期限在什么时候被缩短，从地主来看时，又是怎么样的？＝不会这么做的。

但是地主如果转让，典卖土地的话，租地被暂时剥夺，佃户们不就没有耕种的土地了吗？＝佃户在限期内让土地耕种着，中途不会停止。

上述是这个村子的情况，那其他村子里怎么样呢？＝和本村一样基本上没有，但也可能有。

那从佃户的立场来看又怎么样呢？＝佃户们好不容易获得租地，所以绝不会主动放弃耕地。

但是佃户的家人越来越少，无法耕种的时候，或者全部迁徙或者全家死绝的情况下如何呢？＝这种情况没有。我也不清楚。

【租佃期限的延长】租佃期限结束时，佃户们不去地主或者介绍人那里的话，来年的租佃是怎么样的呢？＝地主不会问佃户把地借给别人就行。

那究竟是过了多少天才会这样呢？＝即使是过了十月十五号，佃户也不向介绍人或者地主传达什么，那就会丧失租地。

与之相反，地主如果向佃户什么都不说的话，过了一定时间，佃户在第二年也可以继续耕作，这种事情没有吗？＝从以前开始就没有。因为地主不怎么和佃户们交往，佃户也没有去听地主们讲。

　　但是在道义上，地主们听取佃户的意见，难道不是最适当的吗？ ＝道理上也不怎么做。

　　交往亲密的人又怎样呢？ ＝虽然偶尔听过这种事，但通常是来自佃户一方的期望。

　　佃户一方希望延长期限时，是佃户自己去呢，还是让最初的介绍人去呢？ ＝如果最初的介绍人还在的话肯定是让他去。如果介绍人死了的话自己去。同时又会找新的介绍人。

　　一般佃户想要续耕的话，什么时候去向地主表明呢？ ＝八月左右，越快越好。

　　和之前说的十月十五有什么关系吗？ ＝过了十月十五，传统上有不再去租佃的习惯。因而过了相应的时间，无法进行租佃了。但是因为早点传达自己的期望更保险些，所以在八月要向地主表明。

　　和持续耕作了三四年时的一样吗？ ＝一样。

　　介绍人不向佃户询问是否有继续耕作的愿望吗？ ＝绝对不会。介绍人不会做这种事情，他只负责最初的事情。

　　佃户向地主表明自己想继续耕作的话，会不会像他们所希望的那样呢？ ＝不一定。取决于地租。

　　其他的期望续耕的人拿出同样的地租时，地主会租给谁呢？ ＝按例是租给原来的那个人。

　　地租相同时，必须租给原来的那个佃户吗？ ＝当然不一定，地主也可以租给地租较少的佃户。很自由。

　　地主的同族或者亲戚想要耕种已有佃户的土地时，可以出很少的费用借到吗？ ＝不可以，取决于地租，不管多么亲近，也不能很便宜地借到。但是如果是相同数额的地租，就会借给亲近的人。

　　【租佃契约的结束】租佃的契约什么时候结束？ ＝秋收之后。

　　期限是从预付地租的日期开始，没到第一年的那一天，在收获之后就结束吗？ ＝实际上是到第一年。但是收获之后，二地已经无法使用。

　　那租佃的约定期限是哪一个呢？ ＝第一年。

　　收获结束后，不把土地还给地主吗？ ＝不。

　　佃户们耕作一年后收获时，不向地主表示感谢吗？ ＝不用。

　　【定金】佃户在租借土地时，有类似于被地主收取一部分的钱作为滞纳金，在耕作完之后，全额或者是返还一部分的这样的费用吗？ ＝没有。

　　听过类似于押地租、顶头钱的吗？ ＝没有。

　　但是没有在签订协议时押着的物或者钱之类的吗？ ＝没有，以前也没有。

　　那在签订租借协议时，有因为佃户没有钱，用少额的钱来做约定押金的吗？ ＝有。

　　那它叫什么呢？ ＝叫定钱。

　　一般什么时候用定钱这个称呼呢？ ＝主要是在买卖签约时，先交的钱。

　　在土地买卖中要交定钱吗？ ＝也要交。

　　租地时呢？ ＝有时候有。但是实际上不交。所有的地租在佃户决定租地时，佃户会到处筹划着交纳。

近几年因为希望租佃的人很多，有交定钱来巩固约定的吗？＝好像没有。

租佃而需交定钱的是否是因为没有契约书？＝实际上因为没做过，所以不知道。

定钱数量是多少，又是谁来决定的呢？＝同上。但是应该是地主决定的。

公会地的投票借贷时，不用交定钱吗？＝不用。

租借别的村子的土地来耕作时，不要交定钱吗？＝不用。

有把地租分为几回交纳的习俗吗？＝不怎么有。

定钱在播种时完全没有吗？＝是的。

现在有少部分开始实行了吧？＝不。

定钱啦押地租之类的在其他村子怎么样？＝和本村一样。

佃户距离地主远的时候，经常要交定钱吧？＝不交。

定钱占地租的多少比率呢？＝没有规定。地租是十元的话，一两元就行。

地价的比率呢？＝没有规定。

地租是随着地价的上下而波动吗？＝如上所述的比率。

地价的最高和最低率如何？＝不知道。

如果交了定钱可以迟交地租吗？＝不可。十月十五日之前必须交纳地租。

决定了定钱的金额，只交纳其中一部分的事情有吗？＝完全没有。

什么时候交纳定钱呢？＝租佃的协约签订时。

有介绍人的时候呢？＝有和介绍人决定后，让介绍人转交的，也有和介绍人商量好之后，本人直接去交的。

定钱的金额之后能返还回来吗？＝交纳地租时，只扣除定钱的金额。

有交定钱时决定地租交纳期的吗？＝有。

交了定钱后，地租能比平时稍微晚交一会儿吗？＝可以，但是到十月十五日为止，必须交齐。

过了上述期限，佃户交纳地租时，地租的协约会怎样？＝无效作废。

以上的时候，地主会催促佃户吗？＝不一定。也有地主催促的。

协定废止时返还定钱吗？＝成为地主的收入，不返还。

【保证人】为了保证地租的交纳，佃户会找保证人吗？＝因为是提前支付，所以没必要。

但是只交纳定钱，地租不管到了什么时候都不交，这时谁来收？＝即使是有定钱，地租也是不久就要提前支付的，所以不成问题。

即使在以上的情况佃户不交地租时，有谁理所当然地代缴吗？＝没有。那时地主收取定钱，佃户就不能进行耕作了。

以上的情况中，介绍人不会代缴吗？＝基本上应该没有吧。

那佃户只交纳定钱，超过十月十五日也没交钱；地主也是好人，认为什么时候交给自己都行，然后放任不管；不管过了多久，佃户都不交钱或者不打算交，这时谁来交地租呢？＝本人不管怎样都要交。

以上的情况中，地主不会向介绍人索要吗？　=虽然不清楚地主是否会通过介绍人来催促，但是让介绍人来分担让其交纳是不可能的。

除了介绍人以外从前就没有保证人吗？　=没有。

可能不叫保证人，有像亲戚、亲近的人等实际上在做担保的吗？　=没有。

租佃权

应答者　杜祥

【租佃权的买卖】签订租佃条约后，佃户就拥有了对租地的租佃权。如今获得租地是比较困难的。有没有佃户们把租地耕作的权利卖给别人来赚钱的？　=在本村没有，其他村里有。

这种土地的租佃期限是不是比一般的要长呢？　=不是，期限是一年。

把这种事情作为职业的人有吗？　=没有。

虽说期限是一年，实际上佃户可以和地主沟通，长期租赁土地吗？　=不，还是一年期限的土地。

这种情况下没必要和地主商量吗？　=不需要。

有从甲到乙、从乙到丙、丙到丁这样的转卖土地的吗？　=没有。只转卖一次。

有像用土地来做抵押、借钱这样，把耕作权作抵押借钱的吗？　=有。

但是期限是一年，不还借款即使土地在债主那里押着，耕作期限到了，就不能使用了吧？　=（没有回答。）

上述的情况谁家做过呢？　=不明。

上述那样在本村没有吗？　=没有。

上述情况佃户得到地主的许可，能用来抵押吗？　=不必要，随便怎样都行。但是没有这样的实例（注：事后查明，好像是把耕地的作物用来抵押借钱时的事情）。

【租地的转贷借】佃户死了的话，那一家就不能耕作租地了吗？　=他的孩子继续耕作。如果没有孩子，那就是他的亲戚，同族的人耕作。

因为说是把土地租给了死去的佃户，然后地主返还已收的地租拿回自己的地，把地租给别人的，有这样的吗？　=没有。

从地主那里借来地后，自己不种把地借给别人的有吗？　=有。

上述情况不需要地主的谅解吗？　=不需要。

这种事情不会被地主讨厌吗？　=不会，因为地租都是提前支付的。

伙种的时候又如何呢？　=不行，但是如果地主能够接受体谅的话，是可以的。只是这种情况基本没有。

伙种的时候，为什么不能转借给别人呢？　=因为地主提前得到伙种地收获的那部分，所以如果是别人种的就不行。

你知道有转借给别人的例子吗？　=今年石门的刘万瑞耕种了县城的某个人的地，他把耕作权转给了付菊。石门的李长业把县城某人土地的租佃权让给了杨永元。前面的例子是刘氏以三十元借来的，又以六十元借给了付菊。

转借的时候不立约吗？＝不。

上述的介绍人怎么样？＝那种情况没有介绍人。佃户主要是自己去找向外租地的人。

原来的地租和转手后的地租的比率怎么样的呢？＝当然是后者更高。原地租是五元的话，转手后就是七元。十元的话就是十二元。另外前后相同的时候虽然有，但是很少见。

以上转手前后地租相同是什么时候呢？＝从同族或者是亲近的人那里，以比较高的地租租借的人无法处理土地转租的时候。或者是佃户向地主亲近的人以较低价格租借土地，然后以相同地租租给别人的时候。

上述的情况中，后者不就变成介绍人了吗？＝但是是因为从借过一次的人手中再借过来的，有些不同。

为了借别人土地，靠上述方法借的人和通过介绍人的哪个多呢？＝通过介绍人的多。

听说杜祥从县城中的亲戚何长源那里借了十七亩地，然后把地租给杜广新十亩，这是真的吗？＝是的。

这种情况下，是花多少钱借来，然后花多少钱租出去呢？＝一共十二元。

上面的十二元是杜广新支付给谁的呢？＝给杜祥的。

租借以上所说的地，是杜广新拜托的，还是为了想要租给外租的人才借的呢？＝是被拜托的，不能用来转卖获利。

佃户希望把同一块地多租几年，因此虽然今年的地租很高，但还是想暂时租过来，然后把地转给别人。有这样的吗？＝没有这样的例子。

转耕的地租是谁支付给谁呢？＝转耕的人直接支付给地主的较多，通过佃户支付的较少。

在这附近原佃户经常转耕吗？＝完全没有，贪图利益的人很少。

之前的那个何某，跟杜祥、杜广新是什么关系？＝杜广新不认识何某，杜祥倒是跟何某说过几句话。

因此就把杜广新带到姓何的一家去了吗？＝因为是要商量决定，所以带过去了。

那从一开始就跟何某说，要把地借给广新吗？＝是的。

那万一要定契约的话，是谁和谁之间定呢？＝姓何的和杜广新。

杜祥怎么样了呢，变成介绍人了吗？＝是的，成了介绍人。

原佃户把转让后的地租定为十二元。这部分钱不全部给原佃户，给原佃户二元，给地主十元，是这样吗？＝不是。

转租的佃户向原佃户赠送礼品或者是生产物的一部分吗？＝这也没有。

本村一带的介绍人自己的土地，也是按照介绍顺序来介绍的吗？＝这样的比较多，地主自己也借土地，然后把一部分地租给佃户的有很多。

那即使不是被拜托，也会把地借给佃户吗？＝大体上是被拜托帮忙的场合较多。

有借转租地的人给原佃户送礼或者是在农业生产上帮忙的吗？＝没有。

和某人把借过来的地全部转租给别人的情况相比，哪种更多呢？＝只转租一部分的居多。转租的本来就少。现在能租地耕作的就很困难了，把自己借来的地租给别人这样的事没有。

【地主的租地买卖、出典】地主有把租地出典给别人的吗？＝现在没有，大体上很少。

在这附近有这样的实例吗？＝不知道，好像去年在石门村有过。

在租佃期限中地主可以出典租地吗？＝遇到金钱困难时这样做，这样做也行。

一般佃户不着手耕作的时候，怎么办？＝地主把已收地租连同利息返还，然后把土地转交给典主。于是典主就自己耕种。

如果是这样的话，佃户不得不去寻找其他的耕地了吧。在收获之前佃户不进行耕作吗？＝不。

那佃户已经播种、耕作的话又怎么样呢？＝那样的话，像之前那样，地主虽然返还地租，但不会拿回土地。典主和佃户协商后伙种，总的来说对半分。另外典主从地主那里领取已收的地租。那一年再让佃户进行耕作，第二年开始典主自己耕种。

以上的情况时，佃户的土地被收走，这时的种子、肥料、农具等负担的关系是怎样的呢？＝和一般的伙种是一样的。肥料由典主出少部分，但是量的多少取决于典主，种子是由双方共出。

但是在出典之前所需要的种子、肥料，以及其他的经费负担是怎么处理呢？＝这是由佃户承担。

那之后再次需要肥料、种子的话，农具怎么办呢？＝佃户和典主各自持有农具。并不是大农具由典主出，小农具由佃户出。牲畜由双方出。

地主卖地时，要和佃户商量一下吗？＝不用说，没必要说。原来的佃户即使对买主说，这是我的租地，我今年还要种，以此来进行对抗，只要对地主没有善意，就不能续耕。

总的来说，新地主承认还在耕作期限内的原来佃户的续耕吗？＝承认。

那时能提高原来的地租吗？＝能。但是这类事很少。在明年租出去之前，地主自己耕种。

卖租地时，地主应该和谁商谈呢？＝必须和同族的人商量。如果同族的人想耕种，就必须卖。不必和邻居商量。

应该通知佃户吗？或者佃户要是想买的话，地主必须卖吗？＝也有通知佃户的。即使是佃户想买，也不一定必须卖给他。

地主卖了正在租佃中的地时怎么办呢？要是卖了还未来得及耕作的地呢？＝一般是地主返还已收地租，佃户把土地转给买主。

已经播种，正在耕作时又是怎样呢？＝承认佃户的立场，返还地租，买主和佃户进行伙种（和出典的时候一样）。另外也有返还地租、利息，清算各种花费，然后提高土地价格的。

有上述的实例吗？＝好像是有，但不记得了。

【租地的使用目的和限制】地主有指定租佃的作物吗？＝没有。但是伙种的时候有。

为了进行必要的地力培养，地主会不让种植特殊作物吗？＝不会。

地主以前就像上述的那样要求，想要把作物作为特别考虑的吗？ ＝自古就不干涉。

【租佃权取消时的佃户以及地主的权利义务】佃户可以自由处置租地吗？ ＝可以。

随意改变田埂的方向可以吗？ ＝可以。但是事实上，改变田埂麻烦的是佃户自己，所以不可能。

把旱田变成水田可以吗？ ＝不可。

为什么不行呢？ ＝因为是在别人的土地里搞水渠，所以不允许。

那如果是在河的旁边呢？ ＝因为修水渠就会破坏土地，所以不行。另外因为在本村无法种植水稻，所以没有人把旱田改成水田。

需要水，但是想要往附近没有水渠的旱田里引水的话，怎么办？ ＝打水灌溉。从别人的土地里挖水渠是不行的。

佃户因施肥等原因使得下等地变成上等地的时候，地主可能会让他续耕，或者是降低地租，或者给他东西什么的，会这样做吗？ ＝大体上，不管对下等地怎么施肥，都不会变成上等地的。

花些钱修理租地里的地主的小屋时，地主会做上述之类的事情吗？ ＝没有这样的例子。

佃户在租地里自费盖小房子时，佃户返还租地的话，这个房子怎么处理呢？ ＝不能建房子，不能私自建房子。可以自由建造像小屋这样的。另外，因为是佃户的东西，返还租地时，自己拆除就行。

在其他的地方，虽然有承借人在返还租地时，无偿地把建造的东西返还给债主，在本地也是这样吗？ ＝在农用土地里不这样。在本村内是这样。但是在县城里承借人建造商铺时是那样做的。

上述的在县城里那样做是叫"借地不拆屋"吧？ ＝不明。

在本村内竞相租房子，租地的人在院子里盖土房子时如何呢？ ＝最开始是没有什么特别的约定，承借人走时拆掉或者搬出去都行。

以上所说的那种约定是种惯例吗？ ＝不是约定。

佃户放任土地不用时，地主怎么办呢？ ＝那是佃户的自由，地主不干涉。但是伙种的时候干涉。

上述的场合下，旱地变成荒地的话，地主不会抱怨吗？ ＝没有让地变成荒地的。只要施肥就能使地变得和原来的一样。即使是土地质量下降，地主也不会说什么，佃户也不用道歉什么的。

佃户在耕地里铺设设施的时候，返还租地时，以当时的市价卖给地主吗？ ＝不是。

铺设设施时需要得到地主的认可吗？ ＝如前所述，不能建造房子等。要建造时，地主也是不会允许的。即使是佃户去请求地主也不行。如果是小屋那样的，即使不允许也可以自由地建造。返还租地时，地主也不会买，佃户就自行撤去。

【地租的强制征收】地租提前支付的时候，有没有减少地租的呢？ ＝一旦接受了地租之后，虽说是还不能耕作，但是地租一点也不会返还。

但是全然没有收获时，佃户却已经花出去的地租、肥料等经费，地主还是像往年一样提前收取地租，这样不是有失均衡吗？地主要么返还一部分地租，要么不减少地租，但是下一年减少地租让佃户耕作，有这样的吗？＝没有返还一部分地租的情况，但有减少下一年地租的情况。

伙种时，要是收成不好，地主会把作物分给所有的佃户吗？＝没有。

那也没有减少地主应得的而增加佃户的这样的吗？＝没有。

【租地的强制没收】有让佃户遵守约定，但是之后地主又没收了土地的吗？能举个例子吗？＝没有。

因铁路或者道路的建设而占用租地时，地主和佃户会共同反对吗？＝不会。

地主租出租地后，尽管佃户支付过地租，但是以佃户粗暴地对待土地，或者佃户以高价把土地转租给别人欺骗地主，或者是佃户不在意等为借口没收土地的事情，你听过吗？＝地租是提前支付的，只要是付了地租，佃户就和地主没关系，自行耕作，应该不会发生上述的事情。

【租地的田赋】田赋应该由谁来承担呢？＝由它的所有者。

田赋虽然是地主交纳，但实际上是不是地主从佃户那里收取的呢？＝不是。

地主在其他村或者是北京的时候，田赋是佃户以地主的名义交纳吗？＝不是。

田赋的附加税又是怎样呢？＝和田赋完全一样。

田赋由地主交，附加税由佃户交，是这样吗？＝不是。

村子里的摊款和佃户也有关系吗？＝佃户如果有自己的所有地，那只和那块地有关。不管有多少租地，都是没关系的。

那没有土地的人就和摊款完全没关系吗？＝是的。

伙种的时候呢？＝只和所有者有关。

园地也要收缴田赋吗？＝是的。

比率是怎么样的呢？＝从以前就是一定的比率，和旱地的比率相同，并不是特别高。

谁来负担附加在租地上的园地田赋呢？＝地主。

"一亩园三分地"这个谚语和它所说的田赋数额有什么关系吗？＝这个是用来表示生产量的，田赋是相同的。比率相同，则是园地的收入虽然多，但因为只有它投入着资本，所以比率相同进行宽大处理。

【租地的青苗钱】青苗钱是由佃户和地主谁来负担呢？＝地主不交，由佃户交。每年每亩地大概六七角或者是一元左右。

为什么佃户要交纳青苗钱呢？＝因为看苗的人看护租地的作物。

以上的情况是有关村内的。那种植其他村的租地时又怎样呢？＝村内外相同。但是村外租地的话，是要交给地所属的村公所。即使是属于别村的，但在本村内的地，也要交给本村的公所。

青苗钱是佃户交给地主，地主再一起上缴吗？还是说是地主先自己交，然后再从佃户那里收取呢？＝不是一起交。是佃户自己交。

以上的是什么时候交呢？＝自耕农和佃户时间是相同的，在九月左右交。

以前的青苗钱是由地主交，和佃户没关系吗？＝不是的。

佃户在交青苗钱之前，要向村公所递交什么租佃的信息吗？＝佃户自己（和介绍人无关）去村公所，传达地主、面积、地租数额的信息。

除此以外，佃户要向县公署或者村公所递交其他的东西吗？＝不用。

租佃后什么都不呈报吗？＝是的。

除上述以外，要交纳类似于土地关系税之类的吗？＝不用。

有佃户代替地主向村子或者县城出劳动力的吗？＝一直都没有过。地主是地主，佃户是佃户。

有在北京居住的地主让佃户负担田赋的吗？＝有。

那个时候的地租怎么办呢？＝让佃户负担田赋，从而来代替从普通的地租扣除田赋的金额。

那把地照托付给佃户吗？＝即使没有地照也能交田赋。佃户拿着前年的粮票，然后上交给县署。地主绝不会转交地照的。

有没有这样的例子？＝不知道。

不是公义堂土地吗？＝虽然公义堂的田赋是亲戚张永仁交纳，但是不是公义堂的佃户自己收取。

【佃种权、租地的转移和契税过剩的关系】转移租佃的权利，接受证明的手续，会做像契税过割（名义变更）那样的事吗？＝就像前面说过好几次的那样，有关租地的转移和衙门没关系。

地　租

应答者　杜祥、杜泽、张永仁

【地租的形态】这个村子里是用钱还是用谷物来支付地租？另外哪种更多呢？＝从原来就是主要用钱来提前支付（八成以上），其他的是伙种（两成以下）。

和以物交地租的伙种不同，一亩交纳几斗是从一开始约定好的吗？＝在本村中没有，西边的地方有。

在西边哪个村子，又是怎么做的呢？＝在冯家营、枯柳树村这样的富村里是这样做的。一亩地用老斗算是两斗五的玉米。

以上的情况在丰年和凶年是一样的吗？＝不明。之前那样时，收获两斗五的时候换算成钱交纳。其他的就不清楚了。

以前没有规定一年分多少石谷物吗？＝没有。从以前开始就是用钱来租的。

规定地主和佃户各自索取的比率，佃户把地主取得的收获物换成钱来收取。有这样的吗？＝有过。

在谁的家里有过这样的呢？＝不知道。现在李注源的伙种地就是那样。

以前和现在，伙种时就原封不动地和佃户分谷物，和之前所说的那样换成钱再给地主，这两者之间的比率是怎样的？＝一起换成钱的很少。

像之前那样，把份额换成钱的方法叫什么？＝没有名字。是伙种的一种。

除了用钱以外方式来收地租，还有什么方法呢？请全部说出来？＝只有收获后进行折半的伙种。但是分配率有时候会变。

分配率什么时候变呢？＝通过协商改变。也有根据地主、佃户所负担的经费来变化的。总的来说，折半的很多。

【伙种和佃户的负担】伙种的时候，是否应该和地主商谈选定作物呢？＝是的，但是实际上不商量的人很多。

伙种的时候，耕作是佃户的自由吗？改变作物可以吗？＝不可，提前交钱的时候可以。

肥料怎么办呢？＝互相商量。但是地主不会干涉佃户施肥。也就是说地主不负担任何肥料或者肥料费用。

种子是怎么样的呢？＝大体上是佃户负担。

农具是怎么样的呢？＝地主不会租借一整年。必要时可以租借较短时间。大体上是佃户从附近的亲近的人家借用。

伙种的事，有什么特别的称呼吗？＝伙分粮。

伙种大多是在什么样的土地里进行的呢？＝在中等地里的较多。在上等地和下等地的很少。

这是为什么呢？＝以前就是这样，不知道为什么。

一般是什么样的人进行伙种？＝县城里的土地所有者经常进行伙种。比如县城人的地有六亩被李涯源伙种着，邢尚德的地被李清源、周树棠伙种着。

【伙种的种类】伙种有几类呢？＝有两种。换言之就是，分垄也就是以垄来划分和按收货单的谷物来划分。

以上哪种情况更多呢？＝分垄的较多。

以上的划分方法什么时候决定呢？＝在约定的时候。

分垄和分谷物的情况中，地主收获的部分有多大差异呢？＝收纳谷物时大体上是同量的，分垄的情况下，质量好的以及稻秆都归地主。

分垄和分谷物是根据地主对租地负担的经费（肥料、种子等）或者人力的情况决定的吗？＝也不是根据地主负担定的。

那是以什么标准来定的呢？＝不明。

【分垄时地租的分配方法】分垄实际上是怎么做的呢？＝收获之前，地主来看田地，决定地主和佃户的各自要分的垄地。

上述情况是怎样来划分呢？比如地主决定了一块地，那旁边的地就是佃户的。是像这样吗？＝不是，不一定。地主一般选择质量好的。

那地主只挑质量好的，把质量差的都给佃户吗？＝质量差异不大，佃户们所分到的质量是有些差。量也是相同的。

数量上大体上是如何分的呢？＝对半分。

佃户能够反对地主的分垄吗？＝当然是按照地主所说的那样分。地主也不会总是这样做坏事。

地主选定过垄之后怎么办呢？＝地主向佃户询问何时收获，决定好收获日期后就回去。到了收获日，地主自己或者是雇佣短工，收割地主自己所分的部分，然后搬运回去。也就是带回地主的场所。那样，谷物和稻秆都变为地主所有。

接下来怎么分收获所得的谷物呢？＝佃户一方负责从收获到搬运。佃户一方脱谷之后再折半。

以上的情况，地主会外出吗？＝收获时或者储藏谷物时会外出。大体上佃户在打完谷物，地主到来之前要保管谷物等着。

以上情况怎么分配呢？＝佃户打完谷物选完谷粒后，在那一天双方到场，进行折半。换言之，以前是用的旧斗，现在用新斗，一斗一斗地分。根据不同斗具，使用计量器再计量斗以下单位。不管是地主、佃户还是短工谁来计算都行。立会人只和佃户和地主进行立会。不会和村长、同族的人或者是介绍人进行立会的。

以上的情况下，地主选择好的谷粒，佃户选择质量差的谷粒。有这种倾向吗？＝没有。

以上情况下，谁来搬运谷物呢？＝佃户会先搬运地主的那一份，然后再搬自己的。并不需要特别的报酬。但是稻秆、蒿秆归佃户所有。这一点和分垄的情况不同。

如果地主负担若干牲畜、肥料、农具等的时候，蒿秆是否全部或者是一部分为地主所得吗？＝不是。

最近燃料价格很高，所以在分垄的时候或者在上述的时候，稻秆和蒿秆很多都变为地主所有，是吗？＝大家都一样。

茎秆主要是拿来做什么的？＝燃料。

地主在进行伙种时，是在任何时候都只进行分垄呢，还是偶尔也会只按谷物来分呢？＝大体上在分垄时，不管到了什么时候都是分垄。

约定时虽然约定只按照谷物来分的，但是地主之后提出，要重新进行分垄，有这样的吗？＝没有。

和以上相反时呢？＝没有。

只按照谷物来分的情况时，收获前佃户会去租地进行现场检查吗？＝是的，但不是去决定收获的份额，是为了看完成的情况。

伙种的时候佃户没有场地时，能借地主的场地吗？＝大体上是使用佃户的场地，没有场地时就在院子里打谷物。虽然要借的时候，不会特意去找地主借，而从邻居或者亲近的人家那里借。但这样的很少。

佃户离地主的场地近的时候怎么样呢？＝即使是离得近，使用自己的场地的佃户很多。

有使用地主场地的吗？＝有，但是很少。

不打谷就那样分穗，有这样的吗？＝没有。

作物是一年两熟以上时，一次进行分垄，一次只分谷物，一次全都归佃户。有这样的吗？＝没有，决定好了全都是同一种方式。

春天耕作的归地主，秋天耕作的归佃户。有这样分的吗？＝从来没有。

【缴物和缴钱的倾向】以前交纳谷物的多，渐渐地转变为交钱制了吗？＝并不是那样的，从以前就有缴物的，和现在的大致一样。

那什么时候伙种的变多、交钱的变少呢？＝在歉收年的第二年，伙种的变多。丰年时交钱。

上述是民国之后的事情吗？＝是的。

光绪年间的事情知道吗？＝光绪年间，佃户大都是伙种。

那是为什么呢？＝因为光绪年间，水灾很多。即使有一年是丰年，水灾持续两年的情况很多。

什么时候伙种逐渐地变成交钱？＝民国以后。

现在伙种和交钱是什么比率呢？＝八成是交钱。

邻村的状况你知道吗？＝在望泉寺里人的地里有某个伙种。其他的不知道。

为什么交钱呢？＝地主更想要金钱。

作为地主，得到的是伙种还是纳金呢？＝大体上会比较提前支付时的情况和伙种时的情况，然后要求分种。这样的很多。这是因为想要得到能做燃料的蒿秆。

这样做，伙种的收入就很多。最近地主有没有比起佃户们提前支付而更希望去伙种的呢？＝即使是这样想，本地没有大地主，即使是地主也想更早得到钱，所以去伙种的并不会增长。

那作为佃户是怎样的呢？＝实际上提前支付时最终获利更多。因为谷物的价格在上涨。遭遇水灾时，提前交纳地租的可能完全消失。

【收取地租的方法】是否按地价来决定租地租所占的比率呢？＝不是。

伙种的时候，在分配之前是否因为收获的多或者是物价的变化而进行变更呢？＝不会，从来都按习惯进行折半。

治安的好坏是否会影响到地租呢？＝本地的治安良好，没有这样的例子。

小地主以大地主的地租为标准来决定自己的地租吗？＝没有被当作标准的。

明年的地租大概是多少？＝每亩上等地是二十元以上，中等地十五元，下等地三元。

现在每亩的地价、地租、典价、押价是多少？＝

	上等地	中等地	下等地
地价	200 元	100—150 元	60 元
地租（园地）	30 元	15 元	7 元
地租（旱地）	100 元	50 元	25 元
典价	100 元	50 元	25 元
押价	100 元	50 元	25 元

上表中一个数据确定后，其他的数据怎样影响比率呢？＝上表中的各项数额的比率大体上每年都是一定的，但是不是以一个数据为标准来决定比率的。

那怎么决定呢，有没有计算出利息和产量从而算出地租的人呢？＝没有。地主平均各个方面，考虑物价、粮价等，然后决定数额。

地别是相同的但是地租不一样，有这样的吗？ ＝即使不一样，也不会有太大差距。大体上是相同的。

【地租的最高额和最低额】今年地租最高额和最低额是多少？ ＝旱地每亩十元到二十元的较多。也有两三元的。但是这样的是几乎不用的下等地。

【地租的变化】地租是每年变化的多，还是不变的多？ ＝每年都变的多。

从以前就有地租不变的土地吗？ ＝没有。

同族、亲戚、朋友间是怎样的呢？即使是有变化应该不大吧？ ＝即使是和亲近的人之间，地租也是不同的。和普通的租地一样变化。

以前地租的数目很少变化吗？ ＝比现在要少。但是一点点地变也是常见的。

持续不变的年份是什么时候呢？ ＝民国十八、十九年前后开始到二十四年为止。事变的那年，地租很低的情况很普遍，事变的第二年又变高了。

有关地租的增减在约定时要商量什么吗？ ＝没有，地租是提前交付，一次性交完。

【歉收、丰收和地租】提前交纳地租的时候，佃户如果遇到灾害没有收成时，地主会返还一部分既得的地租吗？ ＝以前现在都没有返还这种事情。

【地租的交纳】在这附近的都是一次性交纳完地租吗？ ＝十有八九是这样的。

其他的呢？ ＝分两回交。但是都是在十月十五日之前交完。

分两回交时，第一次交的钱是叫定金吗？ ＝不是。

那叫什么呢？ ＝叫租子。

在这附近是先按照约定交纳一部分地租，然后在其他时候交纳剩下的吗？ ＝除上述之外没有其他的，收获时只交纳一半的事情是没有的。

因为大水灾等，佃户没有钱时才分两次交纳，是这样吗？ ＝以前是这样。但去年水灾时不是这样。

为什么之前和现在不一样呢？ ＝因为现在是地少人多，大家交地租是为了不失去租地。

【地租的减少】佃户持续耕作时，在前年遭遇水灾时，今年的地租会变便宜吗？ ＝相互协商可能会变得便宜。

减少地租是一般的惯例吗？ ＝不是。

水灾的第二年一定会减少地租吗？ ＝如果物价没有变动的话，通常会减少地租。

为什么会减少地租呢？ ＝因为穷人付不起钱，并不是地质差，产量就会减少。

因为匪祸、水灾、旱灾、虫害等，佃户没有收成生活困苦时，地主会协议减少地租吗？ ＝不会。

以上的情况时，佃户会集合起来为反抗地主进行减租运动吗？ ＝没有。

事变前县公署下达二五减租令，因为这个会减少以前的地租吗？ ＝没有。

因为地租高，县或者村公所会使它降低吗？ ＝不会。

一个地主有很多佃户时，怎么决定地租呢？ ＝佃户们相互商量，然后通过一个介绍人与地主进行交涉。一个一个人地去交涉的很少。

【租佃契约的时期】什么时候约定租佃呢？ ＝大体上每年相同，从九月末到十月初之间。

今年是怎么样的？ ＝相同。

去年和今年是一样吗？ ＝是的。

【地租交纳的时期】什么时候交纳地租呢？约定好后立刻就交吗？ ＝决定好时就立刻交纳的很少。大体上自那天后数日里交纳的较多。最迟也会在十月十五日之前交纳完毕。

比一般的地租交纳期更早地交地租的有吗？ ＝有，早的话在八月左右决定好，然后就交纳的也有，但是非常少。

什么时候交的比较早呢？ ＝地主想要钱，然后便宜租地时，今年也有以十元左右把上等地租出去的。

八月、九月和十月时，地租有变动吗？ ＝早点租到手的时候比较便宜。八月左右上等地十元左右，九月、十月会变成十八元左右。

佃户会为了来年能早日决定租佃，在八月交纳较高的地租来巩固约定吗？ ＝不会。

比平时晚交地租的有吗？ ＝有。

在什么场合呢？ ＝主要是亲戚或者亲近关系的场合是这样。一般没有过了十月十五日后再交地租的。

在现在（十二月）很难得到想要的租地吗？ ＝租地大体上已定。从现在开始就晚了。

为什么晚了呢？ ＝今年地主自耕的越来越多。另外，用来租用的地已经确定了。

虽然好像是听说了好几次，但是有后交地租的吗？ ＝从以前就没有。

即使是主张提前交纳，但是有分批交纳的吗？ ＝一部分提前交纳，一部分后交。这样的事情基本没有。基本上都是在十月十五日之前交清。

十月十五日之前交纳地租，分批交纳会有很多吗？ ＝不是很多。大都是一次性交完。但是有时有交纳了定钱，不足的部分在十五日之前追缴的。

地租交纳的日期大体上是一定的吗？ ＝不一定。

一个地主有多个佃户时如何？ ＝日子也不一定，一般是介绍人决定后帮忙收取。

地租直接交给地主时，立会人是谁呢？ ＝谁都不需要立会人。

【伙种】伙种的时候，在分谷物时，谷物的品质要是差的话会增加量吗？ ＝不会。

【地租的筹集】地租是怎么筹集来的呢？ ＝一般是卖谷物来交地租。

卖牛马来交地租的有吗？ ＝本村没有，其他村也可能一样。

有借钱来交地租的吗？ ＝虽然有，但是极其少。

有用牛马农具等代替地租交给地主吗？ ＝没有。

【地租的滞纳】什么样的佃户（比如因赌博、吸烟、饮酒的）经常滞纳地租呢？ ＝一般是交纳的。没有滞纳不交的。

上述的那类人或者借钱多的人，虽然对租佃进行了约定，但也有不交纳的吗？ ＝没有。

用交地租的钱来买种子、肥料或者用来当伙食费，无法交纳地租的实际例子有吗？ ＝没有。

租地很多，佃户们都交纳地租。那租地少的时候呢？＝不太清楚。大体上是约定好后不久，就总感觉难为情地交纳地租。

在今年或者去年，有即使是过了十月十五日仍不交纳地租的人家吗？＝没有。

地租尽可能及早地交纳，地主应该很高兴吧？＝有这样的。

大地主和小地主哪个和佃户更亲切呢？＝没有太大差距。

租佃期限（更改后的延长期限）在上述哪种情况更长呢？＝大体上是一样的。

上述情况下，地租的交纳情况哪个更好呢？＝不变。

耕种作物用来自给的佃户和用来卖的佃户相比，地租交纳的情况哪个好？＝相同。

【税金和地租】因为税金高所以地租周转不过来，有这样的事情吗？＝不管税金有多高，总会想办法勉强凑出地租。

税金和地租无法一起负担时，先交哪个呢？＝哪个都要交。

【地主对地租滞纳的处置】提前交纳地租时，交纳定钱或者一部分的地租后，不交纳剩下的部分会怎么样呢？＝过了十月十五日也不返还地租，地主也会回收租地。

以上的场合，善良的佃户虽然使用所有的手段为了勉强凑齐地租到处奔走，但是不能筹齐时，有延期交纳完地租或者减免这种事情吗？＝没有。

以上的场合，有把余额作为借债来处理的吗？＝没有。会没收土地。但是不太有这样的例子。

以上的场合，地主从介绍人或者佃户的亲戚，同族的人那里收取地租吗？＝不会。

有不收钱，但是没收家财、工具或者家畜的情况吗？或者有把家庭成员充做地主的仆人、婢女的吗？＝没有。

以上的情况，会打官司吗？＝迄今为止，没有与地租有关的官司。没有必要申诉，没收土地就行。

因为最近佃户交纳地租的情况较糟，地主们一致决定好地租，共同对付佃户的事实有吗？＝没有。

佃户会请求有关减少约定过的地租和续耕时明年地租的数额吗？＝会。

上述情况时，是佃户自己去请求吗？＝如果有介绍人，会尽可能拜托他。或者即使有介绍人，如果和地主关系好，也有直接拜托的。

地主不让续耕的时候，会向衙门或者村公所请求有关租佃的事情吗？＝不会。

有借钱来交纳地租的吗？＝有。

佃户们共同商议的话，能便宜地租借到土地吗？＝不能。

佃户上交地租的情况不好，或者向地主寻衅。地主们会为了注意这类佃户而结成共同战线，然后把这类佃户除去，有这样的事吗？＝没有。

【佃户给地主的赠品】提前交纳地租时，佃户把一部分的收获物献给地主，有这样的吗？＝有。

以前呢？＝有过。

献给地主什么样的东西呢？＝瓜、蔬菜、水果等。

上述情况，佃户会得到什么东西吗？或者地主会用什么来还礼吗？＝不会得到什么。

地主也不会还礼。从以前就是。

以上的向地主献礼是惯例吗？ ＝不是，几乎没人做。

到如今，租佃变得越发困难，会逐渐地变得这样做了吗？ ＝不会。

那提前交纳地租时，地主会要求收纳一定数量的收获物吗？ ＝不会。

会要求收纳茎秆之类的东西吗？ ＝不会。

有决定每亩地里有稻秆几捆、高粱秆几捆的吗？ ＝没有。

有佃户出于好意把茎秆给地主的吗？ ＝没有。

以前，除地租外，有把茎秆有偿或者无偿地给地主的吗？ ＝没有。

地租以外，有规定要把鸡、猪、蛋等给地主的吗？以前又是怎么样的呢？ ＝没有。

有自发地给地主的吗？ ＝不怎么有。

佃户对地主的隶属关系

应答者　杨泽、杜祥

【住居】有没房子的佃户吗？ ＝没有，有租房的。

从前有住在地主家的佃户吗？ ＝没有。

有为了借农具、场地、院子以及其他东西，或者住在地主家附近有好处而搬到地主家附近的人吗？ ＝没有。

【村里所有的农业设施】村里公有的农业设施有哪些呢？ ＝有两处碾子（村公所前面有两个，村中央广场有一个），有水井一处（在村公所里）。

在农业设施附近的人优先使用吗？ ＝不是，空着的时候谁用都可以。

根据所有地的多少，在使用设施的顺序、时间等上有差距吗？ ＝没有。

【农具、耕畜的共同购买】村里人有一起购买过耕畜的吗？ ＝没有。

有一甲里的人一起买农具、耕畜的吗？ ＝很少。

地主和佃户共同购买过什么吗？ ＝没有。

【窝棚】在租地设施里有像建筑物那样的东西吗？ ＝只有窝棚（芦席小屋）。

窝棚是什么？ ＝为在农作物收费时，看守收获物设计的，地主也好、佃户也好，都会建造。

以上的窝棚是谁来出钱？大概花费多少呢？ ＝用几张芦席就能做出来。如果是自耕地的话，自耕农建造；佃户的话，就是佃户建造。

有地主给佃户制作的吗？ ＝没有。

在租地里不会建造像坚固房子那样的东西吗？ ＝不会。

佃户不能在租地里建房子吗？ ＝是的。

在园地里会建造看守用的建筑物吗？ ＝不一定。有时候有。有为看守甜菜栽培用而建造的窝棚。租佃的时候，佃户负担。

【地主在农业上对佃户提供的便利】地主会借给佃户除租地之外，比如房子、院子、水井、马饲料等东西吗？＝不借。

没有大农具、耕畜等这样的佃户很多吗？＝和自耕农相比要多。

没有大农具、耕畜的佃户会在租佃开始时，和地主谈论有关借用的事情吗？＝几乎没有。只借土地。但是必要的时候也会借，不过不会借一年。借用时期非常短。

一般佃户是从谁那里借大农具？＝从亲近的人那里。

佃户向地主申请借用农具时，地主应该借吗？＝不借也行，佃户要是想要使用碾子的话，在地主空闲时就能借到。

以前地主和佃户很亲近，双方经常有借贷是吗？＝和今天一样，没变化。

地主借给佃户农具时，大概借什么，借多久呢？＝不一定，但是没有借一年的，如果是一天之类的，就可以借。

地主用完碾子之后，佃户能优先借到吗？＝根据申请的顺序，不能优先。

在村子里借到碾子等大农具后，要谢礼吗？＝从以前开始就不。

我想听听有关牛马的借贷。＝和碾子一样。

地主把牛马的粪给佃户吗？或者便宜地卖给他们呢？＝没有。

有没有不给粪，给几石玉米的事？＝没有。

种子的借贷如何呢？＝种子的话，佃户一般自家都有，不从别处借。即使要借，也会从关系好的人家借。

地主把牛马借给佃户时，谁负责饲料呢？＝佃户用自家的草喂养。

没有时怎么办呢？＝也有从地主那里免费拿到的，但不是绝对的。

村长家有什么牲畜吗？＝一匹骡子、两匹马。骡子是村长买的。马是哥哥、弟弟每人买了一匹。他们三人共同使用。各自买自己的饲料。

佃户有从县城借马的吗？＝有。

什么情况借呢？＝邻居、亲戚们忙的时候，自己借不到的情况。

一天大概多少钱才能借到？＝今年春天一元，夏天一元五角，秋天三元，冬天不借。

这种时候不能从地主那里借吗？＝不是本村，在外村有租借耕畜的。农忙时和从县城租借时租借的金额是一样的，但是空闲时是免费的。

佃户借了地主的耕畜，作为回报要去地主家干几天活吗？＝有这样的。

以上情况下必须得去干几天活吗？＝不去也行，是自发地去。

因为借出去了耕畜所以让佃户干几天活，有这样的吗？＝没有。

除开这种场合之外，什么时候佃户去地主家干活？＝地主让佃户去帮忙时。

地主经常让佃户去帮忙吗？＝虽然不怎么说，但是也不是不说。

这种时候，佃户一般会去吗？还是说必须要去呢？＝虽然不是必须要去，但是如果变得忙起来了要去，自发地去。

没有以上的农具、耕畜、肥料等的时候，佃户为了借这些东西，经常会从地主、邻居、同族、亲友中哪一方借呢？＝亲近的人家，特别是从地主那里借的很少。

伙种时和一般的租佃不同，地主会经常把大农具借给佃户是吗？＝租借并不是惯例。佃户没有时向地主借，但是不是说一定会借的。

交纳金钱和交纳谷物的时候，原则上一般农具是由佃户负担吗？＝是的，地主只租借土地就行。

佃户没有农具的时候呢？＝主要是从邻居、亲近的人那里借。从地主那里借的不多。

从以前就是那样吗？＝是的。

交纳金钱和交纳谷物时，好像是有些区别呢？＝交纳谷物时，因为地主会有很多收获物，比起交纳金钱的时候借得更多。

最初约定的时候，会商量有关农具的事情吗？＝不会。佃户会在那时进行交涉。

地租会因为佃户是否从地主那里借农具而变化吗？＝不影响。

佃户如果丢失、损坏从地主或者熟人那里借来的农具时，要赔偿吗？＝不用。

损坏后无法修理时怎么办？＝没有那样的。

像犁杖的铁的部分掉落时，怎么办呢？＝佃户买了之后修理。

佃户会特别修理从地主那里借来的农具吗？＝从以前就没有。

地主会借给佃户场地吗？＝很少借。

那从谁那里借呢？＝免费从亲近的人家借。

佃户经常租借场地吗？＝不怎么借。大概是在院子里打粮食，在院子里打谷物时，不使用骡子、驴。佃户没有打谷场时，不会借很多土地。

地主有给佃户的驴饲料吗？＝以前就没有。

那从谁那里买呢？＝不用买。一点点从县城里买（地主也会一下子买来囤积）。

地主有把用来做燃料的草免费地给佃户的吗？＝没有。

地主有只让佃户自由地采土的吗？＝没有。

租佃的时候，谁应该负担种子呢？＝佃户。

伙种的时候也是这样吗？＝是的。

一部分由地主承担，一部分由佃户承担，有这样的吗？＝没有，地主只管租借土地就行。以前就是这样。

佃户负担播种时候的种子，收获后从地主那里申请种子或者种子的钱，有这样的吗？＝以前就没有。

交纳谷物的时候也是这样吗？＝是的。

肥料的负担关系又是怎样的呢？＝和种子一样。

【地主对佃户身份事项的干涉】特别和地主亲近的佃户会和地主商谈结婚的事情吗？＝不会。

地主会干涉或者指示佃户家比如盖房子、挖水井这样的大事吗？＝不会。

地主家里要是遭遇不幸，佃户一般会去慰问吗？＝是亲戚的话就去，但是关系一般的话，不去也行。

佃户家有婚葬时，地主不来吗？＝不是亲戚不会来。

如果地主来了的话，会被当作正宾一样，坐在高位上招待吗？＝虽说是地主，但是不会去坐高位。

【地主对佃户的救济】地主会在灾害时积极提出救济事项吗？＝不会。

【地主佃户间的赠品、聚餐】伙种时，地主会在收获时去看租地吗？＝是的，大都会来。

地主会带特产、酒什么的给佃户吗？＝不会，是空着手的。

佃户们在地主来的时候，会准备酒食招待吗？＝有准备一人多份的。不会拿酒，和平常饭菜一样。

丰年的时候不同吗？＝相同。

其他方面，地主和佃户主办宴席或者一起吃饭是什么时候呢？＝没有这样的，丰年的时候也没有。

从前有佃户把蔬菜、水果献给地主的吗？＝没有。

鸡蛋、鸡之类的呢？＝没有。

有把时鲜作物送给地主的吗？＝没有特别地送给地主的。关系好的之间才送。这叫送礼。

【佃户对地主的劳力提供】佃户会对地主自耕地进行施肥、收获、搬运吗？＝不会。

以前呢？＝一样。

如果来召唤就去吗？＝因为地主和佃户农忙期是一样的，所以不会来叫。地主还不如去雇佣短工。

佃户会去帮地主的自耕地看青、防水等事情吗？＝没有。看青是青夫来做的。

地主家盖房（建造房屋的意思）时如何呢？＝并不会特意地去，倒不如会请些村民去帮忙。

地主家粉饰墙壁、修理炕、割杂草等的情况时怎么样呢？＝一样。

佃户的家人会去帮地主守家、清扫、喂养、洗衣物之类的吗？＝这些事情和佃户无关。

但是一年里不会做个一两次吗？没有一两个这样的例子吗？如果有这样的话，那时的工钱又是多少呢？＝没有。不需要工钱。

除农业以外，佃户会在什么场合下帮地主工作呢？＝没有。

地主家里遭遇吉凶的话，又是怎么样呢？＝这个虽然是互相帮助，但也不是说佃户必须得去。

上述场合，实际上是佃户去帮助吗？＝是亲戚的时候去，其他人的话几乎不去。

地主来叫佃户时，如何呢？＝虽然来叫就会去，但是不会自发地去。

那时，钱怎么算呢？＝免费地干活。

以上是在地主和佃户都是同村村民的时候吗？＝是的。

在望泉寺的地主家，本村佃户会因为农业以外的事情而被叫去帮忙吗？＝完全不会。

经常会在中国听到佃户有时送给地主鸡什么的，在本地如何呢？＝以前就没有。

佃户在借钱时，首先会去哪里借呢？＝亲近的人。

以上的情况，不会去地主那里吗？＝不怎么去。

从地主那里借的时候，比其他地方的利息要低吗？＝一般都一样。

贫佃户为了交地租而没有钱了，有从地主那里借粮食的吗？＝不怎么有。

佃户从地主那里借了钱、粮等，会以免费地替地主干活来代替吗？ ＝没有。

【佃户、雇农的社会地位】一般佃户和雇农谁会在村子里被轻蔑呢？ ＝雇农。

长工和短工呢？ ＝长工和短工在同一家工作时，虽然短工会听从长工的命令，但是地位一般是一样的。

特殊的租佃

应答者　杨泽、杜祥

【典】主要是出典给什么样的人呢？村内、村外哪个多一些？ ＝村内外都有。很多都是出典给农村的有钱人。

给商人如何呢？ ＝最开始不出典，不能返还借款时，才开始典卖土地的比较多。但是这个和前者相比，比较少。

去当铺典卖吗？ ＝从以前开始，就不典卖给当铺。

出典给官吏吗？ ＝有这样的，但在本村很少。

同族之间如何呢？ ＝有。

佃户有出典给地主的吗？ ＝有。

【承典地的耕作】典主一般怎样处置典地？ ＝自己耕耘，不借给别人。

有租出去的情况吗？ ＝本村没有，县城或其他村有。

可以租出去吗？ ＝没关系。

在什么情况下可以租出去？ ＝典主没有务农经验时。

这种情况在县城里多吗？ ＝因为县城里也有很多农户，所以这样的例子不多。

典主主要会租给什么样的人？ ＝诚恳的人。

典主把地租给他人时需要地主的同意吗？ ＝不需要。

【出典租佃】有典主借给出典人的吗？ ＝有。虽说"卖马不离槽"，但是从以前开始在本村就没有过。

"卖马不离槽"是什么意思？ ＝出典或者是贩卖的时候，原来的所有者又再次使用。

以上场合，要订契约吗？ ＝不用立文书。

典的时候一般要立文书吗？ ＝是的。

典租佃时要往文书里写什么吗？ ＝不用，只是口头上。

是借给出典人吗？还是把出典人当作雇农来雇佣呢？ ＝借给他。

那约定什么样的事情呢？ ＝地租的事情。

一般情况下地租是如何呢？ ＝虽然说完全一样，但是在本村不这么做，所以不太清楚。

以上场合，你知道田赋的负担关系吗？ ＝出典时，虽然大体上地主依然负担田赋、摊款、青苗钱，但是根据情况也有地主、典主双方负担的。"卖马不离槽"的时候，地主负担。

【承典地的耕作】典主自耕和让其他人耕作，这两者之间的比率是多少？＝前者占八成，后者占两成。

在本村有符合这样的土地吗？＝没有。

以前是怎样的呢？＝有过，年代、姓氏不详。

以前要比现在多吗？＝即使有过，也很少。

典主什么时候让别人耕作呢？＝典主是有钱人的时候很多。

在其他村子里没有这样的例子吗？＝好像梅沟堂的有钱人刘殿祥把土地典出去耕作，具体的就不知道了。

以上的刘家的地在租佃不就是原来的地主吗？＝虽然不是很明显，但是可能是这样。

【典租佃】原来的地主耕作叫什么呢？＝"卖马不离槽"。

卖是什么意思？＝并不是卖的意思，是典的意思。典地以外，都不叫卖马不离槽。

"卖马不离槽"在本村有吗？＝以前可能有，现在没有。

【共同租佃】有两人或者两人以上借同一块地的吗？＝有，有两三个人一起去请求的。

那是在什么场合下才有的呢？＝空着的土地一处有三十亩，有两三个希望租佃的人的话就会去地主那里租借。

以上场合，两三个人一起借所有的，还是三人各自租借自己的呢？＝一起借所有的土地。

借方谁来设立责任人或者代理人呢？＝不设立。大家一起借。

没有介绍人吗？＝有时候有，有时候没有。

把借来的土地进行耕种、播种、施肥，会决定各自负责的面积吗？＝不决定，一起劳动。在出种子、肥料、耕畜、农具、人力等的时候的比率是多少？＝各自平摊。

因为贫富在农具、人力等方面有差距时怎么办呢？＝贫富差距大的时候，从一开始就不会共同耕种。因为都是在相同程度的人家之间才这样做，农具、人力、耕畜等大体上是进行平摊。

虽然在别的家里有耕畜，但如果没有时怎么办呢？＝没有家畜的人家多出人力。

每天都交替耕作吗？＝每天各家都去耕作。

收获时怎么分呢？＝均分。

提前交纳钱和伙种哪个多些呢？＝提前交纳的多。

地租的负担呢？＝这也是平均地交纳。

是一起收集后让代表者去交呢，还是每个人自己直接去呢？＝有介绍人的话，有交给介绍人的，也有各自交给地主的。并没有特别地选出代表去交地租。

青苗钱以及其他的经费的负担又是怎样的呢？＝均分负担。

共同租借土地时是上等地还是下等地、地租是高还是低呢？＝地虽然不一定，但下等地较多。地租也不是特别高、特别低，一般水准。

共同耕作的地主里官吏、商人之类的多吗？＝不一定。

这种共同租佃的从以前就有吗？＝在本村从民国初年开始一直没有，从民国二十四年、民国二十五年才在本村开始出现。

谁的土地呢？＝去年，顺义人王书平的土地（在河的附近）被杨明旺和杜复新借去了。

你知道其他的么？＝不知道。

以上的土地的租佃条件是什么？＝只要去问本人就会知道。小中河左右的下等地，十八亩十四元。这若是一个人借的话，会多出一寸来，所以两人商量着互相负担。

以前没有这种借法而是新出来的借法吗？＝是的。

那是本村里的事情吗？在附近以前没有这样的吗？＝在附近也不怎么有。

雇　农

应答者　杜泽、赵廷奎

【不同面积租地所用的雇农数】不同面积所需要雇佣佃户的人数为多少？＝没到三十亩春天（盆地、播种），夏天（除草），秋天（收获），冬天时全部不要。三十五亩时春天使用两个工人，夏天两个工人，秋天六个工人。四十亩时使用一名半长工。五十亩使用长工。

【本村的长短工】本村人历代雇佣长工短工的人数是多少？＝

民国年份	长工数	短工数	
一年	10（外村人）	7、8（本村人）	4、5（他村人）
五年	10 余 9（外村人 6、7，本村人 3、4）	7—8 同上	1、2 同上
十年	10（本村人）	10 同上	0 同上
十五年	6—7 同上	20 同上	0 同上
二十年	5—6 同上	15—26 同上	0 同上
二十五年	3—4 同上	13—24 同上	0 同上
二十六年	3—4 同上	10 同上	0 同上
二十七年	3—4 同上	10 同上	0 同上
二十八年	3—4 同上	10 同上	1 同上
二十九年	3—4 同上	15—26 同上	2 同上

（注：大体上民国初年时来本村雇佣农民的人很多，但此后渐渐地减少了。十五年来，雇农不断增多，是因为当时很盛行分家，即便分家也没有土地而成为雇农的人很多。）

本村里雇佣长短工的多数是什么样的人呢？＝自耕农雇佣一两户左右，自己租佃又被雇佣的比单纯的佃户要多。被其他村子雇佣的有三四人。

有一家之长做长工或者短工的吗？ ＝没有做长工的，做短工的有十户左右。

【月工、半长工】长、短工以外还有其他的雇农吗？ ＝月工和半长工。

月工的数量呢？ ＝今年在张瑞家有过一个，现在望泉寺里做月工。

月工的工钱和劳动时间是多少？ ＝从立秋开始到立冬为止大约三个月，在张瑞家三个月是六十元。

本村每年都有月工吗？ ＝即使有雇佣的只有一两家。月工在丰年时很多，凶年时很少。

半长工呢？ ＝从正月到立冬雇佣他们，每隔三天让他们劳动。

半长工多吗？ ＝少。杨永瑞去年做过，但不是每年都做。

【雇农的性别】雇农的年龄和性别是怎样的？ ＝主要是男的，年龄从二十岁到二十五岁的过半数，半数以上带着妻子。也有雇佣一两个月的女工用来洗衣物、缝补等事情。这种情况下不会合农。但是在间隔时，会雇佣女人做短工，不过很少。

【成为雇农的原因】被雇佣的原因是什么？ ＝有因为债务而成为雇农的。在本村没有。或者因为债务而让妻子和孩子去做奴隶，这样的事在北京可能有，在本地没有。也没有因为借了耕畜而做一年长工的。也没有为了还借款而做五六年长工的。

有人为了在老年失去劳动能力时也能够得到照顾，而在年轻时免费地劳动吗？ ＝没有。

【长工雇佣的时期】什么时候雇佣长工呢？ ＝在立冬以后、年底之前这段时间里决定好，在正月七日上工（也有比这更早上工的）。

【雇农契约的文书】以前雇佣长工时会写书面的东西吗？ ＝不会。

短工、半长工、月工的场合呢？ ＝没有。

现在呢？ ＝没有。

只要没有特别的原由就能长年被雇佣的有吗？ ＝没有。

有雇佣男佣、女佣的人家吗？ ＝本村没有，其他村里很少。

【播种】一个男人能播种多少亩呢？ ＝一个人不行。

一两亩地大概几个人花多久来播种呢？ ＝两个人一天就行了。

三亩呢？ ＝二个人一天。

四亩呢？ ＝三人一天。

五亩呢？ ＝三人一天。

六亩呢？ ＝四人一天。

七亩呢？ ＝四人一天。

八亩呢？ ＝五人一天。

九亩呢？ ＝五人一天。

十亩呢？ ＝六人一天。

十五亩呢？ ＝七人一天。

二十亩呢？ ＝八人一天。

播种的时候用牛马吗？ ＝是的。

有一亩地的也会借牛马吗？ = 是的。

【短工的雇佣】雇佣短工的雇佣路径是怎样的？ = 雇佣本村人的时候，雇主会到村里来回询问。那时候不会决定工钱，雇主之后是按照市价支付工钱（在工作了结之前给短工的工钱不明）。在村外找短工时，于日出前去城内塔下。在这里有集市。谈好后，雇主带着短工首先去自己的家，拿出饭食，让他干活。工作结束后，招待晚饭，并且支付工钱。

短工的工钱什么时候支付呢？ = 在村内雇用的时候，大体上是当天工作结束后支付，也有数日之后支付的。没有提前支付的。

【雇农的酬劳】工钱是县里根据季节差别来公定的吗？ = 不是。自然地决定。

长工一年的工钱是多少呢？ = 今年是一百二十元（去年五十元到六十元）。

半长工呢？ = 以上的一半金额。

月工呢？ = 今年三个月五六十元左右。

短工呢？ = 春天五角、夏天一元、秋天一元二角、冬天五角左右。秋天因为忙着收获，所以较高。

长短工是在自己家吃饭还是带饭吃只劳动呢？ = 从以前就没有。

保证衣食住行，有事还会给些零花钱，有这样的雇佣方式吗？ = 没有。

不给金钱用其他东西来代替的有吗？ = 没有。

有让做农活、家事（包括做饭、洗衣服）等的人家吗？ = 没有。

以前有用鞭子使唤雇农？ = 没有。

雇农在被雇用时要告知村公所、警察、县里自己的姓名等事情吗？ = 不用。

【长工的假日】长工的休息日怎么样？ = 伏暑时休息十天左右。半长工的话是五天，其他是五月三日和五日休息。同时自己家里有吉凶之事的时候休息。庙会的时候休息。

【因退工而返还的工钱】长工随意地休工时怎么办？ = 雇主通过中间人按日计算，让其返还已付金额。

因生病而放弃的呢？ = 病好之后，再次返回雇主那里工作。不能劳动时不用返还支付的金额（疗养中的药费由长工负担）。

因病休工的时候，不用派遣代理人行吗？ = 不用。

雇主一方随意地让其休工的时候呢？ = 不用返还工钱。

雇主、长工协议的时候呢？ = 没有让其返还一部分工钱的。

半长工的时候呢？ = 和以上相同。但是半长工因病而休工半年左右时，有按月清算的。

【长工等级】一家里有好几个长工时，他们之间有等级吗？ = 大头的最有权力。接下来是二头的，随活儿的（十八岁左右的很多。虽然能独自从事农务，但是服从大头的命令），小半伙儿（十四五岁，不能独立从事农业的），是按照这个顺序的。

在本村谁的家里是这样的？ = 只有张瑞一家。

在其他村子里多吗？ = 少。梅沟堂有一家。

作为长工的见习免费雇佣吗？ = 今年是十元左右（明年不给二十元就不会来吧）雇来

的。

以上的情况叫什么？每年都给工资吗？＝叫小半伙儿。根据才能，一年涨一两元。

商品作物　地主和佃户间的纷争　公会地　养老地

应答者　杜祥、杨泽、张永仁、李濡源的儿子李广志、刘悦勤（沙井村小学老师）、赵廷奎

【商品作物】什么作物以前没有但是现在有？＝没有这样的。

有什么作物以前便宜、现在价格高了？＝没有。

在光绪年间有棉花、烟草吗？＝棉花以前在其他村子有过，但是本村没有。如今也是一样。因为本村土地质量不好，无法收获。有过烟草。

烟草的种植在以前和如今是怎样的？＝数额极其少，而且还不变化。

【新作物的试种】在本村里有谁机智头脑敏锐呢？＝赵绍廷最聪明。

在什么方面聪明呢？＝他做各种事来挣钱。

在农业上有种植过新作物吗？＝没有。

为了追求利益，佃户会考虑种植新作物的吗？＝没有。

富人和穷人在作物或者播种量上不同吗？＝一样的。

【本村主要作物】玉米以前就有吗？＝黄、白色玉米以前就有。

种植比例不变吗？＝不变。

谷子呢？＝和玉米一样。

高粱呢？＝民国二十七年之前是高性高粱，但是因为治安关系被禁止，现在很多是口高粱。这是矮性的。以前没有。

豆类呢？＝和以前一样。

上述的作物或者其他的作物，有改良种吗？＝没有。

【农会、合作社】有农民加入的农会吗？＝没有。

事变之前有合作社吗？＝没有。

新民合作社会指导关于改良农作物的事情吗？＝不会。

有农产品品评会吗？＝由县公署主办，自民国初年开始每年一度在县城的学校里举办。因为本村土地质量不好，又没有什么特产，所以没人去展销。

【地主的指定作物】有地主规定让佃户种植某种作物的吗？＝提前交钱的时候没有，伙种的时候有。

有地主不让种植的作物吗？＝没有。

种植麻会使土地恶化吗？＝没关系。

伙种的时候，棉花的价格很高，所以让佃户种棉花。有这样的吗？＝有。

伙种的时候，谁来决定种什么？＝原则上是地主决定、佃户服从，但是由于地主不同，也有完全交给佃户的。

地主会倾向于选择收益多的作物吗？＝好像要和佃户商量。但是在本村，因为从以前就决定了可以耕作的作物，所以虽说是伙种，作物也是不变的。

地主会劝佃户耕作新作物吗？＝以前就没有这样的事。

有根据地主的愿望，种植和以前不一样的作物吗？＝在本村不怎么有。在其他村子里有种棉花和烟草的。

【商品作物】现在没有，以前有过的作物是什么？＝没有这样的。

现在在耕作以前没有耕作过的作物是什么？＝白玉米是从十五年前开始种植的。以前没种过。

附近一带也是这样吗？＝是的。

是因为白玉米的利润很多，所以才种植的吗？＝是的。

之前种的是什么玉米呢？＝黄玉米。

种植白玉米后，就不种植黄玉米了吗？＝两种都种。后者更多。

种植的比例是怎样的呢？＝不明。

除了种植黄玉米的土地之外，还在其他的地里种植吗？＝不是，在原来的旱田里种。

为什么白玉米的利润更多？＝颗粒又大又多，能卖高价。种植起来不费功夫。

谁先说要种白玉米的呢？＝不明。大家都在种。

白玉米的种子从哪里来的呢？＝从县城来的。

种子从什么路径来的呢？是从天津来的吗？＝不清楚，可能是外国产的。

白玉米之所以能卖高价，是因为在某处粉产业非常发达吗？＝县城里虽然有一两处粉厂，但是规模小，所以并不是因为这个使得它能卖高价钱（粉厂规模小，白河以东在哪个村子都有。叫作粉房）。

除此之外，现在有但是以前没有过的作物是什么？＝民国元年大果实的落花生大量地进入。以前虽然有，但是果实很小。

为什么种植大的花生呢？＝大的花生果实又大又甜，又卖得很俏。

有谁只种花生吗？＝没有。

落花生的种植面积有增减吗？＝以前落花生很少。

有其他的像上述的那样的作物吗？＝高粱以前也很少。其他的都没有变化。

以前有过，但是现在没有的东西是什么？＝没有这样的。

以前只在本村有，其他村子里没有的作物是什么？＝没有。

现在只有本村有，其他村子里没有的作物是什么？＝同上。

以前在本村没有，但在其他村子里有过，在其他村子种植很多的有哪些？＝水稻、西瓜、果实。因为土地贫瘠，所以本村无法种植。

现在虽然本村没有，但是在其他村有的作物是什么？＝和之前一样。

蔬菜的种植面积在以前和现在是如何的呢？＝以前和现在没有太大变化，但是还是有些减少。

以前的主要作物，现在有变成次要作物的吗？＝没有，以前黄玉米和谷子就是主要作物。

【地主和佃户间的纷争】佃户和地主之间经常有纷争吗？＝完全没有。

地租好像是每年都上涨，佃户会因此抱怨地主吗？有与地租上涨有关的纷争吗？＝没有纷争。

因为抱怨后地主就不会租借土地，所以不抱怨。

佃户不守约，或者地主强制收回土地、缩短期限之类的，不会引起纷争吗？＝不会。

因地主和佃户合不来，地主向佃户提出无理要求之类而吵架的例子有吗？＝没有。

地主们或者佃户们会集中起来商量事情吗？＝没有。

佃户因为水灾等困难会向地主求援，或者因为共同利益而商谈，或者去县长村长那里请愿，有这样的事吗？＝没有。

什么情况下会起争执呢？＝不知道。

地主和佃户之间有打过官司的吗？＝没有。

佃户从地主那里借来耕畜而造成了损害时，没有引起纷争吗？＝没有。

以上两种情况下，应该由佃户赔偿吗？＝虽然如果是肆意弄坏的应该赔偿，但是没有人赔偿吧。

同样地自然损坏的时候呢？＝不用赔偿也行。

不管是多么贵的东西吗？牛马也行吗？＝是的。

即使是过了租佃期限，佃户自然努力着继续耕作，发生过这样的纷争吗？＝没有。

地主假如要求要增加收取的地租额呢？有这样的事情吗？＝没有。地主不能这样要求，也不会这样要求。

佃户反对地主的命令损坏了租地内的房子，假设因为这个起了纷争，这个时候，谁来仲裁呢？＝有时候是村长、会首来仲裁。

有特意地叫来介绍人让其仲裁的吗？＝没有。

佃户应该赔偿的东西，却要求介绍人赔偿，有这样的事吗？＝没有。

在这种场合下，为了让其承担责任才设立介绍人吗？＝不是，介绍人只是在最初起介绍作用。

以上的仲裁不能解决纷争时，当事人怎么办呢？＝地主直接起诉佃户。

介绍人不会被起诉吗？＝会被起诉（?）[1]。

介绍人不会被叫到受审处审问吗？＝不会。

以前的事情暂时不管，我想了解有关佃户纷争的例子？＝没有。

其他村子也行，有没有地主和佃户之间发生暴力行为的事情？＝没有。

【农民协会】以农民为对象，国民党有哪些运动？＝民国十七年（北伐完成后）在现在新民会的地方成立了国民党县党部，农民协会就安置在那里。

农民协会的指导者是谁？又做了哪些事情呢？＝河南村人杜子香，协会什么也没做。

农民协会的人来村子里没说什么吗？＝没有。

农民协会没有做把佃户团结起来之类的事吗？＝不做。

---

〔1〕　译者注：原文如此。

　　杜子香那之后在做什么？＝事变后，成为了匪贼，前些日子被抓来进行了处罚（好像相当有威望）。

　　农民协会一直持续到何时呢？＝成立后，立刻解散了。

　　有可疑的人来发传单、贴告示之类的吗？＝没有。

　　有煽动佃户们团结起来对抗地主的事情吗？＝没有。

　　在这附近有八路军吗？＝没有。

　　【公会地的租佃】公会地在哪里，有多少亩？＝有两处，分别有十亩和六亩。

　　什么时候进行投票？＝每年大体是八月末。

　　怎么通知村民呢？＝不进行布告。杨永才一家一家地通知。

　　要通知全村的村民？＝主要是通知多少有些地的人。但是没有地的人来参会，也不会被拒绝。

　　以什么顺序来投票吗？＝意向人聚集在村公所，给有意者分发纸。意向人写下姓名、地名、地租额，放在村子面前。村长看过以后，当场决定高额投票人。

　　有外村的意向人时如何？＝不可。

　　意向人都是比较贫困的人吗？＝有很多土地的人也可以。

　　女户主也可以吗？＝可以。

　　一户里能有两名意向人吗？＝一户一人。

　　公会地的租佃意向人有几户？＝六亩地十五户。

　　公会地的租佃期限是怎样的？＝从以前就是一年。

　　【香火地】以前有和尚吗？＝有过。

　　和尚有私有地吗？＝没有。

　　庙里的私有地叫什么？＝香火地。

　　上述的有什么缘故吗？＝信徒捐赠的和本来的庙地，前者更多。

　　知道捐赠者的名字吗？＝王书旺的地全部都捐赠给寺庙了，其他的不明。

　　【养老地】在本村内有几户有养老地？＝大约五户。

　　养老地是为了什么而设立的呢？＝为了养活老去的父母以及用来充当丧葬费。

　　原来养老地是每家都应该有的吗？＝是的，但是最近几年土地变少，所以养老地也减少了。

　　民国初年有养老地的人家有几户？＝不明。

　　在什么场合下设立养老地？＝父母健在而分家时，留下一部分地作为养老地。

　　那部分土地归谁所有？＝父母。

　　除分家时候以外有设立养老地的吗？＝没有。

　　田赋由谁来交？＝以父亲的名义。

　　父亲去世的话呢？＝母亲。

　　在父母生前不能卖养老地吗？＝不行，父母去世后可以。

　　父母死后一定会卖吗？＝家里有财产、丧葬费足够的时候，没必要卖。

　　没必要卖的时候归谁所有呢？＝分家的每户平分。

那归属于谁呢？＝户主（长子）。

假如父母住在次子那里时呢？＝次子耕作。

以上两种场合，父母的生活费、各种经费的负担怎么办呢？＝一般是所住的一家全部负担。也有让分家各户交替负担生活费的。

父母健在时，所有地只是养老地时，父母居住的那家人也耕作吗？＝养老地拥有相当的面积时，只是父母耕种。家里其他人只耕种所属地。

父母把养老地租给别人耕作时，能自己做主吗？＝必须和分家各户商谈。

分家各户的户主反对时，就不能租出去吗？＝是的。

父母所居住的一家人耕作养老地时，要向父母交地租吗？＝有交纳的。不一定。

没跟父母居住在一起的孩子耕种养老地时，地租如何呢？＝一定要交地租。

父母会从地租里拿出各种经费交给所居住的一家吗？＝不会。

（注：刘先生（小学老师）的家（望泉寺）有父母，养老地是十五亩。）父母在最初每三天在分家后的子女那里吃饭。现在是每月去一次。

【旗地】有未整理的旗地吗？＝有。

原来的主人是谁？＝钟杨宅、松宅等。

本来是一年一年地租佃吗？＝不是，是长年耕作。

以上的长年租佃最初有契约书吗？＝有。

什么时候立约的呢？现在有吗？＝现在有。时间不明。

契约书叫什么呢？＝租票。

在契约书里约定什么呢？＝没有期限。写着所在地、面积、租户的名字。租户名字是最初借地人的名字，之后的变动没有记载。如今有的都是几经周转的东西。

在这种土地里，有三十年、五十年之类的记录清晰的内容吗？＝没有。

地租大概是多少呢？＝不清楚，但是非常便宜。

什么场合下丧失长期租佃权？＝卖的时候，滞纳地租时（只要交纳地租就能永久地耕作）。

有被夺取永久租佃权的人吗？＝没听过。

整理过的旗地的原来主人是谁？＝不明。

以上现在是谁持有？＝民家。

整理手续如何？＝本地的旗地大都是民家经由周庄头所买，但是，周庄头并不是把原来的旗地买来进行分让。官产处叫来周氏，让其通报所管理的土地并转让。传统的佃户纷纷购买那些租佃旗地。

【一田二主】本地地主的仆人是归地主所有，土地的表面是长期租佃的佃户所有。有这样的吗？＝没听说过。

地主换了几回，佃户不变。有这样的吗？＝没有。

1941 年 3 月

（华北资料惯行调查资料第 27 辑 1）

租佃篇第 5 – 1　河北省顺义县沙井村
　　　　调查员佐野利一
　　　　翻　译刘俊山

3 月 7 日

租佃概况

应答者　杨泽（沙井村会首）
（杨泽在村内是个做事认真的农民，是本村有势力的杨氏一族的一员。总共有 35 亩地，是村子里的有势力的人之一。）

【种地户】在顺义借他人的土地来耕作的人叫什么？ ＝种地户。

种地户是指种地的人还是指种地的一家？ ＝不是指人。

平时用种地户这个词吗？ ＝用。

【地主】把土地借给别人的人叫什么？ ＝地主。

从以前开始就是这么叫吗？ ＝是的。

【租地】借土地叫什么？ ＝租地。

知道花户这个词吗？ ＝虽然不太清楚，但是好像是指耕种旗产的人家。

在这里种地户只借土地吗？ ＝只借土地。

能把农具和家畜，马、驴肥料等作为土地的附属，从地主那里借吗？ ＝完全不行。

【交钱租】租地的地租是钱还是收获物？ ＝现在都是钱，从前在光绪年间好像也有交谷物的。

20 年前呢？ ＝也是交钱的多。

在这里交钱的，提前交付的很多吗？ ＝全部都是提前交纳，但是交谷物时是后交。

从以前开始，交钱时就是提前交纳吗？ ＝是的。

交钱时在这里叫什么？ ＝交钱租。

【伙种、伙耕】听说过捎地、包种之类的词吗？ ＝虽然没有捎地这个词，但是有伙种。谷物收获时对半分。

【交粮地】包种呢？ ＝有。叫交粮地。虽然在提前交纳和后期交纳都有，但是在现在都非常少见，一般是大家交钱。

在这个村子里交钱和交物的比率是什么？ ＝交物的连十分之一都不到。可能是百分之一吧。

【伴种、分粮】知道伴种和分粮吗？ ＝虽然知道意思，但是在这里不使用。

【分利谷、分收由、分花制、分股子】分利谷、分收由、分花制、分股子等词你听过吗？ ＝和以上一样知道意思，但是在这里不用。

【口头契约】借地时立契约书吗？ ＝口头决定。提前交纳、后期交纳时都不立。

但是在伙种地里有吧？ ＝没见过，也没听说过。

以前是怎样的呢？ ＝我认为以前也没有。

没有契约书，佃户不按照约定交粮食时，拿什么作为证据让他交粮食呢？ ＝佃户在哪里租佃大家都知道，也已经在村公所报备过了，所以没有契约书也能让他交纳。

大体的事情会让你们知道，但是像地租的金额呀、比率等呀，你知道吗？ ＝因为原则上是对半分，所以不会出现那种问题。

【出典地的租佃】出典地一般是谁在耕作？ ＝承典人的自由。

承典人不和出典人商量，自由地让别人来租佃可以吗？ ＝可以。

典地和所有地在出租租佃时的手续有什么不一样吗？ ＝没有什么特别不一样的。因为租佃的契约是一年一年的，所以不会出现问题。

在租佃契约里最重要的是什么？ ＝地租及其交付日期。

【契约的时期】契约的时期呢？ ＝阴历八月、九月、十月。

【地租交纳日期】约定的时候就立刻交纳地租吗？ ＝如果是好的土地一定想要借的话，就要早点交钱。不想借的话就延期交。

有先只交一部分的吗？ ＝有。

那时余额的交纳期限就截止了吗？ ＝因为平时交地租的日期已定，所以默不作声。不会拖到来年。在一两个月内一定会交。

【定金】有交定金的吗？ ＝有，通过介绍人交付。交了首付，就不能变更。

已经交过定金，但是地主又借给别人，能够反对吗？ ＝会起纷争。能够废弃新的约定。是不合道理的。亲戚朋友不能那样做。

【指定农作物】交纳金钱的时候，地主会指定作物吗？ ＝不会。完全是佃户的自由。但是在旱地里的作物大都是定下来了。

伙种的时候怎么样？ ＝这时候要商量。不商量的话就不叫伙种。

3月8日

租佃概况

应答者　张瑞（沙井村会首、副会长）

（张瑞是村内最大的土地所有者，大约有130亩地。现在作为副村长，是村里最有势力的人之一。他不进行出租租佃，雇用长工、短工，全部是自家经营。一方面，他在冬天三个月内作为蜜供的头目，统率村内的三四十个年轻人，出入于北京的商铺之间，听说获得非常多的利益。他好像拥有农民和商人的两种性格。）

【一家人必要的土地】五口之家需要多少土地才能生活？ ＝需要 25 亩地，全家五人都劳动。

一个男人能耕作多少呢？ ＝25 亩左右。但是忙的时候，要雇用工人。一年必须雇用 10 天。在本地，这种时候每年只有一次。

【伙种】为什么进行伙种？ ＝因为地主也有家人，也需要谷物。

对其他人来说，谷物也是必要的吧？为什么要让佃户交钱？ ＝因为许多拥有土地的人不用操心农事，所以让佃户交钱。

大地主可能是这样，那村里的小地主怎样呢？ ＝不一定。也有想要钱的（注：以上的三个问题没有和农民进行讨论）。

伙种以外，要交纳其他的东西吗？ ＝没有。

在其他村子里伙种多吗？ ＝交钱的很多。八个月劳动，剩余四个月就变得空闲。

【肥料】上述的情况需要多少家畜？ ＝一头驴就足够了。

一头驴产的肥料够吗？ ＝加上一两头猪，我认为也足够吧。

用化学肥料吗？ ＝不用。不够的时候买粪。而且如果是 25 亩地左右的话，就不需要。

给驴吃什么？ ＝麦秆儿和稻秆儿。让驴劳动时，给它吃高粱或者是黑豆。高粱一天四斤半左右就行了。除此之外给草秆。

这个村子里有多少伙种地？ ＝（答案不明）。

【地租预缴】也有后期交纳地租的吗？ ＝没有。大家都是提前交。

不能后交吗？ ＝因为不知道能否收到地租。

【租地的作物】租地种什么作物都行吗？ ＝是的。但是不能种植两年生、三年生的作物。

两年生、三年生的作物都有哪些？ ＝不包括谷物。

地主能指定作物吗？ ＝不能。

伙种的时候怎么样？ ＝商量后，种植适合土地的作物。

【租帖】从以前开始伙种，也制作租帖吗？ ＝从以前就不制作。

【契约的时期】以前契约是在春天签订的吗？ ＝秋天。

【中介人】中介人是谁都行吗？ ＝是的。有时有，有时没有。

在村子里有固定下来让某人做这种事的吗？ ＝不一定。

中介人在这里叫什么？ ＝并没有规定名称。叫中人、中保人、说合人等。

【佃地租额】本村今年各个等级的地的地租是多少？ ＝上等地地租十元。中等地五六元。下等地三四元。

租佃的时候哪个获利？ ＝上等地。

从十元地租的土地种出的谷物全部卖掉的话，有多少钱？ ＝上等地除去地租就是十五元左右，中等地从十元到十五元，下等地十元左右。

上等地里一般种什么？　＝黄玉米、粟、大豆。上等地一般不种麦子。

上等地剩余十五元是指支付完青苗钱、肥料等后所剩下的吗？　＝是的。

【青苗钱】青苗钱每亩多少？　＝种麦子时要交两回。

村子里需要钱的时候，以青苗钱为名义收取吗？　＝是的。

村里的青苗钱总额是多少？　＝1300 元左右。五月麦子收获时，200 元左右（麦收时的青苗钱）。

青苗钱有剩余怎么办？　＝因为钱都是从商店等地方借来的，支付之后没有剩下的。

所借的商店是固定的吗？　＝从村长知道的店里借。两家、三家都行。

【佃户数】在这个村里把地出租进行租佃的人多吗？　＝没有。

这个村里把土地租给佃户的人多吗？　＝没有。

有从城内或者其他村的人那里借土地的人吗？　＝有。

有几户呢？　＝每年都变化，不知道。

【青苗钱的用途】青苗钱在村子里主要用来做什么？　＝用到学校的费用最多。

大概要花多少呢？　＝不清楚。

作为副村长不知道的话，是不是会很麻烦？　＝学校的事情，会和其他三个村子的村长商量。

一般花多少呢？　＝大体上 1000 元左右。四个村子按照户口比率来出。各个村子根据耕作亩数的比率来填充。

这个村子负担多少呢？　＝250 元左右。

警察费呢？　＝不太清楚。

招待费很多吗？　＝不多。

县里的官吏、巡查的接待费是多少？　＝不清楚。账本里有记录。

【青苗钱的支付者】青苗钱的负担者是耕作者还是地主？　＝耕作者。

出典地的青苗钱呢？　＝也是耕作者。

【青苗钱的金额】以前是地主出青苗钱吗？　＝以前和现在一样。民国初年有过 5 钱左右的。

民国十七八年的时候呢？　＝20 钱。

【新斗和旧斗】那时候小米一斗（大斗）多少钱？　＝1 元三四十钱。现在用小斗 3 元50 钱（小斗是大斗的四升四合。小斗说成新斗也行，小斗 14 斤半。大斗 31 斤）。

现在一般是新斗还是旧斗？　＝新斗。民国二十四年改的。

【赋役的基准】赋役是以什么为基准征收的呢？　＝根据土地的面积。

按面积比例分配吗？　＝面积多的人负担（注：这里有各种各样的方法。张氏是村里最大的土地所有者。请参考村落的内容）。

【村里土地的减少】在这个村里，土地是以前多，还是现在多？　＝现在变少了。

与 10 年前相比有变化吗？　＝没什么变化，但是 20 年前有十四五顷。

【地粮】地粮有变化吗？　＝因为是同等地别，所以是一定的。用银钱来算每亩 1 分 2、1 分 5、2 分。上等地 13 钱，中等地 10 钱，下等地 8 钱（去年）。

【黑地的青苗钱】黑地也要交青苗钱吗？＝要交。如今没有黑地了（注：实际上有，但是张氏尽可能地隐藏着）。

【旗地和民地的价格】在这里旗地和民地卖价哪个高？＝相同。

在那个村子旗地升科为民地是什么时候？＝只有过一回，是在 10 年前。

升科前，旗地的价格比民地便宜吗？＝一样的。

【旗地的升科】以前是旗地的地方，是用卖契还是推契？＝现在大家都用卖契，以前是推契。

升科的时候，每亩是几元购买的？＝民国二十四年时以 4 元购买。不管地的等级，都是 4 元。

有多少面积的旗地被升科？＝100 亩左右（注：这边完全是胡乱回答，努力地把土地夸大）。

根据记录，那个村子的旗地好像是千亩以上，还有未升科的土地吗？＝还有 20 亩左右。

雍和宫的土地有多少？＝有的话也就四五亩。

是最近来收租吗？＝一向不来。

香火地的租和一般的租是同额的吗？＝是的。

3 月 9 日

杜春的租佃关系

应答者　杜春（沙井村村民）

（杜春大约有 5 亩地，每年耕作 15 亩到 20 亩地。）

【杜春的租地】除开自己的土地还耕种着几亩？＝其他人的地 10 亩。

从哪里借来的？＝县城的何先兰。

10 亩是在一个地方吗？＝是的。

地租是多少？＝10 亩 120 元。

是从什么时候借的呢？＝从去年。

去年也耕作了吗？＝不是，去年秋天借来，今年耕作。

是好的地还是坏的地？＝中等地。

【地租的支付】地租是一次性支付吗？＝是的。

能用自己的钱支付吗？＝是的。

能一次性支付那么多的钱吗？＝如果是 10 元，不足 20 元的话，也能延期一两个月吧。

那个土地前年的地租是多少？＝不知道。

【介绍人】让谁来介绍呢？＝没有介绍人。

直接的金钱交涉会很困难吧？＝因为从之前就是熟人。

租借何氏土地之前，借过谁家的土地？＝没借（这和去年11月的调查不同，同时也和后面的应答不同。没有说谎）。

【雇人】那怎样生活的呢？＝成为雇工、短工。

没有做过长工吗？＝没有。

在哪里工作过呢？＝去县城里给人做家务杂活、挖土等。

去年的工资是多少？＝从30钱到50钱。伙食由对方负责。

如今耕种的土地在去年是谁耕种的？＝不知道。

向何氏说了什么才借到的呢？＝其他人的土地也行，曾受他照顾，拜托他帮忙时，他说自己有，就借给我了。

去年交过青苗钱吗？＝（考虑过后在心里计算）一亩60钱，一共交了3元90钱。

【杜春的租地】前年交了多少地租？＝借了4亩，交了18元。

从谁那里借的？＝县公署地。

有把地借给县里的吗？＝因为那样的土地很贵，所以没有人租借。县里买了以后，把地借给自己人等。

借的时候和谁商量呢？＝村里人一起借，大家一起耕作。

谁去和县里商量呢？＝不知道谁去的。因为借的还是自己原来借过的地。

那些土地在哪里？＝（考虑之后）在顺义县五里外，东边的仓上村。

仓上村的不是县里的土地，而是何氏的土地吧？＝（口齿有点不清）是这样的。

【财政科长的土地】县里的土地是财政科长言绪的土地，有36亩吧？＝原来你知道那个啊。

科长这样说过。＝那样的话，是因为科长应该知道得更详细（显露出自己不想涉及这个话题）。

是什么时候从何氏那里借来的呢？＝前年四亩半（所说的开始前后矛盾了）。

去年短工的总收入是多少？＝一拿到钱就花了，所以不知道。

【地租的筹划】那样的话，120元地租怎么筹集呢？＝卖谷物、打短工存钱之类的。

卖高粱能赚多少？＝20元。除此以外，也卖蔬菜。另外冬天短工能挣四五十元。

然后就把这些钱积攒起来是吧？＝是的。

不喂养马、驴吗？＝有一头驴。

是从何时开始喂养的呢？＝刚满5年。

三四亩地也需要驴吗？＝需要。

借过别人的吗？＝没有。只是在分家的时候借过。

长子有田地吗？＝没有。是短工。

老二呢？＝短工。

老三呢？＝木匠。儿子只有这么多了。

那样就不需要借驴吗？＝把驴当作坐骑借。

孩子们都住在哪里呢？＝长子和次子住在一个院子里。只有老三因为是木匠，住在城里。

以前有土地吗？＝以前没有。

3 月 10 日

租佃契约的形式　租地的受理

应答者　杨泽（沙井村会首）、张瑞（同上）

【户口的增加】二三十年间在村子里增加了多少人家？＝15 户左右。

是因为分家吗？＝是的。

从其他地方移居过来的户数呢？＝3 户。

都是农民吗？＝是的。

以上的是从附近村子来的吗？＝远近都有。

买了地后才来的吗？＝先移居过来，再买地。

是先建造好房子，或者借好房子才搬来的吗？＝来的时候大家都借，现在也有在借别人东西的。

人口的增加呢？＝五六十人。

村里人所有的土地增加了吗？＝没有，一样的（？）[1]。

人口增加了，那出去经商和务农的人也增加了吗？＝增加了。

即使到别村务农的人增加了，村里的人口还是在增加吗？＝是的。

每年都有分家的吗？＝不一定。一年里有个两次，也有两三年、五六年不分的时候。

【作物的种类】因为土地很少，有考虑种新作物的人吗？＝没有。甜瓜、西瓜虽然都是好作物，但是以前就有了。

土地变少了，成为长工、短工的人多吗？＝多。

短工和 20 年前相比如何？＝商店里的杂役很多。

一般得不到耕地的穷人，去打短工的和去商店里的哪个多？＝没有大的差别。

有为了卖给村子而种植的作物吗？＝蔬菜，特别是卖瓜。

没有棉花烟草吗？＝极其少。

现在有吗？＝没有。

鸦片呢？＝没有（实际上有）。

种外国产的玉米吗？＝大概 20 年以前，开始种白玉米。

因为粮食不足，所以用种甘薯来代替粟吗？＝很少种。因为不好储藏，所以不能代替粟。只能保持三个月。

【租佃契约的格式】租借人和借贷人的名字写在契约中吗？＝租借人书写交给佃户。双方的名字都写着。

以上写有介绍人的名字吗？＝是的。

---

〔1〕　译者注：原文如此。

保证人呢？ ＝介绍人兼任。

立字人的名字呢？ ＝写。

制作几份呢？ ＝一份。

保管人是谁？ ＝佃户。

位置也写吗？ ＝写。也写有四至。

作为地租的所交东西，以及交了多少都要写吗？ ＝写。交钱的多。

租借园地的叫什么？ ＝租园子。

契约书叫什么？ ＝租批。

租批是只在园子的情况下设立的吗？ ＝租借颗粒无收的旱地 10 年、20 年时，也设立租批。

能看看契约书的样本吗？ ＝

　　　　立租批人○○○今有园田一段○亩坐落○○亲烦中人○○○说合情愿租与○○○每年○○元○日交如租项不到地准归本主撤回期限○年如期满准许本主收回恐口无凭立租批为证

计开	四至	东至○	南至○
		西至○	北至○
			中保人　○○○
中华民国○年○月○日			立字人　○○○
			代字人　○○○

在村里谁来写证书之类的？ ＝杜祥、周树棠。

在名字下面写十字是什么意思？ ＝不能写字的标记。

有不写十字印的吗？ ＝没有。

以前有过吗？ ＝不知道。

有把旱地借出去 10 年、20 年的吗？ ＝没有。

怎样知道有租批呢？ ＝别的村子里有。其他村子有开垦地等（?）[1]。

他村人在本村有园地，是本村人借的吗？ ＝不是。

在附近的村子里经常设立批租吗？ ＝不知道。

【定金】设立租批，就必须交纳定钱吗？ ＝立约结束后，支付一年的地租。

有定金吗？ ＝没有。

签订租佃契约、支付制作租批的钱，从那天开始就可以自由耕作吗？ ＝虽然能自由耕作，但是大概那年的作物还在地里，得把那个收了才行。

如果租地里有长年生的作物时怎么办？ ＝契约书里写了。

和旧租户的关系在那时会怎样？ ＝旧租户、地主、新租户商量解决。

---

[1]　译者注：原文如此。

【地租的变更】长期租借时，地主中途想要改变地租时怎么办？＝期限不到，不能变更。

【租地的卖出】地主能把长期契约的租地卖给别人吗？＝虽然可以，但是没听说过。

佃户能让新地主遵守之前约定的期限和地租吗？＝可以。按照以前的来。

那新地主能稍微地改变以前的契约的内容吗？＝不能。

租佃契约时，有向村长衙门之类的递交的吗？＝租批的时候不需要。只有典卖时，要往县里递交。

完全没必要把租佃契约告诉别人吗？＝不必要。

【转佃户】佃户可以把租地租给别人吗？＝可以。

能反复地这样吗？＝可以，但是基本没有。

那时候和地主商量吗？＝没必要。

那转借人向谁交租呢？＝原来的佃户。

【中人的责任】把菜园租借出五六年的情况时，这时契约书里的中人在佃户滞纳地租时会代替交纳吗？＝中人不会交纳。但是有责任催促。因为一般是提前交纳，所以这种事不会发生。约定之后，把钱交给中人，再由中人交给地主。

伙种的时候，不交地租时中人会代替交纳吗？＝佃户没有不分谷物的。一定会分。没有中人代替交纳的。没有那样的责任。

中人不能代替交纳吗？＝没有这样的事。

【伙种地的转借】能转借伙种也吗？＝虽然能，但是要地主同意。必须要和原来的佃户商量。

李氏从王氏借来 30 亩，自己耕作 10 亩，剩下的 20 亩借给杨氏。有这样的例子吗？＝有是有，但是本村没有。

这种事情在哪里有呢？以前有吗？＝以前现在都有，但是在哪里不知道。

以上那样很多吗？＝少。以前在本村也有。

【土地的变更】得到地主的许可，佃户挖了水井，返还的时候能让其赔偿吗？＝在旱田里不挖水井。这样的例子我不知道。

租地里有树的时候，佃户能采伐吗？＝不能。谁也不会采伐。

返还土地时，要复旧后再还，还是就那样还？＝根据最开始的约定。大体上是佃户的自由。

往土地里大量施肥时，来年又会给佃户这样的权利吗？＝这完全是地主的自由。

伙种的时候，地主针对佃户，会指定明年的肥料量吗？＝伙种时进行商量。也有双方出的。一般是地主不出。特别商谈时会进行折半。作物的种类一定会商谈。佃户不能自由随意。

【地租未缴】地租提前交纳一部分之后不交纳时，能取消约定吗？＝过了一个月依然不交后半部分时，进行催促。即使是那样还不交返还，之前的那部分取消约定。

但是实际上种植着作物时怎么办呢？＝延长地租的交付期限。

地主不允许延长期限时怎么办？＝商量后想出好的办法。无论怎样都不交付，另外未交付的数额有很多时，去县里申诉。

一般会因为同情而不收回土地吧？还是在考虑后把土地连同作物一起收回呢？＝因为佃户交了一部分，所以不允许地主没收。

那向县里申诉也没啥用吧？＝即使是县里，也不能让地主无偿地没收土地。

【直奉战争】直奉战争时士兵有在沙井村留宿吗？＝只是路过。

（对于相同问题有人回答）？＝不是，住了一晚上。

多少人留宿过？＝100人左右。

让每家每户都各自接纳几个人吗？＝是的。

食物由谁来负担？＝忘了。

所留宿的人家只负担那个吗？＝可能是这样，但是不知道。

在村子附近，有过几次战争？＝只有过一次。在白河附近。

你知道哪方赢了战争吗？＝因为冯玉祥撤退了，所以张作霖胜了。

你是怎么知道张、冯的军队的？＝河向的是冯，这边是张。

以上的军队来的时候，有过什么要求吗？＝什么都没征发（？）[1]。

士兵离开村子时，村里送了多少谷物？＝没送。

【租佃契约书】租佃的契约书由谁来写？＝不写。

持续四五年耕作时怎么办？＝每年修订一次。

园地有六七年的契约时怎么办？＝那时候要写。

是地主写，还是佃户写？＝两个人写。

园地的租佃契约是在一年中什么时候执行呢？＝不一定。

【租地的受理】按照本地的习惯，地主不能没收土地吗？＝只能说这样是没有尽到礼节的。

假如最初的约定是五个月后交纳所有的地租，五个月后让其交纳地租时，地主能连同作物一起，收回土地吗？＝这种情况不允许没收。佃户即使是借钱，也要交地租。

佃户不管怎样都不交纳地租时，地主可以收回土地吗？＝没有这样的事情。佃户只有在说不需要作物时，可以收回土地。

【伙种】租佃的约定（以租地的形式）为一个月后交纳地租，但是过了一个月不能交纳，而作物还未耕种时，有把租地改成伙种来解决吗？＝有。

那约定半年后交纳地租，在那期间作物已经长得差不多了，半年过后不能交纳地租时怎么办？＝地主和佃户商量后，可以进行伙种。

那方法好吗？＝是的，是最好的。

只提前交纳一部分的地租这种事情经常有吗？＝几乎没有。

李注源把伙种地里种瓜所卖的钱和地主折半，这种做法经常有吗？＝白菜、萝卜是按物来分，其他的全部按钱来分。瓜就是那样的例子。

园子以外的有按钱来分的东西吗？＝没有。玉米、粟等都是按照物来分。瓜一定是按

---

〔1〕　译者注：原文如此。

钱来分，萝卜一定是按物来分。

【青苗钱和摊款】青苗钱一年交纳几回？ ＝两回，5（6）月和 9（10）月。

5（6）月的青苗钱叫什么？ ＝麦秋。

9（10）月的呢？ ＝大秋。

除以上之外，村民还负担什么吗？ ＝有摊款。

青苗钱和摊款是不同的东西吗？ ＝是的。摊款是根据产量的多少，青苗钱是根据耕作的面积。

摊款一年要交几回？ ＝不一定。

摊款有哪些种类？ ＝只靠青苗钱不够时就要出摊款。摊款也叫白地捐。

以上是村里商量决定吗？ ＝是的。

只凭青苗钱就可以足够充当寸费时，没有摊款吗？ ＝是的。

摊款的用途要向村民告知吗？ ＝只由村长和会首商量决定。

去年的摊款有多少？ ＝去年没有。

什么时候有摊款？ ＝20 年以前（？）[1]。

现在只有青苗钱吗？ ＝是的。钱不够的时候，借钱来充当青苗钱。

3 月 12 日

租佃期限   公会地、墓地、园地、荒地的租佃

应答者   杜泽（沙井村会首）、张瑞（同上）

【租佃期限】租佃期限从前就是一年吗？ ＝是的。清朝时候不知道。

每年都修订契约吗？ ＝佃户在好的地主那里请求地主更新契约。坏的地主反而要去寻找佃户。因为租佃意向人很少。

【沙井村的租地】在沙井村大体上有多少租地？ ＝在 100 亩到 200 亩之间。

没有土地的户数呢？ ＝5 户左右。

其中耕种得最多的佃户是谁？ ＝张守俊，30 亩。付菊二十二三亩。杜春 15 亩。杜德新、杜复新各 5 亩。

佃户每年是增加还是减少？ ＝渐渐增加。因为在卖土地。

想要钱的时候是出典还是卖呢？ ＝以前出典的很多，但是现在卖的多。因为能得到很多钱。

【长期佃户】在这个村子里，想要持续租佃，是必须要和地主商量吗？ ＝是的。

不和地主商量，默默地耕作的话不好吗？ ＝当然不好。没有那样的人。

一直不和地主商量的话怎么办？ ＝如果到阴历十月为止还没有和地主商谈的话，就认为是不想耕作了。因为大体上契约书是一年的，那一年的收获结束后，契约也就到期了，

---

〔1〕 译者注：原文如此。

双方之间也就没有责任和义务了。

有长期耕作同一块地的佃户吗？＝很少。

今年多施肥，今年和明年两年间就能收获很多作物。以施大量的肥料为条件，设立五六年的伙种的契约，这样地主和佃户都能获利。有这样的人吗？＝因为不能依靠之前那样的，所以没有人这样做。

契约全是一年的话，佃户不会施很多肥吧？＝想要施肥，但是佃户很贫穷，所以不会施足够的肥料。另外也没有必要施能对来年作物有利那么多的肥料。

重新制定租佃契约叫作什么？＝没有什么其他称呼。

【端牵】端牵是什么？＝甲要借地主的土地，乙抢先于甲和地主签订契约。

那种时候要介绍人吗？＝因为是暗中做的事，所以和地主直接交涉。主要是在夜里人看不见的时候进行。

有中介人的话，不会做端牵吧？＝也不是那样。拜托地主和亲密的中介人也行。

端牵在过去和现在什么时候多？＝以前现在都基本没有。

【园地的租佃】园地也能租佃吗？＝有。定年限。一般是五年、八年、十年。

为什么呢？＝根据作物的种类。因为有像韭菜那样，要花数年来培育的。

那样的园地里伙种多吗？＝不一定。

地主把土地卖给别人，新地主可以自由地选佃户吗？＝是的，随便。

有作物的时候呢？＝要等到作物收获后。

即使佃户的收获全部被匪贼夺走，也必须要交地租吗？＝不能交。没有责任。

要向地主报告吗？＝是的。

【课税】田赋杂派合计一年一亩多少？＝种麦子时一元四毛。不种麦子的话八毛。其中田赋以及附加税在今年是二毛。

田赋以及附加是固定的吗？＝田赋是固定的。附加不一定。

出典地的田赋呢？＝出典者交。承典人不出也行。

附加税呢？＝这也是出典者交。

青苗钱呢？＝全部是耕作者负担。

青苗钱由村长收集吗？＝是的。

谁定金额呢？＝会首。

佃户可以不交田赋吗？＝不能不交。

杂派呢？＝佃户只交青苗钱，其中包括着所有必要的东西。

其他的还有要交的吗？＝地主交，佃户不需要。

有在村子里整理好后交给县里的东西吗？＝警款、学款等，从村里青苗钱里交。

青苗钱一年里交几回呢？＝两回。不种麦子的话，就是一回。

一亩多少？＝去年一亩六十钱（一回）。种麦子的话，一元二十钱。

青苗钱是按照亩数来算的吗？＝是的，和土地的等级没关系。

荒地、沙地也要交青苗钱吗？＝可以耕作的话要交。

【转租佃】从地主那里以五元借来一亩地，再把这个地以十元借给别人可以吗？＝自由处置。但是实例很少。

永佃是指什么？＝不知道（好像装作不知道）。

【公会地的租佃】公会地是什么？＝也叫香火地。

村里有吗？＝哪个村子都有。

地租比平时的要便宜吗？＝和平时的没区别。

卖公会地的手续呢？＝村长和村民商量。没有卖公会地的。村里需要钱时，即使向村民摊派也不会卖。

公会地的租佃投标吗？＝是约，借给出价高的。

其他村子的人也行吗？＝尽可能租借给本村人。

每年都会做吗？＝是从去年开始的。在那之前让村里最贫穷的人耕作。地租和平时一样。

【打粮】打粮是以前的多些吗？＝是的。

什么时候打粮呢？＝去年的收成不好，没能全部交纳时。

能用钱代替打粮交纳吗？＝都是交物。

立契约的交纳一半，收获时再交一半吗？＝是的。

打粮是伙种的一种吗？＝和伙种不一样。

【同族墓地的租佃】同族墓地只有同族人有耕作权利吗？＝不一定，同族以外的很少。

同族里是怎样的呢？＝贫穷的人耕作。

地租便宜吗？＝钱和谷物的量不定。墓的修理由会长负担。并不比平时贵。

立契约书吗？＝有写有不写的。杨家最近在写。

那是谁制作呢？＝同族立会后制作。

保管人呢？＝佃户。

有期限吗？＝有。在杨家是六年。

不写地租吧？＝不写。写"承种人"、"地亩"、"辨清明会"、"期限"。

排列同族人的名字吗？＝是的。

作物是自由吗？＝是的。

名称呢？＝叫合族公单。因为迄今为止都没有这个，亩数也不够，所以决定把它写成文书记录下来。

【介绍人、保证人】同族等的情况，要介绍人吗？＝有需要的，也有不需要的。

朋友时呢？＝直接申请不能成立的话，关系就会变差，所以设立介绍人好一些。

介绍人是只说合，还是要负担其他地租等的责任呢？＝介绍人负责任。

介绍人之外有保证人吗？＝并没有。介绍人也有的是保证人。

地主住在其他村或者北京的时候，不立契约书吗？＝不。

【荒地的租佃】有租佃荒地或者沙地的吗？＝有，但是少。

村里实际上有上述的土地吗？＝有不少。

耕作上述地时，会渐渐变成熟地吗？＝荒地会，但是沙地不行。

把荒地、沙地以三年、五年等长期限附让人耕种的有吗？＝以上的事情有，但是此时在这个村子里没有。

让人耕作荒地时地租怎么决定呢？ ＝不一定，但是有免费地借出去。

3 月 16 日

坟地　公义堂　半个伙儿

应答者　赵绍廷（沙井村民）

【坟地】有坟地吗？ ＝有。

村里有吗？ ＝在城外赵古营。

是共同的墓地吗？ ＝是的。在赵古营住的同姓，也可以葬在这个墓里。

沙井村的其他的赵姓人也可以使用吗？ ＝不可以。不是同族。

赵古营的是同族吗？ ＝原来是同族，现在已经疏远了。

赵姓有族长吗？ ＝兄弟二户中有族长。兄长就是这样。赵古营的人不太清楚。

赵绍廷自己的墓在哪里？ ＝在西门外。现在赵姓的人死后去西门外，因为赵古营很旧了。

西门外的墓地是何时有的？ ＝民国四五年。

父母就是葬在那里吗？ ＝是的。

在那墓地周围有耕地吗？ ＝有。弟弟耕种。

族长一方不耕种吗？ ＝分家的时候，分给了弟弟。土地的所有权在弟弟那里。

虽说是两户但是兄弟三人分家不是三户吗？ ＝弟弟没家，也没媳妇。因为是只身一人，所以不能算作一家人。

和谁同住呢？ ＝在张家口做服务员。

那个坟地要向弟弟交地租吗？ ＝要交。但是因为每年回来一次的时候，让他吃饭、给他衣服，所以弟弟也不接受地租。

要是弟弟住在同村，又有很多土地，你借这个土地的话，要交地租吗？ ＝是的，习惯上是地租要稍微便宜些。

在沙井村最大坟地是姓什么？ ＝杨姓。

接下来是张姓吗？ ＝是的。

面积呢？ ＝我认为是八亩左右。

坟地是在一处吗？ ＝是老坟地，在一个地方。

现在埋到老坟地可以吗？ ＝可以。现在也还用着。

是张庆善所有吗？ ＝是庆善耕作，但是是祖先所有。

庆善交地租吗？ ＝恰好用于充当修葺墓地、买香花、墓地的管理等必要的费用。

从以前就是庆善一家在做吗？ ＝不是，从三十年左右前开始做的。

从以前就有不交纳地租的约定吗？ ＝从很久之前就定下来了。因为坟地是墓与墓之间分散的土地，耕作很不方便，在哪里都是规定一般不收地租等。

【公义堂】公义堂的土地是黑地吗？ ＝以前是旗地。

庄头呢？ ＝周庄头。现在住在北京。之前在牛栏山以北，赵各庄。

周庄头卖了吗？ ＝从周卖给了公义堂。民国二十年前后。村长知道那件事。村长、会首商量后，买了这个地。我只知道这些。

【半个伙儿】半个伙儿在某家干了三天活儿，接下来的三天又在别的人家干活儿，在哪里睡呢？ ＝近的话就在家里。远的话，在有很多长工的人家睡觉。

伙食当然是雇主负责吧？ ＝原则上是不留宿在雇主家，但是在雇主家吃饭。

半个伙儿一般是在两家交替使用吗？ ＝没有那样的约定。没有说两家共同雇用的。

但是没有家的时候，必须要被两家雇用，那时在庙里、在其他有长工的人家里睡觉。

为什么不在雇主家里留宿呢？ ＝因为没有房子的雇主很多。

月工平时从自己家里去吗？ ＝是的。只在雇主家里吃饭。

你说过有半个伙儿在庙里睡觉的，那庙是可以随意使用吗？ ＝是村里人的话，谁都可以。

那就是说，雇主是村里人的话，谁都可以是吧？ ＝是的。

你的家里以前雇过半个伙儿吗？ ＝从三年前雇的。

以前就有半个伙儿吗？ ＝从很久之前就有。

即使是村里人，土地少的话，就会变成半个伙儿吗？ ＝是的，很多。

为什么不使用短工而雇半个伙儿呢？ ＝因为活儿很少。

活儿少的话，用短工不好吗？ ＝因为忙的时候，没有了短工就会很麻烦。

半个伙儿每年是固定的吗？ ＝一般都是相同的人。

3 月 18 日

医界　伙种　公会地　地租的筹措

应答者　李濡源（沙井村会首）、付菊（沙井村民、贫农）、杨永才（沙井村的看庙）（李濡源是村里的医生，拥有相当量的土地，而且在人格上也是最有力的人物，天性豪爽。）

【医业】（对李濡源说）是医生吗？ ＝是的。

每天有患者吗？ ＝有。

给药吗？ ＝进行检查，也给药。

一个月有多少人来？ ＝不一定。另外，因为在家里做，没有许可（好像对这个很在意的样子）。是从父亲那一代开始的。是外科。

外科的话，什么样的病多呢？ ＝疖子较多。

药是自己制作的吗？ ＝是的，材料是在城里买的。

有家传的治皮肤病的药吗？ ＝不会治皮肤病。疖子的较多。

使用小刀吗？ ＝不使用。用药吸出脓（实际上也在使用小刀那样的医疗用具中的手术刀）。

有本地特有的疠子吗？＝什么样的疠子都有。

一年大概有多少收入？＝百元左右（当然我不认为这是事实）。

是付现金还是按年节付？＝有付现金的，也有在节供或者新年时送礼物的。

有外村是现金，本村是在节供或者新年时交付这样的吗？＝在本村和石门村、望泉寺不收礼。

给他们药的时候呢？＝也只是给药。

在医学里有仁术这样的词语，应该是如字所述吧？＝是的。在这附近的医生里，我是最慈善的，其他的医生不会像我一样，只治疗不收钱。

那您在本地应该很有名望吧？＝还好，方圆五十里以内没有人不知道我的。

你会让子孙继承你成为医生吗？＝是的。

怎样来让孩子学习医术呢？＝让其在家里见习。

现在您的儿子可以代替您进行治疗吗？＝什么都会。

您也从事着农业吗？＝是的。

在这个村里土地也有很多吧？＝少。七十余亩。

家里人口呢？＝十六人。

七十余亩够吗？＝足够了。

没有医药方面的收入，也能生活吗？＝是的。

不雇长工吗？＝不雇。

短工呢？＝忙的时候雇，多的有七八人。一天让他们处理四五亩。麦工的劳动费高。三倍左右。

【作物】本地种完麦子后种什么呢？＝种高粱、粟都行。收割之前先种着。玉米和麦子不能同时种，因为麦子要吸收很多水。

为什么有不种麦子的土地呢？＝因为前年种麦子，土地变干了，不能种玉米。

冬天种麦子的话，夏天就一定会种玉米吗？＝大体上会种玉米，也有种高粱的。

不种冬麦只种高粱的话，会有亏损吧？＝每年都种高粱，每两年种麦子。不能每年都种。

施肥的话怎么样呢？＝即使如此连续耕种，也是不好的。

要是用水井来灌溉应该就能经常种麦子吧？＝没做过那样的事。

挖水井的话会有水出来吗？＝有。

挖几尺出水呢？＝三四尺。因为土地质量差，所以挖水井也没用。

麦秋时雇佣多少短工呢？＝五六个。

大秋呢？＝二十五位。

在其他村也有耕地吗？＝有四十一亩，都是自耕。

忙的时候和亲近的人换工吗？＝不。

半个伙儿呢？＝不。

为什么要攒钱买土地呢？＝勤勉。因为做过慈善，所以可以从别人那里无息借钱。

既从村内也从城内借吗？ ＝是的。都不收利息。什么时候还都行。

还有其他那样的例子吗？ ＝是特殊的例子，一般没有。

以下是付菊的应答（付菊是最低等的佃户，有五十多岁）。

【付菊的租地】听说你是四十年前来到这个村子，你是从哪里来的呢？ ＝大兴县铁匠营。

现在是借谁的地在耕作呢？ ＝从县里的张氏那里借了十四亩。其他的没有了。

去年呢？ ＝种了二十五亩。每年种着五六亩庙的沙地。

张氏的地在哪里？ ＝南法信村河岸的湿地。

从吴玉山那里承典来的房子现在还在住吗？ ＝是的。

（吴玉山被举报为土匪，一家现在逃亡中。）

【伙种】是谁介绍的张氏的土地？ ＝因为是熟人，所以自己去借的。从几年前就在耕种。最初是一亩三元，在接下来的三年间是四元。今年选择了伙种。

那是对方提出的吗？ ＝张氏虽然说了十二三元，但是说自己若是那样的话，就无法干完，商谈之后，决定伙种。

每亩的收获呢？ ＝年成好的话，一亩十斗。因为是下等地，不能种粟。

然后还是对半分粮吗？ ＝是的。

也做契约书吗？ ＝不做。

张氏家里忙的时候，去帮忙吗？ ＝不，不会来请求我的。

忙的时候去帮忙的话，来年就能租佃了吗？ ＝没有那样的事。

要是被张氏拜托了的话，能借来钱吗？ ＝不。

需要钱的时候怎么办？ ＝在周围或者城内借了二十元。

你去借的时候怎么办？ ＝不会以农民的身份去借。

从城内借钱，拿着麦秋时的全部金额去吗？ ＝一定要付金钱。

【公会地的租佃】在公会地里种什么？ ＝高粱。土地太差，经常不结果。

公会地的地租呢？ ＝到去年为止是免费的，今年一亩是一元二十钱。不像其他公会地那样投票。谁也不想要。

二十亩下等地能生活吗？ ＝做小买卖来弥补。

你应该是借着县城的药铺的土地的吧？是多少钱借的呢？ ＝六亩二十七元。同样地，这也是下等地。今年放弃了。

谁介绍的？ ＝是直接约定的。今年是地主自己耕作。

为什么你借的都是下等地呢？ ＝像自己这样的穷人，很难得到土地。

地主在租借土地时，会首先租借下等地吗？ ＝租借下等地，或者是地方很远的土地。

所说的小买卖，是指做什么样的事情呢？ ＝培育甘薯的幼苗，然后拿来卖。卖榆树皮。把这个弄成粉放到高粱、玉米里让其夏有黏性。在县城的市场里买，然后在村子里卖。

什么时候做这种买卖呢？ ＝十二月。因为在正月里要做年糕。就那样卖树皮，晾干也可以。

吴玉山的典宅，现如今怎么样了？ ＝因为公会让住的，所以只是住着。

热心帮忙的都有谁？ ＝表弟赵廷奎和杨永才。

他们忙的时候去帮忙吗？ ＝去。在赵家六七日，杨家三四日，只负责伙食，不给钱。因为是亲戚，所以不送礼。

以下是杨永才的应答（杨永才数年来是村公所的勤杂工，因为是在村公所和庙里和学校是同样的，所以既帮忙看庙，也在学校兼任勤杂工）。

【看庙的收入】看庙一年的收入是多少？ ＝允许我耕种 8 亩公会的地。每年的地租是一百元。每年八亩地是固定的。

从村公所那里得到多少钱？ ＝大秋时十元。其他的村里的事情，不管多忙也得不到。

从学校那里呢？ ＝一年六七十元。分三回给，5 月、8 月、12 月（三大节）。

从什么时候开始看庙的？ ＝之前的看庙人死后，现在的村长就代替他看庙，和村长是熟人关系。

你会念经吗？ ＝不会。看庙和念经没有关系。

看庙的好像也被叫作老道，老道没必要念经吗？ ＝没必要，做好工作就行。

【典地】同族的杨黄氏还健在吗？ ＝还活着。

承典同姓人的土地吗？ ＝以 190 元承典着黄氏的坟地，13 亩半。这原来是崇祝寺的租子地，实际没有 10 亩。

典契和平时的一样有买土地的吗？ ＝没有。

有赎回出典地的吗？ ＝出典给张瑞的在第六年，也就是前年，赎回来了。5 亩 200 元。

谁耕种出典地的呢？ ＝张瑞。

除那以外有自己的地吗？ ＝在村西有二亩半。这不是墓地，是中等地。另外在河岸有 1 亩。其他的有共同土地十二亩。以前是以祖父的名义所有，杨黄氏、杨永瑞和自己分家后，那片祖遗地没有被分开来种。名义上还是祖父的（有些疑问）。

有出典地吗？ ＝没有。

承典地呢？ ＝没有。

租佃了庙以外的土地吗？ ＝没有。

在成为看庙以前租佃谁的土地？ ＝只耕作过自己的地。

想听有关伙种的事，种瓜时都是伙种吗？ ＝不一定。西瓜（大瓜）在同一块地上只能六年种一次。

那样的话，种大瓜那年的地租不是很高吗？ ＝是很高，接近一倍。一亩的谷物 60 余元（去年），但是瓜就是一百二三十元。

不种西瓜时种什么？ ＝玉米、谷子、芝麻都行。

西瓜能在旱地种吗？ ＝旱地不好。

能种西瓜的地都是固定的吗？ ＝大体上是固定的。

【作物选择】种地时，有地主决定作物的吗？ ＝有。比如种西瓜时就会消耗地力。

伙种以外也是这样的吗？ ＝是的。不能随意种植。

种什么要和地主商量吗？ ＝除了西瓜以外都不用商量。小瓜（香瓜）一般不商量。也有种大瓜不和地主商量的。

3 月 19 日

旧衣服生意　养老地　伙种　分家　菜园的租佃　租地的增减

应答者　李树林（沙井村村民、贫农）、张守俊（沙井村村民）、何长源（小学老师）
（李树林属于村里最下层，靠零碎的土地无法维持生计，而做着旧衣服生意来补贴家用。）

【李树林】家里有多少人？ ＝9 人。孩子 6 个。儿子 2 个（大的 10 岁、小的 5 岁），女儿 4 个（大的 19 岁）。母亲是盲人。妻子一个。

为什么母亲会变成盲人呢？ ＝眼病。村里有两个盲人，什么活都不能干。

有租地吗？ ＝没有。去年也没有。

至今有租过地吗？ ＝4 年前从杜景萱那里借了 9 亩，没有介绍人，因为是村子里的人相互认识。地租是一亩 3 元。

【旧服装生意】农闲期时？ ＝在附近的村子里来回转，卖旧衣服。

从哪里买来的呢？ ＝自己去北京买。

一年中什么时候生意好？ ＝春天和秋天。因为自己土地少，所以平时很闲。春天和秋天卖得很好。

在北京哪里买呢？ ＝前门外的草市。不是天桥、珠市口附近。

一年去北京买几次？ ＝不一定，从 10 回到 20 回左右。当然还是春天和秋天时多。

用车搬运吗？ ＝坐汽车去。

用现金吗？ ＝是的。卖的时候也是现金。进购的商店是固定的，只有一处。

一回买了多少？ ＝200 元，一年买了 4000 元左右的。

利益呢？ ＝300 元左右。

这是除去各种经费后的吗？ ＝总之一年赚 300 元。

其他人也在做这种买卖吗？ ＝没有。自己是从前年开始做的。那之前没有人做过。

从哪里学来的呢？ ＝只是自己想做就做了。

以前有来卖旧衣服的吗？ ＝没有。自己是从最开始就有买卖的资金。13 亩耕地都是下等地，十分不够。

去年买了多少粮食？ ＝200 元左右的。

大家都买的话呢？ ＝我认为是 600 元。

13 亩地是从以前就有的吗？ ＝是的。

挣了钱之后买土地吗？ ＝不，现在想做大旧衣服的生意。

什么时候分的家？ ＝9 年前，那时候分到了 13 亩地。

【养老地】养老地呢？ ＝有 4 亩。因为自己是长子，所以自己在耕种。

有规定养老地是长子耕作吗？ ＝不一定。母亲让弟弟耕作的话，弟弟就负责照顾母亲。

母亲和你同住，你不耕种，而让弟弟耕作的话，母亲会让弟弟交地租吗？ ＝没有这样的例子。

养老地会分给女儿吗？ ＝不能。

母亲死了之后呢？ ＝卖了养老地，举行葬礼仪式。

如果母亲死了用你的钱来进行安葬，养老地就是你的吗？ ＝是的。

往年租佃时的地租呢？ ＝一亩 3 元。4 年间是一样的。

放弃的时候是谁提出呢？ ＝地主来拒绝。

来说些什么呢？ ＝说自己要种。

地主收回土地时，一般会说什么？ ＝说自己要耕种。

家畜呢？ ＝一头驴。

买肥料吗？ ＝因为不够，所以从外村买。

去年买了吗？ ＝买了 10 元的。一亩地大约需要 5 元钱的肥料。

包括养老地的 13 亩是你的耕地吗？ ＝是的。

一台车的土粪的货款是多少？ ＝去年是 3 元。

也种麦子吗？ ＝是的，去年种了 8 亩。

每年不一样是吗？ ＝是的。

以下是张守俊的应答（张守俊把制作线香当作副业）。

【线香手艺】家主是谁？ ＝是我自己。

每年都做线香吗？ ＝是的。

最忙是什么时候？ ＝11 月、12 月（阴历）。

材料是什么？ ＝用榆树、杏树、柏树的皮、枝、叶。

材料是从哪里拿来的？ ＝从北边 80 里的村子里买。对方弄成粉后搬回来。

去年一年买了多少材料？ ＝2000 元左右。

什么时候购入材料？ ＝因为一年都在做，所以经常去买。

什么时候采伐材料？ ＝现在这个时候的是最好的。因为是正要出芽的时候。叶子要落时的香很好，要出芽的时候就不能折。

2000 元的材料能做多少的线香？ ＝3000 元左右。

雇人吗？ ＝是的。现在 4 人，是月工。

每年雇相同的人吗？ ＝会做的人很多，也不一定是这 4 人。

是普通的农民吗？ ＝不是，专门做这个的人。

去年的月工的报酬是多少？ ＝管吃一个月十四五元。前年是 10 元左右。

通过中介人来雇吗？ ＝不是，大家都知道。

对方会来拜托吗？ ＝我们去拜托。

谁去买材料呢？ ＝自己去，一个人去。

一回买多少？ ＝不一定。有时候是对方送过来。

是现金吗？ ＝挂买。

分几回付呢？ ＝不一定。春天买来年付的也有，大秋时也有。

跨年交可以吗？ ＝实际上没有。不做线香的话，返还材料。

对方送过来时是因为订购了吗？ ＝是因为自己去说过。

卖材料的店是一定的吗？＝自己熟悉的就一家。其他的人和做线香的人都去那个村子买。自己在这四五年间是在同一家买的。卖材料的人家有 30 户。

卖材料的人家是有钱人吗？＝是一般的农家，在附近的村子买木材来卖。

那个村子里也做线香吗？＝对方也有。

你家里的物品在哪里卖呢？＝在附近的村子和城内。

怎样卖呢？＝在城内像店里一户一户地卖，在村子里一户一户地挑着卖。

谁去呢？＝只有自己去，月工不行。

什么时候在城里或者村里卖呢？＝不一定。有空就去。没有来自对方的订购。在村里卖的时间也是不一定的，有每隔两三天去的，也有过了半个月去的。

什么时候卖得好？＝阴历十二月。

城里的商店是给现金吗？＝是的，村里也是现金，从以前好像就是这样。

有在城里的市场上卖过吗？＝没有。

缴税吗？＝不。

从何时开始做这项工作的呢？＝从十六七年前。

没有买卖中间人吗？＝在 12 月有，人不固定。

是村民来做还是商人来做？＝有农民的短工等来做。事变前，这种买卖中间人很多，但是现在很少。多的时候在这附近有三四人，去年没有一个人。

那样的人叫什么？＝行份儿，一户一户地卖。

行份儿在商店里卖东西吗？＝不行，无法做生意。

行份儿每天都来吗？还是来买一次呢？＝只来一次。

一个人买多少？＝100 捆。去年 100 捆 180 元。

在城里和村里哪个卖得多？＝在城内卖的占全体的四分之一。

城内和村里哪里能卖得高呢？＝村里的高，在城内是 90 钱的话，村内就是 1 元，卖给城内的店也是 1 元。

在城内是只卖给商店吗？＝是的。

不能卖给一般的居民吗？＝城里人在店里买，更方便。

在市里卖怎么样？＝没有买主。

村里有其他人家做线香吗？＝没有。

干农活吗？＝干，没有土地，租土地来种。

去年借了谁的地？＝城里张家的地，有 20 亩。其他的同样借了言绪（财务科长）的地 4 亩。

【伙种】从何时开始租佃的？＝从很早以前就开始租佃了。今年也借了张氏的土地。去年虽然是租地，今年约定是伙种，种高粱、玉米、大豆、麦子。

约定伙种时，决定作物吗？＝不做那样约定。不商量也行。

旱地吗？＝涝地（经常遭受水灾的地）。

从什么时候借的张氏的土地？＝从前年开始。去年是 1 亩 3 元 50 钱。

言绪的土地呢？＝今年没干了，不让我耕。

去请求了吗？ ＝不去。

为什么不去呢？ ＝听人说他今年要自己种，好像都把地收回去了，所以不去。

和言绪间的介绍人呢？ ＝是石门村的任守春。

做了几年的约定？ ＝定了一年。

种张氏的土地时呢？ ＝张永仁是中介，因为他也种着张氏的土地。

家里人数呢？ ＝母亲、妻子、一男、两妹、一弟，谁都无法帮忙干活。从父亲那里学来线香制作方法。

家畜呢？ ＝一头驴子。不买肥料。

以下为何长源的应答（何长源住在城里，现在本人在离县城四里的村子的小学里当教师，本性谨慎正直，是一种地主类型）。

家人住在哪里？ ＝城里南街。

您是家主吗？ ＝是的。虽然是次子，但是已经分过家了。

从以前就是教师吗？ ＝以前是建设局的事务员（县公署）。

从事过农业吗？ ＝在担任事务员之前做过。

多少年之前呢？ ＝15 年前左右（现在三十八九岁）。

分家前的职业呢？ ＝农业。兄长现在在从事农业。

您现在的土地怎么管理的呢？ ＝30 亩地，自耕。49 亩地，租出去。

【分家和均分】分家前大家是自己耕作吗？ ＝是的，民国十四年分家。

分家的时候是均分吗？ ＝均分。

有关地的等级也是各自均分吗？ ＝是的。

兄长取得很多的上等地，那意味着弟弟获得很多的下等地吗？ ＝什么都是均分。

本地的都是像上述那样吗？ ＝大家都差不多。进行抽签。

立会人呢？ ＝家长、父母、亲戚、朋友等。

和族长有关系吗？ ＝因为自己家是 100 年前从山西迁过来的，所以没有族长。

你也是山西洪洞县的吗？ ＝孝义县。和洪洞县没关系。

现在和孝义县有怎样的关系呢？ ＝没有，是从祖父那一代搬过来的。

是靠熟人来的吗？ ＝曾祖父在这个城里做过生意，有过店。

做什么的？ ＝杂货商。

曾祖父以后就没有再做买卖了吗？ ＝不是，祖父继承了生意，一边开店赚钱一边买土地。但是最终做起谷物的生意时，受到很大亏损，就放弃了生意。

土地在哪里比较多呢？ ＝在县城以北以南都有。

在哪个村子？ ＝仓上村以西那里最多。

自耕地和租地不在一个地方吗？ ＝大体上在同一处地里。

【伙种】租地时是租地和伙种地两者都有吗？ ＝是的。

这个地方一般租地是下等地，自耕地是上等地这样的吗？ ＝其他人的暂且不论，自己家的自耕地是上等地，租地不一定。

租地和伙种的土地有好坏之分吧？ ＝并没有。

　　但是伙种里没有下等地吧？ ＝其他的不知道，自己这里没有。

　　伙种是从什么时候开始的？ ＝民国二十四年。那之前是自耕。

　　你那里伙种每年都是同一人继续吗？ ＝一般地，佃户如果忠实的话，就继续；不忠实的话就换。

　　伙种的数量呢？ ＝2 件。自己这里从民国二十四年开始，2 个人都没变。一个是沙井村的杜祥。另一个是北门外的某个人。地点在仓上村。

　　有介绍人吗？ ＝没有。

　　租帖呢？ ＝没有。口头约定。

　　仓山以外有伙种吗？ ＝没有。

　　租地的契约什么时候约定？ ＝每年秋后。不换佃户的地主很多。

　　有 24 年不变的东西吗？ ＝有。

　　根据面积每年更换佃户的多吗？ ＝不换的多。因为地租便宜。

　　住在村里的和住在城里的谁更换呢？ ＝不一定。

　　自耕地谁来种呢？ ＝太太帮忙。雇短工。

　　孩子不帮忙吗？ ＝大的 17 岁，在见习商业；次子 13 岁；下面还有个女儿 7 岁。都还不能做什么。

　　在县下的伙种多吗？ ＝不怎么有，很少。

　　根据离县城的远近是不同的吧？ ＝不，根据地主的状况。

　　那把什么样的土地当作租地，把什么样的地用来伙种呢？ ＝并没有什么标准。根据地主的想法。

　　和以前相比，伙种变多了吗？ ＝最近是变多了。

　　是指事变后吗？ ＝是的。

　　为什么？ ＝因为治安很差。

　　治安越差，租地就越多吗？ ＝因为粮食涨价，伙种变多了。

　　粮食涨价，伙种就变多吗？ ＝是的。

　　那有水旱灾时，伙种就很多；好年成时，租地就会变多。是这个意思吗？ ＝是的。

　　【菜园的租佃】有出租菜园的吗？ ＝有。

　　菜园的附近一定有水井吗？ ＝有。没有的话，就在河流的附近。

　　菜园的话今年能得到多少地租呢？ ＝30 元左右。

　　没有更高的吗？ ＝租出菜园，要么是有特殊原因，要么是有钱人。一般非常稀少。30 元是想象的。

　　举个特别原因的例子？ ＝搬家。比如找到了好工作，不想从事农业了等。

　　菜园伙种多吗？ ＝很少。

　　为什么？ ＝第一菜园很少。另外要是住在城里，就一定会自己耕作。

　　菜园的地租在事变之前是多少？ ＝便宜的就六七元，贵的 10 元左右。以粮食做标准。

　　【租地的增减】租地一般是有变多的倾向吗？ ＝是的。

为什么变多？＝因为治安差，住在村子里就会很艰难。

事变前的倾向呢？＝不一定。不能相比。粮食涨价的话，租地就会变多。要是丰收的话，租地也会变多。洪水和旱灾或者粮食价格低的时候，租地就会变少。

粮食价格变低的话，租地变少，是为什么呢？＝因为即使卖了土地，也得不到多少钱。

事变前治安有变差过吗？＝有。民国十三年开始到民国二十六年之间，治安逐渐变差。

是指土匪变多了的意思吗？＝是的。

【战争和征收】有因为外边的原因而变差的吗？＝从民国十三年开始就有内战。在四五里外的白河战斗。在民国十五年发生过国民军和奉天军战斗的事情。

战争时给村子造成了什么影响呢？＝给劳力、车、牲畜造成了影响。

对地租有影响吗？＝会变低。

在那以后有受过战争影响的地方吗？＝附近没有。那时主要就是拿走车辆，并没有太大的事情。

哪边的军队拿走马匹的？＝国民军，之后是奉军来拿过。

那些马匹不返还吗？＝虽然连马夫都一起带走，但是马夫会恐惧战争，所以大家都逃走了，舍弃车和马逃走。所以大部分不会回来。

军队不需要的话，会返还回来吗？＝不需要时，会还回来。

有因战乱而降低地价的吗？＝没有。

车马的征发是军人直接做的还是县里做的呢？＝一般是县里的警察做的，但是紧急时，军人直接征发。

【租佃期限】伙种、租地有期限吗？＝没有。

为什么？＝因为粮价有高低。

本地为什么有这么多的租地呢？＝不知道。

以前有很多伙种，听说过吗？＝没听过。

【转租佃】甲用10元借土地，再以15元把地租借出去可以吗？＝不合理。没有地主的允许不行。

有县里干涉地租的吗？＝没有。

【二五减租】听说过二五减租吗？＝不知道。

【伙种】杜祥的伙种是对半吗？＝10亩地每人5亩。根据面积数、垄数来分，也会拿着茎秆来。

自己分吗？＝是的。带着短工去。

在顺义打完谷后分的很多吗，还是计算田地的垄来分的多呢？＝因为想要燃料，所以按田地分的多。

【活粮和死粮】伙种里活粮和死粮哪个多？＝活粮占7/10，死粮占3/10。

死粮有提前交纳的吗？＝没有。

死粮是按照什么标准定的？＝中等地的话，定的市价是6斗（小斗）。

高粱、玉米、粟的产量是相同的吗？＝大体相同。死粮的时候不种芝麻，很危险，耕作又难，十年间也可能一次都没收获。

土地有上、中、下等，为什么死粮定为 6 斗呢？＝死粮大部分只在中等地里种。上等地地主不愿意。下等地是佃户的损失。

死粮的地租不变吗？＝一般是 6 斗的标准。

因为那是中等地，大体上能得到 1 石 2 斗，所以规定一半就是 6 斗吗？＝一般的预想是 1 石 2 斗。让其交纳一半也就是 6 斗。

中等地里也有上下之分吗？＝没有大的差距。地租一律是 6 斗。

死粮和活粮是根据什么样的地决定的呢？＝不是根据土地，根据佃户的人格。忠实的话就是活粮，不好的话就是死粮。

活粮的时候有借马或者给肥料的吗？＝没有。

有带着牲口、种子一起借的吗？＝没有。有也是例外。

【养老地】养老地有多少亩？＝原来父亲和母亲各有 5 亩（？）[1]。父亲死后，养老地都归母亲，直到现在。

谁在耕作呢？＝大家都租给村外人种了。

有承典地吗？＝自己没有。母亲有。

从谁那里承典来的呢？＝从兄长那里承典来的。

母亲和谁同住？＝和我同住。

为什么承典骨肉亲人的土地呢？＝兄长已经分家。分家后，即使是兄弟也好、父子也好，和一家人的时候不一样。

兄长的出典地是他在耕作吗？＝不是，外村人在耕种。

兄长希望的话，能让他耕作吗？＝是母亲的自由。

如果让兄长耕作的话，一般收取地租吗？＝当然要收。地租多少，根据母亲的意愿。或许交纳一半的地租是最适当的。

我还以为是比平时的要便宜？＝但是交得多，就是行孝。

3 月 25 日

旗地　佃户　庙产

应答者　周树棠（沙井村民、原村长）、赵廷魁〔沙井村民〕

（周树棠 30 岁前后做过收税吏、车站站长等，奔走于各地 20 年以上，是村里屈指可数的有知识的人，今天身体不舒服，记忆也模糊不清。）

【周树棠】原来是哪个村的人呢？＝到前一代为止都是在旁边的望泉寺。从光绪三十年开始来到这里。

---

〔1〕　译者注：原文如此。

为什么呢？ ＝住宅变小了。

分家呢？ ＝在民国元年。

土地呢？ ＝30 亩。其他的伙种（借地）14 亩（来自邢尚德）。

孙晏名义上的土地是从哪里买的？ ＝杜祥。民国十五年、民国十六年。杜祥从以前就持有这些地。

【升科】升科了吗？ ＝买的时候有粮地。

望泉寺所有的 7 亩地是内务府的土地吗？ ＝是的。

什么时候升科的？ ＝民国十八年。这是在升科前买的。

从谁那里买的？ ＝赵尚尧。

那时立什么样的契约书呢？ ＝白契。

升科是白契怎么办？ ＝用白契来做税契。

要交多少契税呢？ ＝地价的九成，20 元。地价是 200 元。

20 元交给谁呢？ ＝税契处。这是契税。

升科费是多少？ ＝没有。

没有升科费可以升科吗？ ＝以前国家为了收取粮食，免费升科。

【周庄头】升科以前，把租交到哪里呢？ ＝周庄头。

交到周庄头那里一直到什么时候呢？ ＝到民国二十年。

交给庄头的租有多少？ ＝每亩一串，也就是 100 钱。

给收据吗？ ＝给租条。

租条上写的什么呢？ ＝写着某年收了某人多少的租。

在哪里得到的？ ＝庄头来城内住在旅馆，通知各村。交了租，就会立刻拿到租条。

周庄头只管理内务府的土地吗？ ＝是的。

周庄头管理村南一带的土地是吗？ ＝（回答不得要领）。

周庄头在民国之后也来收租吗？ ＝有。在十四年的官产整理以后，就没来过（前后有矛盾）。

白契是推还是过呢？ ＝都行。自己做过推契。

那样是能更自由地推吗？ ＝是的。

【佃户】把种那块地的人叫佃户吗？ ＝是的。

佃户再把土地出租，那他是佃户还是租户？ ＝租户（？）。

租户能用谷物向佃户交租钱吗？ ＝不可以（？）。

伙种呢？ ＝可以。

也可以约定死粮的事情吗？ ＝可以。

当然活粮也可以吧？ ＝是的。

以下是赵廷魁的应答。

【周庄头】周庄头管理内务府的土地吗？ ＝不知道是谁的土地。

民国以前有升科吗？ ＝没听过。我认为没有。到民国十年之前，周庄头经常来。

民国之后，周庄头还有来收租的权利吧？ ＝如果不交租，也可能卖土地。那样的话，佃户的负担可能会变多。

【旗地的卖出】庄头有卖的权利吗？ ＝民国初年不收租，卖给佃户。如果佃户不买的话，也没办法。不卖给外边的人。民国之后，旗地才能卖出去。庄头卖佃户升科。之后官产清理处强制地让其卖。那样的话，就会便宜些。

原来地权在佃户那里，庄头不能随意地卖吧？ ＝是的。推、典的权利在佃户那里。

那退和卖是完全一样吗？ ＝旗地和民地的有关。

有庄头卖黑地那样的吗？ ＝黑地里没有庄头。

旗地里没有黑地吗？ ＝没有。如果买旗地的话，在升科之前叫黑地。

【雍和宫】民国以后雍和宫的租子交到哪里？ ＝交给祁稚轩。在县政府的东粮房（？）。

民国以前怎么样的？ ＝交给张氏家里的东粮房。

民国以前也是庄头把土地卖给佃户的吗？ ＝有。谁也不想买。买的话，一次性要花很多费用。

民国以前，能把佃户的土地卖给其他的佃户吗？ ＝不能。

庄头想要钱时会卖吗？ ＝是的。

庄头什么时候最想卖呢？ ＝官产清理处建立之前。谁也没有买主。

便宜卖的话，就会买吧？ ＝即使农民买，也不知道是有效还是无效。即使买了，因为是黑地，还要升一次科。清理处在工作的时候，庄头交了账簿。根据账簿来卖。庄头不好的话，就不把账簿交给官吏。农民直接从官吏那里买的黑地，一直持续到去年。这次的土地调查使很多土地都变得清楚了。

旗地大体上集中在同样的地方，是这样吗？ ＝没有。没有固定。至少在这三个村子里是这样的。

【大梁庄头、黄梁庄头】大梁庄头和黄梁庄头不同吗？ ＝我认为是一样的。

知道是什么意思吗？ ＝是亲王的名字吧。

大梁庄头和周庄头有关系吗？ ＝关系不清楚，但是周庄头没有租票。

【韩庄头】哪个庄头给票呢？ ＝韩庄头。韩庄头和周庄头有土地。韩庄头是内务府的土地（？）。

民国三四年开始到去年为止，在这个村子里升科的土地有多少？ ＝完全不知道。

村里的账里记载着什么吗？ ＝没有。

升科地和民粮地哪个多呢？ ＝民粮地多。

比率呢？ ＝不知道。

旗地里也有园地吗？ ＝有。但在这个村子里我不清楚。

也有房基吗？ ＝勉强来说有。

看过旗地的租批吗？ ＝没有。

【庄户名账】庄头持有的账叫什么？ ＝花户名账。

花户和佃户不同吗？ ＝相同。

有改写花户名账的吗？ ＝推地的话，进行更名。

庄头没向佃户交付字据什么的吗？ ＝没有。

庄头知道自己收租的土地所在的位置吗？ ＝完全不知道，只是收取地租。

会来看土地或者来调查收成吗？ ＝根本不来。

租是一年交一次吗？ ＝是的。

这个村子是习惯合起来一起交，还是各自去交？ ＝完全是随便。集中起来一个人去交也行，只是自己去也行，代理人去也行。

韩庄头是一个人来，还是带着手下来？ ＝一般是庄头和二掌柜两人来。二掌柜来接触村子的，另外也帮着记录。也有庄头不来二掌柜来。

庄头可以废除佃户的推典吗？ ＝庄头只有租籽权。推典是佃户的权利。虽然不能卖旗地，但是如果弄错了卖契，就必须要出租。

如果佃户不交租庄头怎么办？ ＝没有不交的。那时庄头应该会通知县里吧。如果没有钱的话，就会让其将土地转让吧。但是那样的事情绝对不可能，没有因一毛、两毛而转手价值200元的土地。

【松宅、钟杨宅】松宅、钟杨宅是旗人还是民人？ ＝不知道（好像是故意装作不知道）。松宅就是崇祝寺。

松宅的租交到哪里呢？ ＝来县城里刘家店收租。

交钱吗？ ＝是的。

每亩租额是多少？ ＝大体上一吊铜钱。

钟杨宅的租交到哪里？ ＝程庄头来城里收地租。

在雍和宫有庄头吗？ ＝不知道。

【旗地、民地的负担】旗地的地租和民地的田赋哪个便宜？ ＝田赋便宜。

从所有者来看，旗地的租和民地的田赋哪个更赚钱？ ＝以前除田赋以外，什么都不花费，但是民国之后，就需要摊款以及其他的费用。

从前民地、旗地的青苗钱就是一样的吗？ ＝是的。

【村费】青苗钱是从什么时候有的？ ＝从民国初年有的，和设立公会是同时的。

没有公会时怎么出费用呢？ ＝不需要费用。

兵差怎么办呢？ ＝保正来执行。

赋役怎么办呢？ ＝没有。

民国十六七年内战的时候，车马的征发是怎么善后的呢？ ＝士兵是直接征发的，这也是没办法的事。让公会出的东西会成为大家共同的负担。

【庙产】庙产和公会地一样吗？ ＝是的。

庙产是什么时候开始有的？ ＝不知道。

从民国二十年开始急剧变大吗？ ＝（没有回答）。

为什么增加了？ ＝信徒捐赠的。

大家都捐赠吗？ ＝是的。

【王书田】最近最多的捐赠者是谁？ ＝王书田的30余亩。

是这个村子的人吗？ ＝北京朝阳门外。

和张永仁的关系呢？ ＝亲戚。

张永仁做过生意吗？ ＝粪厂。

需要很多资金吗？＝不需要。到现在也才 1000 元左右。

赚钱了吗？＝没有。

【身份和职业】在乡下身份不同，职业也不同吗？＝像粪厂等是一样的。在北京拾粪的成功后，来做这个的人很多。张氏也拾过粪。

身份最低的人做什么样的工作呢？＝在这边只有农和商是一样的。

清朝的时候身份很严格吗？＝以前理发店和艺人最低等，村里身份最高的是什么？＝读书人。

在本村有吗？＝吴殿臣是教员。

吴是读书人吗？＝也不能这么说。

【官吏】以前这个村里有做官的吗？＝没有。

县长以下的也叫官吗？＝不是官吏。

以前几品以上是官吏？＝七品。

县长一般是七品，附近有六品的官吗？＝不知道。

有听说过在其他的县有六品的吗？＝没有。

县长有期限吗？＝没有。

【保正、地方】保正、经纪有任期吗？＝没有。

有保正代替地方收集田赋的吗？＝没有，都是地方收集。

地方有担当的区域吗？＝是的。

现在地方也有吗？＝在南法信村有个叫杨三的地方。

3 月 26 日

旗地　公会　土地的贩卖

应答者　杨润（沙井村会首）、赵廷魁（沙井村民）

【大梁庄头、黄梁庄头】大梁庄头和黄梁庄头是什么？＝虽然听过，但是不知道意思。

是名字还是资格？＝应该是资格吧，但是不知道什么意思。

应该和这个地方有关系吧？＝以前听说过从这个地方收取租籽的事。

是民国之前的事吗？＝是的。

【松宅、崇祝寺】松宅和崇祝寺是一样的吗？＝不一样。

那是旗人吧？＝不知道。

松宅的租籽[1]是庄头征收吗？＝是的。

崇祝寺呢？＝"喇嘛"来。

松宅的租籽是吊钱还是银钱呢？＝吊钱。

田赋都是银钱吗？＝在向台账交纳银钱时，把当地所通用的钱换算成民国以前的吊钱。

---

〔1〕 译者注：按上下文，租籽同"租子"。下同。

松宅土地的位置？ ＝不知道。

松宅庄头的名字呢？ ＝不明白。

能列举一处以前是松宅土地吗？ ＝不知道。

把租籽交到哪里？ ＝去城里交。程庄头来到城里投宿，催头来催租。自己小的时候，祖父去交过，拿到了租条（票）。

一亩租籽呢？ ＝一吊钱。铜钱 16 枚就是 100，1000 就是一吊。

【钟杨宅】钟杨宅以西的土地，一亩都没买过吗？ ＝因为土地是沙地，所以不怎么想要。因为近年不来收租籽，所以想交也没办法。现在还没买。虽然去年通报了去年的土地调查，但是还没有升科。虽然去年黑地都升科了，但是钟杨的旗地没有升科。

钟杨宅的土地一点都没升科吗？ ＝是的。

有好地吗？ ＝很少。

契字还是推、过吗？ ＝是的。

钟杨宅里的土地是什么时候变成公会所有的？ ＝从以前。

【公会地】办公会成立后，才成为公会地的吗？ ＝之前是香火地。

旗地是香火地？很奇怪。 ＝庙交租籽。

钟杨宅也是上等地，升科后只剩下下等地吧？ ＝（笑着说着其他）有 10 年左右没交租籽。

公会地一点都没升科过吗？ ＝黑地升科了，租地还没做。

【公义堂】公义堂的土地以前是黑地吗？ ＝是的。

公会地（1 公义堂、2 钟杨宅、3 粮地）中哪个久远些？ ＝公义堂。

民国二十年以前公义堂的土地是谁耕种？ ＝有十几个人在耕作。

去哪里交租呢？ ＝庙。

听说民国二十年捐给庙里，是这样吗？ ＝不是，以前就是庙的东西。之前是老道收租，但是那个僧人死了之后，公会在管理。

张永仁和公义堂（王书田）有怎样的关系呢？ ＝亲戚。

公义堂的土地有田赋吗？ ＝因为是黑地，所以没有。

钟杨宅和松宅的租率不一样吗？ ＝大体上是从 1 吊到 5 吊吧。

【周庄头】最后一个来收租的庄头是谁？ ＝周庄头。

到什么时候来的呢？ ＝（没有回答）有一年来村里住过。

【伙种】离开县城的地方伙种多吗？ ＝少。

【死粮】死粮是伙种的一种吗？ ＝死粮是交粮。伙种是分粮。

交粮和分粮哪个多呢？ ＝交粮的多。

地主怎样决定选择哪一个呢？ ＝分粮的话很麻烦，所以选择交粮的多。

有因为是好的土地而选择分粮的吗？ ＝没有。

伙种、租地和土地的等级有关系吗？ ＝没有。

在这个村里有相当部分在租出地用来租佃吧？ ＝少。公会以外把地用来租佃的几乎没有。

以下是除去农民协会的事项，赵廷魁的应答。

【卖出土地的原因】你的所有地是以前多还是现在多？ ＝现在变少了。

原因呢？＝父母的葬礼、女儿的出嫁、亲戚的援助等。自己过继给了叔父。因为叔父虽然有两个太太，但是没有子女。

作为过继时的财产的土地面积呢？＝1 公顷五六十亩。现在只有 15 亩左右。

养家的葬礼是指谁？＝祖父、祖母、父亲、两个母亲。

是怎么样卖的呢？＝祖父生前卖了 20 亩。买主是村内的王永万的父亲。祖父和父亲死的时候卖了 20 亩，祖父的葬礼出典了 48 亩（望泉寺的景德福），之后卖了。祖母的时候卖给了南法信的王亭利和王沛各 6 亩、县城的王维新 3 亩。自己家的父亲死的时候 2 亩。弟弟结婚时是 1 亩多。

其他的呢？＝女儿出嫁了 4 个。合计卖了 13 亩。其他的是亲戚，关系比较复杂。

以前租借给别人了吗？＝是的，借给不同的人。

种户每年都变吗？＝是的。

去年耕种了多少亩？＝30 亩。

【中介人】借土地的时候，让谁来做中介呢？＝南法信的义兄。其他的都是自己直接去。

借土地时会发生什么样的事？＝什么都不会发生。

【端夺】有把自己约定的土地借给别人的吗？＝有。从石门的某人那里一直借着的土地，直到去年被石门的李某借去了，经过各种交涉的结果，就是李某把从其他地方借来的土地进行交换。

那就叫端夺吗？＝是的，一般叫端夺。

除了端夺之外还有其他的吗？＝没有。

【农民协会】民国十六七年时，本地有过农民协会吗？＝（以下是小学教员刘氏有关农民协会的应答）有。

县里办的吗？＝县党部指导的。

持续了多少年？＝从北伐成功后，县里就成立了党部，持续到什么时候就不知道了。

佃户设立过行会吗？＝没有。

农民协会的支部在乡村吗？＝不知道（以上是刘氏）。

【地租降低】有县和协会之类的把地租的减额作为问题的情况吗？＝没有。因为土地是个人的，所以应该不会出现那样的问题。

四五个佃户共同去地主那里，请求减轻地租的事有吗？＝没有。请愿的时候，虽然是收成不好以及谷价下落的时候，但是都是一个人去。丰年的时候，地租自然会变高，就会有端夺。凶年收成不好时，地租就会变便宜。

在民国二十五年时，有来自县里的通告让地租便宜二成五的吗？＝没有。

那时候听说过二五减租吗？＝没听过。政府即使这样做，地主也会把 10 元的地租算作 12 元。

没有能让地租减少的办法吗？＝完全没有。

在村里虽然土地少，但是联合起来商量不减租就不耕作的有吗？＝那样不可以。因为今年是丰年，所以即使地租高，也想耕作。

收成不好的时候可以吗？＝没做过。

做的话你觉得能行吗？＝丰年的时候不行，但是凶年时即使我们不去，也会来请求减租。不管怎样，租地的契约是一年，所以什么都不行。

在这个村里五口人的家庭（大人 3 个、孩子 2 个）需要多少亩？ ＝20 亩。

租佃的话呢？ ＝40 亩。

你家里 10 个人耕种的 30 亩地里，只有 15 亩租地不够吧？ ＝够了。

收成不好、谷物不够时，有借钱的方法吗？ ＝有。

【财产继承的顺序】是金钱还是粮？ ＝钱的场合多。首先是借钱，根据不同场合，也借谷物，更不济的时候出典。接下来就是卖地。最后是卖房子。

土地和牲口哪个先卖呢？ ＝因人而异。凭自己的经验，一看到自己有钱，亲戚就会聚过来。那时候就会决定卖土地。其他的人为了面子，即使借钱也不会卖土地。

在河北省的某地卖马的话，就会妨碍耕地，所以听说是比起马来会先卖土地。在这里是怎么样的呢？ ＝先卖马。想买马的时候就可以买到，但是土地的话，即使有钱，买到土地的机会很少。另外家畜更好卖。

卖什么更有面子呢？ ＝哪个都不好。

收成不好的时候，怎么进行资金的周转呢？ ＝有地的人能从城内的店里借到。穷人就拜托邻居或友人。在本村内寻找能为我周转资金的友人、亲戚，二三十元的话就不需要押和典。杜祥等有钱时，是村里人拜托他们去从城里借来的，用物品什么的借来的。现在杜祥走霉运，像以前那样没头没脸。现在是村长、张辑五等人在做。是关系好的亲戚的话会照顾，但是一般是预支秋天的收获进行借贷。

有地人向商人借钱的时候进行抵押吗？ ＝一般不做。不是有地人即使是普通的村民，有了现任村长的保证的话，什么都不需要。

3 月 27 日

旗地　催头　升科　庄头

应答者　刘悦（小学的教员、望泉寺村民）、杨泽（沙井村会首）

（刘悦是沙井村的小学教员，家在旁边的望泉寺，在村里也是屈指可数的资产家。）

望泉寺最有钱的是谁？ ＝刘如洲有两公顷以上的地。

是自己耕作吗？ ＝都是租出去进行租佃的。本人现在北京读书，太太和母亲在县城里住，村子里的家是由本族的祖父住着（可能是亲祖父的兄弟不是堂表兄弟）。

除了刘如洲以外把土地租出去，在村里还有保留位置，而住在顺义和北京，这样的有吗？ ＝现在没有。

刘如洲是最早去北京学校的吗？ ＝在这个村里小学有四五年，在县里的小学补习了 4 年，另外完成 2 年的高等教育后去了北京，现在 27 岁，之后一两年就要毕业吧。

望泉寺的户数呢？ ＝117 户。

商户？ ＝作为副业的有 10 人左右，经营杂货布等的一年中只回家里一两次。

村里有卖商品的店吗？ ＝没有。

在这 30 年来户数增加了吗？ ＝只增加了 20 户左右。

那也是因为分家，实际上不能说是增加了。没有从其他村子来的。

（因租佃关系完全和沙井村一样，在此省略。）

以下是杨泽的回答。

【催头】在你名下的河西的 5 亩地的地租到什么时候来取呢？ ＝民国十三四年。

谁来的呢？ ＝催头。

庄头不来吗？ ＝不是庄头的土地。

催头只收取租籽吗？ ＝是的。

是想升科的土地吗？ ＝那样低劣的土地，没有买主。

种作物吗？ ＝每年都种。5 亩的高粱能收取 3 石。

催头是从哪里派来的？ ＝土圵的本主，姓杨的。

杨住在哪里？ ＝北京。以前就是这样。地租是按吊算，一年是 1 吊到 3 吊。

根据土地不同吗？ ＝是的。但是在河西的这些地都是相同的比率。

【钟杨宅】杨和钟杨宅是一样的吗？ ＝是的。

为什么加了个钟呢？ ＝不知道，总之平时叫钟杨宅。

催头和庄头有什么不一样？ ＝收旗地地租的是庄头，民地的是催头。

是民地的话，租籽每年都不同，那催头收取的租籽也是年年不一样吗？ ＝是一定的。

民地和有粮地是不同的吗？ ＝是的。

那样的地是民地吗？ ＝总之交租。

在村东的 3 亩地到什么时候来收租呢？ ＝民国十六年。

成为民粮地的是什么时候呢？ ＝民国十七八年。

在成为民粮地之前每年都来收租吗？ ＝是的。

什么样的人来？ ＝催头。

【内务】从哪里来的呢？ ＝从北京来的，不是钟杨宅，是内务府造办处。

是内务府的话就不是庄头吗？ ＝是催头。

以前推测这个的话需要报告吗？ ＝不需要。

那内务府的人就不知道新的持有者吧？ ＝来到原来的持有者这里，从他那里得知。

催头应该有台账吧？ ＝有。

买的时候不改写名字可以吗？ ＝没关系。

【升科】升科的手续在哪里办？ ＝官产处，在县公署内。

要多少钱呢？ ＝一亩三四元。

在那附近的一起升科吗？ ＝不是。

租籽和田赋哪个更重？ ＝租籽更重，是田赋的一倍左右。

在这个村子的西边的 8 亩地什么时候来收租呢？ ＝这原来是民粮地。

从哪里买的？ ＝从普通人家那里，在咸丰年间。

为什么知道这些呢？在地契里有吗？ ＝在地契里有。

因为地契是很旧的东西，按照顺序排列保管的吗？ ＝白契和老契不在其中。

以前也有老契吧？　＝在以前需要买主，所以我认为没有。

【催头】催头每年都是同一个人来的吗？　＝不清楚。

听说过吴催头的名字吗？　＝没听过。邓、李二人来过。

是从内务府来的吗？　＝是的。

同时来的吗？　＝李是本村人。

本村人也能成为催头吗？　＝能。

李的催租的区域是一定的吗？　＝这附近的村子全部由两人负责。

你的租是哪个催头呢？　＝交给姓李的。

催头能卖征租权吗？　＝不能。

有礼金吗？　＝不知道。

李、邓二人的管辖不一样吗？　＝他们一起行走，李带路。

李不是真正的催头吧？　＝邓是从内务府来的，内务府应该不知道李这个人吧。

内务府里没有庄头吗？　＝不知道。

【周庄头】周庄头是内务府的吗？　＝不是，是北京的镶黄旗的庄头。

镶黄旗以外的庄头也来了吗？　＝没有，只有1个人。

周直到什么时候来的呢？　＝民国十四五年。

【升科】民国之后，最早升科的是在哪里？　＝哪里的土地大体都相同。

周管理的土地都是同时升科的吗？　＝不是同时的。

为什么？　＝早些买的话，就会早点升科。

不想买而不买的佃户有吗？　＝大家都买，一有钱就会买。

整理有期限吧？　＝即使有期限也有不能在期限内购买的。

如果期限内不买的话，会被没收吗？　＝不会。

经常有不买的吗？　＝想买的人很多。

大家都很吃惊吗？　＝布告没出来时，不知道。

大家都是怎么评判的呢？　＝大家都很高兴。

升科刚开始时没来收取租籽吧？　＝即使今年不买明年也必须要买。从民国十四年在这里开始的。

民国四五年没有吗？　＝不在这个村子。

庄头、催头之类的从民国三四年开始就没来了吧？　＝没有。

直接从庄头买的话要出多少钱？　＝那样的人很少。

贵还是便宜？　＝不知道。另外那些土地的所在也不清楚。

【王府的土地】大梁庄头和黄梁庄头有什么不一样的吗？　＝前者小，后者大，身份高。

是干什么的？　＝是收租的人。黄梁的土地很广，大梁很少。

和哪里的土地有关呢？　＝都是王府的土地。

什么时候来的？　＝直到民国十三四年，但是和这个村子没关系。

那来到了顺义县的哪里呢？　＝在北门外。以前是黄梁庄头来，但是就成了大梁庄头在做了。

到县城里来了吗？　＝住在北门，在那里征收。

是县里的人吗？　＝是的。

【松宅】松宅是旗人吗？＝不知道。

收租的话是旗人吧？＝不是旗人，是民人。

松宅的租每年是一定的吗？＝是的，租额没有增减。

那样的话松宅和普通的旗人的区别在哪里呢？＝（没有回答）。

【佃户】松宅的耕作者叫佃户吗？＝是叫佃户。

除了旗地之外还有佃户吗？＝租籽地也叫佃户。

租籽地有哪些种类？＝不知道。

内务府的土地呢？＝旗地。

租籽地不是旗地吗？＝不一定。

是什么样的租籽地呢？＝把租交给松宅，松宅把田赋交给国家。

交给顺义吗？＝不知道。

【钟杨宅】钟杨宅也是一样的吗？＝钟也是交钱粮。

现在是钟在交吧？＝是的。

为什么呢？＝因为现在也是把租交给钟。

但是实际上没在交吧？＝不来收取。

不来村里收租的很多吧？＝只有钟。

除那以外还有谁来？＝不知道。

能写卖契吗？＝推。

松宅也是这样吗？＝是的。

黑地也是卖契吗？＝是的。

买黑地的时候要向县里送呈报吗？＝做税契。

过割呢？＝有。交更名。

但是以前什么都没做吧？＝（没有回答）。

旗地的话更名吗？＝要。在交租的地方做。

不去县里吗？＝庄头去。

钟呢？＝去顺义的店里。

【雍和宫】雍和宫的要把租交到哪里？＝自己不知道。

（接下来揭示旗地关系——钟杨宅——的资料，显示现在是如何的紊乱。展示旗地紊乱的一部分。）

　　　　　顺义县公署训令　　财字　　第　　号。
　　　　　今一区　石门沙井　附近　　乡　　副长。
　　　　　为令遵事案奉。
　　　　　河北省公署财产字第 680 训令内开案。
　　　　查前据北京祇德堂杨产业清理处代表吴新洲呈请调查价买坐落香河等县地亩一案令据该县呈复调查情形到署堂经迁通知该祇德堂将此项地亩开到清册成送核办并指令知照合在案兹据该代表人分别送册呈送前来除批示外命行抄发原呈并检同坐落该县地

亩清册令仰该知事即便遵照根据册列村庄亩数户名详调查员报为要此令等因奉此除分
令外合行抄册令仰该乡长副遵照速将册到各户地亩数目按户查明分别签注原册备注栏
内呈送来署以凭汇转此

计抄发地册一本由该乡长查明分别签注仍缴

中华民国三十年三月　　日

知事　夏崧生

祗德堂杨产业是钟杨宅旗租地的意思吗？＝是的。

现在祗德堂住在哪里？＝好像是在北京，详细的就不知道了。

（以下登载的是沙井村原有的文件和该村村长从宛县送来的文件。备注栏是调查员为
了解名簿上的几名耕作者（佃户）是谁、现在是谁的所有地，以及土地的所在等而整理的
信息。所以原资料是空白的。旗地紊乱的一部分就显露出来了）

沙井村		备注
李文治	场一块	本村人，在庙前
李文山	场基地	本村人，在庙前
刘文增	四亩	不知道是哪里的人。一切不明
洛担	十五亩	望泉寺的人，土地的所在不明
李汉源	十亩	本村人，同上
张佐林	三十二亩	南法信的人，同上
张永金	二亩	一切不明
杨玲	三十三亩	本村人（杨源的祖父）所在明朗
孙永安	房地一段	本村人，孙凤所有，明白
崇德	房地一段	同上
王权	一亩	不在，土地所有不明
杨发	五亩	本村人，杨永才的叔父所有
杨清	十三亩	杨永才的父亲
杨有	二亩	杨永才的叔父
叔仁	房地一亩	一切不明
耿智	房地一段	一切不明
张复云	同上	当作本村人，不知是谁的祖先，土地的所在不明
言振亭	十八亩	言绪的父亲，土地的所在不明
沙井村会中	二亩五分	一切明白
张广有	四亩五分	一切不明
王祥	九亩	一切不明
杨蓝	十亩	一切不明
邱永奎	六亩	这个姓在当地没听过

张恩亭	三亩	一切不明
张元	七亩	不是城里人，所在不明
马维顺	七亩五分	城内人
王国平	五亩	一切不明
关清聚	五亩十五分	一切不明
关有彬	三亩五分	住在顺义县城西门外，土地所在不明
王珍	五亩	城内人
夏永林	五亩	一切不明
徐国园	十三亩四分	一切不明
王泽顺	六亩二分	一切不明
赵达	八亩七分五	本村人，其他不明
赵绍廷	八亩七分五	本村人，其他不明
王朝举	五分	一切不明
茄永和	三亩五分	城内人
王桐	二十三亩	一切不明
于长年	七亩	一切不明
于江	十亩	一切不明
刘瑞	十八亩五分	一切不明
采永和	八亩五分	一切不明
刘振	十亩	一切不明
王福	四亩五分	一切不明

3 月 23 日

老租　现租　旗地

应答者　李梦云（顺义县城的慈善会长）

（李梦云是城内人，以前作为官吏在各地做县长以及其他，现在回到故乡担任慈善会长的职务，在县里是最有力的人之一。）

在这个地方大部分是租地吗？　＝伙种时百分之一左右，其他的都是租地。

【老租】老租是什么？　＝民交给庄头的钱，永远不变的意思。

与此相对民国后的地租是每年都能变，这叫什么？　＝现租。

老租有契约书吗？　＝有。这是最初只写一次。以前经常见，现在在县里也有吧（注：事后在县公署调查了，但是没看到）。因为现在升科了，所以不用。现租里就没有。

【租批】老租的契约书叫什么？　＝租批。

到现在还有老租吗？　＝在升科之前有，从民国八九年开始，庄头已经不来了。

租批（老租地）里写的什么？ = 坐落、四至、面积、租价、纳入期限、不允许永久地增租退佃、王府名、庄头名、佃户名、年月日保管人是佃户（以上相当可疑）。

【佃户、租户】庙地的也叫佃户吗？ = 是的。民地通常称租户。

没有民国以后的租批吧？ = 没有。借城市的房子时，现在也在用租批，有永久性的意思。

佃户改变的时候要重写租批吗？ = 租批收集到 500 亩左右再写。写了之后，基本上没有什么大作用了。新佃户和庄头间什么契约书都没有。

那样的话，是不是佃户就不知道了吧？ = 新佃户和旧佃户之间的关系很清楚，所以新佃户把租交给庄头。

庄头拿着佃户的名簿吗？ = 是的，把变更也写进去。

租批在旗地设立时只能做一次吗？ = 是的。

旗地升科时支付的 4 元，是礼金还是货款？ = 货款。旗产清理处把货款交给庄头，庄头再交给王府。旗地必须交给原来的佃户。也有用 4 元买征租权的。

（下面是对同氏的口述进行的图解）

旗地统属顺

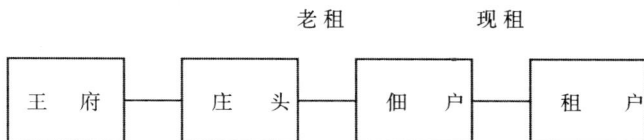

民地统属顺

（一般上述的是交错在一起的。所以同一个是佃户，是租户，或者是佃户同时又是民地的租户，或者是旗地的佃户同时又是民地的租户。）

以前佃户租出旗地是自由的吧？ = 完全自由。地租和一般的民地一样。

【旗地的负担】旗地除租以外还有要往县里交的负担吗？ = 没有，没有县里的附加。但是村里的摊款杂派作为青苗钱一起征收，不能免除。

1941 年 3—4 月
（华北农村习俗调查资料第 27 辑之二）

租佃篇第 5 – 2　　河北省顺义县沙井村
　　　　调查员　山本斌

本辑也不一定会根据调查日期进行详细划分。前半部分是前一次调查（租佃篇第 1 号，本卷是从第 1 页到第 91 页）旳补充调查而进行的总结，后半部分是效仿一般的记录形式按照调查日期进行的询问。前半部分以前一次调查的副标题为标准，把户别概况调查、规定租佃关系的各种条件、地租、特殊的租佃关系作为副标题；后半部分遵循一般的记录形式，以日期为副标题。

户别概况调查

应答者　杜祥（司房）、赵廷奎（沙井村民）、李注源（看青夫）
李濡源
在李广权的家里做长工吗？ ＝是的。
五年前卖给李清源的土地有多少亩？ ＝村内，西边的下等地 6 亩。
以上为什么卖给他呢？ ＝不明。
李广玉是从什么时候去望泉寺的哪个人那里做的长工呢？ ＝从去年去了望泉寺的刘家。今年也是。
李注源
从几年前开始看青的呢？ ＝从 3 年前。
在那之前做什么的？ ＝没做过长工，一直做着短工。
南法信的 10 亩在今年也是租佃吗？ ＝退租了。
为什么退租了呢？ ＝不明。
孙福
孙福的叔父在谁家里做了多少年的长工呢？ ＝在赵廷奎家做了 20 年左右。

李汉源的家现在是谁的家？ ＝汉源在 20 年前死了。现在是李广权的家。

孙福去年在哪里做了多少次的短工？ ＝在县城以及村内做了 200 次左右的短工。因为他有能力，所以经常被人雇用。

孙旺

孙旺在做什么？ ＝经常放脚。不怎么做短工。

民国初年的所有地呢？ ＝5 亩。

去年的租地如何呢？ ＝去年租佃了村内南部的公义堂的 6 亩中等地。

李广权

和杜二的搭套，要共用什么样的东西呢？ ＝双方共有驴，互相借贷。

李秀芳

去年雇短工了吗？ ＝是的。

除了以上所说的，还雇用其他半长工吗？ ＝是的。雇了本村的耿正文。

半长工是什么？ ＝一年里每隔 3 天干活的叫半长工。

一般把上述的叫半长工吗？ ＝一般叫半拉活儿、半个活儿。

搭套的关系是怎样的呢？ ＝有 1 牛 2 驴。比起其他的，不需要寻求助力，没有搭套关系。

张庆善

收入是怎样的呢？ ＝医师实际收入很多，能达到 100 元左右。

为什么迁到盘山呢？ ＝作为出家，为了修行。

民国初年有多少亩？ ＝没有。

现在呢？ ＝坟地四五亩，只在村内。

搭套呢？ ＝虽然没有耕畜，但是不和别人搭套，借牲畜。

刘珍

搭套呢？ ＝虽然没有耕畜，但是不和别人搭套，借牲畜。

崇文起

烧饼的收入呢？ ＝没有土地，主要的职业就是卖烧饼。有四五百元的收入。

一个大人的最低年生活费是怎样的呢？ ＝谷类 70 元、菜 10 元、衣服费 15 元，共计 95 元左右。

民国初年的所有地呢？ ＝在南法信，下等地 2 亩。

以上是于何时卖给谁的呢？ ＝在民国二十年左右卖给了本村人孙祥。原因不明。

张书贤

什么时候开始做的线香？ ＝在民国十年前在农业以外做过制作线香的短工，学会了技术，在十年以后开始了做线香。

什么时候开始租佃的？ ＝从民国十五六年开始的租佃。那时的地主不明。那之后耕作言绪的地，其他的就再没租佃过。

刘福

他村的同族如何？ ＝在望泉寺有一户。

你的蜜供收入呢？＝是蜜供的小头儿，工钱固定，是 36 元。其他的赏钱有 60 元左右。

刘祥的部分呢？＝应该是工钱 36 元。

在这家除了蜜供之外，还在做着什么？＝主要是在村里卖落花生、瓜、梨。

这个家里谁做过长工？＝刘福在民国十五六年后在赵廷奎家做过三四年的长工。那之后到处去做短工。去年也做过短工。

最近是什么时候、从谁那里买的地？＝在民国二十年买了南法信的一处下等地，民国二十三年时在本村内西边买了一处下等地。面积不明。

现在所有的 17 亩半就是以上所借的吗？＝这是去年正月分家所得，属于刘祥。

以前什么时候租佃过？＝民国十五六年租佃了县城张氏的土地。前后的租佃关系不明。

现在的租地呢？＝民国二十六年租佃了孙任氏（现在毛家营，本村孙少甫的家人）的 8 亩地（村内西边 5 亩，村内南边 3 亩）。孙任只来收取地租。那些土地在民国二十七年、民国二十八年、民国二十九年时由吴殿臣耕种。

张树林

和李祥林有什么样的关系？＝是邻居，五六年前分家后没有得到房子，于是便把房间借给他了。应该有房屋借贷契约，应该付这房租。

李祥林

最亲近的人是谁？＝兄长，李树林。

做过长工？＝民国二十年后在村子家里做过五六年，之后直到前年一直在张守仁的家里，做长工。去年积极地做了零售。也做过短工，但是很少（一年 30 工）。

分家是哪年？＝六七年前。

分家后的亩数呢？＝四五亩。现在也是。

有租佃过吗？＝以前只进行租佃，租的是县城的张姓的土地，没有其他的。

搭套呢？＝从五六年前就和李树林、刘福一起做。

王悦

是族长的什么？＝侄子。

和谁亲近？＝王春林。

主要的职业呢？＝糖房业。

在哪里卖糖呢？＝县城的集市。

什么时候能卖多少糖呢，收入怎样呢？＝在 6 月基本上卖不出去。在 12 月、正月，每月能有三四百元的销售额。

去做过长、短工吗？＝没有。

其他的副业呢？＝不卖烧饼。去北京、通州拉脚，一年有 100 元左右的收入。

民国初年以后的所有地变更呢？＝民国初年有四五十亩。民国五六年分家，王悦的部分面积不详。民国二十四年、民国二十五年时和王春林换了 5 亩。前年把父亲的养老地卖给了南法信五六亩。现在有 20 余亩（和已调查的相同）。

其他的还有卖地的吗？ ＝没有。

以上为什么卖给了南法信呢？ ＝民国二十六年父亲死去，因为那时有钱，所以没有卖地。前年卖给南法信，只是因为无法生活，而不是因为要得到婚葬费。

会因为糖房业而雇人吗？ ＝从去年 7 月到 10 月，雇用了刘万瑞，让其每月做 15 天的活儿。工钱是按月给。提前给付额不明。只让其做糖，没让其做农事。这样的雇人叫作月活（所以刘能做农事但是不让其做。因为约定是雇用其做糖的）。

为了农业，会雇用月活吗？ ＝不雇。

王春林

和谁亲近？ ＝没有特别亲近的。

做过长短工吗？ ＝没有。但是在天津牛栏山做过厨子。

蜜供呢？ ＝没有。

民国初年的所有地呢？ ＝七八亩。

以上的和现在没有变化吗？ ＝是的。

租佃过吗？ ＝民国二十七年租佃过赵立民在村里南边的四五亩中等地。

任振纲

他是从石门搬到谁的家来的呢？ ＝搬到万杨氏的家里，现在也在那里。

没有副业吗？ ＝没有。

民国五六年买的土地呢？ ＝以 200 吊左右买了县城王振的中等地 6 亩，民国初年以后买了几次地。

那些钱是怎么得到的呢？ ＝万杨氏有丈夫的遗产，属于本村有钱人。

万杨氏名义的土地，耕作人杨永成是石门人吗？ ＝是的。

万杨氏是从什么时候来到任家的？ ＝从 10 年前。一年中住在石门两三个月，其他的时间都住在任家。

任氏负责杨氏的伙食、衣服以及其他一切的费用吗？ ＝不是，是杨氏自己负担。甚至倒不如说两人的生活使用的都是万杨氏的钱。

任氏租佃了万杨氏的多少亩地？ ＝虽然付地租但是数额不明。应该比一般的要便宜。

杨永成所有地以及租地有多少左右呢？ ＝具体的不明。但是在十五六年前杨氏卖了他 10 亩。名义大概是万杨氏，永成在白种（免费耕作）。

任和杨（石门）家耕作时相互帮扶吗？ ＝不能说是从心底上的关系好，都是想得到万杨氏的财产，没有相互帮扶耕作的。

搭套？ ＝民国三十年也是和杨明搭套。各自互相借贷所有的驴，另外在农忙期出二三人互相帮扶。

李树林

民国初年的所有地呢？ ＝五六亩。

母亲的养老地的收获物的处分呢？ ＝因为赡养着母亲，所以没有分配给母亲收获物。

为什么放弃了杜景萱的租地呢？ ＝石门的李某说要出很高的地租去杜那里工作，杜也没借给他。

石门人经常像上述那样夺取沙井村人的租地吗？＝是的。石门人做坏事的人多，经常拿工作费来存大钱。所以本村人和石门村人的关系不能说好。望泉寺的人都很小气，但是不做恶毒的事，和本村的关系也不坏。

赵立民

搭套？＝去年王春林买了一匹驴，之后一半由赵支付，共同拥有。

李哑巴

李哑巴在哪里要饭？＝北京。

祖母张氏、实头两人在做什么？＝在村里讨饭。

以前为什么失去土地了呢？＝因为一家的烧饼业失败了。

赵文有

在村里有同族、亲属、亲友吗？＝完全没有。

入村的经过呢？＝经县城人的介绍，入典住进了本村贫穷户的宅地。

主要的职业呢？＝虽然也做农事，但是以贩卖树木为主。

木材业的实际收入呢？＝100 元左右。

以前在牛栏山有地吗？＝有，但是现在没有。

在本村附近有多少亩？＝在本村没有，在石门以北有下等地 4 亩。

杨永才

在民国初年分家了吗？＝不，在十四五年前分家，分成 4 家。

在民国初年有几亩？＝70 亩左右。

以上的 70 亩是如何分的呢？＝不详。

杨黄氏的 12 亩地是何时入典的？＝3 年前。

何时出典给张瑞的呢？＝五六年前。

其他的还进行过土地买卖吗？＝去年把 4 亩地卖给了任振纲。

现在的所有地呢？＝村内河畔的下等地 3 亩，村里其他地方 1 亩，北法信 2 亩半，其他的没有。

入典地有多少呢？＝之前所说的，只有杨黄氏的 12 亩地。

出典地如何？＝现在没有。

永才除了看庙，也耕种自己的土地吗？＝是的。

从前的租佃关系？＝不明。

现在的租地如何呢？＝西南 3 亩，东 5 亩，共计 8 亩。都是庙产，从 6 年前开始看庙时进行租佃的。作为看庙的额外收入，就不需要交纳地租。这土地只有杨家人在耕作，不雇长工。

搭套？＝民国二十七年以后和孙凤搭套。各自有驴及农具，互相借贷这些东西，也相互帮助。没有共同购买的东西。

耿士成

士成兄长的孩子住在李秀芳的家里，做着什么？＝兄长的孩子，正文（11 岁）从 6 年前住在李家，做着长工。

以上说的半长工是做什么的？　＝在李家做 3 天活儿，其他的 3 天是自由。

自由的时候做什么？　＝从四年前在望泉寺的王银家做过两年的半长工。三天在李家，三天在王家。其他的没做过农业以外的事。

正文是如何住到李家了呢？　＝以前在庙西的耿家，在光绪年间卖给了李家，耿家失去了家。正文在原来的姐姐所在的饰大人庄住了 16 年左右，甚至住进了"后营"。然后就是住进本村庙里，6 年前因为是老邻居的关系住进了李家。

李家对正文的待遇怎么样？　＝详情不明，但是在工作的三天李家会提供饭食，没有工作时就不会提供。

在李家工作三天，剩下的三天做什么？　＝做短工。

正文的蜜供收入呢？　＝40 元左右。

正文和谁最亲近？　＝耿士成。

耿士成现在住在哪里？　＝庙内运动场一角的家里。

是怎么样住进庙里的呢？　＝在光绪年间失去房子，另外也没有妻子和孩子，因为在村里没有亲近的人，所以就住进了庙里（有妻子和孩子的人不能住进庙里）。

以上的家是谁建造的？　＝王出高粱秆，其他的一切材料以及工钱由耿出。木头是来自庙里的树木。

建造房屋时和村长有什么约定吗？有的话是什么样的约定呢？　＝和村长有约定。王、耿两人可以随意免费地居住，但是死后房子归村里所有。

正文或者耿可以把这个房屋转卖给他人吗？　＝不可。

像把以上的约定叫作借地不拆产的约定吗？　＝是的，一般都是实行借地不拆产的约定。县城里有没有就不知道了。

主要的职业呢？　＝如今因年迈不能像 10 年前那样劳动了，去做了蜜供，收入 40 元左右。除此以外还应邀去村里人家里做一些轻松的活儿，然后得到饭食，不收工钱。

以前做什么的？　＝在杜荣家从十五六岁开始一直做着长工。没有去过其他人家里做过长工。

在民国初年有多少亩左右？　＝从以前就极其贫穷，当时有 4 亩。

那之后有买卖过土地吗？　＝没有。

现在有多少亩？　＝以上所说的庙内公路桥附近 4 亩下等地。

以上是谁在耕作？　＝自己耕作。

何时进行租佃的？　＝从 5 年前开始和李旺一起伙种着王寿山的石门南边的中等地。最初的一两年是李在租佃，但是之后直到去年和李旺进行了伙种。作物是持续种了 3 年的瓜（西瓜不可以持续耕作，小瓜和甜瓜可以持续耕作）。今年是否进行伙种还未定。

王喜

在其他村里有同族、亲戚吗？　＝兄长在北京，次兄在马各庄。

和谁特别亲近？　＝兄弟王悦以及同居的杨永才。

主要的职业呢？　＝民国十年以前父亲那一代，一家的主要职业是零售点心。虽然十年后没有再做，但是与此相对没有钱的时候，就回去做短工，另外在冬天去做蜜供（40元）。去年在村内外做了 4 个月的短工，今年在赵立民的家做了半长工。

李广恩

民国初年有多少亩？ = 4 亩、8 亩、1 亩以及其他的合计 20 亩。

那之后有进行过土地的买卖吗？ = 不明。但是那之后父亲那一代分家了，自己的土地有 4 亩左右。

搭套？ = 只是在锄地、播种的时候互相借贷驴马。收获期不会（因为大家都很忙，牲畜没有用来借出的富余）。

周德福

和谁亲近呢？ = 孙有让。

副业如何呢？ = 虽然和长孙周复兴在通县，煤油庄做着伙种，但是现在去牛栏山伙种了，一年收入 100 元左右。

民国初年有多少亩？ = 40 亩左右。

开面馆的资金是靠卖土地得来的吗？ = 不是，家里有钱。

有雇过长工吗？ = 没有，雇过短工。

现在耕种着所有地（30 亩），一年平均雇用多少短工呢？ = 地是盆地的时候会雇用很多，一年 30 人左右。

杨永林

是族长的什么人？ = 杨永才的弟弟。

一年的收入呢？ = 实际收入七八十元。

民国初年有多少亩？ = 七八十亩（当时没分家）现在有多少亩？ = 4 亩、2 亩半、4亩半等共计 15 亩。

从民国初年到现在买卖过土地吗？ = 不明。

搭套？ = 3 年前在杨克正（县城人，并非亲戚，是熟人）的家里做长工制糖。另外永林的孩子是克正家里的伙计，很亲近，克正在必要的时候来借驴马。永林不用去帮忙，在杨克正的家做长工之前，没和杨永才搭套过。

杨永元

杨祯和户主什么关系？ = 兄长的孩子。

祯的住所、职业、收入呢？ = 在三四年前去北京的杂货店，一年收入五六十元左右。

琦呢？ = 从两年前在北京，油盐店，年收入 20 元。

珍呢？ = 从两年前在北京前门外饭铺，年收入 20 元。

15 年前为什么、卖了多少亩地、卖给了谁？ = 当时因为是收成不好，很贫穷，另外女儿的出嫁也需费用，所以卖给李需源 5 亩，卖给王会（望泉寺）5 亩，卖给李光（石门）5 亩，卖给刘长春 3 亩半。

租佃过吗？ = 卖了以上的地之后，就渐渐地租佃着。虽然以前的事情不明，但是在前年时租佃了县城人以及南法信人的土地（下等地），亩数不明。

搭套？ = 因为和杜钦贤共同购买的驴马衰老后没什么用了，所以去年把它卖了，搭套解除了。

杨黄氏

主人是什么时候死的？ ＝民国十七年左右。

主人做过长、短工或者蜜供吗？ ＝没有。

民国初年的所有地呢？ ＝40 亩左右。

之后的土地买卖呢？ ＝不明。

杨永瑞

房子是什么时候从杨黄氏那里典入，住进去的呢？ ＝前年。

张永仁

民国初年的所有地？ ＝三四亩。

最近几年为什么不断地买土地？ ＝一家人很勤快地挣钱，用那些钱来买土地。儿子在做蜜供，另外在点心铺同顺永（县城）做伙计，帮持家计。

何时开始租佃的？ ＝从民国五六年前开始到去年为止。租佃了县城张义臣（远缘）的南法信所在的 10 亩以上的下等地。

今年不进行租佃吗？ ＝因为地租上涨，所以放弃了。

除了以上的还有其他的租地吗？ ＝没有。

邢尚德

邢是谁介绍入村的呢？ ＝和赵绍廷在商业上的关系很好，经其介绍入村的。

李清源和邢的关系呢？ ＝李是邢的"看房子的"，除此之外什么关系都没有。

王瑞领在邢家做什么？ ＝做磨面的长工，但是现在去了北京。

邢自己不做农事吗？ ＝不。

邢在同顺永做掌柜的收入是？ ＝千元以上。

邢的妻子做什么的？ ＝现在住在县城，在本村的时候做过王瑞领的监督。

长子永立在做什么？ ＝民国二十八年时去了通州的茶叶店做伙计，年收入四五十元左右。

邢入村前在附近有地吗？ ＝没有。

搭套呢？ ＝没有。

李清源

李以前有家吗？ ＝民国十年时分家，之后失去了房子。

民国初年的所有地？ ＝13 亩（分家前是李濡源的名义）。

分家后得到多少亩土地呢？ ＝4 亩。

租佃过吗？ ＝没有。

四五年前的望泉寺内的一处租地的地主、面积等呢？ ＝望泉寺，刘如洲，8 亩，下等地。

李和刘的关系？ ＝李以前做过饭。

赵绍廷

是老户吗？ ＝不是。

何时入村的？＝民国元年。

和赵廷奎的关系？＝妻子是廷奎的表姐妹。

席子业的收入呢？＝200 元左右。

民国元年的收入呢？＝14 亩（村内，东边，上等地 10 亩，村内，北边，下等地 4 亩）。

去年以及今年雇用谁做的兰长工呢？＝去年是刘元（石门人）。今年雇的是王有（南法信）。半长工每年都更换。

租佃过吗？＝是的。

何时、是谁的地、有多少亩？＝去年、今年都是 30 亩，也就是县城人王永万的上等地、下等地各 15 亩。去年的地租按亩上等地 7 元、下等地 5 元。今年上等地 15 元、下等地 10 元。

杜守田

民国初年的所有地呢？＝70 亩左右。

那之后的土地变动呢？＝民国十二三年分家后土地减少了，但是变动的面积不详。

租佃过吗？＝没有。

现在在租佃吗？＝没有。

搭套？＝民国二十八年以后和李广泉搭套。李有一辆车、一匹骡子，杜出一匹骡子，相互使用。

李汇源

做过长工、短工以及蜜供吗？＝近年在广祥家做过长工，年收入 100 元。在广泰的县城里的磨坊做过，年收入 70 元。

其他的副业呢？＝萝卜、白菜等搬运，搬运修铁道用的沙石。年收入不明。

民国初年的所有地呢？＝（不明）。

那之后分家的时间和所有地？＝20 年前 13 亩。

现在的所有地呢？＝没有。

搭套？＝民国二十五年和张戎，民国二十六年至民国二十八年和李广泉各自相互借贷了骡子。民国二十九年以后和谁都没搭套。

杜祥

是族长的什么？＝弟弟。

杜祥和杨永瑞是亲戚吗？＝不是。

做新的短工的目的地以及工数呢？＝虽然不定，但是去年去了杨源家三四个月。

民国初年的所有地呢？＝16 亩。

那之后的土地变动呢？＝不明（民国后不分家）。

搭套？＝杜祥和杜春、杜德新搭套，只有垄地的时候各自借贷驴马。

曾福河

杜祥家的租房条件呢？＝介绍人是杜祥的侄子（木匠），没有契约书，3 间房子每月 5

元。但是移转到天津了。

刘振廷

杜祥家的租房条件呢？＝介绍人是杜林新，没有契约，一间半房子 5 元。

杜林新和曾、刘的关系呢？＝杜林新在驿站做木匠，和曾、刘在驿站认识的。

杜春

民国初年的所有地呢？＝十五六亩。

租佃过吗？＝从六七年前到去年为止，租佃了言绪的村里的 5 亩下等地。介绍人任守春（石门）。然后是从 3 年前开始到去年为止，租佃了何长源（现沙井村小学教师的叔父）村内的中等地 10 亩，以及望泉寺村内东边的 6 亩地。介绍人是杜祥（和杜祥因某种渊源租佃着何的土地）。

今年没租佃上述的两处地吗？＝没有。

和杜祥原来是一家吗？＝不是。

杜复新

什么时候？租佃谁的土地？＝在民国二十五年、民国二十六年、民国二十七年这 3 年间租佃了县城人王叔平的河东下等地 18 亩。地租额第一年是 12 元，第二年 18 元，第三年 23 元，和杨明旺共同耕作了。第四年便是石门人租佃了。

大东庄内的公会地耕种了多少年呢？＝只有去年。条件不明。

景德福

入村后买了谁的地盖的房子呢？＝3 年前，杨润的地五六亩（包括园地），以每亩 40 元左右买来盖的房子。

民国初年的所有地呢？＝原来土地少，最多有 10 亩左右的地，在石门。

租佃过吗？＝入村后没做过。入村前不知道。

杜德新

是族长的什么？＝次子。

民国初年的所有地呢？＝十六七亩。

那之后所有地的变动呢？＝民国十年前后渐渐地卖掉了土地，在民国十九年、民国二十年分家时，分地前只有村内的 5 分园地。

租佃过吗？＝五六年前租佃了言绪的 4 亩半。没有其他的租地。

在开始租佃前做什么的？＝耕种自己的地，没有其他的职业。

是自耕农吗？＝是的。

最初耕种谁的土地呢？＝言绪。

柏成志

民国初年的所有地？＝没有。

租佃过吗？＝没有。

杨泽

3 年前卖的土地的性质呢？＝中等地。

杨源

在本村内谁和谁家有养老地呢？＝赵绍廷 4 亩（是从杨源那里买的地）。张永仁 6 亩（从赵廷奎买的）。杜如海 5 亩。李树林 5 亩。李亮（石门人）5 亩。绍姓（刘家河）10 亩。

现在的所有地的面积呢？＝40 余亩。

以上的所有地？＝在村内有 2 处 12 亩，在村外北法信有 2 处（面积最大），石门南 1 处。土地质量是村内最好的，其他的都不怎么样。

杨家每年都雇长工吗？＝是的，现在也是。

现在的长工呢？＝李广祥，是从五六年前开始雇的。

在李之前雇的是谁？＝李祥林，有五六年。张书成（村人），有四五年。在那之前，以前每年都有。

李广祥在北法信有土地吗？＝以前就没有。

杨升

是族长的什么？＝侄子。

是村长的什么？＝义弟。

民国初年的所有地呢？＝17 亩。

现在的所有地呢？＝10 亩。

为了种以上的地会雇短工吗？＝不雇长工，短工一年雇 10 个左右。

（备注：父亲永林和母亲离婚后，母亲后来去北京干活儿去了。在那期间，家族间好像有复杂的问题。）

张成

做过长工吗？＝没有。

短工呢？＝从数年前在农忙期做过。一年二三十个工人。

蜜供收入呢？＝40 元。

赵廷奎

谁做搬运业呢？＝廷奎。

赵仲在牛栏山做伙计的年收入呢？＝40 元。

从前把土地卖给谁了呢？＝石门的景德福（48 亩），望泉寺的王沛（6 亩），望泉寺的王（6 亩），同（10 亩），本村的张文通（4 亩），王沛（16 亩），南法信的张廷祥（6 亩），望泉寺的王会（9 亩），县城的王永万（20 亩），同（10 亩），张守仁（10 亩），张永仁（10 亩），县城的王义臣（3 亩），其他的没有。

长工一直雇到什么时候呢？＝五六年前。

从两三年前租佃土地的原由？＝马家营的村民张某的土地，中等地 8 亩 2 分 5，南法信在口头契约，介绍人是南法信的凤实旺（以前在他家做过长工）。租期一年更改。地租第一年 3 元，第二年 3 元，第三年全额 50 元，第四年（今年）每亩 14 元。

以上租地面积的变动呢？＝第一年 16 亩半，之后是 8 亩 2 分 5。

从刘殿祥得到租地时的介绍人是谁？＝李旺。

在赵家一年雇用多少工人？ ＝100 个。

赵廷福

做过长短工吗？ ＝没有。现在也是。

不去做蜜供吗？ ＝没有。

到北京拉脚的是谁？ ＝廷福。

民国初年的所有地？ ＝当时还未分家。父亲（赵瑞）名义的沙地有 6 亩和 2 亩。其他的没有。之后，廷奎去做了养子，但是廷福留在家里了。

现在的所有地呢？ ＝20 亩。

以上的土地是何时从谁那里买的呢？ ＝民国二十一二年从杨润那里买的。

以上的地是在哪里？ ＝有两处。一处是原来杨润的土地有 12 亩半，另一处是廷奎无偿给了 6 亩。

搭套？ ＝从民国二十年到现在和兄长廷奎搭套。

张珍

主要的职业呢？ ＝从十五六年前就专门做短工。平均每年 3 个月以上，冬天也做，年收入 150 元左右。从 10 年前妻子刘氏每年都去北京做女工，年收入 80 元左右，但是去年 10 月回家了。

民国初年的所有地呢？ ＝10 亩以上。

以上是在何时卖给了谁？ ＝民国十五六年时，卖给张成仁 2 亩，在民国十二三年卖给刘增（石门）10 亩。

李强林

民国初年的所有地呢？ ＝3 亩。

现在的所有地呢？ ＝村西 5 亩半，同南 3 亩，同西 3 亩，共计 11 亩半，其中有苇塘地。

搭套？ ＝和刘福各出驴马，没有共同购买的东西。

孙有让

亲近的人呢？ ＝孙福（侄子）。

和孙旺的关系呢？ ＝侄子。

孙旺的亲人呢？ ＝妻子逃走了，去向不明。除兄长孙福以外，就没有了。

张氏除了采草，也做其他的苦力活儿吗？ ＝是的。

孙旺的所有地呢？ ＝3 亩下等地，坟地，在望泉寺。和孙福共有两人耕作。

孙旺做过短工吗？ ＝每年都做。

长工呢？ ＝民国十年左右在望泉寺的刘家做过两三年的长工。没在其他家里做过长工，之后就做起短工了。

孙旺是老人，即使那样也有雇主吗？ ＝即使是老人，也比普通的人能劳动，所以会被雇用。

有在孙有让家做蜜供的吗？ ＝15 年前去过，之后就不去了。

付菊

在家里什么时候开始做的零售？ ＝民国二十一年。

主要是零售什么？ ＝所有的东西。最近零售萝卜。

不做短工吗？ ＝不，现在也是。

什么时候出了赵家？ ＝八九年前。

也做说合人吗？ ＝是的。

10 年前开始租佃的河西公会地、沙地 5 亩是靠投票借的吗？ ＝不是，因为这些地十分下等，所以不需要投票。

除以上的土地，有租出村里的土地时不用投票的情况吗？ ＝公会地一般有 6 处，4 处要投票，2 处（以上 5 亩以及村东 8 亩）的土地因为质量不好，没有租佃的竞争，所以不投票。

搭套？ ＝没有。在农忙期（八九月）从石门以及其他的地方以 1 日 3 元左右借牲畜（因此，现在至 3 月左右 1 日 1.5 元左右）。

张丫头

租佃的缘由呢？ ＝（和第一次调查一样，确定完成）。

张守仁

现在的所有地呢？ ＝24 亩以下。

以上地是谁耕种的？ ＝自耕，也会雇长工。从 5 年前雇了李祥林，去年以及今年雇了五家营村某人做长工。

蒋成福

老户？ ＝来自北京南 300 里的某村，在 50 年前入村了。

附近有同族、亲戚吗？ ＝完全没有。

职业？ ＝被雇用去本村、石门、密云各地做线香，始终到处辗转。

前年的 6 亩地为什么卖了？卖给了谁？ ＝为了迎娶妻子借钱，因为利息增加了，所以在 3 年前把土地卖给县城西门外的张某。

有以上的土地时，是谁耕种？ ＝自己耕种。

听说光绪年间在蒋家某个西瓜田里劳动过，这算是在做长工吗？ ＝是的。

刘张氏

亡夫的事情？ ＝丈夫在七八年前去世。刘家从以前就经营农业，没有土地，最终做了佃户、短工。另外因为刘家代代都习武术，亡夫也曾被附近的有钱人家雇去当门卫。也就是最初的马各庄的王家，去世之前两三年被梅沟堂的刘殿祥雇去过。

以上除了做门卫，也做过农活吗？ ＝不给土地。工作只是做门卫。

附近的有钱人现在也还雇用会武术的人做门卫吗？ ＝是的。

租佃过吗？ ＝从十余年前到去年，一直租佃公义堂的地，今年不进行租佃。其他的就没有再租佃过。

从前雇用过长工吗？ ＝没有。

短工呢？ ＝最近自己因为年迈无法劳动，所以间隔时间长的话还可以劳动，这以外的活儿都是让刘福帮忙，也请短工帮忙。因为耕作面积是 3 亩左右，不怎么雇用。最多三四个工人。

有特别地帮助张氏，给其金钱或物品的人家吗？ ＝没有。

杜钦贤

是族长的什么？ ＝侄子。

每年都去李濡源家里做短工吗？ ＝去年去过几次，但没有约定每年都去。

民国初年的所有地呢？ ＝七八十亩。

现在有多少亩？ ＝15 亩左右。

什么时候减少的？ ＝民国十五六年时父亲那一代分家后，本家很贫困，最终卖了一部分的地。

现在有 2 亩窑地吧？ ＝不是 2 亩而是 5 亩，这原来是杜家的，但是已经卖给其他人了，买主把这些地做成窑地了。

除以上外有园地和坟地什么的吗？ ＝没有园地。坟地有 2 亩。

刘长贵

5 亩所有地的耕作，邻居和亲戚会来帮忙吗？ ＝不来。

刘长春

在其他村里有同族、亲属吗？ ＝没有。

民国初年的所有地呢？ ＝在民国十年前后分家，分到了两三亩。

租佃过吗？ ＝民国二十年时开始租佃，从民国二十年开始的八九年间，租佃了县城尹姓的 10 亩；从民国二十五年到民国三十年，租佃了县城张姓的 10 亩地。

去年租地今年也租佃吗？ ＝不。

孙凤

和孙有让的关系？ ＝本人的叔父。

有同族、亲戚吗？ ＝在本村有 3 户。在河东的马各庄有五六户。

家人全部都住在本村吗？ ＝是的（家中人数 7 人，户长是孙凤）。

以前是极其贫穷的人家，为什么每年都能买土地了呢？ ＝积攒租地的收入以及短工劳资，用那些钱买了地。没有其他的副业。

耕种租地会雇短工吗？ ＝因为自己都做短工，所以没有雇用短工。

长工呢？ ＝以前一直都没雇过。去年十二月雇过长工（河东人），现在住在这里干活儿。

搭套？ ＝从民国二十年开始到现在，和张实祥（亲戚）搭套。

张麟富

麟富做过短工吗？ ＝最近主要在本村做过两年短工。但是今年出嫁去北京了。

民国初年的所有地呢？ ＝在民国前分家，民国初年有 10 余亩。

现在是多少亩？ ＝没有。

减少的原因呢？ ＝父亲在收成不好时卖了。

以前做过租佃吗？ ＝没有。

今年租佃了言绪的地吗？ ＝只有去年，今年不种。

张文亮的地呢？ ＝今年也租佃。

耕种租地会雇人吗？ ＝雇短工。

搭套？ ＝在农忙期，与邻家。

杜林新？ ＝民国初年的 20 亩左右。

以上的土地一直到什么时候？ ＝在民国二十五年以前，因为水灾，贫困潦倒，然后几乎把这些全部卖掉了。民国二十五六年分家，但是那时候家里几乎没有土地。

租佃过吗？ ＝分家前租佃了马各庄的同村里的 10 亩地，那之后成了木匠，就没再租佃了。

吴殿臣

除了已调查完的之外有租地吗？ ＝好像有公义堂的地，其他的不明。

孙少甫的土地是从何时租给吴种的呢？有多少亩呢？ ＝从三四年前全部就 5 亩地。

以上的租佃条件呢？ ＝去年 1 亩 3 元。本村十三四元。

搭套呢？ ＝从民国二十三年到现在，和杨春旺各自出骡子。

杨永才

今年看庙的收入呢？ ＝提前交纳 100 元。

看庙的能比其他人优先租借香火地吗？ ＝是的。

从民国初年开始的所有地变动呢？ ＝在民国初年有七八十亩。在民国十四五年分家，分得了 17 亩。

现在的所有地呢？ ＝在村内有 2 处，村外 3 处，共计 20 余亩（其中有一处坟地）。

规定租佃关系的诸多因素（补充调查）

应答者　崇文起（沙井村民）、杜祥（司房）、张守仁（沙井村民）

【乞讨】乞讨在以前和现在比起来怎么样？ ＝没有变化。

【新尺斗】土地买卖的时候计算面积吗？ ＝不管是民粮地还是黑地，不定。

从何时开始使用新尺斗的？ ＝从事变前一两年。

【灾害】村子在何时被卷入战乱呢？ ＝民国十五年直奉战争，遭到了军队的破坏。张的军队在本村、望泉寺的民家里滞留了 3 天。在望泉寺免费征发了 20 匹马，本村也深受其害。另外孙传芳的军队于民国十七年 5 月在本村以及邻村的民村滞留过，此时和直奉战争相比，受到的灾害较少。

什么时候受过蝗灾？ ＝六七月时。

一般在蝗灾的第二年地租会减少吗？ ＝是的。

防蝗的方法呢？ ＝没有方法。祭神，另外给神演社戏期望得到神的关照，除此之外没有方法了。但是在本村以及望泉寺不做这种活动，在大的村里有。

兔子的灾害呢？ ＝现在禁枪，结果兔子增多了。现在还没遭受大的灾害。

【土质】在白河的沿岸良地种什么能够收获较多？ ＝玉米。

能收获多少玉米？ ＝40 斗。

在本村以及望泉寺平均能得到多少？ ＝本村内最好的地，玉米 10 斗左右，在望泉寺16 斗左右。

有比沙井村的土地还差的村子吗？ ＝没有。

【灌溉】本村人里谁在外地有带有水井的地吗？ ＝村北的杨黄氏的地有 2 口井（以前是园地）。因为杨黄氏从民国三四年后变得无人，所以园子地变成了旱地。村外南边王悦的地里有一处废井。这以前也是菜园。除此之外，没有园地变成旱地的。

旱地里一般不需要水井吗？ ＝是的。

王悦的有水井的土地是旗地吗？ ＝不明。

杨黄氏的地如何？ ＝民粮地。

一般有古井的土地是旗地多还是民粮地多呢？ ＝不明。

【肥料】把粪储藏起来然后拿来卖的人有吗？ ＝全部都是自己家的，一半自己用，一半用来卖。

可以采土的土地在哪里？ ＝每家都有，另外村里公有的有四处。

有从地主家得到粪的佃户吗？另外，伙种的时候如何呢？ ＝完全没有伙种。另外并不能便宜地得到。

本村人里从县里的人家取得粪的有多少户？ ＝三四户左右。一般都是借钱买。

是从什么时候开始使用干粪的？ ＝从很久以前。

以上是在几月使用？ ＝四五月时。

有多少户是从北京得到粪的？ ＝10 户到 12 户。

从县城里买的呢？ ＝三四户。这买的是马粪、人粪。马粪 1 车一两元，人粪 100 斤（混杂着少许土）1 元左右。

把干粪和其他的混起来使用？ ＝不一定。有钱人大都和其他粪混着用。

牲畜粪的价格？ ＝1000 斤（人粪和土混合后的斤两）三四元。

和邢润斋伙种的李清源的肥料怎么办呢？ ＝种子和粪都是李出。

北京粪场李永顺的李五和本村有关系吗？ ＝在本村有亲戚，是赵廷福的妻子的父亲。

李五来卖干粪吗？ ＝是的。李五来卖，赵廷福也帮忙。收入属于李五的，给赵廷福若干。

【农具】村里的木匠制作农具在县城卖吗？ ＝不。

有磨的人家呢？ ＝六七户。

【役畜、饲料】有羊、鸡、鹅、兔的人家吗？ ＝在本村没有。

有饲养蜜蜂的人家吗？ ＝从七八年前张永仁家开始饲养。收入多，但是因为很麻烦，所以其他家没有人养。

历年役畜的变迁？ ＝因为户数增加使得变多了。

马的饲料是什么？ ＝干草、豆秸秆、谷子秆、高粱秆。在农忙期，还会喂高粱的果实。

饲料是如何置办的？ ＝很多都是用自己家生产的，但是其中也有在县城的粮市里获得的。

饲料的价格？ = 高粱的叶子以及豆秸秆 100 斤一两元。谷子秆 100 斤 3 元。

6 月时，可以随意采摘其他人地里的高粱叶子吗？ = 是的，因为摘采叶子对作物有益，所以其他人也会高兴。但是原则上首先会采自己家的，然后采别人家的。

【作物】高粱地里一般只种高粱吗？ = 也会一起种麦子和豆类。什么豆子都可以 。

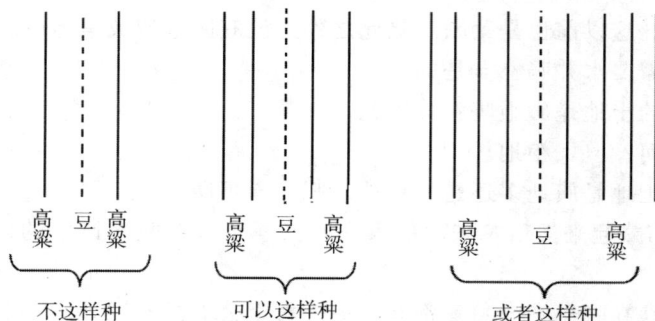

高粱	豆	高粱	高粱	豆	高粱	高粱	豆	高粱
不这样种			可以这样种			或者这样种		

另外也有把高粱和豆隔着种的。

高粱是和麦子一起种的多，丕是和豆一起种的多？ = 和麦子合种的多。

间拔之后向高粱的垄里装满土吗？ = 是的，叫封垄。

以上是何时？ = 立夏以后。

高粱是种在什么样的土地里呢？ = 种在低等地的多，下等地也可以。

高粱的收获呢？ = 从离地面两三尺的地方砍，把穗整成束，然后装上车载着回家。10亩地的时候，1 个人做就会花 1 周左右。秆就那样地放置着，但是一周后把秆搬回自己家（用来做燃料，建筑上的材料或者栅栏的材料），把穗搬回家后的五六天里在场地上弄干，之后就打谷，完事之后放进仓里。卖收获物一般是在十一二月时。

怎么种植玉米和豆子？ =

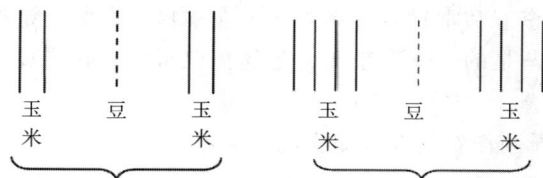

玉米	豆	玉米	玉米	豆	玉米
另外也有一列交互种植的					

玉米的收获呢？ = 从离地面两三尺的地方切断，整装成束装车运回家。在那之后的 4天里进行剥皮，之后再用太阳晒两三天，放进仓库。但是有其他收获物的时候，先完成这个；玉米是最后放到户外弄干，然后取出颗粒放进仓库储藏。因此有很多都是在收获一周后或者 2 个月后放入仓库的。在田里砍剩下的秆是农家重要的燃料之一。另外取完颗粒后的玉米芯也用来做燃料。芯和秆不能一起做饲料。

在哪个月玉米卖得多？ =11 月，弄干之后拿到市场上去卖。

谷子呢？ = 来年的三四月。

为了筹集地租急着做以上的事情，或者在收获前卖掉作物的有吗？ = 没有一起的。没有为了方便交纳地租而决定作物的。

进行各种混作是为了早点得到地租，然后把能够早些变成钱的作物进行混作吗？ = 有这样的。

比如？ = 谷子。

在村里的高粱和玉米田地的耕作面积的比率是怎么样的呢？ = 假设总共是 10 亩，高粱占四五亩，玉米 3 亩，其他的两三亩。

麦子呢？ = 收获期不同但是按照以上的比率有五六亩。

把作物混着耕种的是地主多还是佃户多？ = 差不多一样多。

谷子和豆子怎么种？ =

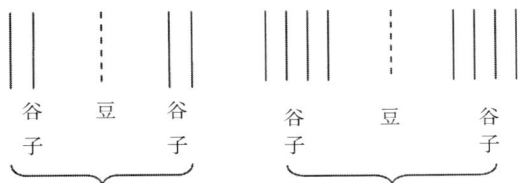

像上图这样一列中每隔一个进行种植

谷子的收获呢？ = 在白露前、处暑前从刚离地面的部分割取，在那一天搬运回家里。10 亩的田地的话，一个人要花 4 天左右。在场地里只切割穗，花两三天弄干后打谷。10 亩地的谷子两三个人一天就能完工。之后就是把谷子入仓，把秆切小，喂家畜，不用来做燃料。

有在一年中把麦子和玉米种在一块地里的吗？ = 大体上在麦子收获后不久就会种上玉米。玉米的种子是早熟的那种。

麦子收获后，有在这块地里续种谷子或者高粱的吗？ = 不能一起种。但是可以空开来种。

以上三种种植方法中一般哪个多些？ = 麦和高粱的最多。麦子收获后并不是在那些地里种高粱，而是在中间种植。

种植麦子和高粱的土地每年都是那样吗？ = 是的。

不像以上那样做，每年更换作物的话会不会更好呢？ = 是的，种完麦子和高粱的第二年种麦子和玉米，再下一年又种高粱。这样的叫作改种。

麦田是在什么时候续种高粱呢？ = 低地。

麦子和玉米种在什么样的地里呢？ = 种在高地的很多。

只种麦子，在麦子收获后什么都不种的有吗？ = 没有，大体上种玉米和高粱。

明明是可以用来种麦子，却不种麦子的地有很多吗？ = 非常多。

为什么那样做呢？ = 因为种完麦子后种高粱或者玉米的话，产量就会变少。另外麦田的费用很高。

相比之下有钱人经常是 1 年种 2 次、3 次吗？ = 是的。

2 年种 3 次的是在什么时候？ ＝根据天气的情况。

麦田在什么时候做单、对垄呢？ ＝低地的时候对垄，高地的时候单垄。

为什么那样做？ ＝麦子经常种在低湿地，会长高。为此采用对垄，让双方互相支撑而不倒。

根据作物的种类垄有什么样的间隔差呢？ ＝最大的是麦子、玉米，最小的是谷子。

根据上等地和下等地的差别，垄之间的间隔有差别吗？ ＝一般上等地时很广，下等地时很窄。

租地和自耕地的垄间是如何的？ ＝存在垄间变窄，但是反过来收获却没有变好的情况。大体上没有大的差别。

垄的位置每年是一定的吗？ ＝因为收获后要平整地面，所以不能说每年位置是一定的。

买种子的佃户很多吗？ ＝比起自耕的人，租佃户买种子的很多。

主要作物每亩播种量（斤）

种别	上等地	下等地
麦子	15	18
高粱	2	3 或者 4
玉米	3	4
谷子	1	2

本村主要作物种植面积以及产量（只是针对已调查的进行必要的订正）。

种别	种植面积（亩）	亩生产量（斤）	产量（斤）
大豆	100	200（8 斗）	20000
黍子	30	120（10 斗）	3600
瓜	20	200—300	4000—6000
糜子	20	100	2000
叶芋	没有		
麻子	基本上没有		
芥菜	2—3	1000	2000—3000
苏子	没有		

园地和旱地的作物的价格上涨率如何？ ＝不一定。

请你把园地作物按照顺序展示一下？ ＝白菜、韭菜、菠菜、西葫芦、南瓜、倭瓜、葱、茄子、萝卜、糜子。

一般为了储藏会留下的是哪些？ ＝谷子、麦、玉米、豆子等。

把谷子全部留下的人家和只留一部分的人家的比率呢？ ＝前者占七八成左右。

有种棉花的人家吗？ ＝从前就没有。去年有过一家。

原来用车运到北京去卖的谷物是什么？ ＝高粱、玉米、豆子、麦。

以上在县城卖哪个卖得多？ ＝以上都极其少。因为是用车运到北京的，所以空车的话划不来。所以卖这些谷物。

有把旱地作物在田里进行买卖的吗？ ＝完全没有。

有把以上的东西拿到其他村子里去卖的吗？ ＝虽然去了也没有什么坏事，但是不会去。去县城的集市。

园地里的作物有多少是卖给来村里的商人呢？又有多少是农民自己拿到县城去卖的呢？＝对半。

粮市或者菜市是从以前就有？是谁设立的呢？＝从以前就有。县公署允许的。

在粮市和菜市有公定的价格吗？＝自然而然地价格是一定的，不是公定的。公定价格只在民国五六年因水灾谷价高涨的时候和去年时规定过。

卖谷子时是就那样卖谷，还是用碾子把糠除去后卖呢？＝是后者。

【日用品】麻子油呢？＝从前就是从县城里买，在村里买不到。用在洋灯和车轴上。

地租 （补充调查）

应答者　李祥林（沙井村民）、杨泽（会首）、王春林（沙井村民）

佃户们有因为什么事情而去县公署陈请的吗？＝没有。

在其他村里呢？＝没有。

有地主、佃户因道路用地等被收用而反对的吗？＝没有。

【青苗费】因青苗费的关系要向村里呈报什么样的东西呢？＝只有姓名、亩数（像地主名、地租、租佃期限、伙种的租佃类别，没有必要呈报）。

呈报以上的信息后有计入的账簿吗，有的话能借看一下吗？＝有，这就给你。

在本村从以前开始一亩地的玉米拿多少来租佃呢？＝完全没有。

其他村的呢？＝不清楚。

【伙种】除李注源以外，有佃户把伙种的收获卖出去进行折半的吗？＝没有。

伙种还叫什么？＝伙分量，伙种地。

以上是什么意思呢？＝两个人一起耕作。

地主只出土地和田地耕作没关系，只对收获物进行折半时，地主和佃户之间的关系叫什么？＝伙种。

两三个佃户一起耕作一块地时的关系叫什么？＝这也是伙种。

伙种进行分垄和按场地分，佃户更期望哪个，哪种情况下佃户的负担更大？＝作为佃户会希望进行分垄。因为按场地分时，佃户要搬运、打谷很费事。

在这附近以上哪种情况多？＝分垄的多。

为什么多呢？＝因为伙种时收获物的均分只是场面话，地主也不愿意给佃户添麻烦。

特别的租佃关系 （补充调查）

应答者　李祥林（沙井村民）、王春林（同上）、杨泽（会首）

【出典租佃】土地出典的时候制作契约书吗？＝是的。

卖马不离槽的时候呢？＝不傲。

卖马不离槽的时候和典主把租地租借给第三者，哪个多些呢？＝后者多。

【共同租佃】共同耕作的佃户如何分收获物呢？＝均分。比如去年杨明旺和杜复新共同租佃了县城人王书平的河边地，收获物是在杜复新的家里均分的。

共同租佃的都有谁呢？＝只有以上这些。

像以上的进行共同租佃的人搭套的情况很多吗？＝是的。以上的两人相互帮助，另外相互借贷农具等，进行搭套。

像以上那样的两人借一处地的方法，在其他村里经常有吗？＝是的，现在比较多。以前不怎么有。

民国十五年时村里盛行分家吗？＝是的。

因此产生了很多没有房子和土地的人，是吗？＝是的。

【佃户】在本村附近，日工和长工的数量比率是多少？＝长工占七成，日工占三成。

半拉活和半长工是一样的吗？＝因为都是每 3 天干活儿，所以是一样的。

长工和半长工收入的比率呢？＝半长工的工钱比长工的一半多一点。

【作物】本村的高高粱和矮高粱的种植比率是多少？＝各自一半。

矮高粱的引进过程？＝铁路开通后，矮高粱的种子从铁路配给得到，然后就开始种了。矮高粱比较好，但是燃料少是其缺点。

地主希望种植和以往不同的作物，有这样的例子吗？＝本村没有。另外即使在其他村里地主特别地让种植棉花、烟草的没听说过。

白玉米和黄玉米的种植比率呢？＝前者占两成，后者占八成。

以上两种玉米的播种面积是？＝共计 200 亩左右。

【养老地】以前各家大体都有养老地吧？＝很少。

和如今比起来如何？＝现在的多一些。

各养老地的面积怎么样？＝没有大的差别。

父母去世时，养老地怎么办？＝大体上是卖了然后充当丧葬费。家里有钱时不卖土地，而是进行均分。

养老地是父亲或者母亲居住的那一家人耕种时，要向父亲或者母亲交纳地租吗？＝不一定，有交的也有不交的。

3 月 12 日

给地主的赠物　香火地的祖佃

应答者　崇文起（沙井村民，49 岁）

【烧饼】什么时候开始卖烧饼的呢？＝从 20 年前开始每年都做。

农业和烧饼哪个是主要的？＝农业是副业。

农业和烧饼的年收入呢？＝烧饼三四百元以上。勤勤恳恳地务农，收入也就三四元左右。

以上的农业收入是什么样的东西呢？＝因为没有土地，所以在大秋、麦秋忙的时候帮助别人，只有一点报酬。除了钱之外也有获得粟、米的。

你家是什么时候有四五亩地的呢？＝两三百年前。

光绪年间如何呢？＝四五亩。

以上现在也有吗？＝在父亲那一代没有了（父亲在民国二十年去世）。

为什么没有了呢？＝家里人变多，无法生活下去，所以卖了。

什么时候卖的呢？＝10 余年前。

卖了之后你家和这土地完全没有关系了吗？＝当然。

在卖土地之前就在卖烧饼了吧？＝是的。

【租地】其他的还进行过租佃吗？＝十七八年前租佃了县城人阎的 10 亩地。

租佃条件呢？＝（因为是过去的事，所以不明）。

除以上之外还有其他的租地吗？＝没有。

庙后面的土地种了多少年？＝从 50 年以前就在耕作了。

是谁的土地，面积如何呢？＝是官地，5 亩。

除了那之外租佃过别人的吗？＝在民国十八年，入典了本村人张珍的 4 亩半，耕作了 3 年被赎回去了。

【雇农】做过长工吗？＝做过。

做烧饼的时候也是吗？＝不，在做烧饼之前。

何时、在谁家做的呢？＝最开始十四至十六岁的时候在本村的杜之兰家做过。十七至十九岁时在李广田家。二十三四岁时在杜祥家。那之后就没做过了，开始卖烧饼（本人在做长工时，家里的人也没做烧饼）。

也做过短工吗？＝做完长工后，应人要求去做过。

想听有关县城人阎的土地的事情。首先从何时租佃的？租佃了多久？＝从十七八年前开始，种了 3 年。

有多少亩？＝10 亩。

【土地的等级】土地的等级呢？＝中等地。

是按土地的质量而分的上、中、下吗？＝是的。

以上是衙门因税的关系而决定的吗？＝我们看着土地划分的。

地租也是按照上面的上、中、下来分的吗？＝是的。

县里的划分方法和你们的划分方法是一样的吗？＝不知道县里的划分方法是怎么分的。这是根据以前的划分方法吧。

有把沙地作为上等地来收取田赋的吗？＝因为自己没有土地，所以这样的事情不清楚。

你在南法信有土地是吧？＝有坟地 1 亩半。

以上只是坟地吗，能做什么吗？＝浇地（水多的地）。虽然可以种高粱，但是没有太大的收益。

以上是自己家耕作吗？＝去年租出去租佃了。从今年开始自己耕作。

【租佃期限】阎家的土地种的是啥？＝3 年间每年都种高粱和玉米。

以上是一次性租借了 3 年吗？＝一年一年地更改。

地租呢？＝每年每亩 10 吊。

那以后为什么没让你种了呢？＝因为地租涨了，所以就放弃了。

【口头契约】当时的契约是怎么弄的？＝没有文书，只是口头约定。

约定了什么样的事情呢？＝因为是很久远的事，所以不太清楚。

和阎是什么关系呢？＝朋友。

【介绍人】有介绍人吗？＝没有。

在这附近一般如果是朋友的话，就不需要介绍人吗？＝是的。

有找介绍人的吗？＝有，但是很少。

是为了让地租更便宜才设立介绍人的吗？＝即使设立介绍人，地租也不会减少。

那为什么设立介绍人呢？＝为了早点确定下来。

【保证人】没有保证人吗？＝没有。

【定金】以前在约定租佃时要交定金吗？＝不。

当时是什么时候向阎家申请的呢？＝秋天 9 月份。

什么时候确定下来的呢？＝也没有其他的希望租佃的人，去拜托时直接就决定了。

是地主找的佃户，还是你们希望租佃？＝是我们这边。

以前地主找佃户，和现在比起来如何？＝以前虽然有地主来找佃户，但是比现在少。

地租什么时候交的？＝就在那时交纳。

当时会给你们地租的收据之类的东西吗？＝没有。

【租佃的持续】放任一年会怎么样？＝不想再租佃的话，要向地主解释。

如果希望继续租佃的话应该怎么做呢？＝在秋天 9 月份必须要去征得地主的同意。

以上是必须要去的吗？＝是的。

不想在下一年续耕时，不去地主家，就那样放任土地可以吗？＝也没什么，但是在礼节上还是去的好。

那像以上那样的习惯，实际上在本地很普遍吗？＝是的，要去谢礼。

现在也是吗？＝是的。

【介绍人】以前是如何通过介绍人提出要租佃的呢？＝有介绍人的话，佃户就不需要直接去，也不会去。介绍人会直接替我们决定。介绍人不能擅自去地主那里。介绍人忙而无法去的时候，佃户也可以和介绍人商量，然后自己直接去的。

佃户会向介绍人送谢礼吗？＝不会。

送米、鸡之类的吗？＝不送。

地主拜托介绍人帮忙找好的佃户时，不送礼吗？＝不明。

佃户在向地主申请租佃时，会拜托什么样的事呢？＝会先问是否出租土地，自己出租土地时的地租是多少，在那之后申请。

如果有其他的人也在申请，自己又无论如何都想租佃时，会向地主赠送礼物什么的吗？ ＝不会。

像送落花生之类的呢？ ＝没听过。

【租佃期限】租佃期限是从约定的那天开始，到来年约定的那天为止吗？ ＝大致是在9月15日决定协议，期限大概是到来年的中秋节为止。

为什么以中秋节为期限呢？ ＝因为收获大体上结束了。

中秋节之后，佃户随意地把谷物放在土地里可以吗？ ＝可以。

那意思是说，一直使用到租佃期限（来年租佃约定时）吗？ ＝因为明年也要租佃，所以可以使用。

来年不租佃时怎么样？ ＝那样的话，大体上在中秋节后不能使用土地。

以上是自古就固守的规定吗？ ＝大体上是的，但是地主缄口不言的话，也有在中秋节后使用的。

【租佃的呈报】租佃的约定成立后，因为青苗钱的关系，佃户要向村公所呈报什么吗？ ＝不要。

村公所不知道村内土地的实际耕作者，会很难处理吧？ ＝因为村里的土地也没什么大不了的，而且耕作的人立刻就可以知道，所以不会为难。另外，有账本，所以都很清楚。

账簿里写的有谁耕种那块地吗？ ＝是的。

那个账簿叫什么？ ＝青苗账。

以上是从原来就这样吗？ ＝是的。

谁记的账呢？ ＝是村公所的办事员，所以不知道是谁。

如果佃户不上报土地的话，地主会上报吗？ ＝由佃户上报。

佃户在何时上报什么呢？ ＝收获完了后，老道会来收青苗钱。

像以上那样要上报租地吗？ ＝不，老道知道租佃关系。

那佃户要去村公所呈报租佃关系吗？ ＝是的。

【地主的干涉】约定租佃时，地主会禁止种一部分作物吗？以前和现在的情况呢？ ＝都不会。

地主会借给贫穷的佃户什么东西吗？ ＝不会。

地主会把家里的粪惠赠给佃户吗？ ＝不会。

但是地主是商人的时候，因为自家不需要粪，所以会给或者是便宜卖给佃户。你听过这样的吗？ ＝没有。

有地主来监视土地的耕作，或者是来吹毛求疵地抱怨的吗？ ＝没有。

一般在交纳金钱租佃时，地主会让你们把麦秆等送过去的吗？ ＝没有。

地主会因为租出土地而让佃户的孩子去做仆人，有这样的例子吗？ ＝不知道。如果有的话，也要支付一定的工钱。

佃户借钱的时候，能从地主那里借来很多吗？ ＝不怎么借。

那主要是从谁哪里借呢？ ＝从亲近的人。

【租地租出的顺序】地主租出土地时，应该首先和同族、亲戚商量吗？ ＝不需要。

同族、亲戚的人明确地希望租佃时，也是这样吗？ ＝那时候要商量。

希望租佃的人有很多时，会优先租借给同族、亲戚的人吗？ ＝是的。

但是，他们承诺的地租较少时呢？ ＝那时候就租借给出钱多的。

搭套、邻居等人一样租佃时呢？ ＝还是优先租借给同族、亲戚。

【实物纳税】除了提前交钱以外，还有其他的支付地租的方法吗？像交物之类？ ＝没有。

以前有一亩谷子要有多少斗这样的契约吗？ ＝没有。

【地租的筹集】你有为筹集地租而到处奔走借钱的经历吗？ ＝有。

是什么时候？ ＝民国十六年时，土地还是阎的土地。以一亩 10 吊租佃着。100 吊就是现在的 130 元左右。

从谁那里借的钱多呢？ ＝尽可能地从本村内的友人那里借。因为和李广恩很亲近，所以经常跟他借。

除那以外还向谁借过呢？ ＝没有去别人那里，从李那里借的钱就够了。

【交纳期限】佃户无法筹措钱的时候，地主会宽限一下吗？ ＝绝不会宽限。不断催促，不尽快交，就会来告知要租借给别人。

一般地，有延缓提前交纳的习惯吗？ ＝没有。

如料想的那样无法筹措地租时，有来告知说到哪月哪天为止还未交纳的话，就会要把土地租借给别人的吗？ ＝有在 9 月 15 日约定，把交纳期限限定在 9 月末的。

以上情况即使是在平时也是那样做吗？ ＝交纳期限由商量而定，不是一定的。但是大体上是像上面的那样。

即使过了 10 月 15 日佃户也不交纳时，就不会去耕作，是这样的吗？ ＝是的。

到那时地主可以完全不管佃户，随意地租借给别人耕作吗？ ＝可以。

把交纳期限定在 9 月最后一天的和定在 10 月 15 日的哪个多？ ＝后者多。

【给地主家帮忙】在阎家做佃户时，有去阎家玩过吗？ ＝是的。

是为什么去的呢？ ＝去帮忙做家里的活（农事）。

以上是因为在租佃约定时，约定了要去帮忙的吗？ ＝不是，是自发去的。另外有要事时会被叫去。

地主来叫时必须要去吗？ ＝不去也行。但是因为关系好，所以去帮忙。

去或者不去会影响来年的地租吗？ ＝没有那样的事。地租是根据那时的行价来定的。

一年里要去帮忙做几天呢？ ＝不一定。大概三至五天左右。

那时报酬是怎么样的？ ＝没有工钱，但是管饭。

当时会给一般的短工工钱吗？ ＝是的。

当时有佃户在地主吉凶时去帮助做家事的习惯吗？ ＝没有。不去也行。来叫的话就去。

在吉凶时被叫去过吗？ ＝没有。

当时，在一般情况下，地主几次来叫佃户并拜托他们一些事的情况多吗？ ＝和现在一样，不多。因为被叫去的都是私人关系好的。

【给地主拜年】在新年的时候去阎家拜过年吗？ ＝去过。

在租佃之前，以及租佃之后如何呢？＝都不去，只在租佃期间内去。

一般地主和佃户间会互相拜年？＝是的。

地主也会去拜访佃户吗？＝关系极其好的时候去拜访，一般地只是佃户拜访地主家。

哪天去拜年呢？＝正月初六或者初八，不在元旦去。因为在初六县城有集市，所以去集市。去拜访县城里的地主，给他们拜年。

【给地主送礼】要赠送什么东西吗？＝不一定。

10 人里有多少人会带礼物去呢？＝一两个人。

带什么去呢？＝点心。

地主拿什么回礼呢？＝只有落花生之类的。

以前都屡屡送礼吗？＝相反，以前的更少。

为什么少呢？＝以前的人更认真，不需要做这些虚礼。

那送礼品是否包含着特别的意思呢？＝意思是希望能够续耕。

什么时候兴起赠答礼品的呢？＝民国后或者说从 30 年前。

因为现在租佃土地很困难，所以兴起赠答礼品的吗？＝不是特别盛行。

除了正月以外，佃户会在其他什么时候拜访地主呢？＝9 月 15 号交地租时，其他的大体上就只有正月那一回。

但是地主和佃户是同村人时如何？＝那样的话，就会经常往来。

【庙地的租佃】什么时候耕种庙后面的土地的？＝80 年前就在耕作了。

那时候家里很有钱吗？＝不是，父亲 12 岁时是家运最差的时候。

那时候是自己在耕作这些地吗？＝不清楚。不是自己种，听说父亲去别人家做过长工。

这些土地的面积呢？＝从以前就一直是 6 亩。

在这些地的相邻的地方有庙产和公会地吗？＝没有。

这些地叫什么名字？＝以前叫南园子。最近叫庙前地（因为在庙的正门以南，在庙的前面）。

这些地是从以前就是旱地吗？＝也有说以前是菜园的，但是自己家里没有作菜园的经历。

这是属于公会的还是归庙里所有呢？＝后者，是香火地。

和公义堂有关系的地呢？＝没有。

为什么变成庙的所有地了？＝庙里从最开始就为了提供拜神用的线香以及其他费用，而归庙里所有了。

你家是从谁那里借来的土地呢？＝从老道那里借的。

老道是谁？＝孙有温。

没有叫和尚的吗？＝没有，叫老道。第一次的老道是孙。

什么时候借的，有什么记录吗？＝因为是自己出生前的事情，所以不清楚。没有文书。

没有以前的地租收据吗？＝没有。

【青苗会账】在庙里有租账之类的东西吗？＝有账，把这些记在账里。

账叫什么？ ＝叫青苗账或者叫账。

以什么样的形式写的呢？ ＝"某某何亩租子若干"。

村里谁写的？ ＝"会先生"记录的。

会先生是指司库吗？ ＝和司库没关系。

会先生是什么意思？ ＝是村公所的书记。

会先生是谁？ ＝现在是杜祥。那之前的不知道。

账现在也有吗？ ＝因为没有租佃这些地，所以不知道。

【租佃期限】我听说过耕种过 50 年的，能借 50 年期限的吗？ ＝不是。因为土地好，所以进行了续耕，也没有滞纳租子。另外，因为也没有其他人希望租佃，所以长期耕作了。

什么时候放弃租佃的？ ＝民国二十四年。

比如在民国二十二年时的租佃约定是什么时候决定的？ ＝在民国二十一年十月十五日（旧历）。

以上的约定日期每年都是固定的吗？ ＝一般是固定的，但是也有稍微晚一点的。

在十月十五日和谁约定的？ ＝去会里向村长申请，然后约定。

会是什么？ ＝就是此处（村公所）。

会里都有些谁？ ＝集中着村长、村副、会首、老道等"在会的人"。

会是什么人为了什么事情而拰集的呢？ ＝上述在会的人每年为了借出会地而招集的。

谁来传达集会的意思呢？ ＝老道走着一家一家地通知。

村里人都会出席这个集会吗？ ＝不全部去也行。但是庙产的租佃意向人必须得出席。

【借入手续】借入手续如何？ ＝想借的人要向村长申请。

你在借的时候，有竞争者吗？ ＝没有。

但是你不耕种的话，想借的会很多吧？ ＝是的，很多。

在前年有耕作者随意地借给其他人的吗？ ＝完全没有。这样的事情不是正当的做法，必须要和前年的佃户确定续耕的心意。

【地租的变迁】地租历年有变化吗？ ＝不是每年都变，持续数年都是同等金额。

你历年交纳的地租额如何？ ＝在民国二三年开始三四年间是 6 亩 8 吊。后来的五六年间十五六元。之后的五六年间 20 元。之后直到民国二十四年是 23 元（今年 100 余元）（注：本地的上等地里粟、高粱、萝卜、玉米什么都能种）。

村长会在会上问什么样的事情？ ＝首先是询问续耕意愿。

其他的呢？ ＝传达地租额。与比相对，对方也会提出所希望的金额。

村长会说有其他的租佃意向人出更多的地租，然后抬高地租。有这样的吗？ ＝没有，其他人即使出了 25 元，但是因为你在长期耕作，所以有按照原来的那样出 23 元的，比一般的租地更便宜地租给我。

决定后要写进文书里吗？ ＝要把租地的位置以及佃户的姓名写进账里。其他的就不写了。

也写了地租吧？ ＝不记得了。

以上的账公开给谁看了呢？ ＝有意向人就给他看，但是谁也不打算看。因为谁租佃很快就传遍了。

当时公布了已定下的佃户了吗？ ＝没有。

【地租的交纳】地租应该在席上直接支付吗？ ＝不一定，之后付也行。

交纳期限怎么样？ ＝在约定后 15 日内交纳。我在四五日后交纳，直接交纳给村长，从前就没有交纳给老道的。

因为是香火地，所以和一般的土地不同，把作物的一部分或者钱捐给庙，另外把灯笼、线香交给庙里，或者把鸡肉、落花生慷慨给予会里的人。有这样的吗？ ＝没有。

和一般比起来香火地的地租便宜些吗？ ＝是的。

【租佃的停止】为什么放弃了租佃？ ＝因为地租上涨，另外家计也变得艰难，无法筹集资金。

希望租佃的竞争者逐渐增多了吗？ ＝租佃意向人绝对不多。

放弃租佃时要在会里办什么手续？ ＝出席会，传达不想租佃的意思。那样的话，会首就会另寻他人将地租出。

谁去租佃了呢？ ＝村长找了张发（本村人）借给了他 24 元（全部），一直租佃到去年。后来就是赵廷奎耕种了。

张发租佃的时候进行投票了吗？ ＝没有。

张发为什么放弃了租佃呢？ ＝去年开始进行的投票，张发没能选上。

【转借】你借了 50 年的时候，有再借给别人吗？ ＝没有，完全是自耕。

不能借给别人吗？ ＝不允许转借。

那是为什么呢？有什么约定吗？ ＝不允许佃户把租地借给别人。文书上并没有特别禁止转借。

如果转借的话会怎么样？ ＝来年就会被没收租地。

转借的那年呢？ ＝即使那年有什么不满，也不会被没收土地。因为那一年的地租已经交过了。

那村长进行受理，返还地租就行了吗？ ＝没有这样做的，一旦约定就不能收回。

但是因为约定是以不借给他人为条件，所以如果转借的话，村长方面就会想法没收土地，是这样吗？ ＝没有这样的例子。另外因为很麻烦，所以让其耕作到明年。

一般场合的话，佃户转借租地可以吗？ ＝实际上不行。

为什么不行呢？ ＝租地虽然是佃户耕种，但是实际上如果转借的话，就会变得对地主没有诚意，很失礼。

香火地的时候和一般的时候，哪个会被强烈禁止呢？ ＝一样。

但是实际上转借很盛行不是吗？ ＝很少，但是也有不停地转借的。

那是在什么样的场合下呢？ ＝佃户没有出资能力，无法进行租佃时才做的。

香火地的时候呢？ ＝也有转借的。

那是在什么情况下呢？ ＝约定租佃后，有人生病花了很多钱，没有耕作的出资能力，最终就开始转借了。

那时村长会申请抗议吗？ ＝大体上是默认。

那来年就会被没收吗？ = 今年发誓不转借的话，到了第二年就可以继续耕作。

那转借的话一定会被没收吗？ = 不能故意地转借。另外也不能进行多次转借。虽然都会被收回，但是也是在来年收获结束后。

那获得村长或者地主的谅解，可以转借吗？ = 可以。

那时是算转借，还是迄今为止的租佃关系发生改变，重新建立起租方和佃户之间的直接的租佃关系呢？ = 是村长的土地时，消除账本上原来的佃户的名字，改成实际上耕作者的名字。即使不为人所知，一旦村长知道后，村长就必须改名字。但是不知道那样的例子。因为一般没有账，所以也会更改名字。地主也有不知道的，即使知道也不会有什么不满。因为已经收取了地租，所以没必要发牢骚。

放弃租佃时，怎么处置土地后再返还呢？ = 收获之后，就那样返还。

不挖掉谷的根等，就那样乱七八糟地返还可以吗？ = 可以。

那样的话不会被抱怨吗？ = 不会。

实际上应该怎么做呢？ = 那样就行。

不管这块地现在是被赵租借着，如今所见到的有李注源的萝卜坑，这是为什么呢？ = 虽然是赵的租地，但是在去年 9 月末承诺接受李的对于设置萝卜坑的请求。李在去年第一次在这个地里挖坑。这个坑在冬季可以用来贮藏萝卜，因为赵在冬天不使用，所以借出去了。

以上的是赵随意借给村长等吗？ = 是的。

要得到村长的谅解另外需要呈报吗？ = 这种琐事不用一一报告。

像那样把坑里的土进行翻掘、种植作物，这样的土地可以吗？ = 土地会变差。

要把萝卜坑里的土运到何处去呢？ = 堆积在地面上，不允许搬出。

土地明明变差，为什么不需要村长的许可呢？ = 因为即使变差，也没有太大的损失。也没有因为这个而使地租变得便宜的。

赵是免费借出去的吗？ = 是的。

【公共的土掘场】在其他的公会地有可以把土搬出去的土地，但是为什么这里的不行呢？ = 是公共土掘场的话就行。因为这土地是用来租佃的，所以不行。

土掘场的土地为什么不能用来租佃呢？ = 因为从前土地就不好，碱性强不行。

【强碱性土地】什么样的土地碱性多？ = 一般高处的地方碱性多。土地低的话，碱性就少。

为什么这样呢？ = 不知道。

大家都深挖本村的下等地，变平以后就能变成土地了吧？ = 不知道。

做过除碱的工作吗？ = 做过。因此最近两三年土地渐渐变好了。

是怎么除去的？ = 春季地气是从下面上升的。这样做的话，碱性就会出现到地面上，地面就会变软。扫除这些后碱性就会消除。

谁提倡的这种扫除法？ = 不明。在最近 10 年间大家都是这么做的。除去上面的土地，播种豆子后，就能知道土地变好了。以前没注意过白色的东西是盐。把除去的碱性的土进行烘烤制盐。因此从四五年前开始，村里人就没买过盐了。

到了春天谁都要除碱土吗？ ＝因为在有老太太、妇人的家里，会像以上那样得到盐土，所以没有必要买盐。没有老太太的人家还是要买。

【南法信的坟地】以上是什么样的土地？ ＝同村内（离本村2里）的下等地1亩半，我家有2分的坟地。每年只种高粱。

以上是从什么时候成为你家的土地呢？ ＝从200年前开始。以前有15亩。

什么时候把大部分卖掉的？ ＝在170年前。

为什么知道170年前的事情？ ＝有这样的传闻。

这一直都是自耕吗？ ＝今年是自耕。去年前年是付菊。

什么时候借给付菊的呢？ ＝从4年前。

那之前呢？ ＝借给本村人张成3年。

那之前呢？ ＝一直都是自耕。

尽管原来所有地很少，为什么把土地租借出去了呢？ ＝一个是因为烧饼是主业，第二个就是因为缺钱想要钱，另外地方又远，劳动的人手又少。为了婚葬也需要金钱，没有去租佃过。

因为需要钱，然后以三四年为限租出土地时，会提前收取总的地租吗？ ＝不是，是一年一年地收。

地租如何呢？ ＝去年、前年的全部地租各20元。

全部是包括坟地吗？ ＝设立文字约定，面积算作1亩3分，因为2分是坟地，无法耕作。

【租佃和出典】租佃的约定要立文书约定吗？ ＝不，是典。

这土地是出典呢，还是租出去租佃呢？ ＝典。如果是租佃的话，地租是10元左右。

与租佃相比，为什么会选择典呢？ ＝因为想要钱，所以不用来租佃，而是用来典。

每年都是借20元然后还20元吗？还是只有在立文书约定时借呢？ ＝后者。

出典的话要数年，为什么不采用租佃的方式呢？ ＝因为当时有20元的话，就够了，所以决定了出典借钱。用于租佃的话就只有10元。另外以数年为期限租出去，租佃的在习惯上也不这么做，申请这样的事情谁也不会接受。结果除了典之外就没有了（注：典期习惯上一般是3年，但是这件事的话就是2年的约定。2年内不得赎回）。

3 月 13 日

女性的劳动　租地的转借　给地主的赠物　租地的抢夺

应答者　孙凤（沙井村民）、杨润（会首）、赵廷奎（沙井村民）

（以下是孙凤的应答。）

听说你做着短工，是做一年吗？ ＝不是，在空闲时做。一年20个工左右。

会屡次去地主或者从以前就有特殊关系的人那里吗？ ＝没有地主，另外也没有屡次去特定的人家这种事情。

【女性的劳动】听说在你家女性也在劳动，做什么样的工作呢？＝在清明节前没有女性干的农活。因此主要只是家事。虽说是劳动，也就是在出苗和发芽的时候进行疏苗，另外搜集高粱的枯叶。在收获时收割玉米、大豆，收取上面的土的盐分（注：在本村从县城买盐的在比较有钱的人家中有半数左右。到了春天地面会变白。把盐土收集起来，往炉子里装水，让其沉淀，用火烘烤炉子，烘干其中的水分，然后就制成盐了。但是那样的盐有苦味）。

除以上之外不做其他的农活吗？＝做一些和汲水差不多的力气活儿，不做强度高的活儿。

女性不饲养鸡、猪、牛、马等吗？＝一般喂养鸡、猪。牛、马的喂养还是不做的好（注：鸡的产卵数五六十个。去年的最低价 4 钱，最高价 10 钱）。

在你家鸡是副业里主要的吗？＝只在去年春天买了 3 只，没有什么大的收入。

民国初年你家做什么的？＝农业。

土地呢？＝所有地 10 亩。

现在多少亩呢？＝20 亩。

那是什么时候补买的呢？＝在二十五六年前补买的。以后没买。

从谁那里买的？＝不明。

雇过长、短工吗？＝这样的面积没必要。

从什么时候租佃的呢？＝民国二十一年开始。

【租地的转借】从谁那里借的呢？＝是谁的土地忘了。介绍人是李汇源。后来在民国二十五年前后借了县城里张姓的在南法信的下等地 7 亩，耕作了两年。

以上的介绍人是李的时候，为什么不知道那些土地的所有者？＝李借的土地里转借了不良的土地。

李在那个时候租佃着的土地有多少？＝大概 20 亩左右。

从李那里转借的经过如何？＝在民国二十年 9 月，我去借了一部分李的租地。

有关那件事去地主家里打招呼了吗？＝没有。

去打次招呼不是礼节吗？＝没有这样的事。没有去见了地主然后转借的。和李之间商量好后，就不会出现问题。另外，因为我完全不知道地主是谁，所以也不会去。

（以下是杨润的应答。）

【地主和佃户的交流】一般地，为了能够长期耕作，不时地去拜访地主、讨好他，这难道不是上策吗？＝是的。但是不会为了取悦地主而留意这样的事情。如果是平常亲近的地主的话，会多次去拜访，但是去的本意不是为了能够长期地耕作，不会超过一般的交往。

如果是一点都不熟悉的关系的话，那就更有必要变得亲近些吧？＝虽然的确是这样的，但是实际上不会那么做。和地主的交际只有一两年的话，就不会特意地去拜访，如果是长期交往的话，就要去拜访。

像以上那样是因为租地在什么时候都可以得到吗？＝不是，租地越来越不好租。虽说是这样，但是也没有特别地要和地主搞好关系这样的习俗。一个是因为地主一旦把地租出去了，只要是没有滞纳，就不能把土地租给别人。佃户没有这样的不安。

作为佃户来说，一年一年的租佃期限比起长久租佃来更加不安吧？佃户不想长久地耕作吗？＝有这样的想法，但是习惯上地主不承认。

即使地主不承认，但是靠衙门或者新民会的力量，为了能够长久地耕作而举行过什么运动吗？＝因为租地是地主的，地主有权自由处置。

设立介绍人的租佃的情况下，佃户完全不去地主那里露面可以吗？＝没关系。

可以去吗？＝没关系。

对于介绍人来说，去和不去哪种好些？有介绍人的时候，佃户随意地在地主的家里进进出出，难道不是对介绍人的蔑视吗？＝没有那样的事。佃户本来就不知道地主的时候或者和地主关系好的时候，都是佃户对介绍人闭口不谈，而和地主关系好的一点都没关系，不会变成轻视介绍人这种情况。因为介绍人在最初的斡旋结束之后，任务也就结束了。

佃户为了能够持续长期耕作，怎么做才能成功呢？＝（杨润的回答）总是要得到信用。约定的时候，好好地交纳地租，给土地多施肥，让土地变得精细，另外不要忘记地主让自己耕作的恩德而要去送礼。（孙凤的回答）比其他人早些交纳地租，让土地变精细多施肥。另外不光是只对地主，在日常行为中要有良心不做坏事。

【给予地主的帮助】除了以上的，还有什么好的主意吗？＝没有，地主忙的时候去帮忙什么的。

以上是自发去的吗？＝是的。

这样的情况在最近增加了吗？＝和以前一样。

去帮地主，是佃户自发去的场合多，还是地主叫去的多呢？＝后者多，大部分都是。

【送给地主的礼品】除以上还有什么好的办法吗？＝虽然不是好的方法，季节的赠物，比如送甘薯、落花生、白菜、鸡蛋等。

这样的事情在以前和现在是如何的呢？＝没什么变化。

以上是多次吗？还是每个佃户都是一次性做的呢？＝做这种事情的佃户很少。

少是因为不希望续耕吗？＝长久地耕种一块地的佃户因为和地主的关系好，所以会送，但是本来这样的长期佃户就很少。刚开始租佃的人，像迄今为止换了几次佃户那样的土地的佃户，也不送礼。

以上后者的情况下，为了长久地耕作，送礼的话会更有效果不是吗？＝有想要长久租佃的愿望的话，就会送礼。但是不是这样的话，送礼就会是损失，所以什么都不做。送礼品是和地主间的感情问题。

只说是感情问题的话，佃户就会眼睁睁地失去租地。我认为为了不变成这样，经常给地主干好活儿有好处，不这样做吗？＝地主不借的话，就从其他人那里借。

但是其他人也有很多也不借给自己的吧？＝那样的话，就放弃租佃。放弃也没关系，没有办法。

地主能让你长久地耕作是怎么得知的呢？＝从以前的地主的传闻或者佃户有无变更可以看出。以上即使佃户不知道，跟地主关系好的话，就会赠送礼品。

地主亲切是指什么样的事？＝地主不会吝啬对地租说来说去，反而会减少地租。

那种事情经常会有吗？ ＝对于长年让其租佃的固定的人，地主经常会这么做，但是对于刚开始租佃的人，换了几次租佃的人不会这么做。

送礼品的主要时期如何？ ＝作物成熟后，把作物送去。一般地在 9 月份（晚秋）送很多落花生和白菜。没有是地主和佃户的关系而在正月、端午、中秋节送礼的。

地主为钱所困，为了筹集很多的钱，以 2 年、3 年之类的为期限租出租地的有吗？ ＝没有。能一次支付三四年的地租的人还不如去买土地。

以上是买还是入典？ ＝两种都有，但是买的多。

（以下是孙凤的应答。）

【车辆共有】你家的大车是你买的吗？ ＝和南法信的刘姓共同购买的，是两个人共有的东西。

车捐等的名义如何？ ＝没有车捐。另外虽然有车，但是不会因此而有这样的税。

现在那辆车在哪里？ ＝在刘家。

为什么在刘家呢？ ＝因为刘在使用。

有关车的保管有规定吗？ ＝每使用一次就更换，使用的一方保管。

（以下是赵廷奎的应答。）

（截至去年，赵廷奎一直在用排子车把他人委托的物品往北京搬运。一年十四五回左右。在北京的东直门外的店里住宿。）

民国元年家里有多少亩？ ＝一百七八十亩。

现在的所有地呢？ ＝10 余亩左右。

【卖掉全部土地的原因】为什么丧失了土地呢？ ＝父亲去世，去叔父家里做了养子。父亲的遗产被叔父渐渐地卖掉了。自己当年年少，不太懂事，也有被亲戚们欺骗而卖给别人的东西。另外因为赵家的不幸，为了父亲、母亲、叔父的葬费前后卖了四回，因为弟弟的死亡卖了三回。

什么时候结的婚？ ＝距今 27 年前，也就是 11 岁的时候。

什么时候成为户长的呢？ ＝13 岁的时候。

卖以上的土地主要是在结婚前吗？ ＝前后都有。因为太多，所以太具体的就不知道了。卖了的土地（括号内是卖的亩数）：石门的景德福（48）、望泉寺的王沛（6）、同王姓（6）、同（10）、本村的张文通（4）、王沛（16）、南法信的张廷祥（6）、望泉寺的王会（9）、县城的王永万（10）、同（10）、张守仁（10）、张永仁（10）、县城的王义臣（3），其他的就没有了。

想了解一下马家营的租地（张姓）。这些地有多少亩租佃了多少年？ ＝今年是第 4 年。最初的 2 年有 16 亩半，之后 2 年有半分，也就是 8 亩 2 分 5。

地租如何？ ＝

第一年度	16 亩半	每亩 3 元
第二年度	同上	同上
第三年度	8 亩 2 分 5	全部 50 元
本年度	同上	每亩 14 元

（注：大致按每亩决定地租，有时候全部一起决定多少。）

和地主是什么样的关系？　＝原来的不认识的人。

【介绍人】租佃时立介绍人了吗？　＝姐夫。

姐夫和张是熟人吗？　＝他在张家做长工。

借梅沟堂的土地（刘殿祥）时，介绍人是李旺吗？　＝李是邻村的熟人。

李和刘如何？　＝朋友。

是你去拜托李做的介绍吗？　＝虽然去了，但是没有拜托他做介绍。

为什么呢？　＝实际上是李自己借的土地，李把地转借出去了，不是真正的介绍人。

这种场合，相当于李这样的人叫什么？　＝叫介绍人，没有其他的名称。

你开始租佃从其他人（尹姓）那里借来的土地时，也是李做的介绍人吗？　＝不是。

那是谁介绍的呢？　＝尹的孩子是本村的小学教员，平日是熟人的关系，某天在街头上拜托尹的父亲帮忙申请租佃。

【租佃的契约】为什么设立契约呢？　＝因为预先通过尹的孩子拜托了，所以去见了尹，然后决定了。并没有特别地设立文书。因为已经沟通过了，所以很快就谈妥了。

是在那个席上决定地租等的事情吗？　＝因为早已和尹的孩子沟通过关于地租的事情，得到了谅解，所以即使不和尹的父亲见面也行。因为地租已经决定了，其他的就没什么要决定的了。

【地主宅邸的访问】除那之外，在第一年去尹宅访问了几次？　＝一次都没去。因为地租是孩子（先生）用在了学校上，所以交给了孩子。

第三年如何？　＝去过，在 9 月去交地租了。

为什么没像从前一样交给尹的孩子，而直接去访问的呢？　＝因为孩子没在学校。

希望续耕的话，每年收获后应该去面见地主吗？　＝连地租都交给地主的话，就没必要去了。

一般都是这样吗？　＝不一定，不去的人有很多。

有长年耕作的意向时，至少一年要去地主家里一次吧？　＝不一定。

【租地的抢夺】在第三年直接地去见了地主说了什么呢？　＝那时李旺已经借了。

想听一下有关李旺租借的经由？　＝本来我在距今 5 年前提前租佃了尹的 4 亩地，每亩地 4 元（提前交纳）的地租毫无滞纳地交纳了。这些被狡猾的李旺悄悄地盯上，去尹那里干活儿抢走了。

李旺是个什么样的人？　＝是石门人，满不在乎地撒谎。他在县城的市场上做着卖猪的中介，能说会道。另外经常转借租地，贪图利益。

像他那样的人在哪个村里多呢？　＝少。

他租佃后转租的土地多吗？　＝面积不大，具体的不知道。

像他那样转租租地的人叫什么？　＝并没有特定的称呼，也不叫包租的、二房东什么的。

在这附近买下的全部土地，然后借给别人，有把这个作为主业的地主或者商人吗？　＝很少。

比如谁呢？＝不知道。

现在对于李对尹的工作的经由具体的知道了一点吧？＝这是之后从尹的口中听到的，但是在前年 6 月李去拜访了尹，因为听说赵放弃了租佃，所以就让其租借给自己，也说了出二三十元地租就行。

租佃的抢夺是在 6 月份吗？＝那时候很多。在收获之前开始工作，越早越好，但是一般在 6 月份以后的多。

以上的时候你意识到了李的工作吗？＝一直什么都不知道。

因为李旺提出的地租高，尹才立刻承诺的吗？＝不是，尹是善人，因为从前我耕种了两年，所以确认了赵的意向后才回复的。李即使是那样也当作没交地租，但是尹就把这个辞退了。

【佃户的意向】这种场合有向从前的佃户询问意向的习惯吗？＝是的。

实际上是这样的吗？＝也不一定是这样的。如果是不好的地主的话，就会随意地把地租给别人。

那时有因为佃户的续耕被地三无视而提出抗议的吗？＝因为土地是地主所有，所以没法子。

以上有什么样的交涉？＝李执拗地访问了尹几回，打算先搁置地租来商量，但是每次都被尹拒绝了。

尹不会来询问续耕的意向吗？＝不来。

然后呢？＝李最终把该交数额的地租交付给了和尹关系好的商店里，在尹购买必要品时，告诉他们想让其使用以上的数额。另一方面散布赵不续耕的谣言。正直的尹就信了这些，不停地想要把地借给李。

那样的话尹和李之间关于租佃的约定成立了吗？＝还未决定，像上面那样改动日期。

然后呢？＝因为我希望续耕，在前年 9 月份收获后拜访了尹，然后申请租佃。之后尹说"你不是不希望租佃吗"，和我说了李的言行。我很吃惊，对李感到很愤怒。

那时对尹进行了抗议了吗？＝尹是善人，只不过是因为被李所说的事情所骗，所以没有进行抗议。尹也很困扰："那就和李旺商量去。"

但是你已经耕作了两三年，即使是那样，地主也不管作为佃户的你，随意地把地借给别人的事能忍吗？＝因为尹现在还未正式地收领地租，所以租佃的约定还未成立。所以不能对其进行抗议。

那时你已经耕作了两三年，根据通常只要没有滞纳就能续耕的惯行，当然能够续耕。

另外因为地主没有说收回租佃，所以没有去对地主说让李放弃去租佃的事情吗？＝因为说了的话，尹就会左右为难不好办，而且自己也不想让他难办，所以没有去责问尹。

但是假设你像上面那样说对地主进行抗议的话，一般的场合是会被认为是普通的事，还是会被认为是坏事？＝虽然不是坏事，但是一般不做这种事。最终因为地主是土地的所有者，所以抗议的话就不会借给自己土地。

【租佃的竞争】那是为什么呢？＝去尹宅拜访的途中顺便去拜访了李旺，责问其没诚意。

李针对上面的道歉了吗？ ＝道歉了，但是因为他说非常想要借这些土地，让我放弃。

为什么那么想要呢？ ＝不明。

于是便退下来了吗？ ＝不是，我也在努力地和他持续争吵着。

是会互相打斗的吵架吗？ ＝只是口头的。

然而结局如何？ ＝李还从刘处借了土地（前述），作为交换转借给了我。然后我也答应了。

【租地的转租】刘的土地与尹的土地比起来如何？ ＝尹的土地是上地，刘的是中地，面积大体一致。前者的地租为 23 元（李向尹交纳的金额），后者为 18 元。李从刘处获得的租佃土地一共为 8 亩。其中有 4 亩是 18 元借给我的（注：一般上地的地租是十的时候，下地的地租是七左右）。

你用刘的土地租佃时，和刘联系了吗？ ＝否。

应该是李这边的吧？ ＝不清楚，恐怕是内部机密。

原来的地租是多少的土地？ ＝不清楚。

你的地租是何时向谁交纳？ ＝九月末向李交纳了 18 元。

如上所示向李转借租地时，你是堂堂正正地在租地上耕作吗？还是想着被地主知道了后很会很麻烦，战战兢兢地耕作呢？ ＝（未答）。

未经地主允许转让租地，是好事还是坏事呢？ ＝不是正当的方法。据地主所言，也有被免除了转让租佃的人。

【租地的没收】那么第二年，那个租地被没收了吗？ ＝我耕作了一年还想续耕的，去拜访了李拜托了此事后，李为此困扰了。是因为李来年也借不到田地了，听说望泉寺的王宝借走了。

王夺走了李的租地来耕作吗？ ＝有传闻说王到刘的处所去，说李很狡猾，你把田借给我吧。所以最后 8 亩租地都被没收了，李和我都不能租佃了。

上述这种时候，因为从前的名义上的佃户是李，难道刘不是向李（也向你）通知一下，再没收土地吗？ ＝不是。

李从尹处借来的土地那之后怎么样了呢？ ＝李旺的侄子，李广林（石门人）在耕作。不清楚是不是以李的名义借了，再转借给李广林耕作的。

到最后像个傻瓜一样的就只有你吗？ ＝是的。但是尹的土地后来也被火车铁路借用了，又被列为高旱作物禁止地，收益也变少了，今年变成尹自己耕作了。我也想在这块地上耕作，而且又有从前的关系，本来想去拜托尹的，但是因为上述缘故，也不能去了。

【担迁、担去拉】如上所述，乱传流言夺取他人的租地的行为，一般被称为什么呢？ ＝叫作担迁或者是担去拉，是夺取的意思。

与李匹敌的担迁好手还有吗？ ＝在本村没有，别村有。

担迁以前和现在比如何？ ＝从以前开始每年都有，但不觉得现在比以前要更多。

有没有一两个因担迁而互相殴打的事件呢？ ＝没有。虽然有口角，但是也很少有殴打的事件。

在本村没有这样的例子吗？ ＝没有。

望泉寺呢？ ＝没有。

石门呢？ ＝石门担迁的人多，李就是其中的一个。

石门有多少担迁人呢？ ＝不清楚。

【养老地】你家那边以前应该有养老地吧？ ＝没有。普通人家很少有养老地的，有很多子孙的人家养老地比较多。分家的时候，很多人也会设立养老地。

【甘薯地】我想问问甘薯的事情。你种植甘薯吗？ ＝是的。

什么样的土地种有甘薯呢？ ＝土地贫瘠的地方，连春麦都种不了的地方。

这块土地每年都种甘薯吗？ ＝不是，第一年是老玉米、小米，第二年甘薯，第三年小米。

种植芋头的土地也都要像上述一样耕作吗？ ＝每年都种甘薯也可以。

甘薯是什么时候种植什么时候收获呢？ ＝立夏时种植，十月收获。

秋天收获后一直到立夏为止种植什么呢？ ＝什么都不种。

是因为种不了所以不种吗？还是种得了也不种？ ＝种甜瓜、黄瓜可以收获，但我也不种。

【看青】为什么呢？ ＝没有监管的人，而且也舍不得雇用监管的人。

青夫也不会监管瓜吗？ ＝不会，这是额外的。

在北法信附近的财主家有没有很多外人住的房子？ ＝没有，有也是临时雇用的。

那块土地上有没有有妾室的人家？ ＝北法信的徐承烈（某局长）有妾室。

那位妾室的娘家人有没有变咸徐家的佃户呢？ ＝不清楚。不知道她娘家在哪里。

那位妾室家是不是因为还不起债务，所以将女儿嫁过去了呢？ ＝不是。

听说过上述这样的例子吗？ ＝没有。

3 月 25 日

内务府以及崇祝寺的土地

应答者　杨泽（会首）

【内务府的土地】这块土地（村北的旧内务府地）是什么时候开始变为民粮地的呢？ ＝民国十六七年前后（或者是民国十三四年。记忆不是很确切）。

这之前地租是每年交纳吗？ ＝到民国十二年左右都是每年交纳。以后每个县里有指示，不交纳地租也可以了。

民国十六七年前后，这块土地是谁的呢？ ＝我祖父的土地。

邻地为什么不是内务府的土地呢？ ＝不知道。

土地的性质是？ ＝中等地。

内务府的土地一律都是中等地吗？ ＝上、中、下都有。

这个土地原来应该是上地，后面慢慢地变为中、下地的吧？ ＝听说下地原来也是上地。

你是从谁那里听说的？怎么知道这些事情？ ＝有这样的传言。

沙井村内的内务府的土地原来有多少？ ＝原来有一顷，十四五处。

民国前内务府的土地应该没有变成过民地吧？＝没有。

在石门村、望泉寺等地有内务府的土地吗？＝不知道。

【地租的交纳方法】地租是以什么样的途径交纳的？以前交纳过吗？＝民国十五年前，李催头从北京到村里来收地租，把地租一起交纳给他。

在村内或城内里没有府里的驻扎人吗？＝内务府向城内永安堂（现在药铺）家中派遣了催头，让他收集地租。

李催头只是收这个村内的地租吗？＝也收集附近村子的地租。

李催头的管理区域有多少呢？＝不清楚。总之本村、石门、望泉寺这附近一带是李收集。

李不是本村人吗？＝是本村人，是现在的李广田的家人，李汉源，他在民国三十年以前去世了。

那他一直在村里住着吗？＝是的。

他是何时被任命为催头的？＝光绪年间。

他除了担任催头还当过老百姓吗？＝当过。

他耕了多少亩地？＝大概民国元年的时候是一顷，死去的时候也是一顷。

他是把那块土地买下来了吗，还是从府上无偿得到的，还是从内务府借来土地耕作的呢？＝是他自己买的土地，是他的所有地。具体的我不知道。

【佃户】内务府土地的耕作人被称为什么？＝佃户。

有记载着最初向内务府借土地时的文书吗？＝没有。

一般民地有地券，有没有类似的呢？＝没有。

应该是最初有记载之后不见了吧？＝那么久以前的事情我不知道。

因为有些特别的事情发生，所以为了证明是内务府的土地而发行的文书，没有这样的文书吗？＝别家的文书也可以？＝没有。

【文约】那么是根据什么来判断这个人是不是内务府的佃户呢？＝以前一直没有交纳过钱粮的土地，以及若有土地的买卖的话，买卖时会记录在文约中。

所谓买卖是买卖什么呢？＝佃户将内务府的土地卖给他人。

那个文约被称作什么？＝文约。

上述的买卖行为被称作什么呢？＝称作过地或者是推，叫过地的情况比较多。

【租赁票据】除那之外没有文书了吗。比如地租的领收书之类的？＝那个有，叫作租票。交给小沼先生（参考本书 600 页）。

过地的文约和租票哪一个是更重要的文书？＝过地的文约更重要。租票丢掉也可以，而且丢了的人也很多。

如上所述的事在改为民粮地之前的时期也是这样吗？＝是的。下一个年度纳入地租的时候，没有给他看租票的必要了。

这个土地没有过约吗？＝记得不是很清楚。有也不可能知道。

李为了收取地租，在何处设立了事务所呢？＝没有事务所。在家里受领地租，忙的时候就请他人帮忙。

【租户的账簿】那个家中有很多备用的台账堆积着吗？ ＝确实有账。

那个账叫作什么呢？ ＝地租账簿。

有多少本呢？ ＝不清楚。但是是每个村子分开来记账的。

地租账簿会给一般的人看吗？ ＝谁也不给看。

但是我们去拜托他的话，应该会给看的吧？ ＝不清楚。

那个账簿现在应该是在李家吧？ ＝应该不在吧。

【土地永久租佃】这个土地的租期是多少年？ ＝永久。

这个永久的约定是因为在哪个文书里面记载了吗？ ＝没有文书，但是租借来的土地不管怎样都能永久地租佃。

【租价不变】地租每一年都变更吗？ ＝是固定的，绝对不变化。

从什么时候开始的？ ＝古代开始的。

地租是将全部的土地都规定一个价格吗？ ＝不是，按照亩规定一吊或二吊。

是根据土地来分为一吊、二吊的吗？ ＝不知道。

【交纳期】地租是什么时候去交纳？ ＝九月、十月之间到李催头家里去交纳。

交纳了地租的话，李就会把租票给你是吗？ ＝是的。

这之外交纳的费用不会公布出来吗？ ＝不会发表。

上述的地租单位吊是从什么时候开始由洋钱变更而来？ ＝民国十五六年左右。

到那为止洋钱不是都还在使用吗？ ＝是的。

从何时开始的？ ＝不清楚。

那么民国十五六年前，交纳洋钱或者吊都可以吗？ ＝实施过洋钱与吊并行制度，但是地租是交纳吊。因为规定了是吊。

【租户地租的拖欠】清朝灭亡民国成立，旗人的势力之前也看出来了。民国初年之后，慢慢地缺纳地租的事情应该有很多吧？ ＝不是，我家一直交纳到民国十六七年为止。那之后因为要接受升科，所以没有交纳的必要了。

如果是一般的情况的话如何？ ＝那缺纳的人会陆陆续续越来越多。

上述情况是因为要整理旗地，所以没有交纳的必要，还是因为旗人的势力慢慢地开始崩塌了呢？ ＝后者。

【官府资产的整理】官产处是什么时候建好的呢？ ＝不清楚，民国初年，但是好像到六七年为止都还没有。

官产处是什么时候开始实施整理的呢？ ＝民国十五六年由县署内设立后，整理工作开始。

整理工作持续到什么时候呢？ ＝持续到民国二十五六年。那个时候官产处解散了。

官产处的土地整理是依据什么方法呢？ ＝官产处是从旗人处收购土地，然后一般是出让民间。之后变成民地，没有必要交纳地租，作为交换，要交纳从前未交纳的钱粮。

谁都可以从官产处买土地吗？ ＝从前的佃户优先购买。而且因为价格很便宜，所以佃户全买光了，没有佃户放弃权利、不买土地这种事情。但是有一成可能是不买的。

这个土地也是从官产处买的吧？ ＝是的。

大概何时买的？多少买的呢？　＝民国十五六年前后，每亩3元左右买的。

那时民地的地价是多少呢？　＝30元。

内务府的土地由杜祥从官产处买来是什么时候？　＝民国十三四年前后的晚秋。

官产处把租子地卖给怎样的人呢？　＝卖给从前的佃户。

也会卖给以前不是佃户的人吗？比如因为佃户不明，所以卖给佃户的租佃者或者实际耕作的人等。没有这样的事情吗？　＝没有。

上述的3元的费用是什么意义呢？　＝交纳了3元就可以把到目前为止的租地作为自己的土地，今后就只要交纳田赋了。也就是将旗地变更为民地的手续费。

【售价和过价】换句话来问，当时民粮地每亩的买卖价格是多少？　＝30元。

同上述相同的土地，若是旗地的过地的话，是多少呢？　＝25元。

为什么会有如上所述这样的5元的差距呢？　＝因为前者买了就是自己的土地了，后者买了也不是自己的所有地，最多就是能够永远租借而已。所以更便宜一些。

最终人们应该也能理解上述的5元这个差额的意义了吧？　＝国家为了推行这个，所以把差额变小了。

我从县公署处听到，官产处是民国初年前后就有了，但只要和这些土地有关的，大概是什么时候开始与它产生联系？　＝民国十五六年前是不相关的。别村也是如此。

官产处实际上没有实施整理，但让旗地呈报情况，或者是根据旗地情况张贴出布告等这些事情，在那之前没有吗？　＝不记得了。

【钱粮和地租】旗地以前没有钱粮吧？　＝没有。

但是有地租吧，那在整理前是多少呢？　＝大概每亩两三吊。

那么若把上述土地假定为民粮地，钱粮应该是多少位呢？　＝每亩两三分（银）。

上述吊和分是怎么样的关系？　＝一两为十钱，一钱为十分，若按照一两为六吊的比例计算的话就知道（一吊为十六分有余。因此前者两三吊变为三钱二还有四钱八）（注：据上述情况判断，地租远远比钱粮贵。因而我换了一个人询问同样的事情）。

换一个话题，我想问下这个土地的邻地的事情。这个与内务府的土地比土性改变了吗？　＝是的。

那么这个土地现在每亩田的税是交纳什么东西，要交纳多少呢？　＝田赋五钱、附加十一钱，合计十六钱。其他的青苗钱一亩六十钱、没有摊款（白地捐）。因此是七十六钱（注：青苗钱是地主自耕的时候地主负担，给他人租佃时佃户负担。但是据说当村费只有青苗钱不足时，也有地主出摊款的情况，民国十五年之后摊款就没有再实行了）。

上述田赋的五钱是从什么时候开始是这样的？　＝事变之后。那之前从民国初年开始一亩是铜子儿十枚。一角是铜子儿四五十枚。因此一亩是二钱左右。

旁边的内务府的土地每亩负担如何？　＝

田赋　　　没有

附加　　　没有

青苗钱　　三十钱（民粮地同样的土地，不管上下都要课税）

　　　　地租　　十三钱

　　　　合计　　　四十三钱

　　（注：上述地租的计算，民国十年吊被废止，地租不能再交纳吊了。一元为十五六吊，所以二吊为十三钱。）

　　那么一般旗地和民粮地的负担是前者更重吗？＝当然是这样。

　　大概是多少的比呢？＝旗地的负担是民粮地的一倍左右。

　　有超过一倍以上的土地吗？＝七八倍的土地都有。

　　谁家的土地是这样的呢？＝我家也有这样的土地。

　　【崇祝寺的土地】你家的崇祝寺的土地在哪里？＝在北法信。

　　地别和亩数？＝有两处，都是中地，二十亩左右。

　　这个村里有崇祝寺的土地吗？＝没有。在北法信有两三顷。

　　从以前开始就是中等地吗？崇祝寺的土地总体上中地比较多吗？＝不清楚。

　　这个土地是什么时候从官产处买来的？＝民国十八九年左右。

　　地租是多少？＝每亩一律六吊。

　　青苗钱怎样？＝北法信村界内的土地是二十钱，这个要先交给本村村长，村长再转交到北法信。

　　【催缴地租的方法】催租的手续怎么样？＝在县城东街赵家店（现无保存）晚秋黄衣的喇嘛僧带领催租人来了。一共三四人都是汉人。僧人被称作老方丈，他不收取地租，部下催租人收纳地租。催租人被称为管事人。

　　他们来县里最初干了什么呢？＝在店里贴黄纸，写上北京崇祝寺收租处。他们贴了布告，但是我不记得了。

　　村子里催租的旨意是怎么通知的呢？＝大体上到了晚秋，大家都知道要交纳地租了，在此基础上管事人到村公所去拜访。

　　去村公所拜托什么事情吗？＝不是去拜托村长征收地租，而是去拜托佃户催促交纳人的。

　　也将佃户集中起来通知了吗？＝是的。

　　内务府地和崇祝寺地哪一个更早被官产处整理？＝民国十六七年是内务府的土地。这之后十七八年整理了崇祝寺的土地。

3 月 26 日

旗地的地租官产整理

应答者　杜祥（司房）、张端（会首）

　　【杜祥】您家在民国元年前后有多少亩左右的土地？＝54 亩。

　　所在地在哪儿？＝在本村内有六段，40 亩。村外在石门有一段，望泉寺有两段，合计 14 亩。

　　上述中租子地有哪些？＝吴庄头的地、内务府的地、崇祝寺的地。

恒宅的地如何？　＝光绪年间从恒宅处买来的。这个不是租子地，而是恒宅的所有地（注：有地租每亩一吊 200 文的说法）。

民国七八年前后卖给本村人的土地卖给谁了？　＝卖给了周树棠。

上述的土地以前是谁的土地？　＝杨各庄的吴庄头的土地。光绪二十几年从吴庄头买来的。

除此之外有旗地吗？　＝以前的土地中内务府的土地有七亩是旗地。

【官府官产整理】为了整理旗地，官产处的成立不是在民国初年吗？　＝不是在民国初年。

那么官产处是什么时候建立的呢？　＝实际上是民国七八年以后建立的，事务是民国十四五年左右开始的。

民国七八年前后官产处做了什么呢？　＝当时也要求旗地陈报，虽然每年稍稍整理一下，但是没做什么大事。

是什么时候开始积极整理的？　＝民国十三四年前后。

你有内务府的土地的租票吗？　＝有。

有没有记载其他内务府的土地的文件？　＝没有。

【内务府地的地租】内务府的地租是规定好的吗？　＝是的，规定了一亩二钱银子。虽是以银子作为标准，但是交纳时是换算成吊来交纳的。换算根据每年情况不同。

那么民国元年纳入的地租是多少钱？　＝每亩一吊二百文。

【内务府地和民粮地的土地负担】民国元年时内务府地和民粮地的土地负担如何？　＝

	内务府的地	吴庄头的地	民粮地
田赋	没有	没有	二钱银子（一吊有余）
附加	没有	没有	没有（附加是从民国十四五年后开始的）
地租	一吊二百文	一吊二百文	
摊款	没有	没有	没有
青苗费	二百文	二百文	二百文
合计	一吊四百文	一吊七百文	一吊二百文

（但是实际上没有吊、文的货币。当时一吊换算为一吊一六四老钱）

除了关于地租地的地租和青苗钱以外，县或村没有交纳其他费用吗？　＝没有。

一般旗地比民粮地的负担更重吗？　＝是的。

【雍和宫的土地】与此相反，有比民粮地负担更少的或者是同等的土地吗？　＝雍和宫的土地是这样的例子。其他没有了。

那么民国元年雍和宫的土地的负担如何呢？　＝

钱粮　二钱二银子（一吊二三百文）

附加　没有

地租　没有

青苗费　二百文（从光绪年间开始）

合计　一吊四五百文

雍和宫没有地租吗？＝不叫地租，叫作钱粮。

与一般钱粮的不同点是什么？＝雍和宫的土地上缴的钱粮是国家收取，这被称作是支付给宫中的钱粮。雍和宫的土地的钱粮以前是纳入祁稚轩的。

催租人没有来过雍和宫？＝像其他的旗地一样，没有派遣过催租人。祁收纳钱粮。

给雍和宫的钱粮不是像一般的钱粮一样向县里交纳的吗？＝是的，向祁交纳。

祁发行的收据叫作什么？＝粮票。

粮票和钱粮是一样的吗？＝形式是完全一样的，但是表示雍和宫的文字有些许不同。不是叫作钱粮的文字，而是使用粮租的文字。

雍和宫的土地是官产处整理的吗？＝不是，官产处一点也没有整理。

【滞纳的利息】滞纳田赋和地租的时候是如何收取利息的呢？＝全都没有滞纳利息。

以前有没有因为水灾等原因减免过田赋的情况？那个时候利息也有减免吗？＝全都没有。

【青苗费和土地名目】民粮地和地租地的青苗费征收金额和征收方法有差别吗？＝没有。不管是民粮地还是地租地都是耕作人（地主自耕的话是地主，租佃的话是佃户）负担。与地目、地种无关，比率是一样的。

【吴庄头的土地】杨各庄的吴主头的土地在这附近多吗？＝不多。

你的土地（旧吴庄头地）是在光绪二十几年时从吴庄头买的吗？＝不是从吴处买来的，是从我的堂兄弟处买来的。

你的堂兄弟是从什么时候拥有吴庄头的土地的？＝不清楚。

那么你买的时候，关于这个土地的所有文书都从堂兄弟那里转过来了吗？＝只拿到了前一年的租票，其他什么都没有。

和堂兄弟转借文约吗？＝是的。

吴庄头属于何王府吗？＝不明。

那些土地是吴庄头的所有地还是管理地呢？＝是管理地。

【过约】和堂兄弟转交的文约是叫过吗？＝过约。

什么时候买的呢？买了之后要把那些宗旨通报给吴庄头吗？＝春天买的直接通报给了吴。

是用书信通知的吗？还是两个人去打招呼之类的呢？＝堂兄弟自己去通知，他回来之后告诉我说，现在开始要把租子交给吴。

堂兄弟去吴那里办了什么手续才回来的呢？＝不知道是怎么样的。带着吴的伙计来到我家，告知我从下次开始土地就会交给我。

堂兄弟在吴家做过名义更换手续吧？是这样吗？＝是的。但是，因为我没看到，所以不知道。

名义变更的账簿是每年都改写吗？是每次变更都要写进去吗？＝不知道。

以上的账簿没给你看过吗？＝吴庄头没给我看过。

以上的账簿是吴在做，一般地应该要给人看的吗？　＝不是。

我们这边请求的话，应该给我们看吧？　＝不是。

【租佃土地的价格】光绪年间从堂兄弟那里买了多少？　＝一亩一百吊。

以上要是民粮地的话是多少钱呢？　＝一百二三十吊。

为什么吴庄头的土地便宜呢？　＝因为有租子的负担，所以只有那点便宜。

有租子地而比民粮地高的土地吗？　＝没有。

这些土地在民国七八年卖给周树棠时是如何的？　＝在民国十年左右的晚秋时，卖给了周树棠，通过过约的方式。

民国十年时的租子地和民粮地的买卖价格是如何的？　＝因为是租子地，所以是 30 元。如果是民粮地应该是 35 元。

【过契】这次想了解有关一般的过契。首先过的约定叫什么，另外契约书叫什么？　＝前者叫立过约，后者叫过契。

【过主、买主、吃主】那卖主（租权的）以及买主（同）叫什么呢？　＝前者叫过主，后者叫买主或者叫吃主。

【旗人土地的出售手续】某人正要把旗地拿去过的时候，首先必须和谁商量呢？　＝没有必要和邻居、友人、同村人、村长商量。首先和同族的人商量，有同族的人买的话，就必须卖给他。和民地买卖的时候是一样的。

过约是在口头上进行吗？　＝必须要立契。

【中间人】以上需要介绍人吗？　＝是的，有必要设立中间人。

除中间人之外有相关的人吗？比如像保证人之类的？　＝没有。

以上的中间人是官厅指定的人吗？　＝惯例是村里有名望的人家做，不是官厅的指定人。我从堂兄弟那里买的时候，另外在卖给周树棠的时候，都是孙友文（现已死亡）。

【代笔人】让谁来写契约书呢？　＝前者的时候忘了。后者时是刘长春。

写字的人叫什么？　＝代笔人。

代笔人是卖主还是买主设立呢？　＝买主去请求。

过契在哪儿做呢？　＝在买主的家里。

代笔人在立约时也要出席吗？　＝是的。

要写多少张过契呢？　＝1 张。买主取得，卖主不要。

【宴会】过契成立后，做过什么宴会或者什么特殊的仪式吗？　＝虽说是宴会，也就是吃些简单的酒食，没有特别的名称。但是总的来说举办宴会的少。立约时的坐席的位置，其他的没有什么特殊的仪式。

有让村长出席过以上的席会吗？　＝没有（但是从民国十八年后在立约后过契，需要村长的证明）。

立约席上，过主应该交给吃主什么呢？　＝没有应该移交的东西。虽然有转交过租票，但是也并不是必须要转交的。

把新做的地契贴到旧地契上吗？　＝和民地的买卖不同，过契的时候没有这样的。

那有旧的过契的话应该交给吃主吗？　＝没有必要交给他，是过主的自由。

【缴税税契】以前过契有税契吗？＝是的。

那以上是从何时开始的呢？＝民国三四年。

过契建立后什么时候去呢？＝6 个月内。

是谁定的 6 个月内呢？＝是县里的命令。

过契的税契手续是如何的呢？＝和土地买卖时一样，吃主拿着过契去县公署，交纳相当于过价的一成的税契。吃主一个人去县里，义务承担税契，从过契的下部得到税契完毕的证。

以上的税契是为了什么而交的呢？＝是因为国家要收税，不知道为了什么。

交税契和不交税契，有什么样的得失呢？＝打官司的时候有税契的话，契约就会没有问题。其他的就没有什么好的了。

以上设立过契的人大部分都接受税契了吗？＝大部分都接受了。

【名义变更】在接受以上税契的前后，应该去庄头那里办什么手续吗？＝在设立过契之后，应该去办理名义变更的手续。那之外，什么手续都没有。

村公所、县公署之类的和名义变更手续没有什么关系吗？＝是的。如前所述，只去庄头那里就行。

【交给村公所的报告】在什么情况下要向村公所或者县公署报告有关租子地的事情呢？＝没有向县公署报告过。和一般的民地相同的、有关青苗钱的，由实际耕作者向村公所里报告。那时不用把过契拿到村公所去，只是单单地自己买了之后，口头传达是谁在耕种就行了。像村公所报告的日期"起会"（开青苗会时期）之前、立秋的前后，在春天"过"，在秋天报告也行。

【名义人的死亡】那名义人死去时有什么手续呢？＝子孙以死去的名义人的名字进行耕种。

户主或者名义人死亡的话，需要把这个信息传达给庄头吗？＝不需要。

你是怎么样的呢？＝是我买的，我是名义人，没有变更。

那祖传的租子地的情况如何呢？＝我的情况是，有内务府的 7 亩地，但一直都是祖先的名义。根据民国十八年县里发布的命令，改成了我的名字（祥）。

【因分家变更名义】那分家的时候是怎么样的呢？＝属于本家的人凭借祖先的名义就行了，也有重改的。分家的人就以新的名义。

【款项的支付】什么时候交付的货款呢？＝叫笔下交钱，立约结束后，就会当场交付金额，大家都是那样做的。没有只付一部分钱的。

【送给中间人的谢礼】给中间人的谢礼有多少？＝大体上不送谢礼。100 元买卖的时候，要有 5 元的谢礼。但是没有一定的金额。

【土地的交付】土地是什么时候交给吃主的？＝过契完毕的时候。

那实际上在什么时候，到场移交土地呢？＝有在立过契过主、吃主、中人到场时进行移交的，但是这样的场合很少。

那什么样的多呢？＝立定契约后到场的很少。倒不如吃主做过主，在立契之前让其带路，实地检查土地的四至。

【租户土地的耕作期限】租子地能耕作多少年呢？＝全部都能永久地耕作。

但是其中有 50 年、60 年这样的固定期限吧？＝没有。

那你知道有被庄头没收的一两个例子吗？＝不论有什么样的事情，也不会被没收。

好几年都不交租子时，庄头不会没收吗？＝绝对不能没收。

即使不交租子也不没收土地的话，长年不交租子，那现在变得和黑地一样的土地不就很多了吗？＝不多。

有长年不交租子的人吗？＝不知道。

【租户滞纳的处理】如果好几年都不交租子时，庄头能不让其租耕吗？＝应该可以没收的，但是大体上滞纳者一两年合起来一起交租，另外即使有滞纳者，因为庄头管理的土地很广，所以不会做没收一部分土地这种麻烦的事情。但是会催促。

那有故意地好几年不交租子的耕作者吧？＝只要有良心，就不会做那样的事情。另外实际上也不知道那样的例子。

【租户土地的自由利用】那在租子地里随意盖房也不会被没收土地吗？＝随便使用租子地都行。盖房子当然也可以。我现在的房子的土地原来就是旗地，从以前就有房子。

租子地除了旱地还有其他的吗？＝也有家里的用地和园地。

租子地里种什么作物都行吗？＝是的。

或者放任土地任其荒废也行吗？＝是的。

另外把旱地、园地、苇塘作为房基也行吗？＝是的。

【佃户对租地的权利】那样的话，对于佃户对租子地的耕作权利要比一般的一年一年的租权要更强烈吧？那样的话，和所有者对于所有的民地的权利有什么样的差异呢？＝和对于民地的想法没有变化，认为是自己的东西。

佃户在地表上进行施肥以及其他的投资，那地表就会在什么时候变成佃户的东西，而王府的权利也就只是在地面下的土地，是这样认为的吗？＝也可以这样想，但是习惯上不可能这样认为。因为原来土地包括地表和地下都属于王府的东西，所以只不过是让佃户长期地耕作而已，长期耕作就会渐渐地认为是自己的土地。

再问一次，地表是佃户的东西叫作地皮，地下是王府的东西叫作地骨，有这样的吗？＝没有听过这样分的想法。直到旗地整理之前，佃户认为从地表到地下都是自己所有。

另一方面，原来租子地是祖先所有，但是满洲人入国后进行了圈地将其放进去，那些土地就随意地变成了满洲人所有。不论是不是归满洲人所有，收取作为地租的租子，那样的话佃户实际上会认为租子地是自己的东西吗？＝因为那种想法是从以前传下来的，所以可以说是自己的东西。

那有关"租子"，佃户原本的解释把其看作是地租吗？还是因为租子地没有田赋，所以被认为是田赋呢？或者被认为是其他的东西呢？＝既然种了别人的土地，就必须交租。如果说是王府的土地的话，佃户就必须交纳地租。那样的话，就把租子当作地租来交。租子地没有田赋，但是比起田赋的金额租子更高，所以不是当作田赋来交的。

【租地的租佃】佃户可以不把租子地通报给庄头，然后把地租出去租佃吗？＝是的，事实上也这样做。

你也做过吗？ ＝没有，自己耕种的。从以前主要就是种包米[1]。从今年开始种了一部分芝麻。

那时，民地和租子地的地租有差异吧？ ＝是一样的。民地元年时每亩 6 吊左右。

租子地的过和民地买卖的时候价格上有差距，为什么租佃的时候没有差异呢？ ＝不知道为什么。

租佃期限如何呢？ ＝不管是租子地还是民地，土地的租佃期限没有什么差异。都是一年更改制。

把租子地的租佃时的情况和民地的进行比较，有没有什么有差异的地方？ ＝口头契约，提前交纳金钱制等没有什么不一样的。

租子交纳的对象在民国以后有什么变化呢？ ＝在民国十五六年前交给催头，从当前开始到民国二十年为止也是交给催头的，因为二十年以后被整理，所以没有必要交给任何人。

【地租额】你的租子是多少？ ＝内务府地是每亩 2 钱（银），雍和宫的"钱粮"也是一样，吴庄头以及崇祝寺的忘了。恒宅是 1 吊 200 文。

以上的租地根据土地的上中下有差异吗？ ＝没有，全都是一定的。

以上各地的租子的交纳期限以及交纳方法如何呢？ ＝内务府的土地是从每年 10 月 15 日开始到 11 月 5 日为止，在这期间定下来。如前所述，拿到李催头的家里。吴庄头的地是从 10 月 1 日开始到 12 月初之间定下来的。因为吴的土地在这附近少，所以是伙计来收。其他的就不记得很清楚，但是每年大体上是定好的。

【地租的交纳】佃户把租子地租出去租佃的时候，租子的实际负担、交纳者是谁呢？ ＝佃户。

佃户一般是如何筹集以上的租子呢？ ＝从佃户的地租里付。

那在以上的租子交纳期多少天以前进行筹集呢？ ＝内务府土地的话，在 9 月 15 日后的四五天之间。吴庄头的话也是这样。

【租地地租的交纳期】以上收纳的地租是全额的还是分成几年的呢？ ＝第二年是全额。

以上地租收纳时要进行租佃的约定吧？ ＝是的。

民粮地的地租纳入期和租子地不同吗？ ＝大体上是不同的。租子地的时间是固定的，但是民粮地是一年里什么时候都行。

为什么会像以上那样不同呢？ ＝因为佃户交租子的关系。租地租子地的时候，就像上面一样比租子纳入期要早。一般民粮地的时候没有这样的，所以什么时候都行。

但是民粮地的地租交得最多的是在几月和几月呢？ ＝从九月到十月之间交得很多，但是最迟的是到第二年的 2 月份为止。

---

〔1〕 译者注：原文中为包米，此处包米应为"苞米"。

听说现在民粮地的纳期是到 10 月 15 日，是这样吗？　＝是的。但是特殊的时期也有延缓到 2 月份左右。

以上的特殊情况是指什么时候？　＝关系特别好的人。

大概是从什么时候开始才变成截止到 10 月 15 日交纳的呢？　＝从前清时代开始。

那以上所说的也就是说一般的民地的地租纳期是从 9 月到 10 月 15 日，例外的情况下拖延到第二年 2 月才交地租的意思吗？　＝是的。

交租子的时候，超过上述的纳期直到 2 月才交地租也可以吗？　＝是的。

把民地和租子地的情况进行比较，哪个能更多地允许地租的纳期延迟到 2 月份呢？　＝不一定。

有很多租佃的租子地里，民粮地的地租纳入期有和租子地一样的倾向吗？　＝不是，会区分来考虑。

【过契租佃】佃户把租子地过给他人的时候和从前的佃户商量吗？　＝没有必要商量，自由地"过"。

那以前的佃户在"过契"后，就不让其耕作了吗？　＝是的。但是吃主承认的时候，就能续耕。另外佃户已在耕作的时候直到其收获期间，不能没收租佃。佃户把地租交给过主，但是在还未交纳的时候，过主向吃主询问是否答应续耕，吃主同意时，过主把相当的地租移交给吃主，当吃主不同意时，过主就会把地租返还给佃户，把土地移交给吃主。总之以上和有佃户的民粮地买卖的时候，没有一点变化。

（以下是张瑞的应答。）

民国十五年时从李瀛源那里买的土地原来是谁的土地呢？　＝李的父亲那一代买的土地，原来是某庄头的管理地。

你家从李买的时候也是庄头的土地吗？　＝是的。

【官府资产的整理】从李买之后又从官产处那里买了吗？　＝在民国二十年县公署派人通知，在那一年里从官产处买的。因为不买的话就会成为黑地。

以上在前年有县里通知的时候租子交给谁呢？　＝租子、钱粮一直都没交。租子一直交到民国二年，那之后就没交了。

【催头】到民国二年之前是交给谁的呢？　＝在十月十五日有人从北京来到县城，停留了两天，交给了他们。

以上是谁，那个人也来村里催租吗？　＝是邓催头（北京人），佃户把租子交给他。

邓催头以上还有叫什么的庄头的？　＝不明。

【内务府的造办处】那些土地属于谁的呢？　＝内务府造办处。

每亩是多少租子呢？　＝不知道。

租票没有剩下来吗？　＝没有。

杨家的内务府的地和张家的土地的等级怎么样呢？　＝是一样的，都是上等地。

内务府的土地一般上等地多吗？　＝不明。

租子和杨家的一样吗？　＝是的。

杜家的也是一样的吗？　＝是约。

在民国二十年从官产处买了多少？　＝每亩4元。礼金是一两元左右。

杨家也是在那时从官产处买的吗？　＝是的。

内务府的土地是在二十年内一起整理的吗？　＝在同一年里有整理得早的，也有整理得晚的。

以上早晚的差距是因为官产处的整理期限的不同而造成的吗？　＝期限没有差异。根据买下的人是否有钱而产生差异。

以上整理的要点是来通知的，还是有布告呢？　＝没有布告。县里派人来到本村，从村长家开始一家一家地通知。

南法信的18亩地是什么时候，从谁那里买呢？　＝在民国以前，从县城的赵某那里买的。

以上的地里也有庄头和催头吗？　＝因为是老粮地，所以没有这些。

望泉寺的3亩地呢？　＝在民国十四年从望泉寺王家买的。那之前的地主不明。这也是老粮地。

【黑地】望泉寺的2亩和2亩的地呢？　＝是从先祖留下的遗产，是下等地。

交过租子和钱粮吗？　＝没有。

以上是黑地吗？　＝是的。

以前交过钱粮或者租子的吗？　＝以前是粮地，但是持有人变着变着就成为黑地了。

为什么知道那些事呢？　＝（没有回答）。

以前黑地不需要呈报吗？　＝虽然呈报，但是实际上不申报下等地。

现在也是黑地吗？　＝因为在去年的调查中申报过了，所以应该成了民粮地。

【张文通的民粮地】望泉寺的4亩地呢？　＝这也是祖先留下的遗产。

这些土地的钱粮是从什么时候交的呢？　＝因为是老粮地，所以从以前开始。

石门的5亩地如何？　＝在民国二十年买的。

以上是从官产处买的吗？　＝不是，是从临河杜姓那里买的。

以上不是旗地吗？　＝是老粮地。

那石门的9亩？　＝是在民国前买的老粮地。

石门的3亩呢？　＝同上。

这些土地是在河流的附近，是从以前就在耕种吗？　＝是的，以前不是荒芜地。

把这些地用来伙种过吗？　＝没有。

这些地和王府、庄头没有关系吗？　＝没有，是老粮地。

在这些地的附近有旗地吗？　＝民粮地多，旗地不明。

一般在河附近的旗地少吗？　＝不明。

村内西北的2亩呢？　＝是民国留下的遗产，是老粮地。

村内14亩的地如何？　＝同上。

村内的9亩地如何呢？　＝同上。

村内 6 亩地如何？ ＝2 亩地是老粮地，4 亩是从前就没有钱粮的土地，去年申报了黑地。这些黑地在民国十年时从石门李氏那里买的。黑地的买卖要立契，但是不向县公署呈报。所以这些地也不是原来的租子地。

村内的 1 亩地如何？ ＝从以前就是所有地。以前是有粮地，但是因为面积少，所以不交钱粮，于是就变成了黑地。在去年进行了黑地的申报。

【周庄头的土地】村内的 10 亩地如何？ ＝在民国十二年从周树棠那里买的。

以上是旗地吗？ ＝是周庄头的管理地。

是什么时候从官产处买的？ ＝从周树棠那里买了之后很久，年份不明。

是在买内务府土地的同一年买的吗？ ＝不是。

租子一直交到哪年呢？ ＝一直交到民国十二年。

租子是多少呢？ ＝因为从周那里买了之后就没交了，所以不知道。

从周那里买了多少？ ＝1 亩 20 元（中等地）。

以上的时候流通的不是吊吗？ ＝已经废除，以元为单位。

从周那里买的时候的契约书现在没有了吗？ ＝丢失了。

和以上差不多的民地的买卖价格是多少呢？ ＝大体上相同。

比起民地租子地要便宜多少呢？ ＝因为民粮地的所有很稳定，所以谁都想买这个。金额有多高，没有大的差别。

在从周树棠那里买的前一年的时候，周交着租子的吧？ ＝虽然知道得不太清楚，或者是没有交吧。

那租子还未交纳的土地和负担着民粮地的地价的比率是多少？ ＝租子地是多少，即使负担减少，这也是无法让人放心的土地。通例一般是民粮地贵一些。

村东南的 8 亩如何？ ＝在民国前从本村人吴那里买的。

以上是旗地吗？ ＝是周庄头的管理地。

这些地也要交租子吗？ ＝没交过，不知道。

那是从什么时候没交的呢？ ＝不知道。

民国元年时如何？ ＝不知道。

何时从官产处买的呢？ ＝在民国十一二年。

是在民国十一二年时吗？ ＝是的。

什么价格买的呢？ ＝1 亩 4 元。

从官产处那里买的时候，上等地和下等地的买价不一样吗？ ＝一律相同。

为什么是这样呢？ ＝因为佃户报告的都是下等地。

官产处卖土地的时候要调查土地吗？ ＝不调查。

官产处处理土地时是根据什么来做的呢？ ＝根据庄头的账一块一块地叫卖。

那官产处在哪里？ ＝在县公署内或者宿。

主要在哪里处理事务呢？ ＝县公署内。

官产处有多少职员呢？ ＝三四人左右。

以上还剩下谁？ ＝陶先生（县城内）。

3 月 27 日

官旗产整理　官旗产

应答者　陶（原官产处员）

【官府旗人资产的整理】什么时候在官产处工作的呢？＝从民国四年到民国十七年。

崇祝寺的土地是什么样的土地呢？＝是以前皇帝赐予寺庙的土地，是香火地。现在很多都变成了民粮地。

以上什么时候被整理成了民粮地的呢？＝从民国十四年到民国二十一年之间。

什么时候大量地被整理的呢？＝民国十四年到民国十七年之间。

以上的地被整理了多少亩呢？＝2 万亩左右。

除以上以外的各旗地是在不同的时间里整理的吗？＝王府、匠役地等的地都是和以上是在同一时期。大规模地整理的时期大体上和以上相同。

特别地有关整理面积以及升科费用呢？＝面积的问题另外回答。县内旗地整理收入民国十四年到民国十七年是 14 万元左右。一般官产处是以 1 亩 5 元把旗地卖给佃户了。

钟杨宅是指谁？＝是住在北京马场的有钱人，在本县附近的所有地多，在本县里的也多。这些大体上不是旗地而是红地（民粮地）。

为了整理旗地设立了哪些官厅呢？＝在民国十四年在县公署设立了官产处用来整理旗地。

【清查局】那之前是什么？＝在民国四年 2 月 20 日在县公署里设立了清查局，但是这是为了官产清理。

那之前没有吗？＝没有。除收取田赋的钱粮房之外就没有了。

民国四年设立时是什么样的官吏，是从哪里来的呢？＝被任命的官吏万云皋是从中央（北京）来的。带着 1 个办事员，在设立日（20 日）的前两三天来的。

除以上之外雇过土地吗？＝我（陶）曾经被书记长、其他县的人雇过。也就是以上 2 名和我之外的三四名（以上办事员），小使 2 名。

你在被雇之前是做什么的？＝做过钱粮房的文书。

你家代代都做着这样的工作吗？＝父亲也是这样，那之前也是这样。

【黑地的整理】清查局成立后，开始做什么样的工作呢？＝开始进行黑地的整理。首先清查局通过警局做村长黑地的报告。

以上的黑地原来是旗地，后来渐渐变成黑地的吗？＝不是，和旗地没关系，以前开垦荒地后被当作田地，然后代代地耕作，这样的很多。耕作者没有有关土地的证明，不交钱粮。

除黑地之外有国家的土地吗？＝那时没开垦的土地很多。这是国有的，开垦者办理开垦报告手续就归其所有。黑地以外的国有地里有山河的地、官厅的用地。庙的土地是公产，是个人捐赠给庙里的东西。

那民国初年所有的工作都是对开垦黑地的整理吗？　=除开垦黑地的整理之外，是熟地的民地无粮无据，另外也对所有者不明的土地进行了整理。

上述时候旗产的整理还没有成为问题吗？　=是的。虽说是民国改元，但是满人的力量还是很强的。

黑地的整理一直到什么时候呢？　=从民国四年到民国二十一年。

什么时候进行了大量的整理呢？　=和旗地整理一样在民国十四年到民国十七年的时候。

从民国四年到民国十四年整理了多少的黑地呢？　=和以上的时期相比要少，数量不知。

【旗人土地的整理】民国十四年以后的黑地整理如何？　=在民国十四年整理过黑地，但是比较少。因为这时主要是整理旗地，所以如果人民把旗地藏起来，把其当作黑地来呈报的话，因为旗地的整理会紊乱，所以很注重对旗地的考察。

旗地和黑地的升科费用呢？　=一般黑地1亩1角，旗地是2元到5元左右。

【旗产处】以旗地整理为目的的官厅是什么时候成立的呢？　=在民国十四年六月。

清查局的人有剩下的吗？　=局只改了名称，主要工作就是整理旗地。

旗产处是从什么时候开始做工作呢？做什么样的工作？　=在同年9月9日发出对旗地进行收款的命令，在5天内佃户要呈报旗地。

在旗地成立之前进行过土地的调查吗？　=关于旗地在民国四年以后，和清查局完全没有关系，不进行干涉。所以旗地的事情完全不知道。即使着手于旗地整理，旗地的事情完全都不知道。

那谁知道那之前的旗地的事情呢？　=在那之前，有关旗地的事情是和庄头、催头有关。在民国十四年六月以后，废除了庄头和催头。在那之前他们做着起租。

清查局或者在旗产处采用过熟知旗地事情的人吗？　=没有（伯父以前是在钱粮房、警局，之后在旗产处工作的老办事员，对于旗地知道得也相当多。为了决定旗地整理的阵容也是根据了伯父的指令）。

雇用过旗人、庄头吗？　=没有。

旗产处和庄头在什么时候联络呢？　=在庄头废止之前，王府派人到县公署，接受其援助收租子。

在旗产处成立时有没有从中央的旗产总局发来关于顺义县的旗地的通知？　=北京总局在民国七八年时招来各王府进行商谈，另外让其拿出旗地的账，在民国十四年把这些从总局送过来了。这里记载着顺义县内的多多少少的一些情况。以此为基础，在十四年开始整理。但是除那以外，也有王府不经总局直接向旗产处提出的。

那时你做了什么呢？　=一直到旗产整理时做着书记长，之后（十四年后）做了主任（那之后主任被废除，专员被派遣下来）。

【王府花名册】王府向总局或者旗产处提出的叫什么？　=叫清册。在表纸上叫王府花名清册。

以上的现在在哪儿？　=应该在县里。

在哪间房呢？　=不知道。

王府拿出了以前的旧书吗？＝既有旧的也有新作的。

【整理的法规】黑地、旗地的整理有多少种的法规呢？＝各一种。

但是是被改了好几次的吧？＝是的。

没有原文吗？＝我没有。冀东政府的东西应该在县里。可能在事变后丢失了。

主要的法规在何时，被发布了几回呢？＝第一回在民国四年二月（二个月前公布），第二回民国十四年六月（二个月前公布），第三回民国二十二年（冀东政府时代）。

【官地的处理】官产处是用什么方法整理黑地的？＝根据地性，上等地 4 元，中等地 3 元，下等地 2 元，从官产处那里卖给报告者。

以上出售给谁了呢？＝实际二耕作的人不要的时候（这样的很少），其他人谁都能买到。

整理过的官地是怎么样分的呢？＝主要是黑地。在清代官吏因犯了国法，被政府没收的（这些原来是民粮地，和旗地没关系）。

被整理的官地的面积呢？＝旗地的百分之一左右，或者比那还少，数百亩左右，详细的记不住。

以上的开垦耕作者或者是没收地的耕作者在那之前都是免费地耕种吗？＝不是白种（免费耕种），要向县政府交一定的租子。

【租佃期限】以上是永租呢，还是每年每年地重订契约呢？＝每年每年地租。

见过以上的契约书吗？＝没有。

以上中所谓的 20 年、30 年的期限很少吗？＝没有。

订以上契约的日期是每年的几月份吗？＝在收获后从九月到十月间。

以上的租佃意向人多吗，还是事实上一个人每年都耕种呢？＝意向人多，租佃持续了几年的人多。

以上有租佃了好几代的人吗？＝没有，最多 10 年左右。

【官府土地的出租】很多的人希望进行租佃时，是根据县公署的投票来决定佃户的吗？＝进行布告，出示场所和亩数，决定好日期集中意向人，不进行投票。意向人少的时候就自然地定下佃户，多的时候把土地分开进行租佃。小面积的地少，因为一处即使再少也有 100 亩左右，所以一个人不能独占进行租佃，县里划分然后用来租佃。

这些土地有田赋吗？＝佃户只交租子，因为土地是官地，所以从以前就没有钱粮。

【整理的时期】这些土地的面积也小，但其整理工作还是逐渐在进行吗？＝是的。整理了民国前的官产的 2/3，剩下的 1/3 到现在也不明。

以上的 2/3 的整理是在什么时候进行的呢？＝一直整理到民国二十一年，从民国十四年到民国十七年之前的多。

从民国四年开始整理一直到十四年，几乎什么都没做吗？＝清查局在民国四年成立了，但是实际上没做什么工作。稍微对黑地进行了整理。

以上官产地是政府没收的东西，因为政府也对土地不太清楚，所以比起旗地，不是能更轻松更早地进行整理吗？＝因为官地散落在 300 个村里，所以无法轻松地进行。另外当时也没有县警察。

整理无法进行，因此有什么责罚吗？＝有过几回责罚。即使那样，民众也不听所说的事情。

【官府土地的地租】清查局成立之前，官地的地租是多少呢？＝不管土地的好坏，一亩是 7 吊或者一律是 8 吊。因为对土地进行调查决定土地的等级很麻烦，所以有官随意地定。

有希望租佃的人出的地租比官定的多的时候怎么办？＝即使意向人多，也不会出官定以上金额的。因为官府已经决定了，所以原则上是不变的。

清查局成立后地租由谁决定？＝成立前后都是县长决定，清查局收取地租。

民国初年民粮地的地租如何？＝1 亩十一二吊左右。

那官地的地租比较便宜吗？＝是的。

因为谁都想借便宜的土地，所以渐渐地开始投票了吗？＝不是。

只允许所在的村民租佃官地吗？＝是的。

【官府土地的接受人】清查局的土地整理是优先转让给原来的佃户吗？＝是的。每年的佃户发生改变的话，也只限于所在地的村民。

优先承认整理时那年的佃户，不优先承认以前长年耕种的佃户吗？＝不承认。在中国没有这样的习惯。

【营房的整理】还有其他的像在县城东门的营房吗？＝没有。

营房是像附属地那样的吗？＝（没有回答）。

东门营房的整顿是何时怎样进行的？＝至民国十七年，建筑物大都被损坏。土地是让百姓们（不排除县外的人）投票决定的。

【无粮黑地】想再询问下，无粮黑地是属于民有的还是官有的呢？＝在国有土地上耕种不交地租的土地。

现在本县里大概有多少无粮黑地？＝大概 2000 顷。

上述情况中，以前在旗地耕种不交地租，有变成像黑地这样的土地吗？＝相当于 2000 顷的一半。

【旗地的区分】旗地大致分为什么？＝旗产地和八项旗租地。

上文所说的土地到底是属于谁的？＝因为旗产地不用交地租，是国家的土地。八项旗租地一亩交纳一钱银子（二角三）。

【旗产地】县里原来有多少亩旗产地？＝有两万亩，有一半被整理了。

八项旗租地呢？＝1000 亩，有三分之二被整理了（注：旗地的整理由陶氏负责）。

旗产地的租子和八项旗租地的地租哪个更少些？＝旗产地的更少些。比如旗产地一亩租子最高四十铜子儿，最少为十几枚。八项旗租地的地租为最高 120 个铜子儿，最少六十枚。

【旗产地的种类】属于旗产地的土地大致区分为什么？＝庄头所有的土地是旗产。还有像内务府的和周庄头（不是亲王，是傍王定王府的土地）的土地。

旗产地里一定有庄头吗？＝都有。

庄头是旗人吗？＝是的。即使有不是旗人的，他们也已将名字写入旗籍里。

由于清朝衰弱，庄头越来越收取不到租子，是吗？＝是的。

民国前县里有多少庄头？＝有八个大庄头，数十个小庄头。（参考 141 页）

这些庄头当中，有在民国后感到无法待下去而逃走的人吗？＝应该都留下来了。

【庄头和县公署】庄头收租子的时候，会和县公署联系吗？＝到了收租期，庄头会来县公署拜托他们收租时给予其方便。因为县公署也会帮忙筹备安排，三天就可以将大部分的租子收齐。县公署不代理收租子。

庄头受到县公署的照顾，会将收纳额的一部分送给他们吗？＝不需要花很多钱。庄头来拜托的时候，印象里是带些点心和西瓜。

租子的收纳成绩如何？＝与民国元年相比，向庄头交租子的人慢慢变少。到民国十四年，基本上没有人交租子了。

【租户停止交纳地租】到民国十四年间，政府有向民众传达过不向庄头交租子也行的话吗？＝在此期间，虽然没有相关意思的布告，但是有不必向庄头交租的通知。

最初的通知是民国几年？＝民国六七年左右。

是以怎样的顺序让百姓知道的呢？＝当时由县政府向警局—村公所—村长这样依次联络，最后通知到村里人的。

这项通知被广为人知之后，大家马上都不交租子了吗？＝县城附近的人大多不交了，县的边境地区由于没有通知，且庄头认为是边境，所以还是以芝麻为租子上交。

民国元年逾期未交纳租子的比例是多少？＝民国元年逾期未交纳者是总数的百分之一。

民国二、三、四、五年呢？＝同前，稍有变化。虽然当时清朝已经灭亡，但旗人势力依然残存着。

民国六年大概有多少佃户不纳税？＝通知向民众传达之后，不交纳者激增。

以上佃户有什么样的证明文件？＝只有租票，没有其他的。

您家有租票吗？＝没有。

【松宅、钟杨宅】松宅和钟杨宅是什么样的人家？＝虽不是皇族，是有钱的旗人。钟杨宅现在仍在安定门南。

这两户宅子是从皇室那得到的土地吗？＝因为很有钱，在各地买地。只是纯粹的地主。

那么，像这些土地以前是民粮地吗？＝他们买许多红地（民粮地），现在仍有契约书和根据。但是也有一些是买的旗地。

您见过松或者钟吗？＝没有。他们在各个县都有土地，并不是自己亲自一个一个地来看，是派办事员来。

以上的土地，在旗地整顿的时候也被整顿了吗？＝是的。

即使非常了解民粮地的宗旨？＝因为收了租子。

钟在县内拥有多少土地？＝千顷。

民粮地没有整顿的必要还被整顿了，钟家没有反对吗？＝没有。他是大地主，还有其他的收入，不会如此小气。

【旗人的民粮地】一般来说，旗人买过原来的民粮地吗？那些也需要整顿吗？ ＝买过。虽然很少，但也整顿了。

原来的民粮地为什么有必要整顿呢？ ＝旗人买了的话，会成为不用交税的土地，就只要课征税。

上述是大面积的时候吗？旗人自己耕种的小面积的土地也整顿了吗？ ＝像这样旗人自己耕种的小面积土地很少。整理后无税的土地变成有税的。旗人确实有买民粮地，没有特别再买的人。但旗人从庄头那租佃旗地的时候，清查局会让旗人的佃户买下土地再交税。

旗人确实买了民粮地的事情被知道了，并且这块地用于租佃了，清查局还会整顿吗？ ＝有是有，但很少。像上述情况原本是没有整顿的必要的。只需要交税。

像钟家的土地，清查局在整理的时候，会让佃户买下吗？或者是交正式的地租？ ＝根据国法，只需要向地主交纳地租。

【工匠的土地】工匠的土地是什么样的？ ＝是从前皇帝将土地作为奖赏赐予使用人的。

上述土地有大面积的吗？ ＝一般是 3—6 亩，没有百亩的。

使用人是旗人吗？ ＝大多数是汉人。

匠役地是使用人的子孙自己耕种吗？ ＝是的。

现在大部分的耕种者还是那些子孙们吗？ ＝也还有。但是即使询问本人也不清楚，或是不会坦白地说。

他们会向国家交纳地租或是租子吗？ ＝不会，但是会交纳村里的青苗钱（民国后为摊款）。

上述的土地大多被整顿了吗？ ＝大部分已经整顿完了。

【八旗租地】八旗租地的事情，因为没有时间所以没有访谈，但从下面的要点可以零碎地了解它。

（1）与旗产地相比，面积更少，大约千顷。

（2）旗人没有关于土地的占有和所有的证据。

（3）清查局成立以前，汉人每亩交纳银子 1—2 钱，这就是地租。清查局成立之后，把土地卖给了汉人。百姓申请买入土地，之后地租变得便宜了，每亩交银子 4 分。

【圈余】王府让庄头管理约两千亩的土地的时候，实际面积有多少？ ＝两千五百亩。

五百亩的地租是属于谁交纳呢？ ＝庄头。只要庄头交了承包款，这五百亩的地租就为自己所得。

得到了王府的许可吗？还是庄头任意为之？ ＝得到了同意。

庄头一般都很富有吗？ ＝是的，都是富人。

这五百亩田为庄头所有吗？ ＝不是，是王府的。

那么庄头会用除上述以外赚到的钱大量地买土地吗？ ＝也有买的人。

庄头买的土地如果是民粮地的话，地租是怎样的？ ＝因为是旗人，地租自然是被免除了。

庄头自己买的土地一般有多少？ ＝不知道。

这五百亩的土地叫作什么？ ＝圈余。

圈余的面积占原来王府面积的比例是多少？ ＝大概是两三成。

是怎样了解到圈余的？ ＝通过查对各种资料，询问庄头得知的。

圈余是调查结果后发现的吗？还是有事先将一定面积的土地作为圈余的土地呢？＝调查的结果发现的。哪些是圈余的土地没有被决定。

圈余的土地里有佃户吗？＝和一般的佃户一样，并不存在特别的圈余地佃户。

清查局是怎样处理圈余的土地呢？＝一旦清查局知道了圈余地的面积，他们会把它当作国有土地和一般的旗地一样处理。

真正的旗地和圈余地在整顿上有哪些差异？＝圈余的部分即使是政府部门出售，也不会把货款给王府。

【资料一】 旗地整理机关概况 （陶氏报告）[1]

查前清时代各县征收各项粮租名曰钱粮房征收之款归县长报解国库改民国以来废止前项名称曰征收科至民国四年奉令办理清查局设立县署彼时县长汤名鼎清查主任万云皁办事员王从元书记赏关所应办事项人民承种无粮无据名曰黑地奉令每亩收照费二毛册费三分主任等薪金每月国定经常费开支如有买地者当发县照凭据一月后换发财政部照收执以后兴国家交钱粮每亩四分至五年换主任汪练堂县长唐玉书办事员张王书记陶至六年换主任徐照烈办事员李张徐书记长陶县长李桓实均系办理无粮黑地至八年换主任郑玉堂办事员裁撤县长李桓实分科会计科调查科缮写科书记长陶是年奉令各旗王府之地均来局挂号登记至九年奉令将该局裁撤归并县署仍办前项事宜至民国十四年奉令办理旗产名曰旗产处总办县长泰辅三主任陶书记李调查员委各区区董负责督催入手办理凭各王府庄头租赈呈交官产处按户传催持租票来处按租价多少折洋二三元不等每亩起租十枚同元收价一元至二十枚收价二元至四十枚收价三元当发给花钱收据部照等项收入之款均解财政厅部照系财政部发下至十六年奉令改官产总处委专员办理将县府应办各项均移交专员莫永渠县长仍系刘严分处办事人员分科调查科应办事项分往各乡与乡长副接洽挨户催办凭各府册办理会计科收入款项书记科专缮写部照文牍科夹往公文稿等项事宜至十七年换局长张福田县长仍系刘严所应办之事照前章稍改每亩上中下上地三元中地二元下地一元历前任照前推办至二十一年奉令结束停办所有案卷底册等项除呈报总欠外均存县政府

民国二十六七年又奉令系冀东二十二县官旗产清理处顺义县公处二十八年公处长王祖元县长兼副处长夏嵩生

计 开

所称官旗产营荒黑暨八项旗租及清室内务府所管官房田地而言

官 产 地

上等四元中等三元下等二元何为官产假如从前为官置买田地房屋因事犯国法被抄将田地房屋归官管辖名曰官产至民国设立官产处奉令规章办理之

旗 产 地

各项旗租圈地八项租地内务府所管各产其他租籽地上等四元中等三元下等二元旗产房屋一间房作地一亩收价旗圈红契地何为红契自行报粮升科每亩上等五元中等四元下等三元呈验红契为准如何入手办法传知租主庄头佃户开具地亩坐落处所姓名承种亩数清册其他各

---

[1]　译者注：此处为政府公文，保留原文的文字结构。

项证据依照办理亦系奉令办理之

　　营　产　地

　　营产之地每亩上等四元中等三元下等二元何为营产县属之内所有前清绿防营衙署陆军练兵机关营产性性质土地建筑物均系营产

　　无　粮　黑　地

　　黑地每亩上等四元中等三元下等二元何为黑地凡国有土地经人民占用何未交纳租粮者总为黑地

　　八项旗地

　　名曰存退另案三次四次奴典公产此项名称均系国家亦归官产项下亦理按银数折和每两银折之两五再折洋十三元五角银数亩数县政府均有底可查

　　备注

　　1. 汤名鼎现在在北京居住

　　2. 照费是部照费，册费是注册费

　　3. "民国十四年奉令将该局裁撤　呈交官产处"的官产处在当时的警务总局之后，移到南街，在民国十六年移到了北街的谢家旁

【资料二】县内庄头表

南彩	上庄户	李遂店	北河	红寺	沿渠村	河北村
崔方璞（内务府）	赵庄头（内务府）	朱遗风	于纯安	白	鄂庄头	徐许宛 杨梁朱
				洋（1）查	催顺头廷、周始州、	孟罗于崔吴赵庄均头系

西营	王各庄	鲁各庄	石匣	李桥	王辛庄	豆各庄
催兴仿（内务府）	言怀中（内务府）	汤玉林（调查姓名）	杨崇。（厚、起租坐落主少甫镇）	于少菴。（杨宅）	王庄头	曾庄头

（2）庆长永

孙　　　吴庄　　沙勿　李遂　齐家府　李各庄　杨各庄　大云各庄
家　　　吴　　　金　黄　　雷　　　元　　　马上　　孙
店　　　庄　　　庄　隐　　　　　　庄　　　良驷　　庄
赵　　　头　　　头　芝　　　　　　头　　　地院　　头
璞佩　　　　　　　秀　　　杨　　　洋　　　号坦　　吴
　　　　　　　　　亭　　　　　　　　　　　隐　　　把
　　　　　　　　　及　　　　　　　查　　　元　　　总

祥　关　（3）

查　对　知
芬

全　　北　　北河　柳各庄　焦各庄　龙各　李遂　郭家　勿
兴　　烧　　于　　杨新　　孙　　　地庄　朱庄　紫志　紫志中
栈　　锅　　庄　　齐　　　　　　　坐里　头　　中
　　　归　　头　　马占　　洋　　　落高　遗风　杨宅
　　　朱　　　　　　　一　　　　　大四　　　　、伊知清、上坐
　　　子　　　　　　　　　　　　　孙先生
　　　廉

树　情　○　△

香河县　　肉王德　仇　　广瑞张　小○北　桃元
张　　　　甫家巨　秀　　丰德　　于　　　周
庄　　　　（4）店恒　乡　祥记堂　　庄　　　庄
头　　　　　　　　　　　　　　　　头　　　头
傅头　　　　　　　　　　　　　　　连北
李张　　　　　　　　　　　　　　　三河
遂四　　　　　　　　　　　　　　　、北
店知　　　　　　　　　　　　　　　坐勿
、情　　　　　　　　　　　　　　　落后
西　　　　　　　　　　　　　　　　桥

```
                 东 罗 朱              ○
李 房      福 香  来 家 家                    粮 中      河 南 村
遂 洋      盛 泉  顺 大 小                    程         黄
镇 车      泉 茂  饭 院 铺                    菊         寿
旗 厂      布 南 北 甫  系                    甫         延
产         店 两       朱                    杨         马
北         号         子                    宅         寺
门                   廉
里[1]
```

（注）借用字很多，意思不明之处较多，依照原文原封不动地刊登，为了能够推测出意思，编辑者附上注文。△记号是大庄头。

（1）洋查＝杨宅吗？

（2）庆长永＝以下的 4 个店铺名是代收租子的店吗？

（3）知精＝知情，对事情很熟悉的意思

（4）王家店＝以下 11 个店铺名是代收租子的店吗？

---

〔1〕　照原文排

1942 年 3 月

（华北农村惯行调查资料第 66 辑）

租佃篇第 11 号　河北省顺义县沙井村
　　　　调查员　本田悦郎
　　　　翻　译　孙希中
（本辑是通过户别调查表调查概况所形成的问答，本卷不收录户别表。）

3 月 11 日

肥料　开荒地　租佃　租佃期间　租佃关系　用语　介绍人　地租

回答者　赵绍廷（沙井村民）
地　点　赵绍廷家

【肥料】现在好像是施肥料期？ ＝是的，准备期间。

这个村里一般使用什么肥料？ ＝城里的人和家畜的粪便。

自家做的够吗？还是买的更多吗？ ＝自家的有很多，买的比较少。自己家里的一般是猪和驴马的粪便。

买什么样的肥料？ ＝在北京和顺义买。在顺义买的是牲畜的粪便，北京的则是人的粪便。我在北京买。

在北京买多少？ ＝北京的人粪 1000 斤 30 元，用车去买的话，一车六七十元。

去年从北京买了多少？ ＝1500 斤，一车 40 元以上。

几个人一起去买，还是分开去买？ ＝分开来买。

没有一起去买过吗？ ＝有，两户以上合并一起去买。

【租佃与肥料】在村里，地主帮佃户们买过肥料吗？ ＝没有。

地主有因为帮佃户买肥料而让他们交钱的事吗？ ＝没有。

佃户会拜托地主帮自己买肥料吗？ ＝没有。

地主在本村也是一样的吗？ ＝他们在哪儿都是一样的。

【施肥量】每亩大概要施多少肥料？ ＝大概要 1000 斤左右的土和粪便。其中 200 斤是粪便，800 斤是土。

不同的作物需要不同的肥料量吗？ ＝是的。玉米需多些，其他的作物大体上相同。有多余肥料的情况下不会全用上。如上述所说玉米需 1000 斤肥料，其他的 600 斤。

【租佃与肥料】自家的土地和租来的土地在施肥上有不同吗？ ＝大体上相同。

与自耕农相比，佃户会在租地上施更多的肥料吗？ ＝本村的人想法是这样的。但是如果没有能力的话，也就不这样做。

当地主给佃户肥料而使收成比平常增多时，会多收地租吗？ ＝没有。施肥的量并不一定和收获的量成正比。

施肥增多，相应的产量也会增加吗？ ＝是的。

有完全不施肥也能耕种的土地吗？ ＝能，但是土地会慢慢变贫瘠。

相比自耕农，佃户施肥会更多还是更少些？ ＝我是用相同的量。其他人会根据土地品质来施肥。

你有自己的土地吗？ ＝有。16 亩，加上租地有 40 亩以上。

【租佃契约书】听说这里有很多人不写契约书，有写契约书的人吗？ ＝没有。因为契约是以一年为周期的。

完全没有吗？ ＝一般把租地称为"大租地"，虽然收获得更多，但不写。如果是荒地要写，免费地让其耕作。

与大租地相对，像荒地这样收成少的土地叫什么？ ＝"开荒地"。

将开荒地作为租地时，一般会立契约吗？ ＝是的。

其他的会立契约吗？ ＝不会。

【开荒地】一般是哪种土地叫作开荒地？ ＝河岸边的土地，沙多，即使耕种了也无收成的土地。

除了河岸边还有其他地方有吗？ ＝没有。

县城途中的沙地不是开荒地吗？ ＝不能说是开荒地，因为完全没有收获。

要收取多少才叫开荒地呢？ ＝是只能收获少量的土地。

【公会土地租佃契约书】耕种村公会地和宗庙地时，写契约书吗？ ＝不写。

别的村也是这样吗？ ＝附近的村都是这样的。

【荒地租佃契约书】对于开荒地是需写契约书的，契约书叫什么呢？ ＝叫"契约"、"契约书"。

开荒地需立契约书，是地主还是佃户的要求？ ＝是地主找佃户耕种开荒地，所以是地主期望的。

对于地主来说，比起不立契约，立契约是因为有什么利益吗？ ＝地主和佃户双方都有利。比如说定了五年的契约，但第三年只有一点收成，佃户不想再耕种，想还给地主时，地主可以以契约书为后盾，因为有五年的契约，所以不能停止。如果没有契约书，地主将毫无办法。另一方面，对于佃户来说，耕种了一年的土地，在自己施肥和耕种的努力下土地变好、收成增加时，即使地主认为免费让你耕种会亏本，而想夺取土地或是不交地租、不让你耕种时，因为有契约书，所以无法成功。

【荒地的地租】开荒地的租佃不论在什么情况下，都不用交纳地租吗？ ＝是的，不管在什么情况下。

那么地主免费让佃户耕种的原因是什么呢？ = 如果不是免费的话，没有人愿意耕种，开荒地不论如何时都不能变好。地主是先暂时免费让他们使用，等到将来土地变好。

这个村里有人耕种开荒地吗？ = 现在没有了，以前有。

但是小中河的附近也没有吗？ = 没有。

【租佃契约的期限】 如果不是开荒地的话，立契约和不立契约，哪个更好些？ = 按照此村的习惯，每年都重新商量，所以订立契约反而更不方便。

不是私人土地的公租地，如宗庙土地、公会地，也是每年商讨吗？ = 是的。

以前有两三年的契约吗？是从何时开始变成了一年的契约的？ = 我长大的时候就是这样，听老人们说，以前一直是这样的。（注：赵绍廷现 57 岁）。

超过一年的租佃期没有吗？ = 完全没有。

如果是开荒地，一般是一年以上吗？ = 通常为两三年。

对于佃户来说，一年以上会比一年更得利吗？ = 因为是一年商量一回，哪一方都有利。对于佃户来说，来年没有精力了，可以终止契约。如果时间长，不能终止契约。对于地主来说，如果物价渐渐变高，如果立两三年的契约，不能多收地租。每年的话，可以任意增加地租。

【地租的增减】 地租每年都增加吗？ = 一般每年基本相同。增加的时候也有，减少的时候也有。

减少的原因是什么？ = 作物的价格降低的时候。

最近作物有降价吗？ = 现在越来越高，到了秋季就不知道了。（因为秋季大家都有收获）如果作物价格降低，佃户就到地主家里拜托少交些地租；如果变高的话，地主则到佃户家里要求多交些地租。

【契约更新而持续租佃】 契约是每年更换的，一般持续几年耕种同一个人的土地？ = 一般是两年到三年、三年到四年的比较多。

您家 30 亩的租地呢？ = 20 年前开始耕种的，因为信用好。

20 年以前耕种的也是每年都重新商量吗？ = 我的租地比较特别，地主和我两方都守信，所以不是每年都要商量。到了秋天只要去地主家交地租，没有商量什么的必要。

在这 20 年间大概商量了多少次？ = 七次，当粮食的价格变高的时候，地主让我多交些地租，我会多交些。当价格变低的时候，则请求地主少收点地租。

这 20 年间地租变动了几次？ = 大概七次。

这七次每次都增加地租吗？ = 七次中有一次是减少的。

本村像你这样持续十年、二十年的人多，而每年更换的人少吗？ = 一般两三年的比较多，持续十年左右的只有张永仁一人。

您说您有信用，向地主借过农具之类的吗？ = 我的地主不耕地，所以没有农具，不向他们借。

地主是干什么的？ = 以前是商人，现在什么也不做。

【租地租佃相关用语】 借别人的地来耕种叫什么？ = 叫"大租地"、"现租地"。

不叫租地吗？ = 也叫"租地"。

现租地和大租地有区别吗？ ＝一样的。

与租地有区别吗？ ＝一样的。

哪个使用得多些？ ＝"现租地"。

耕种现租地的人叫什么？ ＝"租地的"。

租地的人家叫什么？ ＝"租地户"、"种地户"。

哪个用得比较多？ ＝"种地户"。

用作租地的土地叫什么？ ＝"租的地"。

自己所有的地叫什么？ ＝"本产"、"自置地"。

哪个使用得较多？ ＝"自置地"。

在租地的情况下，向地主交纳的东西叫什么？ ＝叫"租子"，交纳租子叫作"交租子"。

其他的叫什么？ ＝自己所有的土地是到县里交钱粮，所以叫"交钱粮"。

借土地给租地户的人叫什么？ ＝一般用"地主"这个词。

在本村地主是指哪些人？ ＝因为地主是与佃户对应的词语，所以即使你有很多土地，如果没有让人租佃，不能叫地主。

比如张瑞是地主吗？ ＝不是地主，因为没有让别人租地。

租子有哪些种类？ ＝本村有钱和粮食，一般都是钱。交谷物叫作"交粮"（与交租子相对）。

租开荒地时写的文书叫什么？ ＝叫"契约书"。

不叫文书吗？ ＝不叫。土地买卖的时候叫文书。

【介绍人】一般租地的时候，有居于两者间中介的人吗？ ＝没有。

如果佃户不认识地主怎么办呢？ ＝这种情况下，地主想要租出地的时候会来本村询问。

这不可能，还是有介绍人的吧？ ＝不认识的情况下有介绍人，但是不叫"中人"。

有什么区别吗？ ＝立契约书约定的时候，在两者中站着的是"中人"，口头上约定的时候叫"介绍人"。以前叫作"来人"。

来人是买卖时的中人，也叫保人吗？ ＝是的。买卖的契约书订立时，有中保人和说合人，说合人就是"来人"，中保人即是现在的保证人。

介绍人和说合人有什么不同？ ＝一样的。

哪个使用得比较多？ ＝两个都有使用，立契约书时称说合人，口头契约时叫介绍人。

租开荒地时有说合人是吗？ ＝是的。

租地的时候大家都有介绍人吗？ ＝都有。

【介绍人的职责】介绍人做些什么？ ＝只是口头介绍，以后什么关系都没有。

是地主找的还是佃户找的？ ＝两方都有。

付菊经常当介绍人吗？ ＝是的。

村长呢？ ＝有时是介绍人。

保长也是这样的吗？ ＝保长就是村长。

除了付菊还有其他人吗？ ＝十次里有八次是付菊，两次是其他人。崇文起当介绍人的次数较多。也有其他人，但是只有一两回，比较少。

租地的时候，除了介绍人还有别人吗？ ＝没有。

约定之初的介绍人在这之后，需要调解双方之间的矛盾吗？ ＝是的。

约定确定以后，介绍人也一定要在两方之间斡旋吗？ ＝如果起了争端需要斡旋，但因为约定是一年，所以一般没有争端。

租地户不交租子的时候，地主会去介绍人家里请求他吗？ ＝去介绍人家是当地主有很多土地的时候。如果土地少的话，会直接去租地户家催促。

你呢？ ＝以前住在顺义的时候地主就住在旁边，不需要介绍人，直接去约定。

【没有介绍人的租佃契约——本村的情况】本村是有介绍人的比较多是吗？ ＝本村没有介绍人，直接去和地主约定。

这种情况下，是地主到佃户家，还是佃户到地主家商量？ ＝都有。不过一般是地主寻找佃户并到佃户家商量。

在什么情况下佃户到地主家里？ ＝刚才说错了，佃户到地主家里更多些。

那么地主在什么情况下到佃户家？ ＝这种情况很少。当歉收的时候还有如发大水、干旱的时候收成只有一点，租地户不想再继续租地了，地主没办法只能另找佃户以比往年更少的租子让他耕种。

在本村，是佃户找地主的情况多些，还是地主找佃户的情况多些？ ＝佃户找地主的情况多些。

在本村里寻找的时候，有介绍人吗？ ＝如果是本村人的话，不需要。

在本村，如果租地期间出现了争执，调解双方的人如何？ 担任外村人介绍人的如何？ ＝这时调解的人是附近关系好的人，不叫介绍人。

在本村，租地的时候没有担当介绍人的人吗？ ＝是的。

【本村的介绍人】在本村也有拜托付菊、崇文起等人寻找地主的情况吗？ ＝有，但是非常少。

那么争执发生时，首先是他们出面调解吗？ ＝不一定。

当崇文起、付菊是介绍人的时候，如果以后出现了纠纷，首先是去拜托他们调解吗？ ＝这种情况时是的。如果不是经他们手约定的，当有纠纷的时候他们可能不会出面调解，但是经他们手的情况时，首先是去请他们调解。

因为本村的租地去拜托付菊和崇文起当介绍人的时候，是地主提出还是佃户提出呢？ ＝首先是佃户到他们家里，请他们介绍地主。

去他们那儿时，是说请他们成为介绍人吗？ ＝是的，是说请当我的介绍人，帮忙寻找地主。

本村的租地经他们的手确立的情况多吗？ ＝是的。但在本村请他们当介绍人的情况很少，是在佃户不认识地主的时候才拜托他们。

他们是做本村的介绍人比较多，还是当外村的介绍人比较多？ ＝当外村的介绍人的情况比较多。

【不依靠介绍人进行的调解】有介绍人的情况下，会去请其他的人进行调解吗？ ＝有。

为什么不去找介绍人呢？会让介绍人没面子吗？ ＝纠纷大的时候是一定要去介绍人那儿的，纠纷小的时候找谁都没关系。

【租佃荒地的介绍人和中间人】如果是开荒地，有介绍人吗？ ＝有，这个时候叫"中间人"。在契约书中写上名字的叫"中间人"，不写名字的叫介绍人。

在开荒地的情况下，有介绍人和中间人是由不同的人担任的吗？ ＝如果是介绍人的话，一定会成为中间人。

没有分开的情况吗？ ＝没有。

那么接受当介绍人的人可以拒绝当接下来立契约书时的中人吗？ ＝没有这样的例子。既然当了介绍人，不当中间人的话会被指责的。不管是谁当了介绍人，都会认为这个人会成为中人的。

有中间人的情况下，在发生纠纷时可以请别的人调解吗？ ＝不可以，一定要请中间人。

在开荒地的情况下，哪方拜托中间人的情况比较多？ ＝地主请中间人寻找佃户的情况比较多。

【荒地的地租】不能收开荒地的租子吗？ ＝不是不能收，但这种情况是没有佃户的。

没有这样的例子吗？ ＝没有。

【在租地的情况下拒绝介绍人】在租地的情况下，地主可以不接受租地户请来的介绍人吗？ ＝有是有，但很少。

被拒绝的时候，租地户会重新寻找别的介绍人吗？ ＝如果被拒绝了，地主会以租给了别人为由拒绝，所以租地户没有必要再去寻找介绍人。

有地主向租地户指定介绍人的情况吗？ ＝没有。

如果地主拒绝了，有指明其他的介绍人的情况吗？ ＝没有。

租地户可以拒绝地主找的介绍人吗？ ＝不能。

【介绍人的职责】成为租地介绍人的人可以拒绝调解在以后发生的纠纷吗？ ＝不行，一定要调解以后发生的纠纷。

进行约定时调解但是不调解以后的纠纷，可以当这样的介绍人吗？ ＝不行，如果是这样的话，当不了介绍人。

【地租的形态——交钱和交粮、预付和后付】交钱和交粮，哪个多些？ ＝交钱多。

是从以前开始的吗？ ＝是的。

在什么情况下交粮？ ＝双方关系好，租地户贫穷不能先交租子的情况吧。不过当地主拥有很多土地，但不是富人的时候，不交粮食。附近村的地主贫穷需要钱，所以要求交钱。

您曾租佃过交粮的土地吗？ ＝没有。

交粮的话一定是后交吗？ ＝是的，交粮是当租地户贫穷，无法先交的时候。

交钱没有规定是先交和后交吗？ ＝没有规定，但先交的较多，后交的较少，并且价格高。

此村里有交粮的租地吗？ ＝没有。

张守后呢？＝据我所知是交钱的。（？）

【秋租和现租】在什么时候交钱是后交的？＝双方关系好，佃户贫穷不能先交的时候，这叫秋租。

与秋租相对的先交叫什么呢？＝叫"现租"、"大租"。

【地租的决定方式——每亩交纳还是全额交纳】是按每亩多少钱，还是按全额来决定的？＝按每亩多少来决定。

没有根据你借的全部土地而交总额的情况吗？＝是按一亩多少的。

【地租的交纳】地租的交纳，除了交钱粮没有其他的方式吗？＝没有。

收租和纳租呢？＝一样的。

使用哪个呢？＝交租子。

租子是因人而异的吗？＝是的，因人而异。

【租地作物的自由】租子会因为种的作物不同而不同吗？＝是的（？）。

种什么是立契约的时候决定的吗？还是之前就决定了的？＝根据环境的不同而变化，不管种什么都是佃户的自由。

这样一来不是很奇怪吗？＝地主清楚土地能种什么，并且根据这个来决定租子的价格，佃户种什么都行。

地主在立契约的时候，不会指定种什么吗？＝没有。

有地主指定作物并帮忙买肥料的事情吗？＝没有。

地主会先给买好肥料吗（之后收钱）？＝没有。

3 月 12 日

地租 租佃契约 租地的受理

应答者 杜复新（沙井村民）

地 点 杜春家

【地租上涨】您租过交粮的地吗？＝没有。

和去年相比，今年的租子上涨了吗？＝上涨了。

去年一亩多少钱？＝去年一亩 11 元，但今年为 19 元。

事变前是多少钱？＝五六元。

你已经耕种了多少年？＝从两年前开始的。

这之前呢？＝租地。

地主不是同一个人吗？＝不是同一个。

以前耕种过不是私有地的公有地吗？＝没有，以前耕种的是顺义县一户叫何氏的土地。

【决定地租的时间】租子是在立契约时决定的，还是之后决定的？＝之后决定的。

【租佃契约和介绍人】立契约的时候，只是介绍人去还是和租地户一起去？＝本村内借贷的情况下，一般是直接去；外村的话，是拜托介绍人去。

外村的情况是怎样的？＝介绍人一个人去。

他是在那个时候决定借贷吗？＝是的。

介绍人也将租子价格确定吗？＝询问地主，然后告知租地户。如果租地户没有异议，就决定了，如果有异议则再进一步交涉。

如果有异议的话，介绍人该怎么做？一个人去吗？＝一个人去。

在约定的交涉全部完成前，租地户和地主都不直接见面，而由介绍人斡旋吗？＝是的，到商定结束都是介绍人独自往返。

如此说来，在商定还没有结束之前，租地户是不会去地主家里的？＝如果是外村的话，即使商定完之后租地户也不会去地主那儿，是把租子交给介绍人帮忙交纳。

在外村的情况下，租地户从约定开始就直接和地主会面的情况完全没有吗？＝是的，从约定的开始到结束都不去。

【地租的商定】有先约定土地的借贷，两三个月后再决定地租的吗？＝因为租佃期限很短，地租也是一定要尽早决定，所以没有这种情况。

是按亩决定的吗？＝是的。

【地租与土地的好坏】租子会根据土地的好坏而有差异吗？＝是的。

租子高的土地是什么样的土地？＝即使干旱、水灾，仍然有收成的土地。

这种土地有其他的名字吗？＝“好地”。

土地有上、中、下的等级之分吗？＝有。

一般会使用这种等级区别吗？＝会。（？）[1]

不用这种区分，还有别的区分方法吗？＝还有“好地、中等地、沙子地”的说法。

有决定租子金额标准的东西吗？＝根据土地的好坏。

租地户预先知道租子的金额吗？＝知道。

最低的租子是多少钱？＝10 元。

在这个村里有人交这么多吗？＝有。

没有比这更便宜的租子吗？＝没有。

一亩五六元的没有吗？＝没有听过，以前有。

家族和同族的地租，有因为特别的关系而以比这少的价格决定的吗？＝有。

比如在哪些情况下？＝地主有很多土地，自己不耕种，佃户少的情况下。

亲戚之间是怎样的？＝即使是亲戚，也不减少。

在本村，与他人相比，亲戚不会便宜些吗？＝可能会便宜些，但在本村没有实例。

对待同族会比对待他人多多少少便宜一点，有这种情况吗？＝没有这回事。

经常到地主家里做短工的情况下呢？＝不知道，对谁都一样。

如果是您租佃父亲的土地呢？＝即使这种情况下也不会便宜，到底还是一样的。

分家以后，孩子会租佃父亲的土地吗？＝有，但是很少，但并不是什么坏事。

---

〔1〕　译者注：原文如此。

在本村，是和兄弟亲戚间租地多，还是和他人租地多？＝还是亲戚间较多。

那么是有什么原因吗？＝因为有交流，你能很快知道对方有想让你租佃土地的意愿。

比如说谁是这样的？＝我不是很清楚。

在本村，现在最高的租子是多少？＝不知道。

一般最多交多少才能租借呢？＝（没有回答）。

【地租的交纳】交租子有规定的期限吗？＝有。

从什么时候到什么时候？＝从阴历的九月到三月初。（？）[1]

先纳的情况呢？＝刚才说的就是那个（有警戒的样子不回答）。

在一年中租地的约定大概是从什么时候开始的？＝秋收后到来年春天。

先交的情况下，约定好了后就交钱吗？还是之后的两三个月之内交？＝一约定好就交，即使晚些也要在十天之内交纳。

开始就全部交完和只交一部分，哪种情况多一些？＝一般没有先交一部分的，是交全部的。

租地户即使请求地主先交一部分，他也还是不会答应吗？＝是的，如果不都交了，地主不会让你耕种。

如是外村的也是介绍人去交的吗？＝我所知道的是租地户不去，是介绍人带去交。

如果租地户说先交一部分钱，剩余的钱等两三月再交的话，谈判会破裂吗？＝是的，会的。

即使先前给了地主一部分的钱？＝这种情况下，地主会将先交的部分还回来再解约。

没有后交的吗？＝大家都是先交的。

地主特别允许后交是在什么情况下？＝不知道。"定金"。

知道定金吗？＝知道，比如说佃户想租地，如果地主知道了，为了不让他给别人耕种而给的钱叫"定金"。

定金需多少？＝100 元的话，就是 10 元。

一般叫定金吗？＝有使用的情况，也有不用的情况，但没有其他的名字。

定钱是在约定没有全部结束之前交吗？＝是的，是在还没有正式约定的情况下交纳的。

但是决定了让自己耕种，两三天后正式决定之后要交租子。正式交租子的情况下，以前交的定钱怎么办？＝从租子中减去定钱交余额。

谁都可以使用定金吗？＝不一定。

很多人交定金吗？＝很少。

一年后，租地结束后可以要求归还定钱吗？＝没有这种事。

【押金】知道押金吗？＝知道，这附近没有。

在地租后交的情况下有押金吗？＝这种情况下也没有。

【地租的缴付】有地主到租地户家取租子的情况吗？＝有。

---

〔1〕　译者注：原文如此。

和租地户去交的情况相比，哪种更多？ ＝租地户到地主家去交钱的更多。

交纳租子后，地主会给像收据一样的东西吗？ ＝有写收据的，也有不写的。

地主会用本子记账吗？ ＝没见过。

有用谷物代替钱交租子的吗？ ＝没有。

代替 50 元的租子交同等的高粱，地主会接受吗？ ＝没听过，据我所知道的没有这种事。

大概会接受吧？ ＝大概地主不会接受。村里的习惯是交钱，且地主已经备好粮食，所以大概不需要吧。

【地租和收成】地主会说土地的收成是这么多，所以租子也要交这么多吗？ ＝会。

但是实际上租地户耕种之后，产量比地主所说的少多了，这种情况怎么办？ ＝租地户没有办法。

产量没有达到租子的金额的情况下呢？ ＝这种情况，租地户也没办法。

这种情况下，不能要求多少返还点先交的钱吗？ ＝不能。

那来年就会让我耕种了吧？ ＝没有。来年即使将租子全部交纳，也不让耕种。

【地租的减免】租子全部先交了，但是耕种中遇到水灾、没有收获的情况下怎么办？ ＝这都是租地户运气不好，对地主无话可说。

一般不管什么情况都是这样吗？ ＝是的。

地主会多少返回点钱吗？ ＝完全没有。

完全没有收获的时候，如果租地户要求返还先交的租子会怎样呢？ ＝据我所知，没有这种事。即使有地主也会拒绝。

在约定之初，如果没有收获，则将租子返还给租地户，有像这样的约定方法吗？ ＝没有。

这种约定方法的例子完全没有吗？ ＝没有。

如果要这样约定的话，地主会怎么做？ ＝地主当然会拒绝。

那么，第一年是先交的，但是由于没有收获，所以在来年约定时，以此为由先交一半的租子或者租子全免，有过这样的事吗？ ＝没有。

有租地后完全没有收获的情况吗？ ＝有的。

什么时候呢？ ＝4 年前水灾时。

那时，地主对租地户什么也没做吗？ ＝没有。

第二年的租子不减少些吗？ ＝也许会。

这种情况下，地主这样做的理由是什么？ ＝是租地户要求减少。即前一年完全没有收获，租地户没有继续租佃下去的资本了。

这也是以一年为期耕种的租地吗？ ＝是的。

地主第二年会减少先交的租子吗？ ＝是的。

这种情况下，地主是因为什么理由减少的？ ＝是因为佃户的要求。

便宜多少呢？ ＝每一亩少一两元（不好的地别比平常少三四元），好地一般在高处，不容易受到灾害，所以不少钱。

【租佃契约事项】去约定租地的事时，应该商定的事是什么？ ＝继续租佃时，在秋收之后，地主到租户家里询问来年是否继续耕种。（？）[1]

新的佃户派介绍人去地主家的情况下，介绍人应该商讨的事情有什么？ ＝很简单，有佃户寻找介绍人的，也有地主寻找介绍人的。如果是地主的话，向介绍人说明自己想让别人租佃土地，请帮忙寻找佃户。如果寻到佃户，则介绍人听取双方的意见，约定租佃的价格。

在双方间应该约定的事是什么和什么？ ＝决定地租的价格，10 月的 15 日交地租，若有滞纳则去督促佃户。

其他的呢？ ＝没有了。

后交租子的情况呢？ ＝地主几乎不允许后交，但是介绍人会说由于租地户贫困，所以不能先交，希望后交租子，但是稍微多收些租子。

后交的情况下，每亩比先交的高多少？ ＝高一两元，最近没有后交的。

【续约】我认为你的土地每亩 26 元，非常高，你认为呢？ ＝土地好，又近，是合理的价格。

十亩土地的租子是多少？ ＝一亩 13 元。

这十亩地是三年前开始租的吗？还是从别的地主那里租佃的？ ＝在那之前没有租佃过。

地主有要求种指定的作物吗？ ＝没有。

第二年继续租佃重新商定时，还是拜托第一年的介绍人吗？ ＝是的。

不能拜托其他的介绍人吗？ ＝不行，一定要拜托前一个介绍人。

即使要继续耕种，一年过后，也一定要去地主家商谈吗？ ＝一定要去。

如此说来，每年都要去地主家拜托他让我耕种吗？ ＝是的。

如果没说的话，地主会做什么？ ＝地主会不让他继续耕种，寻找其他的佃户。

连续十年租佃的租地户也是这样吗？ ＝也许不用每年都去也行。

如果不是长年租佃，第二年租地户在没有拜访地主前施肥耕种，而地主不想继续租给他而租给别人时，会怎样？ ＝在施肥前有相当一段时间，所以在此期间不可能不去地主家，不会出现这样的问题。

【租佃期满结束】租地户停止租佃时，一定要通知地主吗？ ＝是的。

如果没说的话，地主会认为佃户不租佃吗？ ＝是的。

一般是怎样？ ＝通知的较多。

【介绍人的职责】在后交租子的情况下，什么时候之前交纳呢？ ＝从阴历九月到十月。

后交需立契约书吗？ ＝不用，因为有介绍人。

过了十月还没有交租子时，地主是先去请求介绍人吗？ ＝是先去介绍人家。

有介绍人代替租地户交租子的吗？ ＝没有，只是督促。

即使租地户无论如何也交不起租子的情况也是这样吗？ ＝是的，没有代替交纳的

---

[1]　译者注：原文如此。

情况。

当地主为租子而请求时，介绍人可以以我不知道，我只是契约的中介人，这之后租地户是否交了租子我不清楚为由拒绝斡旋吗？ ＝可以吧，但没人这样做。

这时，可以认为介绍人不好吗？ ＝不认为是当然的，但一般不能这样做。

如果介绍人去北京不在家怎么办呢？ ＝这种情况则去询问介绍人的家人，如果都不在的话，则直接去找租地户。

不会重新请介绍人吗？ ＝没有请介绍人的必要，不过虽然没有实例，但也可以请。

【租佃一年和持续租佃的利害】本村每年换地主的人多吗？ ＝连续租佃三四年的人较多。

连续租佃多少年的较多？ ＝三四年的是最多的，接着是七八年的，再是两三年的。

对于租地户来说，与每年都换相比，连续租佃三四年会更有利吗？ ＝连续耕种更有利。如果每年都租佃的话，在施肥和耕种上会下功夫。但一年的话，热情不高，没有大丰收。

地主呢？ ＝每年都换更有利。因为可以选择交租子最多的租地户。

如果租地户继续耕种的话，不能加租吗？ ＝与每年都换相比，加不了多少。

为什么呢？ ＝持续耕种的话，两家的交情会变深，如果租子变高了，面子上过不去。再者每年都更换并不是好事，租地户不会多施肥，土地的质量会变差。

【收回土地】在一年的期限还没到时，地主收回土地的情况有吗？ ＝没有。

能收回吗？ ＝不能，但如果卖的话可以。

出典的情况呢？ ＝可以收回。

指地借钱的情况呢？ ＝与佃户没有关系，不能收回。

还有其他地主可以收回土地的情况吗？ ＝只有卖地和出典的情况可以。

如果租地户丢下不管成荒地的情况呢？ ＝不能收回，一定要等到秋收后。

后交钱也是一年的契约吗？ ＝是的。

在出典和变卖的情况下，地主收回土地的事叫什么？ ＝没有名称。

在本村因为这样的事而在约定期间收回土地的事多吗？ ＝很少。

以转借为由可以收回土地吗？ ＝契约期间是不行的。

3 月 13 日

伙种　农具的借贷　搭套　租地的买卖和出典　转租佃

应答者　杨润（沙井村会首）

地　点　杨润家

【伙种】知道伙种吗？ ＝知道。

一般是这样说吗？ ＝是的，叫"伙种"。

在什么情况下这样做呢？ ＝虽然土地有很多，但是自家劳动力不够的时候，并且不想租地给他人，不想买粮食的情况下，与他人约定把自家土地拿出，收获对半分。

一方提供土地和农具，另一方只提供劳动，有这样的情况吗？ ＝没有。在本村借谁的农具都可以，并不需要专门借地主的。

【农具的借贷】 在本村，借农具需要借金吗？ ＝不需要。

有借农具去当短工的情况吗？ ＝很少，但是有去帮忙的。

借大车、犁杖、驴马等也不需要借金吗？ ＝一两次不需要，如果长期借的话，跟主人好好商量后将饲料带给主人的比较多。

帮忙是和专门借来的农具相对的意思吗？ ＝是的。

这样的话没有工资吗？ ＝是的。

借农具是两人认识的情况比较多，还是不认识的情况比较多呢？ ＝认识的人、同族的人、亲戚、邻居的情况比较多。

【农具借贷与租佃】 租地户向地主借农具的情况多吗？还是向其他的人借的较多？ ＝不局限于地主。

如果租地户从地主那儿借农具，租子会涨价吗？ ＝不会。

有租子变高的情况吗？ ＝没有。

租地户没有农具，全都是向地主借的情况下，会去地主家当长、短工吗？ ＝完全没有农具的时候，地主不会借农具给租地户，需交钱才能借（交了钱再借的叫"雇"，没交钱的叫"借"）。

【农具的雇与借】 雇农具和借农具是不同的吗？ ＝不同。

什么时候叫"雇"？ ＝农忙时期主人也比较忙，想借也借不了，因为有专门租借，需雇那些有准备的人的农具。

农具主要是为了租借给别人的人有吗？ ＝有。

本村内有多少这种人？ ＝三四个左右。

那种人除了自己使用的农具，还有用来租出去的农具吗？ ＝是的。

雇的农具都有哪些东西？ ＝一般是役畜。

有雇犁杖类的吗？ ＝没有。

有雇除了役畜的其他东西吗？ ＝没有。

租地户不会从地主那里雇除了役畜以外的其他东西吗？ ＝不会。

有像李濡源长工那样没有农具的人吗？ ＝有。这种情况不是雇，是借农具。

【雇农具的费用】 在雇役畜的情况下，为何一般会返还代货款呢？ ＝需要雇用的时候，先到主人家商量决定一天多少钱，货款早晚交都行。

代金是交钱吗？还是其他东西？ ＝交物品的情况比较多。

物品是谷物吗？ ＝谷物和燃料都行。

燃料是？ ＝玉米、高粱或者草（饲料）。

物和钱，哪个更多些？ ＝物较多些。

比例是多少？ ＝物八次，钱两次。

当长工和短工也有交的情况吗？ ＝有。

多吗？ ＝多。

前面所说的三种支付方法中哪一种最多？ ＝长、短工交的是最多的。

【没有农具的农民】耕地完全没有农具的人有多少？ ＝约 10 户。

都有哪些人？ ＝刘长贵、张韩氏、张珍、崇文起、张某、李注源、赵立民、杨黄氏、李广祥、杜德新、杨明旺、柏成志、孙旺、刘张氏、杜林新、杨绍增、杨永瑞。

他们都是向别人借农具耕地吗？ ＝是的。

他们是从村外借来的吗？ ＝不是。

把农具借给他们的是谁？ ＝本族、亲戚、邻居。

村里把农具拿出来租的人有哪些？ ＝大概两三户。

【没有农具的农民和租佃】地主不会把土地租给完全没有农具的人吧？ ＝并非如此。

即使完全没有农具也能租地吗？ ＝能。

城里的地主们不会允许没有农具的人租地吧？ ＝只要交纳了地租，有没有农具都没关系。

但是如果不用农具土地的质量就会恶化，地主不会不想租吗？ ＝租地户既然租了地，又有耕种的能力，只要交了地租就行，租地户也会为了丰收而努力，所以并非如此。

【搭套】知道"搭套"吗？ ＝知道。

这个村里用这个词吗？ ＝用的。

没有其他叫法吗？ ＝"插伙"也可以，通常用"搭套"。

【耕畜的地租】一头耕畜租一天多少钱？ ＝便宜的话 1 元，贵的话 3 元。

【没有农具的农民和租佃】没有农具的人不是一般耕不了地吗？ ＝不能耕作，但即使没有农具，也能租地。

本村没有农具的人是想着尽可能租地的吗？ ＝心理上是想租地的。

没有农具的人拥有土地吗？ ＝没有，即使有也极少。

【搭套】搭套多在什么时候用？ ＝本村人大都贫穷，只有一头驴。耕地的时候一头不够，就找另一个也有驴的人，两人共用两头驴。

不用农具吗？ ＝只用牲畜。

用搭套的时候两人拿着的东西叫什么？ ＝叫"插伙使牲口"。

没有人一面用农具、大车、犁，一面用驴子吗？ ＝没有搭套。甲出大车和一头驴，乙出一头驴用来搭套的情况倒是有。因为一头驴拉不动大车。双方如果不熟就不行。

那种时候，出大车的人会从对方那里得到什么吗？ ＝熟的话就没关系，通常情况下对方会做短工。

短工怎么做，会被要求干什么？ ＝对方使用大车时，需要拉车的人，这份劳动力就由出一头驴的人来做。车能拉得动就自己来，拉不动就雇短工来。

用搭套时，怎么决定使牲口的方式？ ＝有两种方法，一种是今天甲用明天乙用，一种是两人一起耕两人的地。

本村搭套用得多吗？ ＝是的。

搭套只用在驴身上吗？ ＝搭套只在使牲口的时候用。

有地主和租地户的搭套吗？ ＝很少，本村没有。

能用吗？ ＝能。

什么样的人之间用得多？ ＝亲属、同族、朋友之间用。陌生人之间不用。

没有农具的租地户和自己的地主用搭套不是很有利吗？ ＝是的。

为什么？ ＝也说不上有利。

没有农具的租地户和地主搭套用得多吗？ ＝没有。

【地主的租地交易和租佃权】地主把租地卖给别人了的时候，租地户耕地要施肥怎么办？ ＝地主会通知租地户"土地易了主，若有事去他那儿"。地租交给新地主。

这时地主不会把肥料钱和其他费用付给租地户，要回土地再卖给对方吗？ ＝不会。

地主变卖土地的时候，不需要把租地从租地户那里收回，再交给买主吗？ ＝不。

没有地主付款给租地户再把土地交给买主的先例吗？ ＝没有。

那么地主在卖地的时候，会把以前收的地租全额交给买主吗？ ＝订立交易合同交付地价的时候，会扣除土地租额再交给卖主（地主）。

租地的买主必须一同继承那决地的租地户吗？ ＝仲裁人会在相关者间轮流进行协商，所以没有必要。

通常会怎样？ ＝和租地户无关。

租地户会把土地归还地主吗，会毫无异议地跟着新地主吗？ ＝新地主会继承。

新地主继承租地户，和租地户把土地归还旧地主，哪种情况比较常见？ ＝无须归还土地，通常新地主会继承租地户。

租地户在地主要卖地命令其归还土地之类的时候，必须毫无异议地归还吗？ ＝通常不会这样要求。就是要求了，租地户不还，地主也没有办法吧。

【地主出典租地和租佃权】地主出典租地的时候，租地户必须把土地归还地主吗？ ＝这时也无须归还。

这时地主需要通知租地户吗？ ＝不通知也可以。

卖地的时候也是吗？ ＝是的，还是无须通知，和租地户无关。

但是租地户耕地的话，承典人就不能自己耕了不是吗？ ＝这时仲裁人必须明确告知承典人土地正在被租佃。

通常，承典人会等到租地的合约结束再耕作吗？ ＝是的。

但是一般地主出典土地的时候，租地户不是必须毫无异议地把土地归还地主吗？ ＝（没有回答）。

但是地主若说了把土地还给我，租地户不就不能反对吗？ ＝租地户不会允许的。

本村会进行租地变卖、土地出典吗？ ＝极少，几乎没有。只要没有葬礼或婚礼这些突发事件，就不会。

【租地的交易】买主通常不会购买租地吗？ ＝土地让谁租佃都是一样的，所以会买。

租地和非租地，购买哪种比较多？ ＝没有租地户的土地购买较多。

【转租佃】租地可以在没有通知地主时，转租给别人吗？ ＝可以，但很少。

第二租地户把地租交给谁？ ＝交给第一租地户。

地租后付的时候，是怎样的？＝没有经历过，大概必须交给地主。

预付的时候，第一租地户不会私占已付的地租后，让第二租地户重新付款吗？＝地主不同意，就做不到。

转租的租地户必须通知地主吗？＝租地户自身不能耕作时，如果不找到其他的租地人，就不能拒绝租地。

租地户转租租地，是租地户的自由吗？＝即使不预先通知地主也可以。

租地户这时通知地主的情况多吗？＝通常会预先通知吧。

像这样，租地户重新把地租给别人叫什么？＝"另转租"。

现在有进行另转租的人吗？＝有，但很少。

进行了另转租的第二租地户叫什么？＝还是租地户。

第一租地户叫什么？＝并没有特别的名称，第一租地户的转租叫作"退租"。

退租和另转租是相同的吗？＝不同。

怎样不同呢？＝（没有回答）。

另转租的时候，第一租地户成为第二租地户的地主，和起先地主的关系继续存在，而退租的情况下，和之前地主的关系消失，不再作为租地户，是这样吗？＝这叫"私自转租"，没有通知地主，而任意租地给别人。

3 月 14 日

公会地租佃

应答者　杨永才（沙井村看庙）

地　点　村公所

【公会土地的佃户】公会地的租地户，除了你还有多少户？＝去年有杜复新、赵廷魁、杜林新、赵文生、孙凤、刘井辉和我 7 户。

今年定的是谁？＝张守俊、张守仁、崇文起、杜林新、杨春旺、张麟富和我 7 户。

【公会土地的亩数】公会地共有多少亩？＝44 亩。

分成了多少块？＝6 块。

【租佃公会地的由来】什么时候开始把公会地租给村民的？＝光绪年间，当时没有"和尚"，所以租地给了村民。

老道是什么时候开始出现的？＝和尚去世，接着老道就出现了，光绪十二三年的时候。

村民中开始出现老道是什么时候？＝老道起初就是村民来当。

和尚也是由村民做的吗？＝有本村人也有外村人。

哪边较多？＝本村人。

最初的老道出现之前的和尚是本村人吗？＝本村人，杜春祖宗家的人。

和尚在的时候，没有租地吗？＝没有租地给村民，和尚自己耕作。

和尚买卖过土地吗？ = 那不是和尚的自由，所以不行，是由村公会决定。

和尚没有买进过吗？ = 没有。

和尚自己，没有因气力不足而租地吗？ = 有的，虽然会租给别人，但地租是交给和尚，和村公会无关。

由村公会收取地租是在和尚去世、老道出现之后吗？ = 是的。

和尚那时租地，是租给本村人呢还是外村人？ = 本村人。

也能租给外村人吗？ = 是的，可以。

那时，外村人和本村人有顺序区别吗？ = 是的，本村人在前，没有报名才给外村人耕种。

那时，和尚对大量租地报名者是按什么顺序租地的？ = 先来先得。

和普通地主的情形有不同吗？ = 没有。

和尚没有用过投票之类的方法决定吗？ = 没有。

和尚选择租地户的时候，和村民、村公会无关吗？ = 无关。

【村公会的成立和公会地租佃】那时有村公会吗？ = 没有。

和尚去世后成立的吗？ = 是的，进入民国时期才成立。

成立是依据上级命令吗？ = 县政府下达的命令。

其他村子也是这样吗？ = 是的。

什么样的命令？ = "设立村公会"。

青苗会是什么时候建立的？ = 约民国十年。

和尚去世后，公会地由哪里接管了？ = 由乡长和村长、副村长处理。

那时的乡长和现在的村长、副村长是不同的吧？ = 是一样的。

但望泉寺不也计入了一乡吗？ = 原先望泉寺并未加入这个村子。民国二十年之后，望泉寺作为正村，本村作为副村合并。

和尚去世时的乡长只是沙井村的乡长吗？ = 是的。

望泉寺成为正村后，这里的公会地是和望泉寺那边一起作为商议对象吗？ = 庙的土地还是分开的。

正副的关系确定后，望泉寺的乡长不参加这边公会地的相关商议吗？ = 是的。

从和尚租地的时期开始，租地的合约每年都会变吗？ = 还是一年期的合约。

老道出现后，公会地租地的地主就变成了村公会了吗？ = 还没有。

那时，沙井村村长没有代表公会成为地主吗？ = 没有。

租地户是去谁家里交地租呢？ = 交给乡长或副乡长。

不是村公所而是去村长、副村长的家里吗？ = 不去家里，是到村公所来交。

和尚还在的时期，地租是用现金预付吗？ = 是的。

其中有谷付和后付吗？ = 应该有，但不是很清楚。

和尚去世后，就没有谷付抵扣和后付了吗？ = 没有了。

村公会地的地租都是一样的吗？ = 不是的，根据土地的良否而定。

等级大约分为几级？ = 那时，分为三等。一等 1 亩 4 元，二等 1 亩两三元，三等 1 亩

2 元。

是什么时候的事？＝民国初年到民国十年。

【公会地佃户的选定】和尚去世后，让谁租地怎么决定呢？＝村公会干部有考量标准，通常是先来先得。

那时会开会吗？＝不会开会，因为是村长在决定。

每年都会征集村公会的报名者吗？＝报名租地的人很多，所以并不需要特别征集。

村民想租地，该怎么做？＝非常简单，到村长处说明。

报名人很多的时候怎么确定？＝报名的人中，多出地租者得。

那要让他们定日定点集合吗？＝报名者在村公所集合时间。

规定日期吗？＝不定。

会预先通知村民日期吗？＝不会预先通知，临时集合。

那一天集合全部报名者吗？＝是的。

通过什么方法集合呢？＝让受命的老道通知村民。

通常是挨户通知吗？＝会去没有土地的，没在租佃的人那里。

村公会的干部不向租地户报告吗？把某个地租的应征额从高到低排列后决定吗？＝并非挨个询问，而是对集合的人，例如说 1 亩 20 元想租，村民举手一齐说出期望价格，报价高的人得。

这种决定方式，与投票相对叫作什么？＝没有名称。

这种时候，村公会的干部都出席吗？＝都出席。

期望价格相等的时候怎么办？＝这时把一片土地平分租出。

【公会地地租的交纳】地租在何时交纳？＝带着钱的人现场交，没带的人 10 日内交纳。

10 日内不能交纳，有其他人想租地的时候怎么办？＝这时到村长处请求延期。

延期能延多久？＝大抵 5 日，再超过就把地租给别人。

【公会地地租的账簿】租地户一确定，就是制作合同书还是填写账簿之类的吗？＝不制作合同书，而是在账簿上填写"入×××地租〇〇〇元"。

保管账簿的是谁？＝村长。

和尚去世的时候，没有这种账簿吗？＝不清楚。

记入账簿了，就是确定成为租地户了吗？＝是的。

不能付地租的人（延期纳付的人）不登记吗？＝这时只登记姓名。

【公会地租佃的合同期限和持续时间】租地户耕作一年后，翌年会把土地让给其他人吗？＝会。

其中有多年持续租地的人吗？＝有。

那么，其实不让给别人也可以吗？＝是的。

老道无须像其他人一样把租地让给别人吗？＝不需要。

公会地租地期限规定了一律从几月到几月吗？＝9 月（阴历），公会地的情形都是这样规定的，但普通百姓没有规定。

所有租地都是这样吗？ ＝是的。

确定租地户是在几月份？ ＝9 月。

10 月租地还有正在决定的吗？ ＝村公会的土地全部在 9 月完成手续，所以没有。

公会地的租地户每年变动多吗？ ＝继续耕作的较多。

最长的持续了多少年？ ＝持续了七八年。

七八年连续耕作的人，每年决定合约的时候，有优先权吗？ ＝有。

什么样的优先权？ ＝首先询问每年续租的人的租地意愿，之后再考虑租给其他人。

【公会地的地租】长期续租的租地户的地租是保持不变的吗？ ＝和新租地户一样会涨价。

普通租地户如果连续 10 年、15 年，比每年更换，地租的变动不会小些吗？ ＝还是会涨价。

比起每年更换，长期续租的租地户有好处吗？ ＝不一定，对地主来说，持续租地会使用更多肥料，能保持土地的优良忙质。

租地户方面如何？ ＝持续耕作比较好。地租是预付，所以收获是自己的，肥料使用越多，收获越多。

通常比起一年交替的人长期续租的人用的肥料更多吗？ ＝是的。

公会地地租上一年交替的和长期续租的租地户并没有变化吗？ ＝是的，不变。

公会地的情形下，长期续租的租地户的地租不会多少打点折扣吗？ ＝公会地的话不行，但通常情况下因人而异，当地主拥有较多的土地时，也会优惠。

一般不会便宜是吗？ ＝不一定。

公会地的持久租地户也必须每年重新商量吗？ ＝是的。

地租的期望额相等时，一边是持久者的时候，会选择哪个？ ＝选择持久者。

必须这么做吗？ ＝是的，没有相反的情况。

不是公会地的话，会怎样？ ＝依然如此。

但是没有地主不能选择一年交替者的说法吧？ ＝没关系，可以是可以，通常不会这么做。

对于公会地，即使有人希望后付也不行吗？ ＝不允许。

谷付也不行吗？ ＝是公会地就不行。

【公会地地租的减免】公会地的租地，因水灾当年完全没有收成怎么办？ ＝租地户背运，所以没有办法，"赔了"。

持久租地户也是如此吗？ ＝也是如此。

完全没有收获的时候，没有人要求退还一部分预付的地租吗？ ＝没有。

持久者的情形下，今年有水灾，来年的地租不会便宜些吗？ ＝公会地的情形下，凭一个人不行，佃户联合向村公会要求的话，就可以。

有这样的例子吗？ ＝光绪年间。当时不只是租地户，公会的干部也一同协商。那时发了大洪水，也只要了大约两成。

村公会退还了当年的预付，还是降低了翌年的地租？ ＝降低了翌年的地租。

今年遭受水灾，翌年不再租地的人不就接受不到优惠了吗？　＝不继续耕作的人也没办法。

那么，优惠地租是为什么？　＝对继续租地的人优惠，和一年交替者就没有关系。

难道不是今年水灾，翌年土质会恶化才优惠的吗？　＝也有这个原因。

不是因为水灾而是治安收成不好的时候如何？　＝不会因为治安优惠。

同样是租地户的收成不好，哪里有区别？　＝治安不好是在夏天，订立合同是在秋季，治安较好。

那今年匪贼烧光了怎么办（就算翌年治安好）？　＝公会地的租地户并不是都遭到了损失，因为治安受害的只是几个人，所以没办法。

普通的租地受水灾时会如何？　＝（没有回答）。

3 月 15 日

共同租佃　地租　转租佃　养老地租佃

应答者　赵绍廷（沙井村民）
地　点　赵绍廷家

【农具的共同使用】相对于家畜的共同使用叫搭套，农具的共同使用叫作什么？　＝借。

大家出大车和犁一起使用呢？　＝借用。

【共同租佃——搭伙】有两个租地户从其中一人的地主租一块土地的吗？　＝这叫"搭伙租"。

这种时候，介绍人只有一个可以吗？　＝可以。

地租是两个人分别交纳吗？　＝分开、一起交纳的都有。

哪种比较多？　＝分开的较多。

建立地租合约的时候，是以一个租地户的名义吗？　＝也有。

合约是一人的名义，耕作是一起的情况有吗？　＝有。

有以两人的名义建立合约的吗？　＝也有。

哪种比较多？　＝一人名义的较多。

两人的耕作是怎样进行的？　＝一块土地平分耕作。一起耕作整块土地的也有，但非常少。

收获的划分是怎样的？　＝一起耕作的话，按垄划分。

田垄数量相等收获存在差别时怎么办？　＝不会出现这种情况，产量相等或略有不同没有关系。

没有撇开穗子用斗计量划分的吗？　＝没有。

一开始就平分耕作的时候，收获也是分开的吗？　＝是的。

一块土地由两人来租叫作什么？　＝"搭伙租地"。

这多用于什么时候？　＝一个租地户的农具和劳动力都不足，另一个也处在相同的状态，并且有意愿租地，此时两人商定搭伙租地。

　　地主不在乎是两人租还是一人租吗？＝不在乎。

　　搭伙时的地租比单独租地贵吗？＝不贵，是一样的。

　　搭伙时需要请两个介绍人吗？＝通常租地的亩数很少，一个人就行。租地 30 亩以上的时候，需要请两个介绍人。

　　一人租地达到 30 亩以上，需要两个介绍人吗？＝一人租的时候，亩数不管有多少，都只需要一个。

　　搭伙的两人必须主动向地主报告吗？＝是的，必须报告，因为大地主租地的时候，要把租地户的姓名记入账簿。

　　和地主订约的时候说是一人租地，实际是两人搭伙会怎样？＝地主知道了只会抗议，不会取消合约。

　　地主登记账簿的时候，是写其中一个代表的名字，还是两人的名字都写？＝两人的名字都写。

　　搭伙时，一个租地户会交纳地租全额吗？＝两人均摊，其中一人交给地主。

　　缴费时是介绍人去，还是自己去？＝有介绍人的时候，必须委托介绍人让他带去。

　　没有介绍人的时候，也需委托别人把地租带去吗？＝不需要。

　　搭伙不会在农具充足的两家间进行吗？＝通常不会，是在农具不足的两家间进行。

　　不从地主租地，双方互相拿出自己的土地和农具共同耕作不叫搭伙吗？＝不叫，没有这么做的。

　　农具充足的两家间，不能说完全没有吧？＝极少。

　　地主有特别希望搭伙的时候吗？＝地主觉得很麻烦，所以认为一人租地较好。

　　没有希望的时候吗？＝没有。

　　租地户请求搭伙的时候，有地主不允许的情况吗？＝有。

　　和允许的情况哪种比较多？＝允许的较多。

　　搭伙双方在农具或人力上产生分歧怎么办？＝没有关系。

　　一边是 3 人工作，一边只有 1 人工作不是很不公平吗？＝只有 1 人时，必须再雇 2 人。

　　搭伙一起工作时，双方都必须出人力和农具吗？＝是的，必须拿出相同的数量。

　　2 人是隔日耕作，还是一起耕作？＝耕作时必须一起。

　　搭伙和过去相比在减少吗？＝在减少。

　　本村呢？＝在减少。

　　搭伙对象的地主多是大地主吗？＝是的。

　　为什么？＝地主拥有更多的土地，就越担心租地户不足，于是认为租地户即使贫穷也没关系，所以会租地给没有农具的人。

　　一般地主不会想把土地租给没有农具的人吗？＝是的，通常是这样。

　　【近年租佃关系上的倾向】和过去相比，现在的租地是在增加还是减少？＝租地户在增加，地主在减少。

为什么？ ＝涉及到时局。

地主没有自己耕作的倾向吗？ ＝过去地主自己耕作过，如今反而倾向于租出土地。

为什么？ ＝涉及到时局。

是大地主这样，还是中地主这样？ ＝拥有一顷以上土地的地主的情形较多。但是邻居邢尚德，有 30 亩，他似乎也想租出土地，因为存在土匪的风险。

【当地地主的规模数量】附近的地主一般拥有多少土地？ ＝两三顷到四五顷。

拥有大量土地的人有这么多吗？ ＝本村的佃户多向外村拥有两三顷土地的地主租地。

地主中拥有三四十亩土地的人多不多？ ＝很少。

那从地主数量来说怎样？ ＝拥有一顷以上的太多，无法比较。

本村中，向拥有一顷以上土地的地主租地，和向五六十亩的地主租地，哪种比较多？ ＝向拥有一顷以上土地的地主租地的人较多。

现在和过去相比，本村租地户的数量有什么变化？ ＝增加了。

你认为是因为什么？ ＝按我的观点，因为匪贼引起的不安，要向城内转移，才把土地租出。

匪贼对地主很可怕，对普通百姓呢？ ＝对百姓就像没有关系一样，一点儿都不可怕。

【削减租佃——大地主的情形】一个地主有大量租地户的时候，会一起租地吗？ ＝不会，分开的。

如上所述，因为水灾等收获很少的时候，租地户会一起协商请求地租减额吗？ ＝虽然会一起向地主要求，但地主不一定会接受，其中也有使其在收获之后交纳的。（受灾翌年地租的预付变为后付之意。）

受灾当年预付的地租就照原样吗？ ＝是的。

不能要求退还受灾当年预付地租的一部分吗？ ＝完全不能。

【近年租户的增加和定金】近年租地户增加，这样看来寻找租地变得困难了吗？ ＝是的。

一年比一年困难吗？ ＝是的。

那么，会为了得到租地，提前向地主订约付款，之后再交纳地租吗？ ＝渐渐形成了这种倾向。

之前支付的款项叫作什么？ ＝叫“定金”。

近来定金大概是多少？ ＝地租 100 元的话，就是 10 元到 20 元。

过去的定金比现在少吗？ ＝定金的价格是一样的，现在的稍稍提高了吧。

支付定金时的约定和之后正式交纳地租时的约定，分别叫作什么？ ＝前者叫“放定金”，后者叫“交齐了”。

那个约定的名称叫作什么？ ＝并没有特别的名称，一般称作“地租没交齐”。

支付了定金，会留下相关的文件吗？ ＝大地主的话，地主只会在账簿上登记。小地主账簿也不写，光靠记忆。

地主收了定金，就不可以把地租给其他申请者了吗？ ＝是的，后来的申请者即使出更多的地租，地主也不可以租。

但是地主和地租高的申请者订约，如果支付定金的人不满，就把定金退还，不会发展成这样吗？＝不会，这会产生纠纷。

定金的话，也需要请介绍人吗？＝有请的，也有不请的。

正式订约时，如因租地户事由而不能租地，定金如何处理？＝这时如果支付了定金的人找不到其他的租地人，就不能取回定金了。

找来了替代的租地户，就能拿回定金，找不到就拿不回了吗？＝是的，如果找不到，定金就归地主。

交定金是地主要求的吗？＝不，租地户多是主动支付。

近来，地主要求交定金的多吗？＝近年来，佃户希望支付定金的增多了。

有不收定金的地主吗？＝地主既然打算租地给这个佃户，就不会不收定金。

今天某个人交了 10 元定金，明天另外一个人拿来了 15 元定金，会怎样？＝后者无论拿多少定金都不行，不会收的。

【延后交纳地租】地租必须在订约后几日之内交纳？＝三五日之内。

租地户申请延期约 25 日的时候呢？＝批准延期的情况也有。

最长能延期几日？＝最长半个月。

过了半个月会怎样？＝造成毁约。

不能申请半个月以上的延期吗？＝刚开始申请一个月的延期，也许会得到批准，通常是半个月以内。

最长能申请延期多少天？＝最长两个月。

再长就不行了吗？＝是的。

延期的时候预付一部分，另一部分在延期日交纳吗？＝通常在延期日交纳一部分，或者分成数次，在延期日前交纳完毕。

非得在那天交纳一部分吗，延期日再交纳全额可以吗？＝都可以，两种情况都有。

哪种更多？＝延期日交纳全额的更多。

延期的情形下，地租高吗？＝不高。

延期中，出现其他的申请者会怎样？＝地主既然批准了延期，就会拒绝其他人。

但是地主和其他人就是订约了也没办法不是吗？＝如果没有定金，最初的租地者确实没法子。

哪种情况比较多？＝口头允许延期的同时，有其他人来申请的话，通常不会遵守最初的约定。

那么有书面规定延期的情况吗？＝没有，只有口头约定和定金约定。

早订约和晚订约会产生地租的高低差别吗？＝地租的高低依据的是土地的良否，和订约时期无关。

【转租】租地户能把租地转租给别人吗？＝不能。

租地户在向地主支付地租的时候呢？＝不能。

能卖出可租地的权利吗？＝可以。

这么做叫作什么？＝"转租"。

转租时，最初的租地户再向地主支付地租吗？ ＝通常是交完地租后再卖。

租地户的这种行为叫作变卖吗？ ＝"转租"。

转租的同时租地户从对方那里收款吗？ ＝是的。

对方的付款是买入款吗？ ＝不是"买入"，还是叫地租。

相比起初的地租转租的地租要高些吗？ ＝数额通常相等，但第二地租在后付的情况下，会稍稍提高，也就是有利息。

在普通的租地下，地主允许后付时，会收取利息吗？ ＝这种情况，不会收取利息。

收取利息的情况，只限于转租时吗？ ＝是的。

转租时，不通知地主也可以吗？ ＝通不通知都可以。

地主和租地户转租与否无关吗？ ＝无关，因为只有 1 年。

转租时不写合同书吗？ ＝不写。

地主租地的时候，有可能禁止租地户转租吗？ ＝有。

每个地主都会问租地户是否转租吗？ ＝通常不问。

租地户和地主订约的时候，需要把转租事先通知吗？ ＝若订约的时候告诉地主，会被拒绝租地。

通常会背着地主进行转租吗？ ＝很少进行转租，进行时都是偷偷的。

转租在任何时候都要偷偷进行，避免被地主知道吗？ ＝是的。

被地主发现会怎样？ ＝地主发现的那一年虽然会允许租佃，但翌年就会租给别人。

地主在发现转租时，可以没收土地吗？ ＝即使转租，但既然交纳了地租，就不能没收。

可以转租叫作什么？ ＝叫"转租权"。

本村的任何人在说起转租权的时候都明白吗？ ＝所有人都明白。

转租权是什么意思？ ＝"既然交纳了地租，自己不想耕作的时候，可以转租给其他人"的意思。

转租后可以再转租吗？ ＝没听说过。

转租通常是在什么样的人之间进行？ ＝任何人之间都可以，不仅限于同族、亲属。

转租了的人翌年一定会被地主没收土地吗？ ＝地主发现的话，翌年即使租地户希望继续租佃，也一定会没收。但是接受转租的人如果把实情告诉地主，翌年也许可以直接从地主继续租地。

过去和现在（有什么区别）？ ＝现在减少了，因为不合理。

【租佃养老地】"养老地"的说法在本村有吗？ ＝大家都明白。

父子同住同食的时候，有养老地不是共同耕作的情况吗？ ＝儿子有两个以上的时候，一定会设养老地。只有一个独生子的时候，不会设置，一定会一起耕作。

不同食的时候是怎样的？ ＝把养老地平分，让分家另过的儿子来耕作。

这种时候，收获归谁？ ＝把收获平分给几个儿子，再让儿子们拿出父亲必要的生活费用，钱、物均可。

不同食的时候，儿子不是和父亲的养老地无关吗？ ＝这种情况也有。

和前面的情况哪种比较多？＝即使不同食，儿子也耕养老地的比较多。

不同食的情况下，儿子耕作父亲的养老地时必须支付地租吗？＝是的，如果父亲在自己耕作的时候帮了忙，父亲不自耕的时候就要交纳地租。

有不缴地租的情况吗？＝没有。

地租和通常情况的一样吗？＝稍微便宜点。

通常是 15 元的时候呢？＝（养老地的）估计 10 元。

父亲让同住的儿子租地比较多，还是让别人租地比较多？＝儿子。

同住的费用父亲支付吗？＝付的。

也有不付的情况吗？＝也有。

哪种比较多？＝不付的情况较多。

同食同住的儿子租地，父亲收地租吗？＝收的也有，但不同于通常的租地，和只是名义上实际并没有租地一样。

一样是指，不分收获的意思吗？＝收获是共同使用的，只是名义，是因为不在一起而是分家住的儿子可能会来抗议。

怎样抗议？＝似乎是明明同为子，为何只让一人交。这个我也不是很清楚，就只按我自己的想法说了。实际上由这类的问题引起纠纷的时候，街坊邻居调解也解决不了，即使打官司，也不是轻易能解决的吧。是个复杂的问题。

3 月 16 日

园地租佃　公共税费和租佃　基准

应答者　景德福（来自石门村的居民）
地　点　景德福家

【租佃园地】地主会把园地作为租地吗？＝有是有，但极少，附近的村子没有。

园地的地租比普通的租地更高吗？＝是的，我不是很清楚，但大体一亩 40 元。

园地的租地很少，是因为对租地户来说，园地的耕作没有利润吗？＝不把园地作为租地，是因为地租高、费用高、每天需要很多劳动力。

地主方面如何？＝和旱地一样，没人来租，所以地主也不能把其作为租地。

县城附近园地的租地多吗？＝少。

这个县有园地的租地比较多的村子吗？＝没有。

县城附近有很多优良园地的租地吗？＝是的，远处比附近多得多。

园地是所有者自己耕种吗？＝是的，地主自己耕种。

拥有园地的多是大地主吗？＝并非如此。

园地是为了出售蔬菜建造的吗？＝是的，要出售，自家用余下太多。

本村建造园地的约有多少户？＝杜祥 1 亩，杜春 2 亩，杨春旺 1 亩，赵廷魁 3 分（自家用），杨正 3 分（自家用），杜守田 3 分，柏成志 2 分。

这里面进行销售的人呢？ ＝赵廷魁和杨正以外都在出售。

销售的时候，在本村内和到顺义县城的哪种比较多？ ＝县城。

本村人也在这些人那里买吗？ ＝是的。

那么本村内这些园地的作物很畅销吗？ ＝大体上很畅销，卖剩下的很少。

【临时的摊款——实产款】以前摊款是地主和租地户的哪一方承担呢？ ＝地主交纳。

青苗钱呢？ ＝租地户交纳，地主不承担。

地主交纳的摊款是什么？ ＝是青苗钱以外的摊款。两三年一次，未必每年都有。

摊款是哪里规定的？ ＝本村的村长以及职员规定的临时摊款。

但是这个临时摊款不是包含在青苗钱里的吗？ ＝没有包含。

临时摊款里有些什么名目？ ＝叫"实产款"或"实产捐"。

这个和青苗钱摊款不同吗？ ＝不同。

这个大概一年交几次？ ＝未必每年都交，村公所的费用不足的时候交纳，两三年一次。

这是什么时候出现的？ ＝民国十五年有一次，那之前，约数年间有过几次，之后就没有了。

这个是用青苗钱收取的村子费用不足的时候交纳的吗？ ＝是的。

这个摊款是用什么方法分摊的？ ＝按亩摊款，1 亩 10 分钱。

是所有亩数还是耕作亩数？ ＝按所有亩数。

租地户完全不承担吗？ ＝不承担。

【青苗钱】青苗钱大秋、麦秋的摊款不是按所有亩数吧？ ＝是的，依据耕作亩数承担。

【转租条件下青苗钱的承担者】转租的条件下由谁交纳？ ＝第二租地户交纳。

不让第一租地户承担一部分吗？ ＝与第一租地户无关，所以不承担。

【实产款】实产款和实产捐是什么时候开始交的？ ＝是青苗会成立的同时，民国元年开始的。

这两个一直交到了什么时候？ ＝现在也有。

最近交是在什么时候？ ＝民国十五六年之后。

这两个摊款在其他村子也有吗？ ＝是的。

【白地款】和白地款也不同吗？ ＝一样。

一样的意思是？ ＝白地款就是实产款和实产捐。

实产款和实产捐有什么区别呢？ ＝是相同的。

那么一种摊款有三个名称吗？ ＝是的，用哪个都行。

哪个使用得最多？ ＝百姓之间是"实产捐"，沿用至今。

文件上也写这个吗？ ＝"实产捐"。

【大乡款】实行大乡制后怎么样？ ＝按所有地摊款，大乡摊款与青苗摊款、实产捐都不同。

实行大乡制后，就有大乡、青苗、实产捐三种吗？ ＝是的。

实产捐是临时的吗？ ＝是的。

大乡呢？＝这也是临时的，但刚实行不久，我也不太清楚。

【青苗钱和实产捐】青苗钱呢？＝这个不是临时摊款，每年都有。

每年两次吗？＝通常是两次，但歉收的时候没有麦子，没有麦秋所以只交一次。

实产捐的亩平均金额是固定的吗？＝不固定。

即使地主承担而租地户不承担，实际上租地户也承担了一部分，交给地主，地主汇总后交纳，没有这种事吗？＝没有。

青苗钱的亩平均承担额上涨了吗？＝上涨了是肯定的。

【青苗钱承担额的限制】去年呢？＝去年，据县上指示，青苗钱不能超过 1 亩 60 分钱，但地主自耕时要交多少不定，只是租地户的不超过 60 分钱。

只有租地户 1 亩 60 分钱以下，地主却没有限制不恰当吧？＝租地户只交青苗钱，所以是 60 分钱，地主若自己耕种，青苗钱和实产款两种都得交，所以超过了 1 元。

实产款县上没有限制吗？＝没有。

县上 60 分钱的限制令只是针对租地户吗？＝1 亩 60 分钱指的是本村人耕作外村土地的情形，本村人耕作本村土地时和地主一样。

青苗钱、实产捐的负担关系

	征税基准	承担者	县上六十分钱的限制令
青苗钱	耕作亩数	租地户（非地主）	针对村外土地（地主在村内外不予过问）
实产捐	所有亩数	地主（非租地户）	无关

去年的 60 分钱限制令是关于哪个的？＝关系到青苗钱，与实产捐无关。

限制的是地主在村外，还是租地在村外的情形？＝和地主在村外村内无关，是土地在村外的情形。

租地在村内，地主在村外怎么处理？＝和地主在村内的情形相同。

60 分钱只限于土地在村外的情形吗？＝是的。

假如杨泽的租地户杨永才租地，在北法信有土地 1 亩，沙井村 1 亩的时候，60 分钱的限制怎么处理？＝北法信不是"连圈"所以没有 60 分钱的限制，啊，不对，北法信管辖的土地 60 分钱，本村管辖的土地没有限制。

假如地主杨泽是望泉寺人，耕作杨泽在北法信和沙井村的土地的租地户杨永才是沙井村人的时候呢？＝杨永才最多为北法信的土地交 60 分钱，本村土地则没有限制。

60 分钱是一年交纳两次的青苗钱一次的金额，还是两次合计的金额？＝只是一次的金额。

本村的租地户要付每亩地的青苗钱吗？＝需要。

那么，就青苗钱来说，租地户比起耕作本村内的土地，耕作外村的土地更获利吗？＝是的。

耕作外村地的本村租地户去年交的金额是 60 分钱，还是 50 分钱？＝大秋是 60 分钱。

有外村地的租地户交的少于 60 分钱的时候吗？ ＝没有，都是 60 分钱。

别村也是这样吗？ ＝是的。

【针对外村土地的实产捐和青苗钱】本村和杨各庄各有 1 亩土地，如果本村 1 亩的实产捐承担额是 50 分钱，杨各庄土地的承担额会不同吗？ ＝不承担杨各庄土地（的实产捐）。

土地不在杨各庄而在望泉寺的时候呢？ ＝本村人知道的时候交纳和本村土地同等的金额，本村人不知道的时候不作声就完全不用承担。

本村人不知道的时候，就不用向望泉寺交纳吗？ ＝不用交纳。

租地户的租地在外村，本村人不知道的时候也是一样吗？ ＝这和地主不同，租地的情况下向土地所在村庄交纳。

那和前述有区别吗？ ＝前述的 60 分钱指的是，向土地所在的村子交纳 60 分钱的意思。

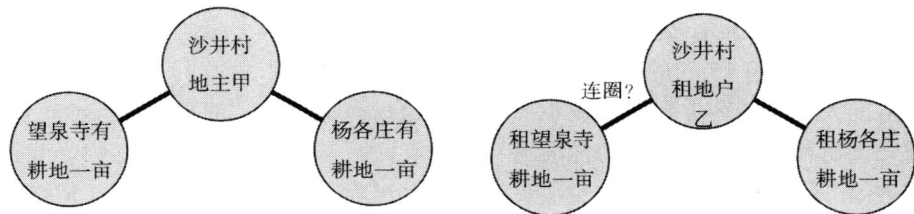

如上左图所示，在望泉寺和杨各庄各有一亩土地，居住在沙井村的地主甲要交实产捐吗？ ＝本村人不知道望泉寺的土地时不交。知道的时候交给本村 50 分钱。

如上右图所示，在望泉寺和杨各庄各租一亩土地，居住在沙井村的租地户乙要交多少青苗钱？ ＝望泉寺的一亩交望泉寺 60 分钱，不交本村。杨各庄和望泉寺一样。

上述情形中，杨各庄人不知道杨各庄的租地的时候呢？ ＝租地的时候，必须报告土地所在村庄。

从过去开始就必须呈报吗？ ＝是的。

【地租】你租佃的 5 亩土地，每亩地租多少？ ＝5 亩共 100 元。

说是 100 元，没有约定每亩多少吗？ ＝没有。5 亩是"一块"土地所以只说 100 元租给我全部，没有规定每亩的地租。

【土地的良否和地租】规定 5 亩 100 元，是因为 5 亩都是"二流地"，感觉这个价格似乎比二流地的平均地租高很多，二流地的地租确实是 1 亩约 20 元吗？ ＝是的。

那二流地中有地租 25 元的吗？ ＝没有，那是"好地"，二流地的价格再怎么贵，也就 1 亩 22 元。

二流地中有 1 亩地租 15 元的吗？ ＝没有，最低 18 元，最高 22 元。

但是杨润的租地不是 1 亩 26 元吗？ ＝杨润的比较特别。

【租佃的远近和地租】杨润的 1 亩 26 元为什么特别呢？ ＝因为他的租地户杜春住得很近，耕作很方便。

那么地租离租地户的家越近，地租越高吗？＝通常是这样，越远则越便宜。

杨润 1 亩 26 元的好地离租地户家多远时，地租是普通好地的价格？＝距离 2 里（中国里）时，是普通好地的价格。

如果距离 2 里，杨润好地的地租变为多少？＝23 元。

距离 5 里呢？＝18 元。

同为好地，本村的和外村的地租不相等吗？＝是的。

本村内地租 25 元的好地，如果放在外村呢？＝23 元。

你在南法信的 5 亩土地的地租，如果放在本村会是多少？＝1 亩大概 22 元吧。

杨润地租 26 元的土地，如果紧挨着租地户杜春的家会是多少？＝不，那块土地本来就紧挨着杜春家。

杨润的租地如果距离租地户家一里呢？＝23 元。

距离 3 里呢？＝21 元。

租地离地主家近或远，对地租高低没有影响吗？＝这和地租无关。

二流地 22 元大概距离多远？＝像杨润的土地那样近。

"坏地"中有地租 15 元的吗？＝最高 15 元。

那种情况大概距离多远？＝大概距离 1 里，像杨润那么近，就是 16 元。

这种关于租地的距离有一定的标准吗？＝没有。

没有类似 1 里 1 元的规定吗？＝硬要说的话，虽然有大致的高低区别，但没有 1 里 1 元这种明确的规定。

好地、二流地、坏地（下等地）地租的上涨也不是按同一个比率，坏地提高 1 元，二流地同样的距离，但提高 1 元 50 分钱吗？＝有这种现象但没有明确规定，非要说的话，可能是这样。

地主在外村的时候，本村内土地的地租和外村土地的地租没有高低区别吗？＝一样，和本村地主的情况是一样的。

地主和租地户约定地租的时候，地主必须说明租地和租地户之间的距离吗？＝并非如此，地主自己可以考虑，但不会说明。

【租地和农作物】租地的作物品种每年都不同吗？＝是的，每年都不同。

不同是指哪种程度，会完全不同吗？＝不会完全不同，只是一部分。

一年内租地户交替的话，即使是同一片土地也会随之改变作物种类吗？＝租地户交替，土地的作物自然会不同，但那只是一部分，不会完全换成不同的作物。

换的多是什么作物？＝不变的有高粱、棒子（玉米）、谷子，其他的会换。

【典期和赎回】你的出典地典期为三年，两年内赎回，三年是指合同书上的期限吗？＝是的，合同书上写着典期三年。

典期三年未过期，可以赎回吗？＝可以。

请问典契书中典契三年的意思？＝典契里写三年，是附近农民的习惯，已成为一般农民的典契标准。这是为了防止一年以内遭到赎回，但过去两年后随时都可以。

合同书中写有典期三年的时候，一年半（能赎回吗）？＝不能赎回，因为作物还没有成熟。

那么两年可以赎回，是两年轮作的所有作物都成熟了，就可以的意思吗？ ＝正是如此。

有写典期两年的吗？ ＝没有，完全没有这样写的。

四年呢？ ＝没有，都写三年。

【典租佃】承典地是承典人自己耕种吗，承典人能自由租地给别人吗？ ＝完全自由，和出典人无关。

有承典人租地给原来的出典人吗？ ＝有。

承典人租地的时候，租给谁比较多？ ＝非出典人，租给别人的情况较多。

为什么？ ＝我认为出典人进行出典是因为想要现金，如果再租地不是就必须再向贷款的承典人预付地租吗，那么就没有出典的意义了。

3 月 17 日

萧家坡村租佃概况

应答者　吴宇（字九州，萧家坡村民）

地　点　萧家坡村

【应答者的职业】做什么工作的？ ＝农民，甲长。

【人口】本村的人口？ ＝200 人。

【户数】户数呢？ ＝34 户。

【村民的职业】都是农民吗？ ＝大乡干部 1 人，警察 1 人，商人 4 人。

其他人都是农民吗？ ＝是的。

【亩数】村里土地有多少亩？ ＝7 顷 76 亩。

【土地名目——汉人的土地和旗人的土地】土地名目有哪些？ ＝都是"粮地"（民地）。

以前也有旗地吗？ ＝有。

什么时候开始变成民地的？ ＝民国四年开始。

民国四年，旗地有多少亩？ ＝过去几乎全是旗地，民地只有四五十亩。

【旗人】旗地的旗人有哪些？ ＝吴姓都是旗人。

只有他一人吗？ ＝是的。

吴姓在本村有几户？ ＝13 户。

13 户都是同族的旗人吗？ ＝是的，祖先都是吴春。

他什么时候来的？ ＝清初，他是内务府的"镶黄旗"，那时他来到本村，把自家一户分成了 13 户。内务府除此之外还分了"镶白旗""正蓝旗"，隶属"镶黄旗"的旗人最多，但来到这附近的只有吴春一人。

【庄头】吴家旗地的庄头是谁？ ＝也是吴春。

【旗地的变卖】民国四年后都卖了吗？ ＝是的，经由旗地清理处变卖了。

【佃户】本村租地户有多少人？ ＝13 户。

耕作从别人那里租来的土地，叫作租地吗？ ＝是的，没有其他的名称。

这些租地户过去是旗地的租地户吗？ ＝不是。

【租佃契约】租地的约定期限多为几年？ ＝是一年期合同。

本村内租地的时候，不制作合同书吗？ ＝都是口头。

外村的情形也是吗？ ＝不写。

现金预付吗？ ＝是的。

谷付呢？ ＝不行。

后付呢？ ＝不行。

【地主】拥有租地户的地主有几户？ ＝只有 2 户。

本村最大的土地所有者拥有多少亩？ ＝吴成厚，有 6 顷。但是村公所的摊款只按 2 顷交纳。

有"青苗会"吗？ ＝没有，吴成厚不耕作，所以不出青苗钱。

吴成厚之后呢？ ＝吴成德，3 顷 50 亩。

再之后呢？ ＝地主只有这 2 户。

这两人把拥有的土地都租出去了吗？ ＝吴成厚自己完全不耕地。吴成德有 1 顷 50 亩，是让两个长工和短工耕种。

【村民拥有亩数】本村村民大多拥有几亩？ ＝三五亩的有五六户。

100 亩以上的有多少户？ ＝上述的 2 户。

50 亩以上的呢？ ＝只有 1 户，全部自己耕种，没有租地，有六七十亩。

30 亩以上的有多少户？ ＝1 户。

10 亩以上呢？ ＝2 户。

完全没有的呢？ ＝11 户。

这些人都租地吗？ ＝是的，或者打长工、短工。

这里面有完全没有农具的人吗？ ＝或多或少有一些，比较少需要租的有 10 户。

【搭套】有搭套吗？ ＝有。

只在驱使牲畜的时候用吗？ ＝是的。

【转租】有转租吗？ ＝没有。

【搭伙租地】搭伙租地呢？ ＝没有，租地户都是 1 人租地。

【佃户】吴成厚有多少租地户？ ＝五六户。

吴成德呢？ ＝10 户。

吴成厚有 5 顷地，却只有五六个租地户不是很奇怪吗？ ＝五六户是本村租地户的数量，外村也有土地。

共有多少？ ＝估计 30 户，最大的租地户租了 50 亩，最小的四五亩。

【地租】2 人的地租也都是现金预付吗？ ＝是的，一年期合同。

其中有后付、谷付吗？ ＝没有，只有现金预付。

上、中、下等地叫作什么？ ＝"好地"、"二流地"、"上坡地"（下等地）、"洼地"（下等地）。

本村中哪种最多？ ＝二流地。

二流地 1 亩的地租是多少？ ＝20 元，最低 15 元。

好地呢？ ＝最高 30 元，最低二十六七元。

上坡地呢？ ＝最高十四五元，最低 10 元。

事变前是多少？ ＝好地 10 元，二流地 5 元，上坡地两三元。

【介绍人】知道介绍人吗？ ＝知道，租地的时候有请也有不请的，指进行斡旋的人。

上述大地主的介绍人不管是谁来租地都是同一人吗？ ＝不一定是一个人，基于租地户的考虑。

租地户订立合约支付地租的时候，不直接去而是委托介绍人吗？ ＝通常没有介绍人，有的时候和他一同前去订约交租。

【租地作物的自由】地主不会指定租地作物的种类吗？ ＝这是租地户的自由，地主不可要求。

这两人现在住在村里吗？ ＝吴成厚在北京，吴成德在本村。

【农具、肥料的借贷】两人的租地户中有租农具、肥料的人吗？ ＝没有，吴成厚现在没有农具了，吴成德不仅租给租地户。

他有专为出租的农具牲畜吗？ ＝并没有特别准备，自己不用的时候出租。

【村费】村费包含青苗钱和临时摊款吗，有没有其他的？ ＝有四种，实地摊款（临时）、青苗钱、大乡摊款、县上临时的杂派。

地主不缴青苗钱吗？ ＝是的，按照耕作地亩数，由租地户交纳。

实地呢？ ＝地主交纳，租地户不用出。

杂派呢？ ＝地主出，租地户除了青苗钱都不交。

【青苗钱承担额的限制】去年青苗钱不能超过 60 钱的限令是怎么规定的？ ＝有连圈关系的时候没有限制，没有连圈的时候只交 60 钱。

本村租地户向有连圈和没有连圈的村子租地时会怎样？ ＝耕作本村土地的时候，没有限制，外村则只有 60 钱，不拘泥于连圈的有无。（前述的连圈有误。）

【租户和旗人土地的佃户】民国四年前也有租地户吗？ ＝有，地租是现金预付。

现在租地户中也有人以前是旗地的佃户吗？ ＝有。

佃户交给庄头的叫作什么？ ＝还是"地租"，"庄头地租"。

据说旗地被处理之前，也像现在一样有租地户，那时的地租是怎样的？ ＝相比现在的没有任何变化，民国初年，旗地的庄头向佃户收取租帖和"粮子"，非旗地租地别不一定。

更久之前，普通租地没有实行过谷纳吗？ ＝同样，旗地区别于"租地"的时期，只有佃户交纳的地租便宜，租地户的地租贵这一点不同。

【佃户的旗人财产整理后的变迁】旗地佃户在民国四年后，成为普通租地户，向同一庄头租地的时候，发生了怎样的变化？ ＝佃户从旗产清理处买了土地，所以以前的佃户都变成了地主。

佃户当中，有人成了以前庄头的租地户吗？ ＝有。

那么，旗地的佃户，有的成为了地主，有的成为了租地户？ ＝是的。

本村哪种比较多？ ＝成为地主的较多。

本村成为租地户的人有多少？ ＝本村的佃户都成为了地主。

【整理前后庄头的所有地】本村吴庄头的所有亩数处理前后有何变化？ ＝处理后变为十四五顷，处理前有 100 顷。

庄头的 100 顷土地全部变为佃户所有了吗？ ＝除去庄头买下的土地全部都是。

庄头在处理的时候买下土地后，那十四五顷土地的佃户，都成为租地户了吗？ ＝十四五顷的土地以前是自己耕种的，没有佃户。

吴庄头的旗人是谁？ ＝吴崇瑞，庄头是吴春。

上述的 100 顷是吴崇瑞的土地吗？ ＝是的。

十四五顷包含在这里面吗？ ＝是的。

那么不该有佃户吗？ ＝不，以前庄头在耕作，土地的耕作者是庄头。

庄头自己耕作吗？ ＝是的，自己耕作。

他在处理后，像现在这样租地吗？ ＝庄头代替地主租出一部分土地。

现在成为租地户后的佃户怎么样了？ ＝本村没有，所以不清楚。

本村庄头的租地户里，没有以前是佃户的吗？ ＝本村没有。

哪个村子里有？ ＝其他的村子大概也没有。

为什么？ ＝租地的合同每年都会更换。

【伙种】本村有伙种吗？ ＝本村没有。

伙种的时候，提供土地的人叫作什么？ ＝ "地主"。

【佃户的农具】11 户的租地户拥有大农具的人多吗？ ＝大家都有，没有人租来耕作。

【牲畜的租用】租用牲畜的时候是付钱吗，没有人去做短工吗？ ＝有付钱，也有去做短工的。

吴成德的租地户中向地主和向别人租，哪种情况比较常见？ ＝租用地主的比较多，马一，骡二。

【白河的洪水】白河最近什么时候发过洪水？ ＝民国二十八年。

那时完全没有收获吗？ ＝只有上坡地没有。

【那种情况下地租的减额和后付】那时租地户没能要回预付的地租吗？ ＝没有要求退回预付的地租，但因为没有本钱，请求翌年地租减额、允许后付。

地主同意了吗？ ＝允许后付，也有人降低了地租。

翌年向其他地主租地的人呢？ ＝没有办法，得不到优惠。

那时有人减额和后付都不准许吗？ ＝有，租地户方面也有没提出要求的。

上述三种情况中哪种最多？ ＝预付但降低金额的最多，后付次之。

没有后付且减额的吗？ ＝没有。

不能在要求后付的同时，降低地租吗？ ＝不能。

后付时，地租不会或多或少涨价吗？＝不会。

这样的水灾以外有允许后付的情况吗？＝地主和租地户关系好的时候，租地户出了事会给予特别允许。

有实例吗？＝有。

那是？＝还是只有水灾。

水灾的时候，没有人要求以粮代钱交纳的吗？＝没有。

像这样降低地租允许后付的水灾，除了民国二十八年那次就没有了吗？＝没有了。

白河的水灾多吗？＝多，民国二十八年那次是从民国二十七年开始的。之前的十七年也有，再前就不清楚了。

这段时间没有较小的水灾吗？＝有，两三年一次，收获减少了，但没有降低地租或后付。

【租佃的持续期限】本村的合约是每年换，有几年连续的吗？＝有，通常是十年，几乎都是续耕十年。

租地户搭伙或转租的时候，地主会不允许续耕吗？＝搭伙的情况极少，有倒是有，会允许续耕，转租的时候就不会允许。

【搭伙】搭伙的有多少户？＝现在没有。

【公会地】这里有公会地吗？＝4亩，叫作"香火地"。

会出租吗？＝由不交地租的老道耕种。

【佃户同意土地的变卖】地主出典变卖的时候，需征得租地户同意吗？＝约定期间不可以，租地户不会同意。

【养老地】这里也有养老地吗？＝有。父亲在世时两个或两个以上儿子在分家后，为了父亲的生活费用耕种，父亲去世时，那片土地充当丧葬费用。

父亲在弟弟家里和其同吃同住的时候，一起耕作吗？＝是的，一起耕作养老地。

父亲有租地给弟弟的吗？＝有。

不同食的时候，耕作也是分开的吗？＝虽然一起耕作，收获都归父亲，儿子只是帮忙。

养老地租给别人和租给同住的儿子，哪种情况比较多？＝租给同住的儿子比较多。

【介绍人】大地主的介绍人不会只有一个吧？＝介绍人不多。

为租地请介绍人是在什么情况下？＝相互不认识的时候。

外村租地户的时候呢？＝不认识的时候就请。不认识的时候即使是本村人也要请。

大地主的租地户有10人的时候，会有三个介绍人吗？＝不一定，租地户有10人的时候，介绍人有10个的情况很少，兼任的情况较多。有时只有两三人。一个租地户不会对应两个介绍人。

【地租的削减】大地主的佃户在水灾的时候，会一起申请减额吗？＝分别进行。

【租地的续耕】地主在什么情况下不允许续耕租地？＝不施肥料也不勤劳的时候，或迟迟未缴预付余下的一部分。

多少天算迟交？ ＝预付时间开始四五个月后，接着是收获后，然后是翌年。

【地租的交纳】全额交纳和部分交纳哪种情况比较多？ ＝全额的较多，去年没有人部分交纳，因为是丰收年。

允许部分后付是在什么情况下？ ＝贫穷但和地主关系良好的时候，水灾的翌年等。

部分预付的时候需要交纳一半以上吗？ ＝通常是预付一半。例如 100 元里不能只交 20 元，如果非常熟，倒有可能办到。

部分后付在 1 年后和四五个月后，哪种情况比较多？ ＝四五个月较多。

【园地】有园地吗？ ＝5 户有，都是 1 亩以上，通常两三亩。

有园地的租佃吗？ ＝1 户有，3 亩半。

种的蔬菜，自家用相比出售的更多吗？ ＝更多。

3 亩半的园地每亩地租多少？ ＝40 元，预付，不做文件。

【租佃契约的时期】租地的订约期在几月份？ ＝秋季，阴历十月。

晚租两三个月地租会上涨吗？ ＝不，只是租地大致被租完了。

过了十一月，就不租地了吗？ ＝错过时期订约，地租会相应上涨，3 个月后大致会贵 1 元。

几月份就没有租地了？ ＝十一月末就不剩什么了。

【契约期满的时期】几月份合约终止？ ＝阴历的八九月。

较晚订约的人也是吗？ ＝同样八九月。终止日期不定，只定了月份，最迟到九月。

【佃户户数的增加】本村的佃户增加了吗？ ＝增加了。事变前和现在没有变化。增多的原因是分家。

【定金】知道定金吗？ ＝知道。通常是地租的一成，但本村没有。

【地主指定的农作物】地主会指定作物吗？ ＝不会。

【出典租佃】出典租佃呢？ ＝有。这叫"卖马不离槽"。很少，过去有。

【地价】好地的售价是多少？ ＝1 亩好地 300 元，二流地 200 元以上，最高 230 元，坏地 110 元到 170 元。

【典价】典价呢？ ＝好地 200 元，二流地 150 元，上坡地八九十元。

【收成数量】好地能收获多少？ ＝高粱、玉米各 20 斗。

好地一亩能收获多少？ ＝减去地租，三四斗。

上坡地？ ＝两三斗，七八元。

间作是怎样的？ ＝豆子和高粱、玉米和豆子。

【全年的耕种情况】佃户的轮作？ ＝九月到十二月准备肥料和资本（本钱），正月施肥，二月下旬开始耕作。三月开始播种所有的谷物。四月用犁除草。五月除草，收获大麦。六月使用垄子耕作。七月收获穈子和黍子，八月收获大部分的作物，但只有花生、白薯和甘薯到九月才熟。九月播种小麦（秋麦）。十月暂停使用土地。

两年三作吗？ ＝是的。

大麦

花生　谷子　高粱　豆子　玉米

秋麦
……
×

玉米粒　荞麦面条

（90 日）

秋麦
……
×

3 月 29 日

地租　公会地租佃　转租佃　伙种

应答者　杜祥（沙井村司房）、赵绍廷（沙井村民）、赵廷魁（沙井村民）、赵文有（来自别村的居民）

地　点　沙井村

【杜祥的租佃】6 年以前租了几亩地？ ＝没有租地。

但是，食物和其他生活费不会不足吗？ ＝没有不足的情况。

现在食物不够吗？ ＝不够，准备购买。

以前为什么不租地呢？ ＝因为没有钱。

租地这么需要钱吗？ ＝为了交地租。

没有以地租后付的方式租地的地主吗？ ＝没有。

相对购买玉米主要出售什么呢？ ＝豆子。

【地租上涨】6 年前至今，租地的地租上涨了多少次？ ＝每年都涨。

7 亩的地租 100 元（今年），去年是多少？ ＝85 元。

前年呢？ ＝30 元。

再前年呢？ ＝25 元。

最初订约那一年 7 亩地租是多少？ ＝18 元。

每年几月通知改地租？ ＝九月地主来通知。

对于每年的地租上涨，你一点儿都没有抗议过吗？ ＝我除了中止租地，别无他法。但是对地主的提价发表过异议。那时，和地主之间的谈话还无须通过介绍人，我从一开始就没有介绍人。

【地租的形态】6 年前订约的时候，地租也是预付吗？ ＝是的。

那时，如果向地主要求以后付的方式租地会怎样？ ＝要求了也没用，不用说 6 年间从未允许过后付。

部分预付呢？ ＝有。

每年都有吗？ ＝（没有回答）。

去年怎么样？ ＝一次性交纳了 100 元，每年我都是全额交纳。

地主不允许预付地租的一部分，剩下的延期交纳吗？ ＝并非如此，允许的。

感觉你 7 亩租地的地租上涨得太厉害了，就一直没有动过向其他地主租地的念头吗？ ＝无论是谁的土地，都一样在涨价。

【租用地主的农具】6 年间的租地过程中，向地主租过农具吗？ ＝没有，不可能租，地主在城内太远了，不方便。

所以不向地主租用农具吗？ ＝是的，不方便。

不是村内地主而是村外地主的时候，佃户通常不租农具吗？ ＝是的，通常不。

【依靠短工来耕作】多租土地，雇用短工耕作怎么样？ ＝很好，但我没有钱，所以做不到。

【租地的作物】你现在 7 亩租地的作物是高粱和豆子，从 6 年前开始就一直这样吗？ ＝是的，土地不肥沃，所以只能种这两个。

普通的土壤也只能种这两种谷物吗？ ＝是的，高粱的茎很高，被水淹了也能承受。

豆子如何？ ＝这个不怎么需要肥料，另外即使被水泡了的时候，也会腐烂，成为土壤的肥料，所以很适合下等地。（注：杜祥在和同村村民张成之间进行搭套。杜祥出一头驴，张成提供大车和驴，需要拉车的时候套上两头驴各自拉。这时，杜祥因为只出一头驴，似乎比张成有利，但张成耕作的土地较多，使用大车的次数比杜祥多。）

（以下是赵廷魁的回答。）

【公会地的租佃】租出公会地只有去年一次吗？ ＝是的，之前没有。

去年公会地的租地是用什么样的方法取得呢？ ＝投票。

怎么投票？ ＝有意者到村公所集合，各自把期望地租价格写在纸上投入箱子，价高者成为佃户。

但是听说也有投票以外的什么方法？ ＝去年开始第一次票决，之前是互相口头报出各自期望价格，再决定。

3 年前开始租张茂的土地，当时租了多少亩？ ＝同样向地主张茂再租了 8 亩。

这个持续了多少年？ ＝两年。

为什么中止了呢？ ＝因为租了公会地。

公会地的地租111元（5亩好地）现在多少钱？＝今年是其他人在租，所以不知道。

公会地的佃户每年都会变吗？＝过去一直是同一个人耕作，这两年开始换佃户了。

为什么？＝因为地租上涨了。

公会地的地租比普通的地租贵吗？＝贵。

为什么？＝因为公会地土地好，而且距离近耕作便利。

【介绍人】你和地主张茂有特别的关系吗？＝没有。

是让介绍人冯宝玉找的吗？＝是的。

当时，是指定了张茂的土地委托他租来，还是请他找到租地，无论是谁的都可以？＝请他找到租地，无论是谁的都行。

冯宝玉经常当介绍人吗？＝我的亲戚，姐夫，是普通百姓。

请人找租地的时候，是委托别人，还是像这样拜托亲戚比较多？＝相比别人，一般拜托有关系的人。

【地主的更换】你似乎每年都换地主，为什么呢？＝因为涉及地租的问题，和地主谈不妥，地主总是提高地租。

你之外的本村佃户的情况也是这样吗？＝换的相当多。

相比事变前换的人增多了吗？＝是的，因为地租涨价了。

【谷物的交易】你大多出售什么？＝玉米。

购买的呢？＝没有。

（以下是赵文有的回答。）

【转租佃】像你这样，租10亩地再把其中的3亩租给别人，叫作什么？＝"倒出"。

不叫转租吗？＝一样的。

哪种使用较多？＝两种都一样。

把从刘地主租的地倒出换钱的时候，不通知地主吗？＝不。

和向刘租地的同时倒出3亩吗？＝是同时，1个月之后。

交给刘的地租和倒出时的地租，似乎是相同金额？＝一样的。

但是转租时的地租高于交给地主的地租，你一亩十三四元转租不是更好吗？＝高出一些也可以。

有全部倒出给别人的时候吗？＝有。

那时，地租从一开始就很高吗？＝转租的地租能赚。

提高的话，是多少？＝通常高于之前的地租。

倒出给亲戚的时候，也会提高价格吗？＝多收也行，但面子上过不去。

你为什么要倒出呢？＝因为铁路附近的土地不能种植高茎高粱。

但是不觉得自己耕作倒出的地，种植些矮的作物也不错吗？＝铁路从这块10亩的土地中间通过，分成了3亩和7亩两片。

那开始就只租一侧的7亩不好吗？＝一块土地10亩不全租的话，地主不会给的。

地主不会只出租一侧的7亩吗？＝不会。

佃户不止一人的话，地主会把一块地出租吗？＝地主想把一块地租给一个人，虽然也有分别出租的时候。

刘地主一开始就知道你转租的事吗？＝不知道。

他如果知道了会怎样？＝没关系。

佃户的倒出，是他的自由吗？＝自由的。

其中难道没有不愿意的地主吗？＝没有。

转租对象金氏的地租不是交给刘地主吗？＝交给我。

你是一起交纳给刘地主全部 10 亩的地租，还是先交 7 亩剩下 3 亩？＝一次性交纳全部，一个月后再转租。

3 亩的转租是由哪方提出呢？＝由我，我直接去金家，我以前就认识他。

倒出比租地有利可图吗？＝没有利润。

去年之前租了几亩？＝前年有 5 亩是从城内言氏租的，也只有一年，完全没有收获。

【伙种】去年没有伙种吗？＝耕了 5 亩，和张成伙种了杜钦贤的土地。

杜钦贤只提供土地吗？＝一块土地 9 亩，只耕其中的 5 亩，他只出 9 亩土地。

你和张成是怎么耕作那片土地的？＝两人合作耕作。

收获怎么处理？＝一半给杜地主，剩下的一半和张成平分。

3 人伙种的时候，不能平等地各取收获的 1/3 吗？＝杜钦贤提供了土地，所以取 1/2。

4 人伙种，一人提供土地的时候怎么办？＝提供土地的人取一半，剩下的一半其他 3 人分。

你耕作的时候，和张成出同等的人力、畜力、农具等等吗？＝是的。

不是第一天张成耕作，第二天你耕作吗？＝不是。

杜钦贤去年得了多少？＝白薯 400 斤、豆子 4 斗。

你呢？＝白薯 200 斤、豆子 2 斗。

张成呢？＝和我一样。

伙种的时候，提供土地的人得六，耕作的人得四的情况？＝没有。

相反地主得四，耕作者得六的情况呢？＝过去有，现在没了。

伙种和租佃哪种更能获利？＝伙种的时候，无须预付虽然方便，但有钱的话，还是租地更有赚头。

最近地租涨价，伙种没有增加吗？＝本村没有增加。

3 月 30 日

地租　公会地租佃

应答者　张守俊、杜复新、付菊（全为沙井村民）

地　点　沙井村

（以下是张守俊的应答。）

【地租的现金支付和谷物】据说你的 20 亩租地（四年前开始连续租佃）的地租是谷物，前年不是现金支付吗？＝起初的两年是预付现金，去年和前年是交粮预付。

前年的地租是多少？ ＝一亩2斗半。

4年前最初那年呢？ ＝20亩是36元。

第二年呢？ ＝60元。

交粮的时候不能后付吗？ ＝我现在交粮和付钱是一个意思，所以还是预付。

那么前年交钱改为交粮的时候，你那样要求了吗？ ＝不，是地主要求的。

对你来说现金和谷物哪种更方便？ ＝两种都好。

通常这附近交粮，不是佃户拜托地主的吗？ ＝是的。

据说你的地租是用高粱支付，地主要求用高粱吗？ ＝因为地主提高了地租，我说我耕不了的时候，地主说"那就用高粱付"，所以照办了。

那时，地主要求付多少钱？ ＝要求300元的地租。

【介绍人】之前你说租地没有介绍人，你和地主张鸿润有什么特别的关系吗？ ＝很久以前，就开始向这个地主租地，所以不需要介绍人。

是哪年的事？ ＝民国初年，约10亩。

以前有租过一次地的话，之后不管过了几年，向同一个地主租地的时候，都不需要请介绍人吗？ ＝不需要。

在任何情况下都是这样吗？ ＝对。

为什么？ ＝因为租了一次地，就和地主认识了。

但是再次向同一个地主租地的时候，不也有请介绍人的吗？ ＝并没有请的必要。

【用谷物交纳地租】佃户的地租现金支付和谷付，哪种比较方便？ ＝交粮更方便，因为无须出售粮食，将其带过去就行。

你的地主明说要求交纳谷物了吗？ ＝刚开始地主要求的是玉米，这片租地不适合种玉米，所以就用高粱代替了。（玉米也是2斗半。）

但是玉米和高粱的价格不同吧？ ＝玉米稍贵，给我算的特价。

谷付地租的时候，如说1亩1石就是任何谷物都交纳相同1石数额的意思吗？ ＝是的，任何谷物都是1石。但是，地主会要求交价高的谷物。

这时没有玉米的话1石，高粱的话1石2斗这样要求的吗？ ＝有。

你大多出售和购买什么？ ＝出售麦子不买东西。

（以下是杜复新的回答。）

【外村公会地的租佃】你的2.5亩的大东庄公会地是怎么租的？ ＝介绍人尹氏和我是亲戚，拜托他帮我找租地的时候，恰好有公会地。

大东庄的公会地大家都有一些吗？ ＝不知道。

大东庄的公会地是像你一样，非同村村民也可以租吗？ ＝如果有在大东庄的介绍人帮助就可以。

沙井村人作为介绍人，就不能租大东庄的公会地吗？ ＝是的。

大东庄的公会地是用什么方式筛选佃户呢？ ＝不知道。

这公会地的地租是你直接带到大东庄的公会吗？ ＝交给介绍人由他带去。

不是那村的尹氏自己租地再转租给你的吗？ ＝不是。

大东庄公会地签订合同的时候，你没有出席公会吗？ ＝是的。

大东庄村民中没有其他要耜的人，所以你才租到的吗？ ＝这不知道，我全靠尹氏的介绍。

沙井村的公会地有交由外村人耕作的先例吗？ ＝没有。

外村人需要什么资格才能耕作？ ＝本村有人报名的话就不租给外村人，本村无有意者的时候才出租。

本村的公会地什么时候租给外村人？ ＝任何情况都不行。虽然本村无人报名的话可以，但并没有无报名人的情况。

这时，介绍人只限本村人吗？ ＝不请也可以，外村的介绍人也可以。

本村人成为公会地的佃户后，可以转租给外村人吗？ ＝可以。但是公会知道了，翌年会没收。尽量不要让外村人耕作。

开始就知道本村公会地要被转租给外村人的时候，会不允许租地吗？ ＝本村人为了外村人来租的时候，不会允许。

同为本村人转租的时候呢？ ＝这可以。

（以下是付菊的回答。）

【本村公会地的租佃】你的 3 亩本村公会地的租地是十三四年前开始就一直续租的吗？ ＝是的。

最初订约的时候，地租是多少？ ＝1 亩 3 吊（现在的 30 分钱）。

这片公会地和其他的一样每年向公会报名由公会批准吗？ ＝是的。

为什么和其他公会地的佃户不同，能持续这么久呢？ ＝土地不好，谁都不想租，从而我就没有竞争对手了。

5 年前，其他租地 14 亩（今年地租 140 元）的地租是多少？ ＝30 元，去年 60 元，前年 30 元。

刚说的公会地的地租是后付吗？ ＝是的。

谷物交纳的方式 14 年间都没有吗？ ＝没有。

为什么和其他的租地不同，地租是后付的呢？ ＝因为土地不好。

其他地主坏地、沙地的地租也是后付吗？ ＝也有可能。

公会地的后付是你向公会要求的吗？ ＝根据村公会的协议。

其他的公会地中有后付的吗？ ＝没有。

公会地中还有像你租地这样的沙地吗？ ＝没有，只有我的租地是。

3 月 31 日

地租　园地　介绍人

应答者　杨绍增（沙井村民）、李秀芳（沙井村会首）
地　点　沙井村

（以下是杨绍增的回答。）

【地租】你认为你的 2 亩沙地每亩 13 元的地租有点贵吗？ ＝是的，贵了。

沙地通常是多少？＝这在今年不算贵，普通水平。

今年沙地每亩最低多少？＝4 月最高 13 元。

二流地是多少？＝最低 16 元，最高 20 元。

好地呢？＝23 元。

（以下是李秀芳的应答。）

【园地】据说你在做白菜的中介交易，桃园村里有很多园地吗？＝是的。

距离多远？＝30 里以上。

村民几乎都有园地吗？＝不知道。

这个村子，特别适宜园地耕作吗？＝是的。

土质、灌溉条件如何？＝有很多井。

【介绍人】据说你不知道西杜兰庄 5 亩租地的地主是谁，不认识地主也能租地吗？＝能，因为有介绍人。

介绍人会从开始到结束包揽和地主的交涉吗？＝是的，地租也是交给介绍人，土地也是由他引导。

你的情况是由介绍人的曲会提出，还是自己提出？＝由我提出，这时委托他找租地，任何土地都可以。

你已经有了 50 亩，食粮看起来足够了，难道不是由曲会向你提起吗？＝我的土地净是坏地，被水淹过一次。

以前也租地吗？＝不租，这次是第一次。

为什么以前不租呢？＝人手不足。

如果加雇长工多，租地会怎样？＝费钱，必须预付长工薪酬。

这片土地如果在本村地租会是多少？＝1 亩贵两三元吧。

【租佃】虽然你在自己 50 亩土地的基础上租地，但谁都是只要有钱就想租地吗？＝我是因为自己拥有的土地不好，为了安全，想租些良地。父亲去世得早，我因为不习惯耕作过去没能租到地，今年起，租些试试。

拥有大概 50 亩土地的人租地的多吗？＝不租地。

佃户找租地和地主找租地，最近哪种比较多？＝不知道。

1944 年 8 月

（华北农村惯行调查资料第 114 辑）

租佃篇　　第18号　　河北省顺义县沙井村
调查员　　本田悦郎
翻　译　　杨恩贵

8 月 13 日

租佃概况、分耕、佃户对地主的劳力提供

应答者　杜祥（原沙井村司房）、杨源（沙井村长）
地　点　顺义县城内合作社，公馆

【佃户户数】现在有多少租地的农户？＝11 人。

有谁？＝杜祥、付菊、杜守田、张成、李注源、赵廷魁、赵绍廷、张守俊、杨春旺、吴殿臣、李清源（这之外似乎还有，确切的数字不知道）。

去年呢？＝十四五户。

【地租】地租现在是多少？＝1 亩 150 元。

是上等地吗？＝上等地。

中等地呢？＝下等地 100 元以内，中等地 120 元。

去年呢？＝上等地 60 元，中等地 30 元，下等地 20 元。

【租地和分种】你（杜祥）在租谁的土地？＝7 亩，何老师（沙井村小学教师）的土地。

分种还是租地？＝7 亩是租地。

另外分种的土地呢？＝10 亩，何老师的叔父何长源的土地。

收获的划分方法是？＝"平分"，不是四六或三七。

【地价】上等地的销售价现在是多少？＝今年春天，上等地一亩 3000 元，中等地 2000 元，下等地 1000 元。

去年呢？＝上等地 1000—1100 元，中等地 800 元，下等地 500—600 元。

【地租的交纳】现在物价高且变动剧烈，地主方面没有因此希望后付吗？＝少（大概是没有的意思）。

都是预付吗？＝是的。

【介绍人】什么样的人适合当租地的介绍人？＝介绍人有时有、有时无。普通亲戚、好友就可以。

没有土地也可以吗？＝可以。

租地不能预付时能代缴吗？＝不能预付就不能租佃，所以无须介绍人代缴。

最近没有这种倾向吗？＝没有。

【分种】分种的分割方法是？＝按垄分。

会平分收获物吗？＝不会。

但是种植白薯或瓜类的时候呢？＝不按垄按沟分，不会分收获物。

签合同的时候，会预先规定分种地里种植什么作物吗？＝随便。

会有种植地瓜之类让地主不高兴的事吧？＝有，这时要事先商量。

种植什么作物时要商量？＝地瓜、花生（应该还有其他的）。

西瓜怎样？＝一般人不了解栽培方法，所以不会种。

芝麻呢？＝一样（不用商量的意思）。

听说前年种植西瓜的李注源在分粮的时候，分割了销售货款（1941年的调查），也有不分垄的情况，这也需要预先商量吗？＝是的，西瓜不能分垄，因为西瓜收获的时期不止一次，而是一天天在成熟。

这样不分垄的有哪些？＝甜菜、稍瓜，花生是"按垄"的。

分垄的时候地主方面必须派人来吗？＝是的。

不需要第三者在场吗？＝不需要。

出现问题的时候，第三者在场不是更好吗？＝不会出问题。

垄决定着作物的种植方式，坏垄怎么处理？＝坏垄给耕作者。

地主能任意选取良垄吗？＝不能。

那么垄的划分方法是？＝

（垄）

没有田地从中央一分为二的分垄方式吗？＝有，但从前更多。

上面两种划分方式叫作什么？＝都叫"平分"。

没有类似下图的划分方式吗？＝没有。

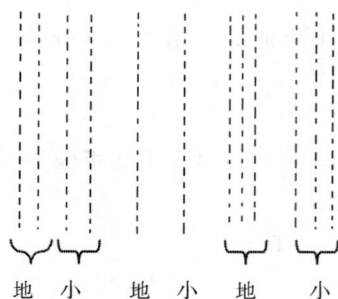

地　小　　地　小　　地　小

谷实是按垄分，谷（例如茎或根）不会平分实物吗？＝会。

什么作物会这样做？＝只有高粱、玉米，其他作物不会。

于是谷子和玉米的分粮方法不同吗？＝是的。

划分方法若如上所说不同，签合同的时候似乎需要商量种植什么？＝不用。

分种的地主在收获前，会来田地巡视吗？＝会。

播种到收获来几次？＝只来一次，也有不来的人。

分种的时候，地主收获物的搬运也是由耕作者来做吗？＝是的。

没有分别搬运的吗？＝没有，地主因家中没有劳动力才进行分种，地主家里若有人就不会分种，而是自行耕作。

分种的时候，一定是这样吗？＝是的。

如果要帮忙搬运，分粮的时候不也该不是平分，而是耕作者比地主多得一些吗？＝并非如此，收获的时候地主也会派人来。

过去分种的地主不是会提供肥料或农具牲畜等等吗？＝有过（这个回答有被提问带走的倾向）。

下游的萧家坡村也有不是平分的情况吗？＝这个村里没有（萧家坡村也没有，这是假装有的提问）。

【佃户为地主提供劳动力】租地的不会去地主家帮忙吗？＝会，但这么做，是为了同村人之间的情义。

地主来招呼的时候去吗？＝是的。

来招呼的时候，也可以拒绝吗？＝可以。

通常地主不会来招呼吗？＝很少（没有的意思）。

被招去的话做什么工作呢？＝不一定。

你会去何老师家帮忙吗？＝"红白事"的时候去。

其他时候呢？＝有其他的工作，如果空了就去。

去过何老师的住所吗？＝去过。

【给地主送的礼品】会带东西给何老师吗？＝没有必要。

【地主拜访佃户】地主会来佃户的家吗？＝会。

什么时候？＝"红白事"的时候。

不去也可以吗？＝可以。

【佃户拜访地主】地主家"红白事"的时候，佃户不去也可以吗？＝不去也可以。

【介绍人】从租过一次地的地主再次租地时，需要介绍人吗？＝不需要，因为认识。

但是有介绍人更好谈吧？＝（没有回答）。

什么时候需要呢？＝"一样"，任何时候都不需要。

不认识的时候能租到地吗？＝不认识的话不能分种（分种的时候，不需要介绍人，不会把分种委托陌生人的意思）。

租地可以吗？＝可以，但需要介绍人。

分种的时候，就从不需要介绍人吗？＝是的。

只有租地的时候吗？＝是的。

租地的怎么酬谢介绍人？＝不酬谢。

不对出力进行酬谢不是很不好吗？＝没关系，介绍人是朋友，所以不需要。

之后一起喝点酒之类的总有吧？＝不会。

【分种和租地】进行分种的地主是拥有很多土地的人，还是没有劳力的人？＝没有劳力的人。

拥有很多土地的人呢？＝不做。

为什么？＝自己耕作。

租地呢？＝拥有很多土地的人，拥有劳力的人都会租地。

分种的地主中大地主多吗？＝通常是小地主，拥有很多土地的人不分种而是租地。

为什么大地主不分种呢？＝土地少的人想要柴火，租地得不到，所以进行分种。

大地主不需要柴火吗？＝不想要。

拥有土地的人租地和分种哪种更获利？＝分种（弄错提问意思的应答）。

我觉得是相反？＝分种是收获后得到实物，但租地由于是预付，作为地主更能获利。把钱用于其他就能赚取利润。

【地租的预付和后付】租地的时候，后付比预付价格更高吗？＝是的。

为什么？＝后付的是在预付的金额里添加了利息，所以更贵。预付时地主能赚取利息，后付的时候赚不到。

比如今年上等地 150 元的预付地租，如果是后付，会变为多少？＝180 元。

现在 100 元的利息是多少？＝月利 2 分。

佃户贫穷时，会申请后付吗？＝地主若不批准，也做不到。

【分种和租地】亲戚之间租地多还是分种多？＝分种多。

分种地里好地多，还是不好地多？＝不好地多。

为什么？＝好地能收获更多，所以自己耕种。

【公会地的租佃】公会地的申请者变多了吗？＝多。

去年的投票人数有多少？＝（没有回答）。

【公会地租佃的交纳】地租在订约日支付吗？＝四五日之后。

订约那天不多少交点吗？＝不需要。

订约时会定下交纳日期吗？＝是的。

没有分期付款的吗？＝没有。

8 月 31 日

公会地租佃

应答者　杨源（沙井村长）、杜祥（原沙井村司房）

地　点　顺义县城内合作社，公馆

【公会地的地租】收入地租大洋 4360 元（会账里记录）是指？＝公会地地租，去年大秋。

去年公会地 1 亩（上等地）的地租是多少？＝180 元，中等地 150 元，下等地 50 元。

前年公会地一共（合计）多少？＝两千几百元。

【投票选定公会地的佃户】一直都是投票吗？＝是的，从前年（有误，民国二十八年开始）大秋收获后进行投票。

投票当天怎么通知村民？＝庙里的老道到有钱人家里通知几月几日开始。

去没钱人的家里吗？＝不去。

大概去几家？＝二十几户。

投票者需要介绍人吗？＝不需要。

除了老道走去通知以外，会写在纸上，贴在村公所前面之类的地方吗？＝不会。

村民知道是几点吗？＝都知道。

以前拖欠过公会地地租的人能去投票吗？＝不能。

如果补上了以前未缴的部分能投票吗？＝能。

户主（当家）之外的家属也能投票吗？＝一家只有一人。

两人呢？＝不行，即使两人去了，也只有一票。

分家了呢？＝可以。

两家可以联合投一票吗？＝可以，但只能以一家一人的名义。

三户联合的时候呢？＝可以。名义上还是一人。

三户投两票呢？＝不行。

户主为女性也可以投票吗？＝可以，女性自己不能去投票，但可以委托别人进行投票。

女性不能参与投票吗？＝女性不会写字，所以不能，如果会写，就能去。

可以请人代笔投票吗？＝可以。

可以请别人代理投票吗？＝可以。

可以不亲自去吗？＝可以，告诉委托人希望租佃哪片土地，地租能出多少。

接受一人代多人投票吗？＝不行。

代两人投票呢？＝有是有，但被村公所注意到，就不妙了。

小孩（比如小学生）会写字的话，能代父亲投票吗？＝能。

一人能用别人的名字多投票吗？＝不能。

如果那样做被发现了，投的票怎么处理？＝村公所什么都不会说，但其他票会被判无效，和投一票的情况一样（只承认地租最高额那一票有效的意思）。

但是其他投票者之后如果抱怨怎么办（经由上述方式投票当选了的时候）？＝没关系。作为村公所要选投票金额最高者。但是通常不会出现上述情况。因为当日投票用纸是由村公所制作，一人一张分配的。

这时，说受他人委托投票，把那人的份给我也不行吗？＝不行，村公所不会把票发给当日未出席者。

例如甲因亲属葬礼不能去投票的时候，拜托邻居乙帮忙的情况也是吗？＝村公所在这种情形下，也不会把甲的分交给乙，甲应该有家人，家人出面就可以。

二人想联合投一票的时候，需要告知村公所吗？＝不需要。

村公所知道的时候，可以拒绝发放投票用纸吗？＝还是发，两人三人投一票都没有关系。

村公所至今拒绝过发放投票用纸吗？＝没有，只要是本村人就行。

投票箱当日开票吗？＝是的。

开票拖到过第二天吗？＝没有，当日开。

当日出了什么事的时候，延期到几日后开票呢？＝没有。

投票终了后，村民有意见会重新投票吗？＝不行。

过去有重新投过吗？＝没有。

在村民面前开票吗？＝是的。

几人出相等金额的时候怎么办？＝3 票金额相等的话，这 3 人再投一次票。

不止 3 人呢？＝重新投票，有时会出现这种情况。

什么时候？＝（没有回答）。

开票的时候，出现写的是 6 元还是 7 元不明确的票时怎么办？＝"作废"。

"作废"是指？＝判定无效。

不作废而是再度投票呢？＝不行。

另外还有什么情况会作废？＝没有。

比如杜祥用李濡源的名字投票的时候呢？＝不会出现这种情况。

票上写什么？＝地名、金额（1 亩地租的价格）、姓名。

数块土地投一次票，还是一块地投一次反复投票？＝全部土地进行一次投票。

一张票上可以写申请多块土地吗？＝村公所的用纸上写好了土地的名称，本人只写金额和姓名，可以领取申请土地数量的专用纸。

去年大秋地名不同的投票用纸有几种？＝4 种。

分别是？＝3 亩地、长幅子、水沟、沙荒。

亩数由哪方写？＝村公所。

写错了的时候可以再领吗？ ＝不能。

那样就不能投票了吗？ ＝是的，那张票会作废。

任何部分写错都会作废吗？ ＝是的。

如果一个字写错了涂掉重新呢？ ＝不会作废。

【当选者的决定】开票后决定了当选者接下来做什么？ ＝保长把当选者叫来，告知其当选了，几月几日前交纳地租，如果到期未缴当选作废。然后把当选者的名字记入账簿。这样就确定了。

【公会地地租的交纳】去年投票日、交纳日是哪天？ ＝投票半月后是交纳日。

那天只交了一部分的人怎么处理？ ＝这种情况佃户请"保人"向保长保证三四日后交齐。

【担保人】三四日后仍然未缴的时候怎么办？ ＝由保人代缴。

如果保人以自己没有这种义务而拒绝呢？ ＝告诉他为什么你当上了保人呢。既然成为了保人，就不能拒绝代付。

保人之后从本人索要代缴部分吗？ ＝是的。

本人一年两年后再付给保人时会收利息吗？ ＝不收利息。

通常的借款会收利息，哪里不同吗？ ＝这里保人和本人是亲密的关系，所以不收。

请保人的时候，佃户要在合同书上写明并交给村长吗？ ＝不需要合同，说一下就行了。

保人是外村人也可以吗？ ＝必须是本村人。

为什么？ ＝如果是外村的，保长就不知道保人是什么样的人了。

不是公会地租地的时候，也会请这样的保人吗？ ＝有时请。

过去呢？ ＝很少。

现在增加了吗？ ＝和过去一样。

如果是本村人，保人没有钱也可以吗？ ＝即使没有钱，只要人品好就行。

如果没有钱不是不能代缴了吗？ ＝这种情况下，租地收获的时候，村公所征收谷物。

地租是用钱交纳的，征收谷物的话，怎么确定数量呢？ ＝征收所有谷物。

这叫什么？ ＝没有专门的词汇，也叫"官收"。

交纳期限付不起全额的时候，怎么办？ ＝请"保人"。

请了保人的时候，村公所会准延多久？ ＝十日到半月。

推延一个月呢？ ＝不行。

到期若交纳了地租，会记入账簿吗？ ＝是的。

村公所会去察看公会地佃户的耕作状况吗？ ＝不会。

土地买卖篇

1940 年 12 月

（华北农村惯行调查资料第 3 辑）

土地买卖篇第 1 号　河北省顺义县沙井村
　　　　　　调查员　本田悦郎
　　　　　　翻译　郭文山

12 月 8 日

土地出售的手续、典的手续

应答者　杨泽（沙井村会首）
地　点　村公所

【卖地】这个村里把出售土地称为什么？ = "卖地"。

【卖房】出售房屋呢？ = "卖房"。

【卖空基地】出售宅地呢？ = "卖空基地"。

房屋和空基地能分开出售吗？ = 不能。

【交易的手续】出售土地时的手续顺序是？

（1）首先卖主把出售的意向告诉"地牵人"。

（2）接着买方找到地牵人。

（3）然后地牵人总结双方协议（交易价格的决定）。

（4）地价确定后买主请识字的人书写地契。

（5）书写地契时，地牵人即为"中保人"（有时为"说合人"）。

（6）地牵人是说合人的时候，卖主为同族（外族也可），故请中保人到买主家中书写地契。

（7）下次就由买主请客。

（8）买方对卖主带来的中保人具有选择权，最坏情况下该人选不能担任中保人，这时另找他人，买方提出指定中保人时，卖主必须找来指定人，否则买方就不会购买土地。

（9）请客后就可结束。支付地价也在此时。6 个月以内必须呈报。这是"税契"（呈报给县公署）。

（10）税契金和呈报一起交付，称为"税契"。税率是 100 元交 9 元 50 钱。税额以交易额为准，房屋和空基地的税率相等。

什么时候卖主的土地成为买主的土地？ ＝付完价款的时候。价款在请客时支付。

【交纳契约】税款由谁交纳？ ＝买主交纳全部。

交易合同叫作什么？ ＝叫"地契"。只有买主持有。

呈报给村里吗？ ＝不用。

【地粮】只呈报给税契处吗？ ＝卖主让买主交纳地粮。地粮指，田赋？ ＝每亩 1 钱 2 厘、2 钱、2 钱 5 厘、4 钱。大量的税率分配已由土地的历史确定。

买主以谁的名义交纳地粮？ ＝交纳地粮时卖主、买主一起去把交易告知征收处，修改地粮名。

【出典手续】有典吗？ ＝有。

典的手续顺序是？ ＝

（1）和出售时一样。

（2）制定地契时只有立卖契人和立典契人的不同。

（3）税金不同。交易的税率是 1/2。

出典人称为出典主。取典人称为典主。

什么情况下会出典？ ＝借钱的时候。生活困难的时候等。

【典的期限】典的期限是？ ＝多为 3 年。

多少年都可以吗？ ＝可以。

期限通常是多久？ ＝根据法律 30 年以内。

不换回出典地，典地就归典主所有。

12 月 9 日

典指地借钱的形式

应答者　杨泽（沙井村会首）

地　点　村公所

【典的形式】典契由谁制定？ ＝"出典主"制定，在典主家中。

制定典契的时候典主请客吗？ ＝是的。

典主就是承典主吗？ ＝是的。

【中保人、说合人】有中保人、说合人吗？ ＝有。

【地牵】出典的时候也有地牵人吗？ ＝有。

什么人会成为地牵人？ ＝通常是穷人来当。为了挣钱。普通人也会做。不为钱。

地牵人是固定的吗？ ＝不固定。

本村大多由谁来做？ ＝付菊。

这个人一年内做几次地牵人？ ＝3 次或 4 次。不一定。

今年做了几次？ ＝不知道。

去年呢？ ＝不知道。

他现在在吗？ ＝在。

除他以外的地牵人和出典者的关系怎样？ ＝只要认识，谁都行。

同族、亲戚、熟人等之中哪种较多？ ＝通常为外族的人。

外族的人是本村人还是外村人？ ＝多为本村人。

地牵人做一次典中介能赚多少？ ＝如果地价 100 元，就能赚两三元。

根据地价吗？ ＝是的。

有一定的比率吗？ ＝没有。

地价 50 元的时候呢？ ＝1 元以上 2 元以下。

150 元的时候呢？ ＝大体一样。三四元。

【典当赎回】一般几年之后，典当人能赎回用于典当的土地？ ＝多为三四年后。

【典当对象】无论什么土地都可以用来典当吗？ ＝只要是土地就行。

宅基地也可（用来典当）？ ＝空宅基地可以。即使修建有房屋，其土地也可以。

出售时，房屋和土地必须一起出售吗？ ＝典当时，能保留房屋只典当土地吗？ ＝可以保留房屋。

典当时，包含房屋与不包含房屋的情况下，其典当契约有何区别？ ＝只典当空宅基地时，立典基地契人。连房屋一起典当时，立典房契人。其文如下：

○○○今将祖传房子○间空基地○亩典于○○○名下承住。

有人曾将房屋和空基地一起典当吗？ ＝有，赵文有。

此人的典主是谁？ ＝不对，赵文有就是典主。

典当人是谁？ ＝本村的王荣。

王荣的户主是谁？ ＝迁去了马各庄。

何时迁出？ ＝七八年前。

可有人只典当宅基地？ ＝没有。

连同房屋一起典当者？ ＝王荣。

除他以外呢？ ＝没了。

县公署处有很多契税存根，（而你却说除王荣外并无人进行典当）你是不是对本村的典当情况不太清楚呢？ ＝不清楚。

你觉得有还是没有？ ＝吴玉山曾（将土地）典当给了付菊。

那是何时？ ＝七八年前。

【典期】典期怎么说？ ＝一般说"3 年为限"。

3 年期内典当人交了赎金能赎回土地吗？ ＝不能赎回。

【赎地】出钱买回（土地）被称为什么？ ＝赎地。

只要典期一过，便可买回吗？ ＝是的。

过了典期却不能赎回时，土地便归典主所有。

被称作什么？ ＝村民中还未有不将土地赎回者，因此并无称谓。

【典价】典当时的价格被称作什么？ ＝被称为"典价"。

如何决定典价？＝以土地买卖价格为标准，卖价为 200 元时典价则为 100 元。一般典价为卖价的一半。

一定是一半吗？＝不一定。

典期被称作什么？＝一般写作"典期 3 年为限"。

典期长于 3 年或短于 3 年时，典价是否不同？＝典期越长，典价越高。

典期为 10 年时，3 年 100 元的典价会有变化吗？＝会上涨 10 元或 20 元。

3 年 100 元的典价，每年上涨的比率是一定的吗？＝不是一定的。

典当后，典价还能上涨吗？＝满 3 年后能上涨。

【加价】其手续如何办理？＝另有文书，称为"加价条"。

一般情况下，加价的人多吗？＝不加价的居多。

想要加价时，如果典期为 3 年，则在典当后几年能提出加价？＝随时都可以。

3 年以内也可以吗？＝一般是需要满 3 年才可以，但是 3 年以内也行。

若是 3 年内加价的，需要进行怎样的交涉呢？＝典当人找来中保人、说合人和地租人，表达想要加价的意思，然后由中保人去和典主商量。

一般典价为卖价的一半，那加价一般加多少？＝典价 100 元时，最多可加 30 元；一般是 10 元或 20 元。

卖价为 200 元，典价为 100 元的情况下，加价最高能达到 200 元吗？＝如果达到 200 元则不是典当，而是买卖行为了。

卖死（土地）的情况多吗？＝非常多。

一般情况下，是典当人主动将土地卖死吗？＝这种情况非常少。

若要卖死，则会加价直到达到卖价吗？＝会加到原来的地价为止。

本村有卖死（土地）的人吗？＝有是有，但不知是谁。

【典当登记】为什么要进行典权登记？＝不登记，但有契税。

以前不是要进行登记吗？＝本村没有过。

一般是什么时候登记呢？＝本村也有人曾登记过。一般情况下是不进行登记的，但在发生土地纠纷时会进行。

是在土地纠纷前进行呢，还是发生之后进行？＝之前。

是因为知道会发生纠纷才登记的吗？＝如果进行了登记的话，会对土地进行测量，所以就不会再有纠纷了。

仲裁土地纠纷时一定会进行登记吗？＝是的。

进行登记后，是法院对土地进行测量吗？＝不知道。

【抵押和典当】抵押需要何种手续？＝抵押和典当是一个意思。

写契约时？＝写作典当。

【指地借钱】抵押和典当有什么区别？＝（一旁的张永仁说道）稍微有些不同。抵押写作"指地借钱"。

抵押契约是何种形式？＝立指地借钱文约，人○○○。

这种形式的契约被称作什么？＝指地借钱契。

这是抵押契约吗？＝和抵押意思相同，但不叫抵押契约。

除此之外，还有别的关于抵押的契约吗？＝以上和典当的不同之处在于，典当后是他人耕种，而抵押后仍为自己耕种。

【抵押手续】立契的顺序？＝和买卖相同。需寻找地租人。

立契人被称作什么？＝"指地借钱主"。

借出人呢？＝"放钱主"。

指地借钱是因什么原因而起呢？＝口头借钱未果。因而便抵押土地来进行借款。

典当也是为借钱而进行的吗？＝是的。

那么典当时也要写同样形式的契约吗？（抵押）和典当有别的不同点吗？＝抵押需要付出利息（所借金额相应的利息）。

典当则不需要付利息吗？＝是的。

此外呢？＝没有了。

【期限】抵押期限呢？＝没有期限。五十年甚至一百年都没有问题（只要付利息）。

指地借钱时，土地被称为什么？＝"押出去的地"。

如何决定押出去的地的价格？＝价值 100 元的土地，可抵押借出 40 元或 50 元。

土地不是被称之为担保？＝不是。

除押出去的地外，再没有别的称谓了吗？＝没有了。

无论何种土地都可以用作抵押吗？＝是的。

宅基地也可以？＝可以。

房屋也可以？＝可以。

一般情况下，本村的土地抵押时间是几年？（抵押期限）？＝多为两三年。

有因（债务人）不付利息而被没收土地的情况吗？＝有。

本村呢？＝没有。

（以上情况）被称作什么呢？＝若付不起利息，抵押人需将所耕种的土地转由放钱主种。

此种情况下，土地的所有人是？＝还是之前的所有人。

这点和典当相同吗？＝相同。

这种情况被称为什么？＝并无特别的称谓。

如不付利息，则放钱主可永久对此土地进行耕种吗？＝可以。

【散懒子】此种情况下能否找价？＝不能。

抵押人不能支付利息时，将其称作"散懒子"。

"散懒子"是什么意思？＝无力偿还借款的意思。

本村这样的人多吗？＝没有。

【抵押金额】一般情况，通过抵押能借到多少钱？＝不一定。100 元或者 200 元。

【抵押登记】有进行抵押登记吗？＝没有。

发生纠纷时有进行登记吗？＝没有过纠纷。

承审处的公文书中有对抵押进行的登记吗？＝不知道。

【卖价和典价、押价】现在一亩土地的卖价大约多少？＝上等土地 200 元，中等土地

150 元，下等土地 100 元以下。

　　其相对应的典当价格呢？ ＝200 元的上等土地其典当价格为 100 元至 110 元或 120 元。150 元的中等土地则为七八十元，100 元的下等土地价格则为四五十元左右。

　　抵押价格呢？ ＝和典当价格大体相同。

　　是用于典当的土地多还是用于抵押的土地多？ ＝用于典当的多。

　　用于出售的土地的情况呢？ ＝用于出售的土地最多。

　　【卖、典、押的比例】出售、典当和抵押三者之中，哪种情况最多？ ＝出售居第一，典当第二，抵押第三。

　　一年中，大约会进行多少次出售、抵押和典当？ ＝全村的基本情况是买卖土地大约 1 年 1—2 次；典当也是 1 年约 1—2 次；抵押则是三五年 1 次。

　　去年的情况如何？ ＝去年有 2 件。李注源和买主赵文有。

　　典是？ ＝（典当人）—（典主）

　　　　　王　　悦 — 南法言村人

　　　　　景 德 福 — 杜守田

　　　　　县城内的人— 张永仁

　　　　　县城内的人— 张　成

　　　　　石门村人　— 刘长春

　　去年抵押的情况呢？ ＝没有。

　　前年呢？ ＝没有。

　　今年呢？ ＝没有。

　　指地借钱呢？ ＝近几年没有。

　　李注源和王悦分别卖了几亩？ ＝

　　空宅基地 1 亩 — 李；

　　耕地下等地 6 亩 — 王。

　　【交纳契税】此种情况下需交纳契税吗？ ＝空宅基地需交纳。其他情况不知。

　　谁交纳契税？ ＝买主交纳。

　　赵文有将契税交纳给了谁？ ＝契税处。

　　交纳了多少？ ＝以 9.5% 的税率交纳。

　　当时的地价是多少？ ＝空宅基地 70 元、耕地 1 亩 70 元（共 420 元）。

　　确实是 1 亩 70 元吗？ ＝不是十分确切。七八十元左右。

　　赵文有大概交纳了多少契税？ ＝可计算而得知。

　　交纳契税的期限为多久？ ＝6 个月以内。

　　这是县公署规定的吗？ ＝是的。

　　契税只是买主交纳吗？卖主是不是也需要少量交纳？ ＝只需买主交纳，与卖主无关。

　　交纳契税时，会得到相关的交纳凭证吗？ ＝有凭条。

　　这个“凭条”被称为什么？ ＝收据。

　　签订契约时，要贴印花吗？ ＝要贴。被称作“印花”。

【契约纸】如何获得契？ = 向县公署购买。一张 5 钱。

村里会事先购买好吗？ = 县公署会事先存放一定数量在村公所。1 年里使用了多少张，会在年底清算，并付款给县公署。

一般一次会拿来多少张？ = 不一定。

1 年会拿来几次？ = 一般一次会带来几年所需的量。用完后再去取。

一次会带来多少张？ = 五六十张。

谁负责去取？ = 村长。

去取时需要付款吗？ = 不知道。

村长带回来后，购买者以什么价格够买？ = 1 张 5 钱。

那种纸被称作什么？ = "官纸"。

官纸上贴卖地人写的印花吗？ = 印花是纳税时县公署的人贴。

所贴印花的数额是一定的吗？ = 不知道。

印花是根据买卖价格而定的吗？ = 100 元以内 3 分，200 元 4 分。

印花在哪里能买到？ = 县公署的人给贴。

官纸再没有别的名称吗？ = 没有。

【起草契约】不叫白契吗？ = 叫"草契"。

草契有几份？ = 1 份。

谁进行保管？县公署里有吗？ = 一式三份。一份买主留存，一份交由乡长，一份县公署保存。

12 月 16 日

土地买卖的手续

应答者　付菊（沙井村民）

地　点　村公所

【家庭成员出售土地】户主以外的家庭成员有权出售土地吗？ = 只能户主出售。其他家庭成员无权出售。户主出售土地时，无须与其他家庭成员商量。

如果是配偶或儿子出售呢？ = 也不能对土地进行出售。

如果配偶或儿子出售自己的土地呢？ = 可以不经户主同意自由出售。但是买主需和户主商量之后方可购买。如果其配偶或儿子售卖土地理由充足的话，即使户主反对，也可对其进行出售。但若户主与其配偶及儿子意见不一致的情况下，买主一般则不会购买。

【同族的优先购买】首先，有将土地出售给同族人的情况吗？ = 若买方出价一致时，同族者拥有优先购买权。但是，卖方却不一定会优先卖给同族者，除非买主所出价钱相同。若外族出价更高时，则不会卖与同族者。事先无须商量。

先有者是否拥有优先购买权？ = 不一定。买方出价相同时，可卖给任意一方。

【实地测量】土地买卖时会进行实地调查吗？ = 当然会。中介人、买主和卖主到场。

其理由是？ ＝明确土地的亩数。用"五尺竿"丈量。

测量时间为？ ＝契约签订之前，买主宴请之前。契约签订时写上实际亩数。

若契约签订后进行实地调查，发现亩数有误时，要怎么办？ ＝契约签订后，不再进行实地调查。

若买主信任卖主在契约签订前不进行实地调查，那么即使亩数有误。无论多少双方都不可有怨言。

契约签订之后，发现契约有误也不能有怨言？ ＝是的。

那有人对这种情况提起过申诉吗？ ＝没有。

【地价的决定】怎样决定地价？ ＝依照上、中、下各规则而定。

各规则是一定的吗？ ＝不是一定的。

怎样对其进行区分呢？ ＝根据地质（生产力）的不同，中介人将地质好坏了解之后，告诉买主。

【保证金】有无保证金？ ＝没有。

签订契约前，买主无须提前支付一部分货款给卖主吗？ ＝不需要。

【中介人的种类】中介人的种类有？ ＝

（1）说合人：买主支付货款的保证人。

（2）中保人：卖方的保证人。

（3）代笔人：帮助买主写契约。

（4）监证人：（村长）。

地牵人呢？ ＝没有。说合人履行其职责。

一般情况下，这些名词的称呼为？ ＝口语中称为"说地牵的"，契约上写作"说合人"。

监证人呢？ ＝其主要为买卖事件的双方的见证人。

【中介人的任务】中保人主要负责监督交纳货款或者其他事项吗？ ＝主要督促卖主，无不正当行为。说合人主要保证支付货款。即若买主不交纳货款，卖主可向说合人索要，于是说合人便催促买主交纳货款。若几经催促仍不交纳者，说合人可对买主提起诉讼。

【谢礼】给代笔人的谢礼呢？ ＝无特别谢礼，一般只是在正月时邀请其就餐，并无任何礼物。

给说合人的谢礼呢？ ＝没有规定的数额。一般是订立契约后，宴请说合人，并给予其三四元的谢礼。当然数额根据地价也有所不同。一般是买主支付，但卖主有时也会支付。

你今年做了几次中保人？ ＝今年 1 次也没做。

去年呢？ ＝去年做过 2 次。张永仁（典当人）—县城何长江；张成（典主）—县城何长江。

【地上建筑物】若预出售土地地面有建筑物时，该如何处置？ ＝拆除房屋。

若不出售土地仅出售房屋的情况，又该如何处置呢？ ＝此种情况下，则买主拆掉房屋带走。

一般情况是怎样呢？ ＝多数情况是一并出售。

　　允许不卖树木而只出售土地吗？＝只要遵守所签订契约，怎样都行。卖主砍掉树木就行。一般来说是分开出售。

　　在麦子收割之前，可以留麦而只售土地吗？＝只要遵守合约，也是允许的。可将土地交付延期至麦子收割之后。

　　一般情况是？＝多为分开出售。

　　若只出售土地，可一直保留地面上的建筑物吗？＝可在一定期限范围内准许其存在。例如3年到5年之内。

　　【买卖契约书】买卖契约书被称作什么？＝称为"字据"或者"卖契"，二者意思相同。

　　在写卖契之前需要些草契吗？＝要写。民国十九年以后白契不再被承认，全部变为草契（由县公署发行）。如今不再写白契而单签订一份草契。

　　何故如此？＝如今是三联一份。之前则是买主只写一份白契。

　　若无草契买卖能否成立？＝不能。民国十九年之前，是没有白契则买卖不能成立。

　　草契上应注明的事项有哪些？＝中保人、说合人、亩数、年月日、监证人。

　　草契交付后，其所有者即买主便可立即将其卖与他人？＝是的。

　　即使未付货款也要交付草契吗？＝原则上是这样。一般卖主是需要信任买主的。

　　一般情况是？＝在买主未支付货款期间，契约由中保人保管（卖主交由中保人）。

　　契约可以被取消吗？＝绝对不可以（契约签订后）。

　　若签订契约后不付货款呢？＝不行。

　　【一地二契】一地双卖时，第二买主在未知（第一买卖）的情况下，能说这是自己的地吗？＝此种情况下被称为"一地二契"，以法院判决为准。一般先购买者也即两份草契中日期较早的一方获胜。

　　那种情况下后来的买主会向卖主提出赔偿请求吗？＝一般是能追回地价就行。

　　【二地一契】有"二地一契"的情况吗？＝50年之前是有的。土地不在同一处，却将其写在同一份契约上，因而时常引起纠纷。现今已没有了。

　　【更名】"过割"被称为什么？＝"更名"。

　　（在支付了货款签订契约后）如果未更名，能说仍然是自己的土地吗？＝可以。

　　提起诉讼时，胜诉是基于以下两点原因（是否支付货款、是否签订契约）吗？＝是的。（因为只要满足以上两个条件）更名前就已经是自己的土地。

　　关于土地交付有无明确的方式？＝没有。之前的实地调查时，虽未知会邻地拥有者，但对方其实已经知晓。

　　【红契】交付草契时是否同时交付卖契？＝以前是都要交付的，并且在交付时还在契约上写上"随带老契〇张"。

　　所谓"老契"是指？＝之前土地拥有者的"红契"。

　　"红契"是指什么？＝农民粮食种植土地的地契，是政府承认的地契。

　　其与草契有何异同？＝红契是交纳了契税后的草契，现在已经不复存在了。

　　交纳税款的草契上是否有写明相关缴税文字？＝契税处在草契后会添加附契（村公所发行）。

【更名的费用】"更名"需交纳相应费用吗？＝原则上不需要交纳手续费，但契税征收员会擅自征收。征收数额因人而异并无特别规定，一般是一亩地 2 角到 3 角，田赋征收员如同匪贼。5 元 3 角的田赋最高征收 9 元，且所收费用全部用于吸食鸦片。牙税征收情况也是如此。

对不交契税者会做出何种惩罚？＝契税的交纳期限是 6 个月以内。超过期限不交者将罚以交纳 10 倍罚金的处罚。

除契税处外，无须再向其他机构呈报吗？＝不需要。甚至无须向村公所呈报（因购买草契时村长已知晓）。

【黑地的呈报】得到无所有地的呈报手续有？＝没有。

黑地的呈报手续为？＝去契税处交纳田赋并要求其将黑地转换成民粮地。之后再根据黑地的亩数纳税即可。

呈报的文件包括？＝对方有准备好的规定用纸，口头申报后并填入规定纸内。申报时带上契约。

没有契约时该如何处置？＝没有的话，伪造一份契约，然后带去。

【登记】需要登记吗？＝十年前是需要的。

一定会登记吗？＝不一定。都是自发进行的。

什么样的情况下会自发去登记？＝"保护产权"的情况下。

去哪里进行登记？＝登记处。

从草契申告到交付红契需要多长时间？＝一般要花三四个月以上，有时候甚至需要半年。

若草契丢失要怎么办？＝从未发生过这样的情况。但如果确实丢失，好像需重新做一次。

【补契】若是红契丢失呢？＝去县公署要求补契。

补契的手续有？＝（参考本书 303 页）。

【取消契约】货款支付后（契约签订后），卖主若不交付土地可否解除契约？＝未有先例。

契约签订后，买主无法支付货款怎么办？＝未有先例。

若实在是毫无办法时呢？＝则将所买之地卖与他人后再支付即可，所签契约无法取消。

【权利变动的公示】知会第三者土地权利变动的方法是？＝并不会知会第三者。

例如通过立牌、立石柱等方式？＝没有。都是自然地就知晓了。

那是通过何种方式知晓的呢？＝中保人传达给朋友、亲人等，而后再渐次传播。

从外归来的人不是不知道吗？＝是不知道，但不知道也没关系。村长持有草契，所以知道权利关系。

村民们会去问村长吗？＝不会。

有人来村公所问吗？＝没有。

【村公所的账簿】村公所的账簿上有记录变动情况吗？＝有。有买卖、典、押相关的记录，并且都由村长记录。

是怎样进行记录的呢？＝不清楚。

那种账簿被称为什么呢？＝并无特别称谓，只是记录了草契的变动。

账簿是分典、卖、押3个部分吗？＝是的。

必要时，村民们会来看账簿吗？＝不会。要是他们来的话，是允许其看的。在公示村费开支的公示栏上也是有过公示的。

公示内容是什么？＝春、秋两季的村费开支（收集税款的时间为一年里的春、秋两季）。

账簿共有几册？＝分别有典、押、卖3册。

有无文书呢？＝没有。

作为证据，有人向村公所来索要证明吗？＝不清楚。

例如身份证明之类的？＝没有。

那么村公所的账簿是为何而做的？＝只为记录"草契"的去向和明确"草契"的所有者。

又是为何要记录下草契的去向呢？＝并无特别的目的。

村民的土地变动情况不甚明确时，可否不交纳税款？＝不能。只要去到其家里，便能明确所有权变动之事。

要是当事人撒谎呢？＝那么只需向当事人双方求证，便会明辨真伪。

但是如此只凭口头之说不是不便而且危险吗？＝不清楚。

账簿和村民没有关系吗？＝村民不看也无妨。

县公署会来查看吗？＝没来过。不过来的话，也是可以查看的，当然不是谁都能看的。

例如发生土地纠纷时，拿出村公所账簿作为证据的情况出现过吗？＝没有。

其他村的情况也是如此吗？＝没听说过。

12 月 17 日

押指地借钱　过　推　转典

应答者　李注源、李广志、杨泽（沙井村民）

地　点　村公所

抵押情况下，若抵押者无法按时归还借款时，贷款者能获得土地使用权吗？＝"钱无利息，地无租价"，无法归还借款时，则可获得土地使用权。

像这样的情况会写进契约里吗？＝不会。这是约定俗成的，都会履行的。

抵押借钱后会立即出现这样的情况吗？＝不会立即出现，立即出现此种情况的那是典当。抵押只会在规定时间内不能还款时，才会出现这种情况。

在写指地借钱契时，会在契约上写上"无法归还借款时，土地归放款者使用或是土地用作典押"此类的话吗？＝不会。不能支付利息时可以进行耕种，但无权对土地进行处理

对于此类情况，在借贷一开始会事先立定契约吗？＝会的。

【押和卖】契约中会写上"若无法归还欠款则将指定土地售出"吗？＝不会，也从未有过。

表面上是以借钱的形式，实际上是放款者买得了借钱者的土地，有这样的情况吗？＝没有。卖时会去取消抵押契约，进行正式买卖。

立借钱契约时，其约定俗成的规矩是借钱者不能按时归还借款时，放款者可拥有土地的使用权，而实际上能立即将土地转手吗？＝不能。

【退还土地】一般来说土地转手是在契约签订几天后呢？＝"退地"。例如今年 12 月 17 日借钱，则需来年 12 月 17 日前交纳利息。1 年后若无力交纳利息，则土地归放款者耕种，且若之后十年仍无力偿还利息，则本利合计金额达到土地的出售价格时，借钱者就将土地卖与放款者，这就叫作"退地"。此时就废弃押契，重新签订卖契。

在签订借钱契约的同时不会签订卖契吗？＝不会。

【抵押的期限】抵押的期限一般是几年？＝利息是每年交纳，契约并无年限。

未交纳利息后 1 年，借钱者只要还钱便可赎回土地吗？＝可以赎回。

过多少年都可以吗？＝可以。

租佃的土地可用于抵押吗？＝不能。没有地券是不能用于抵押的。

立定借钱契约后，放款者可随时催促借款者还钱吗？＝1 年以后可以。

契约中会写上类似的条款吗？＝不会。

那么，契约中 1 年后的情况会怎样写？＝"如其 1 年本利不到，地与钱主耕种"。

期限内放款者可催促借钱者还钱吗？＝期限内不可。

有 1 年后也不可催促的情况凸现吗？＝1 年后便可催促其还款。

1 年以内借钱者将土地转让给放款者的情况就完全没有吗？＝可以售卖。但是卖出对象并未固定，届时需另立新的契约。

据借钱契将土地立即直接转让的情况有过吗？＝没有。

借钱契是规定 1 年期内仍由借钱者耕种吗？＝是的。

若是旗地，立定借钱契后放款者需要交租吗？＝不需要。

在这个村，1 年后土地可赎回吗？＝1 年可赎回。

有退地的情况吗？＝在本村没有过。

【过、推】有"过"这种情况吗？＝有。

那其契约是何种格式？＝售卖官旗产业时成为推、过。

本村用哪一种说法？＝称为推、过。两者都用。

哪一种用得较多？＝都一样。

这种情况下契约的名称是？＝"过字"。

会称其为"过契"吗？＝会。

会称其为"推契"吗？＝会。

售卖官旗产业时也这么叫吗？＝是的。卖民粮地时不这么说。

【过契的格式】售卖官旗产业时过契的格式是怎样的？＝

立过旗种地契文约人○○

因正用无钱使用今有旗租地○段○亩坐落○

村○○亲托中人说合情愿过与○○○名下耕

种同中言明地价○○○其钱笔下交清两家情愿

各无反悔恐口无凭立过字为证

四至分明
东至○○○南至○○○
西至○○○北至○○○

立过字人　○○○

中保人　○○○

代笔人　○○○

年
月
日

【抵押契约的格式】

立指地借钱人○○○因正用不足将地契○段坐落

○○村○亩亲托中人借到○○○名下国币○○元

同中言明年息○分是日钱到将借字回赎如若本利

不到地与○○○名下耕种此系两家情愿各无反悔

如有舛错等情自有中人一面承管恐口无凭立借字

为证

随带红契○张

指地借钱人　○○○

中保人　○○○

代笔人　○○○

年
月
日

立借钱契时，有不写上利息的情况吗？＝没有，必须要写上。

放款者在未回收本金的情况下，可将土地卖掉吗？＝不行。

可用于典当吗？＝（答曰不清楚）。

【地券持有者】有将借钱契放于放款者保管的吗？＝从一开始就由放款者持有。

那么地券、卖契也和借钱契一起交由放款者保管吗？＝当然是的。

【抵押价格和土地价格】立借钱契时所借金额与地价是何种关系？＝地价 10 元则可押 5 元。

有和地价相同的押价吗？＝没有。

若未满 1 年则放款者会将剩下的 5 元补给借钱者吗？＝不会。

若到期借钱者不能归还本利，则放款者能自由地对土地进行处置吗？＝不能。

因为并无证据可证明借钱契的存在，那么放款者持有地券后，不是可以自由地对土地进行处置了吗？＝就算放款者想卖，也不会有买主。

借钱人已无可证明此土地为自己所有的证据，如果放款者利用地券将土地卖与第三者，那么借钱者该如何证明此土地系自己所有呢？＝借钱者只能依赖中保人，而中保人也必须出来做证。

因中保人也无任何书面材料，仅能做口头证明，因而持有书面材料的放款者一方不是更加强势吗？＝中保人不会输。也可去承审处查（地券上的所有者名字不同）。

放款者伪造一份地券和草契，并写上自己的名字，不就可以了吗？＝即使伪造了草契，也没有保证人。更何况村长不会将草契交与他（且若有缴税存根是最确实的证据）。

【指地借钱的期限】1 年后未按期交纳利息时，放款者对其耕种土地两年到三年后，借钱者仍不将钱偿还的情况有吗？＝有。

几年后就不会还钱了呢？＝不一定。无论过去多少年，只要借钱者还钱，便可赎回土地。

即使有钱也不能赎回土地的情况出现过吗？＝也不能一直丢开不管。这样的话，中保人很为难，即使放款者不催促，中保人也很为难。

为什么呢？＝中保人、说合人都是和放款者比较熟识的人，因而即使放款者不催促，中保人也不得不主动进行催缴。

有没有丢开不管的押呢？＝有。

那人会将借款增加到地价同等的金额吗？＝可以找价。且可以将土地卖与别人而后还钱，售卖对象不限于放款者。

【售卖担保地】作为担保的土地在期限内能卖与第三者吗？＝是可能的。只要将所卖金额的一部分用于还款即可。

售卖担保地需要放款者的许可吗？＝要和中人商量。

如果中人反对呢？＝中人不会反对。只要能收回钱，就会很高兴。

只要卖后还款即可吗？＝需要卖前先还清欠款。

如果不先从别处借钱还款的话，就不能卖地吗？＝是的。

如果没人肯借给其钱怎么办呢？＝那就从可能的新买主那里借。

若不取消就不能卖吗？＝是的。

然而要取消就要还钱不是吗？＝是的。

那样的话，最终还取消不了的吧？＝因借钱者没钱，所以可以向新的买主借。

卖之前需要放款者的同意吗？＝出价相同的情况下，放款者拥有优先购买权。

（同上问）？＝借钱者和新买卖的中人商量后先从新买主处借钱，后用以取消押契。（李注源和杨泽轮流回答。）

放款者的许可是指？＝要想售卖时，需与放款者商量。

放款者不会以没有担保而不同意出售吗？＝虽说是为了还钱，也需要获得其同意。

放款者应该是必须在其卖之前收回借款的吧？＝从新买主处借得。

新买主会事先付款吗？＝会的。

买主不会担心卖主不交付土地吗？＝有中人在。

有放款者因为出价相同而购买的先例吗？＝没有。

【找价】有找价的实例吗？＝没有。

可以找价吗？＝可以。

与其找价不如一开始就卖，不是吗？＝因为借钱者一开始并不需要那么大数额的钱。

【退地】有退地的实例吗？＝没有。

典出土地时，作为担保的地价和典价相同的情况出现过吗？＝没有。

借贷同时也要立契吗？＝要作典字。

【典字和典当契约】典字和典契相同吗？＝（答不清楚）。

一般使用哪一个？＝书写时用典契，口语中用典字。

典字时写作借款吗？＝不写借款是典。

【活契】但是实际上，不就是因为没钱才典当土地而借钱的吗？＝典当称为活契，而卖出则称为死契。

为什么将典契称作活契？＝因为可以用钱赎回。

在什么情况下将典契称作活契？＝一般都这么说。

活契和典契相同吗？＝是的。

押契不是活契吗？＝称作借。

典当都是活契吗？＝是的。

【典价的支付期】能在典当前拿到典当金额吗？＝不能。

典款是在出典之后吗？＝在写典契之后。

典款支付和土地交付谁比较早？＝在写典契后同时进行。

出典之后自己就不能再进行耕种了吧？＝不能。

【典和卖】有和地价相同典价的典契吗？＝没有。

形式上是典，而实际上是将土地卖给典主的情况有过吗？＝没有。卖的话就写作是卖就好了。

因卖地的税款太高而采用这种手段不是也可以吗？＝如果以典的名义卖地，将来有地被赎回的危险。

为了防止此类情况出现，而将典期设置为100年甚至200年不就行了吗？＝不行。

对于那些可典却不可卖的土地，如若不通过这种方式，便无法卖出不是吗？＝以过、推的方式卖出。

【旗人租地的出售】有无可以典当却禁止买卖的土地？＝没有。

若没有则过、推不是无用吗？＝旗租地。

只有旗租地吗？＝是的。

旗租地不能像普通土地那样售卖吗？＝不能。

必须按照过、推的原则出售吗？＝是的。

过、推时的地价被称作什么？＝推价、过价。

过价和买卖时的货款意思相同吗？＝相同。

【过、推的税契】依照过、推进行交易时需要申报吗？＝申报后交纳税款。

是以买卖的名义吗？＝以过、推的名义，税与买卖土地相同。

就用草契的规格用纸吗，还是用白契？＝现在是使用买卖所用的草契。

用草契写上让人明白是过、推形式的契约吗？＝本村没有用草契的实例。

那么是用白契吗？＝曾经是的。

现在也是吗？＝现在是用草契。

现在的草契上有表示过、推的字眼吗？＝未曾亲眼见过。

若用白契需要交纳契税吗？＝需要。

那种情况下，地租要怎么办？＝由新买主交纳。

【过割】要去税契处更名吗？＝要去过割。

是和普通的更名意思相同吗？＝同。地点不同。需从北京来的人修改名簿，而现在不从北京来了。

那份名簿叫什么？＝租账。

税率是一定的吗？＝地价的九分五，买卖税率相同。

今年有几户进行了推、过？＝没有。

最近一次是什么时候？＝是使用草契之前，19 年前。

在立推、过契约之前需要获得允诺吗？＝不需要。

【转典】甲将土地典当给乙，而乙再将土地典当给丙的情况曾有过吗？＝有过。但需在前一个典的典期内，若超出典期则无法进行二次典当。

这被称作什么？＝"转典"。

【转典的期限】如果第一典期为 3 年，第二典期不可能为 4 年吗？＝不可。

若第一典期为 3 年，1 年以后进行二次典当，则二次典当的典期只能在两年以内是吗？＝是的。

【第二典的契约书】进行第二典时，对于第一典需要在契约中另作说明吗？＝要再写一份。

第一典的典主将土地卖与第二典的典主的情况出现过吗？＝没有，也不能。

转典情况下，甲和丙是何种关系？＝没关系。

【转典的赎回】若在第二年甲要从乙处赎回土地，则乙要如何从丙处赎回？＝先要乙从丙处赎回土地后，甲方可从乙处赎回。

若丙认为仍在典期内反对其赎回要怎么办？ ＝仍在期限内不可赎回。

【转典的对象】若第一典是连同建筑物一起典当的，那么进行第二典时可否只典当建筑物？ ＝不能。

若典当物和第一典不同则不能进行转典吗？ ＝需同第一典相同。

若第一典是带建筑物的土地，在进行第二典后建筑物烧毁，此种情况下该如何处置？ ＝假装作不知道就好，乙则需要向丙索取赔偿。

【典当物受到灾害】普通典当下的典物遭到水灾时怎么办？ ＝水灾真是没法子。

典主在何种情况下会赔偿而何种情况下又不会赔偿？ ＝故意毁坏时会赔偿，而失误的情况下则无须赔偿。

因过失引起火灾的情况呢（建筑物）？ ＝要赔偿。

转典时，就将第一典的契约交付于丙可以吗？ ＝不行，需另作。

【转典的加价】地价为 100 元，第一典的典价为 50 元，第二典的典价能到 60 元吗？ ＝最高只能是 50 元。第二典典价可低不可高。

若第一典甲加价 10 元，乙第二典能加价 20 元、10 元还是 5 元？ ＝一般转典不可加价，找价是指将典价增加至地价后将地卖掉。

转典时，第一典能加价吗？ ＝转典时不能加价，甲只能赎回后再典与别人。

【典地的收获】典当有利息吗？ ＝没有利息，但有土地的收成。

若从土地上所获收成非常之多呢？ ＝无论多么多，典出者也不能有任何抱怨。

若典出后的土地没有任何收成，典主可要求换典其他土地吗？ ＝不能。

【转典地的优先购买者】转典情况下，甲想出售土地时，乙和丙谁拥有优先购买权？ ＝乙。

【转典地的佃户】若出典地有佃户的情况下，甲在出典前需要先告知佃户吗？ ＝可以不与其商量。

乙承典后能解雇之前的佃户吗？ ＝这是乙的自由。

【出典和租佃】出典地有佃户（通常是先付地租）的情况下，将土地典出后则佃户所交地租该如何处置？ ＝还给佃户。

全部归还吗？ ＝全部归还，且还要附上利息。

在佃户和出典者签订契约的期间内也可典出吗？ ＝没有有期限的租佃。

长期佃户呢？ ＝没有。租地都是一年契约。

那么契约是每年更新的吗？ ＝每年变更。

那么 1 年契约的情况下，1 年内能典出吗？ ＝若佃户已经播种，则无法再典出。

收货后可以吗？ ＝可以。

若是施肥后播种前呢？ ＝那要视情况而定。地主需事先通知佃户，若已经施肥，则无法典出。

施肥、播种前还有什么情况，是地主也不可将地典出的？ ＝其他没有了。从播种到收获是绝对不可以的。

收获后立契和收获前立契，收获都出典的情况哪一种多一些？ ＝收货后立契的情况多一些。

肥料、种子、家畜等生产资料，地主和佃户各出一半的情况下，出典时又该如何处置？　=从未听过有如此形式的租佃。

本村的佃户是只租土地吗？　=是的。

佃户的农作物仍在地里，出典者取得佃户的许可，而将地典出的情况有吗？　=没有。

想要在作物收获以前出典，因而地主买下地里的作物后，再将土地典出的情况有吗？　=没有。

【抵押地的出典】押地可以壮典吗？　=取消押后可以将其典出。在押的土地不能典当（因为地券只有 1 张）。

要怎么样才能取消押？　=还钱后要回地契。

【出售和地租】要卖的土地还有人租佃的话，卖主需在事前跟佃户讲吗？　=和典时一样。

一定要告知吗？　=是的。

典、卖、押后的土地的佃户是原来的佃户的情况多，还是换新的佃户的情况多？　=更换的情况多。

有佃户的土地和没有佃户的土地在售卖时，哪一种会高一些？　=都一样。

佃户能对地主的出典、售卖提出异议吗？　=这和佃户毫无关系。

在收获前可以提出异议吗？　=可以。

若佃户反对，而地主却坚持要卖或典的情况有吗？　=即使是地主坚持要卖，其交付也只能在佃户收割之后。

【租佃权的买卖】有对租佃权进行买卖的吗？　=没有。

旗产的佃户能对租佃权进行买卖吗？　=有过、推这种形式。

佃户甲以 100 元的价格从乙处将租佃权继承，而后再以 80 元的价格转让给丙的情况有过吗？　=未曾有过对租佃权的买卖。

佃户将土地租佃给其他的佃户的情况有吗？　=没有。

【地租的基准】地租是如何决定的？　=因土地的好坏而不同。今年上等地 15 元，中等地 10 元，下等地 5 元左右。上等地中还会进行区分。

【佃户的交替】关于佃户是每年替换的情况多，还是长期租佃的情况多呢？　=每年更替。

为何要每年更替？　=是佃户更换地主。地主要涨地租时会告知佃户，而佃户不愿多交便主动更换。

【地租的数额】地租是每年变化的吗？　=每年不同。

比起以前，最近地租有所上涨吗？　=上涨了。去年上地是 8 元，今年 16 元，前年是 7元。

为何上涨？　=因为谷物价格上涨了。

地租全部是先付吗？　=是的。

交纳地租后，收成比预想的好时，地主会怎么办？　=没有办法。

今年的地租如何？ ＝最上等地 20 元，中等地最高 15 元，下等地最高 9 元；

上等地最低 16 元，中等地最低 10 元，下等地最低 2 元。

【地租的决定】地租是每年地主单方面决定的吗，还是和佃户商量后的结果？ ＝是由地主单方面决定的，但如果太高，则没人愿意租佃。

12 月 18 日

活卖、拍卖

应答者 （名字不详）

地　点　村公所

【附带买回条件的卖契】没有附带买回条件的卖契吗？ ＝没有。那样的话就和典一样了。

为什么就和典一样了呢？ ＝能买回的是典。

典是指有担保、能赎回是吧？ ＝是的。

而立卖契者能在一定时期后将土地买回吗？ ＝不能。

为什么？ ＝一般，买卖是指一旦卖出，便不可买回。

或者，立卖契将土地卖了之后又挣到了钱，且不想将土地让与他人时，有什么方法可以拿回原来的土地吗？ ＝如此的话，典是最好的选择。

然而，若进行典当则典价只有卖价的 1/2，所得金额不够时怎么办？ ＝可典当很多土地。

而又没有其他土地可典当的情况下呢？ ＝那就卖了怎么样？

就真的没有附带买回条件的卖契吗？ ＝闻所未闻。

【政府部门出售土地】县、村公所以及其他公署将土地卖与一般人民的情况有过吗？ ＝村公所有卖过土地（公所所有地）。

县公署呢？ ＝未曾听说。

省级部门呢？ ＝未有听说过。

【官产处出售土地】官有地（官产）曾有过吗？ ＝有过。叫作"官产处卖佃"，即卖掉土地充作民粮地。

那是何时的事？ ＝民国十四五年前后。官产处将当时所持有的"租子地"卖给了佃户（参考本书 313 页）。

此外呢？ ＝还有 8 项旗租的出售。称为"卖佃""买佃"，也是发生在民国十四五年左右（参考本书 317 页）。

【出售村庄所有地的手续】村公所出售土地被称为？ ＝本村没有，其他村有。但并无特别称谓。

那种情况下的买卖顺序是？ ＝列上村长、会首的名字（契约上也要写）并写上出售原因后立契。

那么如何寻找买主呢？＝村长会告知大家村里费用不足，想要卖地之主旨，而后会首会找来买主。

会张贴海报或者出告示吗？＝会张贴海报。会将出售理由写在海报上贴在容易看见的地方，但不一定会出告示。

一定是会首去找来买主吗？＝不一定。

要是买主很多呢？＝那就进行投票。

是卖给出钱最多者吗？＝是的。

是以先后顺序来决定优先购买权吗？＝如果出价相同的情况下是的。

哪种情况下会进行投票？＝买主很多的情况下。

是问过出价之后再进行投票吗？＝大家一起进行投标。与会人包括投票人和会首全部，根据其到场顺序给买者发放纸条，并让其在纸条上写上姓名和买价。而后村长打开纸条查看，村长看完后叫出价最高者的名字，并决定买主为此人。卖契中代笔人为村公所的书记，卖契的格式和普通卖契相同。所不同的是"立契字文契人合村会首○○○、○○○"，且会首（卖主）名有很多。更名是由买主（村公会会去一人随行）去办理，契税也由买主交纳。

土地的交付时期是？＝立定契约之后立即交付。买主决定实地调查的时间后就立即实行，之后便立契。

买主仅限于村民吗？＝首先是自己的村民，村民中没有买主时再卖与外村。

村公所的土地是怎样的土地？＝不一定。

比如庙产之类的？＝也有。

共有地、村公地、公会地（和公地相同）、香火地呢？＝也属于此类。

官产、旗地的出售方法是？＝一般是卖与耕种的佃户。

【拍卖的手续】多数的债权者会向村、县公署申请拍卖债务者的土地的吧？＝是的，叫作拍卖，须向县公署申报。

公署是指？＝土地在本县而人在他县的情况下，去本县公署申报。

若债务者在他县居住呢？＝那就去债务者所在的县上诉，而不能在债权者所在的县上诉。

上诉的方法是？＝写好"民事状"后将其交至"收发处"，收发处再将其交还至"承审处"，之后再将"传票"交与"政务警察"，最后政务警察再将传票交给其本人（分别为第一被告和第二被告）。然后开始诉讼程序，判决决定后审判长会要求被告找到保证人，之后承审官便会对被告说"卖掉土地"并命令其执行。

拍卖命令呢？＝有两个。一个是命令被告自己出售，另一个是承审官代其出售。

若是被告自己出售的情况呢？＝则与承审官无关，但此种情况也叫拍卖。

和普通的买卖所不同的地方是？＝只是被命令才卖这点有所不同。所售金额未能达到债务总额时，则由债权人平均分配。被告先拿到出售土地的货款，而后再将其分配给各个债权者。如此，未能还清的部分则自动抹掉，欠条等也都全部销毁。

若之后，欠债者又变得有钱了呢？＝分配金额时要有中人在场，所有的债权者和债务者均到场，且一起将欠条之类的借据销毁（一般是在欠债者家中）。

若是承审处代其出售的情况呢？　＝承审处从村里叫来村长、副村长等人商量后卖掉，而此时买卖的中人是村长、副村长，并写下卖契。

和普通卖契不同的地方是？　＝不知道。未曾见过相关的卖契。

承审处会出示拍卖的公告吗？　＝会。因○○从○○处借款且无力偿还，因而受官方监督将地卖掉。

买主无论是谁都没关系吗？　＝都可以。

外村的也可以吗？　＝不清楚。

如果买主很多呢？　＝不清楚。

乙向甲借款 100 元并以土地提供担保。之后将担保地以 100 元的价格卖与甲的情况存在吗？　＝存在，但价格不同。

那么此种情况下的契约为？　＝卖契。

全都写卖契吗？　＝后面的情况是写卖契，前面是指地借钱契，必须写明两份。

只有卖契不行吗？　＝不行，两份都要。

此两种行为不能在一天之内进行吗？　＝不能。

乙向甲借钱并以地作为担保，而后又将担保地典出，则若乙要将担保地卖与甲时需怎么办？　＝签订卖契即可，但并无实例。

12 月 19 日

赊账

应答者　杜守田（沙井村民）

地　点　村公所

【赊账】事先给予其货物而后收货款的行为称为什么？　＝"赊账"，商店需熟知买主，方能赊账。

【支付方法】赊账金额过多时，其一次性付清抑或是分期付款支付呢？　＝若是逢赶集日，所赊之账则需在下一个赶集日付款。

赊欠可达 10 天、20 天吗？　＝也有这样的情况，也有 2 月赊账 5 月才还的。

有赊欠一年的吗？　＝也有。但必须进行每季度分期支付。

赊账是各人去固定的商店吗？　＝是的，去不认识的商店是无法赊账的。

若是通过熟人在不熟悉的商店也可赊账吗？　＝是的。

【账簿】有赊账账本吗？　＝有。

那是商店持有还是买主的村民等持有？　＝商店持有。

【清单】买主没有账目的吗？　＝自己记下所买的货物，称作"清单"。

清单上都写了什么？　＝物品、数量、价格、总计、年月日。

用盖印章吗？　＝需要。

要贴印花吗？　＝要。

若印花数额很少也需要贴吗？　＝不清楚。

印花由谁拿出？　＝由店里拿出并贴上。

印花价格因商品价格不同而不同吗？　＝是的。商品价格越高，印花也就越高。

其费率为？　＝不知道。

在熟知的店里购物时，任何东西都可赊账购买吗？　＝是的。

若是顺义的所有店都熟知的话，则一般日常生活用品则都能买到吧？　＝是的，如果所有的店都能熟知的话。

有不允许赊账只进行现金交易的商店吗？　＝我想有吧，但并不十分清楚。

所有的生活用品都能赊账赊买吗？　＝是的。

【支付日期】所赊账金额的付款日期是固定的吗？　＝是的。

会根据商店不同而不同吗？　＝大体相同。

是月末还是年底？　＝一般麦秋、大秋、端午、中秋、年底几个时间段。

支付日固定的情况下，若有钱时可随时支付吗？　＝可以。

【利息】欠款过多支付日为完全支付的金额会转入来年的账单吗？　＝会，且会产生利息。

赊账购买会产生利息吗？　＝“当年无利”。

超过一年则从翌年开始产生利息吗？　＝根据数额不同而不同。若 100 元的赊账归还 95 元，剩下的 5 元，则不会产生利息；若剩余欠款过多，则会产生利息。

利率为？　＝月利 3 分。100 元年利 36 元，1 月 3 元。

这也是各店有所不同吗？　＝不同，但大体是 3 分。最高 5 分，最低 3 分，普通 3 分。

次年归还欠款时，所还金额需要立契约吗？　＝不需要。

【欠款的限度】赊账金额无论多少都可以吗？会因人而有一定限额吗？　＝有信用的话，无论多少都可以赊到。有土地的有钱人多会赊账，而穷人则甚少主动赊账，因为将来还不起。

村民赊账最多的是什么？　＝日用品（油、火柴、肥皂、布、丝、针）。

谷物呢？　＝很少。类似去年的水灾之年会多一些。

穷人也不会赊欠谷物吗？　＝也有。但商店大多不信任穷人，因此只能拜托熟人介绍。

介绍人也是保证人吗？　＝是的。

有文书吗？　＝没有，口头的。

没钱付账时，商店会拿土地抵押吗？　＝不会，赊账的都是有信用的人。

一般赊账的都是本村村民吗？　＝不一定。

半数以上都有赊账吗？　＝2/5 左右，商店和买主关系好的话，买主不要求，也会主动让其赊账。

赊账的人将赊账留到次年支付的人多吗？　＝一般都会于当年支付，因为会有利息产生。

【商店土地的佃户】称为赊账商店的佃户的情况存在吗？　＝存在。若无欠账农户成为其佃户，则会拜托买主为其寻找佃户。

顺义拥有佃户的商家很多吧？＝不清楚。沙井村民中并无这样的佃户，而李家桥、后桥则有商店的佃户。

1941 年 3 月

（华北农村惯行调查资料第 25 辑）

土地买卖篇第 4 号　河北省顺义县沙井村
　　　　调查员　早川保
　　　　翻　译　郭文山

3 月 18 日

税契　保人

应答者　赏德一（实习书记——县公署的税契事务办理者）
地　点　县公署

此地经常买卖土地吗？　＝确有很多。

沙井村的情况呢？　＝不知道。

【缴税契约】买卖土地必须要向县公署申报的吧？　＝必须来领税契。

售卖土地的人无须来领税契吗？　＝和卖主没有关系。

若是卖主来了会受理吗？　＝不会来。

有卖主和买主一起来的情况吗？　＝没有。

一定是男的来吗？　＝一定是男的，女的不会来，若是女的，则会委托代理人来。

若一个家庭里全是女的呢？　＝那种情况是没有办法，只能女的来。

土地买卖只限于家长吗？　＝一般是家长来办理。

祖母和孙联名能售卖土地吗，还使用白契时，好像曾有过这样的情况？　＝这需要依据买主的要求来定。

【中保人】售卖土地时是直接和买主商量吗？　＝一定要有中保人在场。

买主和卖主不能直接沟通吗？　＝虽然应该也可以，但一般不这么做。

关系很好的买主和卖主谈好之后，也要请中保人吗？　＝也要。但这种情况很少，一般是不认识卖主时买主会委托中保人，而不认识买主时，卖主会委托中保人。

既有买主方中保人，也有卖主方中保人，双方中保人同时存在的情况有过吗？　＝有，有时甚至有三四个中保人。

卖契上需要写上中保人，则一般是写买方中保人还是卖方中保人？　＝都要写上。

【中保人的责任】中保人对卖主负有怎样的责任？＝约定好出售的土地，若因不履约或者土地的来历以及土地相关不明确的地方所引起的纷争，需要其解决。

中保人对买主负有怎样的责任？＝催促买主支付货款并代其交纳货款等责任。

【中保人和介绍人】除中保人外，还可称其为什么？＝说合人、介绍人。

介绍人和中保人有所差异吧？＝相同的。

但是有将其分别书写的情况啊？＝有的将其写作一体，有的为明确其责任将其分开书写。

中保人和介绍人、说合人是一个意思吗？＝是的。

中保人和介绍人分开书写时，介绍人承担责任，而中保人不承担责任的情况有吗？＝那要根据买卖情况而定。

一般是写作中保人负责，也有写介绍人负责的情况吗？＝也不是没有。但一般是中保人负责。

【地牵人】有地牵人这个词汇吗？＝没有。

【丈量土地】售卖土地时，必须要经过丈量吗？＝买卖双方同时出席，并丈量土地。

这叫作什么？＝叫作打地。

出席人只有买卖双方吗？＝还有中保人。但若出现差错则土地的四邻都需到场。

除打地外还有其他词汇吗？＝也说丈量地亩。

不单说丈量吗？＝单说丈量的话，到底是丈量什么并不清楚。

丈量之后再写契约吗？＝可丈量前写也可丈量后写。

什么情况下会丈量前写呢？＝买主认为丈量无误。

丈量前所写契约和丈量后所写契约有何不同？＝没有。

丈量时，其土地的四邻不是必须应该到场吗？＝四邻无须到场。

丈量的人是固定的吗？＝一般是中保人做，买主帮忙，卖主只是看着而已。

丈量难吗？＝不难。

会用有关丈量方法的书吗？＝一般不会用。

有以丈量为职业的人吗？＝没有。

【给中保人的谢礼】中保人会得到一定的谢礼吗？＝买主会给其一定的谢礼。

卖主会给吗？＝一般是买主给。

什么情况下卖主会给呢？＝卖价很高很高时。

买卖约定好后会给定金吗？＝不会。

【中保人和卖主】卖主为何邀请中保人呢？＝若卖不掉土地则会蒙羞，因而急于卖掉土地之人便会青睐中保人。

卖主的中保人可以是自己的兄弟吗？＝必须是分了家的兄弟。

中保人有女的吗？＝没有，那是不被允许的。

为何不可？＝卖主、买主都会有女的，但是中保人不行，只能找男的。

中保人可是同族之人吗？＝可以。同族的人更好。

【契约的必要度】买卖时必须立定契约吗？＝是的。

特别亲密的人之间不立契约也是可以的吧？＝无论关系多好的人，也有关系不好的时候。

四邻都到场也不行吗？＝是的，不行。

【契约持有人】占有土地时，契约的持有人一定要是家长吗？＝虽然契约上写着家长的名字，但并非家长之物，是家庭成员的共有财产。购买土地时只需要家长之名就行，但出售时则还需写上与其共有的其他兄弟姐妹的名字，因为否则不知道其他兄弟姐妹是否真的赞成出售土地。

卖契等文件都是家长持有吗？＝是的。

父亲还在，却用儿子的名字买卖土地的情况存在吗？＝没有。俗话说"有父不言子"。

【族长的位次】怎样的人才能成为家长？＝一般是长子。

若全是女儿呢？＝长女。

若是姐姐和弟弟呢？＝弟弟。

为什么？＝因为姐姐会出嫁。

若姐姐出嫁后又回来了呢？＝不会回来。即使是丈夫死了，也不能回来。

父亲 60 岁儿子 30 岁，父亲的弟弟（儿子的叔父）25 岁，若父亲死了，则谁会成为家长？＝叔父和侄子商量后其中一位成为家长。但若叔父 40 岁比侄子年长，则家长自然是叔父。

即使叔父比侄子小，一般也是叔父称为家长吗？＝那倒不一定。

3 月 19 日

卖土地的原因 买卖手续庙产

应答者 张瑞（副村长）
地 点 县公署

沙井村有不能售卖的土地吗？＝没有。

曾经有过吗？＝曾经也没有。

【推、过】旗地是怎样的情形？＝旗地也可进行买卖，但叫法不同，叫作推、过。

沙井村的土地经常被买卖吗？＝很少。

1 年内出售土地的大约有几人？＝1 年四五人。

【出售土地的原因】为何要出售土地？＝家庭成员过多，生活费不足等原因。

因税费或摊款过多而出售土地的情况存在吗？＝那倒没有。

因水灾、旱灾等而卖土地的情况存在吗？＝这种情况较多。

大约什么时候有过水灾？＝前年。

彼时沙井村大约有多少人售卖土地？＝大约四五家。

都卖给了沙井村的人了吗？＝大多是卖给了本村的人。

若是卖给外村都卖给了哪里？＝卖给了距沙井村很近的石门村、望泉寺的人。

为什么要卖给距离很近的人？ ＝卖给邻村的人可以得到各种便宜。

具体是哪种便宜？ ＝石门村的人买了沙井村的土地，因为其陆续购买而使石门村的土地增多，而相应的摊款就相对减少了。

旱灾是什么时候的事？ ＝民国十七年。

当时，沙井村的人可曾卖过土地？ ＝仅有四五家卖了。

因前年水灾而卖地的人，最多的卖了几亩地？ ＝两三亩。

卖得最少的卖了多少？ ＝最少不低于 1 亩。

为什么亩以下不能进行出售？ ＝那么狭窄的土地，既不会有人卖，也不会有人买。

【地价】沙井村一亩地大约多少钱？ ＝60 元到 120 元不等，分为上、中、下三等。

这是旱地的价格吗？ ＝是的。

沙井村有水田吗？ ＝没有。

上、中、下三等地是靠什么区分的？ ＝产量。

1 亩地的产量如何？ ＝上等地可收获玉蜀黍 1 石 6 斗，中等地收获 1 石，下等地是 6 斗。麦的产量是上等地 1 石，中等地 8 斗，下等地 6 斗到 7 斗。

【宅地的出售】在沙井村宅基地有用于出售吗？ ＝基本没有。仅前年有一家。

那是连房屋一起出售吗？ ＝仅仅是出售宅基地。

为何要出售？ ＝因生活费不足。

房屋和土地一起出售更常见，还是分开出售更常见？ ＝并无多大区别。

有不出售房屋，仅出售土地的先例吗？ ＝没有，是没有买主要买那样的土地的，因为买主的目的是那块地。

那有不出售土地，仅出售房屋的情况吗？ ＝即使有，也很少。且最近已经没有了。

【葬礼、结婚的费用】因生活困难而卖土地的家庭，除因家庭成员过多外，还有别的原因吗？ ＝因父母去世或结婚导致的大笔开销所致。

在沙井村嫁女儿大约需要花费多少？ ＝不一定，从几十元到 200 元不等，根据家庭情况可多可少。

结婚时花费最多的是什么？ ＝衣服和道具。

沙井村有经历过战争灾害吗？ ＝没有。

受过匪贼之害吗？ ＝没有。

出售土地时并非即时能卖，首先是作为担保先借到钱，而后因为不能及时偿还而卖的情况更加普遍吧？ ＝那种情况很少，一般都是直接卖。

【给中保人的谢礼】若 1 亩土地卖 100 元，则中保人能得到多少谢礼？ ＝中保人一般是无偿的，不收礼的。

那么，应该没人愿意当中保人的吧？ ＝是的。一般没人会主动去做，都是被委托而没有办法才做的。

【定金】买卖土地时需要付定金吗？ ＝不需要。

【契约规定用纸和名称】土地买卖时，除地契外还要写别的文书吗？ ＝不需要。

沙井村把地契叫作什么？ ＝地契、契纸。

不叫买契吗？ ＝不这么叫。

沙井村的土地买卖是否有固定用纸？ ＝用西毛纸。

现今买卖土地必须使用草契吗？ ＝是的。

草契哪里有？ ＝乡长有。

若不使用草契会怎么样？ ＝若不使用草契，就是私买私卖。

草契需要几份？ ＝1 份。

谁去买呢？ ＝买主买。

多少钱一份？ ＝不知道。

【土地货款的支付期】土地货款一般何时支付？ ＝需在契约签订当日支付。

【丈量土地】买卖土地时必须丈量土地面积吗？ ＝是的。

那么土地四邻的人也必须到场吗？ ＝不到场也可以，一般是不进行打地的。

【买卖土地与租赁土地】将土地租赁给佃户耕种的土地所有者可以悄悄地将土地卖掉吗？ ＝可以不用通知佃户，但必须告知买主租赁给别人耕种这一事实。

土地买卖一般在 1 年中的何时？ ＝从 9 月到次年 9 月。

【买卖和典】甲将土地典给乙，却又将其卖给丙，这样的情况可能发生吗？ ＝可以。但必须与乙商量，且乙具有优先购买权。

从甲处购得土地的丙可以要求乙将土地还给他吗？ ＝可以。

乙不会有怨言吗？ ＝会有，但一般最后都会妥协。

那么这种情况一般都是甲、乙、丙 3 人一起商量后决定的吗？ ＝是的。甲将土地卖给丙，然后用卖来的货款偿还给乙，取消典后将土地交付给丙。

【陪嫁钱】有将土地作为陪嫁的吗？ ＝没有。

那么一般会将什么作为陪嫁？ ＝一般是带一些钱。

那一般是多少？ ＝最少也要 10 元左右。

沙井村的人在县城甚至或者是在北京挣得的钱能用于买地吗？ ＝买不了。因为钱都寄回家，成为了全家的共同财产，由家长保管。

【土地上的固定物】售卖土地时，水井、石头以及小屋等也要一同卖掉吗？ ＝是的。

是包含在土地里面的吗？ ＝是的。若不卖的话，要在交易时说清楚，不说的话，就会认为是卖。

树木呢？ ＝树木是砍掉后再卖。

在卖掉土地后，卖主再砍伐树木的话，买主会有意见吗？ ＝当然。

关于树木若没特别提及的话，会被认为是属于买主的吗？ ＝不是，买卖时一定会提到。

【墓地】墓地即使不说，也是不能卖的吧？ ＝只是坟墓本身不能卖。

不起葬是什么意思？ ＝就是将坟扒掉，但却不能再葬的意思。

扒掉坟后，土地归谁所有？ ＝买主。

那么部分土地的钱会归还给卖主吗？ ＝不会。

那么坟墓部分的土地还是卖掉了？ ＝是的。

还是坟墓所占用的土地是借给其使用的？ ＝自然而然地就借给其使用了。

仅卖土地的一部分且卖掉的土地成为孤岛（即道路不通）时，买主必须要为卖主修通道路吗？ ＝是的，但几乎没有这样的情况发生，因为谁也不会这样卖土地。

甲将土地以 100 元的价格卖与乙，而乙未缴税且又以 120 元的价格将其卖给丙，那么丙去交契税时，可以按从甲处直接购买的情况去办手续吗？ ＝不能。那样的话，甲就应该不卖给乙，直接以 120 元的价格卖给丙。

【出售墓地时的宴会】买卖土地时要花哪些钱？ ＝并无多少费用，只是签订契约时，买主要请客，大约花费 5 元。

会有谁出席呢？ ＝卖主、买主、中保人、代笔人、乡长。

佃户呢？ ＝没关系。

土地买卖时，买主和卖主不会直接商谈吗？ ＝不会。

为什么？ ＝二人直接商谈的话买卖不会顺利。

【地价的决定】怎样决定地价？ ＝根据当年的谷物价格来决定，多是根据产量来决定的。

谷物的价格是指何地的价格？ ＝沙井村是以县城的价格为参考的。

签订契约时，买主和卖主会现场签订吗？ ＝是的。

【缴税契约的期限】买主需什么时候缴税？ ＝买卖成立后 6 个月以内。

一般是在买卖后多长时间内办理契税手续？ ＝一般 1 个月以后。

是买主去吗？ ＝是的。

作为买主的家长不在时，应该谁去？ ＝中保人也可以。

乡长处只有草契吗？ ＝是的。

也没有关于土地所有者变动的名册吗？ ＝没有。只有草契的存根。

【打地】买卖时，一般会打地吗？ ＝一般不会。

【契约错误】若没打地草契上写 3 亩而实际上只有 2 亩 7 分时怎么办？ ＝这是买主的损失。

不会让卖主退回一部分钱吗？ ＝不会。

那么买主会直接跟卖主发牢骚吗，还是会通过中保人向卖主抱怨？ ＝一般什么也不会说。

【买卖的生效时期】买卖土地时，支付完货款拿到地契土地就归买主所有了吧？ ＝是的。

从第二天起买主就能自由支配土地了吧？ ＝是的。

即使买后第二天因大水土地遭毁，买主也无可奈何吧？ ＝是的。

【优先购买土地的顺序】土地所有者身边有佃户、典权人、四邻、街坊、同族者、亲戚等人时，首先应将土地卖给谁？ ＝首先应卖给分家后的兄弟，然后是同族的人、典主，若典主不买，则可自由地卖与他人。

若不卖给同族的人而卖给其他人，则同族人会有意见吗？ ＝一般不会。因为只要被人买了就没办法了，而且要有钱，什么样的土地都能买到。

【祠堂的土地】沙井村的土地都是有所属的吗？ ＝是的。

有没有没有主的土地？ ＝有。

大约有多少？ ＝20 亩左右。

因为土地无所属所以谁都可以种植谷物吗？ ＝那会用作庙里的香纸钱。

那又由谁租赁出去呢？ ＝村长或副村长。

那土地是村里的土地吗？ ＝也不能说是村里的土地，应该是以前有钱人捐给庙里的。

沙井村里有几座庙？ ＝两座。观音寺和五道庙。

那 20 亩土地是观音寺的土地还是五道庙的土地？ ＝属于观音寺。

为何不属于五道庙？ ＝祭祀时是和观音寺一起祭祀的。

那么土地算是庙产吧？ ＝因为庙是白得的，所以不算是庙自身的财产。

那是属于谁的呢？ ＝是施主的。

施主是谁不是不知道吗？ ＝是的。但有知情者，据说施主是一位居住在北京的山东人，姓王。

寺庙由谁管理呢？ ＝村长或副村长，现在由扬永才管理。

为何由杨永才管理？ ＝是乡长委托的。

为何要委托杨永才？ ＝因为人很好。

有钱人吗？ ＝不是。

笃信宗教吗？ ＝也不是。

管理寺庙有什么好处吗？ ＝耕种 8 亩土地，有收入。

收入是指什么？ ＝庙右边土地地租的一部分。

其余土地的地租都给乡长吗？ ＝是的。

寺庙购买土地时由谁购买？ ＝村长购买。

那卖出也是由乡长卖出吗？ ＝是的。

【拍卖】甲分别向乙、丙、丁借钱，若甲没钱只有 2 亩土地，应该如何处置？ ＝乙、丙、丁商量后寻找买主。

若乙、丙、丁向县公署提请竞卖呢？ ＝一般不会出现这样的情况，如果甲（债务者）将土地交付于 3 人并说，你们看着办吧，这种情况下乙、丙、丁应商量之后进行处理。然而甲虽拥有土地，却不愿交付，则只能去县公署提起上诉，由县公署强制将其土地进行售卖。

我向甲借 50 元而甲却将 1 亩价值 100 元的土地拿去用作典当，而我又分别向乙和丙借钱 60 元和 80 元，当我无法偿还欠款时要怎么办？ ＝甲有购买此土地的权利，可以再支付 50 元将土地买下，而我再将这 50 元平均分配给乙和丙。

【指地借钱】沙井村用土地做担保借钱的形式除了典还有什么？ ＝还有指地借钱。

指地借钱是怎样一种方式？ ＝需要用钱时，特别是 100 元以上时，则将土地作为担保拜托朋友帮忙借贷。朋友便去有钱人处借钱，若借到钱则需将地券交给放款者，和典所不同的是，其土地仍归自己耕种。

表面上是指地借钱，而实际上是将地卖与放款者的情况存在吗？ ＝没有。指地借钱的情况下，价值 100 元的地只能借到 50 元。

那么以 1 亩地借出 100 元不就可以了吗？ ＝不可以。

指地借钱和典哪一种更划算？ ＝对借钱者来说，典更划算，因为没有利息。

但与此同时，地却不能自己耕种？ ＝但是指地借钱的话，无论收成如何都要交纳利息。

1 亩 100 元的土地以 70 元的价格卖与好友，且说好之后再以 70 元的价格买回，类似这样的现象存在吗？ ＝不存在。与其这样还不如去典。

卖掉土地后，与买主商量，请其不要再将土地卖与他人，要是非卖不可的话，可不可以卖给自己，有这样的情况吗？ ＝没有。

3 月 20 日

中保人　地契的记入事项

应答者　杨润（会首）、赵廷奎（会首）

地　点　县公署

去年沙井村有土地买卖吗？ ＝有。

是谁卖了土地？ ＝刘长春将四五亩土地卖与了外村人。

【中保人】沙井村的中保人有固定人选吗？ ＝没有。

什么样的人能成为中保人？ ＝谁都可以。

女的也可以吗？ ＝女的不行。

女的即使是家长也不可以吗？ ＝不行。一般不会找女的做中保人，且男的很多。

为什么女的不可以？ ＝女的做不了中保人的事，而且也没资格。

一般中保人有几人？ ＝至少必须要 1 人，有时也会有五六个中保人。

中保人是卖主方面的人，还是买主方面的人？ ＝中间人，并不偏向于某一方。

是由卖方委托还是买方委托？ ＝多是由卖方委托。

为何？ ＝因为是卖主想要卖地，因此卖主若不找中保人，谁也不知道其卖地的想法。

中保人有着怎样的责任？ ＝联络双方。

【土地买卖的纷争】若围绕地契产生纷争，则会是在怎样的情况下？ ＝例如实际土地亩数和契约上所写不一致，或者其他人主张此土地已为自己所买等情况。

若亩数不一致，则中保人该如何处置？ ＝买主无话可说，因为是自己不甚小心所致。

说是上等地而实际上却是中等地的情况又该如何呢？ ＝必须要事先进行调查，若非如此，即使事后知道也无可奈何。

所卖土地并非卖主之物时应该怎么办？ ＝不会出现这样的情况。若是如此，没人愿做中保人。

至今为止的土地买卖中，有因中保人的责任而产生的问题吗？ ＝沙井村从未产生过纠纷。

其他村有过纠纷吗？＝望泉村曾有过。

是怎样的纠纷？＝是关于典的纠纷。有人将 10 亩土地用于典当，典主则对邻接土地的田垄也进行耕种，因而引起地四邻人的不满而提起了诉讼。

【土地所有权的证明】买卖土地时，怎么证明土地是属于甲的？＝问问地界相邻的人就知道了，也可去查青苗费。

去哪里能查到青苗费？＝问看青的就知道。

仅仅问看青的能安心吗？＝若还不能安心的话，再去问问乡长和地邻者，若三者所说一致则可以安心。

不看地契吗？＝要。

一般要确认土地确为其人所有要怎样做？＝一般是进行实地调查，实地调查可以是只看也可以进行测量。出席者有中保人、卖主和买主，但卖主可不去，而中保人和买主则必须去。

实地调查后又做什么？＝决定地价。

由谁决定？＝卖主将卖价告知中保人，而后中保人再去与买主相商。

为调查土地是否属卖主所有，在实地调查时应该怎样做？＝多问问中保人。

然后呢？＝看地契。

看不看地契都行吗？＝不用先看，但在签订契约时则必须要看。

沙井村将地契叫作什么？＝叫普通契纸，也叫地契。

【老契和原契】不叫老契吗？＝老契是旧的契纸。

老契和原契有何区别？＝原契是指现在所立契约之前的契，即原所有者也就是卖主入手土地时所立的契。老契是包含所有以前的契。

沙井村有原契这个词语吗？＝一般叫老契而不说原契。

【契约的修订】卖主所持契约的土地面积和实际不相符时要怎么办？＝若地契所写土地面积为 4 亩而实际上只有 3 亩 7 分时则在契约上写 3 亩 7 分，货款也要相应减少。

若卖主手中没有契约又该如何？＝若无中保人、同族者以及亲戚等的证明，则不能购买。

证明是口头的还是书面的？＝证明人都能算是中保人，且需在契约里注明此事。

【老契】若没有老契该如何写新契？＝要在地契正文的最后写上"以前老契遗失"或分家后由长子保管的情况要写上"老契由○○○保存"。

买卖土地时，老契也需一并交由买主保管吗？＝是的。但是例如只卖 10 亩之中 5 亩的情况下，则不必交予买主。

老契中也必须写上 10 亩中已卖 5 亩字样吗？＝是的，会由代笔人在现场写上。

分家后弟弟卖地时，地契由哥哥保管的情况该如何处置？＝从哥哥处借来老契后，在现场立定新的契约。

【共同购买】乙、丙两人共同从甲处购买土地的情况存在吗？＝几乎没有。

两兄弟共同从甲处购买土地的情况存在吗？＝存在。

分家后的兄弟共同购买土地的情况存在吗？＝不存在。

甲、乙、丙同时将土地卖与丁的情况存在吗？＝一般是分别卖出。

若中保人是同一人，则以上情况可行吗？＝可以。

那这种情况下，必须要写 3 张地契吗？ ＝是的。

【出售契约、购买契约】地契也称作卖契吗？ ＝卖主称卖契，买主则称买契。

会称其为买卖契吗？ ＝不会。

出售有边界的 3 块土地时，卖契写几份？ ＝3 块地属于同一人时，则写 1 份就可以了。

【地契上的填写事项】必须写入地契的事项有哪些？ ＝卖地人、地目、地亩、坐落、价格、买地人、中保人、年月日。

一定要写代笔人？ ＝是的。否则的话，不知道是谁写的。

若未写代笔人则一般是谁写的？ ＝卖主亲笔所写。

契约中的"如有纷争由中人一面承担"等字样，写不写都行吗？ ＝是的。

写或不写责任不会变吗？ ＝是的。

四至是必须写的吗？ ＝是的。

面积呢？ ＝有亩数就行了。

以上所说必写事项，若漏写了会怎样？ ＝契约无效。

那应该怎么办呢？ ＝再次将大家集中后，修订草契。

【出售时期】土地买卖一般在一年中的何时？ ＝冬天。

为何？ ＝冬天农闲且地里没有农作物。

地里有作物时土地能进行买卖吗？ ＝很少。

在沙井村，当地里有农作物时有人将其卖掉吗？ ＝没有。

【带有农作物土地的买卖】售卖地里有农作物（麦）的土地时，是连带作物一起卖掉吗？ ＝只卖土地。

既要卖土地又要卖农作物时，需明言连带作物一起卖吗？ ＝要提前说。

若不明言是否售卖农作物时，土地价格是否包含农作物的价格？ ＝不包含。

出售有作物的土地时，地契上需写上农作物相关事项吗？ ＝可写可不写。

土地连带作物一起卖时，一定要在地契上写明吗？ ＝是的，必须注明。

若不写呢？ ＝则变成只卖土地了。

约定好土地和作物一起卖，而地契上却没写，应该怎么办？ ＝若卖主正直的话，就应该和写了一样对待。

若起了争执要怎么办？ ＝由中保人证明。

中保人出面也不管用呢？ ＝中保人必须要负起责任。

【带有树木、水井的土地买卖】若地面有树或水井，则需讲明是否一同出售吗？ ＝必须讲明。

地契上也必须写明吗？ ＝是的。

写在地契何处？ ＝正文的最后或者正文价格的后面附上"随地卖与买主树〇株井〇个庄稼〇〇〇亩"。

若不写则认定为不卖吗？ ＝是的。

若作物是佃户的，那么也需要在契约中注明吗？ ＝不需要。

【空宅基地】空宅基地是指什么？ ＝院子，或者宅基地周围的土地，或者即使不是附近，但未作任何使用的土地。

【宅基地的买卖】售卖宅基地时，是否要连同房屋一起售卖？ ＝是的。

是卖房屋还是卖宅基地？ ＝没区别。

售卖宅基地时是分别计算土地多少钱，房屋多少钱吗？ ＝不分别计算。

宅基地被称为房产吗？ ＝是的。

售卖房产时需在地契上注明房屋相关情况吗？ ＝是的，若不注明，则被认为是不卖房屋。

写地契时，房屋的情况会怎样写？ ＝门、窗、隔扇、结构（瓦的房顶、土造等）。即不写的话，就有可能被带走的物品都要写上。

【监督证明人】土地买卖时有监证人吗？ ＝如今有。

从什么时候开始有的呢？ ＝从有草契开始有的（从民国十九年起）。

主要做什么呢？ ＝主要证明买卖成立。

一般都是谁担任？ ＝乡长——管理草契的人。

作为监证人的乡长从什么时候开始接触买卖？ ＝从买草契开始，且写地契时监证人必须到场。

需要给监证人多少礼物？ ＝礼物不确定。一般都是花两三元买些茶或点心。

【起草的契约】草契多少钱。 ＝最近没买卖土地，所以不太清楚。

都谁买啊？ ＝买主购买。

草契上贴印纸吗？ ＝不贴。

契税手续需要花几天？ ＝不定。

3 月 21 日

损害赔偿　特殊地目地　典期

应答者　杨润（会首）

地　点　县公署

【土地交付的时期】土地买卖后如何交付？ ＝卖主拿到地款交付契约时，地就已经归买主所有了。

不是应该要向四邻问候过以后，才算是归买主所有吗？ ＝不会去打招呼。

九月份卖地且未卖地中的作物，那么不应该是要等作物收割后，才算是买主的地吗？ ＝这种情况下是要等收割之后，才算是归买主所有。土地本身是从付款后就算是买主的所有物了，但在收割之前都不能动土地的一分一毫。作为买主，则在收到地款后到收割作物前，不许再新种任何作物。

以上情况下，若卖主在收获作物后不将土地交付于买主怎么办？ ＝不会的。

如果卖主新种植了呢？ ＝不会出现这种情况。

若买主拿到地契并承诺两三日后付款，而后并未付款怎么办？ ＝不可能的。若真是那样，则应由中保人代为付款。

中保人代为付款后应怎样对待买主？ ＝一般不会出现中保人代为付款的情况，中保人会不断切实催促。

　　若买主真无力支付呢？　＝未曾出现过这种情况。

　　然而，比如家里突然有人生病或者钱被盗了怎么办呢？　＝即使如此，也应该借钱来支付。

　　要是借不到呢？　＝总会有人会借的，买地的大多是有钱人。

　　这种情况下，就告知对方不买土地取消交易不行吗？　＝从未有过先例。

　　【拍卖】借钱人无钱偿还时，放款者申请县公署仲裁，并请求其将借钱人的财产抵押，并售卖以偿还欠款的情况存在吗？　＝不存在。

　　从未听过有类似的事件吗？　＝只曾听闻发生在商人之间。

　　那叫什么？　＝拍卖。

　　沙井村有举行过拍卖会吗？　＝没有。

　　【毁约】甲约定将 1 亩土地以 100 元的价格卖与乙，而后知晓丙愿意出价 120 元购买，此时，甲能废弃与乙之约定吗？　＝若已经立契则不行，若是立契之前则可以。

　　即使是已经立契，但只要还未收钱也是可以毁约的吧？　＝不可。立契就相当于收了钱。

　　若甲毁约则乙能对甲有怨言吗？　＝有怨言也没用。

　　契约签订前会请中保人喝酒什么的吗？　＝不会。

　　【损害赔偿】知道损害赔偿这个词吗？　＝知道。

　　买卖土地时，什么情况下会进行损害赔偿？　＝基本用不上。

　　本以为是上等地但实际却是中等地，这样的情况会用到损害赔偿吗？　＝不会。发生这样的情况是买主的责任，是买主自己没有仔细看清楚。

　　若是因为听信了卖主说是上等地而购买的呢？　＝即使如此，也应该由买主承担责任。

　　立契时说是 5 亩且已付款，而后发现实际只有 4 亩，这种情况下可以将这 4 亩一起推给卖主吗？　＝不行。卖主是以 5 亩卖出的，而买主也是以 5 亩买进的。

　　若是 5 亩土地只有 3 亩呢？　＝情况也是一样。

　　以上情况下买主不能要求其退还 1 亩或者 2 亩地的地价吗？　＝不能。

　　这样的话，若卖主很坏的话则只能买主吃亏吗？　＝是的。但是买方也有确认的义务。

　　按土质分土地有什么区别？　＝可分为黄土地、黑土地、沙地和盐碱地。

　　哪一种土地最好？　＝黄土地属上等地，黑土地属中等地，沙地和盐碱地都属下等地。

　　说是黄土地而实际上却是沙地要怎么办？　＝因为会进行实地调查，所以不会出现这样的问题。若不去则是买主的责任。

　　【买卖和家族关系】卖主甲和买主乙都必须是家长吗？　＝是的。

　　有不是家长的情况吗？　＝没有。

　　写有奉父母之命的地契是何意？　＝那种情况是父母生病，无法亲自前来才会采用的。

　　兄弟 3 人共同成为立卖地人的情况存在吗？　＝未分家的兄弟 3 人是可能的。这需基于买主的要求，其实只要家长 1 人就可以了。

　　母子能共同成为立地契文约人吗？　＝若家长是母亲，而实际上管理家庭事务的是儿子的这种情况，是要联名出售的。

　　【特殊的土地名目】沙井村里有类似内务府土地的此种类的地吗？　＝有内务府造办处、

嵩祝寺、松宅、雍和宫、周庄头等。

这类土地各村大概有多少？＝不知道。

【旗人的财产】那些土地中，哪些是旗人的财产？＝内务府造办处、雍和宫和周庄头。

此外的土地呢？＝嵩祝寺是私产也是庙产，松宅是私产。

内务府造办处、雍和宫和周庄头现都由私人所有吗？＝是的。

所以如今成了民地？＝是的。

因而也可以说它们是私产？＝是的。

【内务府】内务府到何时为止仍是旗产？＝民国十五六年前后，创建官产清理出后开始变成了民产。

【雍和宫】雍和宫到何时为止仍是旗产？＝不知道。

【周庄头】周庄头呢？＝不清楚。

为何叫内务府造办处？＝不清楚。

为何叫雍和宫和周庄头？＝不清楚。

为何知道这些名字？＝从别人那里听来。

【嵩祝寺】嵩祝寺是怎样的土地？＝和一般的土地一样。

为何叫嵩祝寺？＝因为是嵩祝寺的土地。

【松宅】松宅是怎样的土地？＝不清楚。

和普通的土地应该没有两样吧？＝不太清楚。

现在拥有这些土地的都是沙井村的农民吗？＝是的。

【特殊土地的买卖】售卖这些土地时，和普通土地的买卖有何区别？＝价格非常之低。

为何价格低？＝现在已无差别，从前很低。

为何？＝还是旗产的时候，租子比一般民地要重。

现在在售卖那些土地时，地契和买卖普通土地有区别吗？＝没有。

在写契约时，不写立卖地而写立退地或立推地吧？＝现在都写立卖地，以前还是旗产时是写立推地。

若 2 亩土地 200 元，不立卖契而立作典契的情况存在吗？＝不存在。

【买卖的时期】土地买卖多在九十月份吗？＝是的。

除此外一般会在何时售卖？＝若九十月不卖，则多在十一二月份。

【黑地】沙井村有黑地吗？＝没有。

黑地是指怎样的土地？＝未交纳田赋的土地。

【整理官府旗人的财产】沙井村的土地有政府向下转让而来的吗？＝没有。

官产整理时应该有吧？＝旗地就卖与当时耕种之人，因而不说转让。

当时是谁卖的？＝拥有旗产的人通过官产处出售的。

【村庄的财产】村里有哪些财产？＝有少量土地、树木、一口井、碾子、碾子房、碾子土三处、庙（包含办公地和学校全体）。

【祠堂的土地】庙的土地都从何而来？＝有买的，也有别人捐的。

庙里购买的土地有地契吗？＝没有。

购买时没有写地契吗？＝不清楚，因为是很久之前的事。

【碾子土】碾子土是怎样买来的？＝不知道。

村里存在有地契的土地吗？＝有。

哪些土地有地契？＝庙里的土地有。

有多少张？＝不知道。

【村里买入土地】如今若村里打算买地，由谁来买？＝要买的话，需与大家商谈，但是买是由乡长出面买。

大家商谈是怎样商谈呢？＝集合各家家长到村公所。

所有家长必须都要赞成才行吗？＝是的。

若有五六人不赞成呢？＝少数反对也无碍。

沙井村的户数是？＝70 户。

70 户每户一名家长出席吗？＝是的，70 位家长必须都出席。

其中多少人赞成即可？＝至少要 40 人赞成。

为何？＝需半数以上。

若参加集合的人数为 50 人，则 30 人赞成即可吗？＝不行。

对未来参加集合的人要一一听取其意见吗？＝是的。

若未听取意见而直接购买了呢？＝那不行。如此的话，未参加的人就不会出钱。

【村里的土地售卖】若想要卖碾子土需要如何做？＝需要大家一起商谈。

而实际卖的是村长吧？＝是的，但不能是村长一人，会首也要参加。

会首的名字也要全部写进地契中吗？＝是的。

会首中有代表吗？＝没有。

所有会首的名字都要写吗？＝是的。

若出现不写会首或者只写两三名会首的名字时，需要重新修订地契吗？＝是的。

【村里的借贷】村里会借钱给村里的村民吗？＝不会，村公会的钱也不充足。

村公会会向邻村借钱吗？＝村公会不会向邻村借，只会向个人借。

会向本村村民借吗？＝会。

在沙井村有这样的情况吗？＝有。

是典当土地借来的吗？＝曾经有。

如今只是借钱而不用土地作担保吗？＝是的。

那种情况下也是写乡长和会首的名字吗？＝金额少的话，就不写书面文件。

多少钱以内不写？＝100 元以上就必须要写借条。

【典当的期限】甲借给乙 200 元并以 4 亩土地作为担保，在怎样的情况下甲能将乙的土地卖掉？＝不能卖。

三年赎回期过，乙仍无钱赎回的情况下，甲能将其卖掉吗？＝不能。

无论过多少年，都不能变成甲的财产吗？＝是的。

三年过了，乙已经赎不回来了，不是吗？＝能赎回来。

那为何要定三年的期限？＝那是为保证甲的利益而定的，即借出钱后，若还没有盈利就被赎回去则不公平，因而规定至少三年以后才能赎回。

若借钱人申请一年后将地赎回，则剩下的两年债权人就不能使用，因而需要借钱人支付余下两年的收入的款项吗？ ＝原则上是不允许提前赎回，除非有特殊情况。

一年后赎回的情况下，是只需要归还之前所借的 200 元就可以吗？ ＝是的。

然而放款者两年未耕种，会带来损失啊？ ＝提前还回来的钱，再借给别人就可以了。

【指地借钱和抵押】指地借钱和押是一回事吗？ ＝不是。

【抵押和典当】押和典相同吗？ ＝相同，一般典当时，口头上说押，写的时候写作典。

张借给李 100 元，李将 2 亩地作为担保抵押给张时，应称作什么？ ＝典。

不说押吗？ ＝俗称典。

张借给李 100 元，而李将 2 亩土地作为担保给张，而李仍拥有使用权，这被称为什么？ ＝称为押。

不称为典吗？ ＝不叫作典。

也不叫作指地借钱吗？ ＝写的时候，写作指地借钱。

不这么写就不这么叫吗？ ＝也这么叫。

押和指地借钱哪一种用得多一些？ ＝一般都说押。

【押的期限】张以押的形式从李处借了 100 元钱借期 3 年，那么张何时能将李的土地卖掉？ ＝张无权卖。

到期无钱支付呢？ ＝延期收利息。

若利息也交不上呢？ ＝那时，张可以拿来土地自己耕种。

若张不愿耕种，他可以将土地卖掉吗？ ＝不能。

为何？ ＝因为不是张的土地。

那么即使耕种李的土地 10 年甚至上百年也不能卖掉吗？ ＝不可能耕种那么长时间，再说即使想卖，因为是李的土地，也没人会买。

这样的话李不还款的话，则一直无法耕种自己的土地吗？ ＝是的，但是李可以将土地卖掉还钱，后赎回一部分土地。

张可以去县公署请求将土地卖掉吗？ ＝可以，并且起诉李。

期限截止没还本金没交利息，也不耕地时该怎么办？ ＝告诉中保人。这也无济于事的时候，向县公署申诉。

【家产】有家产这个说法吗？ ＝有。表示"本家里的人人有应用之权"。

3 月 26 日

税 契

应答者 赏懋德（县公署财务科、税契办理者）

地 点 县公署

【税契】一般来领几张税契？ ＝一般 10 张左右都算多的。

手续大概需要花几天？＝不一定（有时也有花半年时间的），一般是半个月左右。

【税契的规定用纸】税契用纸从哪里可以拿到？＝从省公署拿，叫作契尾。

买契、缴查、存根都叫作契尾吗？＝不是，只有买契被称作契尾。

全部一起被称为什么？＝契纸。买卖时是卖契纸，典当时是典契纸。

多少钱一份？＝50 钱，另外还有 10 钱注册费。

【起草的契约】这些都由乡长保管吗？＝不是，乡长保管的是草契。

草契多少钱？＝3 钱 5 厘。

买契纸可以称作卖契纸吗？＝也没错。但因为省公署将其称为买契。

卖给乡长也是以 3 厘 5 分卖的吗？＝是的，县公署以 3 厘 5 分的价格卖给乡公所，乡长以 5 钱的价格卖给村民，赚得的 1 钱 5 分作为办公费。

【对于逃税者的处置】现今为止，有因不交契税而受到处罚的吗？＝有。

什么时候？＝两三年前。

多少人受罚？＝就 1 人。

为何处罚？＝因为有人上诉。

那人为何上诉？＝因为个人恩怨。

6 个月以上不交也不处罚的情况很普遍吗？＝很普遍。

规定是超过 6 个月仍不交者将进行处罚，却为何不罚？＝若处罚，则来上税的人会变少，且省公署也有命令。

是应该说税契还是契税？＝税契是指缴税的行为，契税是名称。

农民带来的契叫作什么？＝草契就叫作草契，若非草契就是白契。

草契是从何时开始实施的？＝民国十九年。

为何会有固定的书写格式？＝为了减少逃税者。

【缴税人】乡长代农民来缴税的情况存在吗？＝有。但并不固定。

有熟人去县城的话，也可托熟人代为缴税吗？＝可以。

若非本人，家中任何人去交都可以吗？＝可以。

女的或者孩子也可以吗？＝若丈夫不在，女的也可以。但孩子就不清楚了。

孩子到了多少岁就可以了？＝只要能分辨是非，3 岁的孩子都可以，并无特别限制。

【缴税手续】农民缴税时是直接来这里吗？＝是去契税处，而不是来财务科。

契税处是唯一的受理机构吗？＝是的。给农民办手续的不是财务科，而是契税处。

需何时交契税？＝农民拿到白契后来契税处缴税，契税处会给其开收据。

要是带草契来呢？＝带草契来的话，契税处收税后也会给其开收据，而后再来财务科我们会将草契的内容誊写到契纸上，再在草契上贴上"买契"，贴好后再还给农民。"缴查"和"买契"上盖上县公署的印章后再寄往省公署。

不使用印纸吗？＝印纸和县公署无关。印纸相关的是国税，因此和投税局相关。

草契的监证人是乡长吗？＝是的。

出现错误时乡长要对县公署负责吗？＝要。顺义县未有过先例，但草契办理是有相关规定的。

【参考资料】

一　因不办理契税手续而受处罚的情况极其的少，据县财务科员所说几年来仅有一例，以下列举的就是此例。

二　如上所说，契税手续异乡厉行严格，如以下所示省训令、县布告所示，采取了延期手续期限、督促奖励之策。

1. 针对违反手续的人的起诉书

为报告事缘奉

钧府训令令乡长督催乡民使用草契以便按期投税等因乡长当即尊令随时稽查督催使用乃有村人李树春曾经置买村人李惠卿李永良李得香及北石槽村张居业等人地亩均未购用官纸草契亦未遵章投税经乡长向其质问伊不惟蛮横不服反以恶语侵辱并扬言阻挠他人不令购用殊属特违法已极为此理合来府据情报告恳请县长大人钧鉴俯准传究凭办以维税收实为公便谨呈顺义县政府

具呈东辛庄乡长董福德 印

为陈明案经中人调解完结请求准予免究销案事窃因本村乡长董福德传李树春漏税一案蒙票传理宣静候核办曷敢冒请撤销清因此案现民董经乡副李相齐王德贵李士维温廷珍不忍袖视终讼出为话合处令李树春补用章契照章税并给双方见面永笃和好双方均愿息讼但下情息事经

钧府起灭不敢自由为此具状恳乞

县长大人电鉴恩准免究销案实为得便谨呈

县长安

（判决）

讯得李树春所典地价洋六十元按税额三成罚金应纳漏税罚金六角并即时将文契送交收发分科税契

询问笔录

令唤董福德到庭

问：姓名、年龄、住址、职业？

答：我叫董福德，年三十八岁，顺义县人，住东辛庄村，务农，乡长。

问：你为什么告李树春？

答：因为李树春置地不使草契，所以我才告他的。

问：李树春置了多少地呀？

答：他置了四段地，说不清是多少，他没用草契，是用白纸写的字据的。

问：他置买谁的地呢？

答：是李永良、李贵清的地。

问：多少价钱呢？

答：我说不清的。

令唤李树春到庭

问：姓名、年龄、住址、职业？

答：我叫李树春，年四十六岁，顺义县人，住东辛庄，在北平佣工。

问：你置了多少地呀？

答：我典了三亩地。

问：是几时典的呢？

答：去年阴历二月典的。

问：董福德他告你是四段地呢？

答：这三亩地是四段，因为临道全是斜尖地的，统共四段三亩地的。

问：多少地价呀？你把草契拿来没有？

答：典价六十元钱的是白纸写字据（呈字据一张验经发还）。

问：你为什么不使用草契呢？

答：典地时我没在家的，我在北平做事来着。现在乡长把我告下了，家中找我捎信，我回家才知道的。

问：你既不用草契，照章得处罚的？

答：请求恩典呢，从轻处罚就是了。

县长宣言本案审讯终结论令按照地典价六十元应纳之税额三成处罚洋六角并令照章投税遂退庭

（罚金交付届）

为具交状事今得因交得董福德诉民不使用草契一案业蒙讯明处罚洋陆角民现措齐理合交案所具交状是实谨呈

县长安

计呈交

罚金洋陆角

2. 顺义县政府布告

顺义县政府布告第　号（民国二十六年七月）

为布告事本年七月十二日奉

冀东防共自治政府财政厅训令第三五八号内开案查逾限未税白契补税免罚期限至本年六月底云云而裕税收此令等因奉此合函出示布告商民人等一体遵照凡持有远年过期未税白契来府投税者一律再展六个月至十二月底免予处罚倘再现望延不投税一经逾期定即照章处罚决不宽贷其各遵照毋违切切次布

3. 顺义县公署的布告第　号（民国二十七年六月）

为布告事七月四日奉

河北省公署训令财税字第九百五十二号训令内开为通令事查人民买典田房须于契约成立六个月内报税领契云云此令等因奉此合函出示布告仰商民人等一体知悉凡持有远年过期未税白契来府投税者一律展限六个月至本年十二月底止免予处罚过期不税一经逾限定即照

章处罚绝不宽贷其各遵照毋违切切次布

4. 河北省公署训令

河北省公署训令财税字第一二七四号（民国二十八年五月）

为通令事案据滦县知事王璨章微代电称案查前奉

署训令逾限未税白契补税免罚缓至本年三月底限满截止等因遵办在案兹查民间因上年土匪滋扰又兼秋禾被水成灾旰值春令青黄不接之际人民困苦已达极点多有契据无力投税之户若骤然加罚势必影响税收职县为体恤民艰以裕税收起见兹拟再请展三个月自本年四月一日起至六月底止在此期间内投税逾限契据免予处罚以予在民力而裕税收是否当理合电请核示令遵等情并据密云昌平天津等县知事先后电呈前情到署查此案前经本署规定自二十七年七月一日起至十二月底止以六个月为限一律准予补税免罚镯复继续推展至二十八年三月底止先后令遵照在此案兹据前情该滦县知事所陈各节察核尚属实在惟此等情形当不只滦县等数县为然自应纮盘筹划准将免罚期限一律推展三个月自二十八年四月一日起至六月底止凡属人民存有未税或匿价契纸不论远年近年仍准照章补税准予免罚以示宽恤但人被告或因案发觉者不在此例除分行外合行令仰该知事即便遵照广为布告剀切晓谕阖境人民如有前项未税或匿价契纸务于展限期内一律补税净尽仍将遵内情形具报查考此令

吴赞周

中华民国二十八年五月三日

监印 高惠忱

5. 顺义县公署布告

顺义县公署布告财字第　　号（民国二十九年一月）

为布告事本年一月十八日奉

河北省公署财税字第一四一号训令以各县呈请逾限未税白契补税免罚二十八年十二月底展限期满惟因上年各处水灾过重人民生计困苦无力投税者为数尚多请求再予展限等据此兹为体恤起见准将补发补税契据暂行办法及远年逾限未税白契惟予免罚补税两案一律再予推展六个月自二十九年一月一日起至六月底止在此期间限以内不论远年近年契纸均准补税补契免予罚此限届满之后绝不再行续展以资限制仰布告周知等因奉此仰阖邑人民一体遵照凡有白契未税者即速来县投税万勿候至满限月份离挤不便再此次展限系上年水灾过重情形特殊以后决不再展各乡人民勿存观望为要特此布告

（1）在二十九年一月至二月二十九日投税者优待

（2）在二十九年三月一日至六月三十日投税契内价

款务照各该时期实值数目填写

6. 河北省公署训令

河北省公署训令财产字第 256 号（民国三十年一月）

令顺义县知事

为训令事案查本省民间逾限未税白契及匿价投税契纸前经叠次展限准予补税免罚截至二十九年十二月底止限期届满本应即照定章办理惟各县间有秩序初复情形特殊者所有民间逾限未税及匿价未补田房契纸当仍不在少数兹为体恤民难起见准将前项限期再予推展六个月自三十年一月一日起至六月底期满应由各县市局处剀切晓谕阖境人民一体知照迅将所存未税及匿价契纸务于展限期内悉数投税一律从宽免予处罚但因案发觉或被人告发者仍应罚办以符定章除分行外合行令仰该知事即便遵照办理此令

　　　　　　　　　　　　　　　　　　　吴赞周

　　　　　　　　　　　　　监印　郭芳春

7. 起草契约的规则

修正河北省田房交易草契规则

第一条　凡本省人民买典推田房者应遵照河北省契税暂行章程第十条及修正河北省田房交易监证人规则第一条之规定购领草契纸照式填写办赴监证人处盖戳依限投税

第二条　草契分买典推三种买推草契均三联以一联给买主或求推主收执一联存监证人处一联缴县政府典契四联以一联给承典人收执一联给出典人收执一联存监证人处一联缴县政府

第三条　买推草契纸每张售铜元十枚典当草契纸每张售铜元十四枚前项草契纸价以十分之五给监证人作办公津贴以十分之五每月呈缴县政府充纸张印刷费

第四条　草契纸由县政府依照财政厅颁发式样制就编列号簿盖用县印颁发各区监证人发行之

第五条　人民田房交易如私自立契不遵章领用草契纸及不赴监证人处盖戳者除该契作为无效饬令另行补填草契外并处以应纳税额之一倍罚金前项如系由人举发得由罚金全数内提二成五奖给举发人

第六条　本规则如有未尽事宜得由财政厅随时提出修正之

第七条　本规则自公布之日施行

监证人戳记样

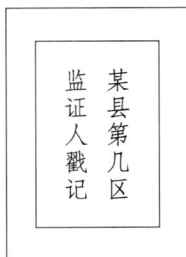

某县第几区	监证人戳记

照此大小用楷书刊刻领发如县名系属双字或区数系属两字者即于戳记两字上加一之字

8. 监证人要遵守的规则

修正河北省田房交易监证人规则

第一条　凡本省各县人民田房交易无论买典推均应由田房交易监证人负责监证审查草

契盖用戳记方能有效

前项监证人戳记由财政厅颁发式样令由县政府照式刊发给领概不收费

第二条　监证人由县长就境内居民遴选品行端正精通书算对于田房交易具有经验且素孚乡望者委任之任期三年但成绩卓著毫无劣迹者得连任之

前项监证人之委任及连任应呈报财政厅备案

第三条　监证人管辖之区域由县长按照县境之广狭乡村之多寡参酌地方情形划分之但只少三等县须在十区以上二等县须二十区以上一等县须在三十区以上其监证人之名额即按照划定区域每区一人

前项区域之划分应呈报财政厅备案

第四条　监证人选定后须先行交纳押款三百元再行由县政府发给委令就职

前项押款由县政府报解省金库收存于监证人卸事时发还之

第五条　监证人发售草契纸立将田房价格成约时期询查明确令由田房交易人据实填写再予加盖戳记每月月终将售出张数号数开具报告单连同缴一联送县政府查核备案

第六条　监证人所辖区域内人民田房交易如有匿报价或隐契不税及不用草契情事应随时调查明确向县政府举发并得适用契税章程第九条及田房交易草契规则第五条之规定以罚金全数之二成五作为监证人奖金

前项调查办法除随时实地考查外得采用与本县过割地册详细核对并于册上加盖［田房交易监证人核对讫］戳记加有已过割而未领草契者应即呈县政府核办

第七条　买契中用接价征收六分典推契中用按价征收二分照成三破二习惯由交易双方担负之其中用分配办法如下

甲　买契中用以一分五厘解库以一分给监证人其余三分五厘照旧案支配

乙　典推契中用以五厘解库以五厘给监证人其余一分照旧案支配

丙　监证人应得中用如有向充地方公益之需者应仍其旧

第八条　前条所定买典推中用均由业户赴县投税时一并交纳所有应留地方及监证人应得之数均由县政府按月核明拨发

第九条　各区监证人之比额立由各县长按照划定区域内平日税收情形将财政厅所颁之契税总额酌为匀配并报厅备案

前项比额按照会计年度于年度终了时考核之

第十条　监证人所辖区域内税收如年度终了比核溢征得由县政府于应提奖金总额内提出五分之一按照各区溢征成数分别奖给各监证人其尤为优异者得呈请财政厅特予奖励

前项收数溢征之监证人如遇全县收数不足总比额不能照章提奖时得呈请财政厅另行酌予奖励

第十一条　监证人如有违法干纪情事应按照下列规定分别处罚

甲　对于田房交易人极端难情节轻者处以十元以上五十元以下之罚金

乙　对于田房交易人有欺诈勒索或侵占之行为情节重大者除立予停职送交法庭处办外并没收其押款

县 政 府 存 根

县区＿＿庄村＿＿人　今将地一段　房一所　坐落

县＿＿庄村＿＿计共　官亩地顷＿＿亩＿＿分＿＿厘　房＿＿间

凭监证人　说合卖典　名下永远为业共卖价

银　银元＿＿整

中华民国＿＿年＿＿月＿＿日

县买字第＿＿号

买 卖 田 房 草 契

立卖契人　今将地一段　房一所　坐落

县区＿＿庄村凭监证人　说合

情愿卖典

名下永远为业言明卖价　银银元

为计开

笔下交清并无短少日后如有别项纠葛情事俱有说合人一面承当与买主无干恐口无凭立据为证

东至

西至

南至

北至

地顷＿＿亩＿＿分＿＿厘

房＿＿间

树株

井眼

粮名＿＿粮　中保人

监证人

立卖契人

随交根契　代笔人

向完银

中华民国＿＿年＿＿月＿＿日

县买字第　号

中华民国 年 月 日	银元 银	凭监证人 说合卖典 名下永远为业共卖价	县区 村 庄 官亩地 顷亩分厘 计共房 间	县区 庄村 人 今将房地所坐落 地段坐落

中华民国 年 月 日 给		立契年月日	推收粮额	原契账数	卖主姓名	应纳税额	卖价	四至				面积	不动产种类	买主姓名
								东	南	西	北			
监证人 买主 卖主			推收年月日	原纳粮额	原有粮名								坐落	新树粮民

此联给承买人收执

丙　对于田房交易人有徇情隐匿或串通舞弊情事应按照河北省契税暂行章程第八条处以应纳税额二倍之罚金

丁　甲丙两项罚金以五成留县如系被人举发者由留县五成内提出一半奖给举发人

第十二条　监证人前后任交替应将经管草契纸及账簿等项开具清单会呈县政府查核

第十三条　关于契税章则通令凡与监证人职务有关者应由县政府随时令知遵守

第十四条　监证人办事细则由县政府体察当地情形详妥拟定呈请财政厅核定之

第十五条　本规则如有未尽事宜得由财政厅随时提出修正之

第十六条　本规则自公布之日实施

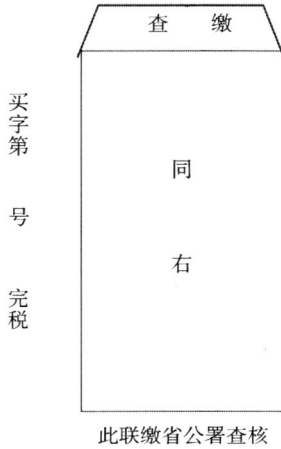

此联缴省公署查核　　　　　　　　此联由经征机关存查

农村金融及贸易篇

1940 年 12 月

（华北农村惯行调查资料第 6 辑）

农村金融及贸易篇第 1 号　河北省顺义县沙井村
调查员　旗田巍
口　译　郭文山、李寻春

12 月 11 日

集市

应答者　赵廷魁（会首）
地　点　村公所

【农作物的销售和集市】村民会一起出售农作物吗？＝不会。

出售时是个体经营吗？＝是的。

合作社不会提供帮助吗？＝不会。

北京的商人会来买吗？＝不会来本村。但会去县城。

本村村民会去来到县城的北京商人处出售吗？＝北京商人只会来集市购买，本村村民只是到集市出售。并非由村民直接运给北京商人。北京商人是在逛集市时自由购买的。

城内的商人会来本村购买吗？＝不会。

村民要出售的时候都是到城里去卖吗？＝是的。

会运到城里的商店出售吗？＝只会到集市，不会去商店。

集市何时开市？＝偶数日。

在集市上摆出商人就会来买吗？＝是的。

【牙行】这时有中介人吗？＝有"牙行"。

牙行只是收税的吗？＝不是，也会帮忙出售。

商人完全不会来村里购买吗？＝不会来。

出售场所只有集市吗？＝只有集市。不能在集市之外的地方出售。

也不能运到店里出售吗？＝都是运到集市。私下运到店里的话，就必须按照对方所说的价格出售，从而蒙受损失。运到店里面的情况也是有的。

牙行之外就没有中介人了吗？＝只有牙行。顺义县里有 18 个。

【物品的购买】会一起购买物品吗？＝不会。

会搭套购买物品吗？＝这只在购买家畜的时候使用。不会共同购买除此之外的物品。

肥料也是分别购买吗？＝是的。

在哪里购买呢？＝城里的集市上。

也会在店里购买吗？＝不会在店里购买。店里都没有卖的。

驴也是这样吗？＝是的。

一般的东西呢？＝在店里购买。

商店和集市，从哪里购买的较多？＝从商店买的更多。

【运送】有职业运货人吗？＝本村没有。县城里有。我也偶尔拜托他向北京运送谷物。（翻译无误——旗田注）

那就是会去北京出售谷物吗？＝我家有车，把运货作为一个副业。其他人的店需要时，就把自己的车借他运货。

没有车的本村村民会来借你的车吗？＝我今年才买的车，村民还没有来借的。

本村村民中没有车的人怎么运货呢？＝从有车的人家借。我也会借车给村民。

【出售农作物的时期】出售作物的时期是怎样的？＝我是在六月出售秋小麦。

出售时期因人而异吗？＝是的。

什么样的人会早早出售呢？＝生活穷困的人。

本村村民一般会早早出售吗？＝是的。

有等待价格上涨再出售的人吗？＝李濡源、张瑞两人。

【出售的农作物】出售什么作物？＝高粱、豆子、麦子、花生。

没有出售白菜的人吗？＝杜祥和杜复新两人，各自拥有一个菜园。其他人没有菜园，一般只出售多余的作物。

什么作物最好卖？＝不一定。

种植什么获利最多？＝地势低的地方种植麦子，高处种植粟米和玉米。

井边开垦菜园获利很多吗？＝是的。

【农作物的变化】种植的作物会每年改变吗？＝会。根据价格高低改换。

最近改成种植什么了呢？＝现在想让大家都种植麦子，但已经来不及了。前几天下了雨，来年的麦子应该能大丰收。价格时时在变，所以不怎么考虑。

事变前和现在，作物有变化吗？＝没有变化。

有为了出售而种植的作物吗？＝玉米。

【交易价格的决定方式】交易时由谁决定价格？＝最初由卖主出价。买主考虑后讲价。卖主没有报高价时，按卖主的要价决定。

【赊账】在店里购物时可以赊账吗？＝可以。

付现金和赊账哪种更多？＝付现金更多。

买什么会赊账？＝不会允许不熟的人赊账。并不取决于商品。

赊账后可以用物品代替现金支付吗？＝不可以。

【自给自足的倾向】有以前不怎么买，现在变得畅销的商品吗？＝和以前没有变化。

有过去买而最近改为自足的物品吗？＝有。从鞋子、帽子开始，所有衣服都节省起来，不再购买了。

马粪发生了由购买改为自己去拾的变化吗？＝有。

什么时候开始发生了这样的变化呢？＝去年开始。

【事变和生活】是因为生活变得艰苦到受不了吗？＝生活上没有变化。过去物价虽低，但没有赚钱的方法。现在物价高，但出现了赚钱的方法。

和事变前相比，现在更轻松吗？＝一样，虽然不怎么用钱了。

和过去一样吗？＝现在和过去一样。

转让土地的人没有增加吗？＝本村很少。其他村子也很少。卖地的人很少，如果有人卖地，任何人都会争相购买。卖主开价 100 元，买主愿意出 110 元。过去则是即使有人卖，也没有人买。

有在收获以前就约定作物出售的吗？＝没有。

【样品】有只展示样品就出售的吗？＝有。

粟米、高粱、麦子等都是只展示样品就出售的吗？＝通常是把要卖的东西全部运到集市。

在集市上卖时，一次的销售额很少吗？＝是的。

【集市的区划】集市上会按照交易物的种类进行区别吗？＝会。

由地点不同来区别吗？＝是的。

时间都是相同的吗？＝猪和家畜是初二和初八，鸡也是一样。小家畜和鱼是偶数日，谷物也是一样。

【出入集市】在集市上摆摊时要先请示谁，可以任意摆摊吗？＝可以任意摆摊，不用通知任何人。

本村村民可以去牛栏山的集市做生意吗？＝可以，但通常不去，有时会去出售白菜。

【征税承包人】在集市上交易时要通知包税人吗？＝必须通知。买主向包税人询问谷物的价格，包税人再问卖主，做交易的中介。

包税人做哪些物品交易的中介？＝谷物、猪、驴、水果。过去也做鸡的中介，但现在不做了。

卖主要向包税人交多少钱呢？＝100 元的交易交 1 元。

买主呢？＝一样。

有人和特定的店交易吗？＝有是有，但本村没有。

有委托别人出售谷物的吗？＝没有。

【村内的交易】村民之间有交易吗？＝有。

比在集市上卖便宜吗？＝一样。按市价确定价格。

村民间会交易大量的粮食吗？＝不会。最多一石两石。

买的人会再运去市场卖吗？＝不会。

只买自己吃的分量吗？＝是的。

12 月 12 日

赊账　负债

应答者　赵绍廷（沙井村天）
地　点　村公所

本村有生活艰苦的人吗？＝只有李哑巴。其他人都不怎么穷困。

【婚礼葬礼和赊账】有因婚礼花钱而负债的人吗？＝没有。

听说葬礼需要很多钱，穷人怎么办呢？＝本村很多人会去顺义赊账。货款在麦秋、大秋的时候偿还。

婚丧嫁娶的时候赊账很多吗？＝是的。

现金购买和赊账哪个更多？＝今年丰收，所以现金购买更多。去年歉收，赊账更多。

【赊账的支付方法】有赊账后过了一年才付款的吗？＝有这种人。但这种情况要拜托中介人，由中介人向商店征得同意。

赊账比现金购买更贵吗？＝有利息。

假设赊账买入 100 元的商品，一年后要付多少钱？＝利率并不固定。店里不会记 100 元。一年后物价若上涨按上涨后的价格支付。如果物价下跌，则支付原来的 100 元。

月末支付的赊账多吗？＝通常是麦秋和大秋时支付。

【赊账的中介人】和赊账的店商谈时，只需请中介人来一次吗？＝随时都是必要的。

中介人能当保证人吗？＝和保证人一样。本人不付时，由中介人代为支付。

去年赊账非常多吗？＝非常多。

到了今年还有未付款的人吗？＝有。

这种人付款时必须付特别多吗？＝商品涨价了，所以要付更多。

【赊账的账簿】赊账时要立字据吗？＝不用。只有店内账簿上会记录。

买主要在账簿上签字吗？＝买主什么都不写。

不能付钱时和负债一样吗？＝一样。

【负债的字据】普通的负债需要文契吗？＝一般签订合同是在 500 元以上的情况下。500 元以下的时候，口头保证就行，但是需要中介人。

有为负债所困的人吗？＝没有。

【对商店的欠款】借款是从哪里借的，亲属还是商店？＝几乎是从城里的商店。

是米店吗？＝粮行是最多的。

【依靠谷物偿还】借了粮行钱的情况下，可以用谷物代替现金吗？＝很常见。集市那天把谷物用车运过去，按当日价格支付。

借钱时，有约定用谷物代替现金支付的吗？＝有。

经常这样吗？＝经常。

本村的人也常常去借吗？＝常常去。

有不在集市上出售谷物而在米店的吗？＝有，但很少。

【卖青苗】有在播种后收获以前就约定出售的吗？＝没有。但是有负债时，会在收货之前就约好卖出。

【和米店的交易】米店会来收购吗？＝不会。

会有人从北京来买蔬菜吗？＝不会。但去年有来自北京的人到别的村买蔬菜。

有人因为欠米店的钱，每年都向那家店出售吗？＝没有。

【负债和交易】出售给店铺时，所售店铺一直是固定的吗？＝如果没有负债，就不会出售给店铺。所以有负债的话，店铺必为固定。没有负债，就在集市上出售。在集市上摆出来等待买主，能卖出更高价。

运到店里会有损失吗？＝因为在集市可以选择买主，而在商店，只能由店主开价，决定价格。

有委托卖到店里的吗？＝有，店主是熟人的情况下。

卖给商店的是穷人吗？＝是的，都是还不起债的人。

本村有这样的人吗？＝现在没有，去年有。

【商店】集市和商店，多去哪边购物？＝去商店的更多。买农具和食品去集市，买酱油等等去商店。

你多去哪里购物？＝商店。

你去的商店固定吗？＝最常去同顺永。

这是因为过去有什么特别的关系吗？＝因为同顺永资本雄厚，和其他商店相比更便宜。

【小贩】从小贩那里购买时用现金还是赊账？＝几乎是现金。就算赊账也在两三日内付清。

从小贩那里买的商品金额很小吗？＝很小。

【村内的借款】有向村民借款的吗？＝有，但极少。

村内借款时有佃户向地主借，或同族内部借的习惯吗？＝并不一定。

村里有经常放贷的人吗？＝张文通和杨源。后者土地很少，但在顺义有家商店。

【借款金额】借款金额通常为多少？＝10元左右。

因为什么而借钱呢？＝通常是衣服费用。因为婚丧嫁娶的较少。

本村有人完全不借钱吗？＝泽山有。

【借款的保证人】负债人有多少？＝10人中有2个。金额小时在村内借，金额大时从城里借。有时想从村长借，但村长不方便，可以由村长做保证人带去顺义，向商店借款。

村长经常做保证人吗？＝经常做。

村长以外还有吗？＝其他人一般不当保证人。

张瑞呢？＝比起他村长更好。村长在城里有很多熟人，所以村民都找村长。

【借款的时期】借款什么时候人最多？＝春天最多。因为春天粮食不足。

借款更多的是事变之前还是之后？＝没有变化。

【借款的担保】借款时有担保吗？＝有，"指地借钱"。

金额小时也必要吗？＝100 元以上才需要，金额小时不需要。

保证人呢？＝即使只借小额也需要保证人。50 元以上时一定要。若是 50 元以下，没有保证人也行。

【借款的担保利息】利息是多少？＝1 个月 2 分，每 10 元交 20 分钱。

每月都交利息吗？＝不是每月交。一年交一次。比如 2 年期的借款合同，第一年先只交利息，其余第二年底再付。

【借款和同族】借钱时会先找同族吗？＝有向同族借钱的。

不找同族而向其他人借也可以吗？＝可以。

相比其他人，同族人的利息更少吗？＝有比其他人少的，也有不比其他人少的。甚至有不要利息的。

【向地主借款】有佃户向地主借款吗？＝有。这种情况在收获后偿还。

有佃户每年反复向地主借钱吗？＝没有。

【合作社】有人从合作社借钱吗？＝只有合作社社员能借到。

【钱会、合会】有钱会、合会之类的吗？＝本村没有。附近的村子有。

本村村民参加了其他村子的钱会吗？＝可能参加了，但我不清楚。

可以自行加入其他村子的钱会吗？＝可以。

没有新民会的贷款吗？＝没有。

【慈善会】村子里有慈善设施吗？＝本村没有。顺义有慈善会。

那是干什么的？＝冬天配粥，还发衣服，死了给棺材。

本村里有人受此会关照吗？＝没有。

【当铺】有当铺吗？＝以前顺义有两家，现在没有了。

【印子钱】有印子钱吗？＝过去有，现在没有。十五六年前就消失了。

印子钱是什么？＝例如贷款 10 元，1 月收取 2 元的利息，6 个月内偿还。只贷 10 元左右，不需要担保或保证人。这种事只有"霸者"才能做到。

还有和这相似的其他高利贷吗？＝没有。

【谷物的借贷】有把作物的秧苗作为担保借钱的吗？＝没有。

有借谷物还现金的吗？＝没有。借了谷物就用谷物还。借不到很多，所以没有利息。

【家畜的借贷】家畜可以借 1 年吗？＝可以。可以向拥有的任何人借，对象不固定。1 年中不能向固定的人借。

这有名称吗？＝没有。

借得后的谢礼怎么办？＝谢礼不一定是物品，只需帮对方工作。

这不是搭套吗？＝不是搭套。

借家畜的时候会约定谢礼吗？＝不会。

中介人呢？＝不需要。

【无担保的借款】有无担保的借款吗？＝10 元左右，50 元以下时，借款无担保。

这种情况下的借款比有担保的利息更高吗？＝不高，是一样的。

无担保无法偿还借款时怎么办？＝没办法，就是贷方的损失。有的借方为了还钱，会把土地卖掉。

不还借款，会被村民说坏话吗？ ＝会被讨厌。

12 月 13 日

借款的保人 典押

应答者 杨永才（看庙）
地　点 村公所

【借款的担保人】借款人无法偿还时，有代付人吗？ ＝有保证人的话，就由保证人付。

名称是什么？ ＝叫作保人。没有其他的名称。

【担保人的资格】什么样的人会做保人？ ＝大多委托亲密的朋友，同族人也可以。

同族和外人，哪种更多？ ＝同族人要多一些。

本村中谁最常做保人？ ＝没有这种人。

不仅是借方，保人还必须得到贷方的承认吗？ ＝贷方观察保人后，觉得不行，会让借方再找其他人。

保人得是有信用的人吗？ ＝是的。

那么保人不就固定人选了吗？ ＝这种人也有，但我不知道是谁。

你经常做保人吗？ ＝不做。

【担保人和借方】借方不付保人代为支付时，保人会怎么对待借方？ ＝成为保人，表示两人已经是亲密的关系，所以并不会责备什么的。

这时保人和借方之间会重新签订合同吗？ ＝不会强制写什么。

【担保人的数量】保人会有 2 个或 3 个吗？ ＝保人只有 1 个。

借了 500 元的时候，也只要 1 个就可以吗？ ＝不信任对方的话可以索取地券，保人一个就够了。

【贷款的偿还要求】贷方按什么步骤要求偿还？ ＝先向保人要求偿还，保人通知借方。贷方不会直接和借方对话。说了不是不好，但既然有保人，就告诉保人。

通知了保人也不还时怎么办？ ＝借方不还时保人从别人借钱还给贷方。再让借方只出利息，交给新贷方。

有贷方直接要求借方的吗？ ＝有。

这是在什么情况下？ ＝贷方通知保人，保人通知借方，且不偿还的情况下，贷方会直接要求借方。

【土地的担保】借款时会拿土地作担保吗？ ＝会。在金额多的时候。

金额多少算多？ ＝不一定。有时 30 元也有担保，有时 500 元、上千元都无担保。

这是为什么？ ＝取决于对方的信用。没有信用时，小额也需担保，有信用时，大额也不用担保。

怎样用土地作担保？ ＝把地券交给保人，保人将其交给贷方。

这种情况下的合同是什么样的？ ＝不能自己写。

【抵押和借贷】这种情况称为押或典什么的吗？ ＝借和押是一样的。

借时也可以称为押吗？ ＝说时用押，写时用借这个字。

押以外就没有别的名称了？ ＝没有了。不叫押就叫借，不说借就说押。

【抵押契约、贷款契约】抵押时，必须签订合同吗？ ＝必须签。

有只口头约定的押吗？ ＝没有。

制作单据时贷方、借方、保人要署名吗？ ＝是的，其他人就不用了。

署名时上述 3 个人要集合吗？ ＝是的。其中一人签名时，其他两个人必须盯着。

上述 3 人以外还需有人在场吗？ ＝不需要。

这个单据是叫"押契"吗？ ＝叫"押契"，也叫"借契"。

【典当契约】可以用"典契"代替押契吗？ ＝那不一样。

有什么不同？ ＝典的情况下由贷方耕种土地。

借方自己耕种的情况下不能签订典契吗？ ＝可以。有时借款期限超出一年，且无法还钱时，土地交由贷方耕种。这时开始"立典"。实质是押，形式上是典。

【抵押和典当】有借方自己耕种时，刚签合同就在字据上写明是典的情况吗？ ＝押是一年后也可只交利息。典是过了一年，不能只交利息，若不能支付全部本金，土地就归贷方所有。有时贷方预计借方一年后也不会付，才一开始就订立典契。

【抵押和出售】会用卖字代替押吗？ ＝不会。

【地契的交付】订立押契、借契时，地券要交给贷方吗？ ＝借方交给保人，保人交给贷方。

仅文契不行吗，还需要地券？ ＝是的，必须一起交。

【抵押的担保】押时除了土地还有能做担保的吗？ ＝土地以外都不行。不能抵押房屋。

土地上的树也包含在押里吗？ ＝不包含。

【双重抵押】已经抵押的土地可以再次做其他抵押吗？ ＝不可以。

同一块土地在抵押给一人后，能再抵押给其他人吗？ ＝不能。

【抵押期限】押的期限是多长？ ＝通常为一年。

12 月 14 日

押典　利息

应答者　杨泽（会首）

地　点　村公所

【指地借钱】抵押什么？ ＝"指地借钱"。

这种情况下借方耕种自己的土地吗？ ＝是的。

【抵押和典当】借方自己耕种的情况下，合同上可以写成典吗？ ＝不写典。

写作押，借方可以不把土地的使用收益给贷方吗？ ＝不行。若是这样就变成典了。押就有利息，典则没有。但典时要让贷方耕种土地。

押后不交本金和利息，可以不把土地的使用收益给贷方吗？　＝签订合同时，规定了一定期限的情况下，到期无法偿还就立典。这时贷方会给借方更多钱，达到典的标准。

同一块土地押时借款少，典时能借更多吗？　＝是的。

【从抵押到典当】本来是押换成典，改写合同更多呢，还是卖地偿还更常见呢？　＝换成典更多，很少卖地。

【抵押地的出售】出售时必须和贷方商量吗？　＝借方告诉中介人，无法还钱所以想卖地，中介人把上述事由传达给贷方，问贷方是否买下土地。如果贷方不买就卖给其他人，换钱偿还给贷方。

欠债不还时贷方能擅自出售土地吗？　＝不能擅自出售。因为押的金额和土地的卖价存在很大差异。

【抵押期限】押有期限吗？　＝通常没有期限。每年交付利息。

只要交了利息就能维持借贷关系吗？　＝只要交了利息，土地就不会被没收。但按照通常的习惯，不会长期负债，毕竟有利息。

签订合同时的期限写多少年？　＝不写。只写每年交利息。

押需要登记吗？　＝不会登记。

买卖押地时贷方有优先购买权吗？　＝没有。

借方必须和贷方商量后，才能出售吗？　＝出售之前不商量也行。但地券在贷方手里，不声不响地卖了也是无效的。

【典当的名称】典有其他名称吗？　＝就叫典。对象为土地时叫"典土地"，为房屋时叫"典房子"。

通过典借钱的情况多吗？　＝相比押，典更多。

典时必须制作文契吗？　＝要立典的字据。

仅限口头的有吗？　＝没有。

【典当登记】典需要登记吗？　＝要登记。

必须登记吗？　＝必须，还要写税契。

【典当的对象物】土地之外，树、臼等能典吗？　＝村里仅限土地和房屋。

土地上的树也和土地一起包含在典里吗？　＝树不算在典里。

能用家畜作担保借款吗？　＝完全不能。无法预料活物什么时候会死，所以不行。但借了钱还不起的时候可以用马等代替。

【典当的期限】典的期限通常是多少年？　＝3年。

有10年、20年的长期典吗？　＝土地、房屋和菜园各自有差异。通常土地是3年，房屋是6年到10年，菜园也是6年到10年。这是村子的习惯，并非政府规定。

你知道为什么会形成这个习惯吗？　＝菜园里种植的蔬菜两三年长不好，所以期限延长。花两三年修缮房屋，终于修好时就得还，不合常理。

期限内可以赎回吗？　＝若期限是3年，没到2年就不行，而且需要贷方的同意。6年时要达到4年以上。期限的最后一年内就可以。

3 年期限，2 年赎回的手续是怎样的？＝借方先通知中介人，中介人和贷方协商。贷方同意了就可以。如果不同意到期前就无法赎回。

期限内可以只赎回一部分吗？＝不行，如果这么做就得改写典据，重新立典。

超过期限不能赎回会怎样？＝过期也可以赎回。借方要把土地利润交给贷方。

超过期限土地会被贷方没收吗？＝不会。

超过期限借方要多出钱吗？＝不，按原价就行。

贷款人会催促借方早日赎回吗？＝不会，即使过期了也不会催促。

有无期典吗？＝都会写上期限。

【典当价格的追加】可以追加典价吗？＝虽然可能，但必须在合同成立一两年后，且地价上涨时。

近期地价上涨，典价有追加吗？＝追加了。

【卖马不离槽】出典地由出典者耕作，像地租一样交纳费用的情况有吗？＝有，称为"卖马不离槽"，即出典土地也是自己耕作的意思。虽是自己耕作，但要交纳地租一样的东西。

这叫出土查吗？＝不清楚。

上述情况经常出现吗？＝有是有，但实际上本村没有人这么做。

有从典主那里借出典地租佃的吗？＝有。

这称为什么？＝没有名称。

【出典地的变更】典主可以擅自改变出典地吗，比如把耕地改为草地？＝可以。

可以就那样交还吗？＝可以。

那么拆毁了出典房屋时会怎样？＝不能拆毁，可以修缮。

已经拆毁时贴钱归还吗？＝必须修好再还。

出典的土地上，如果已经有了高粱，可以再种树吗？＝可以改变作物，但不能种树。

改成池塘种植芦苇会怎样？＝不行，要保证作物生长的条件。

【出典地的税】出典地的租税由谁交纳？＝原本的所有者交纳。

村子的摊款呢？＝典主交纳。田赋由原本的所有者交纳。

契税的交纳也是一样吗？＝契税由典主出，赎回后折半。

交契税时田赋也由出典者交纳吗？＝是的。

典主只出摊款吗？＝是的。

典主拖欠摊款时怎么办？＝出典者不负责任。

【转典】典主可以再向其他人出典吗？＝有这样的情况。但新出典时不写期限。

典主再出典时不和最初的出典者商量吗？＝要商量一次。

在这种典中，最初的出典者要赎回时该怎么做？＝第一人（出典者）到第二人（典主）处，第二人从第三人（新典主）赎回。

这种情况下第二人能把典权卖给其他人吗？＝不能出售，可以转典。

出典者出售土地时承典者有优先权吗？＝没有。

【典地的佃户】出典者的土地有佃户时，承典者可以成为佃户吗？＝可以。

出典时出典者可以不通知佃户就出典吗？ ＝可以。

这时佃户不能有怨言吗？ ＝佃户无关紧要。

这时佃户会和典主重新签订租佃合同吗？ ＝不签合同。但口头上会重新说。口头上问可否为典主租佃，典主若不认可，就不能租佃。

【出典地的出售】出典者出售未登记也未写税契的典地时，买主和典主的关系是怎样的？ ＝写了草契，所以没有不做税契的情况。

不做税契时（白契）是怎样的？ ＝即使是白契也能出售土地，先赎回地权再出售。

【当铺】有用农具或家畜作担保借钱的吗？ ＝经常有，这是当铺的工作。

村民都去哪里的当铺？ ＝顺义现在也没有了。4年前还有。

现在借不到钱了吗？ ＝借不到。拿猪去当铺也借不了钱。

【农作物的抵押＝包】把像粟米这些作物抵押，能借到钱吗？ ＝不能。

抵押田里的作物借钱的呢？ ＝有，称为"包"。

村民间有包吗？ ＝有。果树园的情况较多。

菜园呢？ ＝有。也有抵押作物的，但很少。还有甘薯。

这种借款金额大吗？ ＝不一定。

这时的利息呢？ ＝没有利息。

这时将成熟的作物交给贷方就行吗？ ＝是的。不可用现金偿还。

假如借时作物的价格为50元，还时涨到了100元怎么办？ ＝贷方获利，借方没有办法。

村里有这类实例吗？ ＝没有。

抵押借款的文契能借到钱吗？ ＝不能。

【依靠劳动还款】有因为借了钱，把孩子送到贷方处做帮手的吗？ ＝有。这个期限再长也只有1年。帮忙有时是为了支付利息，有时是为了偿还本金。

什么原因才会这样做？ ＝借方贫穷。

这是合同一开始就规定好的，还是中途产生的？ ＝中途。

【无期限借款】存在无期限的借款吗？ ＝有。

借方随时可还，所以没有期限吗？ ＝是的，每年计算利息。

贷方随时都能收回借款，所以没有期限吗？ ＝有这样的情况，这时利息很少。

无期限的担保和有期限的担保有区别吗？ ＝只要中保人，无须担保。只看借方的财产和人格借款。

这时的借款金额很少吗？ ＝也不是很少。

附带期限时，最长期限是多少年？ ＝通常没有期限。

有期限的时候呢？ ＝没有期限。只是每年计算利息。

【短期借款】有借1天或1个月的短期借款吗？ ＝有，称为"短期钱"。多由大商店放款。本村也有。

顺义的哪家商店？ ＝不固定。

基本上是米店吗？ ＝大型杂货店，粮店。

同顺永也做这个吗？ ＝是的，那里特别是赊账。

这种情况下的利息是多少？ ＝月利 2 分 5 厘。

所借的金额呢？ ＝不固定。

担保呢？ ＝不需要。因为贷方很了解借方。也不需要文契。通过中保人间接借款时需要。

为什么这么借款？ ＝急用。

去年和今年，哪一年更多？ ＝去年发水灾，所以比较多。一般的借款也是去年更多。

和事变前相比如何？ ＝大致和事变前相同，但取决于收获的良否。

【利息】利息大致固定在 2 分 5 厘吗？ ＝每个人不一样。

长期和无期限时的利息呢？ ＝利息很少，月利 1 分 2 分。

利息会因有无担保而不同吗？ ＝是的，有担保的更少。

从商店和从村民借，哪种更多？ ＝商店更多。

利息在借的时候大致规定了吗？ ＝没有规定。

贷方规定吗？ ＝是的。

利息是用现金支付吗，可以用谷物支付吗？ ＝通常为现金支付。

有劳动支付的情况吗？ ＝有，但很少。

有借款时预扣利息的吗？ ＝有。称为"倒扣利钱"。

经常这样吗？ ＝是的。原本借 100 元，如果月利 2 分，就只给 67 元。

有利息之外的手续费吗？ ＝没有。

【高利贷】现在有"印子钱"吗？ ＝村民一般不做，利息很高。

有利息非常高的吗？ ＝有和叫作"加一钱"，每 100 元收月利 10 元。贷方是县城人。但现在没有了。

本村有借了这个为之所困的人吗？ ＝这种高利贷不还也可以。即使诉讼，也是贷方不好。

【为负债烦恼之人】过去有这类实例吗？ ＝很少，本村没有。但因为负债烦恼的人很多。月利 3 分就是最高。借了的人太多了说不出名字。

那么不借钱的人有哪些？ ＝李濡源和张瑞。邢尚德和张守仁借钱给别人。

合作社社员也有负债吗？ ＝有。

【借款金额】最多借多少？ ＝多在 100 元左右。

一般借多少？ ＝三四十元。

从哪里借？ ＝城里的商店。（粮钱）

【借款减少的倾向】村民会把谷物运到哪家店出售吗？ ＝不一定，负债在事变之后减少了。今年几乎没有。

事变前很多的原因是什么？ ＝谷物太贱。当时 30 钱的东西现在值 2 元。

事变前的税金和现在相比如何？ ＝没有变化。只是军队的征缴很多。

事变前的征缴呢？ ＝很少。

借款时的月是一个月一个月计算吗？ ＝不是，按日数计算。最后的零头，5 日以下就舍去，5 日以上收取半月的利息，半月以上收取一个月的利息。

有一本一利的限制吗？　=最高利息 3 分。没有一本一利的限制。

【利率的变更】利率有在欠款中途改变的吗？　=没有。按照最初的约定执行。

每年延迟利息的计算，作为补偿可以提高利息吗？　=可以。

【利息支付期】规定了一年中交纳利息的时节吗？　=借款之日起一年内。

过去和现在，哪边利息更高？　=现在较低。

【中介人】借款的方法是什么？　=拜托见面的朋友，这个朋友就成为中介人。通常需要中介人，但也有不用的时候。

什么人会成为中介人？　=人格高尚的人。

富人呢？　=不限于有钱人。

中介人收礼吗？　=不收。

借方会给中介人送礼吗？　=不会。

送中介人的孩子东西等形式的感谢呢？　=会。

这是通常的习惯吗？　=是的。

会按借款金额的一定比例送礼吗？　=不会。

【口头契约】签订合同和口头承诺，哪种更多？　=口头更多。

口头承诺的时候，证明人和中介人在场吗？　=只有中介人，没有其他的证人。由中介人和贷方交涉。

借方会和贷方直接交涉吗？　=都是通过中介人。

约定时也是通过中介人吗？　=并非借方直接。

中介人从贷方那里取钱交给借方吗？　=是的。

通过中介人不会出差错吗？　=不会有误。

签订合同时，先拿钱，还是先制作合同？　=合同制成后再领钱。

不会前后颠倒吗？　=不会。

【借款字据的形式】书写格式是怎样的？　=如下所示，没有其他形式。

指地借钱文约

立指地借钱人〇〇〇因正用不足今有祖遗地〇段〇〇亩坐落〇〇〇借〇〇〇名下国币〇〇元一年为限月息〇分如若本利不到地归〇〇〇承种……恐口无凭立字为证。

年　　月　　日

立指地借钱人　　〇〇〇

中保人　　〇〇〇

这个要写多少份？　=1 份，贷方持有，只能由借方和中保人书写。

【家族成员的借款】家族成员借款时，需报出家长姓名吗？　=无关紧要。通常是家长借钱。

佃户向地主借钱时，会记在租佃合同里吗？　=租佃合同只在长期租佃时需要，通常是每年重新约定。借款不会记入合同。

【合同的修订】如果合同里的事项有误怎么办？＝不会写出有误的合同。如果有误，中间人要居间调停重新制定契约。

不会因此产生纷争吗？＝不会。

签订契约书很久后，才发现有误，需要改写契约书吗？＝如果是没有多大关系的错误，就无须重写。担保和金额绝不能出错。

契约书上不盖章就无效吗？＝无效。

【典当契约】地券一起出示，表明这块土地属于自己耕作的契约书叫什么？＝典契。

【利息的偿还方法】支付利息时由谁去交？＝借方交给担保人，担保人交与贷方。

除了担保人，不能由其他人交与贷方吗？＝贷方也可以到担保人处取。

村民当中有固定做担保人的人吗？＝并不固定，谁都可以成为担保人。

偿还时可以分期支付吗？＝必须一次付清。

可以用谷物代替金钱支付吗？＝不可以。

【依靠劳动偿还】用劳动偿还借款时，有没有规定每天要劳动多长时间？＝没有规定。比如为了还 100 元做长工时，劳动时间（打赈）和比例是不一定的。短工的价钱也不一定。

有人为了偿还借款，做一辈子长工吗？＝没有。例如程泽山虽然借了钱，但那种情况下就不还了。

事变前的 10 元借款，如今还是只还 10 元吗？＝是的。

【扣押】如果不偿还借款，有没有债主扣押借方的财产？＝有，把马牵走了。

那种情况下，有不会拿走的东西吗？＝锅就不会被拿走。

祖先的祭坛之类的呢？＝生活窘困的人家里是没有这些东西的。

如果有钱也不还的时候怎么办？＝诉讼。

若有担保品时会扣押担保品吗？＝这种情况下让借方卖出担保品，用卖得的钱来偿还借款。

有因为不还钱扣押人质的吗？＝没有。

签订契约时，有没有如果无力偿还，就拿女儿代替之类的规定？＝没有。

连食物都没有的时候，可以免除还款吗？＝贷方不会允许。

如果不还钱会扣押收获的作物吗？＝会。

会在收获前扣押吗？＝不会，只能扣押脱谷后的作物。

如果贷方扣押带走了收获前的谷物怎么办？＝请附近的人仲裁。

这时同族要集合吗？＝召集附近的人就可以了。

同族的人也要还钱吗？＝和他们没有关系。

搭套不会帮忙吗？＝不会。

贷方会同时有两个人吗？＝会。

这时若不还钱，需要征得两位贷方的同意吗？＝贷方不会同意。

贷方之间会商量吗？＝不会。

【负债逃亡】有人苦于借款无力偿还而逃出村子吗？＝有，但本村没有。石门村有一人，是个卖豆腐的，十多年前逃走。他借的钱中间人付了一部分。后来他又回到了村子，现在也在卖豆腐。

那个人没被起诉吗？　＝因为是穷人，即使起诉了也没有用。中间人只能每天免费拿些他的豆腐来抵。

村民们和这个逃跑的人正常来往吗？　＝表面也来往，但是一点都不信任他。

【借款的纷争】有因为偿还借款的问题发生纷争吗？　＝有，但仲裁人会出来调解。

这时是村长仲裁吗？　＝不一定是村长。一般是邻居来仲裁。

仲裁人帮忙还钱吗？　＝这种先例很少。

【时效】如果父母借了钱却去世了，子女无须偿还吗，或者过了很长时间就可以不还，有没有类似的说法？　＝无论怎样，借的钱都必须还清。

贷方如果不催，借款就一笔勾销了吗？　＝不管过了多久，借款只要未还都会存在。

贷方去世多年，其子女发现了字据时，可以去催还借款吗？　＝可以。

1941 年 3 月

农村金融及贸易篇第 4 号　河北省顺义县沙井村
　　　　　　　　调查员　安藤镇正
　　　　　　　　翻　译　赵霍满、春达光

3 月 7 日

集　市　交　易

应答者　张瑞（会长）、李广志（李濡源之子）
地　点　县公署

【集市】今天对集市进行访问。

沙井村的人们都去哪里的集市啊？ ＝去顺义县城里的集市。

集市什么时候开市？ ＝阴历的初二、初四、初六、初八和初十。

集市具体在城内的哪里？ ＝粮食市场、米糠市场、花生市场——西门内新民公园；猪肉市场、牲口市场——娘娘庙；蔬菜市场、水果市场——老爷庙；鸡市场——北门内。

没有杂货市场吗？ ＝没有固定的地点，随便哪里都有。

从沙井村拿到城里卖的东西有哪些？ ＝大部分是粮食，除此之外都很少。猪、驴有一些，柴火也有。青菜、菠菜、韭菜也有少量，没有水果。

【粮食贸易】粮食有哪些？ ＝麦子、高粱、黑豆、黄豆、（白、黄）玉米、芝麻。土质不好，所以其他粮食极少。

什么时候出售麦子？ ＝任何时候都卖，五月末到六月初较多。

其他粮食在什么时候出售？ ＝任何时候都卖，但玉米、高粱、黑豆、黄豆、芝麻等多在 10 月份左右。

粮食是在收获之后立即出售，还是储存起来等到需要钱的时候卖？ ＝大多是收获之后，立刻卖出。

粮食大多在集市上卖，还是在粮食铺卖？ ＝都在集市上卖。

不会直接把粮食带去粮食铺吗？ ＝因为要交税，所以大家都是拿到集市上。

从以前开始就是这样？ ＝是的。

在集市上买粮食的是些什么样的人？ ＝个人大多在粮食铺买，很少来集市。

把粮食拿到集市来卖的程序是怎样的？ ＝买粮食的人首先要去新民合作社办理手续，卖的人等买家办理好。再去合作社交纳斗税，买卖双方都要各交一半，一元交二分五钱。卖家把货交给买家，买家付款，但这仅限于城内。

去合作社交税之前，买卖双方不商量吗？ ＝此前买卖双方询问价格，订立契约时，会有中介人牙伙（以前叫斗子）说合交易。

牙伙根据什么决定价格？ ＝根据粮食成色决定，而非官价（公定价格）。（粮食较少时也会参考。）

粮食也有行情吧？ ＝有，但不一定。

行情是根据什么决定的？ ＝供不应求时价格上涨，供大于求时价格下跌。

顺义的行情会受通州等的行情影响吗？ ＝和前面一样，粮食只能在县内卖，没有许可是不可以卖给其他县的。

顺义的粮食过去从未卖给别的县吗？ ＝以前有过，很多卖到了北京。

【家禽贸易】卖猪的和卖牲口的是在一处吗？ ＝是的。

卖猪的程序是怎样的？ ＝还是牙伙（以前叫牙行）作为中介，1 元付 9 分钱的税（买卖双方分担），交给掌柜的。

掌柜的和牙行不一样吗？ ＝虽不是一个人，但在一处。谈妥后交税给掌柜的，然后一手交钱一手交货。

猪以外的牲口也是一样的吗？ ＝一样，但上述是卖小猪的情况，大猪是 2 号买下，8 号付款，8 号买下，下个月 2 号交钱。

为什么要这样？ ＝猪有可能患病，这么做是为了保槽（保险的意思）。

2 号牵回家的猪已得病怎么办？ ＝必须要在 8 号之前交还卖家。

这种情况下税金怎么办？ ＝税金不退。

那么买家就损失了税金啊。 ＝是的。

驴和马也是一样的吗？ ＝和大猪一样。

那么也是 2 号买下 8 号付钱吗？ ＝按照习惯 10 天付钱，2 号买，12 号付。

鸡呢？ ＝因为不用交税所以也没有牙伙，和普通的小买卖一样当场交易。

【蔬菜贸易】蔬菜是怎么交易的？ ＝没有税，和普通的小买卖一样。

谁都可以来集市卖蔬菜吗？ ＝附近的人都来。

沙井村民的出售地点是规定的吗？ ＝不一定，都可以。

来蔬菜市场做买卖的人每年都要给庙里交钱吗？ ＝不用，因为不是在庙里，而是在附近的街上。

在街上卖需要给卖菜地点的人家钱吗？ ＝不需要，因为并没有固定卖菜地点。

【县里的集市】顺义县城之外还有哪些集市？ ＝北边有牛栏山，东边有杨各庄，南边有李家桥（李家镇），东南边有李遂镇。

这些地方的集市什么时候开市？ ＝牛栏山是初二、初四、初七、初九，其他几处没去过所以不是很清楚。（注：杨各庄是初一、初三、初六、初八；李遂镇是初四、初七、初九；李家桥是初三、初七、初十。都为阴历。)

【赊销】没有赊销吗？ ＝有，但很少。

赊销占多大比例？ ＝赊销〔赊账〕极少，现金交易占90％以上。

什么商品用赊销的方式交易？ ＝大部分是煤油和布匹，其他便宜的东西用现金。

怎样赊销？ ＝不用折子，坂里人有（数量很少），但村民没有。

没有折子怎么办？ ＝写在店里的账簿上。

赊销的情形下什么时候结账？ ＝收获之后，即十月份。

年底结账还是分三季结账？ ＝在商人之间是这样，村民则是在收获之后拿到钱的时候。

结账的时候要查看店里的账本吗？ ＝店铺会计算，无须个人来查。

看不到店铺的账本，不就无法判断和实际情况是否吻合吗？ ＝不会有错的，村民都是正直淳朴的。

【谷物】有人来村子里买粮食的吗？ ＝没有，完全没有。

村子里自己种的粮食一直都是一样的吗？ ＝是一样的，但是以前是没有白玉米。

村子里的粮食是自己吃的多还是卖的多？ ＝用来吃的比较多。

谷物在集市上卖的价格是谁决定的？ ＝卖家决定的。

买家觉得贵的话还卖不卖？ ＝买家会说"卖便宜点吧"。

这时要怎么办？ ＝卖家要是想卖，就会算便宜一点。

有没有买家会因为觉得贵，卖家就拿回到村子里（不卖的）呢？ ＝有是有，但是很少，因为买卖双方的价格差距也不是很多，大部分都是会卖的。

【农具】农具可以在哪里买到？ ＝大多数城里面就可以买到。

会不会在村里买？ ＝会买一部分村里的铁器。

【肥料】肥料怎么样？ ＝有的从北京的粪厂买，也有用猪粪、其他牲口粪的。也有用自己人的人粪的。

村子里的人买粪来用的是多丕是少？ ＝用自己家的比较多，很少买。

买的大概占几成？ ＝70 多户人家大概有 10 户。

北京的粪厂买要多少钱？ ＝一般 1000 斤 25 块。

是自己去买吗？ ＝自己去，如果没有带牲口，可以在北京租货车，也可以在村子租车。

租车去运要多少钱？ ＝1000 斤 10 块钱，一车可以运 2000 斤。

以前开始就会来北京买吗？ ＝可以这么说。

【燃料】燃料要怎么供给？ ＝大部分都是用自家田里的高粱穗。

高粱穗够用一年的吗？ ＝还有玉米穗，大致上是可以的。

村里的人买日用品、农具、肥料等，都是自家去买，还是有中间人？ ＝大家自家去买。

有没有村里的人去城里买粮食的？ ＝大家都是去集市买，很少去店铺买的。

有村子里的人在谷物还在田地里就卖的吗？ ＝没有，都是收成之后才卖的。

【大集市】一开始是和城内各种集市都是同一天吗？ ＝牲口、猪和鸡都是在大集市上（初二、初八）的，其他的都是各种集市日（初二、初四、初六、初八）上的。

距离城多远的人会来城内的大集市？ ＝二十公里以内的人一般都会过来。

集市有没有无论谁都必须要遵守的规则？＝没有一定的规则。

【物物交换】村子的东西会不会和城内的店内的交换？＝如果是村子里有而城内没有的东西就会。

什么东西会交换？＝黄豆和豆腐交换（因为村子里没有做豆腐的道具），芝麻和香油交换。

哪里的人会交换豆腐和香油？＝有自己村子里的人，也有和村子外面的人交换的。

按什么比例交换？＝一斗黄豆可以换三十五斤豆腐，一斗芝麻换四斤半香油（都是按新斗来算的）。

【运输】用什么把谷物从村子里运到城内的集市？＝很多用驴马，也很多用货车的。

要是没有驴马和货车要怎么办？＝问邻居借，或者自己挑过去。

新民会的合作社买卖什么？＝没有买粮食的，只有卖煤油、火柴、白面条的。

【赊账与价格】赊账购买和现金购买比价格是多少？＝会比现金购买要贵一点。

在店里审查账本时是按照买的时候的价格算还是按审查时的价格算？＝从账本上看不出来。

【买卖和瑕疵】从城里买回来的东西要是重量不够或者东西坏了，可以多加一些重量或者换货吗？＝一般的小贩会有缺斤少两的情况，但是大店铺没有这些情况，不过也有觉得重量不够，应该拿到店里来换，却没换成的情况。

在店里买的东西出什么问题，可以换货吗？＝为了信誉不会有这些失误，重量也会多给一点的。

不是因为缺斤少两，而是东西坏了要怎么办？＝不会换的，店铺一般都说"当时注意挑选，一经售出概不退换"。

蔬菜、罐头之类的腐烂了，可以退换吗？＝过来几天再退换是不可以的，当天或者过一天是可以的，两天就不可以了，因为看不见罐头里面的东西。

买的农具第二天就断了该怎么办？＝还是不能换，因为一般是阴历四月二十八日卖的，过了几天已经不行了。

四月二十八日是什么日子？＝是城隍庙（新民公园里面的）和顺义县东门外面乐王庙的庙会。

这时候有没有从别的地方来卖农具的人？＝有很多从其他地方来的人，也有很多从北京来的人。

【粮食集市的牙伙】粮食铺的牙伙一般是做什么的？＝一般就是商品买卖和耕作。

顺义县的粮食集市的牙伙平常做些什么？＝都是种地的（耕作者）。

谁来称粮食？＝牙伙。

【斗、秤】称重的斗是确定的吗？＝确定的，从以前开始就一样。

是新斗还是旧斗？＝都是新斗。

什么时候开始用新斗的？＝事变以前，民国二十四五年前后。

新斗和旧斗的比率是多少？＝新斗的一斗相对于旧斗的四升四。

秤是不是也有新旧？＝现在是新秤。

新、旧秤比率是多少？＝新秤一斤相当于旧秤的 14 两 3 钱，旧秤 1 斤是 16 两。

城内的集市和牛栏山的集市有什么关系？＝没有关系。

有没有去各集市开市日卖东西的人？＝有，根据距离，也有从 10 里开外过去的人。

【粮食集市、地点】有没有人去各地开市日买粮食的？＝没有，因为如果从很远的地方买的话，运输花费很大，所以都就近买。

粮食集市以前是在哪里的？＝现在的县公署前面。

其他的集市以前和现在都一样吗？＝猪市以前是在西街西大寺，菜市场在北街，鸡市以前在水菠萁胡同（北街）的西路口，现在在东路口。

为什么换地方了？＝粮食集市在县公署前面，有时会有汽车经过，交通不是很方便，所以移到新民公园。移到新民公园之前，还有一段时间在娘娘庙那里。因为粮食集市移到新民公园，所以牲口集市就移到了这里，牲口集市以前在娘娘庙，之后又移回到了娘娘庙的东侧。菜市场和鸡市场因为街道的规定，移到了安静的地方。

集市观察记

3 月 7 日（阴历二月十八日）和小沼、旗田调查员一起，一个包商带领我们去看了大集市。所见所闻都记成概要，北门内街上一些地方，有一些人拎着被绑着脚的鸡在等买家，一只鸡大概 3 块钱。鸡市上没有牙税和其他税，也没有牙伙。往南面走一两条街，在娘娘庙（小学、妇女协会）下面的低地广场上有猪市、牲口市。有两处摆着桌子，征税员在那里征收大小牙税和牲口税等。小猪和大猪的后腿或四蹄被绳子紧紧绑起来，放在地上，卖家和挑东西的农民混在一起，很难辨别。牙伙在人群中走来走去或者握住卖家的手，或者抓住买家的手，在扮演中间周旋协商的角色。如果有交易意向，交了牙税和牲畜税，买卖双方到一家都知道的店铺见面，做好保证，买家把猪牵回家。如果过了 5 天，猪没有异样，就去那家店把货款交给那家店保管，卖家会在下一个大集市日（初二交易的话，就是初八）去那家店拿货款。如果猪有什么不好的话，就退还。小猪（大概是指生后一个月的吧）一头大概 10 块钱；大一点还在长的猪，大概一头五六十块钱。牲口市的交易手续也要依照上述，但上述付款截止期限比买猪要长，是 20 天（因而初二交易可以到二十二号）。征收牲口市的税金的地点要用四联式的牙税票，用纸记下交易，驴、骆驼等另说，毛色、货款、卖主、买主、税额等都会写进去。一头驴大概是 100 块，一头骆驼大概是几十块到 200 块，牛也差不多是这样。之后又上了南边的路，出了东大街。旧衣服、布料、废品、杂货和其他的小东西都摆在道路两边。去屠宰税的征收处问了关于赋税关系的事情，结束后就回去了。

3 月 8 日

集市　当铺　借钱　借粮

应答者　李广志、赵廷魁

地　点　县公署

【牙伙和贴头】昨天听到的粮食集市的牙伙和包税人有什么关系？＝从新民合作社成

立以来，就没有包税人了，以前包税人又叫贴头。

以前贴头在粮食集市要做些什么？ ＝就是现在新民合作社在做的征收粮食税。

这之外还做什么？ ＝就这些了。

买家和卖家有所谓的中介吗？ ＝就是牙伙，贴头是掌柜（包商也一样）。

以前的贴头和现在做的事有什么不一样？ ＝现在会耕作。

现在的牙伙和以前的贴头没有关系吗？ ＝没有。

粮食集市以外的集市现在还有贴头吗？ ＝现在真的没有了，但是听说牲口集市（大集市）还有包商。

牲口集市的牙行不是包商吗？ ＝牙伙是包商的伙计（牙伙、牙行、经纪都是一个意思）。

【肥料】肥料是从北京买回来的吗？ ＝是从县城内买回来的。

县城内买什么肥料？ ＝马粪。

怎么购买呢？ ＝没有规定价格，要根据量的多少来决定。

在城里什么地方买呢？ ＝店铺（旅店）（乡村的人会带着牲口在这里投宿，因为可以收集其他的粪便）。

农民不从城里买人类的粪便吗？ ＝有是有，但是很少。

农民不买谷物的种子吗？ ＝不买，全部都是用自己的种子。

农民买日用品及其他东西的时候，由两个人以上共同购买。这种情况没有吗？ ＝没有。

农具怎么样？ ＝没有农具，只有两个家庭伙同饲养驴（指一起买驴）的情况。

【村庄的牙行】没有人在村庄里开牙伙或者牙行吗？ ＝没有，邻村有（石门村，李恩，李旺，李茂林，在望泉村通常叫作王老八的人）。

【村民的买卖】村民是依靠做什么来赚钱的呢？ ＝大部分人是根据耕作来赚钱，也有做生意的人。

人们做什么生意呢？ ＝不是自己经商，而是帮别人经商。

没有自己经商的吗？ ＝赵绍廷在城里卖草席，张守俊在村里卖香烛，其他的人做一些很小的买卖。

除了耕作，做生意以外，没有其他赚钱的方法了吗？ ＝张瑞等人去做蜜供，三四十个人去北京（谋生）。

【村民的金融】除前文以外，临时需要钱的情况下怎么办？ ＝向朋友借钱，或者卖掉自己的粮食等。

向朋友借钱之类的事情多吗？ ＝很少，多数是卖粮食。以前是向城里的两间当铺借钱，现在当铺没有了。

【当铺】当铺还在的时候，你们经常从那里借钱吗？ ＝要根据物品，但是经常都能借到，那里出借的东西非常的多。

村民会拿什么东西去当铺呢？ ＝镯子、戒指、发簪，以上是贵重的物品。还有其他的如棉被、新衣服等。贫穷的人会拿农具等去当铺。

当铺的利息如何？＝平时每个月三分利，年尾两分利（仅限腊月）。即如果是在十二月取回的话，就算两分利。如果是其他的月份的话，就算每月三分利（称作腊月让利）。

在当铺借钱的手续如何？＝拿着物品去当铺，店主会看看那个物品决定价格。然后写当票，用金钱换取物品。

利息是之后付的吧？＝是的。

期限通常是多久？＝两年半，期限一过马上就会卖掉（当掉的）物品。

在期限前换钱时，到那时为止的利息好吗？＝在期限之内支付全部利息，然后改写当票，这时当铺不会把物品拿出来，要再借两年，把这称作"倒当"。不过，因为人们多数会在腊月进行，所以腊月的时候，当铺会很忙。

在期限之前比如说一年就有了钱，还钱的时候，是支付全部的利息吗？还是支付一年的利息就可以了呢？＝支付到那时候为止的就可以了。

在月初支付和在月底支付，利息不一样吗？＝即使超过期限一天，也要支付一个月的利息（比如说，应当在二月初偿还，就算是在三月初二偿还，也必须要支付两个月的利息。

当铺是什么时候倒闭的呢？＝在事变之前，大概是民国二十五年。

当铺是为什么倒闭的呢？＝听说是因为事变前军队进行压迫，并且强行拿走了（当铺的）钱，所以倒闭了。也有人说是因为当铺的主人变穷了。那两间当铺中的一间完全倒闭了，另一间现在变成了粮食店（叫作盛隆，还用着当时当铺的名字）。

现在盛隆还借钱给那些有困难的人吗？＝这个不好说。

【出售粮食】当铺倒闭之后，当人们需要钱的时候怎么办呢？＝大部分人会卖粮食，贫穷的家庭会卖口粮，有钱的家庭会卖多余的用不着的东西。

人们需要钱并且没有东西可卖的时候，怎么办呢？＝多数人会卖口粮，但是没有的时候，会向邻居或者亲戚借粮食（有钱的话就还钱，但是那种情况很少）。

【借粮食】人们向邻居借粮食，然后拿去卖吗？＝是的，立刻拿去卖。

如果向邻居或者亲戚借粮食的话，什么时候要还呢？＝大概是秋收的时候偿还。

人们偿还的时候是还粮食呢，还是还钱呢？＝都可以。

用粮食偿还的情况下怎么计算利息呢？＝因为大家都是熟人，所以不用利息。

那么人们在春天时借了一斗粮食，到了秋天偿还一斗粮食就可以了吗？＝可以。

那么除此之外人们不送谢礼之类的吗？＝不送。

还钱的时候，是按照什么样的比例来还的呢？＝用粮食来偿还的人是最多的，但是因为把粮食卖了之类的，没有粮食的人就还钱。

还钱的情况下，在春天借了一斗米的时候，是按照春天时的价格偿还还是按照秋天时的价格偿还呢？＝按照春天时的价格。

秋天时，即使粮食的价格比在春天借的时候要高，也按照春天时的价格偿还可以吗？＝仍然是按照春天时的价格（通常来说，秋天时粮食价格会比较便宜）。

【借钱】需要钱的时候，不是借粮食而是借钱，这种情况有吗？＝有。

那样的比率如何？＝借钱的情况较多，债主有钱的话，借钱的情况较多。

需要钱的时候，借粮食的人和借钱的人哪一个比较多？＝仍然是借钱的人比较多。

在村里，借钱给人的人通常有多少？＝在葬礼的时候以外，有预备钱的人，债主是不确定的。

【用途】那么通常需要用钱的时候是什么样的场合呢？＝大概是春天的时候为了吃饭（为了糊口的口粮）。

除此以外人们还有什么场合需要借钱呢？＝葬礼。

人们在婚礼的时候要借吗？＝那个时候的话，会提前准备好。

【债主】在需要用钱的时候，人们会去村里谁那儿借钱呢？＝比较富裕的人会向城里的商人借钱，贫穷的人在他们那里借不到钱，所以会向邻居和亲戚借。

人们借钱的时候，通常会借多少呢？＝不一定。葬礼的时候，要根据它的规模大小来决定，拥有很多土地的人会花费许多生活费，所以会借多些钱。

【担保与信用】在村里借钱的场合下，人们会需要交担保物品吗？＝金额大的时候是需要的，但是金额不多的时候就不需要（抵押品）。

金额大概在多少的时候需要呢？多少的时候不需要呢？＝这个也是不一定的，要根据借钱的人的信用来定。讲信用的人即使借钱多，没有担保物品也可以；不讲信用的人即使借钱少，也要担保物品。

人们的信用是依据什么来确定的呢？＝不说谎话，品行良好的人则属于讲信用的人。

那样的人若是只有一亩土地或者什么都没有的时候，还会借钱给他（她）吗？＝要看大家的友情来决定。

那么如果大家是好朋友的话，不管多少都借吗？＝那时的话，债主把钱借出去，根据场合不还也可以，想着要帮助自己的朋友；或者想着等他（她）有钱的时候再还也可以。中国有句谚语："朋友同患难，不同富贵。"

【字据】借钱的时候，人们会在村里立字据吗？＝通常大家都会写，但是如果是有钱人向商人借钱的时候就不立字据。通常情况下，有担保物品的时候是不用立字据的，没有的时候就会立字据。借钱数额大的时候人们多数会典地。

那么借款很少的时候人们也要立字据吗？＝非常少的时候也有人不立字据的，在方圆百里之内，很多人都没有立字据的，但是也不能断言。

即使在方圆百里之内，会有人立字据吗？＝很少。

那是什么样的场合呢？＝大体上贫困的人会那样做。

那些借条上会写什么呢？＝借款条约，借字等。

字据的样式是什么样的呢？＝（下方）。

　　立指地借钱人

　　本人因无钱使用，现在有一段土地一共（　）亩，坐落于村庄西部。如今托人借到（　）名下大洋（　）元，说明清楚利息（　）分，期限以（　）为期，到期归还本利。双方都无异议，若到期不归还本利，此地别归（　）耕种。日后本利交清时，此地仍然物归原主。这是双方你情我愿，不能反悔。如果有差错等情况，全部由中间担保人承担管理，口说无凭，立此借约为据。

借钱人（立字据的人）（　　）（印章）

中间担保人　　　　　　（　　）（印章）

代写人　　　　　　　　（　　）（印章）

（　　）年（　　）月（　　）日

记开四至

东至（　　）西至（　　）南至（　　）北至（　　）

3 月 11 日

庙会　赊账　借钱手续

应答者　杜祥

地　点　县公署

【庙会】除了定期的集市以外，在固定的庙会上有没有特别的集市？ ＝庙会等活动的时候买粮食，牲口和其他东西的集市是没有的，只有卖日用品的集市。

有什么庙会呢？ ＝正月十五弖城隍庙，新民公园内的东边；四月十八日娘娘庙（新民公园内的西边）；五月初三娘娘庙（衙门村，这里历史很短，但是有集市）；三月三日菩萨庙（牛栏山）；四月初四娘娘庙（各代子庙）；三月二十七日药王庙（小山村）；四月二十三日娘娘庙（头营村）；四月十八日娘娘庙（李遂镇）；七月七日城隍庙（在城里，集市外有唱戏的）。

这些庙会的集市上是卖同样的东西吗，有没有卖一些特别的商品？ ＝没有特别的商品，全是农民的日用品。

【庙会日的商品清单】那些物品是什么样的呢？ ＝叉子（三股，六股等）、扫帚、筛子，还有其他全部的农具，铁锹、泥瓦刀、花铲、三翅、木铣、碌碡、滚子、埠子、草帽儿，以上的东西是在庙会以外的行上没有得卖的，其他的东西在街上可以买得到。

现在说到的各种东西的价格，无论在哪个庙会都一样吗？ ＝大致一样，但是买家多的时候，价格会上涨，买家少的时候价格会下降。

前面说到的庙会上，去的商人大致一样的吗？ ＝他们哪个集市都会去。

那些商人多是哪里的人？ ＝有北京人，也有通州人，多数是通州人，天津人也有。

三月二十七日药王庙上是不是必须卖药呢？ ＝不是的，和其他庙会一样，商人只是庙会转移地方而已。

在顺义县，最大的庙会是什么？ ＝四月二十八日的娘娘庙。

那个庙会大概会有住在什么范围的人们来呢？ ＝县内的人就不用说了，县外的人也会来，有很多人都会来（人山人海）。

【庙会和戏剧】那个庙会会持续几天？ ＝四月二十六日到二十九日，二十六日是彩台，二十七日是头天，二十八日是中台，二十九日是末天。

　　那是什么意思？＝彩台就是亮台日（练习戏剧给人们看，招呼城里的人让他们知道），头天就是第一天，中台正好是祭祀的当天，末天就是结束日的意思。

　　那个戏剧要收费吗？＝看戏不收费，城里的商会承担了费用。

　　表演戏剧的戏班是从哪里来的呢？＝这时候的是从北京的天桥来的。

　　戏剧会表演几天？＝4 天。

　　4 天大概花费多少钱？＝听说现在是 800 元。

　　商会为什么要出钱呢？＝一是为了寺庙；二是为了方便城内的普通商民。

　　那时候除了商人以外，其他人也会出钱吗？＝是的，城内的人全都会出钱。

　　那些钱是由商会收集然后拿出来的吗？＝是的。

　　人们把那些钱称作什么？＝还愿戏钱。

　　庙会那天，村民会不干活休息吗？＝四月中的一天一定会去祭拜，购买一年中所需要的农具。

　　【家畜集市的牙行】猪市、牲口集市的牙行平时在做什么？＝平时在耕作。

　　猪市的牙行和掌柜的关系如何？＝一天的工作结束后，只是分钱而已，1 元当中牙行有 20 钱，掌柜的分得 80 钱。

　　那是什么样的钱？＝那是税款，掌柜的会从中每个月向衙门交纳投票决定的税款。

　　牙行除了税款以外不收手续费吗？＝在牲口集市的时候，牙行会向买家要喝酒钱，根据交易的金额决定（大概是 2％ 左右）。

　　【赊账】赊账是什么意思？＝指的是先得到物品后付钱。

　　有赊账的村民吗？＝有，春天的时候，村民因为没有什么钱，就会买了东西到秋天才付钱，这种情况很多。

　　赊账的对象是谁？＝全是城里的商家。

　　赊账的物品是什么物品？＝多数是布匹，没有粮食的人会赊粮。

　　谁都可以赊账吗？＝只有熟人可以。

　　赊账的时候不需要字据之类的吗？＝不需要，先得到物品，然后在账面上登记，仅此而已。

　　在赊账之前不需要担保人吗？＝熟人不需要，不熟的人需要担保人，大体上是介绍人。

　　那个买家到了秋天付不了钱的时候，介绍人怎么办？＝如果买家是不讲信用的人，是不会介绍的，介绍的一定是能够支付的人。如果没有能力支付的时候，买家即使卖掉自己的产业也必须付款，但是店家不会向介绍人索取，只会让介绍人帮忙传达。

　　那么介绍人没有代还的责任吗？＝没有。

　　在春天赊账的村民多还是少？＝不多。

　　城里的商家为了能够多卖些商品，会过多地赊账吗？＝这种情况非常多，为了继续和顾客的交易一定会这么做。

　　在赊账的店铺，赊账较多还是一手交钱一手交货多？＝还是一手交钱一手交货多。

　　村民多数是为了什么去赊账呢？＝多数是店家为了多出售商品，卖的东西价格超过了买家带去的钱。

　　跟平常相比，为了婚葬等事宜，就算金额很多也去赊账吗？＝是的。

　　赊账是什么时候结账呢？ ＝初夏和秋收，多数是后者的时候。

　　那时候是村民去商店吗？还是商店的人过来收取呢？ ＝多数是村民自己去商店。

　　那么有商店的人过来收取的情况吗？ ＝这种情况很少。

　　那是什么场合？ ＝初夏是六月十五日，秋收是十月十五日，过了那天还不去店铺结账的时候，店铺的人就会去收取。

　　结账时是购买时的价格吗？还是付款时的价格？ ＝购买时的价格。

　　那么结账时的价格比购买时更高，那样也可以吗？ ＝大致会根据购买时的价格，秋天价格上涨的时候，店家会收取差价的一半，但是并不是绝对的。因为买家也知道价格，也有不这样支付的情况。

　　赊买谷物的时候，秋天时是用谷物支付呢，还是付钱呢？ ＝付钱。因为谷物要交税，卖掉谷物纳税，用卖谷物的钱结账。

　　价钱是按照春天的价格吗？还是秋天的价格？ ＝根据春天的价格。

　　不需要利息之类的吗？ ＝不需要，根据春天购买时决定的价格。

　　那时的价格会比春天时用现金购买的价格高吗？ ＝会高一点。

　　【物物交换】在村里，有豆腐和黄豆，芝麻和香油交换的情况，但是比率如何？ ＝交换是非常少的，黄豆和豆腐的交换是在秋收时节，因为大家都在卖粮食，所以没有制作豆腐的时间。芝麻是交换那些卖剩下的。

　　那样的交换比率如何？ ＝人们用新一升的黄豆交换四斤半的豆腐（老升 1 升是 1 斤 2 两）。但是是先给黄豆，然后两三天后才拿到 4 斤半的豆腐。所以当天是拿不到四斤半豆腐的。芝麻也是这样。

　　【集市外的贸易】人们必须要把粮食拿到城里的粮食店去卖吗？ ＝大体不是的，有少数人是这样。有牲口和板车的人会去北京卖粮食。

　　那是为什么呢？ ＝因为人们急需用钱（没有牲口跟板车的人在集市卖粮食），因为在城内有牙伙，所以在集市以外是卖不了粮食的。

　　向城里的粮食店借钱啊，借粮食的时候，不可以拿粮食去那里卖吗？ ＝不可以，因为没有缴税。

　　人们以前是怎么做的？ ＝以前是可以的，向斗局子报告之后就可以卖了，斗局子的人会跟人们一起去粮食店决定价格。

　　斗局子是什么？ ＝这是领取斗税的掌柜的。

　　那个一起去粮食店商量的人是谁？ ＝牙行（牙伙）。

　　在以前没有出现过不向斗局子报告就把粮食卖给粮食店的情况吗？ ＝没有，不能不缴税就卖粮食。

　　【借钱手续】村民在需要用钱的时候会怎么做？ ＝向别人借。

　　向什么人借呢？ ＝金额少的时候，人们跟熟人说明情况借钱；金额多的时候，有自己产业的人会跟债主签订契约，契约上会写明：把借方产业中的房契、地契转让给债主，以此借钱。如果过了契约的期限借方还没有还钱的情况下，那产业就属于债主的了。

　　除了抵押之外还有没有其他方法？ ＝依据自己的信用拜托中间担保人。

　　大概有多少人可以不签契约就可以借钱？ = 方圆百里之内的人。

　　那么方圆百里之内，人们是用什么方法借钱的呢？ = 要看借方的产业和平时的信用来借钱给他（她）。

　　【中间担保人】不需要中间担保人吗？ = 中间担保人是必要的。

　　以前不需要居中调停的人吗？ = 不需要，和中间担保人是同一个人。

　　人们把不签契约就借钱的情况称作什么？ = 浮摘浮借。

　　什么样的人能够成为中间担保人呢？ = 最亲近的熟人、亲戚等。

　　人们向什么人借钱呢？ = 向富裕的人家借钱，也有向亲戚、熟人等借钱的，但是那种场合下也要中间担保人。

　　向亲戚借钱的时候也要中间担保人吗？ = 要，中间担保人是为了帮双方做证而需要的。

　　同族之间有借贷吗？ = 有，因为同族之间存在着贫富差距，所以会有借贷。

　　即使是同族之间还要中间担保人吗？ = 不需要（如果是亲戚的时候就要）。

　　【契约】人们向同族借钱的时候要签订契约吗？ = 金额多的时候是需要的，但是还是在方圆百里以外的时候。另外，向亲戚借钱的时候也一样。

　　人们为什么要签订契约呢？ = 一般来说乡下人出不起 100 元以上，所以要签订契约。

　　那是为了什么呢？ = 为了将来人们必须要还钱。

　　人们不还钱的时候，那份契约有什么作用吗？ = 契约上一定会写着担保的物品，如果人们不还钱的话，就会按照契约上写的，那份产业归债主所有。

　　我想请你写写普通的借条的样式（以下）。（在债主还不相信的时候，人们会在契约上附上一张老纸，把地契（房契）一起给债主。金额很少的时候可以不附上这个。）

　　　　立借条文约的人

　　　　（　　）因正需要用钱而无钱可用，现在将自己从先祖遗留下来的（　　），坐落于（　　）。亲自劳烦中间人从中介绍，情愿借到（　　）村（　　）名下。说明借款（　　）元，其借款笔下交清，说明没有拖欠。（　　）为还款期限，如果过期不还，（　　）与（　　）不与相干。这是双方情愿之事，各自不能反悔。如果有人反悔，则由中间人一方承担管理。恐以后没有凭据，特立此据为证。

　　　　随带老纸（　　）张

　　　　中华民国（　　）年（　　）月（　　）日

　　　　中间担保说合人（　　）

　　　　立字据人　　　（　　）

　　　　代笔人　　　　（　　）

　　【借条的种类】这样的借条有什么种类的？ = 只有以房子、土地借钱的借条，大体形式相同。

　　以房子借钱的契约和上面的借条，有什么不同？ = 只是语句有点不同。

　　我想请你写写没有指房指地的借条（以下）〔这是在方圆百里之内用的，用于方圆百里之外的会签订之前的借约（指地借钱）〕。

　　立借条文约的人（　）（　）因正需要用钱而无钱可用，亲自劳烦中间人从中介绍，情愿借到（　）村（　）名下。说明借款（　）元，其借款笔下交清，说明没有拖欠。（　）为还款期限．如果过期不还，（　）与（　）不与相干。这是双方情愿之事，各自不能反悔。如果有人反悔，则由中间人一方承担管理。恐以后没有凭据，特立此据为证。

　　随带老纸（　）张
　　中华民国（　）年（　）月（　）日
　　中间担保说合人（　）
　　立字据人　　　　（　）
　　代笔人　　　　　（　）

　　【抵押契约】有没有抵押契约？＝前面提到的就是抵押契约，不写一张随带老纸的是白契。

　　抵押契约和指地借钱契约一样吗？＝写的内容是一样的，写白契的时候是金额少的情况下。

　　典是指什么？＝借方把土地交付给债主，不能耕作，2 年乃至 3 年的期限到了之后用钱赎回，不要利息。是抵押契约的时候，借方自己耕作，要支付利息。

　　抵押契约时，人们过了期限没有还钱，情况会怎么样？＝可以支付 1 年或者 2 年期限的利息，只是把期限延后。人们把这称作"缓期"，这种场合为预付。

3 月 12 日

请会　借钱　期限　利息

应答者　杜祥 杨泽
地　点　县公署

　　【请会】你们知道钱会吗？＝钱会跟请会一样，合会和公会一样。

　　请会是什么？＝发起人会集齐十户人家并成为会头，各户人家拿出一定的金额。开始的一个月的钱由会头使用，下一个月由剩下的九户人家请求各自的利息，由利息最多的人家使用那个月的钱。

　　开始的那个月，由会头使用全部的钱吗？＝是的。

　　那么为什么要返还那些钱呢？＝每个月拿出一定的钱，然后 10 个月之后就结束了（如果自己出资 1 元的话，就可以由它带来 9 元的收入，第一个月是 10 元的话，之后的每个月拿出 1 元就可以了）。

　　下一个月使用钱的人可以用多少钱？＝申请每个月利息 20 钱的话，8 个月之后从 9 元中扣除利息 1 元 60 钱，可以拿到 7 元 40 钱，然后每个月分别拿出 1 元。

有人没有拿出 10 户人家的定金时，人们怎么做？　＝由会头垫付。

在那之后还是没有拿出钱来怎么做呢？　＝还是由会头出。

10 户人家当中有 5 户人家没有拿出钱的时候怎么做呢？　＝还是由会头出，但是拿不出钱的那些人一开始就不能入会。

开始想着大家都出钱，但是后来六七户人家都不出钱的时候，怎么做？　＝那仍然是会头担负责任。

10 户人家中有一户人家从第二个月开始就不出钱的时候，怎么做？　＝因为自己不是会头，不清楚，但是由会头付钱。

不能由剩下的 9 户人家组成请会吗？　＝不能。

会头到什么时候为止能向没有出钱的人索取利息？　＝那个人在的时候就可以索取，但是如果那个人逃走了的话，就会有损失（白垫）。

10 个人组成那样的会有别的名称吗？　＝没有，10 个人以上也可以，但是最少 10 个人，最多 20 个人。根据金额来确定，但是通常是 10 个人。

10 个人的请会的话，10 个月就结束吗？或者继续吗？　＝10 个月结束。

那时除会头之外，别的人叫什么？　＝没有特别的名称，一般叫作上会人吧。

每月上交的钱被称为什么呢？　＝上会钱。

从第二月开始决定中标者这回事被称作什么呢？　＝并没啥名字（杜翔）。叫投票就够了吧（杨泽）。这种情况比起九人里挑一个不如排到九的序号，如果中标利息金额一致，就按照序号先后决定。

这个序号是根据什么决定呢？　＝那当然是抓阄，因为纸片上写了序号，拿的时候就很随便了，没有先后顺序，想要快点使用的人，还是不得不写更高的利息。

那么把写着利息的纸片上交这回事要怎么称呼呢？　＝叫作投票。

一般利息有多少呢？　＝1 元会的话，一般 10 钱以上 30 钱以下。没有想用钱的人的话，会降低，偶尔也会有 10 钱以下的情况出现。

10 人是怎样的人聚集起来的呢？　＝亲戚之类的熟人之类，总之是同村的关系好的人。

怎样的人才能当会头呢？　＝一般是品行端正的人。

但是没钱的人是当不上的吧？　＝如果是没钱的人（当）的话谁都不会进吧。

沙井村的话谁当呢？　＝村里是杜德新从四五年前开始（自民国二十五年）干了四五回（每年 1 回）。

这之外就没了吗？　＝没了。

杜德新有钱吗？　＝不，是一般的农民。虽然说不上有钱，但还算可以吧。

除他以外的上会人，都是些什么人呢？　＝有钱的不进，没钱的也不进，一般都是些普通人。

【请会的目的】沙井村只有上述一个请会吗？　＝是这样，别的人从没做过。

到底是出于什么目的办请会呢？　＝会头手头紧的时候。

那么会头会向别的上会人拜托请求入会吗？　＝会的。

那么会头在请会成功时会行什么礼吗？　＝没什么特别的礼仪，只是一起喝茶的程度而已（要是吃饭什么的会花掉 10 元）。

请会里一般每月多少算多？＝会头会用本钱，不花利息。

那么请会每月的钱是根据会头最初想要多少来决定吗？＝是的，根据会头的需要来决定。

一般（金额）来说多少算多呢？＝一般来说一个人每月两三元的就算多了。（10 人的话就二三十元吧）

大致所有村子都有请会吗？＝现在哪个村子都有的。

沙井村现在也存在（请会）吗？＝有。

那么公会没有把钱借进借出这种行为吧？＝需要钱的时候，虽然有时会从城里的商店借，但是不会向村民借。

有公会借钱给村里的人之类的吗？＝没有。

【公费的筹集】在怎样的情况下会向城内的商店借钱呢？＝因为在公费不足的情况借的，并不是在什么时候决定，而是随用随借（回应需要去借）。

那么村公所平常是把钱放起来需要的时候再用吗？＝并不是这样。

那么公费是什么？＝这是村民根据亩数在麦秋和大秋的时候献纳。

还有什么其他的称呼吧？＝被称为谢麦秋、谢大秋。

这已经是为了偿还债务为了之后使用才募集的吧？＝有"春借秋还"这么句俗话，基本上就是为了偿还借款而筹款的。

那么迄今公费都是在城内借并花掉的吗？＝是的，大家都是在城里的店内借的。春天借的，麦秋还，之后借的，大秋还。

从城内的店借钱的时候，用什么方法借呢？＝村长自己去那间店借。

村长以自己的名义借的吗？＝是以村公所的名义借的。

是自古以来的传统吗？＝是约。

那个时候定了契约吗？＝没有。

借的时候只有村长一个人在场吗？会和其他人商量吗？＝会商量，会和村副及会首（俗称乡头）商量。

请会之外有和这相似的东西吗？＝没有。

【请会的手续】会头在请会的时候用的什么手续？＝就是写这些人的名字去各户拜托一下，问一下这个人金额，如果能够得到帮助，不去也行。

各户承诺之后聚集 10 人谈话吗？＝开始的时候定下期限在那一天会头去收钱，第一个月不集会，第二个月开始的那个期限才聚起来。

第二个月在哪里收集呢？＝会头的家，结束之前都是。

杜德新建的请会的上会人每年都是同一人吗？＝不是。

但是同一个会头的时候，基本上每年不都是同一个人吗？＝基本上是同一人，10 人中 1 个。如果有进不了 2 户的人，就让外面的人当。

【请会和借钱】外面的人们需要用钱的时候，为什么不请会呢？＝因为很麻烦，所以外面的人不干。

那么外面的人需要用钱的时候怎么做呢？ ＝去借。

借钱和请会哪项更好呢？ ＝请会很麻烦，但是不需要利息，借钱需要利息，但是不麻烦。

请会的话借到的钱有限度吗？ ＝就算是请会，需要用的钱多的话，人数也得多才好。（只要花人数的月数。）

村里需要用钱的时候，借钱的人更多吧？ ＝是的。

【借款的种类】借钱的时候用什么方法借的人更多呢？ ＝中保人充当中介口头借的人多，不订契约的人也多。

不立字据的话金额是多少左右呢？ ＝一般大约 100 元，但是 100 元左右的情况少，二三十元的多。

这种情况下利息如何是好？ ＝一般月利 2 分。

从以前开始就是如此吗？ ＝是的，大概从我们出生之后就是了。

那些利息是之前交还是之后交？ ＝之后再交。

一年的利息有多少，没有规定的方法吗？ ＝有是有，但也不完全按着规定来。

【期限】前面所陈述的借钱期限是怎样决定的？ ＝有定期的，也有不定期的。

那些规定的期限有多长？ ＝通常以规定一年居多。

那些不定期的场合呢？ ＝什么时候归还都可以。

那么，规定一年期限的场合，一般在什么时候借贷的最多？ ＝过了 3 个月，有钱了在 3 个月后还也可以；过了一年，有钱了，只需支付利息，就可以又延迟一年。

那么，如果决定在一年春三月的时候借钱，一年秋十月归还可以吗？ ＝可以，在一年之中什么时候归还都可以。

【期限与利息】这样的情况下，只交 8 个月的利息可以吗？ ＝可以。

贷主对一年的利息没有任何要求吗？ ＝没有。

那么，规定一年的利息与不规定一年的利息不就是一样的了吗？ ＝是的。

那么，同样都是借出 30 元，规定一年的期限与不规定一年的期限就没有不一样的地方吗？ ＝大体上是一样的，没有特别的区别。因为不规定期限的借钱人什么时候有钱很难判断，所以就不规定一年的期限。利息等到本金全部归还时，再一同返回。

那么，既然这样又为什么规定期限呢？ ＝如果不规定归还期限，还钱时就不必交利息。而规定了期限后，即使过了一年，不能还钱的时候，只有先交了利息才能延期。

如果不规定归还期限的情况下，即使过了一年多，也可以不用交利息吗？ ＝如果过了一年，还是得必须交利息。

不定下这样的契约，借金通常被称作什么？ ＝一般叫作借钱，没有其他的称呼。

【中保人的有无】如果没有中保人，有借出少量金额的情况吗？ ＝有，这些情况被称作摘借、浮借，不需要支付利息（要支付利息的场合，必须要有中保人或者介绍人）。

摘借、浮借的场合在村里是多是少？ ＝不是很多。

定下契约借钱与不定下契约借钱，哪种情况更多？ ＝不定下契约的场合更多。

【中保人的条件】怎样的人才能成为中保人？ ＝普通人谁都可以。

然后，在多数的情况下什么样的人才能成为中保人（从与借主的关系来看）？　=是借主的熟人。

没有钱的人就不能成为中保人了吗？　=没有钱也可以。

然而借主不能还钱的时候，岂不是比较麻烦？　=在借主和中保人都没有钱，并且品行也很差的时候，就不会借到钱。

那这个时候为什么要借钱呢？　=不能归还的时候就延期。

即使延期了也不能还钱呢？　=那就继续延期（延期的时候要付利息）。

知道无论如何也还不了钱的情况下还借钱的吗？　=是的。

这叫作什么？　=没有特别的名称。

【利息】定下契约的情况下通常利息是多少？　=1 月 2 分利。

这样的情况被怎样称呼？　=没有特殊的名字。

即使金额很多利息也是一样吗？　=当金额非常多的时候，利息也会相应地少一点。五六百元的时候，每月 1 分 5 厘的情况也有。

当金额非常多的时候利息也是之后再交吗？　=是的，归还的时候再交。

利息的高低是怎样的等级？　=最高的话是 1 月 3 分。

【高利贷】没有比这更高的吗？　=也不是没有，印子钱、加一钱从前在城里的小买卖中出现过，但村里从过去就没有。

那么，村里跟从前相比，没有比每月 3 分更高的情况了吗？　=有是有，但是非常少。这是钱生钱。

在什么情况下才会这么做？　=有急事但是借不到钱的时候，才会借每月 3 分利息的高利贷（如今没有了）。

那么，每月 3 分的高利贷什么样的人会借？　=非常少。并不是很有钱也不是特别穷的普通人。

村民认为这样的人是条件好的人吗？　=不这么认为。

那么，这样的人只是固定的几个吧？　=是的（现在没有了）。

3 月 13 日

指地借钱　浮借　中保人

应答者　付菊
地　点　县公署

【指地借钱】知道"押"是什么样的事物吗？　=有些人拥有土地，需要钱的时候，凭借那块土地来借钱。这样的情况被称作指地借钱。那时需要签订指地借钱的契约，需要很多钱的时候要签订文字合同；需要更多钱的时候，那片土地便要出售，即买卖合同。

指地借钱的情况下，会借出多少的钱？　=根据土地亩数的多少有所不同。1 亩 100 元的土地会以 50 元借出。

那么，指地借钱的时候，1 亩六七十元就不能借出吗？ ＝可以，七八十元也可以，少一点也可以，因为必须支付利息。总计 100 元以上的程度就不会借。

1 亩 100 元的土地以典当的情况下，可以出借多少？ ＝七八十元，典当的土地由贷款人耕种，三年之后可以赎回，但必须在惊蛰以前。

借款人继续种地的例子没有吗？ ＝没有，贷款人自己耕作或让其他人耕作。

指地借钱的情况下是借款人自己耕作吧？ ＝当然。

指地借钱的话，贷主就不耕作了吧？ ＝不耕作。

指地借钱是有期限的吧？ ＝一年，如果没有办法还钱的时候，支付利息。

【期限和利息】支付利息（打利钱）也延期一年？ ＝是的。

下一年与上一年相同吗？ ＝相同。

那个时候会签订新的契约吗？ ＝按照之前的契约。

以前的契约里面有没有写进去的情况下，也保持原貌吗？ ＝对，不再写入其中。

这样的话支付利息能延缓多久？ ＝那还说不定，能支付利息的话最好。

利息支付延期的话，与贷主，中保人 3 个人一起商量吗？ ＝3 个人也可以，贷主不来的话也可以。来人和贷主两个人说的话也可以。

支付利息的时候，中保人也要到场吗？ ＝那样也行。

一般是中保人去，还是借主去呢？ ＝一起去的时候会多一些。

支付利息延期一年时，利息能给我吗？ ＝不行（一开始借主要求 3 分的利息，借主要求 2 分的情况比较常见）。

普通的贷主一开始请求 3 分的利息的人多吗？ ＝谁都想请求更多的利息。

实际上多少算多啊？ ＝2 分的算多。

【到了期限不能还钱的处置】指地借钱一年的话本息无法支付的话怎么办？ ＝贷主对中保人说，或中保人对贷主说，拿走本息。

中保人说本息不能支付的时候怎么办？ ＝合同也可以更改。

制定新的合同还需返还指地借钱的字据吗？ ＝当然，指地借钱的契约是在当时被烧掉的。

普通的指地借钱，还钱时那样做的人很多吗？ ＝也有，即使需要很多钱的时候，直接集资的方法还是很多的。

但是那个典字的典债是多少呢？ ＝指地借钱的多。

之前的本息合计呢？ ＝相比那个多少多一些。

那个时候借主从贷主那里得到了多少钱？ ＝剩下的都借来了。

那个时候本息以外的费用也可能被收吗？ ＝会，除本息以外的都会被收。

那样的话指地借钱叫什么？ ＝叫作退地。

【指地借钱和典当】相比一开始借钱时，指地借钱的情况多一些，还是典的情况多一些？ ＝现在借钱的人比以往少了，但依然是指地借钱的多一些。

【村内的借贷情况】村里这样借钱的人都有谁啊？ ＝60 户居民中，大概五六户。

出典自己的土地的人有？ ＝三四户居民吧，去年因为农作，没有红白事情（婚丧），借钱的人就很少。

从典土地得到的钱，把这些钱借贷出去的人呢？＝四五户吧，村里的有钱人并不多。

通过指地借钱，贷款的人呢？＝三四户吧。

向其他村贷款的情况也有吗？＝没有。

但是，村中借钱的人很多吧？＝那个不能清楚地判别，因为并不固定，只是有负债的在一半以下。小贩因为没有本钱，小额借款（七八元）的情形比较多。

【小数额的借贷】都是什么样的人借少量的钱呢？＝有钱的人。

村里的人呢？＝有的，原来住在城里的万老太太现在住在村中，她借钱给村长的父亲的姐姐，这个人从事小额贷款（20 元），除她以外就没有其他人了。

其他的村，贷款的人也有吧？＝村副的张瑞，除了他就没有了，有钱的人直接买土地和楼房，余下的钱用来贷款的欲望几乎没有。

万老太太贷款的利息是多少？＝2 分，2 分 5 厘，3 分的也有。

没有比 3 分更高的了吗？＝没有了。

多少算多的啊？＝2 分 5 厘算多的。

那样的话利息是之前付还是之后付？＝都是十月十五日返还本利。

春借和夏借也是如此吗？＝当然，到秋天的借款也是那天还。

万老太太贷款订立契约了吗？＝金额多的时候制定，少的时候看中保人的好坏了，遇到心善的中保人就不用制定了，遇到不好的中保人会让你制定契约书。

金额多的话是多少呢？＝50 元以上。

如果 50 元以下，中保人不好的话，也不需要制定契约吗？＝不用，但是是在金额少的情况下。

金额少的情况下期限是多少呢？＝都是一年。

什么时候借也是一年？＝要是现在借的话，秋后十月十五日返还。

【借贷的时期】春天借款的人多吗？＝现在是最多的，贩卖商品的时候没有钱，买粮食的时候没有钱。

二三十元的时候也是一样的吗？＝大体相同。因为一个月，两个月的，利息很少，而且很麻烦，所以不愿意这样做。

万老太太不管是谁都会借吗？＝不会借给没有信用的人，因为也没有太多的钱（200元左右）。

村中向她借钱的人多吗？＝不多，只有小户人家（小家庭的人）借，要很多钱的时候，向这户人家借是不够的。

【中保人的需要与否】向万老太太借钱时，通常都要中保人吗？＝一定要。

七八元的时候也要吗？＝当然。

在村里，人们之间借款少量金额的时候需要中保人吗？＝关系一般、关系很好都必须要有中保人。

向亲戚借钱的时候也需要吗？＝有很多种情况，关系亲近的人会借给我，不太亲近的人不会借我。关系亲近的人，例如，因为和孩子的妻子家里关系很好，不要中保人也可以，以外的人则需要中保人。

向同族的人借钱的时候也需要吗？＝分家后大家都有钱的时候，短时间内借钱是不需要的，但是在资金紧缺的时候借钱是必须要中保人的。

【中保人的资格】从亲戚或者同族那里借钱的时候，什么样的人能成为中保人呢？＝谁都可以，一般是与双方关系都好的人来担当中保人。

【中保人的责任】当中保人遇到借钱的人不还钱时，应该怎么办呢？＝假如借钱的人资金非常匮乏还不起钱的时候，中保人没有办法，必须自己偿还钱。

中保人垫付钱的时候借字条是怎么样的呢？＝有时可以不写，有的时候得从借主那里拿来把字条烧掉。

那么中保人会有损失吗？＝这是没办法避免的，所以无论是谁都非常不喜欢给别人作保（成为中保人）。

【中保人代还款后的权利】不烧毁借条的话，借主能提出还钱的请求吗？＝人一旦变穷就不是有钱人了，所以他就不能去要求还钱，烧毁借条也是非常普遍的情况。

那么借主之后赚到钱，也不能请求还钱吗？＝因为不管怎么努力，都是没有办法攒够那么多钱的，所以中保人不会考虑那种情况。

那么如果是代还百元以上数量很多的钱之后，但是没有向借主提出请求，还是要烧掉字据吗？＝假如中保人比起借钱的人来说更还不起钱需要延期的话，就只有采取其他的方法了。借主更多的是有钱了就代还了钱并拿回字据烧掉，假如没有烧掉就会被称为没人情味的人。

如果不烧的话，之后能向借主提出请求吗？＝如果那个人一旦变穷后，就不能马上拿出钱。如果他的孩子之后赚到了很多钱，替自己父亲还钱的情况，在本村是很少见的。

借主没还钱中保人帮忙代还的情况多不多呢？＝如果中保人和借主都存在资金匮乏还不起钱的时候，中保人不用还钱的情况也有，必须还的情况也有。

【中保人和介绍人】借钱的时候，没有中保人，其他的介绍人也没有吗？＝介绍人很多，保人也有（土地买卖时，中介人就是中保人，介绍的时候就称为介绍人）。

迄今为止，中保人和介绍人是一样的吗？＝不是的。

哪里不一样呢？＝借钱的时候称为介绍人，租赁土地的时候中介被称为中保人。

那么介绍人在借主还不起钱的时候必须还钱吗？＝因为介绍人是用自己的名誉担保的，所以不得不还钱，虽然借主有钱了就会还回去，但他没钱也没办法。

【保人、中保人】保人和中保人是不同的吗？＝不同的，保人是关系相近的人（同族中关系密切的人），中人是说合的人。假如同族中没有保人的时候，可以请求中人做保人，这就是中保人。

那么保人首先是得要同族之中的人吗？＝同族的人担当的情况比较多。

介绍人和保人是一样的吗？＝按道理说是一样的，但是具体担任的人是不同的，保人是地主的近人（同族的人），借钱的时候谁都可以当介绍人。

借钱的时候被称为保人？＝不使用中保人，中保人是土地买卖的时候，如果只有一人就称为中保人，两人以上就是中人，和保人不一样。

【居中调停的实例】您借钱时说合了没有？＝有，今年一月，杨老五（杨永元）从万老太太那里借钱的时候。

金额？＝20 元。

利息？＝2 分 5 厘。

借钱时间？＝去年十月。

还款期限？＝今年十月，一年。

贵方有介绍人吗？＝有。

那么杨老五在十月没付钱时，是你付的吗？＝那时认为总会想到方法，总有办法解决。

那么写了借条吗？＝写了。

借钱的时候是您和他两个人一起去的吗？＝不是，我自己一个人去的时候，杨已经借钱给我。

杨借了 20 元吗？＝是的。

【给中介的谢礼】你有收到什么谢礼吗？＝为了面子就没收。

没有拿钱那么拿了什么谢礼呢？＝没有这种东西。

那么即使借了百元，介绍人也没有收什么谢礼吗？＝在乡下是没有这种东西的，谁都不会收的。

介绍人在周旋借到百元之后，也是什么谢礼都没有收吗？＝那个时候正是正月，就请客吃了一顿。

借了五百元的时候也没有什么谢礼吗？＝在村里无论借多少都是一样的。

【典当居中调停】你有说过典当的事情吗？＝去年底的时候有。

和谁说过呢？＝开始的典价是 50 元，之后又找回了 20 元，人是城里的何长江（学校的老师）和村里的张永仁，张永仁从何长江承典。

您是谁出典的，有谁承典吗？＝之前是一个叫崇文起的人想要钱，就赊了一亩的地来承典，今年二月初八（惊蛰）的时候，返还了 20 元的土地。

那个时候契约立了吗？＝因为只有 20 元就没有立字据，赊了一亩可以耕种出许多粮食的土地。

不知道村里的其他的例子吗？＝有是有，但不清楚。

3 月 14 日

中保人　赊粮　指地借钱　担保

应答者　李广志

地　点　县公署

【中介人】怎么称呼在被典当的土地的当事人之间居中调停的人？＝中保人、介绍人、见证人、说合人等等都一样。

地牵人是什么？＝这是没有写契约书时候的俗语，土地买卖和土地典当等的时候说话的人，地牵是说地的意思。

借钱的时候的中介人怎么说？＝叫作中保人的是最多的。

除此之外还有吗？＝和前面一样，介绍人、见证人、说合人等等，没有俗称。

指地借钱的时候，有写中保人的吗？　＝有，这个有很多。

写介绍人的场合呢？　＝有，是一样的。

【中保人的责任】指地借钱的中保人有什么样的责任？　＝如果没有还钱，就去借钱的人家里催着还钱。

催了借钱的人也不还的话，怎么办呢？　＝修改契约，重新立字据也可以，把地卖了也可以。

中保人不代还也可以吗？　＝代还是可以的，因为有担保物，所以不代还也是可以的。

指地借钱的时候，中保人代还的场合多还是少？　＝大部分的场合是没有的。

写借条（没有担保）的时候，中保人怎么做？　＝没有还钱的时候，向借钱的人催债。

仍然不还的时候怎么做？　＝和两方当事人好好谈谈，例如放宽期限，把借钱者的产业卖了还钱或者其他什么方法，好好谈。

中保人自己不用代还吗？　＝不用。

但是最初没有规定借主无法归还情况下，代还的人吗？　＝没有这样的事。

没有听说过代还中人的说法吗？　＝乡村里面没有。

城里没有吗？　＝在北京的铺家之间有听说过，顺义城里没有。

昨天问付菊的时候听说，中保人或者介绍人在借钱人没有还钱的时候，如果有钱就必须得代还，这种说法大概是错的吧？　＝这种事情有是有，但是非常少，一百个里面只有一两个吧。

【中介的谢礼】给典当或者借钱的人做中介的中保人，介绍人不收谢礼吗？　＝因为是熟人，所以不收谢礼。

地牵人、介绍人和中保人不一样吗？　＝一样的（翻译说——地牵人有两个种类，一个是俗称，一个是专门的经纪人，但是后者要收谢礼，乡村里没有这种说法，在北京有房牵人，给房子的借贷做中介，立于房东和住房人之间。例如，如果是 30 元的房租，让出 90 元，30 元是当月的房租，30 元是押金，还有 30 元房东和房牵人分，只不过现在被禁止了，应该没有了）。

即使是借款在 100 元以上的场合，中保人或介绍人都不收谢礼吗？　＝有把 5 斤面粉呀，白菜等东西作为谢礼赠送的，也有什么都不送的，不论说谁，都是后者的情况多一些，中保人如果不穷的话，不收的情况比较多。

这样的谢礼是在借钱之后马上送还是之后送？　＝没有规定，在之后送的也有。

除此之外，借钱的人对中保人什么都不表示吗？　＝什么都不表示。

昨天听说，借钱的人在正月请客，这种事情很少吗？　＝不是作为特别的中保人来招待，而是熟知的人大家一起。

赠送东西的人是只有借钱的人吗，借出钱的人也要送吗？　＝那是没有规定的，根据自己的想法而定。

去年听说，地牵人在做中介的时候存在收礼钱的情况，这大概不是真的吧？　＝没听说过。

典当的时候也是这样吗？　＝是这样的。

虽然听说付菊做过中介，但是知道他有没有收过谢礼吗？　＝有收过东西，但是没有收过钱。

【村里的地租和地租的筹措】在村里借土地耕种的人大约有多少家？　＝大概有 20 家吧。

大多数人大概借多少亩？ ＝10 亩以下的比较多。

一亩的耕作费大概是多少的情况比较多？ ＝去年从春天开始到秋天付的耕作费大多是 15 块每亩，前年是 6 块钱的，因为去年丰收了，所以涨价了。

这么说的话借土地耕种的人有 10 亩地的话，就要支付 150 元了，不向别人借也能交纳得起吗？ ＝因为是在秋天，把粮食卖了就能交纳了。

谁都一样吗？ ＝是这样的。

那个时候没有借钱交纳的人吗？ ＝没有，没有听说过。

这样来说的话，耕作人在一年中不用借钱也能过日子的人很多吗，到了春天或夏天借钱的人多吗？ ＝不借的人有很多。

那个比例是怎样的？ ＝20 家中借钱的大约有两家。

那些人一般是每年都借吗？ ＝不确定。

那些人借钱的目的是什么？ ＝为了粮食或者其他的。

其他还有什么目的？ ＝一般是为了喜事或者丧事，没有食物的时候是借粮食。

【借粮、赊粮】 春天到了，村里面借粮食的人大概有多少？ ＝借粮的人大约有一家（二十家里面），大部分是去店里赊粮。即使是在六十多家中也只有非常少的两家，赊粮的人多的时候也只有三家，从整体来看很少。

在村里借粮食的时候，什么时候返还？ ＝秋天。

借粮食的时候有中介人吗？ ＝没有。

那个时候立契约吗？ ＝不立。

去熟人家里借吗？ ＝是的。

春天时向邻居啊朋友啊亲戚借一斗秋天再还一斗吗？ ＝是的。

向城里的店赊粮时会有仲裁人介入吗？ ＝是的，中保人。（和店家不熟时）需要介绍人，如果是熟人且讲信用则不需要。店家不讲信用时也需要。

【赊粮的偿还】 什么时候偿还赊粮？ ＝麦收时。

秋天时还现金就不需要还粮食了吗？ ＝是的。

折现是用春天的价格还是秋天呢？ ＝春天时决定的价值。

赊粮时赊主不返还中保人要怎么做？ ＝中保人需要承担责任。

那么中保人需要代还吗？ ＝需要。

中保人代还之后可以要求赊主还钱给他吗？ ＝可以。

谁可以成为中保人？ ＝和店家跟赊主双方都熟悉的人都可以。

赊粮食时立字据吗？ ＝不立。

没有写什么字据之类的吗？ ＝没有，只有店里的账本上记录。

赊粮之后秋天还不了有延期的吗？ ＝有。

那样需要加利息吗？ ＝不需要。

那么怎样才能延期呢？ ＝和中保人协商好偿还的时间。

可以延长多少时间？ ＝立秋、大秋的某一个时段都可以。只能延长 1 个月。如果还要延期，需要和中间人进行协商，不过最多也只能延长 10 天。

那时候延期会产生利息吗？ ＝不会。

延期一个月到期还是无法偿还怎么办？ ＝中保人代还。

没有中保人时怎么办？ ＝没有中保人由于和店家是熟人，所以一定会偿还。即使那样还是无法偿还的时候，没办法，只能慢慢请求。

【指地借钱和典当】押指什么？ ＝抵押的意思。

指地借钱指什么？ ＝以土地为抵押借钱。

通常用哪个说？ ＝通常说指地借钱，一般不写作押。

典指什么？ ＝借钱时不需要支付利息，而土地要让贷主耕种。

有与此不同的典比如借钱之后偿还利息而土地由自己耕种吗？ ＝那就不是典，而是指地借钱了。

如果是一亩值百元的土地指地借钱的话可以借多少钱？ ＝50元。

典的时候呢？ ＝80元。

目前村里的土地大概多少钱？ ＝今年是个丰收年，15元佃费的土地目前为150元。

那么就是说指地借钱的比率是五成、典的比率是八成？ ＝是的。

【指地借钱的借增】指地借钱借50元（土地价值100元）时还能再多借吗？ ＝50元以上不能借，以下到50元都可以。

这种情况时如果想增加借款怎么办？ ＝这时要签订金额为50元的新契约，旧契约作废。

可以直接在前面的契约上加金额吗？ ＝（回答如上一问题）。

借增时重新签订契约叫什么？ ＝换契。

但是增借余钱换契时有其他需要注意的吗？ ＝没有，和初借时一样。

【期限和利息】指地借钱的期限通常为多久？ ＝一年。

不论何时开始都是一年吗？ ＝是的。

假如春天借钱何时还？ ＝第二年的春天。

契约怎样写？ ＝就写第二年的立约日这天还钱。

指地借钱的利息从何时开始算？ ＝到还钱期限开始。（本金和利息一起。）

借款到期怎么办？ ＝交利息可以延期一年。

利息还不起怎么办？ ＝中保人负责。

实际怎么办？ ＝催钱。（请求借主。）

【从指地到典当】仍然还不起怎么办？ ＝这时候大抵是很贫穷的人，还不起就要改为典当，土地给贷主耕种。

这时候之前签订的指地借钱契约怎么办？ ＝作废烧掉，不烧的话，在上面写上大大的废字（当时立契约时写契约书的人来写）之后扔掉也可以。

典卖是之前的本息合计额，还有其他的吗？ ＝要根据地主随意决定的，不想借给其他钱的话本息合计额就行，在想借给其钱的情况下，本息合计额有一亩百元到八十元不等。

指地借钱到典叫什么？ ＝换典字。

昨天听说的退地是什么？ ＝退地是指卖旗租地。

指地借钱产生利息的时候中保人也要代还吗？ ＝这时候因为是土地的担保人，所以不用代还。

没有过代还的事情吗？ ＝没听说过。

【中保人的种类】中说人是什么？ ＝中保说合人。

中见人是什么？ ＝一样，中保见证人。

见证人是什么？ ＝见证人是签订契约时的见证人，中见人、见证人等都是民国之后出现的，清朝时只用到中保人、说合人。

【用来担保的土地、建筑物】有没有不能为借款担保的土地？ ＝有，沙地、洼地、河坑等。坟地中不能耕种的部分也不可以（能耕种的部分可以作为担保），有坟墓的土地，坟墓也一起纳入担保；有建筑物的土地，建筑物也一起纳入担保。

分别来记录可以吗？ ＝哪一种都可以。

土地上有树木的情况没有写明就是包含树木的吗？ ＝如果是大树的话，可以砍伐变卖掉，如果是小树的话，就一起纳入担保。

典当的时候，有小树的土地典主可以砍伐吗？ ＝不可以，这是本家的东西，即使是小树也不可以。

除了土地外还有什么要纳入担保吗？ ＝租主不要且还未售出的房子、还没有出租的房子、出租期限为 8 年以上，10 年、15 年的房子。

为什么这么长时间？ ＝出租房子的时候，租主要到这边来住，3 年左右的短时间来去很麻烦。

建筑物以外呢，还有什么要纳入担保吗？ ＝可以出租的东西不用。

家畜怎么样呢？ ＝不纳入担保，可以卖掉，如果需要驴和马的话，进入城内大概一天的时间就可以雇到。

指房借钱的情况有吗？ ＝没有，只有土地。

农具和牲口之类的东西返还现金先让贷主使用的情况有吗？ ＝没有。

3 月 18 日

搭套　借钱　担保人　时效

应答者　张永仁

地　点　县公署

【搭套和共同购买】搭套是什么意思？ ＝同样贫穷的两家且都没有耕马的情况下共同买入并且一起使用。驴和马如果有限，种地的时候就互相帮助，而且雇用短工时一起担负金额。

采用搭套的方法比如说买驴和马的时候，要采用怎样的方法呢？ ＝普通的比如说需要一百元，则每家出五十元来买。其中一家饲养 3 天后，另一家再饲养 3 天，这样轮流进行。这叫作一对 3 天，大家都是采用这种方法的。

付钱的时候的比率有规定吗？ ＝在买牲口的时候一定要对半分。

有没有三家搭套的情况啊？ ＝有。

这种时候各家出钱的比率是多少？ ＝三家一起的时候，并不一起买马和驴，耕作的时候一起使用互相帮助。

这样的话三家会一起雇用短工吗？＝如果是三家的话，土地不是很多，就三家人一起耕作，不雇用短工。

一般的搭套都是几家一起呢？＝一般都是两家以上。

有没有两家搭套一起购买日用品、农具的情况呢？＝那样的情况，大概是贫穷的人家去借不足的东西，买的话都是自己买自己的。

那么除了一起搭套购买驴和骆驼以外，还有别的什么东西吗？＝没有了，其他的东西都是各家自己买的（因为金额都不大）。

那么一起买驴和马的时候，如果钱不够，两家人要从哪里借钱呢？＝钱不够的话，就从亲戚或者朋友那里借。但是事变之前牲畜便宜些，一匹二三十元左右。钱不够的话，借个七八块就可以了，现在的价钱变高了。

现在多余的东西借贷的情况变多了吗？＝现在牲畜的买卖非常少，从其他人家借不到的时候才会买，能借就借来使用。

【牲畜的借贷】一般从别人那里借东西的时候怎样收礼金呢？＝一般是不收礼金的。借普通的驴啊，骆驼的时候，之前的一天要准备好草、高粱等饲料一起带去那一家。第二天一起带来，如果使用一天，那么那一天的饲料要自己出，晚上一定要送回去。之后如果还要用一天再带着草和高粱去借。这以外的礼金是不要的。

【金钱借贷的手续】钱不够的时候怎样向别人借钱呢？＝向亲戚、朋友借钱的时候，一般为口头约定，是没有保证书的。春天借的秋天要还。没有其他的礼金。

这样借钱的金额大概有多少？＝如果是两三个月这样的短时间的话，是没有利息的。半年以上就会收2%的利息。

那究竟是多少？＝两三个月的话就没有礼金；半年以上就收2%的利息；一年以上就要写保证书。但是，像七八块这样的小数目是不用的。

秋天要返还的情况下，如果不还要怎么办呢？＝那样的话就延期，如果延期还不还就找担保人来还。

【延期和利息】延期的话要用担保人说吗？＝一般情况一定要担保人和贷主说。

延期的话没有先付利息，写保证书的情况吗？＝如果能先付利息那还比较好。

到现在为止有没有在没有利息的时候付利息的情况呢？＝仅是在借期内收取利息，因为金额太小所以都不要，延期的话是要的。

那个时候要多少利息呢？＝也是2%。

利息是从一借钱就开始算的吗？＝前面的部分是不记的，只记延期的部分。

【搭套的借贷和偿还】在期限内如果有一个人出不起钱怎么办呢？＝搭套因为新朋友比较多，这个时候有钱的人便先全部支付，之后其他的人有钱了，便交给他一半的情况也很多。

如果是两人一起借的钱，其中一个人一点也不还或者只还一半也可以吗？＝如果两个人的亲戚或者朋友的话一个人全部都还完的情况还是很普遍的（帮助别人）。

这种情况下，如果有钱的那一方只肯出一半怎么办呢？＝一般都是全部付清的。如果一个人不全付，另一人就必须在期限内从别处借钱补上。

那样的情况下贷主不能让有钱的那一方付清所有的钱呢？ ＝贷主会让有钱的一方将所有的钱都付清，能付清却不付的时候就让没钱的一方写借条交利息。

不是搭套，而是朋友或兄弟一起借钱的时候有什么不同之处吗？ ＝除了搭套以外，两个人一起向别人借钱的事是不存在的。

比如说，为了修房子，兄弟二人向别人借钱这种事是搭套吗？ ＝这不是搭套，如果是兄弟，用一个人的名字就可以借了。

不存在不是搭套，而是两人一起向别人借钱的情况吗？ ＝不存在。

不存在有一个人既没有钱也没有财产却想借钱，和有钱的好朋友一起用两个人的名字借钱的情况吗？ ＝不存在，有"朋友不过财"这样的说法。

【保证人及其责任】那么，那样的朋友能当保证人吗？ ＝能。

保证人到底是什么呢？ ＝是中证人。

那么，借款人在期限内不能还钱的时候，保证人必须做什么？ ＝一般情况下先催促借款人，不能按时还钱的时候先还利息。借款人不能还利息的时候由保证人还利息。保证人还利息时也要借款人、债主、保证人三方都在场。

那么这种情况下不遵循"朋友不过财"这样的原则吗？ ＝这也是根据情况来看的，有信用的朋友才能成为保证人，在借款人不能还利息的时候还利息。但是，借款人有钱之后，还是要把钱还给朋友。（或者向朋友借钱后不能还的时候，是不能再次向那个人借钱的。这种时候也叫作"朋友不过财"。）

【保证人的证明人】平常会用"中证人"这个词吗？ ＝使用"保证人"这个词的情况比较多。

中证人和保证人有区别吗？ ＝中证人只负责中介，借款人不能还钱时，他没有代还的责任。

中证人在借款人不能还钱时没有关系吗？ ＝没有。

那么，有了中证人以后还有保证人吗？ ＝有保证人的时候，没有中证人。

那么什么情况下设中证人呢？ ＝短时间的借款时设中证人，长时间则设保证人。立借据的时候一定要有保证人，不需要中证人。保证人在借贷关系结束前都有责任。

【有无指地和保证人】与保证人在指地借钱的情况相比，某些场合是相同的还是不同的？ ＝有差别，前者比较轻松，后者要承担所有的责任。

那么，当借款人拥有十亩的土地时，不得不把这些土地指地时，该出现在这种场合吗？ ＝不指地的情况下，保证人必须是有财产有信用的人。指地的时候不一定需要有财产。

那么，指地借钱的时候，借款人在规定期限内不能还钱的时候，保证人要怎么做？ ＝这种时候保证人的责任很小，借款人不能还钱时利息一点点积累，借款人的土地变成债主的东西（地归债主，可是这个规定不写在借据上）。

【对于到期不还时的处置】用一亩 100 块的土地借了 40 块时怎么做？ ＝3 年之后都不能还钱的情况下，土地就成为债主的所有物，但是债主要给借款人 20 块钱。

这种事要不要写在契约书上？ ＝不写在借据上。

那么这种时候是借款人把土地卖给了债主吗？ ＝因为过了三年后，土地就成为了债主的东西，债主可以自己耕种，也可以卖给别人。

但是，前面不是没有进行买卖土地的过程吗？＝是的，双方要去监证人那里办理买卖的手续，土地就变成债主的了。

【指地、立字据和老纸】指地的借钱契约书上，有和没有附上一张老纸的之间有什么不同吗？＝那是一定要写的，不写那个的话，就不是指地借钱了。

指地借钱的期限是多久？＝三年，三年后不能还钱土地就归债主了。但也不是没有例外情况，根据情况的不同，也有经过商量之后，第一年付了利息，延长期限的事情。

有不立字据就指地借钱的情况吗？＝指地借钱的话，借据是必需的。

一定要把地契附在借据上吗？＝如果是指地借钱一定要附上老纸。

有不在借据上附上地契的情况吗？＝有。

那种行为被称为什么？＝没有什么特别的名字，只是保证人要承担责任而已。

保证人要承担责任是怎样的情况呢？＝保证人要在债主不能还钱时代替他还钱，如果保证人没有钱，即使是卖了自己的产业，也必须还钱。

没有只是把老契书给别人而不特地立字据的指地借钱吗？＝没有，因为只有老纸的话，不知道金额、期限的情况，所以要立字据。

立指地借钱的字据的时候，要什么人在场？＝中保人、借款人、债主三人在场。

指地借钱时，没有让债主在土地上耕种这样的事情吗？＝没有，那是典当的情况下发生的事情。

【指地和部分还债】指地借钱时，比如说借了100块，到期限时还了50块，如果担保是10亩地的话，把担保减5亩可以吗？＝这种情况下只要把借据上的金额减了就可以了，10亩地还是那样子不减。

还了50块的事情要写在借据上吗？＝写上年月日和金额。

不把这件事写在借据上，而是写在别的收据上，这样的情况不存在吗？＝不存在，在以前的借据上写是错的，要立一个新的借了50元的借据，把以前的借据烧掉。

期限的中途因为有钱了，还了50元，应该怎么做呢？＝这种时候，要把到这时借的100元的利息还了，再立一个借据，以后就按借了50元收取利息（不论什么时候还都要立新的字据）。

中途重新立借据的时候，不可以把担保的土地减半吗？＝不减半，依旧和以前一样。

比如说，一块5亩的土地做了两笔担保，中途还了50块钱，再立借据的时候，也不能减去其中10亩地吗？＝这种时候可以还给借款人一块地。

债主可以拒绝这个要求吗？＝这是不能拒绝的。

【指地的再担保】指地借钱的债主可以用这个土地再进行指地借钱吗？＝这是做不到的，因为土地的契约书上的名字不是债主的。

那么把土地贷款和契约凭证一起作为担保来借钱不可以吗？＝不可以，因为那样的话判断不了钱是否可以抽出，中保人不会那样做，契约上没有名字的话，承借人的担保人也不会允许。

以有确定中保人的借条作为担保不能借钱吗？＝这样的事情是不行的。

【薪水的预支】有借钱后，直到还钱前一家人去债主家里劳作之类的事情吗？＝有的。

那是在怎样的情况下呢？＝在沙井村，有很多这样的例子：某家借了钱自己或者孩子去做短工，妻子则去债主家里做工。

多少数量的金额算多呢？＝金额很少，二三十元，承借人一般贫穷，因此不会借很多钱。

怎么样的人会借钱给别人呢？＝拥有大笔抵押金的人，并且他们会与承借人商量、决定好来何处劳作、做什么（洗衣服、做衣服等）之类的事情。

那样的情况下有担保人吗？＝肯定有的。

那些事项是谁来决定的呢？＝担保人说了之后定下来。

不用立下字据吧？＝不用。

利息是多少呢？＝没有（做活也就是工作时不需要）。

【劳动偿还的比率】期限是多长时间呢？＝根据金额而定，多的话则是永久，也有永久持续工作的同时还要还钱这样的事情。

比方说借了 10 块钱的话要工作多少天呢？＝女人的话工作 2 个月，男人的话工作 1 个月（普通的劳动男女）。

那是每天劳动吗，还是一个月劳动多少天呢？＝每天。

那是冬天较多呢还是什么时候较多呢？＝夏天较多。

借了 10 元后一个月必须要劳作的时候，做短工是多少钱呢？＝1 天 40 钱（餐费 3 餐 70 钱）。

那么借了钱前去劳作的地方管饭吗？＝是的。

【借贷与家族】有这样的规定吗？媳妇被丈夫告知借了钱就要去劳作？＝并没有。

小孩自己借钱之类有规定吗？＝没有（有小孩借钱后，即使被催债也不能还，而因此逃跑的例子）。

那样逃跑时，债主怎么做呢？＝那样情况的话，去找小孩的父亲说，必须一直等到小孩回来为止。

那样的情况下，不能说让小孩的父亲还钱吗？＝因为债主在借出债款之前，没有与小孩的父亲说过任何话。

【时效的有无】借了钱未还经过很多年，不还也可以，这样的事情没有吗？＝有的。

什么样的情况呢？＝在沙井村没有，吸毒赌博的人有这样做的，村里没有。

那样的人在什么样的情况下不还也行呢？＝那样的人基本上单身一个人，借钱后被催债的话就会逃跑，因为不知道他在哪儿也就抓不到他。

除此之外某地借钱后过了 10 年、20 年，债主都要求承借人不还钱也行，这样的事情没有吗？＝没有。

不知道赊账吗？＝没有听说过。

在城里的商店欠账，付不起而经过多少年则一笔勾销之类的事情没有吗？＝没有听说过。

【债权的效力和期限】借钱给人过了 20 年甚至 30 年能要求他还钱吗？＝有凭证的话不管过多长时间都要他还钱，但是只会付出本金，利息不付也可以。

最初有凭证过了多年却没有了怎么办呢？＝那时就去找担保人做证，保人也没有的话就没办法了。

不立字据，借钱给人的情况是怎么样呢？＝过了十年依然不能还，对方没有还债能力。

对方有还债能力，但是要求还债对方也不还，超过二十年时怎么样呢？＝过了十年以上债主还想要钱，没有凭证的情况下，三年以上不还钱也行。

过了三年以上，债主没要回钱的话，借贷人不还也可以吗？＝一般来说，过了三年依然没有还钱的借贷人是很贫穷的，因此债主会对他们作出其他的要求。

那样贫穷的借贷人储存下四年劳动所得的钱的时候，债主会要求他们用这笔钱来还债吗？＝那时就能收到钱了。

债主来要钱时借贷人能够因为超过三年以上而拒绝还钱吗？＝那时因为没有凭证，借贷人不还钱也行。

过了两年半的时候，借了钱给人的债主能要求别人还钱吗？＝那时可以要回钱。

借贷人过了两年半之后，能拒绝还钱的要求吗？＝借贷人有钱的话，就不能拒绝，但是只偿还本金就可以，不需要利息。

为什么不需要利息呢？＝因为两年半以上，超过三年的话，全部的金额都拿不回来，所以仅仅是收回本金也足够了。

利息到什么时候必须要偿还呢？＝超过三年，不偿还也可以。

那么三年以内的话，利息能要回来吧？＝不要利息也可以。

被要求还利息的话，必须要在一年或两年内还吗？＝过了三年的话，不还也行（没有凭证，一过三年则无法要回来）。

那么延期一年后第二年，债主要求还债时，借贷人必须本金与利息一起偿还吗？＝偿还到时的利息也行，不偿还也可以，如果有钱就必须偿还，仅仅能偿还本金而无力偿还利息时则只是本金也可以。

那么在最初的期限内，仅仅偿还本金，不偿还利息可以吗？＝只偿还本金可以，但是其中的利息有钱的话必须要偿还。

【失效有无】只剩下利息未还时，过了两年、三年怎么样呢？＝第三年不还也行。

借贷人不还也可以时，担保人有钱时，不还也可以吗？＝那种时候，担保人可以出利息，但是不出也行，一般不出。

借贷人过了三年仍不能偿还本金与利息时，担保人也不付可以吗？＝担保人必须出钱。

过了三年以上，借贷人不付也行，但担保人必须要付吗？＝担保人有偿还能力的话，必须还，没有的话，不还也可以。

那么，经过了五年是怎么样的呢？＝那个时候仍然是只有本金可以要求保人还，保人必须还。

那么如果经过了十年又是怎么样的呢？＝如果过了十年，保人不还也可以。

那么经过了六年是怎么样的呢？＝如果过了六年，要求还债是可以的，但是一般贷主已经不要求还债了。

那么六年的时候，即使贷主要求，还债保人不还也可以吗？ ＝是的。

比如，借主在三年半的时候有钱了，贷主如果要求还债会怎么样呢？ ＝贷主如果要求还债的话，就必须还，但是只还本金就可以，不用还利息。到了第六年的时候，借主有钱了，贷主要求还债的时候不还也行。

第五年的时候是怎么样的呢？ ＝本金能还多少就还多少，但是完全不还债是不可以的，比如 30 元的话，还 15 元或是 10 元是可以的。

有凭据的情况下即使经过了三十年、五十年也必须还吗？ ＝有凭据的话，无论什么时候都可以要求还债，借主到了那个时候，就必须还债。

3 月 19 日

指地借钱　期限和辨济　转押　担保的种类和商店的借贷　利息

应答者　杜祥
地　点　县公署

【指地借钱】所谓的指地借钱是指什么呢？ ＝在进行金钱借贷的时候，借巨额款项的情况下需要担保，附带着土地借钱被称为指地借钱。

这个一定要立字据吗？ ＝没错，要的。

【中保人的工作】那个时候作为中介调停讲话的人被称为什么呢？ ＝中保人。

中保人之外有能在字据上签名的人吗？ ＝除此之外只有代字人。

中保人是做什么的呢？ ＝涉及贷借双方之间的谈话，也就是要讲借主有多少财产，接着讲关于借钱的事，然后就变成保证人。

指地借钱的期限一般是多长时间呢？ ＝一般是一年，不能还的话，就只还利息，然后再延长一年。

一般一年合同上会写吗？ ＝一定会写。

只还利息然后再延长一年合同书上也会写吗？ ＝使用原本的借条的话，什么都不会附注上去。

延期的交涉和带着利息去是由谁来做呢？ ＝中保人。利息也由中保人来交，中保人交给贷主。

【偿还部分贷款的手续】比如因为借了 100 元，没到期限只还 50 元的时候，怎么办呢？ ＝那个时候关于剩下的 50 元要写新的字据，旧的字据要当着三人的面烧毁。

在到期限前只经过了半年还 50 元的时候怎么办呢？ ＝和前面一样，仍然要在新的字据上写剩余的 50 元。

在这种情况下，旧的合同上必须写清楚几月几日收到 50 元？ ＝一般不那样做，而是重新立新的字据（完全不一样）。

【偿还部分贷款和利息】在期限之前比如半年还一部分的时候，利息怎么办呢？ ＝利息是按每月即每月收取。也就是说这个时候半年 100 元的利息的话，随后可以得到 50 元的利息。

在二月初一借了本金 100 元，在七月初五还 50 元的时候，是怎么样呢？＝这个时候从二月初一开始的五个月，对于 50 元收取利息，之后剩下的 50 元到期返还的时候，按从二月初一到截止期限的时间进行计算。

那么，即使在七月十日返还的时候还也按五个月算可以吗？＝仍然是五个月，没有超过半个月的都是按五个月算。

这样的话到七月十五日的时候也是计算五个月吗？＝七月十四日截止，按五个月计算，十五日之后的要收取 6 个月的利息。

那么，从七月十五日开始到八月十四日结束，也按六个月计算，对吧？＝是这样的，没错。

【偿还部分贷款和担保土地】重新立半年还 50 元字据的时候，减少土地行不行？＝不行，即使只剩下 30 元，也不能减少土地。

到期时归还 50 元的时候，可以减少土地吗？＝这个时候 10 亩的话，就保持原样，贷主当然不会要求减少土地，因为减少之后，将来对方不还的时候，就会很难办。

对于指地借钱到期时，借主连本带息都还不了的时候怎么办呢？＝这个时候，中保人就要站出来说话。比如 10 亩地中 3 亩按照地价相当于 100 元的话，就把 3 亩地给贷主，剩余的 7 亩地归还给借主。

这种情况下给贷主的地，如果按照本息合算的话，就只相当于 124 元的土地了吧？＝没错，是这样的。

这种情况是用什么方法实施的呢？和买卖一样吗？＝和买卖是相同的形式。

到期不还本金，只还利息；延期归还的时候，又经过了一年，仍然还不了的时候，怎么办呢？＝依旧只还利息，再延期即可。

【延期的限度和土地处置】到了第三年依旧还不了怎么办？＝如果到了第三年不能再延期，要把相当于本息合计的钱的土地作为抵押给贷主，剩余的土地归还给借主。

那么这样的话，三年以上就不能只还利息，延期返还是吧？＝没错，是这样的。

第三年不能返还的时候，有必要让中保人代还吗？＝这种情况下因为有土地，给贷主多少，然后返还借主多少，只是说这样的话，是没有必要代还的。

那么，土地的价格下降，本息合计不够还的时候怎么办？中保人不还可以吗？＝这种情况是没有的，因为借出的时候是按照地价的 1/3 借出的，不够还的情况是不存在的。

如果按照地价的 7 折、8 折借出不够还的时候怎么办？＝这个时候中保人不需要还，贷主损失、利息都有计算，所以不能要求归还。

如果地价在最初的一半本金以下，也满足不了当时的情况呢？＝根本没有这回事，没有租借这么多的情况。（100 元的土地最高价为 60 元。）

原来质地好的价值 100 元的土地用五六十元租借之后，由于洪水土地质量变差，价值大幅下降的时候怎么办？＝因为多次租赁，土地支付的钱也没有办法，中间人不需要支付，损失在借主身上。

【债权的效力和持续时间】没有超过时限也没有返回本息，借主也没有请求支付的情况下，经过数年借贷人不用支付也可以。借主如果索取借贷金，无论经过多少年都必须支付吗？＝这种时候，借主不管在何时都必须支付，贷主任何时候都可以提出支付请求。不过，只要支付最开始第一年的利息就可以了。

有地归债主这个词吗？＝在借贷人没有钱的时候，借主能够赊账租赁给借贷人。这就是使用指地借钱这个词语的场合。尽管这样，指地借钱是无论过了多少年（借主没有请求支付也可）借贷人都必须支付金额。

没有指地借钱时候该怎么样？＝与上述做法相同。

没有写借条的时候租赁金额是怎么样的？＝一般是少额的 100 元以下的金额，但这是必须支付的，借主提出请求，没有返还金额的时候，一定要去借主那边，为他提供帮助，但是如果借主去世了，就没有办法了。

像这样的没有写借据，贷主也没有提出要求，一直没返还的情况下，经过了十年，如果贷主提出要求，必须返还吗？＝必须返还。在中国，有父业子受、父债子还这样的说法。

也就是说，即便父亲去世了，儿子必须偿还父亲欠下的债务吗？＝是的。

在城内的店里赊账，过了时期也可以不支付，像这样的请求被允许吗？＝没有。不论经过多久都必须支付。

【指地借钱的转押】指地借钱的字据和契约如果有担保的话，钱可以借出来吗？＝可以。

这个时候该怎么办？＝手续和普通的指地借钱相同，但是拿不出契约的时候，就要交出原来指地借钱的字据，之后借主必须要交给最初的借主，拿出字据并向最初的借主提出请求。

这个时候比最初的借钱总额是多还是少呢？＝必须在最初的金额范围之内，信用好的话可以借到最初借钱的数额，没有信用的话，额度是在最初的 80％ 之内。

时限是怎么样的？＝还是按照年份每月的最初限额里限定。

利息是怎么计算的？＝与之前一样，一般都是 2/10。

不仅仅是指地借钱，没有担保的借约条也能够借钱吗？＝可以，借约条是限于两个人之间的信用，无论多少钱都是可以借出的。

用农具、大车和家畜之类的担保可以借钱吗？＝不能。

【借款和依靠劳动偿还】借钱直到归还，有本人或者家人去借主家打工的事情发生吗？＝有，但是是在金额少的情况下。

金额大概在什么价位？＝三四十元起步。

有没有保证人？＝有。

不用立字据吗？＝不用。

村子里有着怎么样的例子呢？＝没有确定的期限，借主很忙时，会叫借贷人过来打工帮忙，计算打工工时，用来抵销借贷金额。

家里人也去打工的情况有吗？＝有的。比如说，由于父亲年龄大了，行动不便，可以叫自己的孩子去打工。

借了钱就必须成为借主的长工？＝是的，但是情况并不多，在贫困人口中比较多。

作为普通的长工，一年得到 50 元的情况下，借了少于 50 元的金额，也能够再借到 50 元吗？＝这种场合，需要针对借的金额，计算具体利息。

平常是怎么办的呢？＝情况很少，一般是在必要的情况下去帮助打工，让借贷人当长工的事情是非常少的。

比如借了 20 元的男性，打工多少天才好呢？＝男性打工 3 个月之后即可。

这是每天都要做的吗？＝是的。

那么下雨刮风的日子怎么办呢？＝春天 3 个月，秋天因为收获，所以会很忙，1 个月就行。

冬天呢？＝冬天由于很便宜，所以可以赊账 3 个月。

夏天是怎么样的？＝还是 1 个月以上归还，因为夏天和秋天是繁忙的。

【薪水与季节】在春天做短工一天是怎么样的？＝包饭，五六十钱。

夏天呢？＝八九十钱，食物五六十钱。

秋天呢？＝一元一二十钱，食物五六十钱。

冬天呢？＝三四十钱，食物还是五六十钱。

借了 20 元，打工来返还者是女性该如何呢？＝女工的话，是打工半年。

有女性做短工吗？＝有，洗衣、除草之类的，选取好苗也会做。

这种工钱是怎么样的？＝不包饭的话是 70 钱一位，普通的洗衣服之类的女工是 20 钱一位。

女性秋天的工钱会提高吗？＝秋天没有女性短工，只在春天才有。

小户家的人有向地主家借钱的吗？＝没有。

【与商店的信用借贷】有在城内经常买的商店里借钱的吗？＝有。

是什么样的时间借呢？＝经常在春天借，有"春借秋还"的说法。

这样借钱的目的是什么呢？＝短工的工钱，买种子的费用，餐具不足所以需要购买的费用等。

秋收之前必须借短工钱吗？＝是的。

春借之时金额是多还是少呢？＝根据家庭情况，如果是富贵人家的话，会借三四百元，对于有二三十亩耕地的家庭来说，只借二三十元。

需要立字据吗？＝一般不需要。

为什么没有立字据的必要呢？＝通常是因为大家和商店都很熟识，积累了信用的缘故（买卖的时候，农民都愿意从商店买日用品，交易的时候，不需立字据就进行买卖）。

即使想借三四百元也不用立字据，这种情况是因为承借人有财产，不立字据也无妨。

中间人就一定是需要的吧？＝通常中间人也不需要，因为是非常熟识的关系。

那么，可以理解为不用立字据也不用担保人的意思吧？＝是这样。

那么，承借人直接去商店进行交涉然后借钱吗？＝是这样。

那个时候，马上就可以从商店借到钱吗？＝通常商店不会立即借款，300 元也好，400

元也好，不是一次性就可以借到，每次需要的时候，一点点地去向商店借。

商店会根据承借人做出借出多少钱好的类似的决定吧？ ＝商店当然会事先做出决断。

商店根据什么做出决断呢？ ＝这就看承借人的财务情况，然后事先做出最多借出多少钱的决定。

那么商店会调查进行交易的农民的财产等的情况吗，会信赖农民吗？ ＝通常来说，不进行调查。如果不是常年做交易，彼此熟识的关系的话，是不会借贷的。

在城内，这样借贷的商店很多吗？ ＝非常多，这是因为想要将来将自己的生意发展做大的缘故。

【和商店的交易】沙井村的人一般会去哪个商店呢？ ＝虽不绝对，很多都去同顺永杂货店。

那么村里的人也经常在那里买杂货喽？ ＝是这样。

村里人在那里买东西是用现金呢还是赊账呢？ ＝还是用现金的多，当然赊账的也有。

付现金和赊账的比例如何呢？ ＝付现金占 2/3，赊账占 1/3。

【清算期】这样的春借秋还的结算的日子决定了吗？ ＝通常是在农历的九月二十五日之前付款完毕，但是不同的店清算日期不同，杂货店是农历九月十五日，粮行是农历十月十五日，布行是农历十二月十五日，这样可以一个一个地借款，那么小的店应该归于上面的某种情况。

【利息的计算】这样的钱的利息怎么算呢？ ＝最高是 2 分 5 厘，最低是 2 分。

计算方法是怎样的？ ＝农历三月初五借，农历九月十五还的话，有 6 个月的借款时间。

三月初五借的话呢？ ＝还是 6 个月，借款的零头在借出未满一个月的时候，一般不计算在这一个月里，借款通常是在九月十五之前还，超过一两天没有关系（半个月之内的话）。

粮行也好，布行也好，都经常向外贷款吗？ ＝有贷款的，跟之前的情况一样。

方法跟杂货店一样吗？ ＝是的，全部都一样。

譬如，在同顺永杂货店借钱时，只记在账簿就可以了吗，会拿类似字据的东西吗？ ＝所有的都不会拿到字据，仅仅是记在账簿上。

在那里借了钱，而又不在农历九月十五日之前还的话怎么办？ ＝拿不出钱时，可以拖延一两个月。

拖延之前不用作账单吗？ ＝不需要，口头上约定了就行。

那个时候可以不支付利息吗？ ＝必须支付，即使不计算在九月十五日内，拖延到十月的话，就和十月的利息一起计算就行。

碰到农民歉收的年份时怎么做呢？ ＝不管那年的情况多么糟糕，虽说可以拖延一两个月，但是必须在春节之前支付，因为商店要在春节结账然后进货。

歉收的时候不降低利息的话似乎不行？ ＝不会有降息这回事，当年歉收的话，可以只支付本金，利息下一年支付，即只有本金是必须当年支付的。

【商店的借贷和逾期之后的处置】由于歉收，在春节前都无法偿还本金时怎么做？ ＝即使是将自己的产业卖掉，也必须偿还。

那个时候没有抵押地折合成钱的情况吗？ ＝对于商店而言，不接受押地还款，只存在向其他人押地来借钱，然后还钱给商店的情况。

那个时候，就必须要找确实可靠的中间人并制作借条了吧？ ＝商店和农民之间进行借贷交易，是凭借信用的借贷，并且商店和其他店进行交易时，一定涉及钱，所以没有和农民之间的信任，必定会要钱。

城内除了这样的商店，还有其他借钱的地方吗？ ＝没有。

从粮行借钱有用粮食还钱的情况的吗？ ＝不能还钱的时候，将自己收割的谷物拿到市集上卖后还钱，没有直接拿着谷物还钱这种情况。

以前没有这回事吗？ ＝以前也没有，因为拿到粮行的话，粮行会低价买，而拿到市集上，可以按市价卖。

以前粮行不会有直接让农民拿几石粮食来还款之类的事吗？ ＝因为谷物每年的价值都不同，不会有事先说好拿几石的粮食的情况。

【作物收成前的交易】生产谷物时，如果收割前需要现金的话，会不会将其卖掉，或者以此为担保向他人借钱？ ＝不会。

以前也没有吗？ ＝没有。

曾听过收获之前卖谷物的行为称为包，有这回事吗？ ＝没有，这是因为山海关以内，地少且食物不足的缘故，在山海关之外的满洲听说有这种事（包商向佃户预先约定购买他土地生产的作物，在立秋时节立字据，连同金额也定好，在白露时节收割以及卖给他人，并在寒露时节支付钱的事）。

刚开始有期限不定，何时还钱都可以的借钱方式吗？ ＝没有。

【浮债浮借】亲密的朋友或是亲戚或是同族之间，会这样做吗？ ＝即使是亲戚之间也要事先决定一个期限，但是一般都不算利息。像这样在亲人和朋友间，今天借了明天还的浮借浮债并不常见，一般不会决定在两三个月，半年的期限也并不长。但是这却在有钱人间盛行着。

什么情况下借贷的期限较长呢？ ＝再怎么长的时间，一般也是 3 年。但是立字据一般都是大概一年。

五年、十年的情况有吗？ ＝这样的情况可能有，但是非常少，没有听说过。两三年的情况有，但是谁也不喜欢那么长久的时间。人们都希望能把自己的土地的一部分给债主作为借款偿还。

【期限，利息】有只借一个月或两个月或是五天、十天的情况吗？ ＝这是有的。

这又是在什么情况下呢？ ＝在春夏时节，买农具或者种子需急用的情况下借用一个月或是两个月去市集，买完东西之后还借款的情况是很多的。

这样的资金又是向谁借呢？ ＝村内大家相互借用。

需要保证人或是立字据吗？ ＝因为是浮借，所以并不需要那些。

利息呢？ ＝也不需要利息，这是浮债浮借，即便有万贯家财，但也有一时周转不便的情况。

在期限内不能偿还债款的时候，利息就会反复增加，金额就会慢慢增大吗？ ＝是的。但是如果金额变得太大，就会把自己的土地抵押给债主。

不管是什么场合都是那样吗？　＝是的。

实际上通常只付利息拖延时间的较多，还是上述的情况较多？　＝一般只有利息被拖延的情况比较多。

在期限内，未付的利息会计入本金吗？　＝是的。

【物纳利息】有用谷物作为利息的吗？　＝这种情况有是有，一般即使这样做，贷方也很难决定物品的价值，所以更多的情况是把物品拿到市场去贩卖成现金还债。

有没有用劳动力代替利息的情况呢？　＝这样的情况也有，不过非常少。

这样的情况和听说过的以工作偿还的情况是一样的吗？　＝是一样的。

【预扣利息】比如说，借出 100 元，扣除一年的利息 24 元，只给 76 元的情况有吗？　＝没有，但有借款 80 元还债 100 元的情况。

这在什么情况下会发生呢？　＝这是光绪年间的规定，现在没有了。

3 月 20 日

典　地权　典价找价　赎回　期限

应答者　杜祥

【典】典是什么？　＝只分典房、典地两种。在需要资金的时候，将土地和房屋典当出去。比如在需要 400 元时，把价值 1000 元的土地典当出去。让别人耕作，不需要交付利息，随后交钱赎回来就行。

房子、土地之外的农具、牲口可以典当吗？　＝不行。

没有把家畜扣留直到还清债务的情况吗？　＝这种地方是没有这样的情况的。

土地中有没有不能典当的呢？　＝任何土地都行，好的土地典价更高。

坟地也可以出典吗？　＝可以，有种说法叫"典地不典权"（即使出典也可以用钱赎回来，权就是地权的意思）。

【地权和地契】地权是什么东西呢？　＝有了地契，就是有了地权。

其他的人是怎么看地权持有者的呢？　＝能够进行买卖出典，地契就是自己所有的证明。

【地契遗失时的处理】如果地契遗失了，怎么办呢？　＝如果丢失了，就去县公署报告（报告遗失），并不会就那样发行新的地券。光绪以后，很多丢失的都是这样报告以后那样做的。

县公署受理了报告以后，又怎么做呢？　＝县公署那里有存档（在账簿上有记载）。

其他的证明或者文件不能得到吗？　＝不会得到别的文件。不过制作白契后，纳契税了就行。

白契是自己一个人制作的吗？　＝和村长一起制作，在地契丢失的情况下，要向村长报告，然后村长和失主一起入县里报告。

这种白契和普通买卖所说的白契是一样的吗？　＝是一样的。

卖主不在的情况下怎么办呢？　＝和地券丢失前的卖主一样，那是知道的。

现在不在的人也可以吗？　＝没有关系。

如果忘了的话，怎么办呢？　＝在自己之前的卖主，自己应该是知道的。

白契的日期是原来的日期，还是新制的契约的日期呢？　＝是丢失的老纸上的年月日。

丢失的时候至今一直都是这样吗？　＝是这样，但如果没有向县里报告的话，就不是这样了。

县公署没有补契吗？　＝那种手续是没有的，还是要制成和买卖一样的白契。

如果骗人说原来的地契没了，然后做一个新的，那不是就会出现一块地有两份地契，这样的情况了吗？　＝这样的情况是不存在的，一块地就算有两份地契，也是没用的。

但是，用两份地契从两个人那里借款的话，不就可以多借一点了吗？　＝借款是有保证人的，保证人会向邻村或是那村里的人询问那块土地的状况，所以那种坏事是不会出现的。

【地权的内容】地权这个词经常使用吗？　＝经常使用。

会使用，和产权一样，土地也是一种资产。

产业的业是怎样的？　＝人若无业，则无法生活，这是业的根本的意义。永远为业是指成为他将来的产业的意思。

产业仅指土地吗，还有其他的意思吗？　＝有时仅指土地，有时同时表示家业、房业、产业。

权大致是什么意思？　＝指自己能任意做的事。

知道一句话叫作"普天之下莫非王土"吗？　＝不知道。

过去土地不是皇帝所有吗？　＝这是肯定的，土地属于国家。

现在是怎样？　＝现在也仍是国家的土地，所以每年缴税。

那么地权不就属于国家吗？　＝地权属于人民，若非如此，谁都不想自己耕作。

那么地权是指耕作土地的权利吗？　＝是的。

那么出售土地是出售耕作的权利吗？　＝虽只出售地权，但必须向国家交纳和之前的人等额的税金。

那么拥有地权的人，除了耕作都不能做吗？　＝耕作之外，只能买卖出典等，其他不行。

之前虽说能出典坟地但能找人借到钱吗？　＝出典是有的，但由于坟墓附近条件恶劣，不能耕作，并没有接受的人。

出售呢？　＝可以，但出售后，若谁死了，就不能埋在那里了，买主方面死了可以埋，坟地通常不只出售坟墓，出售坟地指的是坟墓附近的土地也一并出售，所以买者是计划建造自己的坟地才购买的。

那么坟地的地权就不是耕作的权利吧？　＝坟地的地权不是耕作的权利，而指葬茔地权。

【典的客体】无法培育作物的土地也能出典吗？　＝即使出典，也没有人要。

无论什么房子都能出典吗？　＝不能住的房子不能出典，土地也是不能耕作的，就不能出典。

通常典房和典地哪一方比较多？　＝典地更多。

通常是为了什么而典地？ ＝通常是需要用钱的时候。

需要用钱在沙井村是怎样的状况？ ＝孩子结婚、女儿出嫁、父母死亡等原因需要用钱的时候，出典较多。

【典价和卖价】出典通常能借到多少？ ＝通常分为上、中、下等地，每亩上等地 60 元、中等地 40 元、下等地二三十元。

那些土地的卖价呢？ ＝上等地一百五六十元，中等地 100 元，下等地五六十元。

上等地不能借到 60 元以上吗？ ＝差价七八元可以借到，若达到 10 元，大多借不到。

借他人土地耕作的人不能出典耕作地吗？ ＝不能。

【旗地及其出典】旗地是指什么？ ＝又叫庄头地和租子地。

旗地的地权由谁持有？ ＝地权属于耕作人。庄头不从国家领取薪水，而是使用农民交纳的地租。

旗地的地权和普通土地的一样吗？ ＝是的。

那么旗地出典的时候也一样吗？ ＝一样，但是典价比普通土地稍低一些。

为什么低一些？ ＝因为旗地的地租比普通田赋高，1 亩的地租相当于普通土地 3 亩的田赋。

现在也是这样吗？ ＝现在没有租子地，庄头把地卖给佃户，佃户向县里纳税，所以现在没有。

那么现在没有旗地了吗？ ＝现在钟杨宅还留有一些，但全是沙子无法耕作。

【典、卖与税契】上等地没有以 100 元以上的价格出典的吗？ ＝典价是普通买卖的一半，因为将来要出钱取回，若按 100 元以上出典，还不如卖，地价 150 元只在这一年内，以前地价都是五六十元。

买卖的契税和典地的契税是多少？ ＝前者 9 分 5 厘，典为 4 分 5 厘。

现在也是这样吗？ ＝是的，和以前一样。

若开立典契代替卖，契税只交一半就行了吧？ ＝不行，如果将来卖主出钱，就能赎回，所以没有人这么做。

假如约定将来以 100 元的地价买回土地，会以 50 元卖出吗？ ＝不会。

典必须定税契吗？ ＝是的。

听说也有买卖的时候不定税契？ ＝过去光绪年间有不定的，因为那时没有必须定税契的规定。进入民国后严加规定无论是谁都要定税契。（民国七年后开始规定买卖之后 6 个月以内必须实施。）

税契之外典没有登记吗？ ＝没有，只有税契。

【典的期限】没有不定期限的典吗？ ＝有，出典时钱款有在近期入账的预定不定期限，有期限者三年时间不超过两年不能赎回，如上所述的不定期限者不经过一年以上不能赎回。

不定期限的典在典契里怎么写？ ＝写不居年限。

不定期限的典的赎回需要什么手续？ ＝和有期限的典一样。

典的期限最长是多久？ ＝5 年，通常是 3 年。

短的呢？ ＝不写年限今春出典来年此时赎回，只是得在惊蛰之前。

那么不定期限的典中惊蛰之前还是之后赎回，必须告知承典者吧？＝来年想赎回的时间，必须在今秋通知。

秋季的哪天？＝日期不定，惊蛰前通知就行。（春季阴历二月止。）

【找价】去年上等地多少钱？＝上等地一百二三十元，中等地八九十元，下等地20元。

前年呢？＝上等地100元或110元，中等地五六十元，下等地十五六元。

相同土地的典价去年和今年不同啊？＝是的，现在的典价等于以前的卖价。（民国二十五六年间）

民国二十五六年间出典尚未赎回时，借款可以上调至现在的典价吗？＝可以，出典者去承典者处说明如今价格上涨所以想借多少多少，立字据后就可借到，这叫找价。

怎样新立字据？＝形式上和旧契一样，只是金额原为50元，现在涨了30元，变为80元，其他相同。旧契作废。

旧典契上不用写明何月何日找价多少，继续使用吗？＝不用，但找价不多的时候，可以写附笺贴在旧典契上。

不多大概是多少？＝二三十元，亩数不过二三亩时，亩数多的话，一亩10元，也只有二三百元。

怎么附附笺？＝参考下例。（粘在旧典契上也行不粘也行，但要在贴目上信行两字的上下附加说明，只要日后不改也可以不同。但通常是重新制作典契。）

【典契及找价的附笺例】

立典民粮地契文约人〇〇因正用无洋使用今将自己祖遗地一段〇〇亩坐落在〇〇村地名〇〇东西行垄（南北…垄）四至列后亲烦中人说合情愿典与〇〇村（置主）〇〇言明典价〇〇元其元笔下交足不欠立字之后地无租价钱无利息言明地典〇〇年限钱到全价准（不居）许回赎此系两家情愿各无反悔如有反悔者则有中人典主一面承管恐口无凭立典字存照为证

东　…　南　…
　至　　　至
西　…　北　…
　年　月　日

中保说合人　〇　〇　〇

立典字人　〇　〇　〇
代字人　〇　〇　〇

--信　行---

立找价条文约人〇〇因正用无钱使用今将〇〇年典与〇〇地今找到〇〇价洋（立字年）（地名）〇〇

年　月　日

中保说合人　○　○　○
立找价条人　○　○　○
代　字　人　○　○　○

出典后土地价格下跌时，会要求归还典价的一部分吗？ ＝不能，但这时地主不会赎回，因为如果有钱可以从外面购买土地。

【典的当事者】通常村里典的当事者叫作什么？ ＝出典人和置主，通常出典人也叫弃主，置主也叫业主。

典主呢？ ＝和出典人相同，典主更常用，置主与此相对。

（注：据 1940 年 11—12 月的调查显示，总体与典相对的人为典主。需要注意。）

【赎回】赎回是指什么？ ＝典主向置主交钱取回土地。

怎么办手续？ ＝典主准备好钱通知中保人，中保人交给置主，置主清点后收下交出典契，由中保人归还典主，典主常会检查是否有误，然后中保人在典契上用大字写上废纸一张，这样典契失效就可以丢弃了。

必须由中保人来做是吗？ ＝是的，因为这是中保人的责任。

赎回完成后典主不会给中保人什么谢礼吗？ ＝中保人是亲密的朋友或亲戚，所以几乎不酬谢，通常不会，请个客喝杯酒就好了。

【赎回的时期】到期前可以赎回吗？ ＝三年期过了两年就可以，五年期过了三年就可以。

三年期过了两年，且典主希望赎回置主可以拒绝吗？ ＝上述是约定俗成的，所以置主不能拒绝。

如果置主说典契上写的几年期限，不愿交地呢？ ＝字据即使是那样写的，过了两年把钱带去，对方就是拒绝也可以赎回。

置主不同意不交典契时怎么办？ ＝不会这样，中保人把钱带去了，就一定得还。

那么不还的时候打官司也能赢吗？ ＝能。

有这样的例子吗？ ＝没有先列，因为大抵是在年头儿不好的时候需要用钱才出典，从秋天数起两年后，即第三年的秋天，置主种地虽然只有两年，但因为是第三年通常是可以赎回的。

【期限的意味】典契上的期限是什么时候写的？ ＝如果是三年期限，那么认为种地两年就满了三年。

那么秋出典和春出典都一样吗？ ＝是的，说是三年耕作两次就行。

有在惊蛰以后秋天之前出典的吗？ ＝通常是惊蛰以前较多，秋天寒露以后较多，惊蛰以后有是有，清明节之后就没了，立秋以前因为田中有作物也没有。

收获是在立秋以后吗？ ＝通常是立秋以后。

三年为限，是指第三年还是三年时间的意思？ ＝通常是第三年的意思。

那么清明节前出典时，第二年的立秋以后就能赎回了吧？ ＝是的，耕作了两次就可以。

【典地的耕种】有没有出典土地后，由出典人来耕种的情况呢？ ＝没有，但不是不可以，只要规定一亩地要付多少地租，并且得到承典人的同意，即可耕种。

有这样的例子吗？＝听说过，但是还不知道实例，承典人可以让任何人来耕种土地。

出典人交纳过典价的利息吗？＝没有交纳过。

通常由承典人来耕种典田的情况多吗？＝正是如此，如果承典人不耕种典田，典价也会因其他原因免息，所以当然会亲自耕种。

【承典人的权利和义务】在出典后的土地上有树木等情况时，可以砍伐吗？＝不可以，在典当契约中已记载了树木的数量，这时便不可任意使用，房产出典的情况下，多会有树木，但是典田很少有这种情况。

可以在典田上栽种任意农作物吗？＝可以。

可以在典田里挖水池养鱼种莲吗？＝不可以，栽种任何农作物都可以，但是不能破坏土地。

如果已经挖掘水池了，出典人赎回时也要恢复原状吗？＝是的。

在房屋出典的情况下，房屋一部分已损坏，出典人回赎时，也必须要修缮房屋吗？＝在出典人回赎时，必须恢复典物的原状，在典期内，一切修理的费用由承典人承担。

房屋的一部分已破损，不修理，仅交纳费用可以吗？＝破损程度很小时，交少量费用即可。

既不修理也不交费时，出典人可以向承典人索取相关费用吗？＝可以，在回赎时从典价减去修理费再还给承典人即可。

【典田的损失和赎回】典田因洪水成为沙地时，该如何回赎？＝因天灾而造成的损失，由出典人承担，这是没有办法的事。

这种情况不去回赎放置不管可以吗？＝没有办法，这种情况通常都是不回赎，由承典人承担损失。

这种情况可以由承典人发出回赎的请求吗？＝不可以。

正常情况下，承典人可以发出回赎请求吗（典期内）？＝在典期内可以。

出典人可以拒绝此请求吗？＝可以，或者采取别的方法，也就是说，可以再次出典土地给其他人，利用其典价来回赎土地。

旧纸也要跟典当契约一起交给承典人吗？＝有交的，也有不交的。

什么情况要交呢？＝如果承典人信任出典人便可不用交，如果承典人不信任出典人并要求提交，便要交旧纸给承典人，这时会在契约中写明随带旧纸一张。

3 月 21 日

赎回　倒把　负担　典当和租佃买卖

应答者　杜祥

【回赎的时期】超过了典期很多年，还可以回赎吗？＝可以，不过当年的惊蛰之前及9月之后期间，若收割完成，任何时间都可以回赎，惊蛰之后收割之前不可以。

　　为什么那期间内不可以回赎？＝因为惊蛰之后，农民开始着手很多农活，比如运送肥料、耕地等。而且收割之前，农作物还长在地里，此期间里无法将土地恢复成原样。

　　这期间里完全不可以吗？没有回赎成功的例子吗？＝这是从古至今的做法了，还没有发生这样的事。

　　有没有超过典期很多年，却没成功回赎的例子？＝有。

　　这样的例子多吗？＝有是有，但不多。

　　在沙井村有这样的例子吗？＝有，但是是因为土地废了，导致无法耕种，才没有回赎。若是块好地，只要有钱就一定会回赎的。

　　有没有土地没有荒废却没有成功回赎的例子？＝没有。

　　【回赎的期间】有发生过没有被回赎，放置了几十年不管的土地归承典人所有的事吗？＝清朝规则规定，超过典期 30 年则不能回赎，现在是超过 20 年不能回赎。

　　清朝的规定是依据什么制定的？＝那是国家定的规矩。

　　民国以后怎么定规矩的？＝还是国家、法律来定的。

　　你知道清朝以前的事吗？＝不知道。

　　不能回赎了，是指典田归承典人所有了吗？＝是的。

　　20 年没有回赎的土地归承典人所有时需要办一些手续吗？＝没有什么手续，只不过到县公署的田赋征收处改一下名字，方便以后交税就可以了。不过这样的例子非常少，都不是好地。

　　【部分田的回赎】如果想回赎土地却拿不出全款，比如拿一半的钱去回赎，可以要求归还一半的土地吗？＝不可以。

　　为什么不可以？＝如果回赎了一半土地，就必须更改典契和地亩，很麻烦。所以若资金不够可以将土地的一部分卖给承典人，再赎回余下的全部土地。

　　有那样的例子吗？＝没有听说过。

　　【倒把】有没有可能把典田出典给第三人，从原承典人手里赎回土地的典契，再将土地转给新承典人？＝可能。

　　那称作什么？＝叫作倒把。

　　只在典当的时候会出现倒把的现象吗？＝这是俗语，不仅用在典当的场合。

　　那么倒把典物时需要什么手续吗？＝跟平常的程序一样。

　　需要新老保证人以及各位当事人全部到齐吗？＝只需新承典人到场就行，从新承典人那里拿到钱，再从原承典人手里回赎就可以了。

　　但是必须要告知新承典人土地正在出典中吧？＝对方知不知道没有关系。

　　新保证人不知道也没关系吗？＝不知道也没关系。

　　【重典】那么有没有发生过前后将一块土地出典给两个人后携款逃跑的事呢？＝绝对不会发生，在小村庄里消息传播得很快，若做了那样的事，不仅保证人不会再担保，而且村公所里有草契，一块地绝不会发行两张草契。

　　在没有使用草契前，有过那样的例子吗？＝没有。

　　【出典的手续】出典手续的流程是怎样的？＝保证人（也就是中间说合人）首先与双

方谈话，双方意思达成一致后，在定典价前承典人先去看地，然后定典价立典契，再交钱就可以了。

立典契结束后当场给钱吗？＝是的。

保证人数好钱再给出典人吗？＝立典契时当着 3 个人的面给钱，不一定要经保证人的手。

给钱后，承典人随时都可以使用典田吗？＝是的。

【转典】承典人可以把典田出典给他人吗？＝可以，但是转典的典价不得高于原典价。

这种新的出典过程叫作什么？＝就是转典。

转典的手续呢？＝和普通典当程序一样，使用同一典契。

期限是多久呢？＝不设年限（无年限），因为不知道原出典人什么时候来回赎。

若原典期是 5 年会怎么样？仍然不设期限吗？＝还是不设期限。

新的承典人又可以出典给他人吗？＝不可以。

为什么？＝一个典期内必须耕种一次，典价也会慢慢降低，通常典期只有 3 年左右，所以没有人会反复转典。

惊蛰之前可以反复转典吧？＝没有这回事。

【典权的转让】他人不通过转典，而通过给予承典人与典价相同或者更高的价钱来获得转让的耕种权，从而使自己成为典权人，让原承典人与典当失去关系，这样的事情发生过吗？＝那是不可能的。

比如乙从甲手里花 100 元承典了 5 亩地，惊蛰前要去北京经商，想要转给他人时，丙希望耕种这 5 亩地，因此花了 100 元来转接这块地，有过这样的事吗？＝这是可以的，不过这种情况下，价格要不了 100 元以上，100 元以下比如花 90 元就可以成交。

为什么 100 元以下可以成交？＝没有人会出 100 元以上，因为乙是想转让的一方，若急需用钱，丙接受转让相当于帮助了乙，因此不需要花 100 元以上，丙很清楚甲乙的关系，所以不会多出一分钱的。

以上的关系叫作什么？＝跟转典一样。

不是转典，丙并没有立典契只是花钱获得乙转让的典契，没有这种情况吗？＝还是必须立典契，因为原典契上写的是乙的名字，丙无权耕种。

转典时，乙、丙不是要事先与甲通气吗？＝现在的关系是，丙出钱获得乙转让的典契，然后甲可以出典价从丙手里赎地，这样可行吗？＝还是要转典，总之需要立典契，不能买卖典契（即便与甲通气了也不行）。

【转典的回赎】转典的情况下，甲想赎地是要怎么办？＝甲先对乙说，乙告知丙再返话给甲。

甲不能直接从丙手里赎地吗？＝不能。

乙转典给丙时原典期也要附送一起递交吗？＝一定要一起递交。

那么甲想赎地时，乙也要陪同前往丙处吗？＝没错。

这时甲要和保证人一同前往吗？还是保证人一人就够了？＝一起去，但是只要有一个保证人陪同就行。

那么转典时，双方的保证人都要陪同吗？＝是的，当事人加保证人 4 个人一起也可以，只有双方保证人也可以。

【典和赋税负担】典田的场合中，税金由谁交纳？＝承典人。

全部都由承典人来交纳吗？＝是的，出典人不承担。

以谁的名义来纳税呢？＝因为典契上写的自己的名字，要以自己的名义来纳税。

纳税只交纳契税吗？还是钱粮摊款也要交？＝现在只要交纳契税，钱粮摊款都由出典人来负担。

那这样一来，出典人自己不耕作也必须交纳钱粮摊款等费用吗？＝是的，承典人不负担。

出典人还要负担村里的公共费用，青苗钱之类的吗？＝普通的摊款是花在种地上的，也就是说由承典人来负担。

普通的摊款指的是青苗钱吗？＝说的是青苗钱、学款、警款等。

那就不用出典人交纳吧？＝是的，由承典人（种田人）来支付。

那么以谁的名义来交纳上述费用呢？＝以承典人的名义交纳。

承典人拖欠税款时，不能向出典人索要税款吗？＝是的，不能向出典人索要税款。

【典田的买卖】出典人可以任意买卖典田吗？＝可以。

不事先通知承典人也可以吗？＝首先必须通知承典人，若承典人想买典田必须卖给他，若承典人不想买便可卖给其他人。（没有规定禁止卖给第三人。）

若同一家族的人说想买典田该怎么办？＝这种情况时，族人有权购买，若族人不想买时，承典人才可购买。

那么族人说想买典田时，不通知承典人也可以吗？＝没错。

亲戚说想买典田呢？＝这时必须先通知承典人，承典人不买时，亲戚才可购买，对亲戚的处理方法跟邻居其他人一样。

第三人买下典田后，与承典人的关系会怎么样？＝出典人从承典人手里赎回土地，再卖给第三人即可。

可以不赎回典田，在保持出典的状态下卖典田吗？＝可是可以，不过要和出典人一起去承典人处把话讲清楚。

在这种情况下，手续也是一样的吗？＝一样的。

那么卖价多少？＝从市价中减去典价，就是卖价了。

【出租地的出典】出典借给别人的土地时该怎么做？＝可以出典，首先甲把乙上交的地租加上利息还给乙，然后立典契出典给丙。

任何时间都可以出典吗？＝还是只限春和秋，惊蛰之前和收割之后。

加息返还时，利息几分？＝跟普通的借钱一样，2 分左右。

上述情况中，可以优先佃户承典吗？＝可以。

已经提前定了承典人的情况下，也可以优先让佃户承典吗？＝可以。

那么想出典租地时，是否先必须询问佃户要不要承典？＝不用商量也可以，但是，佃户想承典就让他承典，不想承典就让别人承典，中国有句话叫作"租当不了典，典当不了卖"。

上述那句话是什么意思？＝意思是，出租土地时，比如一亩地收七八元的话，出典收四五十元，卖掉收七八十元。因此若要用钱时，可以出典出租地，更加可以卖掉出典田，对于那样的情况，佃户和承典人都不会抱怨（当是管的意思）。

除上句话之外，还有别的关于典的俗语吗？＝没有。

出典租地的场合中，佃户不能承典时，租佃关系也会消失吧？＝是的，但是若佃户想继续耕种那块土地，可拜托承典人得到其许可后，佃户再从典价中扣除租价和利息，上交给出典人，以后就从承典人手里租借那块地。这种情况也是可行的。

有过出典租地的例子吗？＝非常少，我听说过大约在民国十八年，别的村庄里有死了父亲急需用钱的人，就按上述做法操作的。

【出典田的买卖】卖掉出典田的手续时是怎样的？＝可以先卖了再来回赎。

这就是说先立卖契拿到钱后再回赎吗？＝买家知道土地在出典中，因此会先付卖家一部分价款，卖家用这一部分价款回赎土地后，再立卖契。

最初支付那一部分价款时有什么纸质证明吗？＝不会发行像收据之类的东西。

那么出典田的买卖的保证人也要一同去回赎出典田吗？＝没有必要，典契的保证人去回赎就行了。

那么如果出典人是坏人，会有麻烦事吗？＝不会的，所谓的保证人就是熟知双方才做担保的，这个不用担心。

之前提到的佃户若成了承典人的租户，需要签订新的契约吗？＝口头上达成一致就行了，没有必要立契约。

上述情况也要拜托保证人担保吗？＝若双方（承典人和租户）熟知对方就不用，不认识的话还是需要保证人担保的。

【典和税契】听说买卖典田时很多人不交纳契税，那出典土地时也有人不交纳契税吗？＝买卖土地且不交契税那都是前清的事情了，那时只要在6年内补交契税就可以了，现在规定要在6个月内交纳契税，所以没有人不交。村长卖一份草契纸，州县官府那儿就会留一份备份，不交契税的人文件的号码是对不上的。

若丢失了典契怎么办？＝在保证人的陪同下，一起找村长补契即可。

立典契时，到底是先立白契呢，还是马上写在草契上呢？＝直接写在草契纸上（从民国十八年以后开始）。

补契后，要在草契上写类似此份为补契之类的话吗？＝不用写任何话，跟原契一样填写，只不过在后面写有"如有发现原草契此纸作废"的字样（卖草契时也标有此句）。

听说你负责财务工作？＝不是，我做的是文书工作，只是记录村里的费用收支（麦秋、大秋的收入，村费、学校费等支出等）。今年进了个办事员所以我没有记账了，但是偶尔会去帮忙。

村公所有没有记录土地的买卖、出典等的账簿？＝没有。

村长家有吗？＝没有，只留有草契的底子。

使用草契前的时候，情况是怎样？＝只使用白契，所以根本没有备份。

那么不使用草契的时候，不交纳契税的人多吗？＝多。

开始使用官方规定的草契纸后，才出现6个月之内必须交纳契税的规矩吗？＝没错。

在这之前，契税可交可不交吗？ ＝是的，没什么关系（并无太大关系）。

交纳契税的目的何在？ ＝仅仅只是纳税而已。

【典的期限】可以随意决定典的期限吗？ ＝随便（随意）。

那么可以决定期限为 50 年、100 年吗？ ＝这不行，最多五六年。

有这样的规定吗？ ＝并没有这样的规定，只是规定了超过 20 年，无法回赎土地而已。

决定典的期限是为了什么？ ＝没什么目的，只是 20 年之内可以回赎土地而已。

典的期限最多五六年是有什么理由吧？ ＝没什么理由，只不过定个五六年，承典人也可能有些事情要计划，因此预测要 5 年的话，就定 5 年，然后做应对回赎的准备而已。

典的期限只与回赎有关吗？还是有别的定义？ ＝只与回赎有关。

出典同一块地的场合下，3 年的典和 5 年的典相比，典价一样吗？ ＝一样，决定典价的是土地的好坏，与典的期限无关。

但是期限越长，相应的可耕种的次数就越多，不就会有人愿意出更高的价钱吗？ ＝三五年没什么关系，即便期限是 5 年，也会多花些其他的费用，所以典价一样。

典期满了的时候，可以花点钱延期吗？ ＝若出典人有钱了，便可回赎，若没钱回赎，承典人便不用花多余的钱，可以继续耕种土地。

【典屋及地基】出典房屋的情况时，地基也要一并出典吗？ ＝是的。

可以分开出典吗？ ＝房屋是建在相应的土地上的，因此不能分别出典。

有没有典契上填写的金额比实际拿到的钱多，出典人在典契内按典契上的金额来回赎土地的情况呢？ ＝没有。

【承典田的指地借钱】承典人可以用承典田来指地借钱吗？ ＝可以。

手续是怎样的？ ＝跟普通的借钱一样，并且要将典契一同上交。

金额、期限、利息等方面有什么限制吗？ ＝有的，若典价是 100 元只能借 50 元，典期为 3 年的话只能借一年，不过典契为 5 年的话，按一年结清一次借款的原则，借钱仅限 5 年。

立典契时要写上其他内容吗？ ＝写上随带典契一张。

【典关系成立的时期】立典契后，出典人可以把钱还给承典人取消交易吗？ ＝不可以，若是立典契前可以。

立典契后还没拿到钱的时候，可以取消交易吗？ ＝不管有没有拿到钱，立典契了，就不可以取消。

【找价的限度】一亩 100 元的土地，价格可最多加到多少？ ＝按现在的行情可加二三十元，但是两三年前行不通。

例如，典价为 50 元时，一回加个 20 元、10 元，可以找价几回？ ＝一两回，不可以多次找价。

有没有可能典价和找价加起来添到 100 元？ ＝最多涨到 80 元，不能再加了。

还是缺钱的时候，有没有拿着剩下的钱卖掉土地的事呢？ ＝有。

这样的情况叫作什么？ ＝还是叫买卖，没有别的称呼。

3 月 22 日

高利　减免　担保　保人　画押

应答者　杜祥

【村内的金融】村民中一年内借钱的人的比例是多少？＝大约 10 家，每家借几十元。

他们从村内借钱或者从村外借钱的比例是多少？＝若村内的人有钱就在村内借，没钱的话就在同城内借，在村内借的有四五家，在同城内借的有八九家。

每家借的金额都很大吗？＝村内没有金额很大的钱，要从城内借，村子里的贷主主要是老太太，借出很少的钱来获得利息，因此借的人多了就要从城内借。

村子里的借主和贷主之间发生过纠纷吗？＝没有，每年是春季借钱，秋季卖了稻谷还钱。

【一本一利】有没有听说过村子内外的有关借钱的官司？＝我想有肯定有，只是我不知道。如果没有官司的话，县政府就成摆设了，普通借钱官司是因借主无钱返还而被贷主告到县里，这种情况时，假如借主借了三年利息一点都没还，过了三年后打起了官司，县长会以"一本一利"（本金全额返还，利息只用交一年份）来判决。借主不是不能交，是不用交，因为利息只用交一年份。如果贷主、借主之间商量之后，利息一点都不少，就只能像中国的谚语所说的一样，"人不死债不烂"（若人死了又没有子孙就没办法了），"父业子清，父债子还"。

"一本一利"在现在也行得通吗？＝是的，借主很久不交利息才会打官司。

"一本一利"只限于打官司的场合中吗？＝当村里有想打官司的人时，村长会采用"一本一利"的方法来阻止他，付清一本一利比较好。

【止利还本】还有像上述一样的谚语吗？＝没有了，还有一种说法叫作"止利还本"，就是借主将至今为止的利息付清，若是三年借期就付三年利息，若利息超过了本金，借主没有能力支付时，可不用支付利息只返还本金即可。不过，这是民间做法不是法律规定的。

村里有人使用过"止利还本"的方法吗？＝沙井村没有，我听说别的村有，但是不知道实际情况。

【三年停本利】你知道"三年停本利"吗？＝从村内人借钱的利息一般为 2 分，从城内的商店借钱的为 2 分 5 厘，从当铺借钱的为 3 分，以上情况限制在 3 分利息内。这时，若交齐三年利息，其总额便会超过本金。因此即便借期延迟到三年以后，借主也不用再交利息。这就是光绪年间借钱的做法，但是现在没有了。

民国之后还有当铺营业吗？＝现在没有当铺了，但是民国之后有过当铺，因为 3 分的利息很高。

【利息——高利】现在一般贷款的利息有没有限制？＝最高 2 分 5 厘，一般是 2 分，如果对方急需用钱也有贷款利息是 3 分的。

谁会以 3 分息贷款给别人？ ＝就是品行不好的人，在街上斜戴着帽子走路的人，这样的人评价都不好，大家说他们会"绝后"（断子绝孙）。

这样的人以放贷为生吗？ ＝没错。

村里有这样的人吗？还是城里有？ ＝大多是城里的人，村里也可能会有，但是很少吧（经营当铺的人也会被瞧不起）。

城内有很多这样的人吗？ ＝清朝时有很多，现在不多了。

这样的人也会收 3 分以上的利息吧？ ＝放高利贷的人中，有人运营着赌博的俱乐部（赌局），曾以 8 分息贷款给输了的人（叫作放局），当然这是以前的事情了。

除上述情况之外，放贷人有没有以 3 分以上的利息贷给没钱而苦恼的人？ ＝一般最高的利息是 3 分。

为什么最高的利息一定是 3 分呢？ ＝再高的话，就使不起了（用不起），光利息都还不了。

那么有法律规定利息不能超过 3 分吗？ ＝没有。

【印子钱】你知道印子钱、阎王钱吗？ ＝印子钱就是在实际上只给了 8 元时，契约书（主要用折子来代替）上写本金 10 元，然后每个月支付 2 元分 6 个月付清这 10 元。现在已经没有了，以前这样放贷的人大多是旗人，拿着俸禄不干活儿用来放高利贷，现在没有钱了就不干了。阎王债就是高利贷的意思（旗人有子嗣者，有俸半饷，成年人每人每月一斗米，3 两银子，小孩有其一半，妇女也是一半）。

现在有公开放高利贷的吗？ ＝没有（当然现在利息都不高，普通放贷的只叫会，也有叫钱会）。

【借钱及减免宽限】村民借钱时有没有使用减免宽限政策的习惯？ ＝若借主非常困难，平时是个正直的人，有这样的情况的。比如，借主以 2 分息借 100 元，贷主从 24 元的利息中减免 4 元，只收 20 元就了事的。在村内借钱的利息都是年利（一年一交），因此不还本金时也必须交利息，不可宽限（刚才提到的减免也只是借主和贷主感情好，保证人从中周旋才可以）。

用土地、房子做担保借钱时也是一年 2 分息吗？ ＝是的。

有没有借期短利息高，借钱长利息低的事情呢？ ＝利息与借期长短无关，都一样。

事变前与事变后的借钱方法和利息、手续等有变化吗？ ＝没变化。

事变前借了 10 元，现在还 10 元就可以吗？ ＝可以。

有这样的例子吗？ ＝有还是有吧，但不知道是谁。

【土地担保的种类及期限】指地借钱和出典土地的场合中，旗地和口粮地相比，担保的期限一样吗？ ＝一样，以前也是一样的。

基地和普通的民田相比呢？ ＝一样。

菜园和普通的土地呢？ ＝都是一样的。

一亩菜园的价格多少？ ＝最贵的 500 元，最便宜的 100 元，一般 200 元多一点。因为卖 500 元的菜园土地又好还附有水井，100 元左右的只是改造了自家住房旁边的空地，不是专门的菜园。

【财产的种类和担保的顺序】普通的村民拥有房子、菜园、普通的土地时，若急需用钱，先从哪一个开始做担保借钱呢？＝先用土地做担保，没有土地时用菜园，都没有时就用房产做担保。

除此之外，当村民有牲口、农具、大型车等时，首先该用哪个做担保？＝先出典土地，因为还得继续使用车辆和牲口。

【金融方法的顺序】需要钱的时候，老百姓用什么方法（顺序）来借钱？＝首先可以向任何人借钱，看人借钱（信用），接下来是指地借钱，再是出典，最后是卖地。

沙井村里有向银行借钱的人吗？＝没有，还不清楚。

事变前有向合作社借钱的吗？＝没有。

向新民会借钱的情况呢？＝虽然大家都成了会员、社员，但是不清楚它究竟是干什么的，怕会引发事端，所以尽量不向新民会借钱。

沙井村是铁路爱护村，没有人向交通公司借钱的吗？＝没有。

【指地借钱及保证人的责任】指地借钱时，有保证人为2个人以上的情况吧？＝一般1个保证人或者2个，也有没有保证人的情况。（至亲也就是表亲、舅亲以及挚友的场合不用保证人，表亲是舅亲和姑亲的总称，除了以上的人之外都有保证人。）

有2个保证人的时候，借主无钱还债时该怎么办？＝如果真的没有钱还了，由保证人代还。

这种情况是由2个保证人一人还一半吗？＝平分，一人一半。

若2人中一人有钱一人很穷仍然是平分吗？＝是的。

【担保人与债权的不可分】由2个保证人代还款时，贷主可以向这两人要求马上还清全款吗？＝是2个人一起还全款，不是其中某一人还全额，每个保证人还一半即可。

那么2个人还不了全部的贷款时怎么办？＝那就没办法了，只能贷主承受一点损失了。

若2人中有1个人死了，剩下的人还是只还一半的贷款吗？＝那种情况的话，可向剩下的人索要全款，保证归还100元就必须还100元。

那么2人都在的话，可以向每个人都索要全款吗？＝不行，还钱时会请2个保证人到场，向两个人一并索要全款（借100元的场合中，2个保证人并不是保证要归还200元）。

【保证人之间的关系】若2人中的某一人不知去向，另一人按照贷主的要求付清全款后，消失的那人又回来了，这种情况下，付清全款的保证人该怎么办？＝这种情况下，回来的人可还一半贷款可不还，要看这2个保证人的友谊，按理说这一半钱一定要还的。

【分期付款】普通借钱的场合中，有没有人跟交印子钱一样，每个月交一点钱直到交清本利的？＝没有。

没有人每月只交利息吗？＝没有。

可以在麦秋和大秋季时各付一半付清本金吗？＝村里没有这样做的，若是向城内人借钱，只要有钱就可以还，多少次都可以。

【担保债权】把借钱的书面证明卖给别人后，买家和借主之间还存在之前的借贷关系吗？＝书面证明是不能卖的，而且还可以用它来借钱，不过之前借过 100 元的话，最多再借三四十元。

【在期限内无法还清债务的场合】借钱时没有担保且在期限内无法还清债务的时候，贷主该怎么做？＝不会在期限内还不上的，到期后借主找贷主申请延期，到了第三年（每年的利息都要支付）把手里所有的钱都还给贷主就行，因为第三年之前贷主也收了不少利息了，所以先把手里所有的钱都还了，以后有钱再还，这个叫作"碎修"。

在借期内没有支付利息也没有申请延期时，贷主怎么做？＝这种情况时，贷主找到借主并提出还款的要求，没有保证人的话就自己去找借主，有保证人的话，让保证人向借主索取贷款（这种情况时不能亲自找借主）。

没有保证人做担保，贷主提出还款的要求，借主还是不还款时怎么办？＝没有那样的事，没有保证人说明双方是至亲、挚友，所以索要贷款还不还的话，就延期。

延期到什么时候呢？有限定日期吗？＝一般是延期两三个月并要支付利息，如果支付了利息便可再延期 1 年。

超过借期后有征收更高利息的现象吗？＝没有。

【破产】若有人从 2 人以上手里借钱却谁都不还时，该怎么办？＝没有这种事，那种情况时，应该变卖财产来还债。

变卖财产了也不够还债呢？＝这种情况就借得多的多还点，借得少就少还点（这样的事我听说过但是很少。城内曾有过类似的事，生意亏损后必须还债时，借主就按上述方法做的。另一方面我还听说过，放贷人找到不还债的人，住进借主家，直到借主还钱为止）。

你知道破产的例子吗？＝村子里没有，但是城里有，城里发生过借主把店铺和房子、货物所有的东西以 2000 多元的价格卖掉，然后分给债主的事，剩下欠的债只能由贷主们承受损失了（虽然这种情况没有特定的说辞，但是也可以说是买卖赔了叫人瓜分了）。

【署名的画押】借钱的书面证明上的署名是由自己签吗？＝名字可以由别人代签，只不过下面要亲自画押。

一定要亲自画押吗？＝是的，其他人不可以，若不会写字就按指纹。

按指纹是从什么时候开始有的？＝以前，清朝是妇女按指纹，民国后政府不允许写"十"字，因此男的也开始按指纹了。

民国以后不按指纹的情况不是很多吗？＝是的，通常多是以平常心来交易，也有不写"十"字，写"押"字的情况。

妇女也要签字吗？＝妇女仍然是按指纹，现在的妇女可能会写字，可是以前的妇女是不识字才按指纹。

如果忘记按指纹，也忘了画押时怎么办？＝不可能会忘。

代签人不能一个人把签名和画押全办了吗？＝你让他代办，他也不会办的。

【借钱及家族关系】以家族的名义借钱时，除了户主之外，其他人都不能借钱吗？＝是的，五六元不超过 10 元的小钱是不需要书面证明的，可以借，以家庭公用的名义借钱时，一定要用户主的名字，私用的名义是不能借的。

比如，户主为了经商去了北京时也不能以家族的名义借钱吗？＝那种情况时，有委托打理家中所有事务的人，比如说长子（主事的人，少当家）等等，那个人就能借。

那么即使家族的人说想借钱，只要那个人不是户主，就不能借给他是吗？　＝没错。

【契约和事实的不一致】契约书上写的内容和实际不相符的时候，比如契约书上写着10亩地，实际上只有8亩，这时应该怎么做？　＝保证人不会允许这样的事情发生。

若保证人和借主齐心协力促成交易，而贷主还是写的与实际不符呢？　＝没有人会做这样的事，若做了这样的事是天理不容，我也没听说过有这样的事（有借钱后跑了的，死了的，借钱不还的，可是没你说的这样的事）。

那么如果写错了怎么办？　＝由代笔人写的契约书要让保证人、借主、贷主过一次目，看不懂的让对方读来听，因此不会出错的。

【抵押物的灭失和损坏】指地借钱的场合中，土地因洪水变为沙地时该怎么办？　＝这种情况，必须想别的办法来弥补。

可以用这块土地抵贷款吗？　＝不可以，即使打起官司也是借主输。刚才那种情况，借主先只交利息，洪水退了再交本金。田里有水时尚不用还本金，水退了可以还，沙地也可以种植农作物。

指房借钱的场合中，房屋因火灾而烧毁时怎么办？　＝那时把地基交给贷主就行，之前我们说的，100元的土地只能借三四十元，所以不用担心，不会发生那样的事。

【抵押土地的买卖】指地借钱的场合中，借主可以卖抵押地吗？　＝不可以，那种情况若与贷主商量说把土地卖了还债，得到贷主的同意后就可以卖。

贷主想买抵押地的时候，一定要卖给贷主吗？　＝卖给出价高的人。

若出价一样怎么办？　＝那时就可以卖给贷主。

如果还有其他的买主是家人或者亲戚的时候怎么办？　＝优先考虑卖给亲属。

那么要卖土地的时候一定要与家人、亲属商量吗？　＝是的，如果亲属里没人想买时，可以卖给冠以亲属之名的其他人，冠名指的是在契约书上签亲属的名字，表明赞同此交易。

那种情况下，周围的邻居呢？　＝不用找邻居商量（协商）。

3 月 26 日

典的实例

应答者　付菊
地　点　村公所

【典的实例之一】你现在有没有承典别人的土地？　＝都是租佃别人的土地，没有承典。
以前有没有承典过呢？　＝崇文年间之后承典过一亩坟地。

什么时候承典的，出典人又是什么时候回赎的呢？ ＝典价 20 元，4 年前承典，今年出典人回赎的。

对方因为什么原因出典？ ＝因为买粮食的钱不够。他只有这一块土地。

典期为多少？ ＝耕种了四年。

有典契吗？ ＝没有。

为什么不立典契？ ＝因为典价才 20 元，所以没立典契，出典人借了 20 元，我让他耕种少量土地，代替还利息。

那么出典人借很少的钱，承典人让其耕种少量土地来代替还利息的事情常见吗？ ＝不常见，20 元的数目不多，50 元以上就要立典契了，双方互相信任的话，借 50 元以上也不用立典契。

刚才所说的情况中有保证人参与吗？ ＝没有，我从第三人手里借来 20 元转借给承典人，自己耕种土地，我的债主是万老太太，给她交 2 分 5 厘的利息。

你还有过从第三人手里借钱转借给别人的事吗？ ＝没有了。

现在你在租佃谁的土地？ ＝从城里的张氏那儿借的。

张氏有没有贷款给别人过？ ＝不知道，没说起过。

你有没有找别人借钱呢？ ＝没有。

有没有做过其他人借钱时的保证人？ ＝有过，今年没有，去年做过，今年地价高了，典价也高，所以没有承典人。

去年是做了谁的保证人？ ＝城里的何先生（老师）的土地出典给张永仁、张成两人时。两人是同族人不同家。

为什么两人一起承典？ ＝一个人承典钱不够。

这两人搭伙？ ＝是的吧（张永仁不一定）。

两人一起怎么耕种承典地？ ＝张永仁出的钱多，就多耕种些土地，张成出的钱少，就少耕种些。18 亩土地中，前者 11 亩，后者 7 亩。

典价怎么算？ ＝70 元一亩，总额是 1260 元（当时的地价是 200 元一亩，现在也是一样，出典的土地是在离这儿仅 4 里外的石家坟村，是旱地）。

典期呢？ ＝三年，典契上写的是三年后回赎。

每人各出多少典价？ ＝张成承典 7 亩地就是 490 元，剩下的由张永仁出。

何先生为什么出典土地？ ＝不知道，何氏人都把所有的土地出典了。

还做过除上述例子以外的保证人吗？ ＝没有。

前年呢？ ＝杨永元的土地卖给石门的李广林时做过。

之前提到的何先生的出典田的税金由谁来交纳？ ＝承典人张永仁交纳契税，何先生交纳银粮税，耕种人也就是承典人交纳青苗钱。

应答者　杜守田
【典的实例之二】你现在在承典别人的土地吗？ ＝是的，现在在耕种。

什么时间从谁手里承典的？ ＝2 年前，从村里的景德福手里。

承典了几亩地？＝5 亩，50 元一亩，典价是 250 元。

立典契了吧？＝是的。

典契在手里吗？＝办手续的时候是用我家孩子的名字办的，所以他拿着，他在城里西镇义成祥做厨子。

典期呢？＝3 年，一般都是 3 年。

土地在哪里？是什么样的？＝在南法信的旁边，是河西的沙地，地名叫长扶子。

这块地的地价多少？＝承典地的地价是 150 元，现在是 200 元（差地）。（何先生的土地是普通地也只能栽培玉米，地价差距不大。）

中保人是谁？＝杨明旺（杨永才的孩子），老街坊了（中保人为同族、亲戚的场合很少，但是卖土地时，如果不给买家冠以亲戚的名义，买家会很苦恼，买的人也少）。

景德福为什么要出典土地？＝他盖房子要钱。

这块土地上种的什么作物？＝现在种的麦子，麦子间种的高粱（两垄里面，一垄麦子，两垄高粱）。

麦子收割后种什么？＝麦子收割后放置不管，让高粱自然生长，高粱秆长高后挡住了太阳，所以种什么都成活不了。

5 亩地可以收多少麦子和高粱？＝2 石麦子，3 石左右的高粱，不过这只是丰收年的情况。

2 石麦子，3 石高粱的价格多少？＝（去年是大秋）去年麦子一斗 3 元，高粱一斗 1 元七八十钱左右，现在麦子一斗 4 元，高粱同上。

高粱秆留给自己使用吧？＝是的。

大家都是自己耕种不雇用短工吗？＝是的，自己耕种。

钱粮税由谁交纳？＝景德福。

除了承典的这 5 亩地之外，你还耕种了多少土地？＝14 亩，都是自己的土地（口粮地）。

景德福有几亩地？＝20 几亩，除了出典的土地外都是自己在耕种，有 3 个兄弟，分家的时候拿到了三十几亩的地。

应答者　张永仁

【典的实例之三】你是什么时候承典的？＝去年正月初七，承典的是何先生（何长江或者何振镰）的土地，石家坟村的旱地 11 亩，张成承典了 7 亩，共 18 亩。

典契是一张吗？＝是的，一张，去年 7 月拿到税契处。但是，说好今年 3 月份还给我，却还没有给我。

保证人是付菊一个人吗？＝是的，他一人。

保证人不识字也可以吗？＝是的，保证人只需沟通双方意见，证明交易就行，不识字也没关系（但是代签人是杜祥）。

保证人破产了也可以吗？＝那不行，指地借钱的场合中，保证人多少要有点财力。

契约签订完后，保证人会得到酬谢吗？＝会有酬谢，比如送些点心，或者来做保证就请吃饭。酬谢的金额不定，大概就三元至六元，没有标准，由出典人和承典人双方出钱。

你给了付氏多少酬金？＝我给了 4 元，何先生给了七八元吧。

不管是谁都要多少给些酬金吗？＝依情况而定。给不了钱就送东西，给钱了就不用再请客吃饭了，也可以跟其他人一起请保证人吃饭。

你的承典田的期限是多少？＝三年，典契上写有。

典契为三年的话几时到期？＝民国二十九年承典的，民国三十二年的惊蛰前到期，过了惊蛰就回赎不了了。

那么要耕种三年是吗？＝是的，耕种三回。

你和张成是什么关系？＝我是当家的人（同族）。

为什么两个人一起承典？＝一个人没那么多钱承典 18 亩地，就一起承典了。

那么分开承典不也可以吗，为什么共同承典？＝是的，每人有一张典契。

那你的典契上写的是承典了 11 亩地吗？＝是的。

在同一日子和张成一起立契约的吗？＝是的，我是上午立典契，张成是下午。

那时候典价是怎么定的？＝50 元一亩，典价共 550 元。

那时地价是多少？＝大约 100 元一亩。

何先生定的 50 元一亩的典价吗？＝依据双方的意愿，由保证人宣布决定。

你除了上述土地外还耕种多少土地？＝大约 40 亩，都是自己的土地。

40 亩够生存吗？＝够填饱肚子（家里 15 个人）。

因为有多余的钱才承典了 11 亩地吗？＝不是，550 元中有一部分是从城里的同顺永借的，三儿子在同顺永打工，借的钱就从他的工资里一点点扣。

自己的 40 亩地和承典的 11 亩地都是自己在耕种吗？＝是的。

雇有长工或者短工吗？＝没有雇，都是自家人在耕种（农忙时也一样）。

在 11 亩地上种什么？＝豆子（小豆、大豆）、糜子、谷子。

每种作物的收成分别是多少？＝因土地不是很多，所有的作物一共只收成 9 石，2 石小豆（新斗），2 石多黄豆，黄米也是 2 石多，谷子有 3 石多。

去年大秋收成卖价多少？＝正月十二的价格是一斗小豆 3 元，黄豆 2 元 40 钱，黄米 1 元 80 钱，我没有卖谷子，但是卖的话一斗谷子是 3 元五六十钱。

若想出租这些土地的话租价多少？＝10 元左右一亩，承典那会儿是四五元。

如果现在承典这些土地的话典价多少？＝现在的话，贵 10 元左右吧。

何先生为什么出典这些土地？＝何先生 10 年前也出典过，那时价格很低，现在典价高了，就干起了倒把。

之前的典价是多少？＝18 亩地的话，300 元左右吧，但是我不太清楚。

你从刚才提到的同顺永那儿借了多少钱？＝120 元。

剩下的 430 元怎么来的？＝去年收割谷物后卖来的钱，就是正月初八和十二号卖来的钱。

一直把谷物留到那时候卖的吧？＝是的，囤起来了。

那么秋天卖的只是所有收成的一部分吗？＝收获的高粱和黑豆会立刻卖掉，然后除去吃的粮食，卖钱后用来买布和日用品。

高粱和黑豆秋天卖比较好吗？＝那些不用来食用，先卖掉。

除此之外的粮食就放家里囤着是吧？＝是的，剩下的用来食用。

那么正月里卖的是食用的谷物吧？ ＝没错。

那么在秋天卖粮食和在正月卖有什么不同？ ＝不定，有时秋天价格高，正月低，去年麦子的卖价在秋天是一斗1元七八下钱，在正月是一斗5元。

【同顺永的财务】从上述的同顺永那儿借钱时立契约了吗？ ＝没有。

也没有保证人吗？ ＝没有，因为儿子在那儿工作着。

也没有期限吗？ ＝因为是用儿子工作的工资来还债的，所以期限也没有。

也没有利息吗？ ＝没有。

这个村里有几个人去了同顺永工作？ ＝我家孩子一个，还有掌柜的也是村里的人。（经理）

村里的人经常去那里借钱吗？ ＝不是，我是因为儿子在那儿工作所以能借。（以工资还债。）

【村里人的筹划】村里的人在秋天有收入时，是把钱存着，给人保管，还是用于购物？ ＝村子里很少有人卖谷物，都只卖高粱和黑豆，然后卖少量的谷物用于购买日用品等，剩下的都自己食用。

那么想买什么东西的时候就把谷物拿到市场上卖掉吧？ ＝一般都是卖了之后再买点东西回家。

【日用品的购买】要买粮食时都买些什么？ ＝小米、玉米、小豆等粮食不够时，去市场上买。昨天我自己就买了3石玉米回来（1斗1元92钱）。

不在粮行买吗？ ＝不买，大家都在集市买。

粮行把东西卖给谁？ ＝粮行很少做零售，几乎都是批发，用汽车装满货物运到通州和北京去卖。

除了粮食之外，你还在街上买过什么？ ＝麦子（过节时，买过麦子磨成粉）。

还买过日用品吗？ ＝火柴在杂货店买，还在街上买过煤油、肥皂，吃的东西像红糖、白糖、盐，（一般不用酱油，只在请客的时候买个1瓶2瓶，酱在家自制）、花生油、香油，这些都是在有集市的日子里才会买。

什么时候买布、棉？ ＝春天买布，秋天买棉。

有人到村子里卖过吗？ ＝有，但是都只是短布片，我买过小孩子用的布片，大人用的要到城里买。

除了布片之外，还有什么东西在村子里卖过？ ＝香油、煤油灯的灯罩、碗、锅等。

在村里买这些东西与在城里买哪种情况更多？ ＝在村里买更多，买锅和碗时不用钱支付，而用废品交换。

废品指的是什么？ ＝锅的话就是破损的锅，饭碗就是破损的锅和生铁，用于和布片等交换。

那这就不是废品回收者？ ＝进行物品交换的是专门的零售商，他们把换到的东西拿到通州去卖。

还有其他的东西拿到村里卖过吗？ ＝还有水果，梨、柿等等。

有小孩子吃的点心之类的吗？ ＝有，除了刚才说的，还有糖等等。

这些是用现金支付还是物品交换？ ＝用钱买。

那些零售商那儿可以赊账吗？ ＝村外来的物品都用现金交易，从崇文年间起村民的点心、烧饼等等可以赊账。

崇文年间起，挂卖货物时该付钱吗？ ＝不一定，今天没有钱就赊账，明天有钱了就付款。

除了上述之外，村里有零售物品的人吗？ ＝没有。

【村里的财主】在村子里拥有土地最多的人是谁？ ＝张瑞，他有130亩地，但是人口也有十七八人之多。

其次是谁？＝李濡源有七十几亩，然后就是自己四十几亩（出典地另算）。村长也有四十几亩吧。

张瑞有钱的话会借钱给别人吧？＝没问过。

那么他承典过吗？＝很久没有做过典的交易了，现在也没有。

在村内借钱的话，是从有钱人手里借吧？＝从有钱人那儿借。

有钱人指的就是张瑞吧？＝在沙井村算最好的，但称不上有钱。

那么没有借钱给别人吗？＝没有。

卖 草 房 田 当 典

县典字第183号

立典契人何长江今将祖遗地房一所杜各庄东坐落石家坟
顺义县第一区沙井庄凭监证人杨源□说合
情愿典与
张永仁名下为业言明典当价洋　五百五十元　整
笔下交清并无短少日后如有别项　纠葛情事俱有　说合人一
面承当与受典之主无干恐口无凭立据为证
地典三年之后洋到全价准许回赎

计开
东　铁路
西　官道
南　刘二
北　张成
　至
地顷　拾壹亩〇分〇厘
房间
树株
井眼
粮名

保说合人　付菊（拇印）
　　　　　刘万成（拇印）
立典契人　何长江
代字人　　杜祥

向完粮
随交根契　张
中华民国二十九年二月十四日
弓口　宽二十弓　长二百二十二弓五尺
县政府给

县典字第183号

应答者　杨永才

【典的实例之四】你在承典别人的土地吧？＝我承典的杨黄氏的土地（叔伯弟兄的妻子也就是自己的叔叔即父亲的弟弟的孩子），她因没钱举办婆婆（丈夫的母亲）的葬礼而出典土地。

杨黄氏既无夫也无子吧？＝孤身一人。

那块土地是？＝坟地。土地是杨黄氏的，但是坟是我们这边四五家的。

承典了几亩？＝13亩半，但4亩是河岸边的土地，可耕种的只有9亩地。

典价多少？＝最初是花了150元，但是杨黄氏办葬礼的钱不够，我又拿了40元，一共花了190元。因为杨黄氏没有钱来可赎，所以我耕种至今。

什么时候承典的？＝今年的五月为止，是第三年。

规定期限了吗？＝没有，能拿出来钱就可以回赎。

土地是什么类型的？＝沙地，降雨后就变成水地。

种什么农作物？＝高粱和大豆，雨水多的时候不结豆子，什么都种不了。

立典契了吗？＝没有，亲戚间的交易不用立，如果是外人，就必须要立。

也没有中保人吗？＝没有，不过葬礼的时候杨源在场，我只对他说，杨黄氏没有钱，你来耕种这些地，给她一点钱。

杨黄氏没有以过继的形式收养小孩吗？＝没有。

为什么没有？＝没有其他的理由，大家都觉得不需要妇女，因此没有关照她。

现在多大了？＝30多岁。

杨永瑞是谁？＝我的弟弟。

同氏的人在承典杨黄氏的房屋吗？＝是的，只承典房屋。

房屋的地基呢？＝当然一样，但是杨永瑞和杨黄氏2人同住一个院子里。

房屋有几间？＝有5间是杨永瑞住着，杨黄氏住着另外3间房子。

典价多少？＝110元，这交易是去年二月份的事，没有加价。

期限多久？＝10年。

立典契了吗？＝不太清楚，如要立字，就要有保证人。

除此之外，这村子里还有典房吗？＝没有。

若卖了上述的5间房价格多少？＝三四百元，但是若院子不一同卖掉，价格不会这样。

3 月 27 日

商务会　市集　商店的金融　赊账　商业交易

应答者　张敏庵（顺义县城内义成祥布店、商务会副会长）

地　　点　县公署

【商务会】商务会是做什么工作的机构？＝各个商号汇聚在一起的团体，集齐营业税、所得税一并交给县公署，还有对商店之间发生矛盾时进行调停或者解决矛盾。

包含了城内所有的商店吗？＝没有包含全部，有两三年前拥有五六百元以上本钱（资金）的商店。

除了税金外，商业交易上有没有共同参与的事情？＝县里下达命令，将警备队的费用、修桥的费用等作为摊款分给各个商铺交纳。

对城里的集市有什么影响吗？＝与集市没有关系。

【集市及商店】城里的商店和集市有关系吧？＝有这样的关系，村民到集市里主要卖稻谷等作物，然后在商店里买日用品。

从古至今，集市的日子都是一样吗？＝一样。

【粮食交易的当事人】在集市买粮食的都是什么样的人？＝各个粮店的店员、不耕种土地的人、穷人，其中店员买得最多。不过丰收年时，粮店店员买很多粮食，歉收年时，大多是买来吃的人。

根据时期的不同，情况不一样吗？＝例如，去年歉收年时，粮店在秋季很少购买，春季大多把从别处收购的粮食卖掉，丰收年时粮店在秋季买很多粮食，再转卖到天津、北京等地，到了春天农民买粮食的现象不多。

城里的人也在集市买粮食吗？＝城里的人大多拥有自己的土地，10 家里有 9 家自己耕种，所以买的人很少。

【粮店的交易】粮店的交易情况呢？＝年头儿好（丰收年）的时候，买齐谷物再卖到北京等地，歉收年时，把从别处买来的粮食卖给粮食不够的人。

粮店在哪里卖粮食的？＝大多在集市的日子里卖给老百姓，通常在店里卖，但是每逢集市日，就到新民公园以和老百姓一样的时价来贩卖。

【牙伙】不管在哪里卖粮食牙伙都要介入吗？＝不管哪种情况都有牙行参与，但是交税给合作社，牙行从合作社拿工资。

在店里卖的时候牙伙也要一直在店里吗？＝购买人去合作社登记买多少，然后在店里一齐缴清货款和税，之后店员将税收齐一并交纳给合作社。去年有承包商，承包商承接县规定的一定金额的交易，收入超过规定金额的为所得利益。

那么在店里卖粮食的话不需要牙伙吧？＝一般交易量为 1 斗、2 斗，很少的时候不用，但是超过 1 石交易量多的时候需要牙伙"过斗"（测量）。

在集市卖的时候也必须由牙伙来测吗？＝是的，测量结束后，入口处的警察检查回去的农民的领条儿和手里的粮食数量不一致时，多余的将被没收交给合作社。（买的时候发收据。）

到去年为止是以什么方式在卖粮食？＝在集市的话，斗子会介入当事人之间，（集市的交易由斗子测量，店里的交易由店员测量，现在也是如此）并给予斗子 1% 的价钱。在店里交易时，斗子一个人站在中央，观察着来来往往的人。晚上到粮店按粮账上记载的交易金额，每 1 元收 1 钱。

【粮食交易及价格】在集市上卖粮食的价格以什么为标准？＝行市（市场行情），不是提前决定好的，在集市上卖主提出卖价，若买主多的时候不加价不卖，若买主少的时候，则会降价。

那么同一种类的粮食，早上的价格和中午的价格也会不同吧？＝是的，因为每天都会收到信掌握北京、天津的价格，以此来决定买价。然后马上把消息卖给商家赚钱。

一年以内城里的所有粮食可以制造多少交易额？＝不知道。

【扫集的】过斗的时候捡拾漏掉粮食的行为叫什么？＝叫扫集的，穷人这么做，斗子也不管，斗子在测量的时候不能出错漏了粮食，有时穷人拾漏掉的粮食可达半分或者 1/3。

【长摊主及浮摊主】集市日，街上有卖形形色色的物品的，但是摆摊的地点、摆摊的顺序都是随意的吗？＝不行，有长摊和浮摊，前者的摊位是固定的，后者一般插空摆摊。

长摊是由卖的货物决定的还是由人决定的？＝长摊主在集市日一定会来卖货物，但是卖的东西不定。（木制品、铁器、烟具、水果、食物、蔬菜、鱼等）浮摊在集市日不一定会来，今天来了明天又去别的地方，接着又换地方，插空摆摊，并且卖的货物也不定。（小孩儿的玩意儿、果品、厨房用品等）（卖旧衣服、布片、废品的人有长摊主也有浮摊主）

长摊主需要给某人交纳使用费吗？＝摆摊是为了求生活，所以不要钱。

长摊主与特定的商店有特别的交情吗？＝不一定，若这个人品行好不管在哪里都可以摆摊。

由什么决定谁是长摊主的？＝到商店里去商量得到店主的许可便可摆摊，就可以成为长摊主。

浮摊主也可以去商店争取店主的许可吗？＝没错。

长摊主卖东西允许赊账吗？＝不会，连账本都没有，若与买家特别熟的话牙伙可以第二天再付款。

商务会与长摊主有关系吗？＝没。

在卖牲口和猪的集市上也有长摊主吗？＝有规定的场地，但不是长摊。

【当铺】城里有当铺吗？＝没有。

以前有过吧？＝有过2家。

什么时候关门的？＝其中一家是民国二十四年关门的，另一家是民国二十六年以后。

为什么关门不干了？＝没有资金了，其中一家的财主把钱花光了，另一家频繁地进行商业贸易，但是亏损很大牙伙资金都投进去了。

没了当铺老百姓的生活很不方便吧？＝是的，需要个三五元时，随便拿个东西抵押在当铺，一个月内还钱就行，现在很不方便。

那现在有没有代替当铺，在取得担保后贷少量款的人？＝没有。县公署不允许这样做，去当铺抵押物品也就是个习惯问题，没了也好。

【高利贷】这样一来，在县里有做高利贷的人吗？＝没有做高利贷的，老百姓出不起那么高的利息，这里没有赌场牙伙也没有大型商店，所以一般不需要很多的钱。

【商店的金融】怎么看待村民需要用钱时，从城里的商店借钱这种情况？＝很少有。

什么情况下才会借钱？＝要买家畜啊，举办婚礼葬礼时等等。

仅仅只是从有特别关系的人那里借钱吗？＝是的，而且现在借钱的非常少，有信用的人还好，但是若不还钱的话牙伙就必须去讨债。现在治安不好。

从商店借钱时也要通过保证人立契约吗？＝现在不立契约。和商店做交易时，保证人不直接参与，只当介绍到商店交易的介绍人。

【担保的有无及形式】即便涉及的金额很大，也不用取得担保吗？＝根据人不同情况不一样，若是有信用品行好的人不用担保，若不是则需要担保。

需要担保物的时候要立字吧。＝没错。

一般期限和利息是多少？＝一般普通的是一年之内，金额不多的话，利息两分五厘，金额越多利息越低，最低一分六七厘。期限大多是几个月，金额少的话一年，金额多则期限短。

【期限及利息】将九月十五日或者十月十五日定作期限日的情况多吗？＝很多，那时候卖了谷物后就有钱还债了，所以大多选这个时间为期限日。这个日子之后很少有收入了。

是由人的信用决定利息的高低还是由金额决定的？＝有时候按人的信用决定，也有时候按金额的大小，不一定。

将九月十五日或者十月十五日定作期限日的场合中，因某种原因还不了钱该怎么办？＝没关系，在期限前还钱也行，过了再交利息就行。

在期限前还钱的情况中，怎么算利息？＝按到还钱的那天为止，使用贷款的天数来算。一两天没关系，超过了期限也这么算。

超过期限一两个月不还钱时，要去村里要债吗？＝有要求就去，但是现在治安不好，不去。有村民来的时候，让其转达过来还钱。

【村费的调整】我听说村里的费用是从商店借的，你知道为什么借吗？＝有这样的事，但是最近没有。大多都是从粮店借钱，布店、杂货铺几乎没有。

粮店以什么样的形式贷款？＝有以公会的名字来借钱，也有以村长的名字来借钱，这两种方法不一样，村长有财产信用的话，可以用村长的名字，如果没有，就用公会的名字。

以村长的名字借钱时，和普通的借钱有什么区别吗？＝一样，不过会写上村长某某公会用。

那么需要立字吗？＝看人，有信用的人不用立字。

利息和期限与普通的借钱一栏吗？＝一样。

保证人和担保等等呢？＝同前，和普通的一样。

以公会的名义借钱时还需出示会长的名字吗？＝那种情况会写着，比如沙井村公会，村长某某，村副某某，然后出示办事人的名字。

立字吗？＝大多不立字，因为期限短，而且也就二三百元。

这时，商店的店员只把借钱的明细记在账簿上吗？还是给村里的人写点什么？＝只用写在账簿上，其他什么都不用给。

这种情况的话，只去一人就行，还是必须去两个人？＝不一定要乡长和办事人一起去，有一个人去的场合，也有两个人一起的场合。一人去会，派有信用知根知底的人，两个人去，会派办事人和乡长或者副乡长。没有具体规定。

以公会的名义借钱时利息低，期限很长吗？＝没有，跟普通的借钱一样。不过商店贷款后，希望对方早点还钱，想把钱收回来，用于资金运转。

那么不规定期限吗？或者把期限定在征收摊款的日子？＝提前规定，3 个月或者 5 个月。

我听说村里在摊款征收期之外向城里借钱，村公会向城里借钱的事很少吧？＝丰收年村里与商店间的信贷关系是很少的，因为有粮食缺钱的时候，卖掉粮食换钱就可以了。而且现在治安又不好，即使是商店也不太想贷款，因此很少借钱。

以前有没有规定哪个村从哪家店里借钱？＝没有，与某家店交易多的话，就从那家店借钱，但是借钱都是很随意的，没有什么规定。

不管哪家店都有老顾客吧？　＝每个地方都有（交情）。

【赊账】这家店与每个村里的村民都有交情吧？　＝是的。

这种情况时会赊账给这些村里的村民吗？　＝会。

赊账是用什么方法来实行的？　＝支付期一般定在传统节日，麦秋、大秋，还有正月、五月节、八月节等节日。

不常来店里买东西的人就不赊账给他是吗？　＝常来买东西有信用的人才会赊账给他，没有还款能力，是不会赊账的。

这样的人介绍他的亲戚朋友等来时，也可以赊账吗？　＝是的。

赊账给这些人有金额的限度吧？　＝不定，但是看那人的家庭条件、财产情况，觉得可以归还钱款，便可赊账。

要怎么调查对方的家庭条件、财产情况？　＝以前治安好的时候，商店的人会到农家去巡视，看一下各家的人口、家庭条件、财产情况等等。

特意为了去调查去的吗？　＝去讨账的时候顺便调查的。

在事变前去的吗？　＝事变前调查过，之后也调查过，但是这两三年治安不太好，就没去过了。

【收不回的欠款——历年账】有没有村民欠钱拿不回来的？　＝有。

那怎么办？　＝没办法。人跑了，破产了，钱赔光了（损失），就没办法了（完了），不要这笔钱了。

像这样的情况叫什么？　＝历年账（每年都登记在账面上却收不回的意思），口语又叫牛马账，意思是不还钱的人会变成牛或者马，是骂人的话。

那种收不回来的账也每年挂在账面上吗？　＝有个账簿专门记录收不回的账，这本账叫历年账。

无论过了多少年，这些账就那么放置不管吗？　＝是的。

为什么这么做？　＝没有希望收回来的，就这么放置着。

若这些历年账在过了 5 年、10 年之后，欠债人有钱了，还可以要求他还钱吗？　＝可以要求他还钱，但是不还也可以。不过人要讲究良心，有钱就还钱，没钱的人你告他，也不符合中国的习惯，收不回的账就那么放一边了。

【结清赊账时的价格】结清赊账的时候，以什么来定物品的价格？　＝还账的时候的价格，如果在一两个月内还账的话，价格是当时的卖价。

那么物品的价格下降了也这么做吗？　＝这种情况要取中间值，也就是让点价。

如果物品的价格涨了呢？　＝也是取中间值，或者对比之前的进货价，和之后的进货价，取比中间值稍微高点的价格。

【商店的进货】顺义店的货物是从哪里进怎么进的？　＝从北京和天津，用汽车或者火车进货。都是去北京和天津进货再送回来（去买货去），那边的人很少汇货（对方来拿订单并送货）。

粮店等向北京、天津卖货物时怎么做？　＝自己去通州、北京卖。

不能只给自己的客户写信或者打电话吗？　＝必须要自己去，因为你不知道对方的市场价，所以必须自己去。

如果在北京、天津有特别关系的店的话，不用亲自去，可以通过写信或者打电话交易吗？ ＝有这样的店但是很少，还是大多亲自去交易。

在哪里进布匹（布）？ ＝现在从北京买（天津的价格高，还要收运费）。

在哪里进杂货？ ＝一般大型物件从天津进，小的都从北京、通州进。（从通州或者北京。）

怎么知道进货的物品的市场行情？ ＝有人从北京或者天津写信通知其行情。也就是从客户那掌握信息。

3 月 29 日

村民的金融　副业　指地借钱

应答者　赵绍廷

【村民的金融】村民什么情况下需要用钱？ ＝大秋的时候，佃户要交纳地租，其他的田赋税，购买布匹，还账（结清赊账），交纳青苗钱等等。

这种情况下村民都是怎么筹钱的？ ＝大家把种的农作物卖了换钱。

如果还不够呢？ ＝再临时做点小买卖（水果——李子、桃等），老百姓没什么资本，也做不了别的生意。再者，这个村子制作蜜供，也会有所收益。

还有其他赚钱的方法吗？ ＝没有（但是以上的办法都是在秋季进行）。

短工的情况呢？ ＝短工从春天开始工作到夏、秋。

佃户收成不好，拿不出足够的地租怎么办？ ＝只能家里的老太太到别人家洗洗衣服来挣钱吃饭。

完全拿不出地租怎么办？ ＝拿不出就不租地，去做长工或者短工。

这样的情况下，是借钱的多还是当长工什么的多？ ＝还是借了钱耕种土地的更多。

最近有歉收年吗？ ＝民国二十七年、民国二十八年，水灾泛滥糟蹋了粮食。

【地租的交纳】借别人的地耕种的人，怎么交纳地租？ ＝地租一半一半地交，大秋交一半，麦秋交一半。

每个地主都是这么做的吗？ ＝这只是佃户和地主是很久的朋友，新的佃户必须要第二年全部交纳清地租。

这两种交纳方式哪种更多？ ＝分两回交纳的佃户更多，很少有人租不起。

有人借钱来交纳地租的吗？ ＝有过，但是村子里很少有。

收成不好的时候没有帮助佃户的吗？ ＝没有一家。

连续两年收成不好的话，地主没有损失，可是佃户却很头疼，即使这样地主也不帮忙吗？ ＝地主不会援助佃户，佃户在丰收年时也不会多交纳任何东西，所以地主什么都不做。

若没能按分大秋和麦秋各交一半地租时怎么办？ ＝不可能交不了，但是真的交不了的话，就只好转移到下一个大秋或者麦秋时交纳了。

民国二十八年，在麦秋时全部交纳地租的人多，还是没能交纳到下一个大秋才交纳的人多？＝没钱交纳，到了下一个大秋才交纳的人多。

那么民国二十九年的地租不够怎么办？＝只能向别人借了，实际上很多人在大秋全部交纳完，延期到下一个麦秋再交的人很少。

在民国二十八年的大秋全部交纳完地租的人大多是借钱交的吗？＝大多是凭自己交纳的，多是卖掉自己的食用粮来换钱的，若还不够，再找亲戚什么的借钱交纳地租。

【向亲戚借钱】向亲戚借东西的话是借什么？＝大多是借钱。

向亲戚借钱的时候怎么借？＝不需要手续，口头上讲明借钱的理由是因歉收而交不了地租，借个20元或者30元，不用立字也不要利息，因为是亲戚也不需要保证人。

也不要担保物吗？＝什么都不要。

期限呢？＝没有，1年、2年、3年、5年、7年都可以，有钱的时候还就行，分期还钱也可以。

没有找亲戚以外的人借钱的人吗？＝村子里有在隔壁村拿着抵押物，带着保证人借钱的人。

【婚葬时费用的筹措】遇到红白喜事时，村民怎么调配金钱？＝结婚的时候，丰收年的话会有做很多衣服，摆很多喜宴；歉收年的话，衣服也少，喜宴也少。葬礼的时候，丰收年的话，买好的棺材；歉收年的话，买不太好的棺材，葬礼从简。

怎么筹备这些特别的费用？＝卖掉粮食，出嫁的时候，要比男孩多花很多钱，因此两三年前就开始做衣服做准备。男孩不要什么东西，临时都能筹备齐。葬礼的话，不知道什么时候死，因此根据年龄来判断，并做准备。

有提前准备好棺材等东西的吗？＝有，有钱的时候把棺材拿到庙里放着，其他还准备了死的时候要穿的衣服等。不过，这时老年人自然衰老至死的情况。（死之后要穿的衣服叫寿衣。）

村子里为了红白喜事而借钱或者卖土地的事情多还是少？＝有，但是自己筹钱的占2/3，借钱的占1/3。

那是借钱的多还是卖土地的多？＝出嫁的时候先到城里的布店里赊账，然后从亲戚、朋友那儿收到喜钱后还账，还不够的话，就从别的地方借钱，再不够就卖土地。

葬礼的情况也是一样吗？＝是的，开始先举办葬礼，然后不够钱的时候，再借钱或者卖地。

【席的买卖】你的席是在哪里制作的？＝在沙井村做的，然后卖到城内。

只在自己家制作吗？＝白河东的席子很有名，我在那进货后卖到城内。（不在村里制作。）

那是买来已经做好的席子吗？＝是的。

村子里还有在别处制作席子的人吗？＝没有，只有我一个。

白河东做席子的人多吗？＝多。

席子大多销往何处？＝销往顺义城内，通州和北京的人过来买。

是向通州和北京的人卖得多，还是在县内卖得多？ ＝后者更多。

席的价格什么时候高？ ＝大秋、麦秋时会涨，其他时候都很便宜。

为什么？ ＝耕种土地的人都会买席，尤其是大秋的时候很多。

买来有什么用途？ ＝铺在谷物上面防雨。

什么时候进货？ ＝春天，每隔 10 天去一趟，有时做席子的人会拿到城内来卖。

席子的价格多少？ ＝买的话 1 张 1 元二十至四十钱，卖的话按一张赚 20 钱的利润来卖。

【村民的商业买卖】在村里除了你以外，还有人做生意吗？ ＝崇文起在卖烧饼和落花生，张守俊卖烧的香。

怎么卖烧的香？ ＝先展示样品，然后在城内拿订单，然后再制作商品后贩卖。

是卖给店里还是卖给普通的老百姓？ ＝卖给杂货铺。

别的村也有制作烧的香的人吗？ ＝在石门也有三四家，南法信有 1 家，蛮子营有 1 家。

还有其他做这个生意的人吗？ ＝没有。

有从城内或者其他地方来的人把东西卖到村子里去的吗？ ＝有。

【行商】来卖什么？ ＝猪肉、香油、豆腐。

跟在城内买价格一样还是更高？ ＝一样。

是用现金交易，还是用物品交换？ ＝用现金买。

【集买人】有没有从外地到村里来买东西的事情？ ＝有人秋天来村里买落花生。

那大多把货物卖给这样的人吗？ ＝比起卖给城内大多卖给这样的人。

这样的人买东西的价格与城内集市上的价格相比怎么样？ ＝一样，因为一次可以买大量的物品，所以大多到村里来买东西。

不在集市上卖花生也可以吧？ ＝是的。

还有别的情况吗？ ＝没有，春天有人来买萝卜。

买花生的人用现金支付还是用物品交换？ ＝用现金购买。

萝卜和集市上的价格也是一样吗？ ＝村里的便宜些。

村里卖萝卜的人更多吗？ ＝更多。

如果集市上的价格更高的话，把萝卜拿到集市上卖不就好了？ ＝在集市上一次只能卖一点点，在村里可以卖很多，因此在村里卖的人多。

什么人到村里来买东西？ ＝别的村子的人。

买来做什么用？ ＝有用来做买卖的人，也有买来自己吃的人。

有从城内来村里买东西的人吗？ ＝很少。

【卖鸡蛋】村里养的有鸡吗？ ＝几乎每家都有，养得多的有七八只，少的有三四只，根据院子大小的不同饲养的数量也不同。

鸡蛋怎么办？ ＝拿来卖。

在哪里卖？ ＝买鸡蛋的人（买蛋人）到村里来买。

一个人来买吗？ ＝也有好几个人一起来买的。

从哪里来的？＝从乡下来。

这些人买了之后干吗用了？＝买了之后拿到北京去卖。

现在价格多少？＝一个 5 钱，在北京一元可以买十六七个吧。

有没有人来买鸡的？＝没有，在集市买。

买鸡蛋的人是用现金支付吗？＝是的，卖鸡蛋的人基本上都是老太太。

【卖蔬菜】村民有挑着蔬菜或者其他的东西去贩卖的吗？＝有。

卖什么呢？＝菠菜（清明节以后）、小葱（谷雨之后）、韭菜（清明节之前）、春白菜（五月节左右）、黄瓜（五月节左右）、豆角（五月节左右）、茄子（大秋）、老窝瓜（大秋）、西葫芦（大秋）、冬瓜（大秋）等。

卖这些蔬菜的人多吗？＝在菜园里种这些的人，不管是石门人也好，沙井村人也好，每天早上都会拿到城内去贩卖。

卖蔬菜的话，不仅限于集市日吧？＝没错，一般是挨家挨户地去卖。

有人到村里买这些蔬菜吗？＝有。

什么样的人？＝冯家营、枯柳树的人到沙井村或者石门来买，然后拿到自己村去卖（因为村里没有蔬菜，土地不适宜种蔬菜）。

在村里种蔬菜的人是有钱人吗？＝不一定，有有钱人，也有不是的。

【新民会的合作社】村里有人向新民会买东西的吗？＝没有。

有从新民会借钱的吗？＝没有向新民会和合作社借钱的。

事变前也没有向合作社借钱的吗？＝那时没有合作社。

【村民的金融方法】村民要借钱的话一般怎么个借法？＝村里没有专门借钱的地方，一般是找自己或者别的村的"对扶人"（和自己亲近的朋友熟人的意思）借钱。

向这些人借钱的时候要什么手续吗？＝借的钱少的时候不需要手续，多的时候要拜托保证人立字。

借多少不需要立字？＝100 元以下。

【对扶钱】要借 100 元以下的话，是亲自去借钱吗？＝100 元以下的要拜托保证人，但是不用立字，只能向对扶人借二三十元。

借钱超过 100 元是自己去借钱吗？＝没错。

借钱的期限和利息怎么算？＝不要利息，一般也就借一两个月，最久不超过 2 个月。

若过了 2 个月还不还钱怎么办？＝对扶钱是向亲近的朋友借的，所以即使过了 2 个月还没还钱，也没有拖到 3 个月以上的。

过了 3 个月还是没还钱怎么办？＝两人之间有信用的，提前规定了 2 个月，就在期限前归还，因此没有拖到两三个月以上的。

若实际上家里有了病人还不了钱，债主怎么办？＝因为是亲近的朋友，等对方病治好了钱凑齐了，再要求还钱就可以了。

借 100 元以下的情况时，需要保证人但是不用立字。那钱向谁借呢？＝还是向对扶人借，因为两人是关系好的朋友，因此为了维系友谊，由保证人从中传话。

期限和利息呢？＝还是 2 分利，借钱多的话期限也不超过一年，春天借，秋天还。

秋天还不了怎么办？　＝那就卖地。

【典和卖】把土地卖给谁？卖给债主还是其他人？　＝不一定，有交给债主的，也有卖给别人的。

这种情况时，有向债主出典自己的土地的吗？　＝有是有，但是不多，一年仅有一两次。

出典土地的人和直接卖掉土地的人，哪种更多？　＝借了很多钱土地又少的情况时，卖掉土地。借钱少而土地又多时，凵典土地。

上述提到的交给债主是什么意思？　＝卖不卖都可以，若与债主之间进行的是指地借钱的交易，则卖了也可以。

【指地借钱及出典】没有立字借钱后还不了钱的时候，可以转换成指地借钱的形式吗？　＝根据借钱的金额大小不同情况不同。借钱少且土地也少的时候可以这么做，但是借钱多且土地少的时候不行，这样的事有是有，但很少。

这样的事有什么叫法吗？　＝没有什么叫法，因为出典不要利息，所以出典比指地借钱更划算（不过出典后不能耕种土地所以都差不多）。

借 100 元以上时，走什么程序？　＝需要保证人，且必须立契约。

立契约是怎么回事？　＝不管是出典也好，指地借钱也好，都要立契约。没有其他的情况。

没有仅仅开个借约条儿的吗？　＝没有。

出典和指地借钱哪种情况更多？　＝每种都多，但是出典更多。

100 元 1 亩的土地可以用来借多少钱？　＝出典的话，借得更多，50 元到 60 元之间，指地借钱的话，40 元到 50 元之间。

指地借钱后把土地出典给债主或者卖给债主的人以及想办法自己拿回土地的人，哪种更多？　＝都有这样的人，一样多。

【指地借钱】指地借钱的期限多久？　＝大多是不到一年，比如去年 12 月借的钱在今年的大秋归还，今年 2 月借的钱在大秋就归还的情况也很多。

基本上都是在大秋归还吧？　＝是的，老百姓在大秋有收入，因此都在大秋还钱。

指地借钱的利息多少？　＝2 分，跟以前一样。

不管借钱数目多大都是 2 分吗？　＝2 分，借多借少都是。

在大秋时还不了钱怎么办？　＝那时就只能出典土地或者卖掉土地了。

那出典或者卖给谁呢？　＝谁都行。

若债主希望把土地出典或者卖给他呢？　＝那也可以。

债主有这种意愿也可以拒绝吗？　＝可以，不卖掉或者出典土地也可以，不过双方都要面子，可以先当场表态卖掉或者出典土地给债主，事后拜托保证人取消交易。

债主有这样的意愿时，把土地交给债主的情况多，还是卖掉或出典土地给别人的情况多？　＝卖掉或出典土地给别人的情况多。

到了大秋还不了钱，也没有卖掉或出典土地的时候怎么办？　＝那时保证人就要负起责任，必须还钱。

那种情况的话，债主一般怎么做？　＝没必要跟借主见面商量，叫来保证人，让保证人催借主还钱。

保证人催了，借主没有钱还怎么办？　＝这样的事七八年内一次都没有过，不过仍然没钱的话，就打官司告他。

在指地借钱时不归还借款，打起官司来怎么判决？　＝属于债务纠纷，法官会要求借主还钱，还不了的话卖掉土地。有字据也有保证人做证，借主还不了钱肯定会输。

【延期】指地借钱时在期限内还不了的话，一般怎么做？　＝很少打官司，大多延期收利息。

延期只用交利息吗？契约不变？　＝不用再立契约。

这也是保证人从中沟通吗？　＝是的。

可以延期很多年吗？　＝很少，只有1%这样做的。不过只要交清利息，可以延期五六年。

一般延期几年？　＝一般两三年。

过了两三年后怎么办？　＝过了两三年还没还钱的话，就没希望了，不要了。有钱人（财主）在进行借贷交易时，偶尔也会遇到不还钱的。

不去向借主索要借款吗？　＝过了七年至十年还不还钱的话，做什么都没用了，也不再索要借款了。

【收不回的贷款】像这样过了10年都收不回的贷款叫什么？　＝给不了了，回不来的账叫坑人、坑账（俗语）（不还钱的时候叫你坑我了）。

过了15年左右，借主有钱了怎么办？　＝这时贷主可以索要贷款，不过这样的情况很少。

指地借钱的情况中，有保证人作保，借主过了两三年后利息都支付不起的时候怎么办？　＝保证人不用代还，指地借钱时借主凭一亩地可以借两三回，还可以从别人手里借钱，同时可以有两三个债主。若实在收不回了，就只能不要了。

【瓜分】一块土地可以借钱两三回，还不了钱的话债主们怎么办？　＝那就把土地卖了3个人分。

由谁来分？　＝保证人，卖土地分土地都由保证人来做。这样的事很少，10个村子里可能就1个村子里发生过。

是否平分土地？　＝按借的钱的多少来分。

像这样债主分借主的财产的行为叫什么？　＝可以叫瓜分，但是一般不这么说，一般在商店破产时，才使用这个词。

瓜分说的是生意亏损了变卖全部财产后，分给债主吗？　＝瓜分还指摘补商号钱（俗语）。

村子里有发生这样的事吗？　＝有，但是少。

【赵氏的耕种】你每年收获的粮食能自给自足吗？　＝能。

现在耕种了几亩地？ = 42 亩，有 12 亩是自己的。

其他 30 亩是借的还是承典的？ = 借的。

自己的土地上种的什么？ = 高粱、玉米（棒子），4 石（亩）玉米，8 亩高粱。8 亩高粱地中有 2 亩还种有大豆，高粱 6 亩，大豆 2 亩。

可以换成多少钱？ = 1 亩玉米 20 多元，1 亩高粱 18 元左右，一亩大豆二十二三元。

30 亩的地租多少？ = 其中有 15 亩地的地租是一亩 10 元，另外 15 亩地的地租是一亩 15 元（好地）。

都种了什么？ = 前者每两亩种一亩麦子，2 亩高粱，还加上大豆，后者种有玉米、谷子和大豆。

能收获多少粮食？ = 6 石麦子、9 石高粱、3 石大豆、2 石糜子。后者的话，能收 8 石玉米、3 石大豆、5 石谷子。

价格多少？ = 1 石麦子 35 元、1 石大豆二十五六元、糜子都用来自己吃，卖的话二十二三元、玉米二十五六元，谷子的价格不知道，没有卖过。

卖席的话一年内可以赚多少钱？ = 200 多元。

3 月 30 日

应答者　赵廷魁

地　点　村公所

【赵廷魁的土地减少过程】听说你家以前有很多土地，有多少亩？ = 在我之前有 170 亩，到了我这代有 110 亩。

什么时候过继到别人家的？ = 3 岁时过继到伯父家。

伯父没有孩子吗？ = 没有。

你 8 岁的时候，家里有 130 亩地吗？ = 那时候有 170 亩，13 岁伯父去世之后，就是 150 亩。

为什么 11 岁那么早结婚？ = 11 岁的时候，太伯母（伯父的妻子）死了，家里没有其他人了，伯父上了年纪又没有孩子，只有我一个人，挺寂寞的。在太伯母的葬礼上，我拿着招魂幡，可是却没有抱瓦罐的妻子，娶了妻子后就可以顺从民俗。（抱罐是葬礼的时候在棺材旁边把物品用烧纸抱着，这个就叫作罐，由孩子的媳妇抱着。如果没有抱罐的，也就是没有媳妇的话，就放在棺材的上面。）

现在家里有几亩地？ = 十四五亩地。

为什么会从 170 亩地减少到 150 亩？ = 减少了 20 亩是因为要举办伯母及伯父的葬礼而卖掉了土地，按中国的风俗在过继之后，即便是伯父伯母也要改口叫父母，而真正的父母要叫叔父母。

土地减少到 150 亩之后，下一次又减少到了多少？ = 伯父是在五月去世的。在之前，三月份的时候，祖父去世了，需要花钱举办两人的葬礼，于是卖了 20 亩地，减少到了 130 亩。这是民国五六年前后发生的事。

那时候举办葬礼要花多少钱？＝1 万吊以上的小钱（铜钱），举办太伯母的葬礼时，我太小了不清楚。

再下一次减少到多少？＝民国十二三年，妹妹出嫁时卖了五六亩地，还剩下 120 亩地。

出嫁花了多少钱？＝200 多元。

妹妹是哪家的？＝伯父有两位太太，第二个太太也就是二伯母有三个女儿，其中的大女儿（太姑娘）。

再之后为什么土地减少了？＝下次是上述的二女儿出嫁，卖了 5 亩地。时间是民国十五六年，花了 200 元。

卖了多少钱？＝200 多元。

再之后呢？＝民国十七八年时祖母去世，为了筹钱送葬，卖了 20 亩地。又因年头（收成）不好，卖了土地换了五六百元。（按中国的风俗，孩子出嫁的第二年的正月要把孩子接回来，于是要买东西啦、请吃饭啦、给女婿买鞋子啦，得花很多钱。第三年孩子自己回老家，也要花很多钱。然后生孩子叫作头生，又要花五六十元买蒲团、砂糖、面、鸡等。女儿们出嫁后，正月回家时，家里还有 100 多亩的地，如果不为女儿们做丰盛的宴席，会被人笑话，因此每到正月就要花 100 多元。）

那时候还剩多少地？＝在民国十七八年，花了很多钱，因此只剩下六七十亩地。

民国十七八年那会儿是丰收年还是歉收年？＝那会儿不好不坏，但是民国十九年是歉收年。

那么在民国十七八年，除了祖母的葬礼之外，还有什么事情需要花钱？＝主要就是女儿们在正月回娘家的招待费，以及太伯母嫁了两个女儿后生活贫困，因此给太伯母赡养费。还有为了庆祝二伯母出嫁的女儿生的第一个孩子也要花钱。

那除了祖母的葬礼的费用之外，还卖了几亩地？＝记不太清了，大约那时只剩六七十亩。

然后六七十亩地又减少到多少？＝二伯母的三女儿出嫁时，卖了 5 亩地。在民国二十五年，5 亩地拿到了 200 多元。

然后下一次又减少多少？＝大约在民国二十一二年，亲生父亲死了，虽然不用我负责，但是也卖了两三亩，充当相关费用。

那么亲生父亲没有小孩吗？＝亲生父亲有两个太太，大太太生了我和弟弟，二太太生了一个哥哥。民国二十年左右，哥哥开始了制造皮革的生意，我只借给他 200 元。但是生意亏损了，借钱过了三年后，哥哥没有还本金和利息就逃跑了。哥哥去了天津，现在去世了，家里有个侄子。

借给哥哥钱的时候立契约了吗？＝没有，也没有保证人，因此不能向哥哥索要借款。亲生父亲因为这件事一直担心，病死了。

　　然后下一回土地怎么减少的？ ＝大约在民国二十三年，亲弟弟结婚，我给了他结婚用的费用，卖了 2 亩多地换了五六十元。

　　民国二十五年的时候，还剩多少地？ ＝20 多亩地。

　　民国二十五年之后，土地怎么减少的？ ＝民国二十八年，自己的长女出嫁。因为那时还有欠款没还，于是卖了 10 亩地。

　　借的钱是怎么回事？ ＝我跟县城内的张禄堂是朋友，张找杨源的祖父那儿借 100 元时，我做了保证人。民国十五六年借的钱，张一点也没还就死了，因此这笔账由我来还。

　　张死的时候，杨源的祖父还活着吗？ ＝活着。不过他不认识张，我作为保证人要负所有的责任，所以我必须还钱。

　　张什么时候死的？ ＝民国二十年。

　　那你是什么时候还钱的？ ＝不是，我是在民国十九年，张还活着的时候，把钱还给杨的。因为张没钱还，所以我从别的地方借钱来还。

　　是以张的名义借钱的还是以你的名义？ ＝以自己的名义借钱的。若以张的名义的话，没有人会借钱的。

　　张禄堂没有孩子吗？ ＝没有，留下个老婆（张的妻子）生活困难。

　　你找谁借的钱？ ＝县城的王永万，是从一户很普通的人家那借的。（民国二十年）

　　那时候你用什么方法借的钱？ ＝指地借钱。

　　什么时候还钱给他的？ ＝民国二十四五年。

　　怎么还的？ ＝卖了土地还的，把土地卖给村里的张永仁，以 450 元的价格卖了 10 亩地。

　　从民国二十年到民国二十四五年为止，每年都要付利息？ ＝付了，利息是 1 分 5 厘。

　　所有的这些卖土地的场合中，是像刚才所说的以出典或者指地借钱了再卖掉呢，还是直接卖掉土地？ ＝不能一概而论，一般指地借钱或者出典土地。如果还不了钱，或者不能回赎的情况时，就卖掉土地。

　　哪种情况更多？ ＝卖掉土地的更多。

　　要举办葬礼等时，直接卖掉土地的情况多吗？ ＝大多是首先借钱。那时候我家财产丰厚，很有信用，因此城内的杂货铺也愿意给我赊账。因此首先会借钱填补不够的费用。

　　那么最近多直接卖掉土地的情况吧？ ＝是的。

　　民国二十七八年，收成不好的时候有去借钱吗？ ＝那时之前卖过 10 亩地还有钱（100 多元），因此没有借钱。

　　那最近卖掉 10 亩地是民国二十八年吗？ ＝民国二十七年吧。

　　现在家里的 10 多亩够一年的粮食？ ＝不够，从别处借的土地，借了 20 多亩，现在一共 25 亩地。

　　应答者　李树林

　　【李树林的家庭经济及副业】家里有几个人？ ＝8 个人。妈妈、我、妻子、5 个孩子。

父亲什么时候去世的？＝民国二十年。

有几个兄弟？＝有 2 个弟弟。

什么时候分家的？＝民国二十一年。

父亲还在世的时候，家里有几亩地？＝13 亩。

分家的时候怎么分土地？＝平分成 4 份，妈妈和弟弟每人一份。

现在你有多少土地？＝13 亩，分家以后自己又买了。

怎么筹措举办父亲葬礼的费用？＝用我自己工作赚的钱，120 元。

什么时候结婚的？＝现在 41 岁。

怎么筹措结婚时的费用？＝父亲工作赚的钱。

那时候花了多少钱？＝200 吊铜钱。

自己耕种土地的话粮食能自足吗？＝不能。

不够的话怎么办？＝做短工来贴补家用。

任何时候都可以做短工吗？＝自己耕作的闲暇时间去做别人的短工。

除此以外，还有其他赚钱的法子吗？＝家里只有我一个人在劳作，没有别的法子了。

做短工的闲暇期间你在做什么？＝卖水果。

从哪里进货卖到哪里？＝在怀柔进货，卖到这个村或者旗庄、与平等地。

有没有从北京进二手衣然后卖？＝高粱和玉米生长的时候，治安不太好，因此去不了北京。那时候坐驴子去北京要花上 6 个小时，我偶尔会去北京的前门进货，一次进 200 多元的货。

一次可以赚多少？＝200 元的东西卖上两三天，赚 10 元。

在哪里卖东西？＝到离这个村子二三百里内的各个村子去贩卖。

都是用现金交易吗？＝现金。

民国二十七八年，收成不好的时候怎么办的？＝那个时候非常苦，吃了早饭出家门做苦力，然后买晚上吃的。

那时候没有做生意吗？＝做了。

在村里买的人少吗？＝人挺多的。

那时有没有借钱、借粮食？＝没有，因为有十二三亩土地，若是借了 200 元钱又还不上的话，土地就会被没收，因此没有借钱。

附资料　3 月 25 日

应答者　赏懋德（财务科员）

【关于典契】（对后面的典契资料提问）

什么时候开始使用草契的？＝民国十九年。

在白契上粘贴官府文书，是从什么时候开始的？＝民国十九年以后，当发现开始使用白契时，于是就在草契上记载便粘贴官府文书。

那么，知道草契的人，从民国十九年以后只使用草契了吧？ ＝是的。

省公署发放草契的吗？ ＝不是，是在村公所订印的。

见证人也是民国十九年之后才出现的吗？ ＝是的，但是那时候没有校长，到了民国二十三四年后，乡长做的见证人。

做见证人的，是各个乡长还是各个村长？ ＝三四个小村的集中在一起形成乡村，乡村的村长也就是乡长，小村的村长是副乡长。

见证人都做什么工作？ ＝一个是催促交纳契税，一个是调查漏税以及监督典契的价格。

催促交纳契税是什么样的工作？ ＝只是口头上催促，在草契上记录完毕再盖章之后，契主一个人来交纳契税，不需要见证人的陪同。

怎么调查漏税？ ＝草契上有留底，把它拿来与交纳契税的副本一对照就清楚了，没有规定把草契上的留底拿过来的时间。

监督典契的价格是什么意思？ ＝见证人几乎都是村里的人，因此对于村的土地的典价再清楚不过，当事人在立典契时，若典契的价格与当时的价格不一致时，见证人立马就能看穿。

发生这样的事情的话，该怎么办？ ＝几乎没有隐瞒典价的事。如果有所隐瞒，将会成为承典人的损失，所以几乎没有发生过。虽然对于监督典契的价格有些规定，但是几乎没有监督过。而且典价是根据典主和承典人的情况来定的。

一般草契上都不写期限，那典契的期限为多少年？ ＝确定期限了，就会写在草契上，没有写的就是无期限的。一般是 3 年、6 年、9 年、10 年，最长 10 年。

土地的期限也有 10 年的吗？ ＝有。

为什么草契上有镇公所的章子？ ＝弄错了。

有没有只涉及树木的典？ ＝没有，只有在出典土地的情况时，会记录所包含的树木的数量。

有没有只涉及井的典？ ＝没有，同上。

一块场指的是？ ＝收割时打谷子的地方，场地。

院子两家公用指的是？ ＝除了承典的房屋外，还有其他的房屋（公用庭院）。

叫王屈氏的出典人，她的老公死了吗？ ＝是的，她是寡妇。

寡妇出典的时候，族长不署名也可以吗？ ＝以前需要，现在法律上不需要署名。

在出典主的地方写着奉母命，是什么意思？ ＝大概出典人还很年轻，若不这么写的话，会引起麻烦吧。

出典养老地的时候该怎么写？ ＝不太清楚，有写母亲的名字的，也有写孩子名字的。

祖遗园田指的是？ ＝种蔬菜的园子。

中族说合人指的是？ ＝同姓的人是同族的说合人，异姓的是中人，刚才所说的是族中的说合人的意思。中人说合人也是一样。

典契上有写着有 6 株树，墙外有树多株，这种情况下承典人可以随意砍伐吗？ ＝必须保存好，写在典契上的东西必须保存到回赎的时候。

那没有写在典契上的就可以砍伐吗？ ＝是的，没有写的话，等到回赎的时候也没有怨言。

"北屋两间及北房山以北归袭老太太占用 3 年"是什么意思？ ＝像这样写着的地方归老太太使用，承典人不能使用。

"罗张氏生前奉母命困病养葬埋正用无钱"是什么意思？ ＝这大概就是出典母亲的养老地的情况吧。

典的契税是多少？ ＝典契一个月只有二三元。

应答者　杜祥

【关于制钱】地契上写的东钱、东市钱〇〇吊是什么意思？ ＝东钱是顺义县的河东地区的钱，按市场汇率，860 文制钱为 1 吊。河西叫铜东钱，975 文制钱为 1 吊，东市钱和本钱一样。在通州和北京用的是大钱，大钱就是 1 钱相当于 10 文制钱，1 吊大钱相当于 300 文制钱，因此 1 吊的话付 30 钱大钱就可以了。在顺义以西，昌平一带用的是旧钱，1 吊旧钱相当于 6 吊铜东钱。

这个市场汇率是固定的吗？还是偶尔会有变化？ ＝固定的。

整个清明时代都是固定的吗？ ＝是的。

民国以后呢？ ＝以后就开始用洋钱了（不用制钱了）。

民国以后还在使用制钱吧？ ＝到了民国十三年，就渐渐没有用制钱了。（这段时间正在回收制钱。）

民国十三年之后，禁止使用制钱吗？ ＝政府没有禁止，只是自然而然就不用了。那时 1 块洋钱相当于 16 吊制钱所以非常不方便，因此银行便开始回收。（从使用洋钱到使用纸币之后，有人把钱放在缸里。）

东市 28 钱、28 东钱是什么意思？ ＝1 吊制钱就是 880 文，叫作 28 钱，但是商店会收 20 文的手续费，因此会减少到 860 文。铜东钱是 1 吊 1000 文，但是要收 25 文的手续费因此叫 975 钱。

李遂店 28 东钱、顺邑制钱是什么？ ＝前者因为在河东，所以用 28 钱，后者在河西，所以用 975 钱（铜制钱）。

纹银是什么？ ＝这个是有汇率的但是不固定，光绪二十四年 1 两（重量）纹银相当于 9 吊制钱，光绪四五年时相当于 6 吊，光绪二十年以后相当于 10 吊，涨了。

纹银和大洋的汇率呢？ ＝1 块大洋（银）是 7 钱 2 分（银子），这是固定的，1 元大洋是 7 吊银子（1 两 80 钱）。

那京钱呢？ ＝1 吊京钱相当于 3 吊制钱，旧钱的话 300 吊才相当于 1 吊京钱。在通州和北京的城内使用大钱，城外才使用京钱。

①【典契资料】

典当田房草契

县典字第 9133 号

立典契人高日明　今将　本身上土房一所　地一段　计土房三间坐落

顺义县第六区　板桥庄凭监证人　孙书田　说合

情愿典与

徐振东名下为业言明典当价洋　六十元整

笔下交清并无短少日后如有别项纠葛情事俱有说合

人一面承当与受典之主无干恐口无凭立据为证

计　开

东　　　官走道　　　长十六弓

西　至　赵国宝

南　　　高桂荣　宽十五弓

北　　　高日升

地一顷　一亩　分厘

土房叁间

枣株

井眼

粮名

中保人　赵国珍　○

说合人　高福成　○

立典契人　高日明　廾

监证人　孙书田　口

代笔人　孙书田　口

向完　粮

向　银

随交根契

中华民国二十九年五月八日

县典字第 9133 号

县政府给

②

典 当 田 房 草 契

县典字第 146 号

立典契人赵仑今将

房一所　地一段　五亩　坐落

顺义县第一区陈家　子庄　园村　凭监证人赵沂之说合

情愿典与

邓棠名下为业言明典价银之三百五十元整笔下交清并

无短少日后如有别项纠葛情事俱由说合人一面承当与

受典之主无干恐口无凭立据为证

计开

东　顶头

南　张性凯

至

西　道

北　董性私

地顷　五亩　分厘

房间

树株

井眼

粮名　粮

向完　银

随交根契　期限三年为满

中华民国二十九年一月二十八日

县典字第 146 号

监证人　陶贞一

说合人　赵沂之

立典契人　赵仑中心　○○□

代字人　杨润

县政府给

③

典 当 田 房 草 契

县典字第 7657号

立典契人刘万苍 侄 同刘振今将祖遗 房一所
地一段 计数柒亩坐落

顺义县第七区赵拳营庄凭监证人杜 宝 昫 说合
情愿典与
刘沛名下为业言明典价洋二百五十元 整
笔下交清并无短少日后如有别项纠葛情事俱由说合人一
面承当与受典之主无干恐口无凭立据为证

计开　东西长一百一十丈宽三丈八尺二寸

东　　　至　道

西　　　至　宋海芥

南　　　至　茹树峰　中保说合人　许连江　平心

　　　　　　　　董克明　立典契人　刘万苍　中心

北

地顷　7亩　分厘

房间

树株名眼　　　　　代字人　肃祝九　中心

井眼　　　　　　　　侄同刘振　祝九

粮名　　刘厚田　平心

向完　粮

随交根契　银　　张

中华民国二十九年一月三十日

县政府给

县典字第 7657号

④

典当田房草契

立典契人孙柄符今将民粮地房一所 十三亩坐落

顺义县七区牛栏山镇河沟庄凭监证人吴信候

方海名下为业言明典当价洋五百元整

笔下交清并无短少日后如有别项纠葛情事俱

有说合人一面承当与受典之主无干恐口无凭立据为证

计开

东　李芳

西　本主

至

南　河

北　王宝邻

地 顷十三亩 分 厘　北宽十五弓　耕董

房间　面积　南北长一百三十五号

中宽二十八弓　河套不堪

南宽一十六弓　内有四亩

房间

树株

井眼

粮名

向完粮银

随交根契　张

中保人　张文臣 +

监证人　吴信候 □

立典契人　孙柄符 中心

代笔人　孙佐 □

中华民国二十九年三月二日　县政府给

⑤

典 当 田 房 草 契

县典字第 8540 号

立典契人袭庆 今将祖遗 地一所 房一段
坦
瑞

顺义县第六区北郎中庄凭监证人石成富说合
情愿典与
韩彦广名下为业言明典价洋一百六十元 整
笔下交清并无短少日后如有别项纠葛情事俱
由说合人一面承当与受典之主无干 恐口无凭立据为证

东　孙天瑞　闻进芳 平心
西　道　中保说合人　开升
至　　　　　　　　吴永财
南　陈国华
北　道
地　亩 分 厘　监 证 人石成富 □
南北长 二十弓东西宽十二弓
计 开

立字人

土房五间
树六株土房之后有树六株墙外有树多株
井 眼　北屋二间及北房山以北归
袭老太太占用 3 年

粮 名
向 完 粮
随交根契 1 张
银

中华民国二十九年八月三十日

县政府给

县典字第 8540 号

代笔人 石桂岭

袭庆 坦 瑞
十 十 十

⑥

典　当　田　房　草　契

立典契人王屈氏今将祖遗受分　一　房　所　土房　三间院子两家公用

坐落顺义县第一区　城内东大寺　场　块东西宽十弓南北长十一弓

西　边　凭监证人（张泽）　陶贞一

> 顺义县
> 仁和镇
> 公所印

与受典之主无干恐口无凭立据为证

情愿典与十年

张桂春名下为业言明典价洋七百元整笔下交清

并无短少日后如有别项纠葛情事俱有说合人一面承当

计开

东　至　徐景亮　官道

西　至　官道

南　至　董恩全　官胡同

北　至　官胡同

场一块亩四分六厘　弓

东西宽十弓

南北长十一弓

四至

南　张元

北　官纪

东　张秀

西　张顺

土房 3 间院子两家公用

树株

井眼

粮名

银名

中华民国二十九年国历拾月二十一日

随交根契　张

向完　粮

中保人

监证人　张泽

立典契人　陶贞一　□廿

代笔人　王屈氏○

张典

县政府给

⑦

典　当　田　房　草　契

立典契人巩星占今将祖遗营地一段　共三亩整　房一所

坐落在顺义县第一区河南村　关帝庙　后凭监证人　姚占三

说合情愿典与本村

王顺名下为业言明典当价银元国币一百一十元整

笔下交清并无短少日后如有别项纠葛情事俱由

说合人一面承当与受典之主无干恐口无凭立据为证

计开

东　　　至　　巩运生

南　　　牧场

西　　　王锡富

北道

地三亩　分厘

房间

树株

井眼

粮名　银

银

向完　粮

南段东西长十五弓八尺南北宽八弓二尺
弓口北段南北长三十八弓东西宽十五弓八尺

中保人　田得种　平心

立字人　谢添福　廿

代笔人　姚运起

随交根契

中华民国二十八年十二月二十八日　县政府给

⑧

典当田房草契

立典契人奉母纪氏命王希禹今将本身地一段三亩　坐落
顺义县第七区小高力营乡庄凭监证人赵联桂说合
情愿典与
王进德名下为业言明典价洋三百元整
笔下交清并无短少日后如有别项纠葛情事俱由说合人
一面承当与受典之主无干恐口无凭立据为证

计开　　弓口　　东西长九十三弓　南北宽七弓一尺

东至　崔秀

西至　赵向廷

南至　张崇德
　　　殷文营

北至

地顷　三亩　分厘

房间

树株　代字人　赵向　中心

井眼

粮名

银

向完　粮

中华民国二十九年七月十四日

随交根契一张

县政府给

奉母命
立字人　王希禹　十
中保说合人　耿振宗　平心

⑨

契　草　房　田　当　典

立典契人侯氏 今将祖遗田园民粮地一段十三亩
坐落顺义县第一区仁和镇凭监证人郭仲臣 说合
情愿典与本城
王祥名下为业言明典价洋一千二百元其洋整笔下
交清并无短少日后如有别项纠葛情事俱由说合人一面
承当与受典之主无干恐口无凭立据为证
立典十年为满洋到回赎如期限之内不准回赎同中

计开 ︵议定为证

东官道
西董群
　至
南官道
北侯氏

中保人　邹廷辅
立典契人　侯邹氏

计北裁长四十二弓
北裁北　宽三十弓零四
北裁南　宽四十三弓
北宽添十字

西门外侯家园
地顷 十三亩 分
树房 间 同面言明仍归弃主生长十年限期
南头块汽车路由公路中心亏

井眼 三眼公用　去弓口
粮名
向完　粮银

计南裁长三十二弓工
南裁北头宽六十二工
南裁南头宽六十八工八
南裁宽东至道中连墙计算
平心

随交根契　一张　代字人　宝伦　县政府给

中华民国二十八年十二月二十八日

⑩

　　立典字文约人周殿元因手乏用有自典契地一段七十五亩坐落在河南村庄东南北至道西至王
姓东至吴姓今眼同中人说合情愿将此地转典与河南村王毓秀名下承种典价随市东钱两千五百吊
整其钱笔下交足立字之后钱无利息地无租价三年以外满价回赎此系同面言明各无反悔日后如亲
属争论或有地邻侵地占圈等错有 地主被价中人承管恐口无凭立字为证
　　　　隋代佟姓底纸一张

中保人　郑镇方　+

李茂　　+

张玉　　+

立字人　周殿元　平心

光绪二十四年十一月十六日
现今四至　东至英家园　西至姚恒　南至道　北至河

代字人　董�田

弓南北长三百六十弓东西宽五十弓

⑪

　　立典地文约人赵天坤因乏手今将本身地一段计数三亩五分坐落四季屯庄东南至顶头北
至线家坟东至傅姓西至线姓四至分情愿烦中人将地典与傅永利名下承种言明典价东钱八十
五吊整其钱笔下交足并不欠少自典之后钱到回赎地归本主此系两愿各无反悔如有舛错自有
中保人一面承管恐后无凭立典字存照
　　道光二十五年十一月十二日

东至	李贵		中保人	傅永利 ○
西至	伍国典		立字人	赵天坤 +
南至	线林		代字人	韩金玲
北至	线廷喜			
东西宽七弓				
南北长一百二十弓				

⑫

　　立典地文约人董兆鳞因手乏将祖遗地一段四亩坐落小孙各庄东北垄四至开列于后今托中人说
合情愿典与董兆恒名下承种当日言明典价银洋元一百四十元整其银洋元当日笔下交清并不欠少自
典后如若回赎将银洋元交到契主回赎自此各无反悔如有舛错由中人典主一面承管
　　　　恐口无凭立典字为证
　　　　　　　南至董姓　东至主
　　四至分明
　　　　　　　北至道　　西至董姓

中保人　膺得海

中华民国二十九年阴历二月初五日

亲笔立典字人董兆鳞　存心

南北长　一百八十弓

东西均宽五弓三三

东至置主　　南至顶

西至董明之　北至道

⑬

　　立典地文约人李德禄因手乏今将祖遗地一段五亩坐落杨各庄西二郎庙南上坡南北垄四至列后亲烦中族说合人情愿将此地典与刘如海名下承种同众言明典价东钱五百七十吊整其钱笔下交足不欠自典之后无利息地无租价俟种大秋后钱到回赎此系两家情愿均无反悔如有反悔自有中人承管恐口无凭立此字存照

　　　　南北长九十四弓　　　　　　　　　　　　　　　　　　　　　李德源 +

　　　　东西宽十三弓四尺　　　　　　　　　　　　　　　　　　　傅连芳 +

　　　　四至　东至刘慎　西至坡治　东南至坡　北至坡　　中族说合人　张友谦 中

　　　　　　　　　　　　　　　　　　　　　　　　　　　　　　　张九魁 平心

　　　　　　　　　　　　　　　　　　　　　　　　　　　　　　　李德富 +

　　　　　　　　　　　　　　　　　　　　　　　　　　　　　　　李德才 +

光绪三十二年二月初四日　　　　　　　　　　　　　　立字人　李德禄 +

　　　　　　　　　　　　　　　　　　　　　　　　　代字人　虞允儒 +

⑭

契　草　方　田　当　典

立典契人

罗张氏生前奉母命因病　母受分祖遗　地　段　一　所　土房

养葬埋正用无钱　今将　后街南门内路东房

三间坐落

顺义县第二区杨各庄凭监证人杨广睿说合

情愿典与

义合肉铺名下为业言明典当价三百四十元整

笔下交清并无短少日后如有项纠葛情事俱由说合人一面承当与受典之主无干恐口无凭立据为证八年为满钱到回赎

计开

　　东　至　吴寿光

　　西　至　柴百川

　　南　至　官走道

　　北　至　胡同

　　地　顷　亩　分　厘

　　上房三间

　　树　株

　　粮　斗　眼

　　粮　名　银

　　向　完

　　随交根契粮　张

中华民国二十九年三月十一日

立典契文约罗张氏（拇印）

代字人　吴兼法 十

县政府给

监证人　杨广睿 □

中保说合人　张希忠 +
　　　　　　张毓琳 +
　　　　　　李富有 平好心
　　　　　　李仲元 心
　　　　　　石宝臣 □□
　　　　　　唐玉伦 +

⑮

立典地字据文约人郭吉元因正项欠用身有红契地一段六亩坐落在本村家东地名东河套四至列后亲托中人说合情愿将此地典与郭强耕种言明典价法币大洋二百二十元正其洋笔下交清不欠言明立字之后地种三年钱到回赎此系两造均愿各不反悔如有舛错等情具有中保人承管恐口无凭立典字为证

张树义　+

中保人　刘得生　+

郭　勋　+

中华民国二十八年十一月十三日　　　　　　　　立字人　郭吉元 亲笔

　　　　　　　东　　　河

四至分明　　　西　　　坡

　　　　　　　南

　　　　　　　北　郭姓　东西长　一百一十八弓

　　　　　　　　　　南北宽　十一弓八

·······················信　　　行·······················（粘贴处）

契　草　房　田　当　典

立典契人郭吉元今将身有红契一六亩整坐落

地段　房所

顺义县第四区李家桥庄凭监证人郭坦说合

情愿典与

郭强名下为业言明典当价洋二百二十元整

笔下交清并无短少日后如有别项纠葛情事俱有说

合人一面承当与受典之主无干恐口无凭立据为证

计　开

东　河

西　坡

南　郭　寿龄

北　郭　凯

地　项

房间　六亩分厘

树株眼

井　名

粮

张树义押载同上纸

中保人刘得生押载同上纸

郭熏押载同上纸

　　　向　　　完

　　　　　银

随交根契

　　张

　　地名与立字人姓名亲笔盖章上纸载明

中保人押载明上纸

中华民国二十八年十一月十三日

顺义县政府给

⑯

立典老租地文约人梁恩生因工用将老租地一段坐落在稷山营村正西地名北长垄计地一块十亩东西垄东至壕西至壕南至孙姓北至贯姓四至分明自烦中人说合情愿将此地典与邢长隆名下承种言明典价银一百九十元整其银笔下交清不欠地典三年钱到回赎此系两造情愿各无反悔恐后无凭立典字为证

此老租地如有置甸时仍归梁恩生留置如不在村出外谋生作事即归邢长隆置但梁恩生回村时仍须将买甸钱多募照数归还并按二分照买价计年利行息本利归还此地仍归梁恩生营业但此字不相连属于典契

　　　随带老契两张

中华民国二十二年九月二十七日

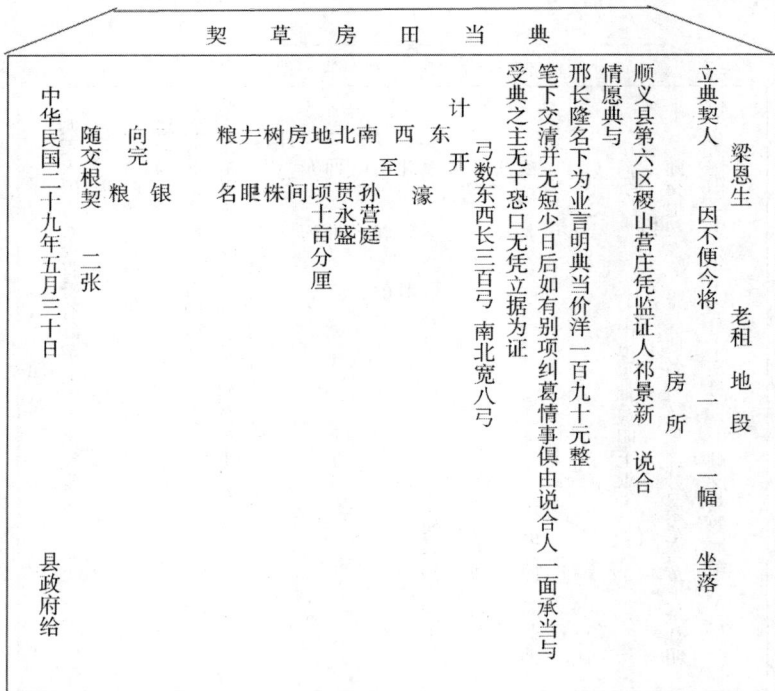

中人　　刘宗悦　廿
　　　　卢维郡　人
立典字人　梁恩生　平心
代字人　　黄缉之　平心

典当田房草契

立典契人

梁恩生　因不便令将　老租　地段

　　　一幅　坐落

顺义县第六区稷山营庄凭监证人祁景新　说合

情愿典与

邢长隆名下为业言明典当价洋一百九十元整

笔下交清并无短少日后如有别项纠葛情事俱由说合人一面承当与

受典之主无干恐口无凭立据为证

计开

东　濠

西　至

南　孙营庭

北　贯永盛

地　房　株　树　斤　粮

间　十　项　眼　名

十亩分厘

弓数东西长三百弓　南北宽八弓

向完　粮　银

随交根契　二张

中华民国二十九年五月三十日

县政府给

1942 年 3 月

（华北农村惯行调查资料第 58 辑）

农村金融及贸易篇第 7 号　河北省顺义县沙井村

调查员　安藤镇正

翻　译　郭文山

　　本篇报告为了得到惯有的关于农村金融或者贸易常例的调查所挖掘不到的农民生活的具体证据，从村里选了 17 户人家，以家庭经济情况为主要调查内容，对每户上门取证，所访谈到的内容构成了本篇的主要内容。后面的《沙井村 17 户农家的个别家庭情况调查》也是以本篇报告为资料，整理而成。

3 月 11 日

金融概况　指地借钱　典　物价

应答者　杨泽（会长，38 岁）
地　点　村公所

（杨泽是村里的骨干，一位最踏实可靠的农民，前任乡长（村长）杨源的弟弟，可以说是相当受人信赖的人。）

　　【婚葬礼的费用以及其筹措方法】你什么时候结婚的？ ＝19 岁的时候（民国十二三年）。

　　那时候结婚要花多少钱？ ＝100 多元，这些钱用来买道具，请客吃饭，不给娘家（妻子的老家）钱，仅仅送些手环、簪子。（妻子也会把手环和簪子带回来。）

　　去年结婚的话要花多少钱？ ＝三四百元吧。

　　你父亲什么时候去世的？ ＝已经去世 20 多年了。

　　举办葬礼花了多少钱？ ＝200 元左右吧。

　　若现在要举办和你那时一样规格的葬礼的话，要花多少钱？ ＝大约 1000 元。

　　举办葬礼时从亲戚朋友那儿拿到了多少钱？ ＝这叫作祭礼，拿到的不多，比如花 1000 元举办葬礼的话，大概能收 100 元左右的祭礼吧。

　　那么怎么准备婚葬礼的费用？ ＝卖地。

一般都卖地筹钱吗？　＝没有钱的人只有这个法子，有钱的人或者放贷的人只要收回欠款，不用卖地也可以。

【卖与典】有没有卖土地前先出典土地筹钱的？　＝有，占半数吧。

你准备父亲的葬礼时是卖掉土地了吗？　＝是出典土地。

那时出典了几亩地？　＝以一百六七十元的价格出典了 10 亩地。

后来回赎土地了吗？　＝回赎了。

典期为多久？　＝3 年，一般都是 3 年。

那你是过了 3 年后回赎的吗？　＝是的。

出典给了哪个地方的人？　＝把在北法信的土地出典给了焦各庄的人（杜林）。

杜林在耕种这些土地吗？　＝是的（焦各庄和北法信离得近）。

你结婚的时候出典或者买卖过土地吗？　＝没有。

【典、押的称呼】村里一般使用"押"这个词吗？　＝一般不用，就是典的意思。除外还有指地借钱的词，但是也不叫押，前者一般也叫典。

大家不把出典叫作当吗？　＝不会，也不会这么写。

大家既不说也不写押这个词吗？　＝俗语把典出去（出典）叫作押出去。

有抵押这一说法吗？　＝有是有，不过是大白话。抵押品指的就是担保物（指地借钱的土地等等）。

【担保物】借钱时，除了土地之外，还有其他充当抵押品的吗？　＝只能是土地和房屋（仅限房产、地亩）。

负债时，用几个月的工作来抵债的现象叫什么？　＝这种情况很少有。叫作使工折账。

有没有城里的商人在这附近的村子里拥有大量土地？　＝没有。

【放贷的商店】城里的商人向村民贷款的事情多吗？　＝没有，事变前也没有。

城里没有像放债铺之类的店吗？　＝没有。没有主动贷款的店，但是有人急需大量金钱时，通过别人介绍到店里借钱的事情也有，但是不多。若不是很熟知的人也不会借。（同顺永）

赊账的现象多吧？　＝多，有发生这样的事情。

农民赊账后一般都会还吗？　＝会还，若不还债便会失去信用，下次再也借不了了。

【官员、地主】有没有县等级别的官员拥有大量土地的？　＝一般都没有，以前官员有少量的土地。（现在的财政科长也多少有点土地，他们就算有钱也会花掉。）

你知道以前的旗产整理吗？　＝不太清楚。

我认为那时存在向缺钱的佃户贷款的银行，你知道这事吗？　＝不知道，佃户找散户借钱购买租地，或者卖粮食购买租地。

【指地借钱以及典】在指地借钱的场合中，有没有只通过立典契来借钱的现象？　＝没有。

那有没有通过签订指地借钱契约和典契来借钱的？　＝没有。

指地借钱和典当的人相比，哪种更多？　＝典的人更多。

那么需要用钱时，比起指地借钱，人们更愿意一开始选择出典吗？　=没错。

土地出典后遇到无法耕种出典地的情况时，一般怎么处理？　=若想耕种土地的话，就租佃别人的土地。

有没有土地出典后，自己又租佃出典地的情况？　=很少有。

这种现象叫什么？有什么名称吗？　=没有什么名称。

【借钱的形式】在村里借钱时立字的多还是不立字的多？　=不立字的多（占八成）。

都没有抵押品和中人才不立字吗？还是有抵押品或者中人就可不立字？　=一般多是只有中人作保便可不立字，只有抵押品的话要立字。

在不立字的情况中，有中人和没有中人作保的比例是多少？　=一半一半。

这与借钱的金额有关吗？　=是的。

借多少不要中人？　=观察借钱人的家庭生活，若是有财产的人那么不要中人也可以，若是没有财产的人那么既要中人也要抵押品。

那么若是有财产的人不管借多少都不需中人和抵押品吗？　=是的，有这样的情况。

一般借多少元以下不用立字，多少元以上必须立字？　=不一定，一般借100多元的话，大多数人都立字了。

常常借钱的人和不常借钱的人相比，哪种更多？　=这个村里放贷的和借钱的人都少，以前也是一样。

【借贷的范围】出典的情况中，是出典村内的土地或房屋的情况多，还是出典村外的多？　=村内的多。

指地借钱的时候呢？　=仍然是村内的多。

【中人、保证人】在不立字需中人的场合中，所谓的中人光指的是中人？还是保证人？　=都是保证人。

那么中人在借主还不了钱的时候，代还借款吗？　=是的，有代付的责任。

那是指借主破产完全没有财产的情况下代付？还是仅仅当时还不了债时便要代付？　=不一定，但是既然借主有财产的话，中人没有代付责任，中人可亲自到借主家索要欠款。只是若借主实在穷得还不起钱而逃跑了的话，中人不得不代付。

出典的时候也需要中人吗？　=需要，1人或2人。

中人指的是中间人？保证人？　=中人就是保证人。

出典的场合中，保证人有什么责任？　=以后当发生纠纷，保证人要出来调解。

指地借钱的场合中，保证人有什么责任？　=在许多出错的时刻出来纠正错误解决问题。

借主还不了本利的时候呢？　=因为以土地作为抵押，可以把土地给债主耕种，自己没有必要代付。

【指地借钱以及过期后的处置】指地借钱的期限多久？　=一般多为一年。

过了一年还不了本利的话，直接可以耕种土地吗？　=可以耕种，但是不能直接去耕种，至少跟借主沟通下。

过了一年还不了钱的情况时，是支付利息延迟期限的多？还是像上述所说耕种土地的多？ ＝前者更多，基本都是延期并支付利息（10 户人家中有 10 户都这么做）。

那么还不了债的话，不管过了几年都可以延期并交纳利息吗？ ＝不管过了几年都可以，不过每年都要重新写契约，一般都要重立契约。

债主拿不回本金会很头疼，作为交换，债主可以租佃抵押的土地吗？ ＝若借主继续支付利息的话，就不能耕种，因此债主催债时，借主向别人借钱也会还钱。

让债主耕种土地时，指地借钱就相当于典了吗？ ＝不是，亏损了，这种情况要重新立契约并出典。

那指地借钱转换成出典并重立契约时，会拿到少量的钱吗？ ＝会的。

有"钱无利息地无租价"这个说法吗？ ＝有，借钱的时候会写在契约上。

借钱指的是指地借钱还是出典？ ＝指地借钱。

是指一般的指地借钱还是特殊情况？ ＝借钱的时候立刻会写在契约上，不过这种情况通常很少，以前也一样。

这和出典是一样的吧。 ＝是的。

那什么样的情况下才会提出有钱无利息地无租价？ ＝出典的场合中，至少典契为三年，而指地借钱一年的期限，便可提出这一说法。不过这样的情况非常少。

（例）

　　　立指地借钱文约人○○○今有受分地一段○亩坐落在沙井村西地名○○○亲烦中人说合借到本村○○○名下大洋○○元整指此地地无租价钱无利息一年为满将钱如数归清将此纸撤回如有舛错等情自有中人一面承管恐口无凭立指地借钱字为证

计开四至	东	○○○	南	○○○
	至		至	
	西	○○○	北	○○○

中华民国三十一年三月十二日　　　　中保人　○○○

　　　　　　　　　　　　　　　　　立字人　○○○

　　　　　　　　　　　　　　　　　代字人　○○○

【保证人的数量】一般指地借钱的保证人为几人？ ＝大多为 1 人。

有没有中证人和保证人由不同的人担当的情况？ ＝有，在契约上写的是说合人和中保人，这样的情况也很少。

出典的场合中情况怎么样？ ＝出典、指地借钱大多都是 1 个保证人，卖土地的时候大多两个。

【出典租地】想出典租地时，在不与租户商量的情况下可以出典吗？ ＝可以，给租户返还地租，另加利息。

若租户已经开始耕种土地了，也可以出典吗？ ＝若播种了，不可以出典，一直到作物收割前，都不可以。

那期间若缺钱的话，怎么办？ ＝卖掉土地，也不是不可以出典，不过若承典人接受来年开始耕种的话，就可以出典。

有这样的例子吗？ ＝很少有。

若租户想承典租地时，必须让他承典吗？ ＝租户没有这样的权利，谁出的钱多，就出典给谁，若出的钱相同就按地主的意愿（任意）。

【出典及同族】同族和外人都想承典时怎么办？ ＝若出的价格一样，就出典给当家的。

【典的目的】一方有钱也有人手，但是土地少，另一方有土地但是人手不够，这时另一方为了耕种土地可以拜托一方承典土地吗？ ＝没有这样的事。

那只有在缺钱的时候才出典吗？ ＝是的。

那么出典土地时，土地充当抵押品吧？ ＝是的，就是这样。

【地价及典价】现在这个村的地价是多少？ ＝上等地 200 多元，中等地 100 多元，下等地几十元或者 100 元。

200 元左右的土地，一年大概能有多少收成？ ＝不一定，但是按现在的情况来看大概 1 亩地能有 40 元的收成吧，中等地 30 元左右，下等地 10 元左右。

若现在出典 200 多元的土地可以借多少钱？ ＝一百三四十元。

【典及指地借钱的比较】现在指地借钱的利息是多少？ ＝一般都是 2 分（年利和月利一样）。

用 200 元的土地作抵押指地借钱的话可以借多少？ ＝不一定，借 200 元可能要 10 亩地作担保，土地越多越好，少了很难办。

200 元左右的土地的地租是多少？ ＝一年 20 元（中等地十四五元，下等地六七元）（大概半分左右）。

那出典土地非常有赚头吧？ ＝是的。

那么贷主很乐意出典土地吧？ ＝典和指地借钱差不多（几乎一样）。

【其他的金融机关】以前县城有钱铺吗？ ＝只有过当铺。

除此以外，没有其他贷款的地方吗？ ＝粮行的话会借钱给熟人（也叫钱粮行）（收买粮食的，粮栈）。

现在哪里有粮行？ ＝同顺永经营杂货铺和粮行（胡同隔开），南街的复顺昌（布铺和粮行），这两个地方放贷的金额很大，其他地方不太清楚。

现在村子里有钱会吗？ ＝没有，北京多钱会，县城里也有，但是不多。

你知道县仓、社仓吗？ ＝以前有县仓，不过现在没有了，我不太清楚。那都是清朝的事了，民国期间没有。

村里有类似的机关吗？ ＝没有。

【物价的演变】从古至今的规律是粮食的价格秋天低，到了春季或夏季又会升高吗？ ＝是的，春季高，不过因收成特别好而卖不出谷物的时候，春季粮食的价格也会变低，但是一般粮食不足的时候，春季价格高。

现在谷物的价格与事变前相比是多少？ ＝涨了五六倍。

其他的日用品的价格呢？ ＝根据物品的不同价格不同，有涨了 10 倍的物品，也有涨了五六倍的，还有没涨价的。

土地的价格与事变前相比呢？ ＝还是涨了七八倍。

普通农民的收入也涨了好几倍吧。 ＝是的，涨了。

税金有变化吗？ ＝也涨了，涨了七八倍（所有的税加起来）。

人民的生活与事变前相比是更艰难了还是有其他变化？ ＝基本上没变化，这次制定了大乡制，恐怕又要加税了。（因为乡公所又雇用了更多的人。）

【典契的丢失及处置】出典的场合中，若典契丢失了该怎么办？ ＝没有人会弄丢。但是若丢失了就通知保证人，然后得到地主的同意即可签新的典契；但是申报到县公署，通过县公署来签订新的典契，规定之前的典契无效，仅新的典契有效。（在县里会有留底）

还需要签类似丢失证明一样的文件吗？ ＝不通过县公署的话必须写，由丢失者写，保证人也要签名字。

若丢失了指地借钱的契约该怎么办？ ＝一样，不过没有这样的事。

【嫁资地】这附近有没有结婚收到赠与的嫁资地的例子？ ＝很少有，几个村就一例。

【借贷私房钱】有没有户主需要用钱时，借太太或者老太太的提蓄钱？ ＝有（叫体己钱，也叫小股钱）。

那需要立字吗？ ＝不用立字。

有利息吗？ ＝有，但是不一定，若家庭成员太多的话，不定利息不好处理，家庭成员少的情况时，没定利息。

【养老地的处置】无论哪里都一定会有养老地吗？ ＝是的。

如果不是其父或者母就不能买卖或者出典养老地吗？ ＝是的，别人不能。

有没有把养老地出典给自己小孩的例子？ ＝没有。

有出租给自己小孩的事情吧。 ＝有。

不跟孩子商量也可以卖养老地吗？ ＝很少有卖养老地的，老人不需要花费很多钱。

孩子没有土地，且急需用钱时，可以出典养老地吗？ ＝没有这样的事。

比如两兄弟分家后，没有土地，母亲有养老地并且在哥哥家住时，养老地由哥哥管理吧？ ＝不一定，母亲继续住哥哥家的话，由哥哥管理，住弟弟家的话由弟弟管理。（随母亲的意愿）

母亲住哪里是自己决定的吗？ ＝是的。

哥哥管理养老地时也不可以出典吗？ ＝不可以（母亲才可）。

哥哥也不能出租养老地吗？ ＝这是可以的。

【典田的负担】谁来交纳出典田的税金？ ＝原地主。

村里的摊款之类的呢？ ＝青苗钱、摊款等由耕种人来交纳。

个别调查 1

你有几亩地？ ＝35 亩。

现在耕种了几亩地？ ＝上述的 35 亩。

土地在村里吗？ ＝村里有 15 亩，北法信有 20 亩。

去年种了什么作物，种了多少？收成如何？ ＝

种类	亩数	产量	单价（1 石）	销量
玉米	20 亩	20 石（20 口袋 = 20 石）	25—26 元	12 石
高粱	5 亩	5 石	18 元	2 石
豆子	5 亩	5 石	二十五六元	
麦子	15 亩	2 石	50 元	
谷子		5 石（1 石谷子 = 6 斗小米）	40 元（小米）	

注：以上单价为去年秋季单价，除了销量外均为自家消费。

除了种地之外还有什么副业收入吗？ = 没有。

那粮食应该足够吧 = 是的。

一年用于购买衣服和被褥的费用大约是多少？ = 100 元左右。

不买燃料吗？ = 不买，用作物的梗作燃料。

去年交纳了多少田赋税和附加税？ = 35 亩共 10 元左右。

交纳了多少青苗摊款？ = 麦秋，大秋两季一起，1 亩 1 元共交了 35 元左右。

还有没有交其他公共的费用？ = 去年预征了田赋等 1 亩 25 钱，后来又交纳了 30 钱，40 钱，交了 3 次。（开始是预征田赋，第二次是因县长的某事交费，第三次是大乡摊款。）

给短工或者长工支付多少费用？ = 给短工支付六七十元。（麦秋的农忙时节，一天工钱很高，2 元 50 钱或者 3 元（管饭）。收割麦子的工钱高，除草的工钱低，最高 1 元二三十钱（管饭），大秋时节也差不多，最高 1 元 50 钱左右。）

不买肥料吗？ = 多少买点，数量不定，有养猪的话就买得少，去年因为猪粪少买了 100 元左右的肥料（一般花费五六十元）。

其他用于购买油盐火柴等日用品的费用为多少？ = 大概花了 100 元左右。

一年的收支算下来有多余的钱吗？ = 没有，大概刚好持平，不用另外借钱。

村里像你一样顺利的人很少吧？ = 不少，大家都这样。

在不借钱的情况下，大概有几亩地才够 5 人家庭吃不用愁？ = 根据生活水平的不同而不同，想过得稍微好一点要 50 亩地，过普通的生活要三四十亩地就够了，10 亩地也可以刚刚够，只有 10 亩的话每个人只能一日一餐，吃一点食物。（有人白天做玉米饼带着干短工的活，晚上再做一两个饼解决晚饭。）

农民的主食是什么？ = 玉米和小米。

务工的成年人一年需要多少玉米和小米作为粮食？ = 玉米、小米加起来 3 石左右就够了，女人也是一样，小孩子 1 石多就够了。

【典的当事人】一般怎么形容出典人和承典人？ = 一般就说谁谁典出去了。（出典和买卖都叫作出主、置主，典和卖的区别是一般说死契或者活契，不说弃主。）

【找价】找价的意思是什么？ = 出典后，若现在的典价比当初出典的典价高时，可以要求再加价。

若地价涨了可以找价吗？ = 不可以。

但是当初典价低的话，可以戏价吧？ ＝可以，当没有涨到普遍认为的固定金额时，也叫加价（也叫增价）。

有没有找钱的情况？ ＝就是常说的找零的意思。

卖掉出典田的时候，卖价的差价叫什么？ ＝叫找死，差价没有称呼。（有找死、卖死的说法，但不是书面用语。）

【指地借钱及土地的负担】在指地借钱的情况中，若贷主耕种土地的话，谁来交纳青苗和摊款等费用？ ＝因为并没有记录在契约上，所以这种情况仍然是地主交纳。（有的村是让耕种人交纳税金，这个村不一样，由地主交纳，相反地租就更贵。）

出典土地后承典人不耕种土地，因此出典人把典田又租回来耕种的情况时，由谁交纳税金？ ＝承典人（新地主）。

【典田和负担】一般出典时，承典人不分担赋税吗？ ＝出典人交纳钱粮和县的摊款，承典人交纳村里的青苗钱和村的摊款。

3 月 12 日

应答者　任振纲

个别调查 2

【家庭经济情况及典的例子】父亲是什么时候过世的？ ＝5 年前。

有几弟兄？ ＝3 个。

分家的时候怎么分配土地的？ ＝每人 2 亩，母亲 5 亩养老地，父亲在世的时候一共 17 亩，举办葬礼等卖掉了 6 亩。

6 亩地卖给谁了？ ＝石门村的李林。

卖了多少钱？ ＝230 元（现在的话要卖五六百元吧）。

你什么时候在分家前购买的土地？ ＝民国十年。

那时你在从事什么工作？ ＝在北京染彩色纸（别人店里）。

你做了多少年？ ＝做了十五六年。

然后存钱买的土地吧？ ＝是的。

那么自己赚的钱购买的土地就是属于自己的财产吧？ ＝是的，那时虽没有分家，我没有要家里的财产离开的。

那自己赚的钱没有给父亲吗？ ＝是的。

即便如此分家的时候也跟其他人一样分割土地吗？ ＝分家的时候拿到了 2 亩地，其他的兄弟既拿到了 2 亩地，又得到了房产或驴。

你什么时候承典弟弟的 2 亩地的？ ＝前年（去年耕种了 1 年）。

典契是几年？ ＝弟弟说是 2 年，一两年都可以，只要弟弟有钱了，来回赎就行。

当时立典契了吗？ ＝立了。

有中人吗？ ＝有，景德发（石门村的街坊）。

你承典 2 亩地借给弟弟多少钱？ ＝200 元。

弟弟为何借钱？ ＝一是没有耕种这 2 亩地的人，再加上手里没钱生活困苦。弟弟一直做长工或者短工的活。

前年承典这 2 亩地的时候地价多少？ ＝2 亩 200 多元。

你除了种地有收入外，还有其他的收入吗？ ＝闲暇的时候，捡粪挣钱，然后就没有空闲的时间了。

一年用于买衣服和被褥的费用是多少？ ＝100 多元。

不买燃料吗？ ＝不买，作物的秆充当燃料就足够了。

去年交了多少税金？ ＝钱粮和附加税一共交了十二三元。

除此之外的县摊款和村的摊款呢？ ＝县的摊款交了十五六元，村的摊款在麦秋和大秋两季一共交了 60 元（总共 90 元左右）。

雇用短工等的费用花了多少？ ＝100 多元（大概八九十个工人）。

不买肥料吗？ ＝买的不多，去年买了三四十元的干粪。

买的肥料和自给的肥料相比，各占多少比例？ ＝不一定，家里的肥料多的话就少买点，少的话就多买点，去年算买得多的。（因为没有养猪）

其他用于购买油盐火柴等日用品的费用为多少？ ＝五六十元左右。

一年的收支算下来有多余的钱吗？ ＝没有多少多余的钱，收成好的话，还有结余供消费，若收成不好，就只能勒紧裤腰带生活了。

应答者　杜祥（长子代答）

个别调查 3

家里一人去了北京吗？ ＝弟弟一人。

你除了种地还做什么工作？ ＝我就是老百姓，冬天做 3 个月的蜜供。（长子）

做 3 个月的蜜供能挣多少钱？ ＝我能赚五六十元，但是手艺不同赚的不一样。（手艺好的人一天 50 钱，3 个月结束后老板还会给补贴，手艺不好的徒弟做满 3 个月也才 10 元左右。）

（杜祥归来以下内容本人回答）

交纳了多少税？ ＝钱粮和附加税一共交纳了 4 元三四十钱。

县摊款和村的摊款呢？ ＝县的摊款交了 9 元，村的摊款在麦秋和大秋两季一共交了 20 元。

雇短工的费用花了多少？ ＝没有雇短工，反而去做过短工。

那你做了多久的短工？ ＝120 天（加上去做蜜供），除开蜜供，还做了三四十天短工。

工资多少？ ＝平均 1 元 1 天，也有多和有少的日子。

不买肥料吗？ ＝买，因为有种菜园，所以更要消耗肥料，要花 100 元左右。

买的什么肥料？ ＝北京进来的干粪。

用于买衣服和被褥的费用是多少？ ＝每年情况不一样，仅买急需品要花五六十元，加上买布匹等的费用一共 100 元左右。

一年买多少粮食？＝一年需要四五石的粮食，去年买了 5 石多，花了一百五六十元（全部玉米）。

其他花在各个方面的日用品的费用是多少？＝所有的开销一年 200 元左右吧。

贩卖自己耕种的作物吗？＝一般不卖自己食用，只卖大豆。

去年卖了多少？＝没种多少所以没卖，一共 1 石左右，除了做种子用的，其他的做成豆腐吃了。

粮食呢？（下图）＝没卖。

杜祥的作物

	自家园地				租佃地		私有土地
其他萝卜等	白菜	葱	菠菜	麦子 豆子 高粱	谷子	棒子	豆子（间作所以亩数不明）（玉米因靠近马路被人摘了）
				7亩	2亩		
数量不详				1石 2石 3石	2石 3石		

贩卖菜园种的蔬菜吗？＝卖，种了菠菜、葱、白菜。

能卖多少钱？＝一年大概二百五六十元，每天卖蔬菜一天 1 元，我只卖半年左右，从日期来考虑大概是这个数。

除了上述所说，家里还有其他工作的人吗？＝二儿子在北京的点心铺学习手艺。

一年能赚多少钱？＝除了自己消费，给家里的钱有 100 元左右。

一年的收支算下来有多余的钱吗？＝不管是有结余还是不足，都无关紧要。

没有另外借钱或者放贷吗？＝没有（自言自语，2 个孩子一年不说给家里 500 元至少 400 元左右的话渐渐能持平）。

注：之前提到的任振纲靠自己的劳作在村里取得了中坚的地位，最近当了会长，是非常诚实正直的人。杜祥祖传的土地渐渐减少，本来也做过会长，后来在做财务工作，是非常有信用德高望重的人。两人淡泊名利，我认为其回答也是可信的。

3 月 12 日

粮行的贸易

应答者　张坦（商会做事，伙计头）

地　点　商会

【勤杂工】你家在哪里？＝本城。

什么时候开始在商会做事的？＝民国十九年。

之前从事什么工作？＝从民国五六年开始在县署的警察所里工作。

家里几口人？＝除了自己之外，还有太太、儿子、儿媳、2 个女儿、1 个孙女，儿子在天津学习做生意。（儿子 18 岁）

儿子什么时候结婚的？＝四五年前 13 岁的时候结婚的，那时家里人手不够，希望要个媳妇。

【例之雇用徒弟】儿子什么时候去天津的？＝去年三月。

去的什么店？＝祥记斗店（粮行）。

是经某人的介绍去那学习的吗？＝经城里的广成粮店的掌柜杜玉仁介绍。

他做担保人是吗？＝是的。

要立字吗？＝不用，若学徒不好，立马会被遣返。

双方定了什么样的协议？＝学徒不会有什么优待，只是供伙食，不限学习年限，平时观察师傅的工作状态，每年发三四十元当补贴。

你是怎么打算的？＝儿子去那里把手艺学好了的话，将来生活就有保障了。

你知道广成粮店和祥记斗店有什么关系吗？＝我因生意上的原因结识了这两家店，贸易往来的次数越多关系就越好。我这边把收购的谷物运送到店里，然后又从店里买小米等作物。（歉收年时）还从店里买面等。

广成粮店和你是什么关系？＝没什么特殊的关系，因为自己在商会做事，所以认识了广成粮店的人，掌柜的认为我家孩子还不错，就介绍去当学徒。

广成粮店只经营粮食生意吗？＝是的，只做粮行。

【粮行贸易】粮行怎么收购粮食的？＝在粮市买，收购之后用船或者火车运往天津，以前只有船运，现在不通船了，不通船后暂时用火车运送。把收购的粮食拿到祥记斗店，若价格一般的话，可以卖给粮行，若价格好，也可以放在粮店代卖。

从粮行那里打听价格吗？＝粮行也有行市，会通知我们几月几日行市好，我方觉得可以就回信。

是用写信来沟通吗？＝我方不去粮行时用写信的方式，一般是运送谷物时顺便去粮行，也有之后专门去的。

谁留在粮行直到谷物卖掉？ = 有特定的人去，然后住下来等行情变好，价格不可观时就回来，把粮食寄存在粮行。

想从粮行买粮食怎么办？ = 派人到粮行，比较价格后，在便宜的粮行里购买粮食，然后从火车站发出，等粮食到了这边的火车站之后再派人运回来。

运送的火车费由谁承担？ = 都由我方出，我们去粮行卖粮食当然由我方出。

要大量采购粮食的时候，直接带现金去吗？ = 涉及金额太多的话，就不拿现金，总之先从银行借钱来付款，之后再支付剩下的钱款。（开始不知道价格，因此仅仅只带个定金去交易，太多的钱不用直接拿过去。）

之后怎么支付剩下的钱款？ = 从商会拿钱过去（现金）（没有拜托其他机构的办法，不管金额的大小都带现金支付）现在开始通火车交通便利了，以前没有火车的时候，找人陪同并带上手枪去交钱，商会也会派人随从。

广成粮店贷款给农民吗？ = 不贷，以前也不是公开贷款的，只有对关系极其好的人，以帮助着急用钱的好友为名义，浮借浮还少量金额而已。

现在还存在浮借浮还吗？ = 现在多少还存在。

【顺义的粮行】除了广成之外还有其他粮店吗？ = 同顺永、悦来升、顺记、义兴、复顺昌、义升、聚泰和、忠德成等等。尚天成关门大吉了，上述店为专门经营粮行，其他还有兼做粮行的，比如复顺公（酒铺）、公益兴（麻铺），还有专门经营粮行的同时，还经营着振记和北大粮栈。

这些粮行不仅在县城里，也在各个乡镇采购粮食吧？ = 哪里都可以，不过现在不行了，被统一管理了。

在县里的各镇有分店吗？还是有别的粮行？ = 没有分店，有别的粮行。粮行在行情好的时候会到处收购粮食（比如这里 1 斗卖 2 元，牛栏山 1 元 80 钱的时候去采购，不过现在不行。）

这些粮行有多少本钱？ = 没多少，几千元，可能复顺昌资产稍丰厚，我也不太清楚，只是根据它们的经营情况判断的。

3 月 13 日

应答者　李濡源（会长，66 岁）

（李濡源在从事农业的同时，也是一名专门的外科医生，为满足近邻的患者的需要而出诊看病，是一位受村民万众期望的长辈。他是一个稳健、可靠、老实的好人，家里有 16 口人，拥有 76 亩多的地，生活富足。为了方便分项整理，以调查家庭经济情况为中心的个别调查表，我总结了以下需取证的事项。开始向长子（44 岁）取证，不久后，应答者本人归来回答。）

【当医生的大致情况】作为一名专门的外科医生，患者人数不定，有时一天三四个人，有病人长了肿包或者破皮了会来看病，一般多是距离这里三五里之内的患者，也有从远至10里地来的患者。因为当医生时间久了，不管多远的患者都会来看病。

县里还有专门的外科医生吗？＝县里的医生内科外科都会诊。

从什么时候开始当医生的？＝从祖父那代开始。

你们做子女的也会看病吗？＝父亲不在的时候我来会诊，我们大概都会，不过只有父亲会上门诊断。

患者送些什么谢礼？＝一般都是亲朋好友来看病所以不收钱，也有送一箱子点心的患者。给不认识的人开药多少会收钱，不过这样的事很少。当医生的若想向患者收钱，也可以收，不过我家不喜欢这样，义务给别人诊断。子女们也都会看病，若想以医生的身份为生，大家也可以外出当医生。但是现在一边从事农业，而把医疗当作专门救人的行业，比如曾有一位高丽营的姓刘的患者长了肿包前来治病，现在虽然搬到北京居住，可现在还会来拜访。

个别调查4

作物（耕作亩数76.9亩，荒地六七亩）

	亩数	产量	销量	单价
高粱	20 亩	15—16 石	8 石	18—19 元
豆子	20 亩的间作	10 石		
麦子	7 亩	1 石		
秋麦	19 亩	11 石	6—7 石	30 多元
玉米	27 亩	27 石	7—8 石	22—23 元
谷子	10 亩	11 石		

从事医疗事业有收入吗？＝没有，也没有别的副业，有养猪，等小猪稍稍长大了再卖，去年养了四五次一共50多头猪，卖猪的收入大约200元，因为是小猪，所以价格便宜。

交纳了多少税？＝钱粮和附加税一共约10元，县的摊款、大乡摊款大约是七八十元，交纳了好几次而且每次费用不高，所以不觉得税金多，但是合算一下金额很大。村的费用在麦秋和大秋两季大约共四五十元吧，需要交村公所的费用时，我找人借来5元还垫付了3元。后来麦秋和大秋时也没来征收村的费用，现在结算收支了，我记不太清。

现在以半拉（工作三天回家三天）的方式雇了一名长工，一年工资80元。若长工提出要粮食的话，就去行市买来粮食给他，平时只管饭没有其他补贴。每年都会雇用长工，根据对方的情况来定，若对方时间不合适便另找他人。今年雇的是杨永瑞，去年是刘珍。在农忙时也会雇短工，但是去年没雇几个，雇短工一共花费 10 元左右吧。因肥料不够，又花了 200 多元买肥料。

收获的粮食够家里人食用。一年大约要花 100 元来购买衣服被褥等，今年得买得更多了。不买燃料，其他用于购买油、盐、火柴等杂七杂八的日用品的费用加起来共 100 多元。（以前家里人口多，每晚需要 5 盏灯，相应地所需更多的石油，现在因受到统一管理，所以买不到石油了，但是反而能省钱。）

若说最终一年的收支结算下来会有结余吧，也没有多少结余，反正即便入不敷出，也不至于落到借钱的地步。按刚才所说，若多次在村公所有垫付的费用的话，钱应该会有结余吧，也不是如此，需要交村公所的费用时，会长一帮人先垫付之后结清欠款。

孙子李万春在北京的香腊店工作，才学了两三年，仍是个学徒工，赚的钱只够自己零花，没有多余的钱交到家里。

应答者　张成（55 岁）
（张成专门从事农业，是忠诚老实的劳动能手，冬季去北京做蜜供，家里的祖产有 2 亩地，但是通过逐渐收购同族弟弟的土地达到了现在的 16 亩地，除此以外现在还承典了 7 亩。）

个别调查 5

作物（没有销量项，产量一项也不一定准确）

	亩数	产量
高粱	4 亩	4 石
玉米	5 亩	4 石
豆子	（间作）	3 石
麦子	7 亩（大垄）	2 石
谷子	5 亩	4 石

做短工的情况如何？ = 一年做短工的时间不足 6 个月，加上做蜜供的收入一共大约 200 元（和孩子 2 人的收入）。去年还卖了一头猪，卖了 40 元。

支出情况呢？ = 因粮食不足，所以拿做短工挣来的钱购买粮食。3 石玉米 75 元，8 斗小米 32 元，每年为了做衣服、被子要花 50 元购买布匹，不买燃料，钱粮税加附加税一共四五元，摊款一共 30 多元，包括三次县的大乡摊款合计 10 元，村的费用在麦秋和大秋两季合计 17 元。不雇用短工不买肥料，除了上述的费用外，其他杂七杂八的日用品的费用大概 70 多元足够了。

一年的收支结算下来有剩余的吗？＝没有。大多通过赊账来买东西，手里有钱的时候何时都可以支付，但没有钱的话可以要求店家等到年底收账，年底必须付清。有钱的话可用现金购买，但大多情况都是赊账。购买地点不固定，但是去不太熟的店赊账买东西的话，需经其他熟人介绍，自己现在只在祥发布铺买东西。（除了布，没有固定要买的物品）粮食在集市上用现金购买。

【承典的例子】你从谁手里承典 7 亩地？＝小学何老师的父亲，何振谦，也是自家亲戚。前年以 335 元承典，中人是杜祥和付菊，典契为 3 年。

335 元是怎么得来的？＝不是我的钱，只是以我的名字承典。那是姓李的亲戚（姐姐的小孩）的钱，我耕种这 7 亩地，给姓李的交租。（1 亩 7 元，预付）亲戚之间不需要立字，典契由姓李的保管。

为什么不用他的名字承典？＝我本打算他没钱的话，就自己出钱。他人在北京，曾因想获得土地而拜托过我。因为若承典了土地，可以得到好处（可以获取地租），加上我是村民的身份，于是以我的名字承典了。如果是购买土地，就要以他的名字，承典的话以我的名字也未尝不可。

若前年买下这 7 亩地要花多少钱？＝1 亩七八十元、土地值 500 多元。

应答者　赵廷魁（39 岁）

（民国初年，11 岁时过继到别家时，家中有 140 亩地，后因连逢婚葬事而卖掉土地，土地逐渐减少。去年一共 22 亩。现在拥有 14 亩地之外，还租佃了 20 亩地。长年担任会长的工作，今年辞掉会长一职，可以看出他渐渐衰落至佃户的地步，农闲的时候做拉脚（人力车）的工作。）

个别调查 6

作物（播种亩数因间作的原因不是很明确）

	亩数	数量	销量	单价
高粱	11 亩	11 石	7 石	16 元
玉米	14 亩	14 石		
豆子	（间作）	7—8 石	4 石	24 元
麦子	（间作）	3 石	1 石	35 元
棉花	1 亩	40 斤	20 斤	2.4 元
白薯	3 亩	7000 斤	5000 斤	（1 元 25 斤）

有副业收入吗？＝做拉脚也没多少钱，一年五六十元。去年卖了 3 头猪，得了 140 元。家里有养鸡，只有七八只，不过这都属于老太太的收入。鸡蛋自己食用了，一只鸡每年能增加五六元的收入吧。也没有做短工。三年前孩子去了牛栏山的店工作，去年又去了

北京的东直门外的粮店，不过至今没给家里交钱。

支出情况呢？＝粮食能自足。前年交去年耕种的地租 340 元，去年秋季交今年耕种的地租 260 元。税金包括钱粮税和附加税一共约 3 元，摊款包括县的摊款 18 元（共 19 亩）、村的摊款约 20 元。雇用短工花了约五六十元。肥料在允许的情况下购买了 30 元，没买燃料，并不是每年都要买用于制作购买衣服和被褥等的布，每年情况不一，去年买得多买了150 元，今年只需买少量的布就够了。用于购买其他日用品、杂七杂八的所有加起来约200 元左右吧。

一年收支结算下来没有结余，但是这几年也没有借钱就这样度过了。

应答者　景德福（45 岁）

（景德福是民国二十七年从隔壁村石门村移居过来的农民，12 年前分家时取得了 28.5亩地，之后又从 2 个兄弟手里分得 5 亩，然后又分别购买了 3.5 亩和 4.6 亩，现在拥有 35亩地，出租 5 亩，据说在本村拥有土地，因此移居过来了。）

个别调查 7

作物（耕种亩数加上 1 亩多住宅用地共 30 亩）

	亩数	收获	销量	单价
高粱	4 亩	4 石	4 石	18.5 元
玉米	约 10 亩	6—7 石（一部分没摘取）		
豆子	（间作）	6 石	6 石（种子除外）	27 元
麦子	7 亩（大垄）	3 石	1 石	35 元
谷子	2 亩	2 石		
白薯	2—3 亩	1000 斤	200 斤	100 斤 4 元
花生	1.5 亩	2 口袋（100 多斤）	50 斤	100 斤 24 元

有副业收入吗？＝卖了 2 头猪，得了 160 元。去年没有做短工，家里有养鸡，但是去年没有卖钱。去年秋季取得预付耕种 5 亩地的地租 100 元（杨永元）。

支出情况呢？＝赋税，钱粮税 2 元多，附加税八九元，摊款就是大乡摊款 30 多元，村的费用在麦秋 1 元 1 亩，在大秋 1 元 40 钱 1 亩，另外交 3 次白地捐的话，一亩共计 90 钱，共交纳了11 次共 100 多元。税金都交到石门村（没有交纳给沙井村），比沙井村的税金高很多。

没有给沙井村交一点税吗？＝之前就一直给石门村交税，以后会继续下去。

土地在哪里？＝南法信。现在人在沙井村，以前作为石门村人真的无可奈何。

和村长商量了也不行吗？＝不行，因为这件事还打过官司，却也没得到解决，"人搬地不搬"（第一分局长说，即使你跑到云南也必须向石门村交税）。

粮食的生产情况呢？＝不能自给自足，去年花了45元购买3石玉米，40元购买2石豆子（猪饲料），84元购买1.4石麦子（12月价格高）。

用于购买衣服和被褥等的费用花了100多元，去年2次雇用工人花费工资两三元，买了约六七十元的肥料。用于购买油、盐、火柴等日用品的各项费用共计约一百五六十元吧。（亲戚间的人情往来，红白喜事上出的"随人情"（交际费）也是相当大的一笔费用）。

【典、卖的例子】之前出典的情况是怎样的？＝当出去5亩地，去年回赎了，今年又把它出租了。承典人是沙井村的杜星贤，典价是245元，当时的地价是500元左右，典契为3年（2年耕种2回）。

那么前年春季出典的去年秋季回赎了吗？＝以现在时间为准的话，是大前年出典的。

你与杜星贤是什么关系？＝没什么关系，只是同村人而已。中人是杨明（杨永才的儿子），是我的朋友。

为什么出典土地？＝民国二十七年又是修改房屋（建房），又缺钱找人借了钱，无法还钱了才出典土地。

回赎的钱是怎么来的？＝靠工作赚来的，还有卖猪获得的钱回赎土地。

把土地卖给邢润齐是什么情况？＝卖给他7亩地。五六年前，因没有建造房屋的土地，与杨永才商量之后，杨说卖了7亩地，再把这里买了。那时因为没钱，就卖了7亩，把这户周边的4.6亩买下了。7亩地是200多元，在田里播种麦子的情形下卖了270元（阴历十月）。中人是杨永才。

邢润齐有很多土地吗？＝没多少，仅有30亩左右。

花了多少钱购买了4.6亩地？＝以1亩48元的价格从杨润手里买的，中人是杨明。

一年收支结算下来有结余吧。＝没有结余，虽有地租进账，可是为了回赎出典田又得花钱，所以没有结余。

应答者　杜守田（54岁）
（杜守田专门从事农业，是忠诚老实的人，10年前分家时取得37亩田，家里有4男4女共8人，长子在县城工作。）

个别调查8
作物（私有地18亩，承典田4.5亩）

	亩数	产量	销量	单价
高粱	不详	3石	（食用、饲料用）	
豆子	不详	4石	1石	28元
谷子	不详	2石		
玉米	不详	4石		
麦子	不详	4石	2石	20多元
白薯	不详	1000斤		
葱（还有少量白菜）	不详	1亩园地	卖光	

　　不清楚耕作亩数是因为每垄地的播种方法不同，再加上一垄地中混合播种作物。比如下图中的高粱、麦子和豆子。

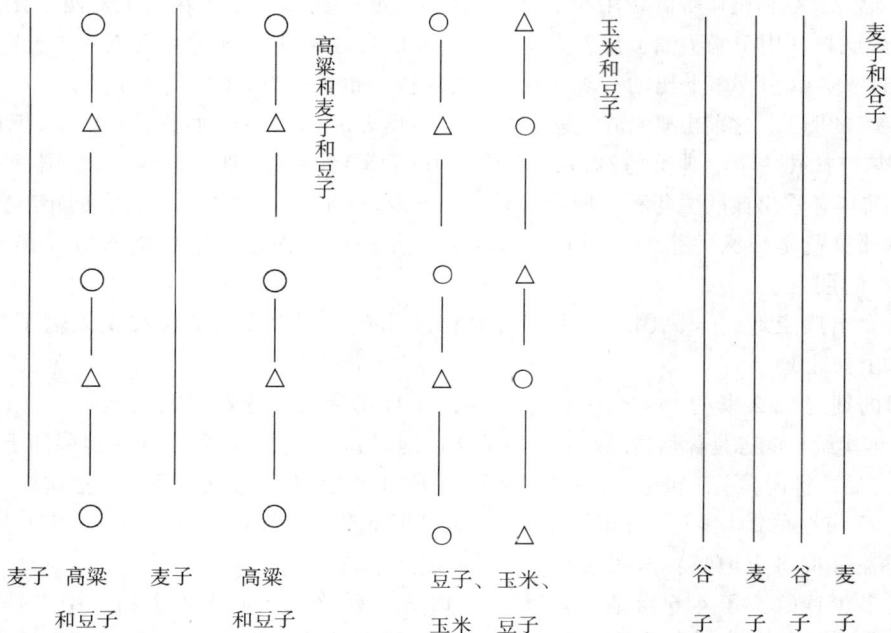

高粱和麦子和豆子　　玉米和豆子　　麦子和谷子

麦子　高粱　麦子　高粱　　　豆子、玉米、　　　谷　麦　谷　麦
　　和豆子　　和豆子　　　玉米　豆子　　　　子　子　子　子

　　有副业收入吗？＝没有，不定期地做下短工，去年一年做了 10 多次短工，挣了约 20元。养的有猪，不过去年没卖。

　　听说你家小孩在县城里打工，收入有多少？＝他在城里的义成祥做厨子（厨师），一年只有二三百元。

　　支出情况呢？＝粮食不够得买。去年花 120 元买了 4 石玉米、120 元买了衣服被褥等。没有买燃料，税金是钱粮和附加税共合计 67 元，县的大乡摊款交了 3 次，共七八元，村的费用是麦秋和大秋两季共二十二三元。去年只雇用了三四个短工，花费 5 元左右，没有买肥料，其他日用品、杂费、"随人情"加在一起共需要一百五六十元。一年的收支计算下来没有结余，但是也不用借钱。（去年从景德福那承典了 5 亩地，现在他回赎土地给了我一笔钱，星贤是我家孩子。）

　　【典、卖的例子】现在承典的 4.5 亩地怎么样了？＝今年（去年阴历腊月）从赵廷福那儿以 400 元的价格承典的 4.5 亩地。我家孩子没有把典契带到县城里去，典契不限年限，和借钱立的契约一样。中人是赵廷魁和付菊。这 4.5 亩地的地价是 1 亩约一百五六十元。好像赵拿这 400 元作为人力车的资本，用于购买牲口和大型车。

　　什么时候，因什么原因卖掉土地？＝大前年，卖给南法信的张玉田 19 亩地，1 亩地卖二十一二元。那时地价非常低，即使出典 19 亩地也最多只能拿到 200 元左右，现在的地价是 1 亩五六十元。（比其他的地便宜是因为一直拿田里的土造砖）中人是石门村的李旺。卖地得到的钱用于购买现在住的房屋，是从张福民的儿子张德利手里购买的。另外，去年11 月向北法信的姓徐的人以 1 亩 16 元的价格借了 6 亩地，这是今年要耕种的土地。

应答者　张麟容（21 岁）

（拥有 25 亩地，一匹马和农具，是生活富裕之人。感觉本人还像个涉世未深的年轻人。）

个别调查 9

作物

	亩数	产量	销量	单价
玉米	15 亩	15 石		
高粱	7 亩	3 石		
豆子	（混种）	7 石	5 石	24—25 元
谷子	3 亩	3 石		

有副业收入吗？＝没有，也没有养猪，弟弟去了北京，但是在做准备，若房屋修好了，就回家。他现在还是学徒工拿不回什么钱。

支出情况呢？＝钱粮税和附加税共 8 元左右，交了 3 次大乡摊款共 20 元。村的费用共 30 元。粮食虽然够但是没有多少多余的。买衣服和被褥等花了 50 元左右，没买燃料，没雇短工，也没买肥料，其他的日用品和所有杂费共花了 100 元左右，一年的收支计算下来，够是够了，但攒不了钱。

应答者　张守俊（28 岁）

（从事农业的同时，作为副业做制造线香的工作。没有私有地，以租佃为主，从城里姓张的人那借来 20 亩开始，已经过了五六年。）

个别调查 10

作物

	亩数	产量	销量	单价
高粱	八亩	七石	二石（小作料玉石）	17.5 元
玉米	三亩	三石	—	—
麦子	（右三亩）	二石	二石	31 元
豆子	（右八亩）	二石	一石	25 元

有什么副业收入吗？＝去年制作了 3 个月的线香，买材料等花了 600 多元，卖了七八百元，纯利润一百几十元，去年没请短工，卖了一头猪挣了 60 元。

支出情况呢？＝因为没有土地，我只交纳了 20 元的村的青苗钱。然后花了五六十元购买做衣服和被褥等的材料。没有买燃料，也没请短工，其他所有杂七杂八的费用合计仅六七十元。一年收支结算下来没有结余，但是也不用借钱。去年收成好所以情况还好，歉收年会很让人为难，不够开销。

从什么时候开始制作线香的？＝从 10 岁开始，已经做了十八九年了。这是从父辈开始从事的行业。（本职工作）

你父亲什么时候去世的？＝民国二十九年。

举办葬礼花费了多少钱？＝二百五六十元。

哪来的钱？＝借的钱，大部分在店里赊账，这两三年收成特别好，种地后卖粮食还钱。

借钱的当年如果还不上的话，不用收利息吗？＝不用，春季举办葬礼，到了秋收时还了一大半的钱，剩下的钱也没收利息。

3 月 15 日

应答者　李树林（42 岁）

（10 亩私有地，6 口人，从事农业的同时贩卖旧衣服、当短工、做小生意，在村里属于中下或者下上阶层的农民。）

【葬礼费用的例子】你母亲什么时候去世的？＝去年四月二十七日。

举办葬礼花了多少费用？＝把卖土地的钱全花光了，也就是 530 元（母亲的 3 亩养老地）。

卖给谁了？＝刘坦林一人。

三亩一共卖了 530 元？＝卖的时候田里还种有麦子，而且 5 月初就可以收割了，要不然卖不了这么高的价钱。若仅 3 亩地大概 400 多元。

还有没有借钱？＝没有，花太多钱的话，会成为兄弟们的负担，因此把 530 元全花光了。

买棺材花了多少钱？＝100 元。

剩下的钱主要花在哪些方面？＝办酒桌花了 200 元，买寿衣花了 80 元（要给死人全部换上新衣），烧纸花了 10 多元，烧纸活儿（纸人）花了 10 多元，请吹鼓手和抬杆头（抬棺材的）花了 50 元（两边的吹鼓手共四十几名，抬杆头 32 名），买孝衣（白色衣服）花了 80 元（除了家人外也要给亲戚戴上白色带子）。

个别调查 11

现在耕种的土地只有自己的 10 亩地吗？＝是的，因为没钱借不了土地。

作物

	亩数	产量
玉米	6 亩	4 石
高粱	1 亩	1 石
豆子	（间作）	2 石
谷子	2 亩	1 石

没有卖粮食吗？＝没有，都不够吃。

去年买了多少粮食？＝没有买，收成意外的好。（前年的土地比现在多 3 亩，收获的粮食一直维持到了去年为止。）

【副业】有没有什么副业收入？＝一年做了两三个月的短工。

挣了多少钱？＝七八十元。

还有其他收入吗？＝已经卖了好几年的旧衣服，一直做到去年为止，现在因没有资本放弃了（在村里是自己一个人卖）。去年上半年卖了 2 回，后半年卖了 2 回，纯利润合计 100 元。

卖四次衣服一共进了多少钱的货？＝进一次货花 200 元，每次能挣 20 多元。

（进货的收据）

> 今买去　齐外市场 14 号
> 旧古衣服 11 件合洋　70 元零 5 毛
> 又 4 件合 31 元　又估衣片 12 件 合
> 33 元　5
>
> 十一月初九日

还有其他收入吗？＝做卖梨、糖、花生等的小买卖。去年没有多少收入，挣了 50 元吧。

去年嫁女儿了吗？＝是的，去年九月初三（19 岁）。

嫁到哪里？＝马家营。

你以前知道马家营这个地方吗？＝我女儿嫁给亲戚的亲戚，自己不知道这个地方。

举办婚礼花了多少钱？＝没有钱，所以没花。

那么是对方拿钱吗？＝对方无所谓，反正是花到自己身上。

那么你没有卖东西或者找人借钱吗？＝没有，要是卖东西了或者借钱了就麻烦了。家里还有一个女儿，嫁二女儿也没有钱只好光手出嫁。（近期之内）

支出情况呢？＝钱粮税和附加税共 3 元多，县的大乡摊款 8 元左右，村的麦秋和大秋的费用共 14 元，没有请短工，也没有买肥料。购买用于制作衣服和被褥等的布花了大约

30 元，其他的日用品和所有杂费共花了 30 元左右。（还想买更多的东西也没钱买了。）

应答者 付 菊（62 岁）

（以租佃和小买卖为生，也做出典或者买卖土地时的中介人，家里 6 口人，长子是警卫。付菊是生活不富裕的贫农，生活水平在村里属于下层。）

个别调查 12

有多少耕地？ ＝14 亩（县城的姓张的土地）和 2.5 亩（村公所的土地、荒地）。

作物

	亩数	产量	销量	单价
高粱	4 亩	3 石	3 石	16 元
豆子	4 亩	3 石多	3 石	28 元
玉米	7 亩	7 石	（食用）	
麦子	1 亩左右	6—7 斗	（没有多少收成）	

除了种地还从事什么工作？ ＝还做卖木锨（产粪的工具）、蓑衣、榆树皮（浸在水里会出油可以抹在头发上）、炕席等的生意。

这些都是自己制作的吗？ ＝在县里的集市上进货的。

销往何处？ ＝有时挑着担子到附近的村庄去卖，有时到其他的赶集（孙河镇）上去卖。

做这些小买卖一年的收入大概多少？ ＝二三百元（一有空就去做，一年做 8 个月左右，一天若有 1 元的利润就算很好了）。其中吃饭的费用就要花去一大半所以没有剩余的钱。

还有从事其他的工作吗？ ＝没有了，没有空闲时间，所以没做短工。

没有做买卖土地的介绍人吗？ ＝做过，有时能拿到两三元。但是有时候仅仅只得到点心等之类的。去年只做了 1 回，近年来买卖土地的变少了。在太平年间（事变前和平安泰的时候），出典和买卖土地的事情有 10 件 8 件的，近年来少了。

支出情况呢？ ＝粮食方面，每年花费大约 120 元购买三四石玉米和小米（都吃光了），购买用于制作衣服和被褥等的布的费用不定，但是大致 20 元，不买燃料，也不买肥料，零碎的日用品的费用合计 40 元。（之前只需花 10 元左右就够了，但是近年来物价偏高需花更多的钱购买）（因为没有煤油，就用花生油代替煤油做灯油用，很快就消耗完了）没有请短工。

缴税情况呢？ ＝没有钱粮税，村的费用总共 14 元。

地租是多少？ ＝去年 160 元（给县的姓张的 140 元，给公会 20 元）

不用额外借钱吗？ ＝这两三年收成好，不用借钱。

应答者　李秀芳（25 岁）

（在村里有土地，本人是忠诚正直的农民。家里有 2 男 6 女，弟弟进了治安军队。）

个别调查 13

你现在耕种了几亩地？ ＝49.5 亩，都是自己的土地。除外，去年冬季租了 5 亩地，今年可以耕种。

那 49.5 亩地都在村里吗？ ＝没有在别的村子里，在村西南法信有 10 亩地。

都种了些什么作物？种了多少？ ＝

	亩数	产量	销量	单价
玉米	28 亩	18 石	5 石	23 元
高粱	11 亩	6.5 石	5.5 石	19 元
豆子	38 亩（间作）	7 石	3.5 石	30 元—2 石、34 元—1.5 石
花生	不足 1 亩	1 斗 2 石	1 石	11 元
谷子	1.5 亩	1 石		
白薯	1 亩	270 斤	食用	

除了种地还做什么工作吗？ ＝冬天买来白菜再贩卖，另外做蜜供。

卖白菜有多少收入？ ＝卖了六七次，一次大约本钱 30 元，有五六元的利润。

做蜜供做了多少？ ＝不足 2 个月，挣了 45 元。

还从事别的工作吗？ ＝去年只卖了六七次青菜，一次有一两元的利润。

5 亩地的地租为多少？ ＝去年交了 60 元。

缴税情况如何？ ＝钱粮税和附加税大约 18 元，冬季我不在这里所以记不太清，交了 3 次县的大乡摊款共 28 元左右，村的麦秋和大秋的费用合计约 75 元。

有没有雇用长工或短工？ ＝花了 42 元请了一位半拉长工，另外雇用短工花了 12 元。

买肥料了吗？ ＝没有买。

粮食能自给自足吗？ ＝不卖粮食的话就够吃，去年卖了粮食因此还差一点。（至今为止还没买粮食。）

买了用于做衣服、被褥等的布吗？ ＝去年没怎么买，只花了 20 元左右。

燃料呢？ ＝没买。

其他零碎的开销总共多少钱？ ＝200 元左右吧（不太清楚）。

一年的收支情况计算下来有结余吧？ ＝没有结余，土质不太好，庄稼的长势不好。

你父亲什么时候去世的？ ＝在我 7 岁的时候。

你什么时候结婚的？ ＝11 岁，那时候人手不够（老太太说的）。

弟弟什么时候结婚的？ ＝15 岁，五六年前。

弟弟偶尔回来吗？ ＝不常回家。

应答者　杜祥

【借钱、卖地的例子】你有兄弟吗？ = 没有，没有分家。

你开始当家的时候，家里有几亩地？ = 五十几亩。

现在有多少亩？ = 11.5 亩。

刚开始卖了几亩地？ = 20 年前，以 300 元的价格卖了 10 亩地给村民周树棠，中人是孙有温（村民，以前做过道士）。

为什么要卖呢？ = 我曾做过某人的保证人，因他无法还钱，不得已我只能代替还钱。

你说的那人是你的亲戚吗？ = 是的。

他借钱的情况是怎么样的？ = 他没有做生意的本钱，于是我做担保帮他借的钱。没有土地做抵押，也没有立字。

贷主是谁？ = 仁和镇的王庆云（油磨面铺）。

刚开始本金是多少？ = 100 多元。

利息呢？ = 1 月 2 分。

借钱后的第几年还的钱？ = 第二年。

第二年还钱的时候已经涨到了 300 元吗？ = 没有那么高，剩下的自己花了。

第二次卖了几亩地？ = 41 岁的时候卖了 11 亩（十七八年前），分别卖给村民张守仁 8 亩以及忘泉寺的刘成章 3 亩，之前的 8 亩卖了 240 元，后 3 亩卖了 60 元，前者的中人是张环（村里人）。

为什么要卖？ = 作物收成不好，而且家里 2 个女儿出嫁，再加上男孩子娶妻要钱。

第三次卖了几亩地？ = 10 年前卖了 14 亩，分别卖给忘泉寺的王汇 9 亩，村里的张文恒 5 亩。9 亩地卖了大约 400 元，5 亩地卖了 90 元（地质不好）。中人是付菊，卖 5 亩地给张文恒时中人是枯柳树的王鹤臣。

为什么要卖？ = 为了筹措举办母亲葬礼的费用，即便把所有卖土地的钱花了还是不够。

之后又卖了几亩？ = 民国二十年，以 100 元的价格把 5 亩地卖给石门村的李亮，中人是石门村的任仲。

为什么要卖？ = 因为收成不好，生活困苦，为了增添生活费所以卖了，仅此而已。

缺钱的时候，在卖掉土地之前有考虑过指地借钱或者出典土地吗？ = 基本上会先借钱，还不了就卖土地。

借钱的话怎么个借法？ = 无须担保物，也不用立字，凭一句话就能借钱。

向谁借？ = 顺义县的恒利号（右铺）。

你跟这家店很熟吗？ = 很熟，可以说是老世交了，总在这家店借钱。

像那样口头借钱的利息是多少？ = 还是 2 分 5 厘吧（月）。

那你有出典过土地吗？ = 没有，也没有做过（指地借钱的事）。

应答者　张永仁（65 岁，会长）

（在村里有大量的土地，家里有 8 男 5 女，并担任会长一职，是位上了年纪的好人。）

你有几亩地？ ＝自己有 46.2 亩的土地。

个别调查 14

除此之前还耕种了几亩地？ ＝还有从何先生那承典的 11 亩地。

作物

	亩数	产量	销量	单价
玉米	10 亩	8 石多（因多沙地所以没有结多少玉米）		
高粱	25 亩	17 石	16 石	17 元
豆子	（和玉米混种）	11 石	全部（种子除外）	23 元
麦子	10 亩（去年播种的麦子今年收割，上述为前年播种的麦子）	7—8 石	全部	30 元
谷子	9 亩	6 石		
花生	1 亩多	170—180 斤		

（何先生的土地也是沙地，不怎么长庄稼）

除了种地还从事别的工作吗？ ＝什么也不做，也几乎没做过短工（今年有很多事情，所以没能做短工）。

有养猪吗？ ＝现在养了 3 头猪，去年没有养。

那需要用钱的时候就卖谷物吧？ ＝是的。

仅在需要用钱的时候才卖吗？ ＝没错。

支出情况如何？ ＝钱粮税只有 8 元，附加税 12 元，交了 3 次县的大乡摊款共 24 元左右，村的摊款是 37 元 60 钱。

买肥料了吗？ ＝去年买了 60 多元的肥料。

买制作衣服和其他东西的布花了多少钱？ ＝去年花了 160 元。

没有买粮食吗？ ＝买了 10 石玉米，1 石玉米 23 元或者 25 元（现在买玉米也过不了城门（受统一管制），所以让县里的熟人带话说这些玉米是买来自家吃的）。

其他油、盐、火柴等零碎的费用总共多少钱？ ＝150 元左右，大概花了那么多，但是今年需要的更多（去年 2 个孩子夭折了，药费也花了数十元）。

【婚葬的例子】哪个孩子夭折了？ ＝长子的 2 个女儿（2 岁）夭折了。

　　小孩子夭折了的话，需要举办葬礼吗？ ＝不用。

　　那会怎么做？ ＝用稻草裹起来扔掉。

　　有没有外出打工的人？ ＝三儿子在城里的同顺永制作饽饽。

　　有拿钱给家里吗？ ＝没有多少，在那边也要随人情，还有朋友交际，所以只能给家里
10 元。

　　孩子们分别是几岁结婚的？ ＝长子是十五六年前、二儿子是十二三年前、三儿子是 8
年前。

　　他们娶妻时要花多少钱？ ＝长子结婚花了 300 元左右（因为是家里第一次娶媳妇，怕村里
人笑话所以多花了些钱），二儿子结婚花了 200 元不到，三儿子结婚花了一百三四十元。

　　在村里娶媳妇与出嫁哪个花的钱更多？ ＝出嫁花的钱更多，娶媳妇时，即便给新郎制
作精美的衣服，也是自家财产，出嫁的话，把嫁妆都带过去了，所以要花些多余的钱。

　　你花了 500 元从何先生那承典了 11 亩地，说明有不少存款吧？ ＝不是这样，好不容
易筹集了 500 元，还从何先生那暂借了点钱才承典的。借的钱靠卖粮食慢慢地还。

　　应答者　崇文起（50 岁）

　　（基本上不种地，以做小买卖、冬季做蜜供等外出打工为生，生活水平属于村里的下层。）

个别调查 15

　　你有几亩地？ ＝1 亩都没有。

　　现在耕种了几亩地？ ＝去年只耕种了一亩多自己家的坟地，打算从今年开始耕种 5 亩
公会地。主要还是以小买卖为生。

　　去年的收成如何？ ＝取得 1 石玉米。

　　你做哪些小买卖？ ＝很零碎的东西，瓜子儿、花生、梨、糖、蚕豆等，去年卖过烧
饼、麻花、油条等，今年还没开始卖。

　　一年做小买卖能挣多少钱？ ＝二三百元（利润）。

　　在哪里进货？ ＝县城，面是自己从集市买来麦子自己磨成粉，油是从杂货铺买来的，
其他的都是从杂货铺进货。

　　有多少资本？ ＝一年只要有 100 元左右的资本就够了（进货了再贩卖，不断循环）。

　　100 元的本钱能运作多少次？ ＝我没有计算过，一般挣了一点就花掉了。

　　100 元的本钱的话，一次取得多少利润？ ＝二三十元吧。

　　买了多少钱的粮食？ ＝大约 10 石玉米，去年 1 石玉米二十二三元。

　　买做衣服和被子的布花了多少钱？ ＝五六十元。

　　燃料呢？ ＝买了，花了八元至十元左右。

　　其他一些零细的费用是多少？ ＝20 元左右吧。

　　村的大秋和麦秋两季交纳了多少钱？ ＝80 多钱（坟地不征收钱粮税，我虽申请过黑
地，但还没收到交纳田赋税的通知）。

　　【承典、承租的例子】你有没有承典某人的土地？ ＝从张珍那承典了 4.5 亩地，但是
民国二十一年他回赎了土地（十九年承典）。当时以 45 元的价格承典的 4.5 亩地，立了典

契，中人是杨永瑞。

现在有没有以 20 元的价格承典某人的土地？ ＝没有。

现在有没有出典土地？ ＝民国二十三年以 20 元的价格出典了 1 亩坟地，去年我回赎了。（承典人是付菊）当时立了字，没有中人。

一年的收支情况计算下来怎么样？ ＝不多也不少。

你也没有找人借钱吧 ＝没有（翻译，贷款给别人的人难道不都是手里有闲钱的吗）。

租佃 5 亩公会地的地租为 120 元，你是怎么筹措的？ ＝我和孩子两人去做蜜供赚了一百二三十元（做小买卖 9 个月左右，做蜜供 3 个月）。

3 月 16 日

应答者　刘坦林

（刘坦林去年分家，做长工，是淳朴老实的农民，家里有夫妇和 2 个孩子，在村里大约属于下层。）

个别调查 16

【分家的例子】去年什么时候分的家？ ＝八月初七，兄弟 2 人分的家。

父母的身体还健康吗？ ＝是的。

为什么分家？ ＝没有什么原因，家里人口变多了，加上兄弟之间多少会发生争执。

是因为人口变多了所以生活变得更困难了吗？ ＝是因为父母上了年纪，兄弟之间的争执会让二老担心，不能给他们添麻烦。

你是哥哥吧？ ＝是的。

为什么哥哥能分得房屋，还跟父母和弟弟一起住呢？ ＝这是父母的意愿。

分家的时候怎么分土地和其他的东西？ ＝每个人分得 6 亩地，我分得 4 间房屋，弟弟住在原来的家里。（我的房屋是以前买的，在别的地方）弟弟的房屋就是原来的家，父母住在那里。

除此之外，你还分得了什么吗？ ＝我还分得了一头驴（弟弟没有），不过去年已经卖了。

为什么卖？ ＝没办法养就卖了（必须买饲料，而且土地又少卖了也好），卖了 52 元。

分得多少粮食？ ＝2 石老玉米和 1 石高粱、1 石（袋）豆子。

弟弟也是一样吗？ ＝一样。

给父母留了什么？ ＝8 亩养老地，粮食也跟我分得差不多（把粮食分为 3 等份，每人一份）。

去年大家都在一起的时候土地是 20 亩吧。 ＝是的。

那时候大家一起耕种土地的吧？ ＝没有请长工，自家人耕种所有的土地。

粮食收割后分的家吗？ ＝是的。

今年父母跟弟弟一起住的话，那谁来耕种 8 亩养老地？ ＝这与弟弟没关系，都是父亲自己雇人耕种。（可能，父亲的养老地去年出租出去了吧，我不太清楚）

父母跟弟弟一起吃饭吗？＝我不清楚，应该是分开，做饭也分开（因为粮食也是分开的）。

去年 20 亩地的收成是多少？＝

	亩数	产量	销量
玉米	8—9 亩	8 石多	
高粱	7 亩	7 石多	
豆子	（间作）	7 石左右	
胡萝卜	（间作）	500—600 斤	食用
麦子	（大垄）	4 石	

【长工的例子】你什么时候开始做张守仁的长工的？＝去年谈妥的，从今年的正月二十六日开始做长工。

张预先支付你工钱吗？＝是的，给了一年的工钱共 170 元。

你一直做长工做到什么时候？＝每天都做长工，做到今年的立冬为止。

从自己家去上下班吗？＝是的，在张家吃的饭。

为什么做长工？＝因为没有粮食，生活困难。

怎么处理自己的土地的？＝在张家做长工时抽空种地，主要是自己耕种，我打算做长工，忙起来了就雇用别的短工。

去年分家以前（公中的时候）粮食够吗？＝粮食够。

怎么花做长工挣的 170 元？＝除了零花还剩 100 元，把它放在家里了。（在太太手里）

一般做长工都是预先支付工资吗？＝是的，都是预付。

你要工作几个月？＝8 个月（一直到立冬 10 月初为止，夏季再休息下）。

你又做长工，又耕种自己的 6 亩地，能勉强过日子吗？＝土地在河边，一涨水就没用了，但若能正常生长粮食就能勉强过日子吧。（没分家时，我们兄弟两人做过 20 个工位的短工。）

3 月 16 日

关于杂货铺的经营

应答者　张守仁（59 岁）

（据说从去年开始，不知怎么的身体不舒服，去看过医生也在吃药，病因不明。除了夫妇 2 人家里还有 3 人，张守仁长年担任牛栏山的掌柜，现有 19 亩地，请的有长工，在村里生活算很好的家庭。)

【商店的例子】什么时候开始在牛栏山经商的？＝从 15 岁的时候开始，已经 44 年了。

刚开始是去牛栏山做学徒吗？＝是的，现在还在替别人打工，现在是排名第 4 的掌柜（人称三掌柜）。

你在什么店工作？＝杂货铺，叫得顺栈。

得顺栈也兼做粮行吗？＝称不上粮行，可以买自家用的麦子、芝麻等。

那家店的店主是哪里人？＝财东是北京的南边，武清县人，叫李敬天。

财东经常不在牛栏山吗？＝不在，在武清县，有时一年来一回，有时三年两年来一回。

那还需要另请经理吗？＝经理也就是在我级别之上的掌柜，叫刘文浦，三河县人。

有几位掌柜？＝还有刘文浦之下的高明岚，其次是李阴南，再就是我，共 4 人。

掌柜级别以下的都是什么样的人？＝都是伙计。

伙计有什么分别吗？＝大家都一样，只是工资不同，工作勤快的人给得多些。（如果大家表现都一样，那么资历久的工资多，但主要还是看工作表现。）

经理都干些什么工作？＝监督店里的各项事务，跟普通的家庭一样，有个头儿。虽然有 4 个掌柜但不负很多责任，经理的责任最重。

掌柜们的工作都是固定的吗？＝没有固定，比如忙的时候帮伙计们干活，闲的时候也要前后来回转转。

都是由经理来雇用伙计吗？＝是的，他决定。

其他的掌柜参与雇用伙计吗？＝不怎么干预，重要的事情大致都由最高级别的掌柜定夺，其他人主要忙店里的事情。

财东和经理是什么关系？＝我不太清楚，但两人应该关系很好，所以一开始是店主出钱叫经理来帮忙。

【杂货铺的经营】这家店是怎么采购货物的？＝通过火车运输来采购，大多从通州进货，但有时候也在集市上采购。

有没有从北京或者天津进货？＝有是有，但是这都是两三年前的事，现在因受到统一管理，所以进不了货。

主要经营什么货物？＝主要是纸、油、面，因为是杂货铺，所以还有很多其他货物。

这家店的资本是多少？＝很久以前的事了，资本是 3000 元（光绪二十一年）。

大概一年能采购多少钱的货物？＝不一定，大概四五万元左右的货物（统计购买费用和销售费用之后）。

没有分店吧？＝没有。

一年店里的营业额大概多少？＝把油、米、面等所有的营业额加起来的话超过 7 万元吧。

纯利润是多少？＝有的年份效益好有利润，也有的年份没有赚头，还有收支平衡的年头。以三年为一期，有利润的话大家就分红（像今年没有多少利润，所以掌柜很头疼）。

事变前，平均一年有多少利润？＝事变前，每年都赔本。

为什么每年都赔本？＝事变前，行情最糟糕，比如从天津采购砂糖要花 16 元，货还没有送到的时候砂糖的价格降到 12 元，你也必须按 12 元的价格卖出。

但是也有价格上涨的时候吧？＝有，这三四年来稍微有所好转（因为物价上涨）。

怎么给经理级别以下的人发放工资？＝这是有规定的，按股份发工资，按 1 股份发 100 元的比例，若另外有利润再分红。经理每年都有 1 股半，其他的掌柜没有股份，第二、三四个掌柜都是每个月 10 元，若另有利润再分红。

像这样的规定有没有特定的称谓？＝没有。

除了掌柜外，怎么给伙计发工资？＝最多每月 9 元，最低每月 2 元或者 2 元 50 钱。

伙计也能分红吗？＝多少能分到一点，但是不一定。

分红的时候，财东和掌柜等的比例各占多少？＝那也不是一定的，比如一年有 1000 元的利润的话，财东分得 500 元，剩下的掌柜们分 300 元，再剩余的 200 元由伙计来分。

有规定财东一定可以分到一半利润吗？＝不一定。

利润很少的时候，财东可以分得所有的利润吗？＝不可以，若利润少的话也得大家一起分红。

这种分得利润的行为叫什么？＝余下来的利润叫红利，分红利叫奖赏。

还有没有其他的津贴？＝没有。

【雇佣店员】店里有几个伙计？＝一共有 23 名（包括掌柜）。

除了管饭，还给伙计什么东西吗？＝什么都没有，连衣服和帽子都是他们自己的。

刚开始是怎么雇佣伙计的？＝经人介绍。

什么样的人来介绍？＝知根知底的商号来介绍，如果不是的话，不接受介绍。

必须是商人做介绍人吗？＝是的，如果是商人的话见识广，由商人做介绍人的话，他只会介绍不错的人选，万一看走眼，也可以到商人的店铺去抱怨。

若决定雇佣伙计需要立字吗？＝不需要。

但是由介绍的店铺做担保吧？＝没错，口头担保。

伙计刚进店时，有没有规定工作年限和工资等？＝没有规定。

伙计不愿意干了，任何时候都可以辞职吗？＝任何时候都可以。

若店里的人觉得伙计能力不行，随时都可以让他走人吗？＝是的，可以。

店里管账的收入和支出的人是固定的吧？＝是的，不可轻易更换。但是若此人做了不好的事便要换人，不可原谅。

【账簿】店里每天都记录的都有哪些账簿？＝有东乡货账，西、南、北乡货账以及本街货账，还有记赊账。

有记录现金出入的账簿吧？＝只有出入流水账（金银来往账只在粮栈等大商铺才有）。

会记录卖了什么、卖了多少在上述的现金出入的账簿上吗？＝不会。

那记录什么内容？＝不会写卖了什么，但只写收入的金额，支出的金额也会写在流水账上。

支出的账会写清用途吧？＝是的。

没有为了知晓货物的市价而记录的货物的账簿吗？＝没有这种，进的货卖空了就再去进货。

销售金额中现金支付的和赊账的情况哪个更多？＝还是现金支付的更多，赊账占 1/3。

【赊账】老百姓来赊账的时候会给他们折子吗？＝不会，只在店铺之间交易往来时

（当店里缺货找别家店暂借货物时）才会使用折子（伙食折子）。

什么时候结算像这种店铺间的借贷？＝三节（端午节、中秋节、春节）时结清。不过杂货铺很少向别家暂借货物。

老百姓的赊账什么时候还清？＝还是在三节时。

三节时赊账基本都能还清吗？＝很难全部还清，能收回五六成算好的。

那么到第二年还没还账的人多吗？＝不多。五月份没还钱的人，八月份还；八月份没还钱的人，过年来还。基本上到过年为止，都会还钱，但是也有少部分不还的。

一年当中你们会催促老百姓直到他们还钱吗？＝现在不催了，他们来还钱我们就收。

怎么应对把赊账拖到第二年的人？＝有空的时候就去催款（到还钱为止），对这样的人不允许再次赊账。

赊账时，对月日、货品、价格等全都会进行详细记载吗？＝没错。

结账的时候有没有降价让利给对方的事？＝没有这样的事。今年以 60 钱的价格赊账给对方，还钱时若物品涨价到 80 钱，也没有办法，只能收对方 60 钱。所以不会让利。

除了赊账以外，店里有没有贷款给缺钱的人？＝从以前到现在都没有。

个别调查 17

去年种了多少农作物？＝自己有 19 亩地，租了 5 亩地，基本上多间作，因此不太清楚作物的亩数。加上其中 6 亩在道路的两侧，而且种的是高秆作物，所以被人砍了。

	收获	销量
谷子	2 石	
玉米	3 石	
豆子	2 石	
麦子	2 石	没有
白薯	不详（食用）	
萝卜	不详（食用）	
荞麦	2 石	

卖了多少粮食？＝家里 5 口人，还雇有长工，养有牲口，因此粮食不够用，所以没有卖粮食。我还打算在今年春季买 2 石玉米。

除了耕种农作物之外，收入怎么样？＝只有自己打工的收入了。工资 200 元全部都花光了还不够，因病一直花家里的钱。卖过 1 头猪得到 80 元。

支出情况如何？＝税金的话，钱粮税和附加税仅约 8 元，县的大乡摊款二十五六元，村的麦秋和大秋费用共约 31 元吧。5 亩地的地租 50 元。买了 100 元的肥料，雇用一位长工花了 170 元，短工花了约 10 元。买做衣服、被子等的布大约花了 100 元。（太太说买 60 元的布哪够啊）其他零碎的日用品的开支一天平均 1 元，也要三四百元吧（以前记日记，但被我烧毁了，5 岁的儿子死了以后不高兴，就把日记烧了）。

一年的开销计算一下大概是多少？　＝不知道，要 1000 多元吧。

计算收支情况的结果如何？　＝近年来变得不够花了。

没有另外借钱吗？　＝没有，不过我现在消费的钱中有一部分是暂借的，但我认为这不算是负债。

　　应答者　杨润（38 岁，会长）

（上一任村长杨源的同族，没有兄弟，如下所述，在本人这代卖掉了数十亩土地，现在拥有 22 亩地，是处在没落过程中的农民。家里除了本人以外还有 4 女，虽是一位好人，却好像不太喜欢工作。）

【卖地的例子】你父亲什么时候去世的？　＝民国二十二年，52 岁时去世的。

举办葬礼花了多少钱？　＝400 多元，那时物价便宜，现在要上千元吧。

怎么筹措这笔钱的？　＝因为当时没钱，所以出典了土地。不对，是父亲出典了土地，后来我通过找价取得一些钱，再加上暂借了一部分钱。等到暂借的钱也还不上的时候，再次出典土地（我把上述出典田卖掉后，还差少部分钱不够）。

你父亲出典土地是什么情况？　＝以 400 多元的价格出典了 20 亩，找价只多拿到了 70 元。另外卖掉了 11 亩地（为了举办葬礼）。

怎么卖掉 11 亩地的？　＝以不到 300 元的价格卖给张永仁，中人是付菊。

这之后还有卖掉土地的事情吗？　＝六七年前又以 320 元的价格卖了 10 亩地给北法信的王氏，中人是任仲。

为什么卖掉？　＝还是因为筹措父亲葬礼的费用，之前卖地取得的费用不够。

再以后没有卖土地吗？　＝卖过，卖过 6 亩和 10 亩。分别以 140 元的价格卖给李广全 6 亩，以 200 元的价格卖给杨春旺 10 亩。中人分别是付菊和杨绍增。这都是六七年前的事情。

为什么卖掉这些土地？　＝为了举办葬礼花了很多钱，土地减少后粮食不够吃，生活开始变得困难。

下次卖土地的情况呢？　＝卖了 4 亩。以 160 元的价格卖给张守仁，中人是付菊。

那时候收成不好吗？　＝是的，连续两年发大水，粮食不够让人头疼。

再下一次卖土地的情况呢？　＝前年，以 600 元的价格卖给堂哥杨源 10 亩地，中人是李濡源和杨永才。

为什么卖掉？　＝这是修建房屋时，找人借了钱还不够。

卖地的时候，没有考虑过出典土地或者指地借钱吗？　＝没有。卖给杨源的 10 亩地是父亲在世时曾出典给姑妈的土地（爸爸的姐姐）。曾以 500 元的价格回赎后手里只剩 100 元了。之前卖掉了 20 亩地也是父亲曾出典的土地，但这之后就没有出典直接卖掉了。

然后你没有借钱也没有卖地了吗？　＝没有，近年来生活非常紧张，吃饭和穿衣服都一切从简。

个别调查 18

去年耕种的农作物的情况如何？　＝（22 亩地中，出租了 6 亩，还有 3 亩是坟地。）

农作物	亩数	产量
高粱	3 亩	2 石
玉米	5 亩	5 石
豆子	2 亩	2 石
麦子		
谷子	4 亩	2 石

没有卖粮食吗？＝没有，粮食不够，还买了 5 石玉米、1 石麦子、2 石豆子。购买玉米花费 150 元，麦子 60 元，豆子 50 元。

还有别的收入吗？＝没有去做短工，但有替别人帮忙。去年卖猪挣了 85 元。

收了多少地租？＝去年收了 100 元左右。

买制作衣服等的布花了多少钱？＝去年一年买了 160 元左右。

燃料呢？＝去年买了 30 多元的煤、20 多元的柴火。

交纳了多少税金？＝钱粮税和附加税共计 10 元左右，交纳了 3 次大乡摊款，1 亩七八十钱共 20 元左右，村的麦秋和大秋费用共计十二三元。（因为没有种麦子，所以不用交麦秋费用。）

购买肥料的费用和发放的工资是多少？＝没有买肥料，给短工支付 20 多元，另外买了 50 元左右的牲口吃的饲料。（2 匹）

其他用于购买零碎的日用品的费用和杂费是多少？＝杂费加上随人情，大概要不到 300 元。

一年的收支情况计算下来有结余吗？＝不够开销。

那怎么办？＝去年不够开销便再次出租土地（今年一共出租出去 14 亩地）。

【出嫁、患病的费用】去年女儿出嫁了吧。＝前年。

花费了多少钱？＝300 多元（衣服和其他）。

怎么筹钱的？＝暂借了一部分，自己存钱存了一部分（通过卖猪等方法）。

你从谁手里借的钱？＝浮摘。都是从村民那借的。

暂借的钱有利息吗？＝因为借期短所以不要利息，如果借期长了就要。我会立马想办法还钱（用地租或者卖猪的钱，又或者卖掉粮食还钱）。

家里有人患病吗？＝上学的女儿和妻子经常生病，一年要花很多药费，每次买的药不多，但是总体上药费要花六七十元吧。再加上病人要吃好的食物，也不能工作，所以各项费用加起来要花 200 元左右。

3 月 17 日

萧家坡的概况   指地借钱   典

应答者   李士彦（保长的父亲）、吴成思（公务员）、戚子荣（合作社理事长）

【村的概况】 萧家坡有 34 户人家，人口 200 名左右，第一甲长吴宇家里人口最多，有 19 名。吴宇家土地也最多，有 3 顷 50 亩地，土地最少人家只有 2 亩，全村共有 7 顷 76 亩 地。现在姓吴的旗人有十五六户。

吴玉是吴庄头的什么人？ ＝当家子。

吴玉氏和上任乡长（庄头的弟弟）是什么关系？ ＝虽是本族，但关系不是很亲近。

这个村里的土地都位于山丘的东侧吗？ ＝是的，也有在西侧的土地但很少。

若白河涨水了，村里的土地要被淹吧？ ＝是的，淹了。

一年有几次白河的洪涝灾害？ ＝有时连续两年发大水，有时候一年一次。

那么民国二十年以后遭受了几次水灾？ ＝两次，在民国二十七年和民国二十八年。民 国二十八年那回的水灾最严重。

从民国初期到民国二十年之间情况如何？ ＝民国十八年的水灾很严重，民国三年和民 国十三年也分别遭遇了水灾，其中民国三年和民国十八年灾害严重。

遭受水灾时，土地会变得怎么样？ ＝位于下方的土地被大水淹没，深度有一个人的身 高那么深。退水后会变成有三四里宽的沙地。

变成沙地后，要花几年的时间才能让土地恢复原样？ ＝不可能全部恢复原样，要花四 五年才能让一部分土地恢复到可耕种的状态。要恢复的可能性也不是没有，不过很难恢 复。沙地上什么作物都不会长。

那么每当涨水时田地都会减少吗？ ＝土质好的土地会减少。

那么沙地的范围比以前更大了吗？ ＝是的，土质好的土地渐渐变差了。

从古至今没有商量过防止洪水的方法吗？ ＝没有方法，因为岸两边是沙地，即便筑起 河堤也撑不住。

【农作物】在土质好的土地上种什么农作物？ ＝高粱、棒子、黄豆、麦子、糜子等。 一般大多种高粱、棒子。

耕种农作物的顺序是什么？ ＝清明节时在麦子之间播种高粱或者玉米等种子， 麦秋时割麦子，等高粱或者玉米长大收割后又在两侧播种麦子，豆子种在高粱之 间。

【歉收时的安排】因发大水没有收成时怎么办？ ＝尽量吃没有被水淹的土地上收获的 农作物，再从别处买粮食来吃。

即便说到别处买粮食，可是普通的家庭没有钱买吧？ ＝是的，粮食也会涨价。没有办 法，只好外出打工赚钱。

这时会借钱或者借粮食吗？ ＝不会借粮食。会借钱，但没有人会借钱给无产业的人。

没有水灾的时候有人借钱吗？ ＝一般没有。家里只有 2 亩地的人，在粮食不够的时候 都会外出打工。

【最少必要耕地】这里 5 口人的家庭需要多少亩地粮食才够吃？ ＝加上其他的必要费 用，1 个人需要 6 亩地，也就是 30 亩。

那么土地数量少于 30 亩的人家粮食都不够吧。 ＝是的，有人只有 2 亩也有人 1 亩都 没有，11 户人家没有土地。

【租佃】没有土地的人怎么生存？＝在别人家里做长工、短工，再拿工资租佃土地维持生计。

这里也是预先支付地租吗？＝是的，今年秋季商量好支付地租，第二年的正月开始种地。

【地价】现在这里的地价是多少？＝

	现在	民国二十七年	民国十八年
1 亩上等地	300 元左右	200 元左右	50—60 元
1 亩中等地	200 元左右	100 元左右	30 多元
1 亩下等地	100 元左右	60—70 元	20 多元

（粮食价格变高了，地价相应地也变高。）

水灾消退后，沙子覆盖土地，这种情况下有买卖土地的吗？＝这时地价便宜，田里水没退的情况下都有进行土地买卖的。

民国二十八年遭遇洪灾时，买卖土地的交易怎么样？＝那时有买卖土地的现象，上等地也只需 80 元左右就能成交。

【地租】现在上等地的地租是多少？＝1 亩 30 元，中等地 20 元，下等地十一二元。

【安葬费】这里老人去世了得花多少安葬费？＝（家有土地 30 亩左右）二三百元，但是不一定（根据财产的多少和收成的好坏来定，所以不一定）（现在买副普通的棺材要花 100 元左右）。

李先生的父亲是什么时候去世的？＝民国十一二年，已经去世 20 年了。

那时候花了多少安葬费？＝那时物价低，50 元左右就够了（我有 4 亩地，那时也是 4 亩地，另外还经营成人衣铺）。

当时的 50 元相当于现在的多少钱？＝150 元左右。

你有孩子吗？＝1 个孩子，叫李凤，36 岁。

他什么时候结婚的？＝15 岁的时候。

【婚葬费的筹措】一般怎么筹措在村里举办婚葬礼的费用？＝没钱的人借钱，然后工作还债。

怎么借的？＝递交自己的契约，立字后借钱（指地借钱）。

一定要递交自己的契约吗？＝是的，没有土地的人写明房产信息，然后附上老契。

指地借钱契约的例子（戚子荣氏写）

　　立指地借国币文约人〇〇〇今因正项用款指有自置粮地一段十亩坐落在萧家坡村东西至列后亲烦托中保人说合情愿指此地借到〇〇〇名下国币详〇〇元其详笔下交清不欠言明每月利息二分定期至一年为限本到偿还如是日本利不到将地归钱主承种无论年期将本利还齐地归本主如有舛错等情有中人一面承管此系双方均愿恐口无凭随带老

　　契纸一张同立借约为证

　　　四至分明 东 至 ○○○　南 至 ○○○
　　　　　　　西 至 ○○○　北 至 ○○○

　　中华民国三十一年三月五日　　　　　　　　　　　　　　　　中保人　　○○○

　　　　　　　　　　　　　　　　　　　　　　　　　　　　　　　立借字人　○○○

　　　　　　　　　　　　　　　　　　　　　　　　　　　　　　　代字人　　○○○

典契的例子（吴宇氏写）

　　　立典地文约人○○因正用无资今将祖遗地一段数○○亩坐落在某地方亲托中人说合情愿典与某村人○○○名下言明典价通行国币○○元其国币同中笔下交清言明○○年为限钱到回赎如有转租典自有中人一面承管此系双发均愿各无反悔恐口无凭立典字为证

　　　　随带○○契币○

　　　　　　　　　　　　　　　　　　　　　　　　　　　　　　　中保人　　○○○

　　某年○月○日　　　　　　　　　　　　　　　　　　　　　　　立典字人　○○○

（询问吴佩亭氏）

【关于指地借钱】指地借钱的中保人只有 1 人吗？＝不一定，有 2 人的情况，大多为 2 人。

指地借钱时，一开始就要立典契吗？＝不用，借钱是借钱，出典土地是出典土地。

所谓押是什么意思？＝在字据的名字下方盖章或者画十字叫作押，画押。

指地借钱称作押吗？＝没这个说法，我上述的内容叫押，画押是有说服力的（充当证据）。

有没有没画押的字据？＝没有，要立字的话必须画押。

抵押指的是什么？＝抵押说的是一并提交字据和契约。

指地借钱的期限是多久？＝一年，没有超过一年的。

若过了一年没有还债时怎么办？＝延期，并支付利息。

需要立下字据之类的吗？＝还清本金或者利息就可延期。

无力支付利息怎么办？＝让贷主耕种土地。

有这样的例子吗？＝有，但是不多。

让贷主耕种土地前需要立典字吗？（改典）？＝不用，直接让贷主耕种土地。

这之后只用支付利息就可以要回土地吗？＝不是（因为没有信用），本金和利息一并交清才可要回土地。

不管过多少年都可以吗？＝在期限内交清可以要回。

比如期限截止到三月份，之后十月份才交本金和利息的情况呢？＝可以要回土地。

不按期限，秋季之后清明节之前都可以要回土地是吗？＝不是，秋季之后惊蛰以前。

【地价的比例】指地借钱的场合中，若以卖价为 200 元的土地做担保，能借多少钱？＝不超过 100 元，能借几十元。

【利息】指地借钱的利息是多少？＝每月 2 分，这算高的，低的有 1 分多的，很少有 3 分利息。

【转押】指地借钱的贷主将契约作为抵押可以从第三人手里借钱吗？ ＝可以。

这种情况要怎么办？需要立字吗？ ＝需要，与新债主商量后立字。

这时需要提交最初的契约和老契吗？ ＝需要。

借期为多久？ ＝一年，在立字时会写明。

能借多少钱？ ＝比之前借的金额要少。

这种情况需要拜托另外的保证人吗？ ＝是的，1 个保证人。

【典的期限】典的期限为多久？ ＝一年、三年、五年都有。

有超过五年的典吗？ ＝很少，跟对方商量后决定典的期限，大多数典期都是五年。

比如民国二十五年的十月份出典，期限为五年，什么时候到期？ ＝民国三十年的十月份。

这五年间可以耕种吗？ ＝可以。

什么时候可以回赎？ ＝惊蛰之前，不一定要满五年，第五年就可以回赎。

第五年的三月份就可以回赎了吗？ ＝不可以，要等种的农作物收割之后。

那么典期为三年的要等三次耕种结束后可回赎土地吗？ ＝是的，若是十月份出典，到第二年的十月份为止算一年。

那不到第四年就不能回赎吗？ ＝是的，但是典期没有满三年也可以回赎，只要通过中人传话与贷主商量并获得同意就行。

典期为一年的现象多还是少？ ＝在字据上没有写一年的，只是都是三年（也没有两年的）。

出典的时候，贷主需要视察土地吗？ ＝需要，只看土质的好坏（不测量大小）。

【地价与典价】若出典地价为 200 元的土地的话，能借多少钱？ ＝最多 100 元（超过 100 元对方也不会承典）。

那与指地借钱一样吧？ ＝是的。

【典与指地】出典与指地借钱哪种情况更多？ ＝比如 10 亩地能借 200 元时，指地借钱更好（因为自己可以耕种土地）。若没有人肯借钱的话，就出典土地。

在这附近若急需用钱的话，是出典土地的人多还是指地借钱的人多？ ＝还是出典土地的人多（需要更多的钱的时候出典的人多）（而且比起出典土地，卖地的人更多）。

贷主希望对方出典还是指地借钱？ ＝出典（更希望对方卖地）。

【典的当事人】对出典人和承典人有什么称呼吗？ ＝没有什么称呼，立典契的时候写典地主，不过更多人会写出主、置主。

置主可以把承典田作为抵押指地借钱吗？ ＝不可以。

那么置主急需用钱时怎么办？ ＝出典自己其他的土地（能借钱给别人的人多少都会有土地）。

那么置主可以对出主要求还钱吗？ ＝不能随便要求，必须等到典期满为止。

【转典】那么可以把承典田出典给第三人吗？ ＝不可以。

为什么不可以？ ＝出主必须回赎土地的产权，若把土地出典给第三人的话事情会很难办。

你不知道转典吗？ ＝不能这么做。

从古至今没有转典的吗？ ＝是的。

在承典 3 年的典时，在第一年出典 1 年也不可以吗？ ＝是的，不可以。

至今这附近都没有转典吗？ ＝这个村没有。

【出典田的买卖】出主可以把出典田卖给别人吗？＝典契满了可以卖，没有满不能卖。

出主只有出典田这一块土地，过了 1 年后需要更多的钱时怎么办？＝卖掉土地，把借的钱还给置主。

什么是卖死？＝就是卖掉土地，若置主需要土地就卖给置主。

【找价】出主需要更多的钱时可以向置主要求多借点钱吗？＝可以，若再借点钱需要另外写在纸上粘贴在原字据上。这就是"找价"。

那么以 200 元的土地做担保借钱时还可以找价吗？＝可以再借五六十元，若还要借更多的钱，那么就跟死契一样了，不能回赎，所以不能继续找价。

若地价与出典时相比没有变化时，也可以找价吗？＝可以。

"钱无利息、地无租价"是什么意思？＝这是写在典契上的字句。

借钱的时候在字据上会写这样的话吗？＝不会。

【借钱及立字】有没有没有抵押品借钱的现象？＝借两三元的时候不需立字，也不需抵押品，短时间内还清即可。但借款很多时，必须要有产业。

有没有有抵押品但不立字的现象？＝没有，不立字的话没有保证。

有没有借钱时不要抵押品只立字的现象？＝没有。若之后还不了钱的话就麻烦了。

【保证人及抵押品】但是有保证人作保不就行了吗？＝不可以，保证人不会代付。

那么保证人不用代替偿还欠款吗？＝这个村没有这样的事情，若没有抵押品就不能做担保（因此穷人借不了钱）。

有没有从县里的店铺借钱的事？＝有，但是也一样，不立字的话，家里必须要有土地才能借钱。

【浮摘】没有抵押品作保，而且仅借两三元的现象叫什么？＝浮摘（跟暂借一样）。

你知道钱会吗？＝不知道。

你知道请会吗？＝北京有，但是这里没有。

有没有不需抵押品，收五六分的利息放贷的人？＝没有，以前也没有。

【借钱】这里的人一般大多什么场合时才借钱或者出典土地？＝大多是婚葬的时候，购买牲口，盖房子等。

租地的时候呢？＝也有借钱租地的现象。

发洪水不结粮食的时候呢？＝这种情况时，去北京拉洋车或做短工赚钱，一天 2 顿饭改为只吃 1 顿，勉强度日。

【贷主】村民要借钱时，会找什么样的人借钱？＝有钱的人，在村里有名气的人。

【借粮】有借粮食的现象吗？＝这里没有，需要粮食的时候，借点钱去买，然后工作还钱。

【长工】这个村里有做长工的人吗？＝有 5 人。

他们有什么样的待遇？＝一年的工钱以长工的工作情况来定，一年一百三四十元或者一百七八十元或者 200 元不等。

预先支付工钱吗？＝是的。

【农作物的买卖】这附近有没有收割农作物之前卖粮食的事情？＝没有。

有没有田里还种着庄稼，就把土地卖掉的事情？＝有。

这种情况该怎么算地价？＝价格很高（因为田里种有庄稼）。

【印子钱】你知道印子钱吗？＝知道，但是这里没有，以前也没有（北京有）。

【租地的出典】可以出典租给别人的土地吗？（比如 10 月份出租土地后，2 月份需要用钱时）＝可以，承典人要等租户收割粮食之后才能耕种土地，若立即想耕种土地，租户播种了的情况时，与租户协商把一半收成给租户即可，这叫作"伙分粮"。

把地租还给租户就可以了吧？＝必须要与租户协商，租户不同意不可出典。

若租户想承典的话怎么办？＝若给的典价一样，就让租户承典。

【典的性质】出典土地的场合中，土地是抵押品吗？＝与指地借钱一样，抵押品相同，只是不交利息这点不同。

有没有因为对方想耕种土地但不借钱，而出典土地的事情？＝没有。

【典田的灾害以及负担】出典土地后因水灾变成沙地的话该怎么办？＝没有办法，租地的情况也是一样，没法子。

这种情况时不出典价回赎土地吗？＝不回赎（由置主承担损失）。

即便如此，还是有很多村民出典土地吗？＝有还是有。

以前就有出典土地的人吗？＝是的。

【典与旗地】也可以出典旗地吗？＝不可以，只能出典民地。

这附近以前没有民地吗？＝民地很少。

若是民地的话可以转典吗？＝不行（我不知道转典这事）。

（吴佩亭）有是有这样的事，但很少，可行是可行（现在没有，过去不太清楚，但是确实存在转典）（曾有人出典戚氏现住的房屋，然后原承典人又出典给了戚氏，后来出主卖给了戚氏。三年前戚氏因承典房屋便住了进来，过后又买下房产。原本这房子一建好就立马出典了的）。

【典房的例子】（问戚子荣）最初建这所房子的人是谁？＝汪润田（密云县人）。

他把房子出典给了谁？＝以 250 元的价格出典给赵胸（从牛栏山转入顺义，现在在这个村子里），无典期，时间是民国二十七年腊月（十二月）。

赵出典给你是什么情况？＝汪把房子回赎回去后卖给我了。

以多少价格购买的？＝在民国二十八年，以 500 元的价格购买的。我以 1 亩地 60 元的价格卖了 5 亩地，并且以 400 元的价格出典房子，才买了这栋房子（附带宅基地）。

【转典的例子】有转典的例子吗？＝我知道，但是现在没有，以前有过。以前是原出典人没有去别的地方，因需要用钱时偷偷地出典给别人。

转典的时候必须要与原出主商量吗？＝不用商量也行，但是期限为三年，而且转典的价格在典价之内。不过原出主要回赎的话必须归还。

实际转典的时候，契约上要写期限三年吗？＝要写，有例子（我以前写过转典的契约，那还是民国十八年前的事情。大营村的杨绍宗向某人出典后，那人又转典给了郭某）。

转典字的例（戚子荣写）

　　立转典地手续人〇〇〇兹因民国十年间置典某粮地一段六亩坐落在大营村北四至列后原立典价洋〇〇元整今因用款又烦托中人将此地转典与〇〇〇名下承种言明按照

原典价〇〇〇同中将价笔下交清不欠复典三年为限自典之后或原典同转典主均可回赎如有舛错等情有中人同转典主同面承管此系三方均愿恐口无凭带原典字一张立此转典字据同为证

　　四至分明　东至〇〇　南至〇〇
　　　　　　　西至〇〇　北至〇〇

中华民国〇〇年〇月〇日　　　　　　　　　　　中保人　　〇〇〇
　　　　　　　　　　　　　　　　　　　　　立转典字人〇〇〇
　　　　　　　　　　　　　　　　　　　　　代字人　　〇〇〇

（附）郭文山提问

戚子荣（48 岁，阴阳先生）家里 5 口人，其中有男孩女孩各 2 名。

什么时候到村里来的？ ＝民国二十八年（从大营村来）。

为什么要移居到这个村呢？ ＝民国二十三年汪润田从朋友那借钱（借了吴子阳 100 元，吴成泽 300 元，用于盖房子）时，我做了中人。后来汪无力还钱，不得已我卖掉了以前出典的 5 亩地（赎价 100 元）。然后又以 400 元的价格出典了 10 间房子（5 间瓦房、5 间土房），拿这些钱替汪还了债款。可是，后来汪也没能还钱，于是他把现在的 7 间房子以 500 元的价格卖给我，我再补给了他 100 元。从此我就移居到这个村了。

你以前出典的 5 亩地是什么时候的事情？ ＝民国二十四年的事情（典价是 250 元）。

3 月 18 日

河南村概况　水灾　借钱　指地与典

应答者　姚敬轩（第 6 保第 7 甲 3 户，57 岁）

（姚氏好像是村里的万事通，他知道很多事情。）

【水灾】这个村蒙受过白河的水灾吗？ ＝有过几次，洪水从西南向东北流动，西南地势较高，因此保存下了土质好的土地。基本上这附近多沙地，有 1/3 的好地，有 2/3 的地不太好。但若遇到洪涝灾害，只有 1/3 的土地长庄稼，因为这里多地势较低的土地，因此有了"不毛之地"这个称呼。近年来的水灾流向不定，东西南北到处横流，水在低洼处流动，摸不清流水的方向。

民国初年以来遭受过几次水灾？ ＝民国二年遇到洪水，500 栋房屋被摧毁。民国八年也遭遇了一次，但是没有二年那次严重。接下来就是民国十八年的洪涝，不过只是冲走了庄稼（农作物）而已，没有摧毁房屋。民国二十八年也因洪水没有收成。由于以上原因，基本上田地都被沙子覆盖，大部分土地沦为沙地。

除此之外，还有没有因田地被水覆盖而没有收成的事情发生？ ＝有条河叫高粱河，通过把河水引入东府村的稻田里来种植稻谷。这是有益处的一件事。东南的崇各庄的农作与白河息息相关。白河的水情不太好。

【贫困时钱的筹措】因洪涝灾害没有收成时，农民怎么过日子？ ＝从亲戚、朋友那儿借钱购买粮食，或者修缮房屋，另外上司会给一点补助，十口的人家补助几十元，钱也不多。之前忘记说了，民国十三年的洪灾侵袭了半个河南村，而且东房子村本有五十几户，现在只剩几户人家了。

【贷借的方法】从亲戚朋友那借钱该怎么借？ ＝若与对方关系不是很亲密，有土地的人就出典土地借钱，之后收割粮食后还钱。另外，从很亲近的亲戚朋友那借钱时，不用立字据，凭信用，靠一句话就能借钱。

有土地的人除了出典土地的方法以外还有什么借钱的方法吗？ ＝没有其他方法，或者找亲朋好友暂借（立字，利息为普通的1月2分）。借不到的去做佣工。

押是什么意思？ ＝盖章，就是确实予以证明的意思。

【指地借钱】没有指地借钱的事情吗？ ＝刚才所说的就是指地借钱，用于借的金额较大的场合。若金额较小，口头承诺即可。

那借多少钱需要用土地做抵押？ ＝根据土地的好坏来定，大概借100元需要300元左右的土地做抵押，抵押品多的人可以借的钱更多。

【信用借款】那么没有土地的人该怎么办？ ＝若此人讲信用，可以凭信用借款。

那么一般的信用借款可以借到多少钱？ ＝不一定，根据对方的人品和信用的不同而不同。

那么有大量土地的人不要抵押品也可以借三五百元吗？ ＝若双方都是诚实守信之人，凭一句话就能借。

【地价】这个地方的地价现在是多少？ ＝

	现在	民国二十七、二十八年	民国二十年
上等地	300元左右	100元	60元
中等地	二百多元	60—70元	30元
下等地	几十元	2—30元	10多元
下下等地	20—30元（若为沙地没有价值）	3—5元	2—3元

【地租】以上土地的地租是多少？ ＝预付地租：

上等地	30元	5元	4元
中等地	20元	3元	1.5元
下等地	10元	1.5元	2.5元
下下等地	1—2元	0.5元	0.3元

【典价】若出典200元的土地能借多少钱？＝100元或者120元（最多能借地价的6/10）。

不能借地价的80％吗？＝上诉为一般的关系，若是亲戚朋友等亲密的关系的话，急需用钱时与其商量后能借到8成。

若把200元的土地作为抵押品的话能借多少钱？＝若土地跟自家的土地挨着，可以借较多的钱。如果不是的话，借的不多。因为若对方还不了钱，土地可归我耕种，因此可以借地价的七八成，如果不是挨着的土地最多借五六成。

【典与指地】出典和指地借钱的场合中，哪种能借到的钱更多？＝还是出典能借得更多，指地借钱借得少。

【找价】出典人在出典后急需用钱时可以再借更多的钱吗？＝可以，就是所谓的"找价"，写好"找条儿"然后粘贴在原契上。

指地借钱不能找价吗？＝指地借钱的话，需要重新立契。

（姚敬轩氏笔、指地借款字）

　　立指地借款字据人〇〇〇现因正用不足有自置地一段十亩坐落在河南村庄西地名〇〇〇四至列后今烦中人说妥情愿指此地借到某某名下国币五百元整其钱笔下交清当面言明利息二分期限一年倘是日此款本利不到将此地退归款主耕种自便不与借款主相干此系双方均愿各无反悔如有舛错等情自有中人承管恐口无凭立借款字为证

　　　　计开四至 东至 某某　南至 某某
　　　　　　　　 西至 某某　北至 某某

中华民国三十一年国历三月十九日

　　　　　　　　　　　　　　　　　立字人　〇〇〇 押
　　　　　　　　　　　　　　　　　中保人　某某
　　　　　　　　　　　　　　　　　　　　　某某
　　　　　　　　　　　　　　　　　代笔人　某某

（助理王哲民立笔，毛家营人）

　　立指地借钱文约人〇〇〇今凭中人说合将祖遗地一段坐落〇〇村计数〇亩四至列后借到〇〇名下通用国币〇〇元月息〇分一年为期至期本利如数归清如款不到地归债权人自便有中人一面承当恐口无凭立借钱字据为证

　　　　四至 东至 王〇〇　南至 李〇〇
　　　　　　　 西至 赵　　　北至 官道

　　　中华民国　年　月　日

　　　　　　　　　　　　　　　　　中人　　〇〇〇 印
　　　　　　　　　　　　　　　　　立指地　〇〇〇 印
　　　　　　　　　　　　　　　　　借钱字人

（姚敬轩氏立笔、典契的例子）

　　立典地字据人〇〇〇因正用不足有祖遗地一段几亩坐落在〇〇〇地名〇〇〇四至东至某某西至某某南至某某北至某某今烦中人说妥情愿将此地典与本村〇〇〇名下耕种当面言明典价国币〇百〇拾元整其钱笔下交足自立字后钱无利地无租三年以后款到回赎尚有意外舛错等情自有中人承管恐口无凭立典地字为证

　　中华民国三十一年三月十八日　　　　　　　　　　　立字人　〇〇〇押

　　　　　　　　　　　　　　　　　　　　　　　　　　中保人　某某

　　　　　　　　　　　　　　　　　　　　　　　　　　代笔人　某某

（找价条的例子）

　　立找价字据人〇〇〇今仍指〇〇〇地找国币〇〇元整恐口无凭立找条为证

　　中华民国〇〇年〇月〇日　　　　　　　　　　　　　立字人　〇〇〇押

　　　　　　　　　　　　　　　　　　　　　　　　　　中保人　〇〇〇

　　【期限】指地借钱的期限是多久？ ＝要与债主商量，有十个月的，一年的，一般大多为一年。

　　典期是多久？ ＝三年、两年，也有一年的，一般为三年。

　　【回赎】典期为三年的话，若没有满三年就不能回赎吗？ ＝如果双方关系好，满一年都可以回赎。

　　典期为三年指的是耕种三年还是耕种二年？ ＝耕种三年，比如耕种到第二年时与承典人协商可以回赎。但是若农作物的价格下跌或者收成不好的时候，出典人选择不回赎甚至10年、20年不管。有经济能力了再回赎，现在的规定是30年之内都可以回赎，但超过30年就成了承典人的土地了。

　　【担保物的减少与损失】比如出典田因水灾沦为沙地的话怎么办？ ＝不回赎，但是若与承典人关系好的话，向其要求因现在无法耕种土地又没钱能不能退还土地，同意的话就会退还土地，不同意的话就只能放置不管了。（但只有1%、2%的人会还钱，可能性几乎为零）（现在我也在12年前承典了某人的12亩地，之后沦为沙地，但那人不还钱我也没办法，没去管了。）

　　那么指地借钱的时候，土地沦为沙地后怎么办？ ＝还是算放贷人的损失，借主无法耕种土地，因此还不了钱。结不了庄稼的话要一直等到收成变好才有钱还，总之因水灾引起的损失是没有办法的，放任不管。

　　【回赎的限制】超过30年无法回赎出典田，这一规定是从古至今的吗？ ＝以前是超过60年无法回赎，民国以后颁布了新的法律，改成了30年。

　　有没有超过30年无法回赎的实际例子？ ＝超过30年可以拿着当时的契约去交纳契税。但是这种超过30年无法回赎的例子很少，比例为1‰（比如出典土地后客死他乡，他的小孩回归故里要求返还土地时，便可以告知已经交纳契税的事情，不用返还土地）。

　　出典田沦为沙地后不回赎的事例多还是少？ ＝多（不过不一定，或者土质变好了可能会回赎）。

【船户地】现在有船户地吗？＝以前有过，民国三十年以前有过，但是报粮，以前不能出典，36 名船户有 36 顷土地（不能出典和买卖，因为这是国家的土地，相当于给他们的俸禄，也不收取税金）。

那拥有船户地的人缺钱用时怎么办？＝偷偷出租田地给人耕种，以此来借钱（不立字，这就叫通融）。

【各种方法所占的比例】这个村里的村民需要用钱时，出典和指地借钱哪种情况更多？＝出典的更多（丰收年的话出典和指地借钱都很少）（比例为三七）。

指地借钱和信用借钱的比例是多少？＝后者少些（1%、2% 左右）（借的金额少的话可以信用借钱）。

【租佃典田】可以自己耕种出典田吗？＝可以，不过必须要支付地租，与承典人商量后定地租。这叫作"卖马不离槽"，也是一种"通融"的方法（据说法律不许可）。

实际中有没有指地借钱时立典字的事情？＝没有，借钱时立借款字。

【指地借钱后无法偿还的处置】指地借钱的场合中，若在期限内无法偿还的话怎么办？＝退地。贷主也可以自己耕种土地，或者出租给别人收取地租来充当利息。到那时中人会前来通知。中人过来问，期限要到了你怎么办，回复没有办法让贷主耕种土地吧。

实际事例中贷主耕种土地的多吗？＝不少。

这时需要立新的典字吗？＝是的，还要加上利息（不过不是一定要重立）。

重立典字与不重立直接耕种土地的事例哪种更多？＝重立典字的更多，之前立的借钱字作废。

不重立典字也可以转为出典土地吗？＝可以，这都由双方的关系决定，只要商量好，即使不立典字钱凑齐了可以拿回土地就行。

【转典】承典人需要用钱时可以把典田出典给第三人吗？＝可以转典。

转典的时候怎么做？＝立转典字。

转典字怎么写？＝原典期为三年，正在耕种第一年的时候不写转典期为三年，写二年或者一年，金额在原典价以内。

【钱会】这个村里有钱会吗？＝这个村里没有（县城里有使会）。

【典等的原因】为什么出典或者指地借钱？＝大多因为举办红白事（吉事和凶事），或者做生意做亏了而无法偿还别人债务（不过立字的时候写手乏无钱）。

【借粮】这里有借粮的事情吗？＝有，但不多，春借秋还，不要利息，就是所谓的还粮食。

1942 年 8 月

顺义县沙井村 17 户农家个别家计调查

调查人　　安藤镇正

本资料参考之前提交的华北农村惯行调查资料第 58 卷第 7 号，本着在文中所述的目的，通过数字记载各农家的经济生活的内容，试图从某种程度上掌握证实现实中存在的习俗的证据。在持续进行的惯行调查的过程中，将资料整理成容易利用的形式也是我们的工作之一。整理本资料不仅为了负责人，也为了让各位调查员能更好地利用它。因此本资料不是未加修改的原材料，作为报告来说也不完善，现在仅仅把它当作中期的参考资料姑且打印出来，而不是公开发表的资料。今天回顾这份资料，我认为并没有丢掉为利用者服务的目的，因此将本资料后面有关负责人的分析性意见的部分删除。本文记录了对赵廷魁的流水账（出纳簿）的种种分析，那时并没有预想到会成功拿到农民赵廷魁的流水账，在此前提下做出的分析，这一点希望大家提前知晓。

一　调查的目的以及调查方法
二　家计表的整理方法
三　个别家计表以及其说明
　　1．杨泽　　　2．任振纲　　　3．杜祥　　　4．李濡源
　　5．张成　　　6．赵廷魁　　　7．景德福　8．杜守田
　　9．张麟容　　10．张守俊　　11．李树林　12．付菊
　　13．李秀芳　14．张永仁　　15．崇文起　16．张守仁
　　17．杨润
四　17 户农家家计收支及各项目比率一览表

一　调查目的以及调查方法

（1）我们进行惯行调查的时间还不长，在这有限的经验里，最先深有体会的是，尤其在农村金融的关系方面，让农民亲口说出具体的事例是非常困难的事情。我发现即使是不辞辛苦对一般的概况给予某种程度的回答的农民来说，只要一触及自己的负债情况，大多

数会转移话题或者回答得模棱两可，又或者撒谎应对。当然大多数人记不清正确的时期、金额等数字是可以理解的，但同时我认为这也与所问的问题涉及所谓的"面子意识"有关。

通过调查次数的增多和接触时间的变长，直到互相产生亲近感和信赖，才慢慢告诉我事实，但仍带有消极的情绪，免不了不能保证 100% 真实。

另外，农民不吐露实际情况，可能是因为负债不必讲究事实，即便有这个必要，也因没法借钱而没有进一步详细的事项可供了解。总之，要想全面了解每位农民的经济生活，除非如实掌握了他们具体的金融关系的特性或者倾向，不然是不可能的。因为不管怎么查清单方面的金融关系，它和农民整体的经济生活有着有机的关联，时而发生变化时而消失，所以要想了解金融关系的实际情况是很困难的。

在这个意义上，我认为一方面从惯行的内容、手续、条件等形式的个别的方面开始了解；同时另一方面也要了解农民具体的经济生活，不管是否存在惯行，一定要从经济生活的程度、理由、性质、倾向等生活方面来进行实质的、整体的把握。这就是本次家计调查的目的。不过，如后述所写，没有充分达成这个目的。

（2）在华北，满铁有一套从昭和十二年[1]以来一直实施的簿记调查的方法来对农家经济进行调查。当然，通过一年的时间记录清楚有关农家经济的所有事情，这种方法从实施以来，给家庭经济情况的调查提供给了准确的资料。但是在我们进行调查的村庄里，因以前的人、物的条件以及其他诸多事情的原因，没有按这套方法来进行调查。而且以上方法需要往村落里派遣常驻的中国人，并经常给予指导和观察才能顺利进行。我们处在一年仅有两三次去村落调查的现状里，要想对农民的家庭经济进行详细又具体的调查是不可能的，也是没有办法的。

本家计调查于昭和十七年三月[2]在顺义县沙井村，通过表格的形式进行了简单的个别调查后，大概从村里选出 17 户人家，如附录所示，按其中项目以回答问题的方式进行调查编制而成。（回答问题的部分主要在华北惯行调查资料第 58 辑、农村金融以及贸易篇第 7 号、本卷第 249 页到第 264 页）因此之前调查的家计情况是上一年度的内容。另外，本调查是由一位调查员在短时期内，不断记录回答问题所整理的，是非常不充分且不令人满意的调查。首先本应该是最基础的数字因农民记忆的不准确导致模糊回答或者想不起来等现象，因此必要的时候必须比较两三个不同调查的数字或者陈述，斟酌应答者的具体事情，或者从认为较正确的其他数字着手推测，来进行改正与补充。所以各个家庭的经济情况的数字和总计与各农民的实际家庭经济情况相比，恐怕有很大的误差，通过对后面提到的农民赵廷魁的流水账的分析和比较可以明白这一点。但为了掌握农民收入究竟从何而来，其收入该如何贴补家用，或者不能贴补家用时怎么处理等大概情况，不得不参考目前还并不令人满意的本家计调查的数据。

---

〔1〕　译者注：昭和十二年即为 1937 年。
〔2〕　译者注：昭和十七年即为 1942 年。

二　家计表的整理方法

不可能在技术方面进行许多操作，因此我们采用了简单朴素的方法来进行资料的整理。也就是，将收入分为农作物收入和其他收入，换算农作物收入时参考两三位农民的回答，大概将前一年秋季的价格作为标准来计算，但每个人的价格不一定相同，有不少的单价也是通过推测得出的。其中实际销售量是根据农民的回答推算的，销售余额是用于自家消费，用来购买伙食和饲料。其他收入包括了做短工、小买卖、蜜供等副业收入，和赴北京等地外出劳作时家里给的生活费。这只是单纯从回答中得到的信息，没有任何推测。

关于支出的问题最多。收入的来源是比较简单的，相反，支出中用于生产的费用可以说是分季节固定了的，但消费费用也就是日常生活的费用，其性质是时间长，需要不断地去统计，而且用途多种多样（当然，这与都市的市民生活的费用比起来可以说支出是单一性的，但这里说的不是一回事）。因此我认为支出问题多不仅仅是因为农民记不住或者记忆模糊，还因没有问具体的详细的问题，有不少问题是必要的却在调查中遗漏了。比如之前提到的靠簿记实施的记账调查中，所得的支出和家计支出有很大的差别，各自的内容可以分为以下诸多项目。

〇所得支出的项目——1 肥料费、2 饲料费、3 种苗费、4 家畜费、5 器具费、6 药剂费、7 负债利息、8 地租、9 租税公课、10 建筑费、11 杂费支出、12 虚拟支出

〇家计支出的项目——1 饮食费、2 被子衣服以及日用品费用、3 住宿费、4 家具家财费、5 煤电费、6 保健卫生费、7 教育费、8 修养费、9 交际费、10 红白喜事费、11 诸多负担、12 杂费

不过本家计调查是在前后 6 天的短时间内，一个调查员、一个翻译与一个农民之间进行的提问与回答，而且一天必须要问 2—3 人，这种情形下没有多余的精力追问很详细的项目。本次调查只着眼于大体的主要项目，也就是衣食住行方面，在推测几乎没有支出住宿费的情况下，我们将调查项目分为伙食、衣服类、燃料等。除此之外还将调查内容分为地租、赋税、劳务费、肥料，并进行提问，剩余的支出项囊括在其他一项中。虽然调查方法既简单又极其粗略，但在参考之前实施的一般户别调查的同时，我们应各位农民的具体情况做相应的调整并进行了稍微深入的提问，必定会触及到各方面收支的均衡以及负债关系，因此我们相信通过本调查可以推测观察到各位农民的大概家计情况。但是像开头中所讲述的那样，有不少时候，农民回答得要么特别不明确，要么完全不知道。

可以说，能从正确又详细的回答中得到实际数字是很少的。比如，有人回答粮食价格为 1 斗二十五六元，这还算情况较好的，还有人回答一年购买肥料的费用为五六十元，或者又有人说做小买卖一年的收入为二三百元，像这样的回答不少。倒不如说基本上农民都只有这种程度的记忆。说五六十元也就算了，200 元、250 元、300 元，这样模糊的数字从农民的家计来看，是有很大区别的。于是究竟该如何整理像这样不清不楚或者完全不明的问题，我大概说明一下。

（1）伙食费，比如，有人回答"丰收年粮食够吃，但歉收年很困难"，接着说"因粮

食不够买了○石”，那么该如何计算粮食的充裕与不足？

无法轻易推算粮食的消费量。但好像在技术方面有很多方法。

比如，有一种方法叫 I 式成年男子单位等级法。将成年男子的消费量定为 100，按下表分类。

年龄区间（岁）	男	女
< 2	30	30
2—6	40	40
6—10	50	50
10—12	60	60
12—13	70	60
13—15	80	70
15—17	90	80
> 17	100	80

但是实际的消费量是否像这样按阶段来消费呢，这里面也存在疑问，而且不将青壮年与老年人区分开也很奇怪。此外还有类似的方法（比如，像在冀东地区农村实态调查报告书统计篇中所写的消费同等价的标准一样），但我认为缺乏具体的根据。那么向农民本人提问，回答如下所示。

“农民的主食是？ ＝玉米和小米”；“工作的成年人一年平均要吃多少玉米和小米？ ＝总共 3 石左右就足够了，女人也是一样，小孩子 1 石多就够了”。

但是小孩也有大小之分不能一概而论。这只是其中一种说法，还有如下说法。

“农民经营有所谓‘大口小口每月 3 斗’又叫谷不谷 3 石 6”（指每人一年需要食用 3 石 6 斗粮食）（《凭和法·中国农村经济资料》，续篇 849 页，李树青，清华园附近农村的借贷情况）。

也就是大人和小孩的食用量平均下来每月 3 斗，即一年需要 3 石 6 斗粮食。这是在北京北郊清华园做的调查，并且把玉米作为标准，但与上述杨泽的回答比较起来好像稍微多一些。于是本调查参考以上方法，虽然同样没有具体的依据，但决定按照以下方法进行——没有多少超过与不足的情况时，暂且遵循农民的回复，为了调查是否存在消费的过与不足，要推算一年的消费量，并作为标准，然后参考以上各种方法，按以下年龄比率把家庭成员依次换算为成年男子的单位。不区分男女。

年龄区间（岁）	比率
12—60	1.0
>61、8—11	0.8
年龄区间（岁）	比率
3—7	0.5
<2	0

依此来算出所谓的消费同等价。按上述杨泽所说，将成年男子单位的一年消费量估计为 3 石。实际消费量可能有所不同，暂且把它看为是相同的。推测从 1 石谷子可以收获 6 斗小米（本卷第 252 页）来进行计算。高粱也因种类的不同收成量也不同，推测 1 石可以收获 7 斗高粱。（根据 101 辑的回答推定）麦子去皮磨成粉来食用，比起其他谷物，少量麦子就足够了，因此估计 1 石麦子数量不变。接着大豆除了卖掉的之外会做成豆腐脑，或者和其他粮食混在一起食用，剩下的大部分都作为家畜的饲料。而且除此以外的大豆必须保留下来做种子，但这从整体食用量来看数量极少，因此不做计算。像这样的调查项目非常的粗略，但把数字换算成消费同等价，每一单位 3 石来计算的话，大概能得出各户一年所消费的粮食量。从产量中减去销售量之后的自家用谷物按上述方法换算成去皮的小米、高粱米的数量，将一年所需粮食量与之相比较的话，能大概看出过还是不足。

按以上方法可以推算出过或不足，但其中就每个家庭而言有必须要考虑的事情。也就是把外出打工的人排除在外，家里若有人做几个月的短工或者短时间外出打工或者外出做小买卖时，必须扣除外出天数在外吃饭的次数。并且雇用长短工时必须要增加消费量。若无法从农民的回答中得到推算的基准时，那就不得不撇开上述可能性了。另外，村民中存在贫富差距，处于贫穷层的人忍饥挨饿，过着相当节俭的生活，这一点也是在推算的时候必须要考虑的具体情况。如上所推算出的过与不足若与农民的回答不一致时，再进一步推算，进行添加或者减少。

（2）衣服类一项包括了随身衣物以及被子褥子等就寝用品。更新换代的时期一般是农闲期，主要是正月前后，好像在大秋以前的农闲期也有过，这都只能靠农民自己来回答。比如，"不是每年都会买制作衣服、寝具的布，年年情况都不一样。去年买的很多花了150 元，所以今年就少买点"（本卷第 156 页）所写的一样，每年情况不同，买一次布匹后一直到穿破为止，贫民通常是尽可能地补了又补，因此没办法计算每一寸的消费量。大体上 1 个人在三四年间会做一次新衣物，这是事实，但制作夏季衣服、冬季衣服、寝具的情况又不一样，所有家庭成员也不可能在同一年做衣服，都是依次修补，轮流做新衣服，回答中出现的数字是每年所需的费用。

（3）燃料一项是在栾城县寺北柴村做调查时，使用石炭的人家很多，于是加入的这一项，我们模仿后提出燃料这一项，但在沙井村没有什么太大的意义。总之只有不到 3 户的人家支出了燃料费，而且金额都很少。全村的燃料费加一起估计也很少吧。也就是说不管哪家都是把谷物的秆当作燃料。因此几乎没有这项的支出，相反却包含了某种意义，但不可能有换算一年使用的谷物秆的方法，而且用现金购买的东西当然例外，为了估算家计的比例，没有把燃料费纳入计算范围。

（4）地租，17 户中有 5 户人家租借了土地（或者 8 户）。实际上，该村庄的租户几乎都是提前预支了地租，因此本年度要耕种的话通常去年秋天就要立契约纳地租。因此从现金的收支来看，去年支出的地租不是针对去年租佃的土地。某种意义上地租的收支情况容易产生误差，但本调查中只是简单地把去年支出的也就是支付的今年耕种土地的地租纳入去年度支出中进行统计。去年度没有借地耕种的人家，今年有 3 户，统计地租的时候是 8 户。

（5）赋税，此项中包括了田赋税即钱粮、附加税以及摊款也就是县及村的摊款。后者主要是在麦秋大秋时作为青苗钱征收的税，但有时也会征收白地摊款，还有伴随大乡制的摊款之外还要征收摊工的费用，可是依据农民的回答无法明确区分。基本上都是按回答的内容进行统计。赋税当然是由农民直接交纳的税，不包括间接交纳的。

（6）劳务费，这一项主要是雇佣长工的工钱和麦秋大秋等农忙期雇用短工的工钱。给予长短工的伙食费就相当于工钱，一并记入伙食费一项中。

（7）肥料，农民所用的肥料大部分是土粪或者粪土，好像购买的肥料主要用于菜园。

土粪是家禽尤其是养猪的主要目的，可能应该换算之后进行统计，但这里只根据回答计算用现金购买的肥料。

（8）其他，这一项与伙食费的计算一样，是具有最多疑问的。这项包括了本应纳入伙食费的副食、调味料之类，还有本应纳入随身衣类项的杂货类、零碎农具类等，红白喜事的随人情（交际费）以及嗜好的酒、烟草费、属于纯杂费的火柴、纸、肥皂等所有零碎费用。而且农民的回答最为模糊，也没有判断真假的方法。当然这些费用根据各个家庭不同而不同，暂且遵循他们的回答，只对于非常勉强的回答，考虑各个家庭的情况，并与掌握到的其他相对正确的内容、家庭成员数量等做比较进行更正。

三　个别家计表以及其说明

（1）杨泽是上任村长杨源的三弟弟，二哥杨正与兄弟二人在九年前分家，拥有 35 亩地，粮食充足不用额外借钱。若把又靠耕种自己的土地来度日的人看作自耕农的话，他可能算标准的纯自耕农。

我想进一步解释标准的自耕农的意思。究竟最少需要耕种多少自己的土地才能解决五口之家的温饱问题，农民们的回答不尽相同。当然地方不同，土地的生产力也不同，生活条件也不同，因此不能一概而论。即便如此，中国农民的一般饮食习惯是与食物的搭配无关，不考虑营养，仅仅只为了维持劳动力，说极端点不过是维持生存。考虑到这一点，若是五口人家，可能能大概计算出解决五人温饱问题所必需的量（在饥饿或歉收年时所表现出来的令人吃惊的忍耐力的问题暂且不谈）。因此在此等全部收集齐资料之后再尝试进行精细的计算，现在暂且简单地对两三份资料进行推测。关于北京北郊清华园附近的农民，李树青说，"自己访问过许多农民，他们的观点是最少 25 亩地才能维持五口人一家的生活"。按他所说，五口之家要 20 亩，陈重民计算的是北方人平均一人四亩地的话，能维持生存。那时北京郊外的土地平均每年每亩产 1 石玉米（丰收年）。

杨泽（四甲九户）

农家第 47 号	杨泽 38 岁	家人：男 4 岁、1 岁 女 39 岁、13 岁	换算数 3.5
没有雇工		家畜：驴、猪	

土地所有、经营关系		亩数	所在	出租人
所有		35 亩（5 笔）	村内 15 亩、北法信 20 亩（分家得到 35 亩）	

	农作物收入					其他收入
	农作物	作物面积（亩）	产量（石）	单价（元）	金额（元）	
收入	玉米	20	20（卖了 12 石）	25	500 元（卖了 300 元）	除卖猪得 45 元外，没有副业
	高粱	5	1 石谷子 = 6 斗小米 / 5（卖了 2 石）	18	90（卖掉 36 元）	
	豆子	5	5	25	125	
	麦子	5	52	50（小米）	100	收入共计
	谷子			40	120	980 元（含现金 381 元）

	伙食费	衣服	燃料	租金		
支出	足　自用量换算 599	约 100	0	0		
	赋税	劳务费	肥料	其他	支出总计	
	78	65	100	100	1042（含现金 443）	

备注	粮食中自家用量同单位换算 15 石 1 斗（大豆除外） 根据消费同等价换算数推算一年所需粮食量是 10 石 5 斗 相减后为 4 石 6 斗，按单价 25 元换算为 115 元

他说按农民的经验，25 石玉米中，每年每人平均消耗 3 石 6 斗，减去五口人所需的共 18 石粮食，还剩 7 石玉米，把这 7 石玉米换成钱，必须要够买种子、肥料等，还要交一年中的各种税、人情、交际费、还有日常必需品，那么 25 亩地是能维持五口之家的最低限度。（冯和法《中国农村经济资料》续篇第 849 页）这里所说的亩数指的是官亩，而且每亩生产玉米的数量正好跟沙井村的一般情况相符。因此我暂且推测在沙井村也要 25 亩地才能勉强维持五口之家的生活。副村长张瑞也说，"五口之家要多少土地才够生活？ = 需要 25 亩地而且五人全部工作"（本卷第 190 页，1941 年 3 月）。那么村民的意见如何，杨泽做了下述陈述，"五口之家不借钱大概需要多少土地才能维生？ = 根据生活水平的不同而不同。想过稍微好点的生活需要 50 亩地。过普通的生活三四十亩地就够了。10 亩也能熬过去。10 亩地的话每个人只能吃很少的食物。有人一天只能吃一顿。（也有人做好玉米

饼，外出做短工时带过去，晚上吃一两个解决晚饭的）"（本卷第 252 页）赵廷魁这么说的。"在这个村子里五口一家（3 个大人，2 个小孩）需要几亩地才能维生？＝20 亩。""若借土地耕种需要多少亩？＝40 亩。"（本卷第 106 页）上述回答好像是两人根据自身经验回答的。杨泽所说的普通的生活大概指的是他那种程度的生活，以自己的家计没有过与不足作为标准。赵廷魁是每年耕种自己拥有的 14 亩地，还有 15 亩租地，家里 10 口人，家计虽勉强能维生可有所不足的农民。前者是村里生活较好的标准，后者是村里绝大多数的节衣缩食的标准。杨泽称 10 亩也能凑合不是指仅靠耕种 10 亩地就能过日子，而是在有做短工等农业收入之外，节衣缩食的话能凑合的意思。

在这种意义上，杨泽可以说是纯自耕农的生活较好的标准。分家时分得的 35 亩地一直没有减少，也没有额外借钱过日子的原因，一是家人少不需要很多粮食，本人也是踏实努力的人；二是家里有几分多余的土地，展示了家族的兴旺和实力。因此杨泽的家计没有不足，我对其数字做了简单的探讨研究。

如附表所示，收成量减去销售量所剩的自家用量是用来解决家人温饱以及给家畜喂食，5 石大豆对于一匹驴来说虽说有点多，这里暂且看作驴的饲料，把大豆以外的粮食换算成与玉米同等的粮食单位的话，是 15 石 1 斗，大人一年 3 石的话，推测 5 口一家所需粮食量是 10 石 5 斗，把两个数字做比较的话还剩 4 石 6 斗。一方面按本人的回答，收支情况如表所示，收入 980 元支出 1042 元，还差 62 元。不过如上所示，若一旦推测出了粮食的剩余情况，那么也可以推测去年度的情况大致相同。加之，本调查是在 3 月中旬进行的。

咨询的问题涉及了去年的收获情况，回答说销售是在秋季收割之后，3 月份之后从储存量中挑选必须要卖的粮食，也可以说从去年从春天也做了这样的处理。于是上述剩余的 4 石 6 斗换算成秋天的价格 1 石 25 元的话，共 115 元。这个换算方式虽然是按照玉米的价格来进行的，但是若主食是玉米、小米的话，可以推测卖的粮食是高粱或者麦子。秋季高粱的价格是 1 石 18 元，麦子是 1 石 50 元（在麦秋时会更便宜），把价格定为平均 1 石 25 元有欠妥当。用 115 元减去现金不足的 62 元，剩余 53 元。（若用之前引用的李树青所说 1 个大人 1 年 3 石 6 斗来计算，减去一家人需要 12 石 6 斗还剩余 2 石 5 斗。按 1 石 25 元来换算的话，还剩 62.5 元，家计没有不足。）总之，我们可以看出，杨泽的家计要么持平，要么有少许剩余。

那么各项目的比例如何？

若把根据推测所需粮食量来进行修改的数据作为基础的话，支出部分的粮食自用换算依据 484 元，总计 927 元（现金数同上）。收入部分总计相同减去现金 496 元还剩余 53元。在支出的 927 元中，伙食占 52.2%，衣服类占 10.8%，赋税占 8.4%，劳务费占 7%，肥料以及其他各占 10.8%。

（2）任振纲是十二三年前从隔壁石门村移居过来的，他说靠以前在北京打工赚的钱买的土地，四五年前分了家，但只分到了不到 2 亩地，即便如此，他现在拥有

24 亩地，当初不要家里的财产外出打工，购买的土地都归自己所有，通过形式上的分家分得了两亩地（本卷第 252 页），虽说分家时还有一些有争议的财产，总之他

任振纲（二甲四户）

农家第 17 号	任振纲 47 岁	家人：男 4 岁、女 74 岁、44 岁、7 岁	换算数 4.0
没有雇工		家畜：驴一匹	

土地所有、经营关系		亩数	所在	对象
	所有	24 亩（5 笔）（分家得到 2 亩）		
	承典			弟 民国二十九年 200 元

收入	农作物收入					其他收入
	农作物	作物面积（亩）	产量（石）	单价（元）	金额（元）	没有副业
	高粱	6	6（卖了 2 石）	预测 18 元	108 元（卖了 36 元）	收入共计
	棒子	15	15（卖了 4 石）	26	390（卖掉 104 元）	570 元 （含现金 140）
	谷子	3	3	40（小米）	72	
					总计 570 （卖掉 140）	

支出	伙食费		衣服	燃料	租金	
	足　自用量换算 430		约 100	0	0	
	赋税	劳务费	肥料	其他	支出总计	
	约 90	约 100	35	约 60	815（含现金 385）	

备注	粮食中自家用量同单位换算 15 石 6 斗 家庭一年所需粮食量是 12 石 相减后为 3 石 6 斗，按单价 25 元换算为 90 元

是努力奋斗，具有利己主义的农民，现在五口一家包括典田在内共耕种 26 亩地，收支均衡地过日子。收入多少有剩余，但是从只有两亩地的弟弟那承典土地，还有 1941 年我们去拜访他的时候，情况已经不是那样了，我们从 1942 年春，他当上会长（接赵廷魁的班）后来到村公所做事等现象推测的。看一下他的家计收支情况，在附表中出现了—245 元不足。一方面将减去销售量剩余的钱进行换算的话，是 15 石 6 斗，减去一年所需粮食量 12 石还剩 3 石 6 斗，按 1 石 25 元计算的话，剩余 90 元。再减去剩余的钱，还差 155 元不足。但是表中没有包含 2 亩承典田的收成，若 1 亩生产 1 石玉米的话，共 2 石也就是 50 元，仔细看的话还有 1 石麦子和 2 石谷子，假设麦子 1 石 40 元，谷子（小米 1 石）48 元共 88 元，即便如此还是差七八十元或者上百元。间作种植豆子是可以想象的，但即便种植了豆子也会成为驴的饲料。因此本人的回答是不正确又不诚实的，但我们不认为各项的支出从整理来看多得离谱，虽说还有陈述外的农作物收成，这里纳入农业外收入。表中所示没有养猪，但基本上每家都会养猪，推算一下的话（不计算饲料）会有数十元的收入。（前年养猪，去年春季卖掉）总之这一例子中大体上持平，可是收入与支出有差错，不得已暂且将支出整理成表，其各项比例为伙食 52.8%（我认为实际伙食费按以上方法推算的话更少），衣服类 12.3%，赋税 11.04%，劳务费 12.3%，肥料 4.3%，其他 7.36%。

（3）杜祥在永年村做会计，以前当过会长，是温厚的长辈，但是家运不是很好。五代中就他一个男人，所以没有分家，他那时刚开始有 60 亩地，后来因亲戚借钱时做了担保代替还钱，两个女儿出嫁，母亲的葬礼，生活困难等原因，渐渐卖掉了土地，现在拥有 11.5 亩地。（本卷第 259—260 页）除外还有 7 亩租地，小儿子在北京的糕点店做学徒，长子在冬季做蜜供或者做别的短工赚钱，但还是不能维持家计。现在还有 2 个女儿，情况不容乐观。接下来我们通过附表看他家的收支情况。

前两者的收入全部来源于农作物尤其是谷物，而杜祥的收入来源于菜园的蔬菜种植、做蜜供、短工等副业，以及二儿子外出打工的工资，收获谷物后除了卖掉少部分换钱充当地租外，其余都用来食用，可还是不够。根据他的回答计算的话，家计不足 203 元。我们再稍微探讨下。

家里八口人所需粮食量为 19 石 8 斗，收成中除豆子外用于自家消费的数量换算后为 4 石 3 斗，还差 15 石 5 斗。然后他说去年花了一百五六十元购买了 5 石多粮食。（本卷第 253 页）而且还说每年购买 6 石玉米就行了。（本卷第 161 页）这个差距非常大。想想为什么差距如此大，是因为前年是丰收年。

而且去年的主要农作物玉米种植在道路附近被人砍了，没有计入总量，所以去年买了 6 石就够了。另一方面，从去年秋收到今天秋季为止，像上表所示，出现了很大的不足。因此在计算收支时不得已从所需粮食量中减去去年购买量的 13 石 8 斗，这就是收获的粮食中用于自家的量。6 年前开始耕种 7 亩租地，除了菜园地外前年也耕种了 16.5 亩，若生产情况好那么满足自家用也是不难的。其实若因为粮食量的过与不足，只会导致其他的支出项有所不同，但在这里暂且无视此问题，把去年的自家用量定为 13 石 8 斗。换算后

杜祥（四甲一户）

农家第 39 号	杜祥 58 岁	家人：男 31 岁、20 岁、2 岁 （20 岁的在北京做学徒） 女 58 岁、34 岁、22 岁、 17 岁、14 岁	换算数 8.0
没有雇工		家畜：驴一匹	

土地所有、经营关系		亩数	所在	对象
	所有	9.5 亩		
	租佃	7 亩、园地 2 亩（民国初年 60 亩）		县城 何长源

收入	农作物收入					其他收入（元）
	农作物	作物面积(亩)	产量（石）	单价（元）	金额（元）	
	豆子	间作	3（卖 2）	预测 26	78（卖掉 26）	蜜供 60、 北京寄来 100、 短工约 40
	棒子	被砍伐				
	谷子	2	2	40（小米）	48	
	高粱	（租地）7	3	18	54	
	豆子		2	26	52	
	麦子		1	50	50	收入共计
	菠菜	2	不详		总计 282 （卖掉 260）	742 （含现金 486）
	葱					
	白菜					

支出	伙食费		衣服	燃料	租金	
	不足　自用量换算 256、去年购入 155		约 100	0	100	
	赋税	劳务费	肥料	其他	支出总计	
	约 34	0	100	约 200	945（含现金 689）	

备注	粮食中自家用量同单位换算 4 石 3 斗 根据消费同等价换算数 8.0，外出打工、做蜜供、做短工的估价差 6.6，推测家庭一年所需粮 食量是 19 石 8 斗 相减后为 15 石 5 斗

（实际上七亩地种的不是玉米，所有的玉米单价为 25 元）是 345 元。但是还有 203 元不足，暂且不提，不知道怎么维持生计的。支出的费用中其他项的 200 元稍微有点多。即便是任振纲的 2 倍 120 元，也还差 123 元。在回答中他说"不管是结余还是不足都没什么大不了"（本卷 253 页），只要孩子稍微工作挣钱就好，但我们看着他好像维生很不容易的叹

李濡源（一甲一户）

农家第 1 号	李濡源 66 岁	家人：男 45、37、32、23、4、4、3 岁（23 岁男在北京做学徒） 女 46、38、32、23、15、14、13、11 岁	换算数 14.1

雇工：一位半拉活		家畜：驴、马各一匹	

土地所有、经营关系		亩数	所在	出租人
	所有	76.9（12 笔）还有荒地 6.7 亩 （注：父亲分家得到 16 亩）		

		农作物收入				其他收入
	农作物	作物面积(亩)	产量（石）	单价（元）	金额（元）	副业（医生没有收入） 卖小猪 200 元、孙子在北京做学徒还没有寄过钱
收入	高粱	20	16（卖 8）	19 元	304 元（卖 152）	
	麦子	7	1	推测 50 元	50	
	豆子	间作	10	推测 26 元	260	
	秋麦	19	11（卖 7）	推测 35 元	385（卖 245）	
	玉米	27	27（卖 8）	推测 23 元	621（卖 184）	
收入	谷子	10	11	推测小米 40	264	收入共计
					总计 1884 （卖掉 581）	2084 元 （含现金 781）

支出	伙食费	衣服	燃料	租金		
	足　自用量换算 1303	约 100	0	100		
	赋税	劳务费	肥料	其他	支出总计	
	约 130	90	210	150	1983（含现金 680）	

备注	粮食中自家用量（除豆子）同单位换算 36 石 2 斗 家中消费同等价换算 14.1，除开外出打工的孙子半拉长工 5 个月要 0.4 共 13.5，家庭一年所需粮食量是 40 石 5 斗 相减后差 4 石 3 斗

气，即便有点别的收入，上述不足的钱的一半恐怕要靠借来填补空缺了。

总之，我们认为杜祥的家计收支不平衡这一点是很明确的，暂且光拿支出来分析其比例，伙食中的自家用量按 345 元，其他按 120 元来换算的话，合计 954 元，伙食费 500 元占 52.4%，衣服类占 10.49%，地租和肥料比例同上，其他占 12.58%，赋税占 3.55%。

（附加）根据一般户别调查，收成在附表中还有所有地生产的 1 石豆子，租地生产的 3 石多高粱，若把这些换算后计 80 元，能减少之前的赤字。但是根据第 66 辑 123 页所写，7 亩租地是坏地（土质不好），因此只能生产高粱和豆子两种农作物，这里暂且和这两种作物一起把 1 石麦子记录起来一并统计。

（4）李濡源现在在村里是第二位拥有土地最多的人，被人称呼为大会长，是具备声望和实力的长辈，从事农业的同时应近邻所需作为外科医生给他们看病。虽然家里有 16 人，是个大家庭，但若把荒地计算在内一共拥有 80 多亩地，在沙井村过着较好的生活，也显示了家运的旺盛。长孙一人在北京的香蜡店做学徒，但三个打工精力旺盛的孩子和一个长工完全可以靠所有地自给自足（注：本卷第 98 页上写有"70 多亩地够吗？　＝够""当医生没有收入也能过日子吗？　＝能"）。接下来我们来看他的收支情况。这个家庭也属于自耕农，收入都是农业收入，其中还包含了卖掉小猪的 200 元。

我认为支出稍微存在问题的是，年所需粮食量和收成的销售余额减去大豆后换算的金额的差额，如表所示，有 4 石 3 斗的差异。

但是若把四岁以下的三个男孩儿总共算作 1.5 个人，十五岁以下的四个女孩儿算作 3.8 人，那么别说不足了，还会有剩余，从这点考虑的话问题就得以解决。衣服类花了 100 元，比起其他家庭的家计，作为大家庭来说太少了，即便是暂时不做改动，其他费用也只花了 100 多元，还是太少，因此在此定为 150 元。

如表所示收入 2084 元（现金 781 元），支出 1983 元（现金 680 元），多出了 101 元的剩余。计算一年的情况的话"收支平衡不用借钱"（本卷第 255 页），像刚才所说把衣服费稍微多算点看作 150 元，其他一项看作 200 元，家庭运营一切顺利，在农村是很少的稳定的家庭。姑且按附表所写计算支出比例的话，伙食 65.7%，衣服类 5.4%，赋税 6.56%，劳务费 4.4%，肥料 10.59%，其他 7.56%。

（附记）本卷第 98 页写道（外科医生回答），"一年有多少收入？　＝100 多元（当然我认为这并非真实）""现金支付还是分季节支付？　＝有现金支付的，也有在节日或者过年的时候送东西的""是外村人现金支付，本村人过节过年支付吗？　＝不收取本村和石门村，望泉村的费用"，我认为除了附表所示外还有相当大的收入。而且像之前 41 页所示，"怎样筹措金钱来购买土地的？　＝勤奋。我常做善事，所以别人都无利息地借钱给我。"

（5）张成是"专门务农的老实的农民，冬季在北京做蜜供，有 2 亩祖产地，但通过一点点购买同族弟弟的土地现在拥有 16 亩地，另外还耕种了 7 亩承典田"（本卷第 255 页），家里七口人，如附表所示，与其他人相比过着紧衣缩食的生活，仅收成量不够食用，通过做短工和蜜供来赚钱弥补，如上所示，我认为后来慢慢增加了 16 亩土地是在粮食不够的年头尽量忍耐一直努力后的结果。家计收支在附表中有 25 元的不足，来看一下其内容吧。

　　现金收入主要是做短工和蜜供赚钱，以卖猪的收入做补充。可能上面所说的专门务农的说法不得当，但是过半的粮食量都可以自给自足这点来说是属于自耕农。承典了 7 亩地可以说家计有结余，但实际上如后面所提到的，这是拜托外甥取得的土地，向外甥交纳地租并耕种土地，很明显属于租地。于是必须统计支出中的地租，每亩 7 元，7 亩地共 49 元。于是支出的合计是 757 元，其中修改过后现金 314 元，还差 74 元不足。粮食量的不足也如附表所示，5 石不足，但购买了 3 石玉米、8 斗小米共 3 石 8 斗，还差 1 石 2 斗，恐怕全家每月节约 1 斗来过日子的吧。问题是上述出现的 74 元的不足。我认为各项现金支出都是节省着消费的，再加上地租后 314 元，靠 240 元的收入是无法持平的。那么实际上到底怎么样不得知。

　　我猜测是买东西大多都是赊账，等做短工的工资到账时再还钱，其中一部分靠反复赊账度日；另一方面借现金或者借粮食。若不是这样的话，只能要么卖掉一部分粮食，要么只能忍耐。

　　这样看来，张成的家计是以劳动费作为主要收入来源，某种意义上其收入当然会受到天灾、物价的升降的影响，包含了不稳定因素，通常收支不平衡的时候也只能紧衣缩食，靠借钱或者其他方法来周转。暂且看一下上述加上地租修改后的金额换算成比例，总计 757 元中，伙食占 72.5%，衣服类占 6.61%，地租占 6.47%，赋税占 4.36%，其他占 9.61%。（现金支出的比率中，总计 314 元中，伙食占 34.08%，衣服类占 15.92%，地租占 15.61%，赋税占 10.51%，其他占 23.89%）

　　（6）赵廷魁之后自己记录了流水账（家计收支簿），接下来想与本调查一边比较一边进行分析研究，这里暂且决定按其他家庭的家计调查方法来进行整理。他养父在村里做村副，做生意赚了钱，留给他 140 亩地，但因后来红白喜事的操办，反复买卖土地，现在仅剩 14 亩地，另租佃了 20 亩左右的土地维持家计。他以前做过会长，从今年开始没做了，家运走下坡路。从他说的"一年的收入计算下来没有剩余，但这几年不用借钱能勉强度日"（本卷第 256 页），可以看出，应该没有太多不足。看一下附表中所示的 40 元不足的部分。

　　收入来源以农作物的收入为主，以卖猪的收入和做人力夫的收入为辅。耕种的 36 亩地换算约 1200 元的收入，在沙井村属于生活较好的家庭，收成没有按自耕地和租地来分，所以无法得知其比例，但我认为无论是自耕还是租佃还是情况比较可观。接下来是支出方面，首先来看一下粮食的过或不足。按附表中备注的计算得出了 5 石 2 斗的不足，这是因为没有纳入白薯的数量。也就是白薯的销售剩余量是 2000 斤。其中一部分拿来做喂猪等的饲料，一半用来食用，足以弥补上述所说的不足。以白薯作为主食的定县地区的农民的消费量，成年男子按 2/3 白薯 1/3 谷物粉的比例的话一年消费白薯 420 斤（满铁调查月报 1941 年 1 月号 107 页以下），还有只吃白薯的情况，假定需要两倍这个数量，一年要 840 斤，大概能接受吧。因此伙食费消费同等价 1 个人 88.5 元比杜祥的 75.8 元要高，但比杨

张成（5 甲 3 户）

农家第 52 号	张成 55 岁	家人：男 17、9 岁 女 45、11、6、1 岁	换算数 6.1
没有雇工		家畜：驴一匹	

土地所有、经营关系		亩数	所在	对象
	所有	16 亩（注：祖产地 2 亩）		
	承典	7 亩	县城	何振谦 民国二十九年 335 元

	农作物收入					其他收入（元）
	农作物（亩）	作物面积（元）	产量（石）	单价（元）	金额（元）	
收入	麦子、高粱	4	4	预测 18	72	2 人做短工和蜜
	玉米	5	4	预测 25	100	供共 200
	豆子	间作	3	预测 25	75	1 头猪 40
	麦子	7	2	预测 50	100	
	谷子	5	4	预测小米 40	96	收入共计
					总计 443	683 （含现金 240）

支出	伙食费	衣服	燃料	租金
	不足　自用量换算 443 购入 107	约 50	0	0（49）
	赋税	劳务费	肥料	其他	支出总计
	33	0	0	75	708（含现金 265）

备注	粮食中自家用量（除豆子）同单位换算 11 石 2 斗 家族消费同等价换算 6.1，2 个人做了 3 个月短工和蜜供 0.7，还剩 5.4，家庭一年所需粮食量 是 16 石 2 斗 相减后差 5 石

泽（138 元）任振纲（107.5 元）张成（102 元）等少很多，其原因之一是与谷物相比白薯价格低廉。

（玉米 1 石 25 元的话，3 石玉米是 75 元，白薯 25 斤 1 元，840 斤也才 33.6 元）接下

来是衣服类，本人也说今年买的比较多明年可以少买些了，与家计相比花费得稍微多了

赵廷魁（五甲四户）

农家第 53 号	赵廷魁 39 岁	家人：男 17、10、8、6 岁 （17 岁男在北京做学徒） 女 60、42、19、15、12 岁	换算数 9.1
没有雇工		家畜：驴一匹	

土地所有、经营关系		亩数	所在	对象
	所有	14 亩（4 笔）（注：民国初年 140 亩）		张茂
	租佃	（去年）22 亩	马家营	张茂
		（今年）20 亩	本村公会梅沟营	刘殿祥

收入	农作物	作物面积（亩）	产量（石）	单价（元）	金额（元）	其他收入（元）
	高粱	11	11（卖 7）	16	176（卖 112）	副业做车夫 60 3 头猪 140 （鸡蛋归老太太）
	玉米	14	14	预测 25	350	
	豆子	间作	8（卖 4）	24	192（卖 96）	
	麦子	间作	3（卖 1）	35	105（卖 35）	
	棉花	1	4	2.4	96（卖 48）	
	白薯	3		25 斤 1	280（卖 200）	收入共计
					总计 1199 （卖 491）	1399 （含现金 691）

支出	伙食费	衣服	燃料	租金	
	足 自用量换算 708	150	0	260	
	赋税	劳务费	肥料	其他	支出总计
	41	50	30	约 200	1439（含现金 731）

备注	粮食中自家用量（除豆子、白薯）同单位换算 18 石 8 斗 消费同等价换算数 9.1，考虑到一个外出打工，本人在外吃饭，减去 8.0，家庭一年所需粮食量是 24 石 相减后差 5 石 2 斗

景德福（四甲四户）

农家第 43 号	景德福 45 岁	家人：男 16、7 岁 女 33、2 岁	换算数 3.5
没有雇工		家畜：驴一匹	

土地所有、经营关系		亩数	所在	对象
	所有	35 亩（4 笔）（注：分家得到 28.5 亩）		
	借地	5 亩	本村	杨永元

收入	农作物	作物面积	产量	单价（元）	金额（元）	
	高粱	4 亩	4 石（卖 4）	18.5	74（卖 74）	2 头猪 160、 租金 100
	玉米	10 亩	7 石	预测 25	175	
	豆子	间作	6 石（卖 6）	27	162（卖 162）	
	麦子	6 垄　7	3 石	预测 45	135	
	谷子	2 亩	2 石	预测小米 40	48	
	白薯	2.3 亩	1000 斤（卖 200）	100 斤 4	40（卖 8）	收入共计
	花生	1.5 亩	100 多斤（卖 50）	100 斤 24	30（卖 12）	
				总计 664 （卖 256）	924 （含现金 516）	

支出	伙食费		衣服	燃料	租金	
	不足　自用量换算 408 购入 169		100	0	0	
	赋税	劳务费	肥料	其他	支出总计	
	155	3	65	155	1055（含现金 647）	

备注	粮食中自家用量（除豆子、白薯、花生）同单位换算 11 石 2 斗 消费同等价换算数 3.5，推测家庭一年所需粮食量是 10 石 5 斗 相减后剩余 7 斗

些。而且我认为还有花费比较多的是其他一项的 200 元。杜祥也花费得较多，我们进行了改正，但这次是十口之家一人挣钱，花费得稍微有些多。假设其他为 150 元，之前的收支不足的 40 元就会消失，但他外出做人力车夫的费用也比一般村民消费得多，因此考虑到他本人，可能 200 元的消费，从整体收支情况来看，40 元的不足要更加接近真实。除此以外的费用暂且按表中的数据来计算，比例如上：

按表中所写数字，支出总计 1439 元，其中伙食 49.2%，衣服类 10.42%，地租

18.07%，赋税 2.85%，劳务费 3.47%，肥料 2.08%，其他 13.9%。（现金支出共计 731 元，其中衣服类 20.52%，地租 35.57%，赋税 5.53%，劳务费 6.84%，肥料 4.1%，其他 27.36%。包含了调味料等。）

（附记）根据一般户别调查表，附表所示，会少量卖掉 3 石玉米，1 石豆子，剩余 1 石高粱，1 石豆子。

（7）景德福是 4 年前从隔壁石门村移居过来的，"十二年前分家时得到 28.5 亩地，之后又从 2 个兄弟手里拿到 5 亩地，然后又分别购买了 3.5 亩和 4.6 亩（另外卖了 7 亩）。现在拥有 35 亩地，出租 5 亩地。据说是在本村有土地因此移居过来的。"（本卷第 256 页）家里五口人，属于自耕农中生活较富裕的人。收支当然多少有剩余，但如附表所示还有 131 元不足。让我们来看一下他的家计情况吧。

收入除了销售农作物的收入外，还有地租和卖猪的费用，如果还有多余的精力，还可以外出做短工。可以说收入源是很稳定的。接下来是支出情况，家庭所需粮食量与自家用换算量做比较的话还多出 7 斗剩余，尽管如此，他说"因粮食不够去年花 45 元买了 3 石玉米，40 元买了 2 石豆子（猪饲料），84 元买了 1.4 石麦子"。仔细考虑一下，要说去年有没有特别情况的支出，那就是在秋季回赎了出典给沙井村杜星贤的 5 亩地。他说典价 245 元是"靠打工赚的钱和卖猪得的钱一起回赎土地的"（本卷第 256 页）。但是之前他说没有去做短工，那么就只能是卖了一部分粮食来换钱。不过回赎土地后以 100 元的价格出租给杨永元，因此暂时只需支出 145 元。在附表中没有统计回赎费。而且购买不足的粮食量当然是在收割前春夏时节，好像还存在其他原因。从表中数字来看，推算的自用量就完全足够，可还出现了购买粮食的费用，支出的数字稍微超出常理。于是可能有些为难，但我试着改正并这样考虑。若因冬或春的临时支出而卖掉谷物，之后不够了再买的话那么肯定会对秋收到第二年秋季的粮食年度量产生影响。如果把为计算的回赎的支出看作是购买不足粮食的费用，那么收支可以平衡。也就是他说"一年的收支计算下来有剩余吧。＝没有剩余，虽有地租进账，但花钱回赎出典田，所以没有剩余"（本卷第 257 页），不会有结余，但我不认为不足。我认为相反，若把这种临时的支出从 145 元购买粮食费用中减去，才会稍微接近普通的收支构成。除了伙食之外的费用，赋税比起沙井村来说相当高，但这是因为交纳给了石门村的缘故，其他一项的费用没有什么不妥，就按表中数字来。

那么剩下的问题就是收支不平衡差的 131 元，结果没有作出回答，但即便不是回赎土地，也是因为之前临时支出而导致的问题，暂时卖掉粮食或者借钱来解决，但如附表所示，对于五口一家来说收成是相当可观的，因此不可能借钱。那么为了知晓支出的比例，从收买伙食费中减去 145 元，因此若支出总计 910 元中伙食费 432 元（消费同等价 3.4，一人 123 元多点就够了），比例为 47.47%，衣服类 10.99%，赋税 17.03%，劳务费 0.3%，肥料 7.14%，其他 17.03%。

（8）杜守田是"专门务农的老实人，据说十年前分家时得到 37 亩地，家里 4 男 4 女共 8 人，长子在县城工作"（本卷第 257 页）。现在所有地是 18 亩，民国二十八年卖掉土地购买了现在所住的房屋，因当时地价低，卖了 19 亩地。另外承典了 4.5 亩，为了今年耕种还借了 6 亩地，但对于八口之家来说土地不够，长子主要在县城义成祥做厨师，靠他往家里寄钱来贴补家用。有时候因长男多少有些剩余资金，或者可以轻易到手一些资金，像前面所说以长子杜星贤的名义从景德福那花 245 元承典 5 亩地，去年秋天景德福回赎后，又在正月需要用钱的时期花 400 元承典了赵廷福的 4.5 亩地。他说"一年的收支计算下来没有剩余也用不着借钱"（第 257 页），暂且以此为前提来分析他的家计。

杜守田（三甲九户）

农家第 37 号	杜守田 54 岁	家人：男 37、9、8、5 岁 （37 岁男在县城做厨子） 女 47、40、13、10 岁	换算数 7.6
没有雇工		家畜：驴一匹	

土地所有、经营关系		亩数	所在	对象
	所有	17 亩（旱地） 1 亩（园地）（注：10 年前分家得到 37 亩）		
	承典地	4.5 亩		赵廷福
	租佃	（今年）6 亩	北法信	徐

收入	农作物收入					其他收入（元）
	农作物	作物面积	产量	单价（元）	金额（元）	
	高粱	不详	4 石	预测 18	72	副业做短工 20 孩子（厨师）寄钱一年 250
	豆子		4 石（卖 2）	28	112（卖 28）	
	谷子		2 石	预测小米 40	48	
	玉米		4 石	预测 25	100	
	麦子		4 石（卖 2）	25	100（卖 50）	
	白薯		1000 斤	预测 1000 斤 4	40	收入共计
	葱	菜园地	若干		总计 472 （卖 78）	802 （含现金 408）
	白菜					

支出	伙食费		衣服	燃料	租金	
	不足 自用量换算 394 购入 120		约 120	0	96	
	赋税	劳务费	肥料	其他	支出总计	
	38	5	0	155	928（含现金 534）	

备注	粮食中自家用量（除豆子、白薯）同单位换算 9 石 3 斗，消费同等价换算数 7.6，考虑到长子外出打工，本人在外吃饭，减去 0.1，家庭一年所需粮食量是 19 石 5 斗 相减后差 10 石 2 斗

如上所述，粮食不够不能自给自足，除了一些菜园地的收入外，也完全不能指望农作物收入，一半的收入都是由长子在负担。接着支出方面，首先来看看粮食的过不足情况。如附表所示，除了豆子和白薯，销售剩余自家消费粮食量是 9 石 3 斗，推测一年所需粮食量为 19 石 5 斗，还差 10 石 2 斗不足。他说去年买了玉米 4 石，还差 6 石 2 斗。就像赵廷魁一样，稍微种点白薯来弥补。一部分做饲料，如前所述，一个成年人一年消耗 840 斤白薯的话，相当于 3 石粮食，就只差 1 个人的粮食量不够了。一部分靠紧衣缩食来弥补，一方面购买不足的粮食。假设花了 60 元购买了 2 石粮食。除此之外的项目费用如表所示。

地租 96 元是不支付的去年的耕地，是今年分。尽管耕种 1 亩菜园地，从没有买肥料来看，应该不是太好的园地，当然卖粮食所得的收入与杜祥相比相对少一些。

如上所示，附表中，收支不足的 126 元加上购买粮食的 60 元，不足金额为 186 元。而且入账 245 元的土地回赎费，但又花 400 元承典土地。于是还需要筹集另外 155 元，到底是怎么筹集的这是个问题。返回收入部分思考一下，1 亩菜园地的收入只有 60 元实在是太少，但如上所述，既然没有用肥料，也不能做更多的期望。农作物也不能自给自足，做短工也只拿到了 20 元，这样的话要想筹措钱只能靠在店铺工作的长子。长子打工的收入 200—300 元，表中所写从长子那儿得到 250 元，多的时候可以得到 300 元，可是 300 元还是不够。像这样大的金额在村里无法简单地筹集得到，恐怕是从长子打工的店铺里信用借钱。若工资是一年 300 元，以提前预支的形式借钱，应该不是很难。暂且如上一页考虑一下支出的比例。不加上临时的承典费，加上购买 2 石粮食所花的 60 元共 574 元，在 988 元中占 58.1%，衣服类占 12.15%。地租 9.72%，赋税 3.85%，劳务费 0.51%，其他 15.69%。

（9）张麟容马上要满 21 岁，是个涉世未深的年轻人。父亲留有遗产 25 亩地，连婴儿一起共 6 口人，弟弟在北京做学徒。踏踏实实过日子的话是能自给自足的。事实上一年的收支计算下来够是够了，但没多少结余，但能勉强过日子。作为纯自耕农，或者可以成为自耕农的标准。收入只有农作物销售后的收入，不能指望刚做上学徒的弟弟往家里寄钱。根据本人的回答，来看一下收支差 83 元不足的具体内容。

如表所示，粮食中自家消费换算后有 18 石 9 斗，推算家庭一年所需粮食量只要 12 石，因此剩余 6 石 9 斗。假设每石 20 元（高粱、玉米各一半），应该剩余 138 元。除了伙食之外的项目暂且遵循表中数字，按刚才计算，能消除所说不足，还剩余 55 元。

在这里暂且看作收支没有不足且有剩余，粮食自用量换算后之前不足的 83 元得到消除，来看一下收入部分的销售收入。伙食一项 468 元，在支出总计 676 元中占 69.23%，衣服类 50 元占 7.4%，赋税 58 元占 8.5%，其他 100 元占 14.79%。

（10）张守俊从事农业的同时做制造线香的副业，还租佃了 20 亩地。没有所有地，是从后来李树林的回答中，仅以 530 元的价格卖了 3 亩种着麦子土地给张守俊的事情中看出来。暂且从回答中看一下他的家计，这件事留着后面考虑。

对于八口之家来说，很明显 20 亩租地不够食用，主要靠继承父亲的制作线香的副业的收入来弥补其他费用的不足。

张麟容（六甲六户）

农家第66号	张麟容21岁	家人：男17、13、1岁（17岁男在北京做学徒，预计今年回村）女54、23岁	换算数5.0
没有雇工		家畜：驴一匹	

土地所有、经营关系		亩数	所在	对象
	所有	所有25亩（注：继承父亲的25亩）		

收入	农作物收入					其他收入（元）
	农作物	作物面积（亩）	产量（石）	单价（元）	金额（元）	
	玉米	15	51	预测25	375	没有副业
	高粱	7	3	预测25	54	
	豆子	间作	7（卖5）	25	175（卖125）	
	谷子	3	3	推测小米40	72	收入总计
					总计676（卖125）	676（含现金125）

支出	伙食费		衣服	燃料	租金	
	足　自用量换算551		50	0	0	
	赋税	劳务费	肥料	其他	支出总计	
	58	0	0	约100	759（含现金208）	

备注	粮食中自家用量（除豆子）换算18石9斗，消费同等价换算数5.0，扣除外出打工的弟弟的1.0还有4.0，推测家庭一年所需粮食量是12石 相减后剩余6石9斗

张守俊（一甲九户）

农家第 10 号	张守俊 28 岁	家人：男 13、6、2 岁 女 56、26、17、15 岁	换算数 6.5
没有雇工		家畜：驴一匹	

土地所有、经营关系	租佃	亩数	所在	对象
		20 亩	县城	张
		注：父亲分家时分得的财产不明，根据别的资料显示从李树林那以 530 元的价格购买了 3.5 亩地。		

			农作物收入			其他收入
	农作物	作物面积（亩）	产量（石）	单价（元）	金额（元）	制造线香去年三个月纯利推测 150 元、一头猪 60 元
收入	高粱	8	7	17.5	121	
	豆子	8	2（卖 1）	25	50（卖 25）	
	玉米	12	12	预测 25	300	收入总计
	麦子	12	2（卖 2）	121	62（卖 62）	745 元 （含现金 332）
					总计 535（卖 332、租金 88）	

	伙食费	衣服	燃料	租金	
支出	不足 自用量换算 300 推测购入 187	55	0	换算 88	
	赋税	劳务费	肥料	其他	支出总计
	青苗钱 20	0	0	65	759（含现金 208）

备注	粮食中自家用量换算 12 石，消费同等价换算数 6.5，推测家庭一年所需粮食量是 19 石 5 斗相减后不足 7 石 5 斗

他说"一年的收支情况计算下来没有结余也不用借钱，去年收成还好，若是歉收年就很苦恼了，粮食会不够"。这样看夹可以得知去年的经济情况不差。即便没有土地，却拥有制作线香这一特殊的副业，是他的一大优势。

收入中，农作物收入为 122 元，1 头猪 60 元，制作线香的纯利润如表所示 150 元。

接下来支出方面，如表所示，粮食不够。本人并没有回答购买粮食的事情，别的资料中"你卖得最多的是什么，买得最多的又是什么？＝卖麦子，但是不买"（本卷第164页），收成中高粱去皮有5石，除了交纳地租其剩余高粱和小麦全部卖掉了，剩下的豆子作为饲料，光12石玉米是不够的。我们再来分析下购买不足的7石5斗的部分。

若1石玉米25元，共187.5元。看上去其他的费用也比所需量要少，暂且认为家庭很节约，就按表中数据来分析，支出总计715元，还有30元的剩余。

以上来分析支出各项目的比例的话，伙食费487元占68.11%，衣服类55元占7.69%，地租88元占12.31%，赋税20元占2.8%，其他65元占9.09%。

接下来来看上述的他购买土地的情况。据说李树林为了举办母亲的葬礼在去年四五月份还种有麦子的前提下，以530元的价格卖了母亲的3亩养老地给张守俊。（本卷第258页）这笔资金是怎么筹措的呢？想想他做线香生意每年的销量相当可观，关于以上土地的回答（民国三十年），采购材料花了2000元左右，制作了3000元左右的物品。还雇有月工一同生产，因此要开工资，但是我认为还是有相当大的利润可图，先赊账购买原材料，当销售掉物品后再支付赊账，其间能有相当多的资金可供周转。制作线香"最忙的时期是？＝十一二月（阴历）"（本卷第101页，1941年3月），贩卖时期是正月、二月份，四月从收入中拿500元来充当土地的购买费是完全可行的。但是这几亩地"光土地的话是400多元"，直接割了麦子拿去卖也能得到100多元。加之，秋天的作物价格好，即便买了这几亩地后，可能还要多少借点钱，下一次做线香能够弥补不足。他在民国二十九年失去了父亲，为了举办葬礼花费了250元，其中借了60元，大部分都是赊账，并在之后的两三年内还清，这样的事情我认为是可能发生的。（本卷第258页）第二年根据本田氏调查的租户户别调查表（1942年3月），他的线香制造总共四五百捆，卖价是1捆3元，原料需要4000斤面，原料费是1000斤300元。因此他的销售额是1200元或者1500元，原料费是1200元，"材料费等花了600多元，销售额七八百元，纯利100多元"（本卷第258页）的回答有很大的差错，看上去收入也比前年减少了，但是因有相当可观的销售额，可以看出有200多元的利润。

（11）李树林拥有10亩土地，当然不够六口一家的生活。并没有出租土地，而是靠做短工、卖旧衣等小买卖来弥补家用。土地的土质好像也不是很好，大多都是靠务农之外的手段来生存。现金收入都是来自务农。没有借土地的一个原因是"没有钱所以借不了"，"村里就自己一人"做着卖旧衣的生意做了好多年，去年获得纯利100元。

可能比租佃更加赚钱。收支的情况的话，大概是把能拿的钱拿出来用，然后不向别人借钱，想办法过日子。比如，如刚才所说，卖旧衣服也只是在有资本的时候才做的生意，他说"现在没有资本了就没做了"，嫁女儿也是"因没钱所以没有嫁妆""那么有没有卖东西或者借钱呢？＝什么都没做，没办法，家里还有1个女儿，没有钱的话这个女儿也就这么出嫁"，在支出项中，如表所示，其他日用品杂费等所有费用30元，"若还想买更多的东西也无力承担"（本卷第258页），需要把吃穿用控制在必须的量以下。接着我们来看看他的家计。

首先是粮食，如表中备注所示，自家消费量是5石3斗，根本不够一家6口人食用。

李树林（二甲五户）

农家第 18 号	李树林 42 岁	家人：男 8、5 岁 女 40、15、10 岁	换算数 5.1
没有雇工		家畜：驴一匹	

土地所有、经营关系		亩数	所在	对象
	所有	所有 10 亩（注：10 年前分家得到 10 亩）		

		农作物收入			其他收入
收入	农作物	作物面积（亩）	产量（石）	单价（元）	金额（元）	做两三个月短工 75、卖旧衣纯利 100、小买卖纯利 50
	玉米	6	4	预测 25	100	
	高粱	1	1	预测 18	18	收入总计
	豆子	间作	2	预测 25	50	
	谷子	2	1	预测小米 40	24	417
				总计 192		（含现金 225）

支出	伙食费	衣服	燃料	租金
	不足 自用量换算 192 预测购入 140	30	0	0
	赋税	劳务费	肥料	其他	支出总计
	25	0	0	30	417（含现金 223）

备注	粮食中自家用量（除豆子）换算 5 石 3 斗，消费同等价换算数 5.1，做短工等在外吃饭预计 0.3，减后得 4.8，推测家庭一年所需粮食量是 14 石 4 斗 相减后不足 9 石 1 斗

尽管如此，去年的收成"卖粮食了吗？没有，吃都不够"，"去年买了多少粮食？＝没买，作物意外收成好。（前年还多有 3 亩地，一直维持到去年）"（本卷第 257 页），从这些回答中能轻易看穿他的谎言。根据备注中的计算，一年所需粮食量减去自给量还差 9 石 1 斗。即便前年多了 3 亩地，也不可能不需要购买粮食。不过也可以从刚才的回答中想象把所有的收入拿来购买粮食，然后紧衣缩食地过日子。除了伙食之外的支出 85 元从现金收入 225 元中扣除，有 145 元用来购买粮食。若 1 石 25 元的话，相当于 5 石 6 斗玉米。将这个数量加上自给自足的 5 石 3 斗一共是 10 石 9 斗，用消费同等价修正 4.8 来除的话，得 2.27 石，相当于要减少 2 成 4 分多的量。总之，若想要不借钱，必须要有这个程度的紧衣缩食才可以。除了粮食以外的费用如上所说，不管情形有多么不好，对于一家 6 口来说也

太少了，姑且遵循表中数字吧。也就是说，要想穿与别人一样的衣服，吃一样的食物，除了借钱或者卖土地别无他法。本人也说没有做卖旧衣的资金，要想租佃土地首先必须要借钱。暂且如上，作为节约的家庭，来看下他的支出的比例。支出共计 417 元，其中伙食 332 元占 79.62%，赋税 25 元占 6%，衣服类以及其他项各 30 元占 7.19%。

（附记）依本卷第 100 页，虽是前年度的事情，但本人说卖一次旧衣服收入 200 元，一年进货 4000 元左右的货，能赚 300 元。虽有些夸大话，但前年的情况要比去年好。前年还买了少量肥料，"去年买了多少粮食？＝100 元左右""全部买的话要多少钱？＝600 多元吧"，从这些回答中可以看出，确实比去年要景气些。

付菊（五甲八户）

农家第 57 号	付菊 62 岁	家人：男 28、12、8、1 岁 （28 岁男在做警卫，住在别处） 女 44 岁	换算数 4.8
没有雇工		家畜：驴一匹	

土地所有、经营关系	租佃	亩数	所在	对象
		14 亩	县城	张立臣
		荒地 2.5 亩 （注：分家取得的土地数不明，可能没有土地吧）		村公会

	农作物收入					其他收入（元）
	农作物	作物面积（亩）	产量（石）	单价（元）	金额（元）	
收入	高粱	4	3（卖 3）	16	48（卖 48）	小买卖 250
	豆子	4	3（卖 3）	28	84（卖 84）	
	玉米	7	7	预测 25	175	
	麦子	1	0.7	预测 40	30	收入总计
收入					总计 337 （卖 132）	587 （含现金 382）

支出	伙食费	衣服	燃料	租金		
	不足 自用量换算 205 购入 120	20	0	160		
	赋税	劳务费	肥料	其他	支出总计	
	14	0	0	40	559（含现金 354）	
备注	粮食中自家用量 7 石 7 斗 从消费同等价换算数中扣除居住他乡的长子 3.8，推测家庭一年所需粮食量是 11 石 4 斗 相减后不足 3 石 7 斗					

　　（12）付菊是 40 年前从大兴县铁匠营移居过来的，没有所有地，以耕种租地为主，还做着小买卖为副业，经常做买卖土地时的介绍人的贫农。算入荒地一共有租地 16.5 亩，当然不够食用，通过在集市做木器、蓑、席、榆皮等的小买卖取得的收入在家计中占了很大比例，相当于现金收入的 2/3。另外，做中介人时会收谢礼，不过近年来很少了，去年只收过一回，没有予以统计。上面的小买卖的收入是二三百元，"有时间就去做，做 8 个多月，若 1 天有 1 元多的利益就算好的了"，因此暂定为 250 元。但是他说"其中一大半以上都花在吃饭上没有剩余什么钱"，是因为去集市的日子里买卖结束后偶尔下饭馆吃饭，或者喝一杯白干，统计起来，费用可能稍微多了些。

　　总之他说的"这两三年收成好没有借钱"也是因为无法借太多的钱吧，暂且在形式上看作收支平衡吧。附表中收支相减后得 28 元，探讨下其内容吧。

　　首先粮食，自给量是 7 石 7 斗，扣除长子在别的村做警卫，推测家庭所需粮食量为 11 石 4 斗，还差 3 石 7 斗不足。他说的"每年要买 3—4 石玉米和小米，花费 120 元左右（全部吃完）"（本卷第 259 页）基本符合实际。衣服等其他的支出费用跟前面李树林一样，非常的少，但可能也是没有办法。地租的负担非常的重。接下来看一下各项的比例。

　　支出共计 559 元，其中伙食 325 元占 58.14%，衣服类 20 元占 3.58%，地租 160 元占 28.62%，赋税 14 元占 2.5%，其他 40 元占 7.16%。（现金支出共计 354 元，其中伙食 120 元占 33.9%，地租 160 元占 45.20%，衣服类 20 元占 5.65%，赋税 14 元占 3.95%，其他 40 元占 11.3%。）

　　（附记）在一般户别调查表中，收成比附表多出 1 石高粱、2.3 石豆子，少了 1.2 石玉米，又依据本卷第 99 页所写"怎么支付地租？＝钱不够的话就拜托杨永才到城里的店铺借 20 元""你去借钱的话会怎么样？＝以农民的身份不能借钱"的一样，支付地租也不是容易的事情。

　　（13）李秀芳拥有土地 49.5 亩，在村里属于数量较多的，但是好像土地的质量不太好。但是除开去当治安军的弟弟，连小孩在内一家六口都是女人，再加一个半拉长工的粮食量"不卖掉粮食就够吃"。另外，她还卖些白菜、青菜，在农闲期去做蜜供，勤劳工作，虽然本人说"一年的收支计算下来有剩余吧＝没有，因为土质不太好"，但今年又借了 5 亩地，可以说收支是平衡的。来看一下她的家计吧。

　　收入主要以农作物收入为主，还做一些副业作为补充。首先粮食，本人也说"不卖粮食就够吃"，"去年卖了一点粮食所以不够吃"，但"还没有购买粮食"（本卷第 259 页）。附表备注所写，自家消费量的粮食换算后为 14 石 3 斗，除去做治安军的弟弟，算上半长工的量一年所需粮食量为 17 石 7 斗，还差 3 石 4 斗不够，但很明显只要少卖点粮食是够食用的。出现 3 石 4 斗不足，是因为白薯数量少，而且家里都是女人，我认为不会出现这样的差额，作为推算，不足定为 2 石玉米 50 元就可以了。关于其他项目，衣服类 20 元是因为"去年没怎么买"，比起其他家庭的家计来稍微有点少，但其他项的 200 元比起其他家庭又有些多。暂且遵循表中数据，支出共计 1045 元，收支差额 83 元。另外为了调查除此外还有没有别的收入，根据本田氏的租户户别调查表的内容，还记录有 7 石麦子的收入。有 50 亩地却没有麦子确实有些奇怪。但是因本人说"土地质量不好"，是否能生产出 7 石麦子也值得怀疑。总之如开始所说，先预付了地租再借土地来耕种。（理由是"我的土地都是潦地，被水淹过一次"。)

李秀芳（一甲七户）

农家第 7 号	李秀芳 25 岁	家人：男 21 岁（在做治安军） 女 77、51、30、23、5、4 岁			换算数 6.8
雇工：1 个半长工			家畜：驴一匹、牛一头		
土地所有、经营关系			亩数	所在	对象
	所有		49.5 亩（八笔） （注：土地不太好，祖父分家时得到的土地不明）	村西北法信	
	租佃		5 亩（今年）		西杜兰庄人

	农作物收入					其他收入（元）
收入	农作物	作物面积（亩）	产量	单价（元）	金额（元）	
	玉米	28	18 石（卖 5）	23	414（卖 115）	卖白菜 40 做蜜供 45 卖青菜 10
	高粱	11	6.5 石（卖 3.5）	19	124（卖 105）	
	豆子	间作	7 石（卖 3.5）		271（卖 96）	
	花生	1	2.1（卖 1）	11	23（卖 2）	
	谷子	1.5	1	预测小米 40	24	
	白薯	1	270 斤	预测 100 斤 4	11	收入总计
				总计 867 （卖 327）		962 （含现金 422）

	伙食费	衣服	燃料	租金	
支出	足 自用量换算 540 推测购入 50	20	0	60	
	赋税	劳务费	肥料	其他	支出总计
	121	54	0	约 200	1045（含现金 505）

备注	粮食中自家用量（除豆子、花生、白薯）换算 14 石 3 斗 从消费同等价换算数中扣除做治安军的弟弟 1.0 以及本人在外吃饭预计 0.3，加上半长工份额的 0.4 共 5.9，推测家庭一年所需粮食量是 17 石 7 斗 相减后不足 3 石 4 斗

这次"出于安全的考虑想租好的土地，父亲去世早，以前我没适应耕种土地，因此没有租地，但今年开始试了租土地"（本卷第 165 页），从这些语句中可以看出，一定还没有出现过赤字。那么我们看一下附表中支出的数据。

支出总计 1045 元，其中伙食费 590 元占 56.46%，衣服类 20 元占 1.91%，地租 60 元占 5.74%，赋税 121 元占 11.58%，劳务费 54 元占 5.17%，其他 200 元占 19.14%。

（附记）依据本田氏的租户户别调查表，其中有"长工冯克义从去年秋季开始被雇用，工资一年 125 元，长工工资的支付方法有预付和之后付两种方法，一般都是采用预付的方法。李秀芳是分 100 元和 25 元两次支付工资"。之前的半长工的契约满后为了今年的耕种就雇用了这个长工，若预付他的 125 元工钱的话，没有 7 石麦子就讲不通。

（14）张永仁拥有 46.2 亩地，另外还承典了 11 亩地共耕种了 57 亩多的土地，在村里属于拥有土地较多的人。他现在是会长，是勤奋努力的好人，从父亲手里继承了 20 亩地，一点都没使之减少反而使土地增加，可能有其他的原因，但主要是他自己是节约又勤奋努力的人。比如，像"花了 500 元从何先生那承典了土地说明你有相当多剩余的钱吧 = 不是的，只是渐渐筹齐了钱，还借了一点钱来承典土地，借的靠卖粮食慢慢还债。"（本卷第 260 页）说的一样，他即便很辛苦也要承典土地，可以说他的家计是准确可信赖的。特别是他拥有的土地数量在全村排第三、第四位，三个儿子分家后，各自分得数十亩地，单个家庭来说土地数量是不够的，但对于现在正是工作精力旺盛的三个儿子来说，1 个人外出打工多少能往家里寄钱，其他两人不用雇用工人都可以耕种这些土地，即使是自耕农也可以说是拥有好条件的家庭。我认为家计当然是收支平衡，我们来看一下其内容吧。

（15）收入大部分都是农作物收入，没有精力做短工，三儿子往家里寄的钱很少，可以说是纯自耕农。对于支出中粮食以外的项目，我不认为有不妥当的地方，遵循表中的数据吧。问题在于粮食部分，光靠收成当然可以自给自足，还有多余，但因没有其他收入来源，为了换得现金不得不卖掉一部分粮食。因此能否选择比较有利的时机卖掉粮食再买粮食成了问题，但他在村里是比较会挑选时机的人（参考本卷第 230 页）。我认为那是跟他作为自耕农，大体的支出都能按计划进行有关。附表所示，去年卖了相当多的粮食。特别是麦子的卖价比其他场合都低是因为麦秋时节需要用钱不得已卖掉的。前年承典了何先生的土地可能一直到去年都有影响。

一部分承典费是通过贩卖粮食，一部分是在三儿子打工的店铺同顺永通过信用借的钱（第 230 页）。如表所示，在推测的一年所需粮食量为 30 石 6 斗中，自家消费量不到 12 石 3 斗，必须要购买差的 18 石 3 斗。回答中说，"买了 10 石玉米，1 石 23 元或者 25 元"（第 260 页），但很明显买的这些数量是不够的。若进一步推断又买了 8 石，1 石玉米 24 元的话，必须要加上 192 元。如此一来就跟表中数据一样，会产生收支 68 元的不足。然而这个程度的赤字，对于这个家庭来说不是很困难，先向同顺永等暂借些钱之后用三儿子的工资来还，或者卖粮食来还钱。暂且看一下上述所说的支出的比例，如下。

支出共计 1276 元，其中伙食费 820 元占 64.26%，衣服类 160 元占 12.54%，赋税 81 元占 6.35%，肥料 65 元占 5.09%，其他 150 元占 11.76%。

（附记）一般户别调查表中的数据与附表中的收成相比，多了 1 石高粱，2 石豆子，少了 1 石玉米。

（15）崇文起"1 亩土地都没有"，"去年只耕种了自己的一亩坟地，今年开始耕种 5 亩公会地"，但"主要还是做小买卖"，冬季父子俩一起外出做蜜供挣钱。小生意的成本

张永仁（三甲五户）

农家第 32 号	张永仁 65 岁	家人：男 34、31、27、17、10、 7、8 岁（27 岁男在城里同顺永） 女 59、31、31、29、10 岁	换算数 11.2
没有雇工		家畜：驴一匹、牛一头	

土地所有、经营关系		亩数	所在	对象
	所有	46.2 亩（注：父亲那代是 20 亩）		
	承典	11 亩	县城	何振谦

	农作物收入					其他收入（元）
收入	农作物	作物面积（亩）	产量	单价（元）	金额（元）	没有副业 县城三儿子寄 钱推测 70
	玉米	10	8 石	预测 23	184	
	高粱	25	17 石（卖 16）	17	289（卖 272）	
	豆子	混作	11 石（卖 11）	23	253（卖 253）	
	麦子	10	7.5 石（卖 7.5）	30	225（卖 25）	
	谷子	9	6 石	预测小米 40	144	
	花生	1	180 斤	预测 100 斤 24	43	收入总计
					总计 1138 （卖 750）	1208 （含现金 820）

	伙食费	衣服	燃料	租金		
支出	不足 自用量换算 25 购入 225	160	0	0		
	赋税	劳务费	肥料	其他	支出总计	
	81	0	65	约 150	1276（含现金 888）	

备注	粮食中自家用量（除豆子、花生）换算 12 石 3 斗 从消费同等价换算数 11.2 中扣除在县城打工的三儿子 10.2，推测家庭一年所需粮食量 30 石 6 斗 相减后不足 18 石 3 斗

大概就是"一年花 100 元左右足够"，"瓜子儿、花生、梨、糖、蚕豆等"零碎的东西除外，"去年还卖烧饼、麻花、油条等，但今年还没开始卖"。他这么说是因为"从集市买来麦子自己再磨成粉做成面"，要在麦秋时节进货。他说 100 元的本钱（资本），可以一次盈利"二三十元"，"做小买卖一年可以赚多少？两三百元（利润）"，然后他还要做 3 个月的蜜供，从这些事实可以看出，他在 9 个月的时间里进 100 元的货，然后又进行加工制造再销售，这样反复进行 10 次，恐怕光是做小生意就够让他忙活了。今年又从宝贵的资金中拿出 120 元租佃 5 亩公会地，若不是租佃更赚钱，那么就是因为发生了原料或者商品

的进货或者其他原因导致做小买卖很困难。总之他所说的"一年的收支计算下来怎么样？不多不少"，可以解释为即使资金不足，也因没有其他收入来源，也没有能借到大量金额现金的信用（因没有土地），所以必须在收入范围内勉强艰难过日子。那么我们来看下支出情况。

如表中备注所示，一年所需粮食量是 13 石 5 斗，其中自给自足的是 1 石，还差 12 石 5 斗不够。但本人说"去年购买了 10 石左右的玉米，1 石 22—23 元"。剩下的 2 石 5 斗该怎么处理，粮食以外的支出总计 205.8 元，现金收入是 380 元（将小买卖的收益看作 250 元），能用来购买粮食的金钱只有 174.2 元。可是购买上述 10 石玉米就要花 220—230 元，光买这 10 石就会出现赤字，因此不能再在这之上购买更多的粮食，最稳当的做法是紧衣缩食过日子。这样看来节食率相对于一年所需粮食量的 13 石 5 斗，是 2 石 5 斗占 18.5%。

崇文起（一甲八户）

农家第 9 号	崇文起 50 岁	家人：男 19、13 岁 女 79、46、3 岁		换算数 5.3
没有雇工		没有家畜		
土地所有、经营关系		亩数	所在	对象
	所有 租佃	坟地 1 亩多 （从今年开始）5 亩地		村公会

收入	农作物收入					其他收入（元）
	农作物	作物面积（亩）	产量（石）	单价（元）	金额（元）	做小买卖 9 个月纯利润约 250，做蜜供 3 个月 130 元
	玉米	1	1	预测 25	25	
						收入总计 405 （含现金 380）

支出	伙食费		衣服	燃料	租金	
	不足 自用量换算 25 购入 225		55	10	（今年）120	
	赋税	劳务费	肥料	其他	支出总计	
	0.8	0	65	20	455.8（含现金 430.8）	

备注	从消费同等价换算数 5.3 中扣除本人及长子做蜜供赚钱和做小买卖时在外用餐消耗的 0.8，得 4.5，以此推测家庭一年所需粮食量是 13 石 5 斗，自给量 1 石，还差 12 石 5 斗不够

若估算小买卖赚的钱为 300 元，那么 50 元的赤字就会抹平，但实际不是那么简单，实际上这种程度的赤字常常发生，结果只能主要靠紧衣缩食来渡过难关。不过，在支出部分没有余地再节约了，因此一半以上的支出都是伙食费。像这样的家计，我认为借钱不是长久之计。借钱了必须还，拿买粮食的钱去还可能性很小，不还的话下一次再也不能借，因此只能作为临时手段，不能作为应对日常生活的必要手段。

那么看一下支出的比率，共计 455. 8 元，其中伙食 250 元占 54. 85%，衣服类 55 元占 12. 07%，燃料 10 元占 2. 19%，地租 120 元占 26. 33%，赋税 80 钱占 0. 18%，其他 20 元占 4. 39%。

（在其他家庭中没有燃料的费用，这里燃料的费用是用来制作烧饼、点心必要的煤，地租 120 元是今年租地的费用，以前这份钱使用来购买原材料的。）

（16）张守仁拥有 19 亩地外还租佃了 5 亩地，为了耕种土地雇有长工，本人在牛栏山的杂货铺得顺栈里做掌柜。分家时只得到了 8 间房屋，凭着努力赚来的钱慢慢地购买土地累积到现在。他是一位做事方法很奇怪的村民。从去年开始身体状况不好，在家休养，每年家庭开支要 1000 元以上，但像他本人所说的"一年的收支计算下来怎么样？＝近年来开始不够用了""没有另外借钱吗？＝没有，自己手里的钱有少部分是暂借的，但我觉得这算不上是借钱"，据说他最近因生病，户别调查表中药费等的赊账就有 400 多元。

从能够赊账的事实中可以看出，做掌柜的人恐怕信用度很高，即便遇到临时的开销借钱也好赊账也好，都有很大程度上的通融性，我认为要想调查他的家计的具体收支内容可能比较困难，但正是因为他人品好，即使借的金额很大，也用不着卖地总会想办法还钱。做掌柜的工资是"每月 10 元"（本卷第 262 页），虽弄不清楚分红利的奖赏有多少，像"农作物以外的收入怎么样？＝只有自己工作的收入，花掉我的 200 元收入还不够用，因生病一直花家里的钱，还卖了 1 头猪得 80 元"所说的一样，即便没有很多的奖赏，也好像有其他某种收入。如果没有其他收入的话，"一直花家里的钱"是根本不可能的。总之像他一样在商铺里长期待过的人应该对家计上也有有形的或无形的利益。作为一个只有 19 亩地的农民，因生病在家休养，突然间借的金额慢慢开始累积，明明已经到了不得不卖地还钱的地步，他却像上述所说"自己手里的钱有少部分是暂借的，但我觉得这算不上是借钱"（本卷第 263 页），仍然能够忍耐下去，从这些事情中可以得出以上观点。接下来我们来看一下表中的数据。

如下所述，收入不明确，先来看下支出方面。粮食方面，他说"5 口人，雇有长工，喂有牲口，因此粮食不够，没有卖过粮食，打算今年春季买 2 石玉米"。如附表中备注所写，推测家庭一年所需粮食量为 12 石，粮食自家用量换算 8 石 2 斗，还差 3 石 8 斗不够。另有一些白薯、萝卜，另一方面去年本人因病在家休养，要购买 3 石 8 斗粮食的话，1 石玉米 25 元来算，要花 95 元。太太在旁边说，用于制作衣服的布"60 元怎么都不够"，给予了纠正，大概要花 100 元左右。赋税 65 元，与其他家庭相比，感觉稍微多了些，在回答中有作出说明，暂且不做修改。接着是杂费的 350 元，与其他村民的例子相比，多了 2—3 倍，张守仁因做生意要更多的零用钱，而且从去年开始生病也要花很多医药费，所以

张守仁（五甲十户）

农家第 59 号	张守仁 65 岁	家人：男 15、8 岁 女 49、18 岁	换算数 4.8
雇工：1 名长工		家畜：驴一匹	

土地所有、经营关系		亩数	所在	对象
	所有	19 亩（注：分家时只得到 8 间房屋）		
	租佃	5 亩	县城	某

	农作物收入					其他收入（元）
	农作物	作物面积	产量（石）	单价（元）	金额（元）	
收入	谷子		2	预测小米 40	48	
	玉米		3	预测 23	69	
	豆子		2	预测 23	46	牛栏山杂货铺工资
	麦子	亩数不详	2	预测 30	60	等 200、1 头猪 80
	白薯		不详			
	萝卜					
	荞麦		2	预测 30	60	收入总计
					总计 283	563（含现金 280）

	伙食费		衣服	燃料	租金	
支出	不足　自用量换算 283 推测购入 95		100	10	50	
	赋税	劳务费	肥料	其他	支出总计	
	65	180	100	350	1233（含现金 950）	

备注	粮食自家用量（除豆子、白薯、萝卜等）换算 8 石 2 斗，消费同等价换算数 4.8，从中扣除本人不在家消费的 0.8 得 4.0，以此推测家庭一年所需粮食量为 12 石，还差 3 石 8 斗不够

还不算多。劳务费 180 元也是因本人无法耕种，不得已花钱请人。这样看来，支出共计 1233 元（现金 950 元），如表所示，即便粮食全部用作自家食用，靠他 200 元的工资和卖 1 头猪得的 80 元怎么也无法维持开支。也就是说有 670 元的不足。即便这部分不足是从店铺那得来的，也只可能是信用借钱或者赊账而来的。

　　暂且看一下支出的比例，共计 1233 元，其中伙食 378 元占 30.65%，衣服类 100 元占 8.11%，燃料 10 元占 0.81%，地租 50 元占 4.06%，赋税 65 元占 5.27%，劳务费 180 元占 14.6%，肥料 100 元占 8.11%，其他 350 元占 28.39%。

　　（17）杨润是村长杨源的弟弟，父亲那代时有 110 亩地，生前土地多少有些减少，但他当上一家之主以后，因办葬礼、盖房、出嫁、生活、生病等原因渐渐卖掉了土地（约

70 亩），现在拥有 22 亩地，他没有较好的经济能力，加之只有他一人工作，家里都是女人，他生病之后，他这一代虽然没有什么特殊的缘由，却不断地衰败下去（从这个例子可以看出，一个家庭生男还是生女，这种意外性的事情关系到一个家庭的兴衰）。那么若努力耕种这 22 亩地来养活 1 男 4 女的家庭也不是说一定不可以，但他把自给自足都很难满足的土地租给别人一部分。也就是去年租给 2 人 6 亩地，今年将 11 亩借给 3 个人。

杨润 （四甲十户）

农家第 48 号	杨润 38 岁	家人：男 女 61、38、14、12 岁		换算数 4.8
没有雇工		家畜：驴二匹		
土地所有、经营关系	所有 出租	亩数	所在	对象
		22 亩（注：父亲那代时有 110 亩，去世的时候有 40 多亩）将上述土地中的 11 亩借给本村人杨绍增 2 亩、杜春 7 亩、赵文有 2 亩。（去年借出 6 亩，得 100 元，其中 3 亩是坟地。）		

	农作物收入					其他收入（元）
	农作物	作物面积(亩)	产量（石）	单价（元）	金额（元）	
收入	高粱	3	2	预测 18	36	1 头猪 85 租金 212
	玉米	5	5	预测 23	155	
	豆子	2	2	预测 23	46	
	麦子					
	谷子	4	2	预测小米 40	48	收入总计
					总计 245	542（含现金 297）

	伙食费		衣服	燃料		租金
支出	不足 自用量换算 245 购入 260		160	50		0
	赋税	劳务费	肥料	其他		支出总计
	42	20	0	280		1057 （含现金 812）

备注	粮食自家用量（除豆子）换算 7 石 6 斗，消费同等价换算数 4.8，以此推测家庭一年所需粮食量为 14 石 4 斗，还差 6 石 8 斗不够。根据一般个别调查中收成比上述少 3 石玉米、1 石豆子、1 石粟子。

（264 页中写的是 14 亩地，但个别调查表中记录的是 2、7、2 亩共 11 亩）这虽是为了贴补家用，还不如说是类似于借钱。差异之处在于不需要还，但缺点是不能收获更多的粮食，

顺义县沙井村 17 户农家家计收支及各项目比率一览表

农家序号	姓名修正消费同等价	收入总计（内现金）	农作物收入			其他收入			备注
			总计	自家用	销售额	副业	外出工作	租金牲口	
1	李濡源 13.5	2084 (781)	1884 90.4%	1303	581	0	0	猪 200 9.6%	
7	李秀芳 5.9	962 (422)	867 90.1%	540	327	卖白、青菜 50 5.2%	蜜供 45 4.7%	0	
9	崇文起 4.5	405 (380)	25 6.2%	25	0	小买卖 250 61.7%	蜜供 130 32.1%	0	
10	张守俊 6.5	745 (332)	53.5 71.8%	300	235	线香 150 20.1%	0	猪 60 8.1%	
17	任振纲 4.0	570 (140)	570 100.0%	430	140	0	0	0	承典田未统计
18	李树林 4.8	417 (225)	192 46.0%	192	0	短工、卖旧衣、小买卖 225 54.0%	0	0	
32	张永仁 10.2	1208 (820)	1138 94.2%	388	750	0	县城三儿子送钱 70 5.8%	0	
37	杜守田 6.5	802 (408)	532 66.3%	394	138	短工 20 2.5%	县城三儿子送钱 250 31.2%	0	
39	杜祥 6.6	742 + 89 (486)	542 + 89 73.0% (75.9%)	256 + 89	286	短工 40 5.4%	蜜供 60 北京送钱 100 21.6%（19.3%）	0	

支出总计（含现金）	伙食费（除副食）				衣服类	燃料	地租	赋税	劳务费	肥料	其他	备注（超出、不足）
	自给	购入	自给率	消费率								
1983（680）	1303 65.7%	0	100	96.5	100 5.0%	0	0	130 6.6%	90 4.5%	210 10.6%	150 7.6%	101
1045（505）	540	50	91.5	100	20 1.9%	0	60 5.7%	121 11.6%	54 5.2%	0	200 19.1%	-83
455.8（430.8）	25	225	10	55.5	55 12.1%	10 2.2%	120 26.3%	0.8 0.2%	0	0	20 4.4%	-50.8
715（327）	300	187	61.6	74.9	55 7.7%	0	88 12.3%	20 2.8%	0	0	65 9.1%	30
815（385）	430 52.8%	0	100	107.5	100 12.3%	0	0	90 11.0%	100 12.3%	35 4.3	60 7.3%	-245 但自给量剩余换算 +90 而且没有统计承典田
417（225）	192	140	57.8	69.2	30 7.2%	0	0	25 6.0%	0	0	30 7.2%	0
1276（888）	388	432	47.3	80.4	160 12.5%	0	0	81 6.3%	0	65 5.1%	150 11.8%	-68
928+60（534）	394	120+60	42.5（68.6）	79.1（88.3）	120 12.9%（12.1%）	0	96 10.3%（9.7%）	38 4.1%（3.8%）	5 0.6%（0.5%）	0	155 16.7%（15.7%）	-126 追加粮食购入量 -60 括号内为修正率，下同
945+9（689）	256+89%	155	62.3（69.0）	62.3（75.8）	100 10.6%（10.5%）	0	100 10.6%（10.5%）	34 3.6	0	100 10.6%（10.5%）	200-80 21.1%（12.6%）	-203

续表

农家序号	姓名修正消费同等价	收入总计（内现金）	农作物收入			其他收入			备注
			总计	自家用	销售额	副业（元）	外出工作（元）	租金牲口（元）	
42	景德福 3.5	924 (516)	664 71.9%	408	256	0	0	租金 100 猪 160 28.1%	
47	杨泽 3.5	980 (381)	935 95.9%	599 – 115	336 + 115	0	0	猪 45 4.1%	
48	杨润 4.8	542 (297)	245 45.2%	245	0	0	0	租金 212 猪 85 54.8%	
52	张成 5.4	683 (240)	443 64.8%	443	0	短工 90 13.2%	蜜供 110 16.1%	猪 40 5.9%	
53	赵廷魁 8.0	1399 (691)	1199 85.7%	708	491	车夫 60 4.3%	0	猪 140 10.0%	
57	付菊 3.8	587 (382)	337 57.4%	205	132	小买卖 250 42.6%	0	0	
59	张守仁 4.0	563 (280)	283 50.3%	283	0		杂货铺 200 35.5%	猪 80 14.2%	
66	张麟容 4.0	676 (125)	676 100.0%	551 – 83	125 + 83	0	0	0	

（注）1. 收支和支出各项目金额下面的数字是表示在收入或者支出总计中所占的比例；

2. 伙食的自给率是在所有伙食费中自给量所占的比率；

3. 伙食的消费量是用修正消费同等价除去所有伙食费所得的数字；

4. 姓名下面的修正消费同等价是基于所需伙食量所得的修正数。

支出总计（含现金）	伙食费（除副食）				衣服类	燃料	地租	赋税	劳务费	肥料	其他	备注（超出、不足）
	自给	购入	自给率	消费率								
1055 -145（647）	408	169 -145	70.7（94.4）	164.8（123.4）	100 9.5%（11.0%）	0	0	155 14.7%（17.3%）	3 0.2%	65 6.2%（7.1）%	155 14.7%（17.3）%	-131 若修改食物购入量为 +145
1042 -115（443）	599 -115 57.5%（52.2）%	0	100	171.1（138.0）	100 9.6%（10.8%）	0	0	78 7.5%（8.4%）	65 6.2%（7.0%）	100 9.6%（10.8）	100 9.6%（10.8）	-62 但推算自给量剩余 +115
1057（812）	245	260	48.5	105.2	160 15.1%	50 4.7	0	42 4.0%	20 1.9%	0	280 26.5%	-515
708 +49（265）	443	107	80.5	101.8	50 7.1%（6.6%）	0	(49)（6.5%）	33 4.6%（4.3%）	0	0	75 10.6%（9.9）%	-25 算入承典田的租金还要 -48
1439（731）	708 49.2%	0	100	88.5	150 10.4%	0	260 18.1%	41 2.8%	50 3.5%	30 2.1%	200 13.9%	-40
559（354）	205	120	63.1	85.5	20 3.6%	0	160 28.6%	14 2.5%	0	0	40 7.2%	28
1233（950）	283	95	74.9	94.5	100 8.1%	10 0.8	50 4.1%	65 5.3%	180 14.6%	100 8.1%	350 28.4%	-670
759 -83（208）	551 -83	0	100	137.8（117.0）	50 6.6%（7.4%）	0	0	58 7.6%（8.6%）	0	0	100 13.2%（14.8）%	-83 但食物自给量剩余换算为 +138

实际上要比作借钱的话，应该是相当于借高利贷。去年的耕种土地数量除开借出去的 6 亩，再减去 3 亩坟地，一共 13 亩，粮食量当然不够，像上述的做法的话，收支也不可能持平。首先我们根据表中数据来看下家计的内容。没有卖粮食都用于自家消费，因此没有销售额。收入部分只有卖猪得的 85 元和地租 100 元。但是这个地租实际上是前年秋季进账，为了去年耕种 6 亩土地而交纳的，去年秋季借出去的今年用来耕种的 11 亩地，同样丢失了相关资料，但在个别调查表中有记录杨绍增 2 亩 26 元、杜春 7 亩 140 元、赵文有 2 亩 46 元，地租收入共计 212 元。按回答和个别表的内容计算出其他收入共 297 元，加上自家用粮食的换算金额才不过 542 元。另一方面，附表中支出总计 1057 元，现金支出 812 元，在支出总计中，现金支出没有过半，整体看来，收入只占支出总计的一半，这样的家计与之前的张守仁的家计不同，是非常不健全的。那么，支出的具体内容究竟如何，首先从粮食来着手吧。刚才说了粮食不够，如表中备注所示，粮食自家用量换算为 7 石 6 斗，根据消费同等价推测家庭一年所需粮食量为 14 石 4 斗，还差 6 石 8 斗不够。在回答中，他也说"没有卖粮食吗？＝都不够吃，没有卖，还买了 5 石玉米、1 石麦子、2 石豆子，分别花费玉米 150 元、麦子 60 元、豆子 50 元"（本卷第 264 页）。豆子用作饲料，一共买了 6 石玉米和麦子，对于家里女人多的家庭来说这个量足够了。在这里引起我注意的是，这个男人愚蠢的地方。玉米单价 30 元、麦子 60 元、豆子 25 元比起张永仁购买的单价玉米 1 石 23 元或者 25 元相比高了 5—7 元，景德福说"12 月份买的话价格高"，麦子的价格也一样的，豆子的单价高了 5 元，恐怕在村里没有比他购买的粮食单价还高的人。另外，在生活困难的情况下村民们至少都会买 1 石麦子，也可以看出以前过分讲究的习惯还残留着。其次是衣服类 160 元，可能是从前就要面子，也可能是家里女人太多，比起其他村民要多，这一项应该可以有很大程度的节约。燃料费也是在其他家庭中不曾出现的，他家里却花了 50 元。可能与太太来自于县城的原因有关，不管怎样也能看出本人的无能和散漫。关于劳务费，本人回答"肥料、劳务费是多少？＝有买肥料，发给短工 20 元，另花 50 元购买牲口的饲料（2 头）"，这里说的饲料我想就是指之前提到的 2 石豆子，因此没有统计进去。赋税也没有问题，问题是其他一项。他说"其他零碎的日用品、杂费呢？＝杂费、随人情共计需要不到 300 元"（本卷第 264 页），暂且定为 280 元，但与其他家庭的家计相比也多很多，显示了操持家庭能力的不足，他的情况的话可能这些支出还不够，他说过"家里有人生病吗？＝上学的女儿和妻子经常生病，大概药费要花六七十元，而且病人要吃好的就又要多花钱，自己也不能工作，一些费用加起来要花 200 多元。"（本卷第 264 页）根据本田氏调查户别调查表，其中记载了小孩教育费 10 元、卫生费（医药费）80 元、婚葬费 80 元、嗜好 50 元、娱乐 20 元？交际费 50 元？日用杂费 150 元等。本人自己也记不清，但是看上去接近事实，总之估计 280 元可以说绝对不算多。

这么一来，收支差异就出现了 5□5 元的不足。该怎么填补不足呢，本人虽有说"之后有借钱或者卖地吗？＝没有，近年来经济紧张，什么都按简单的来，不管是吃饭还是穿衣"，但是虽然他想不借钱不卖地的过日子也是很困难的。"一年的收支计算下来怎么样？＝不够""那怎么办？＝去年不够就把土地租出去了"（本卷第 264 页），这在附表中已经有所统计。有可能是经历了好几次的卖地，土地变得越来越少，如果再卖地的话，面子上不好看，所以才出租土地，也有可能是已经没有其他的方法可以向我们做出回答了，像这样即便出租所有的土地也不可能填平庞大的赤字。对于农民的经济来说，500 元的金额是很庞大的，不是轻易就能筹措出来的。虽然我们苦于无法判断他实际的处理方法，但因他筹措金钱的手段有限，所以不是不能做出某种程度的推测。简单的说就是借钱或者卖地。除此以外，像上述一样也有出租的方法，今年已经在去年就收了地租，剩下的土地只有 11 亩了。即使全部出租，怎么也得不到 200 元，光这点钱也不够食用，首先要考虑其他的方法。去年出嫁女儿花费了300 多元也是"暂借的，自己也存了一点钱（卖猪）""你从谁手里借的钱？＝浮摘，从所有村民那"，虽存在这种方法，但这只是短期的信用借钱，必须尽早还钱。"有利息吗？＝期限短的话不收利息，但期限长的话要收，我是立马想办法还钱（地租或者卖猪的钱或者卖掉一部分粮食）"，杨润的信用也有限，这个回答也不能全信，只要不卖土地，一般可以通过信用借钱来调节吧。堂兄弟杨源、杨正、杨泽等在某种程度上借给他一些钱，还是有可能给他提供过帮助。又或者向太太娘家的人低头祈求援助也是可能的。不管通过这些手段能不能筹措一部分或者全部的金额，最终只能是用所有地来指地借钱，或者出典，或者卖掉一部分土地。不过看一下他以往处理的方法，因指地借钱和出典拿不到很多的钱，所以我认为他更大的可能是选择卖地。

上述已经暂且探讨了赤字的问题，接下来来看一下支出的比例。支出共计 1057 元，其中伙食费 505 元占 47.7%，衣服类 160 元占 15.14%，燃料费 50 元劳务费 20 元占4.73%，赋税 42 元占 3.97%，劳务费 20 元占 1.89%，其他 280 元占 26.49%。

四　17 户农家家计收支及各项目比率一览表

最后为了了解各户家计的内容，虽然做得不是很好，但我们把家计表的数字和比率都整理在一个表格中。在此写上几点整理方法以及利用上该注意的事项。

以开头所说的意图我们开展了此次调查，可是本表没有对总计做汇总。因为即便统计各个条件不一的 17 个家计并计算出平均值，也没有什么特别的意义。在利用上要注意的事项就是，它是按照第一卷卷末的顺义县沙井村户别调查统计表的农家号码的顺序，将各家家计的内容，收入和支出的各项目的数字记录下来的表格。

（1）农民姓名下面的数字，是为了根据家计表中的家族消费同等价换算数来推测一年家庭所需粮食量，对外出打工、请长工等情况进行适当的加与减，从而得出的修正消费同等价。

（2）收入的部分，收入总计的金额下面括号内是现金收入的总计，其内容分为家计表的收入一栏所对应的农作物收入和其他收入，农作物收入分为自家消费量和销售额，其他收入根据来源的不同分为了 3 类。每一个金额的下面是在全部收入（包含自家消费量换算）中所占的比率。以此，我们可以看出生活的基础来源有哪些并分别是多少。

（3）支出的部分，支出总计的金额下面的括号内是现金支出的总计，内容也是与家计表的支出一栏相同。各项金额下面的数字是占全部支出的比率。以此可见支出各项的比重。表中只记录了食用粮食的换算金额以及购入金额，没有包括副食品以及调味料等金额。这是因为实际上农民花在这些的费用是很少的，而且每个家庭的情况不一样要回答起来很困难，还不如直接全部纳入其他一项中更方便。但是我们把伙食分为自给和购入，也给出了自给率，这里要注意的是，比如有像张永仁一样，收成虽够自家食用，但后来卖掉相当多的粮食后，应需要若又购买了粮食；又有像张守俊一样，尽管不能满足自家食用，却因缺钱不得不卖掉粮食。因此自给率的意思是现实生活中自家消费的粮食量占总粮食量的比率。加之，姑且在自给率的后面加了一项消费率，但这是从包含自给以及购入在内的伙食费的总计中减去之前的修正消费同等价所得到的数字，通过这一数字我们可以看出各个家计中，怎么消费伙食，又或者没有消费足够的伙食时各项的比例如何。但豆子一般都是自家用作牲口的饲料，以上数据有必要斟酌这一点。

（4）各个家计表的说明中，在讨论的时候加以修正的数据都在各项金额下面标记了加或者减，由此产生的比率的变化也在括号中有标明。

（5）支出项的备注栏中记录了收支的过与不足，这些数据也只是暂时的具有相对性，但可以明确的是像杜祥、杨润、张守仁等出现的庞大金额的赤字绝对是没错的，另外其他一项中若不对照每个家计的内容，不能一概而论。

水　篇

1940 年 11 月

（华北农村资料调查资料第 2 辑）

水篇第 1 号　河北省顺义县沙井村
　　调查员　本田悦郎
　　翻译员　郭文山

11 月 25 日

河　井　户　池

应答者　赵廷奎、杨泽、张永仁（沙井村会首）
地　点　沙井村公所

【小中型河】沙井村里向西流经着一条一里半长的中小型河。

水量如何？＝阴历三月、四月雨量少，无积水；五月、六月下雨多，水量以及水面宽度增加。

是自然河吗？＝是自然河，起初的时候河比较窄，之后慢慢变宽了。

用不着引水灌溉农作物吗？＝不用。降雨后雨水外溢，天旱时完全不可能引水。

靠水生长的作物都有什么？＝只有菜园。

有水田吗？＝没有。

【水灾】最近经常发生泛滥，去年也有发生，作物、房屋被冲走，没有水灾周期。

村里没有防御洪水泛滥的方法？＝现在没有防护堤，因为水涨得比较高，什么防御手段都没用。

对于受灾户实施共同救济吗？＝当房屋被冲走的时候，为了修复被冲走的房屋，提供劳动力，给予受灾户帮助。不提供庙堂内的树木以及个人家的树木等木料。但是不仅仅限于亲戚，也时常把钱借给关系亲近的人。

以上所说的，救济是村里规定的吗，抑或是个人的自发行为吗？＝村里没有规定，是通过各自自发的意志形成的习惯。这不仅仅只限于亲近的人。但是并不是每个人都要去帮忙，重建房屋的时候会忙 3 天左右，这 3 天中有空闲的人就会去帮忙。

去帮忙的人大多数时间会如何做？＝首先，看一下修复工程，然后回去通知村民修复的程度。但是并不是像集会那样，而是村民根据修复工程的状况，自发提议提供劳动力。

如上所述，不用为修复工程筹款吗？ ＝不用。

旱田的受灾户是如何平整受灾农田的呢？ ＝没有法子，大水的时候放置不管，之后平整工作仅由土地所有者完成。

为了平整土地，村里面会让人聚集起来吗？ ＝不会。

去年的受灾情况如何

房屋？ ＝倒塌的房屋有杜德新 3 间、张庆善 3 间、蒋成福 3 间、柏成志 2 间、杜春 2 间、杨春旺 1 间、吴殿臣 1 间、景德福 3 间。

死人？ ＝无。

牛马猪的死亡？ ＝无。

田地？ ＝耕地面积的 2/3 受到了灭顶之灾。

【菜园】菜园的亩数是？ ＝杜春 4 亩、杜祥 2 亩、赵廷奎 1 亩、杨春旺 3 亩、杨源 1 亩、杨正 1 亩、柏成志 1 亩、吴殿至 1 亩、杜守田 1 亩。如上所示。

菜园只有所有者耕种吗？ ＝一般是自己耕种自己的田，偶尔会雇人耕种。

作物是？ ＝韭菜、葱、白菜、萝卜、菠菜、芹菜、黄瓜、倭瓜、冬瓜、茄子、椒、莴苣菜、蒜、西葫芦、绞瓜。

主要的作物有哪些？ ＝前面所记述的几乎都有种植，特别是以白菜、倭瓜、西葫芦为多。

杜春的菜园内是否有水井？ ＝有水井。有一口形状是辘轳式的砖井。

【水井的挖掘方式】水井的挖掘方式是怎样的？ ＝用铲挖，用辘轳将水抽上来。砖井由 5 人 6 天完成，土井由 5 人一天完成。（形状是抽水式的辘轳，土井仅仅是挖地面，没有任何设施。水井最深有 2 丈 5，浅的有 1 丈，一般为 2 丈。）

样式

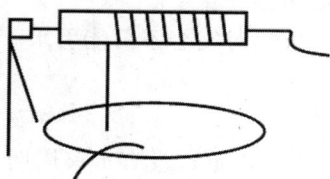

砖井挖凿时的费用？ ＝水井的建造者给予雇工（6 人）薪金。

不需要两人一起建造水井吗？ ＝不用。但是可以给予帮助。帮忙的人没有共同使用权。

【水井的所有者】水井的所有者是 ＝

杜春　　　1 口砖井

杜祥　　　1 口土井

赵廷奎　　1 口砖井

杨春旺　　1 口砖井

杨源　　　（无所有权，与杨春旺共同所有）

杨正　　（无所有权，使用公共井）

柏成志　1 口砖井

吴殿臣　1 口土井

杜守田　1 口砖井

公共井　3 口　　石井　1 口　　砖井　2 口

【公共井】所有权归村里吗？＝哪一处都是如此，由全体村民共同修缮，由村民自由使用。

建设费用是？＝由村民摊款负担，当工程完成的时候，根据摊款多少按亩分配。

出款多的人是否可以更多使用？＝如上所示没有限制。

建造石井的摊款费用是？＝我不是很清楚很久以前挖井的费用，如果是现在的话大约是 200 元。

砖井的经费是多少？＝我不是很清楚很久以前挖井的费用，现在的话是 300 元。

公共井的修缮费用是？＝秋天收获时节，作为青苗费（摊款）交付。

公共井有没有税金？＝没有。

有必要向官署提交公共井用户的关系吗？＝以村公所的名义写上"共同井用户"提交。

有类似表明井归村子所有的凭证吗？＝没有。

公共井用户的管理者是谁？＝没有特定的管理者，而是由大家共同管理。

公共井的归属关系会不会混乱？＝不会。因为一般都会知道共同关系，不需要担心。

水井有问题的时候会召开修理会议吗？＝会。发现问题的人向村长通知，然后村长汇报给会首，召开会议。通过口头把人召集起来召开会议。

公共井的修理费是如何汇入摊款中的？＝规定作为临时费用筹集。在每年九月、五月的时候筹集。五月的时候，交纳一、二、三、四月的各个月费用，九月的时候作为农民只需要交纳青苗费就可以了。

【杨春旺的水井（砖井）】杨源使用春旺的水井，要支付相应的报酬吗？＝没有规定报酬，因为关系好，加之水井水量充足。

源在春旺凿井的时候给予帮助吗？＝水井建造时间悠久，以前的情况不得而知。但是修理时，出力不出钱。

源用水多，水井里的水减少时怎么办？＝春旺使用后，杨源再使用。

如果春旺使用的水井里的水干涸了，春旺会如何做？＝水量大，水井不会枯涸。

天旱的时候水井的水量减少吗？＝减少。

天旱水量减少时，不从其他的地方引水使用吗？＝不会。

旱天的时候，水井枯涸的话，不用水井吗？＝那也没办法，也不用对收成抱有什么希望了。

旱天的时候，为什么不使用河水？＝因为离河近的也可以使用河水，所以也有用除水井以外的水的。

井水和河水哪个更有利于蔬菜的生长？＝井水更好。

【杜春的水井（砖井）】一口井足够灌溉四亩耕地吗？ ＝足够了。水多的时候灌溉 8—10 亩都足够，平均灌溉面积为 5—6 亩。

土井和砖井的灌溉面积的不同？ ＝土井水浅，砖井水深，水量上会有不同，所以灌溉面积也有所不同，前者是 1—2 亩，后者可以灌溉 5—6 亩。

水井的位置是？ ＝根据地势有所不同，在有水线的地方凿井。

菜园内没有水线时要怎么办？ ＝首先确定水线，然后再划定菜园。

井水是怎么分配的？ ＝首先将水抽上来，然后注入到水渠（垄沟）或是水沟。

【水沟的建造方法】想要询问关于水沟的建造方法，当在有井的低洼地带，该如何建造？ ＝水井高于地面，向水沟 A 引水的时候用土堵住 a 处，向 B 引水之时堵住 a' 以及 b。

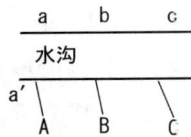

大约每隔几天供一次水呢？ ＝一般每隔 5—6 天。有雨的时候也这样，雨停后立即灌溉（因为雨水对作物有害，所以要立即灌溉农田）。

【土地买卖和水井】买带有水井的一块地的时候，怎么处理水井？ ＝有水井的土地价格会提高。

地价？ ＝菜园 200 元以上，旱地 50—160 元。原本价值 200 元的菜园，如果带有水井的话，会涨到 300 元左右。

有只买土地不买水井的情况吗？ ＝不买水井的话他们就可以继续使用水井，要让其经过田地，所以不会只买地不买水井。

有经过他人的田使用水井的情况吗？ ＝没有。

付了钱可以使用相邻地里的井吗？ ＝有时可以借用（不用制作文书），不用付费。

邻地所有者将带有水井的土地卖给他人时，从前的水井借用者与新地所有者有着怎样的关系？ ＝没有具体的规定，新土地所有者与借用者关系亲密时可以借用，在借用方面不会有什么冲突。土地所有者更换时，借用者作为借用方与新土地所有者进行交涉（不需要赠送礼物），交涉不成立的时候，必须放弃菜园，这样的事也有。

没有新地主的许可，关于水井的旧借用者依然使用的情况是如何规定？ ＝不能继续使用，这样的情况不能想象。

【村民和公共井用户】从他村搬到本村的人能使用公共井吗？ ＝成为本村人之后，便能立即使用。

搬到他村、出生于本村的人可以使用公共井吗？ ＝搬到别村的人不能使用，在本村地界内转移的话，可以使用。

搬到他村的人可以要求拿回从前交纳的修井费吗？ ＝不能。

不依靠合作社、政府等的辅助挖水井吗？ ＝没有，邻村也没有。

【租佃地和水井】租佃地内没有水井的时候，地主的水井可以允许佃户使用吗？ ＝根据地主的意思来决定，一般的地主允许使用此水井，但是长期的话就不行了，他们会提高有水井的土地的租佃地的地租（租子）。

佃户使用租佃地以外地主的水井时，租佃地的地租会提高吗？ ＝会提高租佃地的地租。（这种情况下，要赠送物品）。

【池塘】数量是？ ＝5 个（在两处地方）。

名称是？ ＝自然的水洼称为"水坑"。

产生原因？ ＝因为采土形成凹地，加之雨水的积累（无降水时，水坑是干旱的）。

有没有特意为了蓄水而建的池塘？ ＝没有。

有没有填埋水坑？ ＝没有填埋，而是种植莲藕。

挖水坑地的土用来做什么呢？ ＝为了涂墙。

佃户可以采租佃地上的土吗？ ＝不可以，只允许耕种。

水坑地放置不会对生活造成危害吗？收成不会减少，换言之，可以依靠莲藕获得收入。

水坑的归属情况是怎样的？ ＝属于公共地。义地（埋葬穷人的公共墓地）也是公共地。

水坑地起初就是采土地吗？ ＝以前是平坦的地面，村民有采土必要时，慢慢发展成挖掘公共地。

赋　税　篇

1940 年 12 月

（华北农村惯行调查资料第五辑）

赋税篇第 2 号　河北省顺义县沙井村
　　　调查员　小沼正
　　　口译员　郭文山

12 月 7 日

赋税的概况

应答者　言绪（县财务科长）
地　点　县公署
【赋税的种类】税的种类是？＝如下表所示（根据提问者出示地方款税标准税率征收方法一览并要求修订，经修订形成新民会顺义县情况的省款课税标准税率征收方法一览表）。

【资料一】

省款课税标准税率征收方法一览表

事项别、税别	课税标准	税率	征收方法
地　粮	按亩征收	由二分三厘到九分二厘不等	按半分上下忙征收由各村花户来县交纳
组　课	按亩征收	由四分至一角六分	按半分上下忙征收由各村花户来县交纳
买卖田房税	从价	百分之九分五厘	于立契一个月内投税
典当田房税	从价	百分之四分五厘	于立契一个月内投税
推当田房税	从价	百分之四分五厘	于立契一个月内投税
契 纸 价	每张	五角	纳税时交纳
契税注册费	每张	一角	纳税时交纳
屠 宰 税	猪一口，羊一双，牛一头	由八元至五角不等	由包商直接交纳

续表

事项别、税别	课税标准	税率	征收方法
烟酒牌照税	按等征价	百分之三	由包商直接交纳
牲 畜 税	从价	百分之一	由包商直接交纳
斗 牙 税	从价	百分之三	由包商直接交纳
秤 牙 税	从价	百分之三	由包商直接交纳
大 牙 税	从价	百分之三	由包商直接交纳
小 牙 税	从价	百分之三	由包商直接交纳
猪 毛 牙 税	从价	百分之三	由包商直接交纳
营 业 税	按每年营业额	千分之三	由县署按季征收

【资料二】

地方款课税标准税率征收方法一览表

事项别、税别	课税标准	税率	征收方法
契税附加	地价	按低价每元附加洋九厘	由县署随正税附征 按月接拨交财务科
屠宰附加	按每只计	按正税附加百分之五十	由县署随正税附征 按月接拨交财务科
牲畜附加	按每只计	按正税附加百分之五十	由县署随正税附征 按月接拨交财务科
牲牙附加（大牙、小牙）	按每只计	按正税附加百分之五十	由县署随正税附征 按月接拨交财务科
斗牙附加	按每只计	按正税附加百分之五十	由县署随正税附征 按月接拨交财务科
称牙附加	按每只计	按正税附加百分之五十	由县署随正税附征 按月接拨交财务科
猪毛附加	按每只计	按正税附加百分之五十	由县署随正税附征 按月接拨交财务科
行政状纸附加	每张	每张附加洋五分	由县署随正税附征 按月接拨交财务科
学费	每人	每人每年二元	由各学校交纳
田赋附加	按亩计算	每亩附加三分	随粮附征
亩捐		每亩附加八分	
猪羊肠捐	从价	年有定额	由包商按月送交
自行车捐	按每辆计	每辆每年二元	由区分局代征
石灰捐	每处计算	年有定额	由包商按月送交
商捐	按资本计	各商号按等交纳	由商会代征送县署
乡捐	按村庄大小分摊	各商号按等交纳	由各分所代征

【资料三】

顺义县库款表

税目	民国二十八年额征数	民国二十九年额征数	备注
地粮	29165.087	29165.087	
租课	13369.674	13369.674	
契税	19175.000	19175.000	
斗牙税	13530.000	32645.000	
秤牙税	3210.000	7601.000	
大牙税	1920.000	5768.600	
小牙税	4240.000	7606.000	
猪毛牙税	1320.000	3200.000	
屠宰税	7740.000	10482.000	
畜生税	5670.000	15386.000	
烟酒牌照税	4810.000	4810.000	
营业税	2575.353	3000.000	
当税	100.000	无	
司法收入	1000.000	1000.000	
其他收入	2839.000	2839.000	
总计	110664.114	156047.361	

【资料四】

顺义县县款表

税目	民国二十八年额征数	民国二十九年额征数	备注
契税附加	224.600	224.600	
屠宰附加	352.800	524.100	
牲畜附加	407.500	769.300	
牲牙附加	313.100	668.730	
斗牙附加	647.000	1632.250	
秤牙附加	95.600	380.050	
猪毛捐附加	40.000	160.000	
状纸附加捐	2.500	2.500	
亩捐	1458.000	1458.000	

续表

税目	民国二十八年额征数	民国二十九年额征数	备注
营业税	541.600	756.400	
小肠捐	138.000	251.000	
石灰捐	3.600	3.600	
商捐	400.000	400.000	

【牙杂税】斗牙税是什么？＝在谷物买卖的时候所交纳的税。

秤牙税是？＝使用"秤"的时候交纳的税，比如花生、水果、甘薯等。

米是如何计算的？＝米是按斗计算。

大牙和小牙的差别是？＝大牙税是大型动物如马、牛、骆驼、驴子、骡。小牙税仅仅限于猪、羊。

猪毛牙税是？＝仅仅限于猪毛。

猪毛是屠夫拿走吗？＝屠夫每年将其积存卖给商人。

屠宰税是？＝猪、牛、羊。

牲畜税是？＝在买卖骡、马、牛、羊、猪、骆驼所交纳的税。

营业税的种类是？＝范围非常广泛，从正在营业的店铺收取。

【附加】田赋附加税收取多少？用途是？＝每亩十一钱，用于县警备队的费用。原本规定八钱用于警备队的费用，三钱用于学务科、建设科、财务科的费用，但是现在没有这样的差别。

附加税是除了一亩十一钱之外，没有其他的了吗？＝什么都没有。

附加税全部是统一收取统一支出吗？＝是这样的。

何谓牲牙附加税？＝这是错误的。

大小牙没有附加税吗？＝那是牲牙附加税。

何谓行政状纸附加税？＝一般人用于行政诉讼的纸。即购买行政状纸的附加税。

司法的用纸要征收附加税吗？＝那是承审处的收入，没有附加税。

【学费】学费是？＝在县立学校的学生每人一年征收 2 元。

学田费现在是什么情况？＝出售学田的所得收成用于学费。

学田费的金额是多少？＝629.99 亩。

学田费是统一收取统一支出吗？＝是这样的。

有学田的账簿吗？＝有。

【杂捐】杂捐的种类是？＝自行车捐、商捐、灰捐、猪羊肠捐（出售杀了之后积存的猪羊肠的时候）。

【摊款】有临时的税吗？＝有。

什么要征收临时税？＝摊款。这分为村摊款和商摊款。

村摊款是村收取还是县呢？＝县。

商民摊款是县通过商会收取吗？　＝商民的商是指商人，民是指农民，召集商人代表、商会会长举行会议。农民是各区选举两到三人参加会议。以农民七人商人三人的比例选举。

县有依靠提供劳役充当摊款的吗？　＝修理公路的时候，会命令各村出劳役。

摊款省里有吗？　＝没有。

摊款称为商民摊款吗？　＝在商民摊款中有商摊款和民摊款。

仅限于村里使用的摊款是？　＝叫作村会款。

新民会概况的乡民款是？　＝民国二十八年以前有乡民款，即所谓的摊款。从民国二十九年开始，因为田赋附加上涨到八钱，便取消了乡民款、警察费。

【档案的保存】财务科全部的档案是如何保存的？　＝每年整理一回装入箱子里，数十年以前的东西装入别的箱子钉上钉子。民国二十年以后的档案存放在财务科的房间里。

【不经县里的税】有不归县财务科管理的税吗？　＝没有。但是统税在统税公署直接处理。统税公署在北京。

统税公署有分署吗？　＝在顺义县里有。

统税以外没有了吗？　＝没有。统税是国税。

不是省或县的税，有在县催缴办理的吗？　＝没有。

雍和宫的税不是县里收取吗？　＝北京来收取地租。县不介入。

【包税的范围】包税的范围？　＝屠宰税、烟酒牌照税、牲畜税、诸牙税和营业税不同吗？　＝由县收取。

由商会催缴的包税呢？　＝营业税。

每逢集市的时候商会都会收钱，收的是营业税吗？　＝（应答者不清楚）。

【包税人、承征人】包税人的选择方式？　＝依靠投票制度。发出招募公告，从召集的人中，任命当时出资最多的人。

每年大约召集多少人？　＝必须招募三十一人，从三十一人到百余人不等。

招募的人中县城的人多吗？　＝每个村的人都来。

代表今年沙田村的有谁？　＝是牙杂税的承征员。但是还有屠宰税的马云生、牲畜税的魏连增、小牙税的刘殿喜、大牙税的祁自荣、秤税的马双锡、斗税的邱子臣。

以上的人直接去沙田村收税吗？　＝不一定，有时会拜托牙伙计去。

包税人每年都变吗？　＝每年都变。

没有世袭的包税人？　＝本年中有连续十年、二十年参加的人，但是未必每年都一定。

包税人是每月都要纳税还是一年一回呢？　＝没有交纳。

包税是按比率吗，一年交纳多少呢？　＝有负担额，每月拿钱到财务科。

那个时候，是包税人将从人们手中收取的收据证明拿到县里吗？　＝是那样的。

包税人何时征收？　＝在一定的日子里县里有集市，包税人去集市收税，那时包税人作为买卖中介收税，集市的日子如下。

【资料五】

顺义县各镇集市日期交易种类一览表

镇别	大集	交易种类	小集	交易种类	集数
仁和镇	2、8 号	忙、畜、斗、秤、大小牙	4、6、0 号	斗、秤、牙	15
杨各镇	1、6 号	牲、畜、斗、秤、大小牙	3、8 号	斗、秤、牙	12
牛栏山镇	4、7、9 号	牲、畜、斗、秤、大小牙	2 号	斗、秤、牙	12
李遂镇	4、9 号	牲、畜、斗、秤、大小牙	无	无	6
李桥镇	3、7、0 号	牲、畜、斗、秤、大小牙	无	无	9
说明	屠宰税不分集市随时征收。 猪毛税每年阴历正月、二月、腊月在沿头村征收。				
附记	本表所列集日如 2、8 号即每月阴历初二、初八、十二、十八、二十二、二十八日余均同。				

有不是去集市而是去村里，充当买卖中间人收税的情况吗？ ＝依据物品的不同，有所不同。动物、谷物一定得来集市。然而因为屠杀主要是在村里进行，那主要是去村里。

这个县的承征人和包税人是同样的吗？ ＝到民国二十八年被称为包税人，民国二十九年以后改称为承征人。

【社书、保正、地方】 没有社书吗？ ＝在顺义没有，以前在通县有。现在在顺义有保正、地方（方），是田赋催促人。

保正有几人？ ＝8 人。

地方是？ ＝53 人。

与保正、地方的沙井村有关系的人是谁？ ＝一区保正是张广田，一区第四地方是杨永才。

【财务警】 这儿有财务警吗？ ＝有。

财务警不催收税吗？ ＝催促田赋。地方催缴税有人不听的，财务警会前去。

财务警有几人？ ＝10 人。

所属县的何处？ ＝警察所。

与财务科有关系的工作有哪些？ ＝去请跟行政财务相关、诉讼相关的人。

【田赋征收人、粮柜】 田赋征收人称作什么？ ＝称为书记。

与以前的粮柜是一样的吗？ ＝是的。

有几人呢？ ＝16 人。

他们是县的书记吗？＝与财务科的职员不同，身份低。

月薪是？＝一等 16 元、二等 14 元、三等 12 元。

每月支付吗？＝是的。

财务警的月薪是？＝与警官的月薪相同，15—17 元。

地方、保正也有月薪吗？＝保正是一个区一名，由区里给他们报酬。地方从村得到谢礼。村的每户人家向地方交纳少量的谷物（平等交纳）。现在有时也交钱。

区有时也主动交纳摊款吗？＝区里有许多村子。由各村副村长交纳到区里。金额不一定。

粮柜是世袭的吗？＝代代相传。

粮柜都有谁？＝田赋经征处主任陶泽明、稽核田雅男、稽核余作之、书记陶秉祥、书记张藻、书记王璧、书记马宾臣、书记王喜、书记祁赞卿、书记祁文、书记言家鑫、书记言凯、书记祁自贞、书记沈增、书记沈佐卿、书记言振清等 16 人。

东粮房、西粮房等是什么？＝前清时代分为吏、户、礼、兵、刑、工各房。户房掌管田赋。户房又分为吏房、西粮房、东粮房（两间）、东户房、户盥房（两间）、老户房。吏房包括其内是因为过去吏房、户房归一个人管。

户房曾被称为粮房吗？＝是这样的。

进入到民国之后分为了 8 房吗？光绪帝时代只能看到粮房？＝西粮也成为粮房，在咸丰时代开始区分，在咸丰以前是粮房，以后变成了户房，那时县里有六部（房）。

八房是根据什么区分的？＝全部相同。

虽然百姓纳税地点各自不同，但有什么区分吗？＝每年只去自己习惯去的地方。

各征税人所持有的红簿没有不同吗？＝不同。

每年所去的窗口是一定的，即使去不同的窗口也不会知道吧？＝每年都是一定的。

依据村民居住地的不同，窗口没有不同吗？＝有时同一个人也去不同的窗口。

根据土地名称不同窗口会有不同吗？＝没有这种区别。

到现在也不知道所去窗口不同的原因吗？＝不知道。

【税的收取】征税的监督方法如何？＝将税收收据递交给书记的相关人员。

关于牙税是如何收取的？＝收据是从牙税人处收取。

【财务稽核专员】监督县财政的方法是怎样的？＝省财务厅厅长是督政官，县知事是经征官，虽然都拥有监督责任但是没有组织，没有提交月报。

财务稽核专员是？＝监督实际上的税收入。因为之前没有这样的人，县仅仅只送往省里。现在专员负责监督。居住在县公署内，监督顺义、密云、怀柔。仅仅只限于省税入征收。县里交给专员旬表。

稽核专员的资格地位是？＝和县长大体相同。

【田赋的征收区域】田赋的征收区域是？＝在田赋中没有区域。由每个人自行交纳。在非常偏远的地方，有时也由乡长、副乡长收集后交纳。

田赋由收集后交纳的村有？＝下西市村、赵各庄、小店村、李遂店。

同姓者收缴而来的有多少？＝很少。

附近的人集合而来的有多少？ ＝很少。

不是由地方和保正收集而来的吗？ ＝没有（注：因为是在征收处听闻这样的消息，所以是错误的）。

交纳田赋的时候，是一定得交纳附加吗 ＝现在一般是一起交纳。明年开始分别交纳。

【契税的征收区域】契税如何？ ＝契税由乡长代缴的情况很多。

在沙田村如果进行土地买卖一定得买草税，在哪里购买？ ＝从乡长处购买。

从乡长处购买的时候，可以拜托乡长交付契税吗？ ＝有些人拜托乡长，有些人自行交纳。需要去收发处提交多张契约时候，拜托乡长。一张契约的时候，本人自行前去提交。

买卖的时候是买手还是卖手前去交纳契税呢？ ＝买手前去交纳。

【牙杂税的征收区域】牙税及其在其他区域是怎样的？ ＝猪毛是全县一个。屠宰、牲畜、小牙、大牙、秤税、斗税各 5 个区域。因为杂捐中的石灰窑只有在牛栏山有，所以石灰捐没有区域。自行车分为 8 个区域。因为只在本城买卖，所以猪毛肠捐只有本城才有。牛栏山或在其他县城没有买的人。商捐仅在本城和 4 镇有。

没有以上所提到的之外的税目吗？ ＝没有。仅仅只有摊款。

【田赋的征收手续】知道农民何时交纳田赋比较好吗？ ＝上忙从阳历 4 月 1 日开始到 6 月末，下忙从阳历 10 月 1 日开始到 12 月末。农民知道。

自己交纳的金额知道吗？ ＝有知道的也有不知道的。大约只有 1/3 知道。

征收时会张榜公示吗？ ＝开征布告。由各村决定。

农民们前来交纳前年的收据吗。 ＝自行前来。

一定得来提交吗？ ＝知道金额的人可以不来。

关于金额有无提出异议的人？ ＝没有。

【契税的征收手续】何时提交契税？ ＝所有的都是契约后六个月以内提交。

如果不提交会怎样？ ＝县公署有备份，查看后叫其过来。

那是草契存根吧。如果草契存根也不提交的话该怎么办？ ＝县催促乡长，如果不提交旧的草契存根的话，不给新的。每隔六月必须催促一次，赏书记是其负责人。

在区内不用收集田赋或契税吗？ ＝不用。

【牙伙和承征员】牙伙的人数是？ ＝斗 10 人或者 12 人，秤少，大小牲畜都要秤，没有屠宰的人。

集市的时候牙税的种类是？ ＝斗秤大小和牲畜。在集市以外，有屠宰、牌照、猪毛。

在集市上这些必须得到场吗？ ＝必须，一定得经由牙伙。

如果被知道私自买卖的话会怎样？ ＝处罚。交纳应交纳税款的五倍以下的罚金。

承征员和牙伙的关系是？ ＝承征员是变化的，牙伙是长期担任的。

承征员给牙伙支付多少月薪？ ＝8—10 元左右。

除此之外给提成吗？ ＝有时卖主给个零头。

牙税的比率是？ ＝斗是每一元交纳一分，其中卖主交纳 3/10，买主交纳 7/10。秤大小是买出价格的 3%，1% 是卖主，2% 是买主。

【屠宰税的征收】屠宰税是？＝没有牙伙。猪一头六毛，羊一头四毛，牛一头三元。屠宰的场所不定。明年开始建造屠宰场。屠杀之前先到承征员处拿票。之后才能开始屠杀。

如果是沙田村的话？＝去县城获得。

屠宰的时候，承征员到场吗？＝那时承征不到场。杀了之后承征员去盖上紫色的章子。

【猪毛牙税的征收】猪毛牙税是？＝只在第8区沿头村里的一个地方征收。沿头村原本猪毛较多。加之持袋去县内的村里集中购买。聚集在县内时不用交税。

这有只用猪毛的工厂吗？＝没有。形成了卖主和买主在此聚集的惯例。没有特别的工厂。

一年大约聚集几回呢？＝一年一回，从阳历12月持续到正月，也就是阴历十二月份左右。虽然承征员张甲增是蒋各庄的人，但并非每年都是这个人担任。

聚集的时候顺义县以外的人来吗？＝买主是县外的人，主要是从天津来。卖主还是县内的人比较多。猪毛牙税的价格是3％。卖主1％，买手2％。不论县内外都是一样的。

【杂捐的征收】牌照税是？＝一年四季。在1、4、7、10月交到财务科。卖少量酒和烟草的店交纳牌照税。

自行车捐是？＝一年一回。拥有自己自行车的人去8区各分所自行交纳。这从去年才开始征收。一辆一年2元。

猪牛羊捐是？＝本城，因为全都聚集在本城。本城的承征员是韩辅庭，是进行买卖的人。但是并非每年都是这个人。

商捐？＝在商会和各分所交纳。加入商会的在商会交纳，没有加入商会的在各分所交纳。

石灰窑捐？＝在牛栏山有六七所窑，全部合在一起30元左右的税，交纳到财务科。一人作为代表来交纳，今年是刘俊。

【省税的处理】征收后的省税是如何处理的？＝省税从县送往省。一个月必须有一回从县里送去。县里面将现金存到储备银行，将存折交到省里。今年一个月大约1万两三千元。全部将其弄成百元一捆，两个月一总结，放入包中，乘坐汽车前往。有时候也会把省里拨下来的钱作为县款，但因为钱是省里从银行取出的，于是也有用此相抵消的情况。此运输费是征解费。相当于每1万元征收3％，由县里扣除。

何谓省款＝将以上全部合并，称之为省款。

送到省里之前的现金如何处理？＝有时存放在商店，有时放置在县里。

【县税的处理】县款如何存放？＝存放在商号里。

收取利息吗？＝根据存放时间长短，有时有利息有时没有利息。一个月以上有利息。

【抗灾】每年举行堪灾吗？＝不是每年举行。遭遇灾害的时候，县长亲自前去视察。县向省里申报后，会下来减税的通告。

成灾5分   免税负2/10

成灾 7 分　　　免税负 5/10

成灾 9 分　　　免税负 8/10

今年有吗？ = 没有。去年有水灾。

县没有申报会下来通告吗？ = 没有那种事。有灾害的时候，村民报告，县里给予酌情处理，县不采取措施的话村民去省里上报。

关于免税发布告吗？ = 发布。

同时写入红簿吗？ = 写入。（科长展示出民国二十七年十月三十一日的堪报灾欠条例附土地赋税减免条例以及民国二十九年九月二十日的河北省公署训令财富字 425 号初堪灾分缀折式样及其他）

这种情况下，有时实行缓征。

成灾 5 分　　　免税负 2/10　　　分两年滞征

成灾 7 分　　　免税负 5/10　　　分两年滞征

成灾 9 分　　　免税负 8/10

如果缓征民国二十八年的税收的话，从何时开始征收呢？ = 从民国二十九年的秋天开始恢复征收。

长完留抵是什么呢？ = 花户长完在前者留抵次年正赋，例如？ = 如果正好四月交齐，六月发生灾难的话，所交齐的租课转账到次年的正赋。

（在当县征收处，用于除抵上年花户长完十分之〇洋〇）

【民缺】这时候向省里报告民缺吗？ = 写在月报里。

送省里的仅是实际征收的吧？ = 是这样的。

县里有民缺的时候也照实写不足吗？ = 县里的话，就照实写预算不足。

【对拖税逃税的处置】对于拖税逃税的处置是？ = 传票，换言之就是召唤其出来。因此自觉交纳是最好的，不然会收押，也就是当不按时交纳时，会将其收押。

是政务警去传票吗？ = 是政务警。

政务警去之前，地方、保正会去催促吗？ = 催促。并且不听时，会发给其传票。

不会通过收取罚金代替扣押吧？ = 没有那样的事。现在一旦收押，马上交纳税款。

那种情况下追究乡长的责任吗？ = 不追究。

地方、保正呢？ = 也不承担责任。

地方、保正是县任命的吗？ = 保正是区民选举，地方是由村决定。

有代代都成为保正的情况吗？ = 有。地方也是如此。

保正、地方的最主要工作是什么？ = 催缴田赋是最繁重的工作。事变前为了军人催缴车，征收军粮。

逃税者的处罚是？ = 发传票，收押。

【免税地】有免税地吗？ = 黑地有免税地，但现在没有。

在满洲菜园、墓地是免税地。这里的情况是怎样的？ = 不是那样的。

祭田是？ = 祭田和民粮地是一样的。

村公会地是相同的吗？ = 相同。

12 月 9 日

契税

应答者　赏德一（县财务科书记实习）
地　点　县公署

【契税条例】赏懋德氏是代代掌管，虽听闻有前清户房的经验，但和阁下的关系是？＝我是他的弟弟。

现在的契约条例是何时制定的？＝民国十九年的契约条例。

在那之前呢？＝不明了。

【契纸的种类】契纸的种类是？＝有县发行的草契和省发行的契纸。草契有买卖田房草契和典当田房草契纸两种。买卖田房草契里没有这样的区别。省发行的契纸里有买契、推契、典契三种。

推契只限于官旗产吗？＝只限于官旗产。

买卖契只限于民粮地吗？＝限于民粮地和黑地。

【房子的买卖】买卖城市中的房子的时候是？＝买卖草契，也就是使用草契的情况很多。

买卖房子时也附带土地吗？＝附带土地。

有只卖房子的情况吗？＝一般土地一起卖的情况较多，但只卖房子的时候，建立的是如同"立卖瓦房……"这样的契约。不立契约的时候也很多。于是卖的时候当然不能居住。

除土地建筑物以外买卖其他土地时也立契吗？＝不立契。

【介绍人、中间人、中保人】买主怎样寻找交易对象。介绍人、中间人、中保人来做中介。在北京有经纪人。

在顺义有将其作为职业的人吗？＝没有。由朋友或亲戚来做。

在沙田村，如果小李要卖土地的话，首先寻找介绍人。介绍人再寻找买主，所以不需要介绍人也可以吗？＝虽然价格已经决定了，但无论如何介绍人是需要的。

谁都能成为介绍人吗？＝能。即使在沙田村，没有规定谁成为介绍人。

不能写字也可以吗？＝因为有代写人不能写也没有关系。但自己能写的话，自己写。

【获取草契纸】一旦买卖已经谈妥将如何？＝立契约。那是草契。民国十九年以后草契的形式已固定，这由县发行。民国十九年以前是形式没有固定的白契。

立契之时，要到乡长处领取草契吗？＝要去领取。

是卖主、买主还是中保人去呢？＝买主去。并且让其交钱。

金额是？＝在县里用每百张以3元50钱卖给乡长，乡长大约每张以5钱卖出。（典当草契纸是每百张，每张以6钱卖出。）

在沙井村里谁来县里领取？＝因为是副村，所以主村望泉寺的乡长王沛来。

在沙井村买卖的人一定得去三沛处吗？ ＝是那样的。

【草契和乡长】王沛有 50 张的话，就把这 50 张给沙井村的村长杨源吗？ ＝恐怕不会。

主村和副村是从何时开始划分的？ ＝是从民国十九年实施编乡制开始的。

前几天杨源处有存根，这是为什么？ ＝那应该递交给望泉寺村村长。但是从县收到之后的处分取决于乡长。只是财务科督促主村乡长提出存根。

【来自县的草契的交付】乡长何时来县里收取草契呢？ ＝没有规定。一旦没有了，就来领取。

因为村长不想交税，不前去交存根的情况有吗？ ＝如果不催促，不会前去提交存根。来领取草契的时候催促。

有时财务科会去催促吗？ ＝没有。因为村落太多。

【契税的逃税】不管是乡长还是农民，因为不想交税，想要相谋一起逃税的事没有吗？ ＝没有。因为税契与其产权相关，所以必须得交纳。

如果谋划逃税的话将如何处置？ ＝没有那样的事。面积大小是不可能糊弄的，不过有隐瞒卖价的情况。

【立契的方法】立契的时候必须到场的有谁？ ＝卖主、买主、监证人（乡长）、中保人（有 1 人、2 人或 3 人的情况）、代笔人。

同族人必须在场的情况有吗？ ＝买主向卖主咨问有无兄弟，是否正在分家。如果将来有事故发生，为了让其成为证人，打算让其兄弟成为中保人等作为条件。

族长能成为证人吗？ ＝也有这样的情况，现在族人的名称逐渐消失。

之前必须得写上族长的名字吗？ ＝之前大多情况是必须的。

货款何时交付？ ＝有立契的时候交付，也有决定之后的某个时间交付，也有当时交付一半剩下的之后交付的情况。

立契的时候，不要给中人礼物吗？ ＝那没有规定，买主一方多交纳礼金。

酒席是何时举办？ ＝立契终止的时候。

都有哪些人出席？ ＝契约上所写的人。

乡长（监证人）也出席吗？ ＝有时出席。没有规定说是名字必须写在契约上的才能出席。

酒席的费用是由谁出？ ＝买主，与卖主没有关系。

【契税的手续】是谁将契交到契税处呢？ ＝买主（因为契是买主持有），买主来的时候大多数情况是拜托中保人和乡长。

契税必须几日之内交纳呢？ ＝六个月以内前来交纳。现在也有超过六个月才来交纳的。本来也应该处罚。

【契税的税率和契税的费用】必须交纳多少税？ ＝卖价的 9 分 5 厘，即如果是 70 元的土地的话契税是 6 元 65 钱。

其细目是：

正税　　　　0.06

学费　　　　0.006

自治费　　　　0.005

中佣费　　　　0.015

（以上省款）　0.068

地方教育费　　0.009

（县款）

注：赏懋德氏的详情有些不同

正税　　　　　0.06

学费　　　　　0.006

中佣　　　　　0.06

以上三共计 0.126

　　但是在顺义县收了不到 2 分 1 厘。从中佣的 6 分里抵消 2 分 1 厘，3 分 9 厘主要包括解厅 1 分 5 厘，自治费 5 厘，地方附加 9 厘，乡长 5 厘，学校 5 厘。

　　还需要什么吗？＝需要财政厅尾纸费 50 钱（契纸价）以及注册费 10 钱。又要立契的时候，向村交 0.01。即 70 元交纳 70 钱。这分为乡长 0.005，学费 0.005。

　　拿来草契拿到契纸，花费大约几个月？＝没有规定。

　　农民何时来领取？＝没有规定。有时赶集的时候顺便来询问。

　　在县契税处实地检查吗？＝不用。

　　不使用草税立契约的情况有吗？＝民国十九年以后就没有了。

　　买主给予中保人大约多少的谢礼？＝70 元给三四元左右，或者赠送糕点。

　　卖主如何？＝不用出谢礼。

　　【契税的期限】现在虽然过了 6 个月，也没有受到处罚吧？以前怎么样？＝以前超过时间不来被举报的话，那是会受到处罚的。没有被告知的时候，就保持那样。

　　没有交钱就被处罚这样的例子有吗？＝没有。（正在此说话处，五六名农民传唤到财务科，根据本年正月的契税处罚暂行标准，向逾期的人处以罚款，但是省不受理这事将其归还，为了归还才召唤的。）

　　发现伪报购入价格后，不给予处罚吗？＝没有。

　　有伪报被发现的情况吗？＝没有。

　　【契税的减免】没有免除税务的情况吗？＝即使是村公会地，也要收取契税，没有免税地。

　　没有特别减免的情况吗？＝即使是学田等，也是相同的。

　　【契税的税率】典推的税率是？＝省款是从价的 4 分 5 厘。即百元收取 4 元 50 钱，县附加 9 厘，契纸价是 1 张 50 钱，注册费是 10 钱，这些和买价没有差异。

　　【契税的沿革】契税是从何时开始实行的？＝可能是从前清时代开始的。赏氏家从 13 代开始。

　　清朝结束时在哪办理？＝在户房办理。

　　民国以后契税条款大约改变了几回？＝无法判断。

　　华北各省一定要实施这个条款吗？＝在实施中。

【契税的目的】契税的目的是什么？ ＝为了提供公正，避免民众之间的纠纷。

用那作手续费吗？ ＝虽说是手续费，但因为国家收入不足也作为收入。因此税收额中有学校费用及其他费用。

【在买卖中土地和建筑物的分离】有土地和建筑物的时候，只能卖土地吗？ ＝虽然能这样卖，但这样的情况很少。卖主必须马上毁坏房屋。

典当的时候如何？ ＝那是可以的。

抵押的情况是如何？ ＝那也可以的。

【分家和税契】分家的情况契税是必要的吗？ ＝不签税契。契税不是必要的。

【契税和过割】根据土地买卖所有者名字改变的时候，去征收处更改名字时称之为什么？ ＝称为过割、更名。

契税处与过割没有任何关系吗？ ＝应该有联络的，但现在没有联络。

【过割】谁来田赋征收室？ ＝过割费是买主交纳。但是顺义没有实行，因此没有过割费的说法。

有关于过割的法令吗？ ＝有民国二十年的修正满城县钱粮过割规则。

在其他的县有实施的吗？ ＝有。良乡县。但是顺义县没有实行。

在顺义县收取手续费吗？ ＝随意给予征收者。依照亩数而不同，两三元左右。

不得不过割的行为是？ ＝买和推。不实行典当。

应当过割却不过割的话，谁接受惩罚？ ＝即使没有过割征收田赋的时候，征收室去催促原来的物主。那时陈述权利转移之事，没有特别的处罚。

出典的时候谁去交纳田赋？ ＝小王去小李处出典的话，小李交纳田赋。那时候两个人一起来。虽然不一起来交税，小王会拜托小李代交。在那种场合，有交付旧租票的情况。

去哪领取草契？ ＝去土地所在地。即按地主义。

【契税依据买卖价格】契税的划分拘泥于土地的上、中、下等吗？ ＝没有区别，仅仅是依据买卖价格。

【有关契税的账簿】在契税中有多少账簿资料？ ＝如果将草契自行交纳到县的契税处（在顺义县称为收发处），交换收据，将收据存根留在县里。并且记入税收文簿。草契（每百张）交到乡长处后记入到发草契簿。契税的征解依据交款簿。

12 月 11 日

契税验契　补契

应答者　赏懋德（县财务科书记）
地　点　县公署

【乡长的草契保管】乡长保管存根只限于民国十九年以后吗？ ＝只限于。

之前形式没有固定的契和村长相关吗？ ＝不相关。

立契之后，作为乡长的手续费以及学校费向村里支付的是只限于草契吗？ ＝只限于草契，在那之前不收取乡长的手续费及学校费。

知道今年沙田村的草契存根有多少吗？＝不知道。

今年前来交纳的东西中，知道草契存根之前的东西吗？＝不知道。因为每一个月的存根在财务科分别存放着，找的话就能明白。

现在契税里必须得用草契吗？＝民国九年九月以后必须得用。

【契税的费用和其负担者】其费用必须是买主出吗？＝买主。在典当的情况下，一人一半。典当的时候酒席是由承典主负责。

现在也是用银收取契税吗？＝1元50钱换算后相当于1两银。

以银记录到契里的必须兑换成现在的元后交纳吗？＝是的。

契税的负担者不用将契税额加算到买卖价格里吗？＝也有这样的情况。税的负担必须得特别估算后收取。

比如为了买卖150元的土地，假如是税收15元，将此加算到买卖价格里，买卖价格变为165元有这种情况吗？＝没有。因为税涨了那么多。

虽然交纳这15元的是买主，但是实际负担的是谁呢？＝买主。

在典当的时候，每人分担一半，但是买卖的时候不会那么想吗？＝典当时因为对出典者仍然有所有权，即使交一半也不是无用的。买卖时，因为失去了所有权，所以没必要交纳。

典当期限终止时，要求归还钱、土地时，不归还税吗？＝不归还税，也不会要求返还。

先典后买的情况下契税的分配将如何变化？＝典当期间均等负担，卖了之后由买主负担。例如？＝用100元进行典当的话，首先百元的典契税是均分的，即用4分5厘的税率换算后的为4元50钱分，然后将其分为每人2元25钱，进行负担。其次，如果将其用150元卖出的话，150元用税率9分5厘换算成14元25钱，这便是契税。因此从14元15钱中的典契税额，扣除即乘以典价4分5厘后的4元50元后，剩下的9元75钱由买主承担。

承担罚款的是？＝买主负担。承典者负担与出典者没有关系。虽然规定典契税每人各负担一半，但不明白乡村的习惯性做法。契约的情况下，有时是约定出典者不负担典契税。但这根据各村习惯，即使是罚款也有相同的关系。

【这次土地调查和税契】从去年12月份以来投税急剧增加，想看看当时土地调查的布告文？＝可以，但是负责人现在出差中。

参十二月二十五日的调查

【契税和老契】在申报契税的情况下，是否自行提交老契呢？＝其他县的做法中有自行提交的情况，但是在本县是不需要的。但是如果自行提交老契的话，在卖的时候，得一起。

【到契纸发放为止需要的天数】提交契税申报到新的红契纸发放大约花费几天呢？＝快的话十几天，但因为如今大多都积攒着，所以得花费数月。

【卖与典】将卖土地说成是典当土地进行申报的事没有吗？＝没人那样做。那样做，名义上将不成为买主自己的土地。

典当期间是？＝现在一般是 3 年、5 年、10 年。

将卖土地说成是典当土地的事没有吗？＝没有。被发现的话，以伪造文书罪给予处罚。

【推、过、倒】以前旗地的买卖被禁止的时候，不会典当旗地吗？＝不会，会"推"，典当不划算。

"过"是什么？＝虽然也使用过但是现在不承认。旗地是推，民粮地是买。过是旗地的推，和民粮地的买是同样的意思。

"倒"是什么？＝"倒"一般不用，使用得很少，和过是同样的意思。

【旧红契和现在的白契】如果有咸丰的红契（现在归李所有）和民国年间李卖给刘的白契，归哪个所有呢？＝归刘所有，但是刘必须得早些投税。

【补税】虽然有地券但在火灾中烧掉了，买卖土地的时候怎么办呢？＝补契，保证人中有乡长和与那块儿土地附近的人，对补契进行税契就可以了。

【登记和税契】税契在法律上最有效力吗？＝是的。

登记和税契哪一个更有效力？＝登记。因为登记的时候会实际测量。

【分家和税契】听闻分家是不需要契税，是这样吗？＝是的。只是在某些场合下为了使自己的土地明了，有时需要立税契。

赠与他人的时候，契税是必要的吗？＝因为没有价格，无法立税契。给的人也给自己的契。

在那种场合下立别的契约书吗？＝立。如同文字据文约人。

这受到县的特别允许吗？＝有登记簿时双方一起来更改，也进行过割。

分给亲戚时的情况是怎样的？＝以一例来说明：在顺义县，彭氏与张氏这两家族居住在一户人家里，拥有 1—2 顷土地，虽然这两家分家了，但是不明白土地是如何划分的。即契税在这种情况下是不需要的。

【契税的省款的处理】契税省款是田赋等一起汇集后送到省里吗？＝是的，有时是分别送的。公文在任何时候都是分别书写的。

【契税的县款收入】对于契税的县款收入有预算吗？＝民国二十九年度的预算是 2245 元，但这只相当于如今一个月的收入。

今年比预算多很多吧？＝是的。

契税的县款收入也包括到县财政里吗？＝是的。即统收统支。

【验契的沿革】验契何时举行？＝由民国三年袁世凯时的县政府，由民国十七年南京中央政府时的县政府举行。其他的在官旗产清理处，虽然关于官旗产验照举行过两回，但时间不明。

【验契的目的】以什么样的目的施行的呢？＝民国三年的是从前清向中华民国转变开始，进行验契。红契是交纳验费，白契除交纳验费外必须得立税契。验契费全部送到中央。买价、典价 30 元以上的称为大契，30 元以下的称为小契。

大契是验费 1 元注册费 10 钱合计 1 元 10 钱，小契是验费 50 钱注册费 10 钱合计 60

钱，这包括纸的费用。白契必须交纳 3% 的契税。在河北省所有的县都是这样施行的。

在民国十七年政府为了收取税金前去。至今为了把作为省款的田赋作为国款，验契费全部交纳给中央。

验契费？ ＝大契是 1 元 80 钱，小契是 1 元 10 钱，这时即使拿来白契也会与红契同样处理，几乎不变。

【验契方法】对民国三年、民国十七年的验契进行真伪鉴定吗？ ＝没有。

现在进行验契有或是没有都效力相同吗？ ＝现在税契了就是一样的。

当时验契的人高兴地回应吗？ ＝在民国十七年，因为契税费是不需要的，所以很合算。

验契要进行实地检验吗？ ＝不用。就如契所写的那样。

验契是强制进行的吗？ ＝出示布告。

如果不自行交纳会施加惩罚吗？ ＝在民国三年，期限一过，验契费便会上涨。以 3 个月为一期，每 3 个月上涨 1 元 10 钱。1 元 10 钱涨到 8 元 80 钱为止。在民国十七年便不是那样了。

【验契和农民】验契对人民来说是合算的吗？ ＝有的话更好。在民国三年契税费是 3%，但这契税费是便宜的。在这时，已经筹集了大量地契。在民国十七年，不太筹集契，虽然契税费是不需要的，却不太进白契。人们对为什么不收取契税，仍有疑问。

【验契和县】民国十七年的验契不是被强制的吗？ ＝不是强制性的。实际上在县公署也不想这样。因为税契费一点也没进入县里。

给县里多少验契手续费？ ＝从验契费中只抽出几分之一作为办公费给县里。但是比率是不清楚的。

【补税】补税何时实行？ ＝失去契的时候，失去的人收到乡长或者土地的邻居的证明，特别申请。那时，如同白契的立补契人……立契，进行税契。

浮多地也要补契吗？ ＝是的。

这时谁的证明是必要的？ ＝乡长和土地的邻居。正式地称为"地邻"的证明。

如果不出示地邻的证明县里不会处理吗？ ＝不会处理。

补税的目的是？ ＝在没有契的地方才补契的。

自行交纳补税到收发处吗？ ＝是这样的。

在收发处受理的时候，和典、买、推那样记载到契税收文簿中吗？ ＝是的。

补税是县要求的吗？ ＝基于申报，不是县请求或是进行调查的。补契的时候，虽然规定必须提交如同呈为恳请补税投税恩准备案事这样的行政状，实际上未必这样，但还是有提交的人。

应该在这行政状写下地邻的名字，没有写的话立即催促写上。写行政状的人即代笔人住在县公署的。是言氏和彭氏。

【补契的效果】如果补契的话，和红契的效力是一样的吗？ ＝一样的。

补契时的费用是？ ＝和买卖的契税相同。对典当没有补税。为了写行政状，费用是需要的。

补税后滥用旧税的时候将如何处理？＝有买卖的时候立的契，但原则上是不能这样的，不然会被诉讼。

一地二契的时候是？＝会被诉讼。

二地一契时是（比如有两处 10 亩的土地写在一张契里时）？＝卖其中一部分地时，在其契的一部分里记录下卖地之事，并且立别的买契、典契，交纳契税。

现在有用白契协商的吗？＝有，只是一旦被诉讼的话，即会成为无效。

红契争纷时，不会被处罚吗？＝他们保持沉默，虽不会被处罚，但要进行补契。

12 月 11 日

牙杂税

应答者　祁自仁

地　点　县公署

【牙税章程、税务承征员章程】牙税条例是什么？＝在去年 12 月修正了以前的条例。河北省牙税章程、河北省税务承征员章程。

【牙税以及承征员的种类】牙税的种类是？＝有 5 种。

斗	粮食（5 谷）
秤	水果、麻、花生油、木炭、棉花等
大牙	骡、马、驴马、牛、骆驼等
小牙	猪、羊
猪毛	猪毛、猪鬃

征收者（承征员）称为什么？＝以前称为包商。牙行是总称，牙纪是被其征用的牙伙。

承征员的种类及其税率？＝

斗牙税承征员	每百元付 1 元	附加 50 元
秤牙税承征员	每百元付 3 元	附加 1 元 50 钱
大牙税承征员	每百元付 3 元	附加 1 元 50 钱
小牙税承征员	每百元付 3 元	附加 1 元 50 钱
猪毛牙税承征员	每百元付 3 元	附加 1 元 50 钱
承征员下有牙伙。		

【买主、卖主的负担】除以上税率以外，承征员从买主、卖主那收礼吗？＝不收。仅收取省税的 1/10（不收取附加）。

【承征员的交纳】承征员每月把收集来的税交到财务科吗？＝如果承征员以每年 120 元受理的话，必须每月交纳 10 元到县里，但是实际上这个人每月交纳 9 元到县里，收取之后的 1 元，作为生活费。赔偿受理费用不足的金额，多余的时候不管多少都成为自己的。上交全部的附加。

每月何时来交纳？＝15 号到 20 号之间。

牙行的目的是？＝为了收税，不是为了中介。

【逃税】逃税时是怎样的？＝除追征税以外，还要追加 5 倍以下的罚金。牙税很了解村民，如果逃税的话，马上就知道。

牙伙和农民商量后，逃税却不去承征员处交税的情况有吗？＝有那种情况，但是被承征员知道的话，两人都会被起诉。

和牙伙好好交谈后，去承征员处，有要求减价的事吗？＝有。

在这种情况下，施行贿赂的话，县里面也保持沉默吗？＝因为不知道，所以保持沉默。

【税额和负担比率】比如，买卖百元的马时，要交纳多少税？＝买主是 3 元，卖主是 1 元 50 钱。即省税是由买主，附加是由卖主支付。

【收据】在那时，牙伙递送税票吗？＝递送。这不需要纸费，只是买主得到。

【牙伙的报酬】除此之外不给做中介的牙伙报酬吗？＝牲畜买卖成立的时候，承征员和牙伙会给买主新的缰绳，这时候会给一些礼金，买马的时候，卖主不买缰绳，因为拿来缰绳，所以承征员和牙伙给买主缰绳，以那作为名义得到钱，大体是二三十钱。有时一点也得不到。

除此之外，没有斡旋人吗？＝没有。

买卖的时候，要制作契约书吗？＝不用。

【在集市的买卖】马等在何处进行买卖？＝集市，县城的东街。

一年大概有几回？＝有集市的时候就可以买卖。

大集的时候能行吗？＝能。但是未必一定，价格不合适的话是不行的。

【不是集市时的买卖】不在集市买卖的东西有什么？＝像水果，没有集市也没有关系，其他都在集市。

不是集市的时候税到何处交纳？＝在其买卖的时候，承征员帮忙称重什么的，在那时交纳。或者今天来卖，但是说不来集市，送交，这样的情况也有。

【牙税征收的手续】小买卖收取吗？＝不收取。同种类的东西大量卖的时候交税。根据量而定。

从沙井村附近来卖麦的话，交税吗？＝大约 1 斗以上。

各式各样的商品掺杂在一起卖的话，是怎样的？＝不交纳税。

在集市上，支付税款时买主、卖主分别向牙伙递交吗？＝分别递交的情况较多。这是原则。有时根据契约有所不同。

一个月左右汇总在一起的情况有吗？＝没有。农民没有这样的情况。店铺有这样的情况。哪天结算就决定是哪天，三四天一次，五六天一次，一个月一次，这样的情况都有。

大买卖的时候牙伙等前去为其测量吗？＝有时会去。

买主和卖主都知道各自要交纳的税款吗？＝知道。

给牙伙零头吗？＝不给。零钱一定返还。

卖主为了不交税，会把税算到价格里吗？＝不会。因为税提高了很多。只是明确的规定契约之时不交纳。

取消买卖交易之时，已经纳入的税能返还吗？ ＝不能。

税款弄错了交纳的税款返还吗？ ＝那种情况下，返还。

过分与不足的时候呢？ ＝这时候就要分清是非了。

关于以上三项没条例吗？ ＝没有。

【牙税的逃税行为】买卖主为了逃税偷偷进行的情况有吧？ ＝有。被发现的话，即遭受处罚。

承征员控告吗？ ＝控告。

为了防止不正当行为采取哪些手段？ ＝没有。没有特别的防范方法。

伪报物品的量和价格的时候 也是一样的吗？ ＝一样的。

前面所述，在马买卖之时，征收牲畜税吗？ ＝征收。通常大牙税的牙伙一起去。

不去集市仅在村中买卖的事有吗？ ＝即使有情况也少，这时来此处交纳（此处是指如果沙井村的话就是县城的承征员那里）。

关于税金产生争执之时在何处解决？ ＝在财务科解决。不用前去诉讼处。

【牙行】有称为牙行的团体吗？ ＝没有。

关于承征员、牙伙，有像商会的组织吗？ ＝没有。

【承征员和牙伙】据说承征员收取牙税的 1/10，那时会给予牙伙吗？ ＝不给。

牙伙有月薪吗？ ＝没有。

牙伙如何维持生计？ ＝中介买卖后，从农民处收一些钱，每 1 元给 5 钱左右。

这不交给承征员吗？ ＝不交给。

【牙贴】有牙贴吗？ ＝没有。改称为承征员后，不递交。

有许可证吗？ ＝没有。但是何时实行，人人都知道。

县何时征募承征员？ ＝每年 12 月月末。

12 月 12 日

屠宰税　牲畜税

应答者　祁自仁（县财务科办事员）
地　点　县公署

【屠宰税】仅限于猪、羊、牛吗？ ＝是的。

屠宰时，必须送交吗？ ＝必须。

比如沙井村的话，向何处送交？ ＝来第一区的县城，询问今年屠宰税的承征人是谁。

屠宰税率是多少？ ＝猪一头正税是 60 钱，附加是 30 钱共计 90 钱。牛是正税 3 元，附加是 1 元 50 钱，共计 4 元 50 钱。

猪就是猪，无论大小税额相同吗？ ＝相同。

附加税是什么，有像警察费那样的名字吗？ ＝有。

屠宰税何时交纳？　＝杀后交纳。

送交时，要交纳什么文件？　＝交送到承征员，为了不让承征员忘记，记录到普通的笔记本中。

【屠宰税的承征员】屠宰的时候，承征员会如何做？　＝屠宰的话，承征员前去确认。

那时向承征员纳税吗？　＝这种情况也有，之后到承征员处交纳的情况也有。

屠杀的时候乡长不在场见证也可以吗？　＝也可以。谁也没有到场的必要。

不可以静静地屠杀吗？　＝一旦被知道，将会受到处罚。但不是体罚，收取 5 倍以下的罚金。

据说承征员来会印上紫色的印章？　＝一般会印上紫色的章，但有时是绿色的，什么颜色的都有。

有给承征员一部分肉的情况吗？　＝没有。

会和承征员一起吃饭吗？　＝不会。

屠杀之前，不需要持有什么许可证之类的材料吗？　＝屠杀之后交税，最初得获得屠杀税执照。

不持有执照能卖肉吗？　＝未持有执照的不能卖，一定得持有执照。

屠宰税承征人征用牙伙吗？　＝不需要牙伙。

仅使用四联式的执照吗？　＝仅使用那。

【承征员的交纳】承征员从县里收到收据吗？　＝领取汇款票，让其返还汇款回收。

承征员刻意收取手续费吗？　＝不。不舍尾数进一。

承征员做不当之事时，将如何处置？　＝辞退他。没收其保证金，并且使其辞退。

保证金是多少？　＝交纳受理金的 2/10。

保证金满 1 年后返还吗？　＝返还。受理金不足时，扣除后返还。

牙税的保证金也是如此吗？　＝也是。

【牲畜的病死和屠宰税】牲畜病死的话，将如何处置？　＝不吃，原封不动地将其埋掉。谁也不会买。

在那种情况下，没有像免税执照之类的东西吗？　＝应为邻居给予证明，那样的东西是不需要的。

必须得埋掉吗？　＝必须埋。

【屠户】把屠宰当作职业的人有吗？　＝有。称为屠户。

在沙井村里有吗？　＝有吧。自己不能杀的时候，拜托屠户。

其手续费是？　＝普通是一元以内。除此之外，提供一餐饭。也有送猪毛的这种做法。

屠户每村都有吗？　＝有。

屠宰税承征员和屠户有特殊关系吗？和承征员取得联络？　＝承征员提前拜托屠户在屠宰之时进行通知。不需要大的谢礼。烟草一盒左右。

【牲畜税】牲畜的买卖一定得在集市上进行吗？　＝在集市上进行。

在村里进行的情况有吗？　＝也有在村里进行的情况。即使在村里买卖也要去县里交税。

对此有牙伙吗？ ＝有。

牙伙收到买卖者的通知，不用前去村里吗？ ＝不去。

税率是？ ＝正税的 3％。附加是其一半。买卖价值百元的牲畜之时，牲畜税是 4 元 50 钱。牙税是 4 元 50 钱。共计 9 元。

这是由谁负担？ ＝买主是 2/3，卖主是 1/3。

买卖已定之时纳税吗？ ＝当然。

牙伙能稍微得到些吗？ ＝是的。

【牙税和牲畜税】牙伙（牙税和牲畜税的牙伙）是根据税种的不同而不同吗？ ＝几乎成为了一起。

税收时是牙税和牲畜税一起收取的吗？ ＝一起收取。

如果是沙井村的话，只能在沙井村进行买卖吗？ ＝那也是可能的，但必须得前来交税。必须交纳。

用四联式的文件材料吗？ ＝用。

买主什么文件材料也不用收取吗？ ＝不收取。

其他的手续费不需要吗？ ＝不需要。

牙税和牲畜税哪方的牙伙拿来绳索呢？ ＝哪方都可以。

伪造买卖价格时，将会被如何处置？ ＝不能伪造。但是仅在村内伪造时，征收不足的部分。并且应当交纳价格的五倍以下罚金。实际上没有这样实行。

承征员做不当之事时？ ＝没收保证金，使其辞退。

12 月 12 日

杂捐　临时摊款　赋役

应答者　王沛霖（县财务科员）

地　点　县公署

【杂捐】杂捐的种类？ ＝自行车、商捐、石灰窑捐、小肠捐。

【自行车税】自行车税在何处交纳？ ＝各区分所，1 年 1 次每次 2 元。

向他人借的情况是？ ＝借的情况下大多由借的人交纳。

给予什么收据吗？ ＝给予收据，从警察所处。

【商捐】商捐是什么？ ＝是营业税。而且这是警款。原本是营业税，根据其资本、店面大小而不同。

其区别是？ ＝营业税向省里交纳，商捐向县里交纳。营业税里没有附加。

金额大约是多少？以顺义县的大店面为例。 ＝公记盐店——商捐 1 个月是 17 元 74 钱（盐店没有营业税）。复顺昌（囤积衣料和特产物。商会副会长）——商捐是 1 个月 12 元 36 钱，营业税是 1 年 81 元 93 钱。义集公（杂货粮食）——商捐是 1 个月 2 元 50 钱，营业税是 1 年 92 元 4 钱。

【县的临时摊款】　县的临时摊款必须通过第一分局吗？　＝通过。

不通过第一分局直接课征到村里的情况没有吗？　＝没有。

【军草】　现在没有如保甲费、自警专员费、军草、兵差等这种东西吗？　＝现在没有。有军草，县城有军草处，在新民公园内。为了日本警备队、治安军、县警备队在县里集结。

需要向这支付代价吗？　＝支付钱，但是价格便宜，带有税收的性质。

各村有分摊额吗？　＝其比率去各分局便明白。

有1年的预算吗？　＝这是临时的却又是必要的。

村里给官公吏、军警等提供伙食吗？　＝虽没有规定，但一般都提供。

柴草是由村里各户分摊呢，还是由村里筹集购买呢？　＝有时是各户分摊，没有草之时由村出资，即从摊款中出钱的情况也有。

【赋役】　县会向村里派劳役吗？　＝修理公交车道之时（国道）由各户适当地分派壮丁、车马。

这也是从分局派来吗？　＝是这样的。

村里将这项各户适当地分配吗？　＝在仁和镇（即县城）是这样的。

在别的村落也是同样的吗？　＝在别的村落也是这样的吧。

除了修路外，还修铁道线路吗？　＝有，但和县没有关系。

修路的时候，给予日薪吗？　＝不给。

饭钱也不给吗？　＝不给。

这是根据村里的人口来分配的吗？　＝大概是这样的。

每一年有定期的征集壮丁吗？　＝没有。

【桥梁树木的分配】　柴草以外的东西由县交纳吗？　＝有树木，这是桥梁。

对此付费吗？　＝有时付费，有时不。

这些柴草、树木由县支付吗？　＝由使用柴草的部门（军队等）向县里支付。县里将那些钱分给分局。

桥梁树木的贷款和县没有关系吗？　＝无关，其使用者即建设总署等支出，县将其分给交纳者。

其他的有？　＝还有铁道的枕木，其性质也相同。

果真由区分局分配吗？　＝是的。

村里如何分配树木的？　＝在村公会总括后作为摊款买下。并且根据各家的亩数，按照一户一棵或者三户一棵这样来指定。

被分配之时，自行拿去吗？　＝自行拿去。村民自行交纳到区分局，从村的责任区到区分局，交纳到县里是区的责任。

【用于牙税局的账簿】　有用于牙税等的账簿文件吗？　＝牙税收据、牲畜税单、屠宰税执照、顺义县民国二十九年度○月份税票缴查数目表、领税票簿、税承征员经征税款表汇钱票、顺义县民国二十九年度牙杂税名一览表、汇钱回收、汇钱票、顺义民国二十九年度税承征员经征税款表。

【用于田赋的账簿】田赋征收室使用的账簿文件有？＝地粮红簿 51 册、公产租红簿 14 册、升课租红簿 5 册、马馆租红簿 1 册、西河岁修租红簿 1 册、广恩库租红簿 1 册。

地粮流水 8 册、公产租流水 6 册、升课租流水 1 册、西河岁修租流水 1 册。

地粮库簿 8 册、租课库簿 7 册、附捐库簿 8 册、串票库簿 8 册、署提银洋簿 1 册、学捐库簿 1 册、府提库簿 1 册。

12 月 21 日

村里的牙杂税　村费

提问者　旗田巍

翻译员　李寻春

应答者　赵廷魁

地　点　村公所

【村里的屠宰税】在本村附近承包屠宰税（猪、羊、驴马）是谁？＝不太清楚。大概县里有总承包的，其手下有承包人，那人承包某村。并且那人前去那村的村公所，要求征税，村里向那人传递一定的税款，承包人前去村公所与村长谈话之时，如果说村长不理睬，不由村公所支付。在谁都能看到的地方张贴布告，写上屠宰者应去某村某人处交税。

去年由本村的李注源承包了（沙井、石门），但是村公所没有向李注源交纳。猪 1 头是 95 钱的税，李注源在公告中写道"如拜托李注源屠宰的话不需要交税，也不用手续费，但请给我猪毛和小肠"。

这两三年是李注源。现在承包人未定。阴历十二月十五日左右会产生有关人员。李注源是去年十二月的承包人。现在大概也是这样。

承包人称为什么？＝包屠宰税某。

以前村公也实行包屠宰税吗？＝在李注源以前村公所承包税（持续了五六年），总包税的来村公会与之交涉承包事宜。砍价后交大约五六元。在村内无乱杀几头交纳五六元即可。村长估计后决定其价格。如果没有一个人屠宰或仅有两三人之时和村里无关。

如果没向李注源提交就屠宰的话，将会变成哪样？＝李注源抓住那人，送到总包税的地方。李注源拜托人巡视亲戚和认识的人中有没有屠宰人的。没有看到拉过来的人。

村公所汇总了之后，有交到李注源那里的吗？＝没有，村公所不负责，而是委托给了他。

【村里的牙税】在牙税方面，没有像李注源样的承包人吗？＝没有。

对于在村内的买卖？＝不交纳牙税。

牙税只限于在顺义县内买卖之时吗？＝不在市内，在别处，不得买卖谷物。

村里不管吗？＝在村内进行的时候，分数量之时，总包税知道的话，则不被允许。那种情况下，会进行保密。

村内的大交易向总包税的交送吗？＝通知总包税的。如果卖 10 担话交送 5 担。包税的不来村里，自行交纳税。

那是交纳到总包税的吗？＝当然。那人称为斗头。

斗头是第 1 区的还是县的？＝顺义县的斗头。

以前，村会所承包牙税，没有送交给斗头吗？＝没有。

对于村内的羊、猪的买卖征税吗？＝交纳税，向猪市包税（猪市贴头）交纳。

在相关人中如李注源的这样的承包人没有吗？＝没有。一个市有一人。牛栏山市有一人。顺义有一人。

包税的不来本村吗？＝从这将钱交纳过去即好。

包税的拜托村民注视买卖吗？＝贴头拜托几人到附近的村落巡查。巡查的人如同间谍般，不让村民知道。

那个间谍是本村的谁？＝不是本村的，不知道这附近的事。

以前的情况是？＝石门的李旺、南法信的白槐增这两人担任着粮食总包税的、猪市包税，是南法信的张田玉做承担人。

粮食包税的是？＝谷物买卖。

屠宰（猪）是？＝1 头是 95 钱。

猪的买卖是？＝每 100 元税为 9 元 50 钱（卖主买主两方共同交纳）。

牙税屠宰税对于村民来说负担重吗？＝负担重。

厌倦负担重吗？＝厌倦。

和田赋相比哪个负担更重呢？＝田赋只要交纳一回，但因为这个要交纳多回，这个更重。

【村里的秤税】秤税是？＝担任李注源般总包税的承包人，在秤税方面由望泉寺的刘五担任石门、沙井、望泉寺的承包人。

那什么时候征收？＝在这边税收是关于花生的交易。不清楚交纳多少的税。

他来村里巡查吗？＝不，交易人送交。

【包税人】那人称为什么？＝称为秤市贴头。

没有其他的税吗？＝大市贴头（是有关驴马、马、骡、牛的买卖）。

那也有包税人吗？＝牲市包税的即大市贴头。

有承包者附近的人吗？＝没有如李注源样的人，一个市有一个人，村内的买卖只送交金钱。

手下有监视人吗？＝当然有。

本村有吗？＝没有。

村公会不做吗？＝不做。

成为包税人的是？＝险恶之人，不管是谁见了都感到恐惧之人，其名称为屠宰贴头、斗市贴头（粮食市贴头……食字可省略）、猪市贴头、大市贴头、秤市贴头。

村内不允许自由买卖吗？＝不可以。

如果不能自由买卖会不方便吗？＝当然。

【村费、青苗钱】村费青苗钱的人名、金额记录到文书上张贴出来吗？＝不张贴出来。

仅在麦秋之前去挨家挨户询问耕作了几亩麦，比较看青的报告和其答案，符合的话，便依据那张贴出的文书上记录着向大家收钱之后，向谁收取了多少，以及其亩数。

张贴在何处？ ＝张贴在街道最中间处人家墙上。

前去挨家挨户打听的是谁？ ＝看青前去召唤，在村公所叫唤出本人咨询，会首询问亩数。

如果与看青的报告不相符合之时，将如何处理？ ＝不可能说谎，看青一方所说的是正确的。

村里使用的费用也张贴出来吗？ ＝青苗钱的费用张贴出来，与此同时，收入总计后，公示张贴出支出额、费用项目。

【力役】关于力役的负担也张贴出来吗（自卫、道路修理等）？ ＝同以上一起在支出中写下"工钱几何"。

不用支付工钱的劳役也要记录下来吗？ ＝没付款的项目不写。

贴出轮流表吗？ ＝不贴出。贴在村公所的墙壁上。拜托杨永才向本人通知值班顺序。

出劳动力是拥有 5 亩田做一天，但是以前没有土地的人不出劳动力吗？ ＝没有 5 亩土地的人，以前开始就不要出劳动力。

【村外土地的青苗钱、连圈】沙井村内石门村人土地的青苗钱向何处的村公所支付呢？ ＝

石门村人所有地　　　50 亩（沙田村内）

沙井村人所有地　　　80 亩（石门村内）

在这两者村公所之间相抵沙井村向石门村交纳 30 亩村分量。如果没有连圈之时，交付到土地所在的村公所。

不是本人所住村落，交纳给土地所在的村落吗？ ＝是的。

沙井村人在顺义有土地之时不向沙田村交纳吗？ ＝向顺义交纳，不向沙井村交纳。

12 月 1 日

村外土地的青苗钱　车股

应答者　杨源（沙井村村长）、杨泽（会首）

地　点　村公所

【摊款和主、副村】有在主村和副村集合召开会议的情况吗？ ＝在多个村集合，举行。

主村和副村没有特意举行会议吗？ ＝为了青年训练，仅限于派出青年到县里之时。

没有关于摊款吗？ ＝有。比如县摊款之时，因为望泉寺和沙井村是同一乡，作为同一乡被分配。

【村外土地的青苗钱、贴钱】对于村内的摊款，区分村内拥有的土地和村外拥有的土地吗？ ＝区分。居住在沙井村在望泉寺持有土地的人其土地的青苗会摊款交到望泉寺 1 亩 80 钱，此外的摊款交到沙井村。

在外村拥有土地之人的负担是，假如沙井村人李氏在望泉寺持有土地，李氏这 3 亩土地的摊款交到何处。＝交纳到沙井村。

今年交纳多少？＝1亩为60钱。

望泉寺村公所不向李氏要求交钱吗？＝不。但是村公所和村公会之间进行过金钱交易。

望泉寺村公所向沙井村公会收取多少？＝抵消两村相互的外村土地所有者的亩数后收取。

1亩多少？＝这没有规定，以前是1亩5钱，但现在是10钱，称为贴钱。

现在哪边较多？＝望泉寺较多，望泉寺是191亩，沙井村是55亩，相抵后是136亩。

（注：沙井村里明确和贴钱有关系的是望泉寺和石门村。青苗钱上记2村以外的土地所有者向该村的村公会个别支付。关于与此相关的村边界，对于石门村、望泉寺的边界，民国二十五年以后有明确规定，在此之前似乎是属人主义。对于上记两村之外对于边界的观念有些许不同，据说那些土地以前是沙井村的但因为卖给南法寺，沙井村面积越来越小。这是村长杨源及其弟偶尔间的谈话。需要再次调查。）

【县摊款的分配、车股】关于县的摊款望泉寺和沙井村分配的比率是多少？＝（没有应答）。

县如何被分配的？＝县分为8区，沙井村属于第一区。第一区大约有41个村，9个车股。本村是第3个车股。在第3车股包含望泉寺、沙井村、石门村、南法信、刘家河村（仅是其半个村）。即4个半村。此车股由分局分配。

这个车股里分配了百元的份额，这将如何分配？＝根据村的大小和警款的比率决定。

警款沙井村为1个月6元

望泉寺　　　　　　10元

石门村　　　　　　6元

南法信　　　　　　16元（多分）

刘家河（半个村）3元（多分）

因为各村的配额是由第1分局分配，不用村长们特意聚集决定。

没有不公平的时候吗？＝没有。

【村的收入】村里如何处理县的摊款呢？＝村长拿到分局。从村费中支出，那时不用每次征收。

村的摊款交纳几次？＝每年2次。

除摊款外村没有其他收入吗？＝没有。

公会地的收入是？＝每年大概进账300元，分别有每亩每年12元、13元、2元的，共计28亩。

草契监证的手续费是？＝1张5钱左右，手续费未包含在内，反而免费办理，亏损。

希望看下存根？＝可以的（同会首杨泽到村长家，也只能看到七八张）。

1940 年 11—12 月

（华北农村惯行调查资料第 2 辑）

赋税篇第 1 号　河北省顺义县沙井村（元土地所有权篇第 1 号及赋税篇第 1 号）
　　　　调查员　小沼正
　　　　翻译员　郭文山

11 月 30 日

沙井村的官旗产

应答者　杨泽（沙井村会首）
地　点　县商会

【沙井村的沿革地目】沙井村在清朝时有怎样的土地呢？ ＝有民粮地，此外有内务府的土地等。

现在经过整理，全部都是民粮地吧？ ＝是那样的。

但在前清之时有怎样的土地名目呢？ ＝内务府造办处、嵩祝寺、钟杨宅（祗德堂）、松宅、周庄头、匠役地。

除以上的土地，旗人的土地呢？ ＝没有。

没有整理后残留的土地吗？ ＝以上所记全部卖掉变为民粮地。但是不清楚是否完全更改。嵩祝寺残留少许。钟杨宅原样留下来了。匠役地残留少许。松宅不明。

不知道催缴相关土地地租人的名字吗？ ＝
　　内务府造办处……李秀山（沙井村）
　　钟杨宅…………程某（南郎中村）
　　松宅……………不明
　　周庄头…………周某（白河东岸）

【内务府造办处的催头】李秀山和李广田有关系吗？ ＝李秀山是李广田的父亲，或者祖父。

其地位的名称是？ ＝称为催头。

相关土地称为旗地吗？ ＝钟杨宅是自己的私产，其他是旗地。

松宅呢？ ＝不明。

和杨家有关系的地目吗？＝除匠役地以外，全都经祖父之手。

经手是？＝租借。

借用内务府造办处—李秀山—杨泽的祖父这样的关系吗？＝杨秀山是催头，祖父是佃户。

李秀山的工作是什么？＝代替造办处，召集佃户。

大约几月？＝阴历十月左右。

李秀山自行前去北京吗？＝当然。

到内务府的何处？＝不明。

我想要李秀山给我传票，怎么样？＝当然。

对方的家里没有留下那吗，留下的话可以让我看看吗？＝嵩祝寺、钟杨宅、松宅等处有，可以给你看看（参考资料1）。

除交租之外，要去李秀山家帮忙吗？＝不用去。

李秀山和佃户的关系只是交租的关系吗？＝当然。

【旗地和民粮地】比如杨斌停止亲自耕种内务府的地，可以将其转让给他人吗？＝能。

那时，取得李秀山的谅解没有必要吗？＝没有。转让给他人之时，在当事人之间传达好向谁交税的话，便好了。

其耕种的权利称为佃权吗？＝那户人家称为佃户。

这些地和民粮地有何差别？民粮地和旗地不同在于？＝民粮地的田赋向衙门交纳；旗地，比如内务府造办处的地，由李秀山交到内务府。

其他的呢？＝民粮地用银子交纳，旗地用铜钱交纳。

杨斌将这些土地卖给他人之时，立的契约称为什么？＝民粮地称为"立卖民粮地文约人某"，内务府地称为"立过内务府造办处地"。

即在过去的书上说，禁止买卖内务府地。因此，在买卖的场合，不使用典这样的字眼吗？＝没有。典是不同的。

其他方面，民粮地和内务府地没有差别吗？＝典等是同样的。

【嵩祝寺的征租】在嵩祝寺村里没有催缴人，大约何时从北京来交纳？＝阴历十一月左右。

一个人前来吗？＝两三人。

那时百姓欢喜地交租吗？＝当然。

那人挨家挨户地奔走催缴，还是在村内固定的场所由村民自行前去交纳呢？＝集中交纳。

在何处呢？＝在县城内西门里一家名为刘家店的客栈里投宿。

村民个人前去交纳吗？＝当然。

村民知道催缴人前来之事吗？＝每年来时在刘家店投宿，来村之事写在纸上张榜公示。

不张示在村里吗？＝不。

在那时，如土地所有有变动，将如何处理？＝立契约时，卖主将交租的地点告诉给买主。

　　催缴人知道此事吗？＝卖主仅在第一回和新所有者一起前去。催缴人依此更改账簿。

　　嵩祝寺的土地持有人村里大约有几人？＝不清楚。在北法信村其佃户人数多。但是没有催头。

　　其村民前来刘家店交纳吗？＝当然。

　　内务府造办地大约有几户呢？＝大约五六户，姓名不明。

　　【钟杨宅地】钟杨宅的程某何时前来收取？＝阴历十月左右。

　　其名字是？＝不明。

　　村民称其为什么？＝称为"钟杨家的"。

　　他在何处收集？＝城内。

　　在何处投宿？＝不知道。

　　他收集后自行交纳到北京吗？＝当然。

　　程某持有择山土地吗？＝有资产，一百亩还是两百亩左右吧。

　　卖钟杨宅地之时自由卖也行吗，还是立契卖的好？＝随意卖也行，不事先说明也可以，立过契。

　　杨斌是钟杨宅的佃户，但期间没有互换契约吗？＝没有立契，持有一册账簿。

　　谁持有呢？＝钟杨宅持有，杨斌持有从他人转让的契约。

　　什么契？＝没有特别的名字。

　　卖契、执照、部照、典契等没有名字吗？＝没有。

　　那么自由卖之时，立卖契吗？＝立过契。

　　在未交纳地租的情况下，那人将会如何处置？＝即使催缴了几回，还未交纳之时，催缴人上诉到县公署。

　　诉讼之时，未交纳者一律剥夺土地吗？＝根据一般习惯不进行剥夺，约定将来交纳就解决了。

　　嵩祝寺的情况，内务府造办处的情况是？＝都是一样的。

　　钟杨宅在村里有几户呢？＝四五户左右。杨泽、赵廷福、杨永才、村公会。因为十年以上没有前来征租了，详情不明（注：实际上一直很多，作为黑地向县里投税）。

　　【松宅地】松宅从何时开始不来了呢？＝十年以上。

　　那有几户呢？＝杨泽，其他不明。

　　从北京来征租吗？＝吴家营的孙某收集。

　　【周庄头地】周庄头地有几户？＝不清楚。这回调查的账簿里有记载。

　　从何时开始不来了呢？＝十年以上。

　　【匠役地的征租】匠役地有几户？＝不清楚。

　　其名称的含义是？＝以前建造皇室宅邸从事工程建设工作之人称为工匠头，因其为皇室工作，皇室赏与其土地并给其免税（注：这属于内务府）。

　　集租之人是？＝不知道。以前在本村。

没在石门村吗？ ＝不是，不清楚。

那人收集后交纳到北京去吗？ ＝当然。

知道持有土地之人一人大约多少呢？ ＝村公所里有底账（注：明白这意味着此番土地调查表申请第一号）（参考543页）。

见此明白其他土地典当情况吗？ ＝明白。因为此次土地调查全都重新记入。

可以给我看看吗？ ＝可以。

【旗租的价格】钟杨宅一亩一年地租大约是多少？ ＝一亩两吊钱。

换算成如今的元的话？ ＝铜钱一百六十二枚是一吊钱，根据现在县的命令，12吊是1元，10个小钱是一个铜子儿，一百六十二钱是区区小钱。

那么一亩大约是16钱吗？ ＝大约是那么多。

内务府的土地原本是多少？ ＝每1亩是1吊钱到2吊钱。

嵩祝寺呢？ ＝和上相同。

在上述土地中有怎样的不同？ ＝每种土地最高都是2吊钱，最低是1吊钱。

民粮地大约交纳多少到县里？ ＝4分、3分、2分5厘、1分。

银1分换算成铜钱是多少？ ＝1分银子是2铣3钱。1铣钱是5个铜子儿，百铣是1元。

耕种旗地和耕种民粮地哪一个更得益吗？ ＝有一段时间民粮地更得益，之后有所改变。

从何时开始改变的呢？ ＝民国十四五年前后，以前旗地更有得益。

【旗地的起源】知道起源吗？ ＝清朝的时候，各王爷、侯爷有勋功从国家得到了土地。皇室给予他们免税和收租的特别优待。其他有"烟粉地"。

烟粉地相当于上述土地的其中哪一个？ ＝大概是松宅地吧。

匠役地归属于何地？ ＝工匠从皇帝处得到了土地，不清楚工匠在何处。

嵩祝寺从何时开始在沙井村持有土地？ ＝清代雍正帝即位以前，催促康熙帝说想要早点即位，未被允许，出家入住到嵩祝寺。康熙帝去世之后即位，作为对以往承蒙嵩祝寺照顾的奖赏，给予了嵩祝寺许多的土地。

内务府造办处呢？ ＝不知道。

钟杨宅何时在沙井村建造起来的？ ＝不知道。

周庄头是？ ＝清朝以后。

12 月 1 日

沙井村的官旗场　官旗场的整理

应答者　杨泽（沙井村会首）

地　点　沙井村公所

【沙井村的沿革地目】想看一下往年的底账？ ＝土地调查表申请第一号相同（携带土地调查表的原稿，所谓申请是黑地升科申请，其中包含租主不明的旗地，里面附记了了解到的旧地目。第一号是为了在第二号后继续叙述而附加的，但是没有在第二号叙述）。

希望您告诉我除前几天咨询以外的事？＝除前几天所说的地目之外，还有韩庄头的地和雍和宫香灯地。松宅是钟杨宅相同的私产。在匠役地的匠役中有木匠、瓦匠等。嵩祝寺属香火地。雍和宫香灯地是雍正帝出家之时所留之物。周庄头是牛栏山北赵各庄的周顺来。韩庄头居住在三河县本城。

没有具体了解这些事的人吗？＝在沙井村有周先生（周得福，别名周树棠）。

望泉寺里有什么土地？＝已知的有钟杨宅，但其他的就不知道了。

【旗地的整理】买卖这些土地之时，不会发生诉讼吗？＝不发生，出一亩三四元购买。买之时县出示布告吗？＝过去有这样的情况，现在没有了，也不清楚其内容。

前往何处购买呢？＝去官产清理处购买，给予财政部执照或粮照。

一般人愉悦地前去购买吗？＝是的。

有买后的钟杨宅来收取地租的情况吗？＝官场处和钟杨宅有联系，因为官产处出钱，所以不来征收地租。

已买之事不被所有者承认之时，来收租的话，如何处理呢？＝递交给官产处。

【这次土地调查的黑地申请】在这次土地调查表的申请书上记载的"黑地无粮""松宅"等是怎么一回事？＝至今产粮，即纳租的地方，按原来那样承担，至今没产粮食的土地得进行申请。

在松宅等土地上，不产粮的地非常多吗？＝松宅地非常少。不是很清楚。

官产清理处何时消失了？＝六七年前。

【资料一】　在沙井村得到的租票

1. 钟杨宅祗德堂（印有紫色朱印）

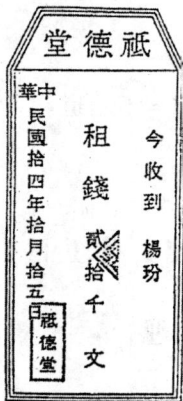

2. 松宅（印有紫青字朱印）

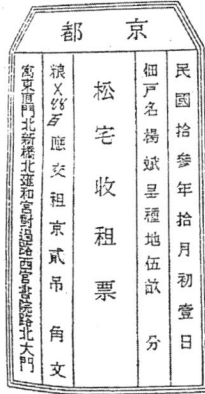

京都
松宅收租票
佃戶名楊妣呈種地伍畝
民國拾參年拾月初壹日
狼X纺戶應交租京貳吊角文
寓京直門北新橋北蓮和宮甸鴻路西官書院路北大門

3. 周庄头（印有黑字朱印）

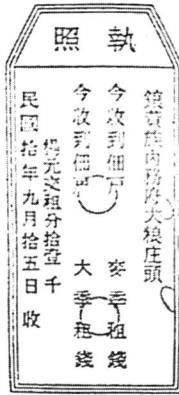

照執
籤貢茵內防防大狼莊頭
今收到佃戶
今收到佃戶
提先文租分拾壹千
民國拾年九月拾五日收
麥秋租錢
大季租錢

4. 韩庄头（印有黑紫字朱印）

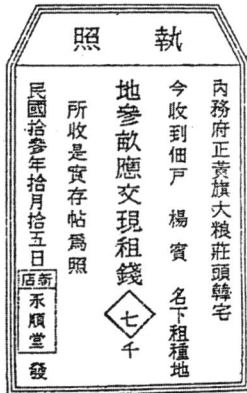

執照
內務府正黃旗大粮莊頭韓宅
今收到佃戶　楊賓　名下租種地
地參畝應交現租錢〈七〉千
所收是實存帖為照
民國拾參年拾月拾五日
荞永順堂店　發

5. 内务府造办处

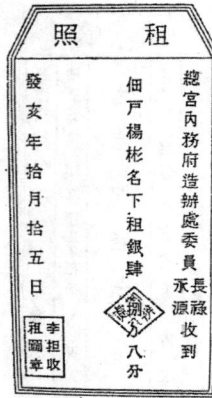

6. 嵩祝寺（印有黑色朱印）

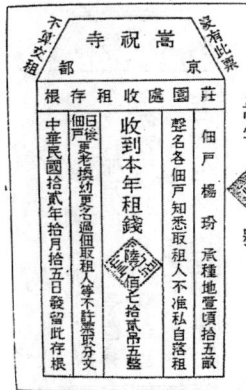

12 月 12 日

官旗场　土地所有者　官旗场的整理

应答者　周德福（树棠）（沙井村民）
地　点　县商会

【周德福的经历】听闻您今年 64 岁了，年轻的时候在何处上学呢？＝沙井村的吴殿臣先生处。

阁下从沙井村出去是？＝第一次是十七八岁之时，去往江苏省。

江苏省的何处呢？＝在镇江府担任收发吏。

在那待了几年？＝3 年，之后去往安徽省的徽州府。

是非常有名的地方吗？＝是的，在那当了 3 年收发吏。

之后？ ＝在湖南省劝业道。在那担任 1 年的收发吏。

之后？ ＝在江西省广信府两年间担任税务分局长。

之后？ ＝三年左右高线坨铁路的安子站长。

之后？ ＝保定府西康县收发吏，此处两年。

那时几岁？ ＝40 岁左右。

之后？ ＝回到沙井村，那在民国七八年前后，距今约有 20 年。

马上就担任村长了吗？ ＝民国十五年。

那时大约多少岁？ ＝大约 50 岁。

之后到多少年为止一直担任村长？ ＝2 年间。

　　想知道以前的土地，特别是清朝时期官旗地典当状态，其次是土地整理状态。想听听在阁下出村之前，二十七八岁时村里的状态，那时阁下是佃户吗？ ＝没有做过佃户。

那么，只有民粮地吗？ ＝全都是民粮地。

那有多少亩？ ＝四五亩，现在用在外面工作赚到的钱买。

　　【沙井村的沿革地目】比如像内务府的土地，除此之外还有多少呢？ ＝在内务府所管辖范围内的有銮舆卫（这也是造办处）、马馆地（这也是造办处），其他的有雍和宫香灯地、匠役地、嵩祝寺、民粮地。

清楚地明白那时有马馆地吗？ ＝李广田处。

马馆地和造办处的土地有所不同吗？ ＝造办处的催头李广田在耕种马馆地。

沙井村有吗？ ＝有。

銮舆卫的呢？ ＝有。

谁是銮舆卫的催头，东府的呢？ ＝依旧是李广田。

现在那变成了谁的土地？ ＝不知道。

雍和宫香灯地现在成为了谁的土地？ ＝杨源。

以上四类土地，或者如钟杨宅成为私人的佃户的是？ ＝李秀芳。

松宅呢？ ＝没有。

周庄头的土地呢？ ＝有，自己的（周秀棠）。

那是何时买的？ ＝七八年前。

可以给我看看其地券？ ＝可以。

匠役地是？ ＝周树棠、杨源、赵廷奎，其他的不知道（村民也写作匠艺地）。

韩庄头的土地呢？ ＝没有。

周庄头是何处的人？ ＝县北，以前是牛栏山。

　　【内务府造办处的李催头】李秀芳和李秀山有关系吗？ ＝李秀山是李广田之父，和秀芳没有关系。

除李秀山外，担任庄头、催头的人那时没有在沙井村吗？ ＝没有。

李广田时，他家大吗？ ＝比较大。

受到村民尊重吗？ ＝不明显。

所有土地是？ ＝那时有 2 顷。

现在呢？＝后裔（李广田）的过错，失去了土地。

为了整理官产，所有的佃户买了土地吗？＝没有那种关系。

【民国初年村内的土地所有者】阁下年轻之时，村最大的土地所有者是？＝杜荣。

是杜春的什么人？＝杜祥、杜春的叔父。

其孙是？＝杜维新。

现在谁持有呢？＝没有。

发生了什么？＝因为人数变多，使用方式变糟。

杜如海是？＝杜荣的侄子。

那时杜荣的土地是？＝7 顷。

在村的哪个方向？＝现在村的西、南部。

那是怎样的土地？＝内务府、匠役地、民粮地。

仅次于杜荣的土地所有者是？＝李广田，2 顷。

尽是内务府的土地吗？＝大多是这样。

那么都是怎样的土地呢？＝民粮地、内务府、匠役地、周庄头。

其次是？＝赵祥有 1 顷多。民粮地、匠役地、菊宅地。

现在的户长是？＝赵廷奎。

其次是？＝杜如海，七八十亩。民粮地、匠役地。

再其次是？＝不清楚。

那时全村的耕地是多少亩？＝20 顷左右。

【嵩祝寺的土地和杨斌】根据第二文书即嵩祝寺仅有 10 余顷，知道这些土地由谁耕种吗？＝杨源、杜荣、赵廷奎、李广田。

（以下文书是县公署得到的大国师张嘉呼图自置地亩清册，民国四年到民国七年全部契税。）

写有顺义县的项目

　　　　沙井　7 顷 19 亩　　民国四年 12 月 31 日税契
　　　　沙井　1 顷 24 亩　　民国四年 12 月 31 日税契
　　　　沙井　1 顷 24 亩　　民国四年 12 月 31 日税契

根据第二文书据说杨斌仅在嵩祝寺有 1 顷 15 亩？＝是的。

呈

　　　据结人沙井村左正　本村前于春季所
　　　有北京菊宅之地以然买尽惟有
　　　杨斌有松祝寺租地一百十五亩
　　　吴瑞林有乐洲租地四亩下余均是沙城
　　　粮地俟后如查有旗地村左长情愿认过
　　　所具结状是实

　　　　　　　　　　　　　　　第七区沙井村　　　杜如海　杨斌

民国十六年　　　十月　　　立

那么杨斌那时一共持有多少土地？ = 2 顷二三十亩

乐洲租是什么？ = 匠役地。

【村的耕种的面积】以前此村有耕地 20 顷，现在只有 13 顷是怎么回事呢？ = 因为水灾，成为废地卖了。

卖到了何处？ = 卖到邻村的望泉寺、县城等。

卖了的地现在没有划入沙井村吗？ = 没有，划入河对岸。

在望泉寺买的土地现在划入到了哪个村？ = 如果沙井村将土地卖出，便成为望泉寺的。

现在也是那样吗？ = 当然。

即使村界附近的土地给他村，没有规定了边界吗？ = 边界不改变。

前面所说的不奇怪吗？ = 边界如以前不变，但管理交付给他村。

根据土地调查现在是 13 顷，以前是 20 顷，那样的话其中相差的土地划入何村？ = 只卖土地，不改变边界。

那么其 7 顷的土地成为了何村的土地？ = 记录在沙井村的账簿上。

但是调查表上只记录了 13 顷不是吗？ = 村民在外村所有的土地。

这个文书（前面所诉民国十六年的呈）里写下了村长、副村长的名字吗？ = 当然。

杜如海担任村长期间是？ = 从民国十二三年开始担任了四五年间。

之后想听听阁下在担任村长期间的事，村里的状况有所改变吗？ = 当然。

那期间有几次回到沙井村？ = 四五次左右。

【民国十三年前后的村内土地所有者】民国十三年前后，前述的土地所有者的顺序有所改变吗？ = 当然。

回村之时土地最多的持有者是？ = 杨斌，2 顷。

其次是？ = 赵祥，1 顷多。

第三名的是？ = 杜如海，七八十亩。

第四名的是？ = 不清楚。

杜荣的土地 7 顷变得怎样了？ = 变为四五十亩。因为孩子很多，分家后的土地变少。

杜荣的孩子有？ = 杜芝兰、杜芝瑞、杜芝茂。并且在杜荣的时代将土地卖掉了一些。

到分家之前有多少土地？ = 剩 2 顷多。

杜荣是放荡者吗？ = 因为光绪二十六年的大水，变为了沙子地，然后将其卖掉了。

【推、过】阁下担任村长期间民粮地和官旗地持有哪一个较好？ = 民粮地。

为什么？ = 因为官旗地的买卖写着"过、推"这样的字，相对地民粮地是民权。

官旗产物主持有什么权利？ = 再买一次，再买一次成为民粮地。成为推权、过权。

推权和过权不同吗？ = 相同。

那么名字虽然不同，但和民权稍稍不同吗？ = 和"地身子"有所差别（即土地的由来有所不同）。自己没有实际的权力，只有买之后才成为自己的土地，交税。

在县公署交纳的税和向旗产的催头的租，谁比较得利？ = 县公署典当田赋得利。

一亩大约能得多少利益？ = （没有回答）。

【官旗产的整理】"再买一回"是怎么一回事？ = 买后成为民粮地。

那是从何时开始的？ ＝民国十七八年在官产清理买卖。

成立官产清理处后，张贴布告了吗？ ＝当然。

怎样的布告？ ＝"买租子地，不能买地……"（因为官旗场的土地是卖租子地，不能卖土地）。

卖到何处？ ＝将租子地卖给人民。

"税籽"是？ ＝和田赋意思相同，和税是同样的意思。

比如？ ＝杨源持有嵩祝寺 4 亩地，由官旗产清理处出布告。这时卖租子地是？ ＝不要租子地的意思。

那么杨源卖租子地的话？ ＝要交纳田赋。

卖的时候杨源要前往何处？ ＝杨源买。

从何处、直接进行吗？不进入到官场清理处吗？ ＝没有官产清理处时直接进行，成立后在此处进行。

那么成立之前有很多买卖吗？ ＝村民没有买，因为成立后强制性要求购买，所以买了。

在此之前村里有谁买了吗？ ＝没有。

成立前谁买了？ ＝钟杨宅、匠役、松宅等。

那是哪年？ ＝民国十九年前后。

但那不是在清理处成立之后吗？ ＝（没有回答）。

成立后还是成立前卖的呢？ ＝清理处成立后。

以前有卖的吗？ ＝没有。

民国十九年前后，由清理处张示布告之时，村里标出其土地吗？ ＝当时根据有无金钱，由县购买。

村里向清理处标出吗？ ＝不。

内务府方面写出并公布吗？ ＝清理处成立后，庄头将各官旗产的账簿向县提交，并且在村里出示布告。

其文件是这吗？ ＝是的。

　　　顺义县行政公署

　　　驻顺义县官产局　　　　传票

　　　为饬警传催事案查内务府及各王公府宅等佃户迭经本局饬警传催其来局留置虽不乏人而任意观望者仍复不少长此玩延殊属非是合在开列名单票仰该警前往各村协同当地村长佐地方等按名严行传催务于　　日内一律来局留置倘在仍前延宕定行拘惩不贷切切此谕

　　　计粘单一纸

　　　　　　　　　　　　　　　　　　　　张得吸

　　　　　　　　　　　　　　　　　　　警

　　　　　　　　　　　　　　　　　　　于得顺

中华民国十七年六月十六日

知事

局长　　　　　　　　　　　　　　　　　　　　　　　　限四日销

【农民和整理】这个布告来村里之时，有钱的村民高兴地前去吗？＝不高兴。

为什么？＝必须得再交一次钱。

但是不是已经是自己所有了吗？＝一文钱也不交，即使买，也与之前没有变化。相当于从前就是自己的一般。

但是买其之时的钱没有借给村民吗？＝没有。

【王公府和整理】内务府和嵩祝寺方面高兴吗？＝高兴地卖出。因为清灭亡后失去产权。

钟杨宅等私产也是那样吗？＝虽然不想卖私产，但因为不能收取租子，现在想要卖出，但那又不是很方便。

庙产是？＝想要卖掉嵩祝寺等，前来收取租子也不方便，收钱的话更好。

清理处成立后他们不能收取地租了吧？＝当然。

现在也是吗？＝当然。

那么想要卖掉也是不言而喻的吧？＝当然。

【内务府造办处地的整理】整理的顺序是到内务府就结束吗？＝是这样的。

李广田怎么处理的呢，都买下吗？＝不是，将租子地变为推。

但是民国十二年有相关诉讼，如何？＝那时本人没有在沙田村（因为催头李广田倾吞地租400余两，庄头邓长禄提起诉讼，因此两者关系特别不好，也不清楚整理是否顺利进行）。

民国十三年左右李广田应该有大量的钱，没有买下吗？＝（没有回答）。

内务府造办处的土地村民哪一年买下的？＝整理处成立后，每年买。

那时没有钱的村民怎么办？＝依照秋天的收获。

没有没钱不能购买的人吗？＝大部分人买了，后来人变为推。

这些人（前面所述传票的粘单上记录着作为沙田村内务府造办处佃户张守仁、王茂林、杜春、李濡源、张文恒、杨文增）都买了吗？＝当然。现在有地券。

【匠役地以外的整理】匠役地大家都买了吗？＝当然。

整理的时候匠役地的持有者还有吗？＝有。

民国十四五年的整理前到那里去交租？＝交。

整理的时候买了吗？＝是那样的。

清朝灭亡后，仍然现在买了所有者所剩的土地吗？＝也有没有买的。

没有买到的何处比较多呢？＝钟杨宅。

现在不来收租吗？＝当然。

农民不交纳田赋吗？＝不交纳。租子和田赋也不交纳。

松宅呢？＝买完了。

嵩祝寺呢？ ＝还没。

韩庄头的地？ ＝没有在沙井村。

嵩祝寺大约残留了多少？ ＝全部买了，只有钟杨宅还剩的，还剩大约 1/3。

残余的只有这些了吗？ ＝当然。

【这次土地调查和黑地】土地（黑地）调查的时候这些土地请粮吗？ ＝是这样的。

从何时开始？ ＝从去年开始。

到此没有卖出的土地要不要交纳租子田赋吗？ ＝当然。

那样的话，对农民不划算吧？ ＝黑地调查的时候，知道调查结果的时候就请粮。

清理时，根据布告所说来清理处，那种情况下进行清算吗？ ＝不。

那时的每亩地大约要交多少？ ＝4 元或者 5 元。

今年土地整理的黑地承认其所有权会更好吗？ ＝想让其承认民粮地。

这些（土地调查表申请第一号）没有整理吗？ ＝是这样的。

这些土地开始整理后，没有交租也没有交田赋吗？ ＝是的。

那么不是黑地吧？ ＝是黑地的一种。

整理之时没有特意买很多的人，或者从他处得到很多推的人吗？ ＝不能那样做，也不能推。

但是借给他人钱让其来整理，之后再让推做的人是？ ＝也不能那样。

12 月 8 日

免税地　租子地产捐　庄头催头
揽头　香火地　学田　官旗产整理

应答者　言绪
地　点　县公署

【免税地】原本是免税地吗？ ＝皇产和旗产，因为交纳的是租而不是税，还有 8 项旗产。寺庙田、家产、祖产、学田、村屯公产全都交纳。此处没有屯田、义田。

【租子地产捐】我想其次的租子地名单聚集了官旗地的全部，但是困惑的是不清楚地点。不知道吗？ ＝因此现在找到杨冬庄的李华庭，想要叫其出来。因为他过去征收租子地产捐，持有庄头的名簿。我想根据其名簿便可以了解庄头并可以从庄头连处详细地打听出（虽然科长骨折，最终没有出面，可是由于六七年没见科长，不知道现在在干什么，这是早已知道的事）。

租子地产捐是？ ＝如同田赋附加，从官旗地收取租子的附加。

其比率是？ ＝1 亩 2 分当时银票 2 张。

那是由庄头收集吗？ ＝庄头收集然后交到李华庭处。

那从何时开始？ ＝民国六年开始。

民国六年前县什么也不收取吗？ ＝不收取。

【未整理的土地】这张表中没有被整理出的土地有哪？＝所知道的未整理的土地有文宅地、宛英杰地、钟杨宅地、张守衡地、杨子寿地、赵国冲地、恩勋地、朱秀山地、鲁德周地。

未整理的地，租主每年来收取吗？＝不来，王公府的土地从民国十四年以来禁止收取租子。

雍和宫没有收取吗？＝雍和宫收取，因为是庙，所有特别允许。

民国十四年以后，不从北京来收取吗？＝不来，由县里出示布告，从那以后就没来了。

那么未整理的有？＝民国十四年以来，成立官产清理处的同时，禁止征收租子。整理是纳粮，未整理是没有纳粮，这便是黑地。

【这次土地调查和黑地申请】如果承认这期间的土地调查申请的话，也就是申请吗？＝这次调查里有黑地、租子地、民粮地三种，租子地是官旗产。

租子地升科的话变为民粮地吗？＝没有，先保持原样放置等待省里的命令，仅供参考。

黑地一经申请就成为民粮地吗？＝当然。

是很久以前的事，无法区分民粮地和租子地的情况有吗？＝也有那样的土地，特别是官旗地，因为县里没有证据，所以无法得知。

现在申请租子地对农民无利吗？＝如果想要把一般的黑土当作租子地申请的话，需要租票，可是可以反对。

农民更喜欢哪种？＝现在更倾向于黑地，因为租子地是将来要考虑的事。

【资料二】 民国八年租子地名单

弘仁寺 3 顷 33 亩 8 分 9 厘

定郡王府 16 顷 34 亩 2 分 2 厘 王号歇催牛栏山人

忻贝子府地 17 顷 03 亩 7 分 8 厘

皇室大粮庄天曹地 3 顷 92 亩 6 厘

肃王分府地 2 顷 85 亩 9 分

内务府刘万仓地 3 顷 13 亩 4 分 3 厘

恭王府地 15 顷 13 亩 3 分 6 厘

恭王府地 212 顷 49 亩 8 分 8 厘 8 毫

内务府张德金地 11 顷 55 亩 1 分 6 厘

训公府地 14 顷 72 亩 5 分

文宅地 2 顷 30 亩

内务府高玉珠地 5 顷 98 亩 2 分 5 厘

绰王府地 5 顷 05 亩 5 分

德公府地 4 顷 11 亩 9 分 2 厘

隐志郡王府地 25 顷 55 亩 7 分

昆公府地 3 顷 09 亩

关防衙门香瓜园地 2 页 40 亩

内务府李汝桂地 1 顷 2 亩

佶公府地 8 顷 84 亩 7 分 9 厘

缚贝子府吴庆云地 10 顷 20 亩 7 分

绷贝子府地 33 顷 28 百 2 厘

内务府崔有同 5 顷 56 亩 6 分

西黄寺灵课罗地 5 顷 70 亩 4 分

宛英杰地 2 顷 51 亩

内务府吴国源地 40 顷 88 亩 1 分 6 厘

内务府周怀仁地 1 顷 53 亩

嵩祝寺鲍德本地 24 顷 35 亩 4 分 9 厘

雍和宫西陵阿地 18 顷 56 亩 5 分 7 厘

内务府计雅齐地 3 顷 53 亩 1 分 4 厘

又韩松亭地 8 顷 68 亩 8 分 6 厘

又曹余亭地 9 顷 51 亩 3 分 9 厘

鄂珍地 5 顷 8 亩 5 分

杨世恩地 13 顷 25 亩 8 分 5 厘

周青山地 3 顷 93 亩

嵩祝寺佃户五宝珍地 5 亩

内务府赵德海地 5 顷 50 亩

崔有源地 14 顷 15 亩 2 分 5 厘

忻贝子府吴庆云地 11 顷 78 亩 7 分

鲁德周地 31 顷 44 亩 8 分 6 厘

钟杨宅黄仲地 13 顷

内务府王立中地 9 顷 03 亩 3 分 8 厘

高兆勋地 20 顷 4 亩 7 分 2 厘

焰公府尹香亭地 16 顷 96 亩 6 分 7 厘

钟杨宅孙仁甫地 5 顷 98 亩

黑寺杨玉山地 58 顷 31 亩 6 分

鄂多台忠原堂地 4 顷 50 亩

又福井堂地 5 顷 20 亩

张守衡地 5 顷 15 亩

杨子寿地 9 顷 80 亩

赵国冲地 9 顷 80 亩

内务府邓张禄地 20 顷 013 亩

恩勋地 5 顷 37 亩

内务府杨中立地 1 顷 59 亩 5 分

又张永福地 16 顷 20 亩

昌文芝地 5 顷 40 亩 1 分 5 厘

溥公府地 26 顷 23 亩 2 分 4 厘

朱秀山地 7 顷 56 亩 5 分 6 厘

恭王府郭顺地 3 顷 97 亩 9 分

内务府商文英地 68 亩

又地 3 顷 63 亩

森公府宛英杰地 3 顷 23 亩

又地 1 顷 50 亩

忻贝子府吴崇瑞地 16 顷 59 亩 2 分 6 厘

涛贝勒府王吉六地 7 顷 44 亩 2 分 2 厘

永良府徐福寿地 11 顷 95 亩 1 分 1 厘

鲁德周佃户李子哲地 2 亩 6 分 7 厘

内务府杨宝年地 3 顷 34 亩

又　　　于沼永地 4 顷 72 亩 2 分 8 厘

又鄂钺地 17 顷 60 亩 7 分 9 厘

以上共地 949 顷 20 亩 5 分 1 厘 8 毫

新查出

旧定王府共 30 顷 35 亩

朗贝勒府庄头周福继领北桃园地 1 顷 95 亩二段

又　　　　　河南庄地 4 顷 62 亩三段

又　　　　　沿河庄南地 1 顷 82 亩

又庵里庄地 7 顷 65 亩二段

又　　　　　芦家庄地 6 顷 69 亩六段

又　　　　　李家桥河东陈各庄地 3 顷 42 亩

又　　　　　大芦各庄 45 亩

又　　　　　小店马房地 2 顷 65 亩

又炭军刘振铎聂山营地 11 亩 2 分

又　张朝富聂山地营地 10 亩 5 分

又　张红尔玉聂山营地 9 亩 5 分（共 456 +）

又　王有恭石槽村地 14 亩

又阎黄氏渡桑园人催恩局村地 1 顷 80 亩

佃户法喜庄张得元地 7 亩

又　张浩

张九如　　　　　7 亩

张深　　　　　　　12 亩

下县营堪告地　5 亩

　　　　　　陈大　　5 亩

南郎中程杰　　5 亩

　　　　　　刘升　　5 亩

　　　　　　马顺　　10 亩

　　　　　　张永权　3 亩

　　　　　　张德兴　7 亩

　　　　　　刘德仁　5 亩

　　　　　　刘春　　5 亩

河津营蒋永富　　5 亩　　　刘文藻　10 亩

宝坻人

庄头李邦彦催张辛庄地 2 顷 20 亩

炸军启干邦地羊房地 6 亩 5 分 7 厘

庄头许连兴河北村人领河北庄俸伯桥头薛各庄蒋各庄东门

外地 38 亩 01 亩 5 分 4 厘

内务府草军地亩总美集贤领地 26 顷　　　杨各庄

资福院常处地 6 顷 98 亩

又　2 顷 88 亩

又　1 顷 10 亩

又　78 亩 8 分

又　5 顷 10 亩 5 分

又　7 顷

又　1 顷 30 亩　　共 27 顷 27 亩 2 分

【庄头、催头、揽头】按说官旗产里该有庄头、催头、揽头？＝在顺义县揽头很少。

揽头是？＝官旗产进行跑马圈，并且除此之外持有黑地之人带地投充。那种情况下很多人跟随那人带地投充。使很多人跟随其投充的最初之人成为揽头。揽头和催头大体相同。庄头之下有催头，催头为庄头而工作，但揽头是例外。催头受庄头的命令进行收租，揽头提前收集好后，一块交给庄头。

庄头住在北京和住在村里的时间哪一个更多？＝都有。

庄头就不必说了从不亲自耕种吧？＝不亲自耕种。

催头耕种吧？＝耕种。

揽头呢？＝也耕种。

催头的工作是？＝仅仅是收租。

在沙井村邓庄头下有催头李广田，庄头来村里吗？＝几乎不来。

催头携带租前去北京吗？＝催头携带到县城。

庄头除了催租，自己的私事也可以委派催头吗？＝可以。

私事是？＝帮忙处理红白喜事以及其他的事务。

揽头和催头的区别是？＝因为让揽头承担了许多土地，既有庄头又有催头的。

庄头不催促交纳吗？＝庄头去村里不催收。

【庄头、催头、揽头和佃户】揽头要佃户去帮忙红白喜事吗？＝那不一定。因为一起住在村里，要其帮忙的情况也有。

庄头不让佃户帮忙吗？＝没有。

李广田自行携带租去内务府的情况没有吗？＝没有，必须通过庄头。

如果催头没有交纳之时，可以辞退他吗？＝可以。

实际上有那样的例子吗？＝有。甚至连庄头都被更换掉了。民国七八年间在王府为换庄头而引起诉讼，这样的事件也有。

庄头想辞职之时可以请他人代替吗？＝因为有很多好处，没有那样的情况。有过在同姓之间，没有儿子之时相互更替的事。有出钱的情况，也有并未如此之时。

【佃户的推】佃户不再次耕种吗？＝有，称为推。

自己有百亩地 50 亩自己耕种，剩下的 50 亩推给他人耕种的情况有吗？＝有。

佃户将土地卖给他人吗？＝因为有佃权（对于王公府来说是租权）可以推，也可以退。

不卖将土地典当或者押的情况有吗？＝有。

代替推而使用典转卖佃权的事没有吗？＝没有。

再推的情况下，不提前让催头、庄头知晓好吗？＝没有必要提前通知，卖掉后再汇报再请求重新更改租册的名字。

【另佃】佃户不交纳租的时候，可以将其土地剥夺吗？＝可以，称为"另佃"。

几年左右停滞交纳的话，实施呢？＝1—2 年催交，到 3—5 年之时，进行更换。

即使被更换，佃户可以提出异议吗？＝也不能说是原则，一般佃户难以转让之时，会提出诉讼。

【旗地和民粮地】旗地和民粮地哪一个人民更得利？＝民国以前租子地更加合算，民粮地的税高。

【佃户】佃户不向庄头推吗？＝没有那样的事。庄头持有圈余地，那是庄头的所以地。

最初成为佃户时不出钱吗？＝进入到跑马占圈、带地投充之际，成为佃户。带地投充里也有催头和揽头。

【香火地】在顺义县庙里有香火地吗？＝有。

香火地的意思是？＝香是线香供具，火是僧侣的炊事，即生活费。

香火地的来源？＝建庙之时，使村里的土地成为公共地，或是有钱人捐赠。

成为公有地之时每一户出资吗？＝大家一起交钱买。

香火地在设定之时大体被开垦了吗？＝什么土地都有，耕地也有荒地也有。

香火地将成为谁所有土地？＝一般不能写个人的名字。但是在顺义县有曾经成为僧侣的私产的事件。庙不是私产。称为其私产是因为原本是公共地，而每年得到适当的经营后，特地将土地买下。一般称为某村的香火地或是某庙的香火地。

沙井村的庙产成为了谁的名义？ ＝是村公有地，公会地。这相当于村的费用、学校费。但因这不作为村的收入，不记录到村的账簿里。

香火地大概是由佃户耕种吧？ ＝沙井村的话看庙的杨永才耕种，也有佃户耕种的情况。

香火地能够典当或者卖吗？ ＝和尚私自卖出，或由村里卖出，也可以典当。

香火地的佃户是如何决定的？ ＝大体是本村之人，也有村外的人。

香火地的佃户额外开垦之时？ ＝依然归庙所有，但是那样的事在现在是不被邻居所认可的，没有空地。

佃户把租带到庙里去吗？ ＝是的，不交到村公所。

庙里给佃户在其他地方建造墓地吗？ ＝佃户自己有考虑其他方法，移到义地等地，不在租佃地上建造。

庙产被军团买下的情况有吗？ ＝没有。

即使到现在捐赠庙产的人有吗？ ＝没有，没有信仰力。

【学田】学田名义上的所有者是？ ＝县公署。

学田租的比率是？ ＝根据场所不同而有所变化（据县公署所有的学田租簿如以下所示）。

地额三项其他 6 项 2999 为有随西府村粮地 2 项 5

正税洋 6 元 941

附记洋 7 元 5

共计 14 元 441

（其细目）

北河村义学公田地 2 项 70 亩 9 分 9 厘

葛代子等村义学公田地 1 项 38 亩前随北河项下征租不敷完报

呈准自民国九年起同东府村地租每亩 28 钱

东府村义学公田地共 2 项 21 亩额征 28 钱

能够变更所有者吗？ ＝能够推。

学田的来源是？ ＝义学公田地，光绪年间产生。这时城内第一所学校建成，称为顺义高等小学堂。为了那所学校县民捐赠土地并且集资捐赠。

【资料三】财政厅令填学田河淤地亩调查表的说明栏（民国二十一年一月）

"来源及改革" 此项学田均始于清初归儒学训导署内征收充作蒙泉学院经费至清末时儒学训导取消将租账移交县公署又由县署发交县立高等小学堂作经费又县该学田改为乡村师范附属小学校此项学田由财务局代办每年收入租款 28 元之谱除交粮 16 元外下余 12 元仍作该校经费

那时用钱买入成为如今学田的情况有吗？ ＝没有。

学校内没有直接耕种的地方吗？ ＝没有，也没有在县公署直接耕种的地方。

【八项旗租】民国之前有整理吗？ ＝没有。

虽有八项旗租，但在顺义县有照那样施行吗？＝这和原来的官旗地是一样的。王公府的旗产被没收了，困于资金不足，卖掉的土地被县里没收。那成为各县共同管理的土地。

以田赋股征收吗？＝征收王公的租子地交到田里。

每亩的租率和以前一样吗？＝是这样的。

佃户成为八项旗产依然可以推吗？＝当然。

那种情况下递交给县里吗？＝是这样的，县担任庄头这一职务。

八项旗产何时开始没有了？＝到民国十六年。

没有当其取消之时的卷宗吗，如果有的话可以让我看看吗？＝当然（没有阅读的时间）。

【清朝的黑地升科】我想黑地升科在清朝已有，大体从何时有的？＝光绪年间最多。特别是光绪二十六年以后。咸丰年间也有少量。那种情况下的黑地官旗产的所有者完全不清楚。因为那时村民喜欢租子地，所以不怎么清楚官旗产的所有者。

光绪的升科现在称为什么？＝其土地名目是公产租。升科租在宣统年间。民国四年以后是地粮。

在光绪年间强制性实行吗？＝光绪年间的黑地升科施行人民举报，其后由县去算账。

算账的话给账单吗？＝账单在经手人手里，首先给县照，之后给予户部执照。

民国以前不是实行清赋丈量吗？＝明代的鱼鳞图册之时有清赋。

在清代呢？＝清代没有清赋。

丈量是？＝在黑地的情况下丈量过。

【现在的土地名目——公产、升科租、地粮】希望说明下现在的土地名目？＝

　　　公产……光绪年间的升科地

　　　升科租……宣统年间

　　　地粮……至今还有，扣押的八项旗产土地也成了地粮。

【绿营地】绿营地何时没有了？＝民国四年整理后成为地粮。其名字消失是民国七年前后吧。

这在何处整理？＝清丈局。和八项旗产一样，是绿营官地、銮兴卫地等。

【清丈局】民国四年的整理进行丈量吗？＝进行。清丈局有20余人出去丈量，丈量之时，给予县照和交款收据。

【民国十四年整理和公王府】对于民国十四年的整理没有反对吗？＝王公府没有特别地反对，因为留置费的35%给了王公。

12 月 12 日

不动产登记

应答者　孙绍瀛（承审处书记员）

地　点　县公署

【不动产登记】听闻阁下民国二十二年和民国二十三年间在顺义地方法院掌管登记，登记的话是在河北省大部分的县都会实行吗？＝虽说是司法有地方法院的地方大体实行登记制度，即县城和大都市。

登记的条例是？ ＝根据民国初年的登记条例。民国十一年五月二十一日公布（民国二十八年一月版的司法行政法令辑要参考）。

顺义县何时开始实行？ ＝从民国十二年到二十五年四月为止，在顺义县民国十八年的登记簿特别地多。

在那期间有改废吗？ ＝没有特地改废。

为什么民国十八年特别多呢？ ＝因为和县联合张贴出了强制性的公告。

不动产指的是什么？ ＝房屋和土地，即不能移动的东西。

全体人民都不得不过来登记吗？ ＝表面看起来是强制性实行，没有强制其过来，虽然没来也没有处罚。

在什么情况下不来登记？ ＝一般情况下的登记非常少，大多在诉讼之前去。

现在与诉讼相关的事项要进行登记吗？ ＝不用。在地方法院撤销的同时停止，成为承审处之后，那项权利消失。

有房屋之时，只进行土地登记吗？ ＝没有那样的情况。

登记在买卖之时进行吗？ ＝只限于买卖的时候，作为原则，到现在为止的土地都要进行登记，明确地行使其权利。

出典之时哪一方登记？ ＝承典主登记。出典者一起前去进行所有权的登记。大体都是所有权的登记，佃权登记较少。

有抵押的登记吗？ ＝有。但是很少。因为这和诉讼没有关系。

【登记手续】登记之时必须来地方法院吗，谁处理呢？ ＝法院有院长、推专等，在登记处办理登记。登记处的法院书记官兼任主任。

权利持有者前来办理登记手续吗？ ＝拜托他人前来也可以，但那时需要证明书。原则上，本人前来，本人不得已不能前来的情况下，有其他规定。

必须得要证人吗？ ＝不需要证人，仅需要携带契。调契之时有所怀疑的话，命其传召证人，乡长也可以成为证人，实际上也有前去测算的情况。必须得测算。

测算的道具没有留下来吗？ ＝那时用绳计算，因为道具简单没有留下。

测算之人是法院的吗？ ＝是的。

证人之外，需要地邻的保证吗？ ＝不需要，测算之时乡长和地邻必须到场。

测算有地邻或乡长署名的情况吗？ ＝有。承认书上按下地邻的拇指。村长、村佐也是。

登记的费用大约是多少？ ＝看条例中的登记费吧，举实例来说，270 元所对应的登记费是 1 元 3 角 5 分，其他还有纸费 5 钱，绘图费 2—3 钱。之外就没有了。还有要给予证明书。

必要的文件是？ ＝不动产登记申请书（申请文件档案编订簿）即登记申请书。需要交钱但是不多，1 张 2—3 钱。相对于此，在法院制定的有？ ＝北平地方院顺义分庭饬文……承发吏前去测算，类似这样的饬文。

绘图纸……测算结果的绘图

图式档案编订簿……回去后根据绘图纸临摹。这样更详细。

京师地方厅顺义县分庭登记处调查承认书（承认书档案编订簿）

不动产登记证明书（登记证明书存根簿）

测算之时，给测量员提供伙食吗？ ＝由登记申请人承担。

旅费如何（马或车等）？ ＝这之中包含调查费。但是吊车费由申请人出。一般是 20 钱，远的话是 40 钱。

测量之时要召集地邻或乡长，申请人会为出席的人办酒席吗？ ＝那不一定。只对地邻和乡长给予谢礼。

【登记和土地争纷】因为两人争夺同一块地，能够登记相同的土地吗？ ＝不能登记，让其提出诉讼，明确所有权后进行登记。

对于登记的土地，提出其他红契之时将如何处理？ ＝那样的情况很少，因为测量时地邻和村长会到场。但是如果出现那样的情况的话，让其提交诉讼，然后对正式的东西进行登记。但是后者情况属实的话，前者应该取消。

一般进行登记比起持有契更有力吗？ ＝如果进入到诉讼阶段，更有力。有优先权。

【在农村的登记】在农村大约有多少进行了登记，沙井村 70 户中大约有多少呢？ ＝很少。因为沙井村里没有诉讼，登记的很少。

在这个县登记何处最多？ ＝白河以东的各村较多。因为这诉讼较多。

民国二十五年停止登记以来难道不感到不便吗？ ＝还是感到不便。停止后也不知道，跑来说想要继续进行的情况也有。

1941 年 2—3 月

（华北惯行调查资料第 28 辑之一）

赋税篇第 6 – 1 　　　河北顺义县沙井村
　　　　　调查员　本田悦郎
　　　　　翻译员　郭文山

3 月 3 日

征税组织　预算

应答者　王沛霖（县财务科员）
地　点　县财务科

【财务科的组织】财务科分为几个部分？ ＝三股。

库款股…征解库款？ ＝省税…王沛霖
县款股…收支县款？ ＝县税…徐继昌　　　　科长…言绪
会计股…收支现金…………荣殿衡

税契处、田赋征收处、牙杂税征收员、土地整理处附属于财务科吗？ ＝是那样的，其中契税处是在"收发室"办公。大家都在科长的监督下。

【收发室】本来收发室是干什么的呢？ ＝和"传达室"同义。

那么，为了方便这儿成了税契处吗？ ＝是的，因为没有房间，就那样实行了。

监督税契处工作的财务科员是谁？ ＝科长负有此责任，可以平等地对各股进行监督。

田赋征收是怎样的呢？ ＝由科长监督。

【统税局】没有国税关系者吗？ ＝没有，统税局负责全部的事务。

和县的财务科完全没有关系吗？ ＝没有关系。

县对于统税局完全不援助吗？ ＝要求其去询问请教县里不张贴印花的人。统税局关于征税不寻求县财务科的援助。当然对于国税滞纳者由县处置。

统税局来寻求帮助之时不能拒绝吗？ ＝当然，不能拒绝。

【省税】省税一年大约有多少？ ＝民国二十九年 15 万元，今年预计是 18 万元。

战前是怎样？ ＝民国二十五年前后 11 万元，越来越多。

【预决算】"预决算"是在县里做吗？ ＝当然，在县里。

"决算数"是？＝是实收数的意思。

"司法收入"是？＝烟赌罚款、缮状费、违警罚款、其他的罚没款。由审计处处理。

就省税，县里会来怎样的命令？＝省款催征关系、税额增减通知、催解关系通知、省令规定施行停止通知等。

哪种场合下，是省吏过来呢、还是寄来信函呢？＝寄过来信函（关系公文书、从省寄到顺义县的送达文书、这种情况比较多）。

【道和县的关系】公文书中，有从燕京道来的，道和县有怎样的关系呢？＝道是近年即民国十九年才成立，是"省—道—县"（道是省的下级，县的上级，行政机关的意思）这样的关系。北京有，河北省有8道。

以前，有和道相似的地级行政单位吗？＝民国初年之时有。之后被取消，民国十三年前后完全消失，去年又成立了。

道持有自己的税收吗？＝没有。

那么道的经费是依靠什么收入呢？＝由省里拨款，道完全没有收入。

【征解费】实行省征税的代收之上，县有怎样的收入？＝县征收征解费，即县收取送达到省里的省税额全额的3％。

【征收费】其他呢？＝去年是除这之外收取"征收费"。即对牙杂税，县作为自己的收入收取其全额的10％。

今年如何？＝只有"征解费"，收取方式是一样的。一般的税是3％，但对于牙杂税收取10％。

然而，去年的情况是对牙杂税在收取3％之上，因为加算10％所以不同吧？＝当然，去年县对牙杂税以13％的税率进行收取，今年牙杂税是10％，因为其他是3％，所以我说不同。

【溢征提奖】除这些之外，县的收益有？＝没有。特别存在"溢征提奖"（税收超过奖励的意思）。即对于契税超过预算额的情况，对于这一部分县收取15％。

其他的呢？＝从今年契税相同，对于牙杂税同等的处理，即实行"溢征提奖"。此县收取的比率是50％。

前面所述的征解费战前有吗？＝事变前没有。但是其他县有。

【经征费】其他县的名目是？＝没有，民国二十四年（在冀东政府时代）有"经征费"。与前面的同义。我觉得民国政府时代即民国初年开始设立的费用和现在的"征解费"相同，税率相同，以3％收取。

【民国政府时的省税代收】民国政府时代，关于省税征收除前面所说之外，还有什么呢？＝与现在相同，征解费、溢征提（契税相关）有15％，但是不对牙杂税实施。

前面所说的县所得是依据法令吗？＝当然，依据"县公署财务厅令"，现在都称为"县公署令"。

河北省令县税契税暂行章程第十一条

各县经征收契税如能溢额准就溢征款内提支一成五奖金

尽数留县其经征比额另定之

【资料一】　　　　顺义县公署财务科组织系统及职员姓名表（民国三十一年三月时）

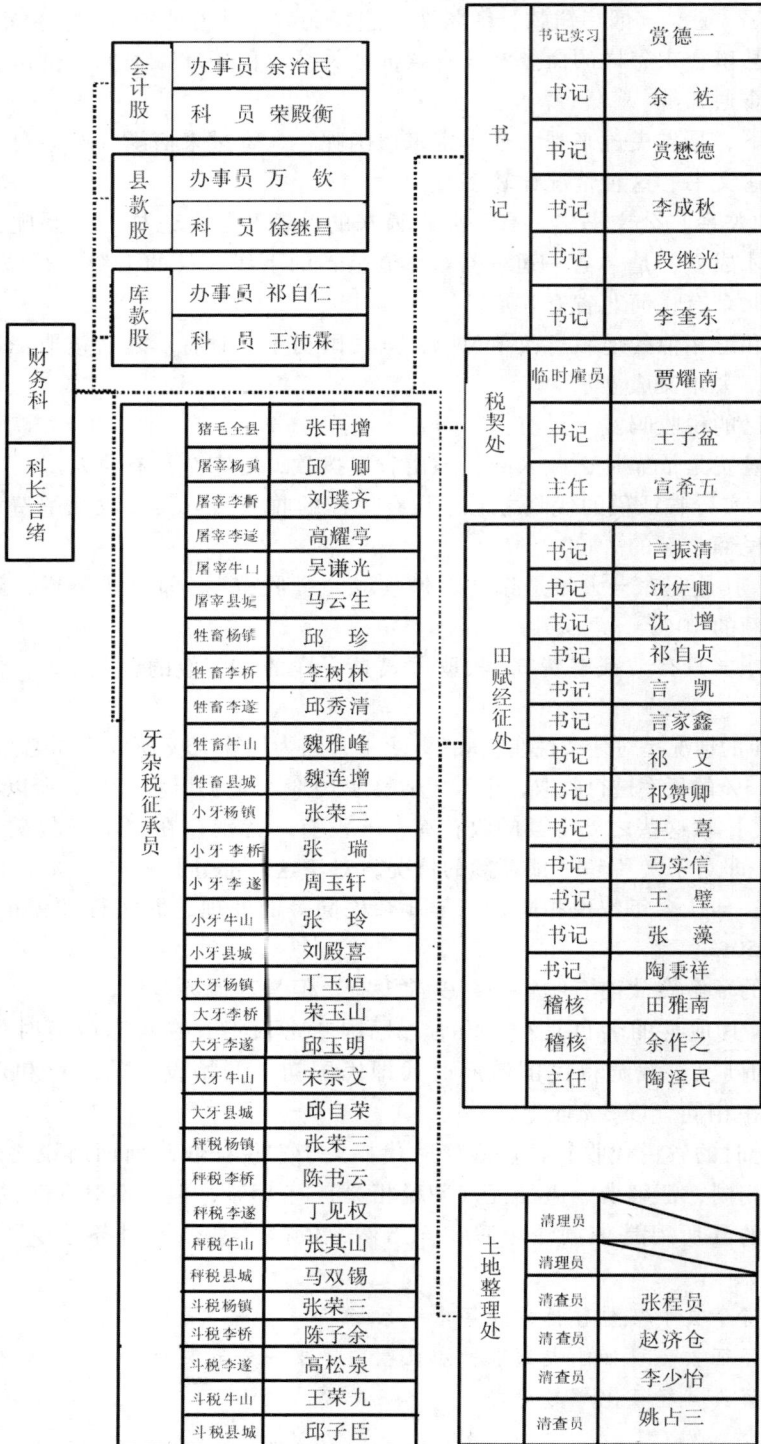

财务科　科长言绪

会计股
办事员	余治民
科员	荣殿衡

县款股
办事员	万钦
科员	徐继昌

库款股
办事员	祁自仁
科员	王沛霖

书记
书记实习	赏德一
书记	余祍
书记	赏懋德
书记	李成秋
书记	段继光
书记	李奎东

税契处
临时雇员	贾耀南
书记	王子盆
主任	宣希五

田赋经征处
书记	言振清
书记	沈佐卿
书记	沈增
书记	祁自贞
书记	言凯
书记	言家鑫
书记	祁文
书记	祁赞卿
书记	王喜
书记	马实信
书记	王璧
书记	张藻
书记	陶秉祥
稽核	田雅南
稽核	余作之
主任	陶泽民

牙杂税征承员
猪毛全县	张甲增
屠宰杨镇	邱卿
屠宰李桥	刘璞齐
屠宰李遂	高耀亭
屠宰牛山	吴谦光
屠宰县城	马云生
牲畜杨镇	邱珍
牲畜李桥	李树林
牲畜李遂	邱秀清
牲畜牛山	魏雅峰
牲畜县城	魏连增
小牙杨镇	张荣三
小牙李桥	张瑞
小牙李遂	周玉轩
小牙牛山	张玲
小牙县城	刘殿喜
大牙杨镇	丁玉恒
大牙李桥	荣玉山
大牙李遂	邱玉明
大牙牛山	宋宗文
大牙县城	邱自荣
秤税杨镇	张荣三
秤税李桥	陈书云
秤税李遂	丁见权
秤税牛山	张其山
秤税县城	马双锡
斗税杨镇	张荣三
斗税李桥	陈子余
斗税李遂	高松泉
斗税牛山	王荣九
斗税县城	邱子臣

土地整理处
清理员	
清理员	
清查员	张程员
清查员	赵济仓
清查员	李少怡
清查员	姚占三

（注）

1. 办事员是科员的下级吏。

2. 科内的书记是县正式的负责人。

3. 经征处的书记是在科外的书记，并非县的正式负责人，契税处也是如此。

4. 税契处在秘书处（总务科）的管辖之下，负责人并非县的负责人。由县知事任免，民国二十七年以后开始支付月薪。

5. 经征处在财务科管辖之下，负责人和契税处一样，主任是总监督，稽核是其手下的监督者，书记是征收事务者，从民国三十一年起开始支付月薪。

【资料二其一】

顺义县二十四年度正杂各款预算额实征额盈继比较

类别 款目	民国二十四年度 预算额征数（元）	民国二十四年度 实际征数（元）	比较盈继（元）		盈继情形
地粮	28970.343	19151.873	无	981.470	查本年度消款收民多无力完纳故继但次年任行续征
旗租	2038.334	无	无	2038.334	查八项旗租自官产局成立起即停止征租官产局撤销后所剩未处分者示未起征 25 年奉令调查并经加具处分意见呈复在案
公产租	11434.402	7647.314	无	3787.088	与地粮情形同
升科租	1644.940	1121.772	无	523.168	同前
广恩库租	70.292	40.513	无	29.779	同前
西河岁修租	111.544	5.018	无	106.526	同前
马馆租	78.496	10.064	无	68.422	同前
买契税	12000.000	10714.254	无	1285.746	查本年度县境匪患充继人民匿避难经历次布告并饬各乡长劝导投税而投税
买契学费	1200.000	1071.426	无	128.674	与买契税情形同
买契中用	3000.000	2678.565	无	321.435	同前
买契中用划拨区自治费	1000.000	892.851	无	107.149	同前
典契费	3600.000	789.111	无	2810.889	同前

款目　类别	24 年度预算额征数	24 年度实际征数	比　　较　无	盈继	盈继情形
典契学费	360.000	78.912	无	281.088	同前
典契中用	600.000	131.517	无	468.483	同前
典契中用划拨区自治费	300.000	65.760	无	234.240	同前
推契学费	2210.000	124.500	无	2085.500	同前
推契中用	231.000	12.450	无	218.550	同前
推契中用划拨区自治费	185.000	10.175	无	174.625	同前
大牙行牙税	1932.000	1900.000	无	32.000	本年度招商认因未征足额故短征如上数
小牙行税	3642.000	3570.000	无	72.000	同前
斗行牙税	10074.000	10074.000	无	无	本年度招商认包仅征足额并无盈继
秤行牙税	2192.800	2146.222	无	46.578	同前
牲畜税	6360.000	6305.100	无	54.900	同前
屠宰税	7009.000	7009.000	无	无	与牙税情形同
烟酒牌照税	3938.500	3938.500	无	无	与牙税情形同
营业税	2211.150	2097.889	无	120.261	查本年度商号歇业者甚多故继征如上数
契纸价	1376.000	1002.000	无	374.000	
契纸注册费	2275.000	2200.400	无	74.600	
印花税	4800.000	680.000	无	4120.000	查此项税款自本年五月起归县府推销以前由本县邮局代销
猪毛税	456.000	456.000	无	无	同前
当税	300.000	300.000	无	无	每年度终了以前尚能征足亦无盈纳
合计	113997.801	84269.137	无	29728.664	

【资料二其二】

民国二十八年度库款收入表

项目	预算额（元）	实收额（元）	抵消 （元）	摘要
田赋	42534.761	30904.739	不足 11630.123	
契税	19175.000	61266.377	42091.377	
牙杂税	42440.000	42440.000	0	
营业税	2575.000	2729.155	153.802	
司法收入	1000.000	2222.035	1222.035	
当税	100.000	100.000	0	
其他收入	2839.000	11861.208	9022.208	
合计	110664.114	151523.414	40859.300	

【资料二其三】

河北省顺义县省款二十九年度岁入决算表

款别	本年度预算数（元）	本年度决算数（元）	比较		备注
			增	减	
田赋	42535	38197		4338	
契税	19173	138982	119807		
牙杂各税	87499	88958	1459		牌照税在内
营业税	3000	3598	598		
司法收入	1000	1653	653		
其他收入	2839	30566	27727		契纸价自治费注册费等
合计	156048	301954	145906		

【资料二其四】

河北省顺义县省款三十年度岁入概算书

岁入经常门					
科目	本年度概算数（元）	上年度预算数（元）	比较		备注
			增	减	
第一款 顺义县省款经常岁入	187327	156048	31279		
第一项 田赋	42535	42533			
第一目 地粮	29165	29165			
第一节 地粮	29165	29165			
第二目 租课	13370	13370			
第一节 租课	13370	13370			

岁入经常门					
科目	本年度概算数	上年度预算书	比较		备注
			增	减	
第二项　契税	19175	19175			
第一目　买契税	14757	19175			
第一节　正税	13145	13145			
第二节　附加学费	1342	1342			
第二目　典契税	660	660			
第一节　正税	600	600			
第二节　附加学费	60	60			
第三目　推契税	264	264			
第一节　正税	240	240			
第二节　附加学费	24	24			
第四目　田房费用	3494	3494			
第一节　用房费用	3494	3494			
第三项　牙杂各税	116381	87499	28882		
第一目　牙税	79548	56281	22727		
第一节　斗牙税	45703	32645	13058		
第二节　秤牙税	10641	7601	3040		
第三节　大牙税	8076	5769	2307		
第四节　小牙税	10648	7606	3042		
第五节　猪毛牙税	4480	3200	1280		
第二目　屠宰税	10482	10482			
第一节　屠宰税	10482	10482			
第三目　牲畜税	21541	15386	6155		
第一节　牲畜税	21541	15386	6155		
第四目　烟酒牌照税	4810	4810			
第一节　烟酒牌照税	4810	4810			
第四项　营业税	5397	3000	2397		
第一目　营业税	5379	3000	2397		
第一节　营业税	5379	3000	2397		

岁入经常门					
科目	本年度概算数	上年度预算书	比较		备注
			增	减	
第五项　司法收入	1000	1000			
第一目　烟赌罚款	300	300			
第一节　烟赌罚款	300	300			
第二目　其他罚没款	300	300			
第一节　其他罚没款	300	300			
第三目　缮状费	200	200			
第一节　缮状费	200	200			
第四目　违警罚款	200	200			
第一节　违警罚款	200	200			
第六项　其他收入	2839	2839			
第一目　契纸税	1376	1376			
第一节　契纸价	1376	1376			
第二目　自治费	1188	1188			
第一节　自治费	1188	1188			
第三目　注册费	275	275			
第一节　契纸注册费	275	275			

省款临时设定新的名目命令征收的情况有吗？＝没有。

【省税附加】对于省税在全部的县都可以设置附加税吗？＝可以，必须得到省的承认。

【省税预算额】之前称为"契税预算"，是什么意思呢？＝省里平均算出近三年的契税征收额其平均额是预算额（?）[1]。

关于预算额县里应该每年会从省里收到通告吧？＝规定预算（?）[2]。

那样的话，现在的是哪一年的平均额成为了预算额呢？＝不知道。19175 元是近年的预算额。不是很清楚，从民国初年开始就是这个金额。

去年的征解费以及提奖有多少？＝5931 元。

对于省的征税预算额超过每年实收额的情况，省里改订其预算额吗？＝一般不修改。

【省预算额改订】到此，改正预算额的税目没有吗？＝营业额在民国二十八年（2500

---

〔1〕　译者注：原文如此。
〔2〕　译者注：原文如此。

元）、民国二十九年、民国三十年（5397 元）改订增额。关于牙税在民国二十八年（42000 元）、民国二十九年（87000 元）、民国三十年（116000 元）改订增额。

县里对其改正不能提出异议吗？＝不能。

与省相关的省税征收预算额改订会议派送代表参与吗？＝就改正省没有特地召开会议，随便决定。

对于其改正增额，省的理由是什么？＝"省收入不足"。

关于前述的两项预算改订的规准额是什么？＝就契税省而言，收取有按实收额的几成这样的比率。

就营业税当时预算额没有规定吗？＝实收额就按原来那样送交省里。然而今年开始能够设立预算。就牙税而言，变为省收取份额是县里实收额的几成，据说省里不提示其比率，不一定。

【征解费和提奖】作为征解费，县所得份额是县从最初开始从省税征收额里抵消的余额送交到省里吗？＝当然。

提奖的情况是怎样呢？＝如征解费的情况一样。省税征收同时不直接成为县所得。县征收的省款额全部一起送交到省里后，再次省里将预算超过份额的几成作为奖励金给与县里。其情况下是以溢征提奖的名义。

【省提奖和县预算】根据县岁入预算表，提奖和征解费不同，不算入县的收入，什么理由？＝不作为县的收入。那以县知事为代表，作为县公署所属员的奖金全额分配支付。

就县公署负责人分摊提奖从省发出法令吗？＝不。

省提奖作为奖励金给与情况的意思是解释为对县负责人谢礼的意思吗？＝当然。一年一回，是否每月有预算额（？）[1]。

省税预算额决定月额征收预算额？＝只有契税是这样。

（注：有王沛霖所有账簿"新订契税额比较月份数目表民国二十六年七月起"。）

提奖每年给予几次？＝1 次而已，如果代替县知事的话，因为是到那月为止计算后再给，所以那年有 2 回。

其分两回给予的理由是什么？＝因为提奖是县知事一人从省里得到，给予县知事的。那是知事好意地分给各个负责人的。不知道知事收到的份额。民国二十八年度一共有 5000 元，因为向各人员的分配率不定所以不知道。

【摊款（县财政收入）】关于顺义县一年的经费收入，除前述税之外还有其他吗？＝有摊款，这和税不同（？）[2]。

【摊款的意思】摊款为什么不是税？＝比如，县里起草支出预算书，而且那情况下仅限于税金收入，不足的时候不足部分由各商民负担。这就叫摊款，"摊"是平均的意思，"款"指的是钱。一般是按商人 30%、农民 70% 的比率负担交纳。

商人全体和各商人的分配负担是怎样的？＝首先全体负担额分给各镇。本城是 10%，

---

〔1〕　译者注：原文如此。

〔2〕　译者注：原文如此。

杨家庄 35%，牛栏山是 25%，李遂镇是 8%，李家庄是 2%，依照这样的比率分配。再分给镇的各商人，分配给各商人的状态就不得而知了。这与财政科没有关系。财务科与前述各镇的分配也没有关系。

那样的话，弄清预算收入不足是年初或是决算后呢？ = 年初明白的，其原因是有预算。

作为收入不足额千元，前述的商民摊款农民的分配是怎样的？ = 农民全体 700 元，然后这些由 8 区分配负担。那种情况下的分配率是平等的，各区 1/8。还要分配给各乡。那种情况下的分配率每个乡都不确定，不清楚各乡的分摊比率。

【摊款负担率决定方法】商人和农民分配比率是如何决定的？ = 依据"商民联合会议"的决议，根据民国二十八年八月的商民联合会议，决定负担比率是 7 对 3。从民国二十年到民国二十八年商人是 35%，农民是 65%，这是根据县的"行政会议"表决。

听闻有"县政会议"这样的会议，这与之前所述的有不同吗？ = 不同。其出席者是县财政局、教育局、建筑局、公安局、知事。

行政会议是从何时开始举行？ = 从民国十九年。

那之前没有类似的那种会议吗？ = 没有。

行政会议的出席者？ = 县政会议出席的人，和国民党党部各团体代表、各区代表（8 区的代表、区长和绅士出席）、各机关代表（学校、商会的代表）等。

【民国政府时代】关于现在实行的省税规则是沿袭民国政府的吗？ = 大体是这样的，部分有所修改。国民政府时代是省税，县税的征收是包商制度。从民国二十九年度废止改正，例如：三十年时设立了承征员（？）。

3 月 4 日

摊款　学田租缮状费　状纸附加

应答者　王沛霖（财务科省款负责人）
地　点　县财务科

【摊款的改正】就今年摊款？ = 摊款是今年开始修改，废止民七商三的分配负担，民是根据所有亩数，商是依据其店面的等级（资本的范围）分摊，分摊额由县决定。

【行政会议】县政、商民联合会议（联合会议）之外没有其他会议吗？ = 现在只有这两个会议，"行政会议"逐渐停办（县公署所存账簿民国里有民国二十九年度县政会议的记录）。

以前行政会议的记录没有留下来吗？ = 有，民国十八年度、民国十九年度的。

行政会议主要以什么为主题？ = 县政治关系、警款的分配标准、保正取消、教育改善、土匪肃清、绅商摊款确定、公益建筑等。

【摊款会议】县的收支在这次会议协商吗？ = 不在这次会议上进行，在县政会议上举行。

县政会议何时开始有的？ ＝从民国十七年开始一直到现在为止，从民国十七年到民国二十四年规定一周必须召开一回。那以后只在必要的场合召开，次数逐渐变少。去年有 5 回。民国十七年到民国十九年。以后类似的会议没有了，主要是议论民主党和政府间的联络。出席者是县政会议出席者和党部的委员。

【省税附加】与税相关的有什么会议呢？ ＝不举行会议。因为省税关系是一定的，县里没有讨论的必要。就省税附加协商。

怎样的协商呢？ ＝对县支出的增加，增加省税附加增额等。

能在会议上做出省税附加增额的决定吗？ ＝原则上不能随意在县里做出决议。但是因为能决定附加增额的范围，在其限制内进行（?）[1]。

有附加税率的省限制令吗？ ＝有。

【县税的种类】没有省附加，县的独立税有什么？ ＝五项目、亩捐、自行车捐、小肠捐、石灰捐、商捐、附加共八项目。

就此县的独立税目有变动吗？ ＝和以前无变化。

【亩捐和田赋附加】亩捐和田赋附加有什么不同？ ＝一样（?）[2]。

民国二十九年度使用的什么名称？ ＝去亩捐的名字。

民国二十九年度没有田赋附加的名字吗？ ＝有田赋附加名字，但实际是亩捐（?）[3]。

依据前回的质疑（参考 295 页），写的是两个税目是独立，但是什么意思呢？ ＝名字是两个分别写的，但实际是一个（?）[4]。

但是税率不是不同吗？ ＝至今田赋附加是 1 亩 3 钱。但是在县的预算里，有民摊警款 8 钱（从前开始一直有）。这是依据亩数收取。这称为亩捐。

那么亩捐和田赋附加在个别税中没有关系吗？ ＝从名字来看有两种，因为实际上两种是一样的，征收 11 钱，11 钱全体称为亩捐。

那么，其亩捐实际是 8 钱相当于此，田赋附加是 3 钱吧？ ＝当然，从今年开始田赋附加取消，民摊警款也取消，成立亩捐。

民国二十九年度，作为县的独立税目除了有亩捐之外，作为省款附加应该有田赋附加税目吧？ ＝去年亩捐作为民摊警款向省里报告。

【税和摊款的差异】亩捐不是税金，是摊款吗？ ＝是这样的。实际上是摊款，在县预算里，作为税写入。

以什么样的理由呢？ ＝从民国三十年度开始，因为摊款无法设立，全部都当作亩捐。

依据亩数的征收款项不是摊款，那么是摊款吗？ ＝可以说不依据土地分摊的情况称为摊款，依据土地的情况称之为税。

那么民国二十九年度作为附加共有 10 种目吗？ ＝是这样的。

---

[1]　译者注：原文如此。

[2]　译者注：原文如此。

[3]　译者注：原文如此。

[4]　译者注：原文如此。

【乡款】在前面质疑相同的地方，"乡款"是怎么回事？是临时的摊款。去年以"民摊警察津贴"之名征收。属于县的收入，不是税金。

今年是以什么名义征收乡款？＝（？）[1]。

一年有几回？＝尽可能减少预算，去年是一回，前年不是临时，在预算里。名字是"乡民摊纳警款"。之前一直不是临时的，去年开始变为临时的了。

【民国政府时的亩捐和田赋附加】事变前有田赋附加吗？＝有。依然称为附加。民国十七年、民国十八年前是2钱，民国十九年是4钱，民国二十三年以后一直是3钱。

亩捐是怎样？＝有。"附加"之中包含"亩捐"和"银两附加"。顺义县仅有亩捐，其他县有银两。

银两附加是什么意思？＝正税（省税）银一两的情况下，不得超过从最高5钱到最低1钱的范围，变为县的收入即附加。

这种情况下的亩捐征收方法是怎样的？＝在其他的县，用银两征收。不特地征收亩捐。比起许多亩捐用银两征收。

【田赋的等级】亩捐与省税有什么关系？＝亩捐不能超过正税额的1/2。现在正税从2钱3厘到9钱2厘间，依据土地等级有所差异。

正税等级有几等？＝银1分（2钱3厘）、1分5厘、2分、2分5厘、3分、4分（9钱）。

现在的等级也是依照银吗？＝将银换算成钱征收。

【田赋的等级和土地的等级】前述的6等级和土地的关系是怎样的？＝依据土地的好坏划分土地等级。

对这6等土地是如何区分的？＝依据土地的升科时期决定等级，并非全部按照土地好坏，十分混乱，据说没有确定的标准。

与上、中、下的土地等级有怎样的关系？＝原则上依据上、中、下决定田赋正税，实际上并非如此。

6等级区分的来源是从何而来？＝看田赋的红簿的话，1分5厘等交纳各自不同的金额，但实际上不清楚。

【亩捐的限制】现在亩捐是多少？＝民国二十三年至民国二十八年是13钱，民国二十九年是11钱。

11钱的话正税怎么可以超过9钱3厘？＝实际上不可以超过前述的限制，11钱中仅有3钱作为正式的亩捐，剩余的8钱作为民摊警款，向省里报告。

那种情况下，8钱是临时摊款吗？＝已经有变化了，开始和亩捐一起征收民摊警款。

【亩捐和民摊警款】一直以来的民摊警款里除亩捐外还有别的吗？＝是的，取消亩捐用以代替亩捐的，汇报到省里的也是民摊警款。

代替亩捐，作为民摊警款征收也没关系吗？＝民国十七年前后开始，称为"村摊警款"，民国二十八年开始更名为如今的民摊警款。

原本，民摊警款不是田赋附加，是和这无关的县独立税吧？＝是的，不是附加。

---

[1]　译者注：原文如此。

非省附加的县税称为什么呢？ = 也有称为 "县税" 的人，不称之为独立税。

在县捐名义下，县里超过省税额的 1/2，不能随意征收吧？ = 到去年为止是不被允许的，从今年起把全部的摊款视为亩捐。

【田赋附加的改正】那种情况下，亩捐额受到省税限制吗？ = 不受省税限制。县里能随意规定征收额。田赋附加从今年开始取消。

从今年起，其亩捐全额将成为县收入吧？ = 是那样的，今年起 1 亩是 25 钱。

其他县也设立了这样的亩捐吗？ = 河北省全都变更为这样，依据的是《河北省训令财字第 5720 号，令顺义县知事⋯⋯民国二十九年十一月二十日 为训令事》。

据此省令财字 5720 号改正以前，亩捐和附加是一样的吗？ = 是这样的。

这种情况下的亩捐不能超过正税的 1/2？ = 是这样的。

使用附加之名吗，还是使用亩捐之名呢？ = 哪个都使用（县公署所存账簿、预算书里双方都有）。

【预算】预算书中概算是什么意思？ = 用县里做的假预算。

省承认的通告是？ = （没有回答）。

【库款补助】作为县收入税以外有什么？ = 没有，有 "县款补助"。库款里有两种。司法补助费和行政补助费，前者是一般县公署称为 "办公费"，这是错误的，是 "补助费"。办公费是在得到县公署全体费用的情况下，如今的情况是因为规定从省里得到县费的一部分。

【特别补助费】前揭概算书中的 "特别补助费" 是？ = 省里提前将一定额的补助费发放到县。之后还会追加发放，因为是第二次发放了，所以每个月都会给一次。

【资料三】民国二十九年度库款全年及每月应拨数目表（县公署所存账簿）

	科目	全年额	每月额
	行政经费	1298.400	108.200
行政费	行政补助费	576.000	48.000
	小计	1874.400	156.200

县里行政经费称为行政补助费，行政补助费称为特别补助费。以前仅有行政经费，现在也有两项。

	科目	全年额	每月额
	司法经费	424.320	35.060
司法费	司法补助费	121.200	10.100
	小计	545.520	45.160
	合计	2419.920	201.360

除此之外没有县收入了吗？ = 没有。

【去年的县收入支出额】去年的县总收入是怎样的？ = 如以上所述，详细记载请见"资料四其一"。

县款	91724.300	（县税、省税附加税、行政补助费、征解费）
警备队费	69260.800	（民摊警款、商摊警款）

县司法收入	5455.200	（司法补助费）
计	166440.300	
自行车捐	6000.000	
民摊警察津贴	13140.220	
商摊警察津贴	5631.480	
总计	204000.000	

（注）1. 括号内项目是提问者所加内容。

2. 民摊警款分为村摊警款和村摊保卫转款两部分。

3. 民摊警察津贴和商摊警察津贴两项款项记录的是从4月到9月间征收的数额，并且据说原本这两项款项应该加到追加预算中。

摊款一般是月分配吗？＝一般是按季分配，每年4次。

没有按月分配的吗？＝没有。

临时的呢？＝一次全额。

【支出】支出是？＝20万3000元（据县公署存置决算书）。详细记载请见"资料四其二"。

【学田租、学费】"学田租、学费"的用途是？＝当作教育费。学田租是指学田由官产出地租，人民耕种，其所有权不明。有6顷亩多，现在也是6顷。学田租由县收取，可以说是县的土地，以前也是这样。

就学田的由来？＝清朝乾隆年间，因为国家收入丰裕，一般禁止人民土地升科申请。由于人民困苦，便想出一种办法：农民耕种土地，把地租交给教当时秀才的教育机关——老师衙门的先生。先生是国家官员，向官员交纳的话，可以确认自己土地的主权。之后一直向先生交纳，佃户得到租票。之后到了民国，老师衙门取消了，那6顷土地由县来管理，县让人们租佃。

学费是学生交纳的课程费，在学校由校长收齐，交到县里。但仅限于县立学校，不包括村立学校，把学费交纳到县里的学校现在有三所。

【小基金生息】据说有300元作为基金，但其后变为怎样？＝民国二十七年九月新增3000元，定为1万元。其3000元是从"教育结余"收取。这是节约教育费所剩的份儿。其教育费和民国二十七年以后做法相差甚远（收支预算？＝各款独立），但是有作为教育费的收入。作为契税附加收取的当作一部分教育费。没有相当教育费的特别收入。因为现在是统一收取统一支出，没有相当于教育费的收入，从县收入中支出。

民国二十七年以后，其1万元的基金变为怎样了？＝民国二十八年变为1万1千元，也就是说增加了借给他人的利息。消费了其利息1千元。现在本金是1万元，每年使用其利息千元。而且1万元贷款给各乡村公会。那时因为村费不足，求助于此，县里提供帮助。称为所属县公署的"基金委员会"，设在县城内，在这进行基金管理。委员会专门管理此基金的事项。此委员会如前所述借贷基金，每年计算利息，交纳到县公署的会计科。以前称为"师范附小基金生息"，现在也在使用这个名字（县公署存置账簿，依据"小基金生息"有从委员会向县交纳生息的记录，以下摘记了其一部分）。

　　师范附小基金生息　预算　　757 元

（民国二十八年）

二十八年七月二十八日

　　　　收二十八年 1、2、3 月份

　　　　洋 264 元 4 元 2 角 8 分 7 厘

　　　　九月二十八日

　　　　收二十八年 4、5、6 月份

　　　　洋 264 元 2 角 8 分 7 厘

　　　　十月三十日

　　　　收二十八年 7、8、9 月份

　　　　洋 264 元 2 角 8 分 7 厘

　　　　十二月二十九日

　　　　收二十八年 10、11、12 月份

　　　　洋 264 元 2 角 8 分 1 厘

以上　共收洋 1057 元 1 角 4 分 2 厘

　　师范附小基金生息　　预算　1057 元

（民国二十九年）

二十九年四月三十日

　　　　收二十九年 1、2、3 月份

　　　　洋 264 元 2 角 8 分 7 厘

　　　　八月二十七日

　　　　收二十九年 4、5、6 月份

　　　　洋 264 元 2 角 8 分 7 厘

　　　　十一月二十八日

　　　　收二十九年 7、8、9 月份

　　　　洋 264 元 2 角 8 分 7 厘

　　　　十二月十七日

　　　　收二十九年 7、8、9 月份

　　　　洋 264 元 2 角 8 分 7 厘

以上共收洋 1057 元 7 元 1 角 4 分 8 厘

　　统收统支从何时开始实行？＝民国二十七年一月开始，依据冀东政府令。

　　在那之前是？＝"各款独立"。这是作为警察费收入的话作为专门的警察费使用。民国十八年以后到民国二十七年是这。民国十八年以前分为学款处、警款处、参事会（管理自治款），县公署进行监督。这既不是各款独立也不是统收统支。民国十八年以后在县公署开始全部实行。

　　统收统支之时和各款独立之时县款收入有所差异吗？＝没有变化，民国十八年以前牙杂税附加是 20%，民国十八年改为 50%。

【缮状费】缮状费是？＝普通民众向承审处提出诉讼，其文件有县公署的代写人代写，那时根据代写字数收取手续费，缮状费说的就是这个手续费。代写人是县的职员，非承审处，由县长直接监督。缮状处有两名职员。代写手续费的四成作为缮状人的月薪发放，一成是县款，解厅（送到省财务厅）是四成（？）[1]。代写人首先先向县里交纳全部的手续费，得到自己份额的四成。民国二十九年度县款收入决算书中的缮状费实收额 124 元中不包含代写人应得份额的四成，相当于实收额的全部县款份额的四成金额。于是代写人的月薪没有算入到支出部"职员奉给"金额中。

【状纸附加】"状纸附加"是？＝县收取全额，一部分送到省里吗？＝卖县制作的行政状纸（原来纸价 15 钱的以 20 钱卖给村民，其中 5 钱是作为状纸价附加价，称为状纸附加）所得利益金额。前述的纸价是印纸费 10 钱，纸费 5 钱。一般买行政状纸之时是和印纸一起卖出。

行政状纸如何使用？＝就行政关系（学校、警察、村公所等）而言，比如在学校校长干了坏事，将此事写在"事由栏"，起诉。

烟酒罚款是？＝依据鸦片捐（吃烟税）赌博罚款等的司法收入。

【资料四其一】

顺义县公署民国二十九年度县款收入决算书

款项	预算额（元）	实收额（元）	抵消		摘要
			增（元）	减（元）	
基金生息	1057.000	1057.148	0.148		
契税附加	2246.000	14982.386	12736.386		
牙杂附加税	41344.300	41344.300			
田赋附加	14580.000	20328.657	5748.657		黑地附加在内
缮状费	200.000	124.215		75.785	
征解费	4000.000	5931.518	1931.518		
状纸附加	25.000	15.000		10.000	
司法罚款	300.000	118.785		181.215	
烟赌罚款	500.000	234.222		265.778	
违警罚款	200.000	63.700		136.300	
学田租	10.000	0.620		9.380	所收租款除完粮外下余 6 角 2 分

[1]　译者注：原文如此。

续表

款项	预算额（元）	实收额（元）	抵消		摘要
			增（元）	减（元）	
学费	900.000	913.000	13.000		
房租	72.000	72.000			
猪、羊小肠捐	2510.000	2510.000			
石灰捐	36.000	35.720		0.280	
商捐	5000.000	5278.824	278.824		
库款补助	18744.000	18744.000			
杂收入		617.122	617.122		其中婚书提成 332
民摊警款	52696.810	45819.472	6877.338		亩捐每亩 8 分
商摊警款	16563.990	16563.996	0.006		
自行车捐	6000.000	5152.000		848.000	
民摊警察津贴	13140.120	13140.120			4 月—9 月
商摊警察津贴	5631.480	5631.480			在原来预算中没有，在追加表里
司法经费	4243.200	4243.200			
司法补助费	1212.000	1257.000	45.000		
司法职员津贴	无	600.000	600.000		
合计	191211.900	204778.485	13566.585		

【资料四其二】

顺义县公署民国二十九年度县款支出决算书

款目	预算额（元）	实收额（元）	抵消		摘要
			增（元）	减（元）	
祭祀费	160.000	160.000			
奉给	15840.000	15840.000			
夫役工资	1056.000	1056.000			
公旅杂费	6080.000	11751.880	5671.880		
特别费	1920.000	1920.000			
炉火费	700.000	1104.550	404.550		
汽车费	3860.000	5626.450	1768.450		
政务警费	1324.800	1324.800			
警察费	29069.600	29069.600			

续表

款目	预算额（元）	实收额（元）	抵消		摘要
			增（元）	减（元）	
警察服装费	3200.000	3200.000			
征解费	4000.000	3625.550		374.450	
教育费	14208.000	14208.000			
学校建筑费	156.000	156.000			
堪解费	300.000	237.850		62.150	
孤贫口粮	156.000	156.000			
恤金	1000.000	575.420		424.580	
预备费	8699.900	8634.230		65.670	
警备队费	59328.800	59263.400		65.400	
警队服装费	7680.000	7680.000			
剿匪费	2000.000	2062.940	62.940		
房租费	252.000	252.000			
警察津贴	6658.200	6658.200			
警队津贴	18113.400	18113.400			
杂支		4441.060	4441.060		修理汽车费 2928.740 警队租金 1182.320 职员退职金 3330.000
司法费	4143.200	4910.880	667.680		
司法临时费	1112.000	1608.000	396.000		
合计	191111.900	203633.210	12420.310		

（注）

1. "祭祀费"是孔子费。

2. "奉给"是县公署所属员的奉给。

3. "夫役工资"是县公署雇人（勤杂工）的工资。

4. "公旅杂费"是县公署官吏人员的出差费。

5. "特别费"是县知事的出差、交际费。

6. "汽车费"是官吏人员的出差旅费。

7. "警察费"是警察人员的工资。

8. "堪解费"是承审处的费用。

9. "孤贫口粮"是贫民救济费。

10. "恤金"是对县官吏人员、警察队员生病或在其他情况下的支付金额。

11. "预备费"是临时支出预备金。

12. "警备队费"是警备队工资。

13. "房租费"是警备队住宿费。

14. "司法费""司法临时费"是司法人员工资、临时补助。

【资料四其三】

河北省顺义县地方款民国三十年岁入概算书　岁入经常门

科目	本年度概算额(元)	上年度预算额(元)	比较（元）		备注
			增	减	
第一款　顺义县地方经常岁入	366040	166440	199600		上年度预算数原为160985 因加入司法费"5455"故增如上数
第一项　省税附加	58031	43590	14441		
第一目　契税附加	2246	2246			
第一节　契税附加	2246	2246			中用费完全解省典推契亦值少本栏指买契税附加而言
第二目　杂税附加	55785	41344	14441		
第一节　牲畜税附加	10777	7639	3077		
第二节　屠宰税附加	5241	5241			
第三节　秤牙税附加	5320	3800	1520		
第四节　斗牙税附加	22852	16323	6529		
第五节　大牙税附加	4038	2884	1154		
第六节　小牙税附加	5324	3803	1521		
第七节　猪毛捐附加	2240	1600	640		
第二项　地方捐	268546	22126	246420		
第一目　亩窑捐	260036	19616	240420		
第一节　商捐	65000	5000	60000		摊款取消改按3等9级征收商捐
第二节　亩捐	195000	14580	180420		摊款取消改为亩捐全县共有地6500顷将来土地调查完竣可增1300顷共7800顷每亩摊科2角5分可收如上数
第三节　石灰窑捐	36	36			
第二目　特长捐	2510	2510			
第一节　小肠捐	2510	2510			
第三目　车驮费	6000	0	6000		

科目	本年度概算额（元）	上年度预算额（元）	比较（元）		备注
			增	减	
第一节　自行车捐	6000	0	6000		上年度因警团款征收自行车捐约计共有车3000辆每车征捐2元共征如上数
第三项　地方财产收入	1139	1139			
第一目　各项县款生息	1057	1057			
第一节　教育基金生息	1057	1057			
第二目　各项公产租金	82	82			
第一节　学田地租	10	10			
第二节　房租	72	72			
第四项　地方事业收入	900	900			
第一目　各项事业收入	900	900			
第一节　学费	900	900			
第五项　地方行政收入	225	225			
第一目　违警罚金	200	200			
第一节　违警罚金	200	200			
第二目　行政状纸附加	25	25			
第一节　行政状纸附加	25	25			
第六项　司法收入	1000	1000			
第一目　司法收入	1000	1000			
第一节　缮状费	200	200			

续表

科目	本年度概算额（元）	上年度预算额（元）	比较（元）		备注
			增	减	
第二节 司法罚款	300	300			
第三节 烟赌罚款	500	500			
第七项 补助款收入	36199	28199	8000		
第一目 省款拨补各款	17227	17227			
第一节 省行政补助费	12984	12984			
第二节 省司法补助费	4243	4243			
第二目 省拨特别补助费	6972	6972			
第一节 行政特别补助费	5760	5760			
第二节 司法特别补助费	1212	1212			
第三目 其他补助各款	12000	4000	8000		
第一节 赋税征解费	12000	4000	8000		因税收畅旺解款增加故所提征解费亦增加
第八项 其他收入	0	69621		69621	
第一目 商农摊款	0	69261		69261	奉令取消
第一节 商会摊纳警备队款	0	16564		16564	
第三节 农民摊纳警察队款	0	21101		21101	
第三节 农民摊款警备队款	0	31569		31569	

【资料四其四】

河北省顺义县地方款民国三十年度支出概算书 临时支出

科目	本年度概算数（元）	上年度概算数（元）	比较（元）		备注
			增	减	
第一款 顺义县地方临时支出	122491	13196	109295		
第一项 行政费	26956	860	26096		
第一目 县公署经费	26716	860	25856		
第一节 津贴	5460	0	5460		
职员津贴	2880	0			职员24人计秘书室7人财务科7人教育科6人建设科4人每人每月津贴10元共240元年支如上数
雇员津贴	1200	0			雇员10人每人每月津贴10元月共津贴100元年支如上数
公役津贴	780	0			公役13人每人每月津贴5元月共津贴65元年支如上数
政务警津贴	600	0			政务警察10人月各津贴5元月共50元年支如上数
第二节 物资补助	13272	0	13272		
县知事	960	0			月支80元
秘书室	2220	0			每月秘书10元通译25元科员2人各30元办事员3人各30元月共185元年共2220元
财务科	2640	0			每月科长40元科员3人各30元办事员3人各30元月共220元年共2640元
教育科	2220	0			每月科长40元督学30元科员2人办事员1人各30元教青委员1人25元月共185元年共2220元
建设科	1560	0			每月科长40元技术员科员办事员各1人月各30元月共130元年共1560元
雇员	2280	0			雇员10人月各支19元月共190元年共2280元

续表

科目	本年度概算数（元）	上年度概算数（元）	比较（元）		备注
			增	减	
公役	1392	0			公役月支 17 元者 2 人交 12 元者 1 人支 7 元者 10 人共 116 元年共 1392 元
第三节　炉火费	1424	700	724		大火 16 个月各月需 20 元小火 6 个月各需 6 元月共需 356 元 4 个月共需如上数
第四节　政务警服装费	400	0	400		财务警 10 人每人年 40 元共需如上数
第五节　祀孔费	320	160	160		春丁秋丁各用 160 元
第六节　训练费	5000	0	5000		
第七节　医官薪金	840	0	840		月支 70 元年支如上数
第二目　自治指导员	240	0	240		
第一节　指导员津贴	240	0	240		指导员 2 人月各支 10 元共支 20 元年支如上数
第二项　司法费	4813	300	4513		
第一目　兼理司法经费	4813	300	4513		
第一节　津贴	1080	0	1080		
职员	480	0			职员 4 人月各支 10 元共 40 元
吏役	600	0			吏役 10 人月各支 5 元共支 50 元年支如上数
第二节　物资补助	3281	0	3281		
职员	1973	0			承审月支 56 元管狱院月支 34 元书记员月支 38 元 4 角录事月支 36 元月共 164 元 4 角年共 1973 元
吏役	1309	0			检验吏月支 28 元承发吏 2 人月各支 32 元看守 5 名月各支 2 元公役 1 名月支 7 元月共 109 元年共 1308 元
第三节　炉火费	152	0	152		承审处 1 打 2 小管狱署 1 小共计 1 大 3 小每月大火 20 元小火 6 元月共 38 元 4 个月共计如上数

科目	本年度概算数（元）	上年度概算数（元）	比较（元）		备注
			增	减	
第四节 堪解费	300	300			解送犯人等费用实报实收
第三项 治安费	78740	12036	66704		
第一目 警察所及分所等经费	28404	3544	24860		
第一节 津贴	11400	0	11400		
警察所职员	1320	0			职员雇员共12人月各津贴10元月共支120元年支如上数
警察所长警	720	0			长警10人公役2人月各津贴5元共60元年支如上数
各分所分驻所官长	1920	0			分所长4人警官4人书记8人月各津贴10元共160元年支如上数
各分所分驻所长警	7440	0			4分所各17人4分驻所各14人共124人月各津贴5元共620元年支如上数
第二节 物资补助	8676	0	8676		
警察所	3972	0			警察所长督察月各40元系长4人办事员2人月各支30元书记3人月各支19元公役2人月各支7元月共331元年共3972元
各分所分驻所	4704				分所长4人警官4人月各30元书记8人月各支19元月共392元共4704元
第三节 炉火费	808	344	464		警察所大2小3分所分驻所各小3合计大火2小27月共需洋202元4个月合计如上数
第四节 服装费	7520	3200	4320		官长27人每人年需80元共2160元长警134人每人年需40元共需5360元合计如上数
第二目 警备队经费	50336	8492	41844		
第一节 津贴	24480	0	24840		
大队部	480	0			职员4人月各津贴10元共40元年支如上数

续表

科目	本年度概算数（元）	上年度概算数（元）	比较（元） 增	比较（元） 减	备注
各中队官长	2400	0			每中队计队长书记分队长 5 人 4 个中队共 20 人月各津贴 10 元月共津贴 200 元年支如上数
各中队士兵	21600	0			每中队士兵 90 人 4 个中队共 360 人月各津贴 5 月共 1800 元年支如上数
第二节　物资补助	8220	0	8220		
大队部	1548	0			副大队长月支 40 元大队副文务员各支 30 元事务员月支 19 元伙夫月各支 5 元月共支 129 元年共 1548 元
各中队	6672	0			中队长 4 人小队长 12 人月各支 30 元书记 4 日月各支 19 元月共支 556 元年共 6672 元
第三节　炉火费	1064	560	504		大队部 1 大 1 小每中队 10 小共计大火 1 小火 41 每月大火 20 元小火 6 元月共需 266 元 4 个月共计如上数
第四节　服装费	16320	7680	8640		官长 24 人每人年需 80 元共 1920 元士兵 360 人年各需 40 元共 14400 元合计 16320 元
第五节　大队部房租费	252	252			房 21 间每月租金 21 元年支如上数
第四项　财务费	2760	0	2760		
第一目　经征处经费	2760	0	2760		
第一节　津贴	2760	0	2760		稽核员 2 人书记 1 人田赋征收员 18 人税收征员 2 人每人每月津贴 10 元月共 230 元年支如上数
第五项　教育费	6822	0	6822		
第一目　简易师范经费	4902	0	4902		
第一节　津贴	2508	0	2508		

科目	本年度概算数（元）	上年度概算数（元）	比较（元）		备注
			增	减	
职教员	2160	0			职教员 18 人月各津贴 10 元共计 180 元年支如上数
公役	420	0			公役 7 人月各津贴 5 元共 35 元年支如上数
第二节　物资补助	2322	0	2322		
职教员	2256	0			每月校长 10 元附小校长 13 元会计庶务各 7 元教员支 15 元者 1 人支 13 元者 4 人支 12 元者 2 人支 10 元者 3 人支 8 元者 2 人支 7 元者 2 人共 188 元年支如上数
公役	66	0			每月支 1 元 5 角者 1 人支 1 元者 2 人支 5 角者 4 人月共 5 元 5 角年支如上数
第二目　杨各庄高小经费	960	0	960		
第一节　津贴	600	0	600		
职教员	480	0			职教员 4 人月共津贴 10 元共计 40 元年支如上数
公役	120	0			公役 2 人月各津贴 5 元共 10 元年支如上数
第二节　物资补助	360	0	360		
职教员	312	0			每月校长 10 元事务员支 5 元者 2 人支 3 元者 2 人月共支 26 元年支如上数
公役	48	0			
第三目　李家桥高小经费	960	0	960		
第一节　津贴	600	0	600		
职教员	480	0			职教员 4 人月各津贴 10 元共 40 元年支如上数

续表

科目	本年度概算数（元）	上年度概算数（元）	比较（元）		备注
			增	减	
公役	120	0			公役 2 人月各津贴 5 元共 10 元年支如上数
第二节　物资补助	360	0	360		
职教员	312	0			每月校长 10 元事务员支 5 元教员支 8 元者 1 人 3 元者 1 人月共支 26 元年支如上数
公役	48	0			每月夫役 2 人各支 2 元月共支 4 元年支如上数
第六项　其他	2400	0	2400		
第一目　会日语者特别津贴	2400	0	2400		
第一节　会日语者特别津贴	2400	0	2400		会日语者警察所 3 人警备大队部 1 人经征处 1 人月各支 40 元共支 200 元年支如上数

【资料四其五】

民国二十九年度县款决算表（根据县款股员徐继昌氏所有账簿）

项目	收入金额（元）
基金生息	1057.148
契税附加	14982.386
屠宰附加	5241.000
牲畜附加	7693.000
牲牙附加	6687.300
斗牙附加	16322.500
秤牙附加	3800.500
猪毛附加	1600.000
缮状费	124.215
征解费	5931.518
状纸附加	15.000

续表

项目	收入金额（元）
司法罚款	118. 785
烟赌罚款	224. 222
违警罚款	63. 700
学田租	620
学费	913. 000
房租	72. 000
田赋附加	20328. 657
猪羊肠捐	2510. 000
石灰捐	35. 720
商捐	5278. 824
行政补助费	12984. 000
特别补助费	5760. 000
婚书提成	323
截旷〔1〕	16. 790
乡民摊款	45819. 472
商会摊款警备	16563. 996
自行车捐	5152. 000
民摊警款	13140. 120
商摊警款	5631. 480
司法经费	4243. 200
司法补助费	1257. 000
司法职员津贴	600. 000
合计	204778. 481
本年结余	5587. 335
上年结余	10700. 052
计	16287. 387
结存数	11846. 327

---

〔1〕 译者注：原文为《截旷》，中文意思不明。

项目	支出金额（元）
祭祀费	160.000
知事奉给	1920.000
职员奉给	13920.000
公役工资	1056.000
公旅杂费	11751.880
特别费	1920.000
炉火费	1104.550
服装费	3200.000
汽车费	5628.450
政务警费	1324.800
警察所经费	4548.000
一分所经费	3398.400
二分所经费	3398.400
三分所经费	3338.400
四分所经费	3278.400
张吉庄分所	3278.400
东府分所	2767.000
李遂分所	2736.000
板桥分所	2736.000
警察炉火费	344.000
征解费	3625.550
师范学校	10176.000
杨各庄小学	2016.000
李家桥小学	2016.000
学校购建费	150.000
救济费	156.000
恤金	575.420
预备费	8634.230
大队费	2160.000
一中队	13501.300

续表

项目	支出金额（元）
二中队	13531.200
三中队	13471.200
四中队	13561.200
马干	2160.000
修车费	84.000
警备队服装	7680.000
警备队炉费	560.000
警备房租费	152.000
购买子弹费	234.600
剿匪费	2062.940
特别警款	24771.600
司法费	4910.880
司法临时费	1608.000
合计	199191.150
经费结支	4441.060

提二十九年度电话费

【资料五】

行政状纸的样式

府政县义顺呈

备注	批示	拟办	事　由
			附件

字第号　年　月　日　时　到

收文　字第　号

粘贴印花一角

中华民国　年　月　日

执事人

铺保　地址

连署人

住址　职业　籍贯　年龄　具呈人

（注）

1. 在事由栏里，写下就学校、警察、村公所等行政机关行为而言的诉讼事由。

2. 拟办栏里写下记事人的名字。

3. 县长判断事后，在批示栏里写下其判定（判定是否准确、简讯等）。

4. 跟从县长指示，和事由有关系的科长询问呈出人，其结果通知诉人、被诉人，依据情况不同给予处罚。比如，村长任意消费村费等情况下，处以罚金，并进行拘留。

5. 备注栏其后的栏详说事由。

3月6日

学田　警察分所

应答者　徐继昌（县财务科科员）

地　点　县财务科

【学田的税】

学田租簿中记载的正税、附税是什么？ ＝正税是土地的田赋，附税是县附加税。

相当于学田的正税部分是向省里交纳吗？ ＝是那样的。

然而听闻从学田所得收入是全部由县收得？ ＝县收取地租，管理全部的学田，和普通的地主情况相同，交纳省税。

那由县汇总在一起交纳吗？ ＝是那样的。

【学田的耕种费】从学田佃户那里征收地租时如何处理？ ＝依然作为地租收取，从收集到的全体支出田赋。

附加到学田租簿佃户栏的是？ ＝（没有回答）。

征租是？ ＝征收地租的意思，其中地租和省税归到一起。

【学田的税额】学田收入没有全部成为县所得吗？ ＝是的。从其中收取税。和旗地情况不同，学田必须交税。在县的财务科交纳田赋和其附加。

有省税纳入的收据吗？ ＝有。

正税　民国二十九年度河北省公署征收田赋收据

义存公田二顷五十亩　六元九十四钱一厘
附加税顺义县公署征收田赋附加收据
二顷五十亩　二十元

【学田和黑地】合计有多少亩？＝6 顷 29 亩，税只交纳 2 顷 50 亩，除此之外不要交纳其他。

为什么？＝因为剩下的是黑地。

既然已经是学田但称为黑地有些奇怪？＝的确奇怪，虽然是黑地但是称为学田不太合理。

学田佃户不直接交纳税吗？＝不交纳。

除地租外其他不从佃户处收取吗？＝不收取，仅有税（？）[1]。

【自行车、石灰、小肠捐的征收方法】自行车捐、石灰捐、小肠捐的征收方法是怎样的？＝小肠捐是包税。石灰捐的情况是在牛栏山有 7 所石灰工厂，携带一定金额到县公署的县款负责人（徐继昌氏）。因为不依据产量，也可以说是包税，没有包税人。7 人中有 1 人是包商。自行车捐是在各区的分所，分所长指挥警官让自行车所有者交来，并且由分所长交纳到会计科。

【分局和分所】分局和分所有什么不同？＝以前称为分局，也就是虽是警察分局，但称为警察分所。其下书记 1 名、警长 1 名，其下有警士 16 名。县内有 4 所，分所下有 4 所分驻所各区有 1 所。

【区】区是什么意思？＝是行政区划。县内有 8 区。

区的行政机关是？＝现在仅有名称，区没有行政机关，仅有分驻所。

有区的办公费，却没有公共办公机关吗？＝没有。

【分所的征税事务】县里通过区的税都有哪些？＝没有什么税要通过区，通过分所。

那么通过分所的有什么？＝行政关系、田赋催促、税金关系。

税金关系是？＝就税而言，只有亩捐和田赋，田赋不征收只催促。县里征收临时的摊款时，托付分所长收集摊款交送到县的情况也有。但是未必划分临时摊款。

【分所的工作】分所对各村行使怎样的职能？＝行政、治安、传达。

【分所的课税】在分所能够课征税和摊款吗？＝能。但是没有许可相关事件实行的特别规定。即使没有规定，作为普通村民不得不承受摊款。并且村民没有向县里提起诉讼，但是诉讼的话，分所受到惩罚。

那么，能公开征收摊款和税的机关除县以外没有了吧？＝没有。

【村公所的课税】然而村公所的话不会公开允许吧？＝是那样的，但是没有进行课税，也不能。摊款可以。

由于村费不足，县里会给村公所补助吗？＝不会。

省给予县各种补助金，但是从以前开始省一直没有向县里交纳补助金吗？＝没有。

【区公所】在县公署和村之间，作为公共机关现在有分所，以前有什么？＝以前有区

---

[1]　译者注：原文如此。

公所，有区长。区长之下有助理员 1 人、书记 1 人。这在民国二十年被取消。

当时区公所进行哪些工作？＝相当于缩小化的县公署，不进行课征，但实行摊款。

二十年以后变成了什么样？＝和现在相同，有分所。不过有区公所的时候，也存在分所。分所内部有和如今一样的职员。

【道】道是？＝是行政机关也是监督机关。监督管辖下的各县。这在燕京道的监督之下。

监督县行为的哪些方面？＝县的以前行政。道的组织是和县相同的，和县的各科一样，道也有设置。道的各科监督县的各科，道里有"道尹"，相当于县的知事。

就县的税和摊款，县的监督机关是什么？＝依然是财务科。

至此，道财务科对县财务科是怎样进行监督的？＝有时道的官员过来阅览账簿，查看征税方法并进行教导示范。虽然对县的行为不能进行处罚，但是发现不当行为的情况向省汇报，由省进行处罚。但是至此没有那样的实例。

省也进行如县一样的监督吗？＝进行。从省里过来的官员同样地进行阅览。

省对自己的省税以外的县款能发表意见吗？＝就各项县款提出意见。摊款比率高，或者附加税率高，那情况下不得不改。

县的省税代收是依据省的命令吗？＝县有代征的义务。

省里就由县进行省税代收一事，采取什么措施？＝就税率的改正，征收方法的改正一事，如果省里有意见向县提交公文。

至此有就省税向县里提出意见的情况有吗？＝有。比如就交纳日期的延迟有受到斥责的情况。对于省的命令县一般会全部遵守，不怎么受到责备。

对于省指定的省税，县的实收额不足的情况将如何处理？＝没有那种情况。平时几乎不超过预算额。

【滞征】因为虫害、水灾，省税实收不足的情况是？＝有没有达到指定预算额的情况。那时必须提前向省里汇报。汇报的话，省派官员进行实地调查。如果承认其报告的事实，减少省税金额，或交送征税延期命令。因此县跟随此命令处置。作为实例，前年有大水灾害之时，那时省命令"三年滞交"。

现在当时滞征的部分怎么样了？＝已经交清，几乎没有滞征的部分。

【勘灾】采取怎样的措施才能早一些交清？＝有钱人交纳，其他人效仿他们进行交纳。如此从省而来进行的实情调查称为"勘灾"。

【省税和县税的滞征】在省税滞征的情况下，县税如何应对？＝县税同样滞征。就那有时从省里下来应滞征县税的命令，有时却没有。前年就下来了命令。

在省里滞征省税免税的情况下，县也必须免征县税吗？＝是那样的。

但是，在某种理由下，如果省里免征自己的省税，县应该没有滞免自己县税的义务吧？＝不是，有义务。就县税而言，即使省没有下达特别的命令，县也不能任意地中止滞免。

省在那种时候，省就县税认同任县自由行事的情况是？＝没有那种情况。

相反，县税先于省税滞免，且省税不滞免的情况有吗？＝没有。

然而如水灾，省因某种原因（如岁入不足），不允许省税减免滞征的情况，县有必要滞征县税吗？ ＝没有那样的事。其原因是县知事首先会向省里汇报，开展省税滞免运动。

但县必须得考虑县里农民的窘境，省不承认情况下，交清省税后，为了农民减免自己的县税的情况有吗？ ＝如果减轻县税的话，县不能施行那样的权利。

如以上情况，省税、县税不管哪个先进行减免吗？ ＝没有仅一方减免的情况。必须双方减免。

【县和村的摊款】县里对村公所的村费又提出什么命令吗？ ＝有。

是什么情况？ ＝为了计划村费预算，下达与此相关的命令。今年一月下达，至此没有了。

对于村公所的摊款，县不能提出异议吗？ ＝能。不能过高，或规定其限度等。

至此县里有对村摊款的限度进行规定的情况吗？ ＝今年正月有过。至今没有。去年规定 1 亩最高不应超过 1 元 50 钱。

相反，村对于县税摊款不能提出异议吗？ ＝不能。

3 月 8 日

摊款

应答者　王沛霖（县财务科科员）

地　点　县财务科

【省摊款】省里没有摊款吗？ ＝没有，仅有税。

但是临时省里需要钱的话，省将如何处理？ ＝向县里临时借。然后从之后代收的省税中抵消借款金额，这称为借款。最近没有，想起来民国二十一年至民国二十二年好像有。

那样的话，征收摊款的机关是县、警察分所、村公所三处吗？ ＝是的。

【摊的种类】县摊款里，有"临时""经常"的区别吗？ ＝有。从民国二十二年开始之后的 8 年间，"经常摊款"有"村摊警款、村摊保卫专款"两项。民国二十九年以后取消，变为"亩捐"。临时的是不定的，去年有"服装费"（警察）。

【特别会计和摊款】但是，收入决算书里没有记载，不成为县的收入吗？ ＝决算书里没有记载，写入"特别会计"中。

"特别会计"是没有写入预算表的一般写入到特别会计中，除临时摊款外，写入其中的有"剿匪费"、"外宾招待费"、"清乡费"（青年团训练费）。省里临时给予的"治安会议费"也算入其中。

【特别会计临时摊款的内容】剿匪费是临时摊款吗？ ＝也有临时摊款。匪贼讨伐之时费用向县里借去剿匪，剿匪归来时召开县政会议使用的金额作为摊款，一般分摊后征收。不征收摊款之时，因为有县预算剿匪费，从这支出。因此不足的情况下依据临时摊款征收。此摊款不是由治安军收取，依旧是由县财务科进行。去年剿匪员中没有临时摊款部分。

外宾招待费是？＝从道、省派来官员时的招待费用，这是临时摊款。每次征收，去年有一回这样的摊款，金额是 4000 元。

清乡费是什么？＝临时摊款。这如前面所述，临时摊款的秘密部分很多，一般不公开其收支。因此不纳入县的预算之中。

【转款】省支付给县的治安会议费的性质是怎样的？＝省支付给治安会议的"专款"。甚至日本机关也支付，由双方支付。这些费用用于"宣传费"、"训练费"（青年团）、"道路修缮费"等的使用，由省以及日本方面的机关，并非经常，临时支付给县里。

没有除前述以外的临时摊款了吗？＝没有（？）[1]。

全部的临时摊款没有写入预算表里吗？＝是这样的。

【资料六】顺义县公署财务科民国三十年度特别会计簿的内容

暂时存款收入

罚没提奖	84.56 元	
没有赌金（民国二十八年）	6.00 元	（承审处）
户口牌费	3698.17	（从各分所）
山海关报费（民国二十八年）	20.00	（山海关公报处）
教育训练费	112.12	（从学务科）
平顺路费（民国二十八年）	140.05？	
警团补助费	750.00	（省）
养路费（民国二十八年）	189.50？	
庙房租（民国二十八年）	30.00	（间租）
修桥费（暮）（民国二十八年）	605.40	
一成征收费	3486.70	
法院保证金（民国二十八年）	10.50	
截旷	587.00	
牛价（民国二十八年）	270.00？	
立碑感谢金	50.00	（从长谷川部队长）
马价（民国二十八年）	20.00？	
骡价（民国二十八年）	10.60？	
满铁调查员存款	945.00	（由满铁调查团保管）
爱路奖金（民国二十八年）	10.60？	
合作社	80000.00	（临时借用由顺记支配）
行政金（民国二十八年）	607.90？	
烟酒牌照罚金	31.00	
满铁房租（交通）（民国二十八年）	312.77	

---

〔1〕　译者注：原文如此。

电话局房租（民国二十八年）	250.00
监所作业基金（民国二十八年）	265.20
防疫费	636.25（从冬赈费中转账）
水灾救济费（民国二十八年）	3698.25
桥梁木料及大车费（民国二十八年）	455.63
没收粮费（民国二十八年）	4000.00
请愿警款（民国二十八年）	212.00　372.00（由牛栏山商会）
募兵膳费（民国二十八年）	14.26　600.00（从治安部）
冬赈费	7698.25
冀东道公署	1000.00 元
民国二十八年	3000.00 元
民国二十八年　水灾救济费	36.00 元
李桥捐款	27.75 元
警察所	70.50 元
保甲罚金	882.00
警察所	382.00 元
北河村王新齐"赌"	500.00 元
牙税保证金	17047.72（从各牙税征收员）
炉火费	938.00（各分所）
服装费	16766.62（各分所）
诉讼存款	1054.00
年末奖金	10000.00（省）
违警罚金	150.00（警察所）
赈款	250.00（从道）
汽车赁费	511.00
（日本警备费	10.00）
（公记盐店	39.00）
（顾问	112.00）
（大月部队	50.00）
（合作社	300.00）
印花罚金	37.00
司法罚款（民国二十八年）	4.20
商联存款	25000.00（各商会）
北门河堤赔偿金	3360.00（桥本组）
暂记缺款（支出）	
城防费	
日语教员薪水	

汽车费用垫款

简师借垫

警察总队借垫

警察所

投考宣官学员旅费

服装费

医药费

自行车牌垫款

办公备品费

自卫团缺款

年末赏与金

膳费

演戏垫款

王靖寰

农村合作社

土地调查费

草叠并修房费

运搬费

保甲用费

牌照工本费

冀东银行

筑堤垫款

募兵膳费

与亚会用费

防所修筑费

侦探费

模范地区工作费

酒席费

立牌摊款

纪念品费

路垣修缮费

剿匪费

旅费

（注）前述各项目括号内的文字并非特别会计簿记载的，是调查员听取的。并且账簿记录方法不定，会计员也不知其属性。

【县经常摊款】现下所实行的经常摊款有什么？ =去年开始汇总概况到捐款中。

摊款分配一般是按月分配，抑或是依据别的方法吗？ ＝一般经常摊款依据四季，一年四回分割分配征收，没有按月分配征收的。临时摊款的情况是每年一次全额分配征收。

【村摊款的种类】村摊款里有经常、临时两类吗？ ＝有。

【村经常摊款和其限制】其经常的是什么？ ＝只有"村费"和"学款"两种。

就这两种而言有县的布告或者限制规则吗？ ＝一般没有布告，但是也会出示如"县的分配额是不应超过 1 亩 60 钱"这样的布告。

1 亩 60 钱是意味着年总额（年数次总计）吗，还是合计学款、村费双方呢？ ＝称为全摊款汇总的年额总计分配。

那样的话，村公所除上述两种摊款外，不能随意设置经常摊款吗？ ＝虽说是那样，但实际上却并非如此，实际上在村公所随意地进行摊款。原则上除上述两种之外不被允许，就那有县公署公布的规则（其规则不是省事县所决定的）。

【县临时摊款】县的临时摊款未经县许可、承认，能够增加其项目吗？ ＝不能任意增加。原则上省的许可是十分必要的。实际上在县里适当地实行。就其摊款的金额、比率等原则上需要省的许可，但是没有征求过省里的许可。以前开始就一直没有征求过。一般一切都没有征求过。如果征求许可的话，因为有省里不许可的情况，所以在县里任意地实行。

【村临时摊款】作为村公所的临时摊款有哪些？ ＝匪贼随意在村公所命令村民交纳摊款进行征收的事情也有。除此之外有"招待费"以及"训练费"（训练生从村去到其他地方之时的费用的临时摊款）。

被县正式允许的村公所临时摊款有什么？ ＝临时摊款全部都没有得到县里的允许。

县里允许村公所的摊款是什么？ ＝一般仅是前述的村费和学款，就"训练费"依据情况不同有时也得到了县里的许可。

【村摊款的限制】那种情况之下（县里许可的情况）指定摊款征收总额吗？ ＝总额不给以限制。对每亩的分配额设定限制额，也就是规定村费和学款合计每亩不超过 60 元。

【分所的摊款】就警察分所的摊款来说是怎样的？ ＝有"招待费"、"训练费"、"道路修缮费"，除此之外临时成立的费用视为摊款。然后那些全部有分所自身获得。其中经常摊款不在分所之中。其理由是县支付给分所经费，没有必要征收经常摊款。有时分所代替县收取，但那并不是分所所得。

分所就前面所述的临时摊款征收形式上获得了许可吗？ ＝没有获得县公署的许可。道路修缮等情况下，有时特别许可，但是未必一定需要许可。

【经常摊款与临时摊款的差异】话虽不同，经常摊款和临时摊款有何不同？ ＝经常摊款是纳入记载在预算表中的，但临时却不是这样。前者名目是一定的，后者不是这样。并且前者征收总额是一定的，但后者并非如此。不能说关于分配率是怎样的，但那是依据摊款种类而不同。民摊警款是按亩征收，但省款却不清楚。

【村青苗钱的性质】村公所除摊款之外被赋予征税的权利吗？ ＝没有。

沙井村里有称为"青苗钱"的，那从前述的摊款来看的话，是什么？ ＝是村公所摊款的总称。是对各种摊款进行概括的词语，其中应该包含了各种摊款。

包含了什么？＝村费、学款、训练费、招待费等全部。

其中没有包含县摊款吗？＝全部包含其中。

那么，规定村公所也是统支统收吗？＝当然。过去现在村公所的情况和县没有不同，但是因为随着物价变高，金额变多，但做法没有改变。

3 月 13 日

警察分所的征税

应答者　苏与田（分所长）

地　点　第一分所

【分所处理的税和摊款】由所征收的摊款、税等，有哪些呢？＝每年定期的有警款和服装费，临时摊款的话有道路桥梁修理，除此之外有相关的摊款。

警款、服装费的摊款由县拨交分所，分所对此进行干预吗？＝当然。这些直接从县到各分所，进一步由分所将其分配到村。

那时关于此事县里发放公文书吗？＝发放。

"顺义县公署训令财字、令本城第一分所、民国三十年二月二十一日、收文第一号……"

【资料一】 民国二十九年度发放到第一警察分所的公文书

民国二十九年度发放到第一警察分所的公文书

来文机关	公文类别	事由	附件
县公署	训令	调查本区各乡摊款标准	
本所	呈文	为呈覆全区摊款情形由	
本所	呈文	为呈建筑新民公园款由	
县公署	训令	为令摊警备队服装费由	
本所	呈文	为呈二十八年度服装费由	附款 110 元 227500 元
本所	呈文	为令发脚踏车登记规则由	
县公署	训令	为令代友军购买谷草由	附规则一份
本所	呈文	为请发给 3 月份薪由	
县公署	训令	为令代县署购买谷草由	
县公署	训令	为令自行车摊款贴补警察队薪由	
县公署	训令	为令代县署购买谷草由	

来文机关	公文类别	事由	附件
县公署	训令	为令雇领代治安军购买谷草偿款由	
警察所	训令	为令催自行车登记费由	
县公署	训令	为令脚踏车登记展期由	
县公署	指令	为令所 5 月份各费准预备案由	
本所	呈文	为呈大阪每日月刊费由	
县公署	训令	为令代友军购买木柴谷草故	
县公署	训令	为令代友军购买谷草由	
本所	呈文	为呈夏季摊款由	
县公署	训令	为令发脚踏车 期不 处罚品法及公用车免行登记法	附款 547505 元
本所	呈文	为呈户口牌及户口簿等价款由	附款 200 元
县公署	训令	为令领催柴草价款由	款一览表一份价
本所	呈文	为呈自行车牌工本费	附加 400.00 元
县公署	训令	为令代友军及治安军购买木材由	
县公署	训令	为令摊恭送友军纪念品及宴会费由	附清单
本所	呈文	为呈户口牌等价款由	附款 205.25 元
本所	呈文	为呈自行车登记费由	附款 250.00 元
本所	呈文	为呈友军移防费由	附款 292.44 元
本所	呈文	为呈自行车登记费由	附款 500 元
本所	呈文	为呈秋冬两季摊款由	
县公署	训令	为令续购谷草以便应用由	
县公署	训令	为令续购谷草由	
本所	呈文	为呈冬季烟火费由	附款 12.22 元
县公署	训令	为令摊顺孙线电话价款由	
本所	呈文	为呈报年报及月报表由	
本所	呈文	为呈本年度警捐由	附款 199.00 元
本所	呈文	为呈自行车登记及车牌费由	180.00 元

续表

来文机关	公文类别	事由	附件
本所	呈文	为呈报 12 月份各种月报由	
本所	呈文	为呈自行车各款由	附款 70.00 元

前述摊款的训令从县的何处送来？ ＝从财务科。

没有直接从财务科交向村里的摊款吗？ ＝没有。

必须通过此处吗？ ＝大体全部通过此处的分所。

【分所的工作】分所的工作有些什么？ ＝做与治安、摊款、道路桥梁修理、保甲自卫团、户口、指纹（身份证明书）等相关工作。

与治安相关的是什么事呢？ ＝户口调查、保甲编制、对匪贼的防护。

【分所临时摊款】不是从县里过来的，在此处进行的摊款是？ ＝一般有"招待费"、"分所备品修理费"等临时摊款多。招待费是付给到分所来的人费用或是分所的人出差等相关费用。

然而分所办公费不是从县里得来的吗？ ＝县里每年给与办公费 50 元，但是不够。不足的部分以摊款形式进行征收。

除此之外没有每年决定好了的吗？ ＝备品费、修理费的摊款每年都有，其摊款的名称是不定的，没有特意地取名字。

【分配方式】摊款分配方式是怎样的？ ＝一般标准，按村土地的所有亩数划分。

各村进行分配的时候，叫出村长或乡长，命令分配吗？ ＝各村的分配率每年是一定的，分配是将各村村长叫到分所命令其实行分配。

第一区的各村分配率变为怎样了？ ＝有表，如下所示。

【资料二】

顺义县警务第一分局每季各村镇应缴
警专款数目表（摊款分配表的意思）

村名	款项 数目（元）	每元数	应摊数
西海洪	7.675		
南会	28.683		
北会	28.683		
杜各庄	23.007		
胡各庄	20.122		
河南村	72.860		
三家店	9.548		
大营	30.670		

村名	款项 数目	每元数	应摊数
东海洪	16.289		
南法信	26.480		
白各庄	11.508		
庄头村	2.887		
平各庄	15.302		
刘家河	11.507		
衙门村	24.925		
妙尔卷	10.541		
望泉寺	20.033		
向阳村	36.430		
马卷	34.500		
泥河村	11.507		
小东庄	17.262		
大东庄	11.508		
萧家坡	1.531		
仓上	10.541		
石各庄	10.541		
小孙各庄	5.775		
北法信	26.840		
北上坡	9.584		
秦卷	3.830		
武卷	3.606		
姚卷	3.830		
荆卷	11.508		
石门	11.508		
军营	19.168		
南卷	13.435		
姚店	11.508		
赵古营	10.541		
西马坡	11.873		

续表

村名	款项 数目	每元数	应摊数
梅沟营	13.435		
沙井村	11.508		
良正卷	22.037		

这不是警款分配表吗？ ＝是这样的。全部的摊款依据警款分配率。

【沙井村分配率】然而，比如沙井村的分配额变为怎样了？ ＝因为表中 41 个村的款项数目合计是 684.93 元，因此分给沙井村的款项数目是 11.508 元，变为摊款分配率。

依据此表的分配率是何时开始实行？ ＝从三四年前开始有的。

【以前的分配方法（车股）】以前没有分配表吗？ ＝有。

【资料三】

顺义县第一区车股次序村庄及开会地点一览表

车股次序	开会地点	每股村长	备注
第一车股	大东庄 39.00	胡各庄 10.50 大东庄 6.00 赵古营 5.50 平各庄 8.00 小东庄 9.00	
第二车股	杜各庄 39.00	梅沟营 6.00 杜各庄 12.00 仓上村 5.50 石各庄 5.50 军营 10.00	梅沟营摊款警款洋 6 元
第三车股	南法信 39.00	南法信 14.00 望泉寺 10.00 沙井村 6.00 刘家村 3.00 石门村 6.00	刘家河应摊警款洋 3 元
第四车股	仁和镇北会 39.00	仁和镇 20.00 北上坡 4.50 小孙各庄 3.50 萧家坡 4.80 西马坡 6.20	

车股次序	开会地点	每股村长	备注
第五车股	河南村 39.00	河南村 38.00 梅沟营 1.00	梅沟营地摊警款洋 1 元
第六车股	大营村 39.00	大营村 16.00 秦卷村 2.00 向阳村 19.00 姚卷村 2.00	
第七车股	衙门村 39.00	衙门村 13.00 妙尔卷 5.00 泥河村 5.00 良正卷 10.50 三家店 5.50	良正卷应摊警款洋 10 元 5 角 泥河村洋 1 元
第八车股	马卷村 38.88	马卷村 18.00 武卷村 1.88 荆卷村 6.00 姚店村 6.00 白各村 6.00 良正卷 100	良正卷应摊警款洋 1 元
第九车股	东海洪 39.00	北发信 14.00 南卷 7.00 刘家河 3.00 东海洪 8.50 庄头村 1.50 西海村 4.00 泥河 1.00	泥河村洋 1 元 刘家河 3 元

共和第九车股应摊
洋 350 元 88

　　这张表依然是警款的分配率吗？＝是这样的。

　　依据上表，比如沙井村的分配率是怎样的？＝九车股合计 350.88，除以 6.00 就与此相当。

　　【县摊款的分所分配征收】去各村收县摊款的顺序是？＝从县来第一分所，依据前述的警察分配率在分所进行分配，去各村进行征收，并且分所收集各村的钱款，汇点后交纳到县里。

　　在分所进行摊款分配时，叫乡长还是村长呢？＝每次进行分配之时，召集各村村长举行"开会"。

在分所召开的分配会议的出席者有？＝村长、乡长、书记、警长。

望泉寺、沙井村的情况下，除村长之外乡长出席吗？＝可以一人代表两村前来，一般两人出席。

在其会议上，商量的事情是？＝比如就"出席者"，因为摊款数额从县里下来，所以决定各村交纳多少负担额和其交纳期限即可。村长听取这些回到村里后，召开会议（出席者是村长、会首、甲长），并且决定各村民的负担。

【村的青苗费】然而在村公所下发到村的摊款也从青苗钱中支出吧？＝由村公所垫付的情况较多。

不垫付的情况是？＝在村公所里没有钱的情况下，到各村民的家来收取。

那时的村公所摊款是和青苗钱不同吗？＝（没有回答）。

【分所和地方、保正】在此会催田赋、县款吗？＝不催，有财务科进行。

第一分所和地方、保正有怎样的关系？＝没有关系。他们仅仅向各村传达分所的命令。

分所的警士不干那活，为什么地方、保正干这活呢？＝地方、保正前去县公署，各区有地方、保正，他们持县公署的命令去村里（？）[1]。

分所的职员完全不干那样的活吗？＝不让分所的人干那活。

"区公所"以前进行什么工作？＝现在没有，到 20 年前有，区公所即现在的分所（？）[2]。

当时的区公所的工作有哪些？＝和分所的工作一样。

区公所和地方、保正有着怎样的关系？＝当时保正在区里干各种工作。

【地方、保正的差异】地方和保正有什么不同？＝地方在保正之下。

地方的工作？＝村的田赋催促。

【新兵费】"新兵费"从哪下达命令呢？＝与分所无关。那是村自身的（由村公所实行）摊款。

【慰劳费】"慰劳费"？＝给从县而来的贼匪讨伐队的。每年其摊款并非从县里下来，这依然通过分所到县里。

【分所和县摊款】通过分所交到村里的县摊款，在分所汇总后，全村总额一起交纳到县里去吗？＝是这样的。

去年从分所交纳到村里的县摊款数额是多少呢？＝（没有回答）。

3 月 14 日

区公所　分所的征税

应答者　卢锡守、许森（秘书科科员）
地　点　县秘书科

---

〔1〕　译者注：原文如此。
〔2〕　译者注：原文如此。

【以前的区公所和警察分所的工作】您（卢氏）是何时在何地担任区长呢？＝从民国十九年到民国二十二年第六区的区长。民国二十三年是第一区的区长。

您（许氏）是？＝从民国十八年到民国二十三年第三区的区长，之前是第八区区长。

当时，区公所的工作是？＝"地方自治"和"地方治安"。

那时有警察分所吗？＝有。

其工作是什么？＝"警务关系"。关于治安，区公所和警察分局（称为分驻所）一起合作。

县下达的摊款在哪儿实施呢？＝在区公所实施，与分局无关。

区公所受哪里监督？＝县公署的监督，在县公署的第一课（行政关系）的监督之下。警察分局完全不处理与摊款相关的事务吗？＝不处理。

摊款是在哪里处理呢？＝依旧在区公所处理。

马草是？＝马草、马车在区公所进行。

除这些之外，区公所还有哪些工作？＝还有许多，有户口调查、间邻的编制（保甲的编制是同样的意义，25 户为 1 间，5 户为 1 邻）、良民的身份调查（？）[1]、乡长的监撰、监察委员会的组建等。

摊款的种类是？＝有县摊款和区摊款等。

县摊款是什么？＝有关桥梁道路修缮的临时摊款、团警摊款（每年定期）、军事支应摊款。

作为区摊款的有？＝军事支应摊款（除前述县以外的，也有区的，两者都有）、"保卫团服装费"、"枪支费"（铁炮、弹丸费）。

摊工的目的是？＝道路桥梁修理。

马草是哪的命令？＝县即军下达到县，县下达到区。

【团警摊款】团警摊款分配的方法是什么？＝这包含警款和自卫团摊款两方面。这其中警款一般作为摊款的分配率。自卫团摊款是和警察的工作相似。为了维持村的治安，根据省的命令各区组织自卫团。由区团长（兼任区长）、副团长、班长、团长等组成。充当这个自卫团的费用。

区里在哪儿交纳警款？＝县财务局。

团款是？＝交到县里，然后县里再送到区里，一次向县里交纳三个月的，县里会送一个月的到区里。

桥梁道路的临时摊款是怎样的？＝依旧是以警款的标准分配，依据情况不同，修理的工作是遵从县或是区，交纳到县或在区里使用。该道路在区管辖之内时，区内直接使用，在县里的情况下，交纳给县。

【军事支应摊款】军事支应摊款是？＝军队命令临时派出货车和马草。但是没有那些物品的时候，在县或者区以摊款形式收集金额，购买那些物品。当时中国军队行军中驻扎在区里时，就由区征收摊款。军队接到命令到县里之时，征收的这部分摊款就成了县的支应摊款。

---

[1]　译者注：原文如此。

那时是何时？＝民国十七年到民国二十三年。

【县摊款分配方法】县摊款分配征收方法是怎样的？＝从县到村公所的话，区里召集各乡长副，召开会议，进行说明，区长是发表各乡的分配数额，然后各乡长回到村里，在乡里派发县下发的简单公文书（摊款的分配额通知表）。各乡长将摊款金额携带到区里（有时区也派人来收取），并且区里交给各村长"收据"。

表里（参考 338 页的资料三）是其分配率吗？＝大概是吧，是警款的分摊率吧，其他大多以这个为标准。

区里召集表中车股的代表村吗？＝不是，召集所有村。各村从村里回来，召集各车股的代表村召开会议。

那种情况下，商量些什么？＝决定马草、马车的分摊数额。商量钱的问题时，不需要代表村开会，因为各村知道自己的分摊数额。

【摊工分配】摊工的情况是怎样的？＝和摊款的情况相同，根据摊款的分配率，比如负担一元警款的人，壮丁也要相应地交纳一元。

那种情况下，摊工的报酬有所规定吗？＝作为饭费，村公所给派遣的人支付二三十钱费用。

对派遣摊工的家庭来说，村公所必须得支付前述的费用吗？＝不支付的情况较多，那是因为村民依次交替派出摊工。

区对望泉寺、沙井村分配摊款之时，分别各自实行还是汇总后实行呢？＝个别各自实行，并非望泉寺作为代表实行。

前述各村长从区的会议回来后，之后村长进行什么样的工作？＝村长回到村里，聚集会长们召开会议，进行说明。但是这时不对村民的摊款分配数额进行征收，因为之后会作为青苗费一起分摊收取。

【白地款】现在有白地款吗？＝有。在青苗钱摊款征收结束之后，在金额依然不足的情况下，进行征收。那时先不征收白地款，村公所自身从其他地方借钱的情况也有，返还其欠款之时，因为依然金额不足，那时再进行白地款征收。

在第一区各村，白地款是怎样的？＝大体不进行白地款征收，而是借钱。返还欠款之时，征收白地款。

在望泉寺 1 亩的白地款大概是多少钱？＝没有特定的名称，但实际上有（？）[1]。但是比青苗钱少，据说现在有。

沙井村是？＝在普通的村里，和以前相比，有白地款增多的倾向。可以说几乎所有的村都有，大体 1 亩相当于在 20 钱到 40 钱以内。其分配时期是不定的。

【村的摊工分配】如果区里命令摊工，之后村长将如何处理？＝村长返回到村里，再次召开会议，根据土地账簿，决定壮丁的日均比率，依据土地的所有亩数进行分配。

【保正、地方】地方、保正和区公所有着怎样的关系？＝区和保正没有特定的关系，担任保正的人员每天去县里上班，发送区的公文和村的公文。地方主要接受县公署的命

---

〔1〕　译者注：原文如此。

令，对田赋进行催促。

保正监督地方吗？＝有监督的权利，那时候全县有地方 50 人，保正 8 人。

一个保正手下拥有几位地方？＝平均有 6—7 人。

地方对保正绝对服从吗？＝是的。

保正由谁任命？＝县公署。地方依旧是由这任命。

工资是？＝没有。

【保正、地方的收入】根据职务的不同，有收入的差距吧？＝保正、地方的报酬汇入到青苗钱摊款之中。一村一年，大村的情况最高是二三十元，小村的情况是一二十元左右。可是这是保正的分量。

地方是？＝入秋的话前去各家收取谷物（如乞丐一般）。

【保正、地方的身份】他们是身份极其低下的人吗？＝是这样的。最低的，比村民身份还低，保正也是同样的。

地方、保正不对村民拥有势力吧？＝没有特别值得一提的势力。

在区公所也征用地方、保正工作吗？＝没有。

那时，和分局的关系是？＝没有特别的关系。

分局方面，主要是使用地方和保正吗？＝没有，由县直接使用。

【分局、区公所的工作】现在只有区公所，以前区公所的工作在这进行吗？＝以前干区公所的全部工作。

那时分局不做征收摊款工作吧？＝不做（?）[1]。

为什么要获得区公所的办公费呢？＝从县获得，因此没有不够的情况，足够了（?）[2]。

现在行政关系也在分所进行吗？＝是这样。

当时在区公所行政关系有些什么工作？＝除警察事务外由县命令的全部工作，与税收工作无关，只和摊款有关，现在分所与税收工作无关。

3 月 16 日

保正、地方的征税

应答者　张广田（第一区保正）

地　点　县公署

【保正】职业是？＝第一区保正、管辖第一区、41 所村的全部。

何时变为这样？＝民国二十八年。

为什么变为这样？＝从县公署、县知事获得任命书。

---

〔1〕　译者注：原文如此。

〔2〕　译者注：原文如此。

在哪工作？＝在本城（城内）有办事处，在第一区办公处工作。

办公处以前就有吗？＝是这样。

区办公处里有谁？＝仅是保正工作的地方。

【地方】保正的下面有地方几人？＝10 人。

望泉寺、沙井村、石门村是？＝杨永才在一起管理。

【保正的工作】保正的工作是？＝送达从县下达的公文到各村，监督地方催促地粮工作。

除此之外有？＝没有。

被县任命之时，已决定工作的内容吗？＝前面两项工作，任命是通过文书，工作的内容是通过口头传达，因为是县知事。

【保正的任期】任期是一定的吗？＝不一定。如果业绩好的话，一二十年持续干的情况也有，不过业绩不好之时，干一两年就不让他干了。

成绩是如何决定的？＝依据对地方监督勤奋程度，对人民的亲切程度决定。

决定保正成绩的人是谁？＝农民们。

为什么决定？＝农民向县里报告业绩，第一区全体人民作为代表作报告。

那时召开判断第一区业绩的会议吗？＝召开。秘密进行，不通知保正。

会议每年大约召开几回呢？＝保正如果不干坏事的话，不召开。

坏事是指，比如有？＝自己手下的地方在催促钱粮征收，动粗之时。

开会是由农民提议的吗？＝没有特定的决定方法，一旦形成就不再召开会议。

其他保正接受过开会吧？＝不清楚。

区代表向县汇报的话，保正将会受到怎样的处置？＝被迫辞职。县知事通过文书宣判。

【保正的文书传达】保正传达公文书工作里的公文的内容是？＝关于小学校的，关于村公会的（主要就摊款而言）。

摊款不是从分所到村里吗？＝县下达两份公文书，一份给保正，一份给分所，保正将其分配各村。

【保正的田催促赋工作】地方的催促田赋工作是？＝保正是每 10 天 1 次，和地方 10 人一起前来县公署，对交纳状况进行报告，那时科长口头催促滞纳者交纳。滞纳者不是很多之时，科长递交给保正公文。

公文的意思是？＝写出未交纳者的名字，附加期限，乡长和科长合作催促交纳的意思。

去年得到了公文书吗？＝没有。前年有过一次，秋天的时候，因为过多，所以不管在哪个村都有。

公文里没有记载未交纳人的名字吗？＝记载了乡长和保正的名字。

为什么？＝写村长和保正的名字，不写地方。

有未交纳者的乡长吗？＝只写"乡长"不写实名。

从科长处得到公文回去之后将如何处理？＝让乡长过目，返还给乡长，传阅。

那时，叫出乡长吗？＝保正前去在有滞纳者的村里，命其阅读。

【地方的催促】那样的话，地方做些什么工作呢？＝保正仅需到村公所让其阅读，地方转到未交纳者的家里进行口头催促。

怎样说？＝因为由县出示公文，规定"必须在哪几天间给我交上来"。

保正持公文前去之时，在村公所不召开会议吗？＝不召开，村公所的官员就此不提出对策。

村公所不特意命令未交纳者吗？＝村里的官员和地方一起在村里敲锣，边走边高声叱喝叫喊"催缴"二字，保正不去。

【未交纳者】望泉寺前年没有交纳有几人？＝六七户一年有两次征收期。春天不能交纳的秋天交纳。

那样没交纳者是？＝春秋都没有交纳，年底交纳的人。

有没有交纳一年多的人？＝没有。

一年以上没有交纳的人完全没有吗？＝死亡者，行踪不明的人自始至终都无法交纳。好好地待在家里每年可以交纳。

除此之外几年未交纳者？＝除此之外没有了。

沙井村有几户？＝前年在十户之内。

石门村呢？＝有两户在年底前已经交纳。沙井村10户现在也未交纳吗？＝交纳了，前年年底交纳的。

【地方的任命】保正能随意任命地方吗？＝任免地方之时，有必要与地方所管辖的各村乡长商量。

保正和乡长的意见相反的情况下，通过哪一方的意见呢？＝大体通过乡长的意见。

地方能够强制拉扯其管辖之外的村民前来吗？＝不是其村的居民也可以，但是距村近的比较好。

保正能让自己的朋友、非顺义县出生的人担任地方吗？＝不能。

现在顺义县的情况是？＝乡长和村民们赞成的话便可。

一般是怎样？＝不赞成。

乡长反对，能强行执行吗？＝不能，因为乡长们不协力合作的话，是干不成工作的。

地方由谁任命？＝保正持有向县里推荐地方的责任。县提出任命状。

保正推荐地方的场合，提前和乡长们商量吗？＝必须商量。

【区公所和保正、地方】以前有区公所的时候，地方、保正不受区公所监督吗？＝不，县公署。

在工作上和区公所有联络吗？＝有。

区委托什么样的工作？＝区里有诉讼案件之时，拜托保正传唤诉讼人。

除此之外呢？＝没有了。

【警察分局和保正、地方】那时和分局取得联络再工作吗？＝不联络。

为什么？＝分局是警察机关、国家官员。但是保正们全是私人团体。

那情况下，以什么理由不能取得联系呢？＝不能取得。

现在保正和分局取得联系再工作吗？ ＝现在也有那种情况，但是很少。

有附加命令保正，命其"给我这样做"的情况有吧？ ＝没有。

联络包括些什么工作？ ＝有时分所向各村发放公文之时，忙碌的时候委托给保正。

相反保正前去分所的情况？ ＝没有，不能那样做。

【保正的办公处】办公处是怎样的机关，跟从县的命令吗？ ＝第一区的 41 个村协力合作创立办公处。

那是公所吗？ ＝不是。

为什么？ ＝各村一起出资雇用"伙计"，大家一起借房屋，乡长来城内之时在这留宿，是自治机关并非公所。

8 区都有吗？ ＝都是自治机关。

以前就有吗？ ＝有。

何时开始创立？ ＝很久以前。

利用办公处的人除地方、保正之外还有谁？ ＝没有。

很久以前开始一直就是地方、保正机关吗？ ＝是这样的。

有县的允许吗？ ＝没有命令，得到允许后，由农民们建立。

由县写下"第一区办公处"的名字，来过公文书吗？ ＝有。

那是在什么情况下？ ＝任何公文书上都没有写。

传达给保正的公文书也没有写吗？ ＝没有。

【办公处的经费】第一区办公处的经费是怎样而来？ ＝由各村分担。

其名字是？ ＝"第一区办公费"。

这以怎样的形式进行筹集？ ＝摊款。

是怎样分配？ ＝以警款的分配为标准。

一年几回？ ＝每年一回，一区的总金额是 200 余元。

以第一区保正之名，命其征收摊款？ ＝不是。

那么是以怎样的方法？ ＝以乡公所的名义收取。

乡公所为办公处自发地收取？ ＝是这样的。

2 月 28 日

村的收入支出

应答者　杨泽、杨永才（沙井村民）

地　点　沙井村公所

【村的经费】村的经费 1 年需要多少左右？ ＝2000 元左右。

在 2000 元分类细账里有些什么？ ＝学款 200 元、警款 100 元、饭费（招待费、在村及县公署会首们的会议时的饭费）200 元、保正地方的报酬 30 元、兵丁费（安家费——给予士兵出生家庭的补助费）去年 250 元、前年 80 元、青年训练生饭费月金额 20 元

（3—4 个月间）（现在是 1 人前去新民会）、其他（?）〔1〕。

可以给我看一下支出账簿吗？ ＝可以，事务员（宋耕九）持有。

【村的收入和青苗钱】村的费用是以什么方式筹集的呢？ ＝去年需要 1820 元，以青苗钱名义进行筹集。

去年的青苗钱有多少？ ＝大秋时为 700 元，麦秋时为 300 元。

合计是 1000 元，支出不足的剩余 820 元是以怎样的方式收取的？ ＝村公所所有地的收入（地租）是 300 元。

【收入不足的筹集】其剩余不足的份额是？ ＝从秋天的青苗钱里征收。

但是因为不足数额是实际支出的数额，其是从哪筹集？ ＝从县城的王氏处借了 200 元，县城的张氏借 100 元，县城的茹氏借 100 元，本村的张瑞处借 120 元。

每年像那样收入不足的情况多吗？ ＝多。

前年的收入是？ ＝900 元左右。

青苗钱的收入是？ ＝足够了。

每年的不足金额（借钱）将怎么处理？ ＝并没有积攒，理由是不足的部分用之后的青苗钱进行收取，列入之后收取。

青苗钱的收入总额每年都不同吗？ ＝是这样的，支出多时多收取。

【青苗钱】村支出称为什么？ ＝没有特定的名字。

青苗钱的收入是？ ＝没有名称。

除青苗钱之外，有为了村子的其他支出，以别的名义筹集资金的情况吗？ ＝没有。

【分配方法】青苗钱的村民分配标准是？ ＝依据全部的亩数（?）〔2〕。

比如某人自己所持有的所有地是 10 亩、租佃地是 10 亩、承典地是 10 亩、出典地是 10 亩的话，是怎样分配的？ ＝依据现在耕种的亩数，不管是耕种地，还是典都没有关系。没有分配出典地，分配承典地。

去年秋麦每一亩相应青苗钱分配额是？ ＝60 钱。

大麦是？ ＝60 钱。

秋麦是？ ＝20 钱。

县款归入村费中吗？ ＝全部归入。

区和除此之外的也都归入其中吗？ ＝是这样的。

以上分配得多时青苗钱也变多吗？ ＝每亩的比率增多。

【分配会议】分配青苗钱时，召开会议决定吗？ ＝召开会议。

出席者是？ ＝只有会首、村长。

近年中，每亩相当的青苗钱最多是？ ＝去年 60 钱是最多的。

最低是？ ＝20 钱。

【征收】村民怎么筹集青苗钱？ ＝村民自己拿到村公所。

---

〔1〕 译者注：原文如此。

〔2〕 译者注：原文如此。

有指定的日期吗？ ＝有。日期提前指定。去年秋麦之时五月二十几日，大秋是 9 月的某天。

【征收延期】但是因为贫苦没有钱的村民会怎么做？ ＝即使没有钱，但是必须得那日来，报交延期日期，要求延期，然后回家。

申请延期的人有几位呢？ ＝少数。

去年有几户？ ＝10 户到 20 户左右。

延迟日期没有交过去的话，将怎么处理？ ＝那日必须得交过来。

大概能有几日的延期？ ＝10 日左右的延期。

【村公所的职员补贴】从村费中出村公所的补助吗？ ＝什么也不给。

村民那边给官员的谢礼将如何处理？ ＝不做任何处理。

村公所账簿的记买续费成为村费收入吗？ ＝没有那样的事。

【贴钱】"贴钱"是什么意思？ ＝沙井村民在望泉寺拥有土地，相反望泉寺村民拥有沙井村的土地，那时如果土地的相差有 10 亩的话，这 10 亩作为看青费收取的金额。现在其看苗费每一亩一年相当于 25 钱。

为什么要收取本村的看苗费？ ＝如同贴钱一般的不从各村村民收取，村公所雇用看青，并从村费中支付其工资。去乍支付了 80 元的工资。

其看青费是从青苗费中支出吗？ ＝是这样的。

前面的贴钱收入金额成为什么？ ＝成为了村公所的收入。望泉寺去年收入贴钱 12 元。

有贴钱关系的村有哪些？ ＝得到贴钱的村只有望泉寺。

相反支付贴钱的村有？ ＝只有南法信村（去年 20 元）、北法信村（去年 30 元）两村。

石门村为什么不交纳贴钱呢，这边有那边的土地 126 亩，那边有这边的土地 70 亩，必须得向对方交纳 50 亩左右的贴钱吧？ ＝石门村不用交纳。因为金额较小，所以便没有进行交换。

但是 1 亩 25 钱的话一共有 10 元左右吗？ ＝没有，不进行交换（？）[1]。

外村支付的贴钱从什么中拿出支付？ ＝村公会的村费中拿出，村民处征收的青苗费中支出。

在村外没有土地的人，原本没有必要负担看苗费，但是从青苗费中收取贴钱的话，在外村没有土地的人岂不是也要负担吗？ ＝在外村未持有土地的人，和持有土地的人相同（？）[2]。

【村的支出经费】从村费中向上述公共机关支出的有些什么？ ＝只支出区的"警款"，今年开始取消。

五六年前有些什么？ ＝

警款　警察的费用，今年开始取消。

---

〔1〕　译者注：原文如此。

〔2〕　译者注：原文如此。

团款　警备队的费用，民国十八年取消。

办公费　区办公处的费用，现在还有。

【学款】从青苗费中支出的村费中较大款项是什么？ ＝学款。是这儿的小学校经费，在这儿使用，每年是 200 元。

其小学费是 4 村一起建立，4 村全部的经费大约花费多少？ ＝1 年合计大约花费千元左右。

为什么要处理那 1 千元呢？ ＝筹集时校长分配各村负担费用。并且将费用递交给校长，由校长使用。

校长独断随意使用那笔钱也可以吗？ ＝校长一般自由使用，不用和其他村民商量也可以。不过也有和他村商量大笔费用支出的情况。

3 月 1 日

村费

应答者　杨源（沙井村长）

地　点　县公署

【村费支出的细目】民国二十九年度的总村费是多少？ ＝1820 元。

其支出的细目？ ＝

村公会招待费：500 元（包含保正、地方的报酬是 200 元、新兵安家费 200 元）（?）[1]。

“学务费”：310 元（小学校教员 2 名的工资、小学校的夫役 1 人（杨永才）的报酬、学习的纸、墨、石炭的费用、备品的修理费、建筑修理费、书物费）。

县款：400 元（包含警款？ ＝警备队制服费 30 元、其他的有马草、买木、县杂款等）

贴圈（贴钱）及青夫费：200 元。

乡长办公费：200 元（村长出差费）。

青年训练生饭费：150 元（包含长短期的训练）。

其他:?

学款和学务费有什么不同？ ＝学款是学务费全体的总称（?）[2]。和学务费相同，以前称为学款。一般学款以前也称为学务费（?）[3]。

【村费预算】就村的费用收支有“预算”吗？ ＝没有，事变后听说过预算的事。

关于收入，事先召开会议吗？ ＝事变前也没有。

那么青苗钱今年收取多少，这样的事如何决定？ ＝召开临时会议。在“村民会议”上召集会首的同伙。

---

〔1〕　译者注：原文如此。

〔2〕　译者注：原文如此。

〔3〕　译者注：原文如此。

【青苗费】青苗钱的村民分配金额是如何决定的？ ＝依据土地的亩数。

依据村费的多少分配金额有所不同吗？ ＝当然。

没有事变前普通年份的分配额大约是多少？ ＝去年大秋时一亩是 60 钱。

金额最高的年份是？ ＝去年的 60 钱是最高的。

金额最少的年份是？ ＝民国二十六年 30 钱、民国二十一年前后大约是 20 钱至 15 钱、民国十八年前后是 10 钱。

【村费支出项目】村费支出的项目每年大体是一定吗？ ＝大的项目大概已经规定了。

有几项？ ＝县款、学款、贴钱、青夫费、乡长办公费、招待费（村公所）等。

最近临时支出项目的大项目有？ ＝青年训练生饭费，在事变前没有。

其他的村也这样吗？ ＝其他村依然也是训练生饭费。

【村费支出的倾向】平均下来每一年的村费有所增加吗？ ＝支出渐渐增加。物价上涨，费用也自然变多。

收入的状况是怎样的？ ＝和支出一样同比例增加。

从何年开始支出增加？ ＝民国二十八年左右开始，到民国二十九年大体不变。

到民国二十八年的村费一年大概是多少？ ＝900 元。事变前二十五年前后为四五百元，二十年前后依然为 400 元。民国二十八年开始逐渐变多，去年最多。

其理由一般被认为？ ＝与物价上涨有关。比如？ ＝也有给警卫队买制服的情况，与以前不同，以前是 10 元左右，现在制服费是 20 元。

去年青苗钱也是最多的吗？ ＝是的。

其他村，去年也是最多的吗？ ＝是的。去年望泉寺大秋的青苗费 1 亩是 80 钱，麦秋 60 钱。石门村同年大秋是 80 钱，麦秋是 60 钱。

此青苗钱在望泉寺石门村也是最高的吗？ ＝是这样的。

【白地款】青苗钱没有一年收取两回以上的情况？ ＝没有。其他村也有"白地款"。秋季（无论大秋、麦秋）除青苗钱之外收取白地款。

望泉寺有白地款吗？ ＝望泉寺有，石门村也有。

向白地款这样的收款，除此之外没有了吗？ ＝没有。村费不足的话，借钱，第二年以青苗费名义收取。

【青苗钱的决定】村长能独自决定每亩的青苗钱吗？ ＝不能由村长一人决定，和会首们商量后再决定，其他村也没有村长单独决定的。

民国二十年前后也是这样的吗？ ＝是的。

但是如果村长认为不用和会首商谈也可以实行的话，村长也不能独自一人决定吗？ ＝村长一人不能做出决定。

如果村长真的就一个人决定了会怎么样呢？ ＝没有那种情况。

决定分配青苗钱金额的会首全体必须得出席吗？ ＝一半以上出席的话，能够召开会议。

缺席的会首对分配决定提出异议的情况，是怎样处理的？ ＝一般不出席的人，不可以提出异议。

但是能提出异议吧？＝不能，因为不出席的行为不符合规范。

关于此青苗钱的会首会议一年进行几回？＝大秋 9 月左右 1 回，麦秋 5 月左右 1 回，一年两回，具体到哪一天没有规定。

除此之外，有关于青苗钱会议吗？＝没有其他会议。

关于此青苗钱的"会议"称为什么？＝没有特别的名字。

开会时必须得决定分配之时，有什么规则？＝没有特定的规定，习惯性地举行。

【村民的反对】关于青苗钱分配，村民提出反对该怎么处理？＝没有那样的事。

在他村有这样的情况，该怎么处理？＝那种情况下，听取反对者"分配金额为什么这么多"之类的意见。会首们提出"我们干不来，所以你们来干"，将事务让给反对者。

但是会首是通过选举产生的吗？＝不通过选举，由村长指定任命。以所有土地的数量即所有财产为标准进行任命。

但是那种情况下，村长不指定的人，有想要担任会首的人吧？＝一般情况下不会有积极主动想要自己做会长的人，如果有的话，就让那人做。

那人是没有任何土地的穷人的话，情况将变为怎样？＝那人只要是正直的人，没有财产也可以让他担任会首。

前面所述的会首将自己的工作让给持有反对意见者，但因为会首由村长指定，不能随意辞职吧？＝实际上只是为了吓唬对方，不能随意辞职。即使想要那样做，村长也不允许。

前面所说的反对者对于村长和会长的青苗钱分配，无论如何也会进行反对的情况下，状况将变为怎样？＝因为村长不能处罚反对者，前去警察所（第一区警察分所），起诉反对者。

之后将怎么处置？＝分所将传唤被起诉者进行询问，然后命令其"总之这次给我交青苗钱"，之后命其应该将会首和村长的不正当地方向分所报告。

其他村不时也有这样的事发生吗？＝有。

望泉寺和石门村的情况是？＝望泉寺没有，石门村不是很清楚。

其他村的情况，那样的事每年都很常见吗？＝一般都没有。

【对于村公所的摊款】命令对村公所进行摊款的机关有哪些？＝主要是分局（第一警察分所），其次是新民会，从车站而来。

车站下达怎样的命令？＝没有现金的摊款，在村公所雇用壮丁。由车站给予壮丁工资。车站的工资不足的情况下，附加到其中，也有由村公所支出的情况。

从新民会而来的有些什么？＝有"新民分会摊款"。这作为新民会事务员、会首的工资。月薪为 24 元。从分会（不是总会，在县内）每月来村公所领取。

【保正、地方】除此之外，命令村公所征收摊款的地方是？＝保正和地方。

保正和地方命令的有哪些？＝保正、地方来村里（村公所），"给我一些"像这样说，因为只是随意地说"给我给我"，其金额没有决定，最多为 1 元。

1 元是保正和地方每次来村公所都要给吗？＝不一定。

给保正、地方的钱提前决定什么规则吗？＝不决定。表示谢礼的意思。总计年金额为

10 元左右。

在那个时候，除村公所外，保正、地方有过类似随意从村民处收取金钱的情况吗？＝没有。过来村公所催促村长。

那种情况下因为没有给予的理由，如果拒绝的话，将会变为怎样的情况？＝那时保正、地方也没有办法，不乐意地原样返回，但是没有那样的情况。

拒绝给予保正、地方的话，不会有恐吓这样的事情发生吗？＝不会，很老实。

有保正、地方所命令的其他事情吗？＝没有。

除这些之外，任命征收摊款的人呢？＝没有。

【分局的摊款】"分局"（第一区分所）而来的摊款有些什么种类？＝不一定。

去年有些什么？＝马草、劈材（用于火炉的柴火）、分局建筑费、警察制服费、新兵安家费、各种会费、慰劳费、家具费、分局办公费。

通过分局拨下来的县款有？＝前面所说的钱都汇入在内。

是哪个？＝马草不是县款，是日本守备队下达的命令。

劈材：不在县款中，从日本守备队而来。

分局建筑费：从分局。

制服费：分局收取，递交给县。

新兵安家费：这本来是由村公所直接支出，比如两村各派一人出来一起合作，必须得出兵（治安军兵士）之时，安家费暂时携带到分局，让其在那分配各村的安家费。

会费：交纳到分局，不清楚县有没有收取。

慰劳费：可能是县款，不是很清楚。

家具费：由分局收取的。

分局办公费：分局的。

3 月 15 日

摊工　青苗钱

应答者　张瑞、张永仁（原本是沙井村会长）、李清源（沙井村民）

地　点　沙井村公所

【张瑞的负担】您（张瑞）一家的开销是多少？＝800 元左右（？）[1]。

其中税金是多少左右？＝二十四五元左右（？）[2]。

去年大秋时节，青苗钱交纳了多少？＝70 多元。

麦秋是？＝20 多元。

"白地款"是？＝今年和去年没有。

---

〔1〕　译者注：原文如此。

〔2〕　译者注：原文如此。

前述的税金二十四五元的细目是？ ＝田赋和其附加税。

田赋的税率变为怎样？ ＝有各种各样，最高税率是银 4 分，最低是银 1 分 2 厘。

【摊工】去年摊工的情况如何？ ＝去年有 24 回以上的摊工分配（对于村公所）。

其摊工的工作是怎样的？ ＝我想道路修理（北京—顺义间公交道路的修理）有十五六回，桥梁修理（白河桥梁）有五六回。

决定摊款分配比率的机关是哪儿？ ＝"第一区分所"，前述 20 回的摊工全部由这里进行分配。

【马草的征收】马草的分配（去年）是怎样的？ ＝分配 70 斤（对村公所）。

那 70 斤是 1 回的吗？ ＝是的，是 1 回的。

从哪下达的命令？ ＝春天由第一区分所下达的命令。

去年除此之外没有其他摊工吗？ ＝没有。

前述马草分配方法是怎样的？ ＝全部依照"警款"分配率进行。

不依照"车股"吗？ ＝现在依旧按照"车股"实行。

依据车股的还有什么？ ＝除此之外没有了。全都从车股产生的警款分配率为标准。

"摊工（工）"也是依据车股的摊款为分配标准？ ＝是这样的。

【摊工（工）的村内分配方法】在村公所给村民分配摊工给村民的方法是怎样的？ ＝依据村民土地所有亩数。

所有亩数中包含了租佃地和承典地吗？ ＝承典地也计算到自己的所有亩数之中。

租佃地的情况是如何呢？ ＝租佃地和承典地的情况不同，不是佃户，计算到原来的所有者（地主）的所有亩数之中。

推地、过地、买卖等是怎样的？ ＝买其土地的所有人出钱（?）[1]。

"押"的情况下，经过二三十年，放钱主耕种的情况也是如此吗？ ＝没有那么长时间的押，最长 3 年，而且那种情况依然由原来的所有者——借钱主负担。

在放钱主正在耕种的情况下，有由放钱主负担的情况吗？ ＝放钱主耕种的时候，放钱主负责摊工。

其原因是？ ＝放钱主耕种的话，那和典相似，不支付利息也可以。也就是说合计本钱和利息（未支付）的金额成为典。那时不视为前面所说的利息，并且除押契以外，记载典契。所以关于上面说到的土地，由放钱主负责摊工。

因为利息未支付放钱主耕种押地，之后借钱主支付未支付的利息，之后能够自己耕种那种土地吗？ ＝因为借钱主耕种土地，不只是利息，有和本钱一起支付的必要。

对于所有者来说，出典地减少很多摊工的分担亩数？ ＝是这样的。

派出佃户的土地同样没有减少吗？ ＝没有减少，佃户没有土地。

【青苗钱的分配和摊工份额基准的差异】听闻青苗钱的情况是佃户负担租佃地，是这样的吗？ ＝征收青苗钱的时候，不拘泥于是谁的所有地，现在分配青苗钱的时候，耕作的人负担土地。

---

〔1〕　译者注：原文如此。

出典地的青苗钱是怎样的情况？ ＝由典主负担。

这样的话摊工和摊款（青苗钱）分配标准有怎样的不同？ ＝不同。摊工的情况是自己的所有地，青苗钱是不拘泥于是谁的所有地，由耕种人自己负担。

比如？ ＝甲有百亩土地，乙有 50 亩，丙有 20 亩，丁是佃户的情况下，摊工的分配比率是如何实行的？ ＝假如甲派出摊工 10 天的话，乙是 5 天，丙出 2 天，但是丁没有派出的必要。那种情况下，应该派出摊工，由村公所向村民发出通知，在应该派出摊工之日的前一天通知。

【摊工】本村在通常情况下，是摊工自己前去，还是派雇用的人前去呢？ ＝不一定，家里如果有人的话，那个人前去便可，有时也派雇用的人前去，我派出的是短工。

摊工的人，那日要到分局吗？ ＝因为有人从分所前往施行道路修理的地点，摊工时就会告知此人，那样的话，由分所的人核对表格，做上记号。

结束当日工作之后呢？ ＝要回去时，分所的人宣布第二天所需的摊工人数，村民回村后，向村公所报告。

回去之际，摊工要求支付工钱吗？ ＝什么也不要求支付。

"饭钱"呢？ ＝不要求。

听说有过要求支付"饭钱"的情况？ ＝没有。

派出摊工的人当日回到村公所的话，村公所如何处理？ ＝前去的人首先会顺路到村公所，就是这样。

但是村公所支付给摊工们工钱吗？ ＝修理道路离村很近之时，不支付，离村距离远的话，以前有时会作为"饭费"支付四五十钱，但是现在不管远近，不会支付任何东西。

分所雇用壮丁干活，支付工钱之时，与前述的摊工有什么区别？ ＝雇用之时，由分所向村公所说明，村并不一定需要派人，如果有人想去的话，过去即可。

由分所雇用的时候，村公所与此没有关系吗？ ＝没有关系，也不支付钱。

那时分所直接递交工资给本人（给前去干活之人）吗？ ＝是这样的。

那时，由分所汇总，直接递交给村公所的情况没有吗？ ＝没有。

（以下是李清源的回答）

【李清源的负担】去哪儿，去集市买些什么？ ＝麦。

收取多少的税？ ＝不是集市，在朋友的地方。

您一年大约花费多少的费用？ ＝1000 元。

其中去年的青苗钱是多少？ ＝大秋是 12 元 60 钱（?）[1]，麦秋是 16 元 20 钱。

大秋是多少？ ＝21 元。

白地款是？ ＝现在没有，以前也没有。

还有其他的向村里交纳的吗？ ＝没有。

去年的税金变为多少？ ＝田赋加之其附加，一共 1 元 85 钱。

去年的摊工是怎样的？ ＝忘记了，大概一共负担了 10 天左右的摊工。

---

[1] 译者注：原文如此。

是怎样的工作？ ＝公交道路（前面所述）、白河的桥梁修理。

其命令是从何而来？ ＝县通过分所而来。

分所里，村公所谁作为代表前来？ ＝村长。其他的一些场合下，有时会由会首代替，前去。

沙井村长不前去，由望泉寺的乡长代替前去的情况有吗？ ＝不前去，各村一起去。

村长在那种情况下，从分所归来后，如何处理？ ＝依据土地的亩数，进行摊工（或者青苗钱）的分配。

对派出摊工的人，村公所将如何处理？ ＝什么也不给。

【村费的收支】村摊款除青苗钱之外，村费不足的情况下，以其他形式进行收取吗？ ＝不筹集，村费不足之时，村公所用今年的青苗钱垫付不足的部分，用之后不足的青苗钱，加到之前垫付的部分，进行分配。

【决算报告】关于此事，对村民公示吗？ ＝不会出示布告，因为村落很小，马上就知道了。

村费决算向村民报告吗？ ＝报告，其用贴纸报告。

其贴纸中写上其借钱或者垫钱之事吗？ ＝没有。所写的合计到全部收入支出决算。每年的欠款不写下来，合计到决算之中。

【用村费垫付】村公所垫付的是什么？ ＝因为村公所没钱，实际村公所从有钱人处借钱垫付。

有钱人一般有谁？ ＝一般从村长处借出钱。

张瑞也是吗？ ＝是这样的。

村公所每年支付像这样的欠款后，会有剩余的吗？ ＝第二年会全部支付完。

支付后剩下的有吗？ ＝没有。

用青苗钱支付前述欠款之时，大多情况下金额变多吧？ ＝不一定。

返还欠款之时，除青苗钱之外，听闻会以白地款之名筹钱支付？ ＝不是，全部汇入到青苗钱之中，进行收取，去年1亩是60钱。

在望泉寺，青苗钱之外有摊款吧？ ＝没有，没有听闻过。

【青苗钱的会议】对于青苗钱的分配决定，召开会议吗？ ＝和一般村民无关，会首和村长出席，杨源（村长）、杨正、杨泽（会首）、杜祥、李濡源、李秀芳、赵廷魁、张永仁、刑尚德。

其会议向村民通知吗？ ＝不通知。

一般会议的出席者如前述所说吗？ ＝是这样。

会议有临时出席者？ ＝没有临时出席的。但是不知道召开会议，前去村公所，偶然撞到召开会议之时，有出席会议的情况。但是那时不提出建议。

【在会的】会首是什么意思？ ＝为村公会干活的人。

加入村公会之人是会首吗？ ＝是的。参加村公会的人称为"在会的"，一般使用这。

以前开始就有在会的吗？ ＝有。

【青苗钱（官款）的历史】很久以前开始就有青苗钱了吗？ ＝没有。

那么当时与青苗钱类似的是？ ＝什么都没有。仅有田赋，那是在光绪年间。

何时成立青苗钱？ ＝20年前。

那时代替青苗钱的是？＝"官款"。

"官款"是？＝向村公会交纳的金额。

一年交纳几次？＝不一定。

向村民课征官款的是谁？＝村公会。

由村公所里的谁下达命令？＝相当于如今村长的"办事人"下命。

办事人由谁任命？＝办事人由选举产生。

区公所向办事处下令征收摊款？＝当时没有区，也没有县，20 年前县刚成立。

官款村民用金交纳吗？＝是约。

比率是一定的吗？＝不一定。

以怎样的比率分配？＝土地的所有亩数。

"官款"一般由谁，怎么样消费？＝如果让县里提供货车的时候，这个时候车子由村里负责租，就要在全村范围内征集官款。

那时官款的用途除此之外还有其他什么项目？＝在如今"摊工"的情况下使用。

现在摊工在村公所领不到钱了吧？＝当时能领到钱。

为什么能领到钱？＝因为干了活。

但是现在即使干活，也领不到钱了吧？＝现在没有，不知是什么原因。

【官款和青苗钱的差异】官款每次从上下达的命令之时，从村民处收取吗？＝是这样的。

那样的话，和现在的青苗钱不同吧？＝十分不同。

哪一个更好？＝前者更好。

现在不知道自己交纳的青苗钱都有什么用途，以前都清楚吗？＝现在大体明白。

没有那样的事吗？＝是那样。

青苗钱的分配率确定了吗？＝每年都在变。

官款之时是？＝不明白。

【县税】知道税金之事吗？＝不怎么知道。

自行车捐是以什么方式进行交纳？＝村里谁也没有自行车，所以不知道。

"小肠捐"是？＝没有听过。

买卖猪之时是？＝税金是 9 元之时，买主和卖主双方各自负担 4 元 50 钱。

是双方负担同样的税金金额吗？＝是这样的。

杀猪之时是？＝每头是 95 钱，由屠夫交纳，称为屠宰税，征收员进行征收，可以在自家进行屠杀。

前述情况下的税称为什么？＝可以称为牲畜税或是牙税。

交纳烟草税的情况是？＝本村没有任何人种植烟草。

买卖谷物之时，收取税吗？＝收取。依据价格收取，10 元收纳 25 钱，30 元时是 75 钱，1 元时为 2 钱 5 厘，买卖价格最低也要达到 50 钱以上时才收取，这称为"斗佣金"。以前在县公署交钱，现在向新民公园测量斗数之人交纳。

在家不能进行买卖吗？＝不能，村里进行买卖的话，因为价格自由过高卖不出，一般都不在家里进行买卖，买也可以。

知道牙税吗？　＝猪、牛、谷物的税。

秤税是？　＝不知道。

斗牙是？　＝前面所述的谷物是斗牙。

3 月 10 日

商会的征税

应答者　李懋修（商会长）

地　点　顺义县城内商会

【商会】此商会的正式名称是？　＝"顺义县商会"，一直以来都是这个名字。

县和商会有怎样的关系？　＝没关系，镇里有"镇公所"，在镇公所处理农民之事，在商会处理的是商人之事。

此商会何时成立？　＝民国二十年。

此商会管辖的是县全体吗？　＝此商会仅在顺义县城，其他镇有别的商会。全县有 5 个，李家桥（会长是王以忠）、李遂县（会长是马汇泉）、牛栏山（会长是何惠亭）、杨各庄（会长是陈中甫）。

各商会拥有管辖区域吗？　＝管辖其所属的县，然后由商会收集摊款，代表所有的商店交纳到县。各商店对县有要求的话，由商会代表前去县里。县里对商店有命令之时，由商会通知商店。

在县的下面有五商会的代表性商会吗？　＝没有。全部一起平行进行，名义上各商会的联合办事处在县城，但实际上并不是那样的，他们都是分别和县取得联系。

五商会都有召开会议吗？　＝称为"商会临时会议"。那种会议的议题不一定，是与各商店相关的事件。日期也不一定，大体平均一月召开一次。会议之外，没有别的会议。出席者是各商会的会长和"董事"。一商会有 5 名董事。其中一人成为会长。依据商会不同，董事的数量有所差异，在顺义县城加会长在内一共 11 人，协助会长在商会工作。牛栏山是 5 人，杨各庄是 5 人，李家桥是 1 人，李遂镇是 2 人。

【商会的组织和工作】商会里与其工作相关的规定有吗？　＝有。"河北省顺义县商会章程"由 27 条构成。各商会有其各自的章程，内容大概和这一样的。

这是内部规定吗？　＝由政府决定。这个规定是去年年底出来的，在这之前也和这大致一样。

【资料一其一】

河北省顺义县商会章程

顺义县商会章程（牛栏山）（虽然各商会各自拥有各自的章程，但是大体上是一样的）

第一条　本会定名顺义县商会

第二条　本会以谋工商业以及对外贸易之发展并增进工商业福利为宗旨

第三条　本会区域以顺义县城内为限会址设于县城南街

第四条　本会之职务如下

一　筹议工商业之改良及发展事项

二　关于工商业征询及通报事项

三　关于国际贸易之介绍及指导事项

四　关于工商业纠纷之调处及公断事项

五　关于工商业之证明及鉴定事项

六　关于工商业之统计调查编撰事项

七　关于当事人之请求或地方官署之委托辩理之一切商业事项

八　遇有街面恐慌有承地方官署指导维持之责任

第六条　本会会员分下列两种

一　公会会员

二　商店会员

第五条　前项会员均得派代表出席于本商会

第七条　会员代表以在顺义县城内经营商业之中华民国人民年在 25 岁以上者为限

第八条　公会会员代表每公会举派 1 人但其最近一年间平均使用人数超过 15 人者就其超过之人数每满 15 人得增加代表惟其代表数至多不得逾 21 人

第九条　商店会员代表每商店举派 1 人但其最近一年间平均使用人数超过 15 人者就其超过之人数每满 15 人得增加代表 1 人惟其代表人数至多不得逾 3 人

第十条　本会会员代表有表决权选举权及被选举权

第十一条　会员代表丧失国籍或发生县秘书第 13 条所列各款情事之一者得由原举派之公会会员或商店会员随时撤换之

第十二条　本会会员代表如有不正当行为致妨害团体名誉信用者会员大会得决议将其除名

第十三条　本会设常务董事 7 人执行董事 5 人监事 3 人均由会员大会就会代表中选任之

第十四条　本会设会长 1 人副会长 2 人处理日常会务由常务董事中选任之

第十五条　会长副会长董事监事均为名誉职

第十六条　本会另选候补董事 3 人候补监事 2 人遇有缺额依次递补其任期以补足前任之任期为限但在未递补前不得列席会议

第十七条　会长副会长董事监事任期均三年连选得连任但不得逾 2 次以上

第十八条　会长副会长董事监事选任后应即连同所拟章程及职员名册会员名册呈报县公署转呈省公署核转实业总署备案

第十九条　本会会长副会长董事监事有发生下列各款情况之一时应即解任

一　因不得已事故经会员大会议决准其退职者

二　因旷废职务经会员大会议决令其退职者

三　于职务上违背法令营私舞弊或有其他重大不正行为经会员大会决议令其退职或由实业总署地方最高行政官署令其退职者

　　四　发生商会法第 13 条各款情事有一者

　　第二十条　本会视事务之繁简经董事会之同意得添设事务员及雇员若干人承会长副会长之命办理文书会计及编撰等一切事务

　　第二十一条　本会会员大会分定期会议及临时会议两种均由董事会召集之

　　第二十二条　前条定期会议每年召集一次临时会议于董事会认为必要或经会员代表十分之一以上请求或监事会函请时召集之

　　第二十三条　本会董事会每月开会 3 次监事会每月开会 1 次

　　第二十四条　本会经费分下列两种

　　一　事务费　由会员比例于其所派代表之人数及其资本额与营业状况负担之

　　二　事业费　由会员大会决议筹集之

　　第二十五条　本会经费之预算决算收支各款及其事业之成绩每届年终须编辑报告刊布之并呈省公署核转实业总署备案

　　第二十六条　本次章程未尽事宜悉依商会法及商会法实施细则规定各条办理之

　　第二十七条　本章程自呈准备案之日施行

【资料一其二】

河北顺义县牛栏山镇商会办事细则
民国二十四年一月

　　第一条　本会除依照商会法拟定简章呈由地方主管官府转呈批准备案外并拟定办事细则以咨遵守

　　第二条　本会得依商会法实行细则分设下列 5 股以专责成

　　（1）财务股设委员 6 人专管出入款项及经理公摊会费暨新设商号入会事宜并将出入各款稽查账簿每届月终缮印清楚分送各号俾众周知

　　（2）庶务股设委员 3 人专管本会家居器物及设备开会事宜

　　（3）器械股设委员 3 人专管保卫团枪支子弹火药及制服等事项

　　（4）交际股设委员 6 人专管一切外交事宜如棘手当另选妥员赞助之

　　（5）文书股设书记长 1 人书记 1 人专管一切公文函件事宜

　　第三条　前条所列一二三四等股其负责人员由执监委员中互相选之其办理各股事项应随时报告常务委员会遇有难处事件得商同常务委员决定之

　　第四条　各股委员举出后须将名章叙列以专责成

　　第五条　本会动用款项 20 元以下由常务委员处理 100 元以下由常务委员召集执监各委员决议支配 100 元以上则取决于会员大会以示公开但有特别事故不及召集时常务委员亦可从权处理事后再行召集追认遇有临时挪用者不在此限但须经手人负责索要惟至多不得过 100 元

　　第六条　本会开会时无论定期会临时会及执行委员会暨监察委员会均须按照规定钟点赴会签到（开请后到会不得迟过一点钟）倘因事不能到会应遣代表负责以免劳人久候延误时间但执行委员会以每月 1 日 15 日为会期监察委员会每月终为会期惟遇紧

急事务各委员无论如何必须到会以收群策群力之效

第七条　本会开会时由主席报告开会宗旨须有过半数之委员出席出席委员过半数之同意方能决议可否同数须取决于主席

第八条　本会开会时一经振铃与会人员即齐集会场整肃入坐发言时务须起立俾人注意但二人不得同时发言乱入听闻最后表决时以举手与否为标识

第九条　本会委员因公外出其旅费数目赴平者每日两元五角往返车费在外赴县开会或往邻镇接洽要公其旅费酌量缩减

第十条　本会设立保卫团团丁人数饷项问题由会员大会决议防守事宜则由主席团指挥之但防务吃紧时应由执监各委员轮流负责防指挥之责

第十一条　本会会费概由在会各商号按股分担但盛衰不常其会股多寡得随时由会员大会决议增减之

第十二条　各股委员专办股务时得备公馔主席主席及各常委常川经理会务退食本柜迟早无定每为时间牵制参差不齐故每日会中亦为设备饮食

第十三条　在会各商号对于应难会费倘故意迟延或抗不交纳者除由财务股认真追索外再不生效并得由全体会员向其质问

第十四条　本细则如有未尽事宜得由会员大会随时修改之

第十五条　本细则自会员大会议决之日施行

【资料一其三】

河北顺义县牛栏山镇商会办事细则

民国二十九年一月

第一条　本会除依照商会法拟定简章呈由地方主管官府转呈批注备案外并拟定办事细则以资遵守

第二条　本会得依商会法施行细则今设下列四组以专责成

（1）财务组设委员四人专管出入款项经理公摊会费暨新设商号入会并出入各款稽查账簿等事宜

（2）庶务组设委员六人专管本会家居器物经理购买物品招待来宾饮食及其他一切杂物

（3）交际组设委员会四人专管一切外交事宜如棘手时当另选妥员赞助之

（4）文书组设笔记长一人书记一人专管一切公文函件事宜

第三条　前条所列一二三四等组其负责人员由执监委员中互相选举之其办理各组事项应随时报告常务委员会遇有难处事件得商同常务委员决定之

第四条　各组委员选出后须将名章叙列以专责成

第五条　本会动用款项三十元以下由常务委员处理之三百元以下由常务委员召集执监各委员决议支配三百元以上则取决于会员大会以示公开但有特别事故不及召集时常务委员亦可从权处理事后再行召集追认遇有临时挪借者不在此限但须经手人负责索要惟至多不得超过三百元

第六条　本会开会时无论定期会临时会及执行委员会暨监察委员会均须按照钟点规定赴会签到（开请后到会不得迟过一点钟）倘因事不能到会应遣代表负责以免劳人久候延误时间执行委员会以每月一日十五日为会期监察委员会以每月终为会期惟遇紧急事务各委员无论如何必须到会以收群策群力之效

第七条　本会开会时由会长报告开会宗旨须有过半数之委员出席出席委员过半数之同意方能议决可否同数须取决于会长

第八条　本会开会时一经振铃与会人员即齐集会场整肃入坐发言时务须起立俾人注意但二人不得同时发言乱入听闻最后表决时以举手与否为标识

第九条　本会委员因公外出其旅费数目赴京者每日三元五角但往返车费在外赴县开会或往邻镇接洽要公其旅费酌量缩减

第十条　本会会费概由在会各商号按股分摊但盛衰不常其会股多寡得随时由会员大会决议增减之

第十一条　各组委员专办组务时得备公馔会长及各常委常川经理会务退食本柜迟早无定每为时间牵制参差不齐故每日会中亦为设备饮食

第十二条　在会各商号对于应摊会款倘故意延迟或不交纳者除由财务组认真追索外再不生效并得由全体会员向其质问

第十三条　本细则如有未尽事宜得由会员大会随时修改之

第十四条　本细则自会员大会决议之日施行

【商会的征收事务】商会进行怎样的工作，听说会进行征收营业税、商捐、摊款？＝是这样的，进行征收。

其他的？＝所得税的代收。

现行营业税是何时开始实行的？＝民国二十年由商会开始征收。

关于营业税商会会做些什么工作？＝由县向商会交付"营业税申请书"，由商会递交各商店，让各商店写下申请书，收集申请书后交到县里。县里依据各商店的资本金，决定营业税，出营业税额的通知（总括到商会），将其交付到各商店，遵从通知，商会收集各商店的营业税，或者自行携带前去交纳，汇总后送交县里（参考资料二）。

关于所得税商会会进行怎样的工作？＝和营业税的做法是一样的，从统税局下达申请书。某些时候统税局不会通过商会，直接进行（参考材料三）。

在商会甲乙丙之中，仅处理甲的所得税吗？＝是这样的。

【商捐】商会如何处理商捐的呢？＝有新办法、旧办法两种方法。从今年开始依据新办法。

依据新办法的话，是怎样的？＝将商店分为10级，根据级别，商捐的金额是一定的。但是各商店的等级还没有确定，因为手续没有完了，所以还未实行。

如果依照旧办法的话是？＝县公署曾经调查过各店情况一次，依据各店的资本金，决定商捐的金额和比率。如果由县决定商捐总额的话，一起汇总向商会通知，商会从各店收集后交纳到县。

　　想要拜读一下资本金的调查表？＝虽然调查了，但是现在没在这，在县里。十分简单的调查表，因为比率也不一定。即使在相同资本金额的店，依据店的不同，商捐的数额也不同，那是在县提前做了调查的情况下，调查人和店面人的关系好的话，减少商捐等。

　　每年对各店征收的商捐金额不变吗？＝变化。

　　想拜读下其记录？＝称为"顺义县商会在会商号商捐警款簿"，这是民国二十八年一月份成立的，每年一订，有 60 所商店。（参考资料四）

【资料二】

顺义县营业税申请书

填写时先看明后列注意事项

申请书

商店字号	营业种类	所在地名	营业人			资本额	全年营业收入额	附记
			姓名	籍贯	住址			

　　谨遵章依式填写申请
　　核发营业税调查证此
　　顺义县公署
　　中华民国　　　　年　　　　月　　　　日　　　　呈
　　　　　　　　　　　　　　（此处盖用商店戳记）

填写申请书注意下列各项

一　营业人指身责主持本店事务之一人

二　资本额以实际供营业之用者为准无论固定资本公积金护本金或流动金及其他足供营业实际运用之财产均应核实计算列入本表

三　全年营业收入数系照全年营业额流水收入数核实填列如系新开商店应括计填列并非专指盈利而言

四　填写资本额及全年营业收入额均以法币为本位其有向以现在银元计算者仍应依市价折合填列所填数目字须正楷大写不得涂改

五　各商店应遵照该管县公署所定限期填送申请书不得延误

六　营业人填报资本额及全年营业收入数均应据实填列如所有隐匿经查出定照河北营业税征收章程第十八条从重处罚

【资料三】

顺义县所得税申请书（所得报告表）

第一类盈利事业所得额报告表

甲：（自征用）　　甲乙两项营利事业所得

自民国　年　月　日　　至民国　年　月　日

营业种类：

公司行号名称：

营业所在地及地址：

资　本　实　额	纯　益　额
实在缴足株金或 实际投入本金：	营业收入总额： 减：营业上实际支出总额
加：公积金三分之一：	本届纯益
合计资本实额：	减：法定公积 净计课税纯益：
（本年度内资本如有变动者应在此栏 　　　　注明变动情形及变动时期：）	
所得合资本实额百分比：	应纳税额：
应除已纳之所得税：	
备注：	

另付财产目录资产负债表损益计算书或其他足以证明其所得额之账簿文据

公司行号_____（盖章）

报告日期：　年　月　日　业务负责人_____（签名盖章）

（本格内各项请报告人务填写）

登记号数：　　　　分类号数：

调查	复查	审查
报告到达日期：　年　月　日	核准申请日期：　年　月　日	核准申请日期：　年　月　日
核定资本额：	核定资本额：	核定资本额：
核定纯益额：	核定纯益额：	核定纯益额：
核定税率：	核定税率：	核定税率：
核定税额：	核定税额：	核定税额：
通知日期：　年　月　日	通知日期：　年　月　日	通知日期：　年　月　日
附注：		

注　意

1. 第一类丙项一时营利事业所得，能按资本额计算者，亦适用本表。

2. 本表由分支店填报时，应于备注栏内载明其本店之名称及其所在地及与本店之资本关系。

3. 计算所得税至分为止，分位以下四舍五入。

4. 本表规定格式长 27 公分，宽 21 公分，蓝色纸切。

注：　一　甲是商店所得，乙是一时所得，丙是工资所得的意思。

　　　二　公积金是积累资金，缴足股金是交纳股份金额，核定是考核的意思。

【资料四】

中华民国二十八年一月份立顺义县商会在会商号商捐警款簿
（各商店商捐分配率表）

商号名称	月额	1月	2月	3月	4月	5月	6月	7月	8月	9月	10月	11月	12月
隆盛当	22.54	清收	清收	清收	清收	清收	清收	清收	清收	○	○	○	○
公记盐店	17.74	（以下同样）											
复顺昌	12.36												
公顺号	6.65												
增元兴	5.92												
同顺永	5.36												
祥发盛	5.36												
悦来升	4.53												
同顺永杂货铺	4.34												
祥发栈	4.15												
聚隆涌	3.61												
兴隆成	3.33												
复顺公	3.15												
德丰公	2.50												
瑞盛号	2.78												
义集公	2.50												
义成祥	2.50												
广丰永	1.76												
德顺和永记	1.76												
隆源号	1.76												
顺记号	1.58												
瑞盛栈	1.57												
义兴号	1.21												

商号名称	月额	1月	2月	3月	4月	5月	6月	7月	8月	9月	10月	11月	12月
永祥生	0.57												
保元堂	0.53												
仁记号	1.21												
天聚成	0.42												
双玉合	0.42												
德义公	0.41												
盆聚公	0.39												
永兴合	0.23												
兴记号	0.19												
隆源煤栈	0.50												
公义兴	0.28												
长记号	0.50												
义生号	0.66												
恒丰楼	0.30												
聚庆功	0.66												
义盛和	1.00												
宝义祥	0.25												
和顺祥	0.66												
公顺成	0.60												
永盛祥	0.20												
仁义堂	0.52												
同义成	1.00												
德聚隆	0.60												
天合木厂	0.10												
西永祥	0.29												
玉庆成	0.32												
宝兴斋	0.30												
育和堂	0.33												
义生祥	0.15												
九隆奎	0.15												

续表

商号名称	月额	1 月	2 月	3 月	4 月	5 月	6 月	7 月	8 月	9 月	10 月	11 月	12 月
义昌号	0.10												
泉顺涌	0.20												
福顺祥	0.10												
宝顺堂	0.33												
永安堂	0.10												
春源涌	0.30												
恒聚德	0.10												
义隆煤栈	0.15												
广盛隆	1.00												
同和号	0.10												
天成粮店	0.60												

　　【商会加入者和非加入者】依据此警款簿此县城内有 60 家商店，除此之外就没有其他商店吗？＝加入商会的店面经商会进行交纳，非加入者向警察分所交纳。今年加入者的总数是 80 家店面，去年是 70 家，民国二十四年度是 64 家商店，今年度非加入者总数约为 50 家吧。（参考资料五、资料六）

　　由县公署指定商捐总额吗？＝即使现在县没下达通知，但金额是一定的，提前筹集到此，携带前去交纳。这月的商捐下月初进行交纳。

　　所得税、营业税也如商捐每月交纳吗？＝营业税依季节交纳一般 1 年 4 次，也有时是 1 年 2 次。所得税 1 年 1 次。

　　【资料五】

河北省顺义县商会职员名册

职别	姓名	年龄	籍贯	住址	某工会或某商店的代表	当选年月
会长	李懋修	51	北京	南街	粮业公会	民国二十九年十二月
副会长	张敏庵	37	怀柔	西街	布业公会	民国二十九年十二月
副会长	仇尊三	36	顺义	南街	粮业公会	民国二十九年十二月
董事	饶希贤	57	三河	南街	杂货业公会	民国二十九年十二月
董事	李晏文	36	天津	东街	公记盐店	民国二十九年十二月
董事	刘信谱	39	三河	西街	公顺配	民国二十九年十二月
董事	张岫庭	52	顺义	西街	杂货业公会	民国二十九年十二月
董事	王茂堂	48	山西	南街	布业公会	民国二十九年十二月

职别	姓名	年龄	籍贯	住址	某工会或某商店的代表	当选年月
董事	林维翰	54	顺义	席市	粮业公会	民国二十九年十二月
监事	刘书庵	55	顺义	西街	天聚成	民国二十九年十二月
监事	李松泉	36	冀县	西街	布业公会	民国二十九年十二月
监事	赵希尧	30	顺义		煤业公会	
候补董事	戴祥麟	61	蓟县	丁字街		
候补董事	莽烈臣	57	昌平	西街		
候补董事	刘胜三	32	三河	丁字街		
候补监事	朱佩经	48	顺义	北街		
候补监事	韩济源	49	顺义	西街		

【资料六】

河北省顺义县商会会员名册

姓名	年龄	籍贯	所营商店或某公会代表	业别	地址	使用人数
李晏文	36	天津	公记盐店	盐店	东街	11
刘信谱	39	三河	公顺号	烧锅	西街	14
孟永禄	61	蔚县	益聚公	麻铺	西街	7
王韫卿	53	武清	公义兴	麻铺	北街	7
司廷考	39	蔚县	玉庆成	麻铺	西街	6
张升三	46	顺义	瑞丰昌	土药店	西街	7
安杰臣	43	大兴	双兴隆	皮铺	北街	5
刘顺	56	顺义	刘顺肉铺	肉铺	西街	7
姚珍	59	蔚县	德义公	麻铺	石门	5
蔡景瑞	31	顺义	永兴	肉铺	北街	4
王建利	46	顺义	德顺	肉铺	北街	4
许进文	36	顺义	文兴斋	糕点	东街	5
夏德才	55	顺义	义顺馆	饭馆	北街	9
丁富	52	蔚县	聚庆公	麻铺	南街	12
刘书庵	55	顺义	天聚成	五金	西街	9
徐子良	51	通县	宝兴斋	鞋铺	南街	5
王瑞堂	31	顺义	义合成	磁铁	北街	7
韩克让	52	三河	永兴和	嫁妆	北街	6

续表

姓名	年龄	籍贯	所营商店或某公会代表	业别	地址	使用人数
谢恩簿	39	顺义	惠民碱店	碱业	杨家井	3

【商会的摊款】关于摊款在商会如何处理？＝在县公署临时有必要费用的时候，首先民和商按照 65% 和 35% 的比率分摊，之后商会依据各店的大小将各商店进行分摊征收，添附公文，交付到县公署。

那时，店面大租佃为各店分担额的标准，是依据什么决定的？＝商会依据店面资本和营业状态，决定等级。其等级复杂，至少有 20—30 等级。没有等级名称，将其不同的负担额作为等级。

【商会摊款（商摊警款）分配规则】想要拜读下摊款分配表？＝有。民国十八年以后一直持续至今，都是依据此。

【资料七】
顺义县商会所属各商店摊款分配率

顺义馆 3 毫	新生煤栈 3 毫	得顺木厂 3 毫	惠民店 3 毫
公记盐店 3 个 1 厘	宝义祥 1.5 厘	聚盛永 8 毫	
复顺昌 2 个	益聚公 1.5 厘	元聚昌 8 毫	
公顺号 1 个 5 厘	公益兴 1.5 厘	义丰昌 7 毫	
隆盛粮店 1 个	隆盛煤栈 1.5 厘	天成顺 8 毫	
悦来升 1 个	义记煤栈 1.5 厘	育和堂 6 毫	
义集公 1 个	广盛隆 1.5 厘	义生祥 6 毫	
义成祥 9 厘	玉庆成 1.5 厘	永兴肉铺 6 毫	
同顺永 9 厘	同和号 1.2 厘	德顺肉铺 6 毫	
复顺公 7 厘	同福兴 1.0 厘	双玉合 6 毫	
祥发盛 5 厘	聚顺成 1.0 厘	祥盛永 6 毫	
祥发栈 5.0 厘	永盛和 1.0 厘	双兴隆 5 毫	
德丰公 4.5 厘	隆源号 1.0 厘	振记号 5 毫	
义兴号 4.5 厘	公记粮店 1.0 厘	德义公 5 毫	
德顺和 4.5 厘兴	兴记号 1.0 厘	泉顺涌 5 毫	
顺记号 4.0 厘	天合木厂 1.0 厘	西永祥 5 毫	
瑞盛号 4.0 厘	天成号 1.0 厘	宝顺堂 5 毫	
广丰永 3.5 厘	和顺祥 1.0 厘	永安堂 5 毫	
瑞盛栈 3.0 厘	宝兴斋 1.0 厘	恒聚德 5 毫	
聚庆公 2.5 厘	九隆奎 1.0 厘	瑞德堂 5 毫	
义生号 2.5 厘	义昌号 1.0 厘	同义永 5 毫	
公顺成 2.0 厘	广成号 1.0 厘	宝信成 5 毫	
永祥生 2.0 厘	忠德成 1.0 厘	同合公 3 毫	
天聚成 2.0 厘	瑞丰昌 1.0 厘	和记号 3 毫	

永成祥 2.0 厘	义和成 1.0 厘	浴清池 3 毫
兴隆成 1.5 厘	保元堂 8 毫	文兴斋 3 毫
同义成 1.5 厘	刘顺肉铺 1.0 厘	恒丰车行 3 毫
永兴合 1.5 厘		民益厚 3 毫

注： 一 此分配率与前面所揭晓的资料四商捐警款簿不同，这里显示的是商会自身的摊款分配比率和县的临时摊款分配比率。依据资料四县平时的摊款分配比率可以显示出商摊警款的分配比率。

二 据说此分配比率是顺义县商会从设立之初到今一直持续实行。

三 不明白当初决定此比率的方法。

四 但是会让现在新加入的商店报告其营业额，在商会会议上决定。

五 在商会会议上，决定新加入者的分配比率，会上董事出席，会长与他们商量，基于前述资本报告，就个人比率提出意见，那时出席者全员有 1/2 以上的人赞成的话，就根据此，如果赞成不赞成各一半的话，因为会长持有决定权，依据会长意见决定。

六 毫是 1‰，厘是 1%，个是 1/10。

【商会加入者和非加入者的差异】商会加入者和非商会加入者有什么不同？ ＝所说一般大家多不太情愿加入，根据加入和不加入的情况，负担加重，因此小商店不加入，大商店也不自发加入，因为被县要求强制加入，没有办法只好加入。

入会的商店和未入会的商店税额不同吗？ ＝不同，因为店面小（？）[1]。

非加入者不交纳通过商会交纳的县摊款和商捐吗？ ＝未入会的商店交纳商捐，但不交纳摊款。

那不是很不公平吗，没有入会的商店也要必须交纳摊款？ ＝是会被认为不公平，但是并非说未入会之人必须得给我交纳。

为什么呢？ ＝因为商会对此没有管辖权利，未入会者与商会无关，进行交纳。

入会的商店在其他方面会获取利益吗？ ＝入会的话，也会有好处。商店经营困难之时，商会有时会给予帮助。

商会给与帮助的实例是？ ＝商店采购货物之时，人手不足，各店来商会，借给每个人。

买卖集市和商会有什么关系？ ＝无关系。

但是据说（前几天来进行调查之时）农民前来县里的集市进行买卖，是将钱交纳到商会吗？ ＝商会什么也不收取，收取钱的是县公署的牙伙[2]。

【物价报告】关于物价，在这进行一些什么工作？ ＝日用品的物价每 10 日向宪兵队或者县公署报告。县公署认为报告的物价过高之时，将退回报告。这时商会降价后再进行报告。如果报告获得允许的话，10 日间能够以那价格进行买卖。10 日过后又要进行报告。

---

〔1〕 译者注：原文如此。

〔2〕 译者注：原文为"牙夥"，中文意思不明。

集市的价格和商会决定的物价有怎样的关系？＝与来集市进行买卖的人的价格没有关系。

【一般物价和商会】这样的舌，对于商店的买卖仅有前述的报告吗？＝关于县城内各商店的买卖价格。与未加入商会店铺的价格没有关系。但是和入会者的商店价格自然是统一价格。

未入会的商店价格便宜的话怎么办？＝一般未入会的商店不会便宜卖，和算入资本金和营业的商店相比，因为店铺较小，绝对不会卖得便宜。

关于物价的工作是从何时开始实行的？＝以前没有，民国二十三、民国二十四年开始实行。

【物价表】除此之外，商会的工作是？＝依然是关于物价的工作，对新民会不仅限于日用品，需要提出一切的物价表。

"日用品"是？＝如"资料八其一"所示。

3 月 11 日

商会的摊款　财东

应答者　李懋修（商会长）
地　点　顺义县城内商会

【商会临时摊款】依据资料七的摊款有什么名称？＝依据资料七的是临时摊款，因此名称不定。

如果没有上面下达的命令，商会不定期自发进行摊款征收吗？＝不一定（?）[1]。

那么，一般一年有几回？＝去年有四五次，前年有四五次。

【临时摊款的种类】各名称是？＝去年是"欢送友军"（两回＝4000 元），"地方警察服装费"（2 回＝8000 元），"凉棚费"（1 回＝2100 元），前两者交纳到县里，后者是商会自身的摊款。

如凉棚费，商会的摊款没有其他的了吗？＝摊款里有 3 种。一种是"全县摊款"；一种是"商联摊款"；一种是"各商会自身的摊款"。

商联摊款？＝"凉棚费"，顺义县城商会将五商会的汇总收集，去年是临时的，今年不知道，也有一定的摊款（?）[2]。

商会自身的摊款用途是？＝充实商会自身的经费。

一定的商联摊款的用途是？＝称为"商联经费"。这在 5 年内是一定的，时期也是一定的，金额是 400 元，每次为 100 元，以前不征收（为支出准备），每年作为经费进行征收。这依然是摊款。对于县下面的各商会召开会议等时候使用的费用，县城交纳的比率是 33.5%，杨各庄是30%，牛栏山是 26%，李遂镇是 8.3%，李家桥的 2.2%。各商会分摊负担，但是各商会将这分

---

〔1〕　译者注：原文如此。
〔2〕　译者注：原文如此。

配到各商店。这是借"商会经费"的一部分之名进行摊款征收。因此各商店仅交纳商会经费摊款，其中商会支出商会经费、商联经费，此摊款称为"商会经费摊款"（?）[1]。

【县税代收】 相当于代征县的营业税、县摊款（经常、临时），商会从县里收到什么费用、收益吗？ = 现在什么也没有得到。民国二十年前后，在代征营业税之时，商会得到其全额的5％。

那么，因为现在仅进行代征，没有接收其他的恩惠吗？ = 是这样的，没有其他所得，没有报酬，本来这些征收事务是县的工作，省里大概认为是县自己在干这些事吧。

下放营业税的征收预算额吗？ = 没有，每年金额不定，只有实收额。

商店滞纳税之时，商会将会如何处理？ = 一般大家都会好好交纳，没交纳的话，会被县财务科带走，严重的话有时也会将其扣留。

商会对此会如何处理？ = 与商会无关。

【国税代征收】 相当于代征统税局的所得税，有收益报酬吗？ = 什么也没有得到，仅要其筹集，以前也是这样。

每年命令商会征收所得税吗？ = 原则上应该统税局自己征收，现在因为统税局人少，所以拜托了商会。

【资料八其一】

顺义县商会（民国三十年三月七日　民国二十九年三月十一日

民国二十八年三月二十六日）日需品价格周报

品名	数量	价格（元）				北京官价	备注
		现在	以前	增	减		
石油	每桶	16.000	16.000				（民国三十年三月七日）
		17.500	17500				（民国二十九年三月十一日）
		7.600	7.300				（民国二十八年三月二十六日）
香油	每斤（每百斤）	0.960	0.960				同上
		1.120	1.120				
		48.000					
生油	每斤	0.840	0.840				
		0.960	0.960				
		—	—				
火柴	每包	0.160	0.160				
		0.140	0.140				
		0.090	0.075				
白糖	每斤	0.880	0.880				
		0.880	0.960		0.080		
		—	—				

---

〔1〕　译者注：原文如此。

品名	数量	价格（元）				北京官价	备注
		现在	以前	增	减		
本地面	每斤（每百斤）	0.320 0.360 11.500	0.320 0.360				
本地大米	每斗	7.200 8.600 —	7.200 8.400	0.200			
红麦	每斗	4.000 4.000 —	4.000 4.000				
百花麦	每斗	4.200 4.500 —	4.200 4.900	0.400			
芝麻	每斗（每百斤）	5.400 6.000 8.500	5.400 6.000 8.500				
高粱	每斗（每百斤）	1.900 3.200 8.500	3.300		0.100		
黄玉米	每斗	2.300 3.400 —	2.300 3.600 —		0.200		
白玉米	每斗（每百斤）	2.000 3.300 8.700	2.000 3.500		0.200		
小米	每斗（每百斤）	4.000 4.800 12.000	4.200 5.300 10.400		0.200 0.500		
黄豆	每斗（每百斤）	2.900 4.000 9.000	2.900 4.200		0.200		
白黑豆	每斗	2.500 3.800 8.800	2.400 4.000	0.100	0.200		

品名	数量	价格（元）				北京官价	备注
		现在	以前	增	减		
黑豆	每斗（每百斤）	2.200 3.900 9.000	4.100		0.200		
煤球	每百斤	1.300 1.100 0.720	1.300 1.100				
煤块	每百斤	2.500 2.000 1.500	2.500 2.000				
兵船	每袋	— — 5.000	— — 5.800				
竹子	每袋	— — 5.600	— —				
西贡米	每百斤	— — 15.000	— —				
木炭	每百斤	— — 6.400	— —				
说明	黄玉米 1 斗 = 15—16 斤　　白黑豆、黑豆 1 斗 = 15 斤 高粱 1 斗 = 14—15 斤　　小米 1 斗 = 15—17 斤 大豆 1 斗 = 15 斤						

【资料八其二】

冀东道顺义县粮价物价报告表　民国三十年三月上旬（单位：元）

类别		单位	一	二	三	四	五	六	七	八	九	十	平均
粮食类	大麦	市石	无										
	小麦	市石		42		42		42		42		42	42
	玉米	市石		23		23						23	23
	米高粱	市石	无										
	酒高粱	市石		19									19

续表

类别	单位日期		一	二	三	四	五	六	七	八	九	十	平均
粮食类	米	市石	无										
	小米	市石		40									40
	黄豆	市石		29									29
	黑豆	市石		22									22
	大米	包	无										
	本地大米	市石		72									72
	粉	袋											
	本地面粉	市斤		32									32
	玉黍面	市斤											
	芝麻	市百石		52									52
	花生	市百斤		24									24
	白薯	市斤	无										
棉花类	熟棉花	市斤		2									2
	市布	市尺		6									6
	土布	市尺		36									36
肉及菜类调味料	猪肉	市斤		12									12
	牛肉	市斤		无									
	鸡蛋	百枚		7									7
	马铃薯	市斤		无									
	白菜	市斤		0.04									0.04
	豆芽菜	市斤		无									
	葱	市斤		0.05									0.05
	韭菜	市斤		无									
	食盐	市斤		0.13									0.13
	白砂糖	市斤		0.88									0.88
	芝麻油	市斤		0.96									0.96
	花生油	市斤		0.84									0.84

续表

类别	单位日期	一	二	三	四	五	六	七	八	九	十	平均
燃料费	一号块煤 吨	46										46
	三号块煤 吨	29										29
	末煤 吨	24										24
	木炭 市百斤	无										
	劈柴 市百斤	无										
	烧柴 市百斤	无										
	石油 箱（两桶）	32										32
	磷寸 箱	38										38
备注		石斤尺单位以度量衡市用制计算										

【资料八之三】

冀东道顺义县粮价物价报告表　　　　民国二十九年三月上旬

类别	单位日期	一	二	三	四	五	六	七	八	九	十	平均
粮食类	大麦 市石											
	小麦 市石											48
	玉米 市石											34
	米高粱 市石											
	酒高粱 市石											32
	米 市石											
	小米 市石											48
	黄豆 市石											40
	黑豆 市石											39
	大米 包											
	本地大米 市石											86
	粉 袋											
	本地面粉 市斤											0.36
	玉米面 市斤											
	芝麻 市石											60
	花生 市百斤											30
	白薯 市百斤											5

续表

类别	单位日期		一	二	三	四	五	六	七	八	九	十	平均
棉花类	熟棉花	市斤											1.5
	市布	市尺											0.31
	土布	市尺											0.25
肉及菜类调味料	猪肉	市斤											0.7
	牛肉	市斤											
	鸡蛋	百枚											5
	马铃薯	市斤											
	白菜	市斤											0.04
	豆芽菜	市斤											
	葱	市斤											0.08
	韭菜	市斤											
	食盐	市斤											0.102
	白砂糖	市斤											0.88
	芝麻油	市斤											1.12
	花生油	市斤											0.96
燃料费	一号块煤	吨											27
	三号块煤	吨											23
	末煤	吨											21
	木炭	市百斤											8
	劈柴	市百斤											
	烧柴	市百斤											
	石油	箱(两桶)											35
	火柴	箱											33
备注				石斤尺单位以度量衡市用制计算									

最近有不委托商会之时吗？ ＝至今没有所得税，从今年开始。

就所得税以外的款项，统税局（或是分所）有什么关系？ ＝至今与统税局没有关系，统税局不用命令征收摊款。

沙井村有加入商会的商店吗？ ＝没有。

村长在县城持有商店，那家店有没有加入？ ＝没有加入，因为店面小。

和普通村民没有关系吗？＝没有。

村民来商会，询问或委托购买物品吗？＝没有（?）[1]。

【商会代理购入】村民拜托商会，通过商会，代理购买物品的情况有吗？＝没有（?）[2]。

昨天有日本守备队代理购买东西的消息，其他地方会让商会大量购买商品吗？＝有，但仅限于日本守卫队和县公署，不接受普通人的委托。

商会交涉普通人的借贷吗？＝没有。

那好像有照片，有省全体的商会会议吗？＝没有正式会议，现在已经完全没有会议了，照片是民国十八年的事，仅有一回，那是预备会议（筹备会议）。那以后就没有了（?）[3]。

商会的负责人有工资吗？＝没有，负责人是商铺的掌柜。实际上什么工作也没有干。

【财东和掌柜】商铺的掌柜和店主有什么不同？＝店主称为"财东"，大体他们不在店里，待在家里。

财东一般不是在店里吗？＝一般不在。

县城最大的商店是？＝"公记盐店"。总店在天津，是股份公司，那是分店。

其他有像这样的商店吗？＝没有。

财东不在店里的店铺有多少户？＝都不在。

加入商会商铺的财东都不在店里吗？＝大型商店几乎都不在，小店财东兼任掌柜。

财东不在店里的店铺有多少？＝80 家店铺中有 50 家不在。

商会的负责人（比如董事）中没有财东吗？＝没有，都是掌柜，我也是掌柜。

一般财东和掌柜有着怎样的关系？＝掌柜大约是一年拿到工资，不是定额，根据店面的收益。

收益高是以怎样的比率决定的？＝依据商店而不同，一般是给予工资之外的 10%。

不在店里居住在县城的财东没有吗？＝有两三间，顺义粮栈（韩聘清＝城内）、刘顺肉铺（刘顺＝城内）、德顺肉铺（王建利＝城内）、恒丰楼车行（张振＝城内）。

没有居住在顺义县的财东大多是何处的人？＝北京、天津、昌平县、保定。

那人（财东）在家主要是干什么？＝官吏、有钱人、地主等，出钱雇用掌柜，管理店铺。

财东有时也来店里吗？＝3 年来一回左右，来进行总结算。

【商会加入者的增加】县城内商店数增加了吗？＝增加。但是没有以前昌盛繁华，一年内非加入者的数量与去年相比减少了 10 户左右。

商会加入者数量增加了吗？＝是的，每年大体增加，去年增加到 10 户。

---

〔1〕　译者注：原文如此。

〔2〕　译者注：原文如此。

〔3〕　译者注：原文如此。

3 月 11 日

统税局分所的征收（国税）

应答者   吴有笙（分所主任）
地   点   统税局分所

【统税局的组织】这儿的正式的名称是？＝"唐山统税局怀顺稽征分所"。

【资料九其一】

① 商情月报表（民国二十九年）

项业 行别	粮　业	说明
家　　数	15 家	
店 员 总 计 数	133 人	
资 本 总 计 数	26550 元	
本月营业情形｜收 入 数	10542 元	
支 出 数	9683 元	
盈 余 额	盈亏难以月计故本栏暂时缺如	
亏 累 额		
本月行市有无涨落		
备注		

中华民国二十九年一月三十一日顺义县公署查填

② 商情月报表

项业 行别	杂 货 业	说明
家　　数	9 家	
店 员 总 计 数	142 人	
资 本 总 计 数	16850 元	
本月营业情形｜收 入 数	14567 元	
支 出 数	16268 元	
盈 余 额	盈亏难以月计故本栏暂时缺如	
亏 累 额		
本月行市有无涨落		
备　注		

中华民国二十九年一月三十一日顺义县公署查填

③ 商情月报表

行别 ＼ 项业	布 业	说明
家 数	10 家	
店 员 总 计 数	119 人	
资 本 总 计 数	16490 元	
本月营业情形 收 入 数	12860 元	
支 出 数	11372 元	
盈 余 额	盈亏难以月计故本栏暂时缺如	
亏 累 额		
本月行市有无涨落		
备注		

中华民国二十九年一月三十一日顺义县公署查填

④ 商情月报表

行别 ＼ 项业	酒 业	说明
家 数	1 家	
店 员 总 计 数	33 人	
资 本 总 计 数	7500 元	
本月营业情形 收 入 数	4496 元	
支 出 数	4051 元	
盈 余 额	盈亏难以月计故本栏暂时缺如	
亏 累 额		
本月行市有无涨落		
备注		

中华民国二十九年一月三十一日顺义县公署查填

⑤　商情月报表

项业 行别	煤　业	说明
家　　数	7 家	
店 员 总 计 数	44 人	
资 本 总 计 数	3900 元	
本月营业情形　收　入　数	2856 元	
支　出　数	2497 元	
盈　余　额	盈亏难以月计故本栏暂时缺如	
亏　累　额		
本月行市有无涨落		
备注		

中华民国二十九年一月三十一日顺义县公署查填

⑥　商情月报表

项业 行别	麻　业	说明
家　　数	5 家	
店 员 总 计 数	42 人	
资 本 总 计 数	2010 元	
本月营业情形　收　入　数	2796 元	
支　出　数	2386 元	
盈　余　额	盈亏难以月计故本栏暂时缺如	
亏　累　额		
本月行市有无涨落		
备注		

中华民国二十九年一月三十一日顺义县公署查填

⑦ 商情月报表

	项业 行别	药 业	说明
	家 数	6家	
	店 员 总 计 数	34人	
	资 本 总 计 数	2020元	
本月营业情形	收 入 数	1393元	
	支 出 数	1185元	
	盈 余 额	盈亏难以月计故本栏暂时缺如	
	亏 累 额		
	本月行市有无涨落		
备注			

中华民国二十九年一月三十一日顺义县公署查填

⑧ 商情月报表

	项业 行别	铁 业	说明
	家 数	3家	
	店 员 总 计 数	18人	
	资 本 总 计 数	880元	
本月营业情形	收 入 数	1108元	
	支 出 数	965元	
	盈 余 额	盈亏难以月计故本栏暂时缺如	
	亏 累 额		
	本月行市有无涨落		
备注			

中华民国二十九年一月三十一日顺义县公署查填

⑨　商情月报表

行别 / 项业	其他	说明
家　数	9 家	
店 员 总 计 数	47 人	
资 本 总 计 数	3010 元	
本月营业情形　收 入 数	2557 元	
支 出 数	2283 元	
盈 余 额	盈亏难以月计故本栏暂时缺如	
亏 累 额		
本月行市有无涨落		
备注		

中华民国二十九年一月三十一日顺义县公署查填

【资料九其二】

①商情月报表（民国三十年）

行别 / 项业	粮　业	说明
家　数	15 家	
店 员 总 计 数	132 人	
资 本 总 计 数	16550 元	
本月营业情形　收 入 数	29728 元	
支 出 数	28756 元	
盈 余 额	盈亏难以月计故本栏暂时缺如	
亏 累 额		
本月行市有无涨落		
备注		

中华民国三十年一月三十一日顺义县公署查填

② **商情月报表**

项业 行别	布　业	说明
家　　　数	9 家	
店 员 总 计 数	1101 人	
资 本 总 计 数	14290 元	
本月营业情形　收 入 数	19864 元	
支 出 数	17986 元	
盈 余 额	盈亏难以月计故本栏暂时缺如	
亏 累 额		
本月行市有无涨落		
备注		

中华民国三十年一月三十一日顺义县公署查填

③ **商情月报表**

项业 行别	杂 货 业	说明
家　　　数	9 家	
店 员 总 计 数	142 人	
资 本 总 计 数	17964 元	
本月营业情形　收 入 数	22837 元	
支 出 数	21794 元	
盈 余 额	盈亏难以月计故本栏暂时缺如	
亏 累 额		
本月行市有无涨落		
备注		

中华民国三十年一月三十一日顺义县公署查填

④　商情月报表

项业 行别	酒　业	说明
家　　数	1 家	
店 员 总 计 数	33 人	
资 本 总 计 数	7500 元	
本月营业情形　收 入 数	9176 元	
支 出 数	8358 元	
盈 余 额	盈亏难以月计故本栏暂时缺如	
亏 累 额		
本月行市有无涨落		
备注		

中华民国三十年一月三十一日顺义县公署查填

⑤　商情月报表

项业 行别	煤　业	说明
家　　数	7 家	
店 员 总 计 数	44 人	
资 本 总 计 数	3900 元	
本月营业情形　收 入 数	4835 元	
支 出 数	3924 元	
盈 余 额	盈亏难以月计故本栏暂时缺如	
亏 累 额		
本月行市有无涨落		
备注		

中华民国三十年一月三十一日顺义县公署查填

⑥ 商情月报表

项业 行别	药 业	说明
家 数	6 家	
店 员 总 计 数	34 人	
资 本 总 计 数	2020 元	
本月营业情形 收 入 数	2784 元	
支 出 数	2367 元	
盈 余 额	盈亏难以月计故本栏暂时缺如	
亏 累 额		
本月行市有无涨落		
备注		

中华民国三十年一月三十一日顺义县公署查填

⑦ 商情月报表

项业 行别	麻 业	说明
家 数	5 家	
店 员 总 计 数	42 人	
资 本 总 计 数	2300 元	
本月营业情形 收 入 数	3278 元	
支 出 数	2997 元	
盈 余 额	盈亏难以月计故本栏暂时缺如	
亏 累 额		
本月行市有无涨落		
备注		

中华民国三十年一月三十一日顺义县公署查填

⑧　商情月报表

行别 ＼ 项业	斤 铁 业	说明
家　　　数	3 家	
店 员 总 计 数	18 人	
资 本 总 计 数	880 元	
本月营业情形　收 入 数	1572 元	
支 出 数	1386 元	
盈 余 额	盈亏难以月计故本栏暂时缺如	
亏 累 额		
本月行市有无涨落		
备注		

中华民国三十年一月三十一日顺义县公署查填

⑨　商情月报表

行别 ＼ 项业	其 他	说明
家　　　数	9 家	
店 员 总 计 数	47 人	
资 本 总 计 数	3000 元	
本月营业情形　收 入 数	5728 元	
支 出 数	4896 元	
盈 余 额	盈亏难以月计故本栏暂时缺如	
亏 累 额		
本月行市有无涨落		
备注		

中华民国三十年一月三十一日顺义县公署查填

您何时来这？＝民国二十八年七月，一直留在此。

怀顺是？＝怀柔县和顺义县，这两县在分所的管辖之下。

河北省有多少个分所？＝唐山的管辖下有 4 所稽征所，稽征所下有分所。这在通县稽征所的管辖下，但是通县的稽征所下有 7 所分所。

唐山局下有多少分所？＝华北统税总局的管辖下有唐山统税局，总局上有政府财政总署。

此分所的负责人是？＝算入侍者有 9 人，主任 1 名、办公员 3 名、雇员 3 名、巡士 1 名、公役 1 名（侍者）。

【统税分所的征收】这干的工作有什么？＝进行关于矿产品、棉纱、火柴、啤酒、火酒、卷烟、水泥、麦粉国税的"是否完税"的"查验"（不进行征税）和所得税、烟酒印花纸税的征税。

烟、酒、印花的各自征收方法是？＝烟是农民所耕种的叶烟，税率是每百斤征收 4 元 50 钱。

酒是酿酒的地方前去"烧锅所"进行交征税，税率是每 16 万斤征收年总额是 2400 元，制造年数额不能超过 16 万元。印花是在这买卖印纸，有时由他人代理，拜托买卖，其代理费是印花税。

【所得税】所得税依据是怎样的？＝民国二十八年二月印"所得税章则汇编"的"修正所得税暂行章程"第一条的规定。

第一类营利事业所得

　　甲项资本金 2000 元以上的营利事业所得

　　乙项官商合办营利事业所得

　　丙项临时营利事业所得

第二类薪给所得

第三项证券、存款所得

关于前述各项的税率，参考前述的章程第二章、第三章、第四条、第五条、第六条。

这所实行的所得税是前述的第几类第几项？＝仅是第一类甲项的营利事业所得。

第二类是？＝没有。也没有第三类。

前述属于甲项的有几回？＝顺义县 80 余户，怀柔县 30 户，总共有 120 户。进行营利事业的全部是资本金 2000 元以上的店铺。

对这 120 户征收的税额一年大约是多少？＝二十八年不足 3000 元。

没有属于丙项的吗？＝因为是投机事业，所以没有。

认为有属于第二类的商店？＝因为没有下达命令，所以没有实行，县官员里有属于这的，据说在该机关中直接抵消税额，进行支付。但是不明白是如何进行纳税，一般认为通过道省，进行交纳支付。

不能在您这直接向他们进行征税？＝因为没有命令，所以不能进行征税。

【商会的代征】前述的 120 户的征收方式是怎样的？＝商店交纳到商会，不通过此处会所，由商会直接送到唐山局。由商会和唐山局提前进行联系。

在这儿征收交到唐山去的有？＝仅有前述的烟酒印花税。

商会直接受到唐山局的命令进行所得税的代征吗？＝在各商会交到 22 县的"商务联合会"，再从这交到唐山局。

这样的话，关于所得税，这什么也不参与吗？＝前述之事是民国二十八年的事情，所得税是在民国二十八年设立，因为时间不长，一般不能理解透彻，所以委托商会。从今年开始应该直接由这实行。

前述的商务联合会是收到唐山正式的命令实行的吗？＝当然，依据"唐山统税局训令矿字第 390 号"。

【烟酒税票】为什么要向叶烟草的生产者农民征收烟税？＝是对叶烟草买卖进行课征。

即使在田地耕种烟草，不进行买卖，不课征税吧？＝是这样的。

这样的话，叶烟草买卖行为为什么能在此得知呢？＝农民进行买卖的话一定要向这里申报。根据申报这里会称重，根据重量征收税款，但是对此，交付税票作为纳附证。因此，一开始农民就持有税票，买卖就能够进行，如果没有票税的话，买卖是不被允许的。

想要看一看票税？＝请。

没能得到税票，或是不能买下吗？＝很遗憾，那是不能的（通过四联式，甲联是"法商"即纳税人所持，乙联是"缴分局"，丙联是"缴统税公署"，丁联是"存稽征会所"。书写方式什么票都是一样）。

买卖场所一定吗？＝不一定，当然不持有税票的话，不能向县外搬运。

【包商征收】去年全县的烟税总额是？＝1000 多元，前年比这要少，烟税征收是从去年开始，前年通过包商进行征收。

【烟草生产农民】沙井村与此烟税有关系吗？＝不知道，同村几乎每人都种烟草，可能多多少少为了自身而种的吧。

栽培之人不是买卖叶烟草，而是用纸卷着买卖的话，情况如何？＝还没有发现，一旦发现，处以罚金。

以前预防逃税以其他目的调查农民吗？＝不。

不对叶烟草的买卖进行监督吗？＝逃税被发现的话，进行处罚，没有作为防止逃税的特别方法。

比如？＝有税率、征税方法等的变更，栽培的农民却不知的情况下，该如何处理？＝上面下达命令，在城里发布告。

既然张贴出来了，说什么没看到，就说不过去了吧？＝农民不会有那种情况的（？）[1]

【酒税】交纳酒税的有多少地方？＝两个县共有 11 个地方（酿酒的作坊）。

---

〔1〕译者注：原文如此。

去年纳了多少酒税？ ＝2400 元，160000 斤。

对酒的种类没有要求吗？ ＝都是同一种酒，白干。

如果酿造其他种类的酒呢？ ＝实际上还有"黄酒"，造这种酒的情况下，按照每 100 斤 2 元 25 钱的税率征收。

那么税率是根据酒的种类不同吗？ ＝是的。之前说过的两种酒中，黄酒的税率是很低的。每年的生产量限制到 500 斤到 2400 斤之间。

征税的方法是？ ＝由我方征收，黄酒每年收 4 回，白酒每年 12 回，每次征收完了送往通县。

【印花税】印花有几种？ ＝四种。依据印花税分为 1 钱、2 钱、10 钱、20 钱。

印花税票只有这里有出售吗？ ＝县里是不出售的。只能由隶属于统税局的机关出售，但实际上由邮局代为出售。

上面说到的四种印花税什么时候动用呢？ ＝账簿不足 20 钱，贡物受取证不足 3 元的时候不需要。3 元以上是 1 钱，10 元以上是 2 钱，100 元以上是 3 钱，再往上也是 3 元。详细情况请参考印花税法。

以前的印花税法律和现在的一样吗？ ＝大体上是一样的。

县里有负责代理印花买卖的人吗？ ＝没有，全部都在这里办理。

【分所和县的关系（漏税）】县公署和烟、酒、征收印花税有关系吗？ ＝没关系。漏税的情况下县里有权处罚，其他情况下就没这个权限了。县里有司法权而这里没有，所以这里无权处罚漏税者。

漏税的时候有什么手续？ ＝没交印花税时，在收据上附上公文送至县公署。之后县公署怎么处置就不得而知了。

这种情况下，县里会重新向漏税者征收国税吗？ ＝不会。

关于罚金是怎么规定的？ ＝只是征收罚金，罚金附上公文由县里送达这里。而且我们这里会加收印花税。

【漏税的处理办法】关于偷逃烟草税的处置办法？ ＝由我们这里告知通知漏税的情况。然后由通知处罚漏税者。

酒税的时候？ ＝和烟草税是一样的，除了印花税之外全部都由通知处置漏税者。县公署只负责处置偷逃印花税者。

【国税和省县税】国税和其他税种、省县税有不同的地方吗？ ＝没有（？）[1]

分所会在各村安插自己的人吗？ ＝不会。

目前采取什么样的方法防止漏税？ ＝国税是由工厂征收的，除了印花税之外漏税的也不多，所以没有什么处置方法。

分所和农民有直接接触的时候吗？ ＝没有。

商会和这里有联络吗？ ＝没有。

---

〔1〕 译者注：原文如此。

和所得税之间的关系？　=没有太大的关系，上级下达公文的时候会告知商会，除此之外没有什么关系。上级催促所得税申请的时候，这里会通知商会告知商店。也就仅限于这个程度了。

【资料十其一】唐山统税局怀顺稽征分所征收

酒税费率表

民国三十年

种类	税率（元）	费率（元）	备注
烟叶　　烟丝	2.50	2.00	
烟末　烟筋　烟稽	1.25	1.50	
鼻烟　坯青酒　烟绒	1.00	1.00	税费率均按每百斤计
烧酒　酒　药酒	2.50	2.00	
造绍酒	1.25	1.25	
黄酒　枣酒	1.25	1.00	
附记	烟酒行销北京者仍照向例办理		

【资料十其二】唐山统税局怀顺稽征分所辖境

酿酒作坊及黄酒商号一览表

类列	县别	字号	地址	年认酒额	备注
烧锅	顺义县	公顺号	本城	160000 斤	
		魁盛号	牛栏山	同	
		公利号		同	
		复顺昌		同	
		义信号		同	
		隆泉涌	葛渠	同	
		隆盛号	杨镇	同	
		裕增源		同	
		庆长涌		同	
		峡庆厚鸿记		同	
		香泉茂		同	

续表

类列	县别	字号	地址	年认酒额	备注
黄酒商	顺义县	公顺号	本城	2400 斤	
		同聚昌	杨镇	1000 斤	
		玉兴厚		同	
		聚源号		同	
		德顺栈	牛栏山	同	
		同义公		同	
		隆泉栈		800 斤	
	怀柔县	久泰成	本城	1000 斤	
		东瑞升		同	
		裕通号		同	
		瑞升号		同	
		隆源栈		同	
		兴隆号		600 斤	
		晋义永		500 斤	
附记	烧锅共计十一家分淡旺月征收烧酒公卖费五六七八九十为淡月十一十二一二三四为旺月淡月每月征费一百六十元旺月每月征费二百四十元黄酒商号共计十四家分四季税费并征每百斤征税一元二角五分公卖价一元				

中华民国三十年一月　　　日

3 月 14 日

冬款独立　摊款

应答者　王沛霖（财务科员）

地　点　县公署财务科

【房租】本卷 327 页的［资料四其二］县款支出决算书里的"房租"是什么？＝县公署里所有的人都有三套房子，他们把房子租给人民。那里说的房租就是他们租房的时候收的房钱。

【提奖】本卷 319 页的［溢征提奖］有省里命令吗？＝有，关于契税很早以前省里就有布告了，关于牙杂税去年也有了布告。

【各款独立】［各款独立］（本卷 326 页）的县的收支来源都有哪些？＝

$$\begin{cases} 教育费 \\ 建设费 \\ 财务费 \\ 警察费 \\ 自治费 \end{cases}$$

对于这五项经费，各种税种全部被分配，各自持有的股份，相互之间不允许挪用。

各经费是怎么分配的？ = 田赋附加税的 3 钱中：教育费为 1 钱 7 厘，建设费为 3 厘，自治费为 1 钱。

牙杂税中屠宰附加税中：建设费为 30%，教育费为 20%。

牲畜附加税中：警察费为 4% 或 8%，建设费为 4% 或 7%，财务费为 10% 或 5%，教育费为 30%。

牙税附加税中：大牙、小牙、秤牙、斗牙的比例是一样的，和牲畜税的比例是一样的。

契税附加税中：全部都是教育费。

摊款中：民国十七年到民国二十八年左右的时候大体上都是属于警察费的。春（夏秋冬）摊警款和村摊警款是属于定期的经常摊款，而其他的则是属于临时摊款。

猪毛牙税附加：财务费

席捐：教育费，存在过一段时间，之后取消。

鸡子附加税：建设费为 60%，教育费为 10%，这也存在过一段时间，之后取消。

【省借款和预征收】省因为经费不足等原因从县里借款的时候，现款会有变化吗？ = 省里年收入不足的情况下，就会从县里借款，还说可以和向省里交纳的税款中相抵。那时，当县里没有足够的资金借给省里的时候，县里就会向农民和商人借钱（不是以摊款和征税的形式，而是借钱，而且不会给农民和商人借据，而是只给一张收据），然后借给省里。

那种情况不就是省税的预征吗？ = 那种事情不可能的。

上面提到的县里向农民和商人借钱，那么怎么还钱呢？ = 还钱的时候，作为债主的商人凭借收据和印章拿到钱。

县里怎么筹措要还的钱？ = 从省税里抽取拿来还钱。

【民国二十一年的借款】最近省里借县里的欠款？ = 民国二十一年至民国二十二年期间有借钱。那时候借钱是因为省里扩充军费导致经费不足。

【特别会计】临时摊款全部归入特别会计吗？ = 大体上是那样的。

以前就有特别会计吗？ = 没有，从民国二十六年开始才有的。

【摊款和税的差异】摊款和税有什么不同的？ = 税金有一定的税率，而且税金是永远固定的。而摊款的税率是不固定的，也不是永远都存在的，而且是临时性的。

【摊工】摊工是什么？ = 强制征收劳役。

什么部门负责摊工？ = 由县里下达命令，省里不负责。

目前县里摊工的时候，需要什么手续？ = 修路的时候，由区委员（现在没有委员了，现在建筑科在做委员的工作，而且现在县里的哪个科室都有权下达命令摊工）负责。另外分所和警察所监修路，也有命令摊工到村里服劳役的时候。而且这个时候不需要有县里的命令。

以前会给摊工报酬吗？　＝不给。

【征收摊款的门路】征收摊款的时候，县里一般委托给谁负责？　＝首先召开［县政会议］，由财务科负责通知各分所，各分所召集各乡长商量。

【警察分所征收摊款】各分所一般怎么处理县里征收摊款的命令，他们参与吗？　＝跟他们没有关系，通知各分所之后，分所怎么样都无所谓。

之后分所要全权负责征收摊款到交纳摊款的所有事务吗？　＝是这样的。

分所长要对摊款负责任吗？　＝是的，例如有不交纳者分所有权处置等。

【增加省税附加税】县里是依据什么手段在省命令的限制之内增加省税附加税的？　＝例如，牙税附加税占如今省税额的40％，以后要增加10％，这个时候，县里收入不足的时候，可以向省里申请增额，而且如果得到省里许可的话就可以增额。如果没有省里的许可县市不能擅自增额的。

【乡款】乡款是什么？　＝和民摊警款、村摊警款是一样的。而且［乡民摊纳警款］就是民摊警款。

【调查黑地】以前有土地调查吗？　＝以前没有，民国二十八年的时候才申请黑地。

据目前正在进行中的土地调查来看，田赋的征税附加税有什么变化吗？　＝目前还没有什么变化，将来会有变化吧。

现在契税增加了吗？　＝升科的话，田赋就会增多，但是现在进行的调查是针对黑地的调查，所以和田赋没有直接的关系，但是将来升科的话，也许会增加吧。

【摊款的由来】田赋附加税、亩捐、民摊警款中，哪个是从以前就有的？　＝田赋附加税从以前就有了。民国四年的时候就有了，和现在一样也是县款，但是当时田赋是省税。从明朝末年的时候起到清朝初期是国税吧（？）

接下来出现的是哪个？　＝民摊警款。以前称作村摊警款，而且也是县款，它是从民国十四年的时候开始有的，相当于警察的专门费用。

【亩捐和田赋附加税】亩捐是什么？　＝名义上是今年开始有的，但是以前就有了。以前的亩捐就相当于田赋附加税。

民国四年的时候也是这样吗？　＝是的。

附加税和亩捐一样吗？　＝一样的。

那么它们只是名字不一样吗？　＝是的。

关于税率，附加税税率就相当于亩捐税率吗？　＝是的。

那时候的村摊警款和现在有什么不一样的吗？　＝一样的，性质上是一样的，只是税率稍微有点不一样。

【基金委员会的基金借贷（村）】什么是基金委员会的基金借贷？　＝例如，有的村公所经费不足的时候，会首和有威望的人聚集在一起商量申请借款。而且要立借据借用基金。利率是一定的，月利息为1分1厘，村公所也要给利息。

　　借钱的时候借据上以谁的名义借款？ ＝以村公所的名义，基金委员会保管着借款的底子。

　　村公所以外的其他个人可以借款吗？ ＝不可以，因为是"公款"所以只能借给官署等，现在也不借给私人。

　　有连续一年以上都借的村子吗？ ＝很多，大概有 100 多个村子吧。一个村借款的金额小村大概 50 元，大村的话大概 100 元左右。

　　望泉寺借过吗？ ＝不清楚，石门村、沙井村的情况也不清楚。

　　【白地款的对象】"白地款"是什么？ ＝根据青苗钱以外的土地亩数决定的村的临时摊款。

　　征收青苗税的土地是指？ ＝任何土地都要征收，菜园大的话要收税，一般村里的菜园都不用交纳青苗税。

　　判断菜园大小的标准是？ ＝不知道。

　　如果所有的土地都交纳青苗税的话，那么就没有交纳白地款的土地了吧？ ＝任何土地都要交纳白地款。

　　什么时节征收白地款？ ＝尚未在田地种植农作物时收款项称为白地款。在 1 月和 3 月之间征收。

　　白地是没有什么作物的土地吗？ ＝是的，没有作物的土地。

　　【青苗税的对象】因作物的种类不同，青苗税也不同吗？ ＝初夏的时候只有种植麦子的田地，立秋的时候不分种类所有作物都要交纳。

　　因租佃地、所有地、出典地的不同，青苗税也不同吗？ ＝出典地的出典者不用交纳，租佃地的地主也不用交纳而是由佃户交纳，也就是说无论土地归谁所有，都由现在耕种土地的人交纳。

　　【车股（税率）的意思】第一车股之类的是什么？ ＝民国二十一年到民国二十二年的时候，军方声势浩大地吵嚷着要为军方备足了必需品（物质），其中车马也是很必要的。县里命令让提供车，为了方便村里提供车而设立的机构，而且各村之间相互交替提供车，就这样把这个组织当作分配摊款的组织，在村子里任性妄为（并不是上面的命令）。所谓车股就是分别提供车的意思。

　　摊工的分摊率和这不一样吗？ ＝不知道。

3 月 12 日

田赋征收

应答者　当时在田赋征收室里的人

地　点　田赋征收室

　　【田赋征收员和征收地点】有多少征收员？ ＝15 人。东粮房 2 人、吏房 3 人、西粮房 2 人、户盥房 2 人、老户房 3 人、东户房 3 人。

名称里有什么意义吗？ ＝实际上没有，因为纳税人太多了。

田赋征收室征收人的位置会有变化吗？ ＝每年都一样，是世袭的，办事窗口也是世袭的。

【纳期】一年中的纳税期不一定吗？ ＝是的。一年当中，忙的时候是初夏、立秋之后、春天和秋天。

【征税账簿（红册）】账簿的种类？ ＝地粮、公产、升科租、广恩库、西河岁修、马馆租、红簿。

征收的时候，那里面哪种账簿是必要的？ ＝红簿，有 73 册。

征收员有月工资吗？ ＝没有。

【征收室的由来】什么时候开始有征收室的？ ＝民国十七年左右。在那之前是由各个家庭征收。

家庭的征收方式和现在的有什么不一样吗？ ＝和现在一样，每年农民都会去征收人的家，那时，征收家有 6 户，那时的名称和现在办事窗口的名称是一样的。也即是说办事窗口的名称是由当时的名字发展而来的。

那时上面说到的征收家的名字的来源是？ ＝是模仿以前的官署，也就是吏、户、礼、兵、刑、工和以前的县公署是分开的，这就是名字的起源。

当时家庭的征收方法和现在不一样吗？ ＝一样，只是名字不一样而已。

【处置滞缴税款】怎么处置滞缴税款的？ ＝政务警揪着滞缴税款的人，在红簿上标明滞缴税款的人报告给县里，县里命令滞纳者交纳税款，那个时候如果村长保证交纳的话，县里会宽限两三天。

【田赋征收的由来】家庭征收的时候，省里会给县里有关田赋征收的正式文件吗？ ＝没有。

是什么缘由让家庭承担田赋征收的，怎么由来的？ ＝从很早以前就这样做的，所以不是很清楚怎么由来的，从清朝的时候就开始了。

从很早以前就有 6 户了吗？ ＝是的。

清朝的时候，没有收到过关于允许代理征收的命令吧？ ＝不清楚，应该是有的，只是没有流传下来。

截至民国十七年，负责征收，会给工资吗？ ＝没有，收的钱全部交到县里。

关于征收工作的报酬，也没有说和官署（县）等达成约定吗？ ＝没有。

也就是没有任何报酬了？ ＝是的。

总觉得像是在白干，有点划不来啊？ ＝是那样的，但是，1 元的田赋交上去 99 钱的话，自己也能拿到 1 钱。

得到的那种小钱有什么叫法吗？ ＝没有，如果没有剩余的话，来交纳田赋的农民也就什么也得不到了。

那这是个赔本的工作了，也不可能对生活有什么帮助了？ ＝是的。这是个无聊的工作，所以家里的生活当然不能只是依靠这，可能的话，自己应该多少有点地，或者做点买卖什么的。

　　然而不知道如今情况是这样的，当时征收税款人的光景也不错吧？　＝是的，以前是不错，农民的收据可以放置几天不管也没关系。

　　以前很尊敬那些能征收税款的农户吧？　＝是的，不能叫某某之类的，而要称呼［某某房］以表示尊敬（？）[1]

　　什么时候开始衰落的？　＝征收所从各农户转移到县公署的时候开始衰落的。

　　为什么要转移到县公署那里？　＝那时县公署内部组织有所变动，接到了命令。

　　田赋征收所负责征收税金的种类有？　＝田赋和附加税。

　　一起收吗？　＝是的。

　　以前呢？　＝只有田赋，附加税是从民国的时候开始收的，清朝的时候没有。

　　以前是征收人直接交纳到省里吗？　＝当然是县里负责交纳到省里了。

　　当时哪个地方负责监督县里？　＝清朝的时候是北京顺天府负责监督，之后是直隶省政府，再往后民国十八年的时候河北省负责监督，一直到现在也是的。

　　那个时期监督的方法有变化吗？　＝都是一样的。

　　做监督工作有什么规则吗？　＝没有吧。

　　如果完全没有什么规则约束的话，那岂不是你们可以随心所欲了？　＝不能，自然是不可以的（？）[2]

　　根据地目[3]种类的不同，征税方法也会不同吗？　＝都一样，税率不一样，从 1 分到 4 分。

　　不考虑地目，税率都是一定的吗？　＝是的，大致是一样的，公产是 4 分（9 钱 2 厘）。

　　其他的地目是什么情况？　＝这个不方便透露。

　　税率不同是从哪里来的？　＝大概是依据上中下划分的吧。

　　以前是根据收获多少不同确定税率的吗？　＝也许是那样的。

　　公产以前没有田赋吧？　＝是的，完全没有，公产所有者只是收取地租。

　　你们从什么时候开始征收？　＝这要根据升科年度的不一样来确定。

---

　　〔1〕　译者注：原文如此。

　　〔2〕　译者注：原文如此。

　　〔3〕　译者注：地目，为表示土地的状况或主要用途而编的名目。在日本，有宅地、山林、旱地、水田等 21 个种类。

1941 年 2—3 月

（华北农村惯行调查资料第 28 辑之二）

赋税篇第 6－2　　河北省顺义县沙井村

　　　　　调查员　小沼正

　　　　　翻　译　刘俊山

（本辑分为两个部分，前半部分一般是赋税；后半部分（392 页以下）是包税关系）

2 月 25 日

绅商摊款　　联席会议　　地方

应答者　王沛霖（县财务科员）

地　点　县公署

【田赋附加税、摊款】有关于田赋附加税、摊款的条例吗？＝大概民国十年的时候开始有的，规定附加税不能超过正税的一半。但是不适用于现在，去年下达的命令，从民国三十年度开始，实施的是取消一切的摊款转为附加税，那不称作附加税而是叫作亩捐。民国三十年度时，亩捐是 1 亩 2 角 5。去年亩捐 3 分，附加税 3 分，共计 1 角 1，前年附加税 3 分，没有亩捐。

【摊款和警备费】去年有摊款吗？＝应该不是去年的预算。但是 4 月的时候，警备需要津贴，摊款只有 18000 元。警备需要的是 24000 元，其中的 4000 元是由自行车捐里出的。

这之后没有摊款吗？＝大体上预算的是没有。但是去年预算赤字的 30000 元必须从今年的摊款中拨取，今年也许会有摊款吧。如果今年没有的话，应该就没有了吧。（注：事实上民国二十九年年底的时候，摊款就只有 24000 元了）

但是如果今年出现赤字的话？＝应该不会有赤字吧。

警备费需要 24000 元吗？＝是的。

那是警备费还是警察费？＝两者都有，从 4 月开始到 12 月，1 个人每个月有 5 元的津贴。警备队有 384 个人，警察有 150 名，县公署的行政警察有 10 名。

【行政书附加】有关行政书附加＝附加税是 5 钱（交给县里），1 张需要 10 钱的印花纸（交给国家），5 钱的工本费（纸代印刷费），以上合计 1 张 20 钱。

是县里印刷吗？ ＝是的，5 钱的工本费也是交给县里。

哪地方有卖印花纸的？ ＝统税局。

行政诉讼的人要去统税局买吗？ ＝由县公署提前去买贴到纸上。

一起去买的话还需要手续费吗？ ＝不需要。

只有今年没有摊款吗？ ＝是的。

【废止摊款和实施商捐亩捐】什么地方下达的命令说民国三十年度要废止摊款，是省里还是县里？ ＝省里下达的命令。

是怎么说的？ ＝民国二十九年十一月二十一日的河北省训令财监字第 572 号，河北省燕京道公署训令燕财字第 1310 号。田赋附加税和各项商农摊款一律改成商捐、亩捐。实施方法以及等则率表参考下表。

【资料一】 商捐亩捐的实施方法

各县征收商捐亩捐自民国三十年度起实行

一、各县原有田赋附加亩捐及商农经各项摊款铺捐等凡与商捐亩捐性质相同者均应取消分别归并于商亩捐内征收

二、商捐等级以商铺营业额为标准由县定之

三、亩捐等则暂依向例由县定之

四、捐率由县拟定呈由该道公署审核转呈本署核定

五、商捐不得随同营业税带征亩捐不得随粮带征

六、原有捐款因实施商捐亩捐而取消归并者应于备注栏内分别注明

七、征收商亩捐均应发给收拒（收据式样由省规定另令饬遵）

八、开征商亩捐应由县布告周知并分呈省道备案

河北省县地方商捐亩捐等则捐率表

名称	等则	纳捐标准	捐率	开征期间	备注
商捐	上中下三等	每户营业额	上等 中等 下等	每年 1、4、7、10 月四次	
亩捐	上中下三等	每亩（240 弓）	上等 中等 下等	每年 3、9 月两次	

【绅商摊款、商民摊款】截至去年的摊款的名称是？ ＝绅商摊款、商农摊款。

农民属于绅商摊款吗？ ＝绅就是农界。

可以说商民摊款吗？ ＝也可以那样说，民是指农民。

关于商民摊款的分配方法，例如刚才说到的 18000 元怎么分配？ ＝民国二十年制定的

规则，商是 3 成 5 分，民是 6 成 5 分。

只是顺义县的吗？＝是的。去年（民国二十八年）开始只针对治安费来说是商 3 成民 7 成。

是谁定的这样的分配比例？＝在绅商全体会议上决定的。

【联席会议】什么时候召开绅商全体会议？＝不一定。有摊款的时候就召开。

去年有绅商全体会议吗，什么时候？＝民国二十九年三月二十一日。

绅商全体会议可以称作联席会议吗？＝可以。

【资料二】联席会议记录

时　　间　二十九年三月二十一日下午二时

地　　点　县公署会议室

出席者　森岛信一　马　润　　言　绪　　张租政

张　连　田桐年　（王靖寰代）陶贞一

姚占三　刘继会　黄海澄　　朱子廉

王友三　郭履平　张碧亭　　孙书田

霍振奎　李廷福　袭　政　　孙冠东

赵朴如　李晏文　陈中甫　　王蜜福

李仙舟　邹世禄　王晓山　　王沛霖

许　森　卢锡寿　冯连鑫　　田明五

黄瑞五

缺　　席　夏崧生

主　　席　森岛信一

记　　录　祁自兴

一、　　开会

二、　　提议事项

1. 查现在物价昂贵警察薪饷甚微殊不足维持生活拟自二十九年四月一日起为增加以维生活警队增加薪数如下

（一）三等警二等士兵月薪十五元二等警一等士兵月薪十六元一等警上等士兵月薪十七元

（二）三等警长下士月薪十八元二等警长中士月薪十九元一等警长上士月薪二十元

（三）分队长中队长分所长警官每月各增薪五元

（四）大队部添设大队副一人月薪七十元

除应支薪饷外每月约须增加二千七百五十元零四角四月至十二月止计九个月须增加二万四千七百五十三元六角本年拟举办自行车摊款全县约计应有四千辆每车摊洋二元可收八千元（此项车摊款因系举办伊始如不足额不敷之数仍由商民负担）此外不足洋一万六千七百五十三元六角再按商三民七摊筹可否之处请公决

议决照案通过

2. 据各乡小学教员呈称近来物价昂贵生活日难请增加薪金以安教心应如何办理请公决

议决　稍为增加以维生活各教员薪金每月增加津贴四元由本年四月份起支物价减低再行减消由教育科通知各乡校知照教员月薪数列下

小学教员月薪定为二十元　　二十一元　　二十二元

三、　散会

去年只有一次联席会议吗？＝只有一次。

【联席会议的出席者】怎么确定上面的出席人？＝出席县政会议的人全部都要出席。有县长、顾问、秘书、财务科长、建设科长、学务科长、警察所长以及其他建设学务民事等的科员。其他出席的还有绅商代表，绅界的代表有陶贞一（仁和镇长）、姚占三（一区）、刘继会以及黄海澄（二区）、朱子廉和王友三（三区）、郭履平和田明五（四区）、黄瑞五和张碧亭（五区）、孙书田和霍振奎（六区）、李廷福和袭政（七区）、孙冠东和赵朴如（八区）。

商界代表有李晏文（本城商界代表、不是会长）、陈中甫（杨各庄商会会长）、王蜜福以及李仙舟（牛栏山商会代表）、邹世禄（李遂镇商会代表）、王晓山（李家桥商会会长）。

陶贞一也可以说成是一区的代表吗？＝可以，如果有特别重要的会议的话必须选举出各乡长。一般都是选分所长。

去年的这个会议重要吗？＝就是因为重要，所以各代表才都来的。

【选定出席联席会议的农民代表】怎么选出这些代表？＝分所长接到命令，立即召集乡长、副乡长开会，在会议上选出来。

分所长会下达召集乡长们的命令吗？＝不会。

分所长怎么召集众乡长？＝分所长看到下面的命令，因为是摊款，所以很重要，会立即集合。

【资料三】召开联席会议的通知

顺义县公署公函　财字第　号

迳启者兹定于本月二十一日下午两点在县署会议室开联席会议讨论警款摊筹事宜相应函请台端届时出席与会此致

财务科王科员

顺义县公署启　　三月十九日

在会议上会有选举吗？＝一般是没有选举的，一般都是大家同意的话，口头就决定了。

这样一来大体上就确定了作为代表的人了？＝大体上确定了，一般是有名望的乡长。

全部都仅限于乡长吗？＝也有不是乡长的，区里有名望的人也可以。

那些人也还是由分所长召集起来的？ ＝也有专门过来的。

区里会有几人参加联席会议？ ＝一个人的情况也有，但是一般都是两个人，多的时候也有三个人的。

【选定出席联席会议的商界代表】怎么选出商界的代表？ ＝决定是由和分局做同样事情的商会长出席，还是选出一名委员出席。

商会都会召集什么人？ ＝商会里有委员，一般情况下是一个行业选出一个委员，把这些委员召集起来。

县商会里有几个委员？ ＝不清楚。

【联席会议的主席】有谁担任联席会议的主席？ ＝乡长担任的比较多，没有的话也有顾问和秘书担任的。

出席会议的代表们会反对吗？ ＝会反对。

县里提出的议案有通不过的时候吗？ ＝有。

联席会议里最麻烦的是什么？ ＝摊款。

【确定摊款中民和商的分配比例】摊款中比较麻烦的是？ ＝有关村之间的警款摊款比例的讨论非常激烈。

民和商之间有激烈的讨论吗？ ＝3 对 7、35 对 65 的时候，讨论是非常激烈的。商人之间和农民之间的争论也很激烈。

八区民摊款的分配比例经常不确定吗？ ＝一般是两边平摊。

会议期间，关于一区各村之间的分配比例也会进行激烈的讨论吗？ ＝这个不会在会议上激烈讨论的。

【商界内部的分配比例】关于商人的摊款，五个地方是平均分配吗？ ＝这个还没有解决。

哪个地方的比较多？ ＝杨各庄 35、本城 30、牛栏山 25、李家桥 2、李遂店 8，但是，针对这，杨各庄因为遭了几次灾要求减免，同时本城比较发达要求增加的，类似这样的争论从来没有停止过。

只有商人的会议在哪地方？ ＝他们一般不直接召开会议，而是通过公文向县公署提出申请。

去年三月的摊款也是依据这个比例分配的吗？ ＝临时从商会借钱。按照本城 35、杨各庄 30 的比例分配，但是还有问题。

【区中农民的分配额】第一区有几个村庄？ ＝本来有 38 个村，但是一个村里有两个公会，这样就变成了 42 个村，21 个乡。沙井村是第四乡（参考顺义县全县各警区所属各村名称一览表）。

一区的数额确定的话各村是依据什么决定？ ＝依据警款。

警款是怎么确定的？ ＝各区都有标准。

八区整体会依据警款的比率进行划分吗？ ＝不会。各区都是平均的，这个根据民国二十八年的各区村摊警款额征完缺核对簿就清楚了。

【资料四】各区村摊警款额征完缺核对簿

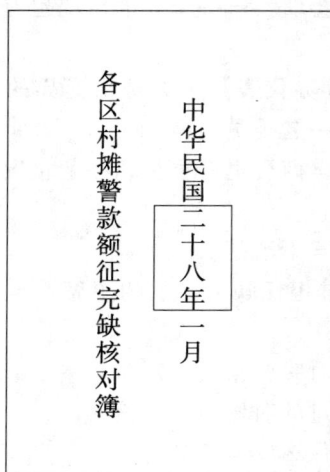

中华民国二十八年一月

各区村摊警款额征完缺核对簿

事务局第一分局

第一区	仁和镇南会	仁和镇北会	河南村	赵古营		梅沟营	望泉寺	沙井村	石门村	南法信	北法信	刘家河	合计季额	合计年额
（元）季额	28.683	28.683	72.860	10.541	中略	13.435	20.033	11.508	11.508	26.840	26.840	11.508	684.942	2739.768
春季份	清收													
夏季份														
秋季份														
冬季份														
缺														

注释

八区年额：21101.372 元

平均月额：1758.531

（清收就是盖有收讫的印章）

在哪里决定各村分摊的份额？ ＝由各区的警察决定分摊的数额。目前，根据这制定了以县为单位的分摊方法。把一年分为四个季度来收取。

由各区把各地征收上来的聚集到一起。

年代最久远的警款账簿是哪一年的？ ＝民国二十年的时候。

县公署进行分摊是从什么时候开始的？ ＝县模仿这种做法，始于民国二十年前后。

有去年摊款的分配簿吗？如果去区分所，能了解到分摊的情况吗？＝应该可以吧。但是，区分所的人事调动很频繁，如果缺少做过这方面工作的人的话，就无法了解情况。

【车股】车股是什么？＝区有车股，不知道县里有没有。

车股是用来做什么的？＝以前，在军事上用于征收车辆。车辆由谁出，采取什么样的更换方法，决定这些的就是车股。

现在，车股有什么用途？＝如今，需要零散的摊款和军用粮草的时候，分摊到40个村太麻烦了，分摊成9个或者是10个车股则非常便利。车股现在就是有这个用途。

去年的摊款没有执行车股？＝而是由区直接分摊的。

不需要车股了吗？＝去年不需要，县里并不知道，车股是个秘密组织。

车股没有在区分所里吗？＝无论何时车股都不在区分所，几个村组合成1个车股，需要车的时候，按照顺序，从第一车股开始分摊。

需要车的时候，什么地方需要车？＝民国二十二三年前后需求的比较多。那时，县公署对区公布，由区委派车股。

区明白车股的编制吗？＝明白。

1个车股都有1个负责人吗？＝也许没有。而是由属于车股的各村村长商量，提出意见。

【车股和警察分所】在车股里有警察官负责的地方吗？＝没有。

区分所里最了解摊款，车股等事情的是谁？＝按照区的制度，人员变动的话，文件就没有了，有警长和记录人员，警长比较熟悉情况。

警长是1个人吗？＝1个人。

区分所的工作是警察的责任和摊款的事务。

警察和警备队有什么不同？＝警察负责监察群众的行为。警备队则是负责讨伐流氓土匪。

【民国三十年度的亩捐】民国三十年度的亩捐，每亩二角五的情况，一年可以收入多少？＝目前有6500顷，不过土地调查结束之后就有8000顷了。这样一来，可以收入200000元。目前的预算是195000元。

【民国三十年度的商捐】跟亩捐相比商捐可以收入多少？＝预算是65000元。

【为了决定商捐等次的调查】分摊给各个商会吗？＝目前，县长和顾问正在调查各商号的实际情况，这过程中存在着困难。只在今年商捐会委托给商会。

那个调查的目的是县为了不通过商会收取商捐吗？＝各商号的金额都是由县公署规定的商会负责。

为了确定金额才进行调查的吗？＝是的。

什么样的调查，一年的销售额是多少？＝调查这些有很多的困难。记录如下面的表格：

【资料五】

决定商捐等次调查表

顺义县○○镇商捐等次登录清册

商捐等次	商号名称	全年营业额	备　注

附记　一、　　商捐等次栏须按将上中下顺序编列

　　　　二、　　全年营业额以元为单位须切实查填

顺义县各镇商捐等次标准表

　　　　一、　常年营业额　　130000 元以上者为特等

　　　　二、　常年营业额　　100000 元以上者为上等 1 级

　　　　三、　常年营业额　　80000 元以上者为上等 2 级

　　　　四、　常年营业额　　50000 元以上者为上等 3 级

　　　　五、　常年营业额　　30000 元以上者为中等 1 级

　　　　六、　常年营业额　　10000 元以上者为中等 2 级

　　　　七、　常年营业额　　7000 元以上者为中等 3 级

　　　　八、　常年营业额　　5000 元以上者为下等 1 级

　　　　九、　常年营业额　　2000 元以上者为下等 2 级

　　　　十、　常年营业额　　2000 元以下者为下等 3 级

民国三十年度的分摊是什么情况？ = 这个调查结束之后的情况。

截至去年的杨各庄，使用了 35% 的分摊吗？ = 没有使用，商会不参与分摊。

商会只是代收吗？ = 只是募集资金。

【地方的职责】没有社书吗？ = 这是催钱粮，本县没有。

有与这相似的东西吗？ = 地方。

地方主要做什么工作？ = 一地方管辖 2 个到 3 个村子，传送文件，征收钱粮，10 天 1 次到县公署交纳钱粮。

什么样的文件？ = 很多种，比如，让学校举行仪式等所有的命令文书。

区分所不做这样的工作吗？ = 不做。区有保正。分送给负有责任的地方，然后从地方送到村子里。

例如，与小学有关的文件也是由地方传送的吗？ = 是的。

征集柴草的命令也是由区传达到地方吗？ = 命令保正负责。

地方、保正只是和田赋有关联，与其他没有关联吗？ = 没有关联。

那么，刚才提到的有关小学的文件是由地方传达的吗？ = 是的。

不是由政务警带着去吗？ = 不是政务警。

【地方催缴钱粮】地方是如何征收钱粮的？ = 县里有"卯期总簿"（10 天称作卯），

地方每 10 天向县里集中 1 次。

保正和地方都需要每 10 天汇总 1 次吗？＝是的。

整年都要汇总吗？＝农忙时候，起征的时候，也就是从 4 月到 6 月，从 10 月到 12 月，前年没有交纳的，理论上是 6 月之前要汇集。但是，总体上 6 月以前没有汇集的，要从 6 月 30 日初夏之后开始征收，一直到 11 月以后，也就是一直到立秋之后继续征收。

现在，农民要交纳几回？＝从章程上来说是两回，但实际上是一回。

立秋时来过的人，大秋的时候可以不来吗？＝理论上一年应该交纳两次，但是，如果立秋的时候已经全部交纳的话大秋的时候不来也可以。

交纳一回的人多还是两回的人多？＝一般是一回的人多。

全部都是一回吗？＝也不尽然。

【卯期总簿】总簿四地方杨永才一栏里写着"本年度七百五十元八角九分"，6 个村的田赋的总和就这些吗？＝是的，这只是正税。

十二月三十日卯完（本节）年洋二七元六角一分，三零元零角八分是前年拖欠的部分。

前年以前的所有部分都包括在这里面吗？＝是的。拖欠的这部分只交纳民国二十七年以后的，之前的全部免除。

这里记录的各卯的金额是什么？＝地方上承担田赋的农民向粮库交纳的东西。

在何处有记录？＝粮库有记录。

2 月 25 日

民国二十九年土地调查　民国二十八年　黑地调查　六房

应答者　段继圆（县财务科书记）、王沛霖（县财务科科员）、赏懋德（县财务科书记）

地　点　县公署

（以下是县财务科书记段继圆的回答）

【民国二十九年土地调查开始】土地调查从什么时候开始的？＝从民国二十九年四月开始，分成四组进行的。由于七、八、九月社会治安恶化，这三个月的调查被迫中止。

在这之前没有更简单的调查吗？＝没有。黑地的相关调查有吧？＝也许有，当时自己没有任职。因为遇到了阻力没有实行。

从民国二十九年初开始，田赋征收室里黑地的账簿有所增加，这是为什么？＝那时候我不在县里，所以不清楚。民国二十九年一月我才到县公署任职。

让我看看民国二十九年四月以后的土地调查条例吧？＝河北省公署训令财赋字第九一六号河北省各县局处清查田赋办法，附表式清查田赋费概算书一份，清查县名草一纸。

本县实施细则参考如下：

【资料一】

顺义县清查土地整理田赋经征处办事细则

第一条　本细则依照奉发清理办法参酌实际情形拟定之

第二条　经征处整理田赋及清理土地事宜悉依本细则办理之

第三条　经征处承县长科长命令办理清赋事宜（以后经征处简称清理员）

第四条　以财政科职员及经征处书记兼充清理员清理员计四人每人月给津贴十元以六个月为限

第五条　清理员担任内勤在署办理核对注册等事项清查员担任外勤下乡清查责任

第六条　预印查报表申请书通知单等件交清查员下乡携带

第七条　清查员接到清查员送交各村之查报表册后按照旧田赋征册详细审核清理先将旧征册内各村原有之地亩总数及应完之田赋总额逐一算明另行记载再将每一村查报表册内之地亩数田赋核算总数分别记于册面以资比照倘新报查报表册之总数核与旧征册各村之总数有不足时应请县长勒令原清查员重行复查以昭核实凡每一册性质不同之田赋应于册面分类注明

第八条　清查员审核各户查报表时如有粮少地多之地即将多出部分另行记载签请县长将多出之地勒令接黑地注册升科并发给执照以便纳粮

　　如遇有粮多地少之地即按实有地亩数原有科则另行记载签请县长将溢出无着之地汇案呈请免除粮银

第九条　清理员将全县各村查报表审核填载完竣后即核同表册呈送县长复核为求迅速起见得先将核竣一部分表册提前送请复核

第十条　县长于全县各村表册一律复核完竣后（在表册内盖章）即将各村地亩总数田赋总额列一总表呈报河北省公署查核并照造一份分报该管道尹公署备案此表由清理员办理之

第十一条　县长每将一村之土地田赋复核完竣后认有问题者应将各户所有地亩及应纳田赋数目按户开具清单用送达证通知各该花户花户认为粮地数目不符时得自收到通知单之翌日起三十日内罗陈理由声请县公署予以更正县公署认为有理由时酌预更正如认为无理由即预驳均用批示送达行之如逾三十日不声明异议者视作确完如花户不服县公署之处分得自收受批示之翌日起三十日内向该管道尹公署提起诉愿无问题者免

第十二条　经此次田赋清查结果核定全县田赋总额能超过原有田赋总额至相当数目时所有清出之盲粮瞎户县长呈请河北省公署予以注销

　　本县应征田赋经此次清查之后应照现在户名地亩数目分别造册以新册为征粮地册遇有新契过户当时更正每起征前核对一次

第十三条　清理员成绩优良者提升给奖违反本细则之规定惩罚之

第十四条　本细则如有未尽事宜随时修正之

第十五条　本细则自公布之日起施行

【资料二】

顺义县清查土地整理田赋清查员办事细则

第一条 本细则依照奉发清查办法之宗旨参酌地方实际情形拟定之

第二条 清查员及各村乡长副等悉遵本细则办理之

第三条 清查员受县长之命令办理清查土地事宜

第四条 清查员以熟悉田赋情形明了本县大地状况者充任之每月薪资三十元以六个月为限

清查员到各村工作时不得受人民丝毫供应违者查出重罚

第五条 本县清查员规定八人每二人为一组每组担任清查两个区每区限三个月查竣清查员除携带规定各项表册外另备日记簿一本随时记名清查经过情形

第六条 清查员到指定区域先招乡长副会议说明清查意义及清查手续（此点由清查员参考办法细则及实际情形妥为筹划到村清查时应如何简便如何使人民确报如何杜免隐匿如何鼓励举报事先详拟计划以免临时困难而求敏捷）商定路线例如现在甲村清查拟定某日赴乙村于三日前先行通知乙村某日到达"通知单印妥携带"

第七条 乡长副接到清查员通知后即传知全村民户户主在家等候不得借端他往乡长副按照会议指示办法妥为筹备

第八条 清查员如需要区所协助时得请区所派员随同前往协和办理

第九条 在乡长副会议时询明各村有无圈界争执如有圈界不清村庄清查员将合议情形记明日记簿内应请区所遵照县署通令先行解决村界问题划清界限以便清查但区所解决村界争执全部不得超过二十日清查员应先赴无争执村庄清查之

第十条 清查员到村后召集全村人民说明清查意旨及将来人民的好处按户发给查报表指示填报办法全村填齐后清查员会同乡长副参酌该村数年来青苗摊款账簿及该村面积换户清查务无遗漏必要时得提取地户契约查验并可开放举报如在一村非按照勘丈不能求出确数时亦可丈量每将一村之地亩查竣后即将人民所填之查报表汇齐装订成册送县发交经征处对照注册

前项查报表由县印制携带不得向人民收取如何费用再每一户如有数地地亩不相连属者应分单查报

第十一条 各村地户填写查报表时应暂照旧粮名填报（有粮的）并于附记栏内注明现在真实姓名俟清查完毕再按现在真姓名过户又过户时不得用别号堂名倘有祭田或公共产业应注明现管理代表人姓名如系妇女夫故无子嗣者即写某某之妻某氏名称其有兄弟析产或继承分居者应分别过户无粮地亩应参考第十四条办理此次过户概不收过割费

第十二条 各户人民呈报地亩应依属地主义例如地在甲村人在乙村者应赴甲村查报又如人住甲村地在乙丙等村者应赴乙丙等村查报余类推

第十三条 清查员到各村工作应在所辖各村间巡回督促指导如何填报并设法清查各户所报是否属实毋稍遗漏（总之设法毋任隐匿）非俟某一村查报完了方准前往他村并将每日进行情形记入日记簿内一面随时报告县署遇有疑难问题立即请示县长解答办

理适电话地方用电话请示否则用便笺式请示以理迅速

第十四条　清查时如发现人民逾期白契准预免罚饬令迅速投税但以将"白契"字样填入查报表者为限其隐匿不报者不在此例遇有有粮无据之地亩并令照章补契投税无发现无据无粮或有据无粮之地亩饬令依章申请注册升科（申请书随代）人民填写申请书应将真实姓名填入注明黑地或某私租项以及四至等（申请书每一村另装一册）余与有粮地同

第十五条　经征处接到申请书后分别注册升科俟全县清查完竣按户发给执照以便纳粮

第十六条　各村人民于清查员到村后仍隐匿不报者出重罚仍勒令补报

前项罚款悉充整理田赋之用如有举报人者即于罚款内提四成奖金

第十七条　各村地户如因此次清查发生私产争执时悉依司法程序解决之

第十八条　清查员办事敏捷者成绩优良者在职人员提升无职者酌预留用或给奖金如有违反本则之规定或成绩不佳者分别轻惩罚之

第十九条　如有未尽事宜随时修正

第二十条　本规则自公布之日施行之

【资料三】

清查员办事细则补充办法

1. 人民所有地亩无粮者照前条规定办理倘有一为地亩内一部分有粮一部分无粮其无粮者照黑地申报但在申报书内注明与某项地亩系属一为造册时准其合并又例如有粮地十亩实际多出一亩或五分亦应照前项手续办理如有少数者由地户请求免除所少粮银但前项办法非经清查员明属实者不得认为有效

2. 隔区村庄如有地亩问题由清查员互相联络参考办理之必要时得请区所协助

3. 隔县村庄发生地亩问题清查员呈请县长办理之但清查员得将纠葛原因发生情形以及应如何处理拟具意见附呈

4. 清查手续依保甲制着手清查申请书附记栏内由清查员注明地之等级（按上、中、下、沙）核实办理清查员到村除乡长副协助外得派事务员随同清查如无契据当时补契由清查员盖章地户在查报表申请书内署名盖章或捺印地户契据如在外抵押应由地户通知债人持契到场查验用毕退还

5. 如有甲地典当乙姓查报表或申请书内仍填甲名于附记注明现典某人

6. 人民如有违反本细则之规定清查员得将违反事实加具意见报请县公署处理之清查员不得擅自处罚

【调查员】调查员有几个人？ ＝最初 4 个人。从民国二十九年十二月开始为 5 个人

现在进展到什么地步了？ ＝一区、二区、七区已经完毕。三区有 12 个村；四区有 11 个村；五区有 3 个村；八区有 7 个村已经完毕。六区情况不清楚。

从哪个区开始的？ ＝一区、七区、二区。

三个区的调查员正式上怎么称呼？ ＝清查员。

清查员必须亲自到场调查吗？＝亲自到场。

【调查表的格式】关于土地都调查什么？＝粮银、科则、未投税、今年的粮银交清了没有等。格式如下。有两种，分别是田赋查报表和土地申请书。

【调查和六房】沙井村的调查表的备注栏里的1、2、3指什么？＝通过书记的记号可以知道这个表格是谁记录的。例如，标记1是诸如东户房等六房的记号。

那么调查的时候，六房必须到场吗？＝科则。

【资料四】

田赋查报表

顺义县清查第　　　区　　　村田赋查报表

民国三十年　　月　　日　填报

旧粮名		更正粮名			现在村庄		备注
地亩数		坐落处所			有无契据		
		四至	东　　西 　至 北　　南 　至		成立月日		
					已　　未 投　　税		
租粮银数		名目			科则		
附记	地户 连署保证人　保甲长						

【资料五】

土地申请书

顺义县清查第　　　区　　　村土地申请书

民国三十年　　　月　　　日　填

地户姓名		地亩数目		
坐落处所		四至	西东至　　南北至	
有无契据		已未投税		地户现住村庄
附记	地户 连署保证人　乡长　乡副			

注意：

一、此书经清查员审核后拟定科则及粮银数目

二、如系租地注明何处租项将黑地租标明

列于附记栏内的条件是根据六房的了解进行的调查。

【调查对象——有粮地、黑地、租地】查报表里写的是什么地？＝有粮地。

申请书里写的是什么地呢？＝黑地和租地。

黑地和租地全部都是无粮地吗？＝是无粮地。

县公署依据这个申请书收取粮食吗？＝是的。

【科则的划分】科则没有确定的部分怎么确定？＝本来分为上、中、下、沙碱四种。清查员通过视察土地，根据位置和土质判断。

什么时候开始征收粮食？＝全部调查尚未结束时，就有人提议从调查已经结束的三个区征收。

【申请地的增长量】通过调查，第一区的申请地增加了多少呢？＝河南村的情况尚不清楚，有粮地有 568 顷 33 亩 936；租地有 27 顷 7 亩 393；黑地有 129 顷 69 亩 502。根据《顺义县土地调查已完竣之村镇数目册》可知，沙井村的有粮地数目是 10 顷 19 亩 20；租地数目是 1 顷 86 亩 500；黑地数目是 2 顷 29 亩 400。

清查的时候分组吗？＝分成 4 组。一区和五区是一组，二、八区是二组，三、四区是三组，六、七区是四组。

这个调查什么时候结束？＝这边预算是到三月末结束。

【查报表和红簿、大秋账】查报表的地亩数目和田赋征收室的红簿里的数目一致吗？＝一致。

村落的大秋账和查报表的地亩数目一致吗？＝大秋账里的地亩数目多。

为什么大秋账里的多呢？＝因为以前有隐匿的。

大秋账和田赋征收室的一致吗？＝不一致。征收室里的比大秋账多。这是因为即使征收了田赋但是村里也没有记录。

我认为还是大秋账里的多＝不是的，调查表里的记载是最准确的。

（以下是王沛霖（县财务科科员）的回答）

【民国二十八年的黑地调查】这次土地调查之前做过黑地申请吗？＝民国二十六年官旗产清理处做过。地户（也就是佃户）要求的。

田赋征收室里有从民国二十九年初期开始征收的黑地的粮册子，是什么样的东西？＝县公署做的。

民国二十八年的什么时候？＝冬季，11、12 月的时候。

那时候的黑地有多少？＝500 多公顷。

那时候有布告或者条例之类的东西吗？＝有布告。如下：

【资料六】

各村、各乡自己制作的让实施土地调查的布告

顺义县公署训令财字第　　号

令各村乡长副

为令遵事某本县地亩屡经饬悉各村多未遵令清报以致村界之争地亩纠纷不时发生讼案

日增迄无解决之策本县为根本整顿起见拟定土地调查暂行办法以确立土地方案调整各村财政为宗旨并派各村乡长副为各该村土地调查员按照颁发办法切实调查务求详确除分令外合行印发办法册式各一份令仰该乡长副遵照迅将该村所有地亩按照册式详细填列限文到十日呈送来署以应核办倘该村有隐匿不报地亩该乡长副应负责任如有逾递定限延不呈报本署即派员前往实地调查所有宿膳费由逾限村庄担负并仰遵照此令

迳启者查本县土地调查事宜业于十月二十六日以财字第五〇四号训令各村乡长副限文到十日内造具地亩清册呈送来署以凭核办现在期限已到深恐有不明此次调查之重要仍照以前视若具文置而不理有碍全部进行相应函请

查照即希对于颁发特别认真将村中地亩全数造列清册即速呈送勿稍迟延致于便再者此次调查宗旨事为确立土地方案调整各村财务免去一切纠纷换言之即系于全县人民造福万勿忽视为盼此致

各村　乡长副

（以下是赏懋德（县财务科书记）的回答）

【六房】六房是什么？＝民国以前，顺义县有吏、户、礼、兵、刑、工和承、仓、库、粮、丁等十一个房。现在的田赋征收室是以前的六房，之前的十一房里的户房和粮房分化为六房。粮房分化为东粮、西粮、吏房；户房则分化为老户房、东户房、户盟房。吏房的职能和以前不同，而是和东粮房类似，称作吏房，虽然又称作东粮房，但是现在称作东粮房的完全是另外一回事。

【粮房和户房】粮房和户房的区别？＝粮是旗粮，户是民户，负责升科地粮。都是负责征粮的房。承是承发；丁是户口调查。从民国四年到民国十二年我在清查地亩处就职，民国四年升科了的3000顷土地归入了吏房。

【民国初的整理】民国四年整理的是＝1000顷。

那么，之前的3000顷＝从民国四年到民国十三年整理的。

2月27日

地方保正　　政务警

应答者　王沛霖（县财务科科员）

地　点　县公署

【地方的变迁】地方从什么时候开始有的？＝很早以前就有了。从明朝的时候就有了。［这样说的只有赏懋德（县财务科书记）］

地方以前做什么工作？和现在有不同的地方吗？＝以前承担很大的责任。负责传达县里的各种文件。如遇路上有人死亡和杀人事件等报告给县里，也负责催缴粮银。现在只负责最后一项工作。其他的工作都由乡长代为办理。

地方是什么意思？＝一个人负责一个区域里的所有事务，负责上下联络。地方是土地的意思。

那时没有乡长吗？＝没有。以前没有乡长，民国初年才开始有。在那之前有青苗会，青苗会的会长担任很多工作，青苗会和地方是同时出现的。青苗会负责村里的工作；地方则需要有县里的委任状。

【地方的任命】现在还需要委任状吗？＝现在需要地方任命手令。

【资料一】地方任命的手令

秘字第　号

顺义县公署

谕第二区河北村等村地方蒋占和

为谕饬事案据该区保正植福兴呈称新委地方沈瑞原系已革地方此次奉委接充玩视要公诸差不力催缴钱粮成绩毫无至已革地方蒋占和敬谨劳毫无过失为此报告请准斥退沈瑞仍委蒋占和充当等情据此除批示照准外合函谕饬该民为河北等地方仰即谨慎服公勿误切切此谕

【地方的身份】地方的人数、管辖的区域现在和以前相比有变化吗？＝没有变化。

以前，地方都很富有吗？土地多吗？＝没有土地，也没有钱。与乡长（有名望也有财产）不同，地方负责几个村子，没有月报酬，只能在初夏和立秋的时候从各户得到一点。

有没有一直担任地方的父子？＝是世袭的。但是，必须限于没有超过规定时间的情况下。

如今地方的处境好吗？＝如今的地方基本上失去了存在的意义。只是勉强维持生活。

他们没有土地吗？＝没有土地。

【地方的田赋代纳】有地方代替农民代缴田赋？＝由农民出钱，地方代为交纳。但是，地方不会代替农民出钱交纳的。

农民拜托地方的时候，要给他们酬谢金吗？＝给一点跑路费。

每二三元的钱粮大概给二三十钱。

有没有地方全部收齐带来的情况？＝没有。

【地方存在的理由】既然那样，没有地方不是也可以吗？＝现在看来，没有也可以。但是，土地调查还没有结束，还是继续保留地方较好。

地方负责催缴钱粮，田赋征收室和县公署会给他们报酬吗？＝什么也不给。

已经废除地方了吗？＝目前，县公署还在雇佣他们，如果县公署不雇佣了，就会废除了。

【地方的报酬】虽然雇佣他们，但是不给他们报酬吗？＝不给。

地方的收入就只有初夏和立秋的时候得到的那些和跑路费吗？＝是的，只有那些。

向村公所传达公事的时候也没有报酬吗？＝没有。但是，节日和新年的时候，腿脚勤快的人会得到一点钱。村公所如果有公会地的话，会让他们耕种，没有的话会给钱。

保正会把公事等委托给地方吗？＝县公署会委托保正，但是，现在保正会委托其他人。除了催缴钱粮之外，地方很少来县里。

催缴钱粮方面，保正也有负有责任吧？＝是的。保正负责一个区。

保正经常吩咐地方做事，会给他们报酬吗？＝没有，因为保正本身也没有钱。

【地方的罢免】县里有罢免地方的吗？＝有。

一般什么时候会罢免？＝政绩不佳或者是免职的时候。

有实例吗？＝有，去年十二月份左右。

罢免地方之后会任命新的地方吗？＝罢免之后，县里会给负责的村下达通告，让选任新的地方。

【地方的选任】什么人都可以担任地方吗？＝要熟悉村子情况的人。

乡长有担任地方的吗？＝没有。

村里的会头有担任地方的吗？＝没有。

一般都是做什么工作的人担任地方？＝身份地位非常低，没有财产的人担任。

【地方的权限】不交纳粮食的农户，地方到家里把他们强行拖拽到县公署，有这样的事情吗？＝地方没有那个权力。地方只是针对那些即使催促也不交纳的农户，向县里呈交文书，由县里处置。

有跟地方、保正相关的条例吗？＝没有，只是依据习惯而已。

【地方的身份】只是担任地方，他们能维持生活吗？＝不能。

这种情况下他们怎么办？＝做点小买卖之类的。

自古以来，地方的地位并不是都这么低吧？＝跟现在相比，以前的地位还稍微高点，但是现在很低。

地方的管辖区域是一成不变的吗？＝是的，没有变化。

【保正的职务】什么时候开始有保正的？＝很早以前就有了。

保正做什么工作？＝专门负责传达县政府公务的责任。保正负责管辖区域的乡长到城里办事了，就住在保正家里。

【保正的报酬】乡长会给保正报酬吗？＝立秋、初夏的时候会给。

是村里各户都会给保正报酬吗？＝不是的，是村所给。

各户会给地方报酬吗？＝地方亲自到各户去收。叫作"攒粮食"。

每户都一样吗？＝不一样。

有什么不一样的？＝多的话是一斗，至少也得一升两升的高粱和玉米等。

是根据土地的多少吗？＝大体上是的。

每户不给地方吗？＝不给。

保正每年大概能从乡里得到多少？＝大概二三十元到一百元。

【保正、地方的催缴粮银】保正也催缴粮银吗？＝是的。到公会去催缴粮银。

地方不去公会催缴粮银吗？＝地方只是直接到各家各户去催缴。

【保正的人数】目前有 8 名保正，区里最多的时候有多少人？＝以前有 10 名。民国十七年以前，这个县城是没有保正的。

【保正和地方、村公所】逢年过节的时候，地方不给保正送礼物吗？＝不送。

村公所逢节气也不给保正送礼吗？＝节气的时候没有。立秋和初夏的时候保正会去要钱。

【保正的罢免】有罢免保正的情况吗？＝有。

这个时候有吗？ ＝去年有。

什么情况下会被罢免？ ＝疏于职务，传达公务迟到的情况下。

地方被罢免的情况呢？ ＝例如，没有按量完成应有的 500 元粮银。

像地方这种情况，保正也会被罢免吗？ ＝与地方相比保正的责任比较小，所以不会被罢免。

【保正的选任】罢免保正之后怎么选择新任保正？ ＝会有一个新的保正补缺。

如何确定新的人选？ ＝选任由区里推荐的人。

区里会推举什么样的人？ ＝分所的所长和各乡长商量之后确定。

【保正的地位】什么样的人能担任保正，有钱的人？ ＝不是。也不会是农民。一般是没有多少财产，但是在几个乡里比较活跃的人。

所谓活跃是指在什么方面比较活跃？ ＝交际比较广，非常了解各个乡长。

做什么职业的人担任保正的比较多？ ＝没有职业的人担任保正才是最合适不过的。

一般的农民不行吗？ ＝不行。

商人呢？ ＝要比商人的地位高。

乡长呢？ ＝不行。

会长呢？ ＝会长也不行。

包税人呢？ ＝跟保正比较接近，有的人也可以担任。

只做保正能生活下去吗？ ＝能。

立秋和初夏的收入除外，保正没有其他收入吗？ ＝没有。可以从村公所那里得到些，除此之外，立秋和初夏的时候，也能收到乡长来城里的投宿费。

现在乡长仍然会投宿保正家吗？ ＝有私事和公事的时候都会投宿。

【保正的变迁】保正是什么意思？ ＝以前是指保甲的正保长，现在是指保正。

以前的保是类似于现在的区吗？ ＝古代农村每十户为一保，设保长。我认为现在的区就是从那时候的保演化而来的。

保正也是世袭相传吗？ ＝是世袭。跟父亲一样，没有因过失而被免职的话，就可以一直继承下去。

【保正的选任】一旦免职了，还能重新担任吗？ ＝有保证人的话可以。

不能立即重新上任吧？ ＝不能。

大概几年才能上任？ ＝两年或者三年就可以了。但是，要写个书面检讨书之类的，一般来说过了两三年乡长就换了，因为后来上任的乡长基本上不了解他以前的过失，所以就可以录用了。

和地方一样也需要委任书吗？ ＝是的。文书不是一年一回，而是有调动的时候才会有。

【保正的变迁】保正跟区长一样吗？ ＝以前是一样的。但是民国之后就和区长截然不同了。现在县公署的官员制度里已经没有这个官职了，但是现在也不花县里的费用，只是为了县里成立的一个组织，所以也就没有取缔。

以前的保正做警察做的事情吗？ ＝地方会做，但是保正不会。

可以拘留政绩不好（没有交纳粮食）的乡长吗？ ＝不能，没有那个权限。

【政务警】政务警有几个人？＝10个。

什么地方有？＝县公署的收发处后面，会计室附近。

政务警有头儿吗？＝有1名警长。

【政务警的职务】政务警做什么工作？＝有关县公署司法行政方面的工作，传人，传达消息，司法行政（村公所关系）联络，协助催缴粮银。

司法是？＝与人民诉讼有关的事情。例如，原告起诉县里的时候，承审处给他们送来传票让他们给原告和被告，让他们出面。

县里的司法是？＝相当于地方法院，即相当于如今承讯处的承审员。

地方法院时代怎么称呼承审员？＝推事。

行政是？＝负责乡长、乡副、学校老师的替换。村民想让他们辞职的时候，行政部门的人就过来处理，负责乡长（秘书室）和教员（学务科）事务的县公署派人负责开具传票并送至政务警。包商和承征员则是由财务科派人开具传票送至政务警。

【政务警和警察】什么情况下财务科会叫来政务警？＝城外有事情的时候。城内有事情的时候也会叫。

例如，沙井村的乡长有事情的时候是让政务警去，还是让分所去？＝直接让政务警去也可以，分所也可以。

哪个去得比较多？＝紧急事务的话就是政务警，不是紧急事务的话就是分所。

一般是分所多吗？＝一般事情的话分所比较多政务警比较少。大家都给分所打电话。紧急事务的话，就会让政务警去。

有10名政务警的话，管辖区域能确定吗？＝不能确定。

区分所里的警察没有政务警吗？＝有一个人做政务警的工作，但是不能叫作政务警。

怎么称呼他们？＝还是叫作警察。

政务警去村里的时候，要向分所汇报吗？＝不用汇报。

政务警和分所没有关联吗？＝没有关联。

【政务警的选任】什么样的人可以担任政务警？＝从警察里选，要有经验的人，而且工作踏实的人。

政务警的月工资比普通警察高吗？＝不高。

一个月多少？＝一个月最低20元到最高24元不等（二等警长）。

什么样的人可以做警察？＝成年人，聪明伶俐并且识字的人可以担任。

招募吗？＝有招募的也有推荐的。

谁推荐？＝警察职位有空缺的时候，由乡长推荐有志愿的人。

这个时候有招募吗？＝有。

什么时候？＝（没有回话）

要考试吗？＝警察不需要考试，警长要考试。

警长是从以前开始就做警察的人吗？＝一般是这样的。

政务警有空缺职位的话怎么选举，从普通警察里面选择什么条件的人？＝年龄稍微大点的人，涉及司法事件，审讯盗贼的时候，承审员负责审讯，政务警负责殴打。要有那种殴打经验的人。

【当选政务警的条件】要当选政务警，需要具备什么样的条件？ ＝熟悉村里情况的人，而且要是和村民感情融洽，熟悉警察所有事务的人。

年龄稍微大点的人和比警察优秀的人可以担任政务警吗？ ＝可以。

【政务警的报酬】政务警职位有空缺的时候想要补缺吗？ ＝想。

成为政务警有什么好处吗？ ＝危险性比较小，也不用夜间巡逻，而且也不用站到街上。

政务警去村里的话？ ＝村里会招待他们喝茶，如果赶到饭点去的话也会让他们吃饭。

除此之外没有其他钱吗？ ＝传讯的时候会稍微给点。

大概给多少？ ＝不确定，有时候三四毛（这是酒钱、跑腿钱、鞋钱），有时候一毛左右（这是饭钱）。

逢上节日或者过年的时候会给政务警送礼吗？ ＝不会。

政务警对所有地方都很熟悉吗？ ＝对所有地方都很熟悉。

【政务警的变迁】从什么时候开始有政务警的？ ＝从去年开始筹备的。

在那之前呢？ ＝民国二十九年之前警察中有 10 人做政务警的工作，但是县里还没有设政务警这个职位。在那之前有衙役，和地方一样，县里不给月工资，而是每次工作的时候从诉讼人那里拿到点钱。

民国二十九年以前的那 10 名政务警隶属于哪个部门？ ＝警察署。

【政务警和区】区里会让政务警去村里吗？ ＝不会。

政务警和区没有什么关系吗？ ＝没有，政务警只是负责传达县政府的命令。

【政务警和农民】政务警去村里的时候，村民会不乐意吗？ ＝如果是去办公事的话，不会很讨厌，但是，也不会报以好感，心里有点恐惧。

区里的特警什么情况下才会去村里？ ＝有人到区里反映区的警察和村里人有争执以及区警察行为不检点的时候，会让特警去村里。

有人到区里来状告，区里把状告转移到县里的时候，县里也会派人去吧？ ＝是的。

区里的特警熟悉村里情况吗？ ＝了解。

了解每个村民的情况吗？ ＝不了解。

了解每个乡长的情况吗？ ＝了解。

政务警了解吗？ ＝不是全部都知道，但是比一般人知道得详细点。

【政务警的罢免】可以罢免政务警吗？ ＝可以。

行为不检点的时候可以罢免吗？ ＝可以。

有这种情况吗？ ＝有。

做了什么事情的时候？ ＝威胁普通老百姓，收取不正当钱财的时候。

有去村里收取不正当钱财的吗？ ＝有。

有权罢免的是谁？ ＝县长。

区里的特警去村里的时候也能得到酒钱之类的吗？ ＝可以。

怎么称呼他们？ ＝还是警察。

第一区的是谁？ ＝不知道，分局知道。

2 月 26 日

雍和宫香灯租

应答者　言绪（县财务科科长）
地　点　县公署

【县里代理收取雍和宫香灯租】民国十二年时，科长是做什么的？ ＝粮租主任。

那个时候雍和宫会来收地租吗？ ＝民国十六年前后是由县里代理收取的，一年来收一次。从民国十九年开始，民国二十年左右的时候不再让县里代理收取了。

民国十六年以前，从清朝开始一直亲自来收取吗？ ＝由县里代为收取。

牌取是什么意思？ ＝每年雍和宫都会送来证文，称之为牌。

【雍和宫香灯地的整理】民国四年开始不再加收赋税了吗？ ＝不再加收赋税了。因为这些土地成了租地，不再征收钱粮了。

无论是雍和宫还是嵩祝寺都是私有财产，所以从民国四年开始是不是就必须实施加收赋税了？ ＝由官产局放置的成为私有财产的部分，有必要加收赋税。

雍和宫的香灯地没有那种必要吗？ ＝没有，雍和宫有土地。

县里代收的雍和宫香灯地租怎么称呼？ ＝香灯租。

是私有财产还是官有财产？ ＝私有财产。

这部分私有财产不需要加收赋税吗？ ＝虽说是私有财产，但是因为是雍和宫的土地，所以不用加收赋税。就是官有财产的时候也不需要加收赋税。

【县里代理收取和收租人征收】怎么区分县公署代理收取和收租人征收？ ＝当时，雍和宫建立的时候，从皇帝赐予的土地中获得线香和灯油的费用，自己收取太麻烦了，所以就由县公署代为收取。与之相对，清朝末年有许多黑地，被当局发现并且受到了处罚，带着这些土地投靠满洲人，这部分土地是自己收租。

代收部分目前还在收取，但是自行收取的那部分现在还在收吗？ ＝现在已经不收了。从民国十四年开始成立了官产清理处，所有的都由他们收取。

【署提香灯银元簿】署提香灯银元簿的意思是？ ＝由县公署受理。县公署之外有承征员，他们负责到村里去征收，然后由县公署汇总。

进行汇总的人的姓氏是什么？ ＝祁。

那是东粮房的人吗？ ＝是的。

【条】同顺永条是？ ＝汇总的资金交到同顺永保管，他们给县里送过去一个条庄票（类似于票据），县里需要钱的时候凭借条庄票支取现金。

那时把钱交由同顺永保管是一种惯例吗？ ＝香灯钱是这样的。

一般的田赋都是交由什么地方保管？ ＝顺记。

那种商号大概有多少家？ ＝三四户。顺记、同永顺、义集工。

哪种钱一定要存到哪种店里吗？ ＝不一定。

香灯钱的存放有规定吗？ = 征收人如果跟哪家商号熟悉的话，就存到哪家店里。

可以从商号里得到利息吗？ = 不能。

长时间存放也没有利息吗？ = 不会长时间存放的。即使长时间存放，也就不到一个月的利息，可以忽略不计了。

县款呢？ = 不足的情况下一般借用省款。

【雍和宫租收入的废止】民国十六年的时候，把民国十三、民国十四、民国十五、民国十六这几年的雍和宫租作为一次汇总了吗？ = 汇总了。

为什么？ = 因为战乱（奉直战争）没有收取，就在民国十六年收了。甚至雍和宫内部也陷入了混乱的境地。

所以雍和宫没有来收取就汇总存起来了？ = 是的。

民国十三、民国十四、民国十五年每年都征收吗？ = 是的。〔注：这位回答人参考的是提问人的《河北省顺义县的官旗产清理对雍和宫香灯地的影响》（加藤博士六十年纪念东洋史集说收集）〕

3 月 3 日

统税

回答人　徐继昌（县财务科书记）

地　点　县公署

【统税】统税是什么？ = 国家直接征收的货物税，对商业也征税。

征税的商品有哪些？ = 盐、酒、海关、所得税，和县款不同有统税分局（注：统税的概念仍不是很明确）

【盐的货物税】对盐是怎么征税的？ = 制盐商生产盐，由天津盐务局征税，顺义的盐店到盐务局买盐，个人间买卖盐是要收税的。

顺义的盐店叫什么？ = "公记"户。

盐的货物税怎么征收？ = 由盐务局征收，我们这个地方不征收。货物税统一由一个税务机关征收，无论到中国的哪个地方都是一样的。

【酒的货物税】酒的货物税哪个地方征收？ = 由这里的统税局征收。

是向造酒的地方征税还是向卖酒的地方征税？ = 向烧锅（酒作坊）征收，也会间接地向买酒人收税。

酿酒厂要交纳货物税、营业税、商捐、烟酒牌照、所得税吗？ = 种类很多，这是复税式。

什么是复税式？ = 一种商品要交纳几种税，制度好的话，一种税就足够了。

货物税的税率是多少？ = 一天使用三石五斗的高粱，生产出二百七八十斤的酒，每个月征收 2000 元的货物税。

根据什么确定征收的税额？ = 根据使用的高粱以及酒窖（类似于地下室，把高粱放到里面发酵）的大小。

【所得税】所得税是什么？ ＝无论什么店都要交纳所得税，通过卖发票征收，税率为1％或者5％。

【烟草的统税】烟草的货物税？ ＝出厂的时候征收，这里不是指向工厂征收。

货物税的征收机构是？ ＝顺义统税分所—唐山统税分局—北京统税局—统税总署。

县里和这没有关联吗？ ＝没有关联。

【防止偷逃货物税】为了防止漏税，负责监督的是哪个部门？ ＝统税分所发现漏税者，送至县公署，由县公署收取罚金。

统税局里有警察吗？ ＝有 2 名纠察员。

县公署或财务科不搜查漏税者吗？ ＝不搜查，因为跟自己的工作没有关系。

【国税】统税是国税吗？ ＝是国税。

国税里还包括其他吗？ ＝还有海关税、所得税。

顺义统税分所一年大概可以收多少税？ ＝不清楚。

3 月 3 日

推、过等的意思　　租地的买卖　　制作白契　　偷逃契税

应答者　赏懋德（县财务科书记）
地　点　县公署

【推】推、过、退、典、倒、兑的意思？ ＝推是通过推，把租地的佃户转让给其他人的意思。

为什么叫作推（退）呢？ ＝表示退出，从租借关系中抽身而出，自己没有了土地，所以不能出售了。

【起租子的】不再是自己的土地，成了谁的土地？ ＝名义上是租子地，实际上属于本主（王府庙产等）。

起租子的和本主一样吗？ ＝不一样。

起租子的和庄头、催头有什么不一样吗？ ＝王府里有庄头，比王府小的类似钟杨宅的里面有催头，再小的里面有起租子的。他们都属于田庄的管理人。

本主和催头也称作起租子的吗？ ＝是的。

农民一般指的是哪一个？ ＝指的是管事的。

【租子地的买卖】可以说卖推吗？ ＝规则上有规定，所以不能叫作推，但是确实有写作推的。

说到规则是指什么规则？ ＝前清以后的事情，所以不是很清楚。由于上赏地是上级给的，所以是不能出售的土地，从北京以北一直到奉天。租子地也是不能出售的。准确地说，同治年间出售过一次。

现在呢？ ＝现在也可以出售。

从什么时候开始能出售的？ ＝从民国四年的清查处和民国六七年的官产清理处开始可

以出售的。

德公府的土地可以卖给溥公府吗？　＝可以。

卖了之后就不是租子地了吧？　＝还是租子地。只是转到溥公府的名下了，好像清朝初期的时候还不能出售，之后就可以出售了。

出售了之后谁来收租呢？　＝溥公府。

名字也改成溥公府吗？　＝是的。

钟杨宅里上赏地比较少，自置买地比较多，这里的自置买地是租子地吗？　＝是租子地。

整理这些自置买地吗？　＝整理，但是还有残余。

没有没收自置买地的必要吧？　＝即使是买来的土地，时间久了也就成了租子地了。

【租子地和钱粮】租子地是什么？　＝地主收取钱粮，获得租地。

清朝的时候，不从王府土地收取钱粮吧？　＝不收取。民国六七年的时候，清查处开始收取八项旗租。民国十四五年的时候作为自己的租子地处理。

清朝时期，庙里没有钱粮吗？　＝上赏的庙产不收取钱粮。

沙井村的庙产收取钱粮吗？　＝收取。

【地租和租子】城里的王氏拥有沙井村的 40 亩土地，向佃户收取地租的话，这部分土地可以称作租子地吗？　＝不可以。地租是随意换个佃户也可以得到，但是租子的额度比较高。好地的话，佃户交纳的租子是 20 元，不好的地，也要交纳 10 元以上。

一亩租子地呢？　＝大概几毛钱吧，用吊钱衡量的话，大概 2 吊到 3 吊的样子。把元兑换成铜币，现在没有元了改征收纸币了。

一吊钱大概多少？　＝16 枚，小钱的话，230 枚（新钱）。

两吊呢？　＝大概 32、33 枚的铜子儿。

现在一吊钱怎么换算？　＝12 吊换 1 元。

民国初年的地租是？　＝3 吊或者 4 吊，民国七八年的时候是 3 元、4 元。

昨天兑换的时候，九五是怎么回事？　＝1000 枚小钱相当于一吊制钱，2 吊京钱相当于 6 吊顺义钱。1 吊制钱本来应该是 1000 枚小钱，如果用 950 枚兑换的话，就叫作九五，就是打九五折的意思。

【八项旗租】八项旗租是指什么？　＝顺义是七项，上赏地那部分由于地主犯错，由县里收回，国家收取租子。

【推】佃户可以买卖推吗？　＝不可以。

没有王府卖给佃户的情况吗？　＝有，民国初年以租子的 10 倍以上价钱卖掉。

前清的时候不能卖吗？　＝不能卖。

【庄头和催头】有催头、庄头、揽头等，还有其他跟这类似的吗？　＝没有。

庄头是？　＝庄头受王府家臣的指挥，没有任何报酬。庄头负责收租，逐渐富裕起来。

现在还有庄头吗？　＝没有了。

现在还有存在庄头的家庭吗？　＝有成为普通的良民住到北京的。

有住在县城里的吗？　＝西门为吴承泽的父亲曾经是庄头，他现在已经去世了。

县城里已经没有了？ ＝没有了。

下坡屯商华庭是庄头吗？ ＝是的。李遂店的朱家、罗家，还有其他的四家，河北村里的许家。

催头是？ ＝是起租子的。李遂店的黄姓是钟杨宅的催头，不过现在已经不做了。

城里面没有了吗？ ＝没有了。

现在的红簿里有钟杨宅的名字，现在还来上交田赋吗？ ＝不清楚。试着问了问（注：不再来上交了）

庄头和催头有什么不一样的吗？ ＝叫法不一样。

庄头和催头，哪个地位比较高？ ＝庄头的地位高。

有在庄头之下指使催头的吗？ ＝没有。

庄头之下负责催缴粮银的是？ ＝这里不叫催头。

叫作什么？ ＝没有什么称呼。

例如，内务府造办处—邓庄头—李催头—佃户，是这个顺序排列吗？ ＝李催头是的，但是不知道庄头的情况。

红白事的时候，佃户会去催头那里帮忙吗？ ＝双方有什么庆典了，都会相互帮忙的。

李催头明明有 2 顷的土地，但是为什么没有了呢？ ＝官产清理处给卖了。

李催头的财产是因为他是个放荡者而挥霍了呢，还是被查收了呢？ ＝那 2 顷的土地不是自己的，因为官产查收，所以自己不能再管理了，就荒废了。

庄头有类似于余地的黑地，他们就不能从中得到点收入吗？ ＝有是有，但是李催头的情况就不清楚了。

农民也会到庄头那里帮忙吗？ ＝和催头一样。

【揽头】揽头是？ ＝揽头和催头一样。

有不同的地方吗？ ＝没有不同的地方。

揽头里现在还有活着的人吗？ ＝揽头不知道。

现在的租佃地可以交换，以前佃户不可以交换吗？ ＝租地是不可以的。

【推和永佃权】怎么称呼佃户的耕种所租土地的权利？ ＝永佃权。

佃户之间的推能自由成立吗？ ＝是自由的。和卖一样。

推要交到何处？ ＝交到催头、庄头那里。

不用交到县公署吗？ ＝不用。

八项旗租是？ ＝由粮房更名而来。

送到催头、庄头那里的时候也叫作更名吗？ ＝是的。

【过】过是何时使用的？ ＝和推一样。

过是什么意思？ ＝和推一样，为了避开买卖使用的，转让的意思。

卖的时候不用过吗？ ＝也有写作过的。

这是失误吗？ ＝是失误。

过本来不就是可以当作卖或者推来用的吗？ ＝实际上不能使用，写字的人文化程度比较低，所以错了也没有察觉。

【倒】倒是？ = 和过一样，转让的意思。

可以用作推吗？ = 可以。

在顺义使用过吗？ = 使用过。

可以用作卖吗？ = 可以。

用作推的时候多，还是用作卖的时候多？ = 用作推的时候多。

【兑】兑是？ = 和退、推一样。

把卖写作推的时候有吗，或者把兑写作卖的时候有吗？ = 有。

收发处如果像这样写错了应该怎么办？ = 在收发处钱粮地归入卖，租子地归入推。

【钱粮】钱粮地的意思是？ = 国家收取钱粮的土地，也就是民粮地。

以前钱粮用什么交纳？ = 用银子洋钱（银元）交纳。民国初年的折合情况是八项旗租的 1 两银子相当于 2 元；民粮地的 1 两银子相当于 2 元 30 钱。

【租子地】不是钱粮地的有 = 是租子地和黑地。

八项旗租是租子地吗？ = 以前是租子地，之后归还给了国家。然后由国家出售成了民粮地。

从不是租子地到出售为止这段时间称作什么？ = 起粮地。

八项旗租成了民粮地，现在归入哪个红簿里呢？ = 不知道。

【租子】租子地是？ = 既收银子又收钱。

科则只能用银子吗？ = 既有银子也有钱。

民粮地的科则是？ = 全部是银子。

租子地里有银建和钱建，为什么可以区分呢？ = 根据地主来区分。

钟杨宅是？ = 钱。

内务府造办处的是？ = 银子。

匠役地的是？ = 钱。

【典里的租子、钱粮的负担】典是什么？ = 规定典期。典期满了之后就可以回购。租子、钱粮也由出典人负担。

租子地和民粮地都可以吗？ = 都可以。

【中保人、中人、保人、说合人】中保人、中人、保人、说合人的区别是？ = 如果契约里中保人和说合人是相互独立的，那么说合人不承担责任。

中人是？ = 在两方之间进行调解。

是委托给卖手还是委托给买手？ = 卖手。

这些人全部都委托卖手吗？ = 是的。

有委托给买手的吗？ = 也有那种情况。无论哪种情况，中保人的责任都比较大。买的土地、住宅发生纠纷的时候，要担负责任。

中人、保人、说合人不承担责任吗？ = 也要承担。

有什么不同的地方吗？ = （没有回答）。

【白契的做法】做草契之前做白契吗？ = 不做。民国十九年以前没有草契，那之后白契也没有了。

做草契之前需要做什么？＝在毛头纸上排列卖主、买主和中保人的名单。前清的时候本族的族长要到场。前清时，如果本族人想要的话，本族就有优先权，但是如今已经废除了。

这里书写的白纸和民国十九年以前的白契一样吗？＝一样。

这叫作什么？＝白契。

谁都可以做吗？＝有写的，也有不写的。章程上的公事的话，必须写草契交到这里。但是在这之前有写白契的，也有不写白契的。白契是私事。一般情况下，白契里会记载真实的价格，草契里则会降低价格，税契的时候不用拿白契。

即使拿来了白契县里也不受理吗？＝不受理。

写白契的多，还是不写白契的多？＝不清楚。

白契和草契的价格不一样吗？＝大体上是不一样的。

例如，甲卖给乙 200 元，立了一个白契，草契里记载的是 180 元，投税用的是草契，乙再转卖给其他人的时候用草契，还是用白契？＝草契。

但是丙由于苦恼于钱而出售的时候，而不知道这些情况的人把草契的价格当作真实的价格，把草契当作基准的时候怎么办？＝这也没办法。

【民国十九年以前的白契】到现在民国十九年以前的白契还受理投税吗？＝受理。

民国二十七、二十八年做的白契现在不送到县里了吧？＝有许多赝品，我们这里负责验证真品。如果出现了其他无理取闹的人就视作无效，现在的人记载民国十九年以前的日期。

没有民国十九年以后的日期吗？＝有的话需要再作一张草契。原则上，收发处是不接受附有民国十九年以后日期的白契的，如果误收了是要归还的。

【税契的罚则】税契的时候，把 200 元当作 150 元提交收到审判的时候应该怎么办？＝既然审判了就按照章程处罚。根据河北省政府交通税契罚则办法第四零二三号训令（民国二十二年）。如果依据民国二十四年三月关旗契税过期追加处罚券的话，顺义县公署造送征收二、三、四、五、六月份过期投税处罚报告册（民国二十七年）如下。

姓名	月份	成数	罚款数目	备注
张永恒	6 个月以上	1 倍	3.372 元	

这是超过投税的数额，去年一旦收了后，之后再有公事，超过了期限就会归还的。

最近有漏税的案例吗？＝以前的罚金很高。接近于 10 倍到 16 倍之间，所以，品行不好的中人向买主借一点钱遭到拒绝的时候就会呈报给县里，就会收取罚金。现在得到了改善，罚金数额小了，变成了 5 元以下了，就不再发生那种事情了。也有 1 元以下的。

最近有那样的例子吗？＝没有。

【监证人和漏税】监证人是？＝乡长是监证人。

监证人的工作是？＝负责监督匿价，长时间不税契的人。

看到草契，匿价有改正的吗？＝有。造假价格就要受到审判，乡长不同意的话，就必须在写白契的时候改正。

是上面那样的乡长多还是睁一只眼闭一只眼的乡长多？＝睁一只眼闭一只眼的乡长多。

有关于监证人的规定吗？＝有（请参考 427 页）。

【卖出税契的土地】没有不交纳税契的土地吗？＝全部都要交纳。

例如新民会购买的土地？＝有税契的必要。

不是不用税契吗？＝不用，要有委托书，因为购买的 3 亩不是新民会的土地，所以要囊括这之外的 3 亩。

铁道购买的土地呢？＝不用税契。国家购买民间土地的时候不需要。

公路（道路）买的土地也不需要吧？＝不需要。

庙产呢？＝需要。

庙产支付青苗费吗？＝不支付。雇佣别人种植由地户交纳。城内的王府，如果把自己的 40 亩土地交由别人种植，可以从佃户那里收取青苗费。

【典推契税的内容】典推契税的内容？＝正税三分，学费三厘，田房中用费五厘，自治费二厘五，地方教育费四厘五。

3 月 5 日

柴草　购买木材　赋役　新民会摊款

应答者　王沛霖（县财务科科员）
地　点　县公署

【需要柴草的机关】这个县里，每年需要柴草的都有哪些机关？＝有日本军、治安军管理柴草处。

县公署不需要吗？＝不需要。

县里的守备队也不需要吗？＝不需要。

为什么不需要呢？＝因为县里的守备队都是村里的人，非常清楚应该去哪买柴草，况且由于马特别少，所以都是自己走着去买。而日本军、治安军对县里的情况不是很了解，所以由他们代为购买。

每年大概需要多少？＝数量不确定，驻屯军多的话，需要的柴草数量会根据当时的情况临时调整。

【柴草的种类】柴草都有什么？＝劈柴，也就是木柴、高粱皮（俗称秸秆）也就是高粱的切株、谷草（谷子的皮）。谷草干了之后就是"干草"了。

【要求柴草的方法】一整年都会需求吗？＝是的。

要求的文书有哪几类？＝治安军大家都是打电话，县都是以文件的形式。

能让看看文件吗？＝在秘书办公室里。

【征收柴草的方法】治安军和日本军都是直接打电话，有文件吗？＝我这就去各分所，让他们把文件找出来整理一下。

因为是每年的例行公事，需要事先集中放到柴草处吗？＝不放那里。

怎么把文件送到各分所？＝和普通的文件一样，由保正负责送过去。

他们去村里大概要花费几天？＝前几天的文件有点费时间。送出文件快的话，要三五日；慢的话，也有三五个月的。这边着急的时候，可以打电话催促。

这样一来，紧急情况下，治安军岂不是赶不上了吗？＝现在一整年都驻屯，县里会在柴草还没用完的时候，就催促他们送来。

【交纳柴草的方法】应文件要求送来的柴草是送到区分局，还是各军队，还是柴草处？＝由村长整理送到柴草处。如果村里没有柴草的话，就用摊款先从其他地方买，然后县里付款的时候，再归还摊款。

最晚的村一般能晚多少？＝一般都是两三个月。

送到柴草处会给收据吗？＝会给。

县里知道谁送来了，谁没有送来吗？＝柴草处知道。

如果存在没有送来的村怎么办？＝柴草处向县里反映这个村的情况，县里会让分所催促这个村上交。

【柴草处的变迁】从什么时候开始有柴草处的？＝民国十五、十六年的时候成立的，后来由于军队收回就废止了，最近又重新成立了。

最近是什么时候？＝民国二十六年五月。

【柴草处的工作】柴草处由谁负责管理？＝有 1 名经理，忙的时候会有 1 名工人帮忙。

【资料一】

顺义县公署发给各区柴草价款一览表　　　民国二十九年八月　　日

区别	原征柴数	送交柴数	应领柴价	缺交柴数	原征草数	送交草数	应领草价	缺交草数	扣除柴草处经费数	实领价款总计	备注
一区	40000	32312	243.02	7688	12000	8553	30.38	3447	49.16	224.24	
二区	40000			40000	12000			12000			送驻杨各庄日军柴 32300 斤，草 6400 斤款直接自领
三区	40000	25357	184.98	146443	12000	9953	35.36	2047	49.16	171.18	送驻杨各庄日军柴 9423 斤款直接自领
四区	40000	19352	141.17	20648	12000	4160	14.76	7840	49.15	106.8	

续表

区别	原征柴数	送交柴数	应领柴价	缺交柴数	原征草数	送交草数	应领草价	缺交草数	扣除柴草处经费数	实领价款总计	备注
五区	40000	23881	174.21	16139	12000	5384	19.13	6616	49.15	144.19	
六区	40000	31180	227.46	8820	12000	9195	32.67	2805	49.16	210.97	
七区	40000	26815	193.62	13135	12000	7531	26.76	4469	49.15	173.23	
八区	40000	21322	155.54	18678	12000	8000	28.42	4000	49.15	134.81	送驻杨各庄日军柴 23678 斤款直接自领
总计	320000	181219	1322	138781	96000	52776	187.5	43224	244.08	1165.42	
说明	查自去年五月至本年七月向各区征柴 320000 斤草 96000 斤各区实送柴 181219 斤草 52776 斤发出柴 152700 斤价 1221.6 元草 37500 斤价 187.5 元连同旧存柴草价 100.4 元按照各区所送柴草数目分发随扣除柴草处经费 344.08 元，特此说明										

经理有月工资吗？＝16 元，各区负责给。

八区有面积大小差别怎么办？＝各区平均（每区 2 元）分担。但是，县里给草钱的时候可以扣除。

钱款县里会统一支付吗？＝会的。

军队收了柴草之后，会怎么支付呢？＝有的立即支付，有的几个月结算一次。

没有统计账簿吗？＝因为是直接送到柴草处，所以账簿在他们那里。

县里不给的话柴草处会给吗？＝是的。

【付给乡村的柴草钱款】怎样支付各区的柴草钱款？＝一年一次，金额多的时候由柴草处统计送去各区。还有的时候在县政府会议上商议通过之后，县里给各分所下达命令让他们来取。

必须要有县政府会议这个环节吗？＝文书上说明理由的话，不经过县政府会议也可以。

什么时候要通过县政府会议？＝近期内要召开县政府会议的时候就先等着。如果不知道什么时候要召开县政府会议，就通过文书获得许可。

说的一年一次，什么时候计算呢？＝没有一个确定的日期，也许是金额达到一定程度的时候吧。去年是四五月份，前年跟今年也大概是那个时候。千元以下的时候由柴草处分给各区再由各区分到各村子。这样一分到各户的话金额就少了，但是千元以上的时候也会分到各户。

也不仅限于一年一次吧？＝不限于。

县分到各区的账簿没有文件记载吗？＝有。参考上面一页资料一。

　　这些钱会交给各户吗？ ＝基本上都是由乡公所出钱买来的，所以不会分给各户。

　　这些钱与市价相比怎么样呢？ ＝从民国二十八年四月到去年七月份，扣除佣工等的费用344元8角8分，现在还有100元4角，再加上现在柴价的1220元6角，草价的187元5角，共计是1590元5角。

　　【分配柴草的方法】收集柴草的时候不用车股吗？ ＝区以下的地方不是很清楚。在四分局等使用，不了解一区情况。

　　分配的时候必须要在全区范围内分配吗？ ＝是的。

　　什么时候支付？ ＝两三个月前，去年的十一月。文件在秘书处书记祁自兴手里（原来的礼房）。

　　【付给乡村的柴草钱款】柴草处分配钱款的时候扣除手续费吗？ ＝因为是县负责分配的，所以不扣除，最初是由柴草处收的也不扣除。

　　各区会扣除各区的手续费吗？ ＝不扣除。

　　县也不扣除吗？ ＝不扣除。

　　【收购稻草等】县里还收其他东西吗？ ＝八区那边有稻草，会买稻草垫在监狱里。

　　一年大概买多少？ ＝2000斤，和市场价格是一样的。监狱署至少也要支付10元。

　　【柴草价格和市场价格】县里的守备队不用柴草吧？ ＝不用。

　　那时一般都是谁付钱？ ＝一般都是由部里支付。

　　和市价相比怎么样？ ＝大体上和市价一样。

　　和日本军、治安军相比也一样吗？ ＝不一样。很少。

　　即使这样，也不是一直都很少吧？ ＝有可能。

　　【木材的收购价格和市价】铁道的枕木和桥的木材货款都是通过县支付的吗？ ＝支付给县，然后县里支配。

　　与市场价相比，这些材料的价格怎么样？ ＝低。枕木的市场价是一根10元，出厂价是4元，建设总署负责建桥的木材的价格和市价是一致的，一根23元，但是一根活木的价格是8元，买的时候价格是1元60钱。

　　【款待乡村的县机关工作人员】县政务警、守备队去村里的时候一般都让管饭吗？ ＝是的。

　　普通的存在一年里大概有多少次？ ＝不清楚。

　　这个习惯从以前就有吗？ ＝以前是没有的。最近政务警和守备队经常去村里，一般都在村公所吃饭。

　　这个现象从什么时候开始有的？ ＝两三年前这种现象越来越多，官员经常到村子里去，村里会款待他们吃饭。

　　一般请他们吃什么？ ＝一般情况下就是些简单的菜和馒头。

　　财务科的官员去了也是一样的吗？ ＝他们很少去，去的话也是一样的。

　　都有谁觉得村里必须款待他们？ ＝县公署、治安军、警备队的人以及保正等到村里办公事的时候。因为私事去村里的时候是不会款待他们的。

　　【收购木材和支付货款】收购木材的时候有不付钱（306页）的吗？ ＝一般都会给的。

但是，交通公司的木筏等支付的时候，中间人会把钱装入自己的腰包。这也是难以招到苦力的原因所在。

建设总署、交通公司等把钱给县里的时候，县里不能收取手续费吧？＝不能。

【县城的赋役】修路的时候，怎么分配仁和镇的壮丁和车马（306 页）？＝从县公署前一直到新民公园的那段新建的路，赋役都是从仁和镇收的，车也是从那里征收的。

具体的分配方法呢？＝每个镇有十四保，县里给分所下达命令，分所把县里的命令传达到镇里，镇长会让 14 个保长负责。

保是怎么决定的呢？＝由隶属于保的各区轮流出人力。

村里是根据土地的亩数确定的，这里是根据什么呢？＝仁和镇出了很多有钱人。

这些有钱人是拥有土地多的人，还是商号比较大的人？＝拥有土地多的人。

商号呢？＝商号也一样，普通的人民也一样。

怎样对比土地的广阔和商号的规模大小？＝也没有进行全面的调查，只是从表面来看富裕的程度。

即使家里有很多年轻力壮的男性也不出太多的人力，有这样的情况吗？＝一般是根据财产来决定。

如果不能出人力，是不是就不用干活了？＝不是的。

一天有多少报酬？＝一天管两顿饭，还有 60 钱到 80 钱的报酬。

没有雇佣自己，需要向镇公所交钱吗？＝也有交钱的。

哪个比较多？＝自己出力的比较多。

大概要给镇里多少钱？＝根据市场价格来决定。不带饭的话，加上 1 元的饭钱合计为 1 元 60 钱到 1 元 80 钱之间。

【新民会摊款】新民会也会花费摊款吗？＝在去年的联席会议上提出了新民乡，3 个村、5 个村合成 1 个村，由他们出资雇佣委员来担当新民会的职员。这个时候需要摊款。这段时间，戏剧也要花费新民会的商民摊款：商会和村合计 5100 元，与此相对，仁和镇负担 750 元，其中商会出 500 元，其余的 250 元由镇里从各家临时凑齐。

即使是新民会的摊款，也都是从八区的农村收上来的，有这种情况吗？＝没有。

3 月 6 日

粮柜　粮柜和保正、地方　　勘灾　民缺　贴钱

应答者　祁自仁（财务科科办事员）
地　点　县公署

【东粮房的变迁】你们家从什么时候开始做粮柜的？＝从父辈那时候开始的。

祁赞卿氏是？＝同族的祖父，也即是当家的（注："当"读四声的时候是同族的意思；读一声的时候是家长代理的意思。这里读四声）

你们家都是东粮房吗？＝是的。

朝栋（赞卿）　振铡　　　　自贞（斌）　自修

焕章　朝弼　振声（警斋）　　自仁　自清（文）

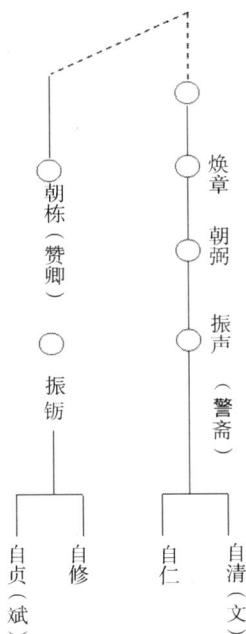

从什么时候开始这样叫的？　＝很早以前就这样叫了，大概从民国以前开始。

从那时起你们家就是东粮房了吗？　＝是的。

【西粮房的先生】有西粮房吗？　＝余作之，田雅南。

东粮房只有一个姓氏，为什么西粮房有两个姓氏呢？　＝刚开始西粮房也是只有余这个姓氏，最近比较忙，姓田的就来帮忙了。

田氏从什么时候开始帮忙的？　＝民国十五、民国十六年。

在那之前田氏是做什么的？　＝是学生。

田氏的父亲呢？　＝田氏的父亲也来西粮房帮忙。

田氏的父亲不叫西粮房吧？　＝不叫。以前的粮房和现在的包商一样，个人负责。粮房的名字也确定为祁家和河家。因此田氏就成了"帮西粮房"、"西粮房的先生"。

【粮房的先生】其他粮房里也有先生吗？　＝东户房的王喜、马宝臣、王璧是东户房言财务科长的先生，张藻是东粮房陶润的先生，陶秉祥是陶润的儿子。

东粮房的帮工开始于？　＝王璧从民国二十年开始；王喜从民国二十七年开始；马宝臣从民国十六年开始。

现在的东户房和言家还有关系吗？　＝有关系。

那么言科长家也是东户房吗？　＝是的。称言科长的父亲为言家公。

王喜、马宝臣、王璧是东户房吗？　＝是的。

什么时候开始称王喜、马宝臣、王璧为东户房的？　＝从前清开始。

【粮房的名称】粮房的名称是"先生"吗？　＝现在已经没有粮房的名字了。

粮房的名字从什么时候开始没有的？　＝民国十七年，现在还叫粮房的，只有那些上了年纪还不知道粮房已经消失了的人。

粮房的作用发挥到了什么时候？ ＝一直到现在还在发挥着作用呢。

主要发挥什么作用？ ＝征收和核算。负责写年度初期的所有台账。

无论哪个粮房一年中应当征收的额度是一定的吗？ ＝不一定。

只写在红簿中让农民带过来吗？ ＝也有不带过来的。

钟杨宅也要送来吗？ ＝不送来。

有民国十七年以前的东户房的先生吗？ ＝有是有，但是已经去世了。

你们家里没有先生吗？ ＝祁赞卿家里有，但是他不是东粮房。

【主任、稽核、书记】从什么时候开始有主任、稽核、书记的？ ＝从民国二十五年。

主任、稽核、书记的工作不一样吗？ ＝做的工作大体上是一样的，如果书记忙的时候，大家都做书记的工作。

【书记的职务】书记做什么工作？ ＝写"台账"和"串票"。

什么时候写这些？ ＝钱粮到的时候，写串票给送过去。

什么时候写台账？ ＝阴历的一月和二月。

现在还写吗？ ＝现在正在进行土地调查，因为要等到调查结束制作新的台账，所以现在没有写。

【稽核的职务】稽核的工作是 ＝细算正税和附加税。1 月和 2 月的时候稽核比较清闲，就负责写台账，这个时候稽核和书记是一样的。写台账需要两个月。

农历二月到五月、八月到十一月这段时间，稽核和书记的工作是明确分开的吗？ ＝只有农民把钱粮送过来的时候，他们的工作才是明确分开的，没有送来的时候，在一起工作。

现在有 8 个办事窗口，但是只有 2 名稽核，该怎么办？ ＝负责这 8 个窗口总计的就是这 2 名稽核。本来每个窗口都应该有 1 名稽核的，但是由书记代替。

农民把钱粮送来的时候，应该有几个人在办事窗口？ ＝3 个人，1 个负责核算，1 个负责核查台账，还有 1 个负责写串票。

是书记核查台账吗？ ＝是的。

负责核算的人是谁？ ＝书记，忙的时候，书记负责核查台账。

负责写串票的人是谁？ ＝也是书记，书记什么事都要做。

有 16 个人，8 个办事窗口，每个窗口有 2 个人，这种情况，忙的时候也会请人帮忙吗？ ＝也会请人帮忙。

祁氏的话是请姓祁的来帮忙呢，还是会请其他姓氏的来帮忙呢？ ＝这个不一定，即使不一样的姓氏也没关系。但是必须请业务熟练的人来帮忙。

帮忙的人一般都是固定的吗？ ＝是的。

来帮忙的人一般都是做什么工作的？ ＝一般都是农民。

【主任的职务】主任的工作是？ ＝负责督促一切工作。

现在的主任陶泽民以前也是主任吗？ ＝他是从民国二十五年当的主任。

在这之前没有像粮房主任那样的人吗？ ＝没有。

哪个粮房都一样吗？　＝一样的。

【主任、稽核、书记的选任】稽核和书记的工作看起来都是一样的啊？　＝工作是一样的，只是名字不一样而已。

县里为什么要改名字呢？　＝工作稍微熟练的叫稽核，年轻的叫书记，如此而已。

主任是由县里决定，还是他们一起商量决定？　＝由粮房和县双方的意见决定。

什么样的人可以担任？　＝熟悉粮柜的一切工作，善于核算的人。

主任是年龄最大的人吗？　＝主任一般都是由中年人担任，年龄太大的话，就不合适了。粮柜里比主任年龄大的人，大有人在。

在粮房中，主任也不是年龄最大的人吗？　＝不一定，有时候可能会是先生。

什么样的人可以担任主任？　＝精明强干的，善于核算的人。

书记业务熟练的话能担任稽核吗？　＝时间久的话，是可以的。实际上他们做的工作一样，报酬基本上也一样，都不为农民所知，农民都称他们为某先生。也就只有在调查的时候，大家都一样了，不好办事，才任命1名主任，2个稽核，没有什么不同的。

这是县里考虑之后的命令吗？　＝不是县里的命令。

没有什么规则吗？　＝没有。

【主任、稽核、书记的收入】主任的收入是？　＝主任也有粮柜，所以没有报酬。

稽核和书记呢？　＝无论是哪个粮柜的先生，都从粮柜领取报酬。

每月县里不给工资吗？　＝不给。

县里给粮柜多少报酬？　＝大家都是偶尔拿到点喝茶的钱。农民去的时候，才会给点零钱。

县里每月给的钱是确定的吗？　＝不确定。

收取多少田赋征税，从中抽取几成，没有这样的事情吗？　＝没有。每日都要向县里汇报收的金额，必须和串票吻合。

没到结算的时候和岁末的时候，县里不会给点礼物吗？　＝没有。

【先生的报酬】粮柜会给雇佣的先生多少报酬呢？　＝年底会给几十元的礼金。

仅仅靠这些钱应该是不够吃饭的，还有其他报酬吗？　＝他们并不是一整年都待在这里，也就忙的时候来帮个忙，管几顿饭，平时还是在家做农活。

祁赞卿先生也是这种情况吗？　＝是的。

只有在非常忙的时候临时雇来的人，可以叫作先生吗？　＝可以。

这些人的报酬是多少？　＝管饭吃，还有10元左右的报酬。

【县和粮柜的关系】有县里罢免粮柜的例子吗？　＝没有这方面的例子，但是县里确实可以罢免粮柜。

有县里任命粮柜的吗？　＝没有正式的任命。

这样一来，粮柜就不是县里的工作人员了吧？　＝不是县里的工作人员，和县里的关系一直处于模糊的状态，但是由于常年以来为县里提供劳力，所以突然罢免也不是很好。县里再重新设立一个征收机关的话，也不保证一定能进展顺利。一直以来这样，为了保证这些伙伴的生活，雇佣他们，给他们一口饭吃，才是两全其美的做法。

和县里的书记有什么不同的吗？ ＝和财务科的书记不同，粮柜是没有月工资的。

【粮柜的收入】粮柜的收入是？ ＝就是粮房的收入。

粮柜的收入要送到省县，剩余的部分可以作为自己的收入吗？ ＝全部要送到县里，数额不足的时候，自己补上。

缺额是？ ＝例如，收到假币的时候，纸币的番号不吻合的情况下。

粮柜怎么维持生计呢？ ＝除了收点零头和酒钱或者差钱之外，他们的工作都是义务性的，没有报酬。

收零头的时候大概收多少？ ＝不一定。30 元或者 40 元的田赋里大概有 10 钱的零头，交纳者不要的话就给粮房。粮房要表达自己的感谢之情。

茶钱一般有多少？ ＝不一定，有零钱的话就给，没有零钱的话就不给了。

粮柜会把零头、茶钱全部集中起来进行平均分配吗？ ＝自己收的钱就是自己的了，会从中抽取部分作为先生的饭钱，余下的那部分作为报酬。

各粮房之间在这件事情上有关联吗？ ＝没有。

【粮柜相互之间的关系】田赋多的房和少的房之间存在不公平吗？ ＝不一致。

粮柜里有特别要茶钱的吗？ ＝没有。如今的粮柜都想要月工资。

年底的时候会分钱吗？ ＝由先生分，只给自己的粮柜分。

那么粮柜中就有分得多的和分得少的吧？ ＝是的。

分得最多的是？ ＝陶泽民、言科长和言家鑫。这两个姓言的是同一个家族的。

分得最少的是？ ＝沈增、祁家。一直都很少。先是祁自贞和祁文分，然后沈家再分成两份，就变少了。

沈家是什么时候分的？ ＝去年。

祁家呢？ ＝民国二十七年。

分开了之后名字还一样吗？ ＝一样，办事窗口是挨着的。

农民知道分的事情吗？ ＝知道。

一年中收入最多的时候是多少？ ＝四五百元。

最少的时候呢？ ＝200 元。

【先生的伙食补助】来帮忙的在哪吃饭呢？ ＝哪个粮房的就在哪个粮房家里吃饭。

不给饭钱的话给做饭吗？ ＝做。

一天三顿饭吗？ ＝两顿，六七月份的时候天比较长是三顿。

【征收粮和租的粮房的区别】收粮和租的办事窗口不一样吗？ ＝粮是指地租，租是指公产租和升科租。

哪个粮房中有地粮？ ＝所有的粮房。

有升科的粮房呢？ ＝西粮、东户、老户、户盟（沈增）、东粮（祁文）。

有公产的粮房呢？ ＝户盟二芳、东粮（祁自贞）、西粮、东户、老户。

其他的呢？ ＝西河岁修的西粮、广恩库和马馆租的东户。

八项旗租归到哪里？ ＝归到也粮里。

【资料一】

粮柜办事窗口的顺序

粮柜的名称	姓名	先生	粮租名目
吏（东粮陶）	陶泽明 陶秉祥	张　藻	地粮（吏房的地粮和其他房的相比是最多的）
户盐	沈佐卿		地粮　公产
户盐	沈　增		地粮　公产　升科
东粮（祁）	祁　文	祁赞卿	地粮　　　升科
东粮（祁）	祁自贞		地粮　公产
西粮	余作之	田雅南	地粮　公产　升科　西河岁修租
东户	言宋公	王　喜	地粮　公产　升科　广恩库租
		马宝臣	
		王　璧	马馆租
老户	言家鑫	言　凯 言振清	地粮　公产　升科

【粮房和户房】粮房和户房本来是不一样的吗？＝以前户房负责处理与民间的案件和地亩相关的事情。

和承审处做的事情一样吗？＝因为没有承审处，所以和承审处做的事情一样。

维持到了什么时候？＝民国七年前后。

粮房做什么事情？＝只是征收地粮。

户房也征收地粮，他们有什么不一样的地方吗？＝在征收地粮方面是一样的。粮房是从户房分离出来的，只是负责征收钱粮，所以户房的历史更悠久。以前只有户房，负责处理民间的案件事务以及债务等相关的事情，非常忙，所以粮务就分离出来，成了粮房。

户房和粮房不是从开始就有的吗？＝吏户礼兵刑工和丁仓库的历史最悠久，粮房从户房分离出来之后才出现的。

户房是民粮地，粮房是旗租地，有这种说法吗？＝户房里民粮地最多。八项旗租是后来才出现的，由粮房负责，旗人不收租，而是由县里负责。

户房里也有少量旗租地吧？＝只有民粮地。

粮房里有民粮地吗？＝也有民粮地。

与旗租地相比哪个比较多？＝旗租地比较多。

粮房的民粮地是原来的民粮地，还是出售的旗租地？＝出售的旗租地。

什么时候？＝民国十五、十六年。

原来粮房都是旗租地吗？＝都是旗租地。

【旗租地的买卖】"立卖旗租地"的书写方法是在前清时代出现的吗？＝前清时代也有。

是什么意思？＝税契的时候免去一般的税。

出售八项旗租佃权的不是推吗？＝佃户之间的买卖不写作推。

前清时代也不能写吧？ ＝不能写。

旗人卖土地的时候能说卖吗？ ＝不清楚到底写不写作卖。有衙门管理旗人，和县里没有关系。

旗人向佃户出售征租权的时候能说卖吗？ ＝既能写作旗人向佃户出售，也能写作推。

旗人向佃户出售的时候写作卖是民国时候的事情吧？ ＝民国以后开始有的。前清时代没有。

前清时代叫作什么？ ＝不需要出售，那时候旗人比较富裕，没有出售的必要。

什么时候开始有地粮的？ ＝从前清时代开始。

【八项旗租地】前清的民粮地里还包括八项旗租地之外的其他东西吗？ ＝有各王府租子地，其他的就没有了。

八项旗租从什么时候开始到什么时候为止演变成民粮地的？ ＝从民国十一年开始，到民国二十八年春的官产清理处解散为止。

八项旗租里还有没有没收的部分吗？ ＝有。

【没收各王府租子地】各王府租子地？ ＝从民国十六年到民国二十八年春。

还有没有没收的吗？ ＝有。

【公产】公产是什么样的土地？ ＝民国三年增加赋税的那部分土地叫作公产。

公产是什么意思？ ＝把收的钱送到各省去，因为是国家的产业，所以叫作公产。

升科地呢？ ＝民国三年以后的公产都是升科地了。

公产和八项旗租不同吗？ ＝不同。

怎么不同？ ＝八项旗租不是国家所有的，而公产是正式的国有租子地。

八项租子地是怎么产生的？ ＝不知道，因为历史太悠久了。

公产呢？ ＝因为民国三年以前的了，所以也不清楚。

【粮房增加赋税的分配方法】民国三年以后，红簿里的土地增加了的是升科和地粮吗？ ＝三年以后增加土地的只有升科，没有地粮。但是民国十六年以后就不同了。地粮也增加了。

像这种土地增加的时候怎么向各粮房分配呢？ ＝由县里八区化分配。

地粮是从第一区的哪些地区收取？ ＝每年都会不同。例如，今年由第一区的西粮房收取，但是第二年就不一样了。

地粮共有 8 家，但是公产只有 6 家，这样分配的时候不会有困难吗？ ＝有的家庭得到公产，其他的家庭就得到地粮，这样比较合适。

那时是以地粮的金额为基准，还是以地粮的面积为基准？ ＝以金额为基准。

对于地粮的增加，各房每年把不同的区归入自己的红簿，这样存在不公平吗？ ＝因为现在负责处理粮柜的工作，所以没有无视区的情况。

沙井村的一个家庭今年归入甲房，明年又归入乙房，这样不麻烦吗？ ＝以前确实很麻烦。现在正在努力改善这样混乱的局面。将来争取达到一区归谁，二区归谁管理的局面。

运气好的房的粮食总额会增加，运气不好的房粮食总额则比较不好，有这样的不公平现象吗？ ＝大家相互之间感情都很好，大的粮房会帮助小的粮房，小的粮房也会帮助大的粮房。

【升科地的增加】截至民国三年以后多少年，升科地还在继续增加？＝截至民国六七年的时候。是黑地。

民国十年以后就不再增加了吗？＝旗产清理处成立之后就没有升科地了。

【绿营】绿营现在隶属于哪里？＝属于西粮的地粮。

【保正、地方催缴粮银】保正和粮柜有什么关系？＝保正十天去一次村里催缴粮银，除此之外没有什么关系了。

地方呢？＝经常去村里催缴粮银。

【填写粮食总账本】谁负责写"粮食总账本"？＝粮柜负责人写。

粮柜里大家一起写吗？＝两人一组轮流写。到了卯期，两人中的一人负责核算，一人负责写，忙的时候也有其他人帮忙。

两人一组的值班者叫什么？＝粮柜负责人。

其他房的账簿也由这两个人负责核算吗？＝是的。辨卯人汇报十天间的全部收入，由这两个人进行核算，粮柜负责计算自己在十日内的收入，也负责计算哪个地方的哪个村的收入多少，然后交给辨卯，辨卯人纵向计算一下，然后算出哪个地方都送来了多少，那天大家都把自己的工作放一放。

即使从很远的地方来的农民交纳也不收取吗？＝收的。收取远处交纳来的，以便下次计算。不收取近处交纳的。

【保正、地方的奖金】粮食总账本来了，保正、地方要集合吗？＝要集合的。

地方在县里集合做什么？＝来县里了解自己的业绩，业绩好的话，年底就可获得很多奖金。然后带来自己管辖花户的名簿，参考财务科的账簿，交纳之后进行销毁。

地方的奖金大概有多少？＝年底大概3元。

大概有多少人可以获得奖金？＝不一定。

去年是几人？＝十多人。

保正有奖金吗？＝有。

大概多少？＝5元。

【保正、地方和卯正】地方到村里催缴粮银的时候，和粮柜商量吗？＝粮柜负责人办完事，大多情况下都是直接回去，如果不知道自己账簿上记录人名的地址的话，回去问先生。

县里谁公布业绩？＝由科长公布业绩。有自己名字的话，就能知道自己的业绩。如果业绩不好的话，就不用来了，那个时候由财务科去叫。保正来吗？＝必须来，领着自己的地方来。

科长会问保正的业绩吗？＝计算地方的数额，就能知道保正的业绩。

保正会催缴粮银吗？＝例如，上忙的时候开始征收的话，保正会在各村张贴布告，同时会到村公会去与村长谈话，那个时候带着地方去。保正回来之后，地方到各家区催缴粮银。

每次地方来县里回去之后，卯会到没有交纳粮银的地方催促吗？＝会去。

【地方代替别户交纳赋税】地方为了提高自己的业绩，会代替别户交纳赋税吗？＝不会。

地方也不会代替农民交纳吗？＝由于农民不信任地方，所以很少委托地方代为交纳。但是，如果家里只有女人，也没有什么人脉的情况下，会委托地方代为交纳。

【乡长代替别户交纳赋税】乡长也不会代替别户交纳赋税吗？＝会的。甲长、教员、同族以及亲戚都会。

让这些人代替交纳的话，要收取手续费吗？＝不收取。

地方也不收取吗？＝不收取。

对帮忙的人过意不去的话，会给点什么吗？＝没有地方主动要的，有的农民会自己给。年底的时候，公会也会给他们谢礼。

让乡长帮忙的时候会有报酬吗？＝不会，就连小礼物都没有。因为地方一般都很穷，所以就给点谢礼。

【粮柜和保正、地方】粮柜会给保正、地方礼物吗？＝不会。即使在节日和年底的时候，也不会给。

【勘灾】勘灾是什么？＝遭受天灾的时候，发出联合请求书也就是因秋末被水成实缓粮，请求免除今年的钱粮。县里派出调查员进行调查，如果情况属实的话，县里会向省里申请，如果省里许可的话，就可以设置今年一个缓冲期，待明年再征收。很少有全部免除的。

有县里直接就可以免除的吗？＝没有。

递交联合请求书的方式是一定的吧？＝是一定的。

并不是每年省里都会下达勘灾的指示吧？＝不是每年都有。

农民来的话，县里必须要向省里申请吗？＝条例只要没有变化就有效，调查灾害然后呈报给省里。

每年十月份省里会下达勘灾的指示吗？＝不会。

【民缺】民缺是什么？＝不征收的金额。例如，今年只收 8/10，那剩余的那部分就归入民缺。

只限于田赋吗？＝是的，只限于田赋。

包税里有这种情况叫什么？＝商缺。

参考民簿的话就能了解民缺吗？＝能了解。

由粮柜合计民缺呈报给财务科吗？＝一个月一次。

这叫作什么？＝田赋月报。

每个月都要呈报民缺吗？＝民国三十年有 100 单位的民缺，正月收 10 单位的话，二月就有 90 单位的民缺。

要告知省里民缺吗？＝在库款月报表上有记载，田赋月报也要送到省里。

怎么征收民缺？＝民缺是针对红簿上的死走逃亡花户而实施的不征收政策，来年由地方和粮房商量将他们土地的佃户送出去。

如果不死走逃亡的话，还有民缺吗？＝有。也要催缴。

如果没有交纳怎么办？＝由县政府带走他们（也就是传唤）。

【免除民缺】民缺从好几年前就有了，历史很悠久，有免除的情况吗？＝省里下达免除的文件就会免除。

有这种情况吗？＝有的，曾经就免除了二十五年中民国十六年的民缺。民国十六年以后的还未免除（？）[1]。民国二十八年王克敏就职的时候，就免除了民国二十六、民国二十七年的民缺。

有民缺的时候地方会被问责吗？＝会被问责。

怎么问责？＝如果业绩不好的话，就会让辞职，也有不让辞职的时候。

【连圈、贴钱】连圈和贴钱是？＝秘书室许科员解释得并不清楚。

贴钱是？＝例如，乙村的土地卖给甲村的人，土地虽然还在乙村的范围内，但是土地的所有权已经归甲村所有，但是无论何时甲村都等不到自己的机会，所以就请求乙村在初夏和立秋的时候让自己做点什么。

怎么才能了解这些？＝关于这件事是不是会发生纠纷，然后双方就会到秘书室来由许先生负责从中调解，即使这样有时候双方争执不下，只能由法院来审理了。

连圈是什么？＝村之间的边界不清楚的情况吧。

【田赋的科则】田赋的科则好像有 60 种左右，现在还作为依据吗？＝不再作为依据了（？）[2]。台账还依然以这为依据。

沙井村只有 2 分、2 分 5 厘等五六种？＝地粮和广恩库里现在数量还是很多，达到了四十几种。

沙井村附近大概有多少？＝这必须要进行调查。

【资料二】

顺义县粮租名称以及项目一览表

粮租名目	每亩科则	粮租名目	每亩科则
地　粮	一・一五	地　粮	三・六九
	二・三〇		三・九一
	二・七三		四・一四
	三・二二		四・三七
	三・四五		四・六〇
	四・八三		一〇・〇〇
	五・〇六	升科租	一八・〇〇
	五・二九	马馆租	三二・一二

---

〔1〕　译者注：原文如此。
〔2〕　译者注：原文如此。

粮租名目	每亩科则	粮租名目	每亩科则
五·五二	广恩库租	一〇·〇〇	
	五·六一		一四·〇〇
	五·七三		一六·〇〇
	五·九八		一六·二〇
	六·二一		一六·四〇
	六·四四		一六·六〇
	六·六七		一六·八〇
	六·九〇		一七·〇〇
	七·一三		一七·二〇
	七·三六		一七·六〇
	七·五九		一八·〇〇
	七·八二		二六·二〇
	八·二八		二六·四〇
	八·三七		二二·四〇
	八·五一		二四·〇〇
	八·九七	西河岁修租	二一·六〇
	九·二〇		二三·〇〇
公产租	三·六〇		二三·二〇
	四·〇〇		二四·八〇
	四·二〇		二五·〇〇
	五·〇〇		二五·八〇
	七·四〇		二七·〇〇
	八·〇〇		二八·〇〇
	一九·〇〇		二八·二〇
	二〇·〇〇		三三·〇〇
	八·八〇		二一·四〇
	九·〇〇		一二·四〇

3 月 8 日

粮柜

应答者　张藻、王璧（都是田赋征收室书记）

地　点　县公署

【应答者简历】张藻先生（房东先生）从什么时候开始征收赋税的？＝四五年前。

王璧（东户房的先生）呢？＝4 年前。

在这之前张先生是做什么的？＝小学毕业之后就在本城内自己家闲逛。在民国十五年的官产清理处帮忙。

在官产清理处一直待到什么时候？＝是临时帮忙的，在那待了不到一年。

受谁委托的？＝陶先生。

陶先生也和官产清理有关系吗？＝有关系。

陶先生家从很久以前就一直在从事征收田赋吗？＝从很早以前就开始了，他家是从前清光绪年间就开始了。

王先生也和官产清理有关系吗？＝没有，家在河南村。

是什么契机，开始从事田赋征收的？＝是科长的亲戚。

在这之前没有做过征收田赋吧？＝没有。

父亲和兄弟也没有做过吗？＝没有，世代都是从事农业的。

两人都是先生吗？＝是先生。

【先生的报酬】先生的报酬是？＝相当于是陶先生的外甥，所以有没有报酬都要做。以前是陶先生的孩子在这，现在他的孩子去了治安军将校，现在只有自己一个人在做。

先生和粮房不同吗？＝临时到粮房帮忙的人是先生。

每年都会来吗？＝每年都会来。

有报酬吗？＝有，年底大概四五十元。

先生们在哪里吃饭？＝在陶先生和言先生的家里。

粮房会提供衣服吗？＝会提供。

其他还给什么吗？＝不再给什么了。

茶钱和酒钱只在一个窗口分发吗？＝只在一房分发。

粮房也会发吗？＝粮房不发。

为什么粮房不需要？＝因为太少了，所以不需要。而且先生的报酬也很少。

【粮房的收入】粮房靠什么获得收入？＝刚才说的小钱是粮房的收入，茶钱是先生的收入。

茶钱和小钱哪个多？＝茶钱比小钱少。征收田赋的时候，多出来的零钱虽然少，但是因为人多，所以日积月累钱就越来越多。

一年大概可以攒多少？＝不一定。

八个窗口的零钱和酒钱是放在一起另外分配吗？＝它们之间没有关系。如果有的窗口的粮房比较忙的时候，会让别人来帮忙，这个时候会放在一起分配。

过割、更名的费用归谁所有？＝归先生所有。

属于粮房的部分呢？＝只剩零。

剩零和茶钱能明确区分开吗？＝明确区分。

只需 3 元 60 钱，但是拿了 4 元去的时候？＝粮房的零钱。但是因为 40 钱的金额比较大，所以必须归还，不需要的时候要归还。

什么时候剩零和茶钱可以明确区分开来？＝转移财产手续的时候有酒钱，但是征粮的时候没有。

征收田赋的时候省县会给几成的报酬？＝不给。

【地方、保正的报酬】地方、保正会在田赋征收室里做事情吗？＝不做。

不帮忙吗？＝不帮忙。

那么他们从哪里得到报酬？＝去村里的话，会管他们吃饭。

任命地方的时候，征收室有合适人选的话可以指名任命吗？＝不可以，征收室没有这个权利。

那么由哪里任命？＝和地方有关系的几个村共同商量决定。

保正呢？＝隶属于区的各村共同商量决定。

保正会视察和自己有关的区的征收情况吗？＝会的。

田赋征收室会斥责业绩不好的地方吗？＝征收室不会斥责，粮食收获的时候，科长会斥责。

【地方代理收取田赋】附近的农民有委托地方征收田赋的吗？＝农民没有时间的时候，会委托给地方。也有比较远的农民。

有受县长委托的吗？＝有，谁都可以委托地方。

一般受谁的委托比较多？＝不一定。

委托地方的时候农户会给地方报酬吗？＝有零钱的话一般都会给的。

地方收到委托的时候，会在粮柜放置剩零吗？＝不是本人不放。

【田赋的征收时期】是征收一次还是两次？＝以前是两次，现在是一次。

【地粮红簿】地粮红簿有 51 册吗？＝数量不确定，如果一册不够的话，来年就会分成两册。

【地粮增加和对粮房的分配】升科地怎样形成的土地？＝自己有黑地的话，到哪汇报都是可以的。如果去东户房汇报的话，就是东户房的了。

你们的黑地是和征收田赋有了关系之后才有的吗？＝不是的，以前就有了。

地粮不断增加的时候呢？＝就一直增加。

地粮增加的时候，只有一房增加的话有点麻烦，这个时候怎么办？＝各房分开。

前面说到的农民都各自到自己中意的地方去，和这不一样吗？＝这是以前没有征收税的时候由各家做的时候的事了。

什么时候的事了？＝我来的时候已经进了县衙门，都 10 年前的事了。

进入衙门之后怎么分配呢？＝分配官产局买来的土地。分配方法不一定，少的话就分多点。

黑地呢？＝以八区为标准进行分配。民国二十九年十月，制作了类似顺义县第六区各村无粮黑地子目清册，分给各粮房（1 亩 2 钱 3 厘附加 11 钱）。

二、四区户盐　六区 东户

三区陶　七区 祁

五区老户 八区 余

【主任（东方）陶氏】陶先生从什么时候开始担任主任的？＝民国十五年以前了，大概是民国初年。

还有其他更早担任的人吗？＝没有了，余先生担任主任的时间比较早，但是现在已经不做了。现在在家的话也许可能回来，但是也可能正在外面进行土地调查呢。

陶先生什么时候去土地调查？＝去三区调查去了，不知道什么时候回来。

3 月 11 日

警察分所　摊款

应答者　苏与田（第一分所长）、刘协恭（同所巡警）

地　点　第一分所

【警察分所和分局】从什么时候开始有第一分所的？＝很早以前就有了。

第一分局呢？＝以前叫第一分局，冀东政府时代还是这样叫的。从民国二十八年临时政府开始叫作第一分所。

第一分局和第一分所的工作有什么不同吗？＝完全相同。

【分所的职务】分所大体上做什么工作？＝和警察所的组织一样分为四个组织，分别为警务、保安、司法、特务。虽然分为四个部门，但是实际上因为人手不足，大家都在一起工作，也没有什么明显的区分。

【资料一】顺义县公署警察所第一分所担任事务表

警察组担任事务表

顺序	担任事项
一	关于警察机密事项
二	关于警察预算事项
三	关于警察统计事项
四	关于警察教育事项
五	关于警察奖惩抚恤事项

续表

顺序	担任事项
六	关于警察巡阅事项
七	关于警察会议记录事项
八	关于募兵事项
九	关于户口调查事项
十	关于保甲一切指导事项
十一	关于文书受理事项
十二	关于情报报告通报事项
十三	关于应和修缮事项
十四	关于不属于其他组之事项

警法组织任事务表

顺序	担任事项
一	关于司法事务取报事项
二	关于清乡事项
三	关于留置场看守事项
四	关于违警取缔事项
五	关于其他司法特务事项

保安组担任事务表（二月末日现在）

顺序	担任事项
一	关于营业取缔事项
二	关于交通风纪取缔事项
三	关于枪弹火药备品贷与品保管事项
四	关于消防灾害救护事项
五	关于卫生事项
六	关于危险物取缔事项
七	关于鸦片麻药取缔事项
八	关于会计事项
九	关于募金取缔事项

顺序	担任事项
十	关于建筑物取缔事项
十一	关于维持风纪化事项
十二	关于其他保安卫生事项

【警款的分配】去年四月，是由哪个部门担任警款在第一分所内的分配的？ ＝警务。

柴草由哪个部门分配？ ＝也是警务。

召集乡长召开会议集中摊款的是哪里？ ＝是这里。

那么想问一下警务的工作人员情况？ ＝有四个名称，但实际上并没有分开。由分所长和刘协恭负责。

【分所和保正】文件会由经县财务科到保正和分所那里吗？ ＝保正每天都会去县公署的收发室，所以由保正带来。有时候我在城里的话，我就带过来。保正制度的时间太久了，就废除了。而且警察署那里的工作也不多，所以就没有存在的价值了。但是现在保长经常深入民间，所以解决问题比较得心应手。

怎么区分保正的工作和分所的工作？ ＝保正是协同警察处理各种事务。这边有事叫乡长来的时候，如果路途遥远不能回去的话，乡长就会在保正那里借宿。关于第一分所的工作，因为所长上任还不足 20 日，所以还没有和保正张广田联络。

【在分所召开乡长会议】有召集乡长在分所召开会议的时候吗？ ＝将来计划每个月召集乡长召开一次会议。

保正会召集乡长召开会议吗？ ＝不会。

什么情况下会召开会议？ ＝募集新兵、摊款、修缮道路、调派青年训练所的青年之时。

【选拔联席会议代表】有联席会议吗？ ＝有。

是在摊款交纳之后还是交纳之前召开联席会议？ ＝商业界由各镇的商会作为代表，人民是由区的分所长作为各区的代表参加联席会议。召集区的乡长宣布在联席会议上决定的事项。

紧急情况下，可以先交纳摊款，事后再求谅解吗？ ＝召开会议不是分所的工作，我们这里接到命令就会交纳摊款。

分所长会作为代表出席会议，那么乡长作为代表出席会议吗？ ＝有镇长作为代表出席会议的。乡长还未作为代表出席会议。

【征收摊款的方法】去年 4 月为了筹集警察的津贴，需要用到摊款，大概用了多少？ ＝第一区大概 800 元，分为四季交纳。

有去年交纳摊款的账簿吗？ ＝没有，因为征收了之后，立即就交纳给县里了。

没有去年一年期间各村交纳摊款的账簿吗？ ＝收到钱之后立即会给票据，存根会立即送到县公署。所以没有账簿。

送到县公署的哪里？ ＝送到收发室。

去年一共征收多少次摊款？＝去年只有一次。

每年都是一次吗？＝从去年年初开始就取消了摊款，改为随粮带征。在此之前都是一月收取一次摊款，充当地方警察费用。但是，交给财务科之后，还会发下来。

现在这些经费从哪来？＝由随粮带征支付。

想了解下以前摊款的分配方法？＝由县公署财务科分配。我们这边不太了解情况。

地方警察费用是经常性的开支，也是临时性的开支吗？＝是的。

没有临时摊款吗？＝没有。

例如，由于警察津贴的增加而征收的摊款是临时的吗？＝是的。

例如，民国二十九年一月的"关于各项摊款书类编"中有民国二十九年十二月二十一日的服装费用 2450 元，这时候怎么办？＝通过会议解决。

【区会议】什么样的会议？＝区会议。

没有区会议的记录吗？＝也许有，但是我并不了解。

乡长回来参加区会议吗？＝回来参加。

一年大概召开几次？＝一般在摊款、修缮道路的时候会召开。

会议结束之后就分摊吗？＝大家没有异议，得到大家认可的话就分摊，如果大家不认可，就要和县里商量。

有不认可的时候吗？＝没有，因为县里下达的摊款命令都是在联席会议上决定的，所以不容置疑。

【征收摊款的方法】区会议决定之后由谁分配？＝根据警团款里的记录"警察冬季摊款服装样 2450 元，按警团款 684 元 9 毛 3 分均每员 3 元 5 毛 8 分"。以上是《顺义县警务第一分局每季各村镇应征警团款书目表》按比例分摊到各村的（参考 337 页）。这是县财务科按照村里的土地确定的。

谁负责通知村里这样的分配结果？＝我们这边也有统计，然后村长告知大家。

确定了怎么分摊之后，几日之内必须交纳？＝这还没有规定。

会议召开之后大概需要几日？＝以前有晚了两个月，过了一年还有没有拿来的。

【交纳摊款的方法】村里会送到这里吗？＝都是乡长负责送到这里。金额小的话，委托给商号，金额大的话达到 2000 元或者 2400 元的话，没有达到这个金额的，先送到商号，然后暂时送到县里。送到公记、顺记等商号里。现在是顺记，所长换了之后，商号也有所变动。

过了一年还没有送来的，要怎么办？＝不会处罚，只是催促一下。不交纳摊款构不成犯罪。但是乡长如果把农民的钱据为己有，就会受到处罚的。

【摊款和车股】分配摊款和车股有关系吗？＝摊款和车股没有关系，但是收集柴草和车的时候就和车股有关系了。车股是农民自己成立的。

【柴草和车股】受到征收柴草的命令之后区要怎么做？＝让 9 个车股分别负责。

这个要通知谁？＝写通知单子。

向哪发出通知，向车股的哪个村发出通知？＝通知主要的村子，如果是沙井村的话，就通知南法信。

【支付柴草欠款和乡长】相反由县里支付欠款的时候？＝只需要把表拿到这里不用拿钱到这里。由乡长亲自到县里去取（注：实际上由分所长领取。民国二十九年八月的时候，第一分所长领了224元24钱）。

【征收摊款的时间】以前一年收4次摊款，现在收几次？＝现在没有规定。随时都可能收取。

【商捐】商捐呢？＝一年一回。

是由商会收取，还是这里收取？＝商会和分所协同收取。

谁直接收取？＝这里的警官和商会的人一起去收取。

一年大概收多少，有账簿吗？＝民国二十九年一月三十日的《仁和镇散商警捐缴照核对簿》。

民国二十九年的已经收完了吗？＝阴历十二月的时候已经收完了。

民国三十年的呢？＝还没有收完。

【征兵】去年征兵了吗？＝征兵了。

那时候召开会议了吗？＝召开了。

第一区大概征了多少人？＝50人左右。

【分所和地方、保正】那时分所和地方有关系吗？＝没有。

分所和保正有关系吗？＝也只是有文件的时候送到此处而已。

注：

下面的账簿很重要。但是民国二十八年的那部分整理的时候不知道放到哪里了，现在看不到了。

民国二十七年　　　　关于摊缴款项、慈善教育各事宜卷宗第十号

民国二十九年一月　　关于各项摊款书类论

3 月 1 日

保正　地方

应答者　张广田（第一区保正，本名是张波田，民国二十八年八月就任）

地　点　顺义县城城东街第一区办公处

【保正的变革和职务】保正是什么？＝十路一个县，在那里设置路头（民国十四年以前）。虽然是作为县公署的外捕，但是没有警察的时候也负责讨伐盗贼、催缴钱粮等。路头有三四名士兵，民国成立之后，他们就成了警察，最初他们都没有枪，由路头负责维持治安。即使是现在也配有1到2名伙计（现在是2人）。负责分送县公署、新民会、警察所的布告。

是由伙计送还是地方收集？＝伙计送过去。

伙计要送到41个村里吗？＝骑自行车送过去。

伙计是以前的士兵吗？＝是的，但是和其他人没有什么区别。

【保正办公处】八区的办公处全部都在城里吗？　＝每个区都有一个办公处，无论哪个区的乡长来城里了都要到区里的办公处。

办公处全部都是由乡长建立的吗？　＝一般是由保正出钱买茶，所有的费用也都是由保正出。初夏、立秋的时候由村里出钱，很多时候也会很殷勤地招待保正。

这个建筑物是怎么回事？　＝借的房子，每年地租 160 元。

这钱是由保正拿吗？　＝虽然是保正拿的钱，但拿的都是乡里的钱。

【路头和保正】路头这个名字是从什么时候开始什么时候结束的？　＝县里制定管制的时候开始叫的。第一区有 10 名地方。收纳粮银的时候称作"比卯"，也就是 10 天来县公署一次。

保正的意思是？　＝是模仿以前的管制设置的一个区的头，以前有保长、甲长、邻长。

【保正和警察分所】保正和第一分区工作的区别是？　＝第一分区负责所有的行政事务，也就是摊款、征兵、柴草、车辆、桥梁、诉讼案件等事务。保正负责催缴粮银、要草、传达文件等事务。

【保正的职务——催缴粮银、传达文件】催缴粮银？　＝开始征收的时候，保正接到县里的通知，这时，吩咐两三个伙计负责召集自己管辖区域的地方，地方到村里挨家挨户敲门，通知农户到了开始征收的时候了，农民自己去交纳。

县里通知是关于什么的？　＝有关开始征收的时间。

除此之外还有什么通知吗？　＝没有了，一年发布两次开始征收的布告。

布告也要经过保正吗？　＝经过保正传到村里以及县城里。

前天修改的包税的布告也要经过这里吗？　＝大体上县公署的布告都要通过这里。

发给第一分所的文件也要经过这里吗？　＝是的。

去年联席会议的第一分所长召集乡长的时候也要经过这里吗？　＝不经过这里。紧急会议的情况警察直接去。

什么情况比较多？　＝一般情况下都要经过这里。

【供应柴草】要草是？　＝治安军要驻屯，所以需要购置草作为马的饲料。军队不直接买所以就委托给县公署，县公署下达文件经过这里送到第一分所，第一分所忙的时候，大多情况下都是保正让地方去买，现在守备队、警察对也会去买。草送来的时候，由治安军收。

县公署—保正—第一分所—村，是这个顺序吗？　＝文件送来的时候，必须送到第一分所去。第一分所没有人的话，由保正的伙计送到村公所。

【向柴草处交纳】公会收集的柴草要送到哪里？　＝送到柴草处去。

柴草处在哪里？　＝城隍庙的后面。

柴草处有负责人吗？　＝有。

是县里的官员吗？　＝不是官员，是县里的一个"经营"。

治安军想要柴草的话会直接送到治安军那里吗？　＝治安军来协商的话，就会送过去。

都是村民送过去吗？　＝是的。

途中如果发生什么意外，比如烧掉了丢掉了怎么办？　＝村民要负责任。

会给送粮草来的村民报酬吗？　＝送粮草是他们本来就应该做的，所以没有报酬。

【分配柴草】一年要送来多少柴草，有规定吗？　＝没有规定，这要取决于马匹的多少。

民国二十九年的时候要求送来多少？　＝我们这边不是很了解，我们这里没有留底子。

哪里负责确定柴草的分配？　＝县总务科决定。就像这次是第一区，下次是第二区。

送到这里的文件里有规定第一区要交纳多少柴草的文件吗？　＝有规定第一区需要交纳多少柴草的文件。

第一区会把这分配到各村吗？　＝由第一分所分配。

由什么人担任？　＝人员少的话，谁做都可以，没有指定要由什么人担任。

是由警察带去吗，伙计不带去吗？　＝警察委托伙计带过去，只要伙计不回来，就和警察没有关系。写有"令一分所"的文件就送到第一分所去，没有那种字样的，就由我们这里分发。如果说要让第一分所帮着分发的话，也送到第一分所去。

一分局分配的时候是按照什么标准确定的？　＝根据村子的大小确定。

没有什么标准吗？　＝没有。

例如，要根据警款确定县摊款的时候，有什么标准吗？　＝根据警款确定。

柴草的分配也是直接到村里去吗？　＝是的。

不直接去村里的话会让车股负责吗？　＝车股和柴草没有关系，他们负责征兵。

【车股】车股是什么意思？　＝以前军队里需要很多的车辆和牲畜，那时候几个村子就作为车股交纳各种各样的东西。有车股负责的话，就有一定的标准，不至于混乱，县里也可以省去繁杂的手续。

【资料一】

第一区车股组织表

第一区车股开列如下（新开）

1	仁和镇	北上坡	西马坡	小孙各庄	萧家坡
2	大东庄	小东庄	赵古营	胡各庄	平各庄
3	杜各庄	梅沟营	军营	仓上	石各庄
4	北法信	东海洪	西海洪	南卷	庄头
5	河南村				
6	大营村	向阳	姚卷	秦卷	
7	衙门村	泥河	三家店	妙尔卷	良正卷
8	马卷	武卷	姚店	白各庄	荆卷
9	南法信	石门	刘家河	沙井	望泉寺

【车股的变迁】什么时候开始有车股的？　＝民国二十二三年左右。

为什么会有车股？　＝以前战事频发的时候，军队有时候需要车辆，没有的话，就强行夺取路上行驶的车辆，这样令人头痛的事情频发，各乡长就商量着建立车股向军队提供车辆。

车股负责提供什么东西？　＝只提供车辆，然后就是征兵。

民国二十二、民国二十三年也征兵了吗？＝民国二十八、民国二十九年以后，治安军开始征兵，在那之前没有征兵。

在这之前车股都做什么工作？＝只是负责向军队提供车辆和牲畜。

现在车股的分配是什么时候确定的？＝在我就任之前就确定了，所以我也不是很清楚。

什么地方确定车股？＝警察所、第一分所确定。召集乡长来相互商量，由各乡长公平地决定。

县公署财务科不能决定吗？＝不能决定，第一分所也不能决定。

开单（车股组织表）是由什么地方写的？＝由第一分所写送过来。

【支付柴草价款】能够领取柴草的价款吗？＝可以领取，价款和市价是一样的。

有时候会稍微晚点的，大概晚多少？＝日本守备队的话，大概晚五六天。警备队是每月的初一，第一分所扣除村里应该交纳的金额，扣除之后还有余下的话，就支付给村里。

可以从哪里领取？＝从柴草处。

柴草处？＝需要柴草的和县里协商之后，大家都交纳到县里。

是村民送到柴草处的多，还是自己送到治安军处的多？＝送到柴草处的多。

柴草处大概可以收多少？＝不清楚，多的时候大概也有 3000 斤到 5000 斤。

因为每年都要交不需要提前说吗？＝不需要。

村民可以从柴草处领到钱吗？＝可以。

是乡长领还是村民领？＝如果是乡长说的话，就由乡长领。如果是自己直接说的，就由自己领。

草送到大概需要几日？＝需要草的地方早点付钱的话，到得就会早点。草送到的具体日期不一定。

大概需要几天？＝大概 10 天到 15 天。

乡长和村民不去第一分所吗？＝去，大家都是去分所领。

治安军、日本守备队是送到第一分所还是送到县里？＝送到县里。

县里要送到分局吗？＝要送过去。

这样一层一层地送下去总感觉钱会越来越少？＝不会减少。

【督促没有交纳田赋的交纳田赋】以下是把没有交纳田赋的情况送到县里吗？＝是的。

【资料二】 没有交纳田赋的粮票收据

今收到未交粮票六十七张

　大营村

　　　十一月十九号　　乡长　庞仲文

> 今收到顺义县通知催缴钱粮草票三十一张
>
> 西马坡乡公所

这是从哪拿到的？　＝从县财务科拿到的。

和地方没有关系吗？　＝没有关系。

还需要同时到地方那里吗？　＝财务科同时到地方那里。但是如果等到地方催促了才交纳，就晚了。

保正还是需要送到地方那里吗？　＝上面的是不知道改革之后应该交纳多少附加税，所以才分发的。地方 10 天去一次县公署，伙计也去。然后地方和伙计一起回来，然后伙计再送到村里。如果地方没有来，就由伙计带去。

【传达文件和谢礼】伙计送去的时候，有酒钱之类的吗？　＝会招待他们吃饭。

县里的文件是由县里送去吗？　＝伙计每天都会去县里。

伙计也会去新民会吗？　＝以前会去，现在则是由合作社的伙计带来。

县里会给伙计报酬吗？　＝不给伙计报酬，也不会给保正报酬。立秋的时候，村里的公会会给。

【柴草】柴草的种类？　＝劈柴和谷草。

100 斤柴草大概需要多少钱？　＝不清楚。

谷草的价钱呢？　＝也不清楚。

【处置滞后交纳田赋的行为】催促也不交纳的时候怎么办？　＝政务警带着文件可以扣留他们。但是现在不会有扣留的情况了。

【保正和警察分所】去年的警款也送到这里吗？　＝没有送来。

为什么没有送过来？　＝由县里送到警察所，然后由警察所送到分局。

是什么种类的东西？　＝通过警察所发给分所的文件，两者相互联络，一次送过去，和村里有关的事情要通过保正。送到分局来的直接送到村里。关于摊款，为了让大家都明白，分局会召集各乡长开会。

开会的时候保正会出席吗？　＝不出席。

【跟保正有关的规则】有与保正、地方、车股有关的条例吗？　＝没有。

只是凭着习惯办事吗？　＝是的。

【保正上任的辞令】你做保正的时候，有什么书附吗？　＝县长给了谕禀。

【地方上任的辞令】地方上任的时候有什么公文吗？　＝没有。县里都有名簿记录。

【保正和地方】保正让地方做各种各样的工作，会给他们报酬吗？　＝不给。

新年的时候地方会来问候吗？　＝离得近的人来。离得远的，有来的，有不来的。

地方来了回不去的时候会留宿吗？　＝会留宿，会在称作"第一区办公处"的全区公地那里留宿。

【商会、车站和保正】伙计到商会、顺义站去的时候也不给报酬吗？　＝不给。

这些地方没有立秋、初夏，那么什么会给报酬呢？ ＝车站是不给的，商会的话，赶到过年、节日的时候会给几元。

【保正自己的住宅和耕作土地】八区的保正都住在城里吗？ ＝是的。

他们都是城里人？ ＝是的。

你们自己的住宅是小东庄吗？ ＝是的。

其他人在县里也有住宅吗？ ＝村里人和县里人都有。

村里有拥有大量土地的人吗？ ＝四五个人中大概有 1 个人有，大概有四五十亩。

感觉有点少啊？ ＝从一开始大家都没有太多的财产。

第一区的居民当中，拥有土地最多的大概有多少？ ＝不到 10 顷。

在什么地方？ ＝河南村、其他村里也有。

【保正之间的集会】保正会聚集在一起商量事情吗？ ＝没有，他们之间没有一点联络。

各区保正的伙计每天都会来县公署吗？ ＝是的。

保正之间相互认识吗？ ＝相互都认识。有时候遇到什么误会的时候，新民会和县公署就会召集 8 名保正到县公署来。

3 月 13 日

保　正

应答者　张槐（第一区保正张广田的父亲）

地　点　县公署

【政务警和保正】今天本来叫的是第一区四地方的杨永才，你是东门外小东庄的人，为什么来了呢？ ＝政务警首先去了保正那里。

办公处应该是在东街吧，为什么要去小东庄那里呢？ ＝政务警去叫地方的时候，必须首先去保正那里。自己作为第一区保正的负责人，所以就来这了。

【传达公文】政务警去的时候，你在哪里？ ＝今天是集市，村里的人都来了，我要让村民送文书就去集市了，回到办公处的时候，因为有事，所以我就去叫四地方杨永才去了。

今天的公文要送到哪里？ ＝送到大营、向阳、海洪、南法信、北法信、马家圈等学校去。

认识那些村子的农民吗？ ＝认识。

即使不是村长，委托给一般的人也可以吗？ ＝是的。

是因为基本上认识全区的村长的缘故吗？ ＝在村公会工作的人基本上都认识，称作"办公事"。

沙井村里都认识谁？ ＝村长、沙井村的村民来城里的时候，会在西街的首饰楼这个店里喝茶休息，公文都送到这里。

有集市的日子去送公文的话都能送到吗？ ＝不是全部都能送到，路上会碰到从集市回来的人，还没有送到的村子，自己去送。今天还必须要去平各庄、石各庄去送。

保正那里是应该有伙计的，你是伙计吗？ ＝保正的工作一般都是由父子两个一起做，保正要在办公处做各种事，并不雇佣伙计。

你是步行去的吗？＝骑自行车去的。

【保正和政务警】有不经过保正叫地方和村长等的吗？＝也有直接去叫的。

什么时候？＝那我就不清楚了，大概从去年开始，地方有什么事情，首先去向保正汇报。

叫村长的时候是什么情况？＝叫村长的时候，是让政务警去叫的。

比卯的时候，即使地方不去叫，他们自己会来吗？＝如果记着日期的话，自己就会来。

【罢免地方】地方业绩不好的时候，想换地方可以吗？＝可以换。

有过换地方的事情吗？＝曾经换过一个地方，因为不经常去催缴粮银，曾经罢免过仁和镇的地方阿片。

是保证想要换，还是财务科想要换？＝保正想要换地方的时候，就提出申请，一经许可，可以立即执行。

县公署想要换，保正想要换，受地方管辖的村子也想换，哪种情况比较多？＝哪一种情况都很多，没有说哪种情况最多。有时候，即使保正想要换掉这个地方，但是农民中意地方，想要他留下来，如果有大家的保证，保正也不会向县里申请换掉地方，从而也不会换掉地方。

哪种情况比较多？＝由保正说出换地方的情况比较多。

【保正的伙计——半伙】张广田是你，还是你的儿子？＝是我儿子。自己做伙计的工作。

伙计有多少人？＝之前已经有一个在帮忙了。现在那个人去了收发室，所以现在就只有我一个人了，如果我出去不在村子里了，没有负责人的情况下，就由我儿子帮忙，这就叫作"半伙"。

如果你去村子里保正在吗？＝如果工作忙的话，就由我们父子两人共同担任。办公处是在 41 个村的共同努力下建立的，所以必须要对他们有所照顾。

今年的半伙几岁了？＝是个 15 岁的孩子。

【第一区的耕作地】你大概有多少土地？＝有 15 亩的土地，但是由于地势的变化，七八年前就沉入河底了。

什么样的地目？＝是从祖父手里继承下来的，是民粮地。

现在还交纳粮食吗？＝还交纳。最近两年乡长向县公署递交了申请书，如果通过的话，就不用交纳了。

可以耕种到什么时候？＝从小的时候可以一直耕种到地力不支的时候。

只是耕种自己的土地吗？＝只有这些，现在又有了 2 亩的坟地，也在耕种。

【保正的报酬】保正一年的报酬大概有多少？＝实际上每个月的报酬不确定。工作了整整一年，由公会初夏、立秋的时候给他们报酬。

大概多少？＝初夏的时候没有，立秋的时候大概有两三元到 10 元左右。乡长来的时候，如果招待周到的话，就会多给点，如果招待不周的话，就有可能少给点。有招待不周的时候。第一区完全没有月收入，但是支出还很多，所以很令人苦恼。

那样的话还不如辞职不干了呢？＝辞职不辞职都不是什么大事。只是第一区的乡长们是很较真的人，辞职的话，他们会这个或那个的议论，反而不好。

【任免保正】辞职的时候怎么辞职？＝向县政府提出辞职申请。

一般都会同意辞职申请吧？＝是的。

在你儿子之前，是谁担任保正的？＝是同村姓赵的人。

什么理由让你儿子担任保正的？＝乡里都讨厌前任保正，要让他辞职，然后乡全体提出申请，推举现在的保长。

为什么会讨厌那个保正呢？＝我不知道赵辞职的原因，可能是与各村的乡长关系不好吧。

我想保正的工作也不好做，所以农民才会很熟练？＝一般的农民可能胜任不了。必须是了解官吏有关的工作，而且对各村情况比较了解的人，并且多少做过农活的人才能胜任。

知道第二区保正的经历吗？＝只见过面，所以不是很了解。

【保正的报酬】到村里送公文，作为慰劳有报酬吗？＝没有。

【传达公文】地方受委托送公文的时候，也没有报酬吗？＝卯日的时候让地方送从县里拿来的文件的时候，会有报酬。

即使现在县里还有公文吗，还会来县里吗？＝每天都来县里（5 点左右），今天回去的时候还去收发室看有没有公文。

【带卯】卯日你也会来吗？＝因为我是相当于 10 名地方的代表，所以即使是"带卯"，也要汇报来的人。

你儿子来吗？＝有时候也来，有时候我自己来。无论什么时候都是 1 个人领着 10 个地方来。

【催缴粮银】保正最主要的工作是什么？＝催缴粮银。

催缴粮银都做什么事情？＝所谓催缴粮银，就是开征期的时候，财务科催促保正，保正回来之后，再催促自己手下的 10 个地方，地方到村里催缴，保正、地方 10 天来县里一次，根据粮房的调查报告由财务科通知业绩。

开征期地方也来县公署吗？＝保正知道开征日期，会提前告知地方哪天来办公处，然后一起来县里，领取一村一册的账册子。保正凭借这进行调查。封面上写的有年月日，还盖有印章，里面记录的有人名、亩数、征洋等信息。交清钱粮之后，会销毁这些册子，地方一年来拿一次。

【保正和地方】保正给地方，或者地方给保正报酬吗？＝不给。保正和地方都没有月工资。

【保正的伙计】前天去的时候有 2 个伙计＝我只待了 20 天，两个伙计中有一个是在家候着，另外一个人是临时帮忙的亲戚。

都去了什么地方？＝因为有事，就在家里待着的。

（以下按日期概括了下述包税关系）

2 月 24 日

牲畜税和大小牙税　烟酒牌照税　包税人的身份和名称

应答者　祁自仁（县财务科办事员）、李绍商（县财务科书记）
地　点　县公署

【牲畜税和大小牙税】牲畜税和大小牙税的区别是？＝牲畜税是总称，包括大牙税和小牙税。大牙税是 5 种牲畜，小牙税有 2 种，牲畜税有 7 种。

牲畜税的承征员和大牙税的承征员是同一个人吗？＝不是同一个人。税是重复的。例如，买卖马的时候，有大牙税和牲畜税，大牙税是买方交纳征税 3 分，卖方交纳 1 分 5 厘，也就是买方交纳三分之二，卖方交纳三分之一。牲畜税则全部由买方交纳。最后是买方交纳 7 分 5 厘，卖方交纳 1 分 5 厘。买卖 100 元的米的时候，征税是 1 元，附加税时 50 钱，按照买 7 卖 3 的比例交纳，但事实上买方交纳 1 元，卖方交纳 50 钱。今年是平均支付 75 钱。

牲畜税是只有在买卖的时候交纳吗？＝是的。

宰杀牲畜的时候不交纳吗？＝只要不卖，就不交纳。

宰杀了之后卖？＝不需要。

宰杀之前来买的时候交纳吗？＝那个时候宰杀人交纳。买卖业者（肉杠）买的时候，要交纳牲畜税。

【肉杠和肉挑】肉杠是买卖什么的？＝猪、羊、牛（牛很少）。

肉杠会去村里采购吗？＝会去。

肉杠自己去吗？＝自己去，买猪的时候，不会委托别人。

肉挑的工作是？＝让村里人帮自己宰猪，自己只到城里卖肉。

农民杀了猪之后，再来卖肉，可以称作肉挑吗？＝不能。

肉挑是一种职业吗？＝是的。

县城里有几户肉杠？＝六七户。

第一区有几户肉挑？＝两三户。

店主可以叫作肉杠吗？＝不能。

伙计可以叫作肉杠吗？＝不能。肉杠，是从挂着肉的棒子这一说法而来，引申为与此相关的店铺和工作。

什么叫肉挑？＝担着肉的天秤棒。

【牲畜税和大小牙税】大牙税和小牙税的总数与牲畜税应该是一样的吧？＝是应该一样的。

顺义县民国二十九年的大小牙税的总额和牲畜税不一样，这是为什么？＝这是由于能力不一样造成的。要是县里做的话，总额就一样了。

牙的意思是？＝旧时买卖中，有从中取利的人。"说牙的"也就是用口说的意思。

现在还需要中间人吗？ = 有中间人的话，买卖进行得比较顺利。

中间人税（手续费）、买卖的时候交纳给县里的税金，牙税比较接近于以上两种的哪个？ = 比较接近于交纳给县里的税金这层意思。

牙税是指交给县里的税金，还是买卖人给中间人的酬金？ = 是指交给县里的税金。

买卖人给中间人的酬金是什么？ = 是酒钱。

酒钱是固定的吗？ = 不固定。

刚才说到的 3 分和 1 分 5 厘是牙税吗？ = 是牙税。

那么牙税和酒钱是一起给吗？ = 是的。

牲畜税是什么意思？ = 国家为了增加税收征收的税，名称不一样实际上和牙税是一样的。

牙税和牲畜税哪个最先出现的？ = 牙税从民国初年就有了，牲畜税是从民国十七、民国十八年开始有的。

【烟酒牌照税】包税仅限于宰杀牲畜、烟、牲畜、诸牙吗？ = 现在包税里不包含烟了。

烟？ = 从民国二十九年一月开始由县开始对烟征税。

烟酒牌照税的税率是？ = 根据店的具体情况会有所不同，大致有 50 钱、2 元、4 元、8 元、12 元、16 元等几种。

顺义县城里大概有几家交纳的？ = 非常多。

什么时候交纳？ = 一年交纳 4 次（春夏秋冬），三月、六月、九月、十二月。下面是民国二十九年七月十六日的《烟酒牌照暂记簿》

> 十二月三十一日下午
> 收榆林王德敏　　　5 角　　冬芋酒照洋 1 元 3 分

1 元 3 分的细目是烟草 50 钱、酒 50 钱的税金，以及各种引人注目的工本费。

区别是 = 50 钱用到村里生利息、"小贩"、"担挑儿的"（只是烟草）。

2 元是针对小铺（各村的小铺同时出售烟酒）。

4 元是针对小商号（城镇里的杂货店出售烟草）

8 元是针对上等商号（专卖店，有专门卖酒的也有专门卖烟的）

12 元是针对最上等的商号（具体没有规定，县里也没有这样的商号）

16 元是针对酿造工厂（酿酒作坊）（只有酒，因为有卸卖的情况）

［以下是李绍商（县财务科书记）的回答］

【滞后交纳烟酒牌照税】如果没有交纳营业税，怎么办？ = 催促交纳。

负责催缴的是哪个部门？ = 由财务科负责催缴，第一次是通告，如果还不交纳，就要扣押了。小铺里有顺义县各村小铺调查表，上面也包含有小挑儿。第一区的县城里都有小挑儿，由政务警去调查。政务警文志清比较熟悉县城里的情况。

［以下，是祁自仁（县财务科办事员）的回答］

【选任包税人】有招募包税人的布告吗？＝有，如下

【资料一】招募包税人的布告

顺义县公署布告　　　财　字第　号

为布告事案奉

河北省公署灰白代电[1]开查各县牙补各税历年招商投票本署为整顿税收杜绝中饱起见规定有二十九年度起烟酒牌照税由县直接派员征收其他屠宰税牲畜税牙税一律革除总包商分包商名义划分区域集市选择承征员认额承征借裕税收附发各项章程及比额表饬即遵照办理等因奉此本署为公开办理起见兹定于本年十二月二十九日下午二时在本署大堂举行请愿认额凡家道殷实信用素著资本充裕志愿承征税务者依照后开各条届时来署参加认投以认额最多铺保家道殷实信用素著者为合格仰商民人等一体只照特此布告

兹将各税最低比额列后

计开

（一）本城及第一、五区数目列下

　　　牲畜税洋 4160 元　　　　屠宰税洋 2500 元

　　　斗牙税洋 5746 元　　　　秤牙税洋 750 元

　　　大牙税洋 550 元　　　　　小牙税洋 1400 元

（二）杨各庄及第二、八区数目列下

　　　牲畜税洋 2580 元　　　　屠宰税洋 2640 元

　　　斗牙税洋 5660 元　　　　秤牙税洋 1200 元

　　　大牙税洋 1300 元　　　　小牙税洋 1750 元

（三）牛栏山及第六、七区数目列下

　　　牲畜税洋 1200 元　　　　屠宰税洋 1780 元

　　　斗牙税洋 4440 元　　　　秤牙税洋 580 元

　　　大牙税洋 450 元　　　　　小牙税洋 1200 元

（四）李遂镇及第三区数目列下

　　　牲畜税洋 900 元　　　　　屠宰税洋 1300 元

　　　斗牙税洋 1700 元　　　　秤牙税洋 800 元

　　　大牙税洋 400 元　　　　　小牙税洋 900 元

（五）李家桥及第四区数目列下

　　　牲畜税洋 390 元　　　　　屠宰税洋 1160 元

　　　斗牙税洋 1500 元　　　　秤牙税洋 730 元

　　　大牙税洋 180 元　　　　　小牙税洋 420 元

　　　全县猪毛牙税 1450 元。

---

〔1〕　译者注：原文为《灰白代电》，原文意思不明。

以上各税均系正款外有百分之五十地方附加税

（这里附有河北省税务承征员章程（资料二））

承征员应注意事项

（一）愿充承征员者于十二月二十九日以前备具一份以上之押金款条来署领取请愿书填写年岁姓名住址及认额数目等并取具铺保两家盖加戳记填明地址以便核考

（二）十二月二十九日午后二时在本署大堂投递请愿书后当众公开宣布认额数目

（三）承征者以认额最多铺保及家道殷实信用声望素著资本充裕者为合格

（四）认额后经调查铺保家道确属殷实信用素著并能遵期交纳保证金者由本署呈奉省公署核准委任承征之

知事夏崧生

中华民国二十八年十二月二十二日

布告　实贴

【资料二】

河北省税务承征员章程

第一条　本省牲畜税屠宰税应由各县市分区分集选委承征员负责征收

第二条　承征员须年满二十五岁以上中华民国国籍之男子并具有应列资格者

一、负担本税之商人（即本行）资本充实声望素著者

二、家道殷实信用素著者

第三条　合于第一条资格而愿承征税务者应须填具请愿书叙明书承征某区某集某种税务及全年承征额并取具殷实商铺两家以上之保结

前项承征员承征税务应负完全责任不得转让他人代办

第四条　承征期间以一年为限自一月一日起至十二月末日止不得中途告退

第五条　如有二人以上请愿书承征同一税务时由县市公署择其认额较多者呈请省公署财政厅核定

第六条　承征员经核定后应按全年承征额预支十分之二保证金至承征期满时照数发还

第七条　承征员应照规定之税则捐率及各项征收章程办理

第八条　承征者承征税款应照年额分十二个月平均摊缴每月应交之款须于本月以内照数呈交本管县市公署核收转解应按月比较如有短少延误责承铺保赔垫

第九条　承征员承征税款准提百分之十征收费用于每月缴呈税款时由承征员坐扣承征期满后如有长征之款准由长征款内提给一半充奖金借示鼓励

第十条　承征员承征税款依前条规定提给征收费用及长征奖金对于征收税款应依定章程理不得额外浮收侵蚀违者依第十三条处罚

第十一条　承征员经收税款须钤发省颁收据并于每月月给检齐收据缴查存根各联呈交本管县市公署核名分别存转

第十二条　承征员查收漏税货物时应承请本管县市公署照章处罚

第十三条　承征员如有浮收勒索情事一经察觉或被告发查实者除将浮收勒索之款如数追交退还外仍按照浮收勒索数目处以二倍以上十倍以下之罚金

第十四条　承征员经收税款如有减让招来希图侵越临境收入情形一经察觉或被揭发觉实者除勒令将侵越之款按照税额如数补实拨交被侵越境县市公署归额报解报外仍照减让之数处以一倍以上五倍以下之罚金

【资料三】 税承征员请愿书

具请愿书人　年岁　　县人　现住

窃　请愿承征顺义县　镇　二十九年度　税　自民国二十九年一月一日起至十二月末日止全年认征国币　元按月分缴每月之款于本月以内照数交纳所有一切征收办法悉遵定章办理倘有违章干法情事愿受罚办除取具殷实商铺　保结并俟奉准后立即预缴承征额十分之一保证金外所具请愿书是实

中华民国二十　年　月　日　具请愿书人

（署名盖章或签字）

（注意）此项请愿书应同样填具两份呈缴县市公署存县一份呈省公署一份并年月日必须填明

【资料四】

① 顺义县民国二十九年度各镇税务数目表

区别	税别	承征员姓名	认额（元）	一月至十一月应交数（元）	十二月（元）	备注
本城	牲畜税	魏连增	五二五五·〇	四三七·〇	四四八·〇	
杨各庄	仝	邱珍	五一一〇·〇	四二五·〇	四三五·〇	
牛栏山	仝	魏雅峰	二六六〇·〇	二二一·〇	二二九·〇	
李遂镇	仝	邱秀清	一六六〇·〇	一三八·〇	一四二·〇	
李家桥	仝	李树林	七〇一·〇	五八·〇	六三·〇	
本城	屠宰税	马云生	二九九八·〇	二四九·〇	二五九·〇	
杨各庄	仝	邱卿	三三三三·〇	二七七·〇	二八六·〇	
牛栏山	仝	吴谦光	二二五一·〇	一八七·〇	一九四·〇	
李遂镇	仝	高耀亭	九〇〇·〇	七五·〇	七五·〇	
李家桥	仝	刘璞齐	一〇〇〇·〇	八三·〇	八七·〇	
本城	斗牙税	邱子臣	八八一〇·〇	七三四·〇	七三六·〇	
杨各庄	仝	张荣三	八八一〇·〇	六〇六·〇	六一四·〇	
牛栏山	仝	王荣九	七二八〇·〇	九九一·〇	九九九·〇	

续表

区别	税别	承征员姓名	认　额（元）	一月至十一月应交数（元）	十二月（元）	备注
李遂镇	仝	高松泉	一一九〇〇·〇	二〇八·〇	二一二·〇	
李家桥	仝	陈子余	二一一五·〇	一七九·〇	一八六·〇	
本　城	秤牙税	马双锡	一五一六·〇	一二六·〇	一三〇·〇	
杨各庄	仝	张荣三	二九〇〇·〇	二四一·〇	二四九·〇	
牛栏山	仝	张其山	一三〇〇·〇	一〇八·〇	一一二·〇	
李遂镇	仝	丁见权	一四五五·〇	一二一·〇	一二四·〇	
李家桥	仝	陈书云	四三〇·〇	一二五·〇	四五·〇	
本　城	大牙税	邱自荣	一二六六·六	一〇五·〇	一一一·六	
杨各庄	仝	丁玉恒	三〇一六·〇	二五一·〇	二五五·〇	
牛栏山	仝	宋宗文	六一〇·〇	五〇·〇	六〇·〇	
李遂镇	仝	邱玉明	五五六·〇	四六·〇	五〇·〇	
李家桥	仝	荣玉山	三二〇·〇	二六·〇	三四·〇	
本　城	小牙税	刘殿喜	二六〇〇·〇	二一六·〇	二二四·〇	
杨各庄	仝	张荣三	二〇〇六·〇	一六七·〇	一六九·〇	
牛栏山	仝	张　玲	一八四〇·〇	一五三·〇	一五七·〇	
李遂镇	仝	周玉轩	七〇〇·〇	五八·〇	六二·〇	
李家桥	仝	张　瑞	四六〇·〇	三八·〇	四二·〇	
全　县	猪毛税	张甲增	三二〇〇·〇	二六六·〇	二七四·〇	
合计			八二六八八·六	六八七五·〇	七〇六三·六	

②顺义县民国三十年度各镇税务数目表

区别	税别	承征员姓名	认　额	一月至十一月应交数	十二月	备注
本　城	牲畜税	李广贤	七七〇〇	六四一	六四九	
杨各庄	仝	邱　珍	八〇〇〇	六六六	六七四	
牛栏山	仝	商惠民	五五〇〇	四五八	四六二	
李遂镇	仝	邱　沛	一七〇〇	一四一	一四九	
李家桥	仝	李树林	一二〇〇	一〇〇	一〇〇	
全　县	屠宰税	张书云	一〇四八二	八七二	九〇一	
本　城	斗牙税	自　征	五〇〇〇	四一六	四二四	
杨各庄	仝	徐树校	一五〇〇〇	一二五〇	一二五〇	
牛栏山	仝	壬荣九	二〇〇〇〇	二〇〇〇〇	一六七四	
李遂镇	仝	邱　元	四〇〇〇	四〇〇〇	三三七	
李家桥	仝	周　山	三二〇〇	三二〇〇	二七四	

续表

区别	税别	承征员姓名	认额	一月至十一月应交数	十二月	备注
本　城	秤牙税	赵俊安	三〇〇〇	三〇〇〇	二五〇	
杨各庄	仝	佟树贤	三五〇〇	三五〇〇	二九九	
牛栏山	仝	巩品三	二二〇〇	二二〇〇	一八七	
李遂镇	仝	丁见权	二〇〇〇	二〇〇〇	一七四	
李家桥	仝	李广峰	五〇〇	五〇〇	四九	
本　城	大牙税	李广贤	一五〇〇	一五〇〇	一二五	
杨各庄	仝	丁玉恒	三二〇〇	三二〇〇	二七四	
牛栏山	仝	宋宗文	一三〇〇	一〇八	一一二	
李遂镇	仝	邱沛	六〇〇	五〇	五〇	
李家桥	仝	李广峰	五〇〇	四二	四九	
本　城	小牙税	李广贤	三〇〇〇	三五〇	二五〇	
杨各庄	仝	宋占儒	五二〇〇	四三三	四三七	
牛栏山	仝	王寿山	四〇〇〇	三三三	三三七	
李遂镇	仝	邱沛	七〇〇	五八	六〇	
李家桥	仝	李广峰	七五〇	六二	六八	
全　县	猪毛税	刘干恕	二〇〇〇	一六六	一七四	
合　计			二五七二三	一〇五九四一	九七九一	

备注

一、自本年一月起至十二月止每月应征牙杂税洋九千六百三十一元

二、十二月份税洋九千七百九十一元

【资料五】民国二十九年度顺义县各镇承征员以及牙伙名簿

本　城

牲　畜

赵　庆 52	扬志和 37	茹　和 55
李　贵 42	赵　祥 52	卢志和 40
刘振林 40	刘　发 50	以上大牙牲畜
李应春 40	周　四 62	屈　福 25
张洪典 50	屈　五 60	李福三 51
屈　著 30	周　山 38	王连元 42
言巨五 40	王　林 20	王　蓝 50
舒正森 52	李　池 40	李　宽 50
隋奎元 50	徐　刚 40	刘廷著 52
屈克昌 55	张　顺 62	李　应 32

李廷亥 54　　以上小牙牲畜

屠　宰

刘宝臣 37　　王玉亭 45　　刘殿尔 21

王从周 50　　陈周华 28

斗　市

刘锦林 38　　宋永安 45　　郭荣廷 47

屈　伶 42　　孙永安 51　　张雅儒 36

王　珍 60　　邱　发 60　　王万春 31

丁玉衡 37　　王秉章 48　　邱华廷 61

吴宝贵 26　　赵荣泉 39　　董兰田 48

刘揖三 63　　赵克昌 49　　张　清 60

沈德荣 25　　孔　四 52

秤　市

骆　太 40　　徽　后 28　　沈书云 53

杨各庄

牲　畜

王　德 64　　张占德 55　　张占才 52

李田奎 65　　李田芳 62

屠　宰

陈子良 39　　王宝廷 39　　吴荣光 33

彭继恒 38

斗　市

张甲增 32

买卖妥制斗人

张　明 48　　王　斌 50　　高长春 49

李　珍 47　　张现甫 42　　李国宴 37

王永贤 38　　唐　峰 49　　张福宗 61

李泉林 62　　张万泉 31　　王九成 47

张永清 50　　王长发 48　　赵明贵 66

王景茂 51　　彭长贵 31　　唐文起 25

袁　顺 48　　雏存和 61　　陈福仓 36

刘宗然 41

秤市助手

谢和庭 53　　王善成 32

大　牙

李田喜 61　　杨有山 52　　李面瑞 50

周一轩 55　　王万起 62

小牙纠察员

　　杨云亭

小牙佣人

　　于学申 41　　于学洲 39　　李文起 45

　　李廷奇 43

猪毛佣人

　　陈　德 42　　张辅臣 36

牛栏山

牲　畜

　　许振山 41　　马得林 54　　艾天山 54

　　吴永山 48　　张玉泉 32　　商少彭 35

　　卢治山 28　　沈焕齐 46　　李廷彦 54

　　鲍　三 62　　屈　记 31

屠宰

　　梅得山 23　　王寿山 42

斗　市

　　巩　贵 46　　王汉九 45　　魏炎波 48

　　刘　春 48　　刘　荣 36　　冯　大 36

　　靳　富 42　　田宝珍 25　　郭士有 50

　　杨　之 65　　田　海 54　　王　顺 30

秤市承征员

　　张岐山

伙　计

　　白瑞亭 49　　张岐山 30

大　牙

　　马德林 52　　张玉泉 30　　卢志山 32

小牙承征员

　　张玲

小牙税伙计

　　张　春 36　　张玉坤 48　　屈　良 28

　　屈克昌 58　　万长珍 32　　张　振 49

李遂镇

牲畜办事人

　　王万枝（大牙牲畜）

　　贾子和 62　　金六福 52（小牙牲畜）

屠　宰

斗市承征员

　　高松泉

察市人

　　赵峰如 32　　翟永和 38　　彭　庸 28

　　高芽年 26　　周振祥 25

报买卖妥制斗人

　　徐殿纲 62　　田　俊 52　　赵振祥 35

　　赵振和 38　　金文纺 48　　王兴年 60

　　高　兴 52　　张海年 40　　未　绪 34

　　赵永春 36　　王福瑞 42

秤牙

　　张西顺 50

大牙税

　　王　德 64　　张占德 55　　张占才 52

　　李奎田 65　　李田芳 63　　李田喜 61

　　杨有山 50　　李西瑞 50　　厍一轩 55

　　王万起 62

小牙税

　　张占德 55　　贾子和 62　　张占才 52

　　金文富 52　　李田奎 65　　杨绪林 55

　　李田芳 63

李家桥

牲畜税办事员

大市牲畜

　　高　三 45　　孙　高 53

猪市牲畜

　　郭　昭 40　　李　老 50　　王朝卿 52

大小牲畜税承征员

　　李树林

屠宰税办事员

　　田　良 50　　刘玉强 30

斗市办事员

　　冯会清 30　　陈秉正 20　　王永庆 50

　　郭玉强 32

斗市伙友

　　李秀生 34　　郭　贵 45　　李文芳 51

　　王永安 52　　高　祥 55　　永　和 45

　　刘　祥 40　　蔡　全 42

秤市办事员

　　张 茂 52

大牙税

　　小　项 46　　于　申 56

小牙税

　　赤　地 40

【资料六】

有关民国三十年牙杂税征收的布告

顺义县公署布告　　财字第　　号

　　为布告事查本县牲畜牙税现奉河北省公署令自民国三十年度起为法除旧日包商积弊改进税收起见一律直接征收本署为考核征收员资格及筹备交易所等事宜暂缓十五日自民国三十年一月十六日起一律实行自征除各项税率仍旧并另行布告外合仰商民人等一体遵照凡有买卖行为均应到交易处所买卖照章纳税如不到交易处所买卖未领收据者认为有意违抗命令偷漏税收除将所有物件没收外并处罚金倘情节重大者即系不轨行为决送军事当局依法惩办其各懔遵切切此布

　　中华民国三十年一月　日　县知事　夏崧生

　　布告　　实贴

顺义县公署布告　　财字第　　号

　　为布告事宜本县各镇交易处所地址业经本署规定在案兹为商民明了应纳税率数目起见合再布告摘抄各税章程仰阖邑商人等一体遵照凡有买卖行为者应即照章纳税不得偷漏如征收员有额外俘收勒索等情准来署告发决定从严惩办其各懔遵切切此布

　　计　开

　　一、牲畜税按买价每百元正税洋三元附税洋一元五角

　　前项税款由买主交纳不分大小牝牡一律照征

　　二、屠宰税每猪一口正税六角附税三角羊一只正税洋四角附税洋二角牛一头正税洋三元附税洋一元五角

　　前项税款由屠户完纳不分大小牝牡及年节丧婚祭祀一律照征

　　三、斗牙税按价值每百元正税洋一元附税洋五角

　　前项税款由买卖双方担负买主十分之七卖主十分之三

　　四、秤牙税大牙税小牙税猪毛牙税等四项按价值每百元正税洋三元附税洋一元五角

　　前项税款由买卖双方担负买主三分之二卖主三分之一

　　又牙税章程第四条之规定粮食棉花土布麻绳纸六项按价值每百元正税洋一元附税洋五角

前项税款由买卖双方担负买主十分之七卖主十分之三

中华民国三十年一月　县知事　夏崧生

布　告　　实贴

顺义县公署布告　　财字第　号

为布告事查民国三十年度牲屠牙各税均由本署直接征收兹为整顿税收及便利商民交易起见特将各税交易处所另行规定于后仰阖邑商人民等一体遵照毋违切切此布

计　开

一、本城镇粮食（斗牙税）交易所在县城西街新民公园内

　　花生水果等物（税秤）交易地址在县城新民公园内

　　骡马驴牛（大牙税）交易地址在县城　⎫

　　猪羊（小牙税）交易地址在县城　　　⎬娘娘庙前

　　屠宰税在屠宰场征收地址在东门外

　　牲畜税附属于屠宰税及大小牙税征收之

二、李遂镇粮食（斗牙税）交易所在

　　花生水果等物（秤牙税）交易地址在

　　骡马驴牛（大牙税）交易地址在　　⎬北门外庙前

　　猪羊（小牙税）交易地址在

　　屠宰税在

　　牲畜税附属于屠宰税及大小牙税征收之

三、杨各庄粮食（斗牙税）交易所在

　　花生水果等物（秤牙税）交易所在

　　骡马驴牛（大牙税）交易地址在　　⎬南街分所前

　　猪羊（小牙税）交易地址在

　　屠宰税在

　　牲畜税附属于屠宰税及大小牙税征收之

四、牛栏山粮食（斗牙税）交易所在

　　花生水果等物（秤牙税）交易所在

　　骡马驴牛（大牙税）交易地址在　　⎬南门外

　　猪羊（小牙税）交易地址在

　　屠宰税在

　　牲畜税附属于屠宰税及大小牙税征收之

中华民国三十年一月　县知事　夏崧生

布　告　实贴

【资料七】 民国二十九年牙杂税月别税额表

（县财务科使用的台账）

顺义县民国二十九年　税承征员经征税款表

月　　份	纳入额	承征税	增	减	备　注
一　　月					
二　　月					
三　　月					
四　　月					
五　　月					
六　　月					
七　　月					
八　　月					
九　　月					
十　　月					
十一月					
十二月					
合　　计					

　　　　　顺义县　　　　　　　　　　　　　　　　　税承征员

【包税人的身份】

什么样的人可以担任包税人？＝从来没有做过这方面工作的人也可以。识字、认识顾问、知事。

没有钱也可以吗？＝必须有钱。今年不需要保证金，但是需要有保证人。铺保可以作为保证人，也就是城内要有殷实的商铺。

牲畜税一定要进行牲畜买卖的时候交吗？＝不进行牲畜买卖的时候也交。

必须是本县的人吗？＝如果有保证人的话其他县的人也可以，但实际上是不可以的。

【征收牙杂税的区域】 分成五区进行征税？＝不是五区是八区，但是那三个区没有镇所以就在本城和四镇征收。牲畜税、斗牙、秤牙、大牙、小牙。

全县范围进行征收的税？＝屠宰（从民国三十年开始在全县范围内征收）、猪毛。从今年开始没有城镇的地方，斗牙税由本县自己征收。

没有镇的区要去哪交纳税款？＝五区到一区交纳、六区到七区交纳、八区到二区去交纳。

五区的人到七区进行买卖的话？＝就在七区交纳。

【资料八】民国三十年牙杂税汇款单以及收据

交款人第　区　征收员

一国币

上款如数交讫无误此致

顺义县公署　台照

财务科

①汇款单

No ------------ 民国三十年　月　日

项	目	金额								
节	摘　要	十	万	千	百	十	元	角	分	厘

②汇款收据

No ------------ 民国三十年　月　日

项	目	金额								
节	摘　要	十	万	千	百	十	元	角	分	厘
	计									

上款如数收讫无误此致

科、所台照

【资料九】

民国二十九年牙杂税税票缴查数目表　　　　　　　（县财务科使用的台账）

顺义县民国二十九年度　　　月份税票缴查数目表

镇　名	税　名	姓　名	缴　查	备　注
本　城	斗　税			
杨各庄	仝			
牛栏山	仝			
李遂镇	仝			
李家桥	本　城			
本　城	仝			
杨各庄	仝			
牛栏山	仝			
李遂镇	仝			
李家桥	仝			

（以下，大牙税、小牙税、屠宰税、牲畜税是按照镇别，猪毛税是全县放到一起，用相同的样式）

六区的人去五区买卖的话？＝在一区交纳。

是交到进行买卖的地方吗？＝是的。

担任七区的征收员一定要住在七区吗？＝不住也行。

【根据交易场所，县里自行征收】从今年开始，本城的县公署自己征收，是省里决定的，还是县里决定的？＝县里决定的。祁自仁和陈喜恺早上七点左右就出门，去了交易地点，李志远和佟述之也去了。

斗有几个人？＝大概有16个人，由合作社招募进来，归合作社管理。

是商人买还是日本人买？＝中国人买，城内的粮业。

为什么和合作社有关系吗？＝为了统管粮食，为了获得交易额的统计。

合作社收手续费吗？＝可以获得市价的1％的手续费。

斗人收手续费吗？＝合作社会给他们月工资。

能拿到多少钱？＝不一定，因为刚成立，所以还不是很清楚。有的说是每1元可以拿到2钱（按钱），但是也没有明确的规定。将来会按照税额统计的金额给报酬。

合作社里有日本人吗？　＝没有工作的日本人。

光是中国人有几个人？　＝加上少年的话，一共有 8 个人。

祁先生会去那里收税吗？　＝去。

【交易所的报酬】从谁那里可以拿到报酬？　＝从买卖双方那里。

买卖双方会给合作社报酬吗？　＝每 100 元给 1 元，双方各出 50 钱。

对农民来说，是去年的方法好，还是今年的方法好？　＝现在的方法比较好。

为什么好？　＝赋税减轻了，斗人得不到钱了。

斗人大概可以拿到多少钱？　＝少的话也有 10 钱。也有诸如 1 元、2 元的小额的交易。

今年的报酬是多少？　＝1 元（买卖双方）

这样一来，手续费不就比斗人的报酬还高吗？　＝不高。

为什么？　＝小额交易的时候，斗人的报酬比较多。以前武夫就是敷衍似的估摸一下，今年就公平了。

【包税人的名称、总包税的、分包税的、牙伙、承征员、贴头、经纪】牙伙相当于斗人吗？　＝是的。

承征员和牙伙的关系是？　＝总包税的—分包税的—牙伙（民国二十五年左右）

斗人不是分包税吗？　＝不是的。

包税和店铺有关系吗？　＝没有关系。

采购大量粮业的时候，也要去交易场所吗？　＝是的。

截至去年，在店里测算过吗？　＝算过。

那时牙伙会象征性地去一下吗？　＝会去。

在交易场所粮业出售收购的谷物，要收斗牙税吗？　＝收的。

大伙会留心吗？　＝会的。

我们去买的时候，也要交税吗？　＝也要交。

会叫来牙伙吗？　＝由交易场所叫来牙伙。

1 斗、2 斗这么少的量也要交税吗？　＝少于 1 斗的时候，也有不交税的，但是原则上是要交的。

在叫作承征员以前叫什么？　＝包商。

包商和牙行不一样吗？　＝牙行是税的名字，包商是指人。

牙纪是？　＝牙伙。

经纪是？　＝牙伙。

贴头是？　＝包商。这是包商以前的名字（民国十年以前），贴头、包商、承征员都是一样的。

斗头是？　＝斗市贴头。

什么时候开始有贴头这个称呼的？　＝开始有税的时候，也就是民国初年的时候。

关于屠宰税，没有侦探之类的吗？　＝新年和节供的时候会临时雇佣监察人。这叫作"查税"。

承征员和包商是一样的吗？　＝一样。仅仅名字不一样而已。

2 月 26 日

斗牙税的牙伙　包税人的名称　承征员　屠宰税

应答者　祁自仁（县财务科办事员）

地　点　县公署

【确定斗牙税的牙伙】牙伙是怎么确定的？＝熟悉交易场所和市情况的人担任牙伙。

牙伙小的时候就只做牙伙吗？＝不一定，（下面的回答是财务科长言绪）一直都在集市介绍各种买卖。

承征员怎么找牙伙？＝以前就有牙伙，集市的时候就把他们召集来。

例如，魏连增做了承征员之后，要怎么确定牙伙？＝可以在自己知道的牙伙中选择，也可以经由别人介绍。

牙伙既有业务熟练的人，也有不熟练的人吧？＝是的。

县城里的牙伙一般都住在县城里吗？＝有住在城里的，也有住在城外的。

本城大概有几个牙伙？＝这个不能说，即使是本城的牙伙，也要去牛栏山等地方。

这类的牙伙规定是谁的牙伙吗？＝因为不支付月工资，所以没有规定。

如果居中周旋的人完全不了解承征人，应该怎么办？＝没有回答。

没有承征员的许可，牙伙可以征收牙税吗？＝不能。

如果想做牙伙，必须要去承征员那里吗？＝是的。

去了之后有什么规定吗？＝必须发誓自己会尽全力为承征员卖力，认真听取承征员的训辞（不能背地里收钱）。

【斗牙税牙伙的报酬】去承征员那里的时候，会商量报酬的事吗？＝不会，报酬要根据每天的业绩一点一点地给。

大概会给多少报酬？＝不一定。

大概有多少？＝如果收了四五十元左右的税的话，大概会给 1 元左右。

除了承征员给的报酬之外，牙伙还有其他收入吗？＝除此之外，就是买卖双方的当事人给的少许酒钱。

10 元的时候大概会给多少？＝10 钱或者 20 钱。

是买卖双方各给 20 钱吗？＝不一定，买卖双方有时候会给，有时候也不给。

如果买卖双方都不给的话，会发生纠纷吗？＝不会。

例如，以后会找不给钱的买卖双方的麻烦吗？＝不会。

承征员和牙伙商量报酬的时候，承征员会提前给点吗？＝不会，后来再给。

承征员会给什么可以断定这个人就是牙伙的证据吗？＝什么证据也没有。

纸啦木牌子啦什么的有吗？＝什么也没有。

这样一来，买卖双方怎么判断一个人是不是牙伙呢？＝因为经常在集市，如果有买卖的人来了，牙伙自然也就来了。

但是不清楚是不是真的牙伙啊？ ＝承征员在那里，所以能判断出来真假。

【斗牙税牙伙的地位】城里大概有几位斗税的牙伙？ ＝四五人。

这些人很早就是牙伙吗？ ＝有刚开始做的人，也有 10 年以前就开始做牙伙的人。

这些人在家的时候都是做什么的？ ＝大多数人都是种地的。但是这四五个人都住在城里。以便有集市的时候来。

住在城外的牙伙都是老百姓吗？ ＝一般都是有 10 亩地左右的农民。

城外哪个村子的人做牙伙的比较多？ ＝不知道是哪个村子，但大概是在 10 里以内的村子。

没有沙井村的人吗？ ＝不清楚。

如果不仅限于斗牙，沙井村的人有做牙伙的吗？ ＝海洪村的茹延兰（大牙），海洪村的李某氏（小牙）。

做城里牙伙的人有？ ＝吴宝贵（斗）、董兰田（斗）、王珍（斗）、王秉章（斗）。

什么样的人可以做牙伙？ ＝只要有承征员的认可就可以。

到目前为止没有一点经验的人也可以吗？ ＝即使没有经验，只要有承征员的认可，也可以。

牙伙没有财产也可以吗？ ＝可以。

需要保证人吗？ ＝需要。

申请做牙伙的时候需要什么文件吗？ ＝不需要。

保证人要做什么？ ＝口头证明一下就可以了。

没有保证人就不能做牙伙吗？ ＝不能。

什么样的人可以做保证人？ ＝认识承征员的人。

正在担任承征员牙伙的人，可以做保证人吗？ ＝也可以。

不是牙伙也可以吗？ ＝也可以。

保证人要保证什么？ ＝要保证牙伙的品行端正，不会擅离职守。

如果牙伙擅离职守了，保证人应该怎么办？ ＝承征员会给保证人说一下，然后辞掉牙伙。

这时候保证人要补偿承征员所受的损失吗？ ＝有补偿的有不补偿的，只要承征员说不需要补偿，就没事了。

哪种情况比较多？ ＝不补偿的时候比较多。

每个县有斗牙伙十四五个人，依据买卖之人决定办事比较利索的牙伙吗？ ＝不一定，但是如果进行买卖的人来的话，必须之前到委托的人那里去了解。

【包税人的名称】大牙、牲畜（办事人）和斗市（纠察员）一样吗？ ＝不一样，办事员负责记账等，纠察员则负责监察（参考 395 页资料五）。

买卖中间商、小牙佣人、秤牙税伙计、牙伙、伙友是？ ＝牙伙（参考 395 页资料五）。

【总包税的】总包税的和现在的承征员一样吗？ ＝实际上是一样的，但是以前总包税是由一个人承包，现在是分别承包。

以前县里有几个总包税的？ ＝1 个人。

那一个人自己负责斗税，还有其他的诸多牙税吗？ ＝是的。

是全县只有一个人，还是每个区都有一个人？ ＝全县只有一个人。

总包税的手下是做什么的？ ＝分包税的。

【分包税的】有几个分包税的？ ＝有数十人，没有确定人数，有一个人负责两三种工作的，还有几个人负责一种工作的。

分包税的是在全县范围内还是分到各区？ ＝分到各个区。

那时候区是怎么划分的？ ＝八区五镇。

分包税的是到那五个镇去吗？ ＝是的。

这样一来，斗税就有 5 个分包税的了？ ＝是的。

那时牙税有多少种？ ＝和现在一样，五类。

这样一来，五个人，五个镇，不就有近 25 个人了？ ＝像猪毛捐的话，有的全县就只有一个人，跟 20 人相比有点少。

你知道那时候总包税人的名字吗？ ＝李遂店的邱华廷，现在还活着的。

这个人在职的时间，是从哪一年开始到哪一年结束的？ ＝民国二十六年七月开始到民国二十七年十二月，民国二十八年一月开始到十二月。

总包税的是从民国二十八年开始没有的吗？ ＝民国二十九年。

总包税的一个人负多少责任？ ＝不清楚。

【承征员】没有了总包税的之后，就有了承征员，这两者之间有什么不一样吗？ ＝因为总包税的存在各种各样的弊端，所以省里就下达命令，取消总包税的，实行现在的承征员制度。

都有什么弊端？ ＝总包税的白白收钱。

承征员和分包税的一样吗？ ＝全县范围之内都是一样的。

省里说的总包税的弊端是什么？ ＝总包税的什么也不做，只顾牟取利益，工作都是分包税的在做，现在县是总包税的。

承征员是什么意思？ ＝和分包税的是一样的，就是负责收税，但是，分包税的这个名字不太文明，就把名字改成了承征员，仅此而已。

什么时候开始有总包税制度的？ ＝不清楚以前的事情，民国二十六年以后的事情了解一点。

【牙伙和承征员】牙伙之间相互认识吗？ ＝认识。

牙伙之间会相互争夺主顾吗？ ＝会。

争夺的结果，牙伙会降低自己提供服务的酬金吗？ ＝没有那样的事情。

为了争夺主顾，收牙税的时候会不要酒钱吗？ ＝不会，那时候承征员会指派一个牙伙去。

承征员需要适当地在集市转来转去监视吗？ ＝是的。

牙伙（斗的话大概有十四五人）会聚集在一起，谈论他们自己的事情吗？ ＝不会。

牙伙会在一起谈论有关承征员给的报酬吗？ ＝不会。

有报酬高的人也有低的人吧？ ＝是的，他们之间会有差别，因为做的工作多少有差别。这就是判断牙伙业绩好坏的依据。

承征员确定了牙伙之后，必须要送到县里吗？ ＝是的，必须在年初（一月）送过去。

县里见了牙伙之后，如果不满意的话会让换吗？ = 不会。

牙伙和承征员之间的关系每年都会变吗？ = 不会。

时间长的话，牙伙大概可以做几年？ = 有的可以做数十年，一般情况下，只要能做，就会做下去。

也像粮柜那样父子世袭吗？ = 不是的。

牙伙（斗）要是熟悉粮栈的人吗？ = 只要熟悉斗的工作，就可以担任。

最年轻的大概几岁？ = 20 岁以上一直到 65 岁，不能工作了就辞职。

【承征员、纠察员、办事员的职务】承征员也好，牙伙也好，如果买卖双方都不听自己的吩咐，怎么办？ = 就做不成买卖了。

有无视承征员和牙伙做买卖的吗？ = 没有。

一般买卖双方听从承征员和牙伙的话吗？ = 买卖双方如果达成一致的话，不用牙伙从中斡旋也可以，买卖结束之后，向牙伙纳税就可以了。

如果买卖双方有什么不正当行为的话，牙伙可以去逮捕他们吗？ = 由县里逮捕就可以了。

有那样的例子吗？ = 没有，有漏税的例子，但是没有少纳税的事情。

有漏税的时候，是谁发现的？ = 牙伙。然后报告给承征员，承征员再报告给县里。

有不报告直接逮捕的情况吗？ = 不能逮捕。

什么情况下都不能逮捕吗？ = 不能。

为了制止买卖双方的不正当行为，牙伙和承征员应该怎么做？ = 报告给县公署，由县里派政务警逮捕。

自己不能逮捕吗？ = 承征员不能逮捕，牙伙更不能逮捕了。

为了防止买卖双方的不正当行为，牙伙和承征员怎么做的呢？ = 只依靠调查，是不能防止的，大家都是临近村子的人，买卖双方都相互认识。

纠察员和办事员需要做什么呢？ = 协助承征员工作。

承征员做什么工作？ = 收税。

自己也要像大伙那样在留心集市吗？ = 办事员负责开票（写票），写各种各样的票，纠察员跟着承征员巡逻。

在集市里承征员做什么？ = 有时候负责开票，有时候负责监视买卖双方的行为，有时候还会核算税额。

集市里，承征员是从牙伙那里拿到税款吗？ = 集市里有常设的桌子（办事柜台），办事员专门负责开票和计算，承征员负责来回巡逻，在那里收税。

负责开票的是哪个牙税？ = 哪个都可以。

集市日的时候，可以看到开票吗？ = 可以看到，但是没有进行交易的没有票。

谁写票？ = 办事员（也叫先生）写。有时候承征员自己写。

什么时候需要写票？ = 买卖做成的时候，去收税的地方汇报，在那里写。

写的票要记到账面上吗？ = 是的。100 张票一张账面。

串票是什么？ = 就是税票。

县城里哪里有开票的柜台？ ＝所有的交易场所都有。

【交易场和斗牙税】交易场所里不是只有斗税吧？ ＝娘娘庙（牲畜、大小牙）、交易所（斗市）、老爷庙（秤市）。

交易所里只有斗市吗？ ＝是的。

其他的呢？ ＝称作什么什么市，比如牲畜市、秤市、大市、小市，小市也可以叫作猪市。

集市日确定吗？ ＝确定。

牙税里有五谷吗？ ＝五谷包含在斗市里。

五谷是什么？ ＝谷（小米、粟）、蜀（蜀子、比粟更黏的东西）、芝麻、麦子、豆（黄豆、大豆、青豆、白吉豆、黑豆、红豆、绿豆、小豆、豌豆）。

除了五谷，斗税里还有什么吗？ ＝粳米（大米是从南方传来的，这里没有）。

斗税全部都是1％吗？ ＝全部都是。

与其他牙税相比便宜吗？ ＝便宜。

【处罚偷逃牙税的人】有买卖人行为不正当，承征员委托县里派政务警逮捕他们的例子吗？ ＝有是有，但是很少。

去年有吗？ ＝没有。

如果有的话，怎么处罚？ ＝县里叫来买卖人确认事情的真伪，如果确有其事，处应交纳税款5倍以下的罚款。

那样的事发生在什么时候？ ＝两三年前的时候。

大概罚了多少罚金？ ＝大概罚了10个铜币的罚金。不是什么大事，所以也就只是稍微给点教训。

【承征员没有集会】五镇的承征员聚集到一起商量什么事情吗？ ＝没有。

关于五镇的牲畜税，但是负责牲畜税的承征员有聚到一起商谈的吗？ ＝没有。市场日的时候另当别论，平时因为大家空闲的时间都不一致，所以很少聚到一起。

所有县城的承征员都没有聚集到一起的吗？ ＝有。

什么时候的事情？ ＝是在大家都有时间的时候，不是很确定。

聚集到一起商量什么事情？ ＝相互了解一下彼此的情况，以及因为下雨了，收税不成功等事情。

牙税很少有聚会，县里会下达命令让他们聚集到一起商量事情吗？ ＝即使不交谈，县政府也有布告。

自己负责的数额太大，能不能稍微少点，有这样的交涉吗？ ＝没有。

设置了诸如商会什么的，会设置商会长吗？ ＝不会。

那么到什么地方聚集呢？ ＝不一定，偶尔也会在茶室和商店里举行集会。

有专门为了商量什么事而集会的吗？ ＝没有，即使有，我也不是很清楚。

【牙伙没有集会】牙伙也没有那样的集会吗？ ＝没有。

关于斗税，只负责斗税的人会聚集到一起商量吗？ ＝有是有，但是很少，因为时间不充裕。

牙伙中，有可以成为代表的人吗？＝没有。

十四五人的斗税牙伙中，有代表和可以成为头目的人吗？＝没有。

【屠宰税的收税对象——猪、羊、牛】屠宰税一般跟什么有关系？＝猪、羊、牛。

听过村子里有屠宰驴马的吧？＝没有，屠宰驴马是禁止的。

今年牙伙的人名还不清楚吗？＝不清楚，还在催促呢，一个月之后也许就知道了。

听过不吃村子里病死的猪、羊、牛的肉＝不吃。

也不需要交税吗？＝不需要。

病死的猪、羊、牛的肠子呢？＝直接埋了。

病死的猪的皮呢？＝埋了。

病死的羊的毛皮呢？＝冬天的时候，羊的毛皮很有用途，就留下；夏天的话，就直接埋了。

皮可以卖吗？＝可以卖二三元，牛皮的话，可以卖五六元。

不收屠宰税，也可以卖吗？＝可以。

屠宰税是为了卖肉吗？＝是为了肉，皮的话，不需要屠宰税。

为什么要把猪埋了呢？＝因为皮很廉价，谁也不吃肉。

屠宰税的承征员和牙伙的报酬是多少？＝是收税。

酒钱也没有吗？＝没有。

可以拿到点肠子或者皮吗？＝不能。

【屠宰税里没有牙伙】牙伙中屠宰税的比例是最差的吗？＝屠宰税中没有牙伙。

承征员要一个一个都去看吗？＝也有去看的。

什么时候开始有屠宰场的？＝现在还没有。

屠户会代替承征员去收税吗？＝屠户会代替承征员去村里，但是城里还是承征员自己去。

承征员不一定要去所有村里吧？＝不能一个一个都挨个去。

村里没有牙伙吗？＝没有，因为没有买卖。

没有买卖的话，就不用交纳屠宰税了吧？＝也要交纳。

怎么称呼负责收取屠宰税的人？＝叫作承征员、包商。

【包佣】卖家和买家谁给牙伙的酒钱比较多？＝不一定，特别是卖家会提前跟买家商量好，所有的费用都不用买家出，这种情况叫作"包佣"。

买家有包佣的时候吗？＝也有，必须要经过对方的同意。

买家为了不想负担交税，会提高价钱出售吗？＝卖家想以 120 元的价钱出售，买家想以 100 元的价钱买，这个时候就会包佣，价格定为 110 元。

3月4日

交易地点　承包屠宰税　承包村里屠宰税和村公会　营业税商捐

应答者　祁自仁（县财务科办事员）

地　点　县公署

【在交易所征税】前天去交易所看了看，斗税是15%（卖家7.5，买家7.5）吗？＝是的。

买家会来交税吗？＝买家首先要交税，然后把粮食的价款送过来才能拿到粮食。那个时候，可以减去一半的税。

大米和粳米的税率不一样吗？＝税率是一样的，价格高的话，税也会高。

税率没有什么不一样的吗？＝没有。

没有买家愿意承担税款吗？＝没有，因为买家没有拿来价款，所以可以相抵。

【包佣】有包佣吗？＝当然有。

哪个比较多？＝不包的比较多。

在包佣方面，是买家多，还是卖家多？＝买家多。

【商店交纳牙税】商店买的时候？＝因为商店里买卖特别多，卖家去交易所汇报一下，从店铺拿到一个证明，拿到临时收据去交易所，在那盖章。然后卖方把粮食运到店里，从店铺里拿到粮食的价款之后回来。可以减免店铺粮食价款一半的税额（参考409页资料）。

商店必须每晚都来交纳吗？＝是的。

有月末这回事吗？＝没有。

县里有多少这样的店铺？＝二十四五户。

全部的销售金额大概有多少？＝要交纳很多税，有200元以上。

零散的呢？＝五六十元。

商店会给合作社报酬吗？＝1分。

怎么给的？＝买卖价格的1%。

商店这么做，要提前申请吗？＝要提前申请。

需要保证金吗？＝大字号是200元，小字号是100元。

保证金会归还吗？＝今年的刚交上去，将来是什么情况就不知道了。这是交给合作社的。

【斗人的报酬】斗人的报酬？＝报酬由合作社给，市场收纳金额的4%或者2%。

有月工资吗？＝没有。

那4%或者2%是自己一个人的还是大家的？＝是由大家平均分。

什么时候分？＝十四五天分一次。

【斗人的首领】斗人中有头目吗？＝有，董兰田。

董兰田也跟大家一样分吗？＝也是制斗人，受大家的尊敬，所以推选为首领。

截至去年是做什么的？ ＝制斗。

制斗是牙伙吗？ ＝是的。

和办事员和纠察员有不一样吗？ ＝不一样。

董兰田在分钱的时候，是不是可以多分点？ ＝都一样。

现在的制斗人是由董兰田带领的吗？ ＝不是，是由合作社带领。

受托于合作社带领熟悉的人，不是这样的吗？ ＝不是这样的，董兰田负责监督和指导制斗人。

是合作社命令这么做的吗？ ＝是的。

有报酬吗？ ＝没有。

所有的牙伙里面都是这样的吗？ ＝不是的，这是合作社成立的组织，是一个团体，所以任命了一个首领。

这称作什么？ ＝斗头儿。

去年村民所称呼的斗头儿是什么？ ＝那是贴头、承征员、包商的旧称。

牙伙也可以称作斗头吗？ ＝不可以，而是称作制斗人。

那么这个斗头和董兰田先生的斗头不一样吗？ ＝不一样。

【交易所的条例】有和合作社有关的条例吗？ ＝有，应该在建设科。如下

【资料一】

民国三十年一月重印顺义县交易场暂行规定
北京模范地区顺义县指导委员会
第一章　规则

第一条　顺义县交易场以农产物之公正交易与使其流通圆满为目的

第二条　交易场以顺义县合作社联合会管理之

第三条　交易场设置其本场于县城内于杨各庄牛栏山李遂镇李家桥设置分场

第四条　交易场所管理之农产物列记如下

豆类　麦类　芝麻　高粱　玉米　小米　大米　黍　荞麦　落花生等

第五条　交易场开市时间

自四月一日至九月三十日

由午前七时至午后五时

自十月一日至三月三十一日

由午前八时至午后五时

第二章　买卖

第六条　持出于交易场所在地之农产物中第四条所规定者其交易须于场内为之不得行之于场外

第七条　于交易场上场之农产物须受本场之检查但以农产仓库所发行之保管证卷而行

交易时不在此限

第八条　本场之买卖以拍卖行之但该当于以下各项者须停止或另行拍卖

一、有暗商及其他不正或不适当之行为时

二、认为有出不适当之价格及发生之可虑时

第九条　买卖价格以交易场所表示之交易场公定价格为标准市价

第十条　于交易场买卖成立时其代价之授受须即行之

第三章　业务人

第十一条　交易场之业务于合作社联合会行之

第十二条　业务人于上场农产物之买卖成立时须征收另定之手续费

第十三条　业务人有所管上级机关之请求时须提出关于其业务之账簿及书类而应答其质问

第四章　手续费

第十四条　以买卖成立之价格为手续费征收之单依

第十五条　于手续费之差等对买卖价格制定手续费如下

一、杂粮等物以斗计者　　百分之二

二、落花生等物以秤计者　　百分之一点五

第十六条　手续费买主卖主各担其半

第十七条　对于检查无手续费之征收

第五章　交易费

第十八条　于交易场欲行交易者提出所规定申请书受合作社联合会之承认而请求证明书

第十九条　为交易员者须有二名以上之保证人而经合作社联合会会长之承认

第二十条　交易员与保证人之关系对于支付须负连带之责任

第二十一条　交易员须二百元之保证金

第二十二条　交易员于合作社所经营之交易场内进行交易

第二十三条　交易员该当于下列各项者停止其交易或征课过怠金

一、于本场滞纳其所应负担之金额时

二、妨害本场之业务时

三、违反本规定时

四、有不正之交易时

五、交易员无相当之理由一个月不为交易时则丧失其资格此时其保证金并不返还

第六章　职员

第二十四条　于交易场置下列之职员

　　主　　任　　一人

　　会 计 系 员　　若干人

　　交 易 系 员　　若干人

　　牙　　伙　　若干人

　　第二十五条　主任于合作社联合会会长命令下总理监督关于交易场一切之业务而担负其责任

　　第二十六条　会计系办理交易场一切之会计业务

　　第二十七条　交易系决定交易场交易物品质等级价格及指导监督牙伙交易系由合作社职员及商务职员选择委任之

　　第二十八条　牙伙于交易员监督下斡旋交易过程及计量

第七章　附则

　　第二十九条　交易场手续费为合作社联合会之收入

　　【屠宰税的包税人】存在屠宰税的总包税吗？＝有。

　　什么时候开始有的？＝民国四五年。

　　什么时候开始变化的？＝民国二十五年。

　　在那之前有很多种总包税吗？＝是的，民国二十五年以前。

　　一种总包税的是一个人吗？＝全县共 5 人（屠宰 1 人、斗 5 人、大 5 人、小 5 人[1]、猪 1 人、牲 5 人）。

　　除此之外还有一人吗？＝没有了。

　　是分成五区吗？＝是的。

　　总包税的下面有分包税的吗？＝有。

　　贴头是指谁？＝分包税和总包税都可以这么叫。

　　征收屠宰税的全县有一个总包税，下面还有分包税吗？＝是的。下面每个区都有一个分包税（8 个区 8 个人）。

　　【包村的、零包税的】分包税的下面还有谁？＝包村的、零包税的。

　　大概管理几个村子？＝1 个区大概有 20 人，包括 30 个村子。

　　再往下面就没有了吧？＝没有了。

　　包村的住在村子里吗？＝住在村子里。

　　总包税的是由县里招募的吗？＝是由县里定的，现在也是一样。

　　分包税的是由县里决定，还是由总包税的决定？＝分包税有意向的话，就去总包税的那里。

　　那个时候的约定是承包还是报酬？＝承包。

　　包村的是由分包税的决定，还是直接由总包税的决定？＝去分包税那里申请。

　　是承包还是报酬？＝承包。

---

〔1〕　译者注：原文为"斗 5 人、大 5 人、小 5 人"，原文意思不明。

包村的大体上都是一个人担任吗？ ＝没有规定。

了解沙井村周边的情况吗？ ＝不了解，政府也不了解。

税里面有分包税的和零包税的吗？ ＝牲畜、大小牙、秤牙里面有，斗牙里面没有。

斗牙里为什么没有？ ＝来各地的集市，村子里没有买卖。

秤牙也来集市吗？ ＝例如有的村子里有斗 5 人、大 5 人、小 5 人[1]花生，这时候商人就会去收购。

即使是斗牙也要去收购吗？ ＝不去。

为什么不去？ ＝斗的集市是隔天就有一次，秤的集市只有 2 次或者 8 次。因为花生很少，粮食很多。

【收纳斗牙税】斗可以在村里进行买卖吗？ ＝不可以。

如果进行买卖了呢？ ＝来城里投税。

有想着不用交税不来的情况吗？ ＝没有。

一般认为品行恶劣的人也许会做那样的事吧？ ＝因为村里的农民不知道真正价格，在村里交易会蒙受了损失，绝对不会卖的。

同村里的农民之间可以进行买卖吗？ ＝可以是可以，不过很少。大家彼此都是相互熟识的邻居，讨价还价总感觉不好，还是在集市里卖给完全不认识的人比较好。

有从邻居那里买来自己吃的吗？ ＝倒不会买，会借。然后从集市上买来还回去。

农民拿到市面上卖的很少，即使只有 1 斗左右也要交纳牙税吗？ ＝是的。

5 升呢？ ＝没有做 5 升的买卖的，至少也要 1 升以上。

有卖 5 升左右的吗？ ＝没有，一般都是留着自家吃。

麦子 5 升，玉米、蜀、黍 7 升，会拿来卖吗？ ＝不会。以前的斗比现在的斗要大，正好是现在的 1 倍。以前的 5 升就是现在的 1 斗。

【资料二】 交易场所用到的统计表

①仁和镇交易场临时统计表
中华民国三十年　 月　 日　 （阴历　 月　 日）

月　　日		传票号码		
品　　名	总石数		总价数	手续费
玉　米				
白玉米				
麦　子				
黄　豆				

---

[1] 译者注：原文为"斗 5 人、大 5 人、小 5 人"，原文意思不明。

月　　日		串票号码			
品　　名	总石数		总价数		手续费
黑　豆					
白吉豆					
绿　豆					
青　豆					
小　豆					
江　豆					
杂　豆					
豌　豆					
红　粮					
白　粮					
伏地米					
粳　米					
大　麦					
荞　麦					
糜　子					
黍　子					
芝　麻					
口　米					
总　结					
收款人					

②顺义县　镇交易场粮食标准重量表

中华民国三十年　　月　日　阴历　月　日（以斗为单位）

品　名　＼　等级	最　高	普　通	最　低
麦　子			
荞　麦			
大　麦			
伏地米			

续表

品　名　＼　等　级	最　高	普　通	最　低
口　米			
白　米			
玉　米			
白玉米			
绿　豆			
江　豆			
小　豆			
杂　豆			
黄　豆			
黑　豆			
大豌豆			
小豌豆			
白　谷			
黄　谷			
糜　子			
黍　子			
芝　麻			
红　粮			
白　粮			
江　米			
黄　豆			
青　豆			
伏地粳米			

③顺义县镇交易场 农产物出货统计表

中华民国三十年 月 日 填造

月 日	单位 项目	品 名	交易石数	总 值	应收手续费	备注
						填造者
合计						责任者

饭粮按石计花生按百斤计（以元为单位）

④ **顺义县仁和镇交易场　月份交易状况月报**

中华民国三十年　　日　填造

月　日		品　名	成交数量	成交金额	应收手续费	附注
						填造者
合　计						责任者

⑤ 顺义县仁和镇交易场　行情月报

中华民国三十年　月　日　填造

品名 行情	上旬			中旬			下旬			备注
	最高	普通	最低	最高	普通	最低	最高	普通	最低	

而且以前也不做 5 升的买卖。1 斗以上有个零数也可以。现在 1 斗米大概 6 元。价格这么高，也没有买 5 升的。买不到 1 斗的话，脸上没光。

【村公会的屠宰税包税】村公会有做分包税的吗？＝有。

是村里希望那么做的，还是受分包税委托那么做的？＝哪种情况都有，例如，村公会为了一点点利益，就会来请求县里的分包税的。也有一年屠宰 10 头猪，承包 6 头的话，就可以获得 4 头的利益。另外村里负责做分包税，也会省很多事。但是村里也有不想做的时候。

村里是做的时候多，还是不做的时候多？＝做的时候多，不做的时候少。

因为村里的猪都吃了，从公共利益方面考虑的话，由摊款包揽不收取税的情况没有吗？＝承包 5 头的话只杀 3 头，这种时候村公所承包受损失的话，由村公所补偿。再者获利的话，作为村里的经费。村承包了 5 头杀了 10 头，所承担的税分给屠夫，最后各自交纳屠宰税一半便可。

总包税、分包税、包村的需要保证人和保证金吗？＝分包税到总包税的时候有保证人。村公会承包的话都不要。不是村公所而是个人承包的话，不需要保证金，而需要保证人。

【今年的屠宰税包税人】承征员？＝从今年开始全县只有 1 个承征员。

承征员下面？＝现在的状况下，禁止第一区的总征收人公然把第一区承包给其他人，但是实际上第一区要有一个人承担。叫周山就是销售肉的代理人。

【第一区的屠宰税征收所】承娈第一区的叫什么？＝和承征员不一样，第一区有第一区征收所，其他区的情况不是很了解。

负责人怎么称呼？＝不知道。普通年份的话，在12月就会确定来年的承征员。民国三十年的时候，在1月之前就确定了，那时候正好是旧历新年，杀了好多猪，承征员很忙。过了那个时间，杀的就少了，承包的人也少了，到现在也不知道哪个组织。

为什么全县只有一个人？＝去年有的区的承征员蒙受了损失，所以很少有人愿意做，县长和顾问为了鼓励大家，首先看承征员想负责哪个区，如果没有其他人愿意负责的话，县长就会提议由这个人负责全县。

有意愿者是一个人吗？＝是的。

因此承地租额就减少了吧？＝和去年一样。

沙井村是由谁负责的？＝不知道。

把第一区全县委托给周山，周山会委托包村的吗？＝会的。

周山是承揽还是报酬？＝不知道。

村的包税人可以叫作包村的、零包税的，那么屠宰可以称作什么？＝代征人。

不能像上面那么叫吧？＝周山是代理人，上面的是他下面各村的代理，所以不能那么叫。

村里有这样的事吗？＝有。

【屠宰税的包村的和村公会】每年大概什么时候确定包村的？＝阴历的年底确定，十二月二十日以后。在阴历十二月二十日左右确定承征员的话，阴历新年开始就可以着手工作了，今年有点迟。

有村公会负责的吗？＝有是有，但是很少。

为什么很少？＝今年确定承征员的时间有点迟，所以村里的人已经杀完了猪，交完了税。所以即使是村也不想承包，如果承征员承包的话，肯定要蒙受损失的。

去年包税的村公会多吗？＝有一半以上。

每年大概都是那么多吗？＝也有比这多的时候。收成好的承包就多。那时候农民手里有钱，就吃肉。

【防止村里的偷逃税和村里的包村的】有委托承征员负责巡视村的吗？＝屠宰税里有。

叫作什么？＝没有名字。

村民知道吗？＝村民不知道，因为是秘密进行的。

一年中什么时候巡逻？＝节供（五月节、八月节）和新年的时候。

石门的李旺和南法信的白槐增是什么？＝李旺是小牙的牙伙，白槐增和西街的张玉田一起负责秤牙、小牙、斗税的包商。白槐增去年还在牛栏山做承征员。

为了防止村里偷逃税，李旺那样的人会在村里巡视吗？＝李旺所属的承征员命令他在附近巡逻。新年的时候负责调查有没有交纳税款，没有交纳的话要收税。没经允许村民就屠宰的话，就汇报给承征员。

你知道沙井村的李注源？＝知道。

如果有包村的话，村民屠宰的时候，会去包村的那里吗？＝会去。

去第一区征收所吗？＝不去。

除了节供和新年的时候，其他时候不需要包村的吗？＝整年都需要。

会委托包村之外的秘密工作者吗？　＝不会。

会委托什么地方？　＝公会和包村的都不承包的地方。

包村的一般负责几个村？　＝小的村子的话两个。

【贴头】民国二十五年左右，称贴头为总包税的吗？　＝不是总包税的，而是散包。这个不叫贴头，而是叫总包税的。

那个时候分包税的叫贴头吗？　＝不叫。

什么叫作贴头呢？　＝从民国初年开始到民国十年的时候就有贴头。民国十年以后，就是总包税的了。

贴头相当于那之后的什么？　＝分包税的。

村民怎么称呼贴头？　＝分包税的，现在叫承征员。

还不知道今年包村的和牙伙吗？　＝是的，不知道。

知道去年屠宰包村的名字吗？　＝不知道。

【包村的和承征员】屠宰、牲畜、大小牙、秤牙里有包村的吗？　＝有。

那么村里可以屠宰、买卖吗？　＝是的。

是在村里买卖多，还是在集市上买卖的多？　＝集市上比较多。

包村的是承包制还是报酬制？　＝都是承包制。

如果村里有偷逃税的，包村的会怎么做？　＝报告给承征员。

报告给承征员，会有奖励吗？　＝没有。

【没有粮栈在村里一家包购的】大的粮栈也不会去村里一家包购吗？　＝不去。

是不允许去吗？　＝治安不妥，农民也不想卖。

到那样的地方一家包购，不用交税，不是更有利吗？　＝不方便。

【借粮和牙税】有农民从大的商店借东西、钱、粮食吗？　＝有。

还的时候，是用自家种的粮食还吗？　＝是的。

那个时候不需要牙税吗？　＝要。把还的米按价钱兑换，然后收税，商店汇报。

需要提前拿到交易所吗？　＝如果是集市日的话，和普通买卖一样拿到交易所去。

【资料三】

斗伙轮流值日表

姓名	轮次	月　　次															
董兰田	1	正月十七日	正月二十五日	二月三日	二月十一日	二月十九日	三月七日	三月十五日	三月二十三日	四月二日	四月十日	四月十八日	四月二十六日	五月四日	五月十二日	五月二十日	五月二十八日

斗伙轮流值日表

姓名	轮次	月次															
东德升	1	六月六日	六月十四日	六月二十二日	闰月一日	闰月九日	闰月十七日	闰月二十五日	七月三日	七月十一日	七月十九日	七月二十七日	八月六日	八月十四日	八月二十二日	九月一日	九月九日
王珍	2	正月十八日	正月二十六日	二月四日	二月十二日	二月二十日	三月八日	三月十六日	三月二十四日	四月三日	四月十一日	四月十九日	四月二十七日	五月五日	五月十三日	五月二十一日	五月二十九日
屈文	2	六月七日	六月十五日	六月二十三日	闰月二日	闰月十日	闰月十八日	闰月二十六日	七月四日	七月十二日	七月二十日	七月二十八日	八月七日	八月十五日	八月二十三日	九月二日	九月十日
王秉章	3	正月十九日	正月二十七日	二月五日	二月十三日	三月一日	三月四日	三月十七日	三月二十五日	四月四日	四月十二日	四月二十日	四月二十八日	五月六日	五月十四日	五月二十二日	五月三十日
宋永安	3	六月八日	六月十六日	六月二十四日	闰月三日	闰月十一日	闰月十九日	闰月二十七日	七月五日	七月十三日	七月二十一日	七月二十九日	八月八日	八月十六日	八月二十四日	九月三日	九月十一日
沈志卿	4	正月二十日	正月二十八日	二月六日	二月十四日	三月二日	三月十日	三月十八日	三月二十六日	四月五日	四月十三日	四月二十一日	四月二十九日	五月七日	五月十五日	五月二十三日	六月一日
吴宝贵	4	六月九日	六月十七日	六月二十五日	闰月四日	闰月十二日	闰月二十日	闰月二十八日	七月六日	七月十四日	七月二十二日	八月一日	八月九日	八月十七日	八月二十五日	九月四日	九月十二日

续表

斗伙轮流值日表

姓名	轮次	月次															
孙荫	5	正月二十一日	正月二十九日	二月七日	二月十五日	三月三日	三月十一日	三月十九日	三月二十七日	四月六日	四月十四日	四月二十二日	四月三十日	五月八日	五月十六日	五月二十四日	六月二日
赵克昌		六月十日	六月十八日	六月二十六日	闰月五日	闰月十三日	闰月二十一日	闰月二十九日	七月七日	七月十五日	七月二十三日	八月二日	八月十日	八月十八日	八月二十六日	九月五日	九月十三日
孔宝	6	正月二十二日	正月三十日	二月八日	二月十六日	三月四日	三月十二日	三月二十日	三月二十八日	四月七日	四月十五日	四月二十三日	五月一日	五月九日	五月十七日	五月二十五日	六月三日
邱恩荣		六月十一日	六月十九日	六月二十七日	闰月六日	闰月十四日	闰月二十二日	闰月二十四日	七月八日	七月十六日	七月二十四日	八月三日	八月十一日	八月十九日	八月二十七日	九月六日	九月十四日
刘洪发	7	正月二十三日	二月一日	二月九日	二月十七日	三月五日	三月十三日	三月二十一日	三月二十九日	四月八日	四月十六日	四月二十四日	五月二日	五月十日	五月十八日	五月二十六日	六月四日
王万春		六月十二日	六月二十日	六月二十八日	闰月七日	闰月十五日	闰月二十三日	七月一日	七月九日	七月十七日	七月二十五日	八月四日	八月十二日	八月二十日	八月二十八日	九月七日	九月十五日
张清	8	正月二十四日	二月二日	二月十日	二月十八日	三月六日	三月十四日	三月二十二日	四月一日	四月九日	四月十七日	四月二十五日	五月三日	五月十一日	五月十九日	五月二十七日	六月五日

斗伙轮流值日表

姓名	轮次	月　　　次														
屈伶	8	六月十三日	六月二十一日	六月二十九日	闰月八日	闰月十六日	闰月二十四日	七月二日	七月九日	七月十八日	七月二十六日	八月五日	八月十三日	八月二十一日	八月二十九日	九月八日

（续表最后一列为"九月十六日"）

不是集市日的话，不用搬下车，由商店去通知，制斗人从交易场赶来，计算后收税。

【斗人的值日】制斗人什么时候都在交易场吗？＝当值的时候有 2 个人。下面展示的是斗伙轮流值日表。

本来是留着吃的，但是一旦商店交了税要买的时候，还用交税吗？＝要交税。

税率和最初的一样吗？＝一样。

【营业税和商捐】营业税和商捐的区别是？＝营业税是省款；商捐是县款。

营业税是什么？＝对买卖行为征收的税。

商捐也是一样的吗？＝是的。

哪个是由商会负责收的？＝两个都是由商会负责收。一个月收一次商捐，汇总了之后送到县里。一年收一次营业税。

什么样的买卖需要交纳营业税？＝每年的交易额（流水额）在 1000 元以上的时候，就要交纳 3 元以上的营业税。1000 元以下的免税。根据营业情况商捐可以分成九个等级。

交纳营业税和商捐的方法不一样吗？＝不一样。

【确定营业税和征收营业税】什么地方负责调查营业税的流水额？＝由县政府根据商号年底的盈亏和财政状况进行调查。

什么时候开始做的？＝民国十五六年左右的时候。

每年什么时候开始做？＝新历的 1 月，也就是旧历的十二月。

县里有每年汇总的资料吗？＝有表。

县城里大概有几户交纳营业税的？＝100 户以内吧。

什么时候交税？＝根据章程 1 年交纳 4 次，分成 3、6、9、12 四个月分别交纳，但是商号和县里都觉得一次性交纳比较方便，所以 4 月到 9 月这部分的税款一次性交清。

通知交税的时候，会有通知单吗？＝有公文。

【营业税和商会】商号知道每年大概需要交纳多少税款吗？＝会发给各商会公文，公文里会附有一个单子，凭借单子，商会通知商号应该交纳多少。

是商会集中到一块儿带过来吗？＝是的。

商号不交纳税款的话，商会会先垫付吗？＝规模小的店铺没有交纳的话，会垫付出来。

垫付的时候商会有利息吗？＝有。

要交纳营业税的店，一定要加入商会吗？＝不用，小的店不用。

大概什么样的店才要加入？＝年营业额在 4000 元以上的店。

【不加入商会的店的营业税】不加入商会的店，营业税是自己交到商会，还是县里自己来收？＝由商会来收。

会受到商会的照顾吗？＝会的。

【加入商会者】可以不用加入商会吗？＝商会需要会费、"花费"、"花销"等，小的店可以不用加入。

一户一年的花费大概是多少？＝不知道，要根据摊款来判断。

商会是做什么的？＝作为商号的公共团体，发生什么事情的话，在商会商谈。

加入商会的资格是？＝如果是商号的话，就有加入的资格。

但是不是所有的商号都可以加入呢？＝是的。

一般什么样的店可以加入商会？＝杂货店、粮栈、布店。

如果是出售那些商品的话，就可以决定能否加入商会吗？＝是的，当然还有麻布、瓷器等店。

粮栈和杂货店也可以加入商会吗？＝是的。

是根据生意的规模决定的吗？＝年营业额在 4000 元以上的话，都可以加入。

【商量商民摊款的分配和散商】商民交纳摊款的时候，要在商会协商怎么分配吗？＝要协商。

没有加入商会的店，也可以分配吗？＝可以。

商会要去取吗？＝是的。

分配的时候，没有加入商会的店，也可以参加协商吗？＝可以。

怎么加入？＝散商选出四五个代表参加，所有散商都参加选举。

县城内有多少散商？＝二三十家。

有类似于散商商会的地方吗？＝没有。

在什么地方集会协商？＝接到通知之后，自然就聚集起来，选出代表。

【营业税的税率】根据出售的商品，营业税也会不一样吧？＝洋货庄、饭馆子是 6‰、首饰楼是 10‰，土布是免税的，除此之外的是 3‰，粮栈是 3‰，虽然盐店加入了商会，但是也不用交纳营业税。

烟草呢？＝因为有牌照，所以不用交纳营业税，加入了大的商会。

【商捐的等级】怎么把商捐分为 9 个等级的？＝开始有商号的时候，县财务科派 1 个人，商会派 1 个人，到店里检查资金和采购的商品，确定等级。

经过一年，成果不好的话，等级会发生变化吗？＝会的，这是实际存在的。

分等级的时候有表吗，一般是多少等级以上的才加入商会？＝一般是 7 等以上的。

7 等的话一般会有多少资本？ ＝二三百元。

【交纳商捐和商会】什么时候交纳？ ＝一个月一次。

交纳到什么地方？ ＝商会交到县公署财务科。

如果有交不出税的商号，会垫付吗？ ＝会的。

没有加入商会商店的商捐，也是由商会收吗？ ＝是的。

【商捐和分局】有没有交到一分局的？ ＝有。

这两者有什么不一样的？ ＝本来就是由分所代为收纳的。那时，如果商号交不出税，分所也不会垫付。而且成立或取消商号也挺麻烦的，所以就委托给了商会。

商会是从什么时候开始收的？ ＝民国十几年开始的吧。

那个时候商会也收，一分局也收吗？ ＝是的。以前加入商会的，就交到商会，没有加入商会的，就交到分局。从去年开始统一了。

【城外散商的商捐】在商会投宿之后，在集市之后必须集资，都有一些什么款项？ ＝不是摊款吧，也不是散商的商捐吧。因为大家不是一起交纳的，所以每次集市之时，一部分一部分拿去交纳。

根据销售金额决定吗？ ＝根据营业额的多少。

比率是分开的吗？ ＝多的话是 30 钱，少的话是 14 钱左右。

在集市上交吗？ ＝是的。

散商的商捐也是这么交的吗？ ＝这不是县城的散商，仅在有集市的时候，从其他村的人来此做买卖之时。

是商会的人去收吗？ ＝是的。

【商团】那叫作什么？ ＝"商团"。

大概有多少人？ ＝10 个人左右。以前交通不方便的时候，没有汽车，商人去城里旅行的时候，为了保障安全设立的机构叫作商团。现在没有什么意义了。

3 月 8 日

斗牙税的牙伙　交易场的斗伙

应答者　董兰田（顺义县第一区斗伙）

地　点　县公署

【斗伙的斗儿】他多大了？ ＝49 岁。

是哪个地方的人？ ＝本城北大街七号。

现在的工作是？ ＝交易场的粮斗。

在交易场负责称重的叫什么？ ＝斗伙。

粮斗是一个人吗？ ＝加上自己有 16 个粮斗，也叫斗伙。

你是他们的头儿，怎么称呼？ ＝头儿。

其他的 15 个人怎么称呼你？＝头儿。

制斗人可以这么称呼吗？＝不可以，叫斗子。

从什么时候开始做这个工作的？＝前年。

前年有现在的交易场吗？＝没有。

【承征员和决定斗伙】那个时候是牙伙吗？＝是的。

是谁的牙伙？＝去年是邱的，今年是张的。

从什么时候开始做张的牙伙的？＝民国二十七年的新历 12 月。

在那之前没有做过牙伙的工作吗？＝没有。

在那之前是做什么的？＝在南关外种地。

是什么原因促使你做张的牙伙的？＝只从事农业，收入太少了。

是受张的委托，还是自己来的，还是有介绍人？＝经过县里的许可，张做了承征员，就去了张的那里。

有介绍人吗？＝没有，我们之间相互都认识。

有什么约定吗？＝张的那个年代，一石买卖大概有 4 钱的利润。张对我说让我好好干，业绩好的话，可以分到若干的利润。

有说好要连续做几年吗？＝没有。承征员只说了一年的约定。

你没有什么工作经历，张就没说什么吗，或者就没教你怎么做吗？＝关于工作方法什么也没教我。只对我说对待买卖人的时候，要客气点。

也没有给你什么你是牙伙的相关证明吗？＝没有给。

【牙伙的职务】要怎么辨明是不是牙伙呢？＝自己旁边有一个斗。

刚开始的时候，工作也不熟练，肯定苦恼过，是什么让自己坚持下来的？＝在不断地尝试当中，逐渐确定要做这个工作的。

卖方和买方来的时候，负责称重的是牙伙吗？＝是的。

由谁定价？＝斗伙（牙伙）。

那个时候，一天的价格是不是固定的？＝有的时候会有很多谷物送来，买家少的话，价格就低点，相反的就会提高点。

承征员和商会会提前确定下大体上的价格吗？＝不会。

开始谈价的是买家还是卖家？＝首先卖家会说下自己理想中的价格，然后牙伙会汇报商品的好坏，也就是商品的品质，从中协商。

牙伙会称重吗？＝会的。

交税的是？＝买手有商号的人和个人两种情况。商号买的时候会给牙伙纸片（取钱单），包商会拿着取钱单在当天晚上去商号征收。个人买的时候由牙伙负责收税。监察员负责查看集市，顾客来牙伙这里的时候，在账簿上写上中介费。税率按照买方 2、卖方 1 的比例算。

【资料一】商号关系的谷物交易文件

① 粮店买卖粮食报告单

中华民国三十年　月　日　（阴历　月　日）

粮店名				地址						
买入食粮名称数目及其价格	名称									
	数目	石	石	石	石	石	石	石	石	
	平均价格	元	元	元	元	元	元	元	元	
	每项总价									
食粮总名数				总值						
应纳手续费										
交易场关系人				粮食关系人						
附注				各粮店每于买卖完应详细填注连同手续费一并报解交易场						

② 顺义县仁和镇交易场商户收买粮食登记簿

月　日	品　名	数　量（石为单位）	石单位（元为单位）	总　价

续表

月　日	品　名	数　量 （石为单位）	石单位 （元为单位）	总　价

【资料二】 个人关系的谷物交易文件

①斗份报告书

斗份报告书

第　号

买主姓名

石　升　斗

每石价　元　角

斗份

②顺义县　交易场农产物交易票

中华民国三十年　月　日　（阴历　月　日）

品名	石　数　石	石单	总金额	手续费		摘要
				买卖各半		
				金　额		

卖主＿＿＿＿＿
买主＿＿＿＿＿　　　　量斗者　　　　　　　　填票人
　　　　　　　　　　　　　　　　　　　　　　收款人

有几个监察员？　＝三四个。

有办事人吗？　＝没有。

【牙伙的收入】牙伙的收入就只有 1 石 4 钱吗？　＝是的。只有那些。

还有其他的吗？　＝买茶叶喝的钱。

1 石大概有多少报酬？　＝不一定。

100 元的买卖大概有多少报酬？　＝不一定。人好点的话，可能会给个 1 元，但是总体来说很少。

像两三元的小买卖有多少报酬？　＝没有。

10 元左右的买卖有报酬吗？　＝没有。

商号的人也不给报酬吗？　＝不给。

这样一来，1 石也没有多少报酬啊？　＝是的。

【斗伙忙的时候】有忙的时候和不忙的时候，11 月的时候大概可以收入多少？　＝五六十元。

一天要多少石（11 月、12 月的时候）？　＝300 石。

量少的月呢？　＝2、3、5、6 月份，大概也就 20 石。

【牙伙负责的集市是一定的】牙伙中有同时负责本城和牛栏山的集市的吗？　＝没有。

也有住在城外的牙伙吧？　＝和住处没有关系。

其他的牙伙有同时负责其他地方的吗？　＝没有。

本城的集市两天才有一次，没有集市的时候怎么办？　＝在家种地的比较多。

【交易场的斗伙】交易场的斗伙，是城里的人多，还是城外的人多？　＝城内的四五人，城外的四五人。

交易场里有多少斗伙？　＝16 人，城内人有四五个，城外的有 8 人左右。

合作社会雇用他们吗？　=会雇用他们为合作社的办事人。

这些人是去年做牙伙的人吗？　=是的。

没有做过的人呢？　=东氏。

要把这些人聚集到合作社的时候怎么办？　=有人通知他们。

从那时候起就是牙伙的头儿了吗？　=从业绩好的时候开始的。

【交易场斗伙的报酬】像这样召集牙伙，会约定给报酬吗？　=不会。

合作社就没说什么吗？　=旧历新年的时候一人给 6 元，过完年之后也不一定给多少报酬，只是在一起商量。月工资为 15 元，说的是交易场收入的 15% 作为大家的报酬，但是从来没有实行过。

牙伙满意吗？　=比去年满意。

［注：据和交易有关系的合作社言文枢先生（财务科长言绪氏的外甥）所说，从买卖双方收取的手续费的税额中抽取 1% 作为交易场的收入，还有 5% 本来说好的作为奖赏，但是还没给。每月大概六七元，应该在每月的月末给的。到目前为止给的月工资分别是 1 月 6 元、2 月 15 元、3 月 15 元。］

【资料三】

月份斗伙（十七名）薪水领取证明

金　额		元	
详　情			
本月支出额	姓　名	受领者核对信息	摘　要
	萱兰田		
	厷德升		
	王珍		
	屈文		
	王秉章		
	宋永安		
	沈志卿		
	吴宝贵		
	孙荫		
	赵克昌		
	孔宝		
	邱恩荣		
	刘洪发		
	王万春		
	张清		
	冠伶		
	杨克明		

3 月 10 日

斗伙和承征员

应答者　董兰田（顺义县第一区斗伙）

地　点　县公署

【斗伙没有集会】集日几点钟才能忙完？ ＝最新规定的时间是 8 点到下午 3 点。粮食多的话，会稍微晚点。

3 点忙完的时候，牙伙都会回去吗？ ＝都回去。集日和非集日，都有两个人值班，不回去。这称作值日，要到 6 点结束的时候才能回去。平常的日子，也有农民来做买卖。

斗伙会选定集会时间进行茶话会吗？ ＝不会。

例如，大家会闲谈今天的价格啦，这个或那个等其他的？ ＝不会。

做张先生牙伙的时候，去他家聊过天吗？ ＝谁都去过承征员家里领手续费，但是聚会一次也没有。

平时没有集市的时候，会叫牙伙去吗，农民会来吗？ ＝如果其他地方的农民带着粮食来合作社的话，就会找牙伙。

【商号和牙伙】农民去商号卖东西的时候，会叫牙伙去吗？ ＝由商号叫他们来。

我们从商号那里买已经交过一次牙税的米，还要交牙税吗？ ＝不需要。贫穷的人出售的米，只是很少的量，所以不需要牙税。

我们买一斗两斗呢？ ＝一斗以下基本上是不用交牙税的，两三斗的时候，即使牙伙不去，也要去汇报下。如果不去的，就当作是偷逃税。以前包商做牙伙时，买卖量小的时候，也有不汇报的，如今是由交易场负责，所以是不能隐瞒的。

大的杂货铺是在集市上买东西多，还是在店里买东西比较多？ ＝集市上比较多。

不去店里买吗？ ＝不去，隔天就有集市很方便的。

粮店的工作是？ ＝负责收购玉米、红高粱等各种杂粮，乘火车运到北京和天津去。

【一般民众和牙伙】春夏期间一般农民会在集市上买东西吗？ ＝会。

一般人都不在店里买吗？ ＝这边的都倾向于在集市上买，因为便宜又方便。

农民借完钱之后有用粮食还的吗？ ＝以前有，但是现在农民的生活也富裕，所以就不用粮食还了。

那时候对粮食要收取牙税吗？ ＝农民去店里借大米的时候收牙税，牙伙负责称重，秋收之后，卖了米就可以还钱了。利息是 1 分。

从杂货店赊买，秋收之后，会用大米还吗？ ＝很少。

【站街斗】做承征员的时候，不是集市日的时候也会去称重吗？ ＝没有集市的时候，会有"站街斗"，和今天当值的人一样，不是集日的时候站着候着。

承征员会确定下次和谁轮流当值吗？ ＝两个人的顺序是固定的，和今天的轮流当值不一样。

集日的时候，"站街斗"和普通的牙伙做一样的事情吗？＝是的。

没有集市的时候，站在哪里等候呢？＝没有限定哪条街，但是要在大路上。

地点不确定吗？＝不确定，总之要在街上来回逛逛。怎么都找不着粮店的时候，可以去包商那里，现在去交易场的话，可以叫上他们。

集市的时候，有监督牙伙的监察员，"站街斗"里没有监察员吗？＝什么事都是他们两个人做的，没有监察员。

他们两人每天都要去包商那里汇报工作吗？＝每次有买卖的时候，就去汇报。

你做过站街斗吗？＝做过。

【承征员和斗伙】牙伙里承征员的亲戚多吗？＝也不一定非要是亲戚，大家都是相互认识的朋友。

【防止偷逃税】买卖双方有什么不正当行为的话，承征员和牙伙可以逮捕他们吗？＝不可以。

如果真有什么不正当行为的呢？＝很少。

如果真有了呢？＝没有这样的经验。

我想农民当中应该有品行不好、不想纳税的人，他们一般是怎么偷逃税的？＝如果他们想要偷逃税，肯定不会让别人知道的，我们这边也不知道。

【交易场的出场证】你们都是优秀的牙伙，一直努力防止偷逃税的发生，你们是怎么做的？＝不管怎样，要全心全意地巡视集市，防止偷逃税。如今交易场这方面很严格，他们要把粮食弄到交易场外，必须有一个单子（出场条儿），由交易场的场员盖章才行。

【资料五】

交易场出场证

场 易 交 镇 和 仁
证　　　场　　　出

卖主姓名	年月日	斗伙证明	数量	品名
许出场				

他们没有把粮食送到集市来，而是直接送到粮店去了，怎么办？ ＝我还没有考虑到那种情况的。外面的命令也不会着眼于那些。但是，我想会有监察员，可以发现农民做那种事情的。

应该叫他们什么？ ＝不知道名字，这是衙门的事情，我们交易场不清楚。

大概有多少人？ ＝我认为这项工作很重要，所以没有不做的道理啊。

做承征员的时候有吗？ ＝没有。

【包商防止偷逃税和商号】做包商的时候怎么防止偷逃税呢？ ＝以前的包商完全是商业性质的，所以重要的是和商号之间搞好关系，一般不会管偷逃税的。受点损失也是在所难免的，因为有利益。

包商和商号之间有什么联络呢？ ＝大家都是做包商的工作，处在牙伙的位置也不好过问。恐怕也就是大家都是为了生计，彼此之间不要太为难。

这样的话，如果商号做的100石的买卖，保守估价的时候，会不会按照80石来算呢？ ＝不会，在集市上计算价格。

【在商号的村没有包购】相反的情况，有没有名誉不好的商号到村里包购的？ ＝没有。

也不可能有吧？ ＝是的。明目张胆的无论拿来多少，都会被他人告发的。

如果村民在村子里这样买卖的话，也不收税，不拿过来也可以，价格也高，有这种情况吗？ ＝大的商号肯定不会这么做的。一般人也不会专门来买两三斗粮食，因为集市很多，直接在集市上买更方便。

会派监察员到村里吗？ ＝不会。

什么开始在集市上进行粮食买卖的？ ＝秤和斗出现的时候，已经开始在集市上买卖了，有了集市之后更加盛行了，而且制度比较完善，所以农民也都很乐意。

在村里，秤很好用，斗不好用，这是为什么？ ＝这是习惯改不了。

【斗子】农民来了，会怎么称呼你们？ ＝斗子、经纪，或者以姓称呼，叫董先生。

农民去交税的时候，会怎么称呼他们？ ＝先生。

还有其他叫法吗？ ＝没有了。

【关于去年的包商邱先生】想了解下去年的包商邱先生，现在他住在哪里？ ＝第三区李遂店。

去年做包商的时候，他住在哪里？ ＝住在城里的旧屋里。

这个人只做第一区的包商吗？ ＝是的。

他住在旧屋的时候多，还是住到家里的时候多？ ＝忙的时候，什么时候都在旧屋。虽然有时候会回家，但是回来了之后，就会把旧屋当作事务所，一个人待在旧屋里。

有挂门牌吗？ ＝没有。

什么时候比较忙？ ＝旧历九月、十月、十一月。

怎么称呼他？ ＝先生。

会称他为办事人吗？ ＝做代理工作的话，就是办事员。牙伙不清楚情况。

在家的时候，邱先生做什么？ ＝不知道他出了交易场会做什么，是在家种地吧。

很早以前邱先生就做这个工作了吗？ ＝邱先生的祖父邱华廷从很早以前就做这个工作了。

邱先生多大了？ ＝四十几岁。

邱先生的同族或者是亲戚没有在顺义米店的吗？ ＝我和邱先生只在一起工作了一年，没有谈论过。

你知道邱先生的保证人吗？ ＝不知道。

【包商和确定斗伙】你是怎么开始做邱先生的牙伙的？ ＝我之前是在张先生那里工作，后来张先生辞职了，邱先生上任，就继续让我做了。

张先生的时候有多少牙伙？ ＝比现在少一个人。

邱先生的时候呢？ ＝15 人。

现在呢？ ＝16 人。

增加的那个是哪里人？ ＝是临河村的一个百姓。

这个人是怎么开始做牙伙的？ ＝不知道。

其他的 15 个人都是老人儿了，也都是你带过来的，这个人也是你带过来的吗？ ＝是从县里来的，而且识字。

是什么人介绍来的呢？ ＝可能是交易场上的人介绍来的吧，他们 15 个人来的时候，他就在了，到底是怎么来的，我就不知道了。

从张先生到邱先生，有不满的人吗？ ＝大家都是只做半天的工作，也不耽误地里的活，还可以有点额外收入，谁都想做这个工作。至于到底是跟着哪个包商，大家都没意见。

有那么多想做的人，有犯难的时候吗？ ＝没有那样的事，生手一般也不太想做，但是也没有太想做的人。

包商有因为想做牙伙的人太少苦恼的吗？ ＝应该不会有那种事的，大家都是在生活上相互提携帮助的。

牙伙会相互提携，一起去包商那里商谈报酬的事吗？ ＝不会。

【包商的轮流和斗伙】换包商的时候，牙伙是沉默做事呢，还是大家一起来抗议呢？ ＝他们会来抗议。大家聚到一起，从张先生那里拿斗到邱先生那里去，举行一个仪式。

【开市仪式】这个仪式是什么？ ＝开市。

【新斗和旧斗】斗是谁的东西？ ＝这是官的斗，无论是谁负责，都可以收税。

包商会一次一次拿钱转让吗？ ＝只是转让，没有钱。

大概有多少个斗？ ＝正好是十五六个斗，十五六个人。

如果都坏了由谁修理？ ＝不会坏的。

至今这都有几年历史了？ ＝很古老了，我也不知道到底有多少年头了。

这是新斗还是旧斗？ ＝新斗，新斗的时间不是很长，什么时候做的，衙门里都留有档案记载。

知道是在什么地方做的吗？ ＝斗和秤都是衙门给的。

商会里有很多斗，那个斗呢？ ＝那个是前清时候的双斗，相当于现在的 2 斗。

那个是旧斗吗？ ＝是的。

开市的时候，会请新的包商吃饭吗？ ＝不请。

包商什么也不给吗？＝不给。

以前的包商转让斗的时候，什么也不给吗？＝不给。

在哪举行开市仪式？＝大家只是把斗拿到新的包商家里就可以了。

大家是一个一个拿着去吗？＝为了仪式看起来更圆满、更热闹，由大家一起去。然后大家再一起回到集市。

每年什么时候举行开市？＝正月六日（阴历）。

每年会有变化吗？＝是的。

今年开市了吗？＝开市了。

开市之前要使用交易场吗？＝因为是正月，所有没有什么工作。

邱先生做包税到什么时候？＝阴历正月一日。

【交易场和衙门代收】今年 1 月 27 日正好是阴历的正月，交易开始之后要持续一个月，要怎么办？＝由衙门代收。

衙门代收了是由合作社负责吗？＝邱先生和牙伙都会去县公署帮忙。

一般包商换了之后，牙伙还是不变吗？＝牙伙一般都会做两三年到四五年。

现在做得最长的是几年？＝5 年了。

这个人不干了之后又做什么呢？＝种地。

在有交易场之前，他是在哪个地方工作的？＝现在在收牲畜税，在那之前在县公署工作，三四年前的时候来到这里的。

3 月 12 日

村民交的牙杂税秤子　屠宰税包村的　牲畜税和牙税　斗伙和交易场

应答者　赵绍廷（沙井村民）

地　点　县公署

【村民交的牙杂税】农民必须交纳几种包税？＝粮食、猪、羊、买卖牲口。

除了以上还有吗？＝除此之外，农民就不知道了，这是商会的工作。

大牙税是？＝我只知道衙门出了章程之后，农民就要交税，但是至于什么是小牙税，什么是大牙税，我就不知道了。

屠宰税呢？＝杀猪的时候交纳的税。

除了猪呢？＝不管是什么，只要宰杀牲畜都要交税。比如羊啦、牛啦之类的。

骡子呢？＝屠宰骡子也要交税。

驴马呢？＝也要交税。

你来沙井村也有 39 年了，杀过牲畜吗？＝没有。牲畜死了之后，我倒是运到顺义县城里面卖过。

有那样的事吗？＝有，卖过驴马。

要交牙税吗？＝要交，卖死的驴马的时候要交牙税，买来活的杀了，要交屠宰税。

吃驴马的肉吗？ = 煮着吃。

【可以在村进行买卖——散包商】是必须在集市上卖，还是在村里买卖的时候才收牙税？ = 全县有一个总包商的，在他下面有规模比较小的管理村子的包商，他们是散包商。

沙井村附近的散包商是谁？ = 第一区有一个总包商的没有散包商的。像第三区、第五区离县城比较远的地方，需要散包商。

【秤牙税、秤子】在县里用秤做买卖要交税吗？ = 要交。

交到哪个地方？ = 顺义县有一个总包商，另外有一个人负责沙井村、石门村等，每年四季向总包商交钱，在村里做买卖的到他那地方交税。用秤买卖的有草、落花生和高粱叶等。

负责村子的叫作什么？ = 秤子。

秤子每年都会换吗？ = 是的。

换的话一般谁会做秤子？ = 在村子里最热闹的地方贴告示，说今年还会继续担任村子的秤子，一个村子贴一张。

贴告示的时候，需要得到村公会和乡长的许可吗？ = 不需要。

每年什么时候换？ = 顺义县发布了公告，总包商换了之后，下面的秤子也会换。

今年的秤子确定了吗？ = 还是由两三年前的那个秤子接着做。

是什么地方的谁？ = 望泉寺姓刘的人。

总包商换了之后，是秤子去跟总包商说今年还让我做吧，还是总包商来？ = 秤子去说。

秤子每年都是继续做吗？ = 大体上是不会换的。

【秤子的职务】做买卖的时候，需要通知秤子吗？ = 需要去找秤子。

秤子也必须负责称重吗？ = 是的。

如果秤子没有来称重的话，可以到买卖结束之后给他送过去吗？ = 也可以。

【秤子的收入】秤子称重的时候，买卖双方要给多少报酬？ = 每 100 斤有 9 元的手续费，由买卖双方各出一半。

除此之外秤子帮他们称重的时候，还会给其他报酬吗？ = 不会了。

帮忙确定价格、称重的时候也不给吗？ = 不给。

之后申报的时候，也是一样的报酬吗？ = 是的。

会接受吗？ = 不会。

这样一来，岂不是很为难？送到城里来了，但是没有交税的证明？ = 只要问下总包商的，从谁手里买的，哪个秤子负责收税的，就一目了然了。现在没有偷逃税的了。

是在城里买卖花生的多？还是在村子里的多？ = 在村子里买卖花生的多。

什么人买？ = 城里人或者是在村子里转悠的小买卖商人。

草和高粱叶呢 = 没有财产的人以草的买卖为生，在村子里收购，然后拿到北京去卖。

沙井村有吗？ = 没有。

也是每 100 斤交纳 9 元的税吗？ = 是的。

【秤子和秤子贴头】秤子和秤子贴头不一样吗？ = 做的工作一样，但是在集市上负责称重的是秤子贴头，在村子里的是秤子。

秤子贴头是牙伙吗？＝不是，牙伙负责在猪市和大市的时候定价。

在这些税里，哪个里面有牙伙？＝斗市、猪市、大市里面有，屠宰和秤市的里面没有。

【大市】大市是？＝驴马、骡子、牛的买卖。

秤子贴头会像牙伙那样作为中间人定价吗？＝会定价。但是秤市上一般没有大的买卖，虽然交易很多，但是交易额很小，所以不能叫作牙伙。

羊可以在大市交易吗？＝不能，顺义没有羊的交易，口外（古北口、张家口的外面）有。

【秤子和总包商】秤子和总包商的关系是，秤子有月工资吗？＝有。

秤子每天都要把收的税拿过去吗？＝总包商去县公署交钱的时候，秤子也一起把钱交到总包商那里去。

秤子是一年拿过去一次吗？＝总包商去县里几次，秤子也去几次。

总包商一年大概去县里交几次钱？＝不知道是一年四次，还是每个月都去。

【沙井村的秤子——望泉寺的刘五】望泉寺的刘五一年大概收多少秤税？＝不一定。沙井村收获很多花生和草的时候，收的税就多，相反收的税就少。

你去年向刘五交纳多少税？＝没有交纳。

前年呢？＝也没有。

什么时候有？＝民国三十年来一次也没有。

村里谁交纳的比较多？＝张永仁和张瑞。

他们种花生吗？＝种。

他们种很多草吗？＝种得比较少，主要是用作自家牲畜的饲料了。

张永仁大概交纳了多少花生秤税？＝去年大概卖了四五百斤花生，每 100 斤大概卖二十二三元，交税四五元（其中买家承担一半的税款）。

张瑞呢？＝大概和他一样。

望泉寺的刘五大概收了多少税？＝不知道。

把收的钱全部都交出去，自己每月有报酬吗？＝当然每年年初或者是预交纳金额的时候，无论收了多少，剩下的就是自己的。

刘五一年大概收多少？＝不知道。

不能大概估算一下吗？＝估算不了。

【刘五的身份是青夫】刘五是有钱人吗？＝属于穷人。

大概有多少土地？＝没有土地。

靠什么生活？＝青夫。

青夫的报酬和税的收入哪个多？＝基本上没什么区别。

青夫的收入是？＝这个村长知道，我不知道。李注源的收入初夏的时候是 10 元，立秋的时候是 30 元。

望泉寺大体上也是一样的吗，一年 80 元的收入能维持生活吗？＝通过卖点柴，公会管饭，还是可以维持生活的。刘五不会蒙受什么损失，全村的人都对他很好，刘五就是不交税，也没有什么问题。

总包税的知道刘五一年大概负责多少买卖，一年大概收多少税吗？＝不知道。

刘五从什么时候开始做秤子的？ ＝大约 10 年以前。

村里的人有讨厌刘五不让他做的吗？ ＝没有。

刘五和村里人相处得很融洽，总包税会另外派监察员过来吗？ ＝不会，包税是不会的。

刘五负责管辖什么地方？ ＝石门、沙井村和望泉寺三个村子。

有职务类似于刘五，用斗称重的人吗？ ＝没有。

猪市呢？ ＝绝对不会在村里进行猪的买卖，一定要到集市去。

大市呢？ ＝这个也没有，其他村子也没有。

【屠宰税的包村的】屠宰？ ＝一年收一次，节供、结婚、葬礼的时候杀猪，然后去收税。

今年沙井村是谁负责？ ＝和去年一样都是县里的人，前年是李注源。

今年正月呢？ ＝我看村公会庙里贴的有红色告示（说的是去年的），今年的还不确定。

李注源不想做吗？ ＝不想。

为什么不想做？ ＝因为村子太小，基本上没有宰杀牲畜的，而且会预缴税金，所以可能会蒙受损失。

一年村子里大概杀多少头？ ＝四五头。

一头大概交纳多少税？ ＝90 钱。

【屠户和包村的】有帮忙屠宰的吗？ ＝会委托给经常屠宰的屠户。

必须要委托给别人吗？ ＝其他的村子里也有屠户，也可以叫过来帮忙。

自己不是屠户，可以屠宰吗？ ＝不能。

沙井村的屠户是？ ＝杨永林（永瑞？）

帮忙杀的话，会给报酬吗？ ＝想要猪毛的话，会给他们，或者管饭。

委托给石门村的时候也是一样吗？ ＝是的。

给屠户的谢礼一定是猪毛吗？ ＝是的。

如果屠户正好是征收屠宰税的人就很方便了，有这样的事吗？ ＝没有。

为什么没有呢？ ＝收屠宰税的人必须是做地方工作那样的人。杨永林（永瑞？）是农民，太实诚了，做不了那样的工作。

李注源做的是地方那样的工作吗？ ＝不是，是看地的。

地方一般不是很正派的工作吗？ ＝是的，和一般的农民不同。

【李注源的承租和村公会的承租】村里负责收屠宰税的叫什么？ ＝包屠宰的。

有村公会负责屠宰税的吗？ ＝没有。

沙井村里村公会什么时候开始负责屠宰税的？ ＝别的村子村公会有负责的，但是沙井村村公会不负责。

前年是李注源负责的，在那之前有负责的人吗？ ＝有。

在那之前是哪个人负责的，还是由村公会负责的？ ＝是由三家店姓陈的人负责的。

李注源负责年初的屠宰，那一年无论杀了多少都是自己的吗？ ＝是的。

大概负责多少？ ＝10 元以内。

各村都有包屠宰的吗？＝一个人负责两个村子，石门和沙井村。

李注源负责一个村子吗？＝两个。

望泉寺是由谁负责的？＝不知道。

无论是秤子还是包屠宰的都要贴纸吗？＝是的。

杀一头猪只交纳 90 钱吗，此外还会请吃饭吗？＝不会。

以前的记载里好像说村公会负责包屠宰的吗？＝不是。

30 之后还有吗？＝没有（？）[1]

望泉寺和石门村呢？＝不知道。

【今年正月的屠宰】今年正月杀猪的时候，去哪交税呢？＝交到县城前的那个人那里，名字忘记了。

沙井村是谁负责屠宰？＝杜书田、张瑞和李濡源三个人。

交税的时候有收据吗？＝没有。

【监察人、调查人】县里有屠宰的话，隐瞒不报可以吗？＝投机取巧偷逃税，是要受到处罚的，大至相当于 10 倍税款的金额。

有那样的例子吗？＝县城附近的村子里一点投机取巧的事情都不能做。

县城里有包税的，新年等时候有为了警戒到村子里巡逻的人吗？＝巡逻是秘密进行的，听到哪地方有猪叫，就会去看看交没交税。

这样的人叫什么？＝监察人或者调查人。

每年都有这样的人来巡逻吗？＝如果村子里有包屠宰的，必须要派一个人去调查，如果由村里人或者村公会负责的话，就不会来了。

这样的人和包屠宰的是不同的人吗？＝不同的人，是由包屠宰的派遣的人。

沙井村、石门、望泉寺的人有担任检查人的吗？＝没有。

【包商、牙伙的身份】石门村的李旺和南法信的白槐增不一样吗？＝李旺是猪的牙伙，而白槐增则是一年做包商（大市），一年做秤子。

白槐增负责斗市的时候，他还做附近村子的秤子吗？＝白槐增负责顺义县城内的时候，自己邻近的村子则是委托给其他人负责。

白槐增是有土地的人吗？＝大约有 10 亩土地，还有一个很小的店。

最初做包商的时候自己必须出钱吗？＝白槐增之后来了援助者，贷给了 500 元，有利息的话就分了。

那个人是谁？＝不知道。总觉得是看好白槐增的能力才那么做的人，但是不知道是谁。

李旺是有钱人吗？＝是穷人。

最初也必须交纳吗？＝牙伙什么也不需要。

【村里没有猪的买卖】村里有猪的买卖吗？＝在村里的话，卖家想要高价，而买家不愿出高价，这样两个人之间的买卖就不成协议，买卖就进行不下去了。而在集市上的话，

---

〔1〕　译者注：原文如此。

价格大体上都是固定的，所以去集市上交易比较好。

【牲畜税和牙税】买卖猪大概要交纳多少税？＝根据价格而定，每 100 元交纳 9 元，由买卖双方各出一半。

交纳的是牲畜税吗？＝牲畜税和小牙税（?)[1]

牲畜税和小牙税有什么不一样的吗？＝称呼上有区别，内容上有什么区别，我就不知道了。

牲畜税的牙伙和小牙税是同一个人吗？＝同一个人。

城内大概有多少人？＝有集市的话大概有 20 人左右。

牲畜税和小牙税必须是同一个人吗？＝是的。

包商也是同一个人吗？＝同一个人。

负责送到县里的是其他人，而征收的人则是同一个人，有这种情况吗？＝这是县公署的事情，不是很清楚。农民来卖猪的时候，必须要把税交给一个人，负责马上填写单子的是另外一个人。

交纳多少税？＝买卖双方各交纳 4 元 50 钱。

【牙伙的职务和报酬】牙伙是负责送钱吗？＝是的。

除了牙伙，写在小册子上的还有人吗？＝有，掌柜的先生。

除此之外不再给牙伙报酬了吗？＝牙伙要的话，就会给他们的，大概二三十钱。

卖牲口可以拿到钱吗？＝有，驴马、马和牛都有钱。但是卖猪没有钱。

卖猪的中介人和卖牛马的中介人有什么不一样吗？＝牛是大市，猪是小市。

卖牛的时候不收牲畜税吗？＝有一个摊位。

卖猪的时候猪市和牲畜税的情况？＝有一个摊位。

没有牲畜税的牙伙吗？＝没有。农民卖两头猪的时候，牙伙来负责找买家，卖家的要价只有 20 元，牙伙给买家说的时候，肯定会 20 元往上说，从买手那里拿到钱之后，会抽取自己从中斡旋的中介费，只交给卖家 20 元。

那种事情要看牙伙的能力吧？＝是的。

如果只值 15 元，而没有要求给 20 元的时候，将如何处理？＝这种情况很少。有的卖家对价格会有要求，价格比真实的价值高很多的时候，会从中调节买家和卖家的价格，向两方收税。

农民需要牙伙吗？＝必须有，否则买卖进行不了。

只要能收税的话，自己去找人不是更好吗？＝包商较真的话，就不可以了。

包商会怎么较真呢？＝集市上都是不认识的人，看到牵着猪走的人，就会问交税了没有，不能回答的话，就会把牵猪的那个人送到第一分局去。

这样的人叫什么？＝查市的。

【在村里不能买卖的项目】可以在村里进行斗的买卖吗？＝不可以。

大牙、小牙也不能吗？＝不能。

---

[1]　译者注：原文如此。

如果在村里买卖了怎么办呢？＝要接受调查和罚款。屠宰和秤市在村里是可以进行买卖的。

村子里禁止买卖的三种，包商会派监察人吗？＝不会。我小的时候包商也会进行小额交易，不像现在这样麻烦。民国以后，投标的数额增多，也就越来越麻烦。所以以前的偷逃税者很多，现在则很少了。

【斗伙和交易场】会来集市卖用斗的商品吗？＝每 100 元是 2 元 50 钱。

去年和前年也是一样的吗？＝有了新民会之后就变了。每 100 元是 1 元 50 钱。

那么税也高了吗？＝是的。

农民很苦恼吧？＝农民不怎么做买卖，所以没有感觉不满意。大的商号每年买卖数额在几万元以上的，也都没说什么，所以农民也就不说什么了。

去年和前年是 1 元 50 钱，牙伙有什么报酬吗？＝没有。

从前包商的弊害，就是除了税还要求其他的，顺义县是什么情况？＝以前有，现在已经没有了。

在今年的交易场上没有这样的事情，以前是什么情况？＝因为牙伙的身份很低，所以以请求的态度要求。

一般会要多少？＝10 钱、20 钱、30 钱，不会到 1 元。

在今年的交易场上，他们会要报酬吗？＝我不经常去交易场，不是很了解情况。我想着应该不会了吧。因为就是要 20 钱，被交易场发现了，也是要挨训斥的。

不给报酬的话，他们会找卖家和买家的麻烦吗？＝称重之后给的话，就不会给他们找麻烦了。

那种情况先不说的，之后会有向买卖双方找麻烦的吗？＝因人而异，也有找麻烦的。

成为交易场和未成为交易场，农民在哪种情况下会获利？＝虽然交了很多税，但是斗的测量方式是公平的，所以成为交易场更获利。

哪点是不公平？＝如果用斗称谷物的时候会公平，但是如果量堆积如山的东西的话，卖家就会有损失，这时候是不公平的。

这种事情多吗？＝在有新民会之前有很多。

针对这农民不能反抗吗？＝不能。

牙伙采用这种称重方法的话，可以获得什么利益吗？＝牙伙的利益就是可以从买家那里得到钱。

大概可以得到多少钱？＝用心称重的话，买家给 1 元、2 元的都有。

除此之外农民会给报酬吗？＝没有给的能力，只卖少量的谷物，再额外支付报酬的话，就赔钱了，所以不给报酬。

【牙伙和商号】有让牙伙住在粮店里，管他们吃饭的吗？＝没有。

粮店里给牙伙报酬，是因为牙伙比较擅长称重吗？＝是的。那报酬不是就给一次，而是时不时就会给的。

【包佣】包佣是什么？＝是说卖家不用交税。

买家不用交税的时候没有包佣吗？＝没有。

例如，集市快结束的时候，有卖家勉强想要销光，让买家交纳的情况吗？＝没有。

包佣多吗？＝多。

什么时候可以用到包佣？＝以前没有交易场的时候，在初夏和立秋的时候包佣很多。

为什么初夏和立秋的时候包佣多呢？＝因为那时候有很多粮食送来。

粮食多的时候，为什么拿出来？＝初夏和立秋的时候，大的商号会买粮食，为了农民的方便，他们会用包佣，由商号拿出来。

是因为粮食的价格便宜吗？＝粮食也有便宜的时候。

除此之外还有用包佣的吗？＝有。

3 月 14 日

村里承包屠宰税   小包税村公会承包

应答者   李注源（沙井村村民的旧包屠宰税人）

地   点   县公署

【村里承包屠宰税和小包税】你是与屠宰税有关系的吧？＝曾经做过屠宰的包商，"征收国税"的。

大概做了多久？＝民国二十七年、民国二十六年、民国二十五年做了三年。

在那之前是谁做的？＝由公会负责。

你只负责沙井村吗？＝石门、望泉寺和沙井村。

谁担保的？＝三家店的陈振家。这叫作大包税，我自己（李先生）称作小包税。负责全县所有税的叫作总包商。负责屠宰税的称作大包税，大包税里有五六人，无论是获利还是蒙受损失，都是大家平均分摊。

为什么让你担当呢？＝以前是由公会做的，但是公会接管之后，从农民那里收取屠宰税就困难了。自己做的话，因为是个人的工作，所以大家都交税了。公会负责的话，无论多还是不足，都是由青苗会出。

【今年的小包税】民国二十八年、民国二十九年、民国三十年的小包税呢？＝赵文有和李旺共同担任。负责的范围是三个村子。

赵文有是沙井村的人吗？＝是的。李旺是石门村的人。

是谁让他们做的？＝由县里的征收所担保的。为了全村的利益，离村子太远的话，也不方便。

县城的征收所有吗？＝塔下的肉杠。

赵文有是沙井村人，李旺是石门村的人，各村都是分开的吗？＝每个人都和三个村子有关系。

沙井村的人有去李旺那里的吗？＝有。

沙井村的人应该赵文有去比较方便，什么时候会去李旺那里？＝两个人之间都是有联络的，所以他们中的一个人去就可以了。

【承包额和收入】大体上承担多少？　＝50 元 。

是最初约定的时候给 50 元吗？　＝最初送去 25 元，半年之后再送 25 元。

一年是分两个季度还是四个季度给，还是每个月都给？　＝分成四个季度太麻烦了，分成两个季度给。

杀一头猪要交纳多少钱？　＝95 钱。

一年大致上要杀多少头猪？　＝80 头。

沙井村呢？　＝去年杀了 14 头，石门村杀了 20 多头，望泉寺杀了 20 头以上（因为村子比较大）。

一年可以从三个村子收多少税？　＝70 元多点。

那样的话，赵文有和李旺就得不到多少利息了啊？　＝是的，他们是为了大家的利益工作的。

【秤子承担的数额】村子里有承包秤子的人吗？　＝有，望泉寺的刘五。

一年大概承包多少？　＝15 元左右，村子里的买卖比较少。

这个人一年大概有多少收入？　＝30 元左右。

这 30 元中，承包秤子所得大概有 15 元，也就是承包秤子和征收税额各一半啊？　＝不确定，获利很少。只是为了方便。

在村里只负责这两部分吗？　＝是的，其他的都帮不了忙。

刘五负责什么地方？　＝沙井、石门和望泉寺。

【村公会承包屠宰税】刚说到村公会负责屠宰税的时候，石门和望泉寺也都是由村公会负责吗？　＝是的，由各村公会负责。

那个时候所有的都是由村公会负责吗？　＝并不是任何地方都要由村公会负责，他们是为了村里的全体利益工作的。

你负责沙井村的时候，望泉寺和石门的人也会来请你帮忙吗？　＝我接管沙井村的时候，也负责望泉寺和石门。

公会负责的时候，大包税也会让帮忙吗？　＝是的。

负责沙井村的时候，大概有多少报酬？　＝6 元。

那个时候要是杀一头猪的话？　＝村里交纳 30 钱。

因为是村公会让杀的，那么负责杀的人能得到 30 钱吗？　＝是的。

杀了之后再缴税吗？　＝先缴税。

那 30 钱相当于村里承包额的数量吗？　＝大体上是一样的。

有多余的时候吗？　＝不会多余的。

不足的时候呢？　＝由公会出。

这 6 元是由谁确定的？　＝公会。

对于这 6 元，大包税是怎么个想法？　＝大包税很满意。

这个时候除了这 30 钱，公会还会收取或者得到其他的吗？　＝不会了。

村公会为什么不再承包了呢？　＝因为收不来钱。

就是这 30 钱也没人拿来吗？　＝杀了牲畜之后，不交钱的也很多。

村公会就不催促吗？＝只有 30 钱，所以不催促。

那个时候，是村公会负责的多，还是个人负责的多？＝小包商很多。

【村公会承包到个人承包的转变过程】最后村公会不再承包了吗？＝是的。

这样一来，大包税会怎么做？＝大包税不能去村子里，所以他们就派了很多人去。

那个时候，大包税来沙井村了吗？＝来了。

来了之后怎么做呢？＝那个时候大包税来公会了，询问今年的承包怎么样了，他们说如果公会不再负责的话，由他们自己负责，这样他们就承包起来了。

大包税恐怕并不认识你，这样也可以让他们帮忙吗？＝是的。

那个时候是怎么商量的？＝那年负责 3 个村子，金额大概是 50 元。大包税负责县里的 1000 元。

我觉得涨了很多呢＝是的。

一头大概收多少税？＝95 钱，负责的同时，由原来的 30 钱涨了很多。

由 30 钱涨到 95 钱，农民就不觉得奇怪吗？＝从民国二十七年初开始，所有的物价都上涨了，税额也上涨了，在城里杀一头的话，大概需要交税 180 钱。

为什么村子里的税比城里的少呢？＝负责村子的时候，是为了大家的利益，不是为了谋取个人利益，所以税就少。城里的则是为了谋取利益。

包括牲畜税吗？＝包括。

村里不收牲畜税吗？＝不收。

你上任之前一个村子是 6 元，你上任之后三个村子 50 元。在那之后物价有变动，但是税并没有变吗？＝是的，没有变。就是收得最多的时候，村里的税也没有超过这个的。

会对大包税说让少交点税的吗？＝有很多交涉。

给少了吗？＝少了。

由多少税变成了多少税？＝我们想从 100 元减到 30 元。但是对方不答应，所以我们又拿出了 20 元，最后一共交了 50 元，最后也就这么固定下来了。

【大包税和小包税】每年都要重复交涉吗？＝是的，每年都要交涉。

那样的话，每年的税额就不一样了啊？＝由之前税额的限制，而且三个村子的收入大体上都是固定的，所以不会有太大差额。

大包税每年都会来村子里请你吗？＝是的。

你这边请过他们吗？＝请过，民国二十五年的时候就是由我们这边到他们那边去，民国二十六、民国二十七年的时候，由对方到我们这里来。

有保证人和负责传话的吗？＝没有，因为只需要有钱就可以了。

是怎么知道三家店的陈振做了大包税的？＝大包税是由县里负责的，大家相互闲谈之间就知道了。

沙井村附近有很多的人想要做大包税的吗？＝没有。

在此之前也没有负责村子的人吗？＝没有。

【小包税的利益】民国二十五年负责的时候，想着会有多少收入？＝为了自己和村民的方便。而且买来猪杀了，卖肉的时候，不管杀了几头，不去承包人之处纳税也可以，有这样的好处。

从民国二十五年开始，沙井村杀了多少头？＝民国二十五年的时候，杀了 15 头，之后就不到 20 头了。

你来买猪，杀的时候也要交税吗？＝不用。

大概有多少头？＝民国二十五年有 15 头，之后大致一样。

在哪里买的？＝不一定在三个村子里买。

也不用交牲畜税吗？＝不用。

买了之后到哪里卖呢？＝在三个村子里卖。

那你就是肉挑儿了？＝不是，一年中都在做肉买卖的人是肉挑儿，我只是在节供（五月和八月）和新年的时候来买。买一头猪杀了可以赚 10 元左右。

那你为什么不做了呢？＝后来越来越不好收钱了。亲戚不能收税，为了照顾到面子，朋友也不收税，村里的人又都互相认识，也不好收钱。

【小包税和屠户】你是屠户吗？＝我没有做过屠户，都是雇别人。

村里谁是屠户？＝杨永瑞。

屠户杀一头大概可以拿到多少报酬？＝1 元。

会给猪毛和猪肠子吗？＝会给肠子，猪毛价格比较高，就不给了。便宜的时候也会给。

大包商来请你帮忙的时候，会提供什么证明吗？＝有张印刷的东西，上面盖着章，写着名字。

交钱的时候有收据吗？＝有，是用笔写的，现在已经没有了。

【屠宰的程序】村里人杀猪的时候会怎么样？＝只需要交纳 95 钱的税就可以了。

他们会提前通知吗？＝会，通知的时候交税。

会给他们收据吗？＝给（注：类似于串票的东西），而且只给一张。

为什么要给收据？＝为了表示收的税不是自己的钱，对于杀牲畜的人则是他们交税的一个凭证。

一定要给吗？＝是的（？）

大包商每年大概要给出去几张？＝丢的话还会给，每年从年初开始大概会有五六十张。

你拿着钱来太麻烦了，你会说为了方便，给点猪毛或者肠子吗？＝不会。

你自己杀过猪吗？＝没有。

是不能杀吗？＝也不是不能杀，是没有勇气结束一个生命。

屠宰税中包括驴马吗？＝说的是有骡子、马、驴马、牛和羊，但是实际上是没有骡子、马和驴马的。

【大包税和小包税】包商负责承包，会给大包商什么节日报酬吗？＝不给，因为他们只是把税送过来而已。

村民也不会给什么报酬吗？＝不给。

村民会来恳求让负责吗？＝会。

节日的时候，大包商会派来巡逻的人吗？ ＝只要收到固定的金额，就没有什么责任了，所以不会。

什么时候会派那样的人？ ＝像石门、望泉寺和沙井村属于自己的管辖范围的时候。

3 月 14 日

包税的合伙村公会的请求　牲畜税和大小牙税

应答者　张书云（全县屠宰承征员）

地　点　县公署

【应答者的经历】今年担任什么职务？ ＝负责全县的屠宰。

去年呢？ ＝负责第六、七区的屠宰（去年以县公署的名义，吴谦光是我的牙伙）

在那之前呢？ ＝负责第六、七区的斗、秤、牲畜、屠宰、小牙和烟。

从父亲那一代就开始做包商了吗？ ＝不是从父辈开始的，我自己（张先生）在北京车站做过搬运工，经营过旅馆，在青岛还做过税务的征收员。

什么时候开始做顺义县的包商的？ ＝民国二十六年的时候。

那个时候回到了顺义县吗？ ＝民国二十五年的时候回来的。

包商是个很难的工作，但是你从外面刚回来就可以担任吗，还是受了别人的帮忙？ ＝实际上并没有别人的帮忙，只是我自己。刚回来的时候，我只负责五镇中金额最小的李家桥，慢慢积累了经验之后，不久我又开始负责牛栏山。

民国二十七年的时候呢？ ＝在牛栏山工作。

现在你住在哪里？ ＝牛栏山镇里。

本来你是哪里人？ ＝是吴家主人，就在李家桥的东边，只有 5 里路的距离。

多大的时候开始出去闯荡的？ ＝19 岁的时候。

在哪上的学？ ＝牛栏山的京北第四中学。

民国二十六年的时候有总包税的吗？ ＝民国二十六、民国二十七年的时候有。

【总包税的和分包税的——合伙】县里不直接承包的话，总包税的会承包吗？ ＝总包税和合伙一起承包。

那样的话，钱也是一块儿出吗？ ＝是的，一块儿拿出保证金。

合伙是积累资本的意思吗？ ＝是的。

是县里确定总包税的吗？ ＝是的。

会有很多有意向的人吗？ ＝是的。

要想做总包税的是不是很难？ ＝是的，很难。

大概有几个人？ ＝三四个人。

在做总包税的之前，会约定如果做了总包税的之后合伙吗？ ＝会。

大概要出多少钱？ ＝一两千元。

你是分包税的，分包税的大概有几个人？ ＝八九个人。

分包税的在哪里工作？＝分到五个镇里，只有李家桥（斗、屠宰、秤、大牙、小牙和牲畜等所有的）。

总包税的资本大概有多少？＝六七千元。

一年过完之后，会互相分吗？＝会。

什么样的关系，总包税的才会与之合伙？＝朋友关系的时候。收税的时候，一个税种里需要两个商号的保证，有很多资本。总包商的一个人负责不了，就会出钱找保证。总包商只是名义上不同，和其他的分包税的是一样的。

担任分包税的，需要得到县里的许可吗？＝需要。

县里有不许可的时候吗？＝没有。

【确定牙伙】怎么确定牙伙？＝自己作了分包商了，牙伙自然就会过来跟着你工作。每年大致上都是固定的牙伙来。

确定牙伙的时候，他们会给点报酬和保证金吗？＝不需要保证金。以前有牙帖，需要给分包商的3元或者4元，现在不需要了。

牙伙的报酬是？＝牲畜税和小牙税里分给牙伙一成的报酬，其他税种也就给点酒钱，没有其他报酬了。

大概有多少酒钱？＝三五十钱。买卖金额大的话，也有给1元的。

【村公会承包】在村里也收屠宰税（秤市），村里的人会来吗？＝有乡长和副乡长代表来的，也有朋友到乡下代收的。

村公会代收的多吗？＝民国二十九年的时候就不代收了。民国二十九年以前还存在包商制度，村公会代收的比较多。

村公会负责的多吗？＝青苗会负责的比较多。

那种情况，是村公会来请求，还是你们去请求？＝乡长或者村里的人想要负责的话，就来分包税的这里，不想负责的话，就由其他人来。村里的承包人也叫分包。

村子里是想负责的多，还是不想负责的多？＝想负责的多。

为什么，是因为村子里的支出少了吗？＝如果屠宰24头的话，也就可以承包大概10头的税（村公会和个人的分包弄混了？）

办事员和监察员不会像牙伙这样有什么变化吧？＝不会。

还是使用自己正在使用的掌柜，哪种情况比较多？＝变化的情况比较多。

【牲畜税和大小牙税】我想问下牲畜税和大牙税、小牙税的区别？＝所有的牲畜都要交纳牲畜税，体积比较大的牲畜交纳大牙税，小的则交纳小牙税。

为什么交的税分两种呢？＝牲畜税是正税，牙税是牙伙说牙的税。

牙税的牙伙和牲畜税的牙伙是一个人吗？＝牲畜税里没有牙伙。

谁直接从买卖双方那里收取牲畜税？＝牙伙收取两倍的税款，因为有牲畜税的承征员，所以分成牙税一半，承征员一半。

大牙、小牙的牙伙也可以说成是牲畜的牙伙吗？＝可以。

本来是属于哪里的？＝属于大牙和小牙。

这样一来牲畜税的承征员会给报酬吗？＝不会。

那也就是在白干活了？ = 是的。

【由于出售征收的牲畜税】和屠宰税一起征收的牲畜税是什么？ = 是牲畜税和小牙税。没有买卖的话，不征收牲畜税，自家留着吃的猪也不征收牲畜税，屠宰驴马、骡子和牛的时候，需要征收大牙税、牲畜税和屠宰税。

为什么？ = 自己留着吃的牲畜，只需要交纳 90 钱的屠宰税。

杀牛的时候一定要征收大牙税和牲畜税，这是为什么？ = 从其他地方买的话，都会征收这些税的。

杀自己牛的时候呢？ = 只收屠宰税就可以了。

弄到县城里杀也是一样吗？ = 是的。

为什么自己家的就要另外分开呢？ = 自己家的牲畜的话，只征收屠宰税，用来买卖的话，还要征收另外两种税。

用来买卖就是杀了之后拿来卖就要交税，从村里买来要交税吗，卖肉的时候要交税吗？ = 肉杠从村里买的时候，不用交税；屠宰的时候，要交纳屠宰税和另外两种税；屠宰之后出售的，要交纳大牙税和牲畜税。不是肉杠而是普通的人的话，从村里买，要立即交税。

不是肉杠的普通的人在哪里交税呢？ = 在城里交税（牲畜税和大牙税）。

【防止村里买卖的时候偷逃税】在村里买卖的时候？ = 在村里做买卖的话，要报告给县城里。

耍心眼，偷逃税了呢？ = 由村里的负责人向县里汇报，转给偷逃税的人，让他们交税，如果拒不承认的话，就送到县里。

为此承征员会调遣监察员吗？ = 如今税的额度比较大，一旦追缴罚款的话，就会蒙受很大的损失。

有追缴罚款的吗？ = 没有。

牙税发现过不交纳税款的吗？ = 没有。

没有漏税的吗？ = 村民不会做这种事情的。如果真有的话，我们这边去调查，道了歉，交了税，也就没事了。

去年为什么只负责屠宰税？ = 人之间的关系太复杂了，所以就没管，只负责了屠宰税。

【屠宰场】在家是做什么的？ = 现在也没做什么事情，但是如果成立了屠宰场，会做那里的场长。

什么时候能建成？ = 今年就可以了。

在什么地方建的？ = 东门外的天七庙。

【确定包税的和资金】去年负责的时候，包税的数额是怎么确定的，有意向的人大家一起商量的吗？ = 没有。

打开投票箱检查投票结果的时候，还不知道都有谁有意向吗？ = 不知道。

关于投票的价格，顾问和知事在一起商量吗？ = 本年开箱验票的时候，没有达到县里预期的数额，由知事和顾问商量之后确定的。

关于屠宰税节供的时候会派监察员吗？　＝乡公所不负责代收的村子里要派监察员。

个人承包的地方呢＝没有。

从什么时候开始没有烟酒牌照税的？　＝民国二十九年初开始没有的。

现在的包税当中，没有钱的也不会背地里藏钱吗？　＝不会。

三四人中有包税人，没有一起出包税资金的吗？　＝有。

这个时候是平分利润吗？　＝是的。

没有一个人私吞利息的包税吗？　＝担任包税的人一般都是手里有财产的，所以不会有那么危险的事情。

1941 年 2—3 月

（华北农村惯行调查资料第 29 辑）

赋税篇第 7 号　河北省顺义县沙井村
调查员　盐见金五郎

2 月 28 日

保正和地方

应答者　张波田（第一区保正、事变之后壮年的县警察队长）
地　点　第一区保正办公处

【保正的变迁、路头、快捕】什么时候开始有保正这个名称的？＝民国十四年开始有的吧。

在那之前称作什么？＝叫作"捕头"，名字不好听，所以一般都叫作"路头"。

为什么叫作"路头"呢？＝1 个县分成 10 路，每路都会设置 1 个路头。

"捕头"是做什么的？＝俗称"快捕"，权利相当于现在的警察，主要的工作是负责催缴粮银，但是由于警察组织不完整，所以也负责抓捕土匪，在地方上很有势力。

属于保正下面的那一块儿？＝相当于地方，有"伙计"。

现在县里有几个保正？＝县分成 8 个区，每个区 1 个。

【保正的办公处】保正在什么地方办公？＝8 个区里都有办公处，有住宅兼用作办公的，也有单独办公的地方。

其他县里也有这样的制度吗？＝现在只有顺义县是这个制度。

【保正的管辖区域】第一区保正的管辖区域是＝1 个镇，就是城里面的仁和镇，还有 41 个村，就是县城周边的村子。

【保正的任免】谁负责任免保正？＝县知事。

知事是直接任免吗？＝由各村的村长联名上书向知事申请，本人同意的话，知事就会许可。

什么情况下会被免职？＝如果各村的村长一直反对或者是没有什么政绩的时候，就会被免职。

保正是官吏吗？＝不是，是义务性的职务。

有任期吗？＝没有，可以随意根据个人的意愿辞职。

县里会给他们俸禄或者办公费吗？＝不给。

【保正的职务】保正的工作是？＝负责"外传达"、"要草"和"催粮"等重要的工作。

要负责处理警察事务吗？＝以前的路头有警察的权利，但是现在警察的权利则是由警察所专有，各区都有分局。

【保正和伙计】隶属于第一区保正的都有哪些人？＝地方有10名，身边还有1名伙计。

不叫伙计为下路吧？＝是的，地方以下的职位才这样叫。

【保正和地方】保正和地方的关系是？＝地方是以前的伙计，是保正的左右手。下路也是伙计，但是和地方不一样，是由保正直接安排在身边听从调遣的，主要负责联络"地方"。

10名地方住在城里面吗？＝他们是分别负责几个村，所以住在各个村子里。

【张氏保正的任职】你是从什么时候开始做保正的？＝我是事变之后由组织安排做了警察队长，但是废止之后，县里的知事就给了我这个职务。大概做了一年了。

之前的保正是谁？＝是住在东门外小东庄的赵殿俊。

【保正的意思】什么时候开始有保正这个词的？＝汉代开始就有了。

是什么意思？＝"保正地方"的意思。

有地方吗？＝也是"保正地方"的意思。

【保正传达公文】外传达是什么工作？＝把县公署发布的命令或者公告传达到村里，把新民会的工作传达到村里，总之就是无论什么事情，只要是必须传达到村子里的，都要负责传达。

怎么传达呢？＝下路跑着通知各个地方，然后通过地方传达到各管会。

传达公文的时候，有把各村长召集到办事处的吗？＝有县公署命令的时候，特别是有紧急重要的事情的时候，会把他们召集起来。

村长有在这留宿的吗？＝离得比较远，而且天比较晚的时候，会提供住宿（提供很宽敞的房子，办公处那里也会预备卧具，保正另外也有住宅）。

【比卯】地方经常在这里集合吗？＝每月每隔10天左右，全县的保正和地方会响应财务科的号召，为了比卯集合，利用这个机会，他们会顺路到办公处，负责联络要传达到村子里的事情，没有专门把地方召集起来的。

比卯是什么？＝相互比较催缴粮银的业绩。也就是集中到一起，汇报催缴粮银的情况。

【地方催缴粮银】地方到各村催缴粮银的窍门是？＝到开征的时候，首先到负责管辖的各村去，打锣通知村民集合。

根据催缴粮银的业绩，会发奖金吗？＝不一定，但是会给"花红"。

只有一次催缴粮银吗？＝有延迟交纳或者没有交纳粮银的时候，由户房根据各管辖部落的滞纳未纳人的名单，到各户去催缴。

【出签】催缴了还是不交纳的时候怎么办？ ＝由财务科出签，政务警还要在上面签名。

出签是什么？ ＝由保正、地方和政务警共同完成的，而且还要应该有签名的公文书，现在是由政务警专门负责。

地方负责征收钱粮吗？ ＝他们只负责催缴粮银，由各花户直接带到县公署"投封"。

【保正和地方手里的跟土地有关的账簿】保正和地方手里有跟土地相关的账簿吗？ ＝什么也没有，他们手里只有从财务科持有的"红账"那里抄写的滞纳者"清单"。

红账是什么？ ＝是粮册子。因为是用红纸写的，所以才那么叫的。

【地方和拨粮】由土地买卖引发的钱粮名义变更，应该怎么称呼？ ＝拨粮。

称作过割也可以吧？ ＝可以。和更名、过粮都是一样的。

在什么地方拨粮？ ＝在县公署的户房办理。

地方或者是保正负责拨粮吗？ ＝不负责。当事人直接去户房办理。

每次买卖的时候都要去吗？ ＝负责钱粮的话，什么时候去都可以。一般在交纳粮银的时候，要让户房看下旧名义的粮票请求更名。

拨粮的手续只有那些吗？ ＝是的。

【保正和地方的收入】保正的收入？ ＝并没有固定的收入，但是每年立秋的时候，各个村子会给点办公费之类的。

只有那些收入吗？ ＝只有那些。人缘好的话就多给点，人缘不好的话，就给得少点。

地方的收入呢？ ＝比保正的要少，但是传达公文的时候和各个节日的时候，应该能得到很多东西。

是保正给地方吗？ ＝保正什么也不给。

3 月 16 日

保正和地方

应答者　杨永才（在第一区第四地方和永年地方工作的农民）

地　点　县公署

【保正和地方】你在哪里住？ ＝住在南法信那里。

你今年多大了？ ＝62 岁了。

从什么时候开始做地方的？ ＝32 年前开始做的。

本县里有几个保正？ ＝8 个。

保正都住在哪里？ ＝他们在城里都有办公的地方，在城里面住的比较多。

第一区保正的下面有几个地方？ ＝10 个。

第一区管辖的村子都有哪些？ ＝1 镇 41 个村。

【地方的管辖区域】你负责管辖第几区的第几个地方？ ＝第一区的第四地方。

负责几个村子？ ＝负责第一区里的石门村、沙井村、望泉寺、北法信、刘家河和南法信这 6 个村子，还有第五区里的 5 个村子。

【任命地方】谁任命地方？＝由乡长推荐，得到县长的许可即可。

谁任命保正呢？＝和地方是一样的。

乡长推荐的地方，保正有不同意的吗？＝不会征求保正同意的，所以他们就是不同意也没办法。

为什么还要负责第五区？＝因为"有底儿"，一个人可以负责两个窝子。

像这样的情况会有很多吗？＝"有底儿"的关系的话，就会有很多次。

为什么会有那样的事情呢？＝其他区的县长信誉好的话，就会推举他们做地方，永远担任的话就成了"底儿"，其他人就不能再担任了。

有钱的话，"底儿"会让给其他人吗？＝本来就是一个没有人愿意做的苦差事，所以一般是没人要的。

以前是什么情况？＝没听过以前有买卖的。

【保正、地方的身份、不能世袭】这 32 年间，你都是在"一个窝里"的吗？＝是这样的，我父亲那一代并不是地方。

平时地方种地吗？＝也有种地的，但是一般都是穷人，我也是穷人，没有土地，所以不种地。

保正和地方可以代代连续做吗？＝未必能。乡长和乡民给予好评，村民也不排斥，而且催缴粮银的业绩又好，县里也没有罢免，另外本人也希望继续担任的话，才可以连续担任几年。

【地方的职务：催缴粮银和传达公文】

地方的本职工作是？＝专门负责催缴粮银，但是有时候也负责传达公文。

地方是受谁的指挥？＝在保正的领导下工作，但是实际上和催缴粮银有关的话，还是受科房监督的时候比较多。

他们怎么催缴粮银？＝从科房那里拿到负责地区的"粮名簿"，然后依据那到每户去催促。

【粮名簿】粮名簿是什么？＝如下。

分列出各村的花户和钱数，交纳完毕的时候，会附有一个构图案。

粮名簿

```
                                    四地方
        民国二十九年    月    日

        承催第一区法信等村银两数目花名草册

                        （县印）
```

这个草册是谁做的？ ＝从科房的红簿里抄来的。

催缴粮银要通过村长吗？ ＝和村长没有任何关系，直接到各户去催促就可以了。

草册是什么时候做的？ ＝每年阳历四月科房制作新的红簿的时候做，眼下正是制作的时候了。

什么时候开征？ ＝四月。

分成上忙和下忙吗？ ＝现在是一整年一次，也就是从四月份开始一直到年底。

【比卯】比卯是什么？ ＝开征后每十日全县的保正和地方聚集到县公署，对比科房的红簿和地方的草册，在草册上的花户上对交纳的粮银画上构型符号，整合到一起，比较业绩。

根据业绩的好坏会怎么样？ ＝业绩好的话会有奖励，不好的话则会收到斥责，后果严重的，甚至会被送到看守所去。

有赏过什么东西的吗？ ＝每年阴历年底，财务科会发给奖励。

有被押到看守所的吗？ ＝去年因为催得紧，所以业绩都很不错，全部都催缴完毕了，所以就没有押到看守所。

过了征收的时候是不是就清闲了？ ＝迅速催缴完毕的话，就会有空闲，但是如果没有催缴完毕的话，一年都不会有空闲的。

【地方的收入】地方有一定的收入吗？ ＝没有。地方是一个苦差事，每年立秋之后各村会召开"谢会"，那时会给几元钱，但是给多少不一定。在乡长和乡民中人缘儿好的话，就会多给点，不好的话就给得少。

临时的收入呢？ ＝去村里的时候会管他们吃饭，就这些。

【地方代理交纳钱粮】地方有帮农民代交粮银的吗？ ＝本人去交还可以，到科房代交的话，他们会怀疑是不是有毛病。

【地方到县城之外催缴粮银】会去其他县催缴粮银吗？ ＝会去。在外县主要负责大兴、宛平和昌平等地方。

为什么要去其他县里？ ＝因为其他县里有地主，所以要去催缴粮银。

会报销路上的费用吗？ ＝费用完全由自己负责。

是步行去吗？ ＝是的，但是去了之后也有人不在，白跑一趟的情况。

【地方催缴粮银】谁负责追究滞后交纳税款的人？ ＝如果地方催促了几次，还是没有交纳的话，县长就会命令看守所（警察）去抓捕。

地方负责土地买卖的更名和升科吗？ ＝这和地方没有关系，估计和乡长也没有什么关系吧。

每年草册的内容会因为土地的变动而发生什么变化吗？ ＝会有变化。因为这次的土地调查，草册就增加了很多。

32 年都在一个地方的话，岂不是村里的所有事都了如指掌吗？ ＝不知道的事情很少，也都认识大家，谁家的土地在哪，也都一清二楚。

【保正的职务】保正做什么的？ ＝负责传达县公署的公文。每天有什么公文或者文件的时候负责传达到各个管辖的村子里去。

【保正的下路】保正下面还有什么？＝身边有下路伙计，负责在各村跑，这个时候因为不景气，所以保正的伙计也少了，由地方做的事情就多了。

警察不负责"送公事"吧？＝理论是要负责的，但还是通过保正做的时候比较多。

【保正的变迁】保正是以前的名称吗？＝民国以后开始有的吧。

在那之前呢？＝在那之前叫作保长，其他地方也有叫作"捕头"或者"路头"的。

保正的工作是？＝称他们为"兵马大差"，手里有很大的权利，负责催缴粮银，之外还可以直接到村子里，此外还负责军需品的调配。

和现在的保正相比如何呢？＝没法比较。现在的保正没有警察的权利了，完全是个苦差事。

【保正的收入】保正的收入？＝各村召开"谢会"的时候会给点，也就只有这些，县公署不会给他们发任何薪水的。

地方有在保正的办公处留宿的吗？＝第一区就在县城周边，离得不远，所以第一区的地方没有留宿的时候，但是离得远的地方，根据情况会有留宿。

【地方的身份】除了催缴粮银的花名草册之外，地方手里还有什么跟土地有关的账簿吗？＝什么也没有了。担任地方的人都是和我一样的穷人，甚至还有不认识字的，而且对于乡长和乡民来说，我们的地位也是很低的。

【地方和乡长】乡长无论何时都可以换掉地方吗？＝乡长认为他们不合适的时候，或者是业绩不好的时候，就可以随时换掉他们。

这32年你一直都在担任地方，那你的业绩是不是不错？＝大家我都认识，这也可能是我可以长久做下去的缘故，工作做着也很顺手，对于突如其来的工作，也并不视为工作了。

2 月 24 日

监证人　监证手续　保正和地方

应答者　杨源（沙井村长）
地　点　县公署

【草契纸的使用】土地买卖的时候，当事人需要什么手续吗？＝首先有中间人从中说合。

当事人之间买卖成功的话，会制作契约书吗？＝民国十七年以前制作白契，但是之后就开始使用草契纸了。

中间人的工作是？＝负责在买卖人中间关于成立条件等进行斡旋。

协商好了，要去买草契纸吗？＝买家到监证人那里进行立契。

哪里有草契纸？＝村长，也就是我这里有。

【村长和监证人】村长就是监证人吗？＝是的。

由谁任命监证人？＝县知事任命。

有什么任命状吗？ ＝什么也没有。

监证人处理监证事务的时候，有相关的规程吗？ ＝不知道。

监证人要向县公署交纳保证金吗？ ＝没有那种事。

【监证的事项】监证事项都有哪些？ ＝买卖和典当这两种情况。

买卖和典当的草契各有几联？ ＝买卖的时候有 3 联（买主、监证人存根、县公署存根），典当的时候是 4 联（出典人手拿 1 联，其他和买卖的时候一样）。

【分发草契纸】哪里分发草契纸？ ＝由第一区警察分局分发。

要到第一分局去买吗？ ＝是的。

现在村里的草契纸是什么时候买的？ ＝两三年前（民国二十七年）买的，10 枚铜币（小枚）1 张，现在则是由乡长直接提供由县公署的收发处（税契处内）发来的文件进行购买。

【草契纸的价格】一张多少钱？ ＝5 分到 1 毛，涨了很多，最近村里没有买，我也不知道具体价格了。

村里多少钱卖给村民？ ＝无偿发给村民。

监证人是用自己的钱买草契纸吗？ ＝是的。

【监证费】向卖者当事人征收多少监证费？ ＝其他村子的话，征收 1% 的手续费，但是沙井村的话，是免费的。

花钱买的草契纸无偿发给村民，而且如果再不收手续费的话，那么监证人不就没有收入了吗？ ＝其他村子里要收取买卖价格 1% 的手续费，草契纸卖的时候，是按照从县公署买的价格卖的，但是望泉寺和沙井村是免费的。但是大部分村子还是要钱的。

【草契纸的价格】买卖草契和典当草契的价格呢？ ＝10 枚铜币的买卖草契，典当的时候是 15 枚。因为典当草契有 4 联，所以稍微贵点。

还要额外交给县公署工本费吗？ ＝草契纸的话，除了价款之外，不用再交什么钱了。

【监证事务的手续】当事人来请求监证的时候首先要做什么？ ＝先确认买主的购买能力和买卖事实是否属实，在确认无误的情况下，会发给草契纸，必须要找代笔人负责填写。

本人会写字也不能填写吗？ ＝原则上本人是不能写的，只能由代笔人负责填写。

要进行实地调查和测量吗？ ＝监证人不需要，但是中间人要去调查实际情况，必要的时候中间人还要去测量。

地邻什么也不做吗？ ＝和地邻没有关系。

买卖房屋的时候，必须连带着地皮也要卖吗？ ＝只有房屋有损害的时候，才会分开买卖，一般都是把砖头瓦片土木相连全都考虑在内，进行估价的。

那种时候，监证人要详细地调查所有关系以及实地情况吗？ ＝一般是要去调查的，没有什么问题的时候，村长才会允许监证，否则不调查的话，就容易引发问题。

分开买卖的时候，要在老的房契上面怎么记录？ ＝立草契的时候，由代笔人在老的房契上面写上"此纸批卖于××人地××亩"和"　　年　　月　　日"。

不需要签字吗？ ＝不需要，只是写上以上说到的那些内容就可以了。

监证人只是听到买者申立就进行监证了，没有去测量，也没有进行实地调查，如果发生什么问题的时候怎么办？ ＝因为中间人会进行充分的调查，所以不会有什么问题的，而且真是有什么问题的话，中间人也不会从中斡旋了。

土地买卖时，什么时候交付现金？ ＝立草契的时候，就要付完全部的钱。

交付买卖金额的时候，乡长会到场吗？ ＝交付钱的时候，要有乡长到场。

中间人有手续费吗？ ＝这个并不一定，买卖做成的时候，买主会请客犒劳。但是不会给钱或者是赠送什么东西。

有成三破二的惯例吗？ ＝顺义县里没有这种情况，但是我听说北京那边好像有。

【提金】出于什么名目，监证人要征收 1% 的钱？ ＝叫作"提金"，并不是正税。

提金也就是监证人的收入吗？ ＝那 1% 一半要充当村里的办公费，另外一半才是监证人的收入。

买卖和典当的提金比率是？ ＝买卖的时候是 1%，典当的时候是买卖的一半。

什么时候开始有这个比率的？ ＝从开始使用草契纸的民国十七年时有的。

【监证印】监证印是什么？ ＝在监证人某某的下面盖上"某某之章"这样的私人印章，然后再盖上如下面那样的公印（民国二十二年改正）。

县义顺省北河		
田房交易监证戳记	廉洁公正	第一区第五编乡

什么时候开始用这个公印的？ ＝民国二十二年的时候开始用的，之前的是正四角的。

【保正】保正做什么？ ＝负责把县公署的命令传达到各个村子。

保正住在哪里？ ＝县里分成 8 个区，每个区都有 1 名保正，他们都住在城里。

由谁任命保正？ ＝由县知事任命。

县里会给他们报酬吗？ ＝报酬和办公费都没有。

从什么时候开始有保正的？ ＝清朝的时候就有了。

保正是可以世袭担任的吗？ ＝根据工作的能力有世袭担任的，但是如果工作能力不行的话，也会被换掉的。

保正每天都要到县公署去吗？ ＝10 天去一次县里，确认下自己的工作就可以了。

保正有固定的职业吗？ ＝称他们为普通人，或者是苦当差的，大家都是穷人，没有什么正当的工作。

【保正的收入】保正靠什么生活？ ＝靠各个村子给的东西生活。沙井村一年会给两次钱，大概有五六元，大的村子会给得更多。一个区有 40 个村子，这样看会有很多钱。除此之外，保正会在城里面请村长吃饭，村长看保正实诚的话，也会给点钱。

【保正和分局】保正负责传达县里的命令，一般都是什么事情？＝都是和田赋有关的事情。

和分局做的工作的区别是？＝没有响应保正催缴粮银的时候，由分局去处理，催缴粮银以外的事情，都由分局负责。

保正下面都有什么人工作？＝地方和下路。

第一区的保正是什么地方的人，叫什么名字？＝本名叫张波田，官名是张广田，是城内东街的人。

【地方】地方是？＝地方是杨永才，住在南法信。沙井村是由这个人管辖的。

下路是做什么的？＝是保正的直接雇员，负责和地方以及村子联络。

【地方催缴粮银】地方隶属于保正名下吗？＝是的，保正下面有几个地方，分别负责几个村子，催缴粮银。

政务警要催缴粮银吗？＝有人不服从地方催缴粮银命令的时候，由政务警随行强制他们交纳粮银。

地方是什么地方的人，是做什么的？＝是一般村子里的闲人，一般都没有什么工作，地位都很低。沙井村的地方中还有不认识字的人。

地方凭借什么催缴粮银？＝他们会拿着钱粮房（征收处的文件）的粮册子，根据那催缴粮银。

【过粮】过粮是什么地方负责的？＝钱粮房负责。税契过期了，开征田赋的时候，买主拿着旧的钱粮票到所属的钱粮房申请更名。

要在一定的时间内吗？＝什么时候都可以。没有开始征收钱粮的其他时候，即使去了也不会给办理的。即使"顶名"交纳了田赋，也不碍事。

只是"顶名"的话不会有什么不妥吗？＝没有什么问题，尽量快点更名。

过名的费用是多少？＝一般情况是 1 亩 20 钱，但实际上是很随意的，而且很多时候，要根据对手进行适当的调整。

2 月 25 日

监证人　保正和地方　捕契　升科　验契　不动产登记

应答者　杨源（沙井村长）

地　点　县公署

【监证印】监证印是由哪里颁发的？＝县公署。

不能随便制作吧？＝不能。

如果丢失了怎么办？＝必须交到县公署。

什么时候用监证印？＝除了监证草契纸的时候可以用，其他时候都不能用。而且其他时候，即使用了也没有什么效用。

　　谁保管监证印？ ＝村长保管。

　　【村长、副村长和监证事务】副村长没有保管过监证印吗？ ＝到现在为止还没有副村长保管监证印的。

　　那么副村长代理过监证事务吗？ ＝原则上是要由村长负责的，但是有什么意外情况的时候，副村长也会代为负责。但是，一般情况下都是等村长的事情过去之后，由村长处理的比较多。

　　可以由村长和副村长之外的会首代理吗？ ＝原则上是不可以的，而且事实上也没有需要他们代理的时候。

　　监证完了的草契，税契的手续由谁负责？ ＝买主直接到县公署办理手续。

　　有村长代理的吗？ ＝没有。

　　【监证人】监证人没有进行测量或者是实地调查，如果发生什么意外，比如地界纷争的时候怎么办呢？ ＝监证的时候中间人以及两个当事人都会同时呈报到村长那里，所以不会发生什么问题。

　　如果发生了什么问题，村长应该怎么处理呢？ ＝不会发生问题，而且绝对不能扭曲已经接受草契纸监证的事实。无论如何都会根据那进行表决的。

　　【中间人】什么样的人才能担任中间人？ ＝一般的人谁都可以担任，但是村子里一般会选择那些爱管闲事的人担任。不会让村里有威望的人做的，一般都是附近的、关系比较亲近的人。

　　中间人不认识字，不会写字也可以吗？ ＝中间人没必要一定要会认字或者会写字，因为一定会找代笔人的。

　　中间人和代笔人对买卖契约要负什么样的责任？ ＝代笔人只对自己写的文书负责，中间人则要对整个买卖事项负全责。

　　【代笔人】什么样的人可以担任代笔人？ ＝只要认识村里的字，会写字，谁都可以担任。

　　有村长担任代笔人的吗？ ＝原则上村长作为监证人，是不能担任代笔人的，但是如果没有人做代笔人的时候，村长担任也无大碍。但是基本上没有那种情况。

　　代笔人的报酬是？ ＝会请他们吃饭，并没有其他的报酬。

　　买卖做成的话是不是应该请吃饭？ ＝买主邀请卖主、中间人、代笔人和村长吃饭是应该的。但是如果买主没有支付土地的钱，买卖没有做成，只是相互协商好了，是不会请吃饭的。

　　必须一次付清土地的全部金额吗？ ＝分成两三次付也可以。但是没有全部支付的话，是不会给立草契的。

　　分开支付的时候当事人会伪造契约吗？ ＝因为必须经过中间人把钱交给卖主，所以没有伪造的必要。也没听过有伪造的。

　　【监证人的报酬】监证人有工资或者是补贴之类的吗？ ＝什么也没有。只有从买主那里征收的1%的钱。除此之外，办公费什么的都没有。

【田房牙纪】你知道田房牙纪吗？＝那是以前的制度了，担任土地买卖的中间人，并给买卖提供证明，在县的契约之司取得一定的收入。

那么也就是兼有现在中间人和监证人的权利了？＝是的。

【保正、地方的管辖区域】警察分局的管辖区域和保正的管辖区域是一样的吗？＝一样的。一个分局区有 1 名保正管辖同一区域。

地方的管辖区域呢？＝保正下面有几个地方，规模大的村子就归一个地方管理，小的村子的话，则是几个村子合在一起，由一个地方管理。

【地方的收入】地方靠什么生活？＝初夏和立秋的时候，会去各个管辖的村子要求给点钱。

沙井村每年会给地方多少钱？＝地方管辖的村子少的话，给得就少，比保正的稍微多点，每个季度会给三四元。村子大的话，给得会更多。

只有这些，地方能生活吗？＝地方自己也种地，所以还是可以勉强生活的。

【保正、地方催缴粮银】地方负责把田赋集中起来交到县里吗？＝他们只负责催缴粮银，并不负责交到县里。

保正除了督促地方尽快催缴粮银，还做什么工作？＝还要通过地方，把除田赋以外的新民会的事情传达到村里去。

【保正和警察分局】分局会指挥督促保正吗？＝他们之间没有直接的支配关系，但是偶尔根据情况也会有。分局的工作是负责修路、修桥和训练等，而保正的主要工作则是和财务有关的事情，也就是主要负责田赋，各自分管的领域不同。

会召开保正会议和地方会议吗？＝每年开始征收田赋之后，每隔 10 天保正和地方会聚集到一起，和财务科一起召开会议。

一般都是什么事情才会召开会议？＝这个我不是很清楚，但是我想应该是商议和田赋有关事情的时候会召开吧。

【保正和地方的收入】保正会去沙井村吗？＝召开"谢会"的时候会来。

"谢会"是什么？＝如字面那样，每年初夏和立秋的时候，会邀请保正到村里，请他们吃饭，给他们钱。但是现在不请吃饭了，只给钱。

没有对地方召开"谢会"吗？＝不会专门对地方召开感谢会，但是召开感谢会的时候，他们要是来的话，也会让他们参加，请他们吃饭，给他们钱。

地方并不是一定要来吧？＝没有特别邀请的话，就不会来，但还是来的时候多。

【保正和地方的意义】村里有保正和地方这样的制度方便吗？＝民国二十年的时候，曾经要废除这个制度，但是没有他们，田赋相关的工作果然不能顺利展开，所以就让这个制度继续存在下去了，一直持续到现在。对于村里来说，有和没有都没有太大关系，但是县里没有了他们，就很苦恼了。

你知道在清朝的时候，保正是什么地位吗？＝前清的时候，是作为当差人，也叫作保正，在县公署和村子中间起到一个中间人的作用，负责传达一切公文文件，对于村子来说，他们是一个很伟大的存在。手里握有实际权力。

他们负责田赋相关的工作吗？＝他们有权催缴粮银。

【补契的手续】什么时候会补契？＝地券丢的时候，或者是本来就没有地券的时候。

地券丢的时候、补契的时候，还必须要再次税契吗？＝是的。

手续还是根据草契，由监证人监证吗？＝和买卖的时候是一样的。

地券丢了，补契的时候不知道土地的价格，这个时候是怎么确定的呢？＝村长和失主协商，确定一个合适的价格。

【有关民国十七年以前的白契的税契】现在还采用补契手续吗？＝根据这次的调查，发现了很多民国十七年以前的白契，就在税契处直接税契了。

那和补契不一样吗？＝叫作税契，但实际上，如果从现在的草契使用的规则来考虑的话，是矛盾的手续，叫作补契也可以。只是县公署把以前的白契看作是现在的草契纸，对其税契叫作红契而已。

【白契出现的理由】为什么出现了大量的白契？＝经过了这么多年，这是个谜了，因为通过此次调查，整理出了原本"无粮无照"的黑地。

那些土地是老民粮地吗？＝以前也有有粮的，也有无粮的黑地。

【旗黑地】黑地是什么？＝不包括那些本来是无粮的土地，以及那些庄头不收地租的旗地，后来由旗产管理处扣押成了有粮的那部分土地。那些没有扣押也不收田赋，而且庄头也不收地租的那部分叫作"旗黑地"。

【黑地和监证人】在这次的调查中，那些土地全部税契了吗？＝全部申报，而且已经完成税契了。

税契的时候随意制作白契了吗？＝本来是旗租地也没办法，只有申报做了"立推旗地云云"的白契。而且也得到了县公署的认可了。

监证人要逐一监证那些白契吗？＝根据特殊办法，广大农民可以随意直接向县公署申报，所以和监征人没有关系。

各村都是一样的吗？＝各村有很多种，如果都按照一种做法的话，那旗黑地的白契就会纷纷送到县公署去。

除此之外还有黑地吗？＝民国十四年前后的时候，实施了无粮黑地的大升科，在那之后就非常少了，只有旗黑地还没有整理，剩下了很多。

【土地调查和税契】根据这次的申报，"旗黑地"都能因为税契大致拿到红契吗？＝这次一律在典的时候，交纳同等比率的税契，因为有很多还有没有发给照的。

之前的旗产管理的时候发给的是什么照？＝部照。

这次会发给什么样的照呢？＝还不清楚，但是和典的时候的税契是一样的手续，也许会是典契。但是还没有支付土地的钱，无法确定产权，将来恐怕还要征收土地的钱，关于这点什么都不能说的。

【无粮地的升科】村里有无粮地吗？＝就是河地和荒地也都有了主人，但是有无粮的土地。但是那些土地，根据这次的申报，全部成了有粮地了。

无粮地变成有粮地，需要什么手续吗？＝首先提出申请，然后必须升科。

升科的时候需要什么手续？＝粮册子上有"有名儿"的话，就是升科了。

【税契和升科】税契是各自分开的吗？＝即使税契了，如果无粮的话，也是"有契无粮"，如果只升科了，就是"有粮无地"，无论哪种都是不完整的。税契了才是"红契民粮地"。

人民希望"红契民粮地"吗？＝在这次调查之前，没有红契也无碍，简直一塌糊涂，但是现在就不能那样了。

为什么希望有红契呢？＝因为"粮地不符"，有问题的时候，如果没有红契，就不能主张自己的权利。所以只是有粮，是有点让人担心。

【验契】有验契吗？＝民国十八年前后实施过。分成大契和小契实施。

什么部门负责？＝把地契集中到各分局，然后拿到县公署给验契。

大契和小契是？＝大契就是 5 亩以上的地券；小契就是 5 亩以下的地券。

验契费用＝大契大约是 2 角，小契大约是 1 角。

验契之后还会发下来吗？＝只是盖上验契完毕的章，契就不发下来了。

为什么要验契呢？＝不知道，但是我想应该是为了确认有没有地券或者是地券对不对吧。

村民全部都要验契吗？＝也有不验契的，而且也有全村都不验契的。

【不动产登记】根据不动产登记条例有登记的吗？＝民国十八、民国十九年的时候在县公署这个屋子里有法院（这个地方以前是法院）的侯清华专门负责。

具体是怎么做的？＝各村民到"不动产鱼鳞登记"那里进行登记。我也做过。但是侯清华私吞登记费，在和县公署完全不同的地方独自进行决策，受到谴责，没有多久就中断了，从此便一直如此。

沙井村的人全部都登记了吗？＝有登记的，有没有登记的。其他村子也一样。

事变之前会积极登记吗？＝因为他们只是为了想要钱，所以村民并不希望登记。所以要是没有强制要登记的话，就不登记。

【登记费用】登记费用大概是多少？＝价格每 1000 元征收 2 元左右，额外再交 6 角的残额。根据价格，登记费用也会有不同，所以并不一定。

3 月 13 日

补契

应答者　赵廷魁（沙井村会长）
地　点　县公署

【补契】补契是怎么回事？＝地券丢的时候，或者本来就没有地券的时候，进行投税，再次发给红契的手续。

村里有进行补契的吗？＝完全没有。

为什么？＝因为农民不需要地券。本来就没有红契，即使丢了，也就那样了，所以不会补契。

【白字的税契】丢失的时候，要补税契的话？＝没有必要补契。如果有必要的话，就制作白字拿过去也可以，不拿红契也无碍。

但是如果只是白字，没有经过税契手续的话，不就成了偷逃税的了？ ＝可能会成偷逃税的，但是没有部门调查，所以不用担心会被发现。

【白地和官草契纸】有了官定草契纸，监证人是不是就可以抹杀那些事实了？ ＝名义上是这样的，但实际上监证什么也不做。而且如果发生问题了，那时候再按手续办理也可以，与补契相关的都进展顺利，即使不用手续，提前做好白契的话，就没必要担心了。

有了监证人制度之后，买卖或者补契的时候，是不是必须使用官定草契纸？ ＝原则上是这样的，但是即使用白字交易或者重新制作也无大碍。

为什么？ ＝因为监证人并不是和所有农民的交易都有关系，只对那些提出使用草契纸的进行监证就可以了，所以他们是比较随意的。

在交易中，实际上使用草契纸的大概有多大比例？ ＝可能 10 个中有两三个用的吧。

【退年限】但是用白字进行交易的时候，就是没有偷逃税也会被处罚吧？ ＝那个时候，通过"退年限"的方法可以免除处罚。

具体是什么方法？ ＝用监证制度实施以前的年月日申请。

假如在民国二十五年进行的交易，通过白字进行立契的时候，为了防止被发现，就用"退年限"的方法改为民国三年的契约，这时候就不容易发现了吗？ ＝以前就是"顶名"，5 年或者 10 年也不会发生什么事故，就是放置了多少年，也不会有什么问题，而且即使申请了更名，科房也不会对契约进行调查，只有旧粮票的话，就不会有什么问题的。

【监证人存在的意义】这样的话，就是有监证人，他们也不起什么作用啊？ ＝需要由监证人负责的，只是发生了和土地有关问题的时候，或者是要发生问题的时候，为了在打官司中不输，会使用草契，让监证人负责。他们的工作只有这些。

补契当中也是一样的吗？ ＝是的。城市地里有无红契，至关重要，一旦丢失就要汇报，立即进行补契。但是在村子里，一般都会平安无事，所以没有太大的问题。

【和这次土地调查的白契有关的税契】今年土地调查中发现的大量白契，无论年份都要税契吗？ ＝是的，红契之外的白契无论有无"退年限"，全部都要税契。而且"无粮黑地"的那部分无论有没有照，一律重新交纳钱粮。

【村子里使用草契纸】村子里有使用草契纸补契的吗？ ＝我没见过，也没听过。

使用草契纸立契约的时候，当事人之间会带来白字吗？ ＝使用草契纸的话，就不制作白字了，相反地，如果不用草契纸的话，制作白字就很普遍了。

3 月 8 日

监证人　草契纸

应答者　赏懋德（县财务科书记）

地　点　县公署

【监证人规则】 现在顺义县里监证人的规则是？ ＝民国二十一年八月由县里起草，得到财务厅学许可的监证人办事细则如下。

【资料一】

监证人办事细则

（民国二十一年八月由顺义县公署向省财务厅申请并获得许可）

一、典买房地监证人即以各乡或数乡各立之初小学校校长兼之如一乡有二权者由教育局长察配办理

二、在本年惊蛰前所有典买房地应由监证人通知各业户携带原立契约查验购领草契纸照章誊写并监证人戳记饬令赴县投税

三、自本年四月二十日起遇有典买房地随时购领草契纸照式填写仍照章盖用监证人戳记依限投税

四、前项草契纸由县政府照式制就编列号簿盖用县印令区分发各监证人应用

五、监证人费用仍照前京兆尹办理官中费用按照典买契价征收置业主百分之一留充本校经费

六、草契纸照章每张收铜元十枚一般解谢区分所一半呈谢县政府拨充工料费

七、凡典买田房应遵照税契章程购领草契照式填写并盖用监证人戳记依限投税

八、县政府制就草契编列号簿盖用县印颁发各区责成各区长转给该管区内各乡发行之

九、草契分买典二种买契三联一联给买主收执一联存区一联缴县典契添副契一联由出典人收执为据推契适用前项买契之规定

十、各乡监证人领到草契收于买典人填用每月月终将售出张数号数开列报告单连同截存两联送区存转

十一、监证人发售草契应将价值时期确切询明令卖典人据实填写如有扶同隐匿契价挪移年月者分别究办处罚

十二、买典田房私自立契不照章填用草契并未经监证人盖戳者遇有诉讼应作无效

十三、本办法未尽事项应随时修正之

下面是民国二十二年修正的河北省田房交易监证人规则，可以用吗？ ＝每个县的具体情况不一样，所以每个县都有与之相应的规则。但是主要内容大体上都是一样的。现在还有没有实施监证人制度的县。

【资料二】

修正的河北省田房交易监证人规则

（22、3、10 单立规则）

第一条　凡本省各县人民田房交易无论买典推均应由田房交易监证人负责监证审查草

契盖用戳记方能有效

前项监证人戳记由财政厅颁发式样同由县政府照式刊发给概不收费

第二条　监证人由县长就境内居住民遴选品行端正精通书算对于田房交易具有经验且素孚乡望者委任之任期三年但成绩卓著毫无劣迹者得连任之

第三条　监证人管辖之区域由县长按照县境之广狭乡村之多寡参酌地方情形划分之但至少三等县须在十区以上二等县须在二十区以上一等县须在三十区以上其监证人三名额即按照划定区域每区一人

前项区域之划分应呈报财政厅备案

第四条　监证人选定后须先行交纳押款三百元再行由县政府发给委任就职前项押款须由县政府报解省金库收存于监证人卸事时发还之

第五条　监证人发售草契纸应将田房价格成约时期询查明确令田房交易人据实填写再加盖戳记每月月终将售出张数号数开具报告单连同缴县一联送县政府查核备案

第六条　监证人所辖区域内人民田房交易如有匿报契价或隐契不税及不用草契情事应随时调查明确向县政府举发并得适用契税章程第九条及田房交易草契规则第五条之规定以罚金全数之二成五作为监证人奖金

前项调查办法除随时实地考查外得按月于本县过割地册详细核对并于册上加盖"田房交易监证人核对讫"戳记如有已过割而未领草契者应即呈县政府核办

第七条　买契中用按价征收六分典推契中用按价征收二分照成三破二习惯由交易双方负担之其中用分配办法如下

（甲）买契中用以一分五厘解库以一分给监证人其余三分五厘照旧案支配

（乙）典推契中用以五厘解库以五厘给监证人其余一分照旧案支配

（丙）监证人应得中用如有向充地方公益之需者应仍其旧

第八条　前条所定买典推中用均由业户赴县投税时一并交纳所有应留地方及监证人应得之数均由县政府按月核明拨发

第九条　各区监证人之比额应由各县县长按照划定区域内平日税收情形将财政厅所颁之契税总额配为匀配并报厅备案

前项比额按照会计年度于年度终了时考核之

第十条　监证人所辖区域内税收如年度终了比核溢征得由县政府于应提奖金总额内提出五分之一按照各区溢征成数分别奖给各监证人其尤为优异者得呈请财政厅特预奖励

前项收数溢征之监证人如遇全县收数不足总比额不能照章提奖时得呈请财政厅另行酌预奖励

第十一条　监证人如有违法干纪情事应按照下列规定分别处罚

（甲）对于田房交易人借端刁难情节较轻者处以十元以上五十元以下之罚金

（乙）对于田房交易人有欺诈勒索或侵占之行为情节重大者除立预停职送交法庭处办外并没收其押款

（丙）对于田房交易人有徇情隐匿或串通舞弊情事应按照河北省税契暂行章程第八条

处以应纳税额二倍之罚金

（丁）甲丙两项罚金以五成解库五成留县如系被人举报者由留县五成内提出一半奖励给举报人

第十二条　监证人前后任交替应将经管草契纸及账簿等项开具清单会呈县政府查核

第十三条　关于税契章则通令凡与监证人职务有关者应由县政府随时令知遵守

第十四条　监证人办事细则由县政府体察当地情形详妥拟订呈请财政厅核定之

第十五条　本规则如有未尽事宜得由财政厅随时提出修正之

第十六条　本规则自公布之日施行

【关于草契纸使用的规则】关于草契纸使用的规则＝民国二十二年根据河北省训令修正了河北省田房交易草契规则。

【资料三】

修正河北省田房交易草契规则

（中华民国二十二年三月十日河北省财政厅训令字第六三二号）

第一条　凡本省人民买典推田房者应遵照河北省税契暂行章程第十条及修正河北省田房交易监证人规则第一条之规定购领草契纸照式填写并赴监证人处盖戳依限投税

第二条　草契分买典推三种买推草契均三联以一联给买主或承推主收执一联存监证人处一联缴县政府典契四联以一联给承典人收执一联给出典人收执一联存监证人处一联缴县政府

第三条　买推草契纸每张售铜元十枚典当草契纸每张售铜元十四枚

前项草契纸价以十分之五给监证人做办公津贴以十分之五按月呈缴县政府充纸张印刷费

第四条　草契纸由县政府依照财政厅颁发式样制就编列号簿盖用县印颁发各区监证人发行之

第五条　人民进行田房交易．如果私自建立契约，不遵守规章领用契约书，以及不去监证人那里盖章者，除了这张契约作废、会被勒令另外补填契约书外，并且要交应纳税额一倍的罚金。

前项如果是由人举报才被发现，举报者可得罚金的 **25%**。

第六条　本规定如有不合情理之处，由财政厅随时对此进行修正。

第七条　本规定自公布之日起开始实施。

（监证人盖章样式图）

```
┌─────────────────┐
│  戳  区  某      │
│  记  监  县      │
│      证  第      │
│      人  ○      │
└─────────────────┘
```

按照这个大小用楷体书写篆刻后颁发，如果县名是双字或者区数是两个字的情况下，就在戳记两个字上加一个之字。

【监证人】由谁来担任监证人呢？＝民国二十四年左右开始，各位村长就是监证人。

在此之前？＝一直是由小学校长兼任监证人。

现在的监证人是各位村长，这是由谁决定的？＝应该是冀东政府成立之前的县长修改的，一直延续至今。

现在的乡长全都是监证人吗？＝正是如此，成为了乡长，原则上来说就是监证人了。

村长和乡长有什么区别吗？＝民国十八年进行了编乡，各个乡都设置了乡长。在此之前都是叫村长，所以现在不管是叫村长还是乡长，其实是一样的。

编乡是以什么方法进行的呢？＝大村作为一个乡、小村作为大村的附属成为副乡，前者设置乡长，后者设置副乡长，民国二十五年依照此方法，对大部分的乡长进行了更换。

沙井村的乡长是谁？＝望泉寺的村长是乡长，沙井村是副村所以是副乡长。也就是说杨源是副乡长。

沙井村的杨源是副乡长，副乡长也可以当监证人吗？＝原则上乡长是监证人，但是听说望泉寺的乡长辞去了监证人的职务，所以副乡长杨源就成为了监证人。

乡长和副乡长可以互相之间随意地交代下，就不干了吗？＝只要他们俩商定，由谁来做都是可以的。但是除了乡长和副乡长之外的人来做的话就会很麻烦。

这种情况要向县知事报告是由谁来做的吗？＝没有必要报告，只要是乡长和副乡长，不管谁来做，适合就行了。

县公署可以不知道是谁在担任监证人吗？＝事实上就是不知道的状态。

那么不管是谁当草契监证，只要有监证印就可以收集税契手续了吗？＝不会一个个去查监证人的名字，只要具备正式的体裁就可以通过了。

监证人是由县知事用辞令任用的吗？＝有了乡长的任命就不需要其他的辞令了，自然而然就取得了成为监证人的资格。

担任乡长但想辞去监证人身份怎么办？＝辞去的情况比较少，这个时候就由副乡长来做。

正副乡长同时辞退呢？＝不管哪一方必须有一方来做，事实也是如此。

监证人的任期多久？＝和乡长的任期一致。

成为监证人时要交纳保证金吗？＝民国二十二年即苏县长时期，省就保证金问题进行了交涉，但是县长并没有实施，延续至今，按照省的规定必须要交 300 元保证金，事实并未实施。

【草契纸】草契纸在哪里制作的呢？＝由县公署印发。

种类呢？＝买卖和典当两种。

推呢？＝用买的草契纸。

契约结尾有几种呢？＝买卖、典当、推三种。

【监证人的监证手续】监证人在监证草契的时候会调查实际情况吗？＝我们并不知道村里的情况。

私下"不用草契"交易的情况下会受到什么处分呢？ ＝"不用草契"时，县会收取买卖价的 1％ 当罚金，五成给县里剩下的五成给监证人或者是给举报人当奖金，"匿报"的情况下，针对"匿报"差额处以正税一倍的罚金，把其中的一半作为奖金发给举报者。

监证人会联系调查过割（旧时田宅买卖、典当或赠与所办的过户或转移产权手续）时，是依据草契进行的吗？ ＝省里有规定，但是县里不管过割手续，就这样处理的。

3 月 10 日

监证人　监证印

应答者　赏懋德（县财务科书记）
地　点　县公署

【监证和税契】监证和税契之间是什么关系呢？ ＝监证人劝告被监证事件的事主，在规定期限内交纳契税。

【监证人的收入】监证人在监证事务上的收入如何？ ＝草契纸的收入和买卖契约的时候，从当事人那征收钱使用。

【草契纸的分发】草契纸是怎么样交给监证人的呢？ ＝直接送县公署交给监证人。

要插入什么公文吗？ ＝"呈为呈请发给买卖田地房屋草契纸"这些内容是由县里根据"在之前所领取的已经全部使用了的章的基础上，再发放一百张"这个意思提出的，只是在此之前是通过分所交付的。

【资料一】

各局所的草契纸向乡转发的训令

顺义县政府训令（民国二十六年四月二十二日财字第五六一号）

令各局所

为查询对旧案，由政府印制买卖典当草契纸，命令各分局在所管辖领域转发给各个乡使用。（省略本文抄写）

纸价是由监证人支付的吗？ ＝虽然买卖草契纸五分钱一张，典当草契纸六分钱一张。但是除去监证人收取的这部分还需支付，买卖草契纸是三分五厘、典当草契纸是四分。

这时候的三分五厘和四分就变成了县公署的收入了吗？ ＝是的，这是县里收取的工本费。

监证人向人民卖草契纸的价格是多少呢？ ＝买卖草契纸是五分钱、典当草契纸是六分钱。

【监证人的收入】那么和向县公署交付的金额之间的差额就是监证人的收入吗？ ＝作为乡长所得的收入。

是作为村公所的办公费吧？ ＝是私人收入。

【监证费】监证费是怎么从当事人那征收的呢？ ＝买卖的话收取买卖价格的 1％、典当的话收取 0.5％。

这是由监证人直接从当事人那收取的吗？ ＝其他的县是在县里征收契税的时候交给监证人的，顺义县是由监证人直接征收的。

成三破二（旧时买卖房产，中间人所得报酬为卖价的 5％，按买主三成，卖主二成的比例收取。）的习惯是怎么实行的呢？ ＝这个习惯是以前的，现在没有。现在进行土地买卖时，全部由买主承担。

1％ 和 0.5％ 全部都是监证人的收入吗？ ＝全部由监证人收取，然后一半充当乡公所的办公费，一半成为监证人的个人收入。

【监证人的职务】监证人在写草契纸的时候，由代笔进行，这个是规定吗？ ＝原则上应该是由监证人来写的，但实际上由代笔来写的场合比较多。

有没有由买主或者卖主自己来写的情况呢？ ＝没有自己写的情况，只能由监证人或者代笔来写。

【对监证人的赏罚】会不会给监证人发奖金呢？ ＝被惩罚的场合是有的，但奖赏的话，规定上也没有，实际上也没有给过。

被惩罚的场合是怎样的？ ＝规定上已经写明了，但实际上并没有使用过。

那假如"隐匿契价"（偷偷进行买卖）被县公署发现了的话，县公署会惩罚谁呢？ ＝不会惩罚监证人，惩罚当事人。

【违反者的处罚】万一举报者是监证人呢？ ＝这种情况下也跟监证人无关，惩罚当事人。

对举报的监证人或者是举报者会有奖赏吗？ ＝从违反者那收取的罚金一半会作为奖赏。

到目前为止有收取罚金的例子吗？ ＝"不使用草契纸"被惩罚的情况还没有，"超过期限"、"偷偷进行买卖"的情况比较多。除此之外基本没有。

怎么处理收取的罚金呢？ ＝作为县收入，一半要送给省里，一半"留给县里"。

【监证的事务】监证存根是怎么处理的？ ＝规定是一个月应该要送一次这个月份的存根，实际上并没有这么做，很随意。

对于监证事实，县会进行实地考察吗？ ＝不会。

会对监证事实有怀疑吗？ ＝有怀疑也就这样处理了，不会再进行调查。

【监证人存在的意义】监证人的责任是什么？ ＝明确规定了的有草契纸的使用、税契的奖励、买卖事实的调查等，但实际上并未充分实行。

设置监证人的目的和效果如何？ ＝为了防止类似白契（民间买卖土地房屋时，由交易双方协商拟订，有中人作保并签名盖章的契约，称为"白契"。）这种私人之间的交易，使交易公开进行，严格实行使用草契的规定。为此防止私下交易并且普及税契，这些是目的。效果是增加了税收。与没有事实监证人时相比，税收成绩颇为良好。

【此次土地调查的白契】此次土地调查中出现的白契，全部都是监证制度实施之前的吗？ ＝全都是的。

事实上是怎样的？ ＝事实上，制度实施以后制作的东西，也当作是实施之前的，表面上就成了制度实施以后，没有白契的情况。

如果在以后的东西上，发现了白契怎么办？ ＝已经有这样的东西了，作为"补充草契"退回去。之后，严格实行佪用草契的训令就出台了。

【资料五】

严格实行使用草契的训令

顺义县公署训令（民国二十七年九月十三日财字第四二五号）

命令各监证人

各村田地房屋监证人，民间的投税无论是早些年还是最近的，都必须使用草契。随后无论哪一项白契，没有经过监证人补贴草契加盖印章的都不能生效。另外，各个村没有经过投税的白契非常多，监证人负有监督催促的责任。

监证人依据什么作为监证的根据呢？ ＝依据什么呢？自己也不知道。

【中保人、中人、中见人、保人的区别】中保人、中人、中见人、保人的区别是什么？ ＝与保有关的，因为有作为保证的责任，责任稍微重一点，其他的只是知道这个事实而已。

保是什么意思？ ＝买卖事实有差别产生问题时，保人有责任来解决。

碰到金钱上的问题，保人如何承担责任呢？ ＝有解决问题的责任，但是对于金钱和物质问题通常并不会担负和当事人相同的责任。

说合人的责任呢？ ＝不过是像中介一样，在双方中间周旋。

【监证印】监证人使用的公印是？ ＝由县公署发放的，即刻有监证人的所属区名以及乡名、县名，田地房屋交易监证戳记以及清廉公正等字的东西。

【资料六】

监证人戳记的发放以及样式

（民国二十四年六月二十一日河北财政厅训令字第二一五二号）

令顺义县长

从之前的领导任命时期以及之后，改为监证人均由县刊发戳记，一方交由各个承办人在草契上加盖，现在仍由各乡乡长副乡长兼任充应否，另行刊发戳记以示区别，避免混淆。

以前的乡长和副乡长还有旧戳没有上缴，难免不会捏造新契。早年地价比较低廉的契约上盖有旧戳蒙混过关。私下交易隐瞒情报的情况也不得不防。如果要重新刊发它的样式，是要由厅批定或是由县按照盐证人戳记的式样加刻某乡字样，另行刊发之处应在此写明告诉大家。

乡长副兼充监证人戳记式样

县某某省北河	
田房交易监证戳记	第○区 第○编乡

戳记大小及黑格，都以此式样为准。戳记上方和两旁字样均以楷书书写。中间空白处刊登县长亲笔书写的押记以防假冒。

【监证人的交代】监证人的交代要经过哪些手续呢？ ＝监证人互相之间在草契的剩余份额和存根上进行监证印的授受。

【监证人的管辖区域】甲村村民买了居住在乙村卖主由乙村管辖的土地，这种情况下应该去哪方监证人那办手续呢？ ＝从原则上来说应该是在甲村，即买主居住地的监证人那办手续，现在都是由买主自由地随意决定的。

居住在甲村的两个当事人买乙村管辖土地的情况呢？ ＝这种情况当然是在甲村进行了。

2 月 26 日

不动产登记

应答者　孙绍瀛（县承审处书记员）

地　点　县承审处

【不动产登记条例的公布】不动产登记条例是什么时候出台的呢？ ＝民国十一年五月二十一日根据大总统教令第六号公布的，除此之外还有成为总则的登记通令，同年同月同日作为不动产登记条例被公布。作为实行细则，民国十一年八月二十三日北京司法部训令第一一九三号、同月二十四日训令第一二一○五号、第一二一一五号被发布，依据这些来实施。

这之后有修改吗？ ＝没有修改。

顺义县是什么时候开始施行的呢？ ＝民国十五年时，登记处成立了十七年的时候，开始实施的。

什么时候停止的呢？ ＝民国二十五年四月地方法院被撤除，登记事务也被废止了。

【税务和登记】税务和登记在手续上有什么区别吗？ ＝税契是行政上的手续，登记是司法上的手续。

各个手续的收入呢？ = 税契手续费成为行政收入，登记手续费成为法院的收入。

效力上的差异呢？ = 税契是所有权、典当权等跟土地权利有关的行政上的证明，登记是司法上的证明。

不进行税契可以登记吗？ = 不税契也可以登记，但在行政法上是违法的，因此必须和行政机关联系进行税契，或者在税契时劝说必须登记，使得两者可以并行。

只税契不登记的情况下，法院会怎么处置呢？ = 因为登记不是强制的，所以比较随意。只是进行劝诱而已。

【登记的目的】那样的话，登记的目的何在呢？ = 因为税契只是收取税，给予书面上的证明，很容易引起各种各样的问题。为了防止这些问题、再次发生问题更加容易解决而进行登记。为此，在登记的时候必须进行实地测量，而且召集了全部相关者和地邻彻底调查土地所有关系的特征。

既税契又进行登记和其他只税契的进行比较，在权利上会发生什么样的效果呢？ = 没有发生问题的时候，没有必要进行另外的登记，一旦发生司法上的问题，权利就很不确切。不登记的话，经常发生一地有数照的问题，要由裁判裁定。这种情况下，登记了的比较有利。

【登记事务的停止】登记事务只在地方法院操作吗？ = 高等法院以上都没有使用。

在民国二十五年，顺义的法院被撤除了是什么原因呢？ = 冀东政府成立后，法院的经费被废止没有了。而且冀东政府管辖内的法院还存在，只是由于顺义县的裁判事件较少，所以被废止了。

那样的话，顺义县是由于法院被废止了，登记也被停止了。在其他没有被废止的地方，依然还继续着登记事务吗？ = 是这样的。

土地法什么时候公布的呢？ = 民国十九年，施行法是在民国二十四年公布的。

登记条例在此之后公布，有没有受到土地法的影响呢？ = 根据土地法和施行法的公布，登记条例停止适用。但由于顺义县的停止命令到达得比较迟，直到民国二十五年的法院废止为止，一直在继续实施登记。

这次的事变后土地法被废止了，那登记条例的实施呢？ = 受到土地法影响而停止的条例，在民国二十七年六月二十一日根据法部训令再度实施。

【登记和农民】那么没有法院的地方，例如顺义的人民，即使想登记也登记不了吗？ = 根据南京政府的训令可以就近登记，顺义县民应该去北京的地方法院。

顺义县民去北京登记吗？ = 顺义县有法院的时候，被劝导着进行了许多登记，还没有去北京登记的。

顺义县民很乐于进行登记吗？ = 人们都是“省钱”主义，因此没有发生什么事件的话，就不会去登记。

发生事件了，才想去登记，不会来不及吗？ = 对于已经发生了的问题，不接受登记，直到法院接受诉讼并有了判决后，才会接受登记。

【承审处和登记】这里什么时候成为承审处的？ = 民国二十五年四月，法院被废止的同时成立的。

归哪里管辖呢？ ＝直属于北京的河北法院。

承审官的权限是？ ＝和地方法院院长相同，只是规模小一点。

办理登记事务吗？ ＝不办理。

【顺义县的纷争】顺义县关于土地房屋的诉讼多吗？ ＝白河两岸每年由于水灾引起的土地的边界问题经常发生。

根据怎样的解决方法解决呢？ ＝以所有权的证实和整理好的凭证为主，并且希望通过测量来解决是比较困难的。

白河两岸的土地所有者没有因此而非常积极进行登记的倾向吗？ ＝由于人民平时害怕"花钱"，登记人特别多这样的情况并没有。这是有原因的，换言之，害怕没有正当的地券或者是契税逃税了这类事情被发现，而不敢积极地去登记。

2 月 27 日

登记的手续

应答者　孙绍瀛（县承审处书记员）

地　点　县承审处

【登记的手续】（边看着旧案卷）到民国二十五年法院的登记事务停止为止的登记手续之类的文件还有残留的吗？ ＝在事变中大部分都遗失了，只有少部分遗留下来了。

【申请书的填写】请说明一下办登记手续的顺序？ ＝没有登记的人，首先要去登记处花 5 分钱买不动产登记申请书，填写所需事项。

申请书的内容是？ ＝有不动产位置、土地四面的界限、种类、亩数或者间数栏、登记原因以及年月日栏、登记目的栏、特别事项栏、现时价值栏、登记栏、证明文件以及参考事项栏，要填写各种各样的必要事项（参考资料一：不动产登记申请书）。

申请书由谁来填写呢？ ＝本人会写的时候，由本人写，一般情况下由登记处的缮写处代写。代写费的话，一百字以内是一毛五，一百字以上则要三毛。

【登记费的交纳】登记价格根据什么来定的？ ＝根据地券面上所记载的价格。

登记费是多少呢？ ＝登记条例第 126 条有规定。

用现金交纳吗？ ＝购买司法印花，然后贴用。

没有代理人也可以吗？ ＝没有代理人，本人直接申请也可以，本人有事时委托代理人来的情况也有。

不是必须要有代理人吗？ ＝没有规定，有事情的情况下，或者本人不适应的时候，选定代理人，然后办理手续的情况也有。

被委任为代理时，需要持有什么文书证明吗？ ＝同样要花一分钱买官方规定的用纸，在此填写所需事项，然后和申请书一起提交。（参考资料二：委任状）

【实地调查】提交了申请书后，接下来要办理什么手续呢？ ＝登记处会派被称为承发

吏的调查员进行实地调查以及测量。（参考资料三：调查命令书）

承发吏是专门做什么的呢？＝在"民事案"中负责"送票"和"勘丈"。

测量是依据什么方法呢？＝根据旧法子用皮尺进行测量。（参考资料四：勘丈图）

面积和地券面上的不一样，怎么办？＝不管是多了还是少了，卖方不服的时候，要依据实际测量的面积进行登记。

多数情况下会升科吗？＝因为税契处会每三个月通知一次登记者的住所、姓名、面积等，升不升科是由县公署决定的，和法院没关系。

如果登记申请出现了很严重的错误要怎么调查呢？＝报告这个情况并推迟登记，如果对方没有不服的话，登记也可以。

登记事项是什么？＝虽然登记条例第 126 条有规定，顺义县以典当权、所有权、抵押权为主，旗地的"推"作为"永佃权"处理。

【调查报告】承发吏在进行实地调查时，会如何报告呢？＝根据具有一定样式的调查笔录提交报告书。（参考资料六：调查笔录）

以这个调查报告为基础进行登记吗？＝是的，如果根据调查报告有困难的话，就不登记了。

派遣调查员需要什么准备吗？＝把庭长的叫作"饬文"的命令公文发给村长。

调查员在勘测丈量时需要制作图表吗？＝作出像临摹图那样简单的东西就行。

【调查员的费用】调查员去村里的费用由谁承担？＝由申请人承担。

都有哪些费用？＝车马费（十里以内为 5 角；十里以外每十里增加 5 角），以及调查员的伙食费等。

【临时受理证的发放】手续上还需要其他的东西吗？＝有不动产申请登记文件收据存根簿，申请时受理的地券，发给其他一份临时受领证的文件，还有收取登记费用时发的登记费用收据簿（资料八：不动产登记申请文件收据存根簿内容以及资料九：登记费用收据存根簿内容参考）

登记完成后要给申请者什么东西吗？＝发给二联式的登记证明书、地券等一份文件作为证明。

代理人议案都是由什么样的人担任呢？＝谁都可以，由村子里有登记经验的人担任的场合比较多，拜托这些人的情况也很多。

村子里必须由谁担任成为代理人的人，不是规定了的吗？＝没有这样的限制，并没有特定的人。

【在民国十七年登记非常多的原因、登记的强制】一看申请文件收据存根簿全都是民国十七年的，而且只有所有权，没有典当权吗？＝因为典当权和抵押权非常的少。

民国十七年非常多的原因是？＝因为民国十七、民国十八年时非常严厉地实行登记。

为什么那么强制的实行登记呢？＝我觉得是国民党为了增加收入，因为村民为此在村民大会上表示了强烈反对，之后大部分就变得比较缓和了。

【法院的恢复】法院被设置在什么地方？＝根据组织法，各县应该有地方法院的，但并没有完全恢复。不过在新政府影响下，现有的城市已经在实施了。

顺义县的法院有恢复的迹象吗？　＝现在并没有丝毫迹象，可能是因为需要很多的经费，而且案件又比较少。

顺义法院的历史是？　＝民国十二年以前是承审处，民国十二年时成为司法公署；民国十三年时成为北平地方法院的分庭；民国二十四年成为顺义地方法院；民国二十五年又变成承审处；一直延续至今。

【承审官和县知事】对于承审处来说，县知事处于什么地位？　＝兼任北京高等法院检察官和审判官。所以作为县知事，被任命为行政官的同时，不接受去做其他作为司法官要做的事务的命令。

承审官由何处任命？　＝和由法院直接任命的"推事"身份相同。

和知事的关系是？　＝知事虽然不能任免承审官，但在司法事务上监督承审官。

现在承审官不在时，作为代理人的建设科长是怎么上任的呢？　＝得到法院的许可，由知事代理，但知事并不是随意就能代理。

以下资料是一系列卷宗的摘录

【资料一】不动产登记申请书

北平地方法院顺义县分庭登记处发行

此处贴用印纸

不动产登记申请书

应缴银洋七角五分整

每份定价银五分

现时价值	特别事项	登记目的	登记原因及年月日	不动产坐落四至种类亩数或间数
典价洋一百五十元典期十年				坐落河北省顺义县一区沙井村 园田五亩 土房两间 砖井一眼 东至吴玉山 西至吴玉山 南至张姓 北至赵姓

现时价值	登记费	证明文件及参考事项	北平地方法院顺义县分庭登记处公监 右呈
一百五十元	七角五分	白字四件　典字一件　图示一件　委托书一件	

【资料二】 委任状

北平地方法院顺义县分庭登记处发售

委托书

每份定价大洋一分

民国十二年九月二十日报即核准

中华民国二十年十五日具

申请人暨代理人　姓名　印证　籍贯　年岁　住址　职业

李永魁　代理人李增　顺义区沙井村

委托人		姓　名	年　龄	籍贯住址	职　业
		李永魁	五十八	顺义县沙井	农
被委托人		李增	同	同	同

为典当权设定登记一案委托代理登记事令将委托代理登记之原因及委托权限开列于左

原因　年老多病

权限　委托代理人　登记一切行为

证明文件

北平地方法院顺义分庭登记处

中华民国二十五年五月十五日　县委托人　李永魁办理

【资料三】调查命令书

北平地方法院顺义县分庭饬文第三五五号为饬员调查事据第一区沙井村李永魁申请为典权设定登记合派该员前往该申请人不动产坐落地方（第一区沙井村园田五亩土房两间）约集村正副四邻及一切关系人等将应行调查事项详细填具书证呈核误此饬

（借用旧印）右　饬调查员　童殿芳　（印）

京师地方窑　准此

中华民国　年　月　日

庭长

（印）判庭顺义县分庭印

【资料四】勘丈图（测量图）

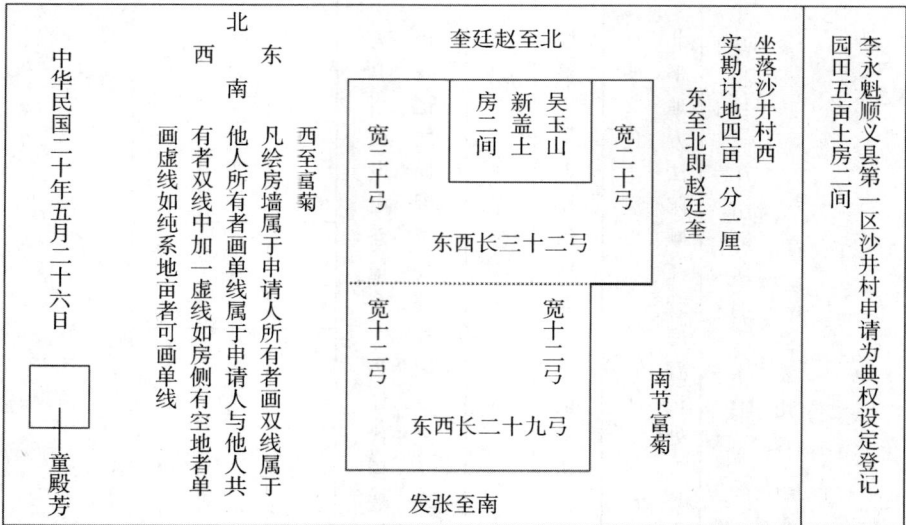

李永魁顺义县第一区沙井村申请为典权设定登记
园田五亩土房二间

坐落沙井村西
实勘计地四亩一分一厘
东至北即赵廷奎

奎廷赵至北

吴玉山
新盖土
房二间

宽二十弓

宽二十弓

东西长三十二弓

宽十二弓

宽十二弓

东西长二十九弓

南节富菊

发张至南

北
西
南
东

凡绘房墙属于申请人所有者画双线属于
他人所有者画单线属于申请人与他人共
有者双线中加一虚线如房侧有空地者单
画虚线如纯系地亩者可画单线

西至富菊

中华民国二十年五月二十六日

童殿芳

【资料五】出典者的承诺书

具承典人吴玉山七十一岁沙井村人。

为具承诺书事，今因李永魁申请为典权设定登记一案委系民亲自典与李永魁名下，李
永魁没有做假冒登记之事，心甘情愿出具承诺书，谨呈事实。

顺义县分庭登记处公证

中华民国二十年五月二十六日　　　具承诺人

吴玉山　○　　　（排印）

【资料六】调查笔录

调查笔录

中华民国二十年五月二十五日奉令遵于五月二十
六日　前往
第一区沙井村会同该村村　副　为李永魁申请
正
为典权设定之登记调查事项如左

（一）四都情形　承认无误
（二）尺寸多寡　详图已载
（三）亩数或间数　原报园田五亩土房二间
（四）特别事项　实勘计地四亩一分一厘土房二间
右列各项已调查完毕除尺寸详图附呈外理合具
报谨呈监核

河北省北平地方法院顺义县
分庭登记调查员　印

中华民国　年　月　日

顺义县地方分庭

【资料七】

不动产登记条例

（民国十一年五月二十一日，大总统教令第七号）关于登记费的条文。

第四章　登记费

第一百二十六条　申请为不动产、设定保存转移的登记应依下列规定交纳登记费。

一、因赠与或以其他无偿名义取得所有权的，交纳不动产价值的千分之三十，但公共事业因捐助行为所获得的交纳千分之十。

二、因时效取得所有权者交纳不动产价值的千分之二十。

三、因继承取得所有权者交纳千分之六，非亲生的子孙继承者交纳不动产价值的千分之十五。

四、因前三项以外的原因取得所有权，交纳不动产价值的千分之五。

五、为共有物的分割者，交纳不动产价值的千分之三。

六、取得地上权、永佃权和质权的人，交纳该权利价值的千分之五。

七、取得抵押权的人，交纳该权利价值的千分之五。

八、取得地役权和租借权的人，交纳该权利价值的千分之一。

民事诉讼条例第十条至第十二条规定，于计算前项第六款至第八款物权之一者，准用各款，规定不能认定者，准用第八款规定。

【资料八】不动产登记申请文件收据存根簿内容

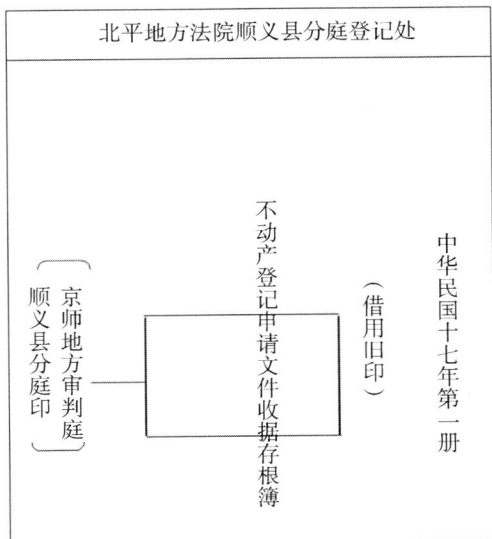

北平地方法院顺义县分庭登记处

中华民国十七年第一册

（借用旧印）

不动产登记申请文件收据存根簿

（京师地方审判庭　顺义县分庭印）

不动产登记申请文件收据存根簿内用纸　登式一四

申请文件收据				
收受文件及件数			收件 号数	收据 号数
中华民国十七年十一月二十三日	（借用旧印）　京师地方窑判 印　顺义县分庭 印	申请书一件、部照一件、图式一件、委托书一件	登记目的 印 所有权保存登记	第四五号　收件年月日时：十七年十一月九日 上午十二时〇分	第四五号 申请人姓名：史　润

【资料九】登记簿收据存根簿内容

登记费收据存根簿内用纸　　登式一六

登　记　费　收　据			
第	注意　失件记此凭完项　证毕收切领条　勿回系遗文登	号	收据号数
			收件号数
			申请人姓名
			申请标的
	法院 印　判庭顺义县　京师地方审	（借用旧印）	收费数额
			备注

3月4日

税契　契税

应答者　赏懋德（县财务科书记）

地　点　县公署

【河北省税契暂行章程】现在当县的契税手续是根据什么时候的规定？＝根据民国十八年四月四日省政府委员会第八十次会议通过的河北省税契暂行章程。

一共有多少条呢？＝十四条，如下。

【资料一】

河北省税契暂行章程

民国十八年四月四日省政府委员会第八十次会议通过

（事变后省由政府财政厅抄印分发给各县）

第一条　凡买典田房者应遵照本章程之规定完纳契税

第二条　凡买典田房者须于契约成立六个月内赴县政府报税领契

第三条　买典各契应征税率如下

一、买契按价征税六分附加学费六厘

二、典契按价征税三分附加学费三厘

三、买典每贴契纸一张征以纸价五角

凡推契准典契之规定

第四条　契价税款一律以银元计算，有的民间习惯写钱数的应按市价折合成银元。

第五条　典契税由原业主在到期赎产时归还税费全额的一半给承典人。

第六条　先典后买的买契可以用原来已经纳了的税抵换买契税，但仅限于承典人与买主为同一人的情况。

第七条　买典田房成交时，应由监证人在草契上加盖印章。

第八条　监证人负责催令当事人于期限内投税，若徇情隐匿或是串通舞弊者应根据应纳税额处以两倍以下的罚金。

第九条　买典各契成立后，如果逾期不纳税或匿价投税者应按照契税条例第七八两条处以罚金，五成解库五成留给县里。如果是被人举报者应从留给县里的部分中提一半奖给举报人。

第十条　买典田房的所有草契纸都由财政厅规定式样制作，县里仿制转发应当每张草契纸收取十铜元，一半给监证人一半给县里当印制工费。

第十一条　各县经过征收契税如果能超过基本额数，则抽取超过部分的一成五作为奖金全部留给县里，其他部分另作打算。

第十二条 本章程所没有写的部分仍应查照契税条例已经施行的细则办理。

第十三条 本章程如果有不合情理处需由财政厅提出并修正。

第十四条 本章程自省政府公布之日起施行。

上面的条例是被修改过的吗？ ＝只有第三条的税种、税率被修改过。

【契税的种类】契税的种类有？ ＝只有买契、典契、推契三种（草契纸是买、典两种的形式，推是随时订正使用，省发的契尾有买、典、推三种）。

【这次土地调查的白契】现在税契处那堆积的许多白契是用来申报这次土地调查的结果税契的吗？ ＝是的。

全部白契都是吗？ ＝民国十九年之前的，都是用白契；民国十九年以后的，都是用官定的草契纸。

没有例外的吗？ ＝有例外，但很少。

例外时，白契要采取怎样的手续呢？ ＝一次的话用补草契，再次的话，就通过税契发给红契。

【契税章程中的罚金】这种情况，根据契税章程不用交罚金吗？ ＝根据契税暂行章程，契约成立后六个月之内没有进行税契的话，就要交罚金，但是根据事变后省政府多次的布告，不管什么时候，民国十九年以前的都用白契，以后的通过补草契进行税契的，都免除罚金。

【税契延期期间】最近的延期布告到什么时候为止？ ＝到今年六月最后一天。

【资料二】

关于税契罚金征收延期的布告

河北省公署训令（民国三十年一月二十三日第一〇一号布告、财产字第二五六号）

令顺义县知事

为训令事案，查本省民间逾期未税的白契以及匿价投税者，契纸之前经多次展示最后期限的准许补税并免罚，至二十九年十二月底截止。期限已满本应按照规定办理，但因各县刚刚恢复到有秩序的状态，民间仍有不少逾期未税以及匿价未补田房契纸的特殊情况。为体恤民情起见，准许将之前限定的期限再推迟六个月，自三十年一月一日起至六月底，期满后应由各县市局处刊登，使境内所有人民知晓，一旦知道了迅速将所存未税的以及匿价契纸于展限期内悉数投税，一律从宽，免除处罚。但因案发而被发觉或是被人告发者仍应罚办，以符合章程规定。除分行外合行令，该知事应遵照此令办理。

吴赞周

民国三十年一月十三日

（-河北省印）

如果超过期限了呢？＝我觉得恐怕会再延期吧。

根据这次的申报，会对民国十九年前的那些，即对现在的白契直接进行税契吗？＝这次是特例，对白契进行税契，补发红契。

【民国十九年以前的白契和补草契】为什么以民国十九年作为分界线呢？＝因为河北省田房交易监证人章程这时候公布的。

民国十九年之前的作为白契，会直接发给契尾（买契、典契、推契）吗？＝会直接发给契尾，但是中间的手续不清楚，也有正式通过补草契进行税契的。

对于民国十九年以前的白契，尽管已经有直接根据这个白契发给契尾的布告，为什么还有通过补草契来办的呢？＝补草契是没有必要的，因为村民不知道而已。

村长也不知道吗？＝村长也有不识字的，然后布告不够清楚的时候，也容易引发这样的错误。

拥有民国十九年以前白契的人，通过作为监证人的村长之手完成监证后采取税契手续吗？＝拥有十九年以前白契的人，不一定非要经过监证人的手，本人直接到场去县公署办理税契也可以。

为什么呢？＝监证人制度是民国十九年之后开始的，所以这以前的东西没有必要通过监证人。

有没有监证人的县吗？＝非常不全面，从前清时代起，保定附近有使用草契纸的县，也有像密云、大兴这样，到现在也没有草契纸制度的县。

民国十九年以后的白契，必须要使用草契纸吗？＝是的。

那么，现在的税契手续有民国十九年前的白契和民国十九年后通过监证人、根据补草契进行税契这两种是吗？＝是这样的。

那么，监证人岂不是不清楚自己村内的土地买卖关系了呢？＝作为村长的监证人，是知道村内土地面积的，但是持有多少地券，完全不清楚。

【这次的土地调查中的税契】这次土地调查以来，有多少人进行税契了呢？＝至今为止有将近三万张的税契，这其中大部分是民国十九年之前的白契。

为什么像这样的白契比较多呢？＝因为一直没有整理土地关系，一直延续至今。

将近三万张的税契中哪个最多呢？＝从今年七月至十二月末的调查来看，总数一万七千二百一十五张中，推契（旗地）一百二十六张，买契（民粮地）一万六千九百二十六张，典契（典）一百六十三张。

【税契手续的账簿】有没有关于税契手续的账簿呢？＝根据税契收支簿于收发处接受税契申报，这时在账簿上记入的事项如下：

【资料三】

税契收支簿的内容

	一五〇	张作霖	价　二百元	十九元
典	一五一	张学良	价　一百元	

（1）　编号是税契收据的封口处的中缝那记入的编号。

（2）　典和推的情况下，在编号前加上典或推的字样。

（3）　氏名是买、典、推的承权者的名字。

（4）　价是买、典、推的价格。

（5）　最下栏的金额是税额。

（6）　税率是买征税六分、附加三分五厘，典和推征税三分、附加一分五厘。

（7）　税契最后一位数四舍五入至厘位。

【契税的征收】受理的同时征收契税吗？ ＝在收发处受理后计算征税额然后征收、发给契税收据一起交给申办者。

税收金是怎么处理的呢？ ＝每天将流水账中的现金交给会计科，申报白契或是草契的交给财务科的税契系。

【税契受领证】税契受领证是什么东西呢？ ＝两联，就是接下来所展示的那样。

【资料四】税契受领证

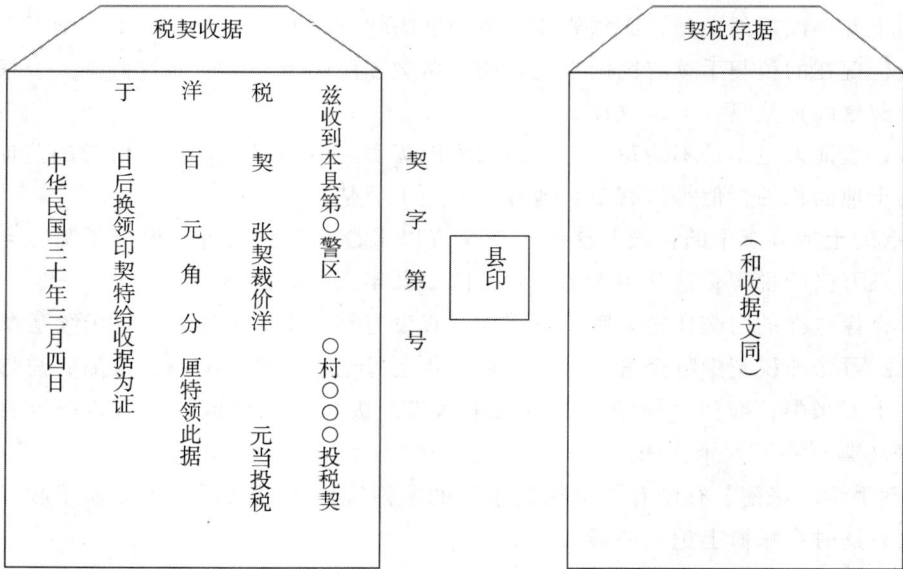

【财务科的税契处理】在财务科接收的申报如何处理呢？ ＝做成契尾贴在白契或是草契纸上，这个由收发处交给申报者。

这是根据什么账簿来实行的呢？ ＝登载在叫作印簿的东西上并交给收发处。收发处根据这个通知税契申报者换取税契收据并交给他们。

【契纸张数用印簿】印簿是什么？＝被称为"契纸张数用印簿"，内容是"何月购买契纸多少张"，把每个月几次的数据一起概括起来送到收发处，因此记账，作为授受簿使用。

【收支簿】财务科或是收发处没有其他用来登记的账簿吗？＝没有，收发处有收支簿还有税契收据，财务科只有契尾的存根。

那么根据什么来检查发没发呢？＝在收发处收支时，会在收支簿上记入税契收据的编号，而且会在白契和草契纸上记入编号，然后人们来领照时把这些一起发给他们，没有其他的登记了。

【契尾缴查和送往契税的省】契尾的缴查何时送往财政厅呢？＝每月一次把这个月的全部一起送过去。

契税金呢？＝不确定的送往省里。

【买契】买契是什么？＝针对老民粮地的买卖发给税契结果的契尾。

仅限老民粮地吗？＝买卖起租子权时也发给买契。

【起租子权的买卖】起租子权是什么？＝指的是旗地的征租权。

买卖这个是怎么一回事呢？＝就是把起租子权卖给佃户。

这个土地有钱粮吗？＝原来旗地和租子地都没有钱粮，但是被征租的土地有。

那么根据"起租子权卖给佃户"，这个土地的所有权就转移给了佃户吗？＝转给了佃户就不能对这个地进行征租了，实质上是所有权，但是并没有交纳钱粮，所以表面上还是不能称之为所有权的。

如果升科并负担钱粮，是不是就拥有正式的所有权了呢？＝正是如此。

"起租子权卖给佃户"时，这些土地中有钱粮的土地是不是都没有了呢？＝有钱粮的场合也时常有。

【推】推是什么？＝就是"旗地换佃户"。

3 月 10 日

税契　监证人

应答者　赏懋德（县财务科书记）

地　点　县公署

【补契报粮】如何处理经过监证并且完成了税契的边界纠纷呢？＝由县公署进行调查看是否和地券面的一致，如果比地券面少的话，那就这样；如果多了的话，就实行补契报粮，没有受到处罚的。

报粮是什么？＝升科并课以田赋。

【升科和过割】升科和过割的区别是？＝升科原来没有，指对钱粮进行新的科税，过割是既有粮名的变更，也就是改名字。

多出来的土地不是叫"浮多地"吗？＝"浮多地"一般不使用，一般都叫"多出来的地"。

在顺义县，地主所拥有的地面券和实际面积是一致的吗？ ＝比地面券要少的情况比较多。

为什么？ ＝因为地少人多。

【契税和面积】税契手续中的契税是根据面积来的，还是根据价格呢？ ＝根据价格。

【税契的回避】为了免交契税，用白契或是草契进行买卖，只过割而逃税务的情况有吗？ ＝这种情况非常多，尤其是监证人制度被实际运用之前的习惯，就是白契的习惯被遗留下来，现在也不能说完全没有逃税的情况。

现在如果有依据白契的情况发生，监证人会被问责吗？ ＝规定上是会被惩罚，但实际上并没有惩罚过。

通过监证人之手确认草契没有问题然后进行税契吗？ ＝全部都是依赖这个，没有别的。

【税契和老契】税契时要带上老契吗？ ＝税契时没有必要，但买卖时要将老契全部交给买主，应交由买主保管。

为什么？ ＝发生问题时可以作为参考。

那么土地转来转去被卖时，不管有多少张老契都要跟着吗？ ＝不管多少张都要。

现在实际上也是如此吗？ ＝现在民间被转来转去买卖的土地，应该也是有不管几张都是如此的。

这其中最重要的是？ ＝最近的红契。

【契尾的价格】契尾在哪里做呢？ ＝由省处印刷，县内发放。

一张价格大概多少呢？ ＝买、典、推一起一张 5 角。

契纸价是由县里先垫付的吗？ ＝之后付的。

给人们发红契的时候呢？ ＝每张征收 5 角，并另外征收一角的注册费。

纸价及注册费是谁的收入呢？ ＝省的收入。

没有附加吗？ ＝这个没有附加。

【买卖时土地和房屋的分离】土地和房屋可以分开买卖吗？ ＝必须随地带房。

买卖房基时可以不随代房吗？ ＝这种情况仅限于将房基的一部分分割卖出，或者几间家中的几间随代土地一起卖出也可以。

典的情况是？ ＝典的话，只有房子也可以，但是必须以把房子的使用权完全交给承典者作为条件，如果在得到承典者谅解的情况下，支付地租也没有什么问题。依据这时的约定而言。

随代的情况下，税契是分别进行吗？ ＝一样就可以了。

【契税的免除】有免除契税的情况吗？ ＝公共事业的土地房屋和官有财产是免税的。

【草契的记载事项】立草契时必须要记载的事项是什么？ ＝面积、长短、四至、中间人、监证人、卖主、买主、立契年月日。

若缺少了其中的某一项呢？ ＝一定会命令调查这些事项，将不完善的进行修正。

谁来命令？ ＝向来办理税契的当事人提出修正的命令。

【监证人的责任】不直接命令监证人修正吗？ ＝不是，命令买主，由代笔修正。

这种情况下监证人会因监证事项有问题被问责吗？＝与监证人没有直接交涉。

【监证人的公证和税契的公证】监证人的公证和税契的公证分开还有效力吗？＝白契的话，依据税契公证会生效，草契的话，不可将两者分开。

为什么？＝监证人公证上的草契只有县印，而监证印是由县里发给的，依据税契公证发给的契尾有省印，而且因为是开始交纳省税时发的，有效时间有限。和白契同样使用草契的也必须税契，因为红契不会发契尾。

【县印和监证印】县印由谁保管？＝县长保管。

办理契税手续时由县长一一盖章吗？＝是的，不可以随便使用。

发契尾时县印盖在何处呢？＝盖在草契和契尾的骑缝处。

不使用监证印，用乡长的公印也能对草契进行监证吗？＝偶尔也有糊涂乡长会盖错。

这样也可以吗？＝即便这样也会通过。

有实例吗？＝现在就有这样的。

【税契的目的】税契为什么会实行呢？＝国家为了证明人民的财产而实行的，另一方面也可以说是为了税收。

既然是国家为了证明人民的财产而实行的，那为什么还有逃税的呢？＝因为人民首先考虑的是省钱。

如果现在的契税更便宜一些，逃税的人应该也会没了吧？＝理论上是这样的，但实际上做起来并不是这么简单。尤其是国家希望有很多税收的时候。

税契时除了县印还需要使用其他的印章吗？＝除县印外没有其他的公印了。

3 月 6 日

田赋征收处　更名

应答者　言绪（县财务科科长）

地　点　县公署经征处

【田赋征收处、六房】田赋征收处的组织是？＝主任下面有两名稽查员、数十名书记。

清朝的六房中有几房是处理和田赋有关的事务的？＝户房是的。

现在征收处的从业员全部是从前清世袭来的吗？＝前清时代是同族间分开从事，或将权利转让给他人，现在即民国以来买卖被禁止直至今日，现在的书记和其他的从业员都是由前清世袭的。

清末户房的内部是如何划分的？＝户房也分为六房（六班）进行工作。

为什么会分为六班呢？＝清末的户房家族有六人，这些人全都加入户房，因此就分为六班，如果有七个人也许就变成七班了。

这个权利可以买卖是怎么回事呢？＝比如六房中的一个人把权利转让给家族以外的其他人，其他人就加入进来了。现在六房分成了很多，也是这个原因。

现在征收处的分别的旧名称是？＝分成了东粮房、西粮房、吏房、东户房、户盥房、老户房。

田赋经征处															
主任 陶泽明	稽查 余作之	书记 田雅南	〃 陶秉祥	〃 张藻	〃 王璧	〃 王喜	〃 马宝臣	〃 祁赞卿	〃 祁文	〃 言家鑫	〃 言凯	〃 祁自贞	〃 沈增	〃 沈左卿	〃 言振清
东粮房——又名东粮陶	西粮房 〃	吏房 〃	〃	东户房 〃	〃	东粮祁 〃	〃	老户房 〃	老户房 〃	〃	东粮祁 〃	东粮祁	户盐房 〃	户盐房	老房户

【土地的种类】现在征收处分为六房，在工作上有什么区别吗？＝工作上分为地粮租、公产租、升科租、马馆租、广恩库租、西河几修租。

各个租别与之前列举的六房如何对应的呢？＝地粮：六房都有，公产：西粮、东户、老户，升科：东粮祁、户盐、东户、老户、西粮，马馆：东户，广恩库：西粮，西河几修：西粮。

【红簿的种类】地粮红簿的名称从何而来？＝地粮、公产等如以前所述，分成了六种红簿，而且分成了各种各样的好几册，全部有七十三册。

最多的是？＝地粮红簿的五十一册。

人们交纳田赋时，是去自己土地所属的红簿那里交纳吗？＝是的。

之前的六个租目是不是就是顺义县的田赋征收的地目呢？＝顺义县的土地全部依据这个地目承担田赋，也就是像旗地那样，不包含没有田赋的东西。

【更名、过割、过粮】根据土地权利的转换，粮名是如何变更的？＝在所属的各种各样的房上，买主根据旧粮票的提示进行改名。

不是叫作过割或是过粮吗？＝正名是"过割过户"，但一般不说过割或是过户。

更名是怎么记到账簿上的呢？＝在红簿即粮册上订正就行了。

更名什么时候进行呢？＝平常的话什么时候都行，在秋后和冬天的比较多。

没有特定时期吗？＝时间随意，但冬季比较多，因为是农闲期，而且金融窘迫时交易比较多。

用旧粮名、不更名就纳粮的话会被惩罚吗？＝因为县公署的调查不力，就算是用旧粮名交纳田赋也不能说什么。

【更名和税契】和税契之间有什么联系吗？＝从根本而言，税契和更名是有联系的，以前是这样做的，但现在已经完全没有联系了。

【更名的规则】更名有什么规则吗？＝民国以前有跟过割费有关的规定，进入民国后，过割和面积的多少无关，每件征收一角。

现在实施的是？＝很随意，有多的，有少的，也有完全不支付的。

为什么？＝正规的收入既不是税也不是别的什么，征收处的收入由从业员共享。

【过割费的分配】怎么分配的呢？＝每天适当的分配，或者买烟草，两三天分配一次，不会定期分配。

六房的从业员有工资吗？＝没有固定工资，田赋收入的3％是全体从业员的工资。

这个分配方法是？＝根据六种的地目有各种各样的房头，从负责的那些地目中获得收入，负责的房头从田赋中管理3％，有把这个适宜地分给房头下面的从业员的组织。

3％是从正附双方取得的吗？＝正税的3％。

【更名的手续】更名时需要交什么证明吗？＝只需在粮册上订正就好，不需要上交任何证明。

分开买卖的情况下要怎么更名呢？＝写下"由此名内拨发给某人几亩地"的便笺贴在原卖主的名簿上，并且来年做成新的红簿时，在原卖主的旁边并列写上买主的名字，重新征收田赋。

没有别的跟土地有关的基本账簿吗，类似底册之类的？＝没有，只有在红簿上处理更名手续。

【社书】这里没有社书吗？＝从以前开始就没有。

为什么？＝直隶的一百八十县有社书制度，京北的二十县没有社书。直隶和京北合体后变成了河北省，所以现在有社书的县也有没有社书的县，顺义县从以前开始户房就既征收田赋又处理更名。

社书是做什么的？＝专门征收田赋。

【六房的权利转让】现在户房的权利可以买卖吗？＝不可以。

没有能力或是有能力但后继无人呢？＝转让给亲戚的情况比较多，没有固定的权利金之类的，把每月收入的几分送给前任。

如果想要转让给别人也不能买卖吗？＝因为不能胜任而且收入少，所以没有人愿意接受。

【六房的身份】户房（征收处）主任以下的从业员是官吏吗？＝主任以及办事员是县长任命的官吏。

那么这些人应该有一定的工资吧？＝没有固定工资，如之前所述，收入的3％是他们的所得。

3 月 7 日

过割的手续

应答者　言绪（县财务科科长），后半是与经征处员一起

地　点　县公署经征处

【过割】过割（更名）在什么时候是必要的？ ＝只有买和推，典的场合不需要。

推为什么和买一样处理呢？ ＝推是旗地买卖时使用的语言；因此实际上是买卖。

【过割的历史】过割是何时开始以怎样的形式进行的呢？ ＝在前清时代的某个制度中被称为更名拨粮，更名是地券上的土地全部卖出时使用，拨粮用于分开买卖。到了民国处理方法是相同的，但是处理机构或是人不同（此处的回答不得要领）。

【过割手续的规则】有关于过割手续的规则吗？ ＝本县没有，满城县有钱粮过割规则（民国二十年一月一日实行），由省公署向各县发布"照办"的训令。

那本县有遵照这个规则吗？ ＝本县的事情不同，沿袭着以前的做事方法，有参考但是以自己的方法做的。

【过割和税契】过割是本人自发去做的吗？ ＝是本人自发做的，不是强制的，但是转移权利的同时必须进行税契，实行过割也是理所当然的，但很多时候过割没有像税契实行得那样严厉。

为什么？ ＝税契会根据规则惩罚，但过割即使是用旧名，只要交纳田赋就可以了。

有先过割再税契的情况吗？ ＝先过割再税契，或是反过来都没有关系。

为什么？ ＝买卖时根据立契就已经成立了的，白契也好官草契也好，与当事者完成立契后，之后的过割和税契都是由买主单方面地完成手续。

【官草契纸的使用】那白契和草契都是广义上的白契吗？ ＝白契当然是白契，不过是单纯的私人契约书，使用官草契纸经过监证，但没有税契的依然是白契。

那现在还有不使用官草契纸立契的吗？ ＝这次的土地调查由于免罚，不断出现许多旧的东西，要发现也不容易，匿不过割的也不少。而且使用的草契纸是相同的。因此民国以来这种调查整理不法行为的以及和田赋整理有关的训令在各县特别多，但普及十分困难。

【过割费】昨天规定过割费是一件一角，这是根据什么规定的？ ＝民国二十一年八月十一日河北省政府财政厅训令字第二〇六〇号中写有的，各县依据这个结合当地情况适当处理，而且之前根据亩数确定过割手续费有点过重了，依据一事主义把一角作为标准训谕。

【过割和事实调查】会针对过割手续申报的事实进行调查吗？ ＝不调查，只根据买主的申报进行更名。

只有买主来申报的时候会不接受吗？ ＝双方都来的话没问题，这种情况下，买主带了旧粮票也是可以受理的。

没有带旧粮票，买主口头申请也可以进行过割吗？ ＝这个人很有信用，而且征收处明确知道的情况下，可以办理手续。

村长来证明的情况有吗？ ＝这种情况基本没有，即使最近的粮票丢失了，把以前的拿过来也是可以的。

【根据粮票证明土地所有】只出示粮票，不用出示白契、草契或是红契吗？ ＝有粮票就足够了，那些东西没有必要带过来。

仅凭粮票就可以作为土地买卖的凭证吗？＝有"私凭文书"和"官凭印"这样的东西，所以不能仅凭粮票证明土地的买卖。但是老契丢失的情况下，可以根据粮票进行立契。

但是老契丢失了不是应该进行补契吗？＝老契和粮票都丢失了，但土地依然是属于自己的情况下应进行补契，已经转卖给他人时会立新的草契，所以不补契也可以进行买卖。

粮票有什么重要性呢？＝不过分收取田赋。

地券丢失了可以依据粮票证明土地所有权吗？＝这不行，必须要有村长的证明，并进行补契。

【过割的目的】为什么会实行过割呢？＝没有特别的目的，只是更改田赋承担者的名义而已。

那过割起到了怎样的效果呢？＝田赋承担者已经变更的事实在红簿上变得明了。而且田赋承担者可以据此承担新的义务。起到了强化田赋的承担事实，是自己的产权的效果。

（以下是与经征处员一起应答的）

【过割处理的手续】过割处理的手续由谁来办？＝一般是买主拿着钱粮票来的，但是卖主来也没关系。双方都来最好，只有卖主的话，也没问题。

想知道过割实际上的处理方法？＝如果来申请过割，要在红簿上卖主的名字前贴上写了买主名字的符笺。如果分开买卖的话写上亩数。而且来年新红簿做成时，在卖主的下方列出买主和亩数做成新名簿。

【红簿】红簿的内容是？＝

（表纸）　　　　　　　　　　　（内容）

（表纸）某某红簿　年　月　顺义县印

（内容）正税额　核销印（六房各有一块）　姓名　亩数　收纳　月日

【过割和田赋负担者】对于完成过割的会给予证明吗？＝什么也不会发。

过割后什么时候开始由新买主来承担田赋呢？＝从来年开始。

卖主滞纳的情况呢？＝滞纳的部分由卖主承担，与买主无关。

买主代替卖主交纳这样的事情没有吗？ ＝有，但很稀少。

这样的情况并没有，不是吗？ ＝没有，一般是滞纳者用卖土地的钱交纳滞纳金，买主代替交纳的情况至今没有过。

【过割手续费】过割手续费是固定的吗？ ＝不是，很随意。不给也可以。

为什么？ ＝因为不是税金，不可以强制。

但是一般谁都会不理会吧？ ＝多少不同，但不会置之不理。

【粮租更名簿】假如现在向窗口提出更名，立刻就会登记吗？ ＝在粮租更名簿上记入这次的。

这是出于什么目的呢？ ＝拿着新红簿做成之前的作为处置的旧红簿上的符笺，为了整理进行流水账式的记录。

更名簿上写的什么？ ＝记录某村的某人把多少地卖给了某村的某人。

不写年月日吗？ ＝没必要。

红簿上也没有年月日，没有必要吗？ ＝没有必要，每年制作一次新红簿，和上一年的比较一下立马就明白了。

更名簿各个房都有吗？ ＝各个房都有一册作为备份。

会保存更名簿吗？ ＝转移到红簿上了就没必要了。

【红簿】红簿呢？ ＝永久保存。

【草簿】还有其他重要的账簿吗？ ＝还有草簿。

出于什么目的使用呢？ ＝因为红簿分成了很多，受理田赋时搜查十分麻烦，根据草契可以知道某村的某人在红簿的哪里，为了可以尽快搜到，把街名写在红簿的上侧，和草契一起对照使用。

【过割和税契的联络】没有来自税契处，针对税契申请事实会向征收处询问是不是完成了过割手续，或是联络应该过割的事情吗？ ＝完全没有联络。

3 月 13 日

黑地的升科　黑地附加

应答者　赵廷魁（沙井村会首）
地　点　县公署

【升科】升科这个语言还是通用的吗？ ＝是通用的。

升科是什么？ ＝是指报粮升科吧。

报粮升科是？ ＝就是黑地报粮升科。

【黑地】黑地是？ ＝没有粮食的土地，但民间有"有粮无契不算黑，有契无粮是黑地"的说法。

无契无粮呢？ ＝那就是完全的黑地了。

那升科就是把无粮的土地当作有粮办理手续吗？ ＝正是如此。

有粮无契、有契无粮时所说的契是红契还是白契？＝和白契、红契无关，现在用于民间所有地的红契非常少，多的是白契。

【官草契纸的使用很少】为什么？＝从民国十二三年有了官草契纸起，进行土地买卖时必须使用它，但人们依然回避它，这之后用于买卖的依然是像以前的契约一样写的白字。

理由是？＝因为以前的地价比较便宜，而且税率比较低，为了省钱，针对现在的契约也像以前没有官草契纸时那样做。

这不是瞒价吗？＝这确实是瞒价行为。

【这次土地调查的白契】这次土地调查中出现的许多白字是这一类的吗？＝是这样的，不仅如此，针对完全无契无粮的土地随意做出白字进行申报的也很少。

为什么随意做出白字进行申报呢，申报了的话不是要交税吗？＝因为这次的调查非常严格，而且进行了多粮取消，并根据黑地请粮确认隐匿至今的权利，把至今为止的东西都揭露出来，村长和会首等也很严肃地开会，终于出现了盖不住的现象。

对以前的行为不处罚吗？＝一切从宽处理，对这次揭露出的人免除罚金。

根据这次的调查，你认为会对至今为止的不正当买卖和黑地做出怎样的整理呢？＝恐怕会将不能种的土地，像荒地呀，水冲地呀，被沙子淹的地呀等等，无主公地除外的全部申报。

无主公地是？＝村西的沙子地，庙西南的坑。

前面说的不能种的土地和荒地等都是有主的吗？＝都是有主有契的，受到小白龙河和小中河水灾的比较多。

【无粮地】黑地里有什么呢？＝都是无粮地。

依据无粮地的原则判定为黑地，根据土地的种类不能划分黑地的种类吗？＝旗地原来有催头、庄头等，严格收取租子，绝不会发生丢租子的事情，不会有旗地黑地，民粮地的钱粮还是不履行更名，随着时间的流逝，原主以自己已经不是业主为理由进行滞纳，然后置主又因为不是自己的名义而导致不交纳的结果，还有钱粮房的变动，很多的事情最终导致丢钱粮形成黑地。

【升科的手续】升科需要办理什么手续呢？＝自己知道范围的是不用升科的，进行黑地报粮。也就是向科房说明白字（这次调查的情况）或红契的无粮，实行粮照变成有钱粮。更名针对钱粮的更改，升科是让新的钱粮的名义得以生效。

【升科和税契】那升科和税契的实行没有关联吗？＝没有，例如有契无粮时当然是黑地，经过升科成为有粮，有粮的土地要么是白字要么是红契，不管有没有税契都会解除黑地的称号。

那有粮且根据税契交纳契税的就完全是个别问题？＝是的，根据个别手续有不同的意义。即是白字的依据税契变成红契，黑地通过升科后承担国家赋税，就由黑变成明了。

那税契后持有红契但没有升科的情况下，还是作为黑地存在的理由是？＝有契的情况下当然应该升科，但人们将此隐瞒不报粮就这样放着。因为税契和报粮由不同的机关执行，没有联络，所以即使被隐瞒了也很难发现。

【有粮无契的许多理由】有粮无契不算黑的理由是？ ＝无契是个人随意的，没有关系，无粮的话就比较不方便了。

无契不会不方便吗？ ＝丢失，或是开垦所得的土地没有凭据，只会给自己造成困扰，没有其他的任何不方便。

但是会进行验契确认人民的权利，这时不会为无契的那些补办手续吗？ ＝不办也没有关系。

那升科不也一样吗？ ＝是的，不做也没什么大事，但是像这次这样的大调查，而且有优待，结果人民都自发地进行黑地请粮。

【土地调查和黑地请粮】在这次的土地调查中，会对黑地请粮的授予契尾吗？ ＝尽快办理手续的会授予，但也有到现在为止仍未接到授予的。

大概几个月授予一次呢？ ＝不一定，一般要花三个月。

【黑地请粮和税契】黑地请粮后立刻进行税契吗？ ＝对税过契的会盖"查"和"验讫"的印章通过，对没税过契的白契会盖"过期无效"的印章，并将此返还给原主，命令到税契处进行投税。

一般多长时间会过期无效呢？ ＝不一定，由调查员决定，二十天或是一个月，比较随意。

完成投税后做什么呢？ ＝放弃白字，然后用这个换取契尾。

投税后要对这个土地交纳钱粮吗？ ＝至今为止没有交的。

【黑地附加的纳入】请粮时要交什么费用吗？ ＝去年十二月时，每亩交一角一分。

在某段时间的几次调查中，会将黑地请粮了的汇总到一起交纳吗？ ＝沙井村的调查是去年二三月，两三天内完成了所有的请粮手续，因此十二月时全部交纳。

这是什么钱？ ＝是这年的黑地附加。

正税呢？ ＝正税还没决定，因此才有追加督促。

在哪里交纳呢？ ＝在乡公所。

乡公所会怎么做呢？ ＝村长拿到第一分局去。

第一分局拿到哪里呢？ ＝拿到哪里不知道。

乡公所会给多少呢？ ＝分文不留。

乡公所是根据什么收取的呢？ ＝第一分局的命令。

村里会给调查员多少呢？ ＝村里什么也不给。

由黑地请粮的原主给吗？ ＝原主什么也不给，村里只给饭吃。

【黑地请粮和升科】除请粮后接受税契还支付黑地附加之外，还需要别的手续吗？ ＝这样就可以了。

大家不会去科房进行升科啊？ ＝不会。

不会命令进行升科吗？ ＝不会命令。

那现在有有红契的黑地吗？ ＝因为支付了附加，所以称不上黑地，但又没有支付正税，所以可以说是半黑半明。

以前的粮照是什么？＝民国十年时，城内南街有清理地亩官产局，在此办理黑地请粮，由官产局发给的就是这个。

是什么样的形式呢？＝记得不清楚，像财政部执照那样的吧。

【这次的调查没有测量】这次的调查进行测量了吗？＝根据申请在调查员的指挥下，村长会首等在申请书上写下就行了，什么测量也没做。

3 月 14 日

旗产整理　佃户

应答者　周德福（沙井村民）
地　点　县公署

【旗产整理】顺义县的旗产整理是什么时候开始的呢？＝民国五六年开始的。

那时您在顺义县吗？＝在的。

成立了什么机关吗？＝旗产清理处。

只有顺义县有吗？＝存在旗产的县全都有。

【旗产整理和县】和县公署的关系是？＝清理处直属于内务府的总堂，县公署是独立的。

这个机关持续到什么时候？＝一直到民国二十五六年。

【顺义县旗产的种类】顺义县旗产的种类是？＝香灯、马馆、銮舆卫、胭粉四种。

想知道它们的性质？＝都是属于内务府造办处管辖的土地，香灯地是为了调办香灯的费用而设定的，马馆是为了调办养马的费用而设定的，銮舆卫是为了调办宫廷侍卫的人丁费而设定的，胭粉是为了调办皇女的费用而设定的。

【整理的方法】官产清理处是依据什么方法开始整理的呢？＝向佃户征收地价。

地价是多少？＝分为上中下，每亩三元至五元。

这个会随着年代改变吗？＝只要有土地等则，支付价格没有变化。

需要支付的佃户要做什么？＝投税报粮。

在哪里投税报粮？＝县公署。

在清理处支付地价时会发什么证明书吗？＝会发叫作"财政部执照"的东西。

想看看执照的样式以及这个土地的现在的所有证明书？＝如下所示（资料一）。

支付了地价、被发了执照的去投税报粮需要哪些手续呢？＝把白契交给县公署，并对此发给契尾。

这时要交执照吗？＝不用交执照，有白契就行。

执照有什么作用呢？＝证明原来的土地是旗地，而且是有粮土地，即买了旗地的证明。

拂下时，除了地价还会征收其他的费用吗？＝不会，只有地价。

【整理和税契升科】只要有执照，就可以免除租子、钱粮和税契吗？＝发给执照的同时，清理处会通知县公署在县里投税报粮，所以不能逃漏。

【资料一】 财政部执照和这次土地调查的买契

财政部执照

国民政府财政部　　　　　　　　为

给照执业事今据河北省顺义县官产局呈报顺义

县人周德福承买坐落沙井村地方官有内务府大

良庄头旗地除由该县登记并将四至丈尺

间　数暨应缴价值分款开列外合行给发执照须

亩　数暨应缴价值分款开列外合行给发执照须

共〇顷七亩五分〇厘

〇　间　　　　　　每亩价银四元

四至　东　　　至　刘姓北　　面积　东西丈尺

　　　南　　　至　张姓　　　　　南北丈尺

　　　西　　顶头

　　　东　　顶头

至执照者　计　　开

共计价银三十元整　带收照册经费 一元五整

　　　　　　　　　　　　　　　右给承买人

北平地方法院顺义县分　　　　　　周德福

院登记处　　　　　　　　　　　　准此

登记簿第二册第七区第十六号

中华民国十八年五月八日收件

第 329 号

中华民国十八年五月八日

　　立卖民粮地契文约人赵少尧因手乏有祖遗受分粮地一块七亩五分坐落沙井村家南地名流黄水亲托中人说合情愿将此地卖于周德福名下永远为业当面言明卖价铜制东钱二百五十吊整其钱笔下交清不欠此自立卖契之后只许周姓自便永无赵姓相干该地如有亲族争论并舛错等情自有弃主并中保人一面承管恐口无凭立卖契为证

　　计开　　四至东至官道西至张焕南至刘树林北至张永和

　　随带老纸一张

　　该地东西长六十六弓南北宽二十七弓二尺

　　光绪三十二年十二月二十日

　　　　　　　　　　　　　　　　　　　　中保人　　　王聪　　　十

　　　　　　　　　　　　　　　　　　　　　　　　　张永顺

　　　　　　　　　　　　　　　　　　　　　　　　　赵少廷　　十

　　　　　　　　　　　　　　　　　　　　立卖契人　　赵少尧

　　　　　　　　　　　　　　　　　　　　代掌人　　　刘仙仿

此联由花户收执

征收田赋附加收据

顺义县公署　为发给收据事兹据顺义县第一区

村庄　花户周德完纳二十九年地　七亩五

分〇厘每亩应征国币八分计征收银元〇元六

角〇分〇厘业经如数收讫除应征田赋及县附

加（亩捐）另行征收掣据外合发此据收执

中华民国二十九年九月二十八日征收员

如有错误限五日内持回更正

买　契

买主姓名	周德福
不动产种类	地　坐落　新树粮名
面积	东西长六十六弓南北宽二十七弓计七亩五分　沙井村
四至	东官道　南刘树林　西张焕　北张永和
卖价	二十一元
应纳税额	一元二角六分附税七角三分五厘
卖主姓名	原有粮名　原纳粮额　推收年月日
原契张数	光绪三十二年十二月二十日
推收粮额	
立契年月日	
中华民国二十九年二月	卖主　赵少尧　买主　监证人　张永顺

（注）以上根据财政部执照，拥有拂下却无粮的旗地，在这次土地调查中被发现，退了白字年限做

成并投税。退年限的理由据本人而言是为了省钱，民国十八年时必须使用草契，而且退年限后有地价差，契税也便宜了。

但是有整理漏了，然后可以不用付租子也不用交纳地价并延续至今的吗？ ＝大部分都被整理了，也有这样的情况。

【旗产整理和庄头、催头】旗产整理时会使用村庄的头和催头吗？ ＝清理处自己来做，不会使用。

【整理和佃户】整理是根据旗地佃户的自发申报吗？ ＝清理处有佃户的名册，县公署依次给各个佃户发票，并传唤他们到县里针对买不买进行交涉。

清理处名册是依据什么制成的？ ＝依据内务府的基本账簿。

清理处名册和实际整理的名册一致吗？ ＝过程中可能会有变动，但我认为是一致的。

传唤到县公署进行交涉时会希望拂下吗？ ＝不希望的情况比较多。

为什么？ ＝因为要很多钱。

但是可以确定产权不是吗？ ＝就是不喜欢一下子要那么多钱。

这时不买的东西，有之后再买的权利吗？ ＝不买的话，土地会被没收。

必须是这个土地的佃户才能买吗，还是可以让人代买？ ＝必须是佃户，不允许他人代买，但是如果全部买不了，可以浅别人借，然后全部买下来，这是自由的。

自己买一半或是一部分，其他部分或是一半让别人买可以吗？ ＝自己买了然后转让是可以的，但一开始把一半或是一部分让别人买是不行的。

佃户买不了然后被没收的例子有吗？ ＝没有。

为什么？ ＝因为对买不了但是有买下这个佃权能力的人实行"推"。

【庄头、催头、佃户】有既是村庄的头或催头，又是旗地的佃户的吗？ ＝有。沙井村有个叫李秀山的，既是催头又是佃户，他死后，他的孩子把土地卖了，去了关外。

这地在哪里，卖给谁了？ ＝卖给梅沟营的刘达了，在南法信。

【整理的结束】沙井村的旗地整理什么时候结束的？ ＝民国十五六年吧。

这之后整理机关还存在吗？ ＝因为其他村还没结束，直到民国二十五年还存在。

清理处被停止是什么原因？ ＝因为全部整理结束了。

不是因为政治组织的变革或是事变吗？ ＝因为整理结束了。

【清理处的所在地】清理处在哪里？ ＝在县城的北街，现在是杂货铺。

清理处的人是顺义县的吗？ ＝全部是北京来的，顺义县的人没被采用。

整理时会进行测量吗？ ＝不会。

【租票】旗租地有什么证明租权的执照吗？ ＝什么都没有，只是在造办处的账簿上写上村、姓名和面积，依据这个在承租时给租子的收据，收据上写有面积。

这个收据叫什么？ ＝租票。

租票由谁发行？ ＝这个村庄的头的由村庄的头发，这个催头的由催头发。

卖租子时要转让租票吗？ ＝转让租票并做成白契。

【旗地的推】需要向庄头或催头报告进行更名吗？ ＝不需要，只需报告催租时谁来实行的推就行了。

【推价】办理推时的推价和买卖民粮地的地价比较占多少比率呢？ ＝一百对八十吧。

【租子和钱粮】租子是根据什么决定的？ ＝根据土地的好坏，在"定格"时决定的，有高和低，但差别不大。

租子和钱粮哪个更高呢？ ＝还是租子更高一些。

那会不乐于承租租子地吗？ ＝因为没有土地，所以没办法。

根据整理，设定旗地的钱粮时，对旗地会设定得特别低吗？ ＝和民粮地采取一样的方法，根据等则决定。不会特意附上高低。

【钟杨宅的土地】那沙井村的土地都是民粮地吗？ ＝是的，像钟杨宅土地那样，前清时代由王爷转让旗地的起租权作为私产进行投税报粮，这个土地仍然由王爷当庄头进行起租子，当时的种地人李秀芳在那里种过地。这个地是钟杨宅（北京后门外鼓楼）进行投税报粮，但李秀芳依然承担着拿租子的义务。然而从五六年前开始，钟杨宅不交起租了，变成黑地遗留下来。

起租的权利，就是和旗地相关才被取消的，不是吗？ ＝虽然被取消，但钟杨宅一开始是从王爷那里买来进行投税报粮并承担田赋，所以有所有权。

3 月 15 日

钟杨宅地　黑地升科

应答者　周德福（沙井村民）

地　点　县公署

【钟杨宅】钟杨宅是旗人吗？ ＝不是，是汉人。

不是旗人，那像昨天所说的从王爷那里买来起租权，不是不能自己进行起租吗？ ＝旗人也没有产权，所以旗人也不能买卖产权，但可以买卖起租子权。

汉人的话和钟杨宅一样吗？ ＝是的。

【李秀芳和钟杨宅地】现在李秀芳耕种的是钟杨宅的土地，那所有权是谁的呢？ ＝因为数年前李秀芳直接从钟杨宅那里得到被转让的旧粮票，进行投税报粮，现在是李秀芳所有。

一直都向钟杨宅交纳租子吗？ ＝是的。

钟杨宅进行投税报粮，会认为这是自己的土地吗？ ＝进行投税报粮，最后也会因为这个土地是由王爷转让的，钟杨宅除了起租子权外，没有其他权利。

那产权在谁哪里呢？ ＝在支付推价并被转让了纳租权的李秀芳那里。

【推、过、退】那推、过、退不管哪个都意味着产权的授受吗？ ＝不管哪个都意味着民粮地的买卖和同一，没有任何差别。

推价和买价是一样的吗？ ＝没有差别。

推、过、退用于什么场合呢？ ＝用于旗地的场合。

【旗租和钱粮】那旗地的租和钱粮的区别是？ ＝钱粮是向国家交纳的，租村庄的头是向旗地的起租子权拥有者交纳的。

【旗租和租佃料】那对旗地进行的租和对地主进行的地租有什么区别？ ＝租是向国家交纳的，地租是私人间决定的对价。

钱粮和租哪个更重？ ＝一样的。

为什么？ ＝旗租交给内务府，钱粮通过其他的机关交给国家。所以只有征收的方法不同，在人们看来，没有任何区别。

【产权】那推中支付推价并纳租的土地和在买卖形式上交纳钱粮，在人们看来拥有一样的权利吗？ ＝是的，只是纳税的形式和土地的由来不同，支付推价得到纳租权也就是产权，在民粮地的买卖中支付地价、交纳钱粮的也是产权。

推价和地价有什么区别？ ＝只有名字不同，在人们看来是一样的东西。

产权意味着什么？ ＝自己可以随意使用，而且有权利随意买卖。

土地是谁的？ ＝旗地和民粮地同样都是国家的。

钱粮和旗租是人们对从国家得到这个土地的权利而履行的义务吗？ ＝是这样认为的，有这样的话：“地养农民，国家收钱粮”。

【产权和起租子权】那李秀芳从钟杨宅那里买来的是产权还是起租子权呢？ ＝李秀芳从以前开始就进行了推，支付了推价，有纳租的权利也就是产权，并没有从钟杨宅那里买产权。而且钟杨宅从王爷那里被转让的是起租子权不是产权。因此已经拥有产权的李秀芳没有理由从钟杨宅那里被转让什么。

那钟杨宅为什么要投税报粮呢？ ＝钟杨宅是从王爷那里得到的起租子权，因为是农民，不能对国家进行交租；另一方面，不进行投税报粮，就会被国家当成逃税处置。

那钟杨宅卖给李秀芳什么了呢？ ＝起租子权。

什么时候卖给李秀芳的？ ＝六七年前。

【旗产整理和钟杨宅】旗产整理是吗？ ＝是的，因为钟杨宅不能收取租子了。

【钟杨宅的拂下】清理处会把卖给李秀芳的钱交给钟杨宅吧？ ＝不，直接由钟杨宅派人来卖。

这个买卖是清理处规定的价格吗？ ＝多少有点不同，一亩四五元吧。

手续呢？ ＝钟杨宅派人调查赈簿，然后卖出。这时收取买卖货款，然后发收据。

这是地价还是租价？ ＝是卖起租子钱。

为什么？ ＝钟杨宅收取这个钱后，完全和他没有关系，不用再起租子了，产权完全是李秀芳的了。

那钟杨宅收的一亩四五元的钱，是作为地价收的，还是作为以后不用起租子的证据？ ＝不是地价。因为地价不便宜。而且李秀芳付了和地价一样多的推价，获得了产权，因此钟杨宅不能收取地价。最后就成了把起租子权过渡给李秀芳的声明。

李秀芳的这个土地有几亩？＝四五亩。

【钟杨宅的征租】钟杨宅收租子一直到什么时候？＝持续到民国二十三四年。

有顺义县官产清理处后还是吗？＝还是继续征租。

官产处什么也不做吗？＝不相干。

为什么不相干？＝因为钟杨宅每年都交粮，旗地会采取别的措施。

李秀芳的这个土地什么时候开始投税报粮的呢？＝钟杨宅把起租权转让后不久就开始了，早就成为红契了。

【官产清理处的拂下价格、卖租子价】官产清理处征收拂下，地价是每亩银四元吗？＝不是地价是租子，地价不会这么便宜，而且不会对有推价的土地收地价。

但是租子应该每年都有，向国家机关官产清理处支付四元，依次承认产权而且仅限此时，不会再多征收不是吗？＝人们不这么想，认为是租子不是地价。因为起租子已经被取消，作为代替的是官产清理处的每亩价银四元。

只有一次，不会再征吗？＝一次，以后完全没有必要交租子，认为是卖租子。

产权方的想法是？＝认为把发的执照作为红契，产权已经官方确认了。

【整理和税契、升科】卖租子也就是和发执照同时，钱粮和税契的手续是？＝税契因为县署催不到所以不办，报粮是全村都做。

有不做的吗？＝根据官产清理处的通知，县公署实行，没有遗漏的。

【官产清理处的整理价格】官产清理处整理了的地价是多少啊？＝根据等则而不同，每亩三元、四元、五元为单位。

其他的费用呢？＝作为照册经费，每件一元六角。

【黑地】黑地是什么？＝没钱粮没租子的土地。

跟有契没契没关系吗？＝有红契也有白契。

没钱粮没租子的土地从哪里来的？＝匠役地，就是给油漆彩书瓦木村庄的头的土地，原来是没有的。

这些土地由自己耕作吗？＝或耕或出租。

这些土地没有钱粮和租子吗？＝原来没有，这是清朝时，之后根据白契不断进行买卖，作为黑地存在的太多了，黑地中的2/3变成了匠役的黑地。

这其他的黑地呢？＝死亡啊，逃跑啊，或是永远的滞纳，县公署也不催粮，不知道什么时候就变成无粮了。

这些土地原来是有粮的吗？＝有有粮的，也有无粮的。

【升科、报粮和税契】这种黑地被举报后有自发进行报粮的情况吗？＝有。

这种被举报的情况下要接受惩罚吗？＝不接受，很随意。

这个手续叫什么？＝升科或是报粮。

这种情况不会同时进行税契吗？＝随意。

只税契不升科也可以吗？＝这个也随意。

不会发现吗？＝因为没有联络，所以不会发现。

两方都进行的话最好不是吗？＝是最好，但是费钱，所以不做。

【这次调查发现许多白契的理由】这次的调查出现了很多白契的黑地是为什么？＝以前手续不彻底留下来的，和逃避手续这些一起产生这么多黑地。

为什么这次的调查一下发现这么多白契？＝调查非常严格，并且听说会测量，大家很害怕，赶紧申报。

这样就完全没有黑地了吗？＝说不定（不知道）。

3 月 12 日

就验契进行

应答者   言绪（县财务科科长）

地   点   县公署

【验契】验契是什么时候实行的？＝民国三年和民国十八年这两次。

这是全国性的实行吗？＝民国三年在旧京兆、民国十八年在河北省全省实行。

民国三年是以几年为单位继续的呢？＝两年，民国十八年时以一年为单位。

设立了特殊机关吗？＝在各县各公署设立了经征处。

民国三年和民国十八年的方法有区别吗？＝用同一方法实行。

用的什么方法呢？＝县公署进行布告，在一定期限要交地券。

白契和红契都是吗？＝只有白契。

【验契的目的】那验契的目的是什么？＝提交白契，为了给它和税契等同的效力而采取的手段。

那验契会发什么执照吗？＝发验单，把它贴在白契上。

对完成了验契的还要进行税契吗？＝因为有和税契相同的效力，所以不用再税契了。

【验契的费用】民国十八年验契的费用是？＝大契（三十元以上）是一元八角，小契（三十元以下）征收一元一角的验契费。

其他的费用呢？＝只有这个，没有别的。

这个收入是县收入吗？＝是省收入。

【验契的规则】有与验契有关的规则吗？＝有。

【验契和税契】不对红契进行税契是事实吗？＝只对白契，最终想要给它和税契同样的效力是目的。

完成了验契的契还需要进行税契吗？＝没必要，就这样持有，至今仍有效。

验契的时候会调查白契的事实吗？＝不会，只对交纳验契费的发验单。

【验契的成绩】验契的结果或是成绩怎么样？＝因为验契费很少，而且税契也取得了效果，所以成绩很好。

这次土地调查中出现的许多民国十八年之前的白契，这是当时遗漏的吗？＝现在的是民国十八年之后用白契交易，不使用草契纸的比较多。

验契当时以及那之前的东西怎么样？＝现在交出的东西中有验契遗漏的，但大多是当时完成了验契的。

【验契的目的】验契是以税收为目的，还是为了确认契的效力呢？＝以国库的收入为目的。

验契是临时的办法还是永久的？＝有一定的期限，过了期限就会被停止。

那计算临时收入是主要目的吗？＝有这样的目的，因为税契不能很好地进行，以很低的税额赋予白契和红契一样的效力吸引人们，想要一举两得。

【验契费】验契费是税吗？＝是临时的税。性质和契税相同，只是契税以价格为对象，验契费是针对每枚大小契，而且不分大小用非常简单的方法，这点不同。

县里没有收入的话，县公署会白费力气吗？＝确实会从总收入中抽15％给县里。

小契的场合不会在多少以下进行免税吗？＝分为大小契两种，不会免税。

【验契和处罚】为了不验契而受罚的情况有吗？＝因为不验契也必须要税契，没必要罚。只是会劝告验契的费用比较低还是做了比较好，人们做不做比较随意，但做的比较多。

过了验契时间，会调查还有没有没有完成的吗？＝不会。

验契一开始就规定了一定的年限，还会延长吗？＝一开始就规定的一年，那就是一年，不会中途延长，一过时间就停止。

那有多少没有验契的，不知道吗？＝因为完全没调查，所以不知道。

验契时村长有责任要把全村的白契交出来吗？＝和村长没关系，各人直接去县里办手续。

会根据各县的成绩给予奖赏吗？＝没有特别奖赏，县知事会因为这个成绩升官或是被革退。

县里会认为很烦吗？＝很平常的工作也有收入，没有大问题。

【验契让农民不高兴】人们很高兴验契吗？＝明白人（懂道理的人）因为税少很愿意做，也有不明白人担心做了之后要加更多的税而逃避，从总体来看，大部分人还是明白的。

【作为验契对象的土地】验契只针对老民粮地吗？＝对一切的土地买卖以及典，还有全部的白契。

【民国三年和民国十八年验契的关系】民国三年验契了的民国十八年还要再验契吗？

＝因为民国三年验契了的同时还要交税契，当时验契了的全部都交粮税契，所以民国十八年时不用验契。

【民国三年验契和税契】民国三年验契的还要税契，两方同时征收吗？ ＝是的，同时征收。

那不是很残酷吗？ ＝当时的税契费和验契费都很低，所以人们没有觉得负担很重。

想看看那时地券的样式？ ＝如下。

【资料一】 民国三年验契的新契纸（县财务科余书记所有）

白契	新契纸	买契

戳记	财政厅	河北省	买　　契					面积	不动产种类	买主姓名
			立契年月日	原契几张	应纳税额	卖价	四　至			
中华民国四年二月	中人	卖主（顺义县印）		四十吊	东钱七百吊		北 南 西 东	二十五亩	地	马永德

新　契　纸

京兆财政分厅　为发给契纸事前准
财政部颁行划一契纸章程九条通饬遵办等因
所有民间田房旧契无论旗产民产典契卖契已
税未税以及印契实在遗失或田房典契载不符
至有产而无契据者均应一律照章报验注册换
给新契纸以为各该业户等执据兹奉
大总统教令公布验契条例十七条契税条例第十
二条
哑应遵照办理凡呈验旧契以六个月为限逾限
如不呈验照章科罚并于诉讼时不能作为凭据
嗣后成立之新契仍一律照章纳税毋得隐匿致
于罚办须至契纸者

京兆　县业户马永德住居　乡　庄赊铭　乡　庄　于

年月日价　乡　庄赊铭　地一段　房所　东南　西北

计开

计地二十五亩　分　厘合弓步

房　间

用价　东制钱

平银七百吊合银万千百十两钱

兹据呈验契并缴查验费洋二元注册费一角已

预遵章注册

右给

中华民国　年　月　日

马永德　收执

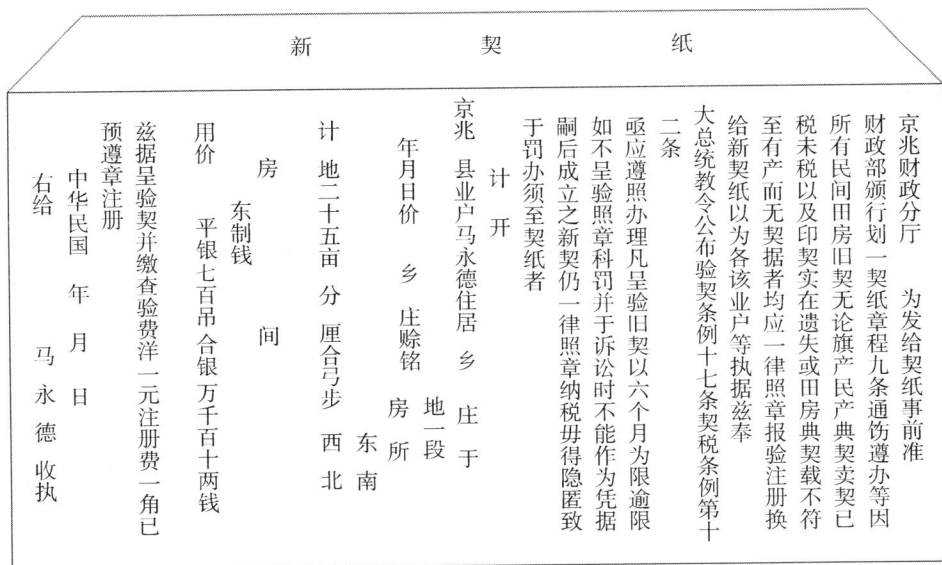

立杜绝文约人余铭因手乏今将自置民粮地一段二十五亩坐落在西门外南上坡亲烦中人
说合情愿出费与马永德名下永远为业严明价东铜制净钱七百吊整其钱当面交清分文不欠立
字之后任凭置主耕种自便永远为业永不与出主相干如有亲族人等争论有出主并中人承管此
系两家情愿均无反悔恐口无凭立杜绝永远存照

计开四至　东至尹姓西至王姓
　　　　　南顶头北李姓
光绪十五年十二月二十九日

说合人　　张鉴
立杜绝字人　余铭　好心
中保代字人　谢上理　忠信

【验契的费用】民国三年的验契费是？＝分两种情况，大契的话三十元以上，小契的话三十元以下。

大契 验契费一元十钱（新契纸张费用是一元注册费是十钱）

小契 验契费六十钱（新契纸张费用是五十钱注册费是十钱）

民国十八年的时候呢？＝

大契 验契费一元八十钱（验契费一元五十钱，注册费十钱，教育费二十钱）

小契 验契费一元十钱（具体情况不清楚）

那时候地契的样式是？＝如下所示（资料二）。

【验契的免除】免除验契是指？＝除了交纳税契之外，其他的都免除。因此，原则上官产是免税的，但是以收益为目的的时候另当别论了。

【资料二】民国十八年验契的验契纸（县财务科赏书记所有）

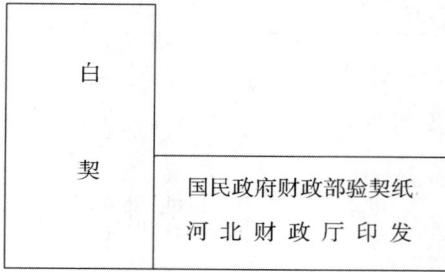

白

契

国民政府财政部验契纸

河北财政厅印发

国民政府财政部验契纸

	河北财政厅印发											
号次	验明登 注册籍 四册	区分种类	凭验	呈验	税银	年月 月二十五日	原由 民国八年十月二十五日	取得金额 四十七元	不动产要项 面积 五亩	位置 顺义县	地目 地	县 市乡 所有者赏庆贤
县々长	教育费	注册费	验契纸价	摘要	沿革	缴纳年月	居间者	原有者		四至 北 南	界线 西 东	

立卖字文约人史印章因正用不足今将本身自置粮地一段五亩坐落西门外北城湾南北行陇亲烦中人说合情愿卖与赏庆贤名下严明价铜制东钱八百五十吊（折洋四十元）整其钱笔交足不欠自卖之后任由赏姓交粮自种不与史姓相干恐口无凭立卖字为证

计开四至　东至李姓　南至官道
　　　　　西至道　　北至武姓

中保说合人徐先顺

（随带白契八张外有史姓一张本年粮票两张）

立卖字人　史　玺

中华民国八年旧历十月二十五日立

【举报没验契的】用白契充当的话由谁来接受验契呢？＝一般这种情况不做的比较多，做的话应该由债务者也就是产权者比较多。

没有完成验契被当成诉讼事件发现的要接受怎样的处罚呢？＝有规定，但事实上没有实行。

如果没有完成被别人举报的情况下呢？＝不记得了。

3月5日

钱粮和旗地升科　推　税契　监证人

应答者　赏德一（财务科书记），后半是言绪（财务科科长）

地　点　县公署

【有钱粮的旗地】旗地有钱粮吗？＝有和没有的都有。

为什么旗地会有钱粮呢？＝民国以后官产清理局整理旗地，由佃户支付、承担，作为承认所有权的钱粮。

清理局和县公署有保持联络吗？＝根据清理局的规定，县公署做出旗地拂下的名簿并通知交纳田赋。

【升科】这时的手续叫什么？＝不是单升科，根据清理局发行的部照称为随着升科，从清理局移录到县公署的红簿（粮册）上使交田赋。

【没有钱粮的旗地】是旗地但没有钱粮的叫什么？＝因为整理不完全残留下来的，前清时代王府、内务府的土地都没有钱粮。这应该是因为整理得不充分，一直延续至今。

【推】推是什么场合使用的？＝用于旗地上有起租子的人时，佃户把这个土地的佃权转让给其他佃户的行为，也就是旗地换佃户。

前清时代时旗人会把这个旗地的起租子权卖给别的旗人吗？＝可以。

那有没有旗人把旗地卖给农民或是从农民那里买过来的事情呢？＝不太清楚，民国之后，这个关系就变得错综复杂了。

【典】典在什么场合使用呢？＝借一定的资金，把土地给别人使用的时候。

民粮地和旗地的佃权都同样是典吗？＝是同样的，有粮随地转的说法，根据出承两方的当事者之间最开始的决定，承典者负担田赋或是租子的情况也有，还是由原主负担的情况比较多。

旗地的典是实际上的买卖吗？＝典不管怎么样，都是作为典来活卖的，因此和买卖不一样。

但实际上通过典来实行卖的行为不是吗？＝也不是没有，但很少。

【先典后卖和税契】先典后卖的情况有吗？＝有，很少。

这时要承担两次契税吗？＝因为契税不一样，所以卖的时候，还要进行税契。

但是县公署很难知道这个事实吧？＝如果发现的话就会被罚，事实上就放任着先典后卖。在这次的土地调查中发现的也很少。

在这次的土地调查中被发现的是怎么处理的？＝免除罚金，但要税契。

民国十九年后就那样先典后卖，不在官草契纸上立卖契，当事者之间立白契的情况有吗？＝也不能说没有。

那当成有来看好吗？＝也不能说一定有。

如果造假就用白契的话，是谁的责任呢？＝监证人的责任，当事者是违法行为。

如果出现了问题，当事人都否认买卖的事实怎么办？ ＝被公开了的情况下，当然是逃税要被罚款，而且这个白契的事实是不会被承认的。

那相安无事的话这个白契在当事人之间以有效告终吗？ ＝仅是当事人之间的私人效果。

【推、兑、退、过、认、倒、典的区别】推、兑、退、过、认、倒、典的区别是？ ＝在旗地的佃权买卖时使用哪一个文字都可以，乡村也有误用于旗地之外的事情。但这只是单纯的误用，原来是因为旗地的所有权不能进行买卖而使用的语言。

前面的和典有什么不同？ ＝性质完全不一样。

【典、推的税契】典和推的契税，在正税外还有其他的附加吗？ ＝正税的三分中，学费三厘、中介费五厘、自治费两厘五毛、地方附加税四厘五毛。

这些不同的用途是？ ＝因为是作为县款一起使用的，不知道各自的用途。

（以下是言绪（财务科科长）的应答）

【监证人的规则】与监证人权限有关的规则是？ ＝民国二十八年十二月由河北省公署发布的，这个规定是民国十九年公布的摘抄。详细的办法根据公文每次由省公署发布训令，有别的公文卷宗。

【监证人的职务】简单地说一下职务权限是什么？ ＝土地房屋的买卖、是否使用官草契、土地房屋的买卖价格、买卖原因等的调查。

如果在职务范围内有不法行为时怎么处置？ ＝只向县公署申报，没有处分的权限。

【监证人的揭发】现在有揭发申报不法行为的事实吗？ ＝有，去年买卖当事人进行协定、买卖，买卖价是八百元，但草契纸上写的是八十元的事实被申报处罚了。

这是被监证人揭发的吗？ ＝是的。

这种情况怎么处分呢？ ＝买主被罚以差价五倍的罚金。

为什么要伪造隐瞒呢？ ＝为了偷价省税，漏价省税。

【免除契税的土地】有免除契税的土地吗？ ＝对管用地、慈善事业的土地、为公益使用的土地免税。

有什么规定吗？ ＝契税条例上有，公文上也有。

顺义县有这样的土地吗？ ＝有义地。

【分家和税契】因为分家而进行土地分割的情况下需要税契吗？ ＝不用。

为什么？ ＝因为分家和买卖不一样。

分割所有地的所有者把地卖给第三方时，要开始税契吗？ ＝是的，不转移给第三方的话会有分家单永久地证明所有权。

1941 年 2—3 月

（华北农村惯行调查资料第 24 辑）

赋税篇第 4 号　河北省顺义县沙井村（原来土地所有权篇第 4 号以及水篇第 4 号）
　　调查员　杉浦贯一
　　翻　译　李寻春

　　本辑是以沙井村民所有的地券和沙井村的土地所有者的地券为中心进行的户别调查，应答者原则上是地券所有者，因为应答内容非常类似，标题多根据应答者的名字拟定。还有末尾处包含了与水有关的应答。

2 月 23 日

官产整理

应答者　杜祥
地　点　沙井村公所

【内务府造办处的催头李广田】内务府造办处是从李广田不在后，就没有收租的人了吗？＝内务府造办处的土地是因为民国十六七年时，依据国家的命令卖给人们了，所以不收租的。

　　那时李广田在沙井村吗？＝是的。

　　整理之前佃户是向李广田交租吗？＝是的，农民交给李广田，李广田交给造办处。

　　【沙井村造办处的佃户】这时沙井村造办处的亩数大概有多少？＝五六十亩。

　　知道佃户的名字吗？＝张文通十亩、杜祥六亩半、杨春旺十一亩至十三亩、杜春七亩、杨永才五亩、杨源八亩。

　　【佃户的土地购入】您是民国十六七年的官产整理时买了六亩半地吗？＝是的，以每亩四元买入。

　　这个手续是怎样的？＝让官产局知道自己有几亩，支付地价办收据，然后从县公署那里拿到粮照，这之后就依据粮照交纳田赋。

　　官产局在哪里？＝在县公署里。

　　【粮照】办理粮照的地方和官产局有什么不同？＝支付地价一个月后，同样在官产局办理粮照。

粮照还是地券？ ＝当然是粮照，现在还持有着。

【佃户的土地购入】官产局会对佃户交来的亩数进行实地调查吗？ ＝不调查，官产局从造办处那里拿到佃户的账面进行对照。

整理时不买的话会有损失吗？ ＝这时国家会命令佃户必须买，不能不买了。

没有钱不买会怎么样？ ＝这时把土地典当给别人，借钱买土地。

那没有就那样不买的人吗？ ＝这附近的人都买了。

【佃户的地券】去官产局办理粮照之前有地券吗？ ＝是的，如下，会进行立契，这就是地券。

> 立过旗租地契文约的人〇〇〇（卖主的名字），因没钱可用，谨将此地一段〇亩坐落在〇〇（沙井）村〇（东西）边地名〇〇（狼窝）〇（东西）行垄四至列后，亲戚劳烦中介人说合，转给〇村〇〇〇（买主名）名下，永远为业，转让价〇〇元整，在交清钱时立下字据，之后地由置主随意使用与转让者无关，双方同意都无反悔，如有反悔则由中介人一方承管，恐以后无凭据特立字为证。

```
              东
              南
   四至        西
              北
        年    月    日
```

中保说合人 〇〇〇　　十

立过字人〇 〇　　　　十

代字人〇〇〇　　　　十

你造办处的六亩半的土地是从哪里买的？ ＝祖父或是很早以前就买了的，因为没有地券，所以后面的人都不知道从谁那里买的。

【催头（李广田）】去李广田那里交租了吗？ ＝去了，每亩二钱银子。

一年交几次？ ＝十月十五日一次，李广田会催租。

李广田一年只催一次租吗？ ＝是的，佃户不从李广田那里办收据就不交给他，交给在城内造办处的人。李广田从造办处得到十亩二十亩的土地进行耕作，而且免租，这就是他的报酬。

李广田的头衔是？ ＝催头，催头只催租。庄头对国家有功，因此有土地，自己进行耕作，或是租给佃户。

【租价、地租】这时民粮地的田赋是多少？ ＝二分银子，比造办处的地租便宜十分之一，造办处向县公署交纳一分二厘的银子。

民粮地的地租这时候是多少啊？ ＝每亩一两银子。

不向造办处交租，土地会被剥夺吗？ ＝因为没有不交租的，所以没有发生土地被剥夺的事情。大体上都是佃户一开始花很多钱买来土地，认为土地是自己的，不向县公署交纳田赋，只向造办处交租。

买民粮地和买内务府土地的价格有差别吗？ ＝民国初年时内务府的地是二十吊，民粮地是二十吊到三十吊。民国十五六年内务府的地是三十元，民粮地是五六十元。光绪年间民粮地二十两银子，内务府地十六七两。光绪二十年之前用的是银，之后光绪末年是吊和银（普通农民是吊），到了民国是吊。

2 月 24 日

官产整理

应答者　杜祥（沙井村会首）
地　点　县商会

【官产整理】官产整理是何时开始何时结束的？ ＝民国十五六年开始的，民国二十三年前后结束的。但官产局这个字（看板）到现在还一直挂在县公署那里，却什么工作也不做。

村里的土地整理进展得最顺利的是？ ＝民国十五六年到民国二十年。

这期间村里的官旗产全都被整理了吗？ ＝是的。

【造办处的庄头】农民对造办处的土地交租是到造办处的谁那里办理呢？ ＝村庄的头，但是不知道姓名。

庄头每年都是同一个人吗？ ＝不一定，不知道谁会来。

来县城吗？ ＝十月四五日左右去城内的西街永安堂，待半个月左右。

来几个人？ ＝也有来一个人的。

【李广田（催头）】李广田在民国十五年时有多少土地啊？ ＝百亩左右。

民国初年呢？ ＝大概这么多，他卖土地是因为家里人多，爷爷吸鸦片，还遭遇了水灾，变得很贫穷。

官产整理时，没有钱买不了土地的人就典土地，那没有推土地的人吗？ ＝没有，这个土地本来是自己的，稍微出点钱就完全变成自己的土地了。如果推的话，自己一开始出的钱也没了，地也没了。

官产整理前是每亩土地都交租吗？ ＝是的，按商会市价，换算成吊交纳。

整理后的田赋是？ ＝三分银子，从民国二十年到现在是四分银子。

【匠役地】清朝时村里有多少匠役地？ ＝四五十亩，杨源三亩、杜祥的祖父五亩、李祥林三亩、李秀芳七亩、张成三亩、杨正三亩、吴殿臣十亩、李广权六亩、刑润齐六亩，但他们买的时候已经变成民粮地了。可能除此之外还有，被人买卖了，不清楚买主是谁。

【匠役地的整理】和内务府地一样的整理吗？ ＝这和内务府地不同，自己把每亩地的税交给匠役地的催头得到收据，然后把这个给粮房得到地券。

这是什么时候的事情？＝民国七八年起，直到官产局成立。

官产整理前大家都买了吗？＝是的，都买了。

多少钱一亩买的？＝一亩五吊（一两银子），租是五百钱（小钱）（一钱银子）。

催头是谁？＝城内西街姓张的人。

【匠役地的卖契】佃户把匠役地卖给别人时的契是什么？＝立过匠役地等等。

需要催头的同意吗？＝不用，来年十月催头来的话，就说我的土地卖给谁了，向那边收租。

【租】租是去催头那里付还是催头过来收？＝催头到村里来，让大家知道，然后佃户去城内交纳。

会把催头收到的地租带到北京去吗？＝不知道给谁，催头是官员。

【催头】催头是什么样的官员呢？＝那时候叫作大工、左官等官吏。

匠役地要向县里交纳田赋吗？＝不用，不用像造办处那样交一分二厘钱。

有没有没有被整理的匠役地？＝佃户买匠役地，是由县长把匠役地佃户的账簿拿着，把官吏派到村里命令买的。

不买的话会怎样？＝不买的话，土地会被没收，但因为便宜大家都买。而且民粮地的话只要二三十钱（一分银子）。

【崇祝寺】民国初年村里有多少崇祝寺地？＝这个地我不知道。

【钟杨宅地的整理】钟杨宅地呢？＝三十亩。

被整理了吗？＝至今仍未整理。来收租的话，大部分佃户都不给，并且买地券变成自己的土地。

三十亩中变成自己的土地的有多少？＝二十亩变成了自己的。

不交租的理由是？＝从民国一五年起县公署有命令，不用向县公署交田赋。

收集钟杨宅的租的人是谁？＝不知道这个人的名字，住在城内东街，发出布告交地租。

每亩的地租多少？＝一吊至一吊二十钱。

向县公署交纳的田赋呢？＝三分，和民粮地一样。

从钟杨宅那里买取需要什么条件？＝变成自己的土地不是全部从钟杨宅那里买，是不交租，在县公署升科了的。

那之前说的从钟杨宅那里买的大约二十亩是什么原因呢？＝这二十亩全都是瞒着钟杨宅去县公署进行升科了的。

因为有了县公署的布告吗？＝是的。

不升科土地就这样吗？＝是的，是黑地。

前年开始对县里的土地调查进行申报吗？＝是的，大家都升科了。

民国十五年时，没有在县里的布告颁发之前从钟杨宅那里买来的吗？＝有。

【恒宅地的整理】恒宅是怎样的土地？＝是旗地。

有多少恒宅？＝光绪年间被村民卖了，民国初年就没有了。为什么卖呢，因为催头来这边交租要花旅费，而且这边的土地又很少，跟村民开会，一次性把钱都付了，之后就不来收租了。大概有二十亩，基本上都是房基。

【旗地的种类】旗地还有其他的吗？＝村庄的头的地、松宅、雍和宫香灯地。

村庄的头的地民国初年有多少？＝八十亩。

松宅地呢？＝二三十亩。

雍和宫香灯地呢？＝不知道。

整理时都卖了吗？＝是的，但松宅交租到民国二十三四年，雍和宫是民国十八九年开始不交租。

【松宅地】为什么松宅比较晚呢？＝松宅不怎么卖地，因为县里的命令没有办法才卖，因此直到民国二十三年仍来收租。

松宅也是旗地吗？＝松宅是自己的土地，向国家交纳田赋。松宅直到现在交纳的田赋是一分的话，农民向松宅交的租是一分二厘，农民买不买没有很大区别，因此整理得比较晚，农民也很淡定。

依据县的命令卖松宅的价格是？＝一亩六吊。

官产整理时，您卖的内务府造办处的土地是被规定好了多少钱一亩吗？＝是的，由官产局强制命令的价格。

这时六亩半要二十六元，跟普通民地的买卖价格比较的话怎么样？＝是时价的1/5，因为这个土地本来就是自己的土地。

【村庄的头的地的整理】民国初年时村里有多少周庄头地？＝八十亩。

民国十五年时呢？＝八十亩。

都被整理了吗？＝是的。

【村庄的头的佃户】归谁所有呢？＝张文通十四亩、张成四亩、杜祥九亩、王春林三亩、杨绍增七亩、王茂林五亩、李秀芳十一亩、周德福十七亩（包含村外的）、张树林四五亩、孙凤四五亩、刘长贵五亩。

庄头是谁？＝周庄头，在周庄，自己来村里催租。

什么时候来收租呢？＝每年九月十五日时，在城内的旅馆住二十天左右。

地租是多少？＝每亩一吊。

【周庄头地的整理】是在官产整理的时候卖的吗？＝民国二十年就卖了。一开始不想卖，后来没办法就卖了。

卖的手续是？＝依据县的命令叫来周庄头，留在县公署。

哪一天呢？＝日子不确定，有人买的话，应时到县里去叫。

【佃户的买价】买一亩多少钱？＝一开始是四吊，慢慢便宜了变成三吊五百钱，财政部的手续费是卖价的九分（？），此外纸价是八百钱。

一元是多少吊？＝四吊二百钱。

造办处是四元，周庄头是一元是怎么回事呢？＝造办处原来的地租就比较高，没有办法。

（造办处的地租是两钱银子？＝一吊二百钱）。造办处是上六元、中四元、下二元，从造办处和周庄头买土地时不是依据官产处规定的价格，而是去和造办处、周庄头讲价。例如我从造办处那里买的是上地，但把它作为中地处理。

造办处是依据土地的上下地租有高有低吗？＝是的，上一吊、中九百钱、下八百钱。

雍和宫香灯地是在村里吗？＝可能有三亩。

滦州租呢？＝没有（但滦州租的庄头姓谢）。

马馆地呢？＝没有。

韩庄头呢？＝不清楚，可能多少有点。

2 月 25 日

应答者　杨正　赵廷福　杨光元

地　点　沙井村公所

（以下是杨正的应答）

【杨正的五亩（村内与小水河连接的土地）】四至？＝东河、西顶头、南路连生、北赵廷奎。

这地是什么时候归您所有的呢？＝从祖先传下来的，祖先开垦的。

这个地以前是什么地呢？比如周庄头啊，匠役地啊，内务府造办处的旗地啊，是不是呢？＝不是，是民地。

（注：归纳以下的提问，以沿革地目和地目为主）

地券呢？＝在县公署。

为什么在县公署呢？＝为了交纳田赋。

田赋一亩大概多少？＝因为去年十二月初升科了，所以至今没有交纳过田赋。

这个地是自己耕作吗？＝是的，一半进行耕作，一半是沙地。

作物是？＝麦、高粱。

升科时的手续是？要测量土地吗？＝自己去县里，县公署不进行测量。

一半变成沙地是因为河水泛滥吗？＝是的。

什么时候的事情？＝时好时坏。

这次变坏是什么时候？＝去年的洪水以来。

去年发洪水时完全没有收获吗？＝是的。

哪一年分的家？＝四年前。

【三亩（村内）】（注：没有回答与匠役地以及与匠役地有关的问题）

【资料一】匠役地的地券

立推匠役地文约者，清河镇王永安，因本身承担着匠役地地租一段三亩，坐落在顺义县西沙井村西部，地名草厂，南至杜姓、北至张姓、东至以头、西至河边。另一段三亩坐落在沙井村西部，地名草厂，南至道北、北至吴姓、东至顶头、西至河边。另一段六亩坐落在沙井村西部，地名北草厂，南至刘姓、北至杨姓、东至顶头、西至河边。这些地每亩都收租钱五百文，此地经年久远，年终时按照名字向地主收租，凭据等契纸难以考察，愿意将各段地一起推至沙井村杨斌名下，升科税契为证明，推价是京平松江银十二两整，他的钱已交足无亏欠。立字之后永不收租，各段地属于杨斌名下，升科税契都与王姓无关。这是双方情愿，各自都无反悔，恐空口无凭特立推匠役地字据为证存照。

此契纸批卖张永仁地六亩
此契纸批卖杨濮增地三亩

中　　保　　人　　张书相
立推匠役地字文约人　王永安 [十]
代　　字　　人　　孔希贤 [押]

光绪三十四年一月二十日

执　　　　照

度支部为给执照事本部具民人承种向无粮租各
项人地亩划清旗民报部核办折内声明嗣后如有
民人呈报向无粮租地亩除实系民荒地亩仍照奏
章议粮外其余官荒旗荒等项地亩按照上中下三
等科则议租俟核准后照例给与执照归于旗租奏
销公产项下造报等因于光绪十三年三月初五日
具奏本日奉
旨依议钦此钦遵行知在案今据顺义县册造民人
杨斌呈报官荒地一段三亩坐落沙井村西据该县
详请发照转给该民人收执营业按照呈报前项地
亩每亩议征租银四分共征租银一钱二分该县按
年征解外相应填写执照发交该县转给该民人收
执营业可也须至执照者

东至顶头　西至河沟　南至杜姓　北至张姓

　宣统元年
　部　　　　月　　日
　　右照给　杨斌　准此

新　　契　　纸

顺天府府尹为发给契纸事前准
财政部颁行划一契纸章程九条通饬遵办等因所有
民间田房旧契无论旗产民产典契卖契已税未税以
及印契实在遗失或田房与契载不符并有产而无契
据者均应一律照章报验注册换给新契纸以为各该
业户等执据兹奉
大总统教令公布验契条例十七条契税条例十二条
亟应遵照办理凡呈验旧契以六个月为限逾限如不
呈验照章罚并于诉讼时不能作为凭据嗣后成立
之新契仍一律照章纳税毋得隐匿致于罚办须至契
纸者
　　计　开
顺天　县业户杨斌住居　乡沙井庄于
光绪三十四年十一月二十日　地价
价买　乡本庄　王永安　房所
计地十二亩〇分〇厘合弓步　东南
房　　　　　　　　　　　　西北
　　　　　　　　　间
用价　平银　合银　一十两〇钱
　　　制钱
兹据呈验契并缴查验费洋一元注册费洋一角已预
遵章注册讫
中华民国三年四月十三日　右给业户
　　　　　　　　　　杨斌收

【一亩一分（村内）】沿革地目是？ ＝恒宅，光绪二十九年从徐清山那里买的。

地租是？ ＝每亩七八百钱，从徐那里买来的，所以不需要交田赋，民国十八年登记。

恒宅的催头是谁？ ＝不知道。

作为参考，接下来写下地券的一部分（注：除立卖地契外，还有地契官纸、契尾、民国政府财政部验契）。

【资料二】 恒宅地的地券

立卖地契人徐清山现有自置的京旗恒姓地一段一亩一分，坐落在沙井村北头，东西至杜姓、南至道北、北至杨姓，亲自劳烦中介人说合双方，将此房产地卖至沙井村杨斌名下，过格税契永为民业言明，价值顺平松江银三两三钱整，他的钱已交足无亏欠，自立契据之后任随杨姓自便，与徐姓无关，恒姓亦不干涉此事。如有差错，由中介人出面处理。双方情愿，各自都无悔意，恐空口无凭特立推匠役地字据为证存照。

光绪二十九年十月三十日

中保人　谢上里　李玉田　徐子衡

立字人　徐清山

代笔人　王书祥

此外您村内还有两亩半、三亩、八亩等的土地，这些土地的地券呢？ ＝这些是分家时得到的土地，地券在杨润或是杨源那儿，去找他们问问吧。

（以下是赵廷福的应答）

【赵廷福的十二亩半（村内、小中河西边）】四至？ ＝根据清查田赋册，东杨源、西育和堂、南北顶头。

地券呢？ ＝在县公署。

什么时候到你的手里的呢？ ＝六七年前从杨源那里用七十元买来的。

沿革地目是？ ＝钟杨宅。

什么时候升科的？ ＝去年。

钟杨宅收租到什么时候？ ＝直到十五六年前，杨源付了地租，因为土地太差了，没有买。

每亩地租多少？ ＝开始是一斗以上，由于被水流过土地变差，就变成七百钱了。

官产整理时不是被命令要卖吗？ ＝是有布告出来，但是杨润假装不知，放着不管。

最近水灾被害的情况？ ＝基本每年都会遭受水灾，作物只能收到平时的一半，去年没有受到水灾，取得了八十斗高粱。

【五亩（村内）】什么时候到手的？ ＝曾祖父赵刚买的，民国二十九年进行了买契。

沿革地目是？ ＝民粮地。

此外还有其他土地吗？ ＝承典着村外的二亩至四亩土地，开始是四年的期限内支付金八十五元，去年已经超过期限，出了一百五十元，延期三年。

（以下是杨永元的应答）

【杨永元的五亩（村内、小中河的西边）】沿革地目是？ ＝钟杨宅。

什么时候到手的？＝父亲买的，不知道什么时候。

钟杨宅收租到什么时候？＝直到十五六年前（地租八百钱）。

交纳田赋吗？＝去年进行了税契，但还是没有交田赋。

作物呢？＝去年有高粱三十斗、麦二十斗，但是遭受水灾的时候就什么也没有了。

副业是？＝半长工或短工。

半长工是？＝在自己家三天，在雇主那里劳动三天。

半长工以及短工一年的工资合计是？＝五十元。

2 月 26 日

吴殿臣、刘长春、李祥林、李树林

地　点　沙井村公所

（以下是吴殿臣的应答）

【吴殿臣的八亩五分（村内）】四至？＝东道、西刘树林、南杜芝茂、北李仲。

什么时候到手的？＝墓地，三百年前祖先开垦的。

田赋呢？＝开始既没有地券也没有粮，宣统元年纳了粮，租银三钱四分。

纳粮是？＝这时因为国家命令开垦地必须要向国家报告（注：地券上有"及屋地"）。

不这么做会怎样？＝县里没有来调查，最后就会变成黑地。

您为什么报告呢？＝因为怕被别人举报要罚地租十倍的罚金，所以父亲（吴玉魁）报告并办了执照。民国元年有地券的调查办了新契纸，之后民国十九年进行了税契。

现在的地租是？＝六元九角七五，地价是六十七元。

作物呢？＝蔬菜，自己用的。

【二亩（村内）】四至？＝东坑、西李广全、南王杰、北李富。

什么时候买的？＝祖先的开垦地，开始时没有地券。宣统元年升科，民国元年有了验契，地租是八分，民国二十九年税契、地租是一元三角五分，地价十五元。

作物呢？＝高粱二十斗，大豆十斗（自耕）。

现在的情况下一亩多少钱？＝一百元。

【五亩（村内）】（注：地券是五亩，国家是把八分作为一亩，本人说实际的面积只有四亩）

什么时候买的？＝谢庄头的土地，三百年前一直在租。

谢庄头是哪里的人？＝滦州县（唐山附近）的人。

谢庄头每年什么时候来收租？＝每年十月，自己到城内的旅馆住下收集地租。开始时是到村里来通知大家，然后佃户到他那里交纳。

住几天呢？＝二十天。

地租是？＝八百钱（下地）。

根据上、中、下吗？＝村里没有上地、中地。

不交租会怎么样？＝今年不交的话，明年一起交。

能卖土地吗？＝能，进行推和过契。

需要谢庄头的同意吗？＝不需要，两人一起去县里把租账改写一下就行了。

民国初年时的推价是？＝一百二十元。

民地的买卖价格是？＝一亩三十元。

民地的田赋是？＝二分（二百钱）。

官产整理是什么时候开始的？＝民国元年开始的，这个土地是民国四年被整理的（一亩支付四元，粮规定是四分）。

谢庄头土地的整理期间是？＝民国初年至四年都买了。

官产整理是很难得的吗？＝布告上说必须要买，所以没有办法，催促多次。

【三亩（村内）】四至？＝东张永怀、西王恒、南顶头、北顶头。

什么时候买的？＝民国五年，从郭顺氏那里花一百八十吊买的，买的时候是黑地，去年进行税契了。

不是旗地吗？＝不是，是普通的黑地。

作物是？＝米三十斗，大豆十斗（自己种）。

所有地的合计是？＝和在别的村的地一起，合计是十八亩。

租佃地呢？＝县里的李寿庭在耕作。

（以下是刘长春的应答）

【刘长春的五亩（村内）】四至？＝东道、西道、南杨姓、北李姓。

什么时候买的？＝宣统元年杨振林（杨源的叔父）花二百吊从杨源那里买的（这个地券和税契时做成的东西都有疑点）。

沿革地目是？＝不清楚，但像是匠役地（杜祥的话）。

宣统元年交纳田赋了吗？＝是的，四分，民国二十九年进行了税契（价格二十元）。

作物是？＝白玉米五十斗、大豆十斗（自耕）。

【四亩（村内、小中河南）】四至？＝东官地、西吴殿臣、南李秀芳、北金溜奎。

什么时候买的？＝民国七年从吴殿臣那里买的（卖价一百五十吊？），吴殿臣的祖先开垦的，就是租民粮地，民国二十九年进行了税契。

作物是？＝高粱三十斗、黑豆十斗（自耕）。

【三亩五分（村内）】四至？＝东沈姓、西杨姓、南顶头、北官道。

什么时候买的？＝光绪三十四年从杨永元那里花三十吊（？）买的。

地目是？＝买的时候是民粮地，但这之前不知道，民国二十九年买契。

作物是？＝高粱二十斗、黑豆十斗（自耕）。

所有地总计是？＝十六亩半。

有租佃地吗？＝没有。

有出典地、承典地吗？＝景德福的五亩地在民国二十八年五月，期限三年，以三百八十五元出典。在民国二十九年十二月追加六百元买下来了，这个地在南法信东河附近。

五亩出九百元以上是好地吗？＝不是，是下等地。

下地也要这么贵吗？＝一般大概是一亩一百二三十的土地，因为自己不耕作土地没办法生活，也没什么买的人，没办法只好买了。

作物是？＝粟子四十斗、小豆二十斗、萝卜两千斤。

买契的日期是中华民国三十年，旧历十二月十二日，是什么原因呢？＝在买契日期的六个月内不税契的话，就要交罚金，考虑到这个把日期写晚了。

打算什么时候税契呢？＝准备今年冬天的时候。

田赋由谁来交？＝对方。

（以下与李祥林的对话大部分由杜祥代替回答）

【李祥林的三亩（村内）】沿革地目是？＝匠役地。

什么时候买的？＝民国三年从李文海那里花一百二十吊买来的（过契）（注：民国二十九年进行了税契）。

从民国三年开始交纳田赋吗？＝没有，是黑地。

匠役地收租到什么时候为止？＝不知道。

（以下由杜祥代替回答）

民国元年时就没来收租了。

县里下来的必须要买匠役地的命令是什么时候？＝根据民国元年的命令有八项旗产整理这一项，命令上没有写整理匠役地，所以不买，自己随意进行升科也可以。

那匠役地为什么民国元年时就没来收租了呢？＝因为国家对八项旗产进行了整理，匠役地可能也被整理了，因此没来收租吧。

作物是？＝玉米二十斗、大豆十斗（自耕）。

【三亩（村内）】沿革地目是？＝匠役地。

地券上有立卖契的理由是？＝民国十二年从杨濮增那里买的时候，已经交纳了田赋，所以立了立卖契。

这个地券是什么时候完成的？＝去年土地调查时完成的，田赋是买的时候自己去县公署那里，自称自己是杨濮增交纳的。因此去年土地调查的时候没有办法进行了税契，随意制作了地券进行税契。

作物是？＝高粱二十斗、大豆十斗（自耕）。

【五亩五分（村内）】沿革地目是？＝匠役地。

什么时候买的？＝像地券上写的一样，民国八年从杨春旺那里花二百吊买来的（注：民国二十九年税契）。

买的时候这个土地交纳田赋了吗？＝是的。

民国八年之后怎么样？＝用杨春旺的名字，自己交的钱。

作物是？＝白玉米四十斗、大豆二十斗。

所有地合计是？＝十一亩五分（注：除了房基，以下相同）。

村外呢？＝没有。

租佃地、典地等呢？＝没有。

耕种十一亩五分地，在生计上有什么不足吗？＝丰年的话，大体上还可以。

遭受水灾时呢？＝很烦恼，没有办法就去北京做蜜供，或是当短工赚工资维持生活。
（以下是李树林的回答）

【资料三】周庄头地的地契

立过契地文约人于治川因缺乏人手，今将自置老租地一段六亩坐落在沙井村家南，地名桥南，亲自烦请中介人说合情愿，过与李文山名下，办种为业字过之后，由李姓自便与于姓无关，言明铜制东钱一百二十元整，其钱笔下交足并不少欠，此系两家情愿，各无反悔，恐空口无凭，立示为证。

如有差错由中保契主一面承管。

计开四至　南至官道　西至赵姓　北至杨姓
　　　　　　　　东至杜姓

此地系周庄头租子

中保人　崇葛顺　　十

立字人　于治川　　中心

代字人　刘长春　　平心

光绪二十四年九月二十五日

李文山是谁？＝我的祖父。

地租是？＝每亩一吊。

【周庄头】向周庄头交租到什么时候为止？＝民国十五年起就没来收租了。

每年几月来收租，手续是怎样的？＝每年十月十五日周庄头亲自来城内住宿，待二十天。十月十五日周庄头来村里催租，然后大家去城内交租。

土地的买卖需要周庄头的同意吗？＝不用。

周庄头在哪里？＝怀柔县赵各庄。

周庄头要把租的一部分交给县公署吗？＝不用，什么也不交。

周庄头的土地整理是什么时候开始的？＝官产整理时，周庄头的地不卖也可以。

官产整理的时候没有命令买吗？＝一般庄头的土地都是庄头来县里提交账面，但周庄头不来县里，没办法卖。民国五六年时到县公署去进行了税契。

从那时起到民国十五年，向周庄头交租了吗？＝税契是在县里，但租交给周庄头。

为什么税契呢？＝因为袁世凯当大总统时命令进行契税（民国五六年时？）。

作物是？＝粟子四十斗、小豆十斗。

现在还交田赋吗？＝还在做土地调查，但没有田赋了。因为是庄头的土地，田赋的问题稍后再说。

【四亩（村内）】什么时候买的？＝光绪二十七年从杜芝兰那里花一百吊买的。

沿革地目是？＝民粮地（注：民国四年进行了验契）。

什么时候开始交纳田赋的？＝从买来开始一直交。

作物是？＝高粱三十斗、黑豆十斗（自耕）。

【三亩（村内）】什么时候买的？＝三年前从张书贤那里花五十元（?）买的，去年税契了。

地目是？＝以前开始是民粮地。

作物是？＝一半是河淤地，高粱十斗、大豆十斗，去年头一次收获。

全部的所有地是？＝二十亩六分（包含村外的六亩六分）。

租佃、典关系地呢？＝没有。

2 月 27 日

杜守田、李秀芳、李广权、赵廷奎

地　点　沙井村公所

（以下是杜守田的回答）

【杜守田的二亩（村内）】四至？＝东道，西河姓，南杜姓，北杨姓。

地券是什么时候的？＝去年作了税契的折卖契。

地目是？＝匠役地。

什么时候买的？＝民国四年官产整理时，父亲杜如海买的。

这之前匠役地交租吗？＝父亲交的，这个方法和地租都不知道。

【三亩（村内）】四至？＝东道，西河，南李姓，北杜姓。

地目是？＝匠役地。

什么时候买的？＝民国二十七年从夏云章那里买的，但是买主名义是杜世贤（长子），用长子妻子的钱买的。但是像自己的土地一样，地券也是由自己保管的。

这个地券是前年做成的吗？＝是的（注：民国二十八年进行了税契）。

从夏云章那里买来的时候他有地券吗？＝卖主是老人没有地券，什么都没有。

一般没有地券不是不能买土地吗？＝因为有中保人，所以没有地券也没关系。

怎么知道是匠役地呢？＝从以前开始，这附近所有的地都是匠役地。

这个土地的官产整理是什么时候有的呢？＝我买的时候已经是民粮地了，所以这之前是怎么整理的不知道。

现在的地价是？＝一亩六七十元。

交易价格是？＝一亩二百元，因为现在谁都不卖土地了，所以贵。

作物是？＝用以前的两亩和这三亩，高粱三十斗、玉米二十斗（自耕）。

【三亩五分（村内）】四至？＝东张文恒、西杨斌、南杜维新、北刘祥。

地券是什么时候的？＝去年税契的时候。

地目是？＝黑地。

什么时候买的？＝民国九年从孙天禄那里花一百七十吊买的（注：但是地券是去年做成的，所以这个回答可信度低。民国二十九年税契，一百七十吊换算成十五元，正税九角、副税五角二五）。

田赋呢？＝什么时候开始交纳的不知道，我买来之后以孙天禄的名义交纳的。去年土地调查时被命令进行税契。

作物是？＝高粱不足十斗，种了黍但几乎没有收获。因为是沙地，如果有人买的话，就卖了。

【五亩（村内）】四至？＝东王、西李、南顶头、北道。

地目是？＝民粮地。

什么时候买的？＝民国五年，父亲从张之儒那里花一百七十吊买的。

田赋呢？＝从父亲买的时候开始一直交纳，直到去年地券上还是父亲的名字，税契时就把名字换了。

作物是？＝高粱二十斗、大豆五斗（自耕）。

所有土地总计是？＝十九亩半。

租佃地呢？＝在南法信（小中河的西方）租佃了五亩。

地主是？＝景某。

什么时候开始的？＝去年开始的。

地租是？＝一亩十六元（以前是一亩两三元，现在十六元也不算高）

作物是？＝高粱三十斗、大豆十斗。

（以下是李秀芳的回答）

【李秀芳的七亩（村内）】四至？＝东杜姓、西赵姓、南丁类、北道，民国七年，卖主杜景春，买主李文志（祖父），买卖价格二百吊。

地目是？＝民粮地。

田赋呢？＝现在两元，买的时候不知道。民国八年税契（地价二十五元）。

作物是？＝大高粱十斗、小高粱二十四斗、麦十五斗（自耕）。

【四亩五分（村内）】四至？＝东刘姓、西王姓、南道、北官地，民国十年立过旗租地，立契人李文海，对方是李文治（父亲），价格一千零七十吊，同年买契（地价八十六元六七钱）。

您是什么时候承继的？＝民国十三年，小的时候。

地券是谁在保管？＝自己。

谁在纳税？＝那时候是拜托在县内的亲戚王某。

地目是？＝我不知道，好像是旗地。这附近的土地基本上是周庄头（杜守田说的）。

什么时候升科的？＝祖父的时候。

作物是？＝和另两亩一起种了高粱十六斗、玉米三十二斗。

【二亩（村内）】四至？＝东置主、西王春林、南老道、北道。

地目是？＝好像是旗地，民国四年从王悦（本村）那里自己买的（价格三十八元），改名字的时候付了一元，在粮房改的名，没有税契。但在民国二十九年时税契了。

【六亩（村内）】四至？＝东杜景萱、西景徒、南丁类、北免广，民国三年，卖主李常有（北法信人），买主李文治价钱二百五十二吊（？）。

地目是？＝以前是民粮地，田赋一直交到民国十四年，这之后因为县里没有要求交

（没有名字）所以没交，去年土地调查时进行了税契（三十一元），而且也交了田赋。

作物是？＝玉米四十斗，麦二十四斗（自耕）。

【八亩（村内）】四至？＝东顶头、西刘姓、南顶头、北吴姓（现在的所有者是刘姓），民国十九年，卖主景荣（不知道是哪里人），买主李文治，价格七百五十吊，民国十八年买契（九十三元七十五钱）。

地目是？＝好像是匠役地（杜祥的话）。

作物是？＝高粱五十斗、麦三十二斗（自耕）。

【二亩（村内）】四至？＝东王悦、西官地河、南北王悦，宣统三年，立卖旗租地，立契人李文海（祖父的兄弟），对方李文治，价格九十五吊。

地目是？＝旗地，不知道为什么是旗地（注：周庄头？）。

向县里交税吗？＝不，成为黑地，民国二十九年进行了买契（八元）。

作物是？＝玉米十六斗、大豆四斗。

【十亩（南法信圈）】四至？＝东道、西顶头、南吉乐安今尚、北刘福田，民国二年，立卖人黄文（不知道是哪里人），对方李文治（四百一十吊？）。

地目是？＝民粮地，田赋一直交到民国十七年，这之后县里说没有名字就没有再收田赋。民国二十九年买契（四十元）。

作物是？＝高粱三十五斗、玉米四十斗。

【七亩（村内）】地券是？＝匠役地。

什么时候买到手的土地？＝不清楚。

不是黑地吗？＝从买来就一直纳税。

作物是？＝玉米三十斗、白玉米二十四米（自耕）。

全部的所有地是？＝四十六亩五，本村内有三十六亩五。

都是自己耕作吗？＝是的。

租佃、典出入地呢？＝没有。

祖父的时候有多少土地呢？＝六十亩。

变少是因为什么？＝祖父贷款进行承典，但现在对方自己把钱还了，所以土地也返还了。

有雇农吗？＝有一个半长工。

还做了除农业以外的事吗？＝没有，光做农业，冬天的时候也会买卖点白菜。

（以下是李广权的回答）

【李广权的五亩（村内）】四至？＝东道、西河沟、南张（现在是李）、北夏（现在是杜），民国二十三年，立契人杜景萱（和杜祥同族），对方是李广权，价格九十元，同一年进行了买契。

地目是？＝因为向老民房纳粮，所以是民粮地。

田赋呢？＝一直都在交纳。

作物是？＝高粱二十斗、玉米二十斗、黑豆十斗。

【六亩（村内）】四至？＝东吴姓、西董姓、南顶头、北顶头。

什么时候买的？＝数年前从杨润那里买的（一百元？）。

地目是？＝不清楚，但是田赋是向老户房那里交纳的，开始是交三亩的粮，从去年开始交六亩的粮。

作物是？＝玉米五十斗、麻十斤、大豆二斗（自耕）。

【二十亩（北法信圈，离村四里）】四至？＝东官道、西壕、南任、北李姓，民国二十三年，立卖人杨润、买主李广权，价格三百八十元，已税契。

地目是？＝民粮地。

作物是？＝玉米百斗、大豆四十五斗、粟四十斗（自耕）。

所有地总计是？＝三十九亩，在村东有八亩的土地，父亲当时向李汇源出典，典的价格不清楚，地券由李持有，民国二十二年自己赎回四亩。

【出典和回赎】出典的话要过渡地券吗？＝是的。

赎回四亩大概要多少钱？＝五十元。

现在赎回剩下的四亩大概要花多少钱？＝开始这个土地是父亲（李英元）向李汇源和王悦芳出典，之后二人为了耕作发生了纠纷，父亲没能赎回，李汇源（父亲和兄弟）出钱从王悦芳那里赎回来，一个人耕作。因此现在想要赎回的话，要向李汇源支付两倍的钱。

没有想过赎回那四亩吗？＝想要赎回。

没有交涉过吗？＝没有，如果要赎回的话，把以前的吊换算成现在的价格就行。

正在耕作的是？＝三十五亩。

租佃、典出入地呢？＝没有。

家庭呢？＝十人。

雇农呢？＝雇了一个长工。

（以下是赵廷奎的回答）

【赵廷奎的三亩（村内）】四至？＝东置主、西头道、南吴姓、北张姓，光绪二十四年，立契人李殿元，对方赵祥（父亲），价格是二百吊。

【韩庄头】沿革地目是？＝韩庄头。

二百吊不是很高吗？＝为什么要出这么多钱呢？我的父亲死后，孩子们把他埋到了李殿元的地里，李没有承诺，他发牢骚说，你家墓地在我地里，不是很奇怪吗？没有办法只能找了很多中介人进行仲裁，买回来了。

这之后就是赵家的墓地了吗？＝没有成为赵家的墓地，村外南法信的五亩地变成了墓地，以前望泉寺内有墓。

望泉寺的墓是怎样的？＝有祖先的墓，什么也不耕作。

为什么要做新墓地呢？＝因为旧的用完了。

向韩庄头交租了吗？＝是的，每年交三吊七百五十文。

什么时候开始不交的？＝十年前，民国十六七年时。

为什么？＝对方没有过来收。

韩庄头是哪里人？＝不知道。

来收租的话住在哪里？＝城内的宿屋。每年十月来村里通知大家。

县里没有下来官产整理的布告吗？＝因为是旗地，根据这时的布告（有旗产整理）必须要卖，但是这个土地非常差所以就放着没管，去年土地调查时也没有交出，现在也是黑地。

作物是？＝只能种一点。

【二亩（村内）】四至？＝东道、西顶头、南杨姓、北置主，宣统年间，立契人赵达日长子赵春、次孙赵文生（和我同族），对方赵祥（父亲），价格银十两。

地目是？＝匠役地。

交租到什么时候为止？＝父亲买来之后，不清楚交过租没有，自己没交过租。

匠役地的人到何时为止没有来村里收租？＝光绪年间来了，从民国元年起没再来。

作物是？＝什么都没种。

【五亩（村内）】四至？＝东河、西朱姓、南杨正、北顶头，民国二年，立契人杨润，对方赵福，价格一百八十五吊，民国二十九年买契（地价二十元）。

地目是？＝民粮地。

实际上呢？＝民国十七年，二十五亩花了五十元买的，但用吊写的话，税会更便宜，所以伪造了。

现在的市场是？＝一亩五六十元。

什么时候开始交田赋的？＝从以前开始交的。

作物是？＝高粱三十斗、大豆十斗、黍十斗（自耕）。

【二亩五分八厘（村内）】四至？＝东杨绍增、西香火地、南道、北杨永良。

地目是？＝民粮地，向老户房交纳田赋。

什么时候买的？＝光绪四年，从父亲那时就有的，卖价等不知道，地券上写的是光绪二十六年，立卖人是得胜，对方赵祥（七十六吊），民国二十九年买契（十元）。

什么时候开始交纳田赋的？＝父亲的时候开始，每亩一分二吊。

作物是？＝什么都没种。

【五亩（南法信圈内）】四至？＝东张玉田、西匈廷栋、南顶头、北匈廷栋。

地目是？＝民粮地。

田赋呢？＝从父亲的时候开始交纳，民国二十九年买契（二十九元）。

作物是？＝玉米二十斗、黍二十斗。

（注：地券上是光绪二十六年，立卖人张作霖，对方赵祥，二百四十吊，这个地券是伪造的）

【二亩（望泉寺圈内）】道光十二年，立卖人赵连登，对方赵刚（祖先），价格四两。

地目是？＝民粮地。

作物是？＝玉米二十斗、黍十斗。

所有地的合计？＝十六亩五八（村内九亩五八，村外七亩）。

租佃地呢？＝十九亩，其中八亩在马家营村（地租四十八元，作物是玉米八十斗），四亩在梅沟营村（地租十八元，作物是粟子二十斗、黍二十斗），七亩在县内，从张景山氏那里买的（地租五十元，玉米五十斗、高粱二十斗）。

不能耕作的地呢？＝四亩五八。

经营地呢？＝（十九＋十二）合计三十一亩。

2 月 28 日

李濡源、柏成志、张韩氏、张永仁

地　点　沙井村公所

（以下是李广志的回答，李濡源的儿子，因为李濡源有事不在）

【李濡源的五亩（和石门村圈、沙井村的边境非常近）】四至？＝东顶头、西河沟、南张永仁、北金志魁（注：民国二十九年税契）。

地券上写的是光绪二十五年，李濡源花一百六十五吊从杨文增那里买的，那这个地券是什么时候的呢？＝去年写的新的，到现在的地券没有了。

为什么没有了呢？＝这之前时不时有战争，因此把地券藏起来了，结果不见了。

田赋是什么时候开始交纳的？＝父亲的时候开始的。

作物是？＝黍十五斗、高粱四十斗。

【三亩（石门村西方）】四至？＝东任子春、西李春、南尹治祥、北尹治祥。

民国二年李濡源花一百吊从张起那里买来，这个地券是什么时候做成的呢？＝去年税契的时候。

作物是？＝黍七斗、高粱十斗、粟十斗。

【五亩（南法信圈，离沙井村三里）——民粮地】四至？＝东王、西杨、南顶头、北官道。

地券上写的光绪二十九年李濡源花了一百八十吊从杨清那里买来，地券是什么时候做的？＝去年税契的时候。

作物是？＝黍十五斗、高粱四十斗。

【五亩（南法信圈，和上面的五亩在同一个地方）——民粮地】四至？＝东杨永林、西候士达、南顶头土台、北官道（注：地契上，民国十五年，立卖人杨永元，对方李濡源，价格一百元，民国二十九年税契）。

作物是？＝黍二十斗、粟子四十斗。

【十亩（北法信圈，离沙井村三里）——民粮地】四至？＝东道、西道、南茹、北杨姓（注：地契上，光绪三十二年李濡源花三百四十吊从杨斌那里买来，民国二十九年税契（四十元））。

作物是？＝白玉米一百斗、黑豆二十斗。

【四亩（南法信圈，离沙井村三里）——黑地升科】四至？＝东刘姓、西李姓、南道、北道。

什么时候买的？＝光绪三十三年，李濡源从李振宗（同族）那里买的，以前有人说这个地是内务府造办处的土地，听父亲说的话，李振宗买的时候就已经不向造办处交租了，这个土地在去年升科之前一直是黑地。

作物是？＝白玉米四十斗、黑豆十斗。

【三亩（村内）——民粮地、一亩——黑地】两地变成什么样了？＝变成一个了。

三亩是什么时候买的？ ＝光绪三十一年花了一百一十吊从李振宗那里买的。

以前就是民粮地吗？ ＝是的。

田赋呢？ ＝从以前开始交纳，去年进行了税契。

一亩的情况是？ ＝不知道什么时候买的，这个土地没有地券，什么都没有，是黑地。

作物是？ ＝在上面说的那两块地种了三千斤甘薯。

甘薯的市场是？ ＝每千斤三十元。

【五亩七分（南法信圈，离沙井村三里）】四至？ ＝东侯姓、西刘姓、南顶头、北道。

什么时候买的？ ＝光绪三十二年张振杰（祖父）依据“过价平银二十七两整”从官玺那里得到的，这个地券是当时做成的（注：民国三年进行了验契）。

向匠役交租了吗？ ＝是的，祖父的时候是交租，但是父亲的时候进行了升科，之后就是向县里交纳田赋。

租额是？ ＝不知道。

什么时候进行的升科？ ＝不知道，大概民国三年。

作物是？ ＝玉米四十斗、芝麻三斗、大豆十五斗。

【七亩二分（村西）——民粮地】四至？ ＝东李姓、西杜姓、南道、北道（注：地券上光绪三十二年，立卖人杜之芳，对方杜振杰，价格二百六十吊，民国三年进行验契）。

田赋呢？ ＝从当时买来开始交纳，这个地从以前开始就是民粮地。

作物是？ ＝黍二十斗、白玉米三十斗、高粱二十斗、黑豆十斗。

（接下来是持有契税收据的土地）

【一亩（村内）——沙坑】什么时候买的？ ＝是祖先传下来的，从以前就开始交纳田赋，开始是好地，但开采土地后变低了，水分流失，变成了废耕地。

【六亩（村内）——内务府造办处】

【十亩（村西）】作物是？ ＝玉米百斗、大豆二十斗。

【八亩（村西南）】作物是？ ＝黍三十斗、粟子七十斗。

【四亩（村西南）】作物是？ ＝黍十斗、高粱三十斗。

有三个是民粮地吗？ ＝不是，旗地，但不知道是什么样的旗地。

向内务府造办处交多少租呢？ ＝祖父（李振杰）和父亲（李濡源）都交过，我自己不知道。

向父亲打听一下就知道了吧？ ＝可能忘了吧，太长时间没交了。

【民国三年的官场整理】一直交到什么时候？ ＝直到民国三年。

从民国三年开始交纳田赋吗？ ＝民国三年之后向县公署交纳田赋，但因为没有税契，去年头一次进行了税契。

民国三年时有过官产整理吗？ ＝是的。

造办处收租的人在官产局吗？ ＝是的，去官产局本人直接卖。

从官产局那里得到执照了吗？ ＝是的，把它拿到县公署去。

去年税契的事情是？ ＝因为县进行了土地调查。

这个手续是怎样的？ ＝县里的话，每一块地都有很多亩，每一块都要出示地契，而且命令没有税契的进行税契。以一年为期限，一个月之后命令税契。

役人会逐家进行巡视吗？ ＝不会，不巡视，会叫到村公所去。

没有隐藏土地的人吗？ ＝没有欺瞒的人，因为有村长会首等人，没有办法。

民国三年官产整理时，佃户不买土地的话会怎样？ ＝不买的话，不知道会怎样，总之大家都买了。

也有因为没钱没有买的人吧？ ＝可能有，基本上全都买了。

四元每亩买来是非常难得的吗？ ＝是的，开始时是交一吊的租，如果买了的话，就交两百钱的税。

民粮地不是交银子吗？ ＝写的是一分两分的，但实际上交的时候会换算成铜钱。

【七亩二分（村内西方）】四至？ ＝东李姓、西杜姓、南道、北道。

什么时候买的？ ＝光绪三十二年，祖父从杜芝芳那里花二百六十吊买的（注：地券是这时候的，不是因为土地调查改写的）。

田赋呢？ ＝买了之后立即交了，从那时开始是民粮地。

作物是？ ＝黍二十斗、白玉米三十斗、高粱二十斗、黑豆十斗。

所有地的合计是？ ＝七十七亩九分。

自耕地呢？ ＝七十五亩九分。

租佃、典出入呢？ ＝没有。

雇农呢？ ＝没有雇。

家庭呢？ ＝十六人，从事耕作的有三人（兄弟）。

（以下是柏成志的妻子的回答）

你是户主吗？ ＝丈夫是户主，丈夫在锻冶屋，今天有事，去枯柳树了，所以我过来了。

家庭呢？ ＝八个人，有六个孩子。

【柏成志的二亩（村内）】地目是？ ＝不知道。

作物是？ ＝玉米二十斗。

现在玉米一斗是多少钱？ ＝两元。

自家用的吗？ ＝是的，二十斗作为一个月的饭，其他的都是买的。

谁耕作呢？ ＝丈夫。

有其他的租佃地吗？ ＝没有。

什么时候成为自己的土地的？ ＝七年前从杨润那里花四十五元买的。

田赋呢？ ＝每年纳粮，去年以为税契所以交到县里，还没有地券。

生活费大概多少呢？ ＝赚了多少不知道，都用来买粮食了。存的也总是用来买粮食。

交摊款了吗？ ＝去年交了一元二十钱，前年交了六十钱，五年前因为是每亩十钱，所以交了十五钱。

怎么交摊款呢？ ＝丈夫拿着去村公所。

【房子和房基地的摊款】房子和房基地是？ ＝一亩六分的土地，两间房子。

田赋呢？ ＝房子不交田赋，跟摊款也没关系。

什么时候挖的井？ ＝很早就有的。

房子的土地是什么时候买的？ ＝六年前，房子是去年做的。

井是谁在使用呢？＝谁用都可以。

行礼了吗？＝没有。

吊桶怎么办呢？＝各用各的。

（以下是张韩氏的回答）

是户主吗？＝是的。

丈夫的名字是？＝张永怀，十四年前去世的。

家里有几个人？＝七人，有三个孩子，死了一个，孩子的妻子两个，有三个孙子。

死的是哪一个？＝长子，两个孩子都去做长工了，没在家里，所以我就自己当了户主。这两个人在家我也是户主。

【张韩氏的二亩（村内）】四至？＝东道、西刘姓、南刘姓、北刘姓（注：地券是正确的）。

什么时候买的？＝民国三年，丈夫花八十吊从张二奉（同族）那里买来的。

地目是？＝钟杨宅。

【钟杨宅】从民国三年买来开始向钟杨宅交租吗？＝买来的时候交了租，交到什么时候为止不清楚。

官产整理时没有买吗？＝钟杨宅的东西这个村里谁都没买。

去年根据县的命令税契了吗？为什么你的土地还没有税契呢？＝受到了别人的注意才税契的，跟这次县里的土地调查无关。

作物是？＝高粱三四斗，这个土地比较差，所以没什么收获。

【三亩（村内）】地券是？＝正在县公署税契。

地目是？＝匠役地。

什么时候买的？＝从祖先那里传来的。

【匠役地】匠役地交租到什么时候为止？＝三四十年前开始向县公署纳粮，这是由自己做的。

为什么要向县里交纳呢？＝因为从匠役地那里买的。

大概每亩多少钱买的？＝忘了。

三四十年前向匠役地交租了吗？＝是的，租额忘记了。

去哪里交呢？＝每年十月左右，匠役地的人住在城内收租，去那里交。

会到村里告诉大家他来收租了吗？＝是的。

交给来通知的那个人吗？＝是的。

来几个人？＝来几个人不知道，交给来村里通知的那个人。

有收据吗？＝匠役地不给收据，也没有租票。

不交租的话会被催吗？＝反正自己是交了的，其他的不知道。

为什么要买呢？＝匠役地已经不来收租了，县里有必须要买的命令，因此买了。

作物是？＝玉米七八斗、高粱十四斗（自耕）。

【五亩（村内）】四至？＝东刘姓、西赵姓、南官道、北水坑。

地目是？＝因为是新买的，不知道以前的地目（注：地券是正确的，根据此可知，民国二十三年花八十元从望泉寺人路水旺那里买的，并进行了税契）。

作物是？＝粟子三十斗。

所有地合计是？ ＝十亩（自耕）。

租佃地呢？ ＝没有。

谁在耕作？ ＝儿子。

房基呢？ ＝数份数，四间房子。

（以下是张永仁的回答）

【张永仁的五亩（村内）】四至？ ＝东王姓、西王姓、南顶头、北官道。

什么时候买的？ ＝花三百吊从杜芝茂那里买的（注：民国二十九年买契（二十五元））。

田赋呢？ ＝卖主也交了，买卖之后一直在交。

作物是？ ＝高粱四十斗、黍二十斗、播种了一点豆，没有收获。

【六亩（石门村圈，离沙井村一里半）】四至？ ＝东道、西河边、南刘姓、北杨姓。

什么时候买的？ ＝民国二十二年花一百三十元从杨润那里买的，已经税契了。

作物是？ ＝高粱五十斗、黑豆十斗。

【六亩（村内）】四至？ ＝东耿姓、西赵姓、南北官道。

地目是？ ＝民粮地。

什么时候买的？ ＝道光元年，祖父张学武花一百五十吊从杜成美那里买的。民国三年验契（注：有地券）。

作物是？ ＝高粱五十斗、黑豆十四斗。

【十亩（在南法信，离村里二里半）】四至？ ＝东道、西顶头、南李、北主（卖主）。

地目是？ ＝民粮地。

什么时候买的？ ＝民国二十七年花一百元从王修那里买的，已税契。

作物是？ ＝高粱六十斗、黑豆十斗。

【五亩（村内）】四至？ ＝东道、西丁类、南刘姓、北樊姓（注：民国二十二年花一百二十元从杨润那里买的，已税契）。

作物是？ ＝高粱五十斗。

【六亩二分（在南法信，离村一里）】地券呢？ ＝在县公署。

地目是？ ＝民粮地。

什么时候买的？ ＝忘了。

作物是？ ＝高粱四十斗。

【十一亩（在梅沟营，离村五里）——承典地】是谁的土地？ ＝城内的人，沙井村小学何先生的父亲。

什么时候得到的典？ ＝去年正月。

典期是？ ＝三年。

典价呢？ ＝五百五十元。

田赋是谁在交？ ＝地主。

【税契和典契】为什么税契收据在您那里呢？ ＝说到为什么税契，是因为得到这个土地的典的时候，地券在对方那里，一般地券在承典者那里也没有关系，但何先生在这个土地附近有许多的土地，他只是把其中的一部分出典给我了，因此没有把地券给我。但我怕没到三年就被要求回赎，没有和对方商量，就自己做了典契，进行了税契。

外面还有在耕作的地吗？＝没有。

所有地的合计是？＝四十六亩二分（自耕）。

承典地呢？＝十一亩。

雇长工了吗？＝没有，自己和孩子两个人耕作。

家人呢？＝一共十五人。

3月1日

周德福（树棠）、沙井村的官旗产、孙凤

地　点　沙井村公所

（以下是周德福的回答）

【周德福的十亩（村内）】四至？＝东张、西官道、南官道、北杜姓。

地券是正确的吗？＝不是，去年做的，但买卖年份是对的（注：光绪三十一年，孙晏（当时八岁，儿子）花四百吊从杜祥那里买的，民国二十九年税契（二十七元））。

为什么以儿子的名义呢？＝那时候自己是养子，儿子不是养子，所以写了儿子的名字。

开始是民粮地吗？＝是的。

买这个土地时，如果让交纳田赋的人代替的话，需要什么手续呢？＝只要把地券拿着去粮房交点钱就行了，立刻就能把名字改了。

【税契】为什么没税契呢？＝不税契也可以，税不税契都是随意的，觉得奇怪的话，就税契，实际考虑到要花钱，就没有税契。

税契的目的是什么？＝保存所有权，现在有命令不税契的话，就要罚款。以前有规定但没有实行，民国二十七八年开始实际实行。

作物是？＝甘薯七千五百斤、落花生千斤（自耕）。

【十亩（在南法信，离沙井村二里）】四至？＝东官道、西张姓、南刘姓、北张姓。

什么时候买的？＝光绪三十二年从赵少尧（本村）那里买的，地券是这次写的，民国二十九年税契（二十一元）。

地目是？＝以前是民粮地。

作物？＝玉米七十斗、大豆十斗（自耕）。

【六亩（在北法信、离沙井村二里）】四至？＝东任姓、西顶头陈、南张姓、北水。

什么时候买的？＝民国十七八年的时候，花一百五六十元从城内的袁恩那里买的，民国二十九年税契（十五元）。

田赋呢？＝开始是黑地，去年升科了。

作物是？＝高粱四十斗、豆十斗。

【关于全部耕地】耕地合计是？＝三十三亩。

租佃、典关系地呢？＝没有。

耕地者是？ ＝儿子一个人。

雇农是？ ＝没有，一年花五十元雇了个短工。

短工的工资是？ ＝不忙的时候一天五六十钱，忙的时候一天一元。

房基呢？ ＝一亩，房子十四间。

地目是？ ＝民地。

田赋呢？ ＝没有，有地券，有地券的房基比较多。

【沙井村的旗地】沙井村光绪年间的旗地的种类有多少呢？ ＝钟杨宅、菊宅、内务府造办处、崇祝寺。

周庄头呢？ ＝周庄头和内务府造办处一样，是内务府的土地。

韩庄头呢？ ＝这个村没有。

匠役地呢？ ＝有匠役地，但是很少来收租。来收过几次之后就没来了，民国以来就没有再来，这之后几乎都变成了黑圮。

菊宅呢？ ＝民国十年大家都卖了。

造办处呢？ ＝民国十五六年开始没来。

崇祝寺呢？ ＝民国二十二三年开始没来。

【上面的各旗地的亩数以及佃户】

钟杨宅呢？ ＝二十亩，佃户三四十户。

菊宅呢？ ＝三十亩，佃户是赵廷奎一户。

造办处呢？ ＝百亩以上，佃户是十位。

崇祝寺呢？ ＝二十亩，只有杨源一家，但这个土地在北法信，民国十年买下。

上面的亩数是民国年间的吗？ ＝不是，是光绪年间的。

【催头】李广田是造办处的催头吗？ ＝是的。

李秀山（父亲）有多少亩？ ＝一百亩。

这一百亩是在村内还是村外？ ＝都有，村内的多一些。

【庄头】光绪年间周庄头地有多少？ ＝三百亩，佃户是二三十户。

李秀山是造办处的催头，他都做些什么呢？ ＝农民把租交给他，他到城内去汇集交租。

租账在李秀山那里吗？ ＝在李秀山或是李广田那里，农民交租，从李那里得到收据。

造办处的人什么时候来城内收租呢？ ＝十月的时候来十天。

进村吗？ ＝是的，到村里找催头，然后拜托他。

【佃户的纳租】农民什么时候交租？ ＝役人告诉催头，催头催促农民交租。

农民在十日内交租吗？ ＝不是在十日内交租，在役人来之前李催租。

租大概是多少？ ＝六百钱。

李广田就这样交给役人吗？ ＝是的。

【催头的报酬】李广田的报酬是多少？ ＝就这样不交，例如收了十钱，给役人七钱，三钱是他的手续费。

李广田耕作的造办处的土地怎么办呢？ ＝每亩支付七钱。

没有不用交租的土地吗？ ＝没有。

【租的滞纳】造办处的土地没有不用交租的吗？＝即使土地很差，没有收获，也必须要交租，今年差的话，明年一起交。

可以几年不交租呢？＝一两年可以，这以上就不行了。即使变卖家当，也要交钱。

没有东西可卖，李广田会怎么做呢？＝这时会给佃户田地，但是基本上没有这样的实例。

【催头和佃户】佃户对李广田来说，是不是就跟地主对佃户是一样的关系呢？＝佃户会把李秀山看作是地主，在婚丧嫁娶的时候会去帮忙。

但是佃户只要交了租的话，婚丧嫁娶的时候就没有来帮忙的必要，不来的人有吗？＝这是双方之间的感情问题，只要有什么，对方就会来帮忙。

【旗地买卖】卖这个土地的时候要怎么做？＝一开始没有和李广田商量，卖了之后让他知道，然后再改名字。

民国初年一亩多少钱啊？＝不知道，但是比民地便宜。比如民地是五十元的话，旗地就是四十元。

【李广田（催头）】李广田收租到什么时候为止？＝直到民国十年，这之后去了满洲。

这之后是谁来收租？＝李增（石门村的人），但是只做了一年。

【造办处的土地整理】造办处的土地在官产整理时是什么时候被买下来的？＝官产整理开始的时候是民国十二年，民国十五六年买的比较多，民国二十二三年大家都买了。

有了官产局之后就没有再交租了吗？＝是的。

【整理价格】一亩多少钱买来的？＝四元至五元。

这个价格是谁规定的？＝造办处的人，官产局的人是造办处的人。

造办处以外的旗地没有催头吗？＝都有，不知道是谁，本村没有。

【钟杨宅】钟杨宅不是私产吗？＝是的，是私产。

个人的还是庙的？＝叫钟杨的人的土地。

钟杨是旗人吗？＝不是，北京的有钱人。

钟杨宅出现的原因是？＝不知道，这个人的土地是民地，这个人向县公署交纳和民地一样的田赋。

【菊宅】菊宅是？＝叫作菊的人的私产。

（以下是孙凤的回答）

【孙凤的四亩（村内）】四至？＝东官地、西张姓境地、南官地、北王姓。

什么时候买的？＝民国二十八年花一百九十元从王殿安、王殿乡那里买的。

地目是？＝知道以前是黑地（但民国二十九年进行了税契，所以到民国二十九年为止），是不是旗地不知道。

作物是？＝粟子十斗、玉米二十斗（自耕）。

【二亩（在南法信圈，离沙井村三里）】四至？＝东路姓、西刘姓、南侯姓、北张姓。

什么时候买的？＝四五年前父亲从崇文起那里买的，价格不清楚。

地目是？＝不知道，但直到六年前都是黑地。

作物呢？＝高粱、黑豆七斗，是碱性土地，所以比较差（自耕）。

【二亩（村内）】四至？＝东顶头、西顶头、南杜姓、北杜姓。

什么时候买的？＝民国三年花二百八十吊从杜芝蔚那里买的，已经税契了（税十六吊八百文）。

作物是？＝高粱十五斗、黑豆十斗（自耕）。

【五亩（在望泉寺，离沙井村一里）】四至？＝东茹姓、西刘姓、南水濠、北官道。

什么时候买的？＝二十年前，从刘长贵（本村）那里买的。

作物是？＝白玉米四十斗、黑豆十斗。

【一亩五分（村内）】四至？＝东官道、西小河、南张姓、北官道。

什么时候买的？＝大概光绪年间，叔父孙祥从吴玉山那里买的。

地目是？＝不知道，但直到去年都是黑地。

作物是？＝高粱二斗，这个地是自己祖先的墓地，现在已经经过了四代。

【四亩（村内）】四至？＝东官会地、西吴殿臣、南金志魁、北官会地。

什么时候买的？＝宣统三年，孙永安花十五吊从杜芝芳那里买的。

地目是？＝匠役地，但没有自己交租。

什么时候开始向县里交纳田赋的？＝十年前左右。

十年前是官产整理的时候买的吗？＝这时候我不在家，不知道，在北京、天津当厨师。

作物是？＝高粱三十斗、黑豆三斗（自耕）。

【四亩五分（村内）】四至？＝东张姓、西官道、南赵姓、北张姓。

什么时候买的？＝五六年前花一百二十元从李悦那里买的。

地目是？＝黑地，其他的不知道。

作物是？＝玉米三十斗、小豆四斗。

【四亩（望泉寺圈内，离沙井村一里）】四至？＝东官道、西官道、南杨永才、北张。

什么时候买的？＝孙瑞（兄）买的我不知道（注：从杨永瑞、杨源那里买的这些在地券上有）。

地目是？＝这是民粮地。

什么时候开始交纳田赋的？＝不知道是哪年交的。

作物呢？＝玉米三十斗、大豆十斗。

房基呢？＝二亩，九间房子。

田赋呢？＝没有。

全部的耕地是？＝二十九亩。

自耕地呢？＝二十七亩。

租佃地呢？＝二亩（村公会地）。

地租是多少？＝十八元二十钱。

向谁交纳？＝拿去给村长。

租佃了几年？＝四五年。

第一年的地租是？＝七元，从去年开始变成十八元二十钱。

3 月 4 日

在沙井村有土地的县城人张芬、童泰、赵全、王明、李寿延、刘志发、王永万、王书平、何长源、龚良

地　点　县公署

（以下是张芬的回答）

【张芬的六亩一分】四至？＝东官道、西河沟、南杨姓、北李祥（注：地券上是光绪十六年张宏亮花三百三十吊从刘瑞那里立了立卖契，但这个地券是不是正确的还存疑）。

什么时候开始交纳田赋的？＝民国四五年开始父亲在交纳，民国十六年起自己交纳。

【匠役地】这个土地不是旗产吗？＝是匠役地，交租直到宣统年间为止。

后来为什么不交租呢？＝因为升科了。

匠役地是什么时候开始不来收租的？＝不记得了。

记得交租吗？＝记得，每年十月左右来家里收，六亩一分三吊。

这时民地的粮是多少？＝民地稍微便宜点，六亩二吊。

知道为什么不来交租吗？＝因为这边有官产局了（民国三四年时）。

官产整理时出多少元买一亩啊？＝一亩没有出几元。

匠役地是怎么不交租的呢？＝因为是以前的事情，不知道。

光绪年间买了这个土地谁来耕作呢？＝出租，也有石门村、沙井村的人。地租是每六亩六吊。民国十年时和沙井村的李汇源合种，也就是收获后各分一半。

（以下是童泰的回答）

【童泰的五亩】四至？＝东杨姓、西杜姓、南言姓、北杜姓。

地目是？＝匠役地。

什么时候买的？＝光绪三十二年，父亲有义从王斌（不知道是哪里人）那里花一百六十吊买来的，民国四年时有验契，当时自然地进行了税契（注：地券是当时写的）。

【匠役地】匠役地要交租吗？＝父亲和我都交过。

地租多少？＝一亩一吊。

知道匠役地的役人为什么要来吗？＝让每家每户知道。

没有不交租的吗？＝因为特别便宜，所以没有不交的。

其他人呢？＝不知道。

来收到什么时候为止？＝直到民国三四年有了官产局（民国二年时来了）。

【官产局的布告】官产局出来时有什么布告吗？＝所有佃户必须要买这个土地，五亩要交十元。

官产局有匠役地的人吗？＝不知道有没有匠役地的人，反正是向官产局交钱。

自耕吗？＝这个土地买来后，就交给张守仁租佃了。

地租是？＝五亩的话，民国四年时是十吊，民国十五年时是七八元，五六年前是十

元，今年是三十元。

　　给地租的时候怎么做呢？＝两个人商量。

　　佃户要送礼吗？＝不会。

　　（以下是赵全的回答）

　　【赵全的五亩】地券是？＝在县公署进行税契中。

　　地目是？＝周庄头。

　　什么时候买的？＝大概光绪年间（曾祖父的时候）。

　　【周庄头】周庄头交租到什么时候？＝民国四五年时。

　　地租大概多少？＝每亩一吊。

　　周庄头来收吗？＝到家里来收。

　　自己来吗？＝周庄头的勤杂工来。

　　哪里的人？＝不知道。

　　这个勤杂工叫什么？＝催头。

　　没有不交租的吗？＝一来立马就交。

　　不来收租的原因是？＝因为官产整理，我没买这个土地，田赋从四五年前开始交纳。

　　为什么从四五年前开始交纳呢？＝父亲做的，我不知道。

　　自耕吗？＝是的。

　　作物是？＝黍十斗、粟子十斗、玉米少许。

　　租佃不交什么吗？＝从父亲那里听说，以前沙井村的人进行的分种，我不知道这个内容。

　　（以下是王明的回答）

　　【王明的七亩六分】四至？＝东刘姓、西王姓、南王姓、北王姓。

　　地券是？＝地券在县公署，囙为面积慢慢减少，土地调查时把两地申报成了八亩的土地（民国二十九年税契）。

　　上面的两地是什么时候买的？＝光绪二十九年从被叫作县城内主的人那里买的。

　　什么时候开始交田赋的？＝从民国十八年起，这个土地是周庄头的土地，直到民国十七年，一直来收租。

　　地租是？＝每亩一吊，催头到自己家来收。

　　民国四年时没被整理吗？＝周庄头的土地基本上在民国十八年大家都买了。

　　一亩多少钱？＝四元。

　　自耕吗？＝从买后一直自己做。

　　作物是？＝高粱二十斗、黍四十斗。

　　全部的土地亩数是？＝十五亩。

　　（以下是李寿延的回答）

　　【李寿延的九亩】四至？＝东道、西顶头、南李埠、北李祥林。

　　什么时候买的？＝民国十二年从杨家家族那里买的（四百四十吊）。

　　地目是？＝自己买后交田赋，这之前的地目不知道（地券是不是正确的仍存疑）。

　　买来之后谁耕作呢？＝交出去租佃了，今年是石门村的李，地租是一百二十五元，前两年是给沙井村的孙福，地租三十六元。

佃户为什么会变呢？＝今年的地租变高了，所以这边跟孙福说十五元一亩，孙福没有同意，所以停止了给他租佃。

租佃期限是？＝给谁都是一年。

买来之后就给沙井村的人租佃吗？＝是的，给沙井村的人的情况比较多，孙福之前是吴殿杨（一年），即将给县内的吴（一年），这之前因为自己不在家，所以不知道，妻子在管理。

民国十二年起，每一两年换一个佃户吗？＝这之前持续四五年的情况比较多。

【五亩】四至？＝东道、西河、南壕沟、北道（注：民国十二年从杜芝茂那里花二百二十吊买的，民国二十九年进行了税契，这个地券是不是正确的还存疑）。

地目是？＝一直在交纳田赋，以前的地目不知道。

佃户是？＝今年是吴殿杨，四五年前开始给他租佃，地租今年是八十元，去年二十元，四五年前是十七八元。

这之前呢？＝不知道，因为不在家。

民国十二年买来的时候是给谁租佃的？＝沙井村的人，名字忘记了。

大概持续了几年呢？＝我不在家、所以不知道。

【四亩】四至？＝东丁类、西王姓、南丁类、北赵姓（注：地券上是民国十三年从李秀芳那里花三百吊买的，民国二十九年税契。）

什么时候开始交纳田赋的？＝从李秀芳的时候开始一直在交。

李为什么要把土地卖给你呢？＝因为有人死了，需要资金。

佃户是？＝石门村的刘万成（买来直到现在）。

地租是？＝今年七十元、去年二十五元、五六年前是二十元、开始是十元。

民国十三年不是吊吗？＝两种都用。

全部的所有地是？＝三十六亩。

商业买卖呢？＝现在什么都没有做，以前做了药房。

（以下是刘志发的回答）

【刘志发的二亩】地券呢？＝去年十一月税契的，现在还在手续中。

什么时候买的？＝光绪年间。

田赋呢？＝直到现在是黑地，去年开始纳粮。

作物呢？＝白高粱二斗、大豆二斗。

【十二亩半】地券是？＝去年十二月十七日进行的税契手续。

什么时候买的？＝十年前从城内的姓张的人那里买的。

田赋呢？＝四五年前开始交纳，但只交五亩。这个土地是内务府造办处的。

向谁交租呢？＝因为从张那里买的，没有向石门村的催头李增交。

这个土地在官产整理时没有买吗？＝买了，五亩出了十五元，财政部的执照现在还在县公署。

给租佃了吗？＝自耕。

作物是？＝只有五亩可以耕作，高粱十斗、黍二斗。

全部的所有地是？＝七十亩以上。

农业是本职吗？ ＝是的。

（以下是王永万的回答）

【王永万的七亩】四至？ ＝东置主、西置主、南顶头、北赵姓。

什么时候买的？ ＝民国九年王金铨花一千四百八十七吊从赵廷奎（沙井村）那里买的，立刻进行了税契（注：地券是当时写的）。

买卖原因是？ ＝赵的父亲死了，为了葬礼。

田赋呢？ ＝一直在交纳（民粮地）。

【三亩】四至？ ＝东置主、西张姓、南顶头、北赵姓。

什么时候买的？ ＝和上面的七亩一样，民国九年从赵廷奎那里买的（六百三十七吊），立刻税契，田赋也一直在交纳（民粮地）。

【三亩】四至？ ＝东李姓、西出头、南顶头、北赵姓。

什么时候买的？ ＝都和上面的两地一样（两千一百二十五吊）。

上面的三个土地都是自耕吗？ ＝十亩自耕，剩下的十亩是买这个土地时就给赵绍廷（沙井村人）租佃了。

为什么要出租呢？ ＝自己没办法，而且这个土地遭受了水灾，自己耕作的地在东边，没有遭受什么水灾。

地租是？ ＝今年是一亩十元，去年是一亩三元。

买的时候呢？ ＝一亩一元。

地租是之前交吗？ ＝是的。

押地租呢？ ＝没有。

期限是？ ＝一年。

每年会就地租跟佃户进行商谈吗？ ＝是的。

全部的土地所有亩数是？ ＝七十亩以上。

只做农业吗？ ＝民国十二年到民国二十年在张家口做买卖，现在专做农业。

（以下是王书平的回答）

【王书平的十八亩——沙地】四至？ ＝东刘姓、西杨姓、南杨姓、北道。

沙地是？ ＝这个土地的正中有小中河流过，现在卖的话，这个地每亩五元。

什么时候买的？ ＝民国十五年城内的周云亭、周柱林因没钱而困扰，因为互相关系比较好，所以就花五十四元买了。

田赋呢？ ＝现在也没交。

沿革地目是？ ＝钟杨宅。

去年土地整理时没有升科吗？ ＝是的，没有粮。

向钟杨宅交租了吗？ ＝到民国时就没有来收租（就是有了官产局之后），钟杨宅没有把佃户写的账面交给县里，土地不能卖。

作物是？ ＝高粱四十斗。

自耕吗？ ＝去年家里有人出嫁了，人手不够，就跟石门的姓李的人伙种，这之前都是自耕。

伙种的原因是？ ＝土地很差，对方不想交纳现金，所收获的对半分。

遭受水灾了吗？＝经常遭受。

全部的所有地是？＝八十三亩。

农业吗？＝是的。

（以下是何长源的回答）

【何长源的二十亩】四至？＝东道、西道、南杨姓、北杜姓。

地目是？＝匠役地。

向匠役地交租了吗？＝不知道。

田赋呢？＝去年以祖父的名字税契后，开始纳粮。

谁在耕作呢？＝杜祥，四五年前开始（这之前是自耕）。

地租是？＝四五年前是二十元，去年三十元，现在六七十元。

期限是？＝一年。

为什么出租佃呢？＝因为有点远，懒得去耕作了。

全部的所有地是？＝五六十亩（分家之后）。

只做农业吗？＝自己只做农业，兄弟和孩子还当了教员。

分家前的所有地是？＝二百二十亩，分家时分给了三个人，大哥是一百亩，二哥六十亩，剩下的是我的。

（以下是龚良的回答）

【龚良的七亩】四至？＝东张姓、西张姓、南顶头、北道。

住在城内吗？＝不是，去年从县城搬到大营村了。

什么时候买的？＝民国元年父亲从杜芝茂、杜芝蔚那里花十两银子买的（注：民国四年验契以及买契）。

谁在耕作？＝自耕，京顺汽车路的三分被占了。

【租佃】买来之后一直租佃吗？＝祖父五年前死亡，去年给了付菊租佃。

去年几月开始的？＝三月到九月。

有租佃契约书吗？＝没有，是口头的。

约定了哪些事呢？＝只约定了价格，都是二十八元。

期限是？＝一年。

九月停止是指？＝前年的阴历十月开始，三月到九月是耕作时间。

到去年九月解除吗？＝是的，上交。

为什么要上交？＝商量地租之前上交，为什么这样呢，是因为这样自己可以耕作。

前年什么时候收的地租？＝十月十五日。

什么时候决定的租佃契约？＝十月初。

十月十五日支付地租，这个在制作契约时已经规定了吗？＝是的，说了到十五日交纳。

只有前年出租佃了吗？＝自己搬到了大营村，太远了就出租了。

付菊是以前就认识的吗？＝是的。

是因为什么关系认识的？＝因为经常碰到。

租佃是哪一方申请的？＝我去看地的时候碰到了他，在那里跟他说想把地租给他，付菊自己也说想租佃。

怎么交地租呢？　=送到城内的永安堂。

什么时候开始在永安堂工作的？　=自己家的商店（注：药房）。

那这样的话你就不是百姓了吧？　=是的，都是依靠亲戚（叔父）。

叔父住在哪里？　=住在城外，种蔬菜园，然后卖蔬菜。

七亩的土地的作物是？　=黍二十斗、高粱三十斗。

收获的作物会分给叔父吗？　=不会，只有叔父给我。自己什么也不为叔父做，叔父也不要求报酬。

地目是？　=不知道。

田赋呢？　=从以前开始（买来开始）交纳。

全部的所有土地是？　=只有七亩。

3 月 5 日

在沙井村有土地的望泉寺人张淮、张瀛、王坦、路连、周德禄、李深元、张德恩、王宝才、刘景春、刘凤臣、许德、王朝文、朱佩经、刘成章、刘树械、王瑞、王金

望泉寺的官旗产

地　点　县公署

（以下是张淮的回答）

【张淮的六亩】什么时候买的？　=光绪二十年，张永顺（父亲）从泥河的康铎氏那里买的。

田赋呢？　=一直在交（从以前卖主的时候开始交）。

以前开始自耕吗？　=是的，我在耕作。

耕地离家的距离是？　=六里。

作物呢？　=高粱十斗（但是是在没有遭受水灾的情况下）。

水灾几年遭受一次呢？　=几乎每年都有，只有去年没有遭受，所以收获之年几乎没有。

全部的所有土地是？　=三十亩。

（以下是张淮的弟弟张瀛的回答）

【张瀛的二亩】四至？　=东龚良、西刘福、南张成、北张记武（注：根据地券，同治八年张启龙花一百吊从孙贵那里买的）。

谁在耕作？　=自己。

什么时候变成哥哥的？　=二十年前分家的时候。

作物是？　=高粱一斗。

田赋呢？　=民粮地。

（以下是王坦的回答）

【王坦的四亩】地券是？　=县公署，这四亩和王义一起持有。

什么时候买的？＝民国二年、四年父亲王永荣从赵文（沙井村）那里买的，多少钱不知道。

地目是？＝周庄头。

向周庄头交租吗？＝买的时候，确实向周庄头交了租，到什么时候为止不知道。

谁来收租呢？＝周庄头的催头来，到家里来收。

地租是？＝不知道。

什么时候进行的升科？＝县公署出来布告，民国七八年进行了升科。

向谁交的钱？＝官产局，每亩四元。

现在谁在耕作？＝我跟哥哥分开耕种，有一张地券。

谁在交纳田赋？＝自己从哥哥那里拿到钱，自己去交。

税契呢？＝去年。

作物呢？＝粟子、黍合计三十斗。

离家的距离？＝半里。

别村的人在沙井村有土地并进行耕作，不会和沙井村的人引起边界纠纷吗？＝没有，什么都没引起。

全部的所有地是？＝不到十亩。

（以下是路连的回答）

【路连的三亩】四至？＝东河沟、西丁类、南王、北杨。

什么时候买的？＝这个地以前是匠役地，民国四年从张文达（当时是望泉寺，现在是大东庄）那里买的（价格三十吊）。

地租呢？＝民国以来就不交了，直到去年是黑地。

知道为什么民国以前来吗？＝听说过。

这个土地是好的吗？＝不是。

作物呢？＝高粱十斗（自耕）。

离家的距离？＝六里。

全部的所有地是？＝四亩。

（以下是周德禄的回答）

【周德禄的十亩】什么时候买的？＝民国二三年，哥哥从县城的一个姓万的人那里买的，分家时分给我了。

地目是？＝周庄头。

向周庄头交租吗？＝不知道，这之后对方没有来收租，是黑地，去年升科了。

这之前官产局没有要求进行升科吗？＝自己那时候还很小，不太清楚。

离家的距离？＝一里。

作物是？＝玉米三十斗，因为是碱地，所以黍没有收获。

自耕吗？＝是的，没有给沙井村的人租佃。土地共有 15 亩，由雇佣工耕种，每年收入三四十元。

（以下是李深元的回答记录）

【李深元，9 亩】地大小？ ＝向东至赵家地，向西至王家地，南北各到尽头。

购入时间？ ＝祖先在咸丰六年买进（花费金额 270 吊）。

土地名目？ ＝以前是民粮地（有民国四年的验契、买契为证）（验契：古时的不动产凭据。买契：买卖合同）。

现所属者？ ＝李深元私人所有。

分得时间？ ＝不明。是李深元的父亲分家时分到的土地。李深元的父亲现在在高丽营打短工挣钱，土地由李深元耕种。

耕种农作物？ ＝高粱、玉米合计八十斗（500 千克）。

离家的距离？ ＝一里（500 米）左右。

（以下是张德恩的回答记录）

【张德恩、4 亩（村内）】地契？ ＝县公署。

购入时间？ ＝是由父亲张文通所购买，具体购入时间不明。

土地名目？ ＝不明（注：望泉寺村长是周庄头）。

耕种农作物？ ＝粟，合计二十八斗（175 千克）。

是否自耕？ ＝是。

是否租赁？ ＝没有。

有无和其他村的土地有干涉不方便的地方？ ＝没有。

有无其他村的人帮助？ ＝没有。

土地界限是否明确？ ＝是。因为在边界处种有柳树，所以边界很明确。

【4 亩】土地大小？ ＝向东至杨家地，向西至王家地，南面是道路，向北到尽头。

地契签订时间？ ＝去年（注：宣统二年张文通从张升处买入）。

土地名目？ ＝不明（注：村长是周庄头）。

地契上有无注明雍和宫香灯租？ ＝地契是土地检查员编写的，我想应该是没错的（村长）。

耕种农作物？ ＝粟二十八斗（175 千克）（自己耕种）。

是否租赁？ ＝没有。

全部土地？ ＝53 亩。

是否出租（给别人）？ ＝是，出租 10 亩。

租佃地？ ＝没有。

（以下是王宝才（16 岁）的回答记录）

【王宝才，2 亩】王哲氏是谁？ ＝祖父，父亲 30 岁的时候被北京的一家旅馆雇用。

现在是谁在耕种？ ＝我（王宝才）。耕种地合计有 16 亩 5 分，租了别人的 7 亩地，自己耕种，雇了一个 26 岁的长工，主要干农活儿，我有时候也会去帮他。

长工是哪里人？ ＝望泉寺。

是不是亲戚？ ＝不是。

干了几年？＝两三年，在他之前还雇用了别人。

家里几口人？＝五口人。

父亲是否会接济？＝是，一年300元左右。

父亲一年会回家几次？＝三次（端午、中秋、年底）。

土地名目？＝匠役地。

什么时候开始上交赋税？＝去年开始。

（以下是刘景春的回答记录）

【刘景春，2亩】土地大小？＝东西各到尽头、向南至孙家地、向北至徐家地（注：根据当时签订的地契可知，是祖父刘建勋花费50块银元从杜芝茂处买入，第二年签订的买卖合同）。

土地名目？＝不明。

耕种农作物？＝高粱6斗（37.5千克）。

【3亩】（注：根据当时签订的契约可知，刘建勋在光绪三十二年花费265吊钱从王某处买入，有民国四年的验契和买契）

土地名目？＝不明（注：村长说是匠役地）。

有没有向匠役地上交地租？＝没有。

何时开始交田赋？＝不明。

耕种农作物？＝高粱9斗（56.25千克）。

【1亩（右边是3亩地）】土地区域？＝东西各到尽头、南北各到主田（注：根据当时签订的地契可知，该地是由祖父于民国十五年从城内的徐鑑处购入，第二年签订的买契）。

土地名目？＝匠役地（村长）。

耕种农作物？＝高粱3斗（18.75千克）。

【2亩】土地大小？＝东西各到尽头、向南至张家地、向北至赵家地（注：根据当时签订的地契可知，是由祖父于民国十五年花费40两银子从杜祥处购入，民国十六年签订买契）。

土地名目？＝匠役地。

有没有上交田赋？＝有，一直都有交。

耕种农作物？＝高粱6斗（37.5千克）。

【4亩】土地大小？＝东至横头、西面有沟渠、南至张家地、北到王泽地。

地契是什么时候签的？＝去年签订。

何时购入？＝不知是祖父买的还是父亲买的（光绪十九年）。

有没有上交田赋？＝去年为止都是黑地，所以……

土地名目？＝匠役地。

耕种农作物？＝高粱8斗（50千克）。

有没有过涝灾？＝有，经常碰到。

【8亩】土地大小？＝东至刘家地，西至王家地，南面是道路，北到尽头。

土地名目？＝周庄头。

何时购入？＝父亲购入。

周庄头何时来收租？＝民国十八年。

民国十八年官产整顿时购买的？＝是，1 亩 4 元。

共有多少地？＝42 亩。

是否出租？＝没有。

（以下是刘凤臣的回答记录）

这个地契没有注明土地大小？＝当时的旧东西，没有注明也没关系。

何时购入？＝通过地契可知，是由父亲于宣统三年从叔父刘敬先处花费 500 吊购买，民国三年签订验契和买契。

何时开始上交田赋？＝签订买契后。

土地名目？＝匠役地。

耕种农作物？＝粟 30 斗，黍 6 斗（自己耕作）。

所有土地？＝32 亩。

有无出租？＝没有。

（以下是许德的回答记录）

【许德，6 亩】土地大小？＝东至杜家地，西至秀，南有道路，北至杨家地（注：其中的 1 亩是国道）。

地契何时签订？＝去年签订。

土地名目？＝（没回答）周主头（村长）。

何时购入？＝光绪二十年，父亲许永荣从杜景春处购买。

离家的距离？＝半里。

耕种农作物？＝粟 50 斗。

所有土地？＝只有 6 亩。

有没有租佃土地？＝六七年前从望泉寺刘如洲处租种 20 亩。

租种金额？＝今年是 15 元 1 亩，去年是 4 元 1 亩，五六年前是 4 元 1 亩，最开始是 2 元 50 钱 1 亩。

租种期限？＝1 年。

家里有几口人？＝7 人。

副业？＝打工，一年有百元收入。

（以下是王朝文回答记录）

【王朝文，9 亩】土地大小？＝东至张家地，西至杜家地，南到尽头，北有道路。

何时购入？＝根据当时签订的地契可知，是由亡父王惠从沙井村的赵廷魁处购买。

土地名目？＝买的时候是民粮地，以前是什么就不知道了。

耕种农作物？＝高粱 40 斗。

离家的距离？＝一里地。

【5 亩】土地大小？ = 东至张家地，西至张家地，南到尽头，北是官道。

何时购入？ = 根据地契可知，是民国十九年父亲花费一百二十五两银子从沙井村的杜春处买入（注：是用民国二十三年的草契纸写的税契）。

凭证人是村长？ = 不是，以前谁做凭证人都可以。

土地名目？ = 民粮地。

耕种农作物？ = 高粱 25 斗。

【5 亩】土地大小？ = 东至杨家地，西至张家地，南到尽头，北面是官道（注：是王惠于民国二十一年花费一百五十两从杨永元处购入，是用民国二十三年的草契纸写的税契）。

土地名目？ = 民粮地。

耕种农作物？ = 高粱 25 斗 。

【4 亩】土地大小？ = 东面是庙宇，西到尽头，南至王家地，北面是官道（注：民国二十年王惠从刘存贵处购入，花费一百二十元，签了 23 年的税契）。

耕种农作物？ = 粟 12 斗。

土地名目？ = 民粮地。

【6 亩】土地大小？ = 东至叶家地，西至张家地，南北有道路（注：民国十四年王惠从杜祥处购入，花费三百六十元，签订 23 年税契）。

土地名目？ = 民粮地。

耕种农作物？ = 和 3 亩地一起共有土豆 8 斗、粟 15 斗。

【3 亩】土地大小？ = 东至王家地，西面主地，南北是官道（注：民国十四年王惠从杜祥处购入，花费一百八十元，签订 23 年税契）。

【5 亩】（注：民国十六年官产整顿时购入，土地名目是内务府（周庄头），4 元 1 亩地，民国二十年验单（手续费？ = 1.5 元））

地契？ = 掉了。

谁买的地？ = 父亲。

有没有向周庄头交租？ = 有。

1 亩地的地租是？ = 不记得了。

耕种农作物？ = 高粱。

【8 亩】土地大小？ = 东到尽头，西、南、北面都是王家地（注：民国二十年官产整顿时获得执照，并验单）。

耕种农作物？ = 高粱 40 斗。

【2 亩】土地名目？ = 周庄头。

地契？ = 县公署。

何时升科？ = 民国二十一年。

耕种农作物？ = 高粱 10 斗。

所有土地？ = 一百二十亩。

有没有租种？＝没有。

副业？＝在自己家印刷神仙图（过年过节要用的神仙肖像画）。

（以下是朱佩经的回答记录）

【朱佩经，15 亩】（地契如下）

【资料四】钟杨宅地的地契

卖粮地文书：祗德堂杨氏现因有粮地一段十五亩粮地空余，空余粮地在顺义村西北处长扶那里，现有中间人做凭证，我是自愿将此地以六十块大洋卖给米恩伦，必须一次性付清，签字后此地隶属买家，以后的税契与卖家无关，如果有什么纠纷则由卖家和买家共同担负责任，双方纯属自愿签订并无异议。特此立此凭据，永远保存为证。

计开四至

长 伏 子

地十五亩南宽二丈北宽三丈长面丈丈刀把宽

刀把长 155 丈

东赵　西赵

小刀把宽二尺长三丈四至

南杨　北壕

南至　北壕

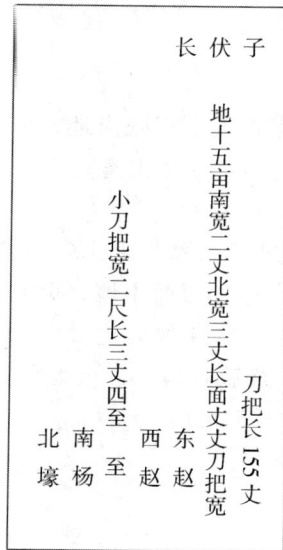

经理人　言继臣
　　　　于智轩
民国十八年十二月二十九日
立字人　祗德堂杨
代笔人　马宝臣

【钟杨宅地】杨是谁？＝杨是北京人，请求地安门附近的凭证人于、言来为买卖做凭证。

这片土地卖之前是由谁来耕种的？＝自己耕种，收租。

何时购入？＝家里先辈在的时候。

地租是由你来收？ ＝我出门打工了（医生），家里的事情都是我哥哥一手操办的，我不太了解。

地租是多少？ ＝不明。

谁买的？ ＝自己。

是县里要求买的？ ＝官产局没有规定，是钟杨宅的。

为什么要买？ ＝耕种钟杨宅地的人都买，我就也买了。

买了之后有没有上交田赋？ ＝有。

买的时候钟杨宅的中间人是不是拜托你买？ ＝是。

4 元 1 亩地是不是很划算？ ＝是，买了之后，就没有必要再上交地租了。

（以下是刘成章的回答记录）

【刘成章，3 亩】土地大小？ ＝东至李家地，西至王家地，最南面是姓路的，最北面是姓井的（注：民国十七年刘成章在杜祥手里买进，花费 55 元银洋，签了 29 年买契）。

土地名目？ ＝民粮地。

【2 亩 9 分（村内）】土地大小？ ＝东至刘家地，西至金家地，南北各到尽头。

【3 亩（村内）】土地大小？ ＝东至王家地，西至言家地，南北各到尽头（注：根据地契可知，除了这两处地之外，还有 7 亩 4 分地，是民国四年买的，花费 890 吊钱）。

有没有上交田赋？ ＝买的时候交了，但是之后由于县里不收了，就没有再交。民国二十八年开始就没有交过田赋，所以从民国二十八年起就是黑地。

耕种农作物？ ＝右边的 3 亩地种高粱 30 斗以上。

所有土地？ ＝55 亩。

有没有租种？ ＝没有。

（以下是刘树械的回答记录）

【刘树械，7 亩 3 分】（注：民国十八年官产局执照（4 元 1 亩）民国二十年签的验单）

何时开始上交田赋？ ＝民国十八年开始上交。

何时开始耕作？ ＝祖先传下来的土地，具体时间不清楚。

民国十八年以前是向周庄头交租吗？ ＝是，1 亩地 1 吊钱，每年十月份他来村里取。

耕种农作物？ ＝高粱 15 斗。

所有土地？ ＝20 亩。

有没有租种？ ＝租了一点点。

（以下是王瑞的回答记录）

【王瑞，7 亩 3 分】何时购入？ ＝民国十六年父亲王成山花费 400 吊钱从刘仙放处买的。

为什么官产整理时没有买呢？ ＝不知道为什么，没买也没关系吧。

何时开始上交田赋？ ＝去年之前都没交。

所有土地？ ＝50 亩。

租佃过吗？＝没有。

【5 亩】土地名目？＝松宅（注：土地大小地契里面没有记载，根据地契可知，民国十八年王银从松盛俊处购买，花费 10 元）。

保证人是邵理选还是傅纯融？＝不知道。

【松宅地】松盛俊是哪里人？＝北京人。

经何人的手买进？＝邵理选。

从何时开始耕种？＝好早以前。

租种金额？＝1 亩 1 吊。

邵理选自己来取吗？＝是。

邵理选是哪里人？＝县城西北的南圈村人。

松宅是什么时候开始卖的？＝民国十八年就都卖了。

为什么要卖？＝因为每次收租都要花费路费，而且光绪年间的 1 吊钱可以买很多东西，但是民国时期物价上涨，1 吊钱根本就不值钱。

那时候 1 块银元可以换多少吊钱？＝不知道。那时候使用铜币的，都是换算成铜币的。

耕种农作物？＝粟 40 斗（加上接下来要说的 5 亩地）。

【5 亩】土地大小？＝东面是道路，西面是王银的地，南至尽头，北面是张家的地。

土地名目？＝从松宅处买的，地契没有了，这个是前年写的。

何时开始上交田赋？＝买进以后就开始交了。

前年升科的事情？＝是我想错了，换算成吊钱的话会更便宜，但是我却花了 13 块银元买了。

【7 亩】土地大小？＝东面是刘家地，西面是杜家地，东至尽头，北面是道路。

地契？＝前年写的税契。

何时买的土地？＝父亲买的。

田赋？＝民国二十八年都是黑地。

耕种农作物？＝高粱。

所有土地？＝50 亩。

有无租种？＝没有。

（以下是王金的回答记录）

【王金，12 亩】土地名目？＝东面是王家地，西面是刘家地，南北各至尽头。

何时签的地契？＝（没回答）。

民国十二年王邦顺从刘耀处买的，花费 300 吊。这是真的吗？＝（没回答）。

何时开始上交田赋？＝买了之后就开始交了（注：签了二十八年的税契）。

耕种农作物？＝高粱 36 斗（注：还有沙井村的望泉寺王会的所有地 30 多亩，忘记问了）。

（以下是（望泉寺村长）王沛的回答记录）

【望泉寺的官产】清朝的时候，望泉寺、沙井村一带是什么官产地呢？ ＝匠役地、内务府。

内务府内包含几种？ ＝造办处和周庄头。

两者有什么差别吗？ ＝当然不一样，但是不知道不同点是什么。

两者的地租是不同的吗？ ＝是的，相对来说造办处的比较贵。

比如？ ＝如果周庄头是 1 亩 1 吊钱的话，造办处就是 1 吊多钱，但是具体的地租是多少我不清楚。

土地有没有分上、中、下等？ ＝没有，都是一样的。

造办处的责任人是谁？ ＝沙井村的李秀山。

望泉寺有多少造办处的地？ ＝不知道。

有多少佃户？ ＝不知道。

责任人是怎么收租的？ ＝他会到佃户家里去收租。

有拿账本吗？ ＝有吧。

造办处的人有到顺义县城来收租吗？ ＝不知道。

如果不交租的话，李秀山会怎么做？ ＝因为大家都自觉交租，我也不知道不交的话会怎么处置。

有延期两三年交租的吗？ ＝有吧。

在望泉寺周庄头有多少地？ ＝不知道。

责任人是谁？ ＝不知道，经常变的。

几年变动一次？ ＝不确定的，具体我也不记得。

造办处最后收租是什么时候？ ＝民国十四五年。

周庄头呢？ ＝民国十七八年。

匠役地呢？ ＝光绪二十几年的时候。

匠役地为什么不收租了？ ＝光绪二十几年因为日清战争（义和团运动？）就不来收了，在那之后，民国三四年升科的农民很多，大多都变成了黑地。

钟杨宅是什么情况呢？ ＝1 亩地两三吊钱的地租，比其他地方稍微贵一点。

为什么会贵一点？ ＝因为是私人财产。

不交租的话，钟杨宅会回收这些地吗？ ＝都会交租的。

松宅呢？ ＝不知道。

雍和宫香灯地呢？ ＝那就贵很多了，那里的地都是两钱五厘到三钱银子的地租。

谁来收租呢？ ＝去县公署的礼房交，很早以前到现在一直都是这样。

如果不交租的话会怎样？ ＝从来没有不交租的。但是香灯地的地租和其他普通地的地租不同，不交租也没关系。

我们官产整理右边的旗地是什么地？ ＝内务府和匠役地。

3 月 6 日

在沙井村有土地的石门村人李连臣、李七、李春、李增、杨德荣、李镜、杜芝茂、金志魁、任旺、任启、宝志山、景德发、李亮

石门村公会地

地 点 县公署

（以下是李连臣的回答记录）

【李连臣的 4 亩】土地名目？ = 不知道。

何时交的田赋？ = 去年签税契之前都是黑地，没交过税。

何时买的？ = 哥哥李连玉是宣统元年死的，那时候买棺材办丧礼时就买了这块地（注：根据地契可知，李连玉宣统元年花费 120 吊钱买的地）。

耕种农作物？ = 粟 8 斗，花生 20 斗。

所有土地？ = 只有 4 亩，从石门村姓李的人那里租了 3 亩地，地租是 2 块银元 1 亩。

在外做什么获得收入？ = 短工。一天三四钱，一年 20 元收入。

家里几口人？ = 三人。

（以下是李七的回答记录）

【李七的 5 亩】地契？ = 没有，有光绪三十年的执照。

何时买入？ = 祖先传下来的。

土地名目？ = 不知道。

离家距离？ = 出石门村直走。

耕种农作物？ = 甘薯 1000 斤，花生 20 斗。

田赋交吗？ = 光绪二十三年开始交的。

【7 亩】土地大小？ = 东至尽头，西面是景家地，南面是道路，北面至尽头（注：根据地契可知，民国二十五年由本人从石门村的景德禄那里买的，民国二十六年签订的买契）。

田赋交吗？ = 一直都交。

离家距离？ = 一里地。

所有土地？ = 27 亩。

有租种吗？ = 没有。

家里几口人？ = 八人。

由谁耕种？ = 自己和留守的母亲。

（以下是李春的回答记录）

【李春，4 亩】土地名目？ = 钟杨宅（从自己的母亲那里听来的）。

何时买入？ = 民国十四年从石门村一个姓苑的人处买入，花费 120 元。

立了卖契，但是有没有不立卖契的？ = 没有，钟杨宅签的都是卖契。

钟杨宅到什么时候就不收租了？＝十年前就不收了。

田赋交了吗？＝去年升科就开始交了，以前都没交。

耕种农作物？＝粟 40 斗，这里的地太差了。

所有土地？＝12 亩。

家里几口人？＝四人。

（以下是李增的回答记录）

【李增，25 亩】土地大小？＝东面就是自家的地，西面是道路，南面是官地，北面是宝家地。

何时买入？＝民国十一年从李洪源、李瀛源和李广田处买入，花费 1400 吊。

土地名目？＝造办处。

买了之后有向造办处交租吗？＝我父亲买的，我不知道。

李广田你认识吗？＝认识。

在哪里交租给造办处？＝（没回答）。

李广田是什么人？＝（没回答）。

是造办处的责任人吗？＝不知道。

你父亲是什么时候去世的？＝六年前。

这块地离家距离？＝一里地左右。

家里几口人？＝七人。

何时开始交田赋？＝去年土地调查的时候量的，还没有签税契，因为这块地是临河的，每年都在缩小，就还没签税契。

李广田辞了造办处的责任人后，你就是造办处的责任人，是真的吗？＝不是，他哥哥李坦和县城内的龚民国十一二年的时候担任责任人。我当时去了北京开笔店，那时候的事儿我不怎么清楚。

（以下是地契）

【资料五】　内务府造办处地的地契

租种地契，立文人李洪源、李瀛源，现因侄子李广田资金短缺，将祖遗地南北长一百二十六东西宽四十七的二十五亩地租借出去。地在沙井村的西北小草厂处。租种出去的地只能用于耕种，当面言明，这块地是以铜钱一千四百吊租借，一次交清并无钱款。倘若之后有亲戚相争，或者倒卖、典当、偷卖的情况，业主和担保人负全责。空口无凭，特立此据为证。

土地大小，东面是李家土地，西面是道路，南面是官地，北面是宝家地。

担保人付菊

五年间，每亩地要上交造办处铜钱一百文

立据人李洪源、李瀛源和其侄子李广田

随手四字两份

民国二十五年八月十七日二门李树江照分单种十二亩半，三门李增照分单种十二亩

半，此纸李树江存

中华民国十一年即辛酉年腊月初九日立

代字人王殿魁

【3 亩】土地大小？ ＝东至朱家地，西、南、北至尽头。

这是李风的地吗？ ＝是的。

李风是你什么人？ ＝我父亲兄弟的孩子，也就是我的堂兄弟。

何时买的？ ＝地契上写的是，民国二十七年李桐（李风的兄弟）从石门村的刘荣那里买的，花费了 60 元，同一年签订的买契，虽然是我哥哥买的地，但是在分家的时候分给了我。

土地名目？ ＝不知道。

【8 亩】这是谁的地？ ＝弟弟李佐亭的（兄弟八个中最小的那个）。

地契？ ＝在长兄，李坦那里，他在天津。

李坦在天津做什么？ ＝在法租界的享通公司上班。

土地名目？ ＝民粮地。

何时买的？ ＝祖辈传下来的。

谁在耕作？ ＝李佐亭。

耕种的农作物？ ＝粟四五斗。

李佐亭共有多少亩地？ ＝10 亩。

有租种吗？ ＝没有。

（以下是杨德荣的回答记录）

【杨德荣，3 亩】地契？ ＝在县公署。

何时买的？ ＝祖辈传下来的。兄弟两人没有分家还在一起住，土地是两人共有的。

土地名目？ ＝不知道。

田赋交了吗？ ＝到去年为止这些地还是黑地。

离家距离？ ＝一里地左右。

所有土地？ ＝11 亩。

有无租种？ ＝没有。

（以下是李镜的回答记录）

【李镜，6 亩】土地大小？ ＝东西两面是官道、南面是吴家地，北面是李家地。

地契上写着，这地是民国十六年李埠从沙井村的吴殿臣那里买进，花费 192 元。

里面说的李埠是谁？ ＝是我。那上面写错了。

土地名目？ ＝老民粮。

耕种农作物？ ＝玉米 10 斗、大豆 30 斗（两种粮食混种的）。

离家距离？ ＝半里地。

家里几口人？ ＝四人。

副业呢？ ＝自己在县城内开了一家首饰店。

（以下是杜芝茂的回答记录）

【杜芝茂，7 亩】土地大小？ ＝东面是杜春的地，西面是官道，南面是杜维新的地，北面是吴殿臣的地。

这块地不是 8 亩吗？ ＝事实上是 8 亩，但是四五年前分给哥哥 1 亩多。

何时分的家？ ＝30 年前。但是当时没有分墓地。我们兄弟五人，大哥分去 1 亩，剩下的 7 亩由我们兄弟四人耕种，墓地就在正中间。而且，分地的时候，哥哥得南面的地，弟弟得北面的地，这是传统。

地契上写着，同治二年杜文达从赵刚处买进，那什么时候开始交的田赋呢？ ＝好早就开始交了（去年签的税契）。

离家距离？ ＝半里地。

所有土地？ ＝7 亩。

家里几口人？ ＝六人，儿子去了北京，一年要给 10 元的生活费。

（以下是金志魁的回答记录）

【金志魁，2 亩】地契？ ＝在县公署。

何时买的？ ＝祖辈传下来的 。

土地名目？ ＝老民粮。

离家距离：半里地。

耕种农作物？ ＝粟 40 斗。

所有土地？ ＝15 亩。

家里几口人？ ＝七人，儿子在北京的蜜供屋工作，有一点补给。

（以下是任旺的回答记录）

【任旺，4 亩】地契？ ＝因为是去年签的税契，所以地契还在县公署。

这是谁的地？ ＝一开始我只有 4 亩，后来父亲和叔叔分家，父亲分到了 2 亩地，后由我和第三个弟弟继承，剩下的 2 亩地，是叔叔死后大哥继承的。

何时上交的田赋？ ＝很早就开始交了。

谁出田赋的钱和税契的钱？ ＝三弟把钱给我，我去县里交的。

耕种农作物？ ＝高粱、大豆合计 10 斗。

（以下是任启的回答记录）

【任启，2 亩】地契？ ＝在县公署。

按习俗，分家的时候，哥哥得的东面地，弟弟分得西面地是吗？ ＝是的。

土地名目？ ＝不知道。

耕种农作物？ ＝高粱、大豆合计 10 斗。

（以下是宝志山的回答记录）

【宝志山，5 亩】土地大小？ ＝东面是李家地，西面是杜家地，南面是官道，北至尽头。

何时买入？ ＝地契上是说民国四年父亲宝春从沙井村的杨永才处买入，花费 220 吊。

土地名目？ ＝老民粮。

你是什么时候继承这块地的？ ＝没有继承，这还是父亲的地，因为父亲在北京工作，就由我耕种了。

耕种农作物？ ＝玉米 20 斗、大豆 30 斗。

所有土地？ ＝14 亩。

有没有租种？ ＝没有。

家里几口人？ ＝十人，哥哥在北京的饭馆工作，弟弟去了日本。

（以下是景德发的回答记录）

【景德发，5 亩】土地大小？ ＝东面是李家地，北面是杜家地，南至尽头。

何时买的？ ＝地契上是说，民国五年景泰从城内的张岚手里买进，花费 210 吊。

什么时候的地契？ ＝去年的（税契）。

这块地是你一个人所有的吗？ ＝原来是我们兄弟三人的，分家之后就是我和弟弟两人所有，粮食的话就是弟弟花钱从我这里买。

何时分的家？ ＝十年前（大哥 21 亩，二哥德福 22 亩，三弟 20 亩）。

土地名目？ ＝不知道，我继承了之后是要向老户房上交田赋的。

你们兄弟二人共同耕种吗？ ＝不是，各做各的，种柳树做了地界的。

【11 亩】何时买的？ ＝地契上写的是民国十三年父亲景泰从杜维新处购买，花费 145元，民国二十年签的买契。起初是 11 亩，四年前卖给沙井村的邢尚德 4 亩。

为什么卖掉？ ＝因为没钱生活。

土地名目？ ＝老民粮。

耕种农作物？ ＝高粱 30 斗、黍 3 斗。

（以下是李亮的回答记录）

【李亮，4 亩 8 分】何时买的？ ＝地契上写的是民国二十一年从沙井村的杨振林、杨源处买的，花费 150 元（注：民国二十三年签的买契）。

土地名目？ ＝老民粮。

耕种农作物？ ＝高粱、大豆合计 20 斗。

所有土地？ ＝14 亩。

有没有租种？ ＝没有。

（以下是（石门村村长）刘万祥的回答记录）

【沙井村内的石门村公会地，3 亩】土地大小？ ＝东面是道路，西至尽头，南面是王家地，北面是刘家地。

【12 亩】土地大小？ ＝东西各至尽头，南面是刘家地，北面是杨家地。

【5 亩】东西两面各至尽头，南面是刘家地，北面是道路（注：右面的三块地是有官产局的执照的）。

何时成为石门公会的？ ＝一直以来就是，几百年前的事我就不知道了，好像是谁捐给石门公会的。

土地名目？ ＝以前是黑地，既不用交地租也不用交田赋，民国十年的时候升科成为投报承垦地。

当时不是公会地，是私人的开垦地时有进行官产整理吗？ ＝是的。当时的石门村几乎都整理了，1 亩地三四元买的。

这些土地今年还没签税契吗？ ＝因为没有地契就没有税契，只上交田赋。

买地的费用是哪里来的？ ＝村公会出的。

开会了吗？ ＝祖父那一辈开的会。

这块地的名义者三教寺在哪里？ ＝公会地。

修葺右边的庙是村长自己决定的还是开会决定的？ ＝村长和公会的几个领导决定的。

实际费用是谁经手？ ＝村长。

公会右边的地是谁在耕种？ ＝出租。

【公会的苇地】租给谁了？ ＝本村人樊氏 8 亩（地租 50 元），李氏 4 亩（地租 60 元，因为是良地），剩下的 8 亩地没有出租，还是芦苇地。

芦苇由谁来收割？ ＝每年收获期都会卖给外村，比如，去年就卖给了孙河村，东凤落村。

怎么卖？ ＝每年都会来几个村的村长来买，石门村的村长会叫四五人和他们交涉。

卖的钱呢？ ＝作为公费。

芦苇地是和沙井村一起共有的吧？ ＝是的，芦苇地有地界。

那么，卖的时候会和沙井村一起商量吧？ ＝是的，两个村长一起卖，然后再平摊钱。

村长们是自己商量，还是先和公会的人商量？ ＝村长会先和公会的人商量，然后再两村村长商量。

听说因为这片芦苇地，和沙井村有过争吵，我想听一下？ ＝这片地一开始是什么都没有种的，这片地是石门村和沙井村的人用土挖土的，也没有地契。那之后，因为沙井村公会在这片土地上栽种芦苇，石门村的人就去沙井村的公会理论，说你们在这片地上全部种芦苇，那不就以为这片地就是你们沙井村的了吗？于是，沙井村的人就说，这是沙井小河，那自然就是我们沙井村的，那我们就种芦苇了。但是，石门村的人并不承认，所以沙井村的人控诉石门村。那时候南面法信村外三村的人出面仲裁，仲裁人说，这片土地在石门村这边是经过官产整理有执照的，那就石门村的人说的才是对的。那之后，地契上标注的以外的土地就是沙井村的。

去县里提起诉讼了吗？ ＝没有，没去承审所就解决了。

沙井村、石门村的人任意采那里的土都是可以的吗？ ＝是的。

其他村的人呢？ ＝不可以。

取土有分量限制吗？ ＝随意。

现在石门村的人从哪里取土呢？ ＝芦苇地旁边的地。

沙井村的人不能在那里取土吗？ ＝沙井村人从沙井村的地里取。

外面没有取土的地方吗？ ＝现在都在这里取。

外面有没有双方都可以取土的地方？ ＝没有。

【石门村的官旗地】石门村清代时有旗地吗？ ＝有 200 亩匠役地，不过民国四年就差不多都卖了。也有旗地，但是我不太清楚是怎样的。

匠役地的地租是谁来收呢？ ＝不知道。

地租大概是多少钱？ ＝几百钱吧，具体的我也不知道。

匠役地什么时候开始转卖的？＝民国三四年的时候就开始卖了，也全部都卖出去了。

1 亩地大概卖多少钱？＝三四块银元。

官产整理了吗？＝从官产局买的。

最后一次收租是什么时候？＝民国初年。

收租人就住在城里吗，会到村里来吗？＝直接到村里来收。

这里有内务府造办处的地吗？＝石门村的话很少。

李坦做责任人之前会向李广田交租吗？＝交。

地租呢？＝1 亩两钱。

你名下有旗地吗？＝我有造办处的地和钟杨宅的地，但是在我继承这些地之前，父亲和哥哥会交租。

你父亲和哥哥都了解吗？＝不了解，我父亲都七十多岁了，而且我哥哥也是个不识字的，他俩都不清楚。

3 月 7 日

张林荣、任振纲、刘福、关得印、孙有让、赵立民

地　点　沙井村公所

（以下是张林荣的回答记录）

【张林荣的 7 亩（村内）】土地大小？＝东面是李濡源的地，西面是张珍的地，南北是官道。

什么时候的地契？＝去年土地调查的时候。

何时买的地？＝宣统二年祖父张文恒从杜芝兰处买的（注：因为地契是新的，所以有疑问）。

买卖价格？＝不知道。

何时开始上交田赋？＝父辈就开始交了。

这块地距离小中河很近，有受到涝灾吗？＝有，是经常受涝的沙地。

耕种农作物？＝麦 20 斗，高粱 30 斗。

【4 亩 1 分 1 厘（距离小中河一里地左右）】土地大小？＝东面是杨生的地，西面是自家地，南至尽头，北面是官道（注：地契上写的是，张文恒在宣统二年从杜芝兰处买入，花费 205 吊，民国三年签订的税契）。

耕种农作物？＝和接下来要说的 5 亩地合计，玉米 40 斗，大豆 20 斗。

【5 亩（村内）】地契？＝在县公署（因为是去年才签的税契）。

收据呢？＝在村长那里。

何时买的地？＝去年，是从杜祥那里买的。因为以前杜祥从我家借走了 200 多元，现在就拿土地还债了。

签订税契时候写的买卖价格是多少？＝300 元。

土地名目？ ＝不知道。

杜祥什么时候借的钱？ ＝我祖父借的，借了二百三四十元。

有利息吗？ ＝没有。

杜祥是典当了这块地吗？ ＝不是。

你父亲没叫他还钱吗？ ＝我父亲比我祖父先去世，我祖父也是前年冬天去世的。

你没有要求杜祥直接还钱吗？ ＝有，但是杜祥自己说用地来抵债的。

有凭证吗？ ＝没有。

去年这块地的市价是多少？ ＝1 亩地 80 元。

现在呢？ ＝一样的。

何时开始上交田赋？ ＝杜祥那时候就开始交了。

耕种农作物？ ＝麦 20 斗，玉米 60 斗，大豆 15 斗。

【1.3 亩，2.3 亩（石门村）】（这两块地只有一张地契）。

何时买的？ ＝祖父买的。

何时开始上交田赋？ ＝买了之后就开始交了。

税契什么时候签的？ ＝去年。

耕种农作物？ ＝1. 甘蔗 2000 斤，玉米 10 斗，萝卜 900 斤

　　　　　　　2. 麦子 10 斗，玉米 10 斗，大豆 2 斗，高粱 2 斗。

家里几口人？ ＝五人。

地由谁来耕种？ ＝我和弟弟。

房屋用地？ ＝三四分，五间房子。

地契，田赋？ ＝没有。

所有土地？ ＝25 亩。

有租种吗？ ＝没有。

（以下是任振纲的回答记录）

【任振纲的 4 亩（石门村内，和沙井村交接的地方）】土地大小？ ＝东面是沟渠，西面是道路，南面是张家地，北面是李家地。

何时买的？ ＝我民国六年从杨有那里买的，花费 230 吊。

地契是什么时候签的？ ＝前年写的（民国二十八年签的买契）。

何时开始上交的田赋？ ＝买了之后就交了。

土地名目？ ＝不知道。

耕种农作物？ ＝玉米 30 斗，大豆 5 斗。

【6 亩（县城内）】土地大小？ ＝东面是杨家地，西面是李家地，南面是官厂，北面是横头。

地契是什么时候写的？ ＝前年写的。

何时买的？ ＝民国四年从王珍那里买的，花费 400 吊。

何时上交田赋？ ＝很早以前就交了（去年签的税契）。

耕种农作物？ ＝玉米五六斗，大豆 10 斗。

【6 亩（县城内）】土地大小？＝东面是关家地，西面是余家地，南面、北面是道路。

地契？＝前年交了税金，才签订的地契。

何时买的？＝民国六年从城内的吴宝德处买的。

吴宝德为什么要卖地？＝付蔡劝的。

何时开始上交田赋？＝很早以前就交了。

耕种农作物？＝玉米 35 斗，大豆 10 斗，粟 4 斗。

【2 亩（石门村内）】土地大小？＝东面是道路，西面是河，南面是吴家地，北面是刘家地。

地契？＝前年写的。

何时买的？＝我祖辈买的。

何时开始交的田赋？＝前年之前都是黑地。

耕种农作物？＝高粱 6 斗，大豆 2 斗。

【4 亩（距离望泉寺，沙井村半里地）】土地大小？＝东西两面是道路，南面是刘家地，北面是孙家地。

何时买入？＝民国九年从杨永才处买的，花费 260 吊，前年签的税契。

何时开始上交田赋？＝买的时候就开始交了。

耕种农作物？＝花生 200 斤，芝麻 4 斗，黍半斗。

【9 亩（村内）】土地大小？＝东面是李家地，西面是刘家地，南、北面是道路。

耕种农作物？＝玉米 70 斗，大豆 20 斗，黍 2 斗。

所有土地？＝31 亩。

有无租种？＝没有。

（以下是刘福的回答记录）

【刘福，3 亩 5 分】土地大小？＝地契上没有记载，土地名目是匠役地（地契上写的是刘凤山于宣统元年从杜芝兰、杜芝茂、杜芝芳、杜芝蔚处过契的）。

【匠役地的责任人佃户】匠役地收租吗？＝收过，民国十年来收租的是一个姓任的责任人，庄头我就不知道了。

民国十年来收租的真是姓任的责任人？＝是的。

任是哪里人？＝石门村人。

任现在还在吗？＝十年前过世了。

地租？＝不记得了。

责任人是自己来取的，还是你们自己送去的？＝责任人来我们家取的。

任是什么时候担任责任人的？＝不知道。

有票据吗？＝没有，以前是有的，慢慢地就只收租不开收据了，责任人是不给原来的地主交租的。

第一次是什么时候？＝光绪年间的事儿，我买了这块地之后就再也没留收据。

责任人不交租，那佃户又交租不是很不划算吗？＝责任人欺负佃户，每次都说票据明年一起给，第二年又这么说，农民也不是很清楚。

佃户知道了之后怎么办呢？＝就不交了。

民国几年就不交了？＝民国四五年就不交了。以前每年都会来，民国初期就很少来了，民国十年就不交了。

不交的话责任人不会说什么吗？＝当然会说，但是本来就是他理亏，他也就不管了。

那地就不会收回去了？＝庄头不要地租了，他作为责任人是没有权利回收的。

有没有庄头，责任人回收地的吗？＝没有。

责任人不能回收土地是吗？＝是的。

谁提起诉讼呢？＝大家交租，所以根本不会有诉讼。

（地契如下）

【资料六】匠役地的地契

这兄弟四人因为资金短缺，现将祖遗地3亩5分地转卖。这3亩5分地坐落在沙井村西南方。经由中间人介绍现将这地转给刘凤山名下。

花费20两，一次性付清，此后这块地与杜家无关，只属于刘家。

口说无凭，特立此据为证

保底留一份

顺义县清查官产分处

已报升科

宣统元年九月二十七日

中保人	孙有温	十
立字据人	杜芝兰	平心
	杜芝茂	十
	杜芝芳	十
	杜芝蔚	十
代写人	李振杰	入悬

何时升科？＝宣统元年。那之后就开始交田赋了。

之前说的民国四年为止都要收租的是指外面的地吗？＝就是接下来要说的3亩地。这两块地好像都是匠役地，具体的不太清楚。

【3亩（村内）】土地大小？＝东面是道路，西面是王凤的地，南面是刘明的地，北面是刘家石门村官地。

地契是什么时候的？＝去年写的。这块地一开始是叔父叔母的，两人去世后我安葬两人后，地就给我了。

这是什么时候的事？＝十年前。

是你叔父交租吗？＝是的，这事我知道。

叔父是什么时候买的地？ ＝不知道，但是大致应该是宣统年间买的吧（注：地契上写的刘凤东从张景萱处买的，花费 40 吊）。

这张地契是之前给我看的那张吗？ ＝不知道。

田赋？ ＝去年之前都没交（注：签了二十九年的税契）。

【10 亩（村内）】土地大小？ ＝西面是河，南面是张家地，北面是官道，东南段是张家地。

何时买入？ ＝民国二十七年从城内的徐显忱处买的，花费 110 元，当时就签了买契。

10 亩 110 元很便宜啊？ ＝因为是沙地，所以很便宜。

耕种农作物？ ＝高粱 30 斗，六豆 20 斗，黍 10 斗，粟 10 斗，这都是去年的收成，前年是颗粒无收。

受过涝灾吗？ ＝受过，只要下雨就涝，今年比较少。这块地在小中河中段。

【1 亩 1 分（村内）】地契？ ＝去年写的。

何时买的？ ＝民国五年从张文源处买的，花费 50 吊。

土地名目？ ＝旗地，现在在那里建了五间房（民国十二年）。

去年签的税契，房子也要签税契吗？ ＝起初是买的农业用地，即使建了房子也是要签税契的。

所有土地？ ＝17 亩 5 分。

有无租种？ ＝没有。

（以下是关得印的回答记录）

【关得印的 6 亩】土地大小？ ＝东面是许家地，西面是李家地，南面是道路，北面是杨家地。

地契是何时写的？ ＝去年。

何时购买？ ＝民国六年从刘作玺那里买的。

田赋？ ＝去年为止还是黑地。

耕种农作物？ ＝玉米 40 斗，粟 20 斗，大豆 10 斗。

【6 亩 6 分 6 厘（距离南法信、沙井村二里地）】土地大小？ ＝东面是道路，西面是白增家的地，南面是刘家地，北面是李家地。

田赋？ ＝一直都有交。

耕种农作物？ ＝麦子 20 斗，高粱 60 斗，大豆 10 斗。

所有土地？ ＝12 亩 6 分 6 厘。

有无租种？ ＝没有。

（以下是孙有让的回答记录）

【孙有让的 2 亩（村内）】土地大小？ ＝东面是吴家地，西面是李家地，南面是杜家地，北面是杜家地（注：地契（当时写的）上写的是，宣统三年孙有才从张惠处买的，花费 280 吊，民国四年签的验契）。

现在是谁的地？ ＝起初是和哥哥共有的，哥哥十四年前去世之后就是我的地了。

田赋是以你哥哥的名字上交的吗？ ＝是的。

耕种农作物？ ＝高粱 10 斗，麦子 10 斗，黍 2 斗，大豆还没收。

家里几口人？ ＝四人。

所有土地？ ＝2 亩，我老了，除草这种小事就我自己做，播种收割就由嫂子、侄子和妻子做。

副业？ ＝没有。我哥哥的孩子在北京从商，每年 200 元生活费，就靠那点生活费过生活了。

（以下是赵立民的回答记录）

【赵立民的 30 亩（村内）】土地大小？ ＝东面是道路，西面是李家地，南面是李家地，北面是王家地。

何时买入？ ＝民国十七年，我十二三岁的时候母亲从松盛俊那里买的，花费 72 元，我父亲在买地的一两年前去世的。

田赋？ ＝买的时候就上交了。

什么时候开始耕种的？ ＝祖辈的时候就开始耕种的。

松宅的土地吗？ ＝是的。

地租？ ＝不知道。

耕种农作物？ ＝玉米 130 斗，高粱 30 斗，大豆 40 斗，这些地里面的 5 亩是民国二十二年 100 元买的。

现在种了几亩地？ ＝二十亩是雇人种的，其中 5 亩出租了。

租给谁了？ ＝民国二十七年租给杜钦贤了。

地租？ ＝90 元。

租期？ ＝三年，今年年底已经收回来了。

会雇佣别人吗？ ＝是的，半长工。忙的时候会雇佣一两个短工。半长工一年五十元，短工二十元一位。

副业？ ＝我是在杜兰庄的村公所做事务员，一个月 30 元。

家里几口人？ ＝三人。

几间房？ ＝三间房，三亩地。房子周边种了甘薯。

3 月 8 日

李广恩（李注源的儿子）、杨春旺、张成、刘长贵、李清源、刘祯、崇文起、杨永才、王春林、张守仁、杨永林、张树林、杨生、李注源、杨润

地　点　沙井村公所

（以下是李广恩的回答记录）

【李广恩的 8 亩（村内）】

【资料七】德公府地的地券

立卖佃文约人德公府世宅代昌今因清查官产旗地均令升科纳税本宅财力不及情愿将本宅置到顺义县沙井村西地名水窪地八亩同中言明作价大洋十七元一角二仙出卖于本宅田户

李注源名下根粮纳税永远为业以后本宅永不取租由佃户自便价洋笔下交清毫不短欠日后倘有无赖之徒冒充本宅人等或再出别样契等情有本宅于中保人一面承管恐口无凭立字为证

四至列后东西均至置主南北均至道

洪宪元年乙卯月历十二月二十二日

南北长一百四十八号	纸	立卖字人世宅代昌
		中保人　张　元
东西宽十三号		代字人　孙玉臣笔带

何时分的地？ = 八年前。

分家了吗？ = 分了，我们家兄弟三个，这块地我和李广玉平分了。

土地名目？ = 旗地。

田赋？ = 去年开始交的，那之前就没交过。

外面还有地吗？ = 没有。

你和你父亲一起生活，家庭收入怎么算？ = 没有，我独立出来了，我自己有房子，和妻子一起生活。

4 亩地很难维持生计吧，有副业吗？ = 做短工，去年有五六十元的收入，去年之前就少了，一年只有 20 元。

耕种农作物？ = 玉米 60 斗（去年的），这块地太差了。

八年间有受过涝灾吗？ = 三次。

（以下是杨春旺的回答记录）

【杨春旺的 11 亩（村内）】土地大小？ = 东面西面是道路，南面是杜家地和杨家地，北面是杨家地。

什么时候开始耕作的？ = 祖辈传下来的，十年前卖给杨润 7 亩。

为什么要卖？ = 又要嫁女儿，叔父去世要办丧礼，就把地卖了。

土地名目？ = 内务府造办处的地。

谁来收租？ = 李汉源（本村人）。

李汉源什么时候开始收租的？ = 李家祖父还在的时候就在收租了，他祖父过世十年了。

【内务府造办处责任人李广田】他祖父的名字？ = 这我就不知道了，不过他父亲叫李秀山（李镇英），他叫李广田（李汉源）。

李广田是什么时候成为责任人的？ = 民国前到民国初期都是他，我在他手里租地租了

15 年了。

有向李秀山交租吗？ ＝有过。

是他来取，还是你们去他那里交租？ ＝都有，规定是他们自己来取的。

什么时候交？ ＝十月十五日。

1 亩地多少地租？ ＝二钱银。一开始是交银子的，后来民国了，就换算成大洋了。

李秀山去世以后，李广田继承家产，大概有多少内务府的地呢？ ＝不太清楚。

大概有多少总知道吧？ ＝不知道，他自己有账本记录的，其他人不可能知道。

你们和他不怎么亲近是为什么呢？ ＝不是感情问题，主要是因为租地的事儿。他要把账本交给县公署管，这也就是为什么现在佃户都交租给县公署了，交租给县公署后，我们就基本上不联系了。

那是什么时候？ ＝民国十六年。

民国初年，你向他交租，你们那时候的关系很好是吗？ ＝也没有，只是交租而已，没什么交情。其他人知不知道他有多少地我就不清楚了。

李广田继承家产后，还是平民百姓吗？ ＝是的。

李广田和佃户之间有没有不愉快的地方？ ＝感情上没有。如果不交租的话，他就会以权谋私去报官，但是如果大家都交了，他就不会跟上面说。

有延期交租的吗？ ＝有，不过正月基本上就全部都交了。

责任人回来催几次？ ＝一次，十月十五日没交的话，就约好十月二十五日交。主持公道的人一年回来一次，但是来了立马就会回去。回北京之前会把大家聚在一起然后北京人再一起回去。

北京人都在县城内住吗？ ＝责任人家最多住十个。

其他村的人也聚在一起去吗？ ＝在沙井村住的大家会聚在一起去。

北京有几人来？ ＝一个。

农民称呼他什么？ ＝造办处庄头。

和招待责任人那样吗？ ＝那是当然。

在李广田家里招待，那不是会花很多钱吗，他不会说不公平吗？ ＝不会。他们俩关系很好。

官产整理的时候，不买造办处的地的人有没有？ ＝没有。必须得买，这是命令。

4 亩地的农作物是什么？ ＝玉米 10 斗，白菜一年可以收入 100 元左右。

那口井是私有的吗？ ＝离我家近，就是我家的。

其他人可以用吗？ ＝因为隔得远，其他人用不上。

【5 亩（南法信）】土地大小？ ＝东面是道路，西面是景德禄家的地，南面还是我家的地，北面是刘家地。

何时买的？ ＝地契上写的是民国二十三年从赵岷那里买的，花了 70 元（注：签了 29 年的税契）。

何时开始交的田赋？ ＝买了之后就交了。

耕种的农作物？ ＝玉米、大豆合计 50 斗。

改革之后的土地名目是？＝不知道。

【1 亩 7 分（南法信）】土地大小？＝东面是官地，西面是道路，南面是张家地，北面是官地。

何时买的？＝光绪十六年父亲杨文增从杨永胜那里买的，花了 40 吊（注：地契是去年写的，签了 28 年的税契）。

土地名目、田赋？＝改革后的土地名目不知道，一直有交田赋。

农作物？＝没种，是荒地。

【6 亩 8 分（望泉寺）】土地大小？＝东面是李家地，西面是刘家地，南面是道路，北面是沟渠。

何时买的？＝光绪十六年从杨玉那里买的。

房子？＝有十一间房子，四五分地契，光绪年间做的。

所有土地？＝16 亩 5 分。

有无租种？＝没有。

（以下是张成的回答记录）

【张成的 2 亩（石门村西北向）】土地大小？＝东至尽头，西面是河滩，南面是徐家地，北面是金家地。

何时买的？＝地契上写的是宣统二年父亲张文兰从刘顺那里买的，花了 80 吊。

土地名目？＝匠役地。

有交租吗？＝有，2 亩 1 吊钱。

什么时候就不交了？＝不记得了，交了六七年了，具体哪一年不交了就不记得了。反正宣统二年到民国初年都还在交。

你交过吗？＝没有，都是我父亲交的。

农作物？＝高粱 8 斗，离河较近，没什么收成。

【4 亩】土地大小？＝地契上没写。

农作物？＝玉米 10 斗。

【3 亩（村内）】土地大小？＝东至尽头，西面是道路，南面是张家地，北面是李家地。

土地名目？＝匠役地。

【5 亩（南法信）】土地大小？＝东至尽头，西面是河滩，南面是杜家地，北面是张家地。

何时买的？＝不知道，光绪年的老地了。地契上写的是光绪二十八年张成从张琪那里买的，花了 185 吊，这个地契上签的是二十九年的税契。

田赋？＝一直在交。

收成？＝1 亩地三四斗。

【2 亩（南法信）】土地大小？＝东面是王家地，西至尽头，南面是张家地，北面是张家地（注：宣统二年张成从赵文起那里买入，花了 64 吊，签地契的时候就签了税契）。

农作物？＝高粱 1 亩地三四斗。

所有土地？＝16 亩。

有无租种？＝没有。

房子？＝占地 1 亩，三间房。

有无地契？＝有。

（以下是刘长贵的回答记录）

【刘长贵的 5 亩（村内）】地契？＝县公署放着。

土地名目？＝周庄头。

什么时候开始耕种的？＝60 年前父亲买了就开始种了。

你父亲是从周庄头那里租的吗？＝是的。

地租？＝1 亩地 1 吊 800 文。

地租有没有增减过？＝没有。

【周庄头地】周庄头什么时候就不来收租了？＝民国十七年。

为什么不来了？＝民国十七年，土地移交给官厅了。

那时候的田赋是多少？＝5 亩半元，现在是 1 元 10 钱。

民国十七年以前都是谁来收租的？＝周庄头自己会到城里来，然后派仆人来通知，我们就去城里找他。

周庄头自己不来沙井村吗？＝来过。

周庄头自己不是责任人吗？＝是。

官产整理的时候买的？＝民国十七年 1 亩地 4 元 20 钱，我就买了。

农作物收成？＝高粱、大豆、玉米、粟合计 50 斗。

谁在耕作？＝拜托人，雇人来做。

家人呢？＝两个人。

租佃、典呢？＝没有。

全部的所有地是？＝只有上面五亩。

房基呢？＝一两分，三间房子。

地券呢？＝在哥哥手上，没有田赋。

（以下是李清源的回答）

【李清源的六亩（村内）】四至？＝东刘、西麦、南官地、北顶头。

地目是？＝不知道。

什么时候买的？＝像地券上写的那样，民国二十七年从李广德（我的侄子）那里买的（价格七十元），同一年买契。

【借款和分家】李广德为什么要卖土地呢？＝这个人有三个兄弟，分家时他有借款，因此我很嫌弃也不得不买，同族的土地卖给别人会不舒服。

分家之后，能借款吗？＝是的，分家和借款都可以。

为什么？＝之前有借款，这个借款是分家之后自己承担的。

分家前由谁承担？＝个人的债权在分家之前不能用共同财产支付，分家的话，能对分家之前的债务进行支付，这就是李广德在分家时把土地卖给我的原因。

这个借款书上写的是李广德借的吗？＝不知道内容，但这是李广德父亲死时所借的钱。父亲葬礼的费用由兄弟三人承担，其中两个人非常勤勉不用借钱，李广德比较低能，所以要借钱，因此卖土地。

父亲死后葬礼的费用由兄弟三人平均承担吗？＝是的。

债权者是分开向三人请求吗？＝哥哥出的钱，债权者是哥哥，由哥哥请求。

葬礼的费用大概要多少钱？＝买衣服、棺材等，大概要花三百元。

作物是？＝高粱每亩十二三斗，去年是丰收年。

【四亩（南法信，离沙井村一里半）】四至？＝东刘姓、西张姓、南茹姓、北官道。

什么时候买的？＝民国二十七年，从刘耕田（刘家河的人）那里买的，同一年税契。

田赋呢？＝从买的时候开始交纳。

地目呢？＝不知道。

作物呢？＝高粱，每亩十斗。

【三亩（望泉寺，离沙井村一里）】四至？＝东路姓、西路姓、南官地、北杨永才。

什么时候买的？＝如地券（是正确的）所写，民国十五年花一百六十吊从杜祥那里买的。

杜祥为什么要卖土地？＝资金有困难。

地目呢？＝不知道。

作物是？＝高粱，每亩十斗（丰年的情况下）。

和邻地的边界是怎么划分的？＝用柳树啊、麻连草划分边界，互相都不欺瞒，如果都是好人的话，就不用种柳树这些东西了。

如果是坏人的话，不会发生占领别人的耕地的事情吗？＝以前有过这样的事，采取一些手段。

能说一下这个实例吗？＝因为我在县城，虽然听说过这样的例子，但记不清了，自己没有亲身经历过。

【五亩（县城圈内）】四至？＝东路姓、西杨姓、南道、北顶头。

什么时候买的？＝光绪年间，父亲振荣花一百五十吊从李均那里买的（？）。

这个地券是？＝去年税契时写的。

作物呢？＝粟子，每亩三四斗，这个土地中有墓地。

谁的墓地？＝李均，李家家族的。

你的墓在哪里啊？＝放在李广叉（同族姓）的墓地中。

全部的土地是？＝十七亩。

有租佃地吗？＝有，八亩。三四年前从望泉寺姓刘的人那里拿来，一直进行租佃，地租是每亩十五元。

典出、典入地呢？＝没有。

房基呢？＝没有，借的房子。

（以下是刘祯的回答）

【刘祯的六亩（村内）】什么时候成为自己土地的？＝以前没分家的时候是共有财产，

民国五年以哥哥的名义从城内张藻那里买来，分家之后就成了自己的土地。

【分家】什么时候分的家？ ＝两年前。

财产是怎么分的？ ＝有二十四亩，兄弟三个人分，长兄得到三间半房基、六七分土地，老二是我，得到了六亩。老三的弟弟是十三亩，母亲的养老地三亩半跟弟弟的一起分给了他，最后老三有十六亩半。

没分之前谁情况是最好的？ ＝弟弟，为什么呢，因为他没有妻子，结婚费用也没必要有。

上面的做法是这边的习惯吗？ ＝是的。

你的六亩是怎么交纳田赋的呢？ ＝以哥哥的名义自己去交。

什么时候开始的？ ＝去年春天开始的（从税契时起）。

作物是？ ＝高粱二十斗、玉米二十五斗。

家里有几人？ ＝和妻子两个人。

副业是？ ＝短工，去年有四十元的收入。

房基呢？ ＝没有，房子是借的。

（以下是崇文起的回答）

【崇文起的一亩半（南法信）】地券呢？ ＝这个土地是墓地没有地券。

在做农业吗？ ＝没有，做小买卖（饼）。

没有其他土地吗？ ＝是的。

（以下是杨永才的回答）

【杨永才的二亩半（北法信，离沙井村二里）】四至？ ＝东水濠、西官道、南杨源、北仁顺。

什么时候买的？ ＝如地券所示，光绪二十二年我花十五吊从杨润那里买的（?），去年税契的。

地目是？ ＝老民粮地。

作物是？ ＝玉米二十五斗、大豆五斗。

【五亩（村内）】四至？ ＝东张、西李、北公议堂。

什么时候买的？ ＝如地券所示，杨清（父亲）用一百六十吊从杜顺那里买的（?）。

地券呢？ ＝去年税契时候写的。

地目是？ ＝老民粮地。

作物是？ ＝粟子三十五斗。

【一亩（村内）】这个土地？ ＝在小中河附近，有地券，但现在还在县公署那里制作，从以前开始交纳钱粮。

全部的土地是？ ＝八亩半。

【庙宇】房基呢？ ＝七间房子，地有两分多。

地券呢？ ＝有（没拿）。

你在管理庙，一般都做哪些工作呢？ ＝护理庙宇，烧香，然后村长不在的时候，代替村长去县城参加会议。

几年前开始做这个工作的？＝六年前。

是庙里的道士吗？＝是的。

要有怎么样的经历才能成为道士呢？＝没有特别要求，只因管理庙宇才进来的，称为"在家道士"，有妻子也没有关系。一般的道士是没有妻子的。

你之前谁是道士呢？＝孙有文（这也是在家道士）

孙为什么不做了呢？＝死了。

报酬呢？＝一年一百元。

【庙的土地】庙的土地是以谁的名义呢？＝公会。

有地券吗？＝村长杨源保管着，现在在县公署。

地目是？＝很早以前，地方的民众捐赠的。

田赋呢？＝在交，但是庙内的土地不用，耕地要交。

耕地有多少亩？＝十八亩。

谁在耕作？＝出给本村的三个人租佃。

谁收取地租呢？＝村长。

收入用来做什么？＝用这个收入来修理庙宇、接待客人。

你的本职是道士呢，还是农业是主要的工作？＝道士，还在做农耕。

庙的修理和烧线香，这些的费用大概多少呢？＝线香每年十二捆，和馒头合算一共一百元。

没有修理过庙吗？＝光绪十一年修理过一次，这之后没有再修过。

线香、馒头等都是谁买的？＝我去商店买的，杨源支付。

做庙会了吗？＝没有。

线香是每天都点吗？＝是的。

节日的时候有什么特别的活动吗？＝没有，像平时一样，农历正月的时候特意做很多供品，特地买蜡烛点上。

你没有参加会首的会议吗？＝没有，如果遵从村长的命令是可以的，和会首没有关系。

【崇祝寺的土地】根据顺义县沙井村清查田赋册申请第一号，你有十三亩五分（崇祝寺）的土地，这是归你所有的吗？＝这是杨黄氏的土地，我收取典。

杨黄氏是？＝堂兄弟的妻子，现在丈夫死了，一个人生活。

住在哪里？＝住在我隔壁的院子里，现在回老家了。

什么时候回老家的？＝大概半个月前。

什么时候收的典？＝三年前。

典价是？＝一百九十元。

证书上写了吗？＝没有，这是叔母死的时候，我出钱办的葬礼，所以现在由我来使用土地。

叔母什么时候死的？＝三年前的五月。

堂兄弟什么时候死的？＝八九年前。

叔父呢？＝六年前。

向崇祝寺交租的是谁呢？＝叔父，和尚到县城去，然后去交租。

杨黄氏有孩子吗？＝有过一个，死了。

葬礼的时候出一百九十元，就把土地给你，杨黄氏这么说的吗？＝是的。

如果杨黄氏把钱还了，要把土地还回去吗？＝是的。

作物是？＝这个土地是十三亩五分，五亩是河，玉米三十斗、高粱三十五斗、大豆十斗。

（以下是王春林的回答）

【王春林的五亩（村内）】四至？＝东李、西许、南道、北官厂（注：民国二年，立契人杜芝芳（本村人），买主王金（父亲）。地券是税契那年，去年写的，实际上是父亲买的，地券上把父亲的名字忘了没写，写了自己的名字）。

这个地是怎样的旗地（例如，是周庄头还是匠役地）？＝周庄头。

周庄头收租到什么时候为止？＝记得不清楚，大概民国十五年。

地租呢？＝不知道，因为我在牛栏山和高丽营当厨师。

从什么时候开始交纳田赋的？＝从民国二十年开始。

官产整理时是怎么做的？＝不知道，实际上这个土地一开始是王悦的土地，三年前王悦的父亲死了，他说想用我拥有的四亩地（在小中河的西边）做墓地，就和王悦交换了。

所以王悦的土地不是你父亲买的，是王悦从杜芝芳那里买的？＝是的。

作物是？＝玉米二十斗、落花生二十斗（自耕）。

【三亩（村内）】四至？＝东观音寺地、西刘、南道、北道（注：地价一百六十吊，光绪元年，立契人是张永增（本村人），买主是王芝宗（祖父），民国三年办了新契纸，民国四年进行了推契）。

是什么样的旗地？＝周庄头。

作物是？＝粟子二十斗、甘薯五百斤（自耕）。

全部的土地是？＝八亩。

租佃、典出入呢？＝没有。

家里有几人？＝两个。

（以下是张守仁妻子的回答）

丈夫在哪里呢？＝在牛栏山的杂货店工作。

【张守仁的四亩（村内）】四至？＝东道、西道、南杨、北杨（注：民国二十二年，立契人杨润，买主张守仁（一百九十五元），地券是正确的，民国二十四年进行了买契）。

地目是？＝不知道，去问问杨润就知道了。

作物是？＝玉米、高粱等，分开的个别收成不知道，但是不管怎样一年的收获是二十斗（自耕）。

【四亩（望泉寺圈，离沙井村一里）】四至？＝东顶头、西河、南张姓、北张姓（注：民国十六年，立卖人杜祥，买主张守仁（一百六十八吊），地券是正确的，民国二十八年买契）。

地目是？＝民粮地。

以前是民粮地吗？＝是的。

田赋呢？＝买来之后开始交的。

作物是？＝高粱十五斗。

【四亩（村内）】四至？＝东顶头、西顶头、南王、北孙李（注：民国八年，立卖人杜祥，买主张守仁（一百六十吊），地券是正确的，民国二十八年进行买契）。

地券里写着卖老民粮地的事，前年在县里的土地调查时，这个地券的末尾写有雍和宫香灯地，哪一个是真的？＝不知道。

民国八年买来时交纳田赋了吗，交租了吗？＝不知道。

作物是？＝高粱十五斗。

【十亩（村内）】四至？＝东张、西顶头、南刘姓、北张姓（注：民国十一年，立卖人赵廷魁，买主张守仁（七百三十吊），民国二十八年买契）。

地目是？＝民粮地。

作物是？＝高粱三十斗。

全部的土地是？＝二十二亩，因为被车道买占了，所以减少了。

租佃地呢？＝五亩，从城内的童泰那里得到的，地租是五亩三十元。

什么时候开始租佃的？＝地主留下土地之后开始继续的。

去年是？＝三十元。

今年地租变高了吗？＝因为是亲戚，所以没变高。

典地关系呢？＝没有。

家人呢？＝五个人。

（以下是杨永林的儿媳妇的回答）

【杨永林的十九亩（南法信圈内，离沙井村二里）】四至没有记载在地券中（地券如下，民国十七年进行买契）。

【资料八】鞠宅地的地券

买契

立卖地文约人鞠厚三因正用不足，将祖传粮地除呈明县公署立案外，坐落在沙井村等处的分段出售，还委托经理中人担保，情愿将此段十九亩〇分〇厘的地卖于地户杨清名下营业，呈明地价为大洋一百一十四元〇角〇分，当立契交款卖了之后，归各户过格投税，与卖主无关，如有差错，由经理人负所有责任，恐空口无凭，立字为证。

	东	
四至	西	
	南	下亩地九亩
	北	经理人　韩继寅

此地杨永瑞所分五亩卖与本村李濡源，特此批明。此地杨永源所分五亩卖与本村李濡源，特此批明。

中华民国十六年三月二十日

　　经理人　韩继寅

　　立字人　鞠厚三

　　中保人　仇万二

　　契稿

　　地券左上方四行的意思是？＝这个地的五亩是分家时，他们各得五亩，因此这是永瑞永源各自卖给李濡源五亩，还有这时的两亩分给了李永才。

　　向鞠宅交租到什么时候？＝直到买了这个土地，之后开始交纳田赋。

　　地租大概多少？＝每亩一吊。

　　谁来收租呢？＝鞠自己每年十月初来，先通知农民，自己住在城内，农民到他住的地方去交租。

　　鞠去县里交纳田赋吗？＝是的。

　　交多少？＝银子二分五厘，换算成这时的吊的话就是三百钱。

　　作物呢？＝玉米（五亩分）二十斗、高粱（二亩）四斗（自耕）。

　　【二亩（南法信圈，离沙井村二里）】地券是？＝正在县公署办税契手续。

　　地券没有收据吗？＝不知道放哪里了，没找到。

　　是什么土地？＝周庄头。

　　什么时候买的？＝四十年前。

　　交租了吗？＝每亩一吊五百钱。

　　谁来收租的？＝只是通知，农民到县里的旅馆去交。

　　作物呢？＝玉米、粟子二十斗。

　　官产整理时怎么做的？＝没买。

　　【二亩半（村内）】地券呢？＝正在县公署办税契手续。

　　是什么土地？＝向钟杨宅交租。

　　什么时候买的？＝民国四五年时。

　　官产整理时买的吗？＝没买，去年进行的税契。

　　作物是？＝高粱四斗，全部十五亩半（自耕）。

　　租佃、典呢？＝没有。

　　家人呢？＝三个人。

　　（以下是张树林的回答）

　　【张树林的四亩半（村内）】四至？＝东周姓、西道、南李姓、北杨姓（注：民国十年，立卖人王桂林（本村），买主张守仁，一百五十吊，民国二十八年买契）。

　　买主是张守仁，怎么到你手里了呢？＝分家的时候得到的。

　　是什么土地，不是旗地吗？＝周庄头。

　　收租到什么时候？＝十三四年前。

　　田赋呢？＝现在不交了。

　　作物呢？＝玉米三十斗、大豆六斗。

全部的土地是？＝四亩半（自耕）。

租佃地呢？＝没有。

家人呢？＝四人，其中长子在牛栏山的杂货店工作，但没有特别的工资。

（以下是杨生的母亲的回答）

【杨生的六亩（村内）】四至？＝东官道、西道、南马姓、北李姓（注：民国八年，立卖人王茂林，买主杨生（二百二十吊））。

地券是真的吗？＝去年做的，实际上这个土地是六七年前买的。

不是旗地吗？＝听老人说好像是匠役地。

真正的买卖价格是？＝一百八十元。

作物呢？＝玉米、大豆、高粱，产量的话，没办法分开说，和接下来的四亩地合起来是玉米四十斗、高粱二十斗、大豆十斗。

【四亩四分（南法信圈，离沙井村二里）】四至？＝东任姓、西张姓、南顶头、北官道（注：民国九年，立契人杨有，买主杨生，民国二十九年买契）。

地券是真的吗？＝不是。

真正的价格是？＝一百元。

什么时候买的？＝六七年前。

这个土地不都是旗地吗？＝鞠宅（杨永才说鞠宅一共四百七十亩，把这些都卖了）。

作物是？＝玉米十五斗、高粱十斗。

全部的土地是？＝十亩（自耕）。

租佃、典呢？＝没有。

家人呢？＝五人（其中一人出嫁了）。

（以下是李注源的回答）

【李注源的四亩（村内）】地券呢？＝在县公署税契中。

收据呢？＝在村长那里。

什么时候买的土地？＝祖先传下来的。

不是旗地吗？＝老民粮地，从以前开始交纳田赋。

作物是？＝玉米四十斗、大豆十斗。

【租佃地】租佃地呢？＝十亩，梅沟营的刘某，地租六十元，作物是一万斤萝卜。

什么时候开始租佃的？＝刘有许多的土地，每年都会出租，所以前年的九月二十日，我去刘的家拜托他，当日决定了租佃的事。开始地主想要一百元的地租，我开始说的是五十元，对方不同意，所以又加了十元。

什么时候付的地租？＝当天付了四十元。

剩下的二十呢？＝两三天后。

（以下是杨润的回答）

【杨润的三十二亩（村内）】四至？＝东道、西道、南道、北顶头。

什么时候买的？＝如地券所示，咸丰七年，杨天佑（曾祖父）从许世恩那里买的（一千六百吊），民国三年办的新契纸。

这个土地不是分家时，把十六亩分给杨正和杨泽每人八亩的旗地吗？＝民粮地，从以前开始交纳田赋。

什么时候分家的？＝民国十八年。

作物是？＝十六亩，粟子二十斗、落花生六十斗、甘薯六百斤、玉米三十斗、高粱十斗、甜瓜四百斤、芝麻三斗。

【十二亩（村内）】地券呢？＝正在县公署税契中。

谁在什么时候买的这个土地？＝什么时候不知道，是祖父杨玢买的。分家时把这六亩分给杨泽、杨正每人三亩。

是什么土地？＝像是内务府。

向内务府交租了吗？＝祖父那个时候交了。

交租到什么时候为止？＝不知道。

作物是？＝六亩，小黍一百斗、玉米二十斗、大豆十斗。

【关于全部的所有地】全部的所有地是？＝二十二亩。

租地呢？＝没有。

没有出租佃吗？＝出了六亩。

出给谁了？＝赵绍廷三亩、杜世贤三亩。

地租是？＝赵的是三十元，杜的是二十八元。赵进行租佃的土地在北侧，地比较好，所以地租稍微高一点。

典出入呢？＝没有。

家人呢？＝五人。

3月9日

杜春、杜钦贤、张瑞、赵文有、王王氏、王悦、张珍

地　点　沙井村公所

（以下是杜春的回答）

【杜春的四亩（村内）】四至？＝东柏姓、西本族、南杜姓、北吴姓（注：根据地券，民国七年杜春用一百七十吊在杜景春那里进行买契，这个地券是存疑的）。

什么时候开始耕作的？＝民国七年开始。

杜景春是谁？＝同族，叔父的儿子（堂兄弟）。

为什么卖这个土地呢？＝因为这个人有借款，所以不得不卖。

为什么借钱呢？＝因为儿子结婚啊，父亲的葬礼啊。

卖土地时，是他直接跟你说的，还是经过中保人之手？＝通过中保人。

堂兄弟的话直接说不就好了吗？＝他想要钱，先要委托中保人，从中保人那里知道我有钱，就听从了他的话。

【同族的先买权】买卖时，是有先跟同族的人说的习惯吗？＝是的，杜卖土地的时候

有先卖给杜姓人的习惯。

那就是说，不是随便卖给谁都行，杜景春考虑的是先卖给姓杜的人？　＝是的。

如果没有跟同族的人说，直接卖给了别人，同族的人会有怨言吗？　＝一般杜姓家族有人要土地的话，绝对不会卖给族外人的。如果杜族的人没钱的话，就卖给其他族的人。

同族之间也有顺序吗？　＝有顺序的。

那不是没有必要要中保人了吗？　＝中保人是有必要的。

谁来做中保人呢？　＝这个村里比较有威望的人。

如果有第二个人出更多的钱，那怎么办呢？　＝卖给出价更高的人，如果别族出更多钱的话，也可以卖给别族的人。如果价格相同的话，就卖给同族的人，价格高的话，卖给别族的人。

不向同族的人说明没有出高价的事情也可以吗？　＝是的，没有必要说。

那同族人不会抱怨说自己也可以出那样多的钱吗？　＝这是抱怨的话，但这样的事几乎没有，一般都是卖给同族的。因为杜姓的人卖土地的时候，首先会问杜姓的人，所以没有这样的事情。

那这时不是可以不要中保人吗？　＝没有中保人的话，因为要顾及同族之间的感情，万一买卖之后有什么问题就非常麻烦。即使是同族之间也要中保人。

哥哥把土地卖给弟弟的时候也要吗？　＝是的。

正式的时候中保人是必要的，那这之前没有非正式的谈话吗？　＝没有。

地目是？　＝民粮地，从自己的孩子时开始（现在是十六岁）。

田赋呢？　＝我从买的时候开始交的。

杜景春呢？　＝一直在交。

作物是？　＝南瓜、白菜、韭菜、玉米。

一年的全部收入？　＝二百元。

有井吗？　＝有。

谁在使用呢？　＝自己一个人。

什么时候做的？　＝前年。

到现在为止种的是什么呢？　＝玉米。

做菜园的理由是？　＝因为有挖井的钱。

多少钱？　＝三十元，现在挖井的话要二三百元。

按要求使用井了吗？　＝没有。

隔壁的人想做菜园，对你说用你的井怎么办？　＝用吧（免费）。

【三亩（村内）】四至？　＝东官道、西赵、南官道、北杨（注：地券上是光绪三十三年，杜春用一百三十吊从张兰濡那里买来，这个地券比较有疑问）。

地目是？　＝以前是匠役地。

田赋呢？　＝去年开始交纳。

【匠役地】匠役地的地租是多少？　＝每亩五六百文。

向谁交纳呢？　＝催头，姓张的人。住在本村，但五六年前死掉了。

做了多少年催头呢？＝二十年。

每年几月交租？＝十月十五日。

给收据吗？＝没有。

对方记在账面上吗？＝是的，对方持有账面，这上面写了关于土地的事情，非常详细，然后到每家去收租。

催头收集地租后，拿着这些去北京吗？＝是的，张是小催头（李翻译注："小"是跟政府比较的话，有种没有什么的语气）。

庄头呢？＝住在北京城内，不来顺义。

佃户卖土地的时候有必要和催头商量吗？＝没有必要商量，在账面上改写就行。

就那样不交租的话，催头会怎样？＝这是不行的，如果催头向上级汇报，会被上交耕作权的。

上级的意思是？＝庄头那儿。

有以交租稍迟为理由没收土地的事情吗？＝有，规定是十月十五日的话，最迟五天之内交，没交的话，原来的佃户是因为自己交租迟了才把土地转给别人，典价是每亩从别人那里收取三四十吊。

来年向别人支付三四十吊的话，又能耕作吗？＝这不行，因为已经完全变成别人的东西了。

收典价时，会立推和过契约书吗？＝只是从上交土地和钱的人那里收取，跟催头没有关系。

上交土地的人是因为接到催头的命令才这么做的吗？＝是的。

催头住在本村，如果做出这样的事情不会被为难吗？＝不是催头的错，责任在穷人那里，村民不会为难催头的。

【针对全部的所有地】全部的土地是？＝七亩。

租佃、典出入呢？＝没有。

房基呢？＝五间房子，地半亩，这个没有田赋。

（以下是杜钦贤的回答）

【杜钦贤的一亩二分】四至？＝东杜姓，西杜姓，南杜姓，北道。

地目是？＝恒宅（注：根据地券，立卖地契有徐清山等，光绪二十九年祖父杜茹买的，光绪三十年有执照）。

田赋呢？＝一直交纳。这个地是房基和菜园，但是现在没有房子，最近想建菜园今年种的玉米（一年五六斗）。

【五亩（县城界内）】地目是？＝内务府地（注：官产整理民国十七年财政部执照一亩四元（计二十元），收照册费四元五角）。

作物是？＝粟子、玉米合计二十斗。这个土地是和叔父共有的，每人二亩半，十二三年前父亲和叔父分家的时候分的。

交田赋的时候是和叔父一起交吗？＝和叔父一起去官厅，两个人一起交。

【耕地的边界】两个人的土地有划分边界吗？＝没有，大概分开了，一定不会弄错。

叔父是好人，我也绝对不会对别人做不正当的事情，耕作是各做各的。

和其他人有过边界纠纷吗？＝如果是其他人的话，边界一定是有必要的。因边界不明而引起纠纷的事情听说过，但说不出实例。

一般耕地都有边界标吗？＝种植柳树、立石碑。一般是石碑，有石碑的话就不种柳树了。

立石碑的费用怎么办？＝双方一起商量。

没有发生过一个人反对，说没有必要立石碑的事情吗？＝如果双方都是好人，就不立石碑。如果对方比较狡猾不正直的话，就要立石碑。一般不会有纠纷，一定会立石碑。如果强词夺理的话，就向村长或是县厅、警察汇报。

【三亩五分（村内）】四至？＝东王姓，西杜姓，南顶头，北道（注：地券是去年做的，税契的时候）。

田赋呢？＝以前是粮地。

作物呢？＝黍、高粱三十斗。

【三十八亩（村内）】这个土地是父亲和叔父杜守田每人分得十九亩，之后因为个人原因卖了八亩（父亲的葬礼），还出了五亩租佃（注：光绪六年的执照（是官耕地），民国三年验契）。

田赋是两个人一起交吗？＝是的。

作物是？＝玉米十斗（十一亩）、甘薯千斤（二亩），剩下的是荒地（一亩）。

全部的土地有？＝十七亩多。

出租佃的呢？＝刚说的那五亩，因为太远了。

租地呢？＝没有。

（以下是副村长张瑞的回答）

【张瑞的十亩（村内）】四至？＝东道，西顶头，南赵，北杨（注：根据地券，张文恒用二千三百吊从李瀛源那里买的，民国十六年财政部执照（官产整理）、买取价格四十元）。

地目是？＝内务府造办处。

民国八年的时候造办处收租了吗？＝不知道，家事都是父亲在办，我不清楚，买来之后向县公署交纳田赋。

不知道地租吗？＝最多每亩一吊，最少五百文。

李广田做催头的时候你认识他吗？＝完全不认识。

匠役地收租是民国之前吗？＝是的，到了民国就完全变了。

作物是？＝铁道附近的土地，没什么收获。芝麻二十斗、甘薯二千五百斤、落花生二百五十斤。

【八亩（村内）】四至？＝东张，西刘，南道，北道（注：宣统二年，立契人吴玉山，对方张文恒（四百吊），同年验契、推契，有财政部的执照）。

地目是？＝周庄头。

收租到什么时候为止？＝到民国初年。

地租是？ ＝不知道。

作物是？ ＝梢瓜一年收入三百元，但是给其他人耕作了，两人一起把瓜都卖了，所得的钱平分。

【三亩（村内）】四至？ ＝东顶头，西小道，南李姓，北杜姓（注：光绪二十三年，立契人张吴氏、弟弟张志贤，对方是张智（祖父），一百一十吊）。

【滦州租地】地目是？ ＝在滦州的庄头的土地，但是不知道这个庄头的名字，一般被叫作滦州。

在沙井村附近，滦州有多少土地呢？ ＝很少。

地租是？ ＝不知道。

庄头来收租吗？ ＝来收，但是是清朝。

有催头吗？ ＝没有，每年从九月开始到十月十五日，催头会来一次。

旗地的庄头或是催头有没收过总是被催缴的土地吗？ ＝绝对没有没收的事，如果是凶年的话就不收租，所以没有没收的事。

但是农民在丰年做的东西，却称是在凶年做的而不交租，催头对此进行催促而引起争端的事情没有吗？ ＝没有。

没有人去交涉，想要减少交纳的地租吗？ ＝没有，因为地租本来就少。

凶年的时候来收租，没有收到就回去的事情有吗？ ＝即使凶年来收，反正地租比较少，大家都会付。

哪一年升科的？ ＝民国十年。

作物是？ ＝玉米三十斗、大豆二三斗。

【三亩（村内）】四至？ ＝东壕，西顶头，南杨，北赵。

地目是？ ＝匠役地（注：光绪二十六年，立契人赵宽，对方是张禄（祖父的哥哥）（一百九十六吊），民国年间验契、推契，不知道是哪一年）。

【三亩（村内）】地目是？ ＝民粮地（地券如下所示）。

【资料九】民粮地的典契

中华民国三年十二月　日验契

立典民粮地文约人孙天禄，因缺乏资金，现将祖传民粮地一段三亩，此地坐落于沙井村西南部，地名为大街南北行号，亲自委托中人说合，愿意典与张复云名下，随意耕种。已同中人言明，典价为东钱一百七十吊整，其钱笔下交足并无缺欠，言明耕种三年以后用钱回赎，此为两家心甘情愿、各无反悔。如有差错或争论者，自有业主中保人单方面承管，恐空口无凭，立典字为证。

随代粮钱东钱一吊二百文。

中保代字人　　杨天佑

同治四年九月二十四日　立典地文约人　孙天禄 十

及同治九年十月二十五日便钱十吊整

东至杨姓　　　　西至赵姓

计开四至

　　　　　　　南至顶头地　　　北至官道

　　地券最后写的便钱是？＝不要这个土地了，由承典者支付的完全放手这个土地的钱。

　　现在还有对典的契约书进行验契，然后做成地券的事吗？＝现在没有这样的形式了。

　　作物是？＝是荒地，所以没有收获。

　　（注：根据应答者所述，以下的土地均为老民粮地，民国二十九年进行买契）

　　【四亩（望泉寺，离沙井村一里）】四至？＝东田，西刘，南王，北官道。民国十年，立契人刘注海，对方张文恒（一百三十五吊）。

　　作物是？＝玉米四十斗。

　　【四亩（村内）】四至？＝东置主，西言，南刘，北道。民国十年，卖方立言平怒[1]张文恒（一百一十一元），民国二十八年买契。

　　作物是？＝玉米四十斗。

　　【二亩（村内）】四至？＝东西张文通，南王，北官道。立卖人刘玉章，对方张文通（七十吊）。

　　作物是？＝粟子、高粱十五斗。

　　【三亩（村内）】四至？＝东西张文通，南王，北官道。立卖人刘玉章，对方张文通（七十吊）。

　　作物是？＝粟子、高粱十五斗。

　　【十亩（村内）】四至？＝东李，西张，南道，北杨。民国十年，立卖人孙晏，对方张文通（三百五十吊）。

　　作物是？＝粟子八十斗。

　　【二亩（望泉寺）】四至？＝东刘，西王，南顶头，北道。民国九年，立卖人赵文生，对方张文恒。

　　作物是？＝高粱十八斗。

　　【三亩（望泉寺）】四至？＝东徐，西杨，南王，北官道。光绪十三年，立卖人杜文秀，对方张禄。

　　作物是？＝粟子二十斗。

　　【一亩（村内）】四至？＝东李，西李，南刘，北刘。光绪年间，立卖人张成斌，对方张成林（三十吊），但是这个地券没有了，所以税契的时候做成的。

　　作物是？＝玉米十斗。

　　【二亩（望泉寺）】四至？＝东孙，西河沟，南王，北刘。光绪五年，立卖人杜文秀，对方张智（七十吊）。

　　作物是？＝玉米十斗。

　　【六亩（石门村）】四至？＝东道，西道，南李，北业主。民国九年，立卖人刘万瑞，

──────────

〔1〕 注：原文如此。

对方张文通。

　　作物是？＝玉米六十斗。

　　【十八亩（南法信）】四至？＝东西刘，南崇，北道。民国二年，立卖人赵蒙，对方张文通。

　　作物是？＝玉米一百六十斗。

　　【七亩（村内）】四至？＝东张，西刘，南官道，北官道。民国二年，立卖人刘树林，对方张文通（二百三十五吊）。

　　作物是？＝高粱六十斗。

　　【五亩（村内）】四至？＝东杨，西小河沟，南王，北石门官地。民国二年，立卖人杜中，对方张文通（一百六十吊）。

　　作物是？＝玉米四十五斗。

　　【七亩（村内）】四至？＝东李，西置主，南顶头王银，北官道。民国十二年，立卖人刘树林，对方张文通（二百三十吊）。

　　作物是？＝高粱六十斗。

　　【三亩（望泉寺）】四至？＝东孙福，西河沟，南张成，北官道。光绪三年，立卖人杜文秀，对方张禄（一百一十八吊）。

　　作物是？＝粟子十五斗。

　　【七亩（村内）】四至？＝东置主，西龚良，南顶头，北道。民国十六年，立卖人赵廷魁，对方张文通（一百二十三吊）。

　　作物是？＝高粱五十斗。

　　【十六亩（村内）】（这个地分为九亩和七亩两块）四至？＝东刘，西刘，南道，北道。民国三年，立卖人贾长山、贾长溥（北京的商人），对方张文恒（七十五元）。只有这个地税契是以前的（年号不明）。

　　作物是？＝高粱一百三十斗。

　　【二亩（村内）】四至？＝东吴，西李，南塔河吴姓，北官道。光绪六年，立卖人赵良才，对方张馥云（曾祖父）（一百三十吊）。

　　作物是？＝高粱十五斗。

　　【四亩（村内）】四至？＝东置主，西徐，南顶头，北官道。光绪二十九年，立卖人杜如海，对方张禄（四百三十吊）。这个土地在民国三年验契。

　　作物是？＝高粱三十斗。

　　全部的所有地是？＝一百二十余亩，全部都是自己耕作。

　　但是之前的一个租佃契约是？＝两人每人四十亩合计八十亩合伙耕作，合伙也就是长工，八个月的劳作，年收入是每人一百八十元。

　　家人呢？＝十八人。

　　从事耕作的呢？＝我和弟弟。

　　雇短工了吗？＝没有。

　　收典的土地呢？＝没有。

出典的土地呢？＝没有。

出租的土地呢？＝没有。

租地呢？＝没有。

分家了吗？＝没有，非常怕分家，因为分家就没办法合作了。因为关系变差、借了钱才开始分家的，所以不分家是最理想的。

（以下是赵文有的回答）

【赵文有的四亩（石门圈内）】四至？＝东马，西官道，南王姓，北刘姓（注：民国二十六年，立卖人李遇春，对方赵文有，价格六十元（使用官纶草契纸），二十七年买契）。

是什么土地？＝不知道。

田赋呢？＝从买来开始交纳。

作物？＝甘薯二十斤、烟十斤、落花生一百斤。

还有其他土地吗？＝没有，只有四亩。

家人呢？＝六人。

有什么副业吗？＝从附近的村子买来木材，卖到县城里或是这附近，一年有二百元的收入。

没有租佃地吗？＝八亩。

从谁那里得到的？＝石门村的樊某那里。

什么时候开始的？＝因为去年石门村的樊某对我说，他准备把石门村公会地中的八亩出租佃，要到城内去做买卖，想让我接手，于是我就租佃了。

地租是？＝二十八元。

作物是？＝萝卜三千斤，玉米三十斗。

（以下是王王氏的回答）

丈夫呢？＝王茂林，三年前死了。

【王王氏的五亩（村内）】四至？＝东王姓，西张姓，南官道，北耿姓。同治十一年，立契人赵瑞，对方王芝宗（二百二十五吊）。

是什么土地？＝周庄头。

向周庄头交租到什么时候为止？＝十几年前。

地租是？＝每亩一吊八百钱。

这个土地官产整理时没有买吗？＝是的。

现在还交纳田赋吗？＝没有。

是黑地吗？＝不是，旗产还没有被整理的土地，县公署现在依然没有收田赋，将来会怎么样我也不知道。

作物是？＝玉米十六斗、黍十斗、粟子四斗、高粱八斗。

没有其他土地吗？＝没有。

租佃地呢？＝没有。

家人呢？＝一人。

这个土地是谁在耕作？　＝雇的短工。

（以下是王悦的回答）

【王悦的四亩（南法信圈，离沙井村二里）】什么时候买的？　＝民国二十七年。

从谁那里买的？　＝这是和叔父王春交换的土地，原因是我有五亩好的耕地，但是我想要墓地，于是就请风水先生来商量，结果正好叔父的四亩地方位很好，于是就和叔父商量然后交换了。

这个土地以前是旗地不是吗？　＝内务府造办处。

作物是？　＝和下面的四亩合起来是玉米十六斗、高粱十斗。

【四亩（南法信圈）】什么时候买的？　＝十年前，从哥哥王庆那里买的。

花多少钱买的？　＝不记得了。

哥哥现在在哪里？　＝住在城内做小买卖。

这个土地以前是旗产不是吗？　＝和之前的四亩一样。

【一亩】什么时候从谁那里买的？　＝祖父的时候买的，所以不知道。

是什么土地？　＝钟杨宅。

作物是？　＝全都是墓地，所以没有收获。

【二亩七分（村内）】什么时候买的？　＝这个土地有二亩和七分，两个接连在一起。二亩是祖传的土地，七分是十年前买的。

是什么土地？　＝二亩是周庄头，七分是民粮地。

作物是？　＝两个一起是玉米二十斗。

【二亩、二亩（北法信圈，小中河附近）】什么时候买的？　＝地券还在县里办，现在记不清了。

是什么土地？　＝钟杨宅。

作物是？　＝高粱三十斗、黑豆十斗。

全部的土地是？　＝十五亩七分。

租佃、典出入呢？　＝没有。

家人呢？　＝六人。

副业是？　＝自己做点心，赶集的时候去城里卖，一年有两百元的收入。

耕作是谁在做？　＝忙的时候雇短工。

（以下是张珍的回答）

【张珍的六亩（村内，小中河附近）】光绪十五年，立卖人张永瑞，买主张永祥（价格五十六吊）。

是什么土地，不是旗产吗？　＝如地券所示，是民粮地。

现在还在交纳田赋吗？　＝没回答（注：地券上记载着民国二十三年以六十八元把两亩卖给了张成）。

作物呢？　＝四亩，玉米十斗。

交地租吗？　＝不。

家人呢？　＝四人。

仅仅靠这四亩地能生活吗？＝我做生意，每年有一百元的收入。而且妻子做针线活儿，每年也能挣十元多，所以能维持生活。

3 月 10 日

旗地　沙井村内的土地　公会地　墓地
应答者　杜祥（沙井村会官）
地　点　县公署
【旗地】菊宅是旗产吗？＝当然。
清代村子里有多少？＝菊宅的舌，总共有一百亩左右，沙井村内有五六十亩。
村外的在哪里呢？＝刚才说的五六十亩由沙井村的人耕种，场所在南法信界内。
听说赵廷奎有三十亩，在哪里呢？＝在南法信。
有庄头、催头吗？＝有催头。
催头是谁呢？＝自己没有菊地，不知道催头的名字，但是我觉得大多是南法信的人。
地租是高呢，还是低呢？＝一般。
地租最高的旗地呢？＝内务府造办处最高。二钱银子。但是不交银子，要换算成吊。没有上、中、下的区别。
周庄头呢？＝亩一吊，没有上、下的区别。
菊宅呢？＝上等的话一吊二百钱，中等一吊，下等八百钱。
松宅呢？＝一吊二百钱。没有上、下的区别。
崇祝寺呢？＝有百亩左右，大都位于北法信。沙井村的人耕作。地租大多一吊二百钱。没有上、下的区别。
雍和宫香灯地呢？＝四亩，位于本村。佃户、张守仁。地租是二钱二厘银子。
松宅有多少亩呢？＝八九十亩，都在本村内。
松宅的佃户呢？＝张林荣五亩，张守仁五亩，杨春旺五亩，赵立民二十五亩，财务科长言绪三十六亩，石门村樊某六亩，望泉寺王银十亩。
大家都买松宅的土地了吗？＝大多是民国二十年买的。
匠役地呢？＝八九十亩。
地租呢？＝把一亩分成八份，一亩四五百钱，没有上、下的区别。匠役地的话，不是一个人来收租，而是很多人分别来收自己负责土地的地租。
一个人或者很多人是催头的事情吗？＝不是。匠役自身的事情。匠役不是什么了不起的人，有很多。
匠役都是这附近的人，在城内堃泉寺石门有很多。我所知道的是城内张丰、望泉寺路某、石门任某。这些人都已经去世了，现在都不在了。
匠役地从以前一直都有吗？＝当然。
镇里的杨宅还没有整理吗？＝当然，一亩都没有整理。沙井村的人耕作的土地有三四十亩。即使官产局催促整理杨宅，也不同意。因为这些地由我交税，归我所有，所以没有理由被整理。

去年土地整理的时候，沙井村的佃户有没有申请交纳田赋呢？ ＝没有。去年只立了税契，没有交纳田赋。

周庄头被整理了多少呢？ ＝只有一半被整理了。

匠役地呢？ ＝不是由官产局整理，而是农民自发买的。民国六七年左右买的。

什么时候卖出的呢？ ＝民国元年左右，因为匠役没有来收租，所以就升科了。

是随意升科的吗？ ＝县署办理，跟匠役没有关系。

造办处呢？ ＝只是整理。

崇祝寺呢？ ＝都没有被整理。但是详细的不知道，杨泽知道。

松宅呢？ ＝只是整理。

菊宅呢？ ＝只是整理。

【沙井村圈内的土地】沙井村圈内的土地总共有多少公顷？ ＝十公顷左右，多的话十一公顷。

沙井村人所有的土地呢？ ＝十二公顷，村内八公顷，村外四公顷，村外在南法信有一百五十亩，在北法信有一百五十亩，剩下的在望泉寺、石门村、县城界。

沙井村人所有的十二公顷土地中，交地租的有多少人呢？ ＝一个都没有。

有没有出典的情况？ ＝没有。

在沙井村十一公顷的土地中，光绪年间旗地的土地呢？ ＝一半以上，十一公顷中六七公顷是租子地。

【沙井村公会地】沙井村公会地是谁的名义？ ＝公会的名义，公会就是村公所，村公所就是观音寺，都是观音寺的土地，民国以来是公会的土地。

以前观音寺有所有土地的账面吗？ ＝有。以前寺里有和尚，他们持有账面。

持有地券吗？ ＝什么地券都没有。

账面上记载了什么事情呢？ ＝只是记载佃户的名字或者佃户的收入。

和尚一直持续到什么时候呢？ ＝光绪二十三四年左右消失的。

为什么之后就没和尚了呢？ ＝因为和尚死了。而且这个和尚吸食鸦片，把弟子都赶出去了。因此寺里只剩他一个人了。后来死之后，村民就雇来老道让其护寺。

和尚活着的时候，拥有多少土地呢？ ＝和现在一样，二十九亩、三十亩左右。

有没有人监督和尚呢？ ＝没有人。因为庙产是和尚的私有，和村里没有关系。和尚去世的话，就由弟子继承。

和尚买其他的土地吗？ ＝当然，这样做的话就好了，但是土地不会增加。

有意向的时候，要卖土地吗？ ＝不能卖。村民监督。这时候会首人、村长监督。

和尚的生活费只有这些土地的地租吗，接受村民的捐赠吗？ ＝靠地租生活。

有没有村民捐赠土地的情况？ ＝没有。

有庙产的时候，村民捐赠吗？ ＝刚开始国家建寺，国家把土地捐给寺庙。

寺庙存在几百年左右了？ ＝三百年。

寺庙的院内有多少亩？＝十亩，外面是耕地，这些都是国家捐赠的土地。

【公议堂地】公会的土地只有上面说的那些吗？＝外面有公议堂的土地三十一亩，公议堂不来收租，由公会管理。

公议堂什么时候来收租？＝六七年前，公议堂的家里没有来收租的人。没有孩子，没有后人。

公议堂在哪里？＝北京。

公议堂的土地大多在沙井村附近吗？＝外面没有。公议堂靠做制造土粪的买卖赚钱，用现金买土地。

在哪里做制造土粪的买卖？＝北京。

为什么在沙井村买土地呢？＝公议堂和沙井村的张永仁是很好的亲戚关系，拜托他买的。

两家的关系呢？＝张永仁的父亲的姐姐嫁到公议堂的家里。

没有孩子的话，亲戚家的人继承不就好了吗？＝其他的人来收租，这里的人是不会给的。对方也没办法。

土地划分呢？＝一大块十八亩是周庄头的，其他的是原来这里的农民开垦的。接着是八亩，还有五亩在内务府造办处土地的附近，估计是造办处的了。

八亩的位于哪里呢？＝没有连娑，也没有分离，稍微连着一点。

公议堂是什么时候买的呢？＝光绪二十年左右。

地券呢？＝全部都有。

由谁保管呢？＝村公会。

村长的家还是村公所？＝村长。

【公会地——苇地】种植芦苇的土地是什么土地呢？＝那是另外的。有十亩，是买来的。

从谁那里？＝杨源的父亲以前从石门村人那里买来的（光绪年间）。之后村民摊款从杨源的父亲那里买来了。

他是把它当作自己的土地买的呢还是当作村里的土地买的呢？＝起初是自己为了种植作物，但是没什么收成，就卖给了公会用作采土场。

他买来之后过了多少年卖给公会了呢？＝八九年，卖价二百吊。

那之前沙井村的人都是在哪里挖土呢？＝在庙的南面有很多洞穴，从那里挖。

那些洞穴的土地归谁所有？＝厡来没有主儿。从那里往西走都是沙地，不能挖土。

是因为会把土挖完吗？＝没有挖那么深，挖更深的话，会出来水。

现在的采土场都出水了吧？＝当然。

不能挖的时候，该怎么办？＝如果还有其他地方的话就好了，没有的话，就没办法了。

这时候，怎么办呢？＝从自己的耕地里挖。

从公会地里挖土和从自己的土地里挖土哪一个更多呢？＝现在是公会地。

挖土的话，是想要多少自由挖多少吗？＝当然。

其他的村民可以吗？＝不可以。

有没有卖地的情况？＝没有，公会的土地总共有三十九亩，十亩是废耕地，剩下的二十九亩是耕地。

公议堂是谁的土地？＝不是公会的土地，将来归谁不清楚。

公议堂的土地允许出租吗？＝当然。

除去十亩的废耕地，把六十亩出租给谁呢？＝付菊三亩，杨永才十亩，赵廷奎十亩，刘长贵、耿士成八亩，杜德新十八亩，张贵五亩。

村内出租的土地呢？＝六十亩。

村民租佃村外的土地呢？＝一百亩。

公会土地的佃户和地租是如何决定的呢？＝一般是只有村长、会首人聚到一块儿，决定之后，然后各自通知农民。

听说有投票？＝当然，去年是进行投票的。把村公会的土地全部列出来贴在村公所。农民写出想要租佃土地的位置和地租，然后进行投票。公会会把土地租给出价最高的农民。

公会地会出租给其他村的人吗？＝不会。不租给外村的人。

由谁制作契约呢？＝不制作，写在村公会的账面上。

收地租的人呢？＝村长。

地租用于什么呢？＝学校费用，警察费用，庙的修理，香钱，纸钱，杨永才的工资。

杨永才的工资是多少？＝一年一百元，另外还有补贴十元。

能卖掉公会地支付吗？＝谁都不能卖，所以没有人卖。

村长、会首人商量之后，可以卖吗？＝那样的话，可以卖。

只有村长、会首就可以了？还是要村民全部聚集起来？＝村民全部。

仅仅村长、会首不行吗？＝不行，因为要是按照村长、会首人的想法来做，就会把庙产全卖掉了，这样的话就不好了。

公井是谁的井？＝公会的井。

什么时候建造的呢？＝可能是和庙同时建造的。

和尚在的时候，村民能够自由使用井吗？＝当然。谁都可以使用。

葬礼的时候，要给和尚送礼吗？＝当然。

现在有葬礼的话，会从哪里叫来和尚吗？＝从牛栏山或者县城内的寺庙。

听说因为苇地的事情，跟石门村发生了争执，这是怎么回事？＝当初把土地买来之后，两村共同挖土。后来穴越来越多，土地被长时间搁置。后来，石门村的人在县公署办理了升科，交纳了田赋。当初石门村拥有十二亩，沙井村有十亩。实际上，石门村十二亩土地的广度只有九亩六分，沙井村的实际上也只有八亩。民国六七年，石门村以十二亩做了登记。那样的话，沙井村的十亩中，有二亩四分被拨走了。因此，沙井村想要告石门村，但是诉讼费太贵，就没有告。因此就瞒着对方种满了芦苇，接着石门村的人很气愤，就把沙井村给告了。

公议堂不来收租的话，就算不是村公会的地，佃户就这样继续租佃，耕种可以吗？＝

土地原来是和尚的，和尚死后，就成了公会地。村公会就成了佃户。

【墓地】墓是一人一个吗？＝有共同的，也有单独的。比较的话，共同的比较多。

谁共同使用呢？＝同族的人。

姓一样的话，就是同族吗？＝也有不是同族的情况。李秀芳和李濡源是同姓，但不是同族。

那同族是什么呢？＝共同使用茔地的叫同族。要是只有一个祖先的话，任何时候都是同族。

就算是分家，也是同族吗？＝当然，同族不限多少代。

什么是个人的墓？＝有共同的墓地，但是不使用，另外再建造一座墓。这就是个人的墓。

都是在什么情况下，才单独建造墓呢？＝针对共同墓地，比如刚一开始有很多财产，后来逐渐减少，觉得共同墓地不好，就移转了。

这种情况下，要和族长商量吗？＝没有必要商量。其他情况的话，比如没有孩子，后继无人，总之就是命运不好的时候，也会转移。

【杜家的墓地】您家族的墓地在哪里？＝在村西面。

是共同墓地吗？＝当然。现在是杜祥、杜全山，以前是杜春、杜茂（石门村）、杜景萱（马家圈）、杜如海（本村）一起。四人转移了。

是因为倒霉还是因为墓地狭窄？＝那个时候，这四个人有钱，就请风水先生找了个好地方。但是，现在杜春、杜如海都变得很穷，迁到别的村子里去了，自己恐怕不会转移墓地。

共同墓地有多少亩？＝五亩。

耕作吗？＝当然，杜全山耕种。然后，每年杜全山会在清明节的时候从每家叫两个人，请他们吃饭。

谁拿着地券呢？＝杜全山。

一开始就是吗？＝当然。

什么时候分家的？＝杜祥和杜春是兄弟，剩下的三个人是兄弟，而且杜全山跟他们不是同一个父亲。分家是父亲的时候，是很早的事情了。

杜全山父亲分家的时候，让耕种墓地了吗？＝当初土地是荒地。杜全山的父亲吸食鸦片变穷了，为了救他，同族的人把土地开垦了，当初是一家种一年，但是还没有轮一轮，杜全山的父亲就死了，把土地给了杜全山。

给杜全山的时候，有约定清明节的时候要请客吃饭吗？＝没有，当初没有约定。每年土地的收成是高粱五十斗，杜全山自发请客。这是光绪二十几年的事情了。

在沙井村像这样的墓地，还有其他的例子吗？＝杨源、杨泽、杨正。

请说一下这个墓地的事情？＝杨姓的墓地当初由杨绍增耕种，现在由杨永瑞耕种。每年清明节的时候都把同族的人聚集一块儿请他们吃饭。总之，让穷的人耕种。

杨源、杨绍增、杨永瑞的关系呢？＝很久以前就是同一个祖先。

让杨永瑞耕种，是谁聚集起来商量的？＝所有的同组人。

土地的开垦是什么时候呢？＝民国元年左右。然后接着商量，最后由杨永瑞耕种。

开垦墓地需要得到同族的同意吗？＝当然。

杨永瑞耕种的土地呢？＝前年，杨绍增的墓地变好了，让杨永瑞转移进去。

这时候，同族人要聚集一起商量吗？＝当然，这时候，杨绍增会抱怨，但是同族人会因为杨永瑞家人多又穷而决定帮助他。

3 月 11 日

旗地　族产　学田　庙产　沙井村的言绪氏所有地

应答者　言绪（县财务科长）

地　点　县公署

【钟杨宅——旗地】在沙井村有恒宅、菊宅、钟杨宅、松宅等，这些是旗地吗？＝是的，是旗地。

恒信是旗人吗？＝是，但是钟杨这名字，钟不是姓，杨才是姓。

钟的意思是？＝以前有一家做钟的姓杨的家族，国家命令他们做钟，有次命令他们做钟，但多次未能成功，如果还不成功的话，就会受到惩罚。然后姓杨的就把女儿扔到了火里，就把钟做成了。因此国家就论功行赏，他们家就被赐为钟杨。这是清初的故事。

是做哪里的钟呢？＝北京有钟楼和鼓楼，就是前者。

恒家的土地在哪边呢？＝线的西方。

菊家呢？＝不知道。

钟杨家呢？＝很多，县城的东边也有，西南那边特别多。

松家呢？＝不是很多，在西边。

匠人家和别的家有地租高低吗？＝匠人的地是内务府土地的一部分。

对于内务府来说有什么地目呢？＝不记得。

【松宅】松盛俊是松宅的庄头吗？＝不是，松盛俊是松宅的地主。

松宅是什么时候买了的呢？＝大概民国十一年，变卖少许；民国十五年，大量变卖。

大部分都整理过吗？＝多少留一点，七八成卖掉。

留下的土地要纳田赋吗？＝不纳。

县里打算怎么处理？＝不知道。最近特务机关和省公署应该发命令的，但是还没发出。

对那些留下来的土地，有让他交税契吗？＝没有。

松宅会开始变卖是为什么？＝去收租时有很多收不上来，因此打算把地租集到一块儿收。开始是自发性的卖，民国十五六年，在官场的命令下卖。

即使命令也不整理的土地有留下的吗？＝佃户没有找出来，所以还存在没有卖的人，除此之外，在庄头没有交出全部的账本（写有佃户），一半拿出，一半藏起。虽然松宅大家把账本拿出，但仍然有残留的原因是如上次所说的佃户没有全部找出来。

【八项旗场】官场整理时，没有留下像八旗场一览表那样的东西吗？＝没有。对没有交纳田赋的所有土地全部做了整理。

周庄头有多少？＝周庄头有两三个（即白河东边的周庄头、崇国庄的周庄头和牛栏山的周庄头）。

牛栏山的周庄头在民国二十年以后整理，然后民国四年给财政部是官场整理吗？＝那个时候是整理黑地开垦地和八项旗场。

八项旗场，旗场是一样的？＝如典租，三次租，四次租，另案租，老公产租，庄租，屯庄租为八项旗场。顺义县没有屯庄租。外面都有。

民国四年，单整理八项旗场的理由？＝因为八项旗场是国家所有的，所以就让他纳田赋，并且可以增加收入。所以整理了。普通的旗场因为私有，所以没有整理。

想看下八项旗场变没时候的卷宗？＝在北京的官场总署，另一部分在唐山的冀东政府。

八项旗场在民国十六年取消的理由为？＝不是取消，一直都在整理，经过民国二十七年，至现在还有残留。

官产整理效率提升的年份是？＝民国十六年、民国十七年、民国十八年。

【催头】旗地一定有催头吗？＝大家都有。

收租的时候，比如说周庄头是自己来县城的吗？＝是的，去县城里面，在村里收的是催头。

村民可以直接把租交给庄头吗？＝可以，交给催头也可。

有通知消息的催头和收租的催头，对于村民来说，他们一样重要吗？＝没有，因为在听庄头命令。

农民不交租时，庄头、催头怎么办？＝那时庄头告诉县公署，县公署就会把佃户叫来。

县里跟谁有关系？＝提交县长，县长命令财务科员。

不交租的就把土地没收，会说此类话吗？＝叫过来让他交租，如果不交的话就扣留。

民国以前也如此吗？＝是的。

可以不要诉讼解决吗？＝这跟司法无关，因为跟行政有关，所以财务科进行管理。

催头报酬如何？＝有工资的，也有免除催头减少耕种旗地地租的。并不一样。

庄头收租交给旗人吗？＝是，按照庄头主人、庄头、催头的顺序，向王府上交。

【带地投充】农民带地投充的原因是什么？＝因为清朝财务科整理黑地是十分严密的，所以黑地的所有者就去投靠旗人，向他申请，我的土地是黑地，会受到处罚。与此相比，把土地交给你，交租给你更好。

带地投充的意思是？＝带着土地投靠主人。

什么时候？＝光绪年间最多。

要交同样的租吗？＝很便宜，便宜了一半。

征收土地，然后让别人去耕作可以吗？＝这样的事情虽然很少，但是也不是没有，在租房子的票据上写有这样的事情。虽然可以是可以，就算票据上注明了这样的事，但其实还是极其少见的。关于旗地，还没有这样的先例。在这种情况下，不可能很容易地就征收到土地，必须向承审处递交多次申请。

之前说的催收虽然是财务科的事情，征收旗地是承审处的事情吗？＝但是，这种情况下，必须由司法处来裁判。

哪一方率先提出诉讼是比较合理的？＝农户方率先提出对佃户方的诉讼比较合理。可知晓有一真实的案例。民国十年的时候，诉讼了十年，都没有征收成功。

有记录吗？＝承审处应该有（有一个称之为河北村苑庄头的标题）。

屯田和屯田租户是一样的吗？＝是的。

顺义县内有这样的吗？＝八项旗租的条款里，只有屯田。

【族产】族产和祭田有什么不一样？＝大致相同，一般的，为了祭奠祖先而遗留的族产，祭田因为也是为了祭奠祖先的，所以跟族产一样。

那用谁来命名呢？＝一般是用家里的族长命名。

有墓的土地变成族产的事情很多吗？＝是的。

祭祀祖先的仪式是什么样子的？＝有两次，分别是清明节和十月一日。也有只是在清明节祭祀的。

同族全部聚在一起，共享盛宴吗？＝从族产所得的收入里面拿出来钱，招待大家吃饭，是很普通的事情。

把族产的土地给族外人耕作也是可以的吗？＝同族的人耕作是正常的，拿给其他农户耕作的情况比较少。一般都是族中人自己耕作。

族产占所拥有土地的几分之几？＝百亩土地的话一般占十亩，没有占三四十亩的情况。

族产的目的除了祭祀祖先还有其他的吗？＝没有了，就只是为了祭祀祖先。

【学田】所谓学田，就是捐赠给学校的土地。

是国家捐献还是大地主捐献呢？＝大地主捐献。

捐献的目的是什么？＝其实并没有什么特别的目的。也有这样的事情是产生捐献土地的原因。家里只有十亩田地，两兄弟争抢却不能得出公平的结果，于是就由村长或者亲戚把这十亩土地捐献给学校。这种现象还挺多的。

【庙产】没收庙产将其作为学田的事情发生过吗？＝民国初年，政府下达命令，各村也请求这样处理庙田。原因是，建学校需要大量金钱，没钱的时候，就把从庙田分来的钱用于建造学校。

庙田要是归于和尚的话，和尚一定很难办吧？＝正因为如此，和尚经常提起诉讼。

庙田归和尚这种事常见吗？＝常见，庙田基本都是和尚私有。

和尚要是想卖掉庙田就可以随意卖掉吗？＝要是卖一亩两亩的话是可以的，超过了的话村长就会干涉了，不过要是遇上老实的村长，也会默许的。

在顺义，庙田有大小吗？＝牛栏山的元圣宫（一千亩），魏家店的小山（想不起来实际上到底有多少个宫）（五六百亩），拥有百亩左右田产的有很多。比如县城内城隍庙就有百亩以上。

那谁来监督和尚呢？＝和尚自己随便。谁也不能干涉。

村长会监督像牛栏山元圣宫这样大小的庙田吗？＝是的。

【沙井村的所有地——松宅地】在沙井村，您拥有多少土地呢？＝三十亩。沙井村的土地是松宅的，沙井村的人租用这些土地耕作，我买下了这些土地的租赁权，所以这样一来，这些土地就归我所有。

松宅并非八项旗产之一，在民国十年升科了吗？＝开始松宅不需要交纳赋税，就是在那个时候升科的。

那其他旗地也是民国四年升科的吗？＝升科的也有，也有在县公署没有升科、只用于收租的土地。

粗籽地产捐是什么？＝与右边不同。民国六年产捐在县内开始施行。

升科时遗漏了的，会收产捐吗？＝不收取田赋，只收取产捐。产捐与田赋不一样。

您在买田地的租赁权时，和松盛俊签订过合同吗？＝直接见面的。

土地买来之后，租给谁耕作呢？＝沙井村的人。

耕作人又变更过吗？＝买了之后立即变更，之后变更很多次。

不从耕作人那里买吗？＝开始是从耕作人那里买（先买佃权，后买租权）。

现在的佃户是？＝与骆（城内）伙种，也就是收成各分一半。一亩的话收取五六斗。农作物按照地主指定的作物额来播种，今年是玉米，耕作期限是一年。

不需要收取保证金吗？＝什么都不收取，只需要口头保证就行了，证书什么的都不要。

耕作物成熟了是地主自己收割还是佃户呢？＝佃户。

田地都是对半分吗？＝大家都在佃户家里分。

【资料一】松宅地的地券

（一）立指地借钱文约人张温德，因缺乏资金将祖传老租地的一段一亩七分五指，将此地借到杜文达名下承种。坐落于沙井村西南部，地名沙窝下头。当面言明借价为东钱五十三吊整，其钱笔下交足，并无亏欠少钱。无利息，土地没有租价。张在交约三年之后，有钱可回赎。此为两家心甘情愿、各无反悔。恐空口无凭，立典字为证。

咸丰七年三月十日

立字人　张温德　　十

代字人　张良德

（二）立指地借钱文约人李春，因缺乏资金，现将自种老租地一段七亩五分，此地坐落于沙井村西南部，地名为沙窝，亲自委托中人说合，愿意将此地借到本村杜文达名下承种，言明种地三年后到回赎期。言明钱无利息、地无租价，以利息顶补租价，言明借价为东钱二百七十吊整。其钱笔下交足并无缺欠，言明耕种三年以后用钱回赎，此为两家心甘情愿、各无反悔。如有差错或争论者，自有借主中保人单方面承管，恐空口无凭，立典字为证。

同治四年九月二十六日

中保人　孙发　[十]

立借字　文约人　李春　[十]（三）立过

代字人　杨天佑

旗租地窝契文约人李春，因缺乏资金将自置旗租地一段三亩七分五厘，亲自委托中人说合，愿意过与本村杜荣名下耕种。当面言明过价为东钱七十二吊整，其钱笔下交足，并无亏欠少钱。土地坐落于沙窝下头，每年随代交租东钱四吊五百。如有差错或争论者，自有借主中保人单方面承管，恐空口无凭，立过旗租地窝契文约为证。

同治七年九月二十一日

立过旗租地窝契

中说人　孙发　[十]

文约人　李春　[十]

代字人　李珍

（四）立过旗租地窝契文约人李廷贵，因缺乏资金将自置旗租地一段七亩五分，此地坐落于沙井村西南部，地名为沙窝下头，现在劳烦中人说合，愿意过与本村杜荣名下耕种为业。言明过价为东钱二百六十吊整，其钱笔下交足，并无亏欠少钱。如有本族人等争论者，自有契主单方面承管，此为双方情愿，各无反悔，恐空口无凭，立过字永远为证。

同治八年十一月十日

立契文约人　李廷贵　[十]

说　合　人　吴与江　[十]

代　字　人　李芬

京都

光绪三十年十月初一

佃户名　杜荣　种地三十五亩　分

松宅收租票

应交地租十四吊　角　文

寓东门内北新桥北雍和宫对过西官书院路北大门

（五）立退旗租地契文约人杜芝兰，因缺乏资金，现将自置老租地六段相连共二十七亩，坐落于沙井村西南部，地名为沙窝。亲自委托中人说合，愿意将此地退与顺义县本城人言振廷名下承重为业。和众人商议定价为铜钱二千零二十五吊，其钱笔下交足，并无亏欠少钱。自退之后，由言姓随意耕种，与杜姓不相干。此为双方情愿，各无反悔，如有本族人等争论或差错，均由中人、出主单方面承管。日后倘有本族兄弟有争论，由该出主自己补发给言姓足数的耕地。恐空口无凭，立此退契为证。

计开四至

东至道、西至顶头、南至杜姓、北至王姓

随代老契四张，共有地二十亩五分，二十六年丢失一张二亩五分

还有存长门杜春景七亩五分契纸一张，由此契发出四亩归言姓。剩下三亩五分归杜春景。各管各家，言姓置地数日后备查。

光绪三十一年十月初五

	崇礼	十
中保说合人	孙有温	十
	张起林	十
立退字人	杜芝兰	平心
代笔人	张德馨	平心

京都

光绪三十一年十月初一

佃户名　言振廷 种地二十七亩　分

松宅收租票

应交地租十吊八角　文

寓东门内北新桥北雍和宫对过西官书院路北大门

京都

光绪三十二年十月初一

佃户名　言振廷 种地二十七亩　分

松宅收租票

应交地租十吊八角

寓东门内北新桥北雍和宫对过西官书院路北大门

（六）财政部执照

吕字第四百三十号

财政部

发给执照，现根据京兆区域清查官产处，会同为财政厅分厅详报顺义县人松盛俊住

自行投报承垦，坐落于沙井村 地〇时三十五亩〇分〇厘，愿意升科纳粮，暂行每亩银四分，俊清丈后再行分别按规定纳粮，经本厅、处查核，数目相符，除由该县等级承垦字字簿第二册第一百四十三页第一千四百三十号，将该地四至丈尺分款开列外，应请先行发给部照，以实行执业等事情。据此合行发给执照须至执照者

计开四至

东至 、西至 、南至 、北至 应纳科税每银一两

微银元大洋二元三角耗银在内，限于民国四年入册启徵合并遵照

下面给承垦人松盛俊 准此

中华民国四年十二月三十一日

顺义县知事为征收地丁一事查第　区村粮户

松盛俊分厘　民国十六年即阴历　年份

忙串票

应征银两五钱二分五厘〇毫，按二元三角算，征户如数纳记，如有差错，限即日更正，以此为据

中华民国十六年十一月二十二日

（七）立卖地字人松盛俊，因正用将自置粮地一段坐落于沙井村记为三十五亩的土地，委托中人说合，愿意将此地卖与言振廷名下交粮永远为业。言明卖价为银洋七十元整，其钱笔下交足，并无亏欠。自卖之后，如有本族人等争论或差错，均由卖主、中人单方面承管。恐空口无凭，立卖字为证。

中华民国十八年旧历戊辰十二月二十日

中人　　　　　傅纯融

立卖字地人　松盛俊

3 月 12 日

赵绍廷　　孙福　　旗地庙产　　坟茔地

地　点　县公署

（以下是赵绍廷的应答）

【赵绍廷的四亩】四至？ = 东刘姓，西路王，南道，北河。

什么时候买的？ = 如地券日期所显示，民国十八年。从杨源那里买来的。

地点呢？ = 内务府大粮庄头（牛栏山同庄头）民国十八年四月杨斌从官产整理局买来一亩四分土地，交了八角钱的手续费。

您是什么时候移居至沙井村的？ = 三十一年前。

因何契机从杨源那里购得此地？ = 因祖父病故，没钱办葬礼，现已有养老地。

像这样卖出自己的养老地之事，常见吗？ = 有是有，比如兄弟三人出钱共同购得一块养老地然后将其分割。方法也很常见。

杨源、杨正、杨泽在祖父杨斌死前分家了吗？ = 是的。

作物呢？ = 玉米四十斗，萝卜千斤。

【六亩（南法信，距离沙井村一里）】四至？ = 东河、西赵廷奎、南王春林、北道。

匠人们的工作场所呢？ = 不知道。

作物呢？ = 高粱三十斗，豆五斗。

【二亩（村内）】四至？ = 东李姓，西李姓，南孙姓，北孙姓。

作物？ = 高粱二十斗。

地基？ = 一亩半，九间房。

家中人数？ ＝八人。

全部土地？ ＝二十亩。

租佃他人土地？ ＝三十亩，从城内的王永万那里租来的。十五亩在北法信，地租每亩十五元，玉米百十斗，豆五十斗。五亩在望泉寺，地租每亩十元，高粱四十斗，豆十斗。十亩在沙井村，地租每亩十元，黍二十斗，粟二十斗，高粱四十斗，豆二十斗。

有证书吗？ ＝没有。

期限？ ＝一年。

什么时候开始租佃的？ ＝二十年前。

地租每年有变动吗？ ＝去年开始变高。

有没有典当进出的土地？ ＝没有。

【以下是孙福的回答】

【孙福的六亩（望泉寺），距离沙井村一里，】四至？ ＝东刘玉璋、西张守仁、南李秀芳、北张永祥（注：地券解答了疑问，光绪三年，立卖人孙永祥、对方孙贵（祖父）两百八十吊，于民国二十九年购买）。

【黑地】田赋？ ＝还没交。

今年会征收吗？ ＝只收到征收黑地赋税的消息。

今后不征收也可以吗？ ＝将来黑地该如何征收田赋，应该会出台相关政策。

之前是旗地吗？ ＝不是。

黑地和旗地的买卖价格之间有差别吗？ ＝没有。

民粮地呢？ ＝比较高一点。

为什么呢？ ＝民粮地无限期就那样耕作。旗地和黑地以后必须购买耕作。害怕赋税变高也不想买。所以比较便宜。

作物？ ＝高粱、大豆共四十斗。

里面有坟墓，是谁的坟墓？ ＝自己的墓地。

同家族的还有谁吗？ ＝大家都死了。

【分家】名字？ ＝ 孙有恭（父）健在。

孙有让（叔父）孩子是孙伯伶，住在本村，不知其有一亩半分田的土地。

孙有俭（叔父）已故

孙有温（叔父）已故

孙有才（叔父）已故

父亲分家了吗？ ＝孙有温和孙有俭与父亲一样，分了家。孙有才、孙有恭、孙有让和父亲一样，孙有恭（父亲）分家出来了。剩下的二人没有分家。

父亲分家的时候有土地吗？ ＝有六亩地，但是抵押给了姓赵的。后来花了一百七十吊赎了回来。不记得这是什么时候的事情。

父亲的兄弟得到土地了吗？ ＝没有。因为他们得到了房子，而且那个时候这些土地都是沙地。

家里几口人？＝五口。

地基？＝四分地，三间房。

佃户地？＝没有。

五个人只有六亩地过得很辛苦吧？＝自己存了钱，一年有上百元的收入，主要靠这个生活。

（以下是周德福的应答）

【王公府——私有地】杨公府的土地是在民国十四年明确规定禁止租出，叫钟杨宅。崇祝寺等，是民国二十二三年租出的？＝这个以及菊宅、松宅等都是王公府私有的土地。

松姓、王公府是旗人吗？＝不是，是汉人。

为什么？＝这些人是向县公署交纳赋税。如果是旗人的话，不用交纳赋税。这些土地没有整理过。

崇祝寺是香火地吗？＝是的。

香火地要纳田赋吗？＝不纳。

为什么不来收菊宅、松宅、崇祝寺的田租呢？＝因为大家只能卖不能租。不用收租。

崇祝寺不整理吗？＝是这样的，因为是香火地。

雍和宫呢？＝也因为是香火地，所以不整理。

【庙产】变卖庙产的时候，谁买呢？＝和尚。

为什么叫庙产（能成为庙产）？＝这是为了养育和尚才建立庙产，设立旨是国家，没有设立在县、村的。

有个人捐献的吗？＝比如大地主向寺庙捐赠土地。

建立庙的是谁？＝村民在村里建立某个小庙。但是像崇祝寺、雍和宫之类的庙，是国家建立的。县里的某个庙是县里建的，但是钱是从农民那里拿的。

为什么能成为香火地呢？＝香火地是用村民集钱建庙时多余的钱买的，如果没有多余的钱的时候，村民就集钱向寺院捐赠，然后买地。

牛栏山的元圣宫是多大土地呢？＝不知道。（注：言财务科长说是千亩。参考本书491页）

【墓地——共同墓地、新坟地、墓地转移】新墓地是什么？＝与墓地一样。

墓地一定是同族有一个吗？＝是这样的，同族用一个，不能埋了（埋不下了）就会有新墓地。

除了地方不够以外，分家的话，可以选一个新墓地吗？＝因为分家有一个新墓地这种情况也有，但是很少。

分家的时候能有新墓地的原因？＝假如兄弟两人分家，五亩地（包括墓地），根据抽签分成两份，没有墓地的那一方就必须选新墓地了。

另外，如果有很多土地，该怎么分五亩墓地呢？＝不能分，不能做新墓地，这就成为共同墓地了。

共同墓地变成谁的名义了？＝以祖先的名义纳田赋。

土地执照的执有人是谁？ ＝长子。

共同墓地如果能耕作，谁来耕呢？ ＝分开来，或者是每人一年交替耕作。

渐渐变得贫穷或者没有小孩了，为了好兆头而另选新的墓地，有这种情况吗？ ＝也有，共同墓地里即使有土地，这种情况也很少。

在那种情况下，族长之类的会训斥吗？ ＝不会，无权干涉。

做了新墓地，但本人或者子孙申请使用共同墓地的话，怎么办？ ＝不行，因为入土的方式定了，如果做了新墓地，转移了之后即使想使用共同墓地，也没有埋的地方。比如说，三儿子转移了四儿子就会埋在那个地方，然后五儿子的顺序也变了，埋的地方也会变成另外的地方。所以后来就没有埋的地方。顺序如下：

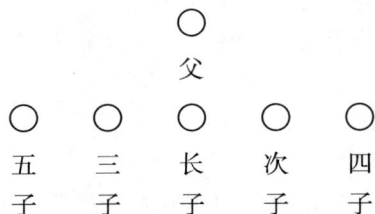

○
父

○　○　○　○　○
五　三　长　次　四
子　子　子　子　子

转移后的人也可以一年交替耕作吗？ ＝可以。孩子可以继承耕作权。

三个人分家之后，一人死亡，死亡之人有三个儿子，然后那三个人又分家的时候，每年交替耕作该怎么办？ ＝三年为期交替耕作，然后分土地耕作。

土地连一亩都没有，父亲死了墓地怎么办？ ＝埋在废耕地（在村公所西南），但没有实例。此外，县城的南方有废耕地。犯人埋在那里。

但现在没有土地的话怎么办？ ＝将来埋在废耕地。

可以埋土地的吧？ ＝如果有钱就买土地埋父亲，如果已经埋在了废耕地的话，就挖出来埋到新墓地。

有实例吗？ ＝有从旧墓地迁到新墓地的例子。

现在为止明明有老墓地，新墓地为什么转移呢？ ＝想变成有钱人，或是没有儿子。

实例？ ＝杨润移过一次，但是没有儿子，将来还会移。

外面呢？ ＝没有。

其他村呢？ ＝其他村也有。

这样的事很普通，不用觉得很羞耻，是吗？ ＝是的。

共同墓地的余地渐渐减少的时候，你可以说我有钱，选个新墓地吗？ ＝绝对不能说，会觉得很小气。

并不是经常死的，需要经过 50 年，可以自发性地选个墓地嘛？ ＝可以。

女儿死了的话，既不能埋在共同墓地，也不能埋在新墓地，只能埋在其他地方。儿子也是，没娶老婆的话要埋在其他的地方。墓的顺序如下：

```
              ○
              父
 ○   ○   ○   ○   ○   ○
 妻   三   妻   长   妻   次
     男       男       男
```

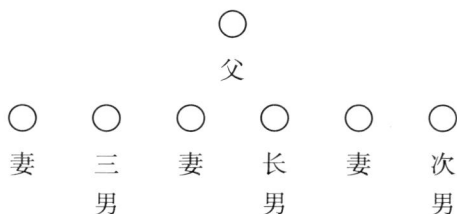

订婚之后，在结婚之前死了的话？＝男死女没死，先把男的埋在其他地方。如果女方一生至死都没嫁给别人，女死后，把男的墓挖开，一起埋在共同墓地。

有五亩的坟地，其中四亩可以作为耕地卖出去吗？＝兄弟之间商量了就可以卖。

两个人都同意卖，但有一个人反对怎么办？＝四亩地分成三等份卖，长子是东边的地，弟弟是西边的地这样卖。

没有谁都可以埋的地吗？＝过去有埋在废弃耕地的，在废弃的耕地里发现过骨头。

乞讨的人死了埋在那里吗？＝是的，本村乞讨的人死了就埋在那里，其他村的就不这样了。

乞讨的有几户人家？＝李家一户，家里只有祖孙两人。

哪家的共同墓地最大？＝张瑞（副村长）和孙福，孙福虽然现在穷，但是过去非常有钱，过去他有土地六亩，其中三亩是墓地，剩下的三亩作为耕地耕种，而且坟地大说明他辈分大。

张瑞的呢？＝六亩全都是墓地。

杜姓、杨姓的墓呢？＝都不大。

3 月 13 日

杨源　景德福

（以下是杨源（村长）的回答）

【杨源的八亩】（注：此土地的一半是民国十七年父亲和杨润的叔父分家时分到的，有民国十六年财政部的执照（官产整理））

【内务府造办处的土地】什么时候买的？＝祖先传下来的，土地名义是内务府造办处，过去支付给李广田地租。

到什么时候为止？＝民国十四年的时候交给石门村的李坦（催头）。

给他多少年了呢？＝不记得了。

是立刻由交给李广田改为交给李坦的吗？＝是的。

【纳租】你记得有交租给李广田吗？＝有，直接交给李广田，由李广田交给庄头。

几月份交的？＝十月十五日，李广田和李坦共同收租后去北京交给庄头。

造办处的庄头有去县城来收租的吗？＝有，北京的庄头去李广田家收。

庄头来的时候租已经收好了吗？＝是的，他直接交给庄头，或者有时不是庄头过来，而是他直接去北京交。

十月十五日之前必须交完吗？　＝有一个月的期限。

如果过了一个月还是交不了怎么办？　＝告到县公署。

不是李广田而是由庄头上诉吗？　＝不，由李广田上诉。

租额是多少？　＝二钱，一钱，五分银子。

【催头】李广田有多少土地？　＝百亩左右。

他自己耕吗？　＝是的。

干催头的话有很好的收入吧？　＝不知道。

催头很威风吗？　＝是的。

到佃户家里催缴吗？　＝本村大家都提前交纳，所以没有催缴这种事。

交给催头的租子与民粮地的田赋相比怎样呢？　＝一样，但歉收的时候县里的田赋可以不用交纳，租子是必须要交纳的。

歉收的时候沙井村的旗地很多，农民为此很烦恼吧？　＝是的。

李坦对待佃户的态度呢？　＝和大家一样。

关于催头由李广田变为李坦有什么通知吗？　＝第二年是李坦来收的，所以这才知道的。

但是不是农民去催头那里交吗？　＝李坦一户一户地到农民家里通知催头换人的事的。

纳租的时候每年都是由催头通知的吗？　＝本来就定好了十月十五日交的。

作物呢？　＝小米三斗，大豆十斗。

【三亩】四至是什么？　＝东道，西道，南李，北李（石门村）。

【韩庄头地】地的名义是什么？　＝三河县韩庄头（民国二十三年整理）。

租是交到什么时候为止的？　＝民国十七八年左右。

不用交的理由是什么？　＝对方不来收了。

谁来收的呢？　＝韩庄头来收租当天返回，只有我有韩庄头的地，其他人没有。

租额是多少？　＝一亩一吊钱（中地）。

什么时候买的？　＝祖先传下来的。

每年什么时候来收租？　＝十月。

韩是旗人吗？　＝汉人（不知理由，反正就是这样）。

他来的时候你请他吃饭吗？　＝不请，来了就交租，交完就走人。

官产整理的时候韩庄头在官产局吗？　＝不在，把租账交给官产局。

作物呢？　＝玉米二十斗，黑豆十斗。

【四十亩】四至呢？　＝东徐，西李，南道，北道（注：地券中写有“此地卖于北法信王德十亩”）。

什么时候卖给王德的？　＝民国二十年左右，剩下的三十亩由兄弟三人一人十亩平分了。

【崇祝寺的土地】土地名义是什么？　＝崇祝寺，祖先传下来的地，民国十七年时官产整理，卖价一百二十元。

崇祝寺的租是收到何时为止的？＝民国十二三年开始，两年一次或三年一次来收租，然后两三分的租子合起来交纳。

租额是多少？＝一亩地一吊三百钱（无上、下区别）。

谁来收？＝北京的喇嘛自己来。

什么时候来？＝十月十五日。

住在哪里？＝县城内的旅馆。

到你家来通知吗？＝不到村里来通知，在旅馆前面贴广告，我直接去那儿交。

如果不管他会怎样呢？＝要是不去交的话，喇嘛也不会到家里来要，只是他会写个名字汇报给县公署，县公署就代替喇嘛来收，然后交给和尚。

卖土地的时候要和喇嘛商量吗？＝是的，以两个人的名义去县公署，县公署是喇嘛的催头。

你耕种的十亩地的作物有多少？＝玉米八十斗，大豆二十斗。

【十五亩地（北法信）】四至呢？＝东李，西雷，南北顶头。

地的名义呢？＝崇祝寺，祖先传下来的土地，民国十七年整理，四十五元三角二分。

本村有多少佃户是种崇祝寺的地的？＝杨家最多，其他的比较少。

作物呢？＝麦子五十斗，高粱六十斗，豆四十斗（注：以下土地均为杨源所有，根据税契收据所知。因税契故而地券在县公署，不仅他的土地是这样，弟弟和其他同族也都是如此）。

【四亩（杨清，杨有的土地）】

【三亩（杨清三亩）】

谁在耕种？＝现在是杨清的儿子杨永林在耕种，以下的土地就不知道了，这三亩或许在别的什么地方吧。

【二亩半（村内）】钟杨宅？＝杨正。

【五亩（村内）】钟杨宅？＝杨泽。

【五亩（村内）】钟杨宅？＝杨源。

【十亩（北法信）】崇祝寺？＝杨源。

【十亩（北法信）】崇祝寺？＝杨正。

【十亩（北法信）】崇祝寺？＝杨泽。

【四亩（村内）】内务府造办处？＝（本村）（此地之前已经问过杨源了）。

【十五亩（北法信）】崇祝寺？＝杨源。

【三亩（村内）】内务府造办处？＝杨泽。

【三亩（村内）】内务府造办处？＝杨正。

【三亩（村内）】（注：此为黑地，虽是杨廉的地，但现在由杨绍增和杨明旺各持一亩，杨廉是杨绍增的父亲，杨明旺是杨绍增弟弟的儿子）

杨源的所有地一共有多少？＝四十一亩半。

有租佃，典地吗？＝没有。

（以下是景福德的回答）。

【景福德的八亩六分地（村内）】四至呢？＝东道，西杨，南杜，北刘姓、河。

全部都是你的吗？＝弟弟景德禄有四亩，这是我们两人一起买的。

【分家】什么时候分的？＝分家的时候。

什么时候分家的？＝民国十九年。

怎样分财产的？＝（拿着分家单）。

长子德发　房五间，庭地十七亩，马车一辆。

次子德福　房三间，　一个臼，地二十三亩，大骡子一匹。

三子德禄　房三间，外面棚子一间，庭壁，二十三亩，小驴一匹。

外面养老地十一亩，德发德福共有

（注：地券中者八亩六分地是民国十六年德福以二百一十元从杨源手里买的，民国十七年订立的卖契）

上述草契纸写完多少天去县里订的卖契呢？＝是拜托杨源去的，我不知道。

钱是谁出的？＝我自己出的，但出了多少我忘了。

谁交钱的？＝我和弟弟德禄一起买的，我们一起拿着钱去卖主那里的。

县里的税契是谁交的？＝杨源。

分家的时候土地有多少亩？＝八十亩。

买卖之后过了多少天去县里的？＝我想是民国二十七年五月（注：此处应答者基本上处于无法回答的状态）。

钱是什么时候交的？＝对方同意卖的时候，在草契纸上写好后交钱，叔母的六亩养老地由德禄耕种。

地的名目是什么？＝不知道。

作物呢？＝建房子占了一亩地，耕种了四亩六分，有玉米二十斗，瓜年收四五十元。

哥哥和弟弟在哪里？＝在石门村。

什么时候去石门村的？＝民国二十六年。

【四十八亩（南法信）】四至呢？＝东顶头，西刘，南顶头，北道。

这是谁的土地？＝兄弟三人各有十六亩，实际的面积有四十二亩。

田赋是多少？＝以前开始一直在交纳，民国八年，立卖人赵廷魁，买家景泰（父亲）（一千九百八十二吊）。

【土地界线的争端】有谁越了界使得土地面积变小了吗？＝有很多邻居都越了界。

这种事还有其他实例吗？＝当然有。

那怎么办呢？＝开始的时候只有一个，分家的时候分给了三个人，如果只有一个人的话就报告给官府减少田赋，因为现在有三个人分，所以就算报告了，官府一人也只有一、两亩地的差别，所以就没报告了。

如果这四十八亩的土地是一个人的话，邻居要是越过界了会抱怨吗？＝越界的人很多，不知道应该向谁抗议。

如果对方占了五亩的土地，一方要求还回土地，那对方怎么做呢？＝向邻居提起诉讼。

一般用什么当耕地的界标？＝草呀，或种小树，要是被洪水冲掉了，那也就没了，越界的事情时有发生。

因洪水冲走界标时要和邻居商量界线吗？＝当然，互相商量一直以来的界线到底是哪里。

这种时候不会发生纠纷吗？＝当然也发生过。

起纠纷的时候谁来调停呢？＝自己家的邻居或村里的人出面调停。

当事者出面拜托人调停吗？＝仲裁人自发地来。

去耕种地实际看地吗？＝是的。

听从调停吗？＝双方都听仲裁人的话。

不服从调停的时候要向县里提起诉讼吗？＝是的。

作物呢？＝十六分，高粱一百斗，小米二十斗，玉米十八斗。

【五亩（村内）】四至呢？＝东李姓，西李姓，南顶头，北杜家（注：民国二十九年立卖契，但是地券存疑）。

田赋呢？＝一直都在交。

谁在耕种？＝这五亩地是和景德发两人各耕一半。

作物呢？＝二亩半分，高粱十斗。

【三亩（石门村）】作物呢？＝甘薯一千斤，落花生三十斗（这和以下两亩半的土地都没有地券）。

【二亩半（北法信）】作物呢？＝高粱十五斗。

全部的土地共多少？＝二十九亩一分。

经营地呢？＝二十九亩一分，没有租佃，出典关系。

家族有几人？＝四个人。

【共同墓地】墓地在哪里？＝在四十八亩地中属于德禄的地里。

是共同墓地吗？＝是的。

十六亩地全都是共同墓地吗？＝不，只有两处墓，将来墓的数量要是增加的话，就要占据自己的地，如下图所示，四十八亩全部都是共同墓地。

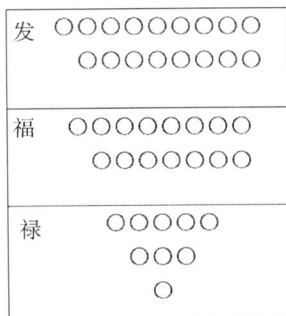

什么时候决定作为共同墓地的呢？＝分家的两三年后。

兄弟三人商量的吗？＝分家两三年后父亲死了，禄说要埋在我的田里，大家也都赞同，禄想要立个字据，但是我和发都觉得不仅占了地还要立字据有点为难，所以就没写。

禄为什么会说要立字据呢？＝因为现在承诺埋，将来可能会反悔的，给两个哥哥写的字据，就是将来作为墓地的保证书。

将来埋在你们耕地的时候也要承认吗？＝是的，没办法。

3 月 14 日

外村人的土地　院子　耕地的界线

回答人　杨泽　张永仁（均为沙井村的会首）
地　点　县公署

【外村人（梅沟营刘殿祥）的土地】梅沟营刘殿祥在沙井村有多少土地？＝十亩（周庄头）和八亩（民粮地）。

他什么时候买这地的？＝父亲刘达从城里邱某那里买的。

刘达买后是谁在耕种呢？＝开始是自己在耕。

作为租佃地出租吗？＝十年前左右，本村人在租佃，但是之后有时租佃有时自己耕种，他自己也没有多余的土地，所以一般是自己耕种。

现在呢？＝去年给望泉寺的人租佃了，十亩地里的作物有芥菜与玉米。具体的产量不知道。

八亩地呢？＝去年赵廷魁租佃了四亩地，剩下的四亩地由石门村的李息租佃。作物是麦子和高粱，产量不知道。

【马卷村杜景萱的土地】杜景萱有多少土地？＝九亩，杜虽然开始是沙井村的人，十年前搬到了马卷村，和杜祥是同族。

为什么搬家？＝这个人在北京辛辛苦苦做了很多的生意，但是不经常回家，老婆很寂寞就回了老家，所以杜也回了妻子老家。

他现在不做生意了吗？＝现在也在做。

一年回家多少次？＝现在不知道，但是在沙井村的时候一年回去一次。

九亩的土地现在是谁在耕种？＝去年是石门村的李棣，作物是麦子和高粱。

地的名目呢？＝民粮地。

南法信的人拥有多少沙井村的地？＝张玉田有二十亩（自己耕种），张景诗有十亩（自己耕种）。

地的名目呢？＝我想是钟杨宅吧。

邻村的村公会的十亩也是钟杨宅的吗？＝是的。

谁在租佃？＝今年是赵廷魁，去年是李广恩。

北法信的人拥有沙井村的地吗？＝没有。

【燃料】燃料都从哪里来的？ ＝玉米，高粱的秆，高粱的根，玉米茎的蕊。

除此之外呢？ ＝一般不用什么其他的了，冬天就用煤球和炉子。

煤球之外的燃料都是自给吗？ ＝是的。

穷人怎么办呢？ ＝去捡燃料，谁的土地上都能捡得到。

不够的人会去买燃料吗？ ＝有买的人。

从谁那里买呢？ ＝从本村有土地的人那里买。

买燃料的大概有多少户？ ＝只有蒋成福一户，他没有土地，他的职业是做线香的（受雇于他人）。

如果是村民的话，有可以任意拿燃料的地吗？ ＝公会里没有这样的土地，因为谁的土地里的都可以拿，所以没这个必要。

要是县公署命令去砍树上交怎么办？ ＝砍公会里的树，县里会指定树木。

一个家庭冬天一般需要多少煤？ ＝三四百斤。

村民中用这么多的有几家？ ＝三十家。

大家都或多或少的用吗？ ＝是这样。

【院子的边际】为什么要在院子和院子之间划边界呢？ ＝没什么，要是有需要的话要测量。

有墙吗？ ＝有是有墙，基本上是一家建的墙，没有两家人一起砌墙的。

但是一家人建的话，那这个人不是亏了吗？ ＝想建的话就建，不想建的话，用高粱叶子围一个也行。

有一起砌墙的实例吗？ ＝没有，基本上是单方建墙。

建的时候会测量吗？ ＝测量。

是一个人还是和旁边两方一起测？ ＝两方都看着测。

立会人呢？ ＝不需要。

测量之后会边界留一尺二寸的余地吗？ ＝会。

不是建房子的时候，只是砌墙也要留一尺二寸吗？ ＝是这样。

一尺二寸这个标准是从哪里来的？ ＝以前的风俗习惯。以前就好像是这样。

砌墙的话主要是什么原因？ ＝比如说隔壁家有小孩子，自己家里有狗，防盗这样的原因。

有因为和邻居交恶而砌墙的吗？ ＝有。

分家之后会砌墙吗？ ＝有，这个也是单方面砌墙。

没有墙的时候，必须要土粪场的边界附近为分界吗？ ＝因为在自己的地盘干什么都行，别人不能干涉。

建猪圈也行吗？ ＝是这样。

修了土粪场，对孩子来说很危险，有人为这个抱怨吗？ ＝这个时候也是不能干涉的，但是自己要用高粱围起来预防。

围高粱也要留一尺二寸地吗？ ＝不用，建长期性的房子或者墙才要留。

要去外面的路，比起自家，走别人家的路要近些，会说让我过去吗？ ＝要是有自己的路的话，不管多远都要走自己的路。

有没有不通公路的土地呢？＝没有，大家都有路。

分家的时候，还住在一起是一个院子就不说，现在可以共用一个道吗？＝这些都写得很清楚明了，共同通行的是官道。

【耕地的边界】耕地里有官道吗？＝官道的话就是谁都可以走的路。田里没有固定的路，当没有作物的时候，谁都可以过去。有作物的地方是不能过的，从没作物的地方绕过去。望泉寺老王的地是袋地，因此老王在别人种东西之前把土粪运到田里，收割的时候，等别人收完了才最后收。

老王那块地是自耕吗？＝是这样。

还有别的像这样的地吗？＝孙凤的四亩地。但是通行的时候，旁边张庆善的八亩地里只有两亩是耕地，其余的是墓地，所以可以从墓地过去（应答者张永仁的共同墓地）。这块地和老王的不同，什么时候都可以过去。

你（张氏）的共同墓地现在如何？＝现在没什么余地了，也没什么用，外面建好了很多的新坟地。而且张庆喜太穷了，给了他两亩地耕种。

这八亩地的地券呢？＝没有。

两亩是谁的？＝让张庆喜耕作，然后作为祭祀的费用，让他包饭。

假定张庆喜有了余裕，会让别人耕种吗？＝要是这样的话，得和同族人商量。

张庆喜不走的话？＝那样做的话会让人笑话的，他要是有钱了的话，就让给别的穷人耕种。

回到望泉寺老王的事上，如果老王因为某些原因推迟了耕作的日子怎么办？＝如果自己病了的话，就雇别人运土粪。

如果还是迟了呢？＝旁边的人要是已经播完了种子，是无法再运粪进去的。

难道不是无论如何也要通过别人土地的分界比较好吗？＝分界很窄，都是划在离分界线很近的地方那个，如下图所示。

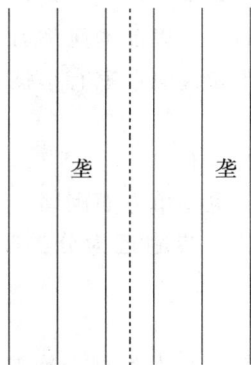

以什么来做分界线的？　＝埋石头。也有种小柳树的。

有旁边的耕地所有者将我方的地据为己有的吗？　＝有。

用什么办法来防止这一点呢？　＝在土里埋长石头，上面露出一尺，下面埋三尺。

谁来埋石头？　＝有自己埋的，也有两家自己看着埋的，但是还是商量了测量一下埋的好。

是谁来负担费用呢？　＝这个和修墙一样，想埋石头的人负担。

埋石头之前的时期该怎么办呢？　＝如果知道你侵占了人家一寸地，就立马埋石头。

埋石头的时候也起过纷争吧？　＝有为了埋石头吵架的，但是因为埋石头侵占的比较少，所以大家也都忍着。

收获的时候或者别的时候，会用别人家的地吗？　＝没有，可以从别人那里借打谷场。

借打谷场是免费借打谷场吗？　＝是这样。

望泉寺王某在何处有打谷场吗？　＝在自己家里。

菜园子和耕地的边界是不一样的吗？　＝是一样的。

但是，菜园子不是用高粱叶子围起来的吗？　＝那恐怕是担心有谁来偷菜吧。

菜园子和旁边的连在一起的话，也是自己围自己的吗？　＝是这样。

我在沙井村从杜祥那里听说他是和邻居一起做的？　＝是这样，大家都是一个村的，都很熟悉，所以没必要和邻居的地隔着。

结婚或者葬礼的时候会向别人借场地吗？　＝有，客人较多，加上车和驴马多的情况下，会借别人的院子。

关系不好会不借吗？　＝关系不好的话，是不会去借的。

有去借院子被拒绝的吗？　＝一般来说去借的话基本上都会同意。如果是关系不好的话，最开始就不会去借。

借井的话，谁都会借吗？　＝谁都会借。

关系变坏了就要去外面的井吗？　＝是的。

有像柿子那样结果的树吗？　＝有枣、桃、梨。还有石门村的人所有的李子、桃、杏，这些是果园。

上面说的树木院子里有吗？　＝是的。

树枝伸到邻居家里去，邻居可以摘果子吗？　＝没特意说的话，可以随便摘，这边会当不知道。

如果明确说了不可以摘怎么办？　＝这么说的话，当然不会摘了，但是不会说这样的话。

如果说了这样的话，对方会要求把树枝砍了吗？　＝没有这样的例子。

有没有隔壁的树长得太大，根都长到自家院子的情况？　＝有。

怎么办呢？　＝虽然根长过来了，但是因为是地下，所以没什么关系。

长出地面，妨碍生活了怎么办？　＝树根长出来，不会妨碍到什么。

会有邻居家的污水流进来吗？　＝比如说，正中间有分界线，做了围墙的话，做什么都没关系。如果实在忍不了污水流过来，还扔垃圾的话，就用高粱秆做围墙。

和邻居交恶的主要原因是？＝基本上是因为孩子，孩子一起玩经常会打架。然后父母出现最后争执起来的情况比较多。

污水以及垃圾排到哪里呢？＝扔到猪圈外面的垃圾堆。

知道边界争执的例子吗？＝不知道。

有被拜托仲裁吗？＝没有。

【水灾和伙种】发大水，受灾的时候，如果作物基本上都被淹了怎么办？＝这个时候要是没有谷物就去借来用。然后省着过日子。普通家庭一天要吃四斤食物的话，就省成两斤。

去哪儿借呢？＝这个时候就是节约和做短工。

应该没有完全没有收成的时候吧？＝是这样。

收成最差的时候，能收到多少？＝根据田的地理位置，有一点也收不到的，平均下来是十亩地二十斗米。

丰收的时候？＝一般是一亩地十斗。

水灾是几年一次？＝不定，光绪十七年、光绪十八年、光绪十九年、光绪二十年的时候都有水灾。

最近一次是？＝两三年前。

前年一亩地收获了多少？＝三斗。

三年前是？＝四斗。

【水灾和租佃】像光绪年间那样每年都有水灾的时候，农民应该过得很辛苦吧？＝那个时候农民都吃草和树木的皮，连荒原里都不见青草。杜祥的祖父杜顺那个时候有七百亩地，但是那个时候他也吃草。

一亩地只能收到三斗米，也承担不起地租吧？＝第一年是没办法，第二年已经没有钱就不做租佃了，改为伙种。一般水灾的话大家是这样。现金交纳也变成了后付。

光绪年间现金交纳和物品交纳哪个多？＝经常受水灾，所以都是伙种。

现金交纳多的时候是什么时候？＝光绪二十一年过后。

现金交纳是地主比较喜欢还是佃户比较喜欢？＝不如说佃户比较喜欢，交钱的话，丰收的年份，就可以有很多的粮食，所以佃户喜欢现金交纳。

那样的话，伙种的时候，佃户拒绝比较好吗？＝地主拜托的。

伙种的时候地主提供农具吗？＝不。

财务科长言绪氏和城里的路家伙种是因为什么原因呢？＝因为和路家是亲戚关系，所以委托的。

目前，沙井村里已经在租佃了，路氏也租佃的话，会很困扰吧？＝没办法。

【旱灾】有干旱吗？＝有民国十二三年的时候，干旱得很厉害。张永仁有六亩地，种了一亩玉米只收了一斗。除此之外没有旱灾了。

光绪年间呢？＝旱灾很少，水灾比较多。

为了防洪，想过什么对策呢？＝没法子。

水太多，让水流到别家地里，这样自己的地就免于水灾。有这样改变水的方向的吗？＝经常争这样的事。

谁来解决这些争论？　＝没有定谁是仲裁人，但是一定会骂把水流到别人田里的人。

有和别村的村民起过争执吗？　＝没有起过大争执，都适当地解决了。

有饮用水井不够的吗？　＝够。

菜园的水井够吗？　＝不够。

菜园有几口井？　＝六口。

想要多少口呢？　＝平时是够的，干旱的时候不够。

干旱的时候会灌溉吗？　＝不会。

【村庙的和尚】沙井村庙里的和尚叫什么名字？　＝林海。

从哪里来的？　＝城里的城隍庙来的。

之前的和尚是？　＝曲碑营来的男人。

曲碑营来的和尚在的时候，有弟子吗？　＝没有弟子。还有一个和尚。曲碑营来的和尚会治病，经常给别人看病，另外一个和尚也是从曲碑营来的，被赶走了。被赶走后，娶了个媳妇儿在城里开了永安堂（药铺）。

为什么赶走那个和尚？　＝和尚每次给人看病的时候，都收钱，不想当和尚了，就自己不干了。

村长和其他有权的人不干涉和尚的轮换么？　＝是这样。

第二个和尚待了多久呢？　＝待了十年，然后死了。

找城隍庙的和尚是怎么做的？　＝村长去城隍庙请求的。

这个和尚干了多久？　＝两三年。他吸鸦片，还有妾侍。妾侍去庙里要钱的时候，被村民看到了，然后村民就把他赶出去了。像他这样的叫花和尚。

有妾侍可能不好，干了别的坏事不会赶他走吗？　＝只是吸鸦片的话，不能赶他走。

如果把庙里的地卖了的话？　＝都是他们的私有物，不能干涉。

目前为止说的那些和尚，是从什么时候干的，什么时候不干的呢，还知道更清楚的吗？　＝最开始从曲碑营来的和尚是光绪十年到光绪二十五年（这个人开的永安堂）接近二十年了。接下来那个是民国初年为止（死了），民国初年到民国五六年的时候雇了老道（王某）。然后是赵各庄来的和尚，这个从民国五六年到民国九十年（因为赌博输了逃了）。民国九年开始到民国十五年雇了老道（杨某）。城隍庙的林海是民国十五年到民国二十年。林海之后是个叫孙有温的老道，这个人待了五年。杨永才到目前为止也是五年。

赵各庄来的和尚因为赌博输了，没卖庙里的地吗？　＝这个是被请来的和尚，不能卖庙里的地。弟子辈继承的话，可以卖，没有弟子继承是不能卖的。

和尚的生活费从哪里来？　＝是靠庙里的地的地租生活，也可以自己雇人耕地。

3 月 15 日

城隍庙

应答者　元德（原顺义城城隍庙和尚）

地　点　县公署

【城隍庙】这个庙是什么时候建成的呢？＝万历年间。

关于庙你还知道什么？＝乾隆年间修过一次。

是谁修的呢？＝很多人捐钱修的，当时捐钱人的名字刻在了一块木碑上，民国十七年丢了。

丢了几块？＝后来和尚做了桌子等。

关于庙有什么文献记录吗？＝没有，只是留下来了经书，都是很老旧的经书。

庙里供奉哪些神明？＝如下所示。

（1）右必　城隍爷　城隍慈母　左祠

（2）关平　关老爷　周仓

（3）土地爷　土地奶奶　判官一　刑官一

城隍有什么用？＝城隍是"阴曹"的县长。

左祠、右必是什么？＝相当于县长的助手。

关老爷是？＝关云长。

县长和关老爷是个什么配置？＝关云长比县长小，民国时期的时候这些泥像被打坏了。

是谁破坏的？＝穿着普通衣服的人打坏的，把城里的佛像都打坏了，因此那些人都死了。

哪里的人？＝顺义县的人、城里的人、村里的人都有。

有多少人？＝十多个。

为什么会做那样野蛮的事？＝不信神的人会做那样的事。

有报告给县公署，请求处置吗？＝县长也一起去搞破坏了。

你是什么时候当的住持呢？＝光绪二十二年的时候进的庙。

做到最高位的和尚是何时？＝前年。

是因为上一个人死了吗？＝是的，师兄死了。

光绪二十二年入庙的时候，上面有几个人？＝八个。

之后到你是第几代？＝六代。

上面的人死了，就立马将后面的人提到前面去，是这样定顺序的吗？＝是这样定的。

城隍庙是总寺庙吗？＝是的，庄头村、河南村头营的庙都属于城隍庙。

有多少户信徒？＝不知道谁是信徒，自己来拜的是谁，自己都不知道。

那么死的时候葬礼要拜托谁来诵经呢？＝随便。

被请来主持葬礼，会有谢礼吗？＝随便。

葬礼之外，因为某些原因会有人给钱吗？＝没有。

【庙的财产】庙里有多少地？＝我自己的庙有三百亩。但是这三百亩地被白河所占，什么都不能做。现在种的是火神庙的三十亩地，火神庙（没有和尚）属于我们庙，种的是这个地。

三百亩地被河占了是什么时候？＝民国十三年白河发大水，变成了沙地，不发大水的时候也都是沙地，草都不长。

之前有种过吗？＝嗯，当时一百亩，租给别人两百亩。

那个时候，生活很轻松吧？＝是的，当时生活很好。

一百亩地是谁耕种呢？＝雇人种地。

收地租的是谁？＝最有权的和尚，就是我师父。

地租是佃户收好了送过来吗？＝是的。

你在光绪二十二年进庙之前在做什么？＝七八岁在家里。

七八个和尚都是很小的时候进寺庙的吗？＝当时有三个大和尚，然后就都是小孩子。

大和尚也是小时候就进庙了吗？＝是的。

你的父亲做的什么？＝农业。

其他的和尚家也是农民吗？＝是的。

十五六岁后不能当和尚吗？＝也不是不能当，只是没有那样的人。

现在的三十亩地是自己种还是租佃呢？＝自己种。

雇人吗？＝有四五十个短工。

交田赋吗？＝交。

三百亩的地也要交田赋吗？＝以前交，白河发大水后大概交了七八年。

为什么不交了呢？＝没钱了。

没有钱就不交田赋是不行的吧，是去县里求人了吗？＝县里来人收田赋，没有钱，所以没交，推到明年，明年就一直推。

这样的话，土地没被处理掉吗？＝（没有回答）。

沿革地目是？＝北京人捐的土地（写在了石碑上）。

火神庙的三十亩地是？＝不知道是谁捐的。

一亩地交多少田赋？＝三十亩地十八元。

现在有几个和尚？＝四个。

有地券吗？＝那三百亩地的地券在北京法院，是因为捐地的有个王爷有个催头王某。大概是附近王爷（注：旗庄的意思）有三四千亩地，催头王某想要把那些地占了。因此，我们把他告到了县公署，他败诉了。然后催头又上告到北京的高等法院，催头还是败诉了。当时，我们提交了地券，高等法院没还给我们，也没说将来还。

怎么知道这件事？＝师父告诉我的。

是以谁的名字上诉的呢？＝师爷（心城）的名字。

师爷不是已经死了吗？＝这个诉讼是同光年间的事，诉讼花了两年时间（注：应答者的话含混不清，不能听信他的话，还要继续问）。

寺庙地，和尚可以随便卖吗？＝想卖的话，就可以卖。

可以全都卖了吗？＝不行。

为什么？＝卖了的话，就不能买线香。

如果不想当和尚了，可以交给弟子自己出去游历吗？＝不行，会首人会监督。

土地的一部分可以随便卖吗？＝这个也要和会首人商量才行。

会首人给庙里捐赠了什么吗？＝当然，去街上，拿着账本，一家一家地去问捐赠。当时会首人也捐了，然后就是唱戏。

那个账本里写了多少人的名字？＝百多位，都是城里人。

一个人捐多少？　＝普通人是五毛到一块，会首人是五六块。

一年弄几次？　＝一年三次。

一次可以收到多少？　＝一百多块。

唱戏的费用是？　＝民国十七年到现在没有搞过，以前是三四百吊。

那么刚才的五毛一元是相当于吊吗？　＝是的，那个时候的两三吊相当于现在的一两块。

3 月 15 日

城隍庙　和尚

应答者　郭小轩（城隍庙会首）

地　点　县公署

【城隍庙的会首】你是城隍庙的会首吗？　＝是的。

有几个会首？　＝九个。

会首人是做什么的呢？　＝庙里的助手，还有就是摊钱的时候，出很多钱的话就可以当会首。另外，唱戏、过节、烧香的时候帮忙。

城隍庙的信徒是？　＝不定，不知道谁会来，总之过节的时候会有很多人来。

城隍庙有庙会吗？　＝一年三次，正月十五，四月二十七，七月七。

今年也有戏吗？　＝四年前就没做了。

现在也是在上面说的那三天开展庙会吗？　＝只是简单的祭祀。

四年前为什么不唱戏了？　＝事变之后，物价涨了，举办庙会有很多不方便的地方（事变之后很多人聚集在一起不稳当的意思）。

【庙产（土地）】和尚的生活费从哪里来？　＝有十多亩地，耕地生活。

会首人不捐赠生活费吗？　＝生活费全部是从地里来的，再就是外面有人死了，去诵经会收钱。四年前唱戏的时候，账本上好像写了一百多个人的名字。会首人和和尚们一起去城里找有钱的人捐赠，一家人会给一元或者五十钱。

以前这个寺有很多地吗？　＝是的，有很多，但是白河泛滥后成了沙地。

民国几年的事？　＝民国十二年到民国十九年，经常有水灾，一点儿都不能种了。

关于庙的事情，会和会首人商量吗？　＝和尚按照自己想的办，会首人也只是一年三次过节的时候，收钱的时候帮忙。

修庙的时候，和尚来要过钱吗？　＝没有。

和尚可以随意卖庙里的地吗？　＝不可以卖。

为什么？　＝因为是捐赠的地不行。

要是知道和尚把地卖了怎么办？　＝会首人不管。

明明不能卖，和尚还是卖了，这个没办法吗？　＝没法子，和会首人没关系。

【和尚】和尚要是吸鸦片，花了很多钱可以赶出去吗？　＝谁都可以。和尚要是行为不端正，大家都知道（？）。

和尚死了后，谁来当和尚呢？ ＝他的弟子，将生病了的普通人祈福治好。

和尚也是普通人，祈祷的话，就能治好病吗？ ＝大家都这样。

祈祷是指什么样的祈祷呢？ ＝病人的父母回去庙里烧香，祈祷如果这个孩子治好了，将来就会当和尚。

师父死了，同辈的师兄等级高的话，和师弟之间会有很大差距吗？ ＝很大差距。

比如？ ＝很多事情上都是师兄在做，没有师兄的许可，什么都不能做。

生活费也是师兄给师弟吗？ ＝等级高的和尚给。但是，如果这样生活费还不够的话，就要去诵经，谁死了就去诵经。

比如五个和尚去诵经，得到的钱如何分配？ ＝首先，要交一定数额的钱给住持，然后再分。赏钱的话另说。

那部分一定的钱和尚可以随便处置吗？ ＝住持根据一定的比率来分配。

地租上交了的话，这个有分配率吗？ ＝没有，生活费之外还有余钱的话，就存起来。

存起来的钱，住持可以随意用吗？ ＝将来衣服破了要买衣服、线香、大鼓、铜锣等的基金。

3 月 16 日

院子　耕地的边界　菜园　水灾

应答者　赵绍廷（沙井村村民）

地　点　县公署

【院子的边界】院子和院子之间是以什么为界？ ＝以篱笆（围墙）为界。

是哪一家做呢？ ＝自己的地界自己建，对方的地对方建。

会留几尺边界线的空地？ ＝一尺二寸，两方都修墙的话要间隔二尺四寸。

这样的例子村里有几个？ ＝只有四个，我们家就是这样。

可以画一下概略图吗？ ＝下图。

修墙是什么时候的事？＝八年前修的，自己是不行的。

邢氏修墙的时候，中间的线是做什么而留出来的呢？＝对方过来说的，两家都出面带尺子测。

你的厢房是什么时候修的？＝三年前，当时向邢家提出并商量了。

如果不和对方商量就修墙，会怎样？＝将来会有隐患，对方可以起诉。所以一般之前都要提出来。

两家的正房是什么时候修的？＝两家都不是自己修的，从别人那里买的。

修厢房之前，边界线是怎样的？＝邢氏是民国十七年，我是民国二十年买的。邢氏买的时候，两方都有正房，修墙是在两三年前。

墙是坏瓦片做的还是普通的？＝当然是坏瓦片做的，这是原则。也有用土加固的。

土墙也是要留一尺二寸吗？＝是的。

没有用高粱秆做的吗？＝没有。

有因为院子和院子的分界线吵架的吗？＝有是有的，我不知道。因为会去县公署申诉，所以县里的人知道，我修厢房要修墙是跟隔壁邢氏商量了的。

边界线旁边可以修猪圈和粪坑吗？＝隔房子很近是不行的，要离远一点。

如果邻居在很近的地方修了的话，你会抗议吗？＝会，如果对方不听会告他。但是，抗议的有些事大家都知道，所以自然也不会做。

还有别的邻里之间需要注意的事情吗？＝不能修厕所和粪坑。

树长得太高伸到邻居家去了，有被要求把枝砍了吗？＝树长大了越界了的话，对方要是抗议就会去把它砍了，总之不能越界。

有树根越界了的吗？＝在土里的话，那就没什么，要是长出来了就要砍了。

谁砍？＝树的主人。

要是我们把它砍了怎么办？＝对方就要来找你理论了。

枣树等要是越界了，可以摘果实吗？＝绝对不能做，要是有果子的话，也是主人来摘。绝对不会在分界线附近栽种会结果的树，因为孩子想要摘果子结果会有争执。所以，分界线附近绝对不会栽结果子的树。

【耕地的分界】耕地的分界线是什么做的？＝石头或者是麻连（草）。一块石头或者两端各一个，麻连也是在一两处种植。

石头和麻连哪个好些？＝麻连好些，麻连的话是移不了的。如果是石头的话，就必须要用大石头，麻连的话到处都有，非常方便。大部分人都用的是麻连，当然也有种柳树的。

八亩地分家一家四亩的时候要做分界线吗？＝当然。

因为水灾，分界线变得不清楚了怎么办？＝柳树和麻连就算是遇到水灾也不会不见，如果不见的话就需要再测一次。

谁来测呢？＝如果是兄弟的话，两家一起测，不是一家人的话，就要见证人了。

谁来当见证人呢？＝买卖土地的介绍人就行。

见证人是两方都要有吗？＝是的，两个见证人，也就是有卖土地的前后，后面的介绍人来了就好。

后面的介绍人对自己是介绍人的土地会不会困扰？＝后面的介绍人通常都是知道情况的，有时候前面的介绍人也有不是本村的，通常都会用后面的介绍人。

水灾过后边界线不明而引起争端的多吗？平时有吗？＝起争执的话，春秋较多。就是弄平的时候（修田埂的时候）以及秋天收获，挖地后整理的时候。

这种时候就算双方很注意，稍微越了一点儿界会立马抗议吗？＝是的。

对方不听的话怎么办？＝要是这样的话，就直接交涉，这样了还是不听的话，就要拜托村里的人了。还是不行的话，就要起诉。

只是越了一点儿不会起诉的吧？＝半垄或者一垄的话就自己解决。对方良心发现让步的话，一般这样解决。

有没有很大的边界线争端？＝近些年没有，很早以前听说过，不过不知道情况。

和本村人和外村人的地挨在一起，起了争端感觉会不一样吗？＝大家都是一样的。

卖地的时候会尽可能地不想把地卖给外村人吗？＝首先是同族，然后是村里的人，最后才是别的村里的人。

比如本村人有五百元，外村人有五百五十元，这个时候把地卖给外村人会被村里的人说吗？＝虽然会说，但是不会在你面前说，都是背后说。

【菜园】一共有多少菜园子？＝杜祥三亩，杨春旺三四亩，杜春两亩，柏成思一亩，都有一口水井。

吴殿臣呢？＝只种葱所以算不上菜园子，菜园子是指必须要卖菜，不卖菜的就算不上菜园子。

杜春和柏成思菜园子的分界线是？＝有一两块石碑。

饮用水井的话村里有几处？＝七处。

公用水井？＝一口，用公用水井的有二十户人家。

另外六口是私人用吗？＝是的，因为是个人的，但同族的也可以用。

同族以外的人不能用吗？＝同族以外也是允许的。

会差别待遇吗？＝不会。

同族以外的人必须要送礼吗？＝不用。

这样的话就是去离自家近的井去取水吧？＝是这样。

会说让我打个水吧这样寒暄一下吗？＝随便，自由使用。

吊桶是自己拿吗？＝当然。

饮用水井够吗？＝够。

会有人想把耕地变成菜园子吗？＝没有，没有水井不行。就算是想，没有水，也就不想了。

【水灾】虽然经常有水灾，会对这类灾祸有所预防吗？＝什么都不会做。

平常不会多储存一点粮食吗？＝这样的事是好的，但是做不到。

遭水灾，穷困的时候，同族的会救助吗？＝当然，同族的互相帮扶。

借来的谷物、钱还有余裕会还回去吗？＝是的。

同族的和一般人催还的时候，哪一方比较严？＝同族的没那么严。

一般人是第二年还吗？＝必须马上还，同族的话，而且收成又不好的话，可以请求缓一缓。

一般人是？＝一般不会从别族那里借。

同族以外的人借的话向谁借？＝关系较好的借。

第二年必须还吗？＝如果是关系好的人的话，可以和同族一样缓一缓。

一般的人呢？＝一般人是不会借的，就算是借，也不会给缓期。

这种情况下要是还不了的话，借给你的人会怎么办？＝一般人在借的时候会大致预估一下，以土地担保什么的。如果还不了的话，不愿意土地也会被没收由别人耕种。借粮食的人也不会说什么。

1942 年 3 月

（华北农村习俗惯例调查资料第 59 辑）

赋税篇第 11 号　　河北省顺义县沙井村
　　　　调查员　　监见金五郎

3 月 11 日

大乡制和监证事务　杂税的直接征收

应答者　王沛霖（县财务科库款股的主任）
地　点　县公署

【大乡制】大乡制的编成结束了吗？=结束了。

变成了几个乡？=五六个。

全县有多少个村？=小乡制的时候是二百七十八个村，但是也将大兴县的一部分五十个村编进来了，现在有三百二十八个村。

有几个区？=小乡制时有八个区，从大兴县编过来的五十个村就是第九个和第十个区，现在有十个区。

【乡长的监证事务】田房交易监证人和以前一样吗？=小乡制的时候，乡长当监证人的时候比较多，大乡制之后，小乡制时候的监证人的"戳记"（监证印）全部回收交给了大乡制的乡长。

回收已经结束了吗？=还剩一部分。

那么以后是大乡制的乡长当监证人吗？=是的，因此，应该只有非常少数的人当监证人了。

土地整理也结束了吗？=大兴县编过来的区域目前还在整理中，原来县里的都结束了。

河南村的村长还是姚连魁吗？=大乡制之后，姚氏就不当村长了，在民政科当自治指导员，现在的乡长（大乡制的）也就是河南村乡长是一个叫王伯昭的人。

姚氏是土地整理的委员吗？=当过委员，现在是自治指导员。

【杂税的直接征收】包税制度完全废除了吗？=五种牙税以及屠宰、牲畜、烟草牌照、营业等税由河北省通县税务征收局顺义分局直接征收。

那么和县公署没什么直接关系吗？＝全部移交给分局管辖了，没关系。

作为县收入的附加税的部分也是吗？＝原则上分局代收县附加的部分要交付给县里，方法如下。

【资料一】顺义县公署牙杂税附加民国三十一年度暂时征收办法

一斗牙附加税完全由合作社在交易场内代征

一秤牙税附加完全由征收分局代征（其二月份已由合作社代征转交给征收分局）

一 大牙、小牙、牲畜三项附加税在交易场内交易者由合作社代征在交易场外者由征收分局代征

一 屠宰税附加完全由征收分局代征

一 猪毛捐附加完全由征收分局代征（现尚无交易）

一 本办法自民国三十一年二月一日施行

最近有修订地方税捐制度？＝二月一日开始根据新制实施，如资料二（五百零五页上段）以及资料三（五百零六页上段）。

3 月 11 日

大乡制和监证人 永佃权牙纪　官中　田房牙纪

应答者　赏懋德（在财务科掌管税契事务）
地　点　县公署

【资料二】

顺义县现行地方税捐制度一览表　　　　　　　　　　民国三十一年二月 日

税　目	课税客体	课税标准	税　率	税　额	纳税义务者	纳　期	征收方法
契税附加	契　纸	地　价	按地价每元附加五厘	3260	地　主	期　税	由收入处随正税带征按月送交财政科
猪宰附加	猪牛羊	按每只计	按正税附加百分之五十	5987	卖　主	临时税	由征收分局随正税带征按月送交财政科
牲畜附加	骡马猪牛羊	从　价	同　前	10914	买　主	同　前	大小牙行牲畜在交易场内由合作社代征收分所承征按月送交财政科
大牙附加	同　前	同　前	同　前	4068	买卖主	同　前	
小牙附加	同　前	同　前	同　前	5355	同　前	同　前	

续表

税　目	课税客体	课税标准	税　率	税　额	纳税义务者	纳　期	征收方法
斗牙附加	各种杂粮	同　前	同　前	43182	同　前	同　前	由合作社代征按月送交财政科
猪毛附加	猪　毛	同　前	同　前	1000	同　前	同　前	由征收分局代征按月送交财政科
秤牙附加	各种果品	同　前	同　前	7330	同　前	同　前	同　前
缮状费	状　纸	按字数计	每百字一角	200	具呈人	同　前	由缮状处代征按月送交财政科
状纸附加	同　前	每　张	每张附加五分	25	同　前	同　前	由收发处代征按月送交财政科
司法罚款	违法人	依法科罚	遵照规程办理	300	受罚人	同　前	由县公署征收按月发交财政科
烟赌罚款	烟赌人	同　前	同　前	1500	同　前	同　前	同前
违警罚款	违警人	同　前	同　前	1200	同　前	同　前	由警察所征收按月送交财政科
学田租	地　亩	按亩计算	每亩五分六分不等	10	佃　户	年　税	由财政科征收按年入账
学　费	学　生	每　人	高小学生每人每年二元	900	学　生	同　前	由各学校征收按年送交财政科
亩　捐	地　亩	以亩计算	每亩附加五角五分	550000	地　主	同　前	由乡公所代征收按月送交财政科
石灰捐	石　灰	以窑计算	年交定额	72	窑　商	同　前	由窑商按年送交财政科
小肠捐	猪羊肠	从　价	同　前	600	买　主	期　税	由征收员按月送交财政科
商　捐	商　店	以资本计	各商号按等交纳	92662	商　店	同　前	由财政科按季征收
自行车捐	车	以车计算	每年每车二元五角县款三成	600	车　主	年　税	由各分所征收送交财政科

【大乡制和监证人】根据大乡制，监证人是乡长吗？＝是的。

是乡长就一定是监证人吗？＝是的。

有不是乡长当监证人的吗？＝没有。

授予监证人的资格，会发什么任命状吗？＝如下所示将训令发给前任监证人以及新任监证人，同时交付"监证戳记"。

【资料一】大乡乡长兼任监证人的训令（对于前编村乡长）

顺义县公署训令　财字第　　号　　　　（民国三十一、二、五年发）

令各前编村乡长

为训令事案查本县大乡制于民国三十一年一月一日实行所有以前编村之旧乡长业经通令一律解职在案所有买卖田房交易监证人由编村乡现在编村乡长既已裁撤改为大乡制度田房亦应由大乡乡长兼充即日起以前编村乡长不得再行监证除分行外合行令仰该乡长遵上所有以前田房监证戳记及未使用之草契速即缴来署以便结束勿得稍延切切此令

【资料二】大乡乡长担任监证人的训令（对大乡乡长）

顺义县公署训令　财字第　　号　　　　（民国三十一、二、五年发）

令各大乡长

为训令事案查本县大乡业于民国三十一年一月一日实行所有以前编村之乡长并已通令一律解职在案其买卖田房交易监证人旧村乡长兼充现在编村乡长既已裁撤改制度田房交易监证亦应由各该大乡乡长兼充除分行外合行令仰该乡长遵上自奉文之日起即兼充该乡买卖田房监证人对于置买田房事务务必遵章办理现经刊发监证人戳记一颗及章则二份切实监证勿得稍延其戳记费洋一元五角应速缴署以垫凭归仍将奉文日期呈报备实切切此令

计发

监证人戳一颗　　　　　　　　章则二份

【资料三】

顺义县公署省税税率一览表 　　　　民国三十一年二月　日

省税名称	三一年度预算额	税　率	征收方法	备　注
地　粮	38116	由二分二厘至九分二厘不等	由各乡公所代征送经征处	旧日科则由一分至四分其后废两改元按二元三角折征
租　课	13577	由五分至三角不等	同　前	旧日科则由二分五厘至一钱六分五厘废两改元按二元折征
买契税	80950	按地价每元征收正税六分学费六厘	由收发处代征	外有县附加教育费九厘列县预算
典契税	660	按地价每元征收正税三分学费三厘	同　前	外有县附加教育费四厘五毫列县预算

省税名称	三一年度预算额	税　　率	征收方法	备　　注
推契税	264	同　前	同　前	同　前
田房费用	12000	按地价每元征收一分五厘典推其余征收五厘	同　前	
牙　税	0			自民国三十一年一月起改由征收分局征收
屠宰税	0			同　前
牲畜税	0			同　前
烟酒牌照税	0			同　前
营业税	0			同　前
大车税	12617	大车轿车单套每辆年纳三元每加一套增一元月捐三角每加一套增一角	由警察所代征	全县约有轿车 27 辆大车 5392 辆捐款按七成列入省款
自行车税	5837	每辆年捐二元五角月捐二角五分	同　前	按七成列入省款三成列入县款
人力车捐	105	每辆年捐二元，月捐二角	同　前	同　前
契纸税	13760	每张一元	由收发处代征	买典推均一律
自治费	3540	按地价每元买契五厘典推契二厘五毫	同　前	
注册费	300	每张一角	同　前	买典推均一律
合　　计	181750			

【监证规则和草契规则】根据新制度，监证规则以及草契规则有修改吗？＝如下文资料四、资料五。以前规定中摘要制作而成的监证以及草契的新规定和训令一同送过去。

【资料四】

田房交易监证人规则（民国三十一、二、五年发）

第一条　典买田房监证人即以各乡乡长兼充之

第二条　凡本县人民田房交易无论典推均应由田房交易监证人负责监证审查草契盖用戳记方能有效

第三条　监证人费用依照典买契价征收置业主百分之一以五成给乡公所备注经费

第四条　监证人发售草契纸应将田房价格成约时期询查明确令田房交易人据实填写再预加盖戳记每月月终将售出张数号数开具报告单连同缴县联送县公署查核备案

第五条　监证人所辖区域内人民田房交易如有匿报契价或隐契不税及不用草契情事应随时调查明确向县公署举发并得适用契税章程第九条及田房交易草契规则第五条之规定处以罚金所罚之款以二成五作为监证人奖金

第六条　监证人如有违法干纪情事应按照下列规则分别处罚

一　对于田房交易人借端匀难处以十元以上五十元以下之罚金

二　对于田房交易人有徇情隐匿或串通舞弊情事应按照河北省契税暂行章程第八条处以应纳税额二倍之罚金

第七条　本规则如有未尽事宜得提出随时修正之

第八条　本规则自公布之日施行

【资料五】

修正河北省田房交易草契规则（民国三十一、二、五年发）

第一条　凡本省人民典推田房者应遵照河北省暂行章程第十条及修正河北省田房交易监证人规则第二条之规定购领草契纸照式填写并赴监证人处盖戳依限投税

第二条　草契分买典推三种买推草契均三联以一联给买主或承推主收执一联存监证人处一联缴县公署典契四联一联给承典人收执一联给出典人收执一联存监证人处一联缴县公署

第三条　买契每张售国币七分以二分给监证人作为办公津贴典推草契每张售国币八分以二分给监证人作为办公津贴以其余呈缴县公署充纸张印刷费

第四条　草契纸由县公署依照财政厅颁发式样制就编列号簿盖用县印颁发各区监证人发行之

第五条　人民田房交易如私自立契不遵章领用草契纸及不赴监证人处盖戳者除该契作为无效饬令另行补填草契外并处以应纳税额之一倍罚金

前项所系由人举发得由罚金全数内提二成五奖给举发人。

第六条　本规则如有未尽事宜得由财政厅随时提出修正之

第七条　本规则自公布之日施行

【草契纸费的上涨】根据新规则，草契纸费为何会涨价？＝这是省里来的训令可以涨价。想看训令？＝如下。

【资料六】

草契纸价格上涨的省训令
第二百七十一号河北省公署训令财产字第五九八三号

财政科

库　　　　　　　　令顺义县知事

案据清苑县知事刘凯升呈为发售各项草契纸现在物价日增若仍按前定价目售卖实属赔累不堪拟请酌预增加以免长期赔累等情据此查近年纸料涨价尚属实在据呈前情应准将买草契纸价改定为每张七分典推契草契纸价改定为每张八分均以二分给监证人作为办公津贴除通饬各县一体遵行外合行令仰该知事即便遵照办理　　此令

中华民国三十年九月四日

吴赞周

监印郭芳春

【监证人的收入】监证人的收入都有哪些？＝征收买卖价格的1%，其中的五成和草契纸费用中收取的规定数额。

监证人收取草契纸的时候县里收的是多少？＝和规定的一样，除去监证人的其余都是县里的。

【监证人的草契使用和报告】监证人每个月都要报告草契纸的使用状况吗？＝虽然规定了每个月，都要将这个月的结果报告给县里，事实上没有执行，好几个月一起报告的比较多。

接受报告的话怎么办？＝只需要整理好。

最开始县里发行的时候，会留存根吗？＝将三联都给监证人，用的时候，监证人将两张存根分开，自己留一张，一张提交到县里。

那么，要把县里发的和监证人使用的数量统合起来吗？＝不需要。

那么也不知道监证人随意印刷草契纸使用吗？＝不知道。但是随便印刷的话，印刷费很高，监证人承担不起，而且没有县印是无效的。

那么私造县印会怎样？＝伪造县印是大罪，没必要做到那个地步。

【推收的过割】推收和过割是一样吗？＝推收是"租子地"的买卖也就是"交纳地租"的买卖，过割是根据民粮地的买卖更粮名的事。

根据推收名义的变更是县公署办理吗？＝不办理。

为什么？＝过割是征粮册在县里，根据这个做，但是没有"租子地"的"租子"推收的账簿。

为什么没有账簿？＝"租子地"的"账本儿"在收租人手里。

【租子地】那么，租子地没有钱粮吗？＝有的有，有的没有。

原来没有田赋吗？＝原来没有，但是民国四年"清查地亩"就要交田赋了。但是因为是报告主义，不报告的话就不用花田赋。

【永佃权】那么"推收租子地"是什么意思？＝"租子地"就是退让"永佃权"，类似民粮地的买卖。

为什么会有永佃权？＝"地少人多、种不过来"或者"地主有钱不会种，生息吃租子"这样永久地交给一定的人耕作。这样就有了生活。也就是王府的土地、旗地等留下来的制度。

永佃权有渐次减少的过程吗？＝根据官旗产整理有减少，也有像钟杨宅那样没有整理的留下来。

【推收】为什么使用"推收"这个词呢？＝实质上就是所有权化的永佃权"推让"，原本不是所有权。坚决不允许来纳租的时候说"买卖"这个词。因此永佃权的授受就用了"推收"这个词。

推价和卖价有什么差？＝没太大差，推价更低一些。

【牙纪】有牙纪这个词吗？＝有。

什么时候有的？＝很早以前。

那个牙纪在土地房屋的买卖里也有吗？＝在不动产里没有，但是有私人的"跑地钱的"中介人。

那么，牙纪是限制于动产的买卖吗？＝是的。

什么时候为止的？＝民国五年的时候废除了牙纪，变成了包商制。

之前的牙纪是官定的东西吗？＝是县里制定的。

县里对于这个会收一定的税吗？＝县里会对必要的商品纳税。

【牙纪的用钱】为什么让收商品？＝因为征税制度里没有，就吩咐各牙纪以商品代收之。

牙纪从买卖当事者那里征收的时候是？＝用钱。

为什么取钱而不收钱呢？＝县里没有收钱的制度，征收符合需要的物品也很方便。

牙纪征收的钱叫什么？＝用钱。

用钱有规定多少吗？＝规定了。县里指定的。

县里牙纪要交纳的是？＝这个也是定好了。

【牙纪的废止】是什么时候废止的牙纪？＝民国五年包商制度出现了，就废止了牙纪。

包商对县里有什么义务吗？＝定了一定的包商额，需要承担交清的责任。

【官中、田房牙纪】土地房屋等不动产买卖里是什么时候出现了官定的中介人？＝以前没有。

知道"官中"吗？＝"官中"也就是不动产买卖的中介人，顺义县以前没有。光绪三十年袁世凯的时候，根据"成三破二"颁布了"田房牙纪"的布告，没有在本县实施。

"官中"和"田房牙纪"哪个先？＝"官中"出现在"田房牙纪"之后，但是没有在本县实施，因而"田房牙纪"和"官中"都没有成立。

【监证人的创始】那么监证人制度在本县是头一回吗？＝民国十九年李芳当县长的时候开始的制度。

谁当的监证人？＝每个村的官立小学校长当。

那个时候就有了官立小学了吗？ ＝民国五年各村都有了官立的学校。

为什么学校校长当监证人？ ＝校长收入不多，但懂得多，就当了。没多久就变为乡长担任了。

明明有上头的命令，为什么田房牙纪和官中在本县无法开展？ ＝因为县长不干，我们也不知道为什么。不仅仅是我们县，平谷、昌平、怀柔、大兴、通县、三河各县也没有实施。

有没有监证人制度的县吗？ ＝现在大兴县没有，其他的地方可能也有没有监证人制度的。

【官中、田房牙纪的意义】设立"田房牙纪"和"官中"的主旨在哪里？ ＝为了契税征收而考虑的，监督土地买卖的瞒价。

"田房牙纪"和"官中"制度设立的公文还留着吗？ ＝监证人制度以前的东西都收进仓库了，屋檐垮了就坏了。

3 月 12 日

牙纪　官中　青苗会　官草契

应答者　杨永才（61，村公所的杂役）
地　点　沙井村公所

【牙纪、牙行】知道牙纪吗？ ＝经纪牙行的东西。

是做什么的呢？ ＝比如，买卖牲口的时候，在中间做中介人的。

一般，你们怎么叫？ ＝比起牙纪叫经纪牙行要好懂些。

牙纪在哪里？ ＝在集市上，不会在村里。

为什么要牙纪当中介？ ＝因为不了解行市买卖当事人难以达成协议。牙纪不在的话，交易也能谈妥。

什么时候有的牙纪？ ＝很早以前就有了，不知道是什么时候。

【贴头、斗头】经纪牙行还有别的称呼吗？ ＝也叫"贴头"，从衙门里拿"票"。

"贴头"是针对什么样的买卖？ ＝粮食里有"斗头"，"贴头"是针对牲口的中介人。

"斗头"也有"票"吗？ ＝和"贴头"一样，但是这些是牙行的"头目人儿"，直接中介的才是牙纪。

"贴头"和"斗头"下的牙行在进行买卖的时候要收手续费吗？ ＝收，直接交易的时候也要收贴头儿。

【税钱】"贴头"收的钱叫什么？ ＝税钱。

不叫佣钱吗？ ＝叫税钱，不叫佣钱。

谁来收税钱？ ＝从买卖双方收。

税钱有一定比例吗？ ＝有，但是根据买卖的金额所得的牙行是不定的。因为比如说一百元的买卖和十元的买卖收的牙行就不同。

【牙行的收入】牙行的收入是？ =除去一定的税钱外，作为"辛苦钱"从买卖者那里得到。

一定要收"辛苦钱"吗？ ="多少一定得给"（不管多少一定能给）。

为什么一定要给"辛苦钱"？ =牙行没有固定工资。

那么"贴头"和"斗头"靠什么收入？ =他们有一定的税钱作为收入，但是使用牙行不支付工资，也就是"贴头、斗头"在"领帖"的时候，要交给县里一定的金额，允许他们去收税钱。

那么，是根据投票决定的吗？ ="谁给的钱多就允许办理"（只要给的钱多，那么不管是谁都行）。

【土地买卖的中介】土地房屋的买卖里有牙纪或者经纪牙行那样的中介人吗？ =土地房屋里没有牙行经纪的说法。

那么买卖的时候中介人叫什么？ =中见人或者说合人。

这是官定的吗？ =私自的。

【官中】有叫过官中、牙纪或者经纪吗？ =没有叫过。

村里的土地房屋买卖是村里的人相互介绍，当中介吗？ =是的，没有像经纪牙行那样的特定的中介人，根据时间选择村里合适的人当中介去交易。

那么这个时候是根据"成三破二"的习惯收取手续费吗？ =听过"成三破二"，但是，那是在北京等地买卖不动产的时候用的。

本村没有跟随这个习惯吗？ =村里都是认识的人，所以实际上没这么严格地实行过，恐怕城里也没有实施过吧。

"成三破二"是从何而来？ =官署规定的吧，没有仔细见过，但是，村长用的官草契上不是印着"成三破二"吗？

如果这样的话，本村没有实行过"成三破二"吗？ =没听说实施过，也不知道是谁收。

官草契是什么时候开始使用的？ =应该是青苗会出现的时候。

【青苗会的创始】青苗会什么时候出现的？ =民国三四年吧。

为什么会有青苗会？ =以前有"随便儿散看青"，各自都有相应的"看青"是官署发布的布告上写的，也不知道为什么要设置。

青苗会出现后"散看青"又如何？ =交钱给青苗会，从会里雇用看青。

【监证人】现在的监证人是谁？ =没有，村长变成保长之后，不知道是谁。

杨源之前的村长是谁？ =他父亲。

那是什么时候？ =杨源是民国十四五年之前的事。光绪年间，他父亲就在干了。

【开始使用官草契】使用草契开始立契是什么时候？ ="立青苗会"的时候。

那个时候还没有草契吗？ =没有，用白字立契去县里税契。

那么是民国三四年的时候使用草契的吗？ =是的，青苗会出现的同时，村长、副村长也变为了乡长和副乡长。

【官草契的保管和盖章】谁来保管官草契？ ＝乡长从县里拿官草契保管，然后给老百姓使用。

当时的官草契一张多少钱？ ＝十四枚。

当时是谁来"盖章"？ ＝乡长盖章。

盖章的人叫什么？ ＝叫村长。

不说乡长吗？ ＝村长和乡长同一个人。

不说乡长还有别的称呼吗？ ＝不知道。

盖章的时候，乡长收取除草契费以外收手续费钱吗？ ＝应该有，乡长说都是一个村的，不需要就没收。

这是官定的东西吗？ ＝印在草契里的，但是我认为那个不是"成三破二"。

"成三破二"不是你第一次知道吧？ ＝不知道名目，但恐怕是官定的。

【官草契的普及】出现官草契，百姓们高兴地使用吗？ ＝不使用的比较多。

为什么？ ＝用的话，不得不用税契，所以就和以前一样"白字"那样去买卖。

那能行吗？ ＝有钱的人用草契和税契，普通人就用"白字"的税契就好。

但是不用的话被发现了不是会被罚款吗？ ＝规定上是这样，实际上不会罚。

乡长不用负责任吗？ ＝乡长也是老百姓，就算是知道也做不了什么。

现在用草契纸的多吗？ ＝多，不用的话"规矩"不允许。

那么这个是"规矩"上的东西吗？ ＝不使用官契就是公开不承认这个契约，没有承认的必要的话，不用也没差。"规矩"上只是不得不使用。

3 月 12 日

庄头　旗地　土地调查

应答者　姚占三（顺义县自治指导员，以前是河南村乡长）

地　点　河南村

【河北村的庄头】这个村有庄头吗？ ＝这附近因为没有旗地，所以没有庄头，去河北村的话，有好几个，其他的都分散在各地。

河北村的庄头是谁？ ＝孟、王、许、徐四个。

【庄头买土地的方法】庄头为什么能够拥有那么多地？ ＝一般庄头各有三百五六十顷地，掌管着"收租"。他们都是利用了许多手段，把土地弄到手的。

【白占地、带地投主、旗黑地】具体事实是？ ＝他们在王府的权力下有第一特权，以圈余圈占到的区域为中心，管辖附近自己"收租"的土地。虽然交给王府"租"的金额以及区域是一定的，但是庄头征收的"租"金额和区域却是自由的。因此，通常会有在称之为"白占地"的"收租旗地"附近强硬地使用"自己收租"地来中饱私囊。为了让这个手段落实，养了一群"恶奴才"。另外，还以好的条件买入民粮地作为"自置地"。不仅如此，附近民粮地地主的负担变轻了，另外，为了在王府的荫庇下，免于周围的迫害，投奔到庄头手下，作为"收租旗地"的名目乞求庇护，形成"带地投主"。也就是这些地既是民粮地，也是"不交民间黑地"以"旗租地"的名义免钱粮招来的。这个"不交民间黑地"是庄头在圈占地以外"私自"圈占的土地，也就是和"旗黑地"一起达到一定数额，因此有庄头的地方那个就一定会有大大小小的这种种类的黑地。

【带地投主】关于"带地投主"，具体情况是什么样的呢？＝比如说，假设和下图一样的关系。

民黑地的所有人在黑地被土豪劣绅或者县里发现时将之独占，为了免于这些强权爪牙，"仰赖"更为强大的王府，依赖庄头冠之以"旗黑地"的名义来保护其权利，庄头也可以此得到中饱私囊的机会，根据权力的大小强弱，公然在各类阶层中不公正。如图所示，黑地有弱点，就算负担一定的钱粮，土豪劣绅和县官勾结，找各种由头将地给占了。因此，人民是在强权之下生活，这腐败的官场也是事实。

【土豪劣绅和粮房】土豪劣绅强占粮房？＝土豪劣绅肯定会和县官在"粮房"有勾结，如果知道了"无粮"的土地，以处罚的名义胁迫，甚至会强取。这个时候，无论是黑地还是什么地，不沾染县官还是劣绅的强权，仅仅是满足于小恩小惠的状态。

【没地有粮】为什么会存在没地有粮呢？＝也就是因为洪水变成了河床，或者要修路被占了，没了地，但是钱粮并没有取消。更苛刻的是，比起弱小的农民，买地的时候只是买了这块地，不买粮食。也就是"买地不买粮"，粮食由弱小的农民负担，自己变得强大"不怕官家"。也就是一方"有地空粮"另一方是"没地有粮"的原因。

【更名】过割一般称之为？＝叫"更名"。

更名在哪里进行？＝粮房来处理，到民国二十年左右，粮房都是在各自家中进行。

【粮房的不正当】想知道关于粮房不正当的东西？＝粮房在过割的时候，被挑剔而拖延。理由是，笔资钱也就是过割费为了能够多拿点儿。当然，过割费是"有面少花、没面多花"，和县官又是熟人的时候并没有特别的问题，但是又弱又"没面"的时候就会被摆布。也就是说"越弱人越多要钱"（越弱越能拿得多）。另外和"钱粮"那样也稳定征收额的话，作为存根要提交串票，另外，红簿上写上正式的金额以及读得懂的文字、交付给粮户在收据上写上连自己也看不懂的字，征收额也没有稳定"浮收"，如果粮户提出收多了的时候，大声呵斥，或者是以价格上涨为理由"多索"，等等，这类鲁莽之举皆是错误使用权利，完全是在愚弄农民。

【地多报少】地多报少是什么开始的呢？＝这个是很普遍的，和官员勾结的土豪劣绅将之作为理所当然的权利使用。不用说开垦等变得"地多"的事实之上"地多报少"。这些都是作为黑地的存在，如果黑地粮房官吏等是熟人的话，"地多报少"这是当然的。

【地少报多】"地少报多"是？＝比如，原来有三十多亩地，与此相连还有二十多亩黑地，由买入的时候将之强占，总括起来，报粮的时候在原定三十亩之上报为三十五亩那样。这通常被作为"强占"的预备手段使用得比较多。

【更名的效果】不更名就放着不管的话，会出现权利方面的问题吗？＝土地调查的时候会问，长期不更名，放着不管的话，之前的卖主会把它当作自己的东西夺回。当然，这种时候双方财力和势力均等的时候是不会发生的，但是，若是卖主很强大，又和县官是熟人，买主就势单力薄了。卖主将粮名用自己的名义，和"粮官""牵通"，出很多"笔资"的话，最终可以无条件地夺回自己的土地。买主要是不是很强势，报官也没用，就算报官了，但是和县里的官吏不熟的话，也是拿不回地的，只能躲在被窝里哭。

【更名和税契】买主当时税契后没有拿到红契吗？＝没有拿到红契。

那谁来缴钱粮？＝当然是买主，拿着粮票。

如果有红票又怎样？＝这种情况是交了田赋的赢还是持有红契的赢，我不知道，但是"弱小"的农民只能忍受这种不公正，也不会想要将之公开。这在权力和费用方面无论如何是没得期盼。

【青苗会的地亩账】青苗会有地亩账吗？＝有。

征粮策和地亩账上的亩数一致吗？＝不一致。

为什么？＝征粮策上只有钱粮地，地亩账上还有许多无粮地。

地亩账上不是只要登记了负担钱粮的部分就好吗？＝民间，每家有多少地是知道的，隐瞒不了，另外摊款的时候不公平。

【根据土地调查的土地账簿】根据土地整理的结果，各县有征收田赋附加的台账吗？＝有，土地财账和土地台账两种。

【财账和台账】这两种有什么区别？＝"财账"是根据有粮土地的查报表调查而做出来的台账，"台账"是根据黑地这类土地的申请书做成的新的需要税契收田赋的部分。

【财账和红簿】财账和县里征收处的红簿是一致的吗？＝虽然有不一致的地方，核对之后设法将之一致。

为什么合不上？＝"粮房"的人在乱搞。

【田赋附加的征收】为什么乡公所不征收田赋正税？＝有"粮房"，同以前一样在做，难以一举兼得。附加一直都是作为摊款分摊的东西，将之作为全部附加，根据各乡的台账，统一征收，送到县里。

这个乡的预算是多少？＝大概是两万一千元。

想看财账以及台账的样式以及调查表的式样？＝在下一页资料一、二、三。

3 月 13 日

旗地设定　租子　钟杨宅　田房牙纪

应答者　王沛霖（县财务科科员）
地　点　县公署

【旗地的设立】顺义县的旗地是什么时候开始设立的？＝清初就有了，恐怕是明朝的东西。

应该是那个时候设立的吧？＝可能，但是"没有考古的法子"。

设立的方法是？＝听说是"跑马圈地"，圈了相当大的地呢。但是，那个时候，也听说没什么居民，是一个玩乐的地方。

这里的人是从山西省移过来的说法有什么关系吗？＝听说附近的老百姓都是清初从山西搬过来的，好像是有什么关系。

设定旗地是在移民之前还是之后，还是相反，这一点现在也不清楚吗？＝不清楚。

【山西过来的移民】山西省洪洞县志上写着，从明初开始就实行移民了，是刚刚说的移民吗？＝没什么说的，可能是这样。

是从山西移民过来的有什么证据吗？＝顺义县的地名有好多是和山西省的县名相似。

举个例子吧？＝顺义县西边有河津营、夏县营、火神营、红铜营（洪洞县的转化）、稷山营、绛州营、聂山营等，这些不管哪个都是山西省的县名。

什么时候有的村子呢？＝听说是清初的时候，从山西移住过来的时候，分县聚居在一个地方。

设立旗地的时候，是谁的地？＝旗地是"圈占"而来的，当时恐怕这个地方住的人也少，有许多不明主人的地，猜想是圈占后让山西移住过来的人耕种吧，不确定。

没有想过这里有居民，自由耕种的吗？＝想过，倒不如说是有居民比较正确。

那么既然有了一定居民，在这基础上，圈占难道不是不稳妥的吗？＝可能是居民很少，但也不能说完全没有人住。

【旗地设立和居民】那么因为旗地的圈占和居民的关系如何？＝圈占之后，居民要负担租子。

【资料一】　财账、台账的样式

征收簿　　　　　　　　　　　　　　字　第　号

项目	内容
应纳年份	民国三十年
纳税义务人　住址	河南村
纳税义务人　姓名	王岑
地目　地亩等则　科则	二亩
应纳税额	附加按亩二毛五（年年一样）五角
完纳税款　月摊	民国三十年六月一日　收讫

第　页

【资料二】　有粮地调查表的样式

顺义县复查第一警区河南村乡漏报重报田赋查报表　　民国三十年三月　　日

旧粮名	地亩数	租粮钱数	记附
更正粮名	坐落处所	名目	名目
现住村庄	四至（东至　南至　西至　北至）	四至	地户保甲
	有无契据	科则	连署保人保长
	成立年月	已为投税	
备注			

（此表凡有粮者适用之）

【资料三】　无粮地调查表样式

顺义县复查第一警区河南村乡漏报重报土地申请书　民国三十年三月　日	地户姓名	坐落处所	有无契约	记　附
	地亩数目	四至	已未投税	
		东 西至		
		南 北至	地户现住村庄	连署甲证人　地户

（此表凡黑地租子地均适用之）

【租子】租子是什么？＝圈占的结果就是要交钱给旗人。

租子是私人收入还是国家收入？＝老百姓认为和钱粮一样。

为什么？＝交租子的地就不用交钱粮了。

对于土地所有权，老百姓怎么想的？＝在耕作自己的地之上，国家自由地圈占，并将之赠给旗人，免除了钱粮，但是命令要交租子给旗人，使用受益者并没有变化，只是把钱粮变成了租子而已。在老百姓看来，没有所有权的变化。

【纳租权】仅限于旗地的"推"，为什么会转来转去地买卖？＝圈占的旗地交纳的地租是不能随意买卖的。

纳租权是什么？＝交纳租子，就可以自由使用收益的权利，和民粮地的业主权实际上没什么变化。

固定纳租权意味着什么？＝收租的一方比较困扰，但是纳租的一方认为这个地是自己的，不能转移纳租权是不自由的。所以，转移纳租权的时候不用"卖"的名义，而是用"推"转让权利。

【推和卖】那么推和卖有什么区别？＝"卖"是买卖民粮地的时候使用，"推"是旗地买卖的时候使用。

"推"意味着什么？ = 因为禁止买卖，不叫"卖"，叫"推"是为了规避禁令，实际上和"卖"是一样的。

整理了旗地后，为什么以"推"的名义税契？ = 推价和卖价多少有点区别，实际上根据整理和买卖是一样的，税契只是作为旧时候的称呼使用，被当作所有权而承认。

【永佃权】永佃权是从哪里来的？ = 设立旗地的时候，当时土地的纳租权是固定到之前的地主，为了永远拥有纳租权。也就是国家以特殊的形态约束民地，从人民的立场来看，实质上拥有所有权在制约之前用的词汇，永佃权。

普通的老民粮地用"推"来转移权利吗？ = 民间的话，基本上是相同的，没什么区别。老民粮地使用"推"这个字的情况很少。

【钟杨宅】钟杨宅的土地是旗地吗？ = 不是旗地，他是明代祖先为朝廷做钟，被授予了职务，为了能够扩大产量，在这里买了很多地。

找了个催头来管理地收这个地的租吗？ = 对国家来说，杨家负担钱粮，从耕作者那里收租。

国家允许收租吗？ = 因为负担了钱粮，其他的事情就不干涉了。

【钟杨宅的整理】难道不是不承担钱粮，而有土地吗？ = 买了旗地，有这样的地。但是，官产整理的时候虽然整理了，但是现在也是很混乱，去年还在清理办事处整理来着。

和县公署没关系吗？ = 钟杨宅的清理办事处比起官旗产清理处已经是转让给佃户的，主张再卖掉，但是县里不允许，所以一直没解决。

为什么会变成这样？ = 是旗地的部分，官旗产清理处转让给了之前的佃户，但是钟杨宅还是把所有权视为己有，现在整理一番准备收取地价。

钟杨宅的土地有管理人吗？ = 有催头。

庄头呢？ = 庄头是旗地的，钅杨宅没有。

【田房牙纪】田房牙纪是什么时候开始的呢？ = 很早以前吧。

难道不是袁世凯时期开始的吗？ = 不是，这个制度很早以前就有，只是袁世凯时期严格实施了。

那么在顺义县以外别的县有实施吗？ = 其他县也有很早以前就实施了田房牙纪制度的地方。

【官中】官中的制度也是一样的吗？ = 官中是在田房牙纪之后出现的，虽然工作差不多，但只是改了个名字。

为什么顺义县没有实施官中和田房牙纪呢？ = 不知道为什么，可能是和土地的情况不一样吧。

【官草契纸的使用】有田房牙纪的地方使用官草契纸吗？ = 官草契纸在本县出现是在民国十九年，有牙纪制度的县很早就用了。官草契纸也不是什么新的东西。

顺义县什么时候有的监证人制度？ = 顺义县没有实施过官中和田房牙纪，所以之前也没有用过官草契纸。监证人制度也是同时第一次使用的。

【庄头、催头的残存】知道这附近住的当过庄头或者催头的人吗？ = 可能都是老年人，要么就是死了想不出来。只知道北关外的肖家坡有一个有名的吴庄头，其他的就不知道了。

征收处没有吗？＝当过庄头和催头的人一个都没有，要是有的话，乡里也该有。

【保正、地方存在的理由】保正和地方制度是在大乡制之后取消了吧？＝警察很多，这些就没了必要。但是现在，指挥田赋催促的地方，公事传达很方便，突然撤销很困难。

别的县还有吗？＝别的县不知道，保正原本就是没有警察的时候，兼任警察和田赋催促，有很大的势力，所以还保有余势。即便是现在征收田赋上也是很有必要的制度。

3 月 14 日

钟杨宅的土地

应答者　齐俊峰（祗德堂杨产业清理办事处整理员）

地　点　县城内同办事处

【钟杨宅和渤海公司】你是顺义县的人吗？＝从渤海公司（盐业公司）派过来的。

作何而来？＝为了来收钟杨宅土地的"租子"和县公署来谈判的。

那么你不是钟杨宅的人吗？＝钟杨宅虽然给渤海公司出资了，但是从渤海公司借了二十万元没还。所以把"收租子"的权利让渡给了渤海公司，所以上面派我来出差的。

【钟杨宅的租子征收】听说过钟杨宅为了卖这些地，派遣清理员吗？＝不是卖，而是因为长年没收租子的来征收租子而已。

钟杨宅有多少亩地？＝以北京为中心，周围二十二个县加起来，大概有两千顷私有土地。

顺义县有多少？＝两百顷。

两百顷地收多少租子？＝大概三千块。

一亩多少？＝两毛。

那是从以前开始的吗？＝以前就是两毛，以前的话负担很大，现在已经轻了不少。

每年征收吗？＝民国十九年开始，收租的结果都不是很好。

为什么不好？＝钟杨宅内部很混乱，征收管理也不好。

现在还没有收到的有多少？＝大概还有十九万。

【钟杨宅地是老租子地】土地全部是旗地吗？＝不是，是"红契红粮地"。

那么是作为租佃地吗？＝作为"老租子地"。

那么，这个"老租子地"是转来转去转卖的吗？＝老租子地不能移转。

那么和旗田的永佃性质是一样的吗？＝旗田是永佃，所以可以转让，"老租子地"是"红粮地"，没有地主允许的话是不能转让的。

租佃的权利又是什么？＝种什么是自由的，但是不能转让纳租的权利。

【钟杨宅征租和县公署】为什么必须和县公署交涉？＝县公署的话农民负担很多，在这之上，从人民那里征收"租子"是很麻烦的。

和县知事交涉的吗？＝两三天前来的，县长却去了北京，还没有见到。

县里不允许的理由还有别的吗？＝虽然向省里申请得到了许可，但是也加重了人民的负担。

3 月 14 日

慈善会和义地　旗地的设立官产整理　推　钟杨宅的土地

应答者　张如桥（慈善会副会长）
地　点　慈善堂

【慈善会的成立】您今年多少岁？＝六十六岁。

本县的老户吗？＝是的。

您家里有多少人？＝二十五人。

有多少地？＝二百亩地。

自己耕种吗？＝雇长工自己种。

什么时候加入的慈善会？＝民国五年成立的时候。

现在的会长是？＝李竹庵。

为什么成立的慈善会？＝当时是战乱后，穷人和遇难者很多，为了救助他们，当时的县长唐氏提议，相关人士出钱，并以此作为慈善事业的起步资金。

最开始募集到多少钱？＝大概三千块，正如石碑上刻着的，县长出了一千块，实际上不仅一毛钱没出，还把基金里的一千块给私吞，乱用。

【慈善会的维持】现在是如何维持慈善会的呢？＝当时的基金和后面的捐款加起来达到了一定数额，买入了一些墓地和棺材等。

这是最开始，那么现在呢？＝因为当时的资金是勉强凑出来的，所以用那个钱买了地，之后就用地的收入作为慈善经费。

买了多少地？＝大概四百亩吧。

墓地的面积是？＝称之为义地，西门外有十四亩半男义地，还有六亩女义地。

这些地是以什么名义？＝慈善会的名义。

钱粮呢？＝义地不需要交，别的以慈善会的名义的地有钱粮。

这些地原本是谁的地？＝有粮地不知道，但是记得义地确实是唐家和王家的地。

【义地的管理人】义地有管理人吗？＝设置了看地来管理，男义地是姓赵的看管，女义地是姓郑的看管。

是慈善会雇用的吗？＝义地里有三亩地，让他们耕作这个地，收入归他们，另外，慈善会给他们房子让他们住。

【慈善会的事业】慈善会的事业是什么样的呢？＝作为贫民救济每年施粥数次，另外种痘也是慈善会的经费，其他就是经营义地，给棺材。

【旗地的设定】旗地是什么时候出现的？＝清朝入关以后。

旗地的设立方法？＝"割粮为租"，但是民国之后又回归为"改租为粮"。

清朝入关的时候这里有居民吗？＝都逃了，居民很少。

【山西移住过来的】这个地方的祖先是山西省过来移住的人，这是真的吗？＝清朝入关的时候，这里居民很少，有些因清朝的政策而搬过来的。"老户"的家谱也是从清朝开始的。

明初开始的这个是真的吗？＝明初时和山西一带比人口确实很稀少，出现移民表示理解，但是这里的话，清初开始比较多。

如果是这样的话，清朝因为设立了旗地没有耕种地，所以从山东招来居民这样稳妥吗？＝我是这么认为的。

【旗地的管理、庄头、催头】为什么要设立旗地？＝皇帝为了赏赐各个王府而开始的。

受到赏赐的王府让谁来打理？＝下属的旗人作为庄头来管理。

庄头全部是旗人吗？＝催头是汉人，庄头是旗人，住在北京。

催头都住在乡下吗？＝也有庄头住乡下的，但是很少，催头都是委托的村民来担任。

【庄头的所有地】庄头有自己的"种地"吗？＝像北关外的吴庄头那样自己所有地有四五百亩，有自己的地。

不是王府给庄头的地吗？＝从王府拿到的俸禄生活，有余裕就拿去买地，王府不会给地。

【官产清理处的成立】什么时候成立的官产清理？＝民国三年成立的，之后二十年都在整理。

整理结果如何？＝还有八九成没整理完。

【官产整理的方法】整理的方法是？＝庄头手里有"租账"，还有县公署的红簿，据此整理。

为什么会需要县公署的红簿？＝县里的官产的话，旗地比较多，作为县里直接征收的部分。

清理处在整理的时候，会要求代价吗？＝要求，租子十倍的价格为地价让佃户支付。

为什么获得了地价却不让别人买入呢？＝目的是"收款"，当前的理由是废除高租子改为便宜的钱粮。

【租子和钱粮】租子的金额有多少之分吗？＝"地好多、地贫少"。

钱粮和租子之间的差价是多少？＝按照普通的租额说是钱粮的三四倍（一般的租额的话是钱粮的三四倍）。

【增租夺田】增租夺田是怎么回事？＝随意地上涨租额，没收佃权，当作自己的地。

经常发生吗？＝法律上是禁止的，庄头为中饱私囊而采取的手段，为此出现了禁令。

【王府的产权】王府有产权吗？＝有收租的产权，没有种地的产权（有征收租的权利，没有耕作的权利）。

【佃户的产权、永佃权】佃户呢？＝有纳租子种地的权利（纳租耕地的产权）。

这是什么权利？＝永佃权。

永佃权可以让给别人吗？＝只要承担纳租子的义务，转给谁都行。

【推】这个让叫作什么呢？＝"推"。

为什么不是"卖"？＝设立旗地的时候，代替收租子，而被赋予了永久耕种的权利，也就是允许永佃的形式。

"推"不是买卖吗？＝实质上是买卖，但无论如何这是皇帝给王府的地，赋予了"收租"的权利，和普通的老民粮地还是不同的。

"纳租子"的土地可以让别人租佃吗？＝让别人耕种的话，没什么关系，但是转嫁"租子"，根据"推"的手续，必须向庄头报告，进行名义的变更。

推价和卖价之间的差别是如何产生的呢？＝买卖的土地是便宜的钱粮，"推"则要交纳贵一些的租子。

【整理未了地】那么没整理完的旗地是不用交旗地和租子吗？＝全部整理了旗地，就有了钱粮，难道这不是实情吗！

【钟杨宅的土地】钟杨宅是旗人吗？＝不太清楚，但是有很多"收租子"的土地。

收租子的土地难道不是旗地吗？＝是旗地。

不是官旗人却有旗地这是为何？＝不是旗人的话，打破"禁止旗民交产"买了旗地或者本来就是旗地。

【钟杨宅和土地整理】知道现在钟杨宅还残留着土地问题吗？＝听说了，但是不清楚。但是钟杨宅的地里有民粮地收了"租子"，像旗田的永佃权那样已经很久了。

钟杨宅将土地整理后卖地，听说过县公署方面不允许吗，这之中有什么问题吗？＝应该是人民生活的很窘迫不允许强卖。

钟杨宅的地作为旗地清理处曾经从人民那里买入的时候，钟杨宅不会将它只作为自己的地，收取"地价"将之卖出去吗？＝没有这样的事，因为清理处在组织交换的时候延续得不充分，出售过后也主张过再出售一次。

【顺天府的地域】顺天府管辖多少县？＝二十四个县，就是东安、昌平、怀柔、密云、顺义、平谷、三河、宾怟、通县、武清、霸州、文安、宁河、房山、固安、岱城、永清、涿州、良乡、宛平、大兴、安次、蓟县、香河。

这之后的京兆是？＝还是这二十四个县。

3月15日

吴庄头和旗地旗产整理　黑地　推和退　租批和退田字据

应答者　吴崇勋（六十一岁，吴庄头的弟弟）

地　点　萧家坡村公所

【吴庄头】住在哪里呢？＝第一区向阳村乡萧家坡。

吴家是老户儿吗？＝两百多年了。

祖先是从何处来的？＝满洲开始清朝入关同时来的。

本家在哪里？＝北京。

现在本家的后代都有谁？＝吴成厚（二十一岁）。

你和本家的关系如何？＝吴成厚是我的叔侄，也就是我父亲的兄长是吴成厚的祖父。

谁当的庄头？＝吴成厚的父亲吴崇德。

哪一代开始当的庄头？＝持续了九代，第一代是吴春接下来是吴守仁、吴深、吴徽浩、吴杰、吴永清、吴锦、吴玉山、吴崇德的顺序。

一代一代当庄头的吗？＝是的，一代一代地继承，吴崇德当庄头是在民国十三年。

【吴庄头的所有地】土地都是本家的吗？＝有两百亩地，散落在萧家坡东南一带。

你有几亩地？＝十数亩。

本家的两百多亩地都是旗地吗？＝有祖先买的民地，也有官产整理的时候自己买入的地。

吴庄头什么时候去世的？＝民国二十年。

吴家什么时候搬到北京的？＝民国二十二年。

当时有多少亩地？＝两千多亩。

为什么没过几年就只剩下两百多亩地？＝吴庄头有两个妾，分给了两个妾一些，再就是吴成厚败家。

现在剩下的两百多亩都是红粮地吗？＝升科之后是红粮地。

谁来耕种呢？＝租给了很多人，不知道。

你是管理人吗？＝我管理顺义县的商铺。

别人租佃吗？＝收地租，租给他们。

是先交地租还是后交？＝先交后种。

谁来管理呢？＝有人帮忙，自己也搭把手。

【吴庄头的管理地】吴庄头管理的是多少亩地？＝大约两千四百亩。

这个地是哪个王府的呢？＝咸丰帝的弟弟，也就是九爷王府上的。

这些地叫什么？＝"九爷王府庄头的地"。

九爷王府有几个庄头？＝几百个吧。

顺义县有几个九爷王府的庄头？＝除了吴崇瑞外吴庄村里也有一个姓吴的。

是同族吗？＝不是。

吴庄头每年要向王府交纳多少钱？＝二百余两，在朝阳门内九爷王府的庄园处交纳。

交纳给王府的钱是定额吗？＝根据庄头管辖的土地金额是一定的。

【庄头的收入】庄头靠什么挣钱？＝掌握着被委托区域内土地收租的权利。因此，这里面有自由裁量的余地，只要每年给王府交二百余两银子就不会说什么。

庄头住在哪里？＝都住在乡里。

【庄头的身份】庄头是旗人吗？＝都是旗人，汉人只能当催头。

其他王府在顺义县的庄头多吗？＝很少，各王府的庄头都是散的。

【催头】吴庄头有几个催头呢？＝只用了"管事人"没有催头。

为什么？＝管辖的地界很近，自己可以做，没必要请催头。

那么什么时候用催头呢？＝一个催头有两个地，比如说一个在顺义一个在怀柔，一边就要雇用催头来收租了。

【吴庄头亲戚里的庄头】你亲戚里当庄头的有几个？＝六个。

在哪些县？＝密云县、通县、本县。

都是九爷王府的地吗？＝也有会计司直辖的地。

会计司直辖是什么意思？＝会计司是管理直属皇帝的土地，相当于其他王爷的庄园处。

【庄头收租的方法】庄头怎么收租？＝阴历十月份根据"租账"收租。

佃户会自己来交纳吗？＝有自己来的，不来的就去收。

"租账"里都写了些什么？＝佃户名、亩数、每亩租洋这些，根据这个来核对收租。

现在还有租账吗？＝吴成厚那里可能还有，肖家坡是没了。

【庄头的废止】什么时候取消庄头的呢？＝民国十三年。

为什么民国十三年取消了庄头？＝冯玉祥起义，把皇帝从北京赶出去了。

【旗产整理】取消庄头后，庄头管的"收租"怎么办？＝民国十三年的时候，冯玉祥设立了"旗产整理处"，从管理王府土地的庄头那里拿到了"租账"，根据这个让各佃户留存了。

这之前进行过旗产整理，这个和那个不一样的吧？＝听说是八项旗租地，整理之后，变成了红粮地。

那么民国十三年后庄头就不能"收租子"了吗？＝是的，在之前还有王府，所以收租子，另外也没了旗产整理处，别的也没什么改变。

【庄头的土地置买】佃户方面如何？＝对佃户价格比较低，又变成了"改租为粮"的产权，所以大家都买了。

征收价格是定了的吗？＝分为上、中、下，大概就是四元上下。

"租子"和钱粮哪个便宜些？＝租子每亩是一吊五百钱，钱粮是每亩四十三分银子不等（银价每两合六吊上下），当然租子贵得多。

那么佃户是很高兴地买入了吗？＝钱粮是很便宜，但是成了红粮地，要交其他的税课，结果租子一下缴清的，还要便宜一些。加上要出钱买下，就不是很愿意。

【黑地产生的原因】顺义县为什么会有那么多黑地？＝最大的原因是旗地，比如说，顺治年间王府圈占旗地的话就是"跑马圈地"，并设置庄头来管理。被圈占的区域有老户，他们要交纳"租子"，但是，庄头在申告土地数的时候经常会"报少"，另外又出现了"带地投充"，说是庄头收租的区域是两千四百亩，实际上还要更多。这些不收租子的地就称之为"黑地"，这些在旗产整理的时候，依然作为黑地，表面上当作是整理完了。

为什么会发生这种现象？＝这其实也就是形式主义，实际上根本没有去调查测量。

还有别的导致黑地存在的原因吗？＝有。比如说，庄头在自己管辖的区域里买入了地作为私产，分给同族的时候，这一部分分出来的是不在"租账"上的。因而，也不收"租子"，整理的时候，当作黑地留下来了。这样的地很多。

其他呢？＝其他就是河流附近河床的变迁而出现的土地占有，或者是开垦土岗，作为耕地。这些也是没有"租子"和"钱粮"的，这些都是作为黑地的。

【庄头卖掉租子地】你有多少地？＝有两百亩地，但是"家兄"不务正业，卖了，剩的不多。

吴庄头最多的时候有多少地？＝有两千多亩的私产，将之变卖，现在只剩两百亩。

庄头可以把自己管辖的"租子地"卖给人民吗？＝根据禁令是不行的。

实际上是？＝因为有佃户，所以不能卖。佃户不仅要"纳租子"，同时，庄头会给予各佃户"租批"，因此庄头不能随意买卖。

庄头代替王府卖的话没关系的吧？＝因为有"不准旗民交产"的禁令，佃户有佃权，所以买卖不成立。

【佃权的买卖、退】那么佃权的买卖是自由的吗？＝佃权是根据租批拥有的永佃权，因此佃户可以根据情况"退"也没关系，和民粮地一样，可以转让。

"退"的理由是？＝王府只是允许你耕种，没有赋予你处置土地的权利。因此让渡耕种，也没什么，也不会被处分。因此"卖"是不能用的，所以用了"退"。比如说，旗地里不能设置墓地，因为如果弄了墓地，习惯上就永久拥有这块土地了。王府是不允许作为墓地的。

【推、退】庄头的租账每年都会更改吗？＝年年都有变动，所以会改。

比如说沙井村的人把"租子地""推"给了萧家坡的人，庄头要去哪里收租？＝去萧家坡承种的那个人那里要。

推和退有什么区别？＝结果是一样的，"推"是"往前推"，"退"是"往后退"。

承种人是指接受"退"的人吗？＝是的。

【退佃的手续】退佃是承种的反面吗？＝相反的称呼。

退佃要向庄头申请吗？＝当事人双方都要去庄头那里共同提出申告。

【租批和退佃字据】退佃的时候要写契约书吗？＝写退佃字据，给租批。

庄头给承种人的租批是新的吗？＝租批是一开始交付的时候授予的，一块地的租批是转来转去的，所以不用做新的。

那么，一块地的租批很旧，转过多次，还知道是谁第一个用的吗？＝不知道。但是有年号，所以知道时间。只要面积对得上就好。

要写几封退佃字据以及谁来保管？＝写一封，由承种人保管。

租批和退佃字据哪个重要？＝都很重要，但是租批是用以前的东西写的租批，亩数必须要合得上才能退租，但是有很多时候是好几个人分割承种，实际上退租字据要更重要些。

那由规定谁来保管租批呢？＝分割的话，直到最后都是由最初的那个人保管。

分割承种的时候，退佃字据上会写根据哪一个租批的地吗？＝退佃字据上一定会写租批的保管者，如果出问题的话，由租批的保管者拿着租批来证明。

租批丢了怎么办？＝想方设法地瞒住，被发现的话，庄头会撤佃。

被撤佃了怎么办？＝庄头自己耕种那块地，或者是让别的佃户来耕地。

这样的例子多吗？＝没怎么听过。

3 月 16 日

税契　监证人　过割　旗地和黑地　土地整理　青苗会　验契　粮房

应答者　张如桥（慈善会副会长）

地　　点　慈善堂

【税契】出于何种目的设置了税契？＝作为政府的征收手段设置的。

还有别的目的吗？＝第二个目的是"保护产业"。

用税契是在什么时候？＝只用于买卖房子和土地的时候。

税契什么时候使用？＝规定立契后六个月以内。

【监证人】为什么设置监证人呢？＝为了保障税契收入。

实际上税契收入如何？＝不投税是逃税，就不会承认产权，所以人民不敢怠慢。

需要监证人经手吗？＝需要监证人盖章。

【税契和过割】过割手续和税契有关系吗？＝没关系，"过割是过户粮食""钱粮随着地走"（钱粮跟着地改变）。

税契和过割哪个先出现？＝自古以来都有的，没有先后分别。

老百姓觉得哪个重要？＝这个因场合不同而异，在不同的意义上各自都很重要。

但是听说做了过割，不搞税契的不少啊？＝这个算作是逃税，私人之间的买卖只做了过割，是为了隐匿起来。

【监证人和税契的使用】这样的事情是以前就这样吗？＝监证人制度以前很多，而且隐匿买卖价农业税契，税收人的收入就不高，但是也没有调查的方法，所以设置了监证人制度，严格管理。

结果如何？＝必须使用官草契纸，以村长为监证人给予他们监督的责任，税后成绩比以前上升了。尤其是最近，早晚都要弄税契，不来这里经过监证人税契的也变少了。

【土地调查的目的】现在是为什么做土地调查呢？＝这里有很多旗地作为黑地不交钱粮，也没有税契的非常多，整理土地，然后增加钱粮收入。

不是税契目的吗？＝附带的也要税契，也可以增加契税收入。契税的就要发红契，后面就一定要交钱粮，一举两得。

【旗地和黑地】旗地为什么会产生黑地？＝最大的原因是，没有了庄头后，交租的旗地变为了不交钱粮、不交租的黑地。

整理旗地的时候全部都变成了有粮地吗？＝"抽价"转让的地当时是"有粮"但是只限于庄头"租账"上有的地。但是租账上佃户没有钱，承担不了转让费，所以就那样全部都变成黑地残存着。另外租账上有名义的土地，佃户将之虚报，一部分里又有一大部分被隐匿，或者是"带地投主"，原来的黑地隐藏在旗地的"租"的名义下，逃避县公署钱粮负担的不少。有很多。

其他变成黑地的原因是？＝白河流域河床每年都会移动，附近有许多变成黑地的土地，当时还有"重复担税"的情况。

【税契的必要】以白契进行契约的到了后面需要税契是什么时候？＝白契约当时是没问题的，到了后面，土地的分界线纷争不断的时候，税契的时候，黑白契的争端就不断。

例子多吗？＝本县不多。

那么白契可以应付过去吗？＝应付过去的少。如果出问题了，担心还会再出问题的，这时候就会通过临时税契。

这种情况下县公署会以不是在税契期间做的而处罚吗？＝不处罚，就算是规定了，自发地提交税契的话，就那样接受了。

为什么？＝作为县公署，就算很少那也是税收，都是可以通融的，处罚的例子很少。如果处罚的话，农民就会渐渐地逃避税契了。

【过割】必须过割吗？＝有直接一年半年不管的，也有永远"顶着旧名"纳税的。但是大体上，直到下一次田赋征收期才过割是很普遍的。

【顶着名儿和钱粮】"顶着名儿"的时候，钱粮是新买主出吗？＝当然了，只不过名义是之前的人。

"顶着名儿"的理由是？＝不用交纳过割钱，"柜上的先生们"也有按照一亩一角的情况。

这是以前就有的吗？＝是的。

"顶着名儿"的时候，旧名义人死了，这块地会变成黑地不交钱粮吗？＝地方上是知道的，逃不了。

【顶旧名】旧名的习惯以前和现在是一样的吗？＝清朝前期，基本上旧名的情况很多，"催粮"很麻烦，现在少了。尤其是土地整理后，旧名全部更改为新名，变得"好催"了。

白契和红契哪个重要些？＝都很重要，但是红契效力大一些，可以公开拿出来。

【土地整理和黑地】根据土地整理，黑地应该都找出来了吧？＝调查员去各个村子的青苗会，让拿出各自的地照和钱粮票，而且，和青苗会的"地亩账"严格对比，应该是都把黑地找出来了。

青苗会的地亩账上记载了各家各户的土地吗？＝为了"少摊"会费，也有"报少"的，实际上多少地，村里都知道。

报少的例子？＝比如有五亩"红粮地"，附近有三亩黑地，那么就只申报五亩地，将三亩隐匿起来。

这样的土地调查的时候能调查出来吗？＝调查各家各户的地照、粮票、青苗会的地亩账，而且还严格追查，所以隐藏不了。

【青苗会】青苗会存在的意义？＝共同保护青苗的团体。

青苗会什么时候开始的？＝历史很久了，青苗会的名字也是以前就有的。

是做什么的团体呢？＝各村以自发地保护"青苗"为目的，共同雇用"青夫"来看苗。会里的会头是村里有头面的人，青苗会还担任公益事业的祭祀以及庙的修建等。

村公所和青苗会的区别？＝青苗会是旧名，村公所是青苗会的变名。

工作上有差异吗？＝没有，现在和县里打交道，村公所多些，以前，这些都是青苗会在做。

【会头】会头有几个？＝根据村子大小，有十个人左右。

有会长吗？＝没有会长，轮流当代表来处理会务，重要事项由会头们协议决定。

变成村公所后有什么变化？＝变成了乡长副制，有了首事人。这个首事人也就是以前的会头，只是变了个名称，实质没变。

谁来当首事人？＝知识经验丰富，有一定的正业和财产就可以当。

是村民选举的吗？＝没到选举的地步，但是是村民"公推出来"的。

是投票制吗？＝乡长副根据投票，但是首事人互相对谈，自然地被推选出来了。

青苗会是以村为中心唯一的谋求共同利益的机构吗？＝县里来的命令传达，与赋税相关的事项，其他的村里跟共同利益相关的事项，都是通过青苗会来做的。

现在叫青苗会的人多吗？ =以前的人听到青苗会很快就能懂，现在都普遍叫村公所。

【大乡制和村民的负担】改为大乡制之后的"好处"有哪些？ =到目前为止的村公所没了，全部都是大乡制，主村的村公所以及包括几个副村。村公所需要经费。这些经费结果还是从各个村拿来，就算有了大乡公所，还有各个副村以前的村子。这些负担都没有减少，结果还要背上两重负担。

【验契】有过验契吗？ =民国四五年和民国十七年做过两次。

都是些什么手续？ =民国四五年的时候要向验契处提交地券，给了收据以及验契结束后才能拿回。

费用是？ =大契（三十亩以上）一元六角，小契（三十亩以下）一元二角，民国十七年的时候，不论大契小契都是一元二角。

有发给什么地券吗？ =契的一方贴连了验契单。

白契也拿出了吗？ =是的。

白契会强要税契吗？ =那是减税契。

第一次的时候，因为验契费太多，提交的就很少吗？ =民国四年减税了，白契也大致都拿出来验契了。也就是税契的九分五或六分减税，所以即使验费很贵，也基本上拿出来了（免除契税附加的形式），民国十七年是"免契税"，验契费也很便宜，这个时候也有很多人验契。

有没来验契的吗？ =不是调查，而是自发性地提交，到底有多少人提交了，也不是很清楚。

验契的目的是什么？ =名目变了"国号"，根据新政府承认了新的"地权"，实际上目的还是"抽税"。

【不动产登记】这里出现地方法院是什么时候？ =民国十四年，民国二十年的时候废止了。

村民们做过不动产登记吗？ ='无法不办的一部分人'（没有法律解决不了的极少一部分人）登记了，基本上没有实施就结束了。那是"累民"的手续。

为什么？ =要花钱，还有手续很麻烦。

【保正、地方】警察制度是什么时候确立的？ =光绪年间成立的。

保正、地方的名目是以前就有的吗？ =警察制度之前的。以前县公署的命令事项都是通过保正、地方来实施的，民国十七年开始就"名存实亡"。现在分为警察向村里传达以及通过保正、地方传达两种。

【田赋征收处】田赋征收处是从以前到现在的处，有分柜吗？ =现在的处里有，没有分柜。听说大兴、昌平有分柜。

那么本县是自封投柜制度吗？ =是的，但是远的人就托别人帮忙交纳。

【粮房的世袭】征收田赋的人是世袭吗？ =变成了世袭类似的，反正是在自家"收款"，"十天一卯"地交给县里，但是民国十六年县里设了"柜"，在那里征收。

有几个人？ ="六个缺分"，也就是称之为"六粮房"。

都是"一家子"吗？　=不是一家，各家各的缺分。

一家也是各自分担不同的吗？　="各粮房"都是"带着过割"。

"当粮房的人"是有一定地位和财产的人吗？　=以前是南方来的人来这里工作，现在"年限已久"就当作他们自己的事业来做了。

那么他们是世袭的吗？　=世袭，县里名目上给"薪水"，实际上不知道。串票是县公署做的四联单，根据这个征收，不能"包"。

【六房】"六房"和"收钱粮"的"六房"有什么关系吗？　=六房不是以前县里的吏、刑、兵、工、户、礼六房，而是收钱粮的六家。

他们有土地台账吗？　=以前交鱼鳞册，不知道什么时候迷失了，现在只有"红簿"（征册）。

"大家"都去征收吗？　="坐家候等"（坐在家里等），催粮是地方的工作。

3 月 17 日

土地调查　庄头　旗地的买卖监证人　租子　土地纷争

应答者　吴崇勋（旧庄头的弟弟）

地　点　萧家坡村同氏宅

【土地调查】当了几年乡长？　=两年。

什么时候不干的？　=大编乡的时候，年纪大了，以前是小乡制的保长制，所以不干了。

这个村子的土地调查完结了吗？　=第一次的完成了，第二次还没有。

为什么要做第二次调查？　=根据调查规定，要做两次。第一次没有报告的东西都还留着。

这个村是用的什么调查方法？　=事先通知了说调查员会来，来的时候，大家都拿着地券聚在一起。

是哪个调查员？　=姚占三。

调查表之前都分发了吗？　=都分发了，但是不会写字的是"请写字先生"帮忙填的。

调查员来了之后怎么样？　=调查表和地券进行核对，表里所填的事项一个不漏地问，地券上还会盖调查完的印。

调查表有几种？　=有粮的和无粮的两种．

【土地调查和税契】没有地券怎么办？　=乡长担保临时写"白字"，送到县公署进行税契。

税契期限是？　=一个月以内。

这个村没有契约的有几个？　=记得有十多个吧。

没有契约的地定为什么种类？　="失迷的"、"开垦的"、"房地产的"。

这个村有第二次调查吗？　=全县可能有很多"未报"留着，如果漏了的话，虽然立即请村长更正，但是整个村子并没有全部弄完。

【庄头和旗地】以这个村子为中心有多少旗地？＝从南到东基本上都是旗地。

这一带的旗地都是哪位庄头管辖？＝都是吴庄头。

他自己的土地在哪一边？＝河东地区的大东庄、簸罗口、九王庄、西府、韩新村（怀柔县）方面一带。这个建筑的前后的园地也都是他个人购入的土地（以吴庄头的房子为中心）。

这个宅子以前有多少间房啊？＝三百多间，很大的规模。

现在还留着的在哪里呢？＝在这个宅子的附近散落着。

吴家家族有多少户人家？＝现在是十六户。

都有地吗？＝有的有，有的没有。

这个村里地最多的是？＝四百亩（吴成德）。

这个吴成德是吴庄头的族人吗？＝远亲。

这里有"先典后卖"的情形吗？＝有，那个叫"找价"。

多吗？＝多。

【先典后卖和旗地】一般"先典后卖"的多吗？＝一般是"一典一卖"、"先典出去"，在"没有赎回"之上还要钱"找价"，也就变成了"死卖"。

旗地可以出典吗？＝不能。

为什么？＝土地是国家所有。

【指地借钱和旗地】指地借钱是什么？＝那个出现了。

那么"先典后卖"在旗地里没有吗？＝没有。

先"指地借钱"然后"推佃"又是什么？＝那是用于旗地上，如果还不了就推佃。

"指地借钱"是指帮地主耕种这块地吗？＝耕作和以前一样，土地的所有权也是佃权者。

那么旗地和民粮地都能指地借钱，没什么差别吗？＝没差别，只是旗田不能够"典"。

【监证人和报少】实际上"卖"的时候，去县里"报税"会出现"典"吗？＝那个是"卖主愿意"，"买主不愿意"。如果成了的话，那样就好，卖主在事后拿着"字据"想要赎回的可能性是有的，但是典价可能会"报少"卖价。

这个很普遍吗？＝虽然有监证人，但是多少还是会有"报少"。

这个时候监证人不调查吗？＝不调查，就算不调查也知道瞒价。

就这么放过吗？＝很平常的事。

那么监证人在规定以外收多少也是普通的吗？＝这也是"弊病"。

【租佃的老租和现租】旗地和民地的租佃手续是不一样的吗？＝旗地是"老租"（也就是地租）和"现租"两种，民地没有老租，只有现租。手续上没什么不同。

老租是什么？＝"地租"也就是"永佃权"。

现租是？＝将永佃权给予他人短期耕种。

那么"地租"或者是"老租"，是永佃权的保有者向庄头交纳"租子"的意思吗？＝是的，也就是"永远纳租子"。

那么"永远纳租子"是民地的吗？＝是的，这是旗地和民地的仅有区别。

现在也有这个区别吗？ ＝民国十三年全都变成了有粮地，所以是以前的事了。

【租子】佃户一般称之为什么？ ＝一般叫"种地户儿"。

"种地户儿"向地主交纳的叫什么？ ＝"租子"，也叫"租钱"和"地租"，后面两个是现代用语。

这种情况，租子是向佃户收的东西吗？ ＝是的。

【土地纷争】因为大洪水，土地的分界线不清晰的事儿有吗？ ＝经常有。因而经常有土地纷争。洪水所过之处都会留下一层薄泥，土地的分界没什么大问题可以判明。但是河床要是变了土砂大量堆积的时候，不仅仅是土地界线不明，也不能耕种了。年月久了之后可以耕种，最开始之前的地权者就来闹事儿了。

起争端谁来调停？ ＝拜托朋友来测量，不能调停的话，就去县里解决。

县公署根据什么来解决？ ＝首先，把双方都叫过去，调查有没有证据，再叫上四邻，仔细询问。如果还是不能解决就去实地调查解决。

随着河床的移动，没了地的那一方没法子吗？ ＝江是死的，河是活的，每年都有这种事。

那么是被河床吞噬的问题多呢，还是余出来的问题多呢？ ＝被吞了就是没法子，余出来的要是可以种地，就会把它当作自己的地，就又起争执。

为什么会起这样的争执呢？ ＝和余出来的地相接的地主，就会把它划入之前的土地范围告终。

划入自己领地，这还不是无主的土地吗？ ＝余出来的时候虽然是无主，但是河床每年的移动也不是一样的。几年前被河床吞噬地的所有者会拿出"照"来拿回地。这样的事情会反复出现，每次都会出现问题。

被河床吞掉"砂淹"的土地就是不能耕种，可以不交钱粮和纳租子吗？ ＝钱粮的话，可以向县里请愿免税，旗地租子的话就去拜托庄头免租。

【不减地租】地租呢？ ＝地租是先交的，所以没法子。

这个时候地主会便宜些吗？ ＝地租是先交的，如果是好地主，第二年会减少地租让你种地，不好的话"尔找老天告罢"（不服的话就去求老天爷吧）"尔不种我找别人"（你不种的话我去找别人），因此不会返还先交的地租。还会租给别的人。

地租的话，这附近一般是多少钱？ ＝三十元等等，沿河以及岗上的便宜一些。

地租是先交、后交、交钱、交物哪一种？ ＝交钱和先交多些。

沿河的话没人租吧？ ＝因为沿河便宜还是有人租。没人租的地是哪里都没有的。

1940 年 11—12 月
关于河北省顺义县沙井村土地所有者及土地课税资料

调查员　小沼正

通过县公署田赋征收红簿摘抄出的沙井村亩数（民国二十九年度）

地粮红簿（老户房）

姓　名	亩数（亩）	征洋（元）	姓　名	亩数（亩）	征洋（元）	姓　名	亩数（亩）	征洋（元）
乔自盛	4.10	0.115	景　太	5.00	0.138	耿　通	9.00	0.251
刘德俊	2.00	0.083	景　太	8.00	0.191	张永仁	3.00	0.083
王　鑫	3.00	0.083	张文通	8.00	0.196	张泽元	3.00	0.083
王　鑫	8.00	0.196	张文通	8.00	0.196	张文恒	8.00	0.193
王　鑫	10.00	0.276	李文治	8.00	0.191	张文恒	9.00	0.251
王　惠	9.00	0.248	杜芝玉	9.00	0.251	张　禄	8.91	0.244
赵　祥	2.00	0.055	李广仝	4.90	0.135	张　宽	3.00	0.083
赵　祥	3.00	0.071	王宝珍	9.00	0.251	李　福	2.00	0.055
赵　祥	14.00	0.391	刘　达	9.12	0.269	李如桐	3.00	0.083
张文通	8.00	0.193	杨　斌	4.74	0.127	李如桐	6.00	0.168
张成功	12.00	0.334	绍行武	5.00	0.140	赵绍廷	2.00	0.055
刘　金	6.00	0.168	李　亮	5.00	0.140	李濡元	7.20	0.202
赵绍廷	6.00	0.168	刘成龙	3.00	0.083	王　新	6.00	0.158
刘成章	3.00	0.083	张　禄	12.00	0.334	赵　刚	4.50	0.124
刘建勋	2.00	0.055	杜如海	10.50	0.251	张文通	3.00	0.083
杜芝茂	1.47	0.041	绍连城	50.00	1.364	王　沛	6.00	0.158
刑润齐	14.00	0.368	路　坦	12.00	0.334	李清源	6.00	0.158

续表

姓　名	亩数（亩）	征洋（元）	姓　名	亩数（亩）	征洋（元）	姓　名	亩数（亩）	征洋（元）
张永仁	5.00	0.138	孙承夏	2.00	0.058	马希贤	6.00	0.158
李文治	7.50	0.209	王茂林	6.00	0.171	张起龙	2.00	0.055
杜芝芳	9.00	0.251	李永魁	8.00	0.223	李景典	0.30	0.009
张文恒	3.00	0.083	吴近福	13.00	0.365	李景瑞	3.34	0.085
孙有才	2.00	0.055	王　昆	3.00	0.083	李　耀	0.40	0.012
杜　春	5.00	0.138	张学武	6.00	0.168	李天佑	32.00	1.840
王　惠	5.00	0.147	杜成明	2.00	0.055	孙天禄	3.50	0.202
王　惠	5.00	0.138	王　惠	5.00	0.138	张　瑜	18.50	0.833
杨　清	5.00	0.143	杜　祥	2.10	0.058	马文元	5.25	0.311
杨　清	1.00	0.028	杜　祥	4.00	0.110			
杜　春	5.00	0.138	李清源	3.00	0.830			

地粮红簿（吏房）　　　　　　　　　　　　　　　　　注：月日是征收田赋的日期。

姓　名	地亩（亩）	征洋（元）	月　日	姓　名	地亩（亩）	征洋（元）	月　日
张永仁	8.00	0.336	11.7	杨　正	2.00	0.184	11.14
王志瑞	8.00	0.136	11.12	杨　升	5.00	0.460	
茹　昆	12.00	1.140		张纯儒	3.00	0.276	11.4
言振廷	12.00	1.140		公　会	10.00	0.920	
李振杰	4.00	0.368		柏成志	2.00	0.184	11.14
李振杰	8.00	0.736	11.4	李文治	4.50	0.418	11.2
李濡元	1.00	0.092	11.14	杜　祥	1.50	0.138	11.4
李德元	9.00	0.828		杜　祥	1.50	0.138	
赵　瑞	3.30	0.304（完洋 0.244）	7.17	刘凤山	3.5	0.322	10.18
任　顺	2.00	0.184		孙　禄	3.00	0.276	10.26
马维元	11.70	1.076（完洋 0.450）	11.16	张守仁	3.00	0.276	
赵文有	4.00	0.368		刘长春	5.00	0.460	11.14

续表

姓　名	地　亩（亩）	征　洋（元）	月　日	姓　名	地　亩（亩）	征　洋（元）	月　日
吴春芳	7.50	0.690	11.14	刘仲有	2.00	0.184	11.2
王荣廷	5.00	0.460		吴　祥	6.00	0.552	
李濡元	3.00	0.276	11.14	吴　祥	5.00	0.460	11.11
李振宗	4.00	0.368	11.3	童有仪	5.00	0.460	11.2
李振杰	5.70	0.524	11.14	杨永成	6.00	0.552	
杜如海	2.00	0.182		任振纲	6.00	0.552	11.2
张　成	3.00	0.276	10.29	孙有检	3.00	0.276	
杨　有	12.00	1.140	11.20	侯　瑞	20.50	1.886	
李寿延	4.00	0.368		刘作喜	3.00	0.276	
万杨氏	4.00	0.368	11.11	李清源	4.00	0.368	11.7
孙永安	4.00	0.368	11.7	马重英	8.00	0.736	（7月25日完洋1
杜芝兰	8.00	0.736		刑尚德	*16.50	1.578	元2角1分4厘）
张文恒	3.00	0.276	11.26	孙　晏	10.00	0.345	10.1
张文恒	3.00	0.276					
景德禄	4.00	0.368					

*除抵上年花户长完十分之二洋。

地粮红簿（东粮房）

姓　名	地亩（亩）	征洋（元）	每1亩（元）
李寿延	5.00	0.115	0.023
杨　源	3.00	0.069	0.023
李祥林	5.50	0.127	0.023
刑润齐	6.00	0.138	0.023

地粮红簿（东户房）（佃户）

姓　名	亩数（亩）	征洋（元）	月　日	姓　名	亩　数（亩）	征洋（元）	月　日
张守仁	10.00	0.460	9.28	杨　斌	13.00	1.340	
苏景文	6.00	0.416	8.13	王永安	10.00	0.460	
杨　正	2.40	0.166	11.12	王　月	0.70	0.032	11.1

续表

姓　名	亩　数（亩）	征　洋（元）	月　日	姓　名	亩　数（亩）	征　洋（元）	月　日
景德福	4.60	0.317		王春林	3.00	0.138	11.1
杨文增	4.00	0.276		关德福	7.50	0.345	9.28
杨少增	6.00	0.276	11.19	张　成	4.00	0.184	
杨少增	3.00	0.207	11.23	孙　瑞	4.00	0.184	11.6
杨振林	0.50	0.035	11.12	任振纲	4.00	0.184	11.1
杜　祥	1.00	0.069		王春林	5.00	0.230	11.1
杜　祥	6.50	0.449		李秀芳	2.00	0.092	11.1
刘长春	*3.00	0.207	11月12日完洋1角6分6厘	李秀芳	3.00	0.138	11.1
刘长春	*4.00	0.184	11月12日完洋1角4分7厘	张文通	8.00	0.368	10.24
张守仁	4.00	0.276	9.28	刘长贵	5.00	0.230	9.22
杨　珍	4.00	0.276	11.12	孙　祥	5.00	0.230	11.6
杨　珍	12.00	0.828		李仇民	3.00	0.069	
赵绍廷	4.00	0.184		杜维新	4.00	0.092	
张文元	10.00	0.690	10.24	张文恒	3.00	0.069	10.24
李如元	16.00	1.104	11.11	杜景春	1.00	0.023	
王寿山	*7.00	0.438	11月13日完洋3角8分6厘	杜　春	2.00	0.072	
杜如海	5.00	0.230		李春芳	3.50	0.810	
仁　仲	5.00	0.230	11.3	李广全	20.00	0.920	11月22日完洋7角3分6厘
李广全	5.00	0.138	11月21日完洋1角1分	李如元	10.00	0.460	11.12
杨　斌	10.00	0.460		任守忠	10.00	0.460	
杨　斌	15.00	0.690	11.12	徐长庆	10.00	0.460	

公场公簿（礼房）

地主姓名	亩数（亩）	征洋（元）
吴玉奎	8.50	0.680

续表

地主姓名	亩数（亩）	征洋（元）
吴玉奎	2.00	0.160
任子春	3.00	0.240
任　春	2.00	0.160
张文恒	3.00	0.240
夏云章	3.00	0.240
孙永安	2.00	0.160
杜芝芳	3.00	0.240
杜芝玉	1.00	0.080
李　汉	3.00	0.240
刘长春	3.00	0.240
景德殿	10.00	0.800
景德禄	16.00	1.280
景德福	22.00	1.760
杜芝芳	3.00	0.240
马仲英	3.00	0.240
尹致祥	6.00	0.480
李祥林	3.00	0.240
杨　斌	3.00	0.240
张永仁	6.00	0.480

公产红簿（东户房）

地主姓名	亩数（亩）	征洋（元）
董权	10.00	0.800
杜祥	14.00	0.112
李祥	5.00	0.400

无粮黑地数目清册（民国二十八年申请）（本年每亩 1 角 1 分）

地主姓名	亩　数（亩）	征　洋（元）	地主姓名	亩　数（亩）	征　洋（元）
孙　福	5.00	0.115	孙　晏	6.00	0.138
李秀芳	10.00	0.230	李祥林	3.00	0.069

续表

地主姓名	亩　数（亩）	征　洋（元）	地主姓名	亩　数（亩）	征　洋（元）
李秀芳	6.00	0.184	李广恩	4.00	0.092
杨明旺	3.50	0.081	李庆玉	4.00	0.092
刘　福	3.00	0.069	张文通	3.00	0.069
杨　正	5.00	0.115	张文源	1.00	0.023
杨绍增	3.50	0.081	公　会	6.00	0.138
杨绍增	1.00	0.023	何耿氏	10.00	0.230
孙　凤	4.00	0.092	公议堂	18.00	0.414
孙　凤	2.00	0.046	公议堂	8.00	0.184
孙　凤	4.50	0.104	公议堂	5.00	0.115
李汇源	5.00	0.115	公议堂	3.00	0.069
张　珍	2.00	0.046	公议堂	5.00	0.015
李濡元	4.00	0.092			

升科租红簿（老户房）

地主姓名	亩数（亩）	征洋（元）
李玉峰	6.00	0.480

公产红簿（西粮房）

地主姓名	亩数（亩）	征洋（元）
何宏文	28.00	2.240
杨　斌	11.00	0.880
杜　顺	2.50	0.200
杜　春	2.00	0.160
杜如海	1.20	0.096
王　鑫	4.00	0.320
张文通	4.00	0.320
李清源	4.00	0.320

顺义县第一区沙井村清查田赋册（顺义县土地调查第一班）

注：清查田赋册是根据民国二十九年的土地调查制作的，根据所定的样式，并且申请第一号是通过此调查重新查出的黑地。一地一页的形式式排版，*印是没有契据的，概括到末尾。分量，和册相区分，概括汇总到一起。备注栏的数字相当于相当于查清粮房所示符号，附记是纸面的排版状况，连署保证人都是杨源。

页数	旧粮名	更正粮名	地亩数	现在村庄	坐落处所	四至 东	西	南	北	成立年月	是否投税	粮租银数	科则	备注
1		李如元	1亩	沙井	村南（三亩地）	张文通	孙有让	丁头	官道	光绪十三年十月初六	否	4分	4分	
2	李振杰	李如元	8亩	南法信圈	村西	李清源	张王田	官道	官道	民国四年	否	3钱2分	4分	3
3	李振杰	李如元	4亩	南法信圈	村西	赵连福	丁头	道	道	民国四年	否	1钱6分	4分	3
4	李振杰	李如元	5亩7分	村外	村西	茹姓	隋姓	顶头	官道	光绪三十二年十二月十三	是	2钱2分8厘	4分	3
5	李振杰	李如元	7亩2分5厘	村外	村西（阴北）	李扒	张林荣	道	道	光绪三十二年十月初九	是	8分7厘	1分2厘	2
6		李如元	3亩	村外	村东（东上坡）	道	置王	官厂	官道	光绪三十一年十一月	是	1钱2分	4分	3
7		李如元	5亩	南法信	村西	王治荣	杨永林	顶头	官道	光绪二十九年	是	2钱	4分	3
8		李如元	5亩	石门	村西	顶头	河沟	张永仁	金至魁	光绪二十五年十一月初三	是	2钱	4分	1
9		李如元	6亩	石门	村东（牛角地）	官道	官道	杨永佰	王永万	民国七年十一月二十	否	1钱8分	3分	1
10		李如元	10亩	北法信	村西北	官道	官道	茹登仕	杨泽	光绪三十二年十月初五	是	2钱	2分	1
11		李如元	5亩	南法信	村西	杨永林	侯士达	顶头	官道	民国十五年十二月十六	是	2钱	4分	3
12		李如元	3亩	石门	村西北	任起	李春	顶头	顶头	民国二年	是	1钱2分	4分	3
13	张起	李注源	10亩	刘家河	村西	顶头	顶头	路宽	李延禄	民国九年十二月初七	否	3钱	3分	1
*14	李振宗	李振宗	4亩	刘家河	村东南（三亩地）	荒厂	官道	官道	官道	民国二十三年	否	1钱6分	4分	1
15		李广全	20亩	北法信	村西北	官道	官道	杨泽	任姓	民国二十三年	是	4钱	2分	
16	李广全	李广全	3亩	北法信	村西（小河西头）	吴殿臣	董姓	顶头	顶头	民国二十三年	是	6分	2分	1
17	李广全	李广全	5亩	北法信	村西（草厂）	官道	河沟	李树林	杜世贤	民国二十三年	是	7分5厘	1分5厘	1
18	李文治	李秀芳	2亩	北法信	村西（南园子）	王悦	河	壕	王悦	民国十四年正月三十	是	6分	3分	1
19	李文治	李秀芳	8亩	北法信	村西（任家坟）	石门官地	丁头	刘珍	刘长春	民国九年十二月初二	是	8分	1分	2
20	李秀芳	李秀芳	2亩	北法信	村北（桥南）	置王	王春林	官道	官地	民国二十七年九月十四	是	8分	4分	1

续表

页数	旧粮名	更正粮名	地亩数	现在村庄	坐落处所	东	西	南	北	成立年月	是否投税	粮租银数	科则	备注
21	李文治	李秀芳	7亩	北法信	村西（八分）	顶头	顶头	刘长春	张姓	光绪二十九年十一月二十五	否	8分4厘	1分2厘	2
22	李文治	李秀芳	4亩5分	北法信	村西南（桥南）	刘殿祥	李秀芳	道	官坑	民国十年	是	1钱8分	4分	3
23	李文治	李秀芳	8亩	北法信	村西南（西大街）	杜守田	张文通	顶头	官道	民国七年	是	3钱2分	4分	3
24	沙井公会		10亩	北法信	村西（小河）	张成	吴殿臣	河	道	宣统二年十一月十七	是	4钱	4分	3
25	王春林	王春林	5亩	北法信	村西南（桥南）	李秀芳	许大	道		民国二年十月十六	是	7分5厘	1分5厘	1
26	王春林	王春林	3亩	北法信	村东南（三亩地）	杨绍增	王惠	官道	官道	光绪元年正月	是	1钱2分	4分	1
27	王春林	关德印	6亩6分6厘	南法信	村西	官道	顶头	刘福	李树林	民国元年正月二十六	是	1钱6分6厘5	2分5厘	2
28	刘福	刘福	10亩	南法信	村西南（西大街）	张七	河沟	张成	顶头	民国元年正月二十七	是	1钱	1分	2
29	刘凤山	刘福	3亩5分	南法信	村南（沙窝下头）	任家坟	王杰	许承宝	李	宣统元年九月二十七	是	1钱4分	4分	3
30	张深	刘珍	6亩6分6厘	南法信	村西	道	白增	张洪濮	关得印	民国五年正月二十六	是	8分	1分2厘5	2
31	李文山	李树林	5亩5分	南法信	村西南（路北）	景德福	张文通	丁头	景德福	光绪二十七年	是	4分8厘	1分2厘	2
32	张守仁	李树林	3亩	南法信	村西南（车场）	道	河	任振纲	李广全	光绪二十四年十月二十三	否	1钱2分	4分	2
33	张强林	李强林	6亩6分6厘	南法信	村西	道	顶头	关文杨氏	张宏润	光绪二十八年五月二十九	否	1钱2分	1分2厘	2
34	李树林	李祥林	5亩5分	南法信	村西（八分）	赵廷奎	官道	章展臣	刘长春	民国八年正月二十七	是	8分2厘5	1分5厘	5
35		李祥林	3亩	南法信	村西南（草厂）	道	河	张芬	刘明	民国十三年九月二十四	是	1钱2分	4分	5
36	万杨氏	任振纲	4亩	望泉寺	村东南	官道	官道	刘成章	孙凤	民国九年九月二十六	是	8分	8分	2
37	赵宽	任振纲	4亩	沙井	村西北	壕	道	张文通	李广林	民国六年十一月二十五	是	1钱6分	4分	3
38		赵珉	25亩	沙井	村南（沙窝下头）	道	杜守田	刘春	杨春旺	民国十七年	是	1钱2分	4分	3
39	赵文有	赵文有	4亩	石门	村北	马文	官道	王荣廷	李應才	民国二十六年	是	1钱6分	4分	3
40	耿通	耿世成	9亩	石门	村西南	龚善堂	河	张文通	张成	道光二十六年	是	1钱1分	1分2厘	

续表

页数	旧粮名	更正粮名	地亩数	现在村庄	坐落处所	四至 东	四至 西	四至 南	四至 北	成立年月	是否投税	粮租银数	科则	备注
41	杨有	王悦	7分	沙井	沙井村南（南园子）	公会地	李秀芳	荒岗	置主	民国十八年	否	1分4厘	2分	1
42	张永仁	张永仁	5亩	沙井	村西南（罗家坟）	王惠	王惠	顶头	官道	宣统三年九月初十	是	6分	1分2厘	2
43	张永仁	张永仁	6亩	石门（草厂）	村西	道	河	刘树林	李如元	民国二十二年十二月二十四	是	2钱4分	4分	5
44	王春林	张永仁	6亩2分	南法信（棺材板）	村西	河沟	景德发	刘德贵	赵绍廷	民国六年	否	2钱4分8厘	4分	3
45	张永仁	张永仁	8亩	南法信（搭连地）	村西	官道	丁头	李姓	王珍	民国二十七年十月二十二	是	3钱2分	4分	3
46	赵祥	张永仁	10亩	南法信（顺道）	村西	丁头	壕	王银	樊宝贤	民国六年	是	4钱	4分	1
47		张永仁	5亩	南法信（顺道）	村西南（沙窝下头）	官道	顶头	丁头	官道	民国二十二年十一月二十八	是	7钱5厘	1分5厘	2
48	张学武	张永仁	6亩	南法信（顺道）	村西南（大街）	王永万	王会	丁头	官道	道光元年十月初三	是	7钱6厘	1分2厘	2
49	张纯臻	张书代	3亩	南法信（顺道）	村西南（小河北）	官道	官道	官道	吴殿臣	道光十三年	否	1钱2分	4分	3
50	张书代	张书代	5亩	南法信（顺道）	村南（桥南）	刘长贵	赵绍廷	官道	河	民国二十三年十一月初三	否	7分5厘	1分5厘	1
51	邢润齐	邢润齐	7亩	南法信（顺道）	村西（路北）	李连成	景德发	道	顶头	民国二十三年十二月十七	否	1钱7分5厘	2分5厘	2
52	邢尚德	邢润齐	16亩5分	南法信（十六亩地）	沙井村西	邹廷甫	侯士达	王志	道	民国二十六年十二月初五	是	4钱9分5厘	3分	3
53	邢润齐	邢润齐	6亩	石门	沙井村西	道	河	任顺	任守春	民国二十三年五月	验单投税	6分	1分	5
54	赵绍廷	赵绍廷	4亩	石门	村南（桥南）	张书代	王海	道	河		是	8分	2分	1
55	赵绍廷	赵绍廷	6亩	南法信（棺材板）	村西	河	顶头	张永仁	河		是	7分2厘	1分2厘	2
56		赵绍廷	2亩	南法信（棺材板）	沙井村西	顶头	顶头	孙有让	孙凤		是	2分5厘	1分2厘5	2
57	杨清	杨永才	2亩5分	北法信（小分）	村西北	顶头	道	杨源	任顺	光绪三十二年	是	1钱	4分	3
58	杨斌	杨永才	1亩	北法信（小分）	村南（河沟）	张林荣	顶头	顶头	顶头	光绪二十七年	否	1分2厘	1分2厘	
59	杨清	杨永才	2亩5分	北法信（小分）	村西	壕	道	杨源	任顺	光绪三十二年	是	3分	1分2厘	
60		杨永才	5亩	北法信（狼窝）	村东（狼窝）	张文通	李广全	张文通	公议堂	光绪十四年	是	6分5厘	1分3厘	2

续表

页数	旧粮名	更正粮名	地亩数	现在村庄	坐落处所	四至 东	西	南	北	成立年月	是否投税	粮租银数	科则	备注
61	杨有	杨黄氏(杨杜立之妻)	5亩	石门(后地)	村西	道	丁头	李广林	张文通	光绪二十六年	否	2钱	4分	3
62	杨福	杨福	1亩	南法信(水注)	村西	刘长春	杨永才	官道	官道	民国十六年	是	4分	4分	3
63	杨福	杨福	5亩	南法信(墩壹)	村西	李如元	李如元	顶头	官道	民国十六年	是	2钱	4分	3
64	杜安	孙安	10亩	南法信(墩壹)	沙井村东(大坨子)	张文通	官道	官道	杜祥	光绪三十一年十月十八	是	1钱0分5厘	1分5厘	3
65	童戴芳 童殿臣	孙安	10亩	南法信(搭连地)	石门村(小河西)	河	官道	徐瓦匠	学老	民国三年正月初七	是	4钱	4分	3
66	赵少尧	周德福	7亩5分	望泉寺(流黄水)	沙井村南	官道	张焕	刘树林	张永和	光绪三十二年十二月二十一	是	1钱0分5厘	2分	1
67	孙如海	杜守田	1亩2分	望泉寺(流黄水)	村东北(村内)	道	周树棠	道	道	光绪二十九年	否	4分8厘	4分	4
68	夏云章	杜钦贤	3亩	望泉寺(流黄水)	村东(草厂)	道	河	李姓	杜姓	民国七年	是	1钱2分	4分	5
69	杜如海	杜守田	2亩5分	县圈(短管)	村东	杜钦贤	张元	道	道	咸丰八年十月十二	否	5分	2分	1
*70	杜如海	杜守田	2亩	县圈(短管)	村西(草厂)	道	河	杜世贤	杨正	民国二十六年正月二十九	否	8分	4分	3
71	杜如海	杜守田	3亩5分	县圈(短管)	村西(西大街)	杜钦贤	李季芳	顶头	道	民国五年十一月二十七	是	4分3厘7	1分2厘	2
72	孙天禄	杜守田	1亩7分5厘	县圈(短管)	村西(河头子)	张麟容	杨源	杜钦贤	刘祥	民国九年十一月二十七	是	2分2厘	1分2厘5	2
73	杜如海	杜守田	5亩	县圈(短管)	村西(大街)(水坑)	王会	张文通	顶头	道	民国六年	是	6分	1分2厘	2
74	杨奎	李清源	4亩	南法信	村西	王沛	李如元	官道	官道	民国二年十二月初三	否	1钱6分	4分	3
75	李广德	李清源	6亩	南法信	村东(路北)	刘西川	宝老	官道	丁头	民国二十七年六月二十四	是	7分2厘	1分2厘	2
76	杜祥	李清源	3亩	望泉寺(沙坦圪)	沙井村西南	路永才	路春廷	官道	杨永才	民国十五年二月二十九	是	3分6厘	1分2厘	2
77	刘耕田	李清源	4亩	南法信	沙井村西	刘四川	张文通	茹姓	官道	民国二十七年四月二十四	是	4分8厘	1分2厘	2
78	杜祥	杜祥	2亩	南法信	村东(东园子)	道	道	道	道	民国七年十月初十	是	8分	4分	1
79	杜祥	杜祥	2亩5分	南法信	村东(牛角地)	道	道	周树棠	杨子泉	民国元年	是	1钱9分5厘	3分	1
80	杜春	杜春	2亩	南法信	村东(西园子)	柏成志	杜之茂	杜维新	吴殿臣		是		4分	4

续表

页数	旧粮名	更正粮名	地亩数	现在村庄	坐落处所	四至				成立年月	是否投税	粮租银数	科则	备注
						东	西	南	北					
81		杜春	2 亩	沙井	村（西园子）	柏成志	杜芝茂	杜维新	吴殿臣	民国七年	是	8 分	4 分	5
82	杨绍增	杨绍增	6 亩	南法信（张家坟）	村（西园子）	顶头	官道	刘殿祥	李全	咸丰元年十月二十六	否	1 钱 2 分	2 分	1
83	杨斌	杨泽	10 亩	北法信（大斜子）	村（西园子）	官道	顶头	徐长庆	李广全	光绪十七年十一月二十六	否	2 钱	2 分	1
84	杨天佑	杨泽	8 亩	北法信（大斜子）	村东（东上坡）	官道	官道	道	杨正	咸丰七年	（无）	2 钱	2 分 5 厘	2
85	杨斌	杨泽	10 亩	北法信（家东）	村西北	杨正	王永安	顶头	官道	光绪二十年九月十五	否	9 分	3 分	1
86	杨斌	杨泽	3 亩	北法信（家东）	村东（东上坡）	官道	官道	杨润	杨正	宣统二年十月初九	否	1 钱 6 分	4 分	1
87		景德禄	4 亩	北法信（家东）	村西北（后地）	官道	杨源	景德福	河坑	民国二十六年	是	1 钱 3 分 3	3 分	3
88	景德福	景德福	4 亩 6 分	北法信（家东）	村北（后地）	官道	杨源	杜春	景姓	民国二十六年	是	8 分	4 分	1
89	杨斌	柏威志	2 亩	北法信（家东）	村东（小河）	道	顶头	顶头	张曹和	民国二十六年	否	2 钱 4 厘	1 分 2 厘	3
90	孙有才	孙有让	2 亩	北法信（家东）	村南（水洼）	李如元	顶头	张守仁	赵绍廷	宣统三年八月	是	4 钱	2 分 5 厘	2
91	杨天佑	杨润	16 亩	北法信（家东）	村东（东上坡）	道	道	杨正	杨泽	咸丰七年	是	2 钱	2 分	2
92	杨斌	杨润	6 亩	北法信（家东）	村东（东上坡）	官道	官道	杨正	顶头	民国十六年	否	1 钱 8 分	3 分	1
93	杨天佑	杨正	8 亩	北法信（家东）	村东（东上坡）	官道	官道	杨泽	杨润	咸丰八年	是	2 钱	2 分 5 厘	2
94	杨正	杨正	2 亩	北法信（家东）	村北（后地）	杨源	道	蒋成福	刘树林		是	8 分	4 分	3
95	杨斌	杨正	10 亩	北法信（家东）	村西北	徐长庆	杨泽	顶头	官道	光绪二十年九月二十四	否	2 分	4 分	1
96	杨斌	杨正	3 亩	北法信（家东）	村东（东上坡）	道	道	杨泽	杨润	宣统二年十月十五	否	9 分	3 分	1
97	杨斌	杨正	2 亩 4 分	北法信（家东）	村北（后地）	杨源	道	蒋成福	刘树林	民国十六年	是	7 分 4 厘	3 分	1
98	杨斌	杨正	1 亩 1 分	北法信（家东）	村北（村内）	杜林新	杜祥	官道	景德福	光绪二十七年十月三十	是	4 分 4 厘	4 分	4
99	杨斌	杨正	3 亩	北法信（家东）	村西（草厂）	顶头	河沟	杜守田	张芬	光绪三十四年十一月二十	是	1 钱 2 分	4 分	5
100	杜祥	杜祥	3 亩	北法信（家东）	村东（东园子）	官道	官道	官道	官道	民国七年	是	1 钱 2 分	4 分	3

续表

页数	旧粮名	更正粮名	地苗数	现在村庄	坐落处所	四至				成立年月	是否投税	粮租银数	科则	备注
						东	西	南	北					
101	赵祥	赵延奎	5亩	南法信	村西南	张玉田	隋建	顶头	邹廷栋		是	6分	1分2厘	2
102	赵祥	赵延奎	2亩	望泉寺(海子)	村西南	孙福	河	刘成章	刘贵脚		是	2分4厘	1分2厘	2
103	赵祥	赵延奎	2亩5分8	望泉寺(河沟子)	村西(河沟子)	杨绍增	公会	道	杨秀		是	3分1厘	1分2厘	2
104	赵祥	赵延奎	4亩	望泉寺(海子)	村西(村内)	官道	吴玉山	孙有腹	张成	光绪二十九年	是	4分8厘	1分2厘	2
105	赵祥	赵延奎	5亩	望泉寺(海子)	村西南(河头子)	河	朱凤经	杨正	杨源		是	6分	1分2厘	2
106	赵岗	赵延福	4亩5分	"	村西北(草厂)	顶头	河沟	官道	杜金山道	同治1	"	5分4厘	1分2厘	2
107	杨斌	杨源	10亩	北法信(家东)	村东北	杨泽	李廷禄	顶头	张守仁	光绪2.11.25	未	2钱	2分	1
108	"	"	4亩	"	村东(牛角地)	官道	官道	杜仁	顶头	民国元.3.26	"	1钱2分	2分	1
109	"	"	15亩	"(大明子)	村西北	李注源	李书田	顶头	李春	光绪元.10.15	验单	3钱	2分	1
110	"	"	3亩	石门(金头嘴)	"	官道	官道	李有	李春	民国23	免税	6分	2分	3
111	杨斌	杨源	2亩5分	北法信(小分)	村西北	徐道忠	杨永才	马双玉道	李连成		是	3分	1分2厘	2
112	王茂林	杨生	6亩	石门(八分)	村西北	道	道	道	张文通		是	7分2厘	1分2厘	3
113	杨生	杨生	4亩	南法信(水淀)	村西	任子春	张林荣	刘禄	李连成		是	1钱6分	4分	1
114	张文蓝	张成	2亩	石门(小烂地)	村西北	顶头	河	官道	杨永才		是	8分	4分	3
115	张成	张成	4亩	石门(小烂地)	村西南(三亩地)	王惠	张文通	官道	官道	宣统二年正月十九	是			2
116	张宽	张文通	3亩	石门(八分)	村北	道	道	张文通	李连成	光绪二十二年	是	3分6厘	1分2厘	3
117	张珍	张成	3亩	望泉寺(海子)	村西南	顶头	河沟	张守仁	张文通	光绪二十八年	是	1钱2分	4分	1
118	张文通	张文元	5亩	石门(草厂)	村西北	杨正	河	张守仁	杨永才道	民国二年十月初二	是	2钱	4分	2
119	张文元	张文元	10亩	石门(草厂)	村东(狼窝)	官道	顶头	张文	官道	民国八年十二月二十三	是	3钱	3分	4
120	张文通	张文通	18亩	南法信(尹庄前)	村西	元孚山	邹德	壕	官道	民国十一年九月十四	是	1钱9分8厘	1分1厘	2
121	张文恒	张文通	4亩	沙井	村西南(大街)	置主	言焕章	刘成章	官道	光绪九年十一月二十八	是	1钱6分	4分	4
122	张文云	张文元	3亩	石门(八分)	村北	官道	官道	置主	张成	光绪二十三年	是	3分	1分	1
123	张禄	张文元	3亩	石门(八分)	村西南(罗家坟)	徐建	王朝文	王永万	官道	光绪十三年正月十九	是	1分2厘	1分2厘	2
124	张禄	张文元	3亩	石门(水沟)	村北	官道	官道	杨黄氏	任振纲	光绪二十六年	是	4分	4分	3
125	张禄	张文通	4亩	石门(水沟)	村西南(大街)	杜守田	置主	丁头	道	民国七年	是	4分8厘	1分	2

续表

页数	旧粮名	更正粮名	地亩数	现在村庄	坐落处所	四至				成立年月	是否投税	粮租银数	科则	备注
						东	西	南	北					
126	张禄	张文通	4亩	望泉寺（流黄水）	村南	周刘氏	刘四川	王殿元	道	民国十年正月二十三	是	4分8厘	1钱2厘	2
127		张文通	3亩	望泉寺（海子）	村西南	孙福	河沟	张成	官道	光绪三年十月十八	是	3分2厘	1分2厘	2
128		张文通	9亩	望泉寺（海子）	村西南（路北）	置主	置主	丁头	官道	民国三年三月初三	是	1钱0分9厘	1分2厘	2
129		张文通	7亩	望泉寺（罗家坟）	村西南（罗家坟）	李秀芳	置主	顶头	官道	民国十六年九月二十四	是	8分4厘	1分2厘	2
130	张文通	张文通	7亩	望泉寺（路北）	村西南（路北）	李树林	置土	顶头	官道	民国十二年正月十九	是	8分4厘	1分2厘	2
131		张文通	7亩	望泉寺（海子）	村西南（两大街）	置主	龚良	顶头	道	民国三年	是	7分4厘9	1分0厘7	2
132	张文通	张文通	7亩	望泉寺（海子）	村西南（路北）	置主	刘殿祥	官道	道	民国二年正月十九	是	7分4厘9	1分0厘7	2
133	张文通	张麟荣	6亩	石门（八分）	村西	官	道	李连成	置主	民国九年九月初六	是	2钱4分	4分	3
134	张文通	张麟荣	8亩	石门（八分）	村南（三亩地）	张	张倭子	官道	官道	宣统二年十二月初四	是	1钱6分	2分	1
135	张　禄	张麟荣	10亩	石门（八分）	村南（桥南）	李树林	张树林	李树林	道	民国十年正月十九	是	1钱0分6厘	1分2厘6	2
136	张禄	张文通	2亩	石门（八分）	村西南（罗家坟）	王朝文	置主	刘成章	道	民国九年九月初六	是	2分4厘	1分2厘	2
137	张禄	张文通	2亩	石门（八分）	村西南（罗家坟）	道	顶头	张守仁	官地	民国十二年十二月二十	是	2分4厘	1分2厘	2
138	张文恒	张麟荣	5亩	石门（八分）	村西（沙窝）	杨升	白木槽	顶头	官道		否	7分5厘	1分5厘	3
139	张文恒	张麟荣	4亩	南法信（水洼）	村西	官厂	张家牧	道	李广恩	宣统二年	是	1钱6分	4分	3
140	张文恒	张麟荣	3亩	南法信（水洼）	村东（东地）					民国四年	否	1钱2分	4分	5
141	张文恒	张麟荣	3亩	石门（草厂）	村西	道	河	任守春	隋王	民国四年	否	1钱2分	4分	3
142	张文恒	张麟荣	3亩	石门（草厂）	村西	杨	置主	丁头	官道	宣统二年	是	1钱2分	4分	3
143	张文恒	张麟荣	7亩	石门（草厂）	村西（路北）	李如元	张	官道	官道	宣统二年	是	8分4厘	1分2厘	2
144		刘长春	5亩	石门（草厂）	沙井村西（八分）	道	道	李祥林	李秀芳	宣统元年十二月二十九	是	2钱	4分	3
145		刘长春	4亩	石门（草厂）	村南（小河）	官地	吴殿臣	李秀芳	金洽奎	民国七年	是	8分	2分	1

续表

页数	旧粮名	更正粮名	地亩数	现在村庄	坐落处所	四至				成立年月	是否投税	粮租银数	科则	备注
						东	西	南	北					
146		刘长春	3 亩	南法信（张家坟）	沙西村西	官道	官道	李姓	杨姓	民国十二年四月二十	是	1 钱 2 分	4 分	5
147		刘长春	3 亩 5 分	南法信（水洼）	村西南	沈宅	杨永林	顶头	道	光绪三十年九月二十九	是	1 钱 4 分	4 分	1
148	杜如海	杜钦贤	2 亩 5 分	县内（短管）	村东	刘树林	杜守田		杜守田	咸丰八年十一月十二	否	5 分	2 分	1
149	孙天禄	杜钦贤	1 亩 7 分	县内（短管）	村西（河头子）	张麟谷	杨源	杜维新	杜守田	民国九年七月二十七	是	2 分 1 厘 2 毫 5	1 分 2 厘 5	2
150	杜如海	杜钦贤	11 亩 4 分	南法信（高家坟）	顶头	顶头	顶头	茹义方	张玉田	光绪六年	是	2 钱 2 分 8 厘	2 分	4
151	杜如海	杜钦贤	3 亩 5 分	南法信（高家坟）	（西大街）	王银	杜守田	顶头	道	民国五年十一月二十七	是	4 分 3 厘 7 毫 5	1 分 2 厘 5	2
152	吴群	吴殿臣	5 亩	南法信（高家坟）	村西（小河北）	官道	官道	王杰	官道	道光二十七年十月十四	否	2 钱	4 分	5
153	吴群	吴殿臣	2 亩	南法信（高家坟）	村西（小河西头）	丁头	李广全	杜芝茂	李端	宣统元年	是	8 分	4 分	3
154	吴玉奎	吴殿臣	8 亩 5 分	南法信（高家坟）	村北（后地）	官道	丁头	水	刘树林	宣统元年	是	3 钱 4 分	4 分	5
155	孙群	孙继贤	5 亩	望泉寺（短枝儿）	村南	茹朝元	刘树林	沟	刘树林	民国九年十二月初三	是	1 钱	2 分	1
156	孙永安	孙继贤	2 亩	望泉寺（短枝儿）	西南（水洼）	李如元	顶头	赵绍廷	刘景春	民国八年十二月二十	是	8 分	4 分	5
157	孙瑞	孙凤	4 亩	望泉寺（流黄水）	村东南	路永才	刘永仁	杨永才	张环	民国十年十月十二	是	8 分	2 分	1
158	孙永安	孙继贤	2 亩	南法信（煤坑儿）	沙井村南	官会	吴殿臣	侯照其	张作林	民国八年	是	8 分	4 分	5
159	孙永安	孙凤	4 亩	南法信（煤坑儿）	沙井村西（小河南）	顶头	李连成	金保年	官会	宣统二年九月二十八	是	1 钱 6 分	4 分	3
160	张守仁	张守仁	4 亩	望泉寺（海子）	村西南	顶头	河	张七	张成		是	1 钱 2 分	3 分	1
161	张守仁	张守仁	4 亩	沙井	村东（牛角地）	顶头	道	杨源	杨永桷	民国六年	是	1 钱 2 分	3 分	1
162	张守仁	张守仁	10 亩	沙井	沙井村东（狼窝）	张文南	顶头	刘景春	张文通	民国十一年	是	2 钱	2 分	1
163	杨文增	杨春旺	4 亩	沙井	村北（后地）	杨正	吴殿臣	道	杨正	光绪六年二月初九	否	1 钱 2 分	3 分	1
164	赵宽	杨春旺	5 亩	沙井	沙井村南（沙窝）	官会	李连成	赵立银	王银	民国二十三年	是	2 钱	4 分	3
165	杜维新	杜维富	4 亩	沙井	村西（园头子）	张文通	道	杨正	杜春	民国三年十月十四	是	1 钱 6 分	4 分	1

续表

页数	旧粮名	更正粮名	地亩数	现在村庄	坐落处所	东	西	南	北	成立年月	是否投税	粮租银数	科则	备注
							四至							
166	杜芝茂	刘长贵	5亩	沙井	村南（墙南）	周德禄	张书代	官道	河坑		否	1钱	2分	1
167	李芝芳	李寿延	4亩	县内	村西南（八分）	道	丁头	李埠	李祥林	民国十二年二月十九	是	1钱6分	4分	3
168	王鑫	王永万	6亩	望泉寺（沙屹垃）	村西南	刘成章	刘德发	道	顶头	民国十三年九月二十九	是	7分2厘	1分2厘	2
169	王鑫	王永万	15亩	北法信（冢东）	村西	徐小安	李增	官道	官道	民国十八年十月初三	是	3钱7分5厘	2分5厘	2
170	王鑫	王永万	10亩	北法信（冢东）	村西南（大街）	元一堂	置主	头	顶头		是	1钱2分	1分2厘	2
171	杜芝芳	杜景萱	9亩	马家巷	村西（路北）	宝老山	李秀芳	顶头	顶头		是	1钱0分8厘	1分2厘	2
172	杜芝芳	李寿延	4亩5分	县内	村西（草厂）	道	河	孙少濮	任振纲		是	1钱8分	4分	5
173	李芝芳	李寿延	3亩5分	县内	村南（大街）	丁头	王永万	丁头	赵树芬	民国十三年十月十三	是	3分5厘	1分	1
174	杜芝茂	李寿延	5亩	县内	村西北（八分）	道	顶头	李埠	李祥林	民国十二年二月十九	是	5分	1分	5
175	王宝珍	王宝瑞	8亩	县内	村西（路北）	景德发	李清源	官道	顶头		是	1钱0分4厘	1分3厘	2
176	王鑫	王永万	4亩	望泉寺（沙屹垃仁镇）	西南	刘成章	李得俊	道	顶头	民国十三年九月二十九	是	1钱6分	4分	4
177	王鑫	王永万	7亩	县内	村西南（大街）	置主	置主	顶头	官道	民国九年十一月初四	是	8分	1分1厘5	2
178	王鑫	王永万	3亩	县内	村西南（大街）	置主	张永仁	顶头	官道		是	3分6厘	1分2厘	2
179	张濯	张宏亮	27亩7分	南法信（南塔连池）	村西	李增	丁头	张宏润	刘至发	同治年五月初三	是	6钱9分2厘5	2分5厘	2
180	张宏亮	张宏亮	6亩1分	南法信（南塔连池）	村西（草厂）	官道	河沟	杨立	李祥林	光绪十六年	是	2钱4分4厘	4分	5
181	童家齐	童振草	5亩	南法信（南塔连池）	村西南（沙窝儿）	道	丁头	言振廷	张嶙荣	光绪三十二年九月	是	2钱	4分	3
182	刘之义	刘殿祥	14亩	梅沟营	沙井西南（墙南）	王地	李秀芳	道	道	光绪三十二年十一月三十	是	1钱4分	4分	6
183	刘达	刘卯	9亩6分6厘	梅沟营	沙井南西（路北）	张继五	李亮	道	道	民国七年十一月二十	否	1钱6分6	2分6厘	2

101，102，105　赴县投税

113　民国二十九年 6 月 25 日投税。

114　京顺汽车路占用地 2 分 1 厘。

123　此地被京顺汽车路占去 1 分 4 厘请销粮 1 分 4 厘。

125　京顺路占地 2 分 5 厘。

126　（1 钱 2 厘是 1 分 2 厘的误差吗）

129　此地被京顺汽车路占地长 7 弓宽 8 弓合地 1 分 6 厘 5 请注销钱粮 1 分 6 厘 5。

130　此地与契约系 7 亩粮串 8 亩请注销钱粮 1 亩。

132　此地与契约系 7 亩粮串 8 亩请注销钱粮 1 亩。

135　京顺汽车路占地长 14 弓宽 8 弓。

143　此地与契约系 7 亩粮串 8 亩请注销钱粮 1 亩。

150　京顺路占地东西 4 弓南北 8 弓合地 1 分 3 厘 3。

170　此地被京顺汽车路占去 1 亩请注销钱粮 1 亩。

182　地名沙井大庙前。

183　地名西名。

【附记】

22 页　此次被京顺路占去 2 分民国二十九年 10 月 29 日报税号码 24 请注销 1 亩钱粮。

25　此地被京顺汽车路占去 2 分请注销 2 分钱粮。

26　此地被京顺汽车路占去 2 分请注销 2 分钱粮。

40　京顺路占地 1 亩 6 分 6 厘请注销钱粮 1 亩 6 分 6 厘。

42　京顺路去地东西 8 弓南北合地 2 分 6 厘 6。

44　此地被河占去 1 亩 5 分。

48　京顺路占地计 3 分 6 厘 6 丁 6。

50　此地被京顺汽车路占去 2 分。

54　京顺路（汽车）占 2 分五月三日投税。

55，56　本年五月三日投税。

71　京顺路占地东西 8 弓南北 8 弓合地 1 分 3 厘 3。

73　京顺路占地东西 8 弓 5 南北 7 弓 5 合地 2 分 7 厘 5。

78　此地 2 亩粮是 2 亩 4 分请注销粮 4 分。

79　赴县投税号码 20682。

97　1 亩河坑。

	亩
沙井村计粮地（清查田赋册刊登的地亩数合计）	1019.02
黑地	229.4
内务府租籽	16
雍和宫地	7
崇祝寺地	17.6
钟杨宅祗德堂	87
赵各庄周庄头镶黄黄旗地	29.5

顺义县第一区沙井村清查田地赋册（申请第一号）

注：均有契据，连署担保人：杨源（乡长）

页	姓名地户	地亩数目	坐落处所（42,43 以外为相对于沙井村的方位）	四至 东	四至 西	四至 南	四至 北	已未投税	地户现在村庄	附记
1	李广恩	4 亩（南法信家东）	西	李广恩	王沛	官道	官道	已	沙井村	黑地请粮　下等地
2	张文元	2 亩（望泉寺海子）	西南	孙福	河	王惠	刘成章	已	沙井村	黑地请粮　下等地
3	张文元	1 亩	南（水洼）	李坦	李增	刘景春	刘景春	已	沙井村	黑地请粮　下等地
4	杨春旺	1 亩 7 分	南（墙南）	官地	道	张文通	官地	已	沙井村	黑地请粮　中等地
5	孙凤	4 亩 5 分	南（顺道儿）	张文通	道	赵家坟	张树林	未	沙井村	黑地请粮　中等地（此地被京顺汽车路占去 5 分）
6	刘长春	1 亩（石门大李家坟）	西北	杨四	王维新	杨永忠	王维新	未	沙井村	黑地请粮　中等地
7	吴殿臣	3 亩	南（郭家坟）	张卡代	王坦	丁头	官道	已	沙井村	黑地请粮　下等地
8	吴殿臣	6 亩	西	窦孝	官道	极乐庵	刘珍	已	沙井村	黑地请粮　下等地
9	杨春旺	2 亩	北（后地）	杨正	吴殿臣	官道	杨正	未	沙井村	黑地请粮　中等地（此地与查报表杨春旺 4 亩合并）
10	孙凤	4 亩	东（王家坋）	公议堂	张家坋	公议堂	王会	已	沙井村	黑地请粮　中等地
11	杨春旺	6 亩 8 分	东南	李会元	刘存贵	官道	壕	已	沙井村	黑地请粮　下等地（此地系沙荒地）
12	杨福	2 亩（南法信）	西	张枭	李满元	顶头	官道	已	沙井村	黑地请粮　中等地

页	地户姓名	地亩数目	坐落处所（42,43 以外为相对于沙井村的方位）	四 至				已未投税	地户现在村庄	附 记
				东	西	南	北			
13	杜泉山	2 亩 6 分	西（草厂）	张文元	刘老发	赵廷福	赵廷福	未	沙井村	黑地请粮 中等地
14	杜泉山	5 亩 4 分	西	张文元	景德福	顶头	道	未	沙井村	黑地请粮 中等地
15	李振荣	5 亩（望泉寺沙子地）	东	路姓	杨春旺	官道	顶头	已	沙井村	黑地请粮 中等地（此地沙淹）
16	孙有让	3 亩 5 分	南（马家坟）	刘树林	刘景春	官道	刘景春	未	沙井村	黑地请粮 下等地（此地与查报表杨福合并）
17	孙福	1 亩（南法信水洼）	西	刘长春	杨永才	官道	官道	已	沙井村	黑地无粮 中等地
18	孙晏	6 亩（北法信棋盘）	小河西	任顺	顶头陈启	张启堂	水濠	已	沙井村	黑地请粮 中等地
19	孙有强	5 亩	西（草厂）	道	河	李独才	天一堂	已	沙井村	黑地请粮 中等地
20	李祥林	3 亩	西（八分）	吴玉山	道	李寿延	吴殿臣	已	沙井村	黑地请粮 中等地
21	王悦	5 亩（南法信地边）	西	王永万	苏通	道	顶头	未	沙井村	黑地请粮 下等地
22	杨明旺	3 亩 5 分	东南（三亩地）	公议堂	杨绍增	官道	官道	已	沙井村	黑地请粮 下等地（京顺汽车路占地 2 分 2 厘）
23	杨绍增	2 亩	西（路北）	张林荣	河沟	顶头	官道	未	沙井村	黑地请粮 下等地（河淤沙淹地）

页	地户姓名	地亩数目	坐落处所（42,43 以外为相对于沙井村的方位）	四 至				已未投税	地户现在村庄	附 记
				东	西	南	北			
24	李广全	3 亩	西（小河西）	吴殿臣	董姓	顶头	顶头	已	沙井村	黑地请粮 下等地（此地与查报表李广全合并）
25	李广玉	4 亩（南法信家西）	西	李濡源	李广恩	官道	官道	已	沙井村	黑地请粮 下等地
26	李广全	8 亩（坟地）	东	顶头	官道	顶头	官道	已	沙井村	黑地请粮 下等地（此地被京顺路占去 1 亩 1 分 4 厘）
27	崇德	1 亩 5 分（南法信搭连地）	西	官道	张玉珍	张玉珍	刘志发	未	沙井村	黑地请粮 下等地
28	李秀芳	6 亩	西（路北）	杜景萱	景德福	顶头	顶头	已	沙井村	黑地请粮 下等地
29	李秀芳	10 亩（南法信搭连地）	西	官道	壕	极乐庵	刘福田	已	沙井村	黑地请粮 下等地
30	沙井村公会	6 亩	南（庙前）	李主源	王悦	孙有让	道	已	沙井村	黑地请粮 中等地
31	杜春	3 亩 5 分	西（园头子）	官道	官道	赵廷福	杨正	已	沙井村	黑地请粮 下等地
32	杨绍增	3 亩 5 分	东南（三亩地）	杨明旺	王春林	官道	官道	已	沙井村	黑地请粮 中等地（京顺汽车路占地长 7 弓 5 宽 7 弓 1 合地 2 分 2 厘）
33	孙福	6 亩（望泉寺海子）	西	刘玉章	张永仁	王哲	李秀芳	已	沙井村	黑地请粮 中等地

续表

页	地户姓名	地亩数目	坐落处所（42,43 以外为相对于沙井村的方位）	四至				已未投税	地户现在村庄	附　　记
				东	西	南	北			
34	李濡源	4 亩（南法信家东）	西	刘殿祥	李广玉	道	道	已	沙井村	黑地请粮　中等地
35	杨正	3 亩（石门粽子地）	西北（园头子）	李得才	顶头	尹老祥	李玉	已	沙井村	黑地请粮　下等地
36	杨正	3 亩	西	张成	官道	杜春	杜维新	已	沙井村	黑地请粮　下等地（洼咸地）
37	张文亮	4 亩（望泉寺海子）	西	孙福	河沟	刘贵清	张守仁	已	沙井村	黑地请粮　下等地
38	张成	2 亩	西南	顶头	河	张守仁	张文通	已	沙井村	黑地请粮　下等地
39	孙凤	1 亩 5 分（坟地）	西（孙家坟）	官道	小河	张成	吴玉山	已	沙井村	黑地请粮　下等地
40	杨源	3 亩	北（后地）	杜春	杨正	道	刘家坑	已	沙井村	黑地请粮　中等地
41	杨正	5 亩	西南（河头子）	河	顶头	路连生	赵廷奎	已	沙井村	黑地请粮　下等地（沙淹地）
42	赵廷福	2 亩 5 分（杨家营）	杨家营村北	道	道	程英	刘姓	已	沙井村	黑地请粮　中等地
43	赵廷福	6 亩	杨家营村西	顶头	顶头	顶头	孙后德	未	沙井村	黑地请粮　中等地
44	龚善堂	7 亩	西（大街）	张文通	耿士成	顶头	官道	已	县内	黑地请粮　中等地（红贴纸里有外卷黑地记录）
45	王书田公议堂	3 亩	西南（沙窝下头）	道	顶头	张林荣	石门公会	已	北京	黑地请粮　中等地

页	地户姓名	地亩数目	坐落处所（42,43 以外为相对于沙井村的方位）	四 至				已未投税	地户现在村庄	附　记
				东	西	南	北			
46	王书田公议堂	8 亩	东（偏坡）	官道	孙凤	官道	官道	已	北京	黑地请粮　中等地
47	王书田公议堂	5 亩	东（狼窝）	顶头	顶头	杨永才	道	已	北京	黑地请粮　中等地
48	王书田公议堂	18 亩	东南（三亩地）	张家坟	杨明旺	道	李连成	已	北京	黑地请粮　中等地
49	王书田公议堂	5 亩 4 分	东南（棋盘）	李连成	李注源	官道	官道	已	北京	黑地请粮　中等地
50	张景山	7 亩 5 分	西（八分）	道	道	李秀芳	何长源	已	协和镇	黑地请粮　下等地（此契赴县投税号5501）
51	何广文	10 亩	西（八分）	道	道	张景山	蒋成立	已	协和镇	黑地请粮　下等地（此户何油氏系何广文长子之妻）
52	杨泽	5 亩	西南（长幅）	王书平	杨源	顶头	河	未	沙井村	北京钟杨宅祗德堂租籽　河淤沙淹
53	沙井村公会	10 亩	西（长幅）	张景诗	邹进维	官道	官道	未	沙井村	钟杨宅祗德堂租籽
54	沙井村公会	2 亩 5 分	西（蛤蟆窝）	赵廷奎	杨永才	道	李增	未	沙井村	祗德堂租籽地钟杨宅
55	赵廷福	12 亩 5 分	西（长幅）	杨源	育和堂	顶头	顶头	未	沙井村	北京钟杨宅祗德堂租籽
56	杨润	2 亩 5 分	西（磁盘）	杨正	王书平	赵廷奎	公会	未	沙井村	北京宅祗德堂租籽地即是钟杨宅
57	杨正	2 亩 5 分	西（磁盘）	杨永瑞	杨泽	顶头	公会	未	沙井村	北京钟杨宅祗德堂租籽　河淤沙淹
58	杨源	5 亩	西南（长幅）	杨泽	赵廷福	赵廷奎	污沟	未	沙井村	北京钟杨宅祗德堂租籽地
59	杨永才	3 亩	西（长幅）	朱德清	杨永才	李润（凤）	道	未	沙井村	钟杨宅祗德堂租粮

页	地户姓名	地亩数目	坐落处所（42,43 以外为相对于沙井村的方位）	四至				已未投税	地户现在村庄	附　记
				东	西	南	北			
60	张书代	2 亩（南法信搭连地）	西	道	刘桂	刘桂	刘桂	已	沙井村	此地系钟杨宅祗德堂的租粮
61	杨永元	6 亩	西（长幅）	杨永才	张玉田	顶头	官道	未	沙井村	此地系钟杨宅祗德堂的租籽
62	张守仁	4 亩	西南（水洼儿）	顶头	顶头	王廷立	孙有让	已	沙井村	此地被京顺路占用三亩雍和宫租籽
63	赵廷奎	1 亩（望泉寺水洼儿）	南（坟地）	坡	王廷立	张文生	王廷立	已	沙井村	此地系雍和宫的租籽
64	张成	2 亩（望泉寺水洼儿）	南	顶头	顶头	张文通	张文生	已	沙井村	此地系雍和宫香灯会租籽
65	杨永才	13 亩 5 分	西	河	官道	李广林	李秀芳	未	沙井村	嵩祝寺租籽
66	刘福	1 亩 1 分	南	王悦	李秀芳	官道	张林荣	已	沙井村	此地系北京松宅租籽
67	刘福	3 亩（南法信搭连地）	西	官道	王杰	官地	许永贵	已		此地系北京松宅租籽旗租地
68	张玉珍	6 亩	西	崇文起	顶头	王悦	刘志发	已	南法信	内务府皂班处租籽此地系沙井村王悦因南法信调查已毕故于此补入
69	王悦	2 亩 7 分（南法信搭连地）	西	河沟	苏通	金玉有	张玉珍	未	沙井村	内务府皂班处租籽
70	王悦	4 亩（南法信把边）	西	本主	丁头	官道	官道	未	沙井村	此地系内务府皂班处租籽

续表

页	地户姓名	地亩数目	坐落处所（42,43 以外为相对于沙井村的方位）	四 至 东	西	南	北	已未投税	地户现在村庄	附　记
71	王悦	1 亩 3 分（南法信搭连地）	西	官道	本主	刘雨田	张玉珍	未	沙井村	此地系内务府皂班处租籽
72	王悦	2 亩（南法信搭连地）	西（南园子）	本主	荒厂	金老二	置主	未	沙井村	赵各庄周庄头镶黄旗租籽（周庄头）
73	王悦	2 亩	南（墙南）	公会地	荒厂	李秀芳	官道	未	沙井村	赵各庄周庄头镶黄旗租籽（周庄头）
74	王茂林之妻王王氏	5 亩	南（南）	三明	周德禄	道	荒岗	已	沙井村	内务府皂班处老租籽
75	关德印	6 亩	南	许永	李树林	官道	杨春旺	已	沙井村	赵各庄镶黄旗周庄头租籽（京顺汽车站用长 6 号宽 5 号占地 1 分 2 厘）
76	张树林	4 亩 5 分	南（顺道儿）	张文通	官道	孙凤	杨春旺	已	沙井村	赵各庄镶黄旗周庄头租籽（京顺汽车路占用长 7 号宽 5 号占地 1 分 2 厘）
77	张文通	2 亩（望泉寺短枝儿）	南	刘西川	王坦	土坑	官道	已	沙井村	赵各庄镶黄旗周庄头租籽（京顺汽车路占用长 7 号宽 5 弓占地 1 分 2 厘）下等地
78	杨福	4 亩	南（墙南）	李春	张德恩	官道	顶头	未	沙井村	赵各庄镶黄旗周庄头租籽（京顺路占地 2 分 6 厘 5）
79	李树林	6 亩	南（墙南）	关杨氏	张文通	官道	顶头	未	沙井村	赵各庄镶黄旗周庄头租籽（黑地请粮）
80	王书平	18 亩	西（长幅）	杨源	杨源	顶头	道	已	仁和旗	祗德堂钟杨宅租籽

沙井村户别地契表

序号	契约名称、种类	亩数	沿革地目	坐落	立契人	对象	价格	税额	中保人	成立年月日	备注
1（张文通）	1 过匠役地新契纸（京北财政分应发行）	3 亩	匠役地	村西北沟	赵宽（承佃人）张禄	张禄	铜东钱196吊500文	5吊880文	杨永顺 杨文魁	光绪二十六年三月二十三	1.随带匠役租东钱二八1吊500文 2.更房
	2 推契										
	3 推契								杨永顺	民国三年正月初二	
2	1 卖粮地契	4 亩		家南地名郭家坟	刘汪海	张文桓	铜东钱135吊（14元）	8角5分	孙有温 王昆	民国十年正月二十三	随带老契一张
	2 买契									民国二十九年三月	
3	1 卖粮地契	4 亩	民粮地	村西南大街	李言	张文通	115元	4角5分6元5角附4元2分5厘	崇文起	民国二十四年	
	2 买契									民国二十九年三月	
4	1 卖粮地契	2 亩	自置地	村西南大街	孙晏	张文通	铜东钱70吊	4角8分 附2角8分	刘汉川	民国十二年八月二十	随带老契一张
	2 买契									民国二十九年三月	
5	1 卖民粮地文	10 亩	祖遗地	村西南地名墙南		张文通	东钱350吊	1元8角 附1元5	杨永才 杨源	民国十五年正月十九	作为立契壮丁亲周树棠代押
	2 买契									民国二十九年三月	
6	1 卖民粮地契	2 亩	民粮地	村南地名短枝	赵文生	张文桓	铜东钱60吊	4角8分 附2角8分	付菊	民国九年三月十六	
	2 买契									民国二十九年三月	

注：此地契表是1940年12月的调查，沙井村民将各自所有的地契拿到村公所，并且收据意味着为了契税手续，将其他的文件提交到县县公署，手上仅剩收据，因此不清楚详情。序号栏为了整理方便，权宜之计，左栏附加的是土地，右栏附加的是税额。税额一栏的附加是附加税的意思。

续表

序号	契约名称、种类	亩数	沿革地目	坐落	立契人	对象	价格	税额	中保人	成立年月日	备注
7	1 卖民粮地契 买契 2 买契	3 亩	祖遗地	村西南地名大街	杜秀	张禄	铜东钱 125 吊	7角2分 附4角2分	崇德	光绪十三年正月初七 民国二十九年三月	
8	1 卖民粮地契 买契 2 买契	1 亩	祖遗地	家南地名水洼	张成斌	张成栋	铜东钱 36 吊（3元）	1角8分 附1角5分	张凤云 张移云	民国十一年十二月十五 民国二十九年三月	
9	1 卖民粮地契 买契 2 买契	2 亩	祖遗地	家西南地名南海子	杜文秀	张智	70 吊（6元）	3角6分 附2角1分	孙有温 杨清	民国五年十一月十八 民国二十九年三月	随带老契一张
10	1 卖民粮地契 买契 2 买契	6 亩	自己受分地	石门村正西地名八分	刘万端	张文通	铜东钱 185 吊（24元）	1元4角4分 附8角4分	李旺	民国九年九月初八 民国二十九年三月	
11	1 卖民粮地契 买契 2 买契	18 亩	祖遗地	北法信尹家庄家南	赵蒙	张文通	620 吊	3元78	杨源 傅菊	民国二年九月十四 民国二十九年三月	随带老契两张
12	1 卖民粮地契 买契 2 买契	7 亩	祖遗粮地	家西路北	刘树林	张文通	东钱 235 吊	1元68 附0元98	李旺 杨源	民国二年正月初九 民国二十九年三月	作为立契人子刘万详代押
13	1 卖民粮地契 买契 2 买契	5 亩	自置地	石门村西地名八乱地	杜中	张文通	东钱 180 吊（15元）	9角5分 附25	李旺 杨源	民国二年十月初五 民国二十九年三月	随带老契部照各两张

张文通

续表

序号	契约名称、种类	亩数	沿革地目	坐落	立契人	对象	价格	税额	中保人	成立年月日	备注
14	1 卖民粮地契	7亩	祖遗民粮地	村西地名西路北	刘树林	张文通	东钱230吊(28元)	1元68 附0元98	李旺 杨源	民国十二年正月十九	作为立契人刘万祥代子押
	2 买契									民国二十九年三月	
15	1 卖民粮地契	7亩	祖遗地	村西南地名西大街	赵廷魁	张文通	银洋123元	7元35 附4元305	杨永才 周树棠	民国十六年九月二十四	随带老纸一张
	2 买契									民国二十九年三月	
16	1 卖民粮地契	3亩		村西南地名北海子	杜文秀	张禄	118吊(10元)	6角 附3角5分	刘克镖 李振杰 张智	光绪三年十二月十八	粮随地数
	2 买契									民国二十九年三月	
17	1 卖自置民粮地契	16亩		村西地名路北大街	云长*[1]	张文恒	75元	4元74	孙有温 孙有恭	民国三年三月初五	
	2 买契									无年号	
18	1 过字据旗租地契	10亩	内务府	村东地名狼窝	李瀛源	张文恒	东钱2500元(287元5分)	11元5角	孙有温 李汉源 李洪源	民国八年十二月二十三	随带地字一张
	2 推契				(推佃人) 李瀛源	(承佃人) 张文恒				民国八年十一月	
	3 推契契稿									民国八年十一月	
	4 财政部执照							执据费5角		民国十六年十一月二十七	每亩售租1年4元共计40元 价40元

张文通

[1] 译者注：原文不清。

续表

序号	契约名称、种类	亩数	沿革地目	坐落	立契人	对象	价格	税额	中保人	成立年月日	备注
19 1	退旗租地契	8 亩	下坡屯商庄头地	村东南地名三亩地	吴玉山	张文桓	推价 400 吊	12 吊	杨顺	宣统二年十二月初四	
2	新契纸（京北财政分应发行）				吴玉山	张文桓	查验费 1 元 注册费 1 吊		孙有温 杨顺	民国三年十二月	
3	推契								杨顺	民国四年三月	
20 1	退旗租地契	3 亩	自退旗州租地	村西北地名岔道口	张吴氏兄弟	张智		3 吊 300	荣保人	民国二十三年二月二十六	随带老契二张
2	新契纸（京北财政分应发行）				张志贤		110 吊			民国三年十二月	
3	推契									民国四年三月	
21 1	卖地契文约	2 亩	祖遗地两州租	村西南地名大街	赵良才 赵良两	张馥云	130 吊		张智	光绪六年	
22 1	卖民粮地契	4 亩	祖遗民粮地	村西南地名大街	杜如海	张禄	430 吊		杜勇	光绪二十九年十一月二十九	
2	地契官纸				杜如海	张禄				光绪二十九年十一月二十八	
3	契尾									光绪二十九年	
4	新契纸									民国三年十一月	

张文通

续表

序号		契约名称、种类	亩数	沿革地目	坐落	立契人	对象	价格	税额	中保人	成立年月日	备注
1	1	卖民粮地契	10 亩	祖遗 民粮地	北法信家南地名大斜子	杨斌	李满源	340 吊（40元）	2 元 4 角附 1 元 4 角	杨魁	光绪三十二年十一月初五 民国二十九年三月	
	2	买契										
2	1	卖民粮地契	5 亩	受分 祖遗地	村家西地名望马台	杨永源	李满源	100 元（100圆）	6 元附 3 元 5 角	杨永才 孙福	民国十五年十二月十六 民国二十八年	3
	2	买契										
3	1	卖民粮地契	4 亩	本身地	南法信村东地名水洼	李振宗	李满源	160 吊（16元）	9 角 6 分附 6 角 6 分	李文治 夏云章	光绪三十三年九月十八 民国二十九年三月	
	2	买契										
4	1	卖民粮地契	5 亩	受分 民粮地	村家西地名望马台	杨清	李满源	180 吊（15元）	9 角	孙有温 杨有	光绪二十九年十月初六 民国二十九年三月	
	2	买契										
5	1	卖民粮地契	3 亩	自置地	石门村西地名东坡	张起	李满源	100 吊	5 角 4 分附 3 角 1 分	张文恒	民国二年十月二十六 民国二十九年三月	
	2	买契										
6	1	卖民粮地契	3 亩	本身 祖异地	村东地名东场	李振宗	李满源	110 吊（10元）	6 角附 3 角 5 分	夏云章	光绪三十一年十月初九 民国二十九年三月	
	2	买契										

李满源

续表

序号	契约名称、种类	亩数	沿革地目	坐落	立契人	对象	价格	税额	中保人	成立年月日	备注
7	1 卖民粮地契	5亩	祖遗钱粮地	村西地名北草厂	杨文增	李瀛源	165吊（20元）	1元2角附7角	孙有温	光绪二十五年十一月初三	
	2 买契									民国二十九年三月	
8 李瀛源	1 过匠役地契	5亩7分	匠异地	尹家壮东南地名东洼	官玺	李振杰	银27两		赵喜	光绪三十二年十二月十三	
	2 地契官纸									光绪三十二年十二月初十	
	3 契尾									光绪三十二年十二月十九	
	4 新契纸									光绪三十二年十月初九	
9	1 卖受分民粮地契	7亩2分5厘		村西地名西沙地	杜之芳	李振杰	260吊	5钱2分	孙有温	民国三年四月初五	
	2 买产码证（国税厅筹备处发行）									民国三年四月初五	
	3 新契纸（直隶省尹家府行政署发行）顺天府尹家府行政署发行									民国三年四月初五	
李广权	1 卖地契	8亩	祖遗粮地老茔地	家东李家	李福	李瀛源	200吊（17元）	1元2分附5角95	孙有温	光绪三年九月十三	
	2 买契									民国二十九年五月	

续表

所有者	序号	契约名称、种类	亩数	沿革地目	坐落	立契人	对象	价格	税额	中保人	成立年月日	备注
李广权	1	买卖田房草契	5 苗	祖遗地	家西地名草厂	杜景萱	李广权	90 元	5 元 4 角附 3 元 15	杜芝茂 杜复新 孙绍朴	民国二十三年二月三十	
	2	买契									民国二十三年	
	3-1	买卖田房草契	20 苗	受分祖遗地	地名大协子	杨润	李广权	380 元	22 元 8 附 13 元 3	李广恩	民国二十三年十一月初六	
	3-2	买契									民国二十四年	
	4-1	买卖田房草契	6 苗 6 分 7 厘	祖遗地	小河西	杨润	李广权	100 元	6 元	李广恩 傅菊	民国二十三年三月二十九	
	4-2	买契									民国二十九年四月	
孙福	1	卖民粮地契	6 苗	祖遗地	村西南地名海子	孙贵	王哲	280 吊（24 元）	1 元 44 附 8 角 4 分	杨万顺	光绪三年十二月二十七	
	2	买契									民国二十九年四月	
李秀芳	1	卖民粮地契	6 苗	自置民粮地	村西地名东路	李常	李文洽	252 吊（21 元）	1 元 26 附 7 角 35	没有	民国三年九月十四	
	2	买契									民国二十九年四月	

续表

序号	契约名称、种类	亩数	沿革地目	坐落	立契人	对象	价格	税额	中保人	成立年月日	备注
2	1 卖旗租地契	2亩	受分养老地	村南地名南园子	李文海	胞兄李文治	95吊（8元）		王启菊 付菊 张文兰 赵绍廷	宣统三年九月十六	将地价银兑与铜制东钱95吊
	2 买契							4角5分附2角8分		民国二十九年四月	
3	1 卖旗租地契	10亩	民粮地	尹家庄东南地名搭连地	黄文俊	李文治	410吊（40元）	2元4附1元4角	王守志	民国二年十月初六	随带老契纸两张
	2 买契										
4	1 卖红契民粮地契	8亩	祖遗民粮地	村西地名小河南	景荣	李文治	750吊		李发 孙有温 杨春旺	民国九年十二月初二	
	2 买契							7元5角		民国十年正月	
	3 契稿									民国十年正月	
5	1 卖民粮地契	7亩	受分祖遗地	村西南地名西大街	杜景春	李文志	200吊（25元）	1元6角	孙有温 李文海	民国七年十一月二十三	随带老契一张
	2 买契							验契代价7角		民国八年七月	
	3 税契稿							注册费1角		民国八年八月	
	4 税契纸（国民政府财政部发行）									民国二十年七月	
6	1 过旗粮地契	4亩	受分坟地周庄头南	村西南地名桥南	李文海	李文志	1040吊（86元67）	5元21 附3元3角3	刘凤 张永仁	民国十年九月二十四	
	2 买契									民国十七年三月	
7	1 卖红契地契	2亩	祖遗地	村西南地名桥南	王悦	李秀芳	38元	2元2角5 附1元3角3	王春林 赵文有 崇文起	民国十四年正月三十	随带红契纸一张
	2 买契									民国二十九年四月	

李秀芳

续表

序号	契约名称、种类	亩数	沿革地目	坐落	立契人	对象	价格	税额	中保人	成立年月日	备注
王春材 1	1 卖地文约	5 苗	祖遗地	村西南地名桥南	杜芝芳	王春林	200 吊（17 元）		杨有	民国十二年十月十六	
	2 买契							1 元 2 分		民国二十九年正月	
2	1 过旗租地契	3 苗	旗地周庄头	家东南地名苗地	张永增	王芝宗	160 吊		杨光顺	光绪元年二月二十七	
	2 新契纸（京北财政分厅发行）									民国三年十二月	
	3 推契							4 吊 800 文		民国四年三月	
任振纲 1	1 卖民粮地契	2 苗	自置民地	村西地名草厂	赵成顺	任永平	52 吊（5 元）		刘廷桂	光绪元年十二月初六	
	2 买契							3 角 附 1 角 75		民国二十八年十二月	
2	1 卖民粮地契	9 苗	祖遗民粮地	石门村西地名枣坡	刘贵	任兴	300 吊（25 元）		张海 王老	同治三年九月十五	每亩征租 4 分共征租银 3 钱 6 分
	2 买契							1 元 5 角 附 8 角 77		民国二十八年正月初五	
	3 执照（度支部发给）									宣统元年	
	4 新契纸（京北财政分厅发行）										

续表

序号		契约名称、种类	亩数	沿革地目	坐落	立契人	对象	价格	税额	中保人	成立年月日	备注
3	1	卖民粮地契	4 亩	受分民粮地周庄头	村东南地名流汪水	杨永才	任振纲	260 吊（22元）	1 元 32 附 7 角 718 每亩 4 元计 32 亩 4 元造册费 1 元 6 角	孙凤	民国九年九月十六	1. 顺义县官产局呈报顺义县官有内务部大良庄粮地 2. 此地批给张瑞 4 亩
	2	买契									民国二十八年六月初二	
	3	财政部执照（财政部发给）									民国十八年五月	
4 任振纲	1	过匠役地契	4 亩	自置地匠役地 自置受	村西北地名北满	赵宽	杨有	150 吊		林勇 杨永顺 王茂林 杨春旺	光绪二十五年十一月十一	
	2	卖民粮地契		分民粮地		杨有	任振纲	230 吊（20元）	1 元 2 角 附 7 角		民国六年十一月二十五	
	3	买契									民国二十八年十二月	
5	1	卖民粮地文约	6 亩	祖遗民粮地	石门街北地名北大街	王珍	任振纲	400 吊（34元）	2 元 4 角	刘作素	民国四年十一月十三	1. 随带原老契一张 2. 京北西城清查官产处减自行投租成垦（石门村登记丁 12 亩）
	2	买契							附 1 元 15 分		民国八年十二月	
	3	买契稿						东钱 300 吊	3 元 3 角 3 分		民国八年三月十五	
	4	买契									民国八年	
	5	财政部执照（财政部发给）									民国八年二月二十二	

续表

序号	契约名称、种类	亩数	沿革地目	坐落	立契人	对象	价格	税额	中保人	成立年月日	备注
任振纲 06　1	卖民粮地契	6 亩	受分民粮地	海洪村家东	吴宝德	任振纲	360 吊（30 元）	1 元 8 角附 1 元 5	付菊 杨永瑞	民国六年十月十六	
2	买契									民国二十三年十二月	
3	地契官纸				邓朝相						
4	契尾	1 张 1 亩 5 分			美克俭	美克俭	银 30 两			光绪十五年十月二十二	
5	新契纸				美克俭	美克俭				光绪三十四年	
崇德　1	税契收据										
刘福　1　1	买卖田房草契	10 亩	祖遗地	地名西大街	徐显沈	刘福	110 元	6 元 6 附 1 元 85	付菊	民国二十七年二月十九	老户房
2	买契									民国二十九年八月	
刘福　2　1	过匠役地契	1 亩 7 分 5	祖遗匠役地	村西小河南边	任希孟	刘凤山	80 吊（7 元）	4 角 2 分附 2 角 4 分	孙天和	光绪十七年十月十六	
2	买契									民国二十九年五月	
刘福　3　1	卖旗租地契	1 亩 1 分	祖遗地周庄头	村南头	张文源	刘福	50 吊（5 元）	3 角附 1 角 75	李文治 王桂林	民国五年二月十五	
2	买契									民国二十九年五月	
刘福　4　1	卖旗租地契	3 亩	祖遗地匠役地或周庄头	村家西地名沙窝	杜张氏同杜景萱	刘凤来	140 吊（12 元）	7 角 2 分附 4 角 2	杜芝茂 杜旭	民国四年十一月初五	
2	买契									民国二十九年五月	

续表

序号	契约名称、种类	亩数	沿革地目	坐落	立契人	对象	价格	税额	中保人	成立年月日	备注
5-1	过匠役地契	3 亩 5 分	祖遗地	村西南地名小河南	杜芝蔚、茂兰、劳兰,芳兄弟 业户刘凤山	刘凤山	平银 20 两		孙有温	宣统元年九月二十七	随带老契一张
5-2	地契官纸		匠役地							宣统元年九月二十	
5-3	契尾				业户刘凤山				孙有温	宣统元年	
6-1（刘福）	卖民粮地契	6 亩 6 分 6 厘	祖遗民粮地	村西地名搭连地	张澡	刘福	270 吊（25 元）	1 元 5 角附 8 角 75	王德全	民国五年正月二十六	
6-2	买契								茄德丰	民国二十九年五月	
1-1（张书代）	买卖田房草契	5 亩	自置粮地内务府地	村河沟西地名搭连地	路永旺	张书代	80 元	4 元 8 角附 2 元 8 角价银 3 元共价银 15 元 照册费 7 角 5 分验照费 1 元 2 角	王坦	民国二十三年十一月初三	随交根契二张 张部照一张 顺义官产局承置
1-2	买契									民国二十四年	
1-3	民政部执照（国民政府财政部发行）									民国二十年十月二十八	
1-4	财政部验单				（承呈人）路永旺					民国二十年十月二十八	
2-1	过祖遗地契	2 亩	祖遗地	家西地名搭连地	张二有	张永怀	80 吊（7 元）	4 角 2 分附 2 角 45	李文志	民国三年十一月初十	
2-2	买契									民国二十八年十二月	

续表

序号		契约名称种类	亩数	沿革地目	坐落	立契人	对象	价格	税额	中保人	成立年月日	备注
张书代	3	税契收据（民国二十九年十一月）	1张									
孙凤	1	1 过粮地契（民国二十九年十一月）	2亩	受分地西段	村西南地名水洼							
		2 新契纸（京北财政分厅发给）										
		3 买契				杜芝蔚	孙永安	280吊	16吊800文	孙有温	民国三年九月二十六／民国三年十二月／民国四年三月	随带老契一张
	2	1 卖地文约	5亩	祖遗受分粮地	家南地名南短枝	刘长贵	孙祥	200吊（20元）	1元2角附7角	张成	民国九年十二月初二／民国二十九年三月	
		2 买契										
	3	1 过匠役地契	4亩	受分祖遗地匠役地	村西南地名小河南	杜芝芳	孙永安	85吊（16元）	9角6分附5角6分	杜芝兰 张文魁	宣统三年九月二十八／民国二十九年三月	
		2 买契										
	4	1 卖民粮地契	4亩5分	自置地	村南地名墙南	李悦	孙凤	156吊（13元）	7角2分附4角55	孙有温	民国十二年十月初二／民国二十九年三月	随带老契一张
		2 买契										
	5	1 卖民粮地契	4亩	受分地	村南地名流黄水	杨永瑞 杨永源	孙凤	150吊（16元）	9角6分附6分5角6分	刘坦林 杨永才	民国十年十月十二／民国二十九年三月	该地老契现存长门杨永才处
		2 买契										

续表

序号		契约名称、种类	亩数	沿革地目	坐落	立契人	对象	价格	税额	中保人	成立年月日	备注
孙凤	6	1 卖民粮地契	2亩	祖遗地	村西地名草厂	崇文起	孙祥	80吊（8元）	4角8分 附2角8分	李注源	民国八年十二月二十	
		2 买契									民国二十九年三月	
	7	1 卖地契文约	1亩5分	祖遗粮地	村西地名小河	吴玉山	孙祥	70吊（6元）	3角6分 附2角1分	孙有温	光绪十二年十月初七	
		2 买契									民国二十九年三月	
	8	1 卖民田房草契	4亩			王殿安 王殿乡	孙凤	190元	11元4角 附6元65	陈义 刘万成	民国二十八年十一月十四	
		2 买契									民国二十九年四月	
张守仁	1	1 卖民粮地契	4亩5分	自置	村南地名顺道	王桂林	张守仁	150吊（13元）	7角8分 附4角55	张环 孙有温	民国十年十月初八	
		2 买契		受分地							民国二十八年十二月	
杜钦贤	1	1 执照（户部发给）	38亩		南法信村东南	杜如海（业户）			租银2分 共征租银7钱6分		光绪六年	1. 报垦 2. 此地由民国二十八年卖与如菩言5亩 卖与张有19亩
		2 新契纸									民国三年	

续表

序号	契约名称、种类	亩数	沿革地目	坐落	立契人	对象	价格	税额	中保人	成立年月日	备注
杜钦贤											
1	卖地契	3亩5分	本身祖遗民地	村西南地名西大街	张芝儒	杜守义	170吊（15元）	9角附5角25	赵忠	民国五年十一月二十七	
2	买契		遗民地						张明儒	民国二十九年五月	
3	财政部执照	5亩	内务府府地		（留退人）杜如海			1亩4元共20元		民国元年十二月十四	督办全国官产公查报告，留置旗产地
4	卖地契	1亩2分	自置京旗地	村北头	（业户）徐清山	杜如海	顺平松江银3两6钱	每亩银4分共征租银4分8厘	谢上理	光绪二十九年十月三十	呈报官地
	房契官纸								李玉田	光绪二十九年十月三十	
	买契								徐子衡	光绪二十九年	
	执照（户部发给）									光绪三十年九月	
李广玉 李广恩											
1	卖佃文约	6亩	德公府地	村西南地名水洼	世宅代晶	李祥源	17两12钱	1元27附5角99	张元	洪宪元年十二月二十三	清查官产旗地，纳税本宅及财力不及
2	买契									民国二十八年十二月	
李清源											
1	买卖田房契	6亩	受分祖遗地	村西南	李广德	李清源	70两	4元2角附2元45	李广恩	民国二十七年六月二十四	老契一张
2	买契		祖遗民粮地		杜芝蔚	李清源	198吊		李汇源	民国二十七年七月	
3	卖地字据								孙有温	光绪二十九年十月十二	
4	新契纸（顺天府府尹发给）									民国三年	

续表

户	序号	契约名称、种类	亩数	沿革地目	坐落	立契人	对象	价格	税额	中保人	成立年月日	备注
李清源	1	买卖田房草契	4 苗		刘家河	刘耕田	李清源	57 元	1 元 9 角 95 附 3 元 4 角	王瑞钦	民国二十七年六月二十四	
	2	买契									民国二十七年七月	随带老契一张
	1	卖民粮地契	3 苗	祖遗红契地	家西南地名草厂	杜祥	李清源	160 吊（14 元）	8 角 4 分附	周树棠	民国十五年二月二十九	
	2	买契							4 角 9 分	杨永才	民国二十九年四月	
	4	税契收据（民国二十九年十月）	1 张									
杜世贤	1	卖民粮地契	3 苗	自置地	村西地名草厂	夏云章	杜世贤	80 元	4 元 8 角附	张瑞	民国二十七年九月三十	
	2	买卖田房地契							2 元 8 角	杜维德	民国二十八年十二月十八	
	3	买契									民国二十八年十二月	
	1	卖地契	3 苗 5 分	祖遗民地	村西南地名孟家坟	孙天禄	杜守田	170 吊（15 元）	9 角附 5 角	赵中	民国七年七月二十七	
	2	买契							25		民国二十九年五月	
	1	卖地契	5 苗	本身受分民地	村西南地名东大街	张永兴	杜守田	东制钱 250 吊（21 元）	1 元 6 附 7 角 35	杨永顺 杨德宽	民国六年十一月十九	
	2	买契									民国二十九年五月	

续表

序号	契约名称、种类	亩数	沿革地目	坐落	立契人	对象	价格	税额	中保人	成立年月日	备注
1（赵绍廷）	1 卖地契	4亩	养老地	村南地名墙南	杨源	赵绍廷	64元	3元84附2元24	付菊	民国十八年十一月十九	随带老纸二张部照一张
	2 买契				杨斌（永买）			每亩4元共计价16元	孙少甫	民国二十九年五月	
	3 财部执照		内务府					照册费8元验照费1元3角	杨春旺	民国十八年四月二十三	民国二十一年四月十顺义官产处验讫
	4 验单（国民政府行政院财政部发给）										
2（赵绍廷）	1 卖民粮地契	6亩	受分	村西南地名榙板	杜芝茂	赵绍廷	230吊（20元）	1元2角附	崇文起	民国八年九月二十八	随带老契一张
	2 买契	2分	租遗地		杜荣（业户）	赵良才	135吊	7角	李注源	民国二十九年五月	
	3 过匠役地契		受分地						李注源	同治十一年二月初八	
	4 新契稿		匠役地						杨永顺	民国三年十二月	
	5 推契				杜荣（推佃主）赵良才			5吊400文	杨永顺	民国四年八月初二	
	6 推契									民国四年八月初二	
3	1 卖民粮地契	2亩		村西南地名水洼	丁兆凤	赵绍廷	75吊（7元）	4角2附2角45	吴俐	民国五年十一月二十九	
	2 买契									民国二十九年五月	

续表

序号		契约名称、种类	亩数	沿革地目	坐落	立契人	对象	价格	税额	中保人	成立年月日	备注
杨清	1	卖地文约　买契	2 亩	祖遗地	南法信家东地名把边	崇万顺	杨清	80 吊（7 元）	4 角 2 附 2 角 45	李香山	光绪十九年九月初九　民国二十九年五月	
	2	1 卖地文约　2 买契稿　3 买契	19 亩	祖遗粮地		鞠厚三（经理人）韩继宽	地户　杨清	114 元	6 元 84 附 2 元 28	仇万三	民国十六年三月二十　民国十七年	此地杨永端受分 5 亩卖与本村李青涨杨永源受分 5 亩
王悦	1	1 过旗租地文约　2 新契　3 推契	5 亩	旗租地周庄头	村南边地名墙南	赵瑞	王芝宇	225 吊	6 吊 750 文	张智　孙凤	同治十一年十二　民国三年十二月　民国四年三月	
	2	税契收据（民国二十九年十一月八日）买契	7 张									
景德福	1	买卖田房草契　买契	8 亩 6 分	祖遗地	地名后地	杨润	景德福	210 元	12 元 6 角 附 7 元 35	杨明　黄殿杨	民国二十六年十二月十四　民国二十七年六月	
	2	税契收据	3 亩 5 分	匠役地								

续表

序号	契约名称、种类	亩数	沿革地目	坐落	立契人（业户）	对象	价格	税额	中保人	成立年月日	备注
杨黄氏 1	1 过老租地契 2 新契纸 3 买契	12 亩		村西北地名水沟	赵宽（业户）杨有	杨有	470 吊	14 吊 100 文	杨永润 张文魁	光绪二十七年九月二十二 民国三年 民国四年	随带老纸六张
孙有让 1	1 卖民粮地契 2 新契纸 3 买契	2 亩	祖遗民粮地	村南地名水洼	张惠	孙有年	280 吊	16 吊 800 文	孙有温	宣统三年八月初九 民国三年 民国四年三月	随带老契二张
杜祥 1	1 卖地文 2 买契	3 亩	祖遗粮地	地名东三角	赵连	杜祥	250 吊（21 元）	1 元 26 附 7 角 35	孙有温	民国七年十月初十 民国二十九年五月	
杜祥 2	1 税契收据（民国二十九年十二月二十九）	6 亩 5 分									
杜春 1	1 卖民粮地契 2 买契	4 亩	受分祖遗地	村西西园子	杜景春	杜春	170 吊（16 元）	9 角 6 分附 5 角 6 分	杨永才 付菊	民国七年九月二十五 民国二十九年五月	
杜春 2	1 卖民粮地契 2 买契	3 亩 5 分	自置地	村西地名后园头	张兰端	杜春	130 吊（14 元）	8 角 4 附 4 角 9	崇万顺	光绪三十三年十一月十四 民国二十九年五月	

续表

序号	契约名称、种类	亩数	沿革地目	坐落	立契人	对象	价格	税额	中保人	成立年月日	备注
1（周树棠）	1 卖民粮地契	10亩	自置粮地	地名大坨	杜祥	孙晏	315元	1元6角2	张环	民国十三年正月初七	因原纸失遗如日后找出作为废纸
	2 买地契							附9元4分5	荣德	民国十三年二月初七	
2	1 卖地契	10亩	租遗地	石门村小河西搭连	童殿臣	孙晏	155元	12元4角	李旺 付菊 杜芝茂 孙有温 张文魁	宣统四年三月初五	随带老纸二张
	2 买契稿契				童殿劳			附9元3角		民国四年二月	
	3 过老租地契		匠役地		杜景春（推佃人）	杜祥（承佃人）	平纹银55两				
	4 推契				杜芝春	杜祥					
3	1 过老租地契	7亩	租遗	纲围村西北流汪水	赵绍尧	周德福	铜制钱500吊	1元26附7角35	刘中海 张永顺 王聪 张玉山 王聪 张永顺 赵绍廷	民国三年十二月十 光绪三十二年十二月二十 民国二十九年二月	随带老纸二张部照二十一民国二十一年四月二十一顺义官产处验记
	2 卖民粮地契	5分	受分地	沙井村家西流黄水	赵绍廷	周德福	铜东钱250吊（21元）				
	3 买契				赵绍尧						
4	1 杜绝卖契	6亩	匠役地	石门村西水河沟	万青云	袁懋德	铜东钱400吊	9角附5角25	言圆据 谢上熙 万有菊 付菊 李守义 杜守义	光绪二十三年十月初十 光绪三十一年十一月十八	原万姓置买老契光年万姓立给袁姓契均失遗如日后找出作为废纸
	2 卖地契				袁恩	孙晏	铜东钱140吊（15元）				
	3 买契										
张成 1	1 卖粮地契	2亩		沙井村南水洼	赵文起	张成	64吊（8元）	4角8附2角8	孙书贤 孙有温	宣统二年二月初一	
	2 买契									民国二十九年五月	

续表

序号	契约名称、种类	亩数	沿革地目	坐落	立契人	对象	价格	税额	中保人	成立年月日	备注
2	1 过旗租地契 2 新契纸 3 推契	4 亩	匠役地		赵起云	张宽	215 吊	6 吊 450 文	张馥云	同治三年十月二十二 民国三年 民国四年	此地被京顺汽车路占用 2 分 5 厘
3	1 财政部执照	2 亩			（承垦人）张文兰			每亩纳粮银 4 分		民国四年十一月三十一	县登记承垦
4	财政部执照	4 亩	内务府大良庄头地		（承买人）张成			每亩价计价银 4 元 共计价银 16 元照册经费 8 角		民国十八年五月初十	
5	1 退旗役地契 2 新契纸 3 推契	2 亩	匠役地	石门村西北小烂地	刘顺	张文兰	80 吊	2 吊 400 文	李永魁	宣统二年正月初九	
6	1 杜绝地契 2 新契纸 3 推契	3 亩	匠役地	沙井村西北八分	杜荣	张文明	135 吊	4 吊 35 文	孙有温	光绪二十二年九月二十四 民国四年	
7	1 卖民粮地契 2 买契	5 亩		沙井西南海子	张祯	张成	185 吊	1 元 2 角附 7 角	孙有温	光绪二十八年十月初三 民国二十九年五月	
张永仁 1 2 3	1 杜绝卖契 2 契尾 3 买契	6 亩	祖遗地	村家南地名东大街	杜成美 （业户）张学武	张学武	150 吊 银 25 两	7 元 8 角附 4 元 55	崇德亮	道光元年十月初三 道光元年五月 民国二十九年三月	历年纳租匠役钱 1 吊 500 文

杨清

续表

序号	契约名称、种类	亩数	沿革地目	坐落	立契人	对象	价格	税额	中保人	成立年月日	备注
2	1 买卖田房草契 买契	6 亩	祖遗地	地名北草厂	杨润	张永仁	130 元		付菊	民国二十二年十二月二十九	
	2 买契									民国二十三年	
3	1 买卖田房草契 买契	5 亩	祖遗地	地名沙窝	杨润	张永仁	119 元	6 元 6 附 3 元 85	付菊	民国二十二年十二月二十	
	2 买契									民国二十四	
4	1 卖民粮地契	10 亩	祖遗民粮地	南法信家东地名顺道子	赵廷奎	张永仁	700 吊（51 元）	3 元 54 附 2 元 65	付菊	民国六年十一月二十	
	2 买契									民国二十九年正月	
5 张永仁	1 买卖田房草契 买契	8 亩	受分祖遗地	搭连地	王修	张永仁	150 元	9 元附 5 元 25	王铠 付菊	民国二十七年正月二十二	升科纸有在长门此纸批下八亩
	2 买契										
6	1 卖祖遗地契	3 亩	受分祖遗地	村西南地名大街	杜芝茂	张永仁	300 吊（25 元）	1 元 5 附 8 角 75	崇德	宣统三年九月初十	
	2 买契									民国二十九年正月	
7	税契收据（民国二十九年十一月初六）	5 亩									
8	1 税契收据（典契）（民国二十九年十一月初六）	10 亩									

续表

序号	契约名称、种类	亩数	沿革地目	坐落	立契人	对象	价格	税额	中保人	成立年月日	备注
刘长春											
1	税契收据（民国二十九年十一月初六）	5 亩									
李注源											
1	税契收据（民国二十九年十一月初六）	4 亩									
李强林											
1	税契收据（民国二十九年十一月初六）	3 亩									
2	税契收据（民国二十九年十一月初六）	6 亩 6 分									
赵文有											
1	买卖田房草契 买契	4 亩	祖遗地	万家坟	李遇春	赵文有	60 元	3 元 6 角附 1 角 2 元 1 角	王德明 李旺	民国二十六年十二月二十五 民国二十九年六月	卖房随带根契三张
刘长春											
1	卖地契文约 买契	3 亩	受分	村西南河沟西	杨永元	刘长春	130 吊（15 元）	9 角附 5 角 25	杨永才 杨永瑞	光绪三十四年九月 二十九 民国二十九年五月	
2		5 分	祖遗地	地名水洼							

续表

序号		契约名称、种类	亩数	沿革地目	坐落	立契人	对象	价格	税额	中保人	成立年月日	备注
刘长春	2　1	买卖田房草契	3亩	自置民粮地	地名河西张坟	杨源	刘长春	50元	3元附1元25	杨春旺	民国二十一年四月二十	随交粮契一张
	2	买契								杨永瑞	民国二十一年	
	3　1	卖民粮地契	5亩	养老地	村冢西	杨振林 杨源	刘长春	200吊（20元）	1元2角附7角	杨春旺	宣统元年十二月十	
	2	买契									民国二十九年五月	
	4　1	卖地契	4亩	祖遗民粮地	村西地名小南	吴殿臣	刘长春	150吊（16元）	9角6分附5角6分	杨永瑞	民国七年十月二十七	
	2	买契								杨春旺	民国二十九年五月	
	5　1	典地契文约	8亩	受分地	地名南长鸭子南顶	景德禄	刘长春	385元		杨子泉 杨源	民国二十八年十月初四	典3年
	6　1	税契收据（民国二十九年十一月初三）										
杨源	1　1	财政部执照	8亩	内务府地		杨玢（留置人）		1亩4元 共计32元	照册费6元9角 执据费3角 缴纳金2分		民国十六年十一月二十六	批卖张守仁4亩
	2　1	同	40亩	嵩祝寺		杨斌（留置人）		计120元	照册费24元5角 执据费3角 缴纳金2分		民国十七年三月二十一	卖与北法信王德11亩

续表

序号		契约名称、种类	亩数	沿革地目	坐落	立契人	对象	价格	税额	中保人	成立年月日	备注
3	1	同	12 亩 5 分	嵩祝寺		（留置人）杨斌		1 亩 3 元	照册费 9 元 5 角　执据费 3 角　缴纳金 2 分		民国十九年三月二十一	卖与李濡源 10 亩
4	1	同	15 亩	嵩祝寺		（留置人）杨斌		1 亩 3 元	执据费 3 角　缴纳金 2 分		民国十七年三月二十一	
5	1	财政部执照（民国政府财政部发给）验单	3 亩			（留置人）杨源		1 亩 2 元				
	2	财行政院财政部发给（民国政府）										
6	1	税契收据	4 亩			杨清					民国二十二年五月	
7	1	税契收据	3 亩			杨清					民国二十二年五月	
8	1	税契收据	2 亩 5 分			杨玢						
9	1	税契收据	5 亩			杨玢						
10	1	税契收据	5 亩			杨玢						
11	1	税契收据	10 亩			杨玢						
12	1	税契收据	10 亩			杨玢						
13	1	税契收据	10 亩			杨玢						
14	1	税契收据	10 亩			杨源						
15	1	税契收据	4 亩			杨玢						
16	1	税契收据	15 亩			杨玢						

杨源

续表

序号		契约名称、种类	亩数	沿革地目	坐落	立契人	对象	价格	税额	中保人	成立年月日	备注
杨源	17	1	税契收据	3 亩			杨玢						
	18	1	税契收据	3 亩			杨玢						
	19	1	税契收据	2 亩			杨廉						
	20	1	税契收据	6 亩			杨廉						
柏成志		1	税契收据（民国二十九年十一月初二）	10 亩									
公会地		1	税契收据（民国二十九年十一月十四）	10 亩									
		2	税契收据（民国二十九年十一月十四）	2 亩 5 分									
刘齐人（石门村人）			税契收据	6 张									
赵瑞			税契收据	3 张 16 亩									
张荣 张文恒			税契收据	3 张 11 亩									
张守仁		1	买卖田房草契	4 亩	受分造办处地	家东牛角地	杨涧	张守仁	195 元	11 元 7 角 附 6 元 8 角 25	付菊	民国二十二年十月	
		2	买契									民国二十四年	

续表

序号	契约名称、种类	亩数	沿革地目	坐落	立契人	对象	价格	税额	中保人	成立年月日	备注
张永仁 2	1 卖民粮地契 买契	4亩	祖遗民粮地雍和宫地	村南地名水洼	杜祥	张守仁	160吊（14元）	8角4附4角9分	张环	民国八年九月二十七	此系雍和宫香灯租籽 随带红契一张
	2 买契									民国二十八年十二月	
3	1 卖民粮地契 买契	4亩	祖遗民粮地造办处地	村南地名水洼	赵廷奎	张守仁	730吊（61元）	3元66附2元135	付菊 周树棠 杜祥	民国十一年九月十四	随带老纸一张
	2 买契									民国二十八年十二月	
4	1 卖民粮地契 买契	4亩	祖遗粮地	村南地名海子	杜祥	张守仁	168吊（14元）	8角4附4角9分	张环	民国十六年八月二十五	随带老纸一张
	2 买契									民国二十一年十二月	
杨生 1	1 卖粮地文约 买契	6亩	自置地	村北地名八分地	王茂林	杨生	220吊（24元）	1元44附8角4分	张成	民国八年九月三十	
	2 买契									民国二十九年六月	
2	1 卖民粮地契 买契	4亩4分	自置地	南法信正东地名水洼	杨有	杨生	160吊（20元）	1元2角附7角	张成	民国九年十二月十五	
	2 买契									民国二十九年六月	

续表

序号		契约名称、种类	亩数	沿革地目	坐落	立契人	对象	价格	税额	中保人	成立年月日	备注
杨正	1	1 卖地契		本置地	村北头	徐清山（所有者）杨斌	杨斌	松江银3两3	4元95 验契7角 注册费1角 征租银4分 共4分4	谢上理 李玉田 徐子衡	光绪二十九年十月三十	北平地方法院顺义分院登记
		2 地契官纸									光绪二十九年十月三十	
		3 契尾	1亩1分	佰宅地							民国二十年七月	
		4 验契（国民政府财政部发给）		庄头徐清山							光绪三十年九月	
		5 执照（户部发给）		官荒地		杨斌					民国十八年七月十一	
		6 不动产登记证明书										
	2	1 卖地契文约	3亩	祖遗地	石门村西地名粽子地	王草亭	杨正	132吊（12元）	7角2 附4角2分	李旺 杨永瑞	民国十五年正月十三	
		2 买契									民国二十七年六月	
	3	1 推匠艺地文约	3亩	匠艺地	村西地名草厂	（清河镇）王永安	（沙井村）杨斌名下升科税契	松江银12两		张书相	光绪三十年十一月二十	批卖张永仁6亩
		2 地契官纸	3亩		同						光绪三十四年十一月	批卖杨濮增3亩
		3 契尾	6亩		同						宣统二年	
		4 新契（顺天府尹发给）									民国三年四月十三	
杨绍增	1	1 卖地契文约	7亩	自置粮地	村东南地名三亩地	明惠	杨廉	385吊（33元）	1元9角8 分附1元1角55	杨林芳	光绪十二年二月十三	此地批卖杨明旺3亩5分
		2 买卖田房草契									民国二十八年十二月初一	
		3 买契										

续表

	序号	契约名称、种类	亩数	沿革地目	坐落	立契人	对象	价格	税额	中保人	成立年月日	备注
张珍	1	杜绝卖地契	4 亩	祖遗受分地	地名海子	张永瑞	张永祥	36 吊	1 吊 360 文	张增	光绪十五年六月十七	民国二十三年一月二十三海子地二亩卖与张成
	2	新契纸									民国四年二月	
	3	买契										
赵立民	1	卖地字	30 亩	自置粮租地		赵立民（承人）皇松盛俊	李垣	72 元	4 元 32 附 2 元 52 租籽纳银 4 分	邵理选 吴华源 傅纯融	民国十七年十月二十八 民国二十九年正月 民国四年十二月三十一	此批地卖杨春旺 5 亩带部照一张自投报承垦
	2	买契		自置粮租地								
	3	财政部执照										
吴殿臣	1	1 杜绝卖地契	6 亩	祖遗民粮地	村西地名搭连地	刘进孝	吴祥	370 吊（31 元）	1 元 86 附 1 元 85	李殿甲	民国四年十一月二十	
		2 买契										
	2	1 契地文约	3 亩	祖遗民粮地	村南地名郭家坟	郭顺	吴凤元	180 吊（15 元）	9 角附 5 角 25	孙有温	民国五年十月十八 民国九年二月	
		2 买契										
	3	收据	5 亩			张之如	吴祥	300 吊		王富	民国元年九月十五	
	4	收据	2 亩			刘祥	吴玉奎	180 吊		李殿甲	民国六年十月二十一	
	5	收据	8 亩 5			王自福	吴玉奎	800 吊		张文奎	民国三年十月十五	

续表

姓名	序号	契约名称、种类	亩数	沿革地目	坐落	立契人	对象	价格	税额	中保人	成立年月日	备注
吴殿臣	6	1 财政部执照				（承垦人）吴祥			征租银4分共8分		民国四年十二月二十八	京北西城清查官产处处同财政厅分厅自行投报承垦（官荒地）
吴殿臣	6	2 执照（度支部发给）	2亩			（民人）吴玉奎					宣统元年	
吴殿臣	6	3 新契纸				（民人）吴玉奉					民国三年	
吴殿臣	7	1 执照（度支部发给）	8亩						征租银4分共8分		宣统元年	投垦
吴殿臣	7	2 新契纸	5分								民国二年	
赵廷奎	1	1 卖地文约	5亩	祖遗民粮地	南法信村南地名张家坟	张作林	赵祥	240吊（20元）	1元2角附7角	茹善廷	光绪二十六年十二月十五	随带老契一张
赵廷奎	1	2 买契										
赵廷奎	2	1 卖地文约	2亩5分	祖遗地	地名磁盘子	师得胜	赵祥	76吊（10元）	6角附3角5	张智	光绪四年十二月十八	
赵廷奎	2	2 买契									民国二十九年五月	
赵廷奎	3	1 卖民粮地契	5亩	祖遗地	村西南地名河头自	杨润	赵祥	185吊（20元）	1元2角附7角	杨源 付菊	民国二年十月十三	
赵廷奎	3	2 买契									民国二十九年五月	
赵廷奎	4	1 杜绝卖契	2亩	祖遗民地	村西南地名海子	赵连登	赵刚	银4两		孙天祥	道光十二年三月二十	
赵廷奎	4	2 新契纸										
赵廷奎	5	1 卖地契文约	4亩	自置 京旗地	村西头	徐清山（民人）赵祥	赵祥	松 银12两	1钱65	李玉田 徐子衡	光绪二十九年十月三十	官地
赵廷奎	5	2 房契官纸									光绪二十九年十月三十	
赵廷奎	5	3 契尾									光绪三十年九月	
赵廷奎	5	4 执照（户部发给）										

续表

业主	序号	契约名称、种类	亩数	沿革地目	坐落	立契人（承置人）	对象	价格	税额	中保人	成立年月日	备注
邢尚德	1	1 财政部执照（国民政府财政部发给） 2 官产验单（国民政府财政部发给）	6 亩	官旗地		邢润齐		共计 12 元	照册费 6 角 验照费 1 角		民国二十三年五月 民国二十三年五月	
	2	1 卖地契文约 2 验契（国民政府财政府发给） 3 买契	16 亩 5 分	祖遗民粮地	南法信家东	杜守茂 杜守田	邢尚德	270 两	验契纸价 2 元 1 角 8 元附 4 元 7 角 25	李满源 康似海 杜祥 赵绍廷	民国十六年十一月初五 民国二十年	随带老纸契各一张
	3	1 买卖田房契 2 买契	7 亩	祖遗粮地		景德福	邢尚德	140 元	8 元 14 角 9 元附 4 元 9 角	杨子泉 杨永才 景德发	民国二十年 民国二十五年十二月十七日 民国二十六年六月	原有老纸景德发手收存
赵廷福	1	1 卖民粮地契 2 买契	4 亩 5 分		沙井村西南草厂	杨桂枝	赵刚	152 吊（16 元）	9 角 6 附 5 角 6	张成明	同治元年十二月十八 民国二十九年五月	
	2	1 卖地文约 2 买契	2 亩 5 分		杨家营村北北顶	王九龄	赵瑞	100 吊（9 元）	5 角 4 分附 3 角 15	程瑞	光绪十一年三月 民国二十九年五月	执照光绪十八年十二月初二立卖字人王九龄

续表

序号		契约名称、种类	亩数	沿革地目	坐落	立契人	对象	价格	税额	中保人	成立年月日	备注
张文桓	1	1 过旗租地契　2 新契纸　3 推契	4 亩 1 分	鞠厚三地	沙井西南河沟西水洼	杜芝兰	张文桓	205 吊	6 吊 150 文	张禄	宣统二年九月二十六　民国四年三月	
	2	1 卖地粮地契　2 买契	7 亩		沙井正西西路	杜芝兰	张文桓	245 吊（30 元）	1 元 8 角附 1 元 25 分	杜松佑	宣统二年九月二十六　民国二十九年五月	
	3	1 过旗粮地契　2 新契纸　3 推契	3 亩	鞠厚三地	沙井东河沟西边水洼	杜芝兰	张文桓	130 吊	3 吊 900 文	张禄	宣统二年九月二十六　民国三年十二月	
杨永才	1	1 卖民粮地契　2 买契	5 亩	自置地	村东南地名狼窝	杜顺	杨清	180 吊（20 元）	1 元 2 角附 7 角	张自正	光绪十四年十月初九　民国二十七年三月	随带契一张
	2	1 卖地文约　2 买契	2 亩 5 分			杨润	杨永才	85 吊（8 元）	4 角 8 角 8 附 2 角 8 分	孙有温	光绪三十二年十一月初三　民国二十九年三月	
	3	1 税契收据（民国二十九年十一月二十二）	1 亩									
	4	1 税契收据（民国二十九年十一月二十二）	13 亩 5 分									

续表

序号		契约名称、种类	亩数	沿革地目	坐落	立契人	对象	价格	税额	中保人	成立年月日	备注
杨润	1	卖字文约	32亩	祖遗受分地内	村东上坡	许世恩（留置人）	杨天佑	1吊600文	每亩4元共48元	童东德	咸丰七年十二月十二	此契批卖杨费
	2	新契纸		务府造							民国三年四月十三	督办全国官
	3	财收部执照	12亩	办处地		杨玢			照册费2角	陈大春	民国十六年十一月二十六	产公署留置

译者后记

参加中国农村研究院院长、长江学者徐勇教授和社科处原处长、人文社会科学高等研究院石挺常务副院长共同发起和促戌的满铁农村调查翻译出版工作，是我和我的13人的日语教师翻译团队组成以来所做的最大的项目，也是我们所遇到的最大的挑战，但同时也是我们所从事的最有跨学科学术意义和未来指向的世纪工程。

在此，我想用几个关键词说明一下保证我们完成翻译工作的人员组织基础：石挺常务副院长是中国农村研究院与外院日语系、徐勇教授和我之间的"媒人"，而邓大才教授则是在我们中间做具体工作和多方协调的"调度"，另外还有学校领导和科研处等相关部门的指导和资金支持等方面的"促成"，更有我的教师团队和我的研究生全体、以及我的高年级本科生优秀骨干的积极"参与"与"投入"，不能不提的还有日籍教授石桥一纪这位日语母语"顾问"等等，这一切都缺一不可地保证了翻译工作的阶段性顺利进行。

翻译工作的难度超过了我们的想象，不仅是与现代日语有着很大语法和词语环境不同的明治与昭和前期的日语问题，更有俚语方言、外来语、少数民族发音的模拟词汇等等非当时当地人无法理解和明白的词汇与用法的大量出现，特别是调查资料的影印版年代久远，字迹模糊无法辨认、度量衡标准与制度无法统一、随意性强等不一而足。因一个单词一个地名或人名多方查找、开会研究、多语种同时辨认，一个星期无法进展的尴尬困苦经常出现。

团队的女同事偏多，她们为了每个人每期几十万字的翻译，废寝忘食、子女难顾、家庭出现矛盾的情况也此起彼伏，不言自明，这与她们繁重的教学科研工作是同时进行的；研究生和部分本科生们不但有繁多的科目学习以及大量的作业和研究报告等，还要在频繁的课外活动、集体行动的同时担任刃步的翻译和资料核实工作，许多同学苦不堪言。当然，尤其要指出的是，个别教师和同学住进医院还病床上校对译稿，令人动容。

凡此种种，困难重重，但我们团队教师和学生共70多人，严肃认真、不分昼夜、同心协力、共同奋斗，仍然按时初步完成了阶段性的满铁农村的调查的惯行部分的翻译工作。我们已经从最初的项目型、任务型变成了我们自己的一种事业追求。各小组的教师和同学积极参加每次日译汉翻译培训活动，互通信息，举一反三，交流心得体会。教师翻译、指导、校对，严肃认真，一丝不苟，学生忠实践行教师的翻译理念和翻译方针，学习教师的翻译方法和技巧，协助教师的校译工作。作为整个项目的主译我感到无比的欣慰，同时向团队的每一位教师和同学表示衷心的谢意！

具体各翻译小组的成员构成情况如下：

第一小组：李俄宪：王思璇，汤俊峰，郑萌，胡晓晓，李亚芬，林智丹

第二小组：尹仙花：万珺，徐金晶，聂咸昌，林子愉，李思琦

第三小组：吕卫清：高歌，董春玲，阚旭琴，李晨，倪丽畅

第四小组：娜仁图雅：马倩，项莹莹，隋玲梅，李龙，刘琦

第五小组：汉娜：张红，姚晓静，陈晨，姜俊芳，郭新梅

第六小组：李雪芬：谢芬，卢珊珊，张佳凤，吕佳琳，王登林

第七小组：李莹：赵晓婧，王珂，万卫平，张勇，谭鹤

第八小组：金英丹：宋兰奇，李倩，陈佳桂，黎智，杨佩瑶

第九小组：王霞：朱璐瑶，戴思佳，贾茹，齐锦轩，廖珍珍

最后，谨在此向中国社会科学出版社的赵剑英社长表示感谢！向认真负责的责任编辑冯春凤女士谨致谢意！向中国农村研究院的满铁农村调查编辑团队的教师和同学们表示感谢！

李俄宪

2015 年 12 月 6 日

编者后记

满铁农村调查的翻译和出版是徐勇教授、石挺处长多年来关心、关注、领导并尽力促成的重大工程。十多年前，石挺处长在担任华中师范大学社科处长时就安排专门的经费资助满铁调查的翻译和资料收集，并亲自协调中国农村研究院和外语学院日语系的协作，共同编辑、翻译与出版。经过2014年的试出版，我们决定，先翻译和出版满铁的惯行调查资料。这才有了《满铁农村调查·惯行卷》译稿的问世。

在满铁翻译和出版过程中，我们形成了一个流程，由中国农村研究院负责总体设计规划、编辑，并寻找翻译文本；由外语学院李俄宪副院长带领团队翻译；最后由中国农村研究院负责统稿、校订、制作图表与目录等工作。

《满铁农村调查·惯行卷》的日文版为《中国农村惯行调查》（六卷本），由岩波书店于1952-1958年出版。为了本书的版权，我们请教了华中师范大学法学院的刘华教授，向她咨询版权问题，并联系了岩波书店，确认该书的著作权保护期已满，可以在中国翻译出版发行。本卷译稿完成后，中国农村研究院的黄振华、杨嫚两位老师对译稿进行了第一轮校订，随后邓大才教授进行了第二轮校订，最后张晶晶老师重点参考邓大才教授校订的稿件，对照原书，进行了第三轮校订。这三轮校订的内容包括订正错误、查缺补漏、规范用词、润色语句、理顺逻辑、统一格式等。中国农村研究院基地班的尹超、陈婧、黄丹丹三位同学参与了全书图片、表格与目录的制作。马文婕同学在中国社会科学出版社实习期间，协助校对了本卷译文。

本书的内容以访谈形式为主，并收录了当时官方及民间的部分文献资料，文中大量的对话及冗长的文献往往使读者不得要领。为了方便读者阅读并理解其调查者的意图，邓大才教授撰写了导读——《家计、田土、钱粮与县村治理》。

满铁农村调查第二卷能够出版，还要感谢中国社会科学出版社及赵剑英社长给予的大力支持。同时要感谢出版社的冯春凤女士，是她的精心安排促成了本书的顺利出版。在此我们代表编辑翻译委员会向为本书翻译和出版做出贡献的各位领导、专家、同学表示感谢！

邓大才

2016年3月15日